대동민주 유학과 21세기 실학

대동민주 유학과 21세기 실학

한국 민주주의론의 재정립

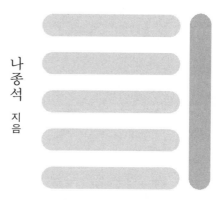

나
종
석 지음

도서출판 b

아내 황정옥에게 드립니다.

책을 펴내면서

이 책은 2000년 초반에서 최근에 이르기까지 필자가 발표한 글 중에서 한국사회의 민주주의와 연관된 글에 토대를 두고 새로 작성된 것이다.

여기에 실린 글은 한국의 가족, 시장, 시민사회에 대한 것들에서부터 민족주의 및 탈민족주의에 관한 글, 그리고 유교적 전통 문화와 한국 민주주의 사이의 연계성의 문제에 이르기까지 여러 주제들을 포괄하고 있다. 기존에 발표된 글을 토대로 한 것이지만 글의 통일성을 깨트리지 않는 범위 내에서 그동안 변화된 필자의 입장을 반영하기 위해 내용을 상당 부분 수정·보완하기도 하고 각주를 대폭 보충하기도 했다. 또한 불필요하다고 생각되는 부분은 가능한 한 생략하였다. 그리고 이 책을 구성하면서 여기에 수록된 여러 글 사이의 연관성을 보다 분명하게 하기 위해 새로 글을 작성했다. 특히 서론, 제2장, 제3장, 제4장, 제5장, 제6장 제6절, 제7장 제3절과 제5절, 제8장, 제9장을 비롯하여 제11장 제4절, 제12장, 제13장, 제14장 제6절, 제15장 제4절 및 제5절 그리고 제16장의 제2절, 제4절 및 제5절은 완전히 새로 작성하였다. 이렇게 보면 기존의 글을 수정하고 보완하는 분량을 제외하고도 3분의 2 이상이 새로 작성되었다.

지난 40여 년 동안 한국사회가 보여준 변화의 폭과 깊이는 인류 역사에서 보기 드문 경우일 것이다. 그런 점에서 한국사회를 제대로 이해하는 작업은 쉽지 않다. 그럼에도 자유와 평등과 같은 정의 원칙의 보편적 타당성에 대한 이론적 정당화만으로는 정치철학의 과제는 종결되지 않는다고 생각해온 필자로서는 구체적 현실에 대한 보다 폭넓은 이해에 더 많은 관심을 지니고 있었다. 정치적 현실에 대한 정확한 인식은 기존 질서가 보다 바람직한 방향으로 변했으면 하는 희망을 꿈꾸는 작업의 출발이라고 믿었기 때문이다.

정치적인 사안에 대한 모든 견해는 논쟁적일 수밖에 없다. 예를 들어 시민들 사이의 공정한 협력을 가능하게 하는 정의 원칙에 대해 다루는 글도 그 주제가 특정한 정치적 상황과 별개의 성격을 띤 것으로 보이지만, 논쟁적 상황에서 완전히 벗어날 수는 없다. 모든 정치적 주제들은 직접적으로든 간접적으로든 특정한 상황과 연결되어 있고, 또한 정치세계에 대한 입장과 해석은 다양하며 이런 다양한 해석이 갈등을 일으키기 때문이다. 그리고 해석의 갈등이 때로는 심각한 정치적 적대성의 표출로까지 고양되는 것은 원하든 그렇지 않든 피하기 힘들다. 갈등의 표출과 그 해결이라는 문제를 도외시하는 사회는 상상할 수 없다. 지혜에 대한 사랑이라는 참으로 고상한 이름을 갖고 있는 '철학'(philosophia)적 활동을 70 평생 온몸으로 실천한 소크라테스가 인류 역사상 보기 드물게 민주주의적이었던 고대 아테네 시민들에 의해 법정에 세워졌고 죽음을 당했던 사건은 사유와 정치, 혹은 철학과 정치의 갈등의 강도가 생과 사를 가르는 차원의 것임을 상징적으로 보여준다.

아고라 광장에서 철학함을 실천한 소크라테스와 견주어볼 수는 없겠지만 글을 쓰고 이를 공개적으로 발표한다는 것은 실존적으로 보면 상당한 정도의 위험을 각오하지 않으면 안 된다. 그렇다고 이 글이 무슨 엄청나게 급진적이거나 극단적인 내용을 담고 있다는 인상을 독자들에게 주기 위해 이런 말을 하는 것은 아니다. 물론 시장사회, 민족주의, 한국의 유교적 전통 그리고 한국 민주주의의 동력학의 문제는 학계의 관심사에 그치지 않고 여러 사람이 관심을 갖고 있는 주제이다. 또한 글을 통해 직접적으로 현실에 개입하지는 않았지만 학문적 방식으로나마 현실 문제에 개입하고자 하는 마음은 늘 존재했다. 그러므로 필자에게는 가족주의, 민족주의, 유교 전통 등과 관련한 주제를 논하는 것 자체가 시대 상황에 개입하여 시대를 비판하는 나름의 작업이기도 했다.

게다가 우리 사회에서 한국 현대사회 및 현대사에 대한 논쟁과 연구는 정치적·이념적 갈등으로 비화될 가능성이 크다. 한국 현대사의 변동을 어떻게 이해해야 하는지는 식민지근대화론을 둘러싼 논쟁이 보여주듯이 정치적·이념적 갈등과 깊게 연계되어 있다. 그래서 한국사회에서 학술적인 논쟁과 연구가 지녀야 할 자립적인 공간이 매우 협소한 것도 사실이다. 그러나 필자가 걱정하는 것은 이런 현실과 좀 다르다. 모든 저서의 출판은 필연적으로 오해를 낳을 수밖에 없고 그 오해에 대해 필자가 적절하게 대응할 수 없다는 사실이 저서 자체의 불가피한 운명임을 잘 알지만, 그런 운명에 대해 필자는 여전히 불안함을 느낀다.

필자는 저서를 대하는 독자를 스스로 선택할 수 없기에 부당한 비판이 존재해도 그에 대응할 수 없을 뿐 아니라, 설령 진지한 대화의 움직임이 존재한다 할지라도 생산적인 상호 비판과 대화가 실현되기 매우 힘들다. 그런 점에서 지속적인 만남이 가능하고 상호 신뢰가 축적된 우애적인 대화 공동체 속에서만 진리를 추구하는 철학적 사유가 참다운 방식으로 꽃을 피울 수 있다고 생각한다. 따라서 필자는 문자로 쓰인 글은 참다운 지혜를 전달하는 매체라기보다는 오히려 진실인 것처럼 보이는 사이비 지혜만을 전달할 뿐이라는 플라톤의 지적에 매우 공감하는 바가 있다. 필자는 글을 쓰면서 이런 문제점을 가능한 한 피하기 위해서라도 우리 사회를 비판적으로 성찰하면서도 필자가 속해 있는 우리 사회에 대한 따뜻하면서도 균형 잡힌 시각을 잃지 않으려고 노력했다.

한때는 합리적인 근거와 반박을 통한 세계에 대한 논증이 가장 중요하다는 점에 크게 공감했지만 요즈음은 그렇지 않다. 진지한 대화 속에서 탄생하는 로고스, 즉 객관적인 인식의 해방적 힘에 대한 믿음은 아마 서구 문화의 장점이겠지만, 그 장점 역시 커다란 한계를 안고 있다. 로고스는 본디 차가운 것으로 사람을 근본적으로 회의적으로 만들고 그런 그의 마음을 사로잡아 새로운 주체로 형성하게 만드는 데 역부족이라 생각되기에 그렇다. 그렇다고 공적인 토론과 논쟁의 장이 중요하지 않다는 것이 아니다. 심각한 불일치를 초래하더라도 이질적인 의견이 출현될 수 있도록 허용하는 공적인 논의의 공간을 확보하는 것이 자유로운 사회의 필수적 구성 요소임이 분명하기에 그렇다. 그래서 우리 사회에서 합리적인 논쟁과 토론 문화가 확산되고 심화되어야 한다는 생각에는 변함이 없지만, 상호 이해 지향의 합리적인 소통 능력보다도 더욱더 중요한 것은 사람의 마음을 내적으로 수긍하게 하는 감화의 힘이라고 생각한다. 따라서 요즈음에는 로고스의 힘보다는 동아시아의 전통적인 유학이 강조해온 만물일체의 인(仁)이나 불교의 자비로운 마음과 같이 어려움에 처한 사람이나 고등동물은 물론이고 살아 있는 생명체, 더 나아가 심지어 허물어져 가는 기왓장에 대해서까지 더불어 공감하고 아파하는 마음가짐에 더 신뢰가 간다.

신자유주의적 시장사회가 초래한 극단적인 불평등의 심화, 사회적 연대의 해체 그리고 민주주의의 후퇴로 인해 현실에 대한 급진적인 사유의 필요성이 다시 많은 사람의 마음을 사로잡고 있다. 그러나 사유의 급진성이 '적대', '신적 폭력' 그리고 '새로운 공산주의' 등등과 같은 몇 마디 현란한 어휘들의 제시에 있다고 생각하지 않는다. 사유의 급진성 속에서도 그것이 초래할 정치적 결과에 대한 신중함을 견지하는 동시에 신중함이 현실에 대한 맹목적 순응으로 빠지지 않도록 견제하는 강인한 독립적인 사유의 정신이 우리에게 요구되는 참다운 사유의 태도요 얼이라고 생각한다. 사유의 급진성이 도달할 수 있는 진정한 극단은 세계에 대한 따스한 시선이고 타자의 불행과 고통에 공감하는 마음가짐에 있다고 본다. 보다 많은 연구자들과 독자들이 이 책을 읽고 조금이나마 한국사회를 이해하는 데 지적 자극과 암시를 얻게 되고, 또 이를 통해 민주주의 진전에 기여할 수 있기를 희망해본다.

책 출판에 관련하여 도움을 주신 분에게 감사의 마음을 표하는 것은 관례이지만, 그 의미는 필자에게는 늘 관례 이상이다. 그래서 이 책이 나오기까지 정성을 다해 주신 도서출판 b의 관계자 여러분들에게 진심어린 감사를 전하고 싶다. 도서출판 b와의 인연이 맺어진 것도 어느덧 6년이 훌쩍 넘는 것 같다. 조기조 사장님을 비롯하여 이신철, 이성민, 조영일, 백은주 그리고 김장미 선생님 등과의 만남은 학계에서 맛볼 수 없는 또 다른 즐거움이었다. 특히 이 출판사와 인연을 맺게 해준 이신철 그리고 심철민 선생님은 필자가 학부 1학년 시절부터 친하게 지내온 선배들이다. 두 분 선배님과의 우정을 이 책을 통해 나누었으면 한다. 그동안 도서출판 b에서 나온 책을 공짜로 마구 얻어 보게 되면서 마음속으로 좋은 책으로 그 감사함에 보답하려고 했다. 이 책이 감사함의 마음을 다 담아내기에 충분할 정도로 좋은 책이라고 장담할 자신이 없어 미안할 따름이다. 기회가 된다면 더 좋은 책을 도서출판 b에서 꼭 출판하고 싶다.

끝으로 철학함의 과정에서 생기는 어려움을 극복하는 데 도움을 주는 아내 황정옥과 이제 대학 입학을 앞두고 있는 딸 윤숭이에게도 마음에서 우러나는 감사와 사랑을 표한다. 이 책을 필자의 절친한 벗이자 연인인 아내 황정옥에게 드린다.

2017년 1월 목동 겨울 서재에서 우도(憂道) 나종석

| 차례 |

제1부 한국 가족사회와 민주주의

제1장 한국사회에서 가족의 구조 변동과 그 문제들

제2장 21세기 현대사회와 가족의 다양성 문제

제2부 한국 시민사회와 민주주의

제6장 한국사회에서 기업 민주주의의 가능성

제7장 한국 시민사회의 특성과 그 방향에 대한 성찰

제3부 한국 민족주의와 민주주의

제4부 유교적 정치문화와 한국 민주주의

서론

　서론의 형식을 빌려 독자를 위해 이 책의 구성과 내용에 대해 간단하게 설명하고 싶다. 이 책은 4부로 구성되어 있다. 제1부 '한국 가족사회와 민주주의'와 제2부 '한국 시민사회와 민주주의'의 기초가 된 글은 세 편의 글이었다. 그것은 원래 2002년부터 2005년까지 울산대학교 인문과학연구소 산하 동아시아연구센터에서 3년 동안 한국학술진흥재단(현 한국연구재단)의 지원으로 수행된 <한·중·일 동아시아 3국의 의사소통 구조 비교> 연구 성과였다. 이 연구를 통해 필자는 서양철학을 한국사회 및 동아시아 사회에 직접 적용하는 작업이 안고 있는 한계들을 좀 더 분명하게 성찰하는 계기를 갖게 되었다. 지금 보면 서구적 근대의 양가성과 그 한계에 대한 의식이 뚜렷하게 드러나지 않고 서구적 근대를 근대의 모델로 설정하는 인식 패러다임이 지니는 문제점, 달리 말하자면 서구중심주의적 사유 틀이 지니는 위험성 및 편협성에 대한 성찰과 이를 넘어설 수 있는 대안을 제시하려는 노력이 체계적으로 서술되고 있지 못하다는 점은 부인될 수 없다.

　<한·중·일 동아시아 3국의 의사소통 구조 비교>의 연구 성과물을 토대로 한 이 책의 제1장, 제6장 그리고 제7장은 여러 문제점이 있음에도

필자의 지적 성숙 과정에서 빼놓을 수 없는 것이다. 그러므로 기존의 글을 오늘날의 문제의식에 어울리게 가능한 한 수정·보완하여 이 책에 포함시켰다. 특히 가족에 관한 글을 수정, 보완하는 과정에서 글의 내용이나 다루는 주제들이 매우 포괄적으로 되어 여러 장으로 나누어 다루었다. 그래서 제1장의 내용도 많이 변화되었지만, 제2장에서 제5장까지의 글은 새로 작성되었다. 동성결혼을 철학적으로 정당화하는 글을 제외하고 제3장에서 제5장에 걸쳐 다룬 것은 한국 가족주의 전통의 역사적 계보를 조선 후기에서 구하는 문제와 관련된 것이다. 가족주의 전통을 유교적 사유 방식의 독특성과 관련해 해명한 것은 나름 새로운 시도라고 생각된다. 유교적 공사관을 서구에서 발전된 공사관의 두 패러다임인 자유주의적 공사관 및 공화주의적 공사관과 대비하고 유교적 공사관이 지니는 장점과 독특성을 해명해보려고 한 글도 그렇고, 한국 가족주의의 또 다른 기원으로 조선의 유교적 능력주의에 주목한 것도 필자로선 우리 사회 가족주의 연구에 새로운 자극을 줄 것이라고 믿는다.

이 책 중 특히 제3장, 제4장, 제5장, 제8장, 제9장, 제12장 그리고 제13장은 전통과 서구 근대의 이원론을 넘어 동아시아 인문 전통과의 새로운 대화를 철학적 사유의 제일 화두로 삼고자 하는 요즈음 필자의 문제의식을 잘 반영하고 있다. 그러나 이 글에서 다루어지는 주제는 서양철학 전공자인 필자에겐 아주 새로운 연구 영역이다. 따라서 그에 대한 탐구가 어느 정도 학문적 설득력과 깊이를 지니고 있는지에 대해서는 여전히 조심스러운 마음이 앞선다.

제2부에서 다루어지는 주제 중 하나는 한국의 시장사회 문제이다. 2008년에 시작된 세계경제 위기와 더불어 많은 사람들이 신자유주의적 사고방식 및 시장만능주의적인 사회·정치질서에 대한 반성과 성찰의 필요성을 느끼고 있는 것 같다. 이제 신자유주의의 모국인 미국에서조차 간섭과 배제 없이 무한 질주하는 자본주의적 시장경제의 효율성을 옹호하는 대표

적인 신자유주의자들도 시장에 대한 국가개입의 필요성을 역설할 정도로 상황은 크게 변한 것처럼 보인다. 아무런 제재도 받지 않는 자유로운 시장이 최적의 효율성을 가져올 것이라는 믿음에 기초하여 국가의 공공 영역을 최대한도로 민영화하고자 한 시도가 총체적인 경제 위기를 초래했기 때문이다. 그럼에도 그런 위기가 도래하자마자 위기를 초래한 주체인 자본가 및 기업은 역으로 경제위기를 빌미로 세금 감면이나 국민 세금으로 이루어진 공적 자금 지원을 호소한다. 위기에 처할 때는 경제가 망하면 일자리가 없어진다는 점을 내세워 국가와 정부로부터 각종 유리한 지원을 받아내고자 하는 것이다. 이로부터 미루어 보건대 아무런 견제도 받지 않는 시장경제의 무제한적 자유 자체가 바로 시장에 대한 국가의 전면적 개입과 규제를 초래하는 장본인임이 분명해지고 있다.

이런 상황에서 시장에 대해 국가 및 사회가 적정 수준에서 개입하고 그것을 민주적으로 조절해야 할 필요성 그리고 기업 민주화를 옹호하는 글을 읽으면서 필자가 느끼는 감회는 남다른 데가 있다. 특히 기업 민주화가 규범적으로 바람직한지 그리고 실현가능한 시도인지에 대해서는 많은 이론이 있을 것이다. 그러나 세계 그 어느 곳에서보다도 신자유주의적 사고방식 및 삶의 방식이 사회 전반을 지배하고 있는 상황에서, 신자유주의적 자본주의 시장경제의 문제점이 전면적으로 드러나기 전에 작성된 글에서 필자는 시장사회를 민주적 방식으로 견제할 필요성을 강조했다. 시장이 적절하게 견제되고 조정되지 않으면 안 되는 이유는 고삐 풀린 시장사회가 민주주의와 자유를 후퇴시키고 위기에 빠뜨릴 것이 분명하기 때문만은 아니었다. 국가 및 시민사회를 통한 적정 수준의 견제와 규제 없이는 시장이 갖고 있는 제일의 존재 이유이자 가치인 효율성 자체도 유지될 수 없다는 것이 경제에 대한 규제의 필요성을 옹호한 또 다른 이유였다. 시장자본주의와 민주주의 사이의 상생 조건에 대한 탐색이 국가에 의한 시장의 완전한 통제보다도 더 바람직하다는 생각에서였다.

그래서 필자는 시장경제질서와 관련된 글에서 시장보다는 민주주의를 규범적으로 우선적인 원칙으로 보고 민주주의적 방식으로 시장자본주의에 사회적 책임을 규율하는 방식 그리고 시장의 효율성과 매개 가능한 시장개입의 정당화 가능성 등을 고민하였다. 그뿐만 아니라 필자는 사회적 불평등이 초래할 문제점들을 극복하는 데 필수적으로 요구되는 여러 도덕적 및 문화적 전제 조건들이 무엇인가에 대해 성찰하면서 적정 수준으로 분화된 시민사회 및 건강한 민주주의의 확산이야말로 우리 사회가 안고 있는 문제점들을 극복하는 데 중요하다는 점을 역설했다. 물론 이런 주장은 그리 독창적인 것이라 볼 수 없다. 그럼에도 시장과 민주주의에 관한 글은 지금도 여전히 의미가 있다고 생각된다.

제3부 '한국 민족주의와 민주주의'에서 다루어지는 주제는 탈민족주의 담론, 민족주의와 세계시민주의의 연관성, 그리고 한국역사에 등장한 유교적 세계시민주의에 대한 새로운 해석 가능성에 관한 것들이다. 제3부에 실린 글 역시 일부는 이미 발표된 글을 중심으로 구성되었지만, 반복되는 내용을 줄이고 불명료한 부분을 좀 더 명료하게 해보려고 노력했다. 그러나 제12장 '한국의 역사적 경험에서 본 세계시민주의와 대동민주주의'는 새로 작성된 글이다.

1990년대 소련과 동유럽 붕괴로 상징되는 전 지구적 차원에서의 냉전 종식은 한국사회에 커다란 영향을 주었다. 특히 민족주의 및 국민국가에 대한 비판은 포스트모더니즘적 사유의 유입 그리고 일본학계의 영향과 더불어 한국사회, 특히 한국인문학계의 새로운 주류적 인식으로 등장하였다. 그래서 민족주의를 주장하는 것이 일종의 퇴행적 사유이자 행동방식이 아닌가 하는 회의가 지금도 강하게 존재한다. 물론 오늘날 국민국가가 동요하고 있으며 민족주의가 대내외의 이질적 타자를 배제하고 억압할 수 있는 어두운 얼굴을 지닌다는 것 역시 분명하다. 그렇다고 해도 민족주의와 국민국가 자체를 전적으로 도외시하고 민주주의와 인권의 문제는 물론이고 사회적 불평등과 환경위기 등 인류사회가 안고 있는 여러 문제에 대한 긍정적 대안을 모색할 수 있을지에 대해 필자는 회의적이다.

세계시민주의적 가치를 긍정하면서도 세계시민사회의 창출이 요원한 상황에서 인권과 민주주의와 같은 소위 인류의 보편적 가치가 실현될 수 있는 장소로 국민국가의 의미를 다시 사유할 필요가 있다. 그리고 국민국가는 인권과 민주주의를 실현하기 위해 구성원들 사이의 일정한 연대 의식을 요구받고 있는데, 이런 연대 의식은 역사적으로 공유되어온 특정한 삶의 방식에 관한 공통 감각에 뿌리를 두고 있다. 이런 공유된 역사 감각은 흔히 민족적 정체성, 즉 민족적 연대의식이라고 불린다. 간단하게 말해 근대 국민국가가 이룩한 인권과 민주주의는 민족적 연대성과 깊게 연결되어 형성된 역사적 성취였다. 오늘날 난민 문제가 극적으로 보여주고 있듯이 집단적 정체성 혹은 민족적 정체성과 결합된 근대 민족/국민국가는 커다란 도전에 직면해 있다. 국민국가 수준에서 민족적 정체성이 지나치게 배타적이 되지 않도록 그것을 순화하고 통제할 수 있는 방안을 고민해야만 한다는 것은 시대적 요청이다. 그렇다고 국민국가 자체를 해체하여 단일한 세계정부나 세계시민사회로 이행할 수 있는 가능성만을 추구하는 것은 지나치게 유토피아적인, 심지어는 무책임한 것이다. 그러므로 오늘날에도 민주적인 국민국가의 지속적 재생산을 위해 반드시 필요로 하는 집단적인 정체성 혹은 공통의 정체성 형성의 문제는 진지한 사유의 과제로 남아 있다. 국가가 정치적 공동체인 한 그것은 그 구성원들 사이의 연대와 집단적인 귀속감을 통해 공동체에 대한 열정과 일정 수준의 헌신적인(우호적인) 태도를 형성해내지 않으면 안 되기 때문이다. 이런 맥락에서 민족주의나 민족/국민국가의 폭력성만을 비판의 표적으로 삼는 태도는 받아들이기 힘들다는 것이 필자의 입장이다.

게다가 20세기 전반기 일본에 의해 부당한 식민지배를 겪으면서 그에 저항하는 역사를 통해 전개되어온 민족주의의 역사적 경험을 염두에 둔다면, 한국의 민족주의 전통을 단순히 이질적 타자를 배제하는 폭력성을 지니고 있는 것으로 해석하는 입장은 문제가 있다. 그런 태도는 우리의 역사 속에서 형성되어온 민족주의의 의미를 제대로 이해하는 데 충분하지 않을 뿐만 아니라, 그것이 지니는 의미를 너무 싼값에 넘기는 것이 아닌지 의문이 든다.

주지하듯이 한말 서구 제국주의 열강의 침략 및 식민지 시대 일본 제국주의에 대한 저항을 통해 형성된 우리 사회 민족주의는 그 독특한 성격을 보여준다. 한국 민족주의는 외세의 침략과 지배를 극복하고 자주적인 근대 독립국가 형성을 지향했다. 그것은 대내적으로는 민주공화국의 형성을, 대외적으로는 동아시아, 더 나아가 인류의 평화 추구라는 보편적 가치 실현의 맥락 속에서 이해되고 있었다. 그래서 특히 제12장에서 필자는 한국의 저항적 민족주의를 세계시민주의를 지향하는 대동민주주의 정신의 발현으로 이해하여 우리 사회 민족주의의 고유한 성격을 새롭게 개념적으로 포착하고자 했다. 한국의 민족주의 및 민주주의의 근본정신을 해명할 결정적 열쇠로 대동민주주의라는 개념을 제시해본 것이다.

그리고 대동민주주의는 한국 근현대사를 새롭게 사유하려는 기본 인식 틀이자 개념이다. 그것은 천하(天下)를 염려하는 동아시아의 유교적 전통을 조선사회가 오랜 세월 축적해온 나름의 역사적 배경을 바탕으로 하여 서세동점의 시기 이래 우리 사회가 서구의 근대 민주주의를 능동적으로 대면하여 그것을 나름의 방식으로 실현해온 역사를 이해할 수 있는 사유 방법이다. 그러므로 대동민주주의라는 개념은 대동적 세계를 이상적 사회로 상상해온 동아시아 고유의 유교적 정치문화와 서구적 근대의 해방적 계기인 민주주의가 결합되어 한국사회에서 독특하게 형성되어온 민주주의 역사 및 그것을 추동한 기본 정신을 표현한 것이다. 달리 말하자면 대동민주주의라는 개념은 한국의 근현대 역사 속에서 실현되어온 민주주의 이념의 고유한 성격을 이해할 수 있는 결정적인 개념이라고 필자는 생각한다. 대동민주주의는 유교 전통과 서구 근대가 서로 상호작용 하는 과정 속에서 형성되고 실현되어 온 우리 사회 근현대 '역사 속의 이성'과도 같은 것이다.

한국사회 근현대 역사 속에서 구현되어 온 대동민주주의는 두 가지 측면으로 부연 설명될 수 있다. 그것은 한편으로 서구적 민주주의 및 국민(인민)주권주의에 의해 유교적 대동세계관이 어떻게 변형되어 가는 지를 보여주는 개념인 것이다. 즉, 그것은 유교적 유토피아 이념인 민본 적 대동사상이 서구의 민주공화와 만나 민주공화적 대동주의로 전개되어 가는 측면을 말한다. 다른 한편으로 그것은 서구 근대의 독자적인 수용과 그 변용을 가능하게 한 조선사회의 유교적 대동세계 이상이 영향사(Wirkungsgeschichte)적으로 지속되고 있음을 보여주는 것이다. 즉, 대동민주주의는 서구 민주공화주의를 대동 이념을 통해 주체적으로 재구성하여 대동사상을 계승하는 측면을 강조하려는 것이다.

제4부 '유교적 정치문화와 한국 민주주의'에 실린 제13장의 글 '일본의 황도유학과 한국의 국가주의적 충성관의 탄생'은 국가에 대한 멸사봉공적인 유교적 충성관의 계보에 대한 연구이다. 이 글에서 다루어지는 것은 국가를 위해 생명을 바쳐서까지 충성을 다해야 한다는 국가주의적 충성 이론이 과연 조선의 유교적 전통에서 유래한 것인지 아니면 일제 식민지시기를 거치면서 일본 나름의 유교적 전통에 의해 만들어진 전통인지에 관한 문제이다. 여기에서 우리는 멸사봉공(滅私奉公)이나 대의멸친(大義滅親)과 같이 국가나 국왕에 대한 맹목적인 충성을 강조하는 태도가 우리의 역사가 키워온 전통적인 유교적 가치관에서 흘러나온 것이 아니라, 일본 고유의 충효 관념에 뿌리를 둔 것임을 이해하게 된다. 이를 통해 전통이 국가권력과 연계하여 늘 새롭게 재구성되고 동원되는 맥락을 탐구하지 않는다면, 전통의 이름으로 유포되는 규율 권력의 문제를 제대로 비판할 수 없음을 알게 된다.

그리고 제14장 '한국 민주주의와 유교 문화—한국 민주주의론을 위한 예비적 고찰'은 한국 민주주의의 정신사적 조건을 유교 국가인 조선에서부터 본격적으로 축적된 사회에 대한 독자적인 상상, 즉 사회적 상상이라는 관점에서 해명하는 글이다. 이 글에서는 조선의 유교적 정치문화가 민주주의 발전을 포함하여 한국사회 근대화에 장애물이라는 사회적 통념에 반하여, 우리 사회가 걸어온 민주주의 과정의 독특한 경로는 조선의 유교적 정치문화의 지속적 영향사를 염두에 두지 않으면 제대로 이해될 수 없다는 논제가 제시된다. 이 글은 한국 민주주의론에 대한 시론적 글의 성격도 지닌다. 그렇지만 한국사회가 어떤 방식으로 민주주의로 이행할 수 있었는지에 대한 이렇다 할 공유된 분석 틀이 존재하지 않는 우리 인문사회학계의 상황을 감안할 때 나름의 의미를 지닐 것이라는 희망을 가져본다.

제15장의 글 '문화와 정치—광우병 촛불시위에 대한 하나의 해석'은 필자에게는 매우 예외적인 것이다. 이 글은 이 책에 실린 글 중에서 유일하게 구체적 사건을 분석하고 그에 대해 나름대로 정치철학적 성찰을 시도한 평론적 성격의 글이다. 2008년에 발생한 촛불시위를 둘러싸고 진행된 당시의 논쟁을 검토하면서 필자 나름의 생각을 정리하여 '사회와철학연구회'가 엮은 『촛불, 어떻게 볼 것인가』(울력, 2009)에 실린 글이다. 이 글에 대해 아쉬운 점이 없지는 않으나 내용을 수정·보완해 이 책에 넣었다. 필자로선 처음으로 한국사회의 민주주의 문제를 정치문화의 시각에서 접근해본 글이라 이 책의 제4부에 어울린다고 생각했다.

제16장 '한국사회에서 헌법애국주의 및 공화주의적 애국심 논쟁에 대하여'는 2015년 8월 19일~8월 21일 중국 연변대학교에서 연세대학교 국학연구원이 중국 연변대학교 민족연구원 및 조선반도연구협력창신중심과 공동으로 개최한 학술대회에서 발표한 글을 토대로 한 것이다. 이때 발표된 글은 축약된 형태로 『디아스포라: 민족 정체성, 문학과 역사』(연세대학교 국학연구원 HK사업단 편, 2016, 혜안)에 실려 있다. 그렇지만 이 책의

마지막 장으로 수록된 이 글의 내용은 이미 공간된 글보다 분량으로만
보아도 거의 2배로 확장된 것이다.

이 글도 한국사회의 민주적 정치문화의 형성과 관련된 주제를 다루고
있다. 민주주의에 호의적인 정치문화를 발전시켜 민주사회의 주인인 시민
이 민주주의 원칙 및 제도를 현실 속에서 잘 구현할 수 있게 하는 것은
매우 중요하다. 특히 현대사회에서처럼 사회 구성원들 사이에 바람직한
삶에 대한 관점이 매우 다양해진 상황에서 민주적 정의 원칙을 제대로
이해하고 그것을 구체적 상황 속에서 현명하고 신중한 방식으로 적용할
수 있는 민주적 시민의 능력을 키우는 것은 중요하다. 시민들 사이에 우호적
인 연대 의식이 살아 있고 민주주의 사회를 아끼고 사랑하여 자신이 속한
민주공화국을 잘 보살펴 가꾸어 나가려는 민주적 시민의식이야말로 인간
사회에서 늘 동반되기 마련인 적대적인 갈등 분출이 사회의 연대 의식
및 민주주의적 정의를 훼손하지 않도록 만드는 최후의 방어막일 것이기
때문이다.

철학자가 정의로운 민주사회에 우호적인 정치문화를 형성하는 데 사회
적 불평등 문제, 낙태나 동성애자 권리문제 등과 같이 첨예하게 대립되어
있는 정치적 쟁점들을 직접 논평하고 그에 대하여 동료 시민들과 비평적인
방식으로 논쟁하고 토론하는 방식도 중요하다. 그러나 그런 비평적 활동만
이 철학자가 동료 시민과 대화할 수 있는 유일한 방식은 아닐 것이다.
정치적 행동에 영향을 주는 민주주의에 대한 다양한 사상과 이해 자체를
비판적인 성찰의 주제로 삼아 민주주의에 대한 새롭고 더 나은 인식을
추구하는 작업도 철학자가 민주적 정치문화 형성에 기여할 수 있는 방법의
하나이다. 다양한 쟁점들을 둘러싼 상이한 견해가 명시적이든 함축적이든
가정하고 있는 민주주의 및 정치에 대한 상이한 접근 방식이 무엇인지
그리고 그런 접근 방식이 지니는 장단점이 무엇인지를 반성적으로 검토하
는 작업 역시 민주주의에 우호적인 정치문화 및 정치행위의 기반이 되는

시민들의 내면화된 습속과 마음가짐을 형성하는 데 기여할 것이기 때문이다.

한국사회가 좀 더 정의로운 민주사회로 이행해가는 데에서 요구되는 정치문화가 지니는 중요성에 대한 필자의 관심은 한국사회의 성격, 특히 한국의 근현대 역사를 바라보는 시각에 대해 새롭게 성찰하는 계기로 이어졌다. 간단하게 말해 서구 근대의 역사적 경험을 바탕으로 형성된 근대에 대한 모델을 한국을 포함한 동아시아 지역에 적용하는 작업이 지니는 문제점을 성찰하면서 한국 및 동아시아의 역사에 대한 새로운 인식을 시도하는 것이 중요하다는 결론에 도달했다. 그래서 필자는 한국의 근대성 문제를 동아시아 역사라는 맥락에서 철학적으로 해명하는 작업에 큰 관심을 기울이고 있다. 그리고 그런 시도는 서구중심주의를 넘어 한국 근대성의 독자성을 새롭게 해명하려는 작업이기도 하다. 앞에서 언급했듯이 대동민주주의를 통해 한국 근대성 형성의 고유한 성격을 해명하려는 시도도 그런 문제의식의 소산이다. 물론 대동민주주의 개념은 필자가 새롭게 창안한 개념은 아니다. 그러나 필자는 대동민주주의라는 개념을 한국사회가 근대 서구 문물의 충격과 영향을 주체적인 방식으로 대응하게 한 전통적인 유교적 민본주의와 서구 근대 민주주의 사이의 이종 교배 과정을 매개로 해서 형성된 역사적 구성물로 이해하고자 한다. 그리고 그런 대동민주주의를 향한 역사를 조선 후기 사회와 한말, 그리고 식민지배 및 분단과 독재를 거치면서 오늘날에 이르는 한국 근현대사의 성격을 해명할 수 있는 결정적 개념으로 이해한다. 이런 점에서 대동민주주의를 이념사적으로 연구하고 그 의미를 강조하는 접근방식과 분명하게 차이가 있다.

우리 사회의 역사적 경험을 대동민주주의라는 개념 틀로 이해해보려는 시도는 한국 근대성 연구를 방법으로 삼아 서구 근대성을 상대화하는 작업의 일환이다. 그러나 이 작업은 유교 전통 및 동아시아 근대성 연구와 깊게 연결되어 있다. 유교 전통과 서구 근대의 상호 중첩적 만남 속에서 형성된 한국의 근대성 경로의 고유성을 해명하는 작업은 서구 근대중심주의나 탈(post)모던적 시각이 아닌 제3의 새로운 시각에서 한국사회를 제대로 이해할 수 있는 방법을 모색하는 시도이다. 그 새로운 길이란 동아시아 전통(유학 전통)의 민주화이자 (서구) 민주주의의 동아시아화 및 한국화의 길이라고 정식화할 수 있을 것이다. 따라서 유교 전통의 영향사를 준거점으로 한 한국 근대성 연구는 동아시아 속에서 중국과 일본의 근대성을 비교하는 작업으로 확장되어야 할 것이다.

서구 근대성을 중심으로 동아시아 및 한국역사를 이해하는 종래의 방식에서 벗어나 한국사회를 동아시아 유교 전통의 영향사와 관련하여 해명하려는 인식을 좀 더 분명하게 자각하게 된 계기는 필자가 2009년 이후 오늘에 이르기까지 속해 있는 연세대학교 국학연구원 '인문한국연구소'에서의 연구 수행 덕이다. 국학연구원 '인문한국연구소'는 10년 계획의 연구 프로젝트를 진행 중인데, 그 연구계획의 공식 이름은 '21세기 실학으로서의 사회인문학'이다. 연세대학교 국학연구원은 한국에서 가장 오래된 한국학연구소이며, 그 전통은 일제 강점기 위당 정인보 선생을 비롯한 여러 선배 학자들이 벌인 조선학 운동과 이어져 있다. 그러므로 조선 후기의 실학 정신을 이어받아 오늘날 한국 인문학이 처한 위기를 극복하며, 더 나아가 한국사회의 위기에 적극 대응할 수 있는 새로운 비판적·공공적 사유 능력의 재생을 기하고자 하는 '21세기 실학으로서의 사회인문학' 연구계획은 많은 지적 자극을 주었다. 그 무엇보다도 국학연구원은 과단위로 편성된 분과학문 체제에서는 할 수 없는 학제적 연구를 본격적으로 실행에 옮길 수 있는 기회를 주었다. 이 책이 기존 철학서와 다른 점이 있다면 그것은 거의 전적으로 학제적 연구를 격려한 국학연구원의 '인문한국연구소' 덕이다.

'21세기 실학'을 찾아 나선 탐색의 중간 결론은 대동민주 유학이다. 대동민주 유학은 대동민주주의와 함께 이 책을 관통하는 핵심 개념 중의 하나인데, 잠정적 가설의 형태로나마 19세기 중반 이후 동서양 문명의 만남에서 형성된 한국 근현대사의 기본적 모습을 개념화하게 해주는 인식 방법론이다. 달리 표현한다면, 대동민주 유학은 '21세기 실학'을 구체화하기 위해 제안된 방법인데, 그것은 동아시아의 유교 전통 속에서 축적해온 유가적 대동세계의 이상이 서구 근대와의 충격적 만남 속에서 전통의 비판적 지속과 아울러 서구 근대의 해방성과 폭력성의 양가성에 능동적으로 대응해나가는 과정을 주도한 정신이었음에 주목하고 그 역사 형성적 힘을 학문적으로 성찰해보려는 인식 틀이다. 그렇게 본다면 대동민주 유학은 오랜 세월 한국사회가 추구해온 바람직한 인간다운 세계를 이해할 수 있는 나름의 규범적인 해석의 틀로도 이해될 수 있을 것이다. 따라서 '21세기 실학'인 사회인문학의 방법으로 제안된 대동민주 유학이라는 사유의 틀을 통해서 우리는 서구에서 전형적으로 발전된 민주주의 및 사회정의에 대한 개인주의적인 권리 담론 위주의 접근 방식이 안고 있는 한계를 넘어 민주주의를 새로운 방식으로 사유할 수 있는 가능성도 모색할 수 있을 것이다.

모든 인간을 자유롭고 평등한 존재로 대등하게 존중할 것을 강조하는 칸트에서 롤스에 이르는 보편적 동등 존중이라는 이상이 지니는 긍정성은 아무리 강조해도 지나치지 않을 것이다. 그러나 보편적 동등 존중의 이상 역시 인간의 인간다움을 실현하는 데 필요 충분한 이론이 아니라는 것이 필자의 생각이다. 그리하여 대동민주주의 및 대동민주 유학은 자유와 평등이라는 대칭성과 상호성 중심으로 사회를 규율하려는 보편주의적이고 개인주의적인 정의 원칙을 넘어선―혹은 그와 다른―바람직한 사회에 대한 인식을 추구해온 필자 나름의 사색의 중간 결산이다. 이는 노동과 독립적인 자율적 행위 주체를 정상적인 인간의 전형으로 설정함으로써 삶의 필수적 구성 요소인 의존성을 권리와 대척적인 것으로 배제시켜 이를 죄악시하는 서구의 주류적 사회비판 이론의 근본 가정들에 대한 비판적 성찰도 포함한다. 대동민주 유학이 풍부한 결실을 맺는다면, 그것은 공자에서 시작되어 주희의 성리학을 거쳐 동아시아 역사 형성에 큰 영향력을 발휘한 유학의 21세기 버전의 한 형태로 뿌리를 내릴 수 있을지도 모른다.

게다가 정의로운 사회에 대한 대동민주 유학의 근본적 이해를 구성하고 있는 개념들은 타자에 대한 무한한 책임과 자율성의 균형을 추구하는 대동적 인(仁), 충서적 개인주의, 백성의 볼모로서의 성왕, 화이부동의 조화 및 대동적 평등, 천하적 세계 평화(평천하적 세계시민주의) 그리고 생명 존중 지향의 민주주의 등과 같은 것들이다. 그리고 이들 핵심 개념은 우리의 역사적 경험과 전통 속에서 작동하는 공유된 정신을 사상적으로 재해석한 것이다. 물론 무한한 환대 및 보편적 자율성의 종합으로 대동적 인을 이해한 다든지 유교적 성왕을 백성의 볼모로 재해석하는 것 등은 필자가 유학의 근본정신을 나름대로 새로 해석한 것이기도 하다. 그리하여 이런 새로운 유학적 개념들이 학계에서 얼마나 통용될지 장담할 수는 없다. 그렇지만 그렇게 재해석된 대동적 유학 정신과 대동민주주의는 우리 사회를 규범적으로 비판하고 우리 사회가 아직도 충분하게 실현하지 못한 약속이 무엇인가를 이해하게 해준다고 본다. 그런 점에서 '21세기 실학'인 사회인문학을 구현할 수 있는 방법으로 제안된 대동민주 유학 그리고 그것의 정치사회적 정의관의 표현인 대동민주주의는 우리 사회의 역사적 경험 및 전통에 닻을 내리고 있는 비판적 사회이론으로도 이해될 수 있을 것이다.

한국사회와 민주주의에 관한 이 책은 『유교 정치문화, 동아시아 그리고 한국 민주주의의 미래』라는 제목으로 곧 출판할 책과 자매편이다. 『대동민주 유학과 21세기 실학——한국 민주주의론의 재정립』에서 제대로 다루지 못한 주제를 별도의 책으로 출판하는 것이다. 특히 이 책에서는 권리 중심의 자유주의적 정의 원칙에 대한 비판적 성찰이나 민족주의 및 세계시민주의, 헌법애국주의 논쟁에서 다루어지는 연대성과 정의 사이의 상호 연관성의 문제 그리고 유가적인 인정의 정치이론의 성격을 의존성에 대한 민감성에 뿌리를 둔 보편적 정의 지향의 이론으로 재해석하는 문제가 좀 더 상세하게 서술될 것이다. 또한 조선 후기에서 20세기 전반에 이르는 시기에 유교적 대동세계의 이상이 어떻게 전개되는가에 대한 사상사적 연구 그리고 한국 정치의 문화적 조건을 유교 문화를 공유하고 있는 동아시아의 맥락에서 접근하면서 한국 및 인류사회의 민주주의의 장래에 대한 고찰 등이 상술될 것이다.

제1부

한국 가족사회와 민주주의

제 *1* 장

한국사회에서 가족의 구조 변동과 그 문제들

들어가는 말

오늘날 국민국가나 자본주의 등과 마찬가지로 가족제도 역시 심각한 논쟁의 대상이 되고 있다.[1] 가족제도가 왜 존립해야 하는지에 대해 상이하고 때로는 서로 극단적으로 대립하는 관점들이 존재한다.[2] 그러나 가족제도가 인류의 역사에서 차지했던 역할의 중요성을 부인하는 사람은 드물다. 가족제도는 가장 오래된 인간사회 제도의 하나에 속한다. 가족은 인간과 자연을 구분하는 결정적인 경계선의 역할을 담당한다. 그래서 18세기의 위대한 이탈리아 철학자 G. 비코(Vico)는 종교 및 매장 풍습과 함께 가족을 동물에서 인간으로 이행하는 것을 가능하게 하는 문화적 제도로 보았다. 즉 가족제도는 인간을 동물과 구별하게 해주는 인간 문화의 근원적이고

• • •

1   제1장은 「한국 가족 내에서의 자유·평등 원리와 가족 유대성의 상관성에 대한 고찰」,
    『한·중·일 3국 가족의 의사소통 구조 비교』(권용혁 외 지음, 이학사, 2004)를 수정·
    보완한 것이다.
2   가족 연구의 여러 학문적 접근 방법에 대하여는 조정문·장상희, 『가족사회학』, 아카넷,
    2001, 22쪽 이하 참조

보편적인 현상이라는 것이다.[3] 이처럼 태곳적 인류사회에서부터 현대의 과학기술 문명사회에 이르기까지 가족제도는 그 양상을 달리하면서도 계속해서 존립해왔다. 따라서 시간과 공간을 달리하면서 발전해온 문화적 다양성 속에서도 가족제도는 인류문화의 공통적인 특징을 보여주는 "문화적 보편자"의 하나로 이해된다.[4]

모든 제도가 역사적이고 사회적인 구성물인 것처럼 가족의 의미나 형태도 시대와 상황에 따라 다르게 이해되었다. 특히 가족의 형태나 의미는 현대화 과정에서 근본적인 변화를 겪고 있다. 전통사회에서의 가족의 형태나 의미는 현대사회에서의 그것과 상당히 다르다. 예를 들어 기든스는 전통적인 가족은 경제 단위이자 친족 단위였던 데 반해, 현대사회에서 사랑이나 정서적 유대가 결혼 및 가족제도의 결정적인 존재 이유라고 본다.[5] 그러나 전통사회에서 가족이 수행했던 의미나 역할과는 다르지만 현대사회에서도 가족은 여러 가지 점에서 중요한 기능을 담당한다. 예를 들어 가족은 인류의 생물학적 재생산 기능을 담당하고 있다. 인간 복제기술로 상징되는 과학기술의 급속한 발전으로 인류의 재생산 과정이 어떤 방식으로 변화할지는 현재로서는 쉽게 예측할 수 없다. 그러나 앞으로도 상당 기간 인류의 재생산은 가족이 담당할 것임은 틀림없다. 또한 가족은 사회적 재생산에서 중요한 역할을 담당한다. 특히 모든 인간의 정체성 형성에서 가족은 결정적인 영향을 미치고 있다. 그래서 현대사회에서의 가족제도가 전통사회의 그것과 상당한 차이를 보여줌에도 불구하고 G. P. 머독(Murdock)은 성적 기능, 경제적 기능, 출산 기능 그리고 교육적

---

3   G. Vico, *Prinzipien einer neuen Wissenschaft über die gemeinsame Natur der Völker*, 2 Bände, übersetzt von V. Hösle und Ch. Jermann, Hamburg 1990, 143쪽 이하 참조.
4   A. Giddens, *Soziologie*, übersetzt von A. Kornberger, M. Nievoll und H. G. Zilian, Graz/Wien 1995, 46쪽.
5   앤서니 기든스, 『제3의 길』, 한상진·박찬욱 옮김, 생각의나무, 1999, 146쪽 이하 참조.

기능을 모든 문화에 보편적으로 나타나는 가족의 기능으로 파악하였다.[6]

우리는 전통사회에서 현대의 산업사회에로의 이행과정에서 가족에 대한 이해와 가족의 형태가 크게 변했음을 알 수 있다. 그러나 이런 변화의 추세는 20세기 후반에 들어와 전면적인 변화로 이어지고 있다. 그 변화는 인류 역사에서 유례를 찾아보기 힘들 정도라고 평가된다. 그래서 E. 홉스봄(Hobsbawm)은 『극단의 시대』에서 가족 해체를 우리 시대가 겪고 있는 가장 커다란 문화혁명으로 묘사한 바 있다. 그에 따르면 20세기 후반에서 분명하게 의식될 수 있는 "근본적인 정신적, 문화적 혁명"에서 여성이 결정적인 역할을 하였으며, 이 혁명은 "전통적인 가족 및 가정의 변화를 중심축"으로 해서 발생하였다. 그리고 홉스봄은 농민층의 사멸, 중등교육과 고등교육을 요구하는 직업들의 부상, 산업노동계급의 현저한 감소, 그리고 노동계급 내에서 여성 역할의 두드러진 증가 등이 이러한 급진적인 문화혁명을 낳은 중요한 사회적인 요인이라고 말한다.[7]

이 글에서는 한·중·일 동아시아 3국, 특히 한국에서 발생하고 있는 가족에 대한 인식의 변화와 이에 따른 가족생활의 변화를 경험적인 자료에 의거하여 살펴보고, 동시에 이러한 변화가 어떤 의미를 함축하고 있는지를 숙고하고자 한다. 이 글에서 주로 다루어질 주제는 대략 두 가지이다. 우선 근대적인 가족 형태가 점차 힘을 발휘하는 상황에 대한 인문학적 성찰이다. 앞으로 더 상세히 살펴볼 예정이지만, 우리 사회의 가족 내에서

• • •

6   박민자, 「가족의 의미」, 여성한국사회연구회 편, 『가족과 한국사회』, 경문사, 2001, 5쪽 참조.

7   E. 홉스봄, 『극단의 시대: 20세기의 역사 하』, 이용우 옮김, 까치, 1997, 399쪽 이하 참조. 또한 A. 기든스는 확대가족 및 다른 친족집단의 약화, 배우자의 자유 선택의 증가, 결혼 주도나 가족 내 의사 결정에서 여성이 지니는 권리의 보다 폭넓은 인정, 그리고 어린이의 권리 확대 등을 오늘날 세계 여러 사회에서 발생하고 있는 가족과 연관된 가장 중요한 변화들로 언급한다(『현대사회학』, 김미숙 외 옮김, 을유문화사, 2003, 170쪽).

도 근대적인 개인주의 및 평등주의가 강력한 힘을 발휘하고 있다. 그러나 이런 현상을 경험적으로 입증하는 작업보다 더 중요한 것은 그런 변화가 지니는 의미를 제대로 사유하고 이해하는 것이다. 따라서 개인주의 및 평등주의의 이념이 관철되면서 우리 사회에서 초래된 가족의 구조적 변동이 지니는 긍정적인 측면과 함께 어두운 측면도 살펴볼 것이다.[8]

이 글에서 주로 다루어지는 또 다른 문제는 서구와 다른 문화적 전통 속에서 서구적 근대성의 원리를 수용한 동양사회, 특히 한국사회는 어느 지점에서 가족생활이 서구의 길과는 다른 가족생활의 모습을 보여주고 있는가 하는 점이다. 한국사회에서는 전통적으로 가족의 가치가 높이 숭상되어 왔으며, 가족제도는 가족생활뿐만 아니라 한국사회 전체의 형성에도 결정적인 영향력을 행사하는 것으로 알려져 있다. 그러므로 전통과 서구적 근대의 만남에서 발생하는 한국 가족 내에서 변형, 더 나아가서는 한국사회 전체의 거시적 변동과 가족의 변화가 상호작용하는 작동 구조에 대해

---

8   이 글을 작성할 당시에도 필자는 서구 근대의 자본주의 세계체제가 기본적으로 식민주의를 동반하고 있다는 점 그리고 반제국주의 및 반식민주의 투쟁이 서구 근대성의 내부 균열과 그 역사적 양가성을 드러내고 있다는 생각을 갖고 있었다. 그럼에도 근대 혹은 서구 근대의 역사적 의미를 서구중심주의 및 탈식민주의라는 철학의 문제를 통해 성찰적으로 반성하는 모습은 충분하게 드러나 있지 않다. 물론 이 글에서도 서구 근대의 역사적 경험과 다른 한국을 비롯한 동아시아 국가들의 근현대사를 서구적 근대의 확산 및 전파의 틀로는 충분하게 파악할 수 없다는 문제의식이 전혀 없다고 할 수는 없다. 그러나 서구의 역사적 경험에 바탕을 둔 근대성에 관련된 어휘와 개념을 기본적인 것(기본적인 준거점)으로 설정하고 그것을 역사적 조건이 상이한 한국사회에 어떤 방식으로 창조적으로 수용하고 섭취할 것인지를 고민하는 것이 지니는 한계에 대한 문제의식은 전면에 드러나 있지 않다. 그런 점에서 이 글에서 서술된 서구 근대성에 대한 설명은 그것의 기원이 오로지 서유럽의 내재적인 발전의 결과이자 자생적인 산물인 것처럼 바라보는 서구중심주의적 사유 방식의 문제점 그리고 이런 사유 방식의 구성적인 이면이라고 할 수 있는 비서구 지역에 대한 역사 인식에서의 식민성의 내면화 문제를 명시적으로 비판하지 못하고 있다. 달리 말하자면 서구적 편향을 지닌 유럽중심주의적 사유의 틀에 의해 비서구적인 사회의 역사를 식민화하는 작업이 지니는 인식론적인 폭력성 그리고 그런 폭력성이 서구 제국주의의 팽창주의적 권력과 연동하여 관철되고 있는 역사적 현상에 대한 성찰 부족을 보여준다.

주목할 필요가 있다. 그러므로 한국의 가족주의를 제대로 이해하고자 할 때 우리 사회의 가족주의 전통이 가족의 가치를 중시하고 가족을 가문의 영속성이라는 틀 속에서 바라보고 부계 혈연 중심의 가족규범을 지속적으로 재생산하는 과정에서 유교적 전통이 큰 역할을 했다는 주장을 확인하는 것에 그치지 않아야 할 것이다. 유교적 전통이 변화되는 시대적 상황에서 우리의 행위방향을 규정짓는 요소임을 부정할 수 없겠지만 역으로 유교적 전통이나 유교적인 가족주의 이념도 시대적 변화에 영향을 받으면서 변형되는 역사적 존재이기 때문이다. 달리 말하자면 한국사회의 유교적인 가족주의 전통이 근대의 영향에 대해 어떤 방식으로 대응하고 그런 대응의 과정에서 어떤 변형이 가족 내에서 형성되고 있는지에 주목하지 않을 수 없다는 것이다.[9]

더 나아가 20세기 후반에 국한시켜도 그 시기에 한국사회가 겪은 변화를 제대로 이해하고자 할 때 유교적 가족주의 전통에 의해 규정되는 측면을 무시할 수 없다. 그렇지만 역으로 식민통치, 분단과 전쟁 그리고 군사독재와 산업화 및 민주화의 과정에서 가족주의 혹은 가족중심주의적 삶의 방식도 나름의 변형을 겪으면서 오늘날에 이르고 있다는 점을 염두에 두어야 할 것이다. 그러므로 유교적 가족주의 전통에 그 기원을 두고 있는 현대 한국 가족주의가 근현대 역사 속에서 이루어진 거시적인 사회변동과

* * *

9 이 글 전반에서 확인할 수 있겠지만 전통과 서구 근대의 대비는 서구 근대와 동양사회의 이원론과는 아무런 관계가 없다. 그렇지만 이런 대비는 자칫하면 한국을 포함한 동아시아의 역사를 서구 근대의 팽창과 침략 및 그에 대응하는 이원적 틀에 지나치게 매몰될 한계가 있다. 이런 충격-대응이라는 인식 틀 자체는 비판되어야 한다. 그런 접근 방식 자체가 비서구 사회의 근현대사를 지나치게 서구 근대에 대한 반응만을 주요한 것으로 간주한 나머지 그 역사의 전체적인 모습을 왜곡할 수 있을 것이기 때문이다. 2차 대전 이후 냉전 체제하에서 미국의 역사학자들이 동양, 특히 19세기와 20세기 중국의 역사를 인식할 때 동원했던 충격-반응 패러다임 혹은 전통-근대의 이분법적 모델에 대한 비판으로는 폴 코헨(Paul Cohen), 『학문의 제국주의: 오리엔탈리즘과 중국사』, 이남희 옮김, 산해, 2003 참조.

맞물리면서 작동하는 모습을 파악한다면, 그런 작업은 우리 사회의 근대성을 총체적으로 파악하는 데 새로운 시야를 제공할 것이 분명하다. 그리고 그런 작업은 궁극적으로는 한국 근대성을 넘어 근대성 전반에 대한 철학적 성찰의 길을 새롭게 확장하는 데 기여할 것이다. 달리 말하자면 그것은 한국 근대의 성격을 해명하고 그에 대한 철학적 성찰을 위해서도 필수적이며 서구적인 근대를 우리 사회가 따라가야 할 이상적 좌표로 설정해온 서구 근대 편향의 시각을 교정하는 데에도 기여할 것이다.

한 시대를 이해하고자 할 때 그 시대가 정당한 것으로 간주하는 도덕적 기준이나 기본적인 사유 방식 및 중요 개념을 이해하고 파악해야 한다. 마찬가지로 상이한 세계 이해를 간직한 사회와 접촉할 때 발생하는 상호작용의 측면을 주목하지 않으면 안 된다. 동아시아 사회에서 그런 인식의 중요성은 더욱 중요한데, 동아시아 사회는 19세기 중엽 이후 서구 근대의 지배적 힘에 직면하여 동아시아 전통을 매우 부정적인 방식으로 비판하지 않을 수 없는 상황으로 몰렸기 때문이다. 그러나 동아시아 전통을 서구 근대의 기준에 의해 전근대적이고 서구적인 근대로 가는 길을 방해하는 장애물로 보는 시각은 자신이 살고 있는 삶의 역사적 맥락을 이해하지 못하도록 만든다. 그리고 서구 근대를 근대의 유일한 기준으로 설정하여 그것을 스스로의 힘으로 이루어내지 못한 우리의 전통사회를 봉건적이고 야만적인 것으로 치부하는 인식론적 태도는 자신의 모습이 무엇인지를 제대로 인식하지 못하게 하는 데에서 그치지 않는다. 그것은 한국사회의 구성원들에게 심각한 정체성의 위기를 초래하여 우리 사회가 안고 있는 문제를 능동적으로 해결할 수 있는 주체적 힘의 제고를 어렵게 만들고 있다.

이러한 문제의식에서 출발하여 제1장에서는 서구 근대의 규범적인 이념이 무엇이고 이러한 이념에 기초한 근대가족의 기본 구성 원리 및 그 형태는 어떤 것인가를 살펴본다(Ⅰ). 제2절에서는 우리나라 가정생활에서 근대성의 원리가 어느 정도 받아들여지고 있는가를 실증적인 설문조사 자료를 통해 분석한다(Ⅱ). 제3절에서 다루어지는 것은 이른바 근대적인 원리가 가족 내에서 관철되면서 수반되는 여러 문제점이다. 특히 가정생활에서 개인주의 및 평등주의적 규범이 지속적인 영향력을 발휘하면서 발생하는 문제점이 무엇인지에 대해 살펴본다(Ⅲ).

Ⅰ. 근대가족의 원리와 그 기본 형태

오늘날 근대에 대한 철학적 성찰은 매우 중요한 과제이다. 근대는 실현되어야 할 문명이 아니라 극복되어야 하고 해체되어야 할 그 무엇이 아닌가에 대한 성찰이 중요한 사상의 과제로 되어 있기 때문이다. 이는 포스트모더니즘의 등장에서도 잘 드러난다.[10] 물론 근대 및 근대성의 극복이라는 문제의식은 매우 중요하다. 그러나 그보다 더 중요한 것은 어떤 방식으로 서구 근대를 극복하느냐의 문제이다. 근대 및 근대성의 문제점을 극복하는 것이 필요하다는 점을 인정한다고 해도 그 극복의 방향은 다양할 수 있을 것이다. 그리고 어떤 방식으로 서구 근대의 한계를 넘어설 것인가에 대한 성찰의 출발점은 서구적 근대 및 근대성에 대한 철학적 성찰일 것이다.

그런데 근대라는 시대를 독특한 역사적 시대로 인식하고 이를 철학의 근본 문제로 삼은 사람은 헤겔이었다.[11] 그리고 그는 근대 혹은 현대(die

• • •

10 포스트모던적인 근대에 대한 성찰과 이의 제기의 의미를 무시할 수 없지만, 필자는 그 관점에 전적으로 동의하지는 않는다. 필자는 서구적 근대성의 지방화와 상대화 작업을 통해 새로운 전 지구적인 보편적 근대의 가능성을 지향하는 편이다.

11 여기서 헤겔의 근대 개념이 지니는 유럽중심주의적 편협성과 제한성에 대해서는 다루지 않는다. 근대의 규범적 원리인 자율성의 이념에 대한 헤겔적인 이해 역시 서구적 근대의 역사적 경험을 깊게 반영하고 있다. 그런 점에서 그의 자유 이론이 내세우는 보편성 주장이 타당한지도 비판적으로 논의되어야 할 심각한 쟁점이다. 게다가 헤겔

Moderne)를 그 이전의 시대와 구별되는 독특한 시대로 규정할 때 자유
개념을 기본적인 원리로 설정했다. 헤겔은 인류 역사를 자유의식이 실현되
어 가는 역사로 규정하고, 세계사를 동양에서 시작하여 서양에서 그 정점에
이르는 과정으로 이해한다. 그리고 인류사의 정점으로 근대를 파악하는
헤겔의 관점은 근대라는 시대를 그가 어떻게 이해하는지를 잘 보여준다.[12]
그러므로 위르겐 하버마스도 주체성을 근대의 원리로 파악하고 "근대의
자기이해"를 철학의 "근본 문제"로서 이해한 최초의 철학자로 헤겔을
거론한다.[13]

1) 서구 근대 가족제도로서 핵가족

서구에서 발생한 근대의 원리는 정치적으로는 홉스에서 시작하여 로크
로 이어지는 개인주의적인 자유주의로, 법적으로는 인간의 인권 및 기본권
사상으로 나타난다. 나아가 근대의 자율성의 원리는 규범적인 차원에서는
모든 인간을 자유롭고 평등한 존재로 인정한다는 점에서 인류 전체를
포괄하는 보편주의적인 이론의 형태를 띤다. 이렇게 근대 세계는 자율성의
이념을 역사 속에 구현한다는 점에서 그 정당성을 획득할 수 있다고 믿는다.

• • •

역사철학이 지니는 유럽중심주의 그리고 그것이 어떻게 유럽 대 비서구 사회의 이원적
대립을 정당화하면서 비서구 사회의 자립적인 발전 경로에 대해 오해를 하고 있는지에
대해서는 별도의 논의를 요한다. 이 주제에 대해서는 나종석, 『헤겔 정치철학의 통찰과
맹목: 서구 근대성과 복수의 근대성 사이』, 에코리브르, 2012, 「머리말」, 제3장 및
제5장 참조. 특히 동아시아의 역사 인식 및 유교적 전통에 대한 헤겔의 서술이 보여주는
중요한 한계에 대해서는 필자의 다음 글을 참조. 나종석, "Ambivalente Moderne: Wie
Hegels Parteinahme für den Westen seine Fehleinschätzung Ostasiens erklärt", in:
Allgemeine Zeitschrift für Philosophie, 2015(40. 1), S. 29-61.

12   이 글에서 필자는 die Moderne(modern)라는 용어를 근대 혹은 현대로 명기하든가,
아니면 단순하게 근대로 표시한다. 근대라는 어휘가 당대라는 의미를 지니는 현대라는
용어에 비해 르네상스와 종교개혁 이후 현재에 이르는 기간을 포괄할 수 있는 어감을
표현해주기 때문이다.

13   J. 하버마스 『현대성의 철학적 담론』, 이진우 옮김, 문예출판사, 1994, 36쪽 이하 참조.

보편적 자유의 이념을 실현하는지 여부가 어떤 사회가 근대사회인지 여부를 판정할 수 있는 기준이라는 것이다. 그러므로 근대성을 성찰할 때 중요한 것은 보편적 자유 인식의 출현 및 그 이념의 실현을 가능하게 할 여러 제도적 장치들이 무엇인지를 인식하는 것이다. 이러한 점에서 근대의 여러 제도들에 대한 A. 기든스의 분석은 의미가 있다. 그는 전통적인 사회질서와 판이하게 구별되는 근대적 사회제도를 K. 마르크스, E. 뒤르켐 그리고 M. 베버와 같은 대표적인 근대 사회학자들이 이해하는 방식과 다르게 이해한다. 특히 그는 이들과 달리 자본주의나 산업주의와 같은 단 하나의 변동 원리로는 근대의 제도가 충분하게 이해될 수 없다고 본다. 따라서 그는 산업화나 자본주의 현상으로 환원 불가능한 근대의 다차원적 성격에 주목한다.[14] 기든스는 자본주의, 산업주의, 행정적인 집중화에 의해 고도로 발달된 감시능력 그리고 전쟁의 산업화와 관련된 폭력 수단에 대한 통제를 중요한 근대적 사회제도로서 거론한다. 그리고 그는 이런 상이한 사회제도 각각이 일정 정도 상호 독립적으로 존재하면서 하나의 유기적 통일체를 형성하고 있다고 본다.

그렇다면 근대사회에서 가족은 어떤 의미를 지니며 어떤 변화를 보이고 있는가? 이런 물음에 답하기 전에 가족이란 무엇인가에 대한 정의가 필요할 것이다. 그러나 가족을 정의하기란 쉽지 않다. 역사 속에서 가족은 다양한 방식으로 존재해왔고 그 의미 역시 다양하게 이해되어왔기 때문이다. 게다가 현대사회에서 가족 형태의 변형은 그 이전 시기와 비교할 때 미증유의 경험이라 할 정도로 심층적이다. 이런 여러 이유로 인해 가족을 정의하는 일은 더 어렵게 되었다.[15]

⋯

14   A. 기든스, 『포스트모더니티』, 이윤희·이현희 옮김, 민영사, 1991, 67쪽 이하 참조.
15   J. 버나디스(Bernardes)는 가족의 정의가 꼭 필요한 것은 아니라는 입장을 대변한다. 그에 따르면 가족을 정의하려는 시도 자체가 무의미할 뿐만 아니라, 다양한 가족생활을 억압하는 이데올로기로 작용한다("Responsibilities in Studying Postmodern Family",

그러나 문화인류학자인 G. P. 머독의 가족에 대한 정의는 많은 학자들에 의해 주목받고 있다. 그는 가족이란 "공동거주, 경제적 협동 및 출산을 특징으로 하는 사회집단이며, 이 집단은 양성의 성인들을 포함하고 적어도 그들 중 두 사람은 사회적으로 허용되는 성관계를 유지하며 그리고 한 명 또는 그 이상의 친자녀 혹은 입양된 자녀들로 구성된다."고 정의한다.[16] 가족에 대한 이런 개념 정의에서 경제적 협동과 공동거주, 사회적으로 인정된 배타적인 성관계 그리고 자녀 양육 등이 가족의 본질적인 구성 요소로 간주되고 있다. 물론 머독의 가족 개념은 핵가족을 시간과 공간을 초월한 인류의 보편적인 가족제도로 받아들이고 있다는 점에서 논쟁의 여지가 있다.[17]

전근대적인 사회에서의 가족과 근대사회에서의 가족이 그 구조와 기능 면에서 어떻게 다른지를 좀 살펴볼 필요가 있다. 이를 통해 우리는 근대적인 가족의 의미를 더 잘 이해할 수 있을 것이기 때문이다. 산업사회의 이전의 가족 형태를 이해하는 중요한 관점은 두 가지인데, 이는 서로 상반된다. 이 두 가지 입장은 기능주의적 관점과 진화론적 관점이다. 기능주의 관점에 따르면 산업사회 이전에도 현대사회에서 나타나는 것과 유사한 핵가족제 도가 보편적으로 존재했다. 이에 반해 진화론적 관점은 산업사회 이전과 현대사회에서의 가족은 달랐을 것이라고 주장한다.[18]

이 글에서 필자는 산업사회 이전의 가족의 역할과 기능이 현대사회에서

---

    in *Journal of Family Issues* 14(1), p. 35-39).

16   G. P. Murdock, *Social Structure*, New York: Free Press, 1949, p. 1. 조정문·장상희, 『가족사회학』, 앞의 책, 18-19쪽에서 재인용함.

17   뒤에서 좀 더 상세하게 다루겠지만 동성가족의 문제로 인해 머독의 가족 개념은 한계를 지닌다. 머독의 가족 정의가 지니는 문제점과 한계에 대해서는 조정문·장상희, 『가족 사회학』, 같은 책, 20쪽 이하를 참조. 가족의 여러 정의에 대해서는 한국가족관계학회 편, 『가족학』, 하우, 2001, 19쪽 이하를 참조.

18   조정문·장상희, 『가족사회학』, 같은 책, 63쪽 이하 참조.

의 그것과는 달랐을 것이라는 관점을 택한다. 특히 이상적인 혹은 규범적으로 바람직한 가족 형태 그리고 가족의 구성 원리에 대한 태도에서 변화가 발견된다는 생각을 갖고 있다. 예를 들어 오늘날 한국사회에서도 규범적으로는 이상적인 가족 형태로 부부 및 자녀 중심의 핵가족을 선호하지만, 여러 조건으로 인해 핵가족을 구성하지 못하는 경우가 비율상으로는 핵가족에 비해 더 높을 수도 있다. 달리 말하자면 조선에서처럼 유교적 가치관으로 인해 양반을 비롯하여 많은 사람들이 확대가족을 이상적인 가족으로 선호했지만, 실제로 조선시대에서 확대가족의 비율이 그리 높지 않은 것도 마찬가지 현상일 것이다. 물론 양반계층은 자신이 바람직하다고 간주하는 유교적인 확대가족을 이루면서 살아갈 수 있었지만, 평균 수명이 낮고 확대가족을 유지할 수 있는 경제적 조건이 충족되지 않은 사람들에게는 확대가족은 이상으로만 남아 있었던 것이다. 그래서 조선시대, 특히 1700년대 한국 가족 형태에 대한 실증적 연구에 의하면 상민층에 비해 양반층에서 확대가족이 더 보편적인 가족 형태로 나타남을 알 수 있다.[19]

어원적으로 살펴볼 때 현대 영어권에서 가족을 의미하는 family라는 단어는 라틴어인 famulus에서 유래한다. famulus는 어원적으로 "여성이나 아이, 그리고 하인이라는 가족 구성원이 가장인 남성의 소유물로 간주되는 것"이었다. 달리 말하자면 famulus는 남성가장에 귀속되는 재산과 같은 것이었다.[20] 고대 희랍에서는 가족을 나타내는 말로 οἶκος(oikos)가 사용되었는데, 이 용어가 무엇을 의미하는가를 이해하는 데 결정적인 시사를 주는 것은 아리스토텔레스의 연구이다. 그는 『정치학』 제1권에서 주인/노예, 남편/부인의 결합, 아버지와 자식의 연계라는 세 가지 기본

- - -

19 같은 책, 86-87쪽 참조

20 리사 터틀(Lisa Tuttle), 『페미니즘 사전』, 유혜련·호승희 옮김, 동문선, 1999, 156쪽. 제4장에서 상술되는 것처럼 동아시아의 가족에 대한 이해는 서구의 그것과 여러 지점에서 달랐다.

관계로 구성된 공동체를 가족(oikos)이라고 부른다.[21] 가족이라는 단어는 18세기까지 집, 집에 속하는 사람들 및 소유물과 동일한 의미로 사용되었다.[22] 그러므로 경제학은 원래 가정의 운영을 다루는 학문, 즉 가사 관리(oikonomia)를 의미하였다. 가정과 경제적 활동의 분리 그리고 사회와 국가의 분리가 바로 근대에서 일어난 혁명적인 변화의 하나다.

고대 그리스에서 가족의 구성원인 여성과 아이들 그리고 노예들은 자유민과는 달리 아무런 자유도 향유하지 못했으며, 단지 가장의 소유물에 지나지 않았다. 이런 사실을 우리는 아리스토텔레스의 가족에 대한 견해에서 분명하게 알 수 있다. 그는 가장인 남성 자유민과 부인 및 아이들의 관계를 지배와 피지배의 관계로 이해하고 있기 때문이다.[23] 여기에서 시민들의 자유, 즉 정치적 삶을 그 어떤 다른 것보다 우월한 것으로 간주한 고대 그리스 사회의 내재적인 한계를 살펴볼 수 있다. 고대 그리스 사회에서 자유의 의미는 현대적인 의미의 개인의 사적인 자유의 의미와는 아주 다른 것일 뿐만 아니라, 시민적 자유조차도 대단히 제한된 일부의 사람들, 즉 20세 이상의 아테네 남자 시민에게만 주어져 있었다.[24]

앞에서 거론된 여러 문제점 때문에 고대 아테네에서 개인적인 자유가 존재하고 있었는가에 대해 논쟁이 존재한다.[25] 그러나 고대 아테네인들에

• • •

21   아리스토텔레스, 『정치학』, 천병희 옮김, 숲, 2009, 23쪽 참조.

22   *Historisches Wörterbuch der Philosophie*, hg. v. J. Ritter, Basel und Stuttgart 1972, Bd. 2, p. 895 이하 가족(Familie) 항목을 참조. I. 칸트는 그의 『도덕 형이상학』(*Metaphysik der Sitten*)의 제1부인 법론에서 가정에 주인과 노예 혹은 하인들을 포함시키고 있다 (*Metaphysik der Sitten*, in: *Kant's gesammelte Schriften*, hg. v. der Königlich Preußischen Akademie der Wissenschaften, Berlin und Leipzig 1902~, Bd. 6, p. 276 참조).

23   아리스토텔레스, 『정치학』, 앞의 책, 54-55쪽 참조.

24   고대 그리스 민주주의의 원리와 그 현실에 대해서는 나종석, 「고대 그리스 민주주의」, 민주화운동기념사업회연구소 지음, 『민주주의 강의 1: 역사』, 오름, 2007, 참조.

25   예를 들어 이사야 벌린은 고대 아테네에 개인주의가 존재하지 않았다고 강조한다. 이사야 벌린, 「그리스 개인주의의 탄생」, 『자유론』, 박동천 옮김, 아카넷, 2007, 535-592쪽 참조.

게 공적인 정치적 생활과 사적인 개인 생활의 분리는 근대에서처럼 그리 명확한 것은 아니었다. 권력 행사에서의 평등한 분배에 대하여 관심을 기울이는 고대 그리스인들에게 근대의 개인적 자유에 대한 생각은 대단히 낯선 것이었다.[26] 고대 그리스 사회에서 근대적인 의미에서 본 개인의 사적 자유에 대한 관념이 결여되어 있던 것과 마찬가지 문맥에서 현대 세계의 여러 사회에서 자명한 것으로 여겨지고 있는 혼인관계도 고대 그리스인들에게는 매우 낯선 것이었다. 결혼을 할 것인가의 여부를 선택하는 것이 각 개인의 사적인 관심 사항이라거나 배우자의 선택의 권리나 자유를 모든 사람이 지니고 있다거나 아이를 낳거나 낳지 않을 것인가 하는 문제 역시 개인의 문제로서 정부나 국가가 개입할 성질의 것이 아니라는 관념은 고대 그리스 세계에선 찾아보기 힘들다. 오히려 고대 그리스에서는 결혼이 건강하고 유능한 시민을 재생산하는 수단으로 간주되었으며, 그리하여 기형이나 병든 연약한 아이를 버리는 행위가 법률적으로 장려되었다.[27]

헤겔에 의하면 고대와 근대의 차이점은 주관적인 자유의 유무에 의해서 파악되어야 한다. 그는 근대 세계에 이르러서야 모든 사람은 동등하게 자유로운 존재로서 존중받아야 한다는 보편적 동등 존중의 원칙이 구체화되었다고 본다. 근대 세계는 개인의 자유를 그 규범적인 이상으로 삼고 있는 것과 마찬가지로 결혼과 가족제도의 측면에서 볼 때 아주 커다란 변화를 가져왔다. 우선 근대사회에서는 전근대사회에서 유지되어온 가정과 경제의 결합이 붕괴되어 가족은 경제활동의 주체라는 의미를 상실하였

---

26   근대인의 자유와 고대인의 자유 사이의 대비에 대해서는 N. 보비오, 『자유주의와 민주주의』, 황주홍 옮김, 문학과지성사, 1992, 12쪽 참조.

27   일례로 아리스토텔레스는 최선의 정치체제가 출산해야 하는 아이의 수뿐만 아니라, 불구 아동을 양육하지 못하도록 법으로 규제해야 한다는 생각을 하고 있다. 아리스토텔레스, 『정치학』, 앞의 책, 418쪽 참조.

다. 그러므로 경제는 자율적인 시장경제의 원리에 의해 움직이는 체계로 분화되었고, 가족은 이러한 변화에 상응하여 경제활동 및 국가의 공적인 활동과 구별되는 사적 영역에 속하는 것으로 이해되기에 이르렀다. 이렇게 해서 가족의 의미도 변화되었는데, 근대 세계에서 그것은 자녀의 출산 및 양육 그리고 가족 구성원들의 정서적 만족과 친밀감의 욕구를 충족하는 데에서 구해졌다. 이렇게 현대사회에서 가족은 그 이전의 가족에서와는 달리 그 기능에서 자녀를 사회화하고 가족 구성원들에게 정서적 만족과 유대를 지원하는 제도를 담당하는 것으로 이해된다. 이러한 맥락에서 파슨스(Talcott Parsons)는 친족과 독립된 핵가족 형태를 현대 산업사회의 요구에 적합한 가족제도라고 강조한다.[28]

물론 핵가족이 근대사회의 전형적인 가족제도로 간주되어야 하는지에 대해서는 다양한 이론이 존재한다. 그러므로 근대적인 핵가족과 전근대적인 확대가족의 대비는 많은 도전을 받고 있다.[29] 일례로 말리노프스키(Malinowski)와 머독(Murdock)과 같은 학자들은 핵가족을 인류사회에서 일반적으로 존재했던 가족제도로 본다. 이들은 핵가족제도를 인류사회가 유지되기 위해 요구되는 기능인 자녀출산과 양육, 성인의 정서적 만족 등을 가장 잘 수행할 수 있는 사회제도라고 이해한다. 따라서 이들은 핵가족 형태가 근대 산업사회에서 비로소 일반화되었다는 주장은 유지될 수 없다는 관점을 취한다. 앞에서도 언급했던 것처럼 한국의 전통사회에서도 확대가족은 보편적 현상이 아니었다. 최재석은 조선시대의 호적 연구를 통한 가족 및 가족 형태 연구에서 조선시대에서도 이미 2세대 핵가족이 지배적

• • •
28 조정문·장상희, 『가족사회학』, 앞의 책, 28쪽 참조. 핵가족을 현대 산업사회에 적합한 가족제도로 파악하는 입장에 대해 마르크스주의자들과 여권론자들은 비판적이다. 마르크스주의자들은 핵가족이 자본주의의 유지에 봉사하는 측면을 강조하고, 여권론자들은 현대사회의 핵가족을 여성 억압과 남성 지배의 장치로 본다는 점에서 서로 상이하다. 같은 책, 77-83쪽 참조.
29 같은 책, 64쪽 참조.

이었음을 지적한 바 있다. 그에 따르면 과거에 확대가족이 이상적 형태로 간주되었으나 실제로 확대가족은 그리 많지 않았다. 예를 들어 1630년에 조선에서 핵가족의 비율은 과반수를 넘어 65.4%에 이르렀다고 그는 주장한다.[30]

그렇다면 핵가족을 현대사회에 적합한 가족제도로 보는 파슨스적인 입장은 핵가족을 이상적인 가족 유형으로 바라보는 가치지향으로 이해되어야 할 것이다. 그리고 이런 가치지향은 현대 자본주의 사회의 작동방식과 관련하여 특정한 방향으로 가족의 변화를 자연스럽게 유도하려는 이데올로기적 특성을 지니고 있음도 부인될 수 없다. 그러므로 장경섭이 주장하듯이 핵가족을 사회가 근대화되면서 당연하게 출현하는 가족 형태가 아니라 "하나의 이념형"으로 보아야 하며, "핵가족화의 실현 정도와 그에 따른 사회문제의 양상은 각국의 자본주의 성립 및 변화를 둘러싼 특수한 역사적 여건들을 반영한다는 점"에 주목해야 할 것이다.[31]

2) 한국의 전통적 가족제도의 성격

가족에 대한 개략적인 이해를 바탕으로 하여 한국 가족의 현실에 대한 분석과 이해의 문제를 본격적으로 다루어보기로 하자. 한국에서 서구적인 근대화를 따라잡으려는 움직임이 본격적으로 이루어지기 이전의 전통적인 가족[32]은 부계 직계가족 중 종가 중심적인 가족 형태를 사회적인 규범으로 삼았다.[33] 이런 점에서 한국의 전통 가족은 중국으로부터 전래된 종법제

- - -

30   최재석, 『한국가족제도사 연구』, 일지사, 1983, 491쪽.

31   장경섭, 『가족・생애・정치경제: 압축적 근대성의 미시적 기초』, 창비, 2009, 53-54쪽, 60쪽 참조.

32   이때 전통적인 가족이라 함은 19세기 말 근대화의 물결이 시작되기 이전의 시기인 17~19세기에서 나타나는 가족의 전형적인 모습을 의미하는 것으로 사용한다. 물론 오늘날 한국의 전통적인 가족 형태에 대한 상이 17~19세기에 일반화된 것이라고 해도 그런 가족 형태를 반드시 전근대적인 것으로 볼 이유는 없을 것이다.

(宗法制)로부터 많은 영향을 받은 것이다. 중국에서의 종법은 주나라의 친족조직에 그 기원을 두고 있다. 종법제도의 종(宗)이라는 단어는 "조상의 상이나 위패를 안치하여 조상의 영을 제사지내는 조묘(祖廟)를 의미"하였으나 후에 "조상의 제사를 주재하는 종가(본가)가 되어 분가를 통솔하는" 의미나 "동종(同宗)의 사람들, 즉 남계혈통에 의하여 통합된 동족조직"을 나타내는 것으로 되었다.[34]

한국이 중국에서 유래된 종법제도를 받아들인 것은 통일신라시대부터 인 것으로 알려져 있으나 이 제도가 제대로 정착된 것은 조선시대 이후라 할 것이다.[35] 1392년에 건국된 조선이 주자학을 국가체제의 이념으로 설정 하여 사회 전반을 주자학의 이념에 입각하여 재편하려는 시도를 추구했다.[36] 조선 초기에 주자학 이념을 국가체제의 기본 이념으로 받아들여 조선사회를 주자학적 모델에 어울리게 변형하려고 시도했음에도 불구하고 조선왕조 초기에는 그 이전 시기로부터 물려받은 가족·친족 구조가 지속되고 있었다. 그리고 그런 가족 및 친족 구조는 주자학의 이념에 어울리지 않은 측면을 많이 간직하고 있었다.

조선사회에서 가족 및 친족제도가 17세기를 경계로 하여 그 이전과

• • •

33   권희영, 「한국 근대화와 가족주의 담론」, 문옥표 외 지음, 『동아시아 문화 전통과 한국사회: 한·중·일 문화비교를 위한 분석틀의 모색』, 백산서당, 2001, 21쪽 참조.
34   김주수, 『한국가족법과 과제』, 삼영사, 1993, 27쪽.
35   마르티나 도이힐러(Martina Deuchler)는 중국의 당나라와 송나라의 영향으로 인해 신라시대부터 부계지향의 법제화 경향이 존재했지만, 고려시대의 가장 특징적인 거주 형태를 처가 거주 제도로 본다. 마르티나 도이힐러, 『한국사회의 유교적 전환』, 이훈상 옮김, 아카넷, 2003, 102쪽, 128쪽 참조.
36   조선 건국이 과연 지배적 사회계층의 변동을 수반한 획기적 변화인지에 대해서는 학계에서 논쟁이 지속되고 있는 쟁점이다. 고려에서 조선으로의 왕조교체를 고려 후기에 성장한 지방 중소지주가 주자학을 수용하면서 조선왕조의 건국을 주도한 것으로 보는 한국학계의 주류적인 견해 및 통설에 대한 비판은 주로 미국학계를 중심으로 제기되고 있다. 이에 대해서는 미야지마 히로시(宮嶋博史), 『일본의 역사관을 비판한다』, 창비, 2013, 194쪽 이하 참조.

이후가 크게 달라진다는 것은 학계의 통설이다. 17세기 이후에 일반화되어 전통의 이름으로 오늘날의 한국사회에까지 이어지는 한국 가족제도는 부계 혈연관계를 중시함에 따라 여자를 상속으로부터 배제하고 장남을 우대하는 상속 제도를 운영하는 모습을 지니게 된다. 이와 더불어 부계 혈연집단으로서의 문중이 광범위하게 조직되기에 이른다. 족보가 동족결합체인 문중을 과시하기 위한 일환으로 활용되었기에 족보가 본격적으로 만들어지게 된 시기도 17세기 이후라고 한다. 족보편찬을 통한 가족 및 문중의 결합이 일반화되는 현상은 17세기 이후에 본격적으로 등장하는 가족 및 친족제도의 변화와 맞물려 있다. 그리고 17세기 이후 본격화된 가족 및 친족제도를 주도한 계층은 당연히 조선의 지배계층이던 양반계층이었다. 그리고 양반계층이 채택한 가족과 친족제도는 18세기 이후 일반 백성들에 의해서도 모방되어 전체 사회에 파급되기에 이른다. 비양반계층에서도 양반계층에서 이상시하는 가족의 존재형태를 답습한 것은 평민들도 양반의 가족관을 당연한 것으로 받아들였다는 데 그치지 않는다. 그것은 동시에 평민들이 양반 신분으로의 상승이 대규모로 이루어질 수 있었던 18세기 이후의 사회변동을 반영하는 것이기도 했다.[37]

17세기 이후의 가족 및 친족제도와 달리 그 이전에는 딸도 아들과 균등하게 재산을 물려받을 수 있었고 딸만 있다고 해도 아들을 입양할 필요성을 느끼지 않았다고 한다. 자식이 아예 없는 경우는 처가의 친족이나 딸을 입양하기도 했다.[38] 일례로 조선을 대표하는 성리학자 율곡(栗谷) 이이(李珥, 1536~1584)는 그의 분재기(分財記), 즉 재산을 상속하는 문서에서 형제·자매들에게 균등하게 재산을 물려주었으며 자녀들 각자가 맡아야 할 제사

• • •

37   미야지마 히로시(宮嶋博史), 『나의 한국사 공부: 한국사의 새로운 이해를 찾아서』, 너머북스, 2013, 79쪽, 227쪽.

38   고려시대사 연구회, 『고려인들의 사랑과 가족, 그리고 문학』, 신서원, 2006, 5쪽 이하 참조

를 명시하고 있다.[39]

17세기 이후 일반화된 가족 및 친족제도의 성격에 대해서는 학계에
큰 이견이 존재하지 않는다. 그러나 17세기 이전의 조선사회의 가족 및
친족제도의 성격을 두고서는 큰 이견이 존재한다.[40] 우리 학계의 일반적인
견해에 의하면 16세기까지의 가족 및 친족제도는 대체로 쌍계제적 형태를
지니는 것으로 이해된다. 그 이유는 17세기에 부계 혈연 중심 및 장자
우대의 가족 및 친족제도가 일반화되기 이전에 조선에서는 부계와 모계
양쪽이 동일하게 중시되었고 자손에 관해서도 친손자와 외손자를 구별하
는 관행이 존재하지 않았기 때문이다. 이런 통설적인 이해와 달리 마크
피터슨(Mark A. Peterson)은 17세기 이전 조선의 가족 및 종족체계는 공계체
계(cognatic)의 형태를 지니는 것으로 이해한다. 일례로 가족 구성원이
종종 결혼 후의 거주 지역에 따라 결정된다. 달리 말하자면 결혼한 남자가
그의 처가로 거주지를 옮겨 그곳에서 거주한다면 그는 처가의 친족이
된다는 것이다. 그래서 조선 전기에 한국 사람들은 아버지 친족이나 어머니
친족 구성원 자격을 스스로 선택할 수 있었으며 배우자의 친족 구성원이
될 수 있었다고 한다.[41]

미야지마 히로시는 이런 피터슨의 해석이 16세기까지의 한국 친족제도
에 대한 보다 정확한 인식이라고 평가한다. 달리 말하자면 17세기 이전의
조선의 가족 및 친족제도를 쌍계제로 규정하는 것은 일면적이라는 것이다.
원래 쌍계제라 함은 부계와 모계 양쪽의 혈연집단이 존재하고, 개인이
이 양쪽에 동시에 귀속한다는 의미를 지니는 데 반해, 16세기까지 한국에서

• • •

39   같은 책, 93쪽.

40   미야지마 히로시(宮嶋博史), 『나의 한국사 공부: 한국사의 새로운 이해를 찾아서』,
      앞의 책, 227쪽 참조.

41   마크 피터슨, 『유교사회의 창출: 조선 중기 입양제와 상속제의 변화』, 김혜정 옮김,
      일조각, 2000, 20쪽 이하 참조.

는 부계든 모계든 항상적으로 존속하는 친족집단이 존재하지 않았으며, 개인이 상황에 따라 아버지 쪽이나 어머니 쪽, 또는 아내 쪽이라는 세 가지 선택지 중에서 하나를 거주지로 결정하여 그 집단의 구성원이 되는 것이 일반적 상황이었기 때문이다.[42]

그리고 한국의 가족제도가 지니는 고유한 성격에도 불구하고 한·중·일 동아시아 3국의 가족제도는 서구의 그것에 비해 공통점을 보여준다. 선행 연구에 의하면 동아시아의 가족관계는 친자관계(특히 아버지와 아들의 관계)를 중요하게 생각하고 부부관계를 부차적인 것으로 간주하는 제도이다. 이에 반해 서구에서 가족은 부부관계를 독립적인 요소로 간주하고 다른 요소들을 부차적인 것으로 간주한다. 부부관계가 우성인 서구적인 가족제도에서 자식들과의 비연속성이 강조되는데, 자식들은 부부관계 중심의 가족에 편입되는 부차적인 것으로 간주되기 때문이다. 그리하여 서구에서 자식들은 가족을 떠나 다른 가족에서 떨어져 독립해 나온 사람들과 계약적인 형태의 다양한 사회적 결합을 구성한다. 이에 반하여 부자관계를 우성적인 것으로 간주하는 동양의 가족제도에서 자식들은 태어날 때부터 가족이라는 공동체의 일원으로 가족에 연결되어 있는 존재로 간주된다. 그리하여 친자관계가 우성인 가족제도에서 자식들은 부모의 가족과의 연속성을 담당하는 존재로 이해된다. 즉 자식들은 세대와 세대로 이어지는 지속적인 가족 공동체의 연속성을 이어받아야 할 연계적 존재로 이해되는 것이다.[43]

그러나 한·중·일 동아시아 3국에서 보이고 있는 가족제도에서의 공통성에도 불구하고 상이한 점이 존재한다. 우선 누가 가족성원이 될 것인가에

• • •

42 　미야지마 히로시(宮嶋博史), 『나의 한국사 공부: 한국사의 새로운 이해를 찾아서』, 앞의 책, 227쪽 참조.

43 　사쿠타 케이이치(作田啓一), 한림대학교 한림과학원 기획, 『한 단어 사전, 개인』, 김석근 옮김, 푸른역사, 2012, 105-107쪽 참조.

대해서 한·중·일 3국은 차이점을 보인다. 한국과 중국에서는 원칙적으로 혈연자만이 가족집단의 성원으로서의 역할을 담당할 수 있었으나, 일본에서는 비혈연자도 가족의 성원이 될 수 있었다. 일본의 가족, 즉 '이에' 내의 아버지와 아들 사이에서 중요한 것은 혈연관계가 있는지 여부가 아니라, 세습되는 신분으로서의 직업인 가업을 이어받을 수 있는지 여부였다. 따라서 일본의 가족제도에서 세대 간에 면면히 이어지는 공통의 끈은 혈연의 지속이 아니라, 가업의 지속이다. 가업이 번영하여 사회 속에서 높은 사회적 평판과 명성을 얻어내는 것이 이에인 가족이 가장 관심을 기울이는 사항이지 혈연적인 관계에 있는 아들에게 가족을 물려주는 것이 중요한 일로 간주되지 않았기 때문이다. 일본에서 양자 제도가 발달하여 비혈연자도 가족의 구성원이나 가족을 대표하는 가장, 즉 당주(當主)가 되는 일이 자주 일어난 것도 이 때문이다. 심지어 가업을 이어가기에 능력이 없는 미덥지 못한 친자식이 있다 해도 능력이 있는 양자를 들여 가업을 이어가도록 하는 경우도 드물지 않았을 정도이다.[44] 그러므로 사람이 지니는 성을 바꾸는 행위를 매우 부도덕한 행위로 간주하는 조선과 중국과 달리 일본에서 성을 바꾸는 것은 전혀 수치스러운 행동이 아니었다.[45] 이런 일본 가족제도의 특성으로 인해 가족 구성원에 대한 가장의 권위는 한국이나 중국의 그것에 비교할 때 매우 강력했다.[46]

또 적어도 17세기 이후 한국의 가족 및 친족결합은 중국과 마찬가지로 부계 혈연관계, 강력한 부계 혈연집단의 존재 그리고 족보를 편찬하는 등의 특징을 보여준다.[47] 그러나 최재석은 한·중·일 3국의 가족제도를

. . .

44 와타나베 히로시(渡辺浩), 『일본정치사상사: 17~19세기』, 김선희·박홍규 옮김, 고려대학교출판문화원, 2017, 82-83쪽 참조.

45 와타나베 히로시, 『주자학과 근세일본사회』, 박홍규 옮김, 예문서원, 2007, 157쪽 참조.

46 최재석, 『한국가족연구』, 일지사, 1994, 521쪽 이하 참조. 한남제, 『한국가족제도의 변화』, 일지사, 1997, 140쪽 이하 참조. 미야지마 히로시(宮嶋博史), 『나의 한국사 공부: 한국사의 새로운 이해를 찾아서』, 앞의 책, 216-217쪽 참조.

비교할 때 상속제도에서 가장 커다란 차이점을 발견할 수 있다고 주장한다. 보다 자세히 말하자면 일본에서는 상속이 적장자 1인에게 계승되며, 중국에서는 이러한 적장자의 우대가 거의 무시되고 있다. 중국에서는 균분상속이 일반적이었다. 그리고 한국은 일본과 비교해볼 때 상당한 차이가 있다고 할 수 있으나, 17세기 이후 장남을 우대하고 남녀차별의 재산 상속제도가 일반적인 경향으로 정착된다.[48]

한국의 가족 및 친족결합의 특이성을 잘 보여주는 것은 종손의 존재 및 혼인관계의 중시라고 한다. 가족제도에서 장남을 우대한 것과 마찬가지로 친족제도에서는 친족집단을 대표하는 종손의 우월적 지위가 인정되었다. 이로 인해 중국의 종족결합이 빈번하게 분열을 반복하는 양상을 보여주는 것과 달리 한국의 부계집단은 종손을 매개로 하여 집단으로서의 안정성을 상대적으로 더 잘 유지할 수 있었다고 한다. 혼인관계를 중시한 것 역시 중국의 가족제도와 차이를 보여주는 사례인데, 이런 차이점을 잘 보여주는 것이 족보 편찬시 혼인관계에 대한 정보를 중요시하는지 여부이다. 혼인관계에 대한 정보에 관심을 보여주지 않는 중국 족보와 달리 한국 족보에서는 혼인한 여성의 부친 이름과 그의 본관 기재가 필수 불가결한 정보였다. 이런 차이를 초래한 이유는 양반이라는 독특한 사회적 지위로 인한 것이었다고 한다.[49]

그러나 한국의 전통적인 가족제도는 서구적인 근대화 과정에서 변화를 겪게 된다. 특히 1960년대 이후 한국사회에서 진행된 급속한 산업화·도시화와 더불어 가족제도는 형태적으로는 핵가구화되고 있으며, 가족가치관

---

47   미야지마 히로시(宮嶋博史), 『나의 한국사 공부: 한국사의 새로운 이해를 찾아서』, 같은 책, 226쪽 참조.

48   최재석, 『한국가족연구』, 앞의 책, 527쪽 참조.

49   미야지마 히로시(宮嶋博史), 『나의 한국사 공부: 한국사의 새로운 이해를 찾아서』, 앞의 책, 229쪽 참조.

에서도 커다란 변화를 겪고 있다. 1970년대 초 4.5명 수준이었던 출산율은 70년대 후반 3명 수준으로 줄었고, 80년대 중반에는 2명 미만으로 줄어들었다. 이후 경제협력개발기구(OECD) 국가의 평균수준을 유지하던 출산율은 90년대 후반 이후 다시 감소 추세로 전환하였으며, 2001년에는 1.3명이 되었다. 출산율로만 보면 우리나라는 세계최저 수준인 셈이다.[50] 2000년의 통계청 발표에 따르면 전국 혈연가구는 1,192만 8,000가구이다. 이 중에서 부부 또는 부부와 자녀의 1~2세대로 구성된 가구는 전체의 90%에 이른다. 이에 반해 조부모-부모-자녀로 구성된 3세대가 동거하는 가구는 겨우 9.9%에 지나지 않았다.[51]

II. 한국 가정생활에서 근대적인 원리의 관철 경향

제2절에서 필자는 한·중·일 동아시아 3국의 의사소통 구조 비교분석을 기본적인 목표로 삼는다. 이를 위해 한·중·일 3국의 가족에서의 의사소통구조 비교분석의 일환으로 실시된 양적 연구 및 다른 실증적인 자료를 기초로 하여 한국 가정생활에서의 변동의 방향과 그 성격을 살펴보기로 한다. 이 장에서 주로 인용되는 설문조사는 동아시아연구센터에 의해 2003년 1월과 2월에 걸쳐 한·중·일 3국에서 실시되었으며, 설문조사자 수는 각 나라당 대략 500명씩이었다. 이하에서는 가족의 가치관에 대한 항목들을 중심으로 한국사회에서의 가족생활의 특성을 서술하는 것을 목적으로 한다.

본 조사에서 실시한 조사대상자의 일반적 특성을 성별, 연령, 학력,

• • •
50   통계청 자료.
51   <문화일보>, 2003년 5월 8일.

종교, 혼인상태, 직업, 그리고 월평균 가구소득을 기준으로 살펴보면 다음과 같다. 한국의 조사대상자 수는 547명이었으며, 이 중 남성이 45.7%, 여성이 54.3%였다. 연령대별로 보면 20대 이하가 9.1%, 30대 이하가 36.4%, 40대 이하가 34.7%, 그리고 50대 이상이 19.7%를 차지하고 있다. 조사대상들의 학력별 분포는 다음과 같다. 대졸 이상이 42.0%, 고졸 36.0%, 전문대졸 13.4%, 중졸 이하가 8.6%였다. 종교별 분포를 살펴보면 개신교가 41.0%, 불교가 16.1%, 가톨릭이 10.4%, 유교 0.2%, 기타 2.4%였다. 혼인상태별로 살펴보면 전체 547명의 결혼경험이 있는 사람들 중에서 96.5%가 혼인 후 동거 상태에 있고, 그 이외에 별거가 0.4%, 이혼 0.7% 그리고 사별 2.4%의 분포를 보이고 있다. 조사대상자의 직업별 분포를 보면 의사, 변호사, 교수 등과 같은 전문직과 경영 관리직이 15.3%, 사무직과 기술직이 22.6%, 자영업자 27.0%, 판매직 서비스직이 7.2%, 농업과 어업종사자를 포함한 생산직이 1.3% 그리고 가정주부와 무직을 포함한 기타부분이 26.7%를 차지하였다. 마지막으로 조사 대상자 가구의 월평균 소득분포는 다음과 같다. 월 소득이 200만 원 미만인 저소득 가구 비율은 25.6%, 200~500만 원 미만의 중간계층은 66.9%로 가장 높은 비율을 보이고 있고, 500만 원 이상의 고소득가구는 7.5%의 비율을 나타내고 있다.

한국·중국·일본 3국의 가족 의사소통 구조를 비교하기 위한 분석틀로 '집합주의/개인주의', '권위주의/평등주의'가 설정되었다. 개인주의와 평등주의는 근대사회의 원리를 평가할 수 있는 기본적인 기준으로 간주된다. 이에 반하여 집합주의와 권위주의는 위계질서적인 사회의 특성을 나타내는 기준으로 설정되었다. 그러므로 이 절에서 집합주의와 권위주의는 유교적인 규범에 기초하는 한국을 포함한 전통적인 동아시아 사회의 인간관에 높은 적합성을 지니는 것으로, 개인주의와 평등주의는 서구의(적어도 서구의 근대가 이상적으로 생각하는) 근대적 인간관에 부합하는 범주라는 가정에서 출발한다.

여기에서 평등주의라는 개념은 실질적인 평등, 예컨대 경제적인 조건의 평등을 의미하지 않고, 자유로운 행위 주체로 인정되는 인간의 동등한 권리를 존중한다는 의미에서의 평등을 의미한다. 어느 누구도 타인의 자유를 훼손해서는 자유로울 수 없다. 달리 말해 평등은 자유에서의 평등을 의미한다. 다른 사람의 동등한 자유와 상충되지 않는 범위 내에서만 우리는 자신의 자유를 의미 있게 향유할 수 있다는 점을 염두에 둔다면 자유와 평등의 이념은 서로 상충하는 것이 아님을 알 수 있다. 우리가 칸트의 법 내지 권리에 대한 규정에서 발견할 수 있는 것처럼 인간의 보편적인 자유 규정은 동등성과 상호성이라는 조건과 밀접한 연관 속에서 이해되어야만 한다. 그러므로 1789년 프랑스 혁명의 인권선언은 "인간은 자유롭게, 그리고 권리에 있어 평등하게 태어나고 생존한다"라고 자유로운 권리의 평등을 옹호한다.[52]

...

52 장 모랑주(Jean Morange), 『1789년 인권과 시민의 권리선언』, 변해철 옮김, 탐구당, 1999, 128쪽. 물론 프랑스 '인권선언'이 실제로 모든 인류를 포괄한 것이 아님은 분명하다. 이 인권선언에서 여성과 유색인종 등은 인류에 포함되지 않았기 때문이다. 또한 프랑스의 식민지배, 특히 알제리 전쟁에서 프랑스가 민족해방을 원하는 알제리 사람들에 대한 대량학살을 자행한 만행은 평등과 박애라는 프랑스 공화주의적 국가 이념의 배반이 아닐 수 없다. 오늘날에도 인종, 젠더, 그리고 문화적 차이를 불문하고 모든 인간은 동등하고 자유로운 인간이라는 선언 자체의 모호성과 자기 배반이 존재한다. 그 대표적 사례는 미국이 2001년 9 · 11 테러 사건 이후 테러 용의자들을 관타나모 수용소에 구금한 사람들에 대한 처우이다. 미국은 관타나모 수용소에 무기한 구금되어 있는 사람들을 제네바 협정에 의한 전범으로도 인정하지 않으며 그들에게 어떤 법적 권리도 부여하지 않고 있다. 변호권, 항소권, 본국 소환권 등 그 어떤 국제법의 보호를 받을 수도 없고 무기한 구금 상태에 있는 이 사람들은 인간의 범주에 속하지 않는다. 관타나모 수용소에 투옥되어 있는 사람들은 어떤 법적 권리나 규범적인 의미에서의 주체로 인정받고 있지 않기 때문이다. 누가 그들을 무기한으로 수용소에 수용할 권리를 갖고 있으며 그런 권리를 행사할 수 있는가? 미국 행정부 관리들이 그런 무한한 권리를 행사하는데 흥미롭게도 그런 결정에 대한 법적 절차나 조치는 존재하지 않는다고 말한다. 즉, 행정관리들의 자유재량에 의해 특정한 사람들을 인류의 범주에서 벗어난 존재로 규정하면서 그들을 무기한 감금할 수 있다는 것이다. 그런데 무기한 감금 상태에 처해 있는 사람들은 인권의 관점에서 볼 때 법적으로 정당한 절차를 받을 수 있는 존재로 인정되지 않는다. 그들은 인간이 아닌 인간이다. 그뿐만 아니라 위험한

권위주의와 집합주의를 근대적인 규범인 개인주의와 평등주의에 대비되는 개념으로 설정하는 본 연구는 거트 호프스테드(G. Hofstede)의 접근방법에서 많은 것을 수용하였다. 그에 따르면 집합주의란 개인의 이익보다 집단의 이익을 우선하는 사회를 의미하며, 세계의 대부분의 사람들은 이러한 집합주의 사회에서 살고 있다. 이에 반해 개인주의는 집단의 이익보다 개인의 이익을 우선시하는 사회이다. 그리고 호프스테드에 따르면 집합주의는 확대가족과 결합되어 있는 데 반해, 개인주의는 핵가족과 연결되어 있다.[53] 이렇게 그는 집합주의/개인주의를 전통적인 사회와 근대화된 사회의 특성을 측정할 수 있는 유효한 범주로 간주한다. 왜냐하면 호프스테드의 연구 결과에 따르면 경제적으로 부유하고 도시화 및 산업화가 진전된 사회들에서 개인주의 성향이 두드러지고, 가난하고 전통적인 농경사회에서 집합주의 성향이 강하게 나타나기 때문이다.[54]

본 연구에서 취하고 있는 개인주의, 집합주의, 권위주의 그리고 평등주의는 그리 새로운 범주는 아니다. 집단주의와 전통적인 농경사회와의 상관성 그리고 개인주의와 현대사회와의 연결은 현재 널리 받아들여지고 있다. 일례로 한남제에 의하면 가족윤리에 기본이 되는 전근대적인 전통사회의 이상적인 사회윤리의 특성은 "가족주의, 집단주의, 귀속주의"인 데 반해, 현대사회는 "평등주의, 개인주의, 성취주의"를 이상적인 도덕적 규범으로 삼고 있다.[55]

• • •

존재로 판단되어 구금 상태로 전락하거나 전락할 가능성이 있는 사람은 대부분 인종적이고 문화적인 소수자이다. 이슬람교도이자 아랍계 미국 시민들은 이미 미국에 대해 테러를 감행할 잠재적인 사람으로 의심받고 있으며, 그런 잠재적 테러리스트는 인간이 아닌 존재로 간주되어 무기한 감금의 대상으로 전락할 위험 앞에서 노출되어 있다. 이런 현상에 대한 예리한 분석으로는 주디스 버틀러, 『불확실한 삶: 애도와 폭력의 권력들』, 양효실 옮김, 경성대학교출판부, 2008, 제3장 '무기한 구금' 참조.

53 거트 호프스테드(Geert Hofstede), 『세계의 문화와 조직』, 차재호·나은영 옮김, 학지사, 2001, 82쪽 이하 참조.

54 같은 책, 116쪽 참조.

1) 한국 가정생활에서 개인주의화 경향

우리는 호프스테드의 이론에 의거하여 개인주의와 집합주의를 규정하였다. 앞에서 언급했던 것처럼 개인주의는 집단의 이익보다 개인의 이익을 우선적인 것으로 간주하는 사회의 일반화된 태도나 가치체계를 지칭하며, 이에 반해 집단주의는 개인보다는 그 개인이 속한 가족이나 공동체와 같은 집단이 우선적인 중요성을 지니는 것으로 간주되는 사회의 문화적 특성을 표현하는 것으로 규정될 수 있다. 한국·중국·일본 3국의 가족 의사소통 구조 비교를 위하여 실시된 조사에 따라서 한국의 가족사회가 보여주는 특징을 가족에 대한 가치관에 초점을 두고 검토해본다. 설문조사 항목의 측정 결과에 따르면 한·중·일 3국에서 공통적으로 가족주의 내지 집합주의적인 성향이 여전히 중요한 행위 규범으로 간주되고 있다. 그중에서도 한국사회가 중국이나 일본에 비해 이러한 특성이 강한 것으로 나타난다. '가족의 행사(결혼식, 장례식 등)에 가족원들이 반드시 참석해야 하는지' 여부를 묻는 항목에 대해 한·중·일 삼국에서 공통적으로 긍정적인 응답 비율을 보여주었다. '매우 그렇다와 대체로 그렇다'라는 긍정적 답변을 한 비율을 보면 한국 89.4%, 일본 74.8%, 중국 61.1%였던 데 반해, '대체로 그렇지 않다와 전혀 그렇지 않다는 부정적 답변의 비율은 한국 2.6%, 중국 6.2% 그리고 일본 10.8%에 불과하였다.[56]

본 연구에서는 집단주의 문화의 특성을 측정할 수 있는 문항의 하나로 사회생활에서 가계나 혈연이 차지하는 중요성에 대해 물어보았다. 이 항목

• • •

55 한남제, 『한국가족제도의 변화』, 앞의 책, 12쪽 이하 참조. 그러나 이런 구분은 한계가 있다. 가족주의는 성취주의와 결합될 수 있다는 점을 조선의 유교사회가 보여주고 있기 때문이다. 이른바 전통사회, 즉 전근대적인 사회로 간주되는 조선사회의 가족주의는 귀속주의가 아니라 성취 혹은 능력의 원리와 결합되는 측면을 보여주고 있다. 이 문제에 대해서는 이 책 제5장에서 좀 더 상세하게 검토될 것이다.

56 이하의 가치관 문항과 연관된 설문조사 기초 데이터의 양적 분석 결과는 2003년 당시 연구 동료였던 윤경우의 작업에 의존했다.

에 대한 응답을 보면 '매우 그렇다'와 '대체로 그렇다'는 응답이 중국 66.8%, 일본 64.6%, 한국 58.7% 순으로 나타났다. 3국 모두 긍정적인 답의 비율이 부정적인 답의 비율보다 월등하게 높게 나타났다. 이러한 응답에서 우리는 서구의 근대적인 인간관이라고 할 수 있는 개인주의가 동아시아 3국의 사회생활의 기본적인 행동 규범으로는 아직 강력하게 뿌리내리고 있지 않음을 알 수 있다. 이를 통해 가족윤리를 인간 행동 규범의 기초로 간주하는 유교적 윤리문화에서 발생한 가족주의적 집합주의와 혈연을 비롯한 각종 '연'(緣)을 중시하는 특수한 인간관계 중심적 연고주의가 3국 사회에서 여전히 중시되는 것임을 알 수 있다.[57]

집합주의 문화는 집단의 이익을 개인의 이익보다 우선하고, 개인의 자아실현보다는 사회의 조화를 추구하며, 인간관계를 일보다 우선시하거나 내집단과 외집단을 구별하고 후자를 차별하는 특성을 지닌다.[58] 개인의 이익에 비해 가족집단의 이익이 우선시되는가를 살펴보기 위해 제시된 문항은 가족의 이익을 위해 개인의 이익을 희생할 수 있는가 하는 것이었다. 이 물음에 긍정적인 응답을 한 비율은 한국이 76.8%, 일본이 64.6%, 중국이 49.3%인 반면, 이에 부정적으로 응답한 비율은 일본이 15%, 중국이 12.9%, 한국이 7%로 나타났다.

지금까지 울산대학교 동아시아연구센터 프로젝트의 일환으로 실시된 설문조사 중에서 한·중·일 3국에서의 집합주의의 정도를 측정하기 위한 설문들의 결과를 구체적으로 살펴보았다.

이하에서는 개인주의에 대한 동아시아 3국의 태도가 어떤지를 파악하기 위한 실증적 경험 자료의 결과를 분석해보겠다. 이미 설명한 바와 같이 집합주의는 내집단과 외집단을 강하게 구별하고 후자에 대해 배타적 태도

• • •

57   사회생활에서 가계와 혈연이 중요하다는 질문에 대한 부정적인 응답이 일본과 한국에서 각각 15%와 13.7%로 나온 반면, 중국은 4.6%밖에 되지 않은 현상은 주목할 만하다.

58   거트 호프스테드, 『세계의 문화와 조직』, 앞의 책, 105쪽 이하 참조.

를 보이는 반면, 내집단에 속해 있는 구성원들이 이 집단에 강하게 통합되어 있어 이 집단의 보호를 받는 대가로 이 집단에 자신을 바치고 충성하는 특성을 지니는 사회이다. 이에 반해 개인주의 사회는 개인의 이익을 집단의 이익보다 우선시하고, 모든 사람들의 사생활의 권리를 보장하고, 인간관계보다 일을 우선시하며 모든 사람을 동등하게 대우하려는 보편주의적인 행위 규범을 지니고 있으며, 개인의 자아실현에 우선적 가치로 간주하는 특성을 보인다.[59]

개인주의를 측정하기 위한 문항으로 설정된 질문은 가족 개개인의 권리가 가족의 화목보다 더 중요한지, 또 배우자로부터 부당한 대우(예를 들면 폭력, 외도)를 받았을 때 법을 통해 문제를 해결해야 하는지, 그리고 나의 의견이 집안 어른의 의견과 대립될 경우라도 나 자신의 의견을 고수하는지의 여부를 묻는 것이었다. 가족 구성원 개개인의 권리를 가족의 화목보다 더 중요하게 간주해야 하는지에 대한 응답 결과는 중국이 35%, 한국이 26%, 일본이 23%의 비율로 긍정적인 답을 제시한 반면, 부정적인 응답을 보인 비율은 한국이 51.1%, 중국이 37.6%, 일본이 23.8%였다. 여기에서 한국사회가 일본과 중국에 비해 가족 구성원 개인들의 권리보다는 가족의 화목을 더 중요한 가치로 바라보고 있음을 알 수 있다.

개인주의를 측정하기 위한 또 다른 항목은 배우자가 폭력을 행사하거나 외도와 같은 부당한 행위를 했을 때, 이런 문제를 법을 통해 해결해야 한다고 보는지에 관한 것이었다. 이 질문에 대한 결과는 다음과 같다. 이 항목에 긍정적으로 대답한 비율은 중국이 가장 높은 83.5%, 그 다음이 한국이 29.5%, 마지막으로 일본이 23%로 나왔다. 이 문항에 대해 부정적인 응답을 보인 비율의 순서는 한국, 일본 그리고 중국이었으며, 그 비율은

---

59   같은 책, 93-120쪽 참조. 물론 이런 대조도 일본 가족제도의 특수성을 반영하는 데 한계가 있다. 앞에서 보았듯이 일본 가족제도에서 중요한 것은 가업, 즉 가족의 직업 활동으로 일과 가족의 가치는 밀접하게 결합되어 있기 때문이다.

각각 한국 47.1%, 일본 23.8%, 중국 2.4%였다. 이 항목의 응답 결과에 따르면 일본이나 중국에 비해 한국사회가 가족 문제의 해결 방식으로 법적 수단에 호소하는 것에 대해 가장 부정적인 태도를 나타내고 있다. 그런 점에서 가족 내부의 갈등을 법적으로 해결하려는 시도에 관하여 한국이 동아시아 3국 중 가장 보수적인 태도를 지닌 것으로 보인다.

그러나 한국사회 내부에서 보자면 가족 문제의 해결 방식으로 법적인 수단에 의존하는 것을 찬성하는 비율이 대략 30%에 이른다는 것은 한국사회 역시 가족생활에서 배우자의 외도나 가정폭력에 대한 관대한 태도가 점차 감소하는 것으로 해석될 수 있을 것이다. 이와 연관해서 이혼의 구체적인 사유 중의 하나로서 1980년대 이후 배우자의 부정행위가 차지하는 비율이 대략 47% 이상을 나타내는 현상은 주목할 만하다. 비록 1989년까지의 통계자료에 의하면 부정행위로 인해 이혼심판을 청구한 사람 중 남편의 비율이 부인보다 많았음에도 불구하고, 1990년부터 그 관계가 역전되었다. 즉 점차로 배우자인 남편의 외도에 대해서 관대한 태도를 보여 왔던 전통적인 관습이 상당히 변화하고 있음을 보여주는 것이다.[60]

개인주의를 측정하기 위한 마지막 문항은 집안 어른의 의견과 자신의 의견이 다를 경우에도 자신의 의견을 고수할 것인가에 대한 물음이었다. 이러한 물음을 설정한 이유는 다음과 같다. 개인주의 사회에서는 일반적으로 개인 사이의 구속력이 느슨한 사회로서 의견 충돌이나 갈등이 발생한다고 하더라도 각 개인이 옳다고 느끼는 바를 솔직하게 표현하는 것을 바람직한 행위로 장려하는 데 반하여, 집합주의 사회에서는 집단 내 성원들 간의 조화가 중요시되며 이러한 집단적 통일성에 긴장을 유발할 수 있는 의견 충돌은 가능한 한 자제되고 피해져야 할 것으로 여겨지기 때문이다. 가정생활에서 개인주의의 정도를 측정하기 위해 채택된 마지막 물음에 대해

• • •
60   한남제, 『한국가족제도의 변화』, 앞의 책, 327쪽 참조.

긍정적인 응답 비율은 일본 49%, 중국 31.1%, 한국 29.5%로 나왔다. 즉, 가정의 화목보다도 개인의 의견을 고수하는 것이 더 바람직한 행위 양식이라고 보는 비율은 한국이 가장 낮았으며, 자신의 의견을 고수하는 것에 대한 부정적 응답 비율은 한국 47.1%, 중국 31.9%, 일본 10.8%였다.

2) 한국 가정생활에서 평등화 경향

이 글에서 권위주의와 상반되는 개념이나 가치관으로 설정된 것은 평등주의이다. 권위주의는 인간과 인간 사이의 관계, 예를 들면 부모-자녀관계나 직장 내에서의 상사와 부하 직원 사이의 관계에서 위계적인 서열의식을 당연한 것으로 받아들이는 사회적인 태도를 의미하는 것으로 가정된다. 이렇게 이해된 권위주의는 인간관계가 수직적인 관계로 맺어져 있는 것으로 사회적 지위, 성별이나 연령 차이에 의하여 부여된 위계질서에 상응하는 행위 규범을 상대방에게 기대하거나 인정하는 정도를 표현하는 개념이라고 볼 수 있다.[61] 일반적으로 유교적인 이념이 커다란 영향을 행사해온 동아시아 국가들은 위계적인 질서가 인간관계를 지배하는 사회로 주장된다. 그러므로 한국사회가 나타내고 있는 집단주의적이고 권위주의적인 경향은 유교적인 가족 위주의 도덕적 규범이 전체사회의 행동규범으로 확장된 것이라고 주장될 수 있을 것이다.[62] 유교에서 가족생활 원리와

...
61 평등주의와 권위주의의 대립적인 구별에서 우리가 조심해야 할 것은 평등주의 사회에서는 권위가 존재하지 않는 것처럼 생각하는 경향이다. 이와 관련해서 최재석의 두 가지 권위 개념의 구별은 의미 있다. 그에 따르면 권위는 합리적 권위와 비합리적 권위로 구별될 수 있으며, 전자는 능력이나 업적에 의해서 형성되는 권위를 의미하는 데 반해, 후자는 세대나 성별이나 연령에서 연유하는 권위이다. 최재석, 『한국인의 사회적 성격』, 개문사, 1976, 76쪽 참조

62 신수진, 『한국의 가족주의 전통과 그 변화』, 이화여자대학교 박사학위 논문, 1998, 112쪽 참조. 그러나 전통적인 유교사회, 특히 조선의 유교사회가 전적으로 권위주의적인 사회였는지는 의문이다. 가부장제적인 질서임에는 분명하지만 주자학을 통치 이념으로 삼았던 조선사회는 그 내부에 평등 지향의 문화를 상당한 정도로 축적해 나가고 있었음

규범으로 간주되는 것은 다름 아닌 오륜(五倫)의 도, 즉 부모의 자애로움과
자녀의 효, 형제자매 간의 우애와 공경, 부부간의 화목, 군신 간의 의로움과
친구 간의 신의가 바로 그것이다. 이 오륜 중에서도 제일가는 덕목으로
여겨지는 것은 부모에 대한 효도이다.[63]

권위주의와는 반대로 평등주의는 모든 인간은 평등하다는 이념에 기반
을 두고 있다. 이러한 이념에 입각해보면 인간은 그가 속해 있는 종족이나
계급, 성별, 빈부귀천이나 종교상의 차이와 상관없이 동등하게 대우받고
존중받아야 하는 존재로 이해된다. 그러므로 평등주의는 인간 사이의 관계
가 수직적인 위계질서에 의해 유지되는 것이 아니라 수평적인 관계로
이루어진다고 본다. 권위주의 내지 수직적 관계와 평등주의 내지 수평적
관계의 구별은 호프스테드가 분류한 권력거리(power distance)에 상응하는
개념으로 간주될 수 있다. 그는 권력거리를 어떤 한 문화가 평등한지 아니면
불평등한지를 측정하기 위한 기준으로 간주한다. 권력거리라는 용어는
사람들이 불평등하다는 사실을 다루는 방식이 상이한 문화권에 따라 상이

• • •

이 인정되어야 할 것이기 때문이다. 주자학은 이미 공자와 맹자에게서 그 단초를
보이는 보편주의적이고 평등주의적 인간관을 이어받고 있다. 모든 사람이 배움과
수양을 통해 요순과 같은 성인(聖人), 즉 유학에서 인간의 가장 이상적 존재로 이해되는
성인에 이를 수 있다는 사상이 주자학에 의해 명료하게 천명되고 있을 뿐만 아니라,
주자학을 통치이념으로 받아들인 조선사회에서의 과거제 역시 기본적으로 능력주의
(meritocracy)에 기반을 둔 것이었다. 이런 점을 고려한다면 조선사회를 세습적인 신분제
적 사회로 보는 사회적 통념은 비판적으로 검토될 필요가 있다. 요즈음 주자학이
근대화 과정에서 부정되어야 할 유산이 아니라, 서구적 근대와 다른 동아시아 고유의
유교적 근대의 사유 체계로 독해될 수 있다는 주장이 존재한다. 이에 대해서는 미야지마
히로시(宮嶋博史), 『나의 한국사 공부: 한국사의 새로운 이해를 찾아서』, 앞의 책, 제12장
참조.

63 채인후, 『공자의 철학』, 천병돈 옮김, 예문서원, 2002, 127쪽 참조. 물론 중국 및 조선의
유교적 전통에서 통용되던 효는 기본적으로 부모의 자식에 대한 무한한 사랑과 자애로
움의 은혜에 보답하려는 마음으로 이해되었다. 그런 점에서 효는 자식이 부모에 대해서
보여주어야 하는 기본적 덕목이었지만, 일방적인 것만은 아니었다. 배병삼, 『우리에게
유교란 무엇인가』, 녹색평론사, 2012, 62-63쪽 참조.

하게 나타난다는 점에 착안한다. 원래 권력거리라는 용어는 네덜란드의 실험사회심리학자인 모크 멀더(Mauk Mulder)의 이론에서 나온 것이다. 그리고 이 개념은 "부하들을 그들의 상사로부터 격리시키는 감정적 거리에 관한 것이었다." 그러나 호프스테드는 권력거리 개념을 "한 나라의 제도나 조직의 힘없는 구성원들이 권력의 불평등한 분포를 기대하고 수용하는 정도"라고 정의한다.[64]

모든 사회는 권력거리가 크거나 작거나 하는 사회로 분류될 수 있다. 호프스테드에 따르면 권력거리가 큰 사회에서는 어린이는 부모에게 복종할 것을 요구받고, 부모나 연장자를 존경하는 것을 예의로 간주하여 아랫사람과 윗사람들 사이의 차이가 존재한다. 그러므로 이러한 사회에서 살아가는 구성원은 자신이 속해 있는 사회적 위치에 따라서 다르게 행동하고 다르게 대우받는 것을 큰 불평 없이 수용한다. 이와는 달리 권력거리가 작은 사회에서는 대체로 아이들은 동등한 존재로 대접을 받으며, 부모나 연장자에 대해 자신의 의견을 분명하게 표현하는 것을 바람직한 행위로 받아들이며 일찍부터 '노'(No)라고 말하는 법을 배운다.

그리고 사회가 보여주는 권력거리의 차이는 부모-자식의 관계 방식 및 행위 규범과 밀접한 상관성을 나타내고 있다. 물론 권력거리의 차이는 가정생활에서의 차이와만 연관되어 있는 것이 아니라, 교사-학생, 상사-부하, 정부당국-시민 간의 관계 방식에서도 발견된다. 간단하게 말해 권력거리가 작은 사회에서는 인간 사이의 불평등은 가능한 한 최소화시켜야 하는 것으로 간주되는 데 반해, 권력거리가 큰 사회에서는 인간의 불평등을 당연한 것으로 수용하며 바람직한 것으로 간주한다.[65]

동아시아연구센터의 설문조사에서 권위주의의 정도를 측정하기 위해

• • •
64   거트 호프스테드, 『세계의 문화와 조직』, 앞의 책, 54쪽.
65   같은 책, 60쪽 이하 참조.

가족 구성원 사이에 의견이 일치하지 않을 때 충돌이 발생한 문제를 해결하기 위해 가장의 의견에 따라야 하는지, 가족 내의 위계질서는 당연한 것으로 생각하며 존중해야 하는지, 그리고 재산을 상속할 때 장남과 남자가 더 많이 받는 것이 자연스러운 것인지 여부를 묻는 문항들이 채택되었다.

가족집단 내에서 가족 구성원들 사이에 의견이 일치하지 않을 경우에 가장의 의견에 따라야 하는가에 대한 첫 번째 물음과 가족 내 위계질서를 자연스러운 것으로 받아들여 이를 존중해야 하는지에 대한 두 번째 물음은 남자가 가족 내에서 최고의 결정권을 지니고 있는 전통적인 의미의 가부장제에서 연원하는 가장 중심의 위계체계가 어느 정도 존속하고 있는지를 알아보기 위한 것이다. 권위주의를 측정하기 위해 제기된 첫 질문에 대해 한국인 설문조사 대상자들 중 52.3%가 긍정적으로 응답한 반면, 부정적인 응답 비율은 20.8%였다.[66]

둘째로 가족 내의 위계질서를 당연한 것으로 받아들이고 존중해야 하는지의 여부를 물어보는 질문에 대해서 한국 조사대상자의 75.2%가 긍정적으로 반응하였다. 이 질문에 대해서 부정적으로 응답한 사람의 비율은 7.5%에 그쳤다. 여기에서 우리는 적어도 상당수의 한국인들이 가치관의 측면에서는 가족 내에서의 위계질서를 존중하고 있음을 알 수 있다.[67]

그러나 한국인의 다수가 존중하는 것으로 나타난 위계질서에서도 기성세대와 젊은 세대 사이에 차이가 있다는 점도 주목할 필요가 있다. 2003년 <한겨레> 창간 15주년을 계기로 4월 26일에서 28일 사이에 전화면접 방식으로 실시된 국민 여론조사 결과에 따르면 '사회질서를 유지하려면 상하

• • •
66   첫 번째 질문에 대한 중국과 일본의 긍정적인 응답 비율은 30.7%와 19.6%였으며, 부정적인 응답 비율은 중국이 34.8%, 일본이 40.6%였다.
67   가족 내에서의 위계질서를 바라보는 관점과 관련해서 중국과 일본에서의 긍정적인 응답 비율은 각각 56.8%, 24.8%였고, 부정적인 응답의 비율은 8.4%와 48.2%인 것으로 나타났다.

구별이 분명해야 한다(수직적 권위 인정)'라는 물음에 40대 이상의 기성세대가 젊은 세대에 비해 높은 긍정적인 응답 비율을 보인다. 즉 이 물음에 40대는 70.9%, 50대는 78.7% 그리고 60세 이상은 86.1%가 동의한 반면에, 20대는 절반 정도인 51.3%만이 긍정적으로 대답하였다.[68]

일반적으로 유교 문화의 영향을 받은 중국이나 일본과 마찬가지로 한국에서는 전통적으로 부모와 자녀 관계가 수직적인 상하 관계로 간주되었을 뿐만 아니라, 가정 내에서의 여성의 위치는 종속적이었다.[69] 유교적 가치관에 그 이념적 뿌리를 두고 있는 남성 중심적이고 가부장적인 특징을 보이고 있는 한국의 전통적인 가족제도에서 여성은 남성에 비해 상대적으로 낮은 지위에 있는 존재로 여겨졌었다. 예를 들어 부녀자가 지켜야 하는 기본적인 도덕규범으로는 삼종지의(三從之義), 즉 재가종부(在家從父), 시가종부(媤家從夫), 망부종자(亡夫從子)가 있었다.[70]

가부장제적인 남성 위주의 전통사회에서는 남녀 사이의 차별이 당연한 것으로 여겨졌으며, 이러한 차별은 재산상속의 불평등으로 귀결되기도 하였다. 그러므로 장남과 남자가 상속을 받을 경우 더 우대받아야 한다는 견해가 강하였다. 기존 연구 결과에 의하면 1800년 후반기 이후에 상속할 경우 딸에게는 가산이 분배되지 않고 아들에게만 나누어주고, 이 경우에서조차 장남을 우대하는 경향이 관철되어 왔다. 이러한 상황은 1990년 가족법이 개정되기까지 지속적으로 시행되어져 왔다.[71] 그러나 조선사회가 유교

• • •

68   <한겨레>, 2003년 5월 15일.
69   그렇다고 서구사회가 가부장적 가족제도로부터 자유롭다는 것은 아니다.
70   바로 뒤에서 살펴보듯이 동일한 유교사회인 조선에서조차 후기와 그 이전에 여성에 대한 태도에서 상당한 차이가 존재한다. 그러므로 유교적 전통과 가부장적 남성 위주의 가족주의 전통이 밀접한 관계를 유지하고 있었음에도 불구하고, 그 구체적 형태는 시대적 상황에 따라 상당한 변화를 보여주고 있다는 점도 무시해서는 안 된다.
71   변화순 외,『한국가족의 변화와 여성의 역할 및 지위에 관한 연구』, 한국여성개발원, 2001, 19쪽 참조.

사회라 해서 처음부터 장남과 남성 우대의 상속제도가 실시되었다고 생각하는 것은 잘못이다. 상속제도에서 장남 우대의 상속이 점차로 일반화되는 것은 17세기 후반 이후에 들어와서이다. 예를 지방에 거주하는 재지양반 계층에서 상속제도의 변화의 큰 흐름은 남녀균분상속→남자균분상속→ 장남 우대 상속이다.

16세기까지 조선사회에서 재산상속은 남녀균분을 원칙으로 했다. 그러던 것이 17세기에 들어서면서 남녀균분상속의 원칙이 더욱 분명하게 해체된다. 이처럼 남녀균분상속 관행이 변화된 것은 조선이 주자학을 국교로 수용한 지 2세기 이상이 지난 후의 일이다. 그러므로 미야지마 히로시(宮嶋博史)는 상속제도가 남녀균분에서 장남 우대 상속으로 변화된 이유를 주자학의 보급에서 구하는 것은 무리라고 본다. 그는 17세기 이후 재지양반 계층의 경제력 저하로 인해 상속제도가 변화될 수밖에 없었고, 그런 변화를 합리화하는 이념으로 주자학이 활용되었다고 해석한다.[72]

하여간 장남이나 남자가 다른 가족 구성원들에 비해 우대받아야 한다는 견해에 대해 한국에서의 조사대상자 중 긍정적인 응답 비율은 30.6%, 부정적인 응답 비율은 47.2%인 것으로 나타났다. 이러한 문항에서 한국사회는 다른 문항에 비해 상당히 근대적인 남녀평등의 가치관을 바람직한 것으로 받아들이고 있음을 보여준다.[73]

평등주의의 정도를 측정하기 위해 본 연구에서는 다른 측정 항목에서와 마찬가지로 3가지 질문을 설정하였다. 첫째 질문은 가정 내에서의 남성과 여성의 역할 분담에 대한 질문, 즉 남편도 아내와 마찬가지로 균등하게 가사와 육아를 분담해야 하는지의 여부를 묻는 것이었다. 둘째 문항은 남편과 아내는 각기 독립적인 재산권을 가져야 한다고 보는지의 여부를

• • •

72 미야지마 히로시(宮嶋博史), 『양반』, 노영구 옮김, 강, 2006, 209-222쪽 참조.

73 권위주의의 정도를 측정하기 위해 제기된 세 번째 문항에 대해 긍정적인 응답과 부정적인 응답의 비율은 중국은 23.2%와 43.2%, 일본은 13.4%와 53.8%인 것으로 나타났다.

묻는 것이고, 마지막으로 여성에게는 사회활동보다 가정을 지키는 것이 더 중요하다고 여기는지에 대한 질문이 채택되었다. 이러한 질문의 채택에서 살펴볼 수 있듯이 평등주의와 연관된 문항들은 주로 가정 내에서의 남편과 아내 사이의 관계가 어느 정도로 수평적이고 대등한 관계로 이루어져야 된다고 보는지를 측정하는 것들로 구성되어졌다. 이러한 문항들에 대한 구체적인 응답 상황을 살펴보면 다음과 같다.

남편도 아내와 마찬가지로 균등하게 가사와 육아를 담당해야 한다는 질문에 대해서 한국의 조사대상자들의 긍정적인 응답과 부정적인 응답 비율은 각각 56.8%와 33%인 것으로 나타났다. 이러한 응답 비율은 한국사회에서 가정 내에서의 여성과 남성의 전통적인 성 분업의식이 현저하게 약화되고, 가사에서의 남녀평등의 가치관이 긍정적인 것으로 받아들여지고 있음을 알 수 있다. 이러한 의식에서의 변화는 아주 주목할 만한 것이다. 우리 사회에서 남자가 가사를 돌보는 것은 남자의 권위를 손상시키는 것으로 간주되어져 왔기 때문이다.

그러나 이러한 의식에서의 변화가 실제로 가정생활에서 구현되고 있는지의 여부는 별개다. 기존 연구 결과에 따르면 한국의 기혼 남성들은 여전히 가사노동의 균등한 분담을 실천하고 있지 않다. 한국여성개발원이 2001년에 발표한 연구 자료에 의하면, 식료품 구입을 제외하고 밥하는 일, 설거지, 그리고 빨래하기와 같은 부엌일을 중심으로 한 전형적인 가사노동에 남편이 참여하는 비율은 겨우 10~20%에 그치는 것으로 나타난다.[74] 가치관과 실제 행동 사이에 큰 괴리가 존재함을 알 수 있다. 그러므로 우리는 가사의 동등한 분담에 대한 가치관을 긍정적으로 보는 태도가 높은 비율을 보이면서도, 가정 내에서의 성 분업에 대한 고정 관념이 사회적으로 여전히 큰

• • •
74   변화순 외, 『한국가족의 변화와 여성의 역할 및 지위에 관한 연구』, 앞의 책, 184쪽
       참조

영향력을 발휘하고 있다는 점을 알 수 있다.

부부의 독립적인 재산권 인정과 관련해서는 한국의 경우 긍정적인 응답 비율이 36.7%, 부정적인 응답 비율은 33%인 것으로 나타났다.[75] 재산권과 관련해서도 적어도 가치관의 측면에서 볼 때 한국사회는 남성과 여성의 동등한 권리를 인정하는 추세로 변화되어 가는 것으로 보인다. 전통적인 남성 위주의 가부장적 가족제도에서뿐만 아니라 근대적인 핵가족에서도 남성과 여성의 성적 분업은 가족의 원활한 기능과 지속적인 안정성을 유지하기 위해서 필요한 것으로 받아들여지고 있다. 즉, 근대의 핵가족 역시 남성은 밖에서 일하며 가계를 책임지고, 여성은 집에서 가사와 육아를 주로 담당하면서 가족원의 정서적인 만족을 유지하는 역할을 담당하는 형태를 고수한다.

그러나 현대 핵가족 내에서 고정적인 성별 역할의 구별은 기혼 여성의 사회적 참여의 증가나 핵가족을 이상적인 가족으로 여기는 교육 등과 같은 여러 요인에 의해서 변화를 요구받고 있다. 더 나아가 여성의 역할을 가정으로 한정하는 근대의 핵가족은 근대가 추구하는 자유와 평등의 이념에 비추어 보았을 때에도 문제점을 안고 있다. 왜냐하면 이러한 가족 형태는 여성의 가족 내 지위를 전통적인 권위주의적 가부장제에 비해서 상승시키는 긍정적 결과를 가져왔음에도 불구하고, 여전히 불평등한 측면을 지니고 있기 때문이다. 예를 들어 여성은 성별 역할 분담에서 남성에게 경제적으로 의존적인 상태에 처하게 된다. 그러므로 한국사회에서 가사와 육아의 공동 분담에 대한 태도가 가치관의 측면에서나마 커다란 변화를 내보이는 것은 한국의 미래 가족이 불평등한 부부관계로부터 보다 평등한 부부관계로 변화될 가능성을 보여주는 것으로 이해된다.

• • •

75 부부의 독립적인 재산권 인정 여부에 대해서 중국과 일본이 각각 56.2%와 51.6%로 과반수이상이 긍정적인 답을 제시한 반면, 부정적인 응답 비율은 중국이 13.3%, 일본이 19%로 나타났다.

여성에게는 사회활동보다는 가정을 지키는 것이 더 중요한지에 대한 물음에 대해서는 긍정적인 응답 비율이 한국 45.7%, 중국 46.2%, 일본 32.6%인 데 반해, 부정적인 응답 비율은 한국 26.9%, 중국 12.2%, 일본 32.2%로 나타났다. 중국이 여성의 사회참여를 가장 부정적으로 보고 있고 그 다음으로 한국과 일본의 순서로 이어진다. 남성과 여성의 가사와 육아의 공동분담에 대한 설문결과를 서술하는 과정에서 언급한 것처럼 사회의 산업화가 진척되면 될수록, 그리고 개인주의와 평등주의 이념의 영향력이 커지면 커질수록 여성의 사회참여에 대한 욕구는 증가할 수밖에 없다. 사실 한국사회가 본격적으로 자본주의 사회로 이행하면서 여성의 경제활동은 크게 증대되었다. 이런 경제구조상 변동 외에도 여성의 경제활동을 증대시킨 이유로는 남녀평등교육의 실시로 인한 여성의 교육수준의 향상 및 의식의 변화, 가정생활과 연관된 과학기술의 발전에 의한 가사노동으로부터의 해방 등을 들 수 있다.

그리고 위에서 거론한 요인들 이외에도 현대사회가 정보사회로 진입하면서 여성의 경제참여의 기회가 증대되고 있다는 점이 자주 언급되고 있다. 왜냐하면 산업사회에서 정보사회에로의 변화가 이루어지면 노동시간의 유연화, 재택근무 등의 방식을 통하여 가족과 일터의 통합이 가능하리라는 예측을 할 수 있기 때문이다.[76] 1960년대 이후의 구체적인 통계자료에 의하면 한국사회에서 여성의 경제활동의 참가 비율은 실제로 점점 증가하

76 　물론 우리는 정보화 사회의 도래와 연관해서 이러한 변화가 가족생활 및 가족관계에 가져올 결과들을 지나치게 낙관하는 것을 경계해야 한다. 예를 들어 가족과 일터의 통합이 반드시 가족 내 성별분업을 평등한 방향으로 전환시킬지 여부는 현재 함부로 속단할 수 있는 상황이 아니다(여성한국사회연구회, 『가족과 한국사회』, 앞의 책, 59쪽 참조). 게다가 요즈음 인구에 회자되는 제4차 산업혁명은 인공지능(AI) 등 첨단 정보통신기술의 융합에 의해 이루어질 것인데, 이를 통해 새로운 일자리 창출보다는 기존 일자리의 대다수가 사라질 가능성이 매우 높다. 따라서 정보사회의 발전에 대한 긍정적 기회만을 과장하는 것은 금물일 것이다.

고 있다.[77] 그리고 여성의 경제활동 참여는 가족생활에 변화를 초래할 수밖에 없다. 선행 연구 결과 및 동아시아연구센터의 가치관 조사결과에 따르면 한국사회에서도 점점 여성의 사회참여가 긍정적으로 받아들여지고 있는 추세이며, 이러한 추세는 개인주의와 평등주의 이념의 확산과 밀접한 연관 속에 있다고 이해될 수 있다.

지금까지 살펴본 울산대학교 동아시아연구센터의 양적 연구 결과에 따르면 한국사회는 중국 및 일본과 마찬가지로 개인주의와 평등주의 경향이 과거에 비해서 상대적으로 강하게 확산되고 있다. 이런 점에서 서구사회에서의 변화와 상당한 유사성을 보인다. 그럼에도 이것은 한국 가족제도가 서구적 가족 형태로 수렴되고 있음을 보여주지는 않는다. 개인주의 및 평등주의가 일정하게 관철되면서도 한국은 다른 동아시아 국가들, 즉 중국이나 일본에 비해서 권위주의가 강한 것으로 나타났다. 따라서 한국의 가정생활에서 집단주의적 사유 방식과 생활방식이 비교적 강하게 남아 있는 것으로 보인다. 호프스테드 역시 이미 이와 유사한 연구 결과를 발표한 바 있다. 그의 연구 결과에 따르면 전통적인 농경사회가 집합주의 성향을 보이고 사회가 근대화 내지 산업화가 진척되면 될수록 가족은 핵가족의 형태를 띠게 되고 사회는 개인주의 경향을 띤다. 그러나 이런 흐름과 다른 경우가 있다. 그것이 바로, 동아시아의 일본과 소위 신흥공업국이라고 일컬어지는 한국, 대만, 홍콩, 싱가포르 등이다.[78] 이들 나라에서는 공업화와 도시화가 진전된 사회인데도 불구하고 가족관계에서 가족주의적 집단주의 성향이 상당한 정도로 지속되고 있다.

이러한 현상을 어떻게 해석할 것인가 하는 문제가 중요하다. 어쨌든 한국의 가족사회에서 전통과 서구적인 현대의 만남이 어떤 방식으로 귀결

...

77   변화순 외, 『한국가족의 변화와 여성의 역할 및 지위에 관한 연구』, 앞의 책, 28쪽 이하 참조
78   거트 호프스테드, 『세계의 문화와 조직』, 앞의 책, 116쪽 이하 참조

될지 확실하게 단정 지을 수 없는 상황이다. 그 까닭은 서구적 근대의 가치, 예컨대 핵가족 형태와 연결되어 있는 개인주의 및 평등주의 규범을 철저하게 내면화하지 못했기 때문만은 아니다. 서로 다른 역사적 맥락에서 형성되어온 상이한 가족관의 영향을 통해 현대 한국 가족사회는 복합적 양상을 보여준다. 즉 현대 한국 가족 내에서 한편으로는 전통적인 가족주의적 경향이 보존되면서도 다른 한편으로는 가족 구성원들 사이의 평등한 상호 존중과 권리 존중의 태도가 상당한 정도로 영향력을 발휘하고 있다. 그런데 문제는 이런 복합적이고 중층적인 가족생활의 패턴이 어떻게 이해되어야 하는지 그리고 그것이 어떤 식으로 변형될 수 있는지를 현재로는 쉽게 추측할 수 없다는 점이다. 그래서 현대 한국의 가족 현상을 근대 서구의 가치 및 규범의 관철 여부만을 통해 판단하는 것은 바람직하지 않다.

앞에서 보았듯이 가장의 권위에 대한 태도에서 세대 간의 차이가 분명하다. 그러나 가족이 어떤 방식으로 운영되어야 하는지에 대한 상이한 가치관이 심각한 충돌로 이어져 가족의 해체로 나갈지 아니면 한국사회 나름의 독자적인 가족구조의 안정적인 창출로 귀결될지 여부에 대해서는 현재로선 쉽게 판단하기 어렵다. 달리 말하자면 개인주의적이고 평등주의적 가치관이 가족생활의 주도적 이념으로 자리 잡아 한국 가족주의 문화가 서구적인 가족 형태로 수렴될 것이라고 단정 지을 필요는 없다. 마찬가지로 전통적인 유교적 가족주의 문화에 뿌리를 둔 조화로운 가족관계 및 가족생활의 지속성을 존중하는 태도가 가족 내 생활이 좀 더 평등하고 민주적으로 변형되어야 한다는 요구를 전적으로 무시하고 자신을 관철시킬 수 있을지도 의문이다.

유교적 전통에서 유래된 것으로 여겨지는 한국의 가족주의 문화가 소중하게 간직해온 화목하고 조화로운 가족상 역시 가부장적이고 남성 중심적인 가족 이기주의 문화를 초래할 위험성을 안고 있다. 그렇다고 서구의 자유주의 전통이 보여주듯이 개인의 독립성 및 자율성에 대한 지나친 강조만으로 배타적 가족주의나 확대된 가족주의 형태인 연고주의 및 학벌주의 등 한국의 유교적 가족주의 전통과 결부된 여러 폐단이 말끔히 해결될 것이라고 볼 근거는 없다. 개인의 독립성과 자율성에 대한 개인주의적 이해는 삶에서의 사회성과 연대성의 문제를 간과할 수 있는 어두운 측면도 안고 있다. 그러므로 서구적인 근대의 가족이념과 전통적인 유교적 가족주의 이념이 중첩적이고 복합적인 양상을 띠고 있는 현대 한국 가족제도가 안고 있는 문제를 해결하려면 유교적 가족주의 문화 전통이냐 서구적인 개인주의 문화냐 하는 양자택일의 관점을 넘어서야 한다. 그리고 유교적 가족주의 전통과 서구의 개인주의적 자율성 이념 사이의 상생적인 만남과 상호 변증법적인 지양의 가능성을 모색하는 것이 더 바람직한 것으로 보인다.

Ⅲ. 평등주의 및 개인주의 관철과 그 문제

위에서 살펴본 바와 같이 과거에 비해서 한국 가정생활에서 자유와 평등의 원리는 매우 중요한 원칙으로 받아들여지고 있다. 그리고 이로 인해 여러 긍정적인 면이 관철되고 있다. 가족생활과 연관해서 볼 때 개인주의 및 평등주의 원리가 더 널리 존중됨으로써 형성되는 긍정적인 면을 다음과 같이 요약할 수 있을 것이다. 우선 남녀평등 이념의 확산이 지니는 해방적 측면이다. 개인주의와 평등주의가 가족 구성의 중요한 원리로 수용됨에 따라 성과 사랑의 관계에서는 물론이고 가정생활을 구성할 수 있는 단계에서 여성의 자율적 선택권이 확장되고 있으며, 스스로 선택한 배우자와 가정을 구성했을 경우에도 가정생활 내에서 여성의 권리 증진도 점차 확대되고 있다. 물론 남녀평등의 구현에서 우리 사회는 여전히 많은 한계를 보여주고 있다. 그러나 과거에 비교해볼 때 오늘날 한국 여성은 배우자를 선택할 수 있는 자유를 폭넓게 향유하고 있으며, 이에 따라 결혼은 애정에 기초한 대등한 성인들 사이의 자유로운 결합으로 이해되고 있다. 이혼에 대한 태도 역시 여성들의 자율성이 증진되는 방향으로 변화해가고 있다. 이렇게 볼 때 우리나라에서도 가족이 동등하고 자유로운 성인들의 만남과 선택에 의해 형성되는 것으로 보는 태도가 보편화되고 있다.[79]

그뿐만 아니라 민주주의가 진전됨에 따라 헌법에서 보장된 남녀평등 이념을 구체적으로 실현하기 위한 여러 법률이 제정되어 실시되고 있다. 예를 들어 여성발전법이나 남녀고용평등법 제정을 비롯하여 남녀차별 금지 및 구제에 관한 법률 등 여러 법적이고 제도적인 장치들이 마련되고 있다. 또한 양성 평등 의식이 전 사회적으로 증진함에 따라 '남존여비'라는 불평등한 의식과 남성 위주의 관행이 보여주듯이 비민주적이고 위계서열 적인 남성가장 중심의 가족관계에서도 긍정적 변화가 일어나고 있다. 즉, 가족관계에서도 가장인 남성 우위의 권위적인 관계로부터 부부 사이의 평등하고 민주적 관계로의 변화가 이루어지고 있다.

개인주의와 평등주의의 원칙이 가족생활에 미치는 해방적 요인들 중 마지막으로 들 수 있는 것은 아이들에 대한 태도 변화이다. 물론 한국사회에 남아선호사상이 여전히 남아 있다. 그렇지만 이제 자녀들은 더 이상 가계를 계승한다는 관점에서만 이해되지 않는다.[80] 그뿐만 아니라 아이에 대한

- - -

79 2015년 국가가 법률로써 간통을 처벌하는 것은 국민이 스스로 배우자를 선택할 수 있는 기본권을 침해한다는 점에서 위헌이라는 헌법재판소의 결정에 따라 간통죄가 폐지되었다. 간통죄 폐지는 성과 결혼에 대해 성인들의 자율적 선택권을 존중하는 흐름을 반영하는 중요한 변화라 할 것이다.

80 <한겨레>가 조사한 결과에 의하면 남아선호 가치관에 대해서 세대 간 차이가 크다. '아들 하나는 꼭 있는 것이 좋다'라는 질문에 긍정적으로 답한 비율은 20대(25.8%), 30대(26.1%)인 데 반하여, 50대(47.1%), 60세 이상(71.5%)으로 나타났다(2003년 5월 15일 자 참조). 또 다른 연구 결과에 따르면 남아선호사상은 정도의 차이는 있으나 모든 세대에 걸쳐 나타난다. 그러나 자녀양육에 있어서 아들과 딸에 대한 차이는

태도가 변화함에 따라 한국의 전통적인 가족에서 일반적인 현상이었던 부모와 자녀 사이의 위계서열적인 관계도 변화되고 있다. 부모와 자녀의 관계는 더 이상 일방적이고 권위적인 관계로 이루어지지 않는다. 아이들의 독자적인 인격이 존중되어야 한다는 의식이 빠르게 성장하고 있다. 물론 전통사회에서 가족관계가 부모 중심의 권위주의적 관계가 수용되었다고 해서 아이에 대한 폭력적 태도가 바람직한 것으로 받아들여졌다는 의미는 아니다. 전통적인 가족에서 부모-자녀 관계가 위계서열적인 성격을 지니고 있었다는 사실에서 자녀가 부모에 의해 자의적으로 다루어지고 있다는 식의 결론을 곧바로 도출하는 것은 지나친 논리적 비약이기에 그렇다.

우리가 주목해야 할 것은 자녀가 지니는 의미에서의 중요한 변화이다. 전통적인 가족관계에서와 달리 오늘날 자녀들은 가족을 이어가는 세대 간 연속성의 측면에서 소중한 존재로 간주되기보다는 정서적인 유대와 공감을 맺을 존재라는 면에서도 이해되고 있는데, 이런 변화는 매우 중요하다. 게다가 자녀들도 미래의 성인으로 부모와 동등하게 존중받아야 할 인격적 존재라는 인식이 강화됨에 의해 우리나라에서도 아동을 보호하기 위한 여러 법적인 장치들이 마련되고 있다. 그중에서도 2000년 7월부터 시행된 '아동학대금지법'이 대표적이다.[81]

그러나 서구적 근대화도 많은 문제를 안고 있다. 서유럽에서 발생하여 전 세계적으로 확산되고 있는 근대의 규범적인 이념과 사회제도는 자체 내에 양면성을 지닌다. 근대성에 대한 비판적 성찰이 중요한 사상의 과제로 등장한 것은 경제적 영역이나 가족 등 사회의 여러 영역에서 서구적 근대성으로 인해 초래된 부정적이고 파괴적인 현상들의 심각성과 무관하지 않다.

• • •

크지 않은 것으로 나타난다(변화순 외, 『한국가족의 변화와 여성의 역할 및 지위에 관한 연구』, 앞의 책, 123쪽 참조).

81   우리나라에서의 아동학대 현황에 대해서는 조정문 · 장상희, 『가족사회학』, 앞의 책, 349쪽 이하를 참조.

그리하여 서구적인 근대사회가 그 이전 시대에 비해서 인간의 삶을 더 안전하고 행복하게 만들 것이라는 믿음은 급격하게 그 설득력을 잃고 있다. 달리 말하자면 서구 근대를 다른 사회가 반드시 달성해야 하는 인류사의 필연적인 단계라는 사유 방식은 큰 도전에 직면해 있다.

가정생활에서 근대의 규범적 원리의 관철과 더불어 이혼율의 급속한 증가, 출생률의 급격한 감소, 편부 및 편모 가정의 증가 등 가정위기 현상이 수반되고 있다. 물론 이런 현상을 가족의 붕괴 혹은 해체로 간주하는 것은 과장일지도 모른다.[82] 그러나 가족 붕괴 현상에 대한 진단을 단순히 기우라고 보는 것도 지나친 낙관에 불과하다. 지그문트 바우만(Z. Bauman)이 지적하듯이 오늘날 유한한 인간에게 지속성과 불멸성을 약속하여 덧없는 삶에 초월적인 가치와 의미를 부여해주는 두 가지 중요한 제도, 즉 국민국가와 가족이 "무너지고 있다." 그리하여 오늘날 사람들은 "한시성과 지속성을 연결해줄 분명하고 믿을 만한 접점"을 갖고 있지 않다. 바우만은 이런 상황을 "역사상 처음으로 세월을 소중하게 여기고 세월을 보람 있게 보내는 일이 합리적으로 여겨지지도 않고 이를 뒷받침해줄 제도도 존재하지 않는 상황"이라고 규정한다. 이제 인간 복제기술이 약속해주는 것처럼 인간은 무병장수하는 육체적 삶의 영원한 지속을 삶의 궁극적 목표이자 최고의 가치로 삼게 되었다. 다른 모든 가치를 넘어서 육체적 생존의 지속성을 최고의 가치로 간주하면서 그에 대해 과도한 집착을 보여주는 것은

• • •
82 다양한 가족생활의 등장과 함께 대두되는 전통적인 핵가족의 변화 현상을 가족의 변화로 볼 것인가 아니면 가족의 해체로 볼 것인가 하는 문제는 논쟁의 여지가 있는 주제이다(『가족사회학』, 같은 책, 409쪽 이하 참조). 근대의 개인주의 탄생과 긴밀하게 연결되어 있는 자본주의 발전이 사회의 기본단위인 가족 연대성의 토대마저도 허물어뜨리는 힘을 보여준다는 점도 흥미롭다. "시장경제 사회는 궁극적으로 무자녀 사회"라고 울리히 벡과 엘리자베트 벡-게른하임은 진단한다. 울리히 벡과 엘리자베트 벡-게른하임, 『사랑은 지독한 그러나 너무나 정상적인 혼란』, 강수영 외 옮김, 새물결, 2002, 78쪽.

이제 일상이 되고 있다. 오늘날 사람들은 육체에 대한 강박적 집착에 사로잡혀 있다. 전통적으로 '자유가 아니면 죽음을 달라'는 격언에서 보듯이 원래 육체적 생존에 대한 과도한 염려와 관심은 자유로운 인간성을 배반하는 것으로 여겨졌다. 하지만 오늘날에는 가치의 서열 관계가 역전되었다. 즉, "역사상 처음으로 유한한 인간들은 불멸 없이도 살아갈 수 있게 되었고 그런 상황에 대해 괘념하지도 않는 듯싶다."는 바우만의 결론은 현대사회의 모든 인간들이 처음으로 처하게 된 새로운 상황을 잘 보여준다. 그리고 그런 미증유의 상황에 처한 현대인들 앞에 무엇이 다가오는지를 아는 사람은 아무도 없다.[83]

이러한 현상은 근대 세계의 원리들의 관철과 결합되어 나타나는 결과이며 그 결과가 지니는 파괴적 경향은 보다 진보적인 사회로의 이행 과정에서 당연히 치러야 할 대가로 치부되거나 회피될 수 있는 것이 아니다.[84] 달리 말하자면 개인의 자유와 평등이라는 근대적인 도덕적 기준에 의해 영향을 받으면서 여타 인간관계 외에도 가족제도가 직면하게 된 새로운 도전을 이른바 전근대적인 가부장제도의 억압질서로부터의 해방을 달성하기 위해 기꺼이 지불해야 하는 대가라고 치부할 수 없다. 해방은 해방이지만 해방이 가져온 새로운 역설도 우리가 해결해야 할 문제이기 때문이다. 그래서 근대 세계에 이르러 가족제도가 해방의 기회와 더불어 예측 불가능한 새로운 불확실성에 직면하고 있는 이유는 무엇인지에 대해 주목해야 한다.

* * *

83 지그문트 바우만, 『방황하는 개인들의 사회』, 홍지수 옮김, 봄아필, 2013, 400쪽, 408쪽.
84 그렇다고 가정 및 사회생활에서의 변동이 가치관의 변화로만 초래된 것은 아니다. 특히 한국의 현대 가족이 국가 주도의 산업화 프로젝트와의 연동 속에서 형성되었고, 그 과정에서 한국의 유교적인 전통 가족의 가치가 선별되어 정치적으로 동원되었다는 점도 강조되어야 한다. 특히 한국의 '압축적 근대화' 과정에서 생겨나는 여러 사회적 갈등 비용이 가족에 전가되었다는 점에 대해서는 장경섭, 『가족·생애·정치경제: 압축적 근대성의 미시적 기초』, 앞의 책, 참조.

산업화 및 민주화의 과정을 거치면서 발생한 가족생활에서의 여러 긍정적 변화에도 불구하고, 한국의 현대 가족이 지니는 여러 병리적 현상을 해결하기 위한 방법을 강구할 필요가 있다. 이때 한국의 국가 주도의 경제개발 전략에 의해 수행된 산업화가 가족을 기반으로 하여 이룩된 것이라는 점을 잊어서는 안 된다. 따라서 가족의 위기상황을 극복하는 방법으로 국가의 사회보장제도를 전면적으로 확충하려는 노력은 필수적이다. 가족만이 노인 부양문제나 자녀양육 및 교육 문제를 책임져야 할 것이 아니라, 국가도 함께 책임을 져야 할 문제이기 때문이다. 이와 더불어 노인 부양문제나 자녀양육 문제에서 관철되는 젠더적 불평등 구조 문제도 주목할 필요가 있다.

　　이런 측면에서 J. 스테이시(Stacey)의 입장은 매우 시사적이다. 스테이시는 전통적인 핵가족의 한계를 그것이 "여성의 취업기회 확대, 현대사회의 다양한 생활양식, 높은 자율과 개성실현 욕구 등에" 적절하게 반응하지 못하는 데 있다고 간주하면서, "전통적 가족의 회복이 아니라 다양한 가족들이 제 기능을 다할 수 있는 사회정책"을 강조한다. 이러한 사회정책으로 그는 "작업장의 가정생활 배려, 동일노동 동일임금 원칙이 지켜져 여성에게도 충분한 임금이 보장되는 것, 의료보험 및 사회보장을 통한 육아에 대한 사회의 지원, 이혼할 경우 여성에게 가해지는 불공평의 해소 등"을 들고 있다.[85] 물론 스테이시가 근대화된 자본주의 사회에서도 여전히 존재하는 남성중심주의 및 남성가장 중심의 핵가족 내에서 젠더 부정의를 해결하기 위해 제안한 방법이 충분하지 않을 수도 있다. 그가 가정 내에서의 성별분업에 따라 여성을 종속적 지위로 떨어뜨리는 부당함을 해결하기 위해 제안하는 방법이 주로 여성도 남성과 마찬가지로 일자리에 잘 적응할 수 있도록 사회보장을 강화하는 데 치중되어 있을 뿐, 가족 안에서 주로

• • •
85　　조정문・장상희, 『가족사회학』, 앞의 책, 410쪽에서 재인용.

여성들이 담당하는 돌봄 제공 활동, 즉 비공식적인 돌봄 노동을 지원하려는 문제의식을 상대적으로 결여하고 있기 때문이다. 이런 문제점을 제외한다고 해도 국가 주도로 이루어지는 보편적 복지를 통한 가족 문제 해결 역시 한계를 지니고 있다. 서유럽의 복지국가에서 공통적으로 발견되는 문제점으로 복지 수혜자의 자율성 상실과 의존성의 강화, 관료주의적 폐단의 강화 등이 거론된다. 그리고 이런 문제는 사회복지국가를 반대하는 사람들이 이데올로기적으로 만들어낸 편견의 산물만은 아니다.[86]

분배가 복지 수혜자를 게으르고 나태하게 해서, 결국 그들을 복지국가에 의존하는 존재로 만들어 버린다는 식의 분배에 대한 적대적인 시각은 우파에 한정되어 있지 않다. 노동을 모든 가치의 원천으로 보고 노동 계급인 프롤레타리아트를 역사발전의 주체로 상정한 정통 마르크스주의 역시 생산주의적 관점에서 분배 정책에 대해 비판적이다. 그러나 요즈음 한국에서도 점점 더 많은 관심을 받고 있는 기본소득 이론은 전통적인 유럽의 사회복지국가의 한계를 성찰하는 데에서는 물론이고 남아프리카 공화국 등에서 실시되고 있는 사회부조 정책이 함축하는 새로운 분배정치의 가능성과 결합되어 있다.[87]

이 자리에서는 유럽의 복지국가가 의존성의 강화, 즉 사람들을 노동하지 않도록 하여 사회 및 국가의 사회급여에 기생하여 살아가는 나태한 사람들로 전락시킨다는 비판이 신자유주의적 이데올로기와 친화성을 지니고 있는지 여부를 논하지 않을 것이다. 물론 국가에 의한 다양한 사회부조가 잠재적 노동자들로 하여금 일할 의욕을 가지지 못하게 할 수 있다는 비판,

• • •

86 사회복지국가가 지니는 문제점들에 대해서는 A. 기든스의 책, 『좌파와 우파를 넘어서』, 김현옥 옮김, 한울, 1997, 제5장 152쪽 이하를 참조. 그리고 J. 하버마스 『새로운 불투명성』, 이진우 옮김, 문예출판사, 1995, 161쪽 이하 참조.

87 이에 대해서는 제임스 퍼거슨(James Ferguson), 『분배정치의 시대』, 조문영 옮김, 여문책, 2017 참조.

그러니까 사회복지는 노동에로의 재편입이나 일자리 창출과의 연관성에서 사고되어야 한다는 생각은 오늘날에는 진지하게 재검토되어야 한다. 생산적 노동 중심의 사고방식의 자명성은 안정적인 임금노동으로부터 거의 항구적으로 배제되어 잉여적 존재 혹은 쓰레기처럼 아무런 쓸모도 없이 버려진 존재인 '프레카리아트'(precariat)가 일반화되고 있는 오늘날의 자본주의 사회에서는 더 이상 타당성을 지니지 못하는 시대착오적 가정일지도 모르기 때문이다. 그러나 이 장에서는 노동 중심 및 완전고용을 이상적인 자본주의 체제로 설정하고 실업이나 질병 등의 문제들에 대처하고자 하는 사회복지국가의 가정이 지니는 한계에 대해서도 다루지 않을 것이다. 이에 대해서는 독립성 및 자율성을 삶의 정상성의 기준으로 설정하면서 의존성의 문제를 정치의 문제나 사회정의의 문제 영역에서 배제시키는 권리 중심 담론의 한계를 다루는 제4장에서 상술될 것이다.

그리고 우리나라에서 벌어지고 있는 노인들의 유기나 현대판 고려장, 부모의 가출이나 이혼에 의해서 생기는 새로운 형태의 고아들의 증가 현상 등은 개인주의화의 진전과 함께 가족 문제가 얼마나 심각한 문제에 직면하고 있는지를 잘 보여준다. 이러한 상황에 대한 두 가지 전형적인 반응은 그리 설득력이 없다. 예를 들어 현재 우리 사회가 당면하고 있는 가족 해체의 문제를 해결할 수 있는 방안으로 전통적인 가족중심주의나 남녀의 불평등한 성별분업 원칙에 기반을 둔 근대적인 핵가족제도를 다시 복원해야 한다는 식의 주장은 시대의 변화에 너무나 둔감하거나 아무런 실효성이 없는 관념적인 넋두리로 전락할 가능성이 있다. 다른 한편으로 사회의 개인주의화와 평등주의의 이념의 급속한 관철과 결합되어 있는 문제점들을 불가피한 것으로 간주하면서, 근대의 규범적 이념에 대한 비판을 수행하지 않는 태도도 전통적인 가족제도의 복원만을 주장하는 입장과 마찬가지로 무책임하다. 예를 들어 젠더 부정의 문제를 해결하기 위해서는 근대가족과 자본주의 체제 사이의 연동에 대한 문제를 진지하게 다루어야 하지만 그런 시도만으로는 충분하지 않다. 젠더 부정의 문제를 해결하기 위해서는 대칭성과 상호성 위주의 자유 및 평등의 관념이 비대칭적 관계에 뿌리를 내리고 있는 돌봄 행위의 가치를 적절하게 평가하지 못한다는 점을 비판적으로 성찰할 필요가 있기 때문이다.

이하에서는 한국사회의 가정생활에서 개인주의와 평등주의적인 행동 원리가 관철되면서 새롭게 등장하고 있는 문제점을 부부관계, 노인 부양문제 그리고 자녀 관계를 중심으로 살펴보기로 한다.

1) 남녀평등과 가족 연대감 형성 문제

이미 살펴본 바와 같이 한국에서도 산업화와 민주화가 진전되면서 가족의 형태가 근대적인 핵가족 형태로 변화했으며, 개인주의와 평등주의가 사회적인 동의를 얻고 있다. 자료에 따르면 1995년 현재 총가구의 79.8%가 핵가족 형태를 보이고 있다.[88] 그러나 이러한 변화는 가족의 유대를 약화시키는 결과를 가져온다. 가족 유대 약화의 한 양상으로 이혼율의 상승 현상을 지적할 수 있을 것이다. 한국사회에서 이혼율 변화 추이에 관한 통계 자료는 이혼율이 가파르게 증가하고 있음을 보여준다. 인구 1,000명당 이혼건수를 의미하는 조이혼율은 1970년에 0.4%에서, 1980년에 0.6%, 1990년에 1.0%를 거쳐 2001년 2.8%로 증가하고 있다.[89]

다른 나라의 이혼율과 비교하면 우리나라의 이혼율이 결코 낮지 않음을 알 수 있다. 예를 들어 1997년 한국사회에서의 이혼율은 이탈리아를 제외한

---

88 이런 현상을 두고 한국사회에서도 서구사회에서처럼 산업화로 인해 친족가족에서 부부 중심의 핵가족에로의 이행이 이루어졌다고 판단하는 것은 성급한 일이다. 왜냐하면 유교적인 가치관의 영향으로 인해 비록 가족 형태가 외형적으로는 서구와 같이 핵가족 형태를 띠고는 있으나, 여전히 "부계 중심의 확대가족적인 가족주의 성향이 강하게 남아 있어 부부 중심의 우애적 가족이 보편화되었다고 볼 수 없"기 때문이다(여성한국사회연구회, 『가족과 한국사회』, 앞의 책, 156쪽).

89 통계청, 『2001년 인구동태통계연보(혼인·이혼편)』, 24쪽 참조.

서구 유럽 국가들에 비해서는 낮은 편이지만 일본, 대만, 싱가포르와 같은 아시아 국가들에 비해서는 높은 편이다.[90] 물론 이혼율의 급속한 증가는 여러 가지 복합적인 원인에 기인하는 것이고, 또 이혼이 가족 유대를 해체하는 주범인 양 마냥 부정적인 것으로 치부할 것도 아니다. 여성의 경제적인 활동과 능력의 증가 및 평등 의식의 확산 등이 이혼율의 증가를 초래한 중요한 요인으로 이해되는데, 이는 분명 긍정적으로 볼 필요가 있다.

그러나 이혼율의 급속한 상승을 가져오는 중요한 요인으로 간주되는 평등주의와 개인주의의 행동 원리를 존중하는 사회적 인정의 확산은 어두운 얼굴도 지닌다. 전통사회에서와는 달리 결혼을 각 개인의 자율적인 선택의 영역에 속하는 것으로 여김에 따라 세대 사이의 가계 계승이나 경제적인 생활유지와 같은 목적들은 결혼의 목적에서 부차적인 것으로 간주된다. 그 결과 결혼에서 결정적인 의미로 대두되는 것은 각 개인의 자기실현이라는 욕망의 충족 여부이다. 모든 개인은 무엇이 실제로 자신의 삶에서 중요하고 가치 있는 것인가에 대해 스스로 결정할 권리를 지니고 있다는 개인주의적인 원칙에 의하면, 가족의 연대보다는 늘 자신의 삶의 실현이 제일차적 과제로 이해된다. 그래서 이혼 후에 자신에게 더 나은 삶에 대한 기대가 존재할 때 결혼 관계를 지속할 이유는 없다.

그러나 개인의 선택의 자유의 확장은 축복인 동시에 저주이기도 하다. 개인의 선택의 자유에 대해 부여하는 높은 가치는 부부 사이에 한 사람이라도 그 관계에서 자기실현의 만족감을 얻을 수 없게 되면 그 관계를 언제든 떠나도 좋다는 자유에 대한 긍정으로 이어진다. 그리고 이는 애정 및 부부관계를 지속하기 위해 요구되는 상호 간의 노력과 관심을 자기실현의 방해로 간주하는 심정을 부추긴다. 사랑하는 사람이든 남편이거나 부인이든 아이든 상관없이 타인에 대한 여러 의무는 개인의 자기실현 및 선택의 자유를

90   조정문 · 장상희, 『가족사회학』, 앞의 책, 257쪽 참조.

옥죄이는 부담으로 여겨지며 그런 부담으로부터 벗어나는 것은 개인의 해방이라는 관점에서 당연한 것으로 간주된다. 그래서 사랑과 부부관계의 해체는 어느 일방의 결정에 의해 손쉽게 이루어지게 된다.

오늘날 우리 사회에서도 가족이 지속되는 시간은 한 인간이 태어나 죽는 시간보다 길지 않다. 가족의 세대적 연속성은 말할 것도 없고 한 인간에게 사랑하는 사람과 한평생 살아갈 가능성은 허물어져가고 있다. 그리하여 애정 및 부부관계에서 연대의 약화와 불안정성의 증가는 동전의 양면이다. 이처럼 사랑 및 부부관계에서 불안정성이 증대되고 연대적 끈이 약화되어 가는 것은 개인주의적 가치관과 무관한 것이 아니다. 그러나 사람 사이의 관계의 끈이 일방의 결정에 의해 손쉽게 종결될 수 있는 가능성이 증가하면 할수록 사람은 사랑 및 부부관계에 몰입하고 그 관계를 지속시키는 데 당연히 필요한 노력을 회피하게 되거나 그런 노력을 할 필요가 없다고 느끼게 된다. 그러나 이때 사람은 심각한 딜레마에 처하게 된다. 사람은 누군가를 사랑하면서 동시에 누군가로부터 진정으로 사랑받고자 원한다. 그런 점에서 사람은 누구나 사랑의 주체이자 대상이다. 그럼에도 애정관계가 관계를 맺고 있는 어느 일방의 결정에 의해 손쉽게 파괴되는 상황 속에서 사람들은 사랑을 하기도 힘들어지고 사랑받고자 하는 인정 욕망을 충족시키는 것은 불가능하게 된다. 사랑 관계를 포함하여 인간관계가 일시적이고 표면적인 만남으로 대체되는 것도 이런 역설의 결과라고 보아야 할 것이다. 관계를 일방적으로 단절할 수 있는 선택의 자유가 타인으로부터 사랑을 받고자 하는 욕망 자체를 불가능하게 하는 것이 바로 선택의 자유가 지니는 역설이자 저주일 것이다.

찰스 테일러(Charles Taylor)가 『불안한 현대사회』에서 설득력 있게 묘사하고 있듯이, 개인주의는 자기중심적인 생활양식 내지 '나르시시즘'의 문화를 양산하고 있다.[91] 물론 개인주의는 이기주의와 동일한 것이 아니다. 그러나 테일러가 주장하는 것은 서구 근대의 개인주의와 자기진실성의 이념이 나르시시즘적인 자기만족적 삶에 대한 탐닉의 문화를 양산하는 데 유리한 배경으로 작용한다는 것이다. 개인주의가 초래한 자기중심적인 생활태도가 위험한 이유는 인간관계를 지나치게 권리 중심적 태도로 바라보는 데에서 기인한다. 그리고 개인과 개인의 관계를 계약적인 모델에 입각하여 권리 중심적으로만 바라보는 것은 부부관계를 포함하여 인간 상호 간의 관계를 수단적인 것 혹은 도구적인 것으로 바라보는 심성을 만연케 만드는 경향을 지니고 있다고 테일러는 이해한다.

그리하여 자기중심적인 생활태도에 빠져 있는 인간들은 그들 자신의 "욕구나 열망 너머에 있는 것—그것이 역사, 전통, 사회, 자연, 혹은 하느님이라고 할지라도—에서 오는 요구들을 소홀히 대하거나 혹은 부당한 것으로 몰아붙이는 경향"을 보인다.[92] 간단하게 요약하자면, 원자적인 개인주의와 자기중심적인 생활태도는 사랑의 관계이든 부모 자녀의 관계이든 동료 시민들 사이의 관계이든 인간 상호 간의 관계가 지니는 내재적인 가치를 망각케 한다는 것이다. 그리고 그런 망각은 정치적인 삶에서뿐만 아니라, 가족 내에서의 부부관계나 자녀관계에서도 많은 문제점을 양산시키는 요인의 하나이다. 이처럼 가족 연대의 약화에는 현대 산업사회에 깊게 뿌리내리고 있는 자아중심적인 생활태도와 이를 양산시키는 개인주의적인 원칙에 대한 높은 가치부여가 자리 잡고 있다.

2) 노인 부양문제

3세대 직계 가족 감소, 맞벌이 가족, 노인 가족, 이혼 및 재혼가족 증가 등은 1960년대 이후로 본격화된 산업화 과정에서 한국의 가정생활에서 발생한 몇 가지 중요한 변화의 예들이다. 또한 미국 및 유럽 국가들과

...
91   찰스 테일러, 『불안한 현대사회』, 송영배 옮김, 이학사, 2001, 47쪽 이하 참조.
92   같은 책, 79쪽 참조.

마찬가지로 한국사회에서도 산업화가 진전되고, 과학기술이 발전하면서 인간의 평균수명은 연장되어 노인인구는 빠른 속도로 증가하고 있다. 20세기 초반에 한국인의 평균수명은 겨우 30세 정도였으나, 산업화 이후에 평균수명은 크게 증가하여 1990년대가 되면서 70세에 이르게 되었다. 그리고 2000년 평균수명은 1971년 62.3세에서 13.6세 증가한 75.9세이며, 향후 2030년에는 81.5세, 2050년에는 83.0세로 늘어날 것으로 통계청 자료는 전망한다.[93]

2001년에 발표한 장래인구추계 통계청 자료에 따르면 한국사회에서 노령인구가 차지하는 인구비율은 꾸준히 상승하고 있다. 1970년에 65세 이상의 노인인구 구성비가 3.1%이던 것이, 1980년에는 3.8%, 1990년에는 5.1%로 증가하였고, 2000년에는 7.2%에 이르렀다. 그리고 65세 이상의 노인인구 비율은 2020년에 15.1%를 넘어서 2030년에는 23.1%로 증가할 것으로 통계청 자료는 예상한다(아래 표 참조).

연령 차이에 따른 위계질서와 부모에 대한 효를 도덕규범의 기본으로 간주하는 유교적 가치관이 지배했던 한국의 전통사회에서 노인은 경제적인 부양능력과 무관하게 비교적 높은 권위를 누렸다. 그러나 전통적인

연령계층별 구성비 추이[94]

(%)

	1970	1980	1990	2000	2010	2020	2030
0~14세	42.5	34.0	25.6	21.1	17.2	13.9	12.4
15~64세	54.4	62.2	69.3	71.7	72.1	71.0	64.6
65세 이상	3.1	3.8	5.1	7.2	10.7	15.1	23.1

• • •

93 통계청, 『장래인구추계 결과』, 2001, 27쪽 참조.
94 같은 책, 6쪽.

유교적 가치관이 변화하고 전통사회에서 산업사회에로 변화된 현대사회에서 노인들의 사회적 지위는 약화된다. 사람이 노인이 된다는 것은 현대사회에서 자녀나 사회의 도움을 받아야 하는 피부양자가 된다는 것을 의미한다.

노인 부양문제는 한국사회에서와 같이 국가에 의한 사회안전망 체계가 상대적으로 덜 발달된 사회에서는 아주 심각한 문제이다. 노인 인구가 증가하면서 경제적인 능력에 의해 자립할 수 없는 사람들의 생계문제, 노환이나 여러 심각한 질병으로 인해 스스로의 힘으로는 일상생활을 할 수 없는 사람들을 부양하는 문제는 커다란 사회문제로 부각되고 있다. 따라서 노인문제는 현대 산업사회에서 발생한 여러 가족 문제 가운데 "가장 심각한 것"의 하나로 간주된다.[95] 노인의 부양문제는 전통사회가 당면했던 문제와 성질이 다르다. 경제적 조건이 산업사회에 비해 열악했기에 그리고 과학기술 등의 미발달이나 질병으로 인한 문제들로 인해 전통사회에서의 노령 인구 역시 여러 심각한 문제를 안고 있었을 것이다. 그러나 오늘날 노령인구가 직면한 문제는 평등주의적이고 개인주의적인 가족관이 지배적인 것으로 관철된 상황과 깊게 결부되어 있다는 점에서 새로운 것이다. 앞에서 설명한 것처럼 평등주의와 개인주의는 부부관계에서조차도 축복과 저주라는 이중적 측면을 보여준다. 더구나 평등한 관계가 적용되기 힘든 영역, 이를 테면 아이들과의 관계나 노부모와의 관계와 같은 세대 간의 관계는 더욱더 주변화되기 쉽다. 달리 말해 개인주의와 평등주의 이념은 가정생활에서 가족 관계의 연대의 끈을 느슨하게 할 뿐만 아니라, 부모 자녀 관계보다는 부부관계를 중심적인 것으로 만들어 노인문제를 새롭게 초래하게 된다.

가족은 평등한 관계뿐만 아니라 위계적인 측면 역시 가지고 있다. 필자는

• • •
95   조정문 · 장상희, 『가족사회학』, 앞의 책, 303쪽 참조.

가족의 필수적인 구성 요소를 수평적인 차원과 수직적인 차원으로 이해하고자 한다. 수평적인 요소는 자유롭고 평등한 관계가 이루어질 수 있는 영역, 특히 부부관계로 이해될 수 있다. 왜냐하면 이들은 자신들의 합리적인 선택에 의해서 상호 간의 결합이나 분해를 결정할 수 있고, 또 가족생활에서도 상호 간의 존중의 원리에 입각하여 가족사를 민주적인 방식으로 운영하고, 아이들을 공동으로 키울 수 있기 때문이다. 이와는 달리 부모나 자녀들 그리고 부부와 노부모 사이의 관계는 가족의 수직적인 영역이라고 이해할 수 있을 것이다. 아이들은 출생 이후 장기간에 걸쳐 부모들의 보호와 양육을 통해서만 비로소 신체적인 생존과 정신적인 성장을 달성할 수 있는 존재이며 나이가 많은 사람들 역시 타인의 도움을 절실히 필요로 하는 존재이기 때문이다.

필자가 보기에 현대 가족사회의 문제점은 주도적인 사회 구성 원리인 평등주의와 개인주의의 관철로 인해 수평적 관계만을 전면에 부각시키고 수직적 차원을 주변적인 것으로 내몰아 이를 소홀히 하고 있다는 사실에 기인한다. 이러한 측면에서 부부 중심 가족의 특성을 가정 내·외로 구분하여 살핀 최재율의 입장은 시사적이다. 그에 따르면 가정 내부적으로 살펴보면 가족 기능의 축소와 가족 결합의 약화, 가족 성원의 생활 태도의 개성화 같은 것이 부부 중심 가족의 특징으로 나타난다. 가족 외부적으로는 결혼이 당사자 사이의 선택의 문제로 되면서 가족 성립 조건의 불안정성이 두드러진 특성으로 나타나며 이와 더불어 가족을 지지하는 주위 친족의 도움이나 감시가 없어 가족이 위기에 당면했을 경우 쉽게 해체되는 경향이 부부 중심 가족에서 더 두드러진다.[96] 긴조 기요코 역시 노인문제를 핵가족이 기본 형태로 자리 잡는 산업사회 특유의 문제로 본다. 즉, 핵가족이 산업화

• • •
96   최재율, 「현대가족의 가족 문제와 가족윤리에 관한 연구」, 『전남대 논문집』 28, 1983, 69쪽.

과정을 통해서 가족의 기본 형태로 되면서 자녀들이 자립한 후 늙은 부모만 남게 되어 이들의 부양문제가 사회문제로 대두된다는 것이다.[97]

개인주의 및 평등주의의 가치관이 확산되면서 가족생활은 여러 문제들에 직면하게 된다. 이러한 점에서 볼 때 개인의 자율성이 지니는 가치를 전면에 등장시키고 이러한 가치를 가족을 포함한 사회의 모든 영역을 구성하는 근본적인 원리로 파악하는 관점은 만병통치약이 아님이 분명해진다. 개인의 선택의 자유와 자율성만을 문명과 해방의 이름으로 환영하면서 그로 인해 초래되는 문제점에 대해 맹목적인 태도를 보여주는 자유주의적인 가치관은 분명 비판적으로 검토되지 않으면 안 된다.

따라서 인간관계를 수평적인 관계 위주로, 즉 가족 내에서는 부부관계 위주로(더 나아가서는 결국 개인 위주로) 이해하는 생활방식과 사유 방식이 세대 간의 문제에서 초래하는 부정적 상황을 극복하기 위해서는 동아시아 전통 가족의 구성 원리를 다시 되돌아볼 필요가 있다. 거기에서 핵심적 역할을 수행해왔던 세대 사이의 연속성의 이념과 그 의미를 재검토할 필요가 있다는 말이다. 물론 이런 재구성의 시도에서 당연히 부계 혈연 중심의 그리고 남자(장남) 위주의 가족 형태가 지니고 있었던 여러 문제점을 그대로 반복할 필요는 없다. 남성지배, 달리 말하자면 여성종속을 구조화하는 유교적인 가족 내 젠더 불평등의 문제는 철저하게 비판되어야 한다. 이런 성찰 위에서 가족 문제를 고려할 때 어떻게 하면 세대 간 연속성을 강조하는 유교적인 연계적 공동체의 이념을 오늘날의 상황에 맞게 재구성할 수 있는가가 문제가 될 것이다. 더구나 세대 간의 연속성이라는 이념과 결부되어 있는 (가족) 공동체는 인간이 늘 열망하는 소속감이나 영원성에 대한 갈구를 해결할 수 있는 장점도 지니고 있다.

• • •
97 긴조 기요코, 『가족이라는 관계』, 지명관 옮김, 소화, 2001, 157쪽 참조.

3) 후속세대 문제

한국사회에서도 서구에서의 일반적인 경향과 마찬가지로 결혼생활과 가족관계의 지속성이 더 이상 자연스러운 것으로 간주되지 않는다. 이미 살펴본 바와 같이 한국의 이혼율은 서구의 여러 국가들과 비교해 아무런 차이점을 보여주지 않고 있으며, 편모 및 편부 가족과 같이 가족의 형태 역시 서구와는 정도의 차이가 있으나 분명 증가하고 있다.[98] 2002년 통계청에서 발표한 '인구주택총조사보고서'에 따르면 다양한 형태의 가족이 한국사회에서 나타나고 있다. 2002년 현재 한국의 총가구수는 1,431만 2,000가구인데, 이 중 1인가구는 15.5%에 이르고, 재혼가족이 차지하는 비율은 21%, 그리고 여성이 가구주인 가족의 비율은 18.5%에 이른다.[99]

한국사회에서 별거나 이혼율의 증가는 놀라울 정도다.[100] 우리는 위에서 가족의 안정성 문제와 연관해서 개인주의와 평등주의적인 가치관이 가족 유대의 약화를 초래하는 요인의 하나임을 강조하였다. 그러나 가족의 안정성의 급속한 해체 현상은 아이들과의 문제에서도 중요한 결과를 가져온다. 예를 들어 결혼생활과 가족관계의 지속성이 파괴되고 이에 따라 결혼생활과 가족관계에서 불안전성의 확대가 아이들의 정상적인 성장에 미치는 부정적인 결과를 더 이상 무시할 수 없다. 가족의 안전성이 항상적으로 위협을 받는 상황은 아이들이 자신들의 삶을 의미 있게 형성해 나갈 수 있는 능력을 습득하고 발전시키는 데 부정적인 환경요인이라는 점은 틀림없다.

• • •

98 한국사회에서 살아가는 동거부부가족, 동성애가족, 독신여성가구 그리고 한부모가족에 대한 구체적인 연구에 대해서는 변화순 외, 『한국가족의 변화와 여성의 역할 및 지위에 관한 연구』, 앞의 책, 145쪽 이하 참조. 한국사회에서의 가족 형태의 다양화의 현상에 대한 종합적인 고찰에 대해서는 여성한국사회연구회, 『가족과 한국사회』, 앞의 책, 364쪽 이하 참조.

99 <문화일보>, 2003년 5월 1일.

100 물론 서구사회에서도 이혼율이 지속적으로 증가하고 있다. 예를 들어 독일에서도 대략 3분 1 정도의 결혼이 이혼으로 끝난다고 한다. 문성훈, 『인정의 시대: 현대사회변동과 5대 인정』, 사월의책, 2014, 170쪽 참조.

가정생활의 불안정성의 증가는 자유나 다양성의 존중이라는 생각만으로는 더 이상 도외시될 수 없는 문제들을 내포한다. 많은 연구 결과들을 유아들에게 있어서 일차적인 양육자들의 자상한 보살핌과 배려가 안정된 자아 정체성의 기반을 형성하고 있음을 강조한다. 유아기 때에 자기에게 가장 가까운 사람, 대부분 어머니에 대한 기초적인 신뢰 관계를 경험하지 못하고서는 인간은 자신에 대한 자부심과 신뢰를 지닐 수 없는 불안한 존재이다. 거듭 강조하지만 인간은 나면서부터 장기간 타인의 보살핌을 필요로 하는 연약한 존재이다.[101] 특히 갓 태어난 아이의 어머니에 대한 의존성은 절대적이다. 이런 '절대적 의존성'의 상태를 잘 벗어나기 위해서는 어머니의 아이에 대한 사랑과 보살핌이 필요하다. 그런 보살핌의 경험을 통해 유아는 자신에 대한 긍정적인 감정을 획득하여 어머니의 부재 상태를 극복할 수 있는 능력을 획득할 수 있다. 이러한 측면에서 D. W. 위니캇 (Winnicott)은 유아로 하여금 삶을 살아나갈 가치가 있는 것으로 느끼게끔 하는 것은 유아와 어머니 사이의 관계로부터 파생되는 것이라고 주장한다.[102]

그러므로 인생의 초기 단계에서 부모나 가족 구성원들과의 정서적인 유대와 신뢰 관계의 형성은 개인의 자율성과 안정된 자아정체성 발달을 위해서뿐만 아니라, 사회의 존속과 유지를 위해서도 없어서는 안 되는 귀중한 것이다. 관계 속에서 비로소 갓난아이는 인간으로 성장해나가는 것이다. 따라서 관계는 사람의 사람다움에 구성적이고 본질적 역할을 수행한다. 부모-자녀 사이의 신뢰 관계가 관계를 맺는 어느 일방, 예를 들면

• • •

101 그렇다고 여성이 가족 내에서 육아나 아이들의 양육과 관련된 일을 도맡아 해야 한다는 것은 아니다.

102 도널드 위니캇(D. W. Winnicott), 『놀이와 사회』, 이재훈 옮김, 한국심리치료연구소, 1997, 111쪽 이하 참조. 악셀 호네트, 『인정투쟁: 사회적 갈등의 도덕적 형식론』, 문성훈·이현재 옮김, 사월의책, 2011, 194-196쪽 참조.

어머니에 의해서 종결된다면 그것은 어린아이에게 재앙적 결과를 초래할 것이다. 신뢰 관계는 인간의 권리에 대한 보편적 긍정이나 선택의 자유를 최고의 가치로 존중하는 자유주의적인 원칙에서 저절로 도출되지 않는다. 갓 태어난 아이가 스스로 독립적인 주체로 성장해가는 과정을 보면 자유와 권리에 앞서 어머니의 절대적 보살핌, 레비나스의 용어로 표현하자면 비대칭적으로 어머니의 도움만을 바라는 아이의 요청에 전적으로 응답하는 책임이 우선적 의미를 지닌다. 그리고 아이의 도움 요청은 한이 없다. 아이의 도움에 대한 무한한 책임은 때로는 어머니에게 자기실현의 장인 직장에서의 활동조차도 포기하도록 강요한다.[103] 그런 점에서 무한한 요청에 응답을 다하고자 하는 어머니는 타자인 갓난아이의 볼모인 셈이다. 그리고 그런 볼모를 버팀목으로 삼아 어린아이는 자율성을 향유할 수 있는 주체로 거듭나게 된다. 아이에게 무한한 보살핌과 배려, 즉 헌신적인 사랑을 베푸는 어머니는 아이의 자유를 위해 바쳐진 희생양이다. 우리 모두가 어머니의 자식인 것처럼 우리의 자유는 다른 사람, 우리 자신에게 의미 있는 타자인 어머니의 자유를 파괴함에 의해 실현되는 셈이다. 이처럼 어머니와 갓난아이의 관계는 비극적 성격을 보여준다. 그렇다고 한다면 자유는 일차적인 것이 아니라 파생적인 것이 된다. 간단하게 말하자면 갓난아이에 대한 무한한 책임이 자유와 권리를 가능하게 하는 절대적 조건이라는 점에서 후자에 우선한다.[104]

• • •

103 자식을 버리면서까지 자신의 실현을 열망하는 어머니가 설령 자아실현을 고귀한 의무로 간주하는 자유주의 사회에서 성공한다고 해도 그런 성공적 삶은 너무나 큰 대가를 지불한 상처뿐인 성공이 아닐까? 이런 자유의 역설에 대해서는 테리 이글턴(T. Eagleton), 『우리시대의 비극론』, 이현석 옮김, 경성대학교출판부, 2006, 402쪽 참조.

104 자유에 앞서는 책임에 대해서는 에마뉘엘 레비나스, 『신, 죽음 그리고 시간』, 김도형 외 옮김, 그린비, 2013, 259-272쪽 참조. 레비나스의 타자의 윤리 이론에 대한 바디우와 지젝의 비판에 대해서는 황정아, 『개념비평의 인문학』, 창비, 2015, 52-53쪽; 69쪽 참조.

인간은 스스로 자신의 부모나 국적을 선택해서 태어나는 존재가 아니라 특정한 역사적 상황 속에 태어나는 던져진 존재이다(Geworfensein). 이러한 제약성을 매개로 하여 비로소 자기의식과 자유를 획득한다. 그러므로 제약성, 요즈음 유행하는 철학적 어휘로 표현하자면 타자성은 자유의 가능 조건인 셈이다. 이러한 측면에서 인간의 자율성의 획득 과정은 자연스럽고 그저 한없이 평화스러운 과정은 아니다. 우리는 인간이 의미 있는 삶을 영위하는 기회가 불평등하게 주어져 있음을 알고 있다. 그리고 이러한 자신이 선택하지 않은 조건의 우연성 내지 타자성이 바로 때때로 인간의 삶 전체를 규정지을 수 있음을 알고 있다. 개인의 자율성은 타자와의 상호작용 속에서 비로소 형성되는 것이지, 이미 선험적으로(a priori) 완성된 형태로 주어지는 것이 아니다.

우리는 현대에서 발달한 정신분석이론의 성과에서 자율적 개체로 성장하는 일이 얼마나 지난한 과정인가를 알 수 있다. 프로이트 심리학은 한편으로는 인간이 자기의식의 주인이 아니며, 무의식에 의해서 규정당하고 있음을 보여준다. 이를 통해 정신분석학은 데카르트 이래로 모든 의미의 근원이라고 여겨지는 의식을 철저하게 의문시한다. 동시에 프로이트의 심리학은 반성철학에 커다란 기여를 한다. 왜냐하면 프로이트의 이론은 추상적인 의식의 확실성이 지니는 한계를 극복하고 삶의 표현들의 매개를 통해서 비로소 참다운 반성적 의식의 확보에 이를 수 있음을 역설하는 철학과 통합될 수 있기 때문이다.[105]

인간이 자신을 독립된 개체로서 양도 불가능한 존엄한 존재임을 자각하는 것은 인류의 역사에서 주목할 만한 업적이다. 그럼에도 불구하고 자유는 역설을 지니고 있을 뿐만 아니라, 비극적 성격을 지니는 당혹스러운 아포리

• • •

105 프로이트의 심리학이 어떤 점에서 의식철학에 대한 비판이면서 동시에 의식철학과 연결될 수 있는가에 대해서 폴 리쾨르(Paul Ricoeur), 『해석의 갈등』, 양명수 옮김, 아카넷, 2001, 제2장 해석학과 정신분석학을 참조하라.

아로 다가온다. 앞에서 강조했듯이 자율적인 의식의 형성은 이미 주어진 것이 아니라, 타자와의 관계 속에서 형성되어지는 것이며 그런 형성 과정에서 타자의 자유를 불가피하게 배제하는 폭력성도 보여주기 때문이다. 이런 자유의 역설과 비극을 정면으로 응시하여 사유하지 않는 한, 자유는 그것이 인류에게 건네는 해방의 약속에도 불구하고 인간을 새로운 불행으로 이끄는 달콤한 유혹에 지나지 않게 될 것이다.

자유의 역설과 아포리아를 해결하려는 사유는 타자와의 관계가 지니는 의미를 새롭게 반추하는 데에서 출발해야 한다. 예를 들어 타인과의 성공적인 상호작용이 없이는 사람들이 일관된 자아정체성을 발전시킬 수 없다는 사실에서 우리는 자신이 속해 있는 공동체나 의미 있는 타자와의 관계에 대한 도덕적 의무의 원천을 발견하게 된다. 그리고 그런 도덕적 의무는 자유주의에서 주장하는 것처럼 선택의 자유에서 기인하는 것이 아님을 인식할 필요가 있다. 그러므로 근대사회에서 나타나는 이혼과 별거 가족, 편부모 가족의 증대는 개인의 자유와 권리를 증진하는 긍정적 측면과 아울러 어두운 얼굴을 지닌다. 요약해보자면 그것은 유아에게 능동적이고 창조적인 활동의 능력과 자기정체감의 형성의 전제 조건인 부모와 자녀와의 안정적이고 지속적인 정서적인 연대감을 파괴할 수 있다는 점에서 볼 때 우려할 만한 측면을 내포하고 있다.[106]

나가는 말

지금까지 살펴본 것처럼 서유럽에서 발생한 보편적 동등 존중이라는

---

106 한국 가족의 역사적 변화와 그 특징에 대해 실증적 연구와 더불어 철학적 성찰을 담은 요즈음의 연구 성과로는 권용혁, 『한국 가족, 철학으로 바라보다』, 이학사, 2012, 참조.

자율성과 평등의 원리로 표현되는 근대의 규범적인 이념은 한국의 가정생활을 크게 규정하고 있고, 가정생활의 급격한 변화를 발생시키고 있다. 서구적인 근대 이념의 광범위한 수용과 그 이념의 보편적 타당성의 인정은 가족에 대한 가치관에서도 커다란 변화를 가져왔다. 이미 앞에서 지적한 것처럼 이 글에서 필자는 서구적인 근대성 원리의 관철을 인류 역사가 걸어가야 할 유일한 길이라거나 도달해야 할 목적으로 이해하는 관점을 지지하지 않는다.

더 나아가 우리는 근대의 원리에 대한 비판적인 거리 두기가 왜 필연적인가를 개인주의와 평등주의 원칙이 심각한 가족 문제들을 발생시키고 있다는 사실을 통해 살펴보았다. 실제로 가족 영역에서뿐만 아니라, 지난 수백년 동안 전 세계를 주도한 서구적인 근대의 원리는 정치적·경제적·사회적 그리고 생태계적인 관점에서도 그 근본적인 한계를 분명하게 드러내고 있다. 그러나 근대의 원리에 대한 반성적인 거리 두기가 반드시 서구적인 근대의 원리 자체에 대한 전면적인 부정을 의미하지는 않는다. 마찬가지로 그런 비판적 성찰의 요구는 서구 근대 문명의 어두운 면을 극복할 수 있는 가능성을 동양 문명에서 구하면서 동양 문명의 우월성을 긍정하는 태도를 취할 필요도 없다. 그것이 비록 수용 및 번역 과정을 거치면서 전통을 매개로 하여 변형되었다고 해도 서구 근대의 원리는 이미 현대 동아시아 3국의 상당수 구성원들의 삶의 정체성을 형성하는 데 필수 불가결한 요소로 자리 잡고 있다. 따라서 근대의 원리에 대한 전면적인 부정은 동아시아에서 전개된 변화를 부인하는 태도에 지나지 않는다. 그리고 그런 동서 이분법적인 사유 방식은 궁극적으로는 자기 분열적이고 자기 파괴적인 모습으로 귀결될 것이다.

이미 강조했듯이 서구 근대 문명이 여러 한계들을 보여주고 있다는 점을 구실로 삼아 동아시아 및 한국의 전통을 그런 서구 근대와 반대되는 것으로 정립하고 그렇게 정립된 전통을 서구 근대의 위기를 돌파할 것으로 추켜세우는 것은 비역사적인 사유 방식에 지나지 않는다. 그런 식의 접근 방식은 서구 근대뿐만 아니라 우리의 전통을 역사적으로 상대화하지 못하게 방해하여 현실에 대한 우리의 비판적 사유의 가능성을 박탈할 것이기 때문이다. 따라서 서구 근대에 대한 철학적 성찰과 관련하여 한국사회가 우선적으로 고민해야 할 지점은 다음과 같다.

첫째로 한국을 비롯한 동아시아 3국 사회에서 개인주의 및 평등주의 이념의 관철 경로가 지니는 특이성과 이러한 관철 과정이 양산하는 부정적인 결과들에 대한 냉철하고 면밀한 이해가 요구된다. 특히 가족구성과 관련하여 우리 사회가 축적해온 가족주의적 전통이 어떻게 서구의 근대적 규범의 영향 속에서도 오늘날 우리 사회의 가족관계가 서구적인 가족의 양상과 다른 모습을 띠도록 하고 있는지에 대한 정확한 인식이 요구된다. 동아시아의 유교적 전통에 의해 서구적 근대의 가치관이 어떻게 변용되는지, 그리고 유교적 전통 역시 서구 근대와의 만남을 계기로 하여 어떤 변화의 양상을 보여주는지에 대한 정확한 이해가 선행되어야 한다는 말이다.

둘째로 한·중·일 동아시아 3국의 현실에 대한 객관적인 인식에 의거하여 근대의 원리와 동양의 문화적 전통을 상호배타적인 것으로가 아니라, 상생적이며 상보적인 관계로 승화시키기 위하여 우리의 전통과 서구적인 현대 사이의 치열한 해석학적인 대화가 수행되어야 한다. 이런 해석학적 대화의 요청은 현실과 무관한 것이 아니다. 우리 사회의 가족적 삶의 양상이 이미 혼종적이고 중층적인 양상을 보여주고 있기 때문에, 그런 대화의 요청은 우리 자신에 대한 이해의 과정에서 출현한 것이다. 따라서 유교적 전통과 서구적 근대라는 이질적인 문화가 만나 복합적이고 중층적인 양상을 띠고 있는 현대 한국사회의 가족의 모습을 제대로 이해하기 위한 전제조건의 하나는 서구 근대를 우리 사회가 따라가야 할 문명의 모델이라는 서구중심주의적 사유 방식으로부터의 해방일 것이다.

제 *2* 장

21세기 현대사회와 가족의 다양성 문제

들어가는 말

성과 결혼 그리고 가족의 내적 연관성은 오늘날 더 이상 자연스러운 것으로 다가오지 않는다. 사랑을 전제로 하지 않는 성관계는 하나의 문화적 현상으로 자리 잡고 있으며, 사랑을 한다고 해서 반드시 결혼으로 이어지지 않는 경우도 이미 일상화되어 가고 있다. 가족 문제에 국한시켜 보아도 우리 사회는 가족에 대한 가치관이나 가족 형태에서 커다란 변화를 경험하고 있다. 달리 말하자면 가족과 관련한 전통적인 가치관의 영향력이 크게 상실되고 있을 뿐만 아니라, 가족 형태에서의 변화도 매우 뚜렷하게 나타난다. 그 결과 우리 사회에는 부부 중심의 핵가족이나 전통적인 직계가족 그리고 일인 가구 등 다양한 형태의 가족들이 서로 뒤섞여 존재하고 있다.

이런 상황에서 바람직한 가족 형태가 무엇인지 그리고 가족의 존재 이유는 무엇인지 등을 둘러싸고 사회 구성원들 사이에 이렇다 할 공통의 이해가 존재하지 않는 것 같다. 그러므로 바람직한 가족 규범 및 가족 형태가 무엇인지를 둘러싸고 우리 사회도 심각한 사회적 갈등을 겪고 있다. 그런 의미에서 성, 사랑 그리고 가족 문제를 단순하게 개인의 선택에 속하는 사적인 것으로 간주하는 태도에 대해서도 비판적인 검토가 필요한 시점이다. 특히 한국사회가 선성장 후분배의 성장제일주의를 지상 목표로 설정하고 국가 및 재벌의 지배 연합이 주도하는 권위주의적 산업화의 길을 걷는 과정에서 가족은 국가에 의해 경제 성장에 유리한 방식으로 동원된 체제의 일부분이었다.

예를 들어 한국사회는 산업화 과정에서 노동자, 서민대중의 희생을 강요하고 재벌과 같은 일부 기업에 국가의 지원을 집중하기 위해 육아를 비롯하여 교육이나 보건 그리고 노인 부양 등의 문제를 온통 가족이 스스로 해결해야 할 과제로 설정하는 전략을 취해왔다. 이런 점에서 한국의 가족주의 문화나 가족 중심의 생활방식은 공적인 영역 및 시장 영역으로부터 독립된 사적 영역으로 간주될 수 없다. 실제로 가족의 형태와 구조를 결정하는 것은 개인의 선택에 달린 문제이기도 하지만, 보다 근본적으로는 가족제도 역시 무엇이 공적인지를 최종적으로 결정하는 정치적 결단에 의해 형성된 역사적 구성물로 보는 것이 더 진실에 가깝다. 간단하게 말하자면 오늘날 우리 사회의 가족주의 이념과 같이 특정한 형태의 가족을 바람직한 것으로 바라보는 가치관 역시 특정한 가족을 규율하고 동원하는 국가권력에 의해 산출된 이데올로기인 셈이다.[107] 따라서 우리 사회의 가족 문제를 이해하기 위해서는 한국 근대화 과정의 성격을 정확하게 인식할 필요가 있을 것이다.

선행 연구에 의하면 한국사회가 압축적으로 근대화 과정을 겪으면서도 우리 사회의 가족주의는 여전히 그 영향력을 상실하고 있지 않다. 역설적인 것 같지만 오늘날 개인주의 및 평등주의적 규범이 바람직한 가족 구성 원리 내지 가치관으로 널리 인정받고 있음에도 불구하고, 우리 사회의

• • •
107 김덕영은 한국사회의 가족주의를 한국 근대화의 독특한 경로에 의해 산출된 "신가족주의"로 이해한다. 김덕영, 『환원근대: 한국 근대화와 근대성의 사회학적 보편사를 위하여』, 길, 2014, 190쪽.

많은 구성원들은 개인의 자율성을 존중하는 가치를 가족 내에서 구현하기보다는 가족 구성원들의 화목과 화합의 가치를 더 중요한 덕목으로 존중하는 모습을 보여준다. 그뿐만 아니라 직계가족 중심의 배타적 가족주의도 여전히 존속하고 있다.[108] 그러나 한국사회의 가족제도가 보여주는 존재 방식의 특이성에도 불구하고 우리 사회 역시 가족과 관련한 여러 문제점들이 나타나고 있다. 그중에서도 이 글에서 집중적으로 다루어지는 문제는 가족 내의 민주화의 문제 그리고 가족의 다양화의 흐름 속에서 새로이 대두된 동성애 및 동성결혼의 문제 등이다.

미래지향적인 가족이 어떠해야 할지에 대한 문제를 논하는 출발점으로 이 글에서 다루어지는 것은 앤서니 기든스가 제안한 가족의 민주화 이론이다. 그 이론이 지니는 설득력에도 불구하고 어떤 지점에서 불충분한지를 비판적으로 검토하면서 가족의 구성이 수평적 관계와 더불어 수직적 관계의 계기를 함유하고 있음을 강조할 것이다. 기든스의 가족 민주화 이론은 가족 구성의 이런 두 측면에 대한 적절한 고려를 하지 못하는 일면적 이론이라는 것이 입증될 것이다. 이어서 다루어지는 것은 일부일처제가 과연 가족제도의 규범적 이상을 대변할 수 있는지 여부를 헤겔의 가족이론

• • •
108 권용혁, 『한국 가족, 철학으로 바라보다』, 이학사, 2012, 제1장 서론, 특히 37-39쪽 참조. 한국사회 구성원들이 가족에 대해서 보여주는 복합적 사태가 지니는 철학적 의미를 반추할 필요가 있다. 이런 현상을 오로지 재벌과 결탁한 국가가 경제성장을 위해 교육, 건강 그리고 가족부양 등 모든 문제를 가족에게 전가했기에 생긴 것으로 해석하기에는 무리가 있다. 물론 국가나 시민사회가 담당해야 할 공공성이 존재한다. 국가 및 사회의 공공성 부재로 인해 과부화된 가족의 부담을 덜어야 하고 개인의 보편적인 자율성의 존중을 훼손하는 사회적 관계가 비판되고 극복되어야 하지만, 가족에서의 상호부조나 배려의 행위는 자율성의 보편적 존중이라는 가치와 별개의 것으로 보아야 한다. 개인의 도덕적 자율성을 보장하는 것이 중요한 만큼 부모와 자식 사이의 관계에서 볼 수 있는 비대칭적인 감정적 배려와 도움주기도 인간의 삶에서 그 어떤 다른 가치로 대체될 수 없는 고유한 의미를 지니고 있다. 그러므로 한국사회가 근대를 지향하는 한 불가피하게 "집단주의적 사회질서에서 개인주의적 사회질서로 이행해야 하는 역사적·사회적·문화적 숙명에 처해 있는 것"이라는 김덕영의 진단에는 동의하기 힘들다. 김덕영, 같은 책, 68쪽.

에 초점을 두고 비판적으로 검토해보는 것이다. 이 부분은 바로 이어서 다루어지는 동성결혼제도의 철학적 정당성 논의의 사전 정지 작업이기도 하다. 마지막으로 왜 동성결혼이 법적으로 제도화되어야 하는지를 다루면서 21세기의 가족제도의 방향성을 가늠해볼 것이다.

I. 가족 민주화와 미래지향적 대안 가족[109]

개인의 자유와 평등 이념의 확산, 산업화의 급속한 진행 등을 통하여 한국사회에서도 서구 사회에서와 마찬가지로 가족 해체의 징후 혹은 가족의 약화 현상이 나타나고 있다. 즉, 우리나라에서도 핵가족의 불안전성, 낮은 출생률, 이혼율의 급증, 독신 및 동거 커플 확산과 편모 및 편부 가족 증가와 같은 다양한 형태의 가족 출현 및 확산 등이 사회문제로 대두되었다. 우리는 이러한 현상들을 이 책 제1장에서 이미 구체적으로 살펴보았기에, 여기에서 미래의 대안적 가족과 관련된 문제를 좀 더 상세하게 살펴보기로 한다.

현대사회가 직면한 가족문제와 관련하여 좌파들과 신자유주의자들은 상반된 접근방식을 보인다. 기든스에 의하면 전통 좌파들은 현대사회에서 나타나는 가족 형태의 다양성의 증대를 아무런 문제가 없는 것으로 간주하는 경향을 보여준다. 이런 태도는 전통 좌파가 권리를 무조건적인 요구로 취급하는 경향과 밀접하게 연결되어 있다. 그리하여 전통 좌파들은 성, 사랑 그리고 가족과 관련해서 사람들의 동등한 권리의 증진을 긍정적으로 바라보고, 탈전통화가 가족 연대감을 크게 약화시켜 개인을 파편화되고

• • •
109 I절의 내용은 「한국 가족 내에서의 자유·평등 원리와 가족 유대의 상관성에 대한 고찰」, 『한·중·일 3국 가족의 의사소통 구조 비교』(권용혁 외 지음, 이학사, 2004), 214-219쪽을 바탕으로 해서 대폭 수정·보완된 것이다.

유동화된 삶으로 몰아가는 상황을 일면적으로 바라본다. 예들 들어 삶에서의 관계가 지나치게 느슨해지면서 성이 사랑 및 가족으로부터 해방되는 것을 긍정적으로만 바라보는 것은 그릇된 해석이다. 사회의 원자화와 파편화를 동반하는 개인 해방은 사람들로 하여금 육체적 쾌락의 최고봉인 성적 만족의 극대화 자체를 목적으로 추구하도록 부추긴다. 성이 재생산 기능 및 사랑으로부터 분리되어 이제는 성적인 쾌락 자체를 목적으로 삼는 행위는 자유로운 행위로 여겨지게 되었기 때문이다.[110] 주지하듯이 재생산의 필요로부터 성적 관계가 해방될 수 있었던 데에는 피임과 같은 현대 과학기술 발달이 큰 영향을 주었다. 더불어 성적 만족의 추구가 결혼생활에서 차지하는 역할은 크게 증대되었다. 성적 만족이라는 기대를 충족시키지 못하는 결혼생활은 유지될 수 없을 정도다. 게다가 재생산 기능 및 사랑으로부터 해방된 성 관계에서 만족을 추구하는 것은 이제 인간들의 삶에서 매우 중요한 일이 되었다. 그러나 이런 성 해방은 동시에 변덕스러우며 단기적이고 위험한 성관계 등을 낳을 수 있다. 그런데 전통적 좌파들은 이런 측면을 너무 쉽게 생각한다고 기든스는 비판한다.

가족 문제에 대한 신자유주의적 접근 방식 역시 문제점을 안고 있다. 신자유주의자들은 가족 해체의 위기를 극복하기 위한 대안으로 전통적인 가족에로의 복귀를 강하게 주장한다. 물론 그들이 생각하는 전통적인 가족이란 "아버지와 어머니가 결혼하고, 한 집안에 살고, 아버지가 돈벌이를 하고, 어머니는 가사 일을 하는 가정"을 의미한다. 물론 이런 전통적인 가족은 실제로 서구에서도 소수에 불과하다. 그러나 우파들은 가족 해체 현상을 전통적인 가족이 해체된 결과로 이해한다. 그리고 가족의 해체 경향을 피하기 위한 방법으로 우파는 결혼의 신성함이 재확인되어야 하며,

• • •
110 지그문트 바우만에 의하면 성적 에로티시즘이 성의 생식기능과 단절되고 에로티시즘과 사랑이 단절되는 것이 "포스트모던의 에로티시즘 혁명의 가장 두드러진 특장"을 이룬다. 지그문트 바우만, 『방황하는 개인들의 사회』, 홍지수 옮김, 봄아필, 2013, 373쪽 참조.

가족을 유지시키기 위해서 이혼의 조건을 까다롭게 해야 한다고 강조한다. 그러나 기든스가 보기에 우파가 전통적인 가정으로 간주하는 것은 전통적 가족이 아니라, "제2차 세계대전 직후인 1950년대의 이상화된 과도기적 가족 상황"에 지나지 않는다. 그리고 또 이렇게 이상화된 전통적인 가족으로의 복귀가 불가능한 이유는 여러 가지다.[111]

전통적인 가족으로의 복귀가 불가능한 이유 중의 하나는 전통적 가족에 대한 향수가 그것이 지니고 있었던 여러 병리적 현상을 무시하고 있기 때문이다. 실제로 전통적인 가정이나 근대적인 형태의 가족이 보여주는 어두운 점을 명심해야 한다. 전통적인 결혼은 성적인 불평등에 기초하고 있고, 또 가정생활이란 우리가 흔히 생각하듯이 조화와 행복이 넘치는 장소만은 아니다. 실제로 가정은 폭력이 난무하는 곳이기도 하다. 가정 내에서 일상적인 구타나 끔찍한 폭력이 종종 일어난다. 아동에 대한 신체적 학대나 성추행이나 남편의 부인에 대한 폭력과 마찬가지로 자식이나 손자가 노인에게 가하는 신체적 폭력은 가정이라는 울타리 안에서 행해지고 있다. 가족은 많은 긍정적인 측면 못지않게 이와 같은 어두운 측면을 동시에 지니고 있다.[112]

기든스는 전통 좌파의 가족 및 성에 대한 "도덕적 무정부주의"와 마찬가지로 신자유주의의 "강력한 도덕 통제" 방안 모두를 아무런 현실 적합성을 지니지 않은 것으로 이해한다. 가족 문제를 해결하기 위해 이런 두 가지 대안 사이에서 양자택일을 해야 한다고 생각하는 것 자체가 근거가 없는 이원론에 불과하다. 그에 따르면 올바른 가족정책은 가정 내에서 남녀 간의 "완전한 성적 평등을 증진하고, 아이들의 이해를 보호하며, 가정생활의 안전성을 도모하며, 가족생활을 안정시키도록 돕는 것을 목표"로 해야

• • •
111   전통적인 가족에로의 복귀를 주장하는 생각이 왜 엉뚱한 것인지에 대한 상세한 설명은
      앤서니 기든스, 『제3의 길』, 한상진·박찬욱 옮김, 생각의나무, 1999, 146쪽 이하 참조.
112   앤서니 기든스, 『현대사회학』, 김미숙 외 옮김, 을유문화사, 2003, 183쪽 이하 참조.

만 한다.[113] 달리 말해 기든스가 현대 가족 문제에 대하여 제시하는 대안적인 가족은 "민주화된 가족"이다. 그는 "오늘날 가족에 대해서 할 수 있는 유일한 이야기는 민주주의"에 관한 것이며, 이러한 민주화된 가족에서 남녀평등의 원리는 최우선적이고 가장 근본적으로 간주되어야 할 원리라고 주장한다.[114]

기든스는 가족생활과 같은 사적 영역에서 민주화가 커다란 사회적 관심사로 대두하게 된 근본 원인을 인간 사이의 관계가 "순수한 관계"(pure relationship)로 변동되었다는 데에서 구한다. 달리 말하자면 사적 영역에서 민주주의가 주된 관심사로 등장하게 된 이유는 "순수한 관계가 섹슈얼리티의 영역뿐만 아니라 부모-자녀 관계 그리고 다른 친족관계나 우정에서도 출현하고 있다"는 데에 기인한다.[115] 순수한 관계에서 중요한 것은 관계가 추구하는 목적 혹은 가치 때문이 아니다. 예를 들어 부부관계는 그것이 자식을 낳아서 인류 재생산에 기여할 수 있기에 중요한 것은 아니다. 부부관계에서 중요한 것은 관계를 통해서 얻어지는 감정적인 만족감과 같은 관계 내적인 것이다. 기든스에 의하면 순수한 관계는 평등한 두 개인이 자발적으로 만들어내는 관계를 의미하는데 이런 순수한 관계는 당사자들이 그 관계 속에서 충분한 만족을 느끼는 한에서만 지속된다.[116] 이렇게 개인의 관계가 순수한 관계로 변형됨에 따라 사랑 및 가족과 같은 개인 생활 영역에서도 자율성 원칙과 같은 민주주의 원리가 중요하게 된다고 기든스는 이해한다.

그리고 가족의 민주화를 통해서 기든스가 목표로 하는 것은 정치나

• • •
113 앤서니 기든스, 『제3의 길과 그 비판자들』, 박찬욱 외 옮김, 생각의나무, 2002, 106쪽.
114 앤서니 기든스, 『제3의 길』, 앞의 책, 148쪽.
115 앤서니 기든스, 『현대사회의 성·사랑·에로티시즘: 친밀성의 구조 변동』, 배은경·황정미 옮김, 새물결, 2003, 278쪽.
116 같은 책, 103쪽 참조.

경제 등 여타 사회영역에서와 마찬가지로 개인의 자율과 사회적 연대, 즉 권리와 의무를 결합시키는 것이다. 이러한 기본적인 입장에서 출발하여 가족의 관점에서 본 "민주화를 평등, 상호 존중, 자율성, 소통을 통한 의사결정, 폭력으로부터의 자유"로 이해한다.[117] 가족 민주화는 부부사이에 존재하던 기존의 젠더적인 권력 불평등을 시정하는 데 그치지 않는다. 기든스는 민주화 원리들이 부모와 자녀 관계에도 적용되어야 한다고 주장하면서 부모는 아이들에 대한 타협적 권위를 지녀야 한다고 강조한다. 그리고 자녀양육의 문제에서는 남녀 공동의 양육을 기본적인 원리로 강조하며, 부모와 자식 사이에서의 평생 양육 계약의 중요성을 강조한다. 또 민주화된 가족은 부모에 대한 아이들의 책무를 강조하며, 사회에 대해서 배타적인 가족이 아니라, 사회적으로 통합된 가족을 지향한다.[118]

이와 같이 기든스는 현대 가족의 위기상황을 정면으로 응시하고 있고 이에 대해 적극적인 대안을 제시하려고 노력하고 있다. 기든스 자신이 속해 있는 지적인 전통인 서구의 사회민주주의적인 이념의 옹호자들은 범죄나 가족의 붕괴를 둘러싼 쟁점들에 대해서 대체로 무관심하였고, 이러한 주제들은 우파들의 전형적인 주제들로 취급되었다. 그러나 기든스는 범죄와 가족 문제에 대한 쟁점들을 회피하지 않고 평등의 이념을 옹호해온 좌파적인 입장도 포기하지 않으며 신자유주의적인 입장과는 다른 길을 모색하려 노력한다. 이러한 점에서 그는 전통 좌파와 신자유주의자의 한계를 넘어서고 있고, 여러 가지로 우리가 진지하게 고민해야 할 많은 시사점을 던져주고 있다.

• • •

117 앤서니 기든스, 『제3의 길』, 앞의 책, 148쪽 이하.

118 같은 책, 149쪽 이하 참조

Ⅱ. 기든스의 민주적 가족이론의 문제점

그것이 지니는 여러 긍정적 계기에도 불구하고 가족의 민주화 혹은 사적 영역의 민주화에 대한 기든스의 생각은 많은 문제점을 안고 있다. 이하에서는 대략 세 가지 측면에서 그의 가족 민주화 이론의 문제점을 살펴보기로 한다. 첫째로 기든스가 미래의 가족에 대한 대안으로 제시하는 가족의 민주화는 그것이 실현되면서 가족제도의 점진적인 사법화 및 관료제화 경향을 강화할 위험성을 적절하게 반영하고 있지 못하다. 가족 민주화는 필요한 경우에 개인생활의 민주화에 방해가 되는 것으로 간주되는 부분들에 대한 국가권력의 강제적 개입도 손쉽게 정당화할 수 있다. 비유적으로 표현한다면 개인의 사유재산을 훼손하는 행위는 개인의 사적 자율성을 심각하게 해치는 행위이기에 국가의 강제력을 동원하여 그 일을 차단하는 것은 오늘날 상식처럼 통용된다. 그런데 가족 내에서 발생하는 여러 문제를 법적 제재 장치나 관료적 행정조직을 통해 해결하려는 시도는 사적 영역과 공적 영역의 구별을 해체시킬 위험성을 내포하고 있다.

여기에서 사법화와 관료제화를 통해 가족 갈등을 해결하려는 시도가 왜 역설적으로 새로운 형태의 종속이라는 대가를 초래하는지에 대해서 좀 더 검토해보도록 하자. 그런 검토는 일정 정도 근대적인 자유주의에 덕 입고 있는 사적 영역과 공적 영역 사이의 구별이 왜 오늘날에도 그 합리적 핵심을 지니고 있는지를 밝히는 데 기여할 것이다. 그렇다고 공적 영역과 사적 영역의 구별이 초역사적인 것임을 주장하는 것이 아니다. 공적 영역과 사적 영역의 경계를 어디에 그을 수 있는지는 사실상 매우 정치적인 영역에 속하는 것이다. 달리 말하자면 공적인 것과 사적인 것의 구별 자체가 공적인 행위의 결과라는 점에서 사적 영역 자체가 공적인 것이기도 하다. 예를 들어 가정 내에서 남성가장의 아내 구타나 아동 학대를 오로지 가정 내부에 속하는 문제로 보고, 그에 대한 외부의 개입을 사생활을 침해하는 위험천만한 것으로 금기시하는 것을 생각해보자. 이런 식의 사고 방식은 사생활의 자유를 내세워 가정 내 폭력을 은폐하려는 잘못된 견해에 지나지 않는다. 따라서 가정을 비정치적인 사적 영역으로 가두어 놓는 사유 방식 자체가 가정 내 폭력 문제 및 권력 불평등 구조를 해결하지 못하도록 막는 이데올로기적 장치라는 점이 분명해진다.

또 다른 예는 가정 내에서 여성의 돌봄 노동에 대한 인식 및 가치평가와 관련된 것이다. 가정 내에서 여성들에게 돌봄 노동을 전담하도록 하는 남성가장 중심의 핵가족제도를 사적인 영역으로 보고, 여성의 돌봄 노동을 비공식적인 무임금 노동으로 간주하는 것은 여성의 종속적 지위를 자연스러운 것으로 정당화하는 결과를 초래한다. 여성 종속을 강제하는 남성가장 중심의 핵가족제도의 문제점을 해결하기 위해서는 여성 종속을 영속화하는 사적 영역 대 공적 영역이라는 이원론적 구별이 지니는 정치적 성격을 분명하게 인식하고 그에 대한 비판적 이의 제기가 이루어져야 한다. 무엇이 노동인지 그리고 무엇이 사적 영역인지를 구별하는 특정한 기준을 자연적인 것으로 바라보도록 유도하는 사유 방식 자체가 첨예하게 정치적인 성격을 띤 공적 결정임에도 불구하고, 그것은 지배 관계를 은폐하여 기존의 불평등한 권력 관계를 자연스러운 것으로 받아들이도록 규율하는 효과를 보여준다.

그러므로 사적 영역과 공적 영역의 분리를 선험적으로 확정되어 있는 고정 불변의 경계선인 것처럼 생각하는 것은 오류이고, 자유주의적인 공사 영역 구별이 때론 그런 잘못된 태도를 보여주고 있는 것도 사실이다.[119] 앞에서도 지적했듯이 정치적인 것과 사적인 것의 구별 자체가 정치적 행위이기에 오늘날 세계 도처에서 정치적인 것의 경계선을 어디에 그어야

• • •
119 자유주의적 공사 구분이 안고 있는 한계에 대해서는 이 책 제4장에서 좀 더 상세하게 다룰 것이다.

하는지를 둘러싸고 격렬한 정치적 갈등이 분출되고 있다. 일례로 우리나라에서 낙태죄 폐지를 둘러싸고 진행되는 갈등도 마찬가지이다. 이는 여성의 신체를 어떻게 이해하고 임신 및 출산의 의미를 어떻게 바라보아야 하는지를 둘러싼 논쟁이기도 하다. 여성이 자신의 신체에 대해 스스로 자율적인 결정 권한을 행사하는 것을 제한하는 법률적 행위가 정당성을 지닐 수 있는지에 대한 상이한 이해와 해석이 존재하는데, 이런 해석의 갈등은 정치적인 갈등과 깊게 연결되어 있기 때문이다.

오늘날과 같은 신자유주의적 사회에서 기업이 투자하기 좋게 가능한 한 정부 규제를 없애려고 하는 행위도 자유로운 기업 행위에 대한 범위를 얼마나 보장해야 하는지를 두고 진행되는 정치적 갈등의 또 다른 대표적 사례일 것이다. 이처럼 어떤 영역을 사적이고 가정적인 영역에 속하는 것으로 놓고 그런 영역을 외부, 즉 국가의 공적 개입으로부터 보호받아야 하는 것으로 이해하는 태도는 결코 자연스러운 것도 자명한 것도 아니다. 그리고 가족 폭력 문제가 보여주듯이 가족 내에서 약자인 여성이나 어린아이 그리고 노인에 대한 학대를 방치할 수 없다. 따라서 사생활 보호라는 명목을 내세워 가족 내 폭력 문제를 은폐하려는 것은 시정되어야 하고, 국가 역시 가족에 대해 일정한 방식으로 개입할 필요가 있을 것이다.

그러나 어린아이의 기본 권리를 법적인 조치를 통해 국가가 해결하려고 나서는 행위는 부작용을 초래하기도 한다. 가족은 구성원들의 상호 이해 및 사랑과 배려를 통해 지속되는 사회질서라 할 수 있다. 물론 가족이 재생산되기 위해 일정 정도 재산이나 경제적 조건이 충족되어야 한다. 그러나 가족생활은 전략적인 행위 규범에 입각한 공리주의적 원칙이나 관료적 행정 권력 원칙에 의해 지배되는 장소는 아니다. 따라서 가족제도의 고유한 특성으로 인해 법적인 제재로 가족 내 문제를 해결하려는 시도는 양가적인 모습을 보여준다. 가족생활의 구조적인 문제나 병리적 현상들, 예를 들어 아동 학대 문제를 사법적인 제재 수단을 동원하여 해결하려는 시도가 해당 아이를 가족 내의 폭력으로부터 해방시켜주는 효과를 가져오기도 하지만, 그 아이는 다시 국가나 행정관료 체제에 종속되게 된다. 이를테면 가정 내 폭력으로부터 해방된 아이는 아동보호시설을 담당하는 사회복지사나 행정적인 국가 지원 프로그램에 전적으로 의존하게 된다. 그리하여 그 아이는 가족 구성원들 사이의 상호 소통이나 정서적 일체감의 충족에 대한 욕망을 뒤로 하고 국가의 관료주의적인 복지 수혜자의 대상으로 전락하게 되는 것이다.

국가가 아이들의 보호자로 되고 있는 스웨덴의 경우는 사적 영역과 공적 영역의 구별을 훼손하는 것이 어떤 부작용을 낳는지를 잘 보여준다. 울리히 벡(Ulrich Beck)에 의하면 스웨덴에서는 자기 삶을 결정할 수 있는 아이들의 권리는 필요할 경우에 부모의 뜻을 거스르면서까지 국가에 의해서 보호되고 강제되기도 한다. 이런 경우 어느 정도 사생활 보장이 역전되는 현상을 보인다. 아이의 권리를 보호하기 위해 국가가 나서는 행위는 상당한 정당성을 요구하는데, 이런 정당성을 입증하는 과정에서 자연스럽게 가족의 모든 생활이 심문과 감시의 대상으로 떠오른다. 부모가 아이의 권리를 심각하게 훼손하는지 여부를 판단하기 위해서는 그에 상응하는 정보가 입증되어야 하기 때문이다. 따라서 "아이들의 인격권을 보장하기 위해 국가는 사적 부문에 개입해 정보를 강요하며 '투명한 가족'을 창출"하는 모습을 보여준다고 벡은 강조한다.[120]

지그문트 바우만에 의하면 요즈음 영국에서는 '어린이를 성적으로 착취하는' 사례가 커다란 사회 문제가 되고 있을 뿐만 아니라, 그 사례도 증가하고 있다. 가족 내에서 어린이를 성적으로 학대하는 사례가 사회에 널리 알려지게 된 이유 중의 하나는 사회복지사들이 의사 및 교사들과 협조하여 많은 부모가 자녀를 대상으로 근친상간을 저질렀다고 고발했기 때문이다.

• • •
120 울리히 벡, 『적이 사라진 민주주의』, 정일준 옮김, 새물결, 2000, 158쪽 이하 참조

그런데 근친상간을 범한 것으로 고발된 부모는 주로 아버지이지만 어머니의 경우도 증가하고 있다고 한다. 고발로 인해 당연히 자녀들은 성폭력 희생자로 간주되어 부모와 살던 집에서 강제로 다른 곳으로 옮겨지게 되었다. 그런데 자녀를 대상으로 근친상간을 범한 부모로 고발되어 기소된 사람들 중에서 소수는 무고한 것으로 드러나 자녀를 돌려받을 수 있었다고 한다. 그러나 이런 사건들로 인해 사람들은 부모가 아이에게 보여주는 다정스럽고 애정 어린 태도를 순수한 의도에서 나온 것으로 바라보지 않고, "부모의 애정 표현에는 잠재적으로 폭발할 수 있는 성적인 함의"를 지니는 것으로 바라보기 시작했다.[121]

바우만에 의하면 부모의 애정과 보살핌에 대한 의구심으로 인해 부모의 애정 및 보살핌도 "애매모호한 것"으로 인식되기에 이르렀다. 이제 사람들은 가정 내에서, 특히 부모-자녀 관계에서도 애매모호함을 회피하기 위한 전략을 취하지 않으면 안 되게 되었다. 바우만은 오늘날 가정생활에 엄습하고 있는 "공포"의 감정을 생생하게 묘사하는 다음과 같은 사례를 인용한다. "당신이 만약 남자라면, 어쩔 줄 모르고 훌쩍이며 우는 아이에게 다가가 도와주기 전에 잘 생각해야 한다. 위험한 건널목을 건널 때 열세 살짜리 딸의 손을 잡아야 할지 주저하게 된다. 나이를 막론하고 옷을 벗은 어린이를 찍은 사진이 포함된 필름은 현상소에 맡기기를 주저하게 된다."[122]

앞에서 살펴본 것처럼 가족 민주화를 통해 가족 구성원들 사이의 문제를 해결하려는 시도는 가족 유대를 더욱더 유동적인 상태로 몰고 가는 위험을 안고 있다. 가족 유대를 강화시키고 지속시키는 기존의 방식이 안고 있는 가족 내 남성가장 중심의 권력관계를 폭로하고 이를 재규정하여 민주적 방식으로 가족 구성원 관계를 변형하려는 시도가 지니는 긍정적 요소에도

• • •
121 지그문트 바우만, 『방황하는 개인들의 사회』, 앞의 책, 381-382쪽.
122 같은 책, 383쪽.

불구하고 말이다. 그뿐만 아니라 신자유주의적 세계화의 진전과 더불어 학교, 직장 및 사회에서 맺는 인간관계가 유동화되어 가면서 사람들은 점점 더 높은 불안정성과 언제 깨어질지 모르는 연약한 유대 관계의 불확실성 속에서 고독한 상황으로 내몰리고 있다. 이는 가족관계에서도 마찬가지이다.

앞에서 본 것처럼 민주화를 섹슈얼리티 영역에서뿐만 아니라, 부모-자녀 및 친족관계와 같은 일상생활 영역에서 출현하는 친밀성의 구조 변동으로 인한 해방으로만 접근하려는 기든스의 입장은 지나치게 낙관적이다. 즉, 그의 가족의 민주화 이론은 부모-자녀 관계에서 민주화가 그 관계에서 형성되는 독특한 정서적 결속을 지나치게 합리화하여 가족관계를 더욱더 깨어지기 쉬운 취약한 것으로 만들어 버릴 위험성에 대해서는 맹목적이다.

가족 문제를 사법적인 권리의 문제로 해결하려는 것은 이미 가족 공동체가 사랑과 배려 그리고 친밀성의 공간으로서의 성격을 상실했다는 것을 의미한다. 아이들이나 노인과 같은 가족 내 약자들의 권리 존중과 법적 보호 장치는 가족의 필수적 요소일지언정 충분한 조건이 될 수 없다. 마이클 샌델이 예리하게 설명하고 있듯이 이상적인 가족은 권리와 자유와 같은 정의 원칙에 대한 강조를 필요로 하지 않는 사회적 제도이기에, 가족 구성원들 사이에서 권리에 대한 의식이 팽배해지면 그들 사이의 애정은 쉽게 소멸되며, 그에 따라서 가족 내 구성원들 사이의 갈등은 시시비비를 가리기 위해 재판정에 그 문제를 맡길 정도로 격화될 것이다. "예를 들어 다소간 이상적인 가족 상황을 고려해보라. 그 상황 대부분에서 즉각적인 애정이 표출되어 관계가 원만하고, 그 결과 정의의 여건은 매우 미미하게 나타난다고 하자. 개인의 권리와 공정한 결정 절차는 거의 제기되지 않을 것이다. 그 이유는 부정의가 팽배하기 때문이 아니다. 오히려 공정한 내 몫을 요구하지 않아도 될 만큼 너그러움이 퍼져 있어 어떤 문제도 제기되지 않기 때문이다. 물론 이러한 너그러움은 내가 반드시 친절한 마음에서 공정한 정의 원칙하에 소유를 인정받을 수 있는 몫이나 그 이상의 더 큰 몫을 받았음을 뜻하지는 않는다. 나는 내 몫보다 적게 가질 수도 있다. 요점은 단지 좀 더 자발적으로 다른 방법으로 가질 수 있는 것을 가진 것이 아니다. 핵심은 소유와 공평의 문제가 이러한 삶의 방식의 전체 맥락에서는 크게 중요하지 않다는 것이다. 이제 어느 날 이 화목한 가족이 이견으로 싸우게 되었다고 상상해보자. 그 경우 이해관계가 날카롭게 대립하고, 정의의 여건은 더욱 커져 갈 것이다. 옛 시절의 애정과 자발성은 시들고, 대신 공정성과 권리를 지키라며 날을 세울 것이다. 좀 더 상상해보자. 옛날의 온후했던 너그러움은 사라지고 예외 없는 법의 온전함으로 바뀌었다. 새로운 도덕적 필수 요건들이 설정되어 어떤 부정의도 끼어들 수 없을 만큼 완벽한 정의 체제를 갖춘다. 부모와 자식은 사려 깊게 정의 원칙에 균형을 맞추고, 마지못해 정의 원칙을 받아들여 안정과 합일의 조건을 달성하려 한다. 그래서 정의라는 선이 가정에서도 실현될 수 있다."[123]

샌델의 서술은 가족이 권리공동체의 입장에서는 충분하게 해명될 수 없는 애정과 정서적 친밀성의 결합으로 이루어진 것임을 보여주고 있으며, 가족을 구성하는 두 가지 요소, 즉 사랑과 권리 사이에 갈등과 긴장이 존재할 수 있음을 보여준다.[124] 달리 말하자면 가족 구성원들 사이에 평등하고 민주적 관계가 관철되어야 하면서도 그들 사이에는 개인의 자율성 존중 못지않게 사랑과 배려라는 행위 원칙이 결정적인 의미를 지닌다.

...

123 마이클 샌델, 『정의의 한계』, 이양수 옮김, 멜론, 2012, 120-121쪽. 애정과 권리의 상호 긴장에 대한 샌델의 서술은 자유주의적 정의 이론의 대표적 철학자인 존 롤스의 이론의 문제를 지적하는 것과 관련되어 있다. 샌델의 비판에 대한 존 롤스의 반론에 대해서는 『공정으로서의 정의: 재서술』, 이학사, 2016, 289쪽 각주 48 참조.

124 가족 내부의 문제를 개인의 권리 존중을 강화하는 방향으로 해결하려는 관점이 지니는 한계에 대한 성찰로 악셀 호네트의 논의도 참조할 법하다. 특히 악셀 호네트, 『정의의 타자』, 문성훈 외 옮김, 나남출판, 2009, 「정의와 정서적 결속의 사이에서」가 특히 중요하다.

그러므로 가족 내 민주주의와 관련하여 사랑 및 배려와 같은 도덕과 동등 존중이라는 정의 원칙이 서로 상이한 요구라는 점을 인정하는 것 그리고 후자가 전자를 전적으로 대신할 수 없기에 둘 사이에는 상호 긴장이 존재할 수 있다는 점을 인정하고 이 둘 사이의 상호 결합 가능성을 검토하지 않으면 안 된다.

특히 동아시아의 사회는 가족주의 전통이 강한 사회로 서구 가족에 비해 상대적으로 가족 구성원 사이의 "화합과 사랑의 원칙을 더 강조"[125]하는 것으로 알려져 있다. 그리고 가족 내에서의 화합의 덕목을 강조하는 것이 늘 남성 위주의 가부장제를 정당화하는 이데올로기에 불과하다는 식의 비판이 우리 사회의 권위주의적 가족 문제를 해결할 수 있는 전가의 보도인지는 의문이다. 남편은 직업을 지닌 가장이고 부인은 가정에서 전업주부로서 가사를 도맡아해야 한다는 고정적인 남녀 성별분업 원칙은 남녀평등 원칙에 위배된다. 따라서 그것은 분명 시정되어야 한다. 또한 앞에서도 언급했듯이 가족 내에서 화목이나 사랑의 이름으로 가족 구성원들 각각에게도 훼손될 수 없는 인격의 존엄성을 심각하게 위협하는 행위가 일어날 경우, 보편적인 정의의 원칙은 가족 내부의 영역에서도 관철되어야 한다. 가족 구성원, 예컨대 아이나 여성이나 병든 노인이나 모두 보편적 권리의 담지자로서 존중받아야 하기 때문이다. 가족 내에서 벌어지는 학대나 폭력 행위가 다반사로 일어날 경우, 국가는 법적 제재 수단을 동원하여 가족에 개입할 수 있을 것이고, 가족 구성원 개개인도 그런 상황에서 자신의 존엄한 인격적 불가침성을 지켜내기 위해 고소와 같은 법적 권리를 행사할 수 있어야 할 것이다.

그러나 문제는 가족 구성원들이 오로지 법적 권리의 주체로서 동등하게 대우받아야만 한다는 원칙만으로는 가족생활의 가치와 의미에 온전하게

• • •
125 권용혁, 『한국 가족, 철학으로 바라보다』, 앞의 책, 150쪽 각주 26.

다가갈 수 없다는 점이다. 호네트의 지적대로 가족 구성원들이 서로에게 보여주는 도덕적 의무의 원천은 모든 사람들을 동등하게 존중하는 도덕 원칙에 대한 이성적 판단에 있지 않다. 만약 아버지나 어머니가 자식을 돌보아야 할 경우 자녀에 대한 애정에서가 아니라, 오로지 모든 인간의 보편적인 동등 존중이라는 이성적 판단에서 우러나와 그렇게 한다면, 그런 행위의 "도덕적 가치"는 "상실"되지 않을 수 없다. 친구들 사이의 우정과 함께 가족관계는 상호 간의 "애착에서 우러나오는 도덕적 존중과 배려를 바치는 동안에만 성립"하는 특수한 관계의 일종이기 때문이다.[126] 그리하여 가족의 화목과 사랑을 존중하는 전통이 지니는 장점을 완전히 무시하고 가족 구성원 사이의 권리 존중만을 중요하게 다루는 편향을 넘어설 필요가 있다.

둘째로 기든스의 민주화 가족 이론이 지니는 한계는 가족 및 사회 구성 원리에 대한 일면적인 이해와 관련되어 있다. 가족의 민주화에 대한 기든스의 생각은 가족을 포함한 인간 사이의 결합, 즉 사회를 대칭적인 상호성 내지 호혜적 관계를 기본적인 축으로 생각하고 있다는 점에서 일정한 한계를 지닌다. 앞에서 언급했듯이 가족 구성의 원리는 단순하게 권리공동체의 시각에서만 바라보아서는 안 된다. 달리 말해 가족의 민주화에 대한 기든스의 이론은 수직적·비대칭적 관계와 결합되어 있는 도덕적 의미를 고찰하는 데 한계가 있다. 기든스의 가족의 민주화는 보편적이고 평등한 존중이라는 도덕 원칙을 최고로 중요한 것으로 간주하는 서구 근대의 규범적 기대를 배경으로 하고 있다. 인종, 성, 계급, 그리고 문화 및 종교와 무관하게 모든 사람은 동등하게 존중받고 대우받아야 한다는 관념은 서구 근대에 이르러 일반적인 것으로 받아들여진 것이다. 실제로 보편적 존중은 오늘날 많은 사람들에 의해 부인될 수 없는 도덕적 원칙으로 받아들여지고

• • •
126 악셀 호네트, 『정의의 타자』, 앞의 책, 263쪽.

있다.

그런데 보편적인 정의 혹은 인간의 동등한 존엄성에 대한 요구는 상호 대칭적 관계와 무관하게 요청되는 다양한 도덕적 행위를 배제하는 위험성을 안고 있다. 가정생활의 특수한 성격, 그러니까 가족 구성원들 사이의 정서적인 애착에서 우러나오는 사랑과 배려와 같은 도덕적 요구는 보편주의적 정의 원칙에 기반을 둔 권리의 동등성에 대한 요구와 질적으로 구별되는 도덕임은 이미 위에서 강조된 바 있다. 그럼에도 배려와 같은 도움주기 활동은 보편적이고 평등한 존중의 원칙이 최고로 중요한 도덕적 원칙이라는 통념에 의해 주변적 지위로 물러났다. 그러나 보살핌은 우리 인간의 삶에서 결코 무시될 수 없는 도덕적 가치를 지니는 행위이다.

보편적 정의 원칙이 지나치게 대칭적인 평등한 주체들 사이의 상호적인 관계를 도덕의 모델로 설정함에 의해 부차화 되는 것 중의 하나는 의존적인 관계와 관련된 도움주기이다. 제1장에서 갓 태어난 아이가 어머니와 맺는 절대적 의존성의 관계를 통해 스스로 자존감을 형성할 수 있다는 점을 언급했다. 일방적으로 도움을 요청하고 그런 의미에서 어머니라는 타자에 전적으로 의존하고 있는 갓난아이는 결코 타인의 자유를 존중하면서 스스로 자신의 삶을 자유롭게 선택할 수 있는 존재는 아니다. 잠재적으로 그런 인격적 주체라고 할지라도 말이다. 게다가 어린아이만이 늘 누군가의 돌봄을 필요로 하는 것은 아니다. 노인도 자신의 삶을 영위하기 위해 늘 누군가로부터 절대적인 도움을 받지 않으면 안 된다. 또 어떤 사람은 태어나서부터 죽을 때까지 늘 누군가의 도움을 받아야만 한다. 그러므로 "가정이라는 영역은 돌봄에 의존하는 이들에게 안식처와 같은 것이며, 어떤 정치이론도 단지 모든 인간은 평등하다는 주장을 펼침으로써 이러한 안식처를 파괴할 수 없다"고 에바 페더 커테이(Eva Feder Kittay)는 역설한다.[127]

• • •
127 에바 페더 커테이, 『돌봄: 사랑의 노동』, 김희강 · 나상원 옮김, 박영사, 2016, 28쪽.

이미 캐럴 길리건(Carole Gilligan)은 존 롤스의 자유주의적인 보편적 정의의 원칙이 남성 중심적 도덕 윤리로서 여성에게 잘 어울린다고 생각되는 유형의 도덕적 사유 방식이나 태도가 지니는 가치를 중요하지 않은 것으로 간주한다고 비판했다. 길리건에 의하면 여성들은 개인의 독립과 자유를 우선시하는 권리의 도덕(morality of right)과 다른 "책임의 도덕" (morality of responsibility)을 우선시한다.[128] 물론 기든스 역시 자율과 책임의 균형을 모색하는 과정에서 수직적 관계에 대한 고려를 자신의 이론 속에 포함하려고 노력한다. 그럼에도 그는 부모와 어린이와의 관계도 민주적인 관계를 기본 모델에 의거하여 생각한다.

그러나 필자가 보기에 부모와 자녀 사이의 관계는 부부관계에서와 같은 의미에서 평등하고 대등한 관계가 기본 원리로 적용될 수 없다. 그리고 부모의 자녀에 대한 책임이나 보살핌은 민주적인 상호 존중의 원리에서 도출되는 의무가 아니다. 상호 존중과 자율적인 구성원들 상호 간의 대등한 소통 관계에 의하여 형성되는 민주주의적 정당성은 필자가 보기에 자연이나 어린이에 대한 책임감과는 다른 것이다. 그리고 우리는 그 누구도 장기간에 걸쳐 어린이를 보호하려는 행위가 반드시 장래의 상호 존중과 평등한 관계의 실현을 목적으로 한다고 단언할 수 없다. 그러한 목적과 관련되어 있지 않음에도 우리는 자연이나 어린이에 대해 보살핌과 보호의 의무를 다해야 할 책임이 있기 때문이다. 달리 말하자면 독립적이지 못한 아이들에 대한 배려와 책임이 노후에 우리가 투입한 사랑과 배려에 대한 자녀들의 반대급부를 반드시 조건으로 하는 것은 아니다. 엄격한 의미의 호혜성의 조건을 충족시킬 수 없는 관계에서 나타나는 도덕적 의무의 원천을 소홀히 하고 있는 데에서 기든스 역시 권리와 의무에 대한 서구 근대의 보편적

• • •

128 캐럴 길리건, 『다른 목소리로』, 허란주 옮김, 동녘, 1997, 68쪽, 71쪽; 찰스 테일러, 『자아의 원천들: 현대적 정체성의 형성』, 권기돈·하주영 옮김, 새물결, 2015, 212쪽 참조

존중이라는 도덕 이념에 특권적 지위를 부여하는 한계를 벗어나고 있지 않은 것으로 보인다.

한스 요나스(Hans Jonas)가 설득력 있게 주장하고 있는 것처럼 권리와 의무에 대한 근대의 도덕 이념은 호혜성의 원리에 의존하고 있으며, 이미 존재하고 있는 사람만이 생명에 대한 권리를 주장할 수 있지, 실존하지 않는 존재는 아무런 권리를 주장하지 못한다. 그러므로 요나스는 현대의 과학기술 사회에서 요구되는 윤리가 바로 후속세대와 같은 아직 존재하고 있지 않은 것과 연결되어 있다고 주장한다. 그리고 그는 아이에 대한 부모의 책임을 "모든 책임의 원형"으로 이해한다.[129] 요나스가 제안하는 책임의 원리는 자발적인 선택과 관련해서 책임의 문제를 이해하려는 권리 중심의 자유론적 책임 이론과 근본적인 차이를 지닌다.

마지막으로 거론될 기든스의 가족 민주주의 이론의 한계는 민주적 자율성의 역설에 관한 것이다. 그의 가족 민주화 이론은 애정관계에서 자율성과 평등과 같은 서구 근대의 기본적인 도덕적 원칙의 관철이 초래하는 역설을 파악하지 못한다. 그는 자유와 평등 이념의 영향으로 애정관계가 점점 파트너 사이의 절차적 평등의 관계로 이행하는 것을 "순수한 관계"로 표현하고 이를 긍정적인 것으로 묘사한다.[130] 그러나 기든스의 애정이론은 가족의 기초가 되는 애정관계를 파악하는 데 한계가 있다. 더구나 기든스는 평등과 자유 이념의 영향으로 인해 사랑하는 사람들이 애정관계를 형성하는 데에서 새롭게 직면하는 곤혹스러움, 불확실성 그리고 어려움의 문제를 적절하게 분석하고 있지 못하다.

여성 사회학자인 에바 일루즈(Eva Illouz)가 탁월하게 분석하고 있듯이

• • •

129 한스 요나스, 『책임의 원칙: 기술시대의 생태학적 윤리』, 이진우 옮김, 서광사, 1994, 84쪽 이하 그리고 226쪽 참조.

130 앤서니 기든스, 『현대사회의 성·사랑·에로티시즘: 친밀성의 구조변동』, 앞의 책, 새물결, 2003, 제4장 참조.

사랑하는 사람들 사이의 관계가 점점 대칭성과 상호성을 존중하는 관계로 변동됨에 따라, 에로스 관계가 지니는 독립성이 훼손된다. 이처럼 자유와 평등은 사랑의 관계를 불구로 만드는 역설을 초래한다. 일루즈는 평등과 합의와 같은 상호성 및 대칭성 위주로 형성되는 행위 원칙이 에로스 관계를 지배하면서 "감정의 밀고 당기기와 자발성"을 억제하는 결과를 초래하고 있다고 말한다. 그리하여 사랑하는 사람들 사이의 평등한 민주적 권력관계를 형성하기 위해 "자기희생과 포기 그리고 반대급부를 요구하지 않고 사랑할 줄 아는 능력"을 규제하는 것이 요구되며, 이로 인해 사랑과 감정의 "합리화"가 불가피하게 초래된다. 사랑 및 섹스 영역에서 사랑하는 파트너 사이의 비대칭적 권력 관계를 대칭적이고 민주적인 관계로 변형시키기 위해 사랑 및 성 관계에서 해당 당사자들 사이의 합의가 결정적 의미를 지니게 된다.

그러나 사랑 관계에서 관철되는 남성 우위의 권력 관계를 해체하여 평등한 관계를 달성하려는 여성의 노력은 역설에 직면한다. 페미니즘 옹호자들도 남녀관계에서 평등과 대칭성을 형성하기 위해 주로 "여성의 특장"으로 알려져 있는 "자기희생과 포기 그리고 반대급부를 요구하지 않고 사랑할 줄 아는 능력"을 비판하게 된다. 하지만 이로 인해 여성은 사랑관계에서 새로운 어려움에 직면한다. 일루즈에 의하면 사랑하는 사람과의 사이에서 사랑하는 감정도 등가적이고 대칭적 균형관계를 유지해야 한다는 민주적 규범의 내면화로 인해 사랑함에도 이혼을 결심한 여성들도 존재한다.[131]

일루즈는 사랑과 감정의 영역에서 발생하는 변동, 즉 기든스가 순수한 관계라는 개념으로 묘사하는 친밀성의 구조변동의 역설적 결과를 다음과

• • •
131 에바 일루즈, 『사랑은 왜 아픈가: 사랑의 사회학』, 김희상 옮김, 돌베개, 2013, 329-341쪽 참조.

같이 요약한다. "평등과 공정이라는 정치적 이상으로, 또 과학과 기술로 사랑의 신비함을 벗겨놓음으로써 이제 애정관계는 공식으로 계산하는 시험과 통제의 자기반성적 대상으로 변해버렸다. 중립적 언어를 쓰고 성과 관련한 비하를 하지 말아야 한다는 요구, 애정관계를 권력의 암울한 그늘로부터 해방해야 한다는 요구, 양측의 합의와 상호성이 모든 애정관계의 중심이어야 한다는 요구, 그리고 마지막으로 될 수 있는 한 사람다운 냄새를 빼버린 절차가 서로의 합의를 보장해줘야 한다는 확신은 에로스 관계와 낭만적 사랑이 갈수록 체계적이고 추상적인 행동규칙을 따르게끔 하는 결과를 낳았다. 기든스는 이런 추세를 '순수한 관계'라는, 별로 설득력 없는 개념으로 표현했다. 그가 말하는 '순수한 관계'는 계약에 기초한 것으로, 임의로 맺고 끊는 게 특징이다. 그러나 기든스는 순수관계가 애정 결속의 합리화를 의미한다는 것, 그리고 욕구의 본성을 무시한 데 따른 변화라는 점을 놓치고 말았다."[132]

앞에서 본 것처럼 사랑 관계를 파트너 사이의 합의의 기초 위에 놓는 것이 바람직하다는 평등의 이념이 관철되면서 현대사회에서 많은 사람들은 사랑과 성적 결합에서도 예상치 못한 어려움을 겪고 있다. 섹스, 사랑 그리고 결혼 관계가 분리되고 섹스가 사랑이나 결혼과 무관하게 향유될 수 있게 되면서 기든스가 주장하는 것처럼 성행위의 영역에서도 합의의 가치가 중요하게 대두되었다. 이제 섹스에서 누가 지배적 위치를 점하는가는 자연스러운 것이 아니라, 합의에 의해 결정될 사항으로 변화되었다. 섹스를 주도하는 역할을 담당하는 파트너가 반드시 남자이어야 하는 법은 없게 되었다.[133]

남자가 섹스에서 늘 적극적이고 주도하는 역할을 하고 여성은 수동적

• • •
132 같은 책, 341-342쪽.
133 뒤에서 다룰 것이지만 성적 결합이 반드시 남성과 여성 사이에 이루어져야 한다는 점을 전제로 하고 있지 않다.

역할을 행하는 고정된 역할 분담의 자연스러움은 파괴되었다. 그 결과 성 관계에서 모든 것이 합의의 대상으로 등장하게 되고 성 관계를 맺는 매 순간마다 파트너 사이에 성 관계를 어떻게 수행해야 하는지를 놓고 합의를 이루어야 한다. 이처럼 성관계에서 관철되는 평등은 섹스에서 성적 역할 분담을 혼란스럽게 만든다. 일례로 여성이 남성을 주도할 수도 있는데, 이런 역할 분담에 대해 일일이 합의하지 않으면 안 된다. 그리고 성적 결합에서 역할 분담을 두고 서로 협상하는 과정은 성적 욕망의 추구를 방해한다. 성적 에로티시즘이 재생산 기능이나 사랑 및 결혼과 단절되어 자립화되면서 지니게 되는 의미는 그것이 가져다주는 강렬한 성적 쾌감인데, 합의와 절차를 중요시하는 민주적 관계는 성적 관계에서 요구되는 강렬한 성적 쾌락 추구를 불가능하게 만든다. 이처럼 "평등을 존중하는 섹스는 협상과 합의를 이끌어내는 번거로운 절차를 전제"로 하는데, 이런 의미에서 평등 이념의 관철은 애정 및 섹스와 관련하여 파괴적 성향을 보여준다는 것이 일루즈의 분석이다. 섹스에서 평등의 관념을 파트너 사이의 자유로운 합의에 의해 실현하려는 요구, 즉 자율성과 독립성을 견지해야 한다는 요구는 섹스에의 욕망을 퇴색시킨다는 것이다.[134]

앞에서 언급했듯이 성이 사랑 및 결혼과 별개로 자립화되면서 성적 쾌락의 추구는 삶에서 그 어느 시대와 비교할 수 없을 정도로 큰 영향력을 발휘한다. 그런데 다른 한편으로 성적 관계의 중요성을 가능하게 한 순수한 관계의 대두는 역설적으로 성적 욕망의 추구를 방해한다. 그리하여 현대인들은 소통과 합의를 높이 평가하려는 규범적 요구와 섹스에 대한 감정적 욕망 충족 사이에서 갈등을 겪게 된다. 그리고 이런 상황과 관련하여 일루즈는 한 여성이 자신의 블로그에 올려놓은 글을 인용한다. "소통이 멋진

• • •
134 에바 일루즈, 『사랑은 왜 불안한가: 하드 코어 로맨스와 에로티즘의 사회학』, 김희상 옮김, 돌베개, 2014, 81-82쪽 참조.

섹스에 접근하는 열쇠라는 것은 오늘날 누구나 익히 안다. 이러저러하면 좋은 소통을 할 수 있다는 요령은 그게 기독교 문화권 부부를 향한 것이든, 섹스 노예를 말하는 것이든 세계 어디서나 섹스 지침서를 떠받드는 기둥과도 같다. 그러나 섹스 문제를 놓고 서로 이야기를 나누는 일은 적잖은 부담일 수 있다. 아무래도 '그레이 시리즈'가 거둔 성공은 섹스를 놓고 시시콜콜 말하지 말라는 메시지 덕분이 아닐까. 사람들은 많은 경우 자신이 누구와 자고 싶어 하는지 '그냥 알지 않는가'. 어떤 여자가 지역정보 사이트 '크레이그리스트'(craigslist)에 올려놓은, '빌어먹을, 그냥 나랑 자자고!'라는 제목의 글은 2008년 들불처럼 번져나갔다. 드라마 <걸스>의 제시카 역시 자신이 바에서 낚은 남자가 팬티에 손을 대도 좋은지 묻자 똑같은 감정을 폭발시킨다. '그런 물음은 내 평생 다시는 듣고 싶지 않아.' 원하면 말하지 말고 그냥 하라는 메시지다. 아마도 '그레이 시리즈'는 '섹스를 놓고 시시콜콜 말하고 싶지 않은 여성의 희망'을 담아낸 게 아닐까."[135]

위에서 언급한 기든스의 가족 민주주의 이론의 세 가지 한계 이외에도 우리는 상이한 문화적 전통을 지니고 있는 한국사회에 그의 이론이 직접 적용될 수 있는가 하는 문제를 던지지 않을 수 없다. 이런 문제는 기든스가 책임질 문제도 아니고 그에게 물을 수 있는 것은 아니지만 상이한 역사적 배경 속에서 살아가는 우리로서는 서구의 경험에 기반을 두고 있는 이론을 무조건적으로 수용할 수도 없다. 아니 더 잘 수용하기 위해서라도 그 수용의 조건에 대한 정확한 인식이 요구된다. 그러므로 우리는 동양의 고유한 문화적 전통 속에서 발견할 수 있는 가족의 가치에 대한 높은 평가를 서양의 부부 중심의 가족원리 및 남녀평등의 원리와 결합시킬 수 있는 새로운 대안 모색에 관심을 두어야 한다. 특히 한중일 동아시아 3국의 가족제도 사이의 여러 차이에도 불구하고 동아시아 3국의 가족제도는

• • •
135 같은 책, 83-84쪽.

전통적으로 서구의 부부 중심적 가족제도와 달리 부모와 자녀관계 같은 친자관계를 독립변수로 간주했다. 이런 식의 가족제도의 분류는 중국 태생의 미국의 저명한 문화인류학자인 슈(Fmacis L. Hsu, 1901~1999)에 의한 것이다. 이런 가족제도의 상이성은 가족제도의 존립과 부부관계의 방식에도 차이를 가져왔다. 예를 들어 친족관계를 독립적 변수로 그리고 부부관계를 종속적 변수로 간주하는 동아시아의 전통적 가족제도에서 가족의 유지가 더 우선적 가치를 부여받기 때문에 부부 사이가 나빠도 이혼이 억제된다. 이와는 달리 서구 가족은 부부관계를 독립변수로 그리고 부모와 자녀관계를 종속적이고 부차적인 것으로 간주한다.[136]

제1장에서 살펴본 것처럼 규범적으로는 우리 사회에서도 부부관계 중심의 가족관이 점점 더 중요한 가치로 승인되고 있으며 가족 내에서 평등과 자유의 이념도 널리 받아들여지고 있는 추세이다. 그러나 한국 가족의 생활을 보면 부부 사이의 대등하고 평등한 관계를 중심으로 가족을 이해하는 입장과 더불어 전통적인 가족 중심의 가치관이 서로 섞여 있다. 이런 혼합적인 상황을 서구적인 근대의 가족으로 나가는 과도기로 생각할 필연적 이유는 없을 것이다. 그러므로 상이한 가족관이 서로 갈등하는 측면을 최소화하면서 서로 보완할 수 있는 측면을 살려나가는 방향도 생각해봄 직하다. 한국의 가족 중심의 연대와 화합의 가치나 부모의 자녀에 대한 자애로움 및 헌신의 태도는 물론이고 효의 가치는 오늘날에도 긍정적 방향으로 재해석할 가능성이 존재한다. 물론 그런 새로운 해석은 한국의 가족주의가 안고 있는 폐단, 그러니까 가족관계 속에 개인의 자율성과 독립성을 가둘 수 있는 가능성이나 배타적인 가족주의적 결속만을 강조하는 여러 변형된 가족주의적 연고주의 등을 철저하게 비판하는 것을 전제한

• • •
136 사쿠타 케이이치(作田啓一), 『한 단어 사전, 개인』, 김석근 옮김, 푸른역사, 2012, 105-106 쪽.

다.

이런 전제 위에서 전통적인 가족주의 문화 속에 내재해 있는 긍정적 가치를 살려갈 수 있는 방안을 모색할 필요가 있다. 이런 시도에서 중요한 것은 사람들이 여전히 중요하다고 간주하는 애정과 정서적인 결속을 안정적이고 지속적으로 만들어줄 수 있는 가족의 가능한 모습에 대한 모색과 갈망을 어떻게 해결할 것인가 하는 문제일 뿐이다. 이런 갈망이 사실상 남성 우위적인 가부장적 질서의 반동적 복귀에 대한 열망으로 귀결될 것이라고 미리 단정하는 행위야말로 무책임하고 나태한 사유의 단조로운 반복의 결과일 것이다.

Ⅲ. 일부일처제와 가족의 다양성 문제

한국사회를 포함하여 21세기 인류사회에서 가장 논쟁적인 주제 중 하나가 가족의 다양성, 특히 동성애가족의 권리를 어떻게 이해할 것인가에 관한 것이다. 많은 사람들은 일부일처제를 정상적인 가족의 형태로 간주하고 동성애뿐 아니라 동성애자들의 결혼의 권리를 정상성의 범주에서 벗어난 것으로 본다. 이는 한국에서도 마찬가지이다. 마사 누스바움이 『혐오에서 인류애로』(*From Disgust to Humanity*)의 「한국어판 서문」에서 말하고 있듯이 동성애에 낙인을 찍는 행위는 개신교에서 비롯되었다. 그리고 우리나라에는 성적 지향에 따른 차별금지를 포함하는 일반적인 차별금지법이 존재하지 않는데, 그런 법률을 제정하려는 움직임이 없었던 것은 아니다. 그런 법률을 제정하려는 시도는 여러 번 있었지만 기독교 보수주의자들의 거센 반발로 인해 좌절되었다.[137]

• • •
137   마사 누스바움, 『혐오에서 인류애로: 성적지향과 헌법』, 강동혁 옮김, 뿌리와이파리,

여기에서 목적은 동성애 및 동성결혼에 대해 한국사회가 보여주는 태도에 대한 경험적 연구를 수행하는 데 있지 않다. 동성결혼에 대한 규범적인 정당화의 문제를 다루는 것이 이 부분에서의 주된 목적이다. 그래서 이하에서 필자는 일부일처제를 정상적이고 규범적으로도 가장 바람직한 가족 형태로 바라보는 대표적인 사상가인 헤겔의 이론을 중심으로 그 문제점을 비판적으로 검토할 것이다.

헤겔은 일부일처제를 규범적인 의미에서 정상적인 결혼의 형식으로 가정한다. 그는 다음과 같이 말한다: "혼인은 본질적으로 일부일처제이다. 혼인관계를 맺고 거기에 자기를 맡기는 것은 인격, 즉 직접적이며 배타적인 개별성이거니와 이럼으로써 또 혼인관계의 진실성과 내실(실체성의 주관성의 형식)은 오직 이 인격의 분리되지 않은 서로의 헌신에 의해서만 생겨나는 것이기 때문이다."[138] 이 인용문이 표현하고 있듯이 일부일처제는 자율적이고 독립적인 이성적 존재라는 인간관에서 볼 때, 이들 평등한 인격적 존재의 대칭적이고 상호적 관계를 보장하는 제도라는 점에서 그 타당성을 인정받는다. 즉, 일부일처제의 정당성의 기초는 "이성 능력과 자유의 개념"인 것이다.[139] 일부일처제를 이렇게 정당화하는 동시에 헤겔은 이 가족제도를 "공동사회의 인륜적 기초를 다지는 절대적 원리의 하나"로 규정한다.[140] 가족이 정치사회의 토대를 구성하는 필수적 요소의 하나라는 것이다. 여기에서 우리는 그가 일부일처제를 이성적인 자유의 이념에 적합한 정상적인 가정의 형태로 간주하고 있음을 알 수 있다. 물론 일부일처제에 대한 강조가 진보적 측면을 지니고 있다는 점을 망각해서는 안 된다. 위에서 표현한 바와 같이 일부일처제는 결혼 당사자들의 독자적인 인격성

* * *

    2016, 13쪽 참조.
138 Hegel, G. W. F., *Grundlinien der Philosophie des Rechts*, Frankfurt 1996, 320쪽.
139 같은 책, 322쪽.
140 같은 책, 320쪽.

의 원리를 보장한다.

헤겔은 일부일처제의 도덕적 규범성에 대한 입장에서 축첩제도의 부당성을 비판한다. 축첩제도가 부당한 것은 이 제도가 사람을 자연적 충동의 만족 수단으로 전락시키기 때문이다. 그는 일부다처제나 일처다부제와 같은 가족제도 역시 도덕적으로 정당한 제도로 긍정하지 않을 것이다. 이런 가족제도에서는 일부일처제에서와 같은 당사자들 사이의 상호적이고 대칭적인 관계가 형성되기 힘들 것이기 때문이다. 달리 말하자면 헤겔이 보기에 일부일처제의 필연성과 정당성은 이 가족제도가 평등한 인격적 주체로서의 남성과 여성의 관계를 보장할 수 있다는 의미에서 남성과 여성의 참다운 관계를 가능하게 할 유일한 가족제도라는 사실에 기인한다.[141]

일부일처제를 정상적인 가정으로 간주하는 입장은 요즘 가족 형태의 다양성이 널리 퍼져 있는 현상과 상당한 거리감이 존재한다. 우리는 전통사회에서 현대의 산업사회에로의 이행과정에서 가족에 대한 이해와 가족의 형태가 혁명적으로 변했음을 알 수 있다. 그러나 이런 변화의 추세는 20세기 후반에 들어와 인류의 역사에서 찾아보기 힘든 미증유의 전면적인 변화로 이어지고 있다. E. 홉스봄(Hobsbawm)은 자신의 저서 『극단의 시대』에서 가족 해체를 우리 시대가 겪고 있는 가장 커다란 문화혁명으로 묘사한 바 있다.[142]

현대사회에서 발생하는 가족 형태의 다양성의 현상에 기대어 일부일처제의 정당성의 유무를 판가름하는 것은 합당하지 못한 것이 아닌가라고 혹자는 반문할지 모른다. 실제 그렇다면 이 논변은 분명 '자연주의적 오류 추리'라는 비판에 직면하게 될 것이다. 그러므로 헤겔의 가족이론이 전제

• • •

141 V. Hösle, *Moral und Politik*, München, 1998, 852쪽 이하 참조.
142 에릭 홉스봄, 『극단의 시대: 20세기의 역사 하』, 이용우 옮김, 까치, 1997, 399쪽 이하 참조.

하는 입장, 남성과 여성이라는 생물학적 차이에 기초한 일부일처제의 가족제도가 규범적으로 가장 옳은 것이라는 주장을 어떻게 볼 것인가 하는 문제가 대두된다.[143]

필자는 자유의 보편성을 긍정하는 헤겔의 정치철학의 토대에서 볼 때, 생물학적 성적 차이에 기반을 둔 일부일처제만이 유일하게 정당한 가족형태라는 그의 추론은 틀린 것이라고 생각한다. 가족제도에서 일부일처제를 정상적 가족의 모델로 보고 이를 정당화하는 논거가 그 자신의 정치철학의 규범성의 토대인 이성적 자유의 실현이라는 원칙과 양립될 수 없기 때문이다. 그 자신이 강조하듯이 자연은 결코 정당성의 기초가 아니다. 필자가 보기에 자유롭고 이성적인 주체로 이해되는 모든 인간의 존엄성과 이에 대한 동등한 존중의 원리의 긍정, 그리고 이런 원리를 구체적으로 실현하는 것을 보장할 수 있는 제도적 조건들에 주목하는 헤겔 법철학의 근본이념은 오늘날의 현대사회에서도 타당하다. 그러므로 헤겔의 일부일처제에 대한 입장은 기독교적 전통에 의하여 강하게 규정된 당대 서구인의 일반적 입장을 절대화하는 데에서 생기는 오류로 보는 것이 합당할 것이다.[144]

가족의 바람직한 미래에 대한 쟁점 가운데 가족의 다양성의 문제에서

• • •

143 헤겔이 서구 근대성 이론의 철학적 정당화의 맥락에서 서술하고 있는 근대적 가족이념이 지니고 있는 의미와 한계에 대해서는 정미라, 「근대 서양의 가족관에 대한 현대적 조명: 헤겔의 가족이론을 중심으로」, 『철학논총』(哲學論叢) 67, 2012, 261-277쪽 참조

144 중동지역의 일부다처제에 대한 인류학적 분석에 의하면 중동의 지리적 조건이 그런 제도의 출현에 커다란 요인으로 작용했다. 특히 중동은 높은 기온으로 인해 영유아의 사망률이 매우 높을 수밖에 없었고, 기후의 악조건 속에서도 영유아가 죽지 않고 살아남을 수 있는 유일한 방법은 어머니의 젖이었다. 아이가 죽지 않고 살아남기 위해서는 어머니의 젖을 적어도 이 년간은 먹어야 했는데, 그 사이에 어머니가 임신을 하면 젖이 나오지 않기에 일부다처제가 필요했다고 한다. 어머니의 젖은 영아나 유아들에게 기후의 악조건에서도 살아남을 수 있는 항생력을 길러 주었다(이광규, 「해설: 죄의 문화와 수치 문화」, 루스 베네딕트, 『국화와 칼』, 김윤식 · 오인석 옮김, 을유문화사, 2005, 386쪽 이하 참조).

일대일의 만남과는 다른 형태의 결합, 즉 일대다 내지 다대다의 경우도 허용될 수 있는 것인가 하는 쟁점을 살펴보자. 위에서 언급했듯이 일대일의 관계는 반드시 성인 남성과 여성이라는 생물학적 성차에 기초할 필요는 없다. 정서적 유대와 그에 따른 상호 간의 존중이 전제되면 사랑의 형태가 반드시 이성 간의 만남일 이유는 없다. 다만 사랑이나 가족 형성에서 규범적으로 정당한 기초는 일대일의 관계이어야만 한다는 것이 필자의 생각이다. 따라서 일대다 혹은 다대다의 결합은 규범적으로 정당화되기 힘든 사랑의 형태 내지 가족의 형태라는 것이다. 그렇다고 일대일과 다른 결합이 법적인 강제를 통해 규제되어야 할 사안인지에 대해서는 별도로 논의되어야 할 영역에 속한 것임을 밝히고자 한다.

길게 논의할 수 없으나 왜 일대일의 형태가 사랑과 가족을 형성하는 데에서 가장 바람직한 만남의 형식인지에 대한 논거를 대략 두 가지로 제시하고자 한다. 첫째로 일대일의 만남이 인간의 존엄성에 대한 인식과 가장 잘 상응한다고 본다. 일대일의 관계는 인간 사이의 관계를 평등하고 대칭적인 관계로 형성하는 것을 가능하게 하는 가장 좋은 형태이다. 우리가 첩 제도를 비판하는 것도 바로 그 제도가 개개 인간이 갖고 있는 평등하고 자유로운 인격체의 존엄성을 훼손한다고 보기 때문이다. 마찬가지 이유로 필자는 다대다 내지 일대다의 관계는 대칭적인 평등의 원칙을 훼손한다고 본다.

또 다른 이유로 사랑의 배타성의 특성을 언급하고 싶다. 사랑의 관계에서 당사자들은 상대방을 사랑한다고 생각하는데, 이때 상대방은 상대 파트너에게 자신이 유일하고 대체 불가능한 존재라는 점에서 자신을 소중하게 대할 것이라는 기대를 충족하고자 한다. 이런 기대가 충족되지 않고 자신이 그 어떤 다른 존재로 대체 가능한 존재라는 감정만으로는 두 사람의 관계를 사랑의 관계라고 말할 수는 없다는 것이 필자의 입장이다.

우리는 사랑하는 파트너가 자신을 다른 모든 사람과 동등한 방식으로 대하는 것을 원하지 않는다. 그것을 넘어 어떤 독특한 감정의 교환을 원하는 것인바, 사랑하는 관계의 독특한 성질은 바로 그런 사랑하는 사람들 사이에 존재하는 독특한 몰입과 특수한 파트너에 대한 관심과 배려에 놓여 있는 것이다.[145] 그러므로 사랑은 모든 인간을 도덕적으로 평등한 존재로 존중하라는 보편주의적 명령과는 질적 차이를 갖고 있다. 사랑의 성격을 해명하려는 선행 연구에 의하면 사랑은 사랑하는 상대방을 대체 불가능한 개별자로 받아들일 것을 요구한다. 달리 말하자면 어떤 사람이 타인에 대한 강력한 감정을 사랑의 감정으로 표현할 수 있는 경우는 그 사람이 사랑하는 감정을 느끼는 당사자에게 그 어떤 다른 존재와 바꿀 수 없는 유일무이한 존재로 다가올 때이다. 그리고 일반적으로 사람들은 사랑의 감정이 단기간의 강렬한 감정으로 그치기보다는 어느 정도 지속되기를 기대한다. 사랑하는 감정을 느끼는 대상이 수시로 변화할 때 혹은 사랑을 느끼는 사람을 손쉽게 다른 사람으로 대체할 가능성이 늘 존재할 때 우리는 그런 감정을 사랑의 감정으로 부르기를 주저하게 된다.[146] 이런 점에서 볼 때 일대일의 관계가 아닌 여러 만남의 형태는 인간의 존엄성의 평등성의 원칙 그리고 사랑의 독특한 성질에 부합하기 힘들다고 말할 수 있을 것이다.

* * *

145 여기에서는 사랑 및 결혼과 결합되지 않은 섹스, 그러니까 섹스의 자유가 애정의 열망과 갈등을 일으키는 것에 대해서는 다루지 않는다. 사랑의 열망과 결합되지 않은 자유로운 섹스의 욕망을 충족시키는 것이 해방적 측면을 지니지만, 사랑 및 결혼과의 관련성이 없어진 섹스 역시 공허해지는 면이 있다는 점도 분명한 것처럼 보인다. 특히 섹스 파트너가 여럿인 경우에 섹스의 자유에 대한 열정과 안정적이고 지속적인 사랑에 대한 관심 사이의 긴장은 더 강화될 것 같다. 그리고 다수의 파트너와 성행위를 하는 것 자체가 도덕적으로 중요한 의미를 지니는 것 같지는 않다. 그렇다고 이런 주장이 사람은 늘 도덕적으로 살아야 한다는 엄숙주의를 내세우는 것으로 오해하지 않았으면 한다.

146 악셀 호네트, 『정의의 타자』, 앞의 책, 274-277쪽 참조.

Ⅳ. 일부일처제의 변형과 동성결혼제도

일부일처제의 변형을 동성결혼의 문제와 관련하여 생각할 때 우선적으로 주목되어야 할 것은 인간의 삶에서 사랑의 경험이 차지하는 중요성이다. 우리의 일상생활에서 사랑보다도 더 큰 관심을 불러일으키는 주제를 찾아보기 힘들다. 사랑의 능력은 인간의 가장 고귀한 능력의 하나이다. 우리가 사랑이라는 정서적 연대감과 그 경험이 인간으로 하여금 의미 있는 삶을 영위할 수 있도록 하는 근원적 토대의 하나라는 사실은 의심의 여지가 없다. 다른 사람의 아름다움에 반하고 그를 위해서 자신의 모든 것을 헌신하는 마음의 자세 그리고 타인으로부터 오는 자신에 대한 사랑과 그로부터 솟구쳐 나오는 자발적인 배려와 다양한 형태의 정서적 일치감을 통해서 자신이 얼마나 소중하고 가치 있는 존재인가를 확인하는 경험이 없다면, 그런 삶을 참으로 온전한 삶이라고 말할 수 없을 것이다. 그런 점에서 사랑을 주고받는 행위의 가능성을 차단하는 것은 사실상 인간의 자기실현의 근원적 원천을 훼손하는 것과 다르지 않다. 이런 사랑관은 우리가 이미 앞에서 살펴본 헤겔의 그것과 다르지 않다. 헤겔은 사랑을 인륜적인 삶의 필수적인 구성 요소의 하나로 간주하고 있기 때문이다. 즉, 사랑의 경험은 인간의 사회적 관계 속에서 자신의 삶을 자유롭고 의미 있게 구성하는 데 필수적인 전제 조건의 하나로 간주되는 것이다. A. 호네트가 적절하게 지적하고 있듯이 헤겔에게서 "사랑관계 속에서 성숙한 최초의 상호 인정관계는 이후의 모든 정체성 발전의 필연적 전제"라는 의미를 갖는다. "이 인격관계는 개인의 특수한 성향을 인정하고, 따라서 각 개인에게 포기할 수 없는 자기 신뢰를 갖게 하기 때문이다."[147]

이렇게 사랑이 인간의 삶의 영역에서 차단되거나 방해되어서는 안 되는

* * *

147 악셀 호네트, 『인정투쟁』, 문성훈 · 이현재 옮김, 동녘, 1996, 84쪽.

가치를 지니는 것이라는 점에 동의한다면, 동성애자들에게서 인간의 삶에서 가장 경이롭고 숭고한 경험의 하나인 사랑을 주고받을 수 있는 가능성을 박탈하는 행위가 얼마나 야만적인 것인가를 이해하기는 어렵지 않다. 그런 점에서 게이들이나 레즈비언들의 "권리와 의무가 질서정연한 가족생활과 아이들의 교육과 양립할 수 있다면, 이 권리와 의무는 충분히 받아들여질 수 있다"는 존 롤스(John Rawls)의 주장은 매우 합리적이다. 그러나 그의 주장은 사랑하는 사람들 사이의 결합의 형태로서 가족제도가 왜 동성혼에도 적극적으로 적용되어야 마땅한지에 대해서는 미진한 점이 존재한다.[148]

동성혼의 허용 여부를 둘러싼 논의에서 주목할 만한 판결로 인정되는 2015년에 이루어진 미국 연방대법원의 동성 간 혼인의 합법화 판결 내용을 살펴보자. 미국연방대법원은 동성 간 결혼을 금지하는 법률이 미국연방헌법에 위반된다고 판결하면서 그 판결의 내용을 다음과 같이 끝내고 있다. "결혼만큼 뜻깊은 관계는 없다. 왜냐하면 결혼은 사랑, 충실, 헌신, 희생과 가족이라는 최고의 이상들을 담고 있기 때문이다. 혼인을 통해 결합함으로써 두 사람은 기존에 존재했던 것보다 위대한 존재가 된다. 원고들의 일부가 이 사건에서 보여주듯, 결혼은 심지어 과거의 죽음을 이겨내는 사랑을 담고 있다. 이들 남성들과 여성들이 결혼의 이상을 무시한다고 주장한다면 이들을 오해하는 것이다. 원고들의 주장은 그들이 결혼의 이상을 존중한다는 것이고, 그토록 결혼의 이상을 깊이 존중하기에 그들 자신들도 결혼의 이상 속에서 충족을 구하고 있다. 그들의 바람은 문명의 가장 오래된 제도들 중 하나로부터 배제된 채 외로운 삶에 추방되지 않도록 해달라는 것이다. 이들은 법 앞에서 평등한 존엄을 구하고 있다. 헌법은 이들에게 그러한 권리를 부여한다."[149]

• • •
148 존 롤스, 『만민법』, 장동진 외 옮김, 이끌리오, 2000, 248쪽 주석 60.
149 게이법조회, 「대한민국에서 성소수자에 대한 인류애를 기대하며」, 마사 누스바움, 『혐오에서 인류애로』, 앞의 책, 300-301쪽에서 재인용함.

미국연방대법원은 동성결혼 금지의 위헌성을 판시하면서 모든 사람의 평등한 존엄성을 인정하는 권리 이론에만 호소하지 않고 있다. 미국연방대법원은 동성 간 결혼을 금지하지 않아야만 한다고 주장하는 판결에서 결혼이라는 가치와 이상을 가장 중요한 논거로 제시한다. 서로 사랑하는 사람이 결혼이라는 제도 속에서 함께 결합하여 사람들이 칭송해 마지않는 가족의 가치들, 즉 사랑, 충실, 그리고 헌신과 희생 등을 사랑하는 사람에게 보여주고 그런 행위를 통해 자신이 "더 위대한 존재"로 되며, 이를 통해 자신의 인간다움과 존엄성을 실현하고 인간적 삶의 의미를 충만하게 향유할 수 있게 된다고 강조하고 있기 때문이다. 그러므로 동성 간에 사랑을 하는 사람들도 이성애자들과 동등하게 사람들 앞에서 당당하게 혼인을 하면서 주변 동료들로부터 가족을 구성하는 행위가 매우 가치 있는 일임을 환영받고 축하받아야 한다고 미국연방대법원은 주장하고 있다.

동성결혼의 합법성을 긍정하는 미국연방대법원의 판결 내용에는 결혼과 가족제도가 사람들에 의해 매우 소중한 제도의 하나로 인정받아 마땅하며, 그렇기에 동성 간 사랑을 하는 사람에게도 그들이 인간으로서 평등한 인격적 존엄성을 승인받기 위해서는 결혼을 통해 사회로부터 그들의 결합이 매우 가치 있는 일임을 공식적으로 환영받고 인정받아야만 한다는 견해가 포함되어 있다.[150] 가족을 구성하는 행위에 대한 공적 승인과 축하

• • •

150 일부 사람들은 동성애 커플들에게 결혼제도를 허용하는 것이 동성애 커플에 대한 국가의 승인권을 인정함으로써 다른 형태의 성적 소수자의 성적 자유를 비합법적인 것으로 만들 수 있다고 비판한다. 이에 대해서는 주디스 버틀러, 「경쟁하는 보편성들」, 주디스 버틀러 · 에르네스토 라클라우 · 슬라보예 지젝, 『우연성, 헤게모니, 보편성』, 박대진 · 박미선 옮김, 도서출판 b, 2009, 225-226쪽, 244-247쪽 참조. 버틀러의 이론으로부터 늘 신선한 지적 자극을 받고 있지만, 동성결혼제도에 대한 국가의 개입이 지니는 문제점을 지적하는 그에 대해 아무런 상실을 지니지 않는 사회적 결정은 존재하지 않는다는 점을 언급하고 싶다. 국가에 의해 승인받는 결혼제도의 인정이 또 다른 배제의 결과를 초래할지도 모른다는 버틀러의 문제 제기도 존중받아야 하지만, 그런 결정을 통해 동성애자의 권리가 보호되는 이익과 가치가 그로 인해 생기는 상실과 비교할 때 더 큰 것이 아닌가 한다.

가 동성애자들 앞에서 멈추어야 할 아무런 객관적 이유도 존재하지 않는다는 말이다. 간단하게 말하자면 미국연방대법원은 판결에서 단지 사람들이 성적 취향을 스스로 선택할 자유를 갖고 있기에 동성 간 결혼을 금지하는 것이 헌법에 위배된다고 주장하고 있는 것이 아니라, 동성 간에 사랑을 하는 사람들도 이성애자들과 마찬가지로 국가에 의해서 승인된 결혼이라는 사회결합 내지 사회제도에 따르는 "영광과 인정을 받을 가치가 있다"고 주장하고 있는 것이다.[151]

성적 취향을 타인에게 해를 끼치지 않는 범위 내에서 모든 사람들이 자유롭게 선택할 사항이라는 관점에서만 보자면 미국연방대법원의 판결은 제대로 이해될 수 없다. 동성혼을 허용할지 여부의 문제를 철저하게 개인의 선택의 문제로 접근할 때 가족제도가 지니는 가치의 문제는 일단 논외로 취급되지 않을 수 없다. 그런데 앞에서 보았듯이 미국연방대법원은 결혼의 목적과 가치 그리고 결혼 제도가 지니는 탁월함, 즉 가족제도의 선에 대해서 적극적으로 옹호하고 그것을 찬양한다. 그러므로 미국연방대법원은 동성혼의 금지가 미국 헌법에 위배된다고 보는 근거를 제시할 때 동성애와 결혼의 가치 및 그것이 지니는 도덕적 의미에 대해 중립적 태도를 취하고 있지 않다. 사람들이 저마다 결혼 상대를 자유롭게 선택할 수 있는 자유를 지니고 있기에 이성애자들에게만 결혼을 허용하고 동성애자들에게 결혼할 권리를 인정하지 않는다는 것은 게이와 레즈비언을 부당하게 차별하는 것이라는 자유주의적 접근 방식과 다른 모습을 보여주고 있다는 말이다. 왜냐하면 동성결혼의 정당성을 자유주의적인 권리 담론에 입각하여 옹호하고자 한다면 결혼의 가치나 목적에 대해 언급할 필요가 없기 때문이다.

그렇다면 왜 미국연방대법원은 판결에서 결혼의 가치와 이상을 적극적

• • •
151 마이클 샌델, 『정의란 무엇인가』, 이창신 옮김, 김영사, 2010, 353쪽.

으로 옹호하는 것인가? 그것은 자유주의적인 선택의 자율성의 옹호만으로는 동성혼을 인정할 충분한 근거를 제시하기 힘들다고 간주했기 때문일 것이다. 마이클 샌델이 설득력 있게 주장하듯이 동성혼을 긍정할지 여부를 논의할 때 결혼의 목적과 가치 그리고 동성애의 도덕적 지위에 대해 숙고하지 않은 채 동성혼을 인정할 방법의 하나는 국가에 의해 승인되는 결혼이라는 제도를 폐지하고 혼인과 관련된 일을 전적으로 개인의 사적인 영역에 속하는 것으로 만드는 데 있다. 간단하게 말하자면 "각자 원하는 방식대로 결혼하도록 내버려두고 국가가 그것을 승인하거나 간섭하지 말자는" 것도 동성결혼을 둘러싼 논쟁을 자유주의적 방식으로 해결할 수 있는 좋은 방안이기 때문이다.[152]

마사 누스바움(Martha Nussbaum)도 2010년에 출판된 저서 『혐오에서 인류애로』에서 국가가 결혼을 숭고한 결합으로 승인하는 역할에 대해 회의적인 입장을 보여준다. 그에 의하면 "국가는 사람들이 자유롭게 가정을 꾸릴 권리를 (평등하게) 누리도록 보장할 필요는 있지만, '결혼'이라는 이름을 사용할 필요는 없다." 따라서 누스바움은 "개인적으로는 결혼의 의미를 표현하는 역할은 종교단체나 민간에 넘겨두고, 국가는 시민적 결합이라는 제도를 운영하는 방안을 선호한다'고 말한다.[153] 그러나 이미 앞에서 본 것처럼 미국연방대법원은 누스바움이 선호하는 길을 택하지 않고 결혼의 도덕적 의미와 가치에 대해 판단하고 이런 판단에 기초하여 동성혼을 합법화시키고 있다.

앞에서 서술한 내용을 통해 필자는 동성애와 동성애자들이 결혼할 권리를 적극적으로 옹호하고자 했다. 그리고 동성결혼의 정당성을 이론적으로 확보하려고 할 때 인간은 사회관계에서 비로소 긍정적이고 행복한 자기실

• • •
152 같은 책, 352-354쪽 참조
153 마사 누스바움, 『혐오에서 인류애로: 성적취향과 헌법』, 앞의 책, 232쪽.

현을 기대할 수 있는 사회적 존재라는 헤겔의 자유 및 인정이론에 주목할 필요가 있음을 보여주고자 했다. 우리 사회도 이제 다양한 형태로 등장하는 소수자 문제들에 대해 더 이상 눈감고 있을 수 없다. 더 나아가 외국인 노동자들의 문제나 탈북자들 등과 같은 여러 소수자 문제들이 있지만 동성애자의 문제 역시 우리 사회가 직면하고 있는 중요한 소수자 문제의 일부이다.[154] 동성애에 대한 편견을 극복하고 동성결혼의 권리를 둘러싼 논쟁을 합리적인 방식으로 정리하는 데 앞서 제시된 숙고가 조금이라도 기여했으면 한다.

나가는 말

가족의 다양성 문제를 다루는 글을 마무리하면서 필자는 사랑 및 가족의 형태에서 규범적으로 허용될 수 없는 영역으로 성적 결합에서의 폭력과 관련된 문제를 간단하게 언급하고자 한다. 서로 사랑하는 사람들이 애정을 표현하는 방식을 갖고 왈가왈부하는 것이 과연 도덕철학의 영역에 속하는 것인지는 논쟁이 될 수 있겠다. 그렇다고 일정한 나이가 든 사람들 사이의 성적 결합의 모든 방식이 허용될 수 있다고 보지는 않는다. 사드의 소설에 나오는 극단적인 폭력이 개입되는 성적 행위는 도덕적으로 바람직하지 않다는 것이 필자의 생각이다. 이는 인간의 존엄성에 반하는 것이라고 보기 때문이다.[155]

• • •

154　한국 내 탈북자의 상황과 그들의 열악한 인권상황에 대한 연구로 선우현, 「한국인 속의 한국인 이방인——국내 탈북자 집단의 인권 문제를 중심으로」, 『동서철학연구』 64, 2012, 참조.

155　성적 행위에서 폭력성의 허용의 정도를 판단하기는 쉽지 않다. 오늘날 미국인의 5-10% 의 사람들이 사도마조히즘 섹스를 경험한 것으로 보고되고 있다. 그런데 더 많은 성적 만족을 위해 이따금 사도마조히즘적 성행위를 실행에 옮긴다고 해도 대개 실제

사랑과 결혼이 갖고 있는 사회적 인정의 소중함에 대한 강조는 동아시아 유교 전통에서 중요하게 평가되어온 가족의 가치와 새로운 대화를 위한 중요한 단초라 할 것이다. 동아시아 유교 문화권에서 가족의 가치는 그 어떤 가치에 비해 높이 평가된다. 유교에서 늘 강조하듯이 가족에서 서로 화목하고 형제자매 사이에 우애가 있고 부모와 자식 사이에 공경과 자애로운 관계가 형성될 때 비로소 모든 인간은 인간다움, 즉 인의예지신에 어울리는 사회적 관계 속에서 올바른 삶을 형성할 수 있는 존재로 도야, 육성된다. 그러므로 유교적 사상 전통에서 강조된 친친(親親)의 논리를 지나치게 혈연 중심의 생물학적 조건에 의해 규제되는 것으로 보는 관점에서 벗어나 현재적 맥락에 어울리게 재해석할 필요가 있다. 여기에서는 상론할 수 없지만 유교적 전통에서 늘 강조되어온 가족 윤리의 소중함을 사회적 인정이론의 틀에서 새롭게 해석한다면, 동성결혼에 대한 유가적인 긍정적 판단도 무난하게 도출될 수 있을 것이다.

• • •

아픔을 주거나 진짜로 폭력을 행사하지 않는 수준의 무해한 장난이었다고 한다. 에바 일루즈 『사랑은 왜 불안한가: 하드 코어 로맨스와 에로티즘의 사회학』, 앞의 책, 131쪽 각주 89 참조

제3장

한국 가족주의와 유교 전통

들어가는 말

가족주의는 일반적으로 두 가지 측면에서 이해된다. 하나는 개인보다는 가족에 우선적 가치와 중요성을 부여하는 측면이고, 다른 하나는 다른 사회집단에 비해 가족이 보다 중요한 의미와 가치의 준거점으로 작용하는 측면이다. 가족주의에서 전자의 측면은 개인에 비해 가족 전체를 중요하게 간주한다는 점에서 집합주의 혹은 집단주의 이념의 전형으로 이해된다. 가족주의의 후자의 측면은 가족을 다른 사회집단보다 더 중요하게 간주하면서 가족의 가치와 안녕을 최우선적인 것으로 설정하는 대외적인 가족 중심성과 연관된다. 그런 점에서 가족주의는 다른 사회집단에 대한 배타성과 폐쇄성을 지니는 가족 이기주의와 같은 의미로도 사용된다.[156] 가족주의의 두 가지 측면을 종합적으로 본다면, 가족주의는 "사회의 기본 구성단위는 개인이 아니라 가족집단이며 가족집단은 국가를 포함한 다른 어떠한

...

156 최우영, 「조선시대 국가-사회관계의 변화와 가족주의의 기원」, 『가족과문화』 18, 2006, 5쪽 참조.

사회집단보다 우선시된다"는 가치관이나 사고방식으로 정의될 수 있다.[157]

주지하듯이 우리나라에서 가족주의적 생활방식이 아직 큰 영향력을 행사하고 있다. 물론 가족주의 성향을 보이는 국가들이 동아시아에만 국한된 것은 아니다. 이탈리아나 스페인 등과 같은 서구사회 국가들도 상대적으로 가족주의 성향이 강한 나라라고 평가된다.[158] 이 책 제1장에서 경험적인 연구 결과에 의거하여 한국사회에서의 가족생활의 변화 양상들을 살펴보았는데, 그에 따르면 한국사회에는 서구적인 개인주의적이고 평등주의적인 원리의 관철과 동시에 여전히 전통적인 가치관이 비중 있게 존속되고 있다. 이런 경험적 연구 결과는 산업화 및 민주화 과정 속에서도 한국의 가족주의는 그 영향력을 상실하지 않고 지속되고 있다는 다른 연구 결과와도 부합한다.[159]

이 글에서는 한국 가족주의의 역사적 기원을 조선사회의 유교적 전통에서 구하는 학문적 경향을 다루고자 한다. 이 부분에서 오늘날 우리 사회의 가족주의의 기원을 그저 유교적인 가족 중심의 전통 문화에서 구하는 초역사적인 접근 방식의 한계를 비판적으로 검토할 필요성이 있음을 제기한다. 그리고 한국 가족주의의 역사적 기원 문제를 조선 후기 유교사회의 변동 속에서 설명한다. 그러나 여기에서 주장되는 것은 한국사회에서 가족주의의 역사적 기원을 조선 후기 사회에서 구하는 것만으로는 우리 사회의 가족주의가 지니는 역사성의 특질과 그 고유한 문제를 제대로 파악할 수 없다는 점이다. 이와 관련하여 제기되는 주장은 조선사회를 지배했던 유교적 사유 방식 내에 가족주의가 드러날 수 있는 계기가 포함되어 있음에

• • •
157 함인희, 「산업화에 따른 한국 가족의 비교적 의미」, 하용출 엮음, 『한국 가족상의 변화』, 서울대학교출판부, 2001, 25쪽.
158 장경섭, 『가족·생애·정치경제: 압축적 근대성의 미시적 기초』, 창비, 2009, 360쪽 각주 194.
159 권용혁, 「한국의 가족주의에 대한 사회철학적 성찰」, 『사회와철학』 25, 2013, 203쪽 참조. 장경섭, 같은 책, 97쪽 참조.

좀 더 주목할 필요성이 있다는 것이다. 달리 말하자면 유교적 사유 방식, 특히 주자학적 사유 방식의 성격을 몸-가족-국가-천하로 이어지는 연계성의 사유 방식으로 파악하면서 그것이 내부적으로 가족주의 혹은 가족이기주의로 변형/변질될 수 있는 가능성을 포함하고 있음을 사상 내적인 측면에서 밝혀보고자 하는 것이다.

Ⅰ. 현대 한국 가족제도의 혼종성

한국사회의 가족주의 특성에 대한 연구는 비교적 활발하게 진행되어 왔다. 한국사회에는 가족주의라는 독특한 문화적인 현상이 존재하며, 가족제도를 다른 어느 사회제도보다 더 중요한 것으로 여길 뿐만 아니라, 가족제도는 가족생활 및 그 외의 사회생활 전반을 지배하는 사회의 기본적인 구성 원리로 작용한다는 점은 많은 학자들이 지적하고 있다. 예를 들어 최재석은 한국의 가족주의를 다음과 같이 규정한다: "① 사회의 구성단위는 집(家)이며, ② 이 집은 어떠한 사회집단보다 중시되며, ③ 일개인은 이 집에서 독립하지 못하고, ④ 집안의 인간관계도 자유롭고 평등한 것이 아니라 언제나 상하의 신분의 서열에 의하여 이루어지며, ⑤ 이와 같은 인간은 비단 가족 내에 있어서뿐만 아니라 가족 외의 외부 세계에까지 확대되는 사회의 조직 형태를 가족주의라 부르고자 한다."[160]

한국 가족주의의 성격에 대한 최재석의 정의에서도 나타나듯이 가족 중심의 삶의 양식 및 가치관은 건전한 시민의식과 민주적 공공성의 발달을 방해하는 장애물로 인식되고 있다. 즉, 한국 가족주의로 인해 우리나라 사람들은 민주적인 시민의식을 형성할 수 있는 문화적 계기를 지니지

• • •
160 최재석, 『한국인의 사회적 성격』, 개문사, 1976, 23쪽.

못했다는 것이다.[161] 장경섭도 가족주의적 생활방식으로 인해 여러 병리적 현상들이 발생하고 있다고 지적한다. 그에 따르면 가족 중심적인 삶은 가족 구성원들, 특히 자녀들에게도 극심한 경쟁사회에서 생존하고 성공하기 위해서는 오로지 자신의 가족의 생존과 성공만을 우선시하고 다른 가족의 생존과 번영에 대해서는 무관심한 '반사회적'인 가족 이기주의적 가치관과 심성을 주입시킨다. 이는 가족과 사회 전체의 공동체적 연대 의식의 확산을 가로막아 사회전체의 통합을 불가능하게 만든다.[162] 그리고 가족주의와 민주주의 사이의 부정적 상관관계에 대한 지적은 우리 사회에 한정된 현상이 아니라, 가족주의 성향이 강한 나라들 모두에게 일반적으로 통용되는 명제다. 예를 들어 이탈리아 남부를 대상으로 한 R. D. 퍼트넘 (Putnam)의 연구에 의하면 이탈리아 남부의 가족주의는 가족적 배타성과 폐쇄성의 성격을 지니는 '무도덕적 가족주의'(amoral familism)로 그 지역의 민주주의에 부정적 결과를 초래하고 있다.[163]

가족주의가 안고 있는 가족적인 배타성과 폐쇄성은 반드시 해결되어야 한다. 달리 말하자면 가족 구성원들 사이의 강력한 유대가 다른 가족들이나 시민들 앞에서 멈추지 않고 사회적 연대 및 사회의 민주적인 통합에 기여할 수 있는 방향으로 활용되어야 한다. 사회의 통합과 연대에 열려 있는 가족관계의 형성이 가족주의 혹은 가족 이기주의를 해결하는 방향이 되어야 할 것이다. 이에 이론을 제기할 사람은 거의 없을 것이다. 그러나 문제는 그 해결 방법에 관한 것이다. 우리 사회에서 가족주의 문제를 해결하기 위한 선결 과제 중의 하나는 가족주의 성격이 무엇인지에 대한 정확한

• • •
161 김동춘, 『1997년 이후 한국사회의 성찰: 기업사회로의 변환과 과제』, 길, 2006, 428-429
   쪽.
162 장경섭, 「열린가족, 공공가족」, 『동아시아문화와사상』 5, 2000, 16-17쪽 참조.
163 최우영, 「조선시대 국가-사회관계의 변화와 가족주의의 기원」, 앞의 글, 5쪽 각주
   4 참조.

인식이다.

최근에 한국 가족주의의 변화와 그 성격에 대한 연구 중에서 필자가 주목하는 것은 사회철학자인 권용혁의 연구 성과이다. 그는 가족생활의 변화에 대한 경험적 연구와 더불어 그런 경험이 안고 있는 사회철학적 함축에 대해 지속적 성찰을 보여주고 있다. 그의 분석에 의하면 우리 사회의 가족은 산업화와 도시화 과정에서 가족구조의 측면에서는 근대적 핵가족 형태로 변형되었음에도 가치관의 측면에서는 여전히 전통적인 가부장적 이데올로기에서 벗어나 있지 못한 실정이다. 이처럼 한국의 근대적 핵가족 은 "상호 이질적인 전통적 직계가족관계와 근대적 핵가족관계를 그 안에 동시에 포함하고 있는 독특한 특징을 보여준다."[164] 달리 말하자면 오늘날 한국사회의 가족, 특히 도시의 핵가족은 부계 혈연 중심의 직계가족 이념을 유지하면서도 동시에 부부 중심의 사랑을 바탕으로 하는 핵가족의 모습도 함께 갖고 있다. 이처럼 우리 사회의 가족 내에는 "상호 이질적인 것, 공존할 수 없는 것, 배타적인 것"이 함께 작동되고 있다. 그리하여 서구적인 근대 핵가족 이념을 중심으로 한국 가족을 분석할 수도 없고 한국 가족이 처한 문제에 대한 적절한 해법도 구할 수 없다. 달리 말하자면 전통적인 가족관과 서구 근대 가족관이 서로 복합적이고 중층적으로 섞여 있는 상황에서 이런 두 가지 요소 중에서 어느 하나를 선택하고 다른 하나를 배제하는 식으로 문제를 해결하려는 시도는 바람직하지 않다고 권용혁은 강조한다. 그래서 "이러한 이질적인 것의 공존과 상호 변화상을 하나의 현실로 인정하고, 그것을 하나의 온전한 대상으로 삼아 구체적인 분석과 해석을 시도하는 것이 더 바람직할 것"이라고 그는 결론짓는다.[165]

권용혁의 연구는 현대 한국 가족의 존재양상을 둘러싸고 제기된 다음

• • •

164 권용혁, 『한국 가족, 철학으로 바라보다』, 이학사, 2012, 195-197쪽.
165 같은 책, 198쪽.

두 가지 중요 질문에 대한 새로운 해석의 길을 준비하고 있다. 그 두 가지 물음이란 다음과 같다. 현재 한국사회에서 발견되는 가족의 존재 방식이 보여주는 혼종성의 의미를 어떻게 이해해야 할 것인가? 그리고 이런 혼종성이 안고 있는 불안정성과 복합성의 문제를 해결하기 위해 우리는 서구적 개인주의 및 자율성 이념의 관철에 더 주목해야 하는가? 이런 질문에 대해 필자는 부정적인 답을 갖고 있다. 그 이유는 두 가지인데, 하나는 규범적 이유 때문이고 다른 하나는 현실에 대한 분석과 이해의 문제 때문이다.

규범적인 차원에서 볼 때 필자 역시 가족관계에서뿐만 아니라 우리 사회 전반에서 개인의 자율성에 대한 더 높은 존중이 필요하다는 데에 전적으로 동의한다. 그럼에도 필자는 개인주의가 전제하고 있는 규범적 원칙, 달리 말하자면 모든 사람을 자유롭고 평등한 존재로 동등하게 대우하라는 원칙만이 바람직한 사회를 가늠하는 유일한 척도라고 생각하지 않는다. 그래서 필자는 개인주의 및 자율성 이념의 관철을 미래지향적 가족을 고민할 때 고려해야 하는 궁극적 판단 기준으로 보지는 않는다.

그 대신에 우리 사회 가족이 보여주는 개인주의 및 평등주의 이념의 존중과 더불어 가족 구성원들의 공동체적 연대와 화합의 가치를 존중하는 중첩적인 현상에서 우리의 현실에 어울리는 바람직한 가족과 사회의 모습에 대한 다른 가능성에 주목하고자 한다. 그러므로 이 글에서 상세하게 다루지는 않겠지만 필자 역시 전통 대 근대의 이분법, 그러니까 전통적 가치는 후진적이고 근대화에 걸림돌이기에 폐기되어야 할 구습으로 보고 서구적인 가족의 가치를 바람직한 가족의 이념형으로 설정하는 시각을 취하지 않는다. 필자의 이런 시각은 한국 가족주의 형성에 강력한 영향력을 행사한 유교적인 전통 문화의 가치와 그 현재적 의미를 지나치게 부정적인 것으로 보지 않으려는 태도와 통한다.

거듭 강조하지만 개인주의가 매우 중요한 규범적 가치임에는 틀림없다.

그러나 설령 개인주의가 한국 가족주의가 보여주는 중첩적이고 혼종적인 모습의 한계를 극복하기 위한 규범적 기준으로 설정된다고 해서, 그런 태도가 곧바로 우리 사회의 현실에 대한 정확한 분석과 이해에 그리 큰 도움이 될 것 같지는 않다. 오히려 개인주의를 사회 구성의 제일 원리로 설정하는 시각은 한국사회가 근대화 과정에서 보여준 가족 의존적인 모습을 전체적으로 이해하는 데 방해가 될 수 있다. 그런 시각은 우리 사회의 근대화 과정에서 "끊임없이 대두되는 가족주의적 경제·사회·정치질서에 대해서는 애써 무시하거나 발전 혹은 근대화의 불충분성에 대한 증거로 평가"하는 경향과 쉽게 결합될 수 있는데, 그렇게 되면 "최근까지도 약화되지 않고 있는 가족 중심적 기업운영과 권력 관리 현상을 제대로 설명할 수 없으며 강고히 유지되는 제반 사회정책의 가족 중심성 혹은 가족 의존성"의 논리를 적절하게 평가하기 힘들 것이기 때문이다.[166] 그래서 한국 가족주의가 한국 근대사회의 구조적인 변화 과정과 연동되어 작동하면서 보여주는 이질적인 것들의 상호 공존의 현상을 염두에 두어야 한다고 본다. 마찬가지 이유로, 가족 문제를 해결하기 위하여 한국의 유교적 가족주의 전통과 완전히 결별하는 것이 과연 최상의 방안인지에 대해 회의적이다.

그렇다면 우리는 다음과 같은 질문을 제기할 수 있을 것이다. 즉, 과연 가족주의 전통은 개인주의 및 평등주의의 발전을 진지하게 수용하면서도 오늘날 한국 가족이 직면하고 있는 가족 해체 및 연대성 약화라는 한계를 헤쳐 나갈 잠재력을 보여줄 수 있는가? 아마도 이러한 문제에 대한 유일한 대답은 없을 것이다. 그런데 문제 해결의 실마리를 찾기 위해 우리는 위에서 최재석에 의해 언급된 한국 가족주의의 구성 요소들이 불변적인 것인가 하는 물음을 제기하지 않을 수 없다. 달리 말하자면 가족주의 전통이 유지되

• • •
166 장경섭, 『가족·생애·정치경제: 압축적 근대성의 미시적 기초』, 앞의 책, 19쪽.

면서도 최재석이 언급한 가족주의 구성 요소들이 긍정적인 방향으로 변화될 가능성이 있지 않겠는가 하는 말이다.

가족주의 전통의 합리적 핵심을 변화된 상황에 어울리게 재규정하려는 시도는 기존 가족주의의 폐단을 합리화하는 것과 아무런 관련이 없다. 지난 40여 년 동안에 발생한 한국 가족생활에서의 급격한 변화를 고려할 때 전통적 가족에로의 복귀는 불가능하다. 그리고 전통은 초역사적인 방식으로 고정되어 있지 않다. 전통은 늘 전승의 과정을 통해 새롭게 이해되고 변화된 상황 속에서 기존의 것들 역시 변형의 과정을 겪기 때문이다. 이런 점에서 전통의 지속은 그 어떤 고정 불변적인 것의 지속이나 변형이 없는 반복이 아니다. 전통은 세계에 대한 우리의 이해를 제약하는 것이자 그것을 가능하게 해주는 것으로 늘 전통에 속한 사람들에게 영향을 행사한다. 달리 말하자면 역사적이고 언어적인 상황 속에서 살아가는 어떤 사람에게 그런 상황으로 인한 제약은 세계에 대한 이해를 불가능하게 하는 장애가 아니라, 오히려 그것을 가능하게 하는 전망이나 지평이라는 것이다. 그러나 전통은 이런 영향사를 통해 존립하지만, 전통 역시 변화된 상황에서 살아가는 해석자의 역사적 상황으로 인해 영향을 받아 변형되어 나간다. 전통 속에서 사람들은 특정한 텍스트나 행위에 대한 공유된 이해를 지니고 있지만, 그런 공유된 이해는 늘 변화된 상황 속에서 재해석되어 그 이해의 현실성과 타당성을 승인받아야 하고, 이런 새로운 해석과 재검토를 통해 종래 공유된 세계 이해도 변경되기 때문이다.

이런 방식으로 전통, 달리 말하자면 전통 속에서 살아가는 구성원들의 세계에 대한 이해와 해석을 가능하게 하는 지평이자 전망인 공유된 이해는 불변적인 것으로 존재하지 않고, 변형되어 간다. 여기에서 우리는 전통의 매개를 통해 형성되는 세계에 대한 이해가 전통의 권위를 무비판적으로 수용하여 이를 단순하게 반복하는 것이 아니라, 그것을 지속적으로 변형해가는 과정임을 알게 된다. 전통은 과거와 현재를 매개하는 해석자의 주체적이고 능동적인 이해의 활동 없이는 존립할 수 없다. 달리 말하자면 인간은 전통과의 완전한 단절 속에서 살아갈 수는 없지만, 전통과의 성찰적·비판적 거리를 취해 과거와 현재의 매개를 새롭게 형성하여 전통의 의미를 풍부하게 확장할 수 있는 것이다. 이런 전통의 변형을 우리는 가다머의 해석학의 핵심 용어인 지평융합에 의한 새로운 전통의 출현으로 볼 수 있을 것이다.[167] 따라서 전통과의 해석학적인 이해 과정이 지니는 보편적 성격은 이데올로기 비판으로 완전히 무화되거나 반박될 수 있다고 생각하는 것은 무리이다. 즉, 해석학적 보편성 주장은 현재의 지배적인 권력에 의해 전통이 이데올로기적으로 동원되는 억압적인 양상에 대한 폭로만으로 부인될 성질의 것은 아니다. 해석학적 보편성, 즉 인간의 삶의 고유하고도 본래적인 존재방식으로서의 이해와 이 이해를 가능하게 하고 있는 전통의 지평을 벗어나는 것은 불가능한 것이기 때문이다.

II. 유교적 전통과 한국 가족주의의 역사적 기원

앞에서 필자는 한국사회의 가족주의 문제를 해결하기 위한 선결 조건의 하나로 그 가족주의의 성격이 무엇인지를 제대로 인식하는 것이 중요함을 강조했다. 그리고 그런 맥락에서 권용혁이 제시한 우리 사회 가족주의의 중층적이고 복합적 성격을 간단하게나마 살펴보았다. 이런 분석을 배경으로 할 때 한국 가족주의의 문제점을 극복할 수 있는 방안을 검토하기

• • •

167 한스 게오르크 가다머, 『진리와 방법: 철학적 해석학의 기본 특징들 2』, 임홍배 옮김, 문학동네, 2012, 192-193쪽 참조. 가다머의 해석학이 보수주의나 모든 이해를 동일한 것으로 받아들이도록 하는 주관주의 혹은 극단적인 상대주의에 빠질 필요가 없다는 점에 대해서는 조지아 워키(Georgia Warnke), 『가다머: 해석학, 전통 그리고 이성』, 이한우 옮김, 민음사, 1999, 제3장 참조. 필자는 전통의 존재방식에 대한 해석학적 이해의 성격을 이 글을 통해 좀 더 분명하게 인식하게 되었다.

위해 우리는 두 가지 문제를 명확하게 할 필요가 있다고 생각된다. 우선 조선의 유교 문화 전통이 한국의 집단적 이기주의 및 연고주의와 같은 유사 가족주의나 가족 이기주의로 규정되는 가족주의의 기원인지의 여부를 살펴보는 것이다. 다른 하나는 오늘날 한국 가족주의가 조선의 유교 전통, 특히 조선시대의 유교적인 가치관 및 규범으로부터 유래된 것이라고 한다면, 가족관계뿐만 아니라, 한국사회 전반을 강력하게 규정하고 있는 가족주의가 우리 사회를 모든 시민들의 동등한 존엄성을 인정하고 보호할 수 있는 민주주의 사회로 만드는 데 걸림돌로 보는 입장이 얼마나 타당한지를 검토해보는 것이다. 이 물음은 이른바 "가족주의적 근대성"[168] 혹은 유교적 문화 전통에 의해 실현될 수 있었던 한국 고유의 근대성이라는 의미에서 "유교적 근대성"[169]으로 정의되는 한국의 근대성 자체의 성격을 어떻게 이해하고 평가할 것인가 하는 문제이기도 하다.

가족주의 전통을 비판적으로 재검토하는 작업에서 우리는 한국의 근대화 과정 속에서 가족주의가 그 영향력을 상실하지 않고 지속적으로 관철된다고 해서 전통적인 가족주의가 아무런 변형이 없이 단순 반복되고 있다고 성급하게 결론을 내리지 말아야 한다. 전통적 가족주의가 급격한 경제적·사회적·문화적 변동 속에서 재조정되어 오늘날의 가족주의로 이어지고 있는 양상에 대한 정확한 인식은 가족주의의 폐단을 극복하면서도 그것의 긍정적 요소를 창조적으로 계승할 수 있는 방법을 찾아갈 때 중요한 시사점을 제공할 것이기 때문이다. 이런 점을 분명하게 하기 위해 조선시대의

•••
168 장경섭, 『가족·생애·정치경제: 압축적 근대성의 미시적 기초』, 앞의 책, 17쪽. 장경섭은 한국의 근대성을 "압축적 근대성"으로 규정하는데 이에 대한 반론도 존재한다. 예를 들어 김덕영, 『환원근대: 한국 근대화와 근대성의 사회학적 보편사를 위하여』, 길, 2014, 79-83쪽 참조. 필자는 장경섭의 '압축적 근대성'에 찬성하기보다는 한국의 근대성 형성에 끼친 가족의 중요성에 대해 더 주목한다.
169 장은주, 『유교적 근대성의 미래: 한국 근대성의 정당성 위기와 인간적 이상으로서의 민주주의』, 한국학술정보, 2014, 84쪽.

가족문화가 작동하는 양상 그리고 현대 한국사회에서 가족주의가 작동하는 양상을 하나의 사례를 통해 비교해보자. 일례로 현대 한국의 가족주의는 조선시대의 유교적 가족주의와 달리 국가나 시민사회가 공동으로 떠맡아야 할 사회복지의 상당수를 가족 내부에서 해결해야 하는 일로 보고 있다. 그리고 가족에게 사회복지의 기능 전반을 떠넘기는 것은 국가가 경제성장 위주의 산업화에 필요한 자원을 확보하여 일부 재벌들에게 투자하기 위한 정치적 결정의 결과였다. 이런 맥락에서 한국사회는 국가가 담당해야 할 공적인 책임을 온통 가족에게 떠넘기는 국가 체제인데, 이런 국가체제는 "가국(家國)체제"로 이해되어야 한다는 견해가 존재할 정도이다.[170]

오늘날 한국사회와 달리 조선시대의 유교 국가는 일종의 사회복지국가이기도 했다. 조선은 환곡제도를 운영하여 일반 백성들의 삶을 안정시키고자 했다. 물론 환곡 제도는 백성들의 삶을 보호하는 역할과 더불어 국가의 재정확보 수단이라는 서로 상반될 수 있는 기능을 갖고 있었다. 그리하여 환곡제도는 19세기 중반 이후 그 본래적인 기능인 소민보호적인 역할에서 벗어나 국가의 재정을 보완하는 기능으로 전락해 백성들의 삶을 파탄지경으로 빠트리는 주범으로 간주되었다. 그렇다고 환곡제도를 백성들을 수탈하기 위한 것으로만 보면 그것이 지니는 다른 기능을 무시하는 것이다. 실제로 17~18세기 조선 후기에 환곡제도는 "소민보호적인 국가정책"으로서의 본래적 기능을 상대적으로 잘 유지하고 있었다고 평가받는다. 특히 15~16세기 이후 조선에서도 소농 경영이 발전하게 되고 노비를 이용한 양반의 대규모 농업 경영이 점차 소멸되고 자립적 소농이 일반화되기에 이르는 시기가 17~18세기였다. 조선 후기를 소농이 일반화된 소농사회로 보는 것은 그 당시 소농이 지배적인 농업사회로 되었다는 것을 의미한다. 이런 점에서 소농사회란 "자신의 토지를 소유하거나 다른 사람의 토지를

•••
170   이득재, 『가족주의는 야만이다』, 소나무, 2001, 17쪽.

빌리거나 간에 기본적으로 자신과 그 가족의 노동만으로 독립적인 농업경영을 행하는, 소농의 존재가 지배적인 농업사회"로 규정된다.[171] 그러므로 이렇게 소농이 일반화되던 18세기에 소민을 보호하는 사회제도가 그 어느 때보다도 필요했던 것이고, 이런 시대적 상황에서 환곡제도는 소민을 보호하는 기능을 잘 수행했다고 인정받는다.[172]

유교 국가 조선이 소민 보호를 하는 데 얼마나 노력을 기울였는지는 당대 중국과 비교해도 분명하게 드러난다. 조선은 흉년, 기근 그리고 홍수나 가뭄 등으로 인해 어려움을 겪는 농민에게 곡식을 대부하거나 구휼하는 제도를 지니고 있었다. 국가가 어려운 백성을 도와야 한다는 것은 조선의 유교적 이념에 비추어 볼 때 너무나 상식적인 것이었다. 실학연구에서 선구적 학자로 높이 평가받는 최익한(崔益翰, 1897년~?)에 의하면 세종이 흉년이 들어 고생하는 백성들을 구제할 것을 강조하는 하교를 했는데 그 요지는 다음과 같다. "백성은 나라의 근본이요, 음식은 백성의 하늘이다. 홍수, 가뭄, 바람, 우박의 재해로 여러 해 잇달아 흉년이 들어 항산(恒産)이 있는 자도 또한 기아를 면치 못한 고로 호조에 명하여 창고를 열어 진제하게 하였으니, 감사와 수령으로서 구휼치 않는 자는 담당 관청으로 하여금 죄를 다스리되, 만일 한 사람의 굶어죽는 자가 있더라도 마땅히 죄에 따라 벌을 내리며 용서하지 않을 것"이라 했다.[173]

'백성이 나라의 근본'이라는 유교적 정치이념에 입각하여 건국된 조선은 재해와 기근으로 인해 어려움을 겪는 백성들을 돌보는 일은 국가의 정당성 확보와 관련된 일이기도 했다. 세종의 발언에서도 확인할 수 있듯이

• • •

171   미야지마 히로시, 「동아시아 소농사회의 형성」, 『인문과학연구』 5, 1999, 139쪽.

172   박이택, 「17, 18세기 환곡에 대한 제도론적 접근: 재량적 규제체계의 역할을 중심으로」, 이헌창 엮음, 『조선 후기 재정과 시장: 경제체제론의 접근』, 서울대학교출판문화원, 2010, 177쪽 이하 참조.

173   최익한, 송찬섭 엮음, 『조선사회 정책사: 우리나라 사회 구제 제도에 대한 역사적 고찰』, 서해문집, 2013, 87쪽.

'한 사람의 굶어죽는 자'도 없이 모든 백성을 돌보는 일을 최우선적인 국정 과제로 설정하는 것은 유교 국가의 인정(仁政)의 정치이념에 따른 것이다. 비록 그런 이념이 현실 속에서 제대로 구현되지는 못했을지라도 유교적 민본주의는 백성을 구휼하는 여러 사회정책적인 제도의 철학적 토대였음은 분명하다. 그리고 조선의 여러 국왕이 이런 유교적 이념을 실현하기 위해 다양한 방식으로 노력했다는 것도 사실이다.[174]

조선이 실시한 구휼과 대부 제도 중에서 유명한 것은 앞서 언급한 환곡이었다. 예를 들어 19세기 중반 이후 환곡제도가 그 본래적 기능을 상실하기 이전에 조선정부는 환곡제도를 통해 연 20% 이상의 고이자율의 사채 및 공채를 불법화하고 국가가 비축하고 있었던 곡물을 통해 연 10%의 이자를 받는 정책을 펼쳤다. 그래서 환곡제도는 손상익하(損上益下)라는 원칙, 즉 '위를 덜어 아래를 이롭게 한다'는 유교적 민본 이념에 입각한 재분배체제의 일환으로 이해된다.[175] 소민보호적인 재분배체계의 일환으로 운영된 조선의 환곡제도는 당대 중국과 비교해볼 때도 매우 높은 수준이었다고 한다. 일례로 18세기 후반 조선왕조가 환곡제도를 운영하기 위해 비축한 곡식량은 1,000만 석에 이르렀는데 이를 당대 중국이 실시한 상평곡의 1인당 비축곡과 비교할 때 7~8배에 이른다.[176] 이런 점을 두고 이영훈은 "18세기 조선왕조처럼 거대 규모의 국가적 재분배체제에 토대를 둔 도덕경제(moral economy)의 예를 세계사의 다른 나라에서 찾기란 그리 쉽지 않을" 것이라고 주장한다.[177]

* * *

174 같은 책, 89-85쪽 참조.

175 박이택, 「17, 18세기 환곡에 대한 제도론적 접근: 재량적 규제체계의 역할을 중심으로」, 앞의 글, 177-181쪽.

176 이영훈, 「총설: 조선 후기 경제사 연구의 새로운 동향과 과제」, 이영훈 편, 『수량경제사로 다시 본 조선 후기』, 서울대학교출판부, 2004, 377쪽. 조선의 환곡제도와 중국 청나라의 상평제도 사이의 유사성과 차이점에 대해서는 김상준, 『유교의 정치적 무의식』, 글항아리, 2014, 148-150쪽 참조.

앞에서 살펴본 것처럼 유교 국가 조선은 국가가 담당해야 할 사회보장적 기능의 거의 전 부분을 가족에게 일방적으로 떠맡기는 사회가 아니었다. 오히려 조선을 유교적 민본 이념에 입각하여 가난한 백성들의 삶을 보호하고 그들의 삶에 지속적인 안정성을 보장해주려는 "소민대부형 사회보장국가"라고 이해하는 편이 더 타당하다.[178] 따라서 오늘날 한국의 가족주의가 작동하는 방식은 조선의 그것과 아주 상이하다. 이런 역사적 맥락의 상이성으로 인해 초래되는 가족주의는 그 작동 양상에서 차이점을 지닌다. 그럼에도 이런 차이점을 불문에 부치고 가족 중심적 사유 방식이나 생활양식의 피상적인 유사성만을 갖고 우리 사회의 현대 가족주의 문화를 조선의 유교적 가족주의 전통의 반복과 지속으로 바라보는 것은 설득력이 떨어진다. 그리하여 국가권력과 재벌이 결탁하여 국가 및 사회가 담당해야 할 사회통합의 역할을 방기하면서 그와 관련된 것을 가족이 해결해야 할 문제로 치부하는 것은 한국의 경제적 근대화 경로의 독특한 성격과 분리되어 이해될 수 없다는 점을 명심해야 한다. 그리고 그럴 경우에만 가족주의 문화와 권력의 상호작용 방식에 대한 정확한 분석이 수행될 수 있을 것이다. 요약해보자면 오늘날 우리 사회를 질곡에 빠뜨리는 가족주의는 새롭게 탄생한 것이다. 즉, 새로운 한국의 가족주의는 "유교적 국가와 가족의 관계가 근대적 상황에서 재구조화된 것"으로 이해되어야 한다.[179]

앞에서 간략하게나마 살펴본 것처럼 조선사회, 특히 조선 후기의 가족주의의 모습이나 그것이 조선사회에서 작동하는 방식은 오늘날의 그것과 사뭇 달랐다. 그러므로 우리 사회의 가족주의에 대한 문제점을 정확하게 인식한 바탕 위에서 그에 대한 더 설득력이 있는 해법을 강구하기 위해서는 가족주의가 탄생한 역사적 맥락에 대한 분석이 요구된다. 그렇지 않으면

• • •
177 이영훈, 같은 글, 378쪽.
178 김상준, 『유교의 정치적 무의식』, 앞의 책, 150쪽.
179 권용혁, 『한국 가족, 철학으로 바라보다』, 앞의 책, 320쪽.

우리는 문화 본질주의 혹은 문화 환원주의의 유혹을 뿌리칠 수 없다. 물론 오늘날의 가족 이기주의는 유교적 가족주의 전통과 연결되는 지점이 분명 존재한다. 마찬가지로 현대 한국사회의 가족주의에 대한 역사적 기원이 유교적 전통사회의 가족주의 문화에 맞닿아 있음에도 불구하고, 그것은 식민지배 및 분단과 전쟁을 거치는 역사적 과정을 통해 변형된 것이다. 따라서 효도나 가족의 가치를 강조하는 유교적인 문화 전통에서 오늘날의 가족주의를 직접적으로 도출하는 것은 문제가 있다.

그럼에도 역사적 맥락과 권력의 작동 방식을 불문에 부치고 1910년 일본에 의한 조선의 강압적 식민지배, 1950년의 한국전쟁[180] 그리고 1997년에 발생한 IMF 등은 물론이고 토론을 억압하는 가부장 의식이나 혈연적 폐쇄성 등 한국사회의 모든 문제를 유교 문화의 탓으로 돌리는 분석은 우리 사회에서 꽤나 커다란 반향을 불러일으킨다.[181] 예를 들어 김경일은 『공자가 죽어야 나라가 산다』라는 책에서 다음과 같이 말한다. "한일합방을 부른 무기력한 정부와 위선적 지식인들, 6·25를 부른 우리 문화 속의 분열 본질, 그리고 IMF를 부르고만 자기기만과 허세, 그것들은 도덕의 가면을 쓴 유교 문화 속의 원질들과 본질적으로 같은 것이었다. [……] 지금도 우리 내부에서는 크고 작은 한일합방류의 협잡과 6·25식의 동족 죽이기와 분열, 그리고 허세와 자기기만으로 인한 IMF형 파산이 연속되고 있다. 사건이 달라 보이고, 크기와 규모와 영역이 달라 별개의 사건들처럼 보이지만 그것들은 우리 문화의 심층에 자리 잡고 있는 하나의 원인 때문에 지속되는 것들이다. 그것은 우리 문화의 내면을 한 꺼풀만 젖히고 들여다보면 언제라도 쉽게 찾을 수 있는 시커먼 곰팡이, 바로 유교라는 곰팡이 때문이다."[182]

• • •

180 한국전쟁이라는 용어를 둘러싼 해석의 문제에 대해서는 김동춘, 『전쟁과 사회: 우리에게 한국전쟁은 무엇이었나?』, 돌베개, 2009, 65-66쪽 참조.
181 김경일, 『공자가 죽어야 나라가 산다』, 바다, 1999, 5-7쪽 참조.

한국사회가 보여주는 모든 병리적 현상의 원인을 유교 문화의 본질에서 구하는 김경일의 입장은 특정한 문화의 본질을 불변적인 것으로, 그것도 아무런 긍정적 가치를 지니지 않는 부정적인 것으로 바라본다는 점에서 설득력이 약하다. 그런 식의 접근 방식이 전통의 존재양식에 대한 일면적 이해의 표현에 불과한 것이라는 점을 제외하더라도, 그것은 또한 문화와 정치의 상호작용에 대한 인식을 결여하고 있기 때문이다. 김경일식의 접근 방법은 우리 사회가 안고 있는 여러 심각한 문제점이 유럽의 자본주의적 질서의 팽창과 연동되어 있음을 분석하고 있지 않을 뿐만 아니라, 한국의 경제지상주의적인 국가 주도의 근대화 과정 속에서 어떤 방식으로 조선의 유교 문화라고 호명된 가족 중심의 가치가 국가권력에 의해 동원되고 있는지를 간과하고 있다. 더구나 그것은 우리 사회의 권력구조와 그 불평등한 질서를 은폐할 뿐만 아니라, 그런 부당한 현실의 원인을 전통적인 유교 문화에 기인한 것으로 바라보게 함으로써 불평등한 권력관계의 지속적인 유지를 가능하게 한다.

게다가 우리의 과거, 이를테면 조선의 유교적 문화 전통의 의미를 제대로 이해하려고 할 때, 그 전통이 늘 옳고 탁월하기 때문만은 아니다. 전통에 대한 맹목적 숭배는 그에 대한 무조건적인 비판이나 마찬가지로 전통을 굳어 있는 것으로 대상화한다는 점에서 문제가 있다. 인간이 인간인 한에서는 전통 속에서 전통과 더불어 살아가는 법을 배우지 않으면 안 되기에 전통과의 대화를 지속적으로 수행하지 않을 수 없다. 이는 전통과의 철저한 비판적 대결을 거부하지 않는다. 우리는 이미 전통 속에 들어와 있기 때문에 그것에 대해 비판적 거리를 취할 수 있는 것이다. 급진적 비판 역시 전통을 전제하고 있고 그런 전통으로부터 전적으로 자유로울 수 없다. 이는 사유란 언어를 매개로 하지 않을 수 없다는 사태를 통해 극명하게 드러난다. 공유된

•••
182 같은 책, 6쪽.

언어를 통해 타인과 소통하고 상호 이해를 추구하는 모든 시도를 인간의 참다운 자유에 멍에를 씌우는 폭력적 행위로 바라보면서, 경제적 부에 대한 추구와 같은 인간의 특수한 이해는 물론이고 전통이나 외적 권위 등 기존 질서의 모든 것을 인간의 창조적 사유이든 비판적 혹은 급진적 상상력이든 혹은 인간의 자율적 삶의 열망을 제약하고 질식하는 것으로 보는 태도는 근대 서구의 주관주의가 낳은 질병일 것이다.

자신을 감싸고 있는 기존의 모든 조건으로부터 독립해서 그 어떤 것을 열망하는 것을 참다운 자유에 대한 열정이나 사유가 추구해야 하는 급진적 비판의 본래 모습으로 본다면, 그렇게 이해된 자유와 급진적 비판은 자기 파괴로 귀결될 것이다. 그런 점에서 모든 것으로부터 벗어난 상태에서, 즉 제로의 상태에서 그 어떤 이상적인 사회를 실현할 수 있고 비판적 행위를 수행할 수 있다고 보는 것 자체가 급진적 비판의식의 병리적 현상 혹은 전도된 현상으로 이해되어야 할 것이다. 자신이 속한 현실과 화해할 수 있는 가능성 자체를 전적으로 부인하는 것을 건강한 회의 정신 혹은 비판 정신으로 볼 수 없다. 그것은 타성에 빠져버린 고루한 회의 정신일 뿐이다. 그 어떤 혁신적이고 고상한 이념도 전통과 역사의 매개를 통하지 않고는 정치적 영향력을 행사할 수 없을 뿐만 아니라 존속조차도 할 수 없다. 혁신적 사유도 전통에 의해 지지를 받아야만 성공할 수 있고, 그럴 경우에 비로소 전통의 혁신도 가능한 것이다. 그러므로 우리는 고우나 미우나 전통 속에서 보다 더 나은 삶을 모색하는 길을 걸어가지 않으면 안 된다. 이런 점에서 시인 김수영은 인간의 삶에서 전통의 필수불가결함을 다음과 같이 말한다. "전통은 아무리 더러운 전통이라도 좋다 [······] 버드 비숍 여사를 안 뒤부터는 썩어빠진 대한민국이 괴롭지 않다. 오히려 황송하다. 역사는 아무리 더러운 역사라도 좋다."[183]

• • •
183 김수영, 「거대한 뿌리」, 『김수영 전집 1』, 286쪽. 시인 김수영의 전통관에 관한 예리한

유교 문화에 대한 김경일식의 분석에 대한 이의 제기에도 불구하고 한국사회의 가족주의를 유교적 전통과 관련해서 분석하는 작업은 여전히 설득력이 있다고 앞에서 강조했다. 한국사회의 가족주의 및 가족 중심적 삶의 양식이 유교적 가족주의 전통과 무관한 것이 아님은 분명하기 때문이다. 한국의 가족주의는 진공 상태에서 나타난 것이 아니라 조선에서 축적된 유교적 문화 전통을 배경으로 하여 출현한 것이다. 그러므로 한국의 가족주의 역시 유교적 전통과 유교적 가족관의 영향사적 맥락에서 접근될 때 그 모습이 더 잘 이해될 것임은 두말할 나위가 없다.

최우영에 의하면 한국 가족주의의 역사적 기원은 조선 중기에 형성된 사족지배체제가 18세기 이래 후기로 갈수록 위기에 처하게 된 상황과 밀접하게 연결되어 있다. 부계 혈연 중심·장자 중심의 가부장적 가족제도 및 배타적 가문중심주의가 일반화된 것은 조선 후기에 이르러서이다. 그리고 이런 사실로부터 오늘날의 우리에게 조선의 유교 전통과 동일시되는 가족 중심적인 생활 방식과 가치관도 초역사적인 것이 아니라, 역사의 산물이라는 점을 새삼스럽게 인식하게 된다. 한편, 18세기 이후 향촌에서 사족들의 지배체제가 위기에 처하고 신분제적 경계가 허물어져 가는 커다란 사회적 소용돌이 속에서 향촌 사족들은 자신들의 기득권을 방어하기 위해 혈족 집단을 선택적으로 강화하는 가족 전략을 펼치지 않을 수 없었다고 최우영은 분석한다. 그리고 사족들이 극심한 역사적 변동의 소용돌이 속에서 생존을 도모하고 자신들의 기득권을 유지하기 위해 선택적으로 택한 가족 전략의 구체적 실천 수단들이 바로 "장자상속과 재산권 강화,

• • •

분석으로는 김상환, 『공자의 생활난: 김수영과 『논어』』, 북코리아, 2016, 15-19쪽 참조. 김상환의 책은 시인 김수영이 1960년대 4·19 이후 참여 시인이자 저항 시인의 대명사로 잘 알려진 인물이지만, 그의 저항 정신에는 그가 시인으로 활동하던 초창기부터 줄곧 지니고 있었던 유가적 선비정신이 굳게 깔려 있다는 점을 잘 보여준다. 한국의 현대적 저항 시인의 대표적 인물인 김수영이 공자로부터 시작되는 유가 전통의 정신을 깊게 계승하고 있다는 점을 드러내 주는 김상환의 책은 매우 이채롭고 흥미롭다.

동족촌 형성과 족계(族契)의 활성화, 족보와 문집 간행, 서원과 사우(祠宇)의 건립 등"과 같은 것이었다.[184]

위기에 처한 사족들이 자신들의 기득권을 옹호하고 사회에서 보다 유리한 위치를 점하기 위해 동족촌을 결성하고 장자상속제도를 강화하고 서원 및 서우를 건립하거나 족보와 문집을 발간하는 등의 다양한 기제들을 동원한 결과 조선 후기 사회는 "혈족적 구획화 및 혈족적 세력화의 장"으로 바뀌어 갔다. 거듭 강조하지만 조선 전기와 후기에 가족과 친족 형태의 존재 양상은 사뭇 달랐다. 예를 들어 조선 전기에는 남녀균분상속이 일반적이어서 모계 혈연도 부계 혈연과 동등하게 중시되었으며, 그 결과 부계 혈연집단인 동족집단의 존재가 그리 강하지 않았다. 그러나 17세기 이후 양반층에서 남자 및 장남 우대의 상속제도가 널리 채택되어감에 따라 가족 및 친족의 형태도 부계 혈연 중심으로 재편되어 동족결합도 강화되어 갔다. 족보를 만들어 가문을 과시하게 된 현상도 이런 동족결합의 강화를 배경으로 한다.[185]

그리고 가족 및 친족제도의 변화는 당시의 사회경제적 조건의 변동과도 깊게 연결되어 있었다. 17세기경에 이앙법이 보급되어 농업생산력이 발전함에 따라 조선사회는 자립적인 농민이 보편화되는 소농사회로 이행되었다. 이를 보여주는 것이 노비를 이용한 양반의 직영지가 현저하게 쇠퇴하고 비독립적인 농민계층이 점차 소멸되는 현상이다.[186] 그 결과 본래 느슨했던 조선의 신분제는 더욱더 동요되고 재지양반의 힘은 약화되어 갔다. '향전'(鄕戰)이라는 용어가 보여주듯이 양반사족들은 조선 후기에 이르러 농업생산력의 발전에 힘입어 경제적 부를 축적하고 이를 바탕으로 신분상승을 꾀하는 신향층, 즉 신흥사족 세력과의 대결에 직면하게 되었다. 그뿐만

• • •
184 최우영, 「조선시대 국가–사회관계의 변화와 가족주의의 기원」, 앞의 글, 19-23쪽.
185 미야지마 히로시, 「동아시아 소농사회의 형성」, 앞의 글, 163쪽 참조.
186 같은 글, 153-155쪽 참조.

아니라 종래 양반 지배층은 기존 양반 지배층 내부의 격화된 경쟁 상황 속에 내몰리게 되었다. 이렇게 격화된 상황 속에서 재지양반들은 생존하기 위해 가족 중심의 생활방식을 채택하고 이를 강화했다. 그리고 양반사족에 의해 강화된 가족 중심의 생활양식은 18세기 이후 사족에 국한되지 않고 양반 지배층으로의 신분상승을 꾀하는 신흥 세력 및 일반 백성들에게도 널리 퍼져 나가게 된다. 이처럼 가족집단의 행복과 안녕에 최우선적인 의미를 부여하는 한국사회의 가족주의의 역사적 경로는 조선 후기로 거슬러 올라간다고 최우영은 강조한다.[187]

김동춘도 유사한 입장을 피력한다. 그도 "가족에 대한 헌신을 사회·국가에서의 헌신보다 우위에 두는 한국의 가족주의라는 실천 혹은 독사는 [……] '나'(己)를 억제하고 가족 공동체의 한 구성원으로서의 정체성을 강조하고, 가족·문중집단 등 친족 중심의 혈연관계를 모든 사회관계의 중심에 놓는 유교적 전통에 기원이 있다"고 본다. 그리고 그는 최우영과 비슷하게 "유교 국가의 위기 속에서 사대부 세력이 지배체제를 강화하는 과정에서" 씨족과 가문 중심의 연대가 중요하게 간주되게 되었고, 오늘날 우리 사회에 익숙한 전통적인 유교적 가족제도가 확고하게 정착되었다고 강조한다. 이런 입장에서 그는 조선 후기에 본격적으로 등장한 "폐쇄적 가문중심주의는 반드시 '유교 가치 그 자체'의 산물이라기보다는, 유교 통치 질서의 위기를 반영"한 역사적 구성물로 이해되어야 함에 동의한다. 즉, "양반층의 경제적 몰락의 가능성이 높아졌고, 상공업의 발달로 경제적 분화가 심화되고, 하층민과 서얼의 도전으로 유교 이념이 흔들리는 상황에서 양반층이 지위와 권력을 유지하기 위해 가족·씨족·문벌 내 유대를 강화시킨 것"임이 강조된다. 그리하여 김동춘도 최우영과 마찬가지로 우리 사회의 가족주의의 역사적 기원을 조선 후기에 일반화된 특정한 형태의

• • •
187 최우영, 「조선시대 국가–사회관계의 변화와 가족주의의 기원」, 앞의 글, 25-26쪽 참조.

가부장적 가족제도에서 구한다.[188]

III. 유교적인 공사 구분의 성격

한국 가족주의의 역사적 기원에 대한 최우영 및 김동춘의 분석은 매우 타당하다. 그러나 한국 가족주의의 배타성과 폐쇄성의 역사적 기원을 해명할 때 그들의 분석에서 누락된 것은 유교 문화적 요인, 좀 더 구체적으로 말하자면 유교적 사유 구조가 가족주의를 초래할 가능성에 대한 해명이다. 일반 사람들의 심성에 깊게 각인된 전통적 행위 방식, 즉 관행은 사람들 사이의 관계 방식, 요컨대 사회의 구성과 그 작동 방식에도 큰 영향을 준다. 개인과 공동체의 관계, 즉 사회가 어떤 방식으로 이루어져야 하는지를 바라보는 사유 방식이 몇몇 지식인들에 의해서만 공유되는 것이 아니라 누대에 걸쳐 많은 사회 구성원들에게 공유된 관행과 습속으로 사람들의 심성에 깊게 뿌리를 내린다면, 그것은 사회 구성 방식을 다른 식으로 바라보는 시각을 공유하는 구성원들에 의해 운영되는 사회의 모습과는 사뭇 다를 것이라는 점은 불문가지이다. 그러므로 우리 사회의 가족주의의 동력학과 그 문제의 근원을 제대로 이해하기 위해서 한국 가족주의의 역사적 기원으로 받아들여지는 유교적 전통 중에서 사람들 사이의 관계에 대한 이상적이고 규범적인 태도에 커다란 영향을 준 세계 및 사회에 대한 유교적 사유 방식의 특성에도 주목할 필요가 있다.

전통적인 유학사상을 포함하여 주자학을 둘러싸고 진행되는 쟁점 중의 하나는 가정의 윤리 원칙을 사회질서 전반의 윤리 원칙의 기초로 간주하는

●●●
188   김동춘, 『1997년 이후 한국사회의 성찰: 기업사회로의 변환과 과제』, 앞의 책, 437-440
      쪽.

사회에 대한 유교적 사유 방식의 문제점이다. 달리 말하자면 수신제가치국평천하(修身齊家治國平天下)라는 정식이 보여주듯이 주자학[189]은 공적 영역과 사적 영역을 명확하게 구분하지 않고 있기에 그런 영향에서 아직 자유롭지 못한 한국이나 중국사회에서의 정실주의 및 연고주의 문화가 나타나게 되었다는 비판의식이 팽배해 있다. 오늘날 많은 사람들이 보기에 우리 사회에 만연한 부정부패는 공사(公私)의 경계에 대한 명확한 의식의 부재로 인해 생긴 것인데, 그 기원을 조선사회 500년 동안 공식적인 체제 이데올로기였던 성리학적 유교 문화에서 구하는 것은 흔하다. 이는 가족 이기주의나 가족주의 문화의 변형으로 이해되는 연고주의 및 정실주의의 폐단에 대한 인식과 결부되어 많은 설득력을 지니는 것처럼 보인다. 이승환의 말을 빌리자면 "家와 國을 연속선상에서 바라보고, 가정 내의 인륜적 규범과 국가의 통치 질서를 동일시하며, 법치 대신 인치와 덕치를 선호해온 유교 문화에서는 공과 사의 구분이 희박할 수밖에 없다"는 것이다.[190]

중국에서도 공사 구별의 모호성으로 인해 중국사회는 현대적인 민주적 공공성의 실현에 많은 어려움을 겪게 된다는 주장이 제기된다. 예를 들어 진관타오(金觀濤)는 다음과 같이 말한다. "유교는 공적 영역을 가정(가족)의 확장으로 간주했고, 특히 충과 효의 동형구조를 강조했다. 예컨대 애국은 충군과 동일시되었고 군신관계의 가치인 '충'에 대한 정당성 논증이 부자관계의 '효'로부터 도출되었다. 효는 사적 영역의 가치이다. 충효의 동형구조는 공적 영역과 사적 영역의 가치와 규범을 명확히 구분하지 않을 뿐 아니라, 도리어 가정의 윤리 원칙을 공적 영역에까지 널리 적용시켰던

• • •

189 널리 알려져 있듯이 수신제가치국평천하는 『대학』에 나오는 유교의 기본 이념인데, 이 경전이 매우 중요한 유교 경전의 하나, 즉 사서(四書)의 하나로 높이 숭상된 것은 주자학에 의해서이다.

190 이승환, 『유교담론의 지형학』, 푸른숲, 2004, 161쪽. 물론 이승환은 이런 비판이 한국 및 동아시아 유교 전통에 의해 강력하게 영향을 받아 형성된 공사관의 독특한 성격을 이해하지 못한 것이라고 본다. 같은 쪽 이하 참조.

것이다. 그 결과 사적 영역의 가치와 공적 영역의 가치가 서로 뒤섞이게 되었다. 이것이 바로 공적 영역의 가치가 반드시 사적 영역의 가치와 구분되어야 한다는 현대적 공공 영역 성립의 필수불가결의 전제를 파괴시킨 것이다."[191]

유교적 사유 방식에는 공사 구별이 희박하다는 비판에 대해서는 좀 더 면밀한 검토가 있어야 할 것이다. 그러나 그러기 위해 우선적으로 요구되는 것은 공과 사를 구별하는 유교적 사유 방식의 본래적인 성격이 무엇인지 그리고 그런 분석 틀이 어떤 점에서 자체적으로 한계를 보여주고 있는지를 고찰하는 것이다. 달리 말하자면 유교적인 공사관의 문제점을 비판하지 말자고 주장하는 것이 아니라, 서구적인 공사관을 공사 구별에 대한 보편적이고 자연스러운 기준으로 설정하고 그런 기준에 의거하여 동아시아의 유교적 공사관을 비판적으로 바라보는 시도와 거리를 두자는 것이다. 그러므로 사적 영역과 공적 영역을 명백하게 구별하는 서구적인 공사론에 입각하여 유교적인 사유 방식이 사적 영역과 공적 영역의 구별을 혼동하고 있다는 식의 비판은 유교적인 공사관의 성격과 그 한계를 인식하는 데 별로 도움이 되지 않는다.

한국인들은 공사의 구별을 잘 하지 않고 그런 공사 구별의 혼동은 조선의 유교적 전통 때문이라고 간주하는 입장은 재고되어야 한다. 조선시대에는 나름의 유교적 공사관이 매우 뚜렷하게 존재했기 때문이다. 예를 들어 조선시대의 통치이념이었던 성리학에서도 천리(天理)의 공과 인욕(人慾)의 사를 구별하는 것은 매우 중요한 의미를 지녔다. 주희에게서 공사(公私) 구별은 인(仁), 천리(天理)와 인욕(人慾), 시비(是非) 등의 개념과 연결되어 사용된다. 요약해 말해보자면 천리(天理)는 공과 연관되어 있고 인욕(人慾)

• • •
191 진관타오, 『관념사란 무엇인가 1: 이론과 방법』, 양일모 외 옮김, 푸른역사, 2010, 156쪽.

은 사와 연관되어 있다는 것이 주희의 공사관의 핵심이다. 이런 공사 구별의 몇 가지 예를 들어 보면 다음과 같다. "사람에게는 단지 공정함과 사사로움이 있고, 세상에는 단지 사특함과 올바름이 있을 뿐이다. 세상의 크고 올바른 도리로 일을 처리하며 곧 공정하다. 자신의 사사로운 뜻으로 그것을 처리하면 곧 사사롭다."[192] 천리와 인욕에 대해 주희는 다음과 같이 말한다. "사람에게는 하늘의 이치와 사람의 욕심이 있을 뿐이다. 이쪽이 이기면 저쪽은 물러나고 저쪽이 이기면 이쪽이 물러나니, 가운데 서서 나아가지도 물러나지도 않을 도리는 없다."[193]

주자학에서의 가장 핵심적인 개념 중 하나인 천리는 성리학에 이르러 천의 관념, 즉 하늘의 관념이 리(理)와 결합함에 의해 큰 변화를 겪었음을 보여준다. 리는 우주만물이 지닌 존재의 법칙성 내지 존재의 근거를 나타내는 용어이면서 동시에 인간의 인간다움, 즉 인간의 도덕성의 근거인 도덕법칙의 의미를 띠게 된다. 이렇게 인성론과 관련해서 리 개념은 하늘의 이치(天理)에 의해 부여받은 인간의 도덕적 본성으로 이해되며, 이 인간의 마음에 내재하는 도덕법칙은 기본적으로 모든 인간에게 평등한 것으로 이해된다. 달리 말하자면 인간은 하늘로부터 모두 평등하게 본연의 도덕적 본성을 부여받았다는 점에서 평등한 존재이지만, 이런 인간의 도덕적 본성을 스스로의 노력이나 수양에 의해 이루는 경지는 다르다는 것이다. 즉, 하늘로부터 모든 인간에게 평등하게 부여된 도덕적인 본성인 본연의 성을 스스로 실현하여 도덕적 완성을 이룰 수 있는지 여부는 개인 수양에서의 노력 정도에 달려 있다는 것이 성리학의 기본 주장이다. 그리고 성리학에서 말하는 도덕적 완성은 늘 정치세계에서의 훌륭한 정치로 연결되어 있다. 즉, 성리학에 의하면 인간의 도덕적 완성은 정치세계에서 구현되어야 할

• • •
192 여정덕(黎靖德) 편, 『주자어류(朱子語類) 4』, 허탁 외 옮김, 청계, 2001, 688쪽.
193 같은 책, 677쪽.

정치의 과제로 간주되었던 것이다. 그리하여 성리학에서 천리의 이념은 "자연-도덕-정치"의 상호 연관성을 지탱해주는 결정적 개념인 셈이다.[194]

앞에서 본 것처럼 주희의 공 이론은 천리의 관념에 기반을 두고 있다. 그러므로 공 개념 역시 성리학에서 천리의 보편적이고 객관적인 성격을 지니게 된다. 주희에 의하면 "공은 천리의 자연스러움이다."(公者天理之自然.)[195] 그리고 주희가 공을 특정한 관료 계층이나 지배자인 황제가 지켜야 할 도리로만 사용하지 않고 모든 사람이 마땅히 따라야 할 도리로 보는 것도 이런 천리의 보편성과 규범적 타당성의 객관성 때문이다. 이처럼 인욕의 사에 대비되는 천리의 공(天理之公)은 성리학에서 모든 인간이 갖추어야 할 보편적인 윤리 규범의 의미로 사용된다. 그래서 미조구치 유조(溝口雄三, 1932~2010)는 성리학에 의해 공사관의 새로운 단계가 이루어졌다고 평가한다. "이러한 공·사 개념의 중국적 특색은 송대에 들어서 천리·인욕 개념과 결합함으로써 새로운 단계를 맞이한다. 대체적으로 말하자면, 군주 한 개인의 정치적 덕성 안에 수렴되었던 공이 더욱 보편화되어 안으로는 개인적인 내면세계로부터 밖으로는 사회적 생활과 관련된 인간 일반(실질적으로는 사대부 층 중심이지만) 윤리 규범으로서 비약적으로 횡적인 폭을 넓혀간다. 송학의 이른바 천리의 공, 인욕의 사라는 만인 보편의 명제가 그것이다."[196]

• • •

194 미조구치 유조(溝口雄三), 『개념과 시대로 읽는 중국사상 명강의』, 최진석 옮김, 소나무, 2004, 65쪽 참조.

195 주희·여조겸 편저, 『근사록집해 2』, 이광호 역주, 아카넷, 2009, 804쪽.

196 미조구치 유조, 『중국의 공과 사』, 정태섭·김용천 옮김, 신서원, 2004, 21쪽. 성리학에 독특한 방식으로 만민 평등과 보편지향의 색채를 띠게 하는 데 결정적인 기여를 한 천리 개념을 유학의 핵심적인 요소로 간주한 학자는 성리학의 선구자 중의 한 사람인 정호(程顥, 1032~1085)라고 알려져 있다. 미조구치 유조, 『개념과 시대로 읽는 중국사상 명강의』, 앞의 책, 61쪽 참조. 송대 성리학이 "새롭고도 인도주의적 면"을 더 강렬하게 지닌 유학으로 거듭날 수 있었던 이유로 불교의 영향을 언급하기도 한다. 송대 유학자들이 불교를 비판했지만, "모든 중생에 대한 존중, 동정심, 박애주의, 명상 그리고 실체와

물론 주희의 성리학적 공사론이 혁신적 측면을 간직하고 있음에도 성리학적 공사 구별론 역시 이전의 공사 구별의 중국적 특색을 공유한다. 송대의 성리학 이전에 중국에서 공 개념은 대략 세 가지로 이해되어 왔다. 우선 공은 관료적 지배기구와 연결되어 사용되고 있다. 둘째, 공 개념은 '여럿이 함께'(共)라는 의미로 사용된다. 『한비자』의 「오두」 편에 다음과 같이 적혀 있다. "옛날에 창힐이 글자를 만들 적에 스스로 둘러싼 것(自環)을 일러 사(私)라 하고 사에 등돌림(背私)을 일러 공(公)이라 하였다."[197] 이곳에서 사는 자환(自環), 즉 '스스로 에워싸다'의 뜻으로 사용되며, 공은 이런 에워싼 것을 풀어 개방하는 뜻으로 사용된다. 한비자의 용법으로부터 개방성의 공 개념이 등장하는데, 이때 공을 여러 사람들(衆人)과 함께한다는 의미에서의 공(共)으로 사용된다. 셋째, 평분(平分)으로서의 공 개념이 존재한다. 이 개념은 앞에서 말한 개방성으로서의 공에 대한 다른 해석에서 나온 것이다. '스스로 둘러싼 것'(自環)인 사를 개방하는 의미의 하나로 골고루 나눔이라는 뜻이 등장한다. 이런 해석은 중국 최초의 자전 『설문해자』에서 처음 보인다고 하는데, 이곳에서 공은 평분(平分)으로 그리고 이에 대비되는 사(私)는 간사(奸邪)로 풀이된다.[198] 중국의 전통적인 공 개념이 지니는 세 가지 의미는 ① 관료적인 지배기구에 속하는 공, ② 더불어 혹은 함께하는 의미의 공 그리고 ③ 독점을 부당하게 보는 관점을 포함하여 일을 공평하게 처리하는 의미에서의 윤리적이고 원리적인 공평성으로서의 공으로 요약될 수 있다.

• • •

현성의 개념 등"처럼 불교적 개념의 일부를 자신의 이론 체계에 포함시켜 유학을 훨씬 더 보편주의적이고 박애주의적 이론으로 만들 수 있었다는 것이다. 디터 퀸(Dieter Kuhn), 『하버드 중국사 송: 유교 원칙의 시대』, 육정임 옮김, 너머북스, 2015, 216-217쪽.

197 한비, 『한비자 2』, 이운구 옮김, 한길사, 2002, 898쪽.

198 고대 중국에서의 공사 개념에 대한 정리는 다음 두 책에 입각해 이루어진 것이다. 미조구치 유조, 『중국의 공과 사』, 앞의 책, 15쪽 이하. 미조구치 유조 외 엮음, 『중국사상문화사전』, 김석근 외 옮김, 책과함께, 2011, 481쪽 이하.

Ⅳ. 유교적인 연계적 사유 모델의 내적 동력학과 한국 가족주의

주자학은 말할 것도 없고 중국의 유교적 사유 방식은 한국 및 중국의 고유한 공사관 형성에 큰 영향을 주었다. 그러나 연계적 공공성으로 이해되는 공사 구별에 대한 한국 및 중국의 전통적인 유교적 사유 방식은 자체적으로 중요한 문제점을 안고 있다. 이런 지적은 전통적인 유교적 사유 방식이 동아시아 사람들로 하여금 독특한 행동 양식, 즉 사회 및 국가와 같은 공공 영역과 가족 및 사적 영역의 상이성을 정확하게 인식하지 못하게 하여 현대적인 공공적 사회 및 정치질서 형성에 부정적 영향을 주고 있다는 반론을 긍정하고 있지 않다. 그런 반론은 공적 영역과 사적 영역을 구별하는 서구적 혹은 일본적인 사유 구조를 공사 구별의 자명한 기준으로 설정하는 오류를 범하고 있기 때문이다. 물론 서구적인 공사론에 입각하여 제기된 동아시아의 공사론이 안고 있는 문제점도 경청해야 할 부분이 있다.

그러나 이 자리에서 보다 더 주목해보고 싶은 것은 공과 사에 대한 유교적인 인식 틀 내부에 존재하는 위험성 혹은 자체적인 한계에 대한 것이다. 달리 말하자면 공사 구별에 대한 유교적인 연계적 사유 방식의 독자성과 그 의미를 십분 인정한다고 해도, 그것을 오랫동안 내면화해온 한국인들이 연계적 공공성 의식을 충분하게 구현하는 데 왕왕 실패하게 되는 까닭이 유교적인 공사 구별이 안고 있는 어떤 논리적 문제점 때문이 아닌가 하는 질문을 소홀히 하면 안 된다는 점이다. 물론 공사관을 늘 현실에 적용하기 어렵기 때문에 실패하는 것은 있을 수 있는 일이다. 여기에서 다루는 것은 이상적인 규범과 현실 사이의 간극이 아니다. 그래서 이곳에서 시도되는 것은 유교적 공사 구별 의식을 현실 속에 구현할 때 사람들이 보여주는 실패가 혹시 공사관의 유교적인 구별 의식이 지니는 논리적 문제점과 연결되어 있는지를 진지하게 검토해보는 것이다. 간단하게 요약해보면 유교적인 연계적 공사관은 자칫하면 개인이나 가족 위주의 삶의 방식으로 위축되는 경향을 함축하고 있는 것처럼 보이기 때문에 그런 지점을 정확하게 인식할 필요가 있다. 그리고 이런 문제점에 대한 새로운 이해는 동아시아 유교 문화권에서 살아가는 한국인들이나 중국인들이 지나치게 이기적이라는 비판을 달리 이해하는 데에도 시사하는 바가 있을 것이다.[199]

중국의 탁월한 사회학자인 페이샤오퉁(費孝通, 1910~2005)의 말로 하자면 중국의 전통적인 삶의 문법은 늘 개인의 이기주의 및 가족주의를 정당화할 수 있는 위험성을 안고 있다. 그는 이를 다음과 같이 설명한다. "내가 항상 느끼는 것은 '중국의 전통사회에서는 한 개인은 자기 자신을 위해서는 가족을 희생시킬 수 있고, 가족을 위해서는 당을 희생시킬 수 있으며, 당을 위해서는 국가를 희생시킬 수 있고, 국가를 위해서는 천하를 희생시킬 수 있다.'"[200] 그런데 왜 이런 폐단이 중국사회에 뿌리를 내리고 있는 것일까? 페이샤오퉁은 이에 대한 대답을 중국인들의 삶을 강력하게 지배하고 있는 유가적 사유 방식에서 구한다. 주지하듯이 유가는 늘 차등적 질서, 즉 친밀한 사람은 친밀하게 대해주고 존귀한 사람은 존귀하게 대해주는 구별의 질서 규범을 강조한다. 그에 의하면 이런 질서 규범은 다음과 같은 『대학』(大學)의 구절에서도 발견할 수 있다.[201] "옛날에 자신의 밝은 덕성을 천하에 밝히고자 하는 사람은 먼저 자기 나라를 다스리고, 자기 나라를 다스리고자 하는 사람은 먼저 자기 집안을 정돈하며, 자기 집안을 정돈하고자 하는 사람은 먼저 자기 자신을 수양한다. 자기 자신을 수양하고자 하는 사람은 먼저 자신의 마음을 바르게 하고, 자신의 마음을 바르게 하고자

• • •

199 주자학 및 페이샤오퉁을 통해 본 유교적인 사회결합 방식이 지니는 고유한 특성과 논리에 대한 분석은 졸고, 「주희의 공(公) 개념과 유교적 공공성(公共性) 이론에 대한 연구」, 『동방학지』 164, 2013년의 글 중 일부에 입각하여 재구성한 것이다.
200 페이샤오퉁, 『중국 사회문화의 원형』, 장영석 옮김, 비봉출판사, 2011, 63쪽.
201 같은 책, 63쪽.

하는 사람은 먼저 자신의 뜻을 성실하게 하며, 자신의 뜻을 성실하게 하고자 하는 사람은 먼저 자신의 (도덕적) 앎을 넓히고 투철하게 한다. 자신의 앎을 넓히고 투철하게 함은 사물의 이치를 궁구함에 달려 있다. [……] 자신의 마음이 바르게 된 뒤에야 자기 자신이 수양되고, 자기 자신이 수양된 뒤에야 자기 집안이 정돈되며, 자기 집안이 정돈된 뒤에야 자기 나라가 다스려지고, 자기 나라가 다스려진 뒤에야 천하가 태평해진다."[202]

사실 중국의 이기주의 및 가족주의에 대한 페이샤오퉁의 설명은 수신제 가치국평천하(修身齊家治國平天下)라는 『대학』(大學)의 정식을 거꾸로 뒤집은 것이다. 그런데 페이샤오퉁은 수신제가치국평천하라는 유가적인 정식 속에 표현되어 있는 중국 사회구조의 기본적 특성을 보여주는 유가적 사유 방식을 매우 탁월한 방식으로 동심원상의 물결로 비유하여 설명한다. 그에 의하면 중국의 독특한 사회 구조는 동심원상의 물결과 같은 모습으로 이루어져 있다. "마치 물 위에 돌이 던져진 것처럼 '나'를 중심으로 다른 사람과 연계되는 사회관계는, 모두가 하나의 평면 위에 같이 서 있는 단체의 분자와는 달리, 수면의 파문과 마찬가지로 동심원을 그리면서 멀리 퍼져나가고, 멀리 퍼져 나갈수록 약해진다. 여기서 우리는 중국 사회구조의 기본 특징을 만나게 된다. 중국의 유가가 가장 중시하는 것이 '人倫'인데, '倫'이란 무엇을 뜻하는가? 나의 해석은 이렇다. 즉, 자기 자신으로부터 출발하고 또 자기 자신이 만들어낸 사회관계 속에 있는 한 집단 내의 사람들 사이에서 한 둘레씩 형성되는 둥근 파문과 같은 '차등적 질서'(差等的 秩序)이다."[203]

'차등적 질서' 구조에서 집단과 나 사이의 경계는 상대적이며 양자의

• • •

202 『대학』, 동양고전연구회 역주, 민음사, 2016, 27-28쪽. (古之欲明明德於天下者, 先治其國. 欲治其國者, 先齊其家. 欲齊其家者, 先修其身. 欲修其身者, 先正其心. 欲正其心者, 先誠其意. 欲誠其意者, 先致其知. 致知, 在格物. [……] 心正而后身修, 身修而后家齊, 家齊而后國治, 國治而后天下平).

203 페이샤오퉁, 『중국 사회문화의 원형』, 앞의 책, 57쪽.

경계는 모호하고 유동적이고 신축적이다. 어떤 사람은 자신과 관계 맺는 네트워크를 매우 크게 확장시킬 수 있지만, 모든 사람이 다 그럴 수 없다. 그래서 많은 토지를 지니는 사람이거나 중앙의 관료로 활동하는 어떤 중국인에게 가정의 범위는 소규모의 틀을 넘어 조그마한 국가의 영역에 이르기까지 확장될 수 있다. 그 극단적인 경우가 천하가 일가(一家)라는 표현일 것이다. 이처럼 중국에서 가족의 범위와 경계는 너무나 신축적이고 유동적이다. 그렇지만 모든 사람은 자신과 맺고 있는 사람들과의 관계의 경계에 따라 활동한다. 여기에서도 우리는 다시금 유가적인 연계성의 논리를 파악할 수 있다. 즉, 이 '차등적 질서'에서 개인은 결코 고립된 존재로 간주되지 않고 자신이 관련을 맺고 있는 네트워크 속에 있는 존재로 간주되고 있다. 여기에서 우리가 놓치지 말아야 하는 점은 다음과 같은 이중적 사태이다. 중국인들은 이런 질서 속에서 남달리 다양한 형태의 단체 활동에 커다란 의미를 부여한다는 점과 동시에 그런 관계 자체 속에 개인이 전적으로 매몰되지는 않는다는 이중성을 파악하는 것이 중요하다. 달리 말하자면 사회적 관계의 의미는 개인의 연계성을 확보한다는 맥락에서 중요성을 지닌다.[204]

마찬가지로 이 '차등적 질서'에서 사람들은 모든 관계를 오로지 개인을 향하는 방향에서만 이해하지는 않는다는 것이다. 앞에서 페이샤오퉁이 한탄했듯이 '차등적 질서'는 개인이 모든 관계를 자기를 위해 활용하는 극단적 이기주의에 빠지게 한다. 그러나 어떤 사람들은 자신으로부터 밖으로 뻗어 나가서 국가와 천하를 위해 진력을 다하는 삶을 살고자 애쓴다. 물론 이런 도덕적 이상은 비판의 대상이 되지 않는다. 그러나 이런 도덕적 이상은 극단적 이기주의와 정반대로 작동하기도 한다. 그것은 종종 인간의 개인적 욕망을 죄악시하고 특정한 사람이나 집단에 대한 친애와 친밀성을

• • •
204 같은 책, 65쪽 참조.

지나치게 평가 절하하여 모든 사람들 사이의 동등한 대우와 같은 겸애와 세계시민적 인류애만을 극단적으로 강조하는 형태로 작용하기도 한다는 점에서도 위험하다.[205] 즉, '극단적 평등주의'와 '극단적 이기주의'라는 양극단의 폐단이 유가적인 차등 질서의 사유 패턴 및 연계적 사유 구조에서 나타날 수 있는 것이다.

시마다 겐지(島田虔次, 1917~2000)도 유가적인 세계는 개인 및 가족이라는 중심과 국가 및 천하를 지향하는 또 다른 중심을 지니는 타원형으로 묘사한 적이 있다. 즉, 유가적 세계 이념은 기본적으로 두 개의 중심을 갖고 있는 타원형이라는 것인데, 이런 두 개의 중심이 적절하게 균형을 유지하는 한에서만 타원형은 타원형일 수 있다. 그렇지 않고 두 개의 중심 중 어느 한쪽의 중심으로 치우치게 되면 수신, 제가, 치국, 평천하를 상호 연계되어 있는 것으로 보고 그런 연계성의 창출을 통해 인간의 인간다움을 실현해보고자 한 유교적 이상은 실패하고 만다는 것이다.[206] 이런 진단이 정확하다면 차등적 질서 구조로 운영되는 사회에서는 이중적인 극단이 나타나지 않도록 미리 그 경향성을 조절하고 해결하려는 노력이 필요하다. 그리고 차등적 질서를 사회의 기본적 운영의 원리로 삼고 있는 유가적 사회는 그런 이중적인 극단을 극복할 수 있을 경우에만 지속성을 띨 수 있다.

물 위에 파문이 점점 퍼져 나가면서 그 동심원이 갈수록 약해지는 이미지는 모든 관계, 달리 말하자면 가족에서 국가를 거쳐 천하에 이르는 모든 인간관계를 자기 자신의 이익을 위해 수단화할 수 있음을 잘 보여준다. 그렇다고 그런 차등적 질서 자체를 본래 이기주의적인 시스템으로 보는

● ● ●

205 공(公) 관념과 연관해서 사적 욕망과 이익 추구의 정당한 긍정이 문제된 것은 명말에 이르러서였다고 한다. 이에 대해서는 백민정, 「유교 지식인의 公 관념과 公共 의식: 이익, 정약용, 심대윤의 경우를 중심으로」, 『동방학지』 160, 2012, 7쪽 참조.
206 시마다 겐지, 『주자학과 양명학』, 김석근 · 이근우 옮김, 까치, 2001, 38쪽 참조.

것은 오해일 것이다. 그리고 페이샤오퉁도 그런 식으로 차등적 질서를 바라본 것은 아닌 것 같다. 그러므로 '차등적 질서' 자체가 본래 이기주의적 인 시스템이 아님을 자오퉁양은 강조한다. 그러면서도 그는 '가족-국가-천하'라는 유가적인 도덕이론의 개선을 주장한다. "가정/천하이론을 개선 하여 실천에서도 사회와 세계의 평화와 화해가 가능해지도록 만드는 것이 야말로 중요한 문제"라는 것이다.[207]

필자가 보기에 '차등적 질서'의 딜레마를 주희는 정확하게 인식하고 이를 극복하고자 했다. 주희도 차등적 질서 자체를 부정하지 않는다. 페이 샤오퉁이 "공자의 도덕체계에서는 '차등적 질서구조'의 중심을 벗어날 수 없다"고 한 주장은 주자학에도 들어맞는다. 그러나 주희의 위대성은 차등적 질서의 딜레마를 극복할 방안을 다원적인 공생적·연계적 공공성 이론을 통해 제공했다는 점에 있다.[208] 주희는 다원적인 공생적·연계적 공공성 이론의 필요성을 다음과 같이 주장한다. "분수가 다른 것의 폐단은 사사로움이 우세해져 인을 잃어버리는 것이고, 분수를 무시하는 죄는 똑같 이 사랑하여 의를 무시하는 것이다."[209] 분수가 다른 것만을 아는 사람은 잘못하면 자기만을 위하는 사사로움에 빠져 "공평하게 사랑해야 하는 이치"를 무시하는 폐단을 초래할 수 있다고 주희는 걱정한다. 부모자녀에 대한 친애의 감정이나 정서적 결속 그리고 서로에게 보여주는 자연스러운 존경과 자애로움 등이 지나치게 자신의 가족 구성원들에게만 향하게 되면, 모든 생명체를 사랑하고 이들의 고통과 어려움을 제거하여 이들 역시 인간다운 삶을 살 수 있도록 관심을 기울이려는 노력이 위축되고 흐릿해져 서 사람이 극도로 가족 이기주의적인 심성에 빠지게 된다고 염려하는

• • •

207 자오퉁양, 『천하체계: 21세기 중국의 세계인식』, 노승현 옮김, 길, 2010, 104쪽.
208 주희가 제공한 해법이 불충분할 수는 있지만, 그가 제시한 해법의 의미는 충분히 검토되어야 한다.
209 주희·여조겸, 『근사록집해 1』, 앞의 책, 302쪽.

것이다.

또 자기에게 친한 가족에 대한 관심과 사랑이 다른 부모나 자녀에 대한 관심과 달리 특수한 성격의 깊은 정서와 친애가 존재한다는 생각, 즉 자신의 가족에 대한 사랑의 다름과 고유성에 대한 자각이 지나쳐 다른 사람에 대한 어진 마음의 개방성이 사라져 버리는 우를 범하지 않아야 한다. 그렇다고 자신의 가족에 대한 친애만 알고 다른 사람에 대한 어진 마음이 없어지는 폐단, 즉 분수의 폐단을 극복하기 위해 이치가 하나라는 것만을 강조하는 것도 자체 내에 또 다른 극단에 흐를 수 있는 폐단을 안고 있다. 그리하여 그런 또 다른 극단은 분수의 중요성을 인식하지 못해 "똑같이 사랑하는 정이 우세해져 사랑을 베푸는 마땅함"을 망각하는 잘못을 범하는 데에 이를 것이라고 주희는 강조한다.

앞에서 본 것처럼 주희에 의하면 자기 부모나 자식에 대한 사랑은 다른 사람에 대한 사랑과 동등할 수 없다. 사랑에는 차등이 존재한다는 것은 주희의 성리학뿐만 아니라 공맹 이후 유가의 기본적 특성일 것이다. 그렇다고 공자 및 맹자에게서는 물론이고 성리학의 집대성자인 주희에게 평등주의적 요소가 없다고 보면 그 유가사상의 보편성에 대한 참다운 의미를 깨달았다고 할 수 없을 것이다. 예를 들어 성리학은 늘 '만물일체의 인'을 궁극적 지향으로 삼았던 것이다. 이 '만물일체의 인'은 인간을 포함하여 천지간의 모든 생명의 자연스러운 발현을 돕는 행위라는 점에서 모든 생명의 발현을 가능하게 하는 궁극적 근거로서 모든 존재 사이의 상생적인 조화와 소통의 관계, 즉 인의 지극한 실현을 지향하는 것이다. 물론 이런 만물일체의 인 사상이 사랑에서의 차등을 배제하는 것이 아니라는 점을 균형 있게 바라볼 때 비로소 주자학의 보편주의 사상의 특성을 잘 이해할 수 있을 것이다.

그래서 주희가 분수의 극단적 분화 및 분수의 극단적 무화라는 이중적인 폐단의 문제를 해결하기 위해 내세우는 것이 바로 이일분수(理一分殊)론이었다. 그는 분수의 배타성과 다름의 무화라는 이중적 폐단을 극복하기 위해 이일분수론에 입각한 다원성 속에서 이질적인 것의 상호 연계의 망을 구축하는 공(公) 이론을 제안한다. 그리고 천하에 이르러 완성되는 공의 실현은 공자로부터 시작된 유가적 사유가 지향하는 인(仁)을 구체적인 인간관계 속에서 구현하는 길이다. "분수가 서면서도 이치가 하나라는 것을 미루어 사사로움이 우세해지는 폐단을 막는 것이 인의 방법이다."[210] 주희의 성리학적 근본 명제인 이일분수는 오늘날의 용어로 표현한다면 '다원성 속의 통일'과 같은 것으로 이해될 수 있을 것이고, 그 정신의 현재적 의미가 완전히 상실되었다고 보는 것도 성급한 태도일 터이다.

그리고 위에서 수행된 분석이 타당하다면 우리는 조선의 유교적 가족주의 전통은 말할 것도 없고 오늘날의 자본주의 사회라는 상이한 역사적 맥락 속에서이기는 하지만 유교적인 역사적 경험으로부터 여전히 자유롭지 못한 우리 사회의 가족주의가 낳고 있는 문제점을 이해하기 위해서라도 유교적 사유 방식을 면밀하게 검토해야 한다. 이때 서구 근대 문명이나 서구적인 가족제도의 양상을 선진적인 모델로 보고 조선의 유교적 사상 문화 전통의 영향 아래에 있는 우리 사회의 모습을 후진으로 보는 이분법적 관점을 벗어나야 한다. 그래야 서로 다른 역사적 맥락 속에서 상이한 역할과 기능을 담당하고 있는 유교적 가족주의의 다면적이고 복잡한 실상을 더 잘 인식할 수 있을 것이다.

나가는 말

지금까지 우리는 한국사회의 가족주의의 역사적 기원의 문제를 살펴보

• • •
210 같은 쪽.

았다. 특히 오늘날 우리 사회가 직면하고 있는 가족주의는 유교적 사유 방식과도 연관되어 해석되어야 함을 강조했다. 우리 사회의 가족주의의 기원이 조선의 통치 이념이었던 성리학적 사유 모델 특유의 작동 방식과 관련해 설명될 수 있음을 강조했던 것이다. 특히 자신에서 가족 및 향촌사회를 거쳐 국가와 천하에 이르는 연계성 속에서 인간의 인간다움의 실현가능성을 보았던 유가적/성리학적 사유가 인간의 사회적 관계에 대한 특정한 상을 어떤 방식으로 규정하고 있는지 그리고 성리학적인 연계적 사유 방식의 틀로 이해된 사회 구성에 대한 공유된 감각이 내적으로 어떤 위험과 한계에 노출될 수 있는가를 살펴봄으로써 성리학적 사유의 특이성도 한국 가족주의의 또 다른 역사적 기원으로서 주목해야 함을 역설했다.

이와 더불어 주희도 유학적 친친의 논리가 잘못하면 가족 이기주의로 변질될 수 있음을 정확하게 인식하고 있었으며, 그에 대한 대안을 이일분수의 연계적 공공성 이론을 통해 제시하고자 했음도 지적했다. 그러나 이 글에서는 성리학적 사유 방식이 어떻게 현재적 의미를 지니는 이론으로 재구성될 수 있는지에 대해서는 다루지 못했다.

서구의 근대 개인주의 사상의 한 흐름을 보여주는 이른바 원자론적 개인주의는 인간의 삶에서 타자의 존재 의미를 전략적 내지 도구적 관점에서 바라보아 타자의 내재적인 가치를 망각하는 우를 범하고 있다. 그리고 그런 개인주의는 세계를 오로지 냉정하고 타산적인 틀에서만 접근하는 차가운 이성과 함께함으로써 타인과 함께 공동으로 추구하는 인간의 사회적 세계의 진솔한 모습을 망각하게 한다. 이와 반대로 타자와의 관계에서 인간의 인간다움의 실현가능성을 도모하는 성리학적 사유는 특정한 관계의 틀 속에 인간의 자주성과 독립성을 매몰시켜 그것을 질식시킬 위험성을 안고 있다. 비록 주희가 인간의 내면적 도덕성에 대한 낙관적 믿음 위에서 친족과 인류 그리고 더 나아가 자연과의 조화로운 세상의 가능성을 고민했지만, 천지만물의 일체로까지 확장되어 나가야 하는 유가적 개인의 자발성과 창조성에 대한 사유 방식은 잘못하면 가족이나 가까운 친족의 범위를 넘어서지 못하고 그 틀 안에서 안주하는 삶의 방식을 합리화할 위험성을 보여준다.

제**4**장

유가적 공사관과 서구 공사관:
서구중심주의적 가족주의 비판을 넘어

들어가는 말

제3장에서 우리는 한국과 중국의 전통사회에 공사 구별 의식이 존재하지 않았기에 오늘날 한국사회에서 심각한 병리적 현상으로 불리는 공사 구별의 혼동과 같은 행동방식이 널리 퍼지게 되었다는 인식을 비판적으로 검토했다. 그리고 그런 식의 판단은 서구의 공사관을 진리 자체로 인정하고 그와 다른 동아시아 유가적 공사관의 성격을 틀린 것으로 간주하는 입장이라는 것도 살펴보았다. 간단하게 말하자면 유가의 공사 구별이 서구적 영역적인 구별, 즉 가정이나 개인 생활을 사적인 영역에 속하는 것으로 보고 공적인 영역을 정치적인 관심사 혹은 정치적 공동체에 속하는 것으로 보는 관점과 달랐음에도, 이를 틀린 공사관으로 보는 것은 동아시아 고유의 공사관에 대해서도 작동하고 있는 서구중심주의적 사유 방식의 반복이라고 보아야 한다.

서구중심주의가 무엇인가? 필자는 유럽의 역사적 경험을 근대와 인류사의 모델이자 전형으로 설정하고 그런 기준에 비추어서 비서구 사회를 문명의 타자로 이해하는 사유 방식을 유럽중심주의(Eurocentrism)로 규정한다.[211] 그렇다면 서구중심주의는 유럽적 보편주의라고도 표현될 수 있다. 유럽적 보편주의는 보편주의가 이미 완결된 형태로 서구 근대의 역사가 보여주고 있다는 인식을 전제하기 때문이다. 유럽적 보편주의 혹은 서구중심주의에 의하면 서구 근대 문명이 인류의 보편주의를 대변/대표하는 자리에 있고 비서구 사회의 역사적 경험은 그런 보편주의의 기준에 비추어 볼 때 열등하거나 정상적이지 않은 일탈적인 모습을 지니는 것으로 타자화된다. 당연한 말이지만 유럽적 보편주의 형성에 비유럽문명의 타자화는 구성적인 계기를 제공한다. 달리 말하자면 유럽 근대 문명을 인류 문명의 보편적 대변자로 자임하는 자기 정체성 형성에는 비유럽문명의 야만적 타자화가 필수적인 요소로 자리 잡고 있다. 그리하여 유럽 근대 문명의 정체성 형성은 다른 문명을 타자화하고, 유럽의 경험을 문명의 보편주의 그 자체로 설정하는 것은 문명들 사이의 위계를 긍정하는 것을 동반한다. 즉, 문명들 사이의 위계서열 관계를 유럽 근대 문명을 정점으로 해서 설정하는 인식론적 틀은 제국주의를 문명화의 사명이라는 이름으로 정당화하는 이론이다.

이런 정당화는 두 가지 관점을 결합해서 나타난다. 하나는 문명들 사이에는 위계질서가 있고 서구 근대 문명이 그런 서열에서 최고의 지위를 점하는 우월한 문명이라는 의식이다. 그리고 다른 하나는 유럽중심주의적인 문명의 서열화는 비서구 사회를 아직 충분하게 성숙되지 못한, 그리하여 후진적인 역사발전 단계에 정체되어 있는 문명으로 바라보면서 보다 성숙한 문명이자 인류 문명의 보편적 모델인 유럽 근대 문명의 세례 혹은 충격을 통하지 않고서는 비서구 사회는 스스로의 힘으로 문명화의 길로 나설 수 없다는 것을 자명한 것으로 받아들이는 관점이다.[212]

• • •

211 앞으로 'eurocentrism'을 유럽중심주의 혹은 서구중심주의라는 두 용어로 번역할 것이다. 필자는 두 역어가 호환되어 사용되어도 큰 문제가 되지 않는다고 본다.

212 유럽적 보편주의의 문제를 서구중심주의로 보고 서구중심주의적 사유 방식이 지니는

유럽중심주의가 동아시아의 역사를 타자화시키는 것처럼 그것은 동아시아 역사를 형성해오는 데 기여를 한 유가적 사상문화의 전통도 유럽 근대 문명의 성숙된 이념에 미치지 못하는 미성숙한 발전 단계에 속하는 것으로 비판한다. 그리고 그런 사유를 내면화하게 되면 서구의 공사 구별과 여러 지점에서 다른 유가적 공사 구별도 자연스럽게 성숙된 공사 구별 인식에 이르지 못한 것으로 간주된다. 그런데 이런 식으로 동아시아의 사상과 문화를 접근하게 되면 우리 사회의 가족주의 전통에 대해서 성급한 판단과 근거 없는 비판을 피할 수 없게 된다.

서구중심주의적 편견을 넘어서기 위한 전제 조건을 확보하기 위해 우선 서구 공사관의 성격을 살펴볼 것이다. 특히 서구 공사관을 형성하는 데 큰 영향을 준 흐름을 두 가지 패러다임, 즉 공화주의적 공사관과 자유주의적 공사관의 특성이 무엇인지를 분석해볼 것이다. 그리고 이런 두 가지 패러다임이 서로 간의 차이에도 불구하고 가정 영역과 정치 영역의 이원적 구별을, 달리 말하자면 사적 영역으로서의 가정과 공적 영역으로서의 정치사회의 구별을 공유하고 있음을 볼 것이다. 동시에 이런 공사 구별 의식이 지니는 한계가 무엇인지를 살펴본다.

서구에서 발전되어온 공사 구별의 두 가지 패러다임의 한계를 살펴볼 때 핵심이 되는 문제는 인간의 삶의 조건으로서 의존성과 취약성이 지니는 의미를 탐구하는 것이다. 의존성과 취약성을 삶의 근본 조건으로 본다는 것은 그것이 인간의 삶을 제약하는 조건이고 그런 제약성을 완전히 넘어설 수는 없다는 점을 의미한다. 따라서 이런 조건을 무시하거나 그것으로부터 벗어나는 차원에서 인간의 독립과 자유를 사유하려는 것은 삶의 조건을 무시하는 것에 불과하고, 결국 인간의 사회성의 근원을 오해하는 치명적

• • •

문제점을 설명할 때 필자는 아이리스 영(I. M. Young) 및 비쿠 파레크(Bhikhu Parekh)의 문화제국주의에 대한 분석을 활용하고 있다. 그리고 이 두 사상가에 대한 정보를 필자는 강정인, 『서구중심주의를 넘어서』, 아카넷, 2004, 266-267쪽에서 알게 되었다.

결과를 초래한다. 이 장에서 좀 더 상세하게 언급되고 있는 것처럼 서구의 공사관은 자립성(독립성)과 의존성의 문제를 균형 잡힌 시각에서 바라보는 데 한계를 보여준다. 마지막으로 서구 공사관의 두 가지 주류적인 흐름이 안고 있는 문제점에 대한 분석을 토대로 하여 가정과 정치를 상호 밀접하게 연결되어 있는 것으로 이해하는 유가적 공사 의식의 특징이 무엇이고 그 현재적 의미가 무엇인지를 검토해볼 것이다.

Ⅰ. 서구 공사 구분의 두 패러다임: 공화주의적 공사관과 자유주의적 공사관

정치적 삶에 우월성을 부여하든 아니면 국가권력이나 외부로부터 방해 받지 않고 자유롭게 행동할 수 있는 개인의 사적 영역을 존중해야 한다고 보든 서구의 공사관은 공적인 것과 사적인 것의 영역적 구별을 전제한다. 그런 공사 구별 의식과 달리 공자는 가정생활도 정치의 일부라고 생각했다. 어떤 사람이 공자에게 왜 정치에 관여하지 않느냐는 질문에 그는 다음과 같이 대답한다. "『서경』(書經)에 효(孝)에 대하여 말하였다. '효(孝)하며 형 제간(兄弟間)에 우애(友愛)하여 정사(政事)에 베푼다.'고 하였으니, 이 또한 정사(政事)를 하는 것이니, 어찌하여 벼슬해서 정사(政事)하는 것만이 정사 (政事)이겠는가?"(書云, '孝乎惟孝·友于兄弟, 施於有政.' 是亦爲政, 奚其爲爲 政?)[213]

• • •

213 주희, 『논어집주』(論語集註), 「위정」(爲政) 21, 성백효 옮김, 전통문화연구회, 1990, 46쪽. 가정(oikos)을 사적인 영역으로 보고 정치적 공동체, 즉 폴리스(polis)에의 참여를 정치적 인 것의 근본적 현상으로 보는 민주적-공화주의에 대한 아렌트적 관점이 지니는 공사 이원론의 문제점을 공생적-연계적인 유교적 공공성 이론을 통해 비판적으로 재규정하 려는 시도에 대해서는 나종석, 「주희 공(公) 이론의 민주적 재구성 가능성」, 『철학연구』 128, 2013, 제3절 참조.

이처럼 유가적 정치윤리의 창시자인 공자에 의하면 가정에서 부모와 자녀 및 형제들 사이에서 이루어진 효와 우애는 가족관계에만 국한된 의미를 지니지 않는다. 가족은 모든 인간관계의 바탕이기에 가족에서 지켜야 할 인간의 기본적인 윤리적 규범은 정치에서의 도리로 이어진다. 따라서 아버지와 자식 사이의 윤리적 관계, 즉 부모와 자식 사이에 형성되는 효의 관계는 기본적으로 의로움과 같은 변형된 방식으로 드러나긴 하지만, 왕과 신하 및 왕과 백성의 관계에서도 통용되는 보편적 도덕 원리이다. 주자학에 의해 널리 퍼진 용어를 빌려 사용하자면 수신제가(修身齊家), 즉 몸을 닦고 가정을 가지런히 하는 것은 나라를 다스리고 천하를 평안하게 하는 것(治國平天下)의 기초라는 것이다.[214]

주희에 의해 유교 경전의 사서(四書)의 하나로 분류된 『대학』에서도 군자는 집을 나서지 않고서도 온 나라에 그 가르침을 이루게 할 수 있다고 말한다. "자기 나라를 다스리려면 반드시 먼저 자기 집안을 정돈해야 한다는 것은, 자기 집안사람들을 가르치지 못하면서 다른 사람을 가르칠 수 있는 사람은 없음을 뜻한다. 그러므로 군자는 집을 나가지 않고서도 그 가르침이 온 나라에서 이루어지게 하는 것이다. 효성스러움은 군주를 섬기는 도리이고, 공손함은 어른을 섬기는 도리이며, 자애로움은 백성들을 이끄는 도리이다."[215]

폴리스적인 정치적 삶의 고유성을 공공성의 핵심으로 간주하면서 폴리스에 관한 공적인 것과 가족 및 경제생활에 해당되는 사적인 영역을 뚜렷하게 구별하는 한나 아렌트의 공사론은 서구의 공사 구별 의식의 성격을

---

214 주희에 의하면 "자기 몸을 다스리고 집안을 가지런하게 하여 천하를 평안하게 하는 데 이르는 것은 다스림의 도이다." 주희·여조겸 편저, 『근사록집해 2』, 이광호 역주, 아카넷, 2004, 681쪽.

215 "所謂治國必先齊其家者, 其家不可敎而能敎人者, 無之. 故君子不出家而成敎於國. 孝者, 所以事君也. 弟者, 所以事長也. 慈者, 所以使衆也." 『대학』, 동양고전연구회 역주, 민음사, 2016, 33쪽.

제4장 유가적 공사관과 서구 공사관 | *179*

잘 보여준다. 실제로 아테네 시민들은 국가의 일에 적극적으로 참여하는 삶을 훌륭한 시민의 모범으로 생각했다. 국가의 공적인 업무에 참여하는 행동과 분리된 개인의 사적인 삶이란 아테네 시민들에게 그리 중요한 것으로 여겨지지 않았다. 공적인 생활과 전적으로 분리되어 자신만의 사적인 삶을 산다는 것은 그들에게는 인간에게 가장 중요한 무엇인가가 결여되어 있는 것으로 생각했다.[216]

공적인 삶에 무관심하고 민회나 법정에 참여하여 자유 시민의 권리이자 의무를 다하지 않고 개인의 사적인 활동에 대해서만 관심을 쏟는 사람을 지칭하는 단어가 바로 '이디오테스'(idiotēs)인데, 이 단어는 현재 영어에서는 백치나 바보를 가리키는 'idiot'로 살아남아 있다. 고대 그리스에서 공적 삶에 대한 무관심은 경멸을 수반할 정도로 자유 시민의 명예로운 삶에 적합하지 않은 것으로 간주되었다. 이처럼 공적인 시민생활의 가치를 소중하게 생각한 아테네인들은 다양한 삶의 방식에 대한 개방적 태도에 둔감했다. 달리 말하자면 아테네 시민들은 "공적 활동을 완전히 버리고 개인적인 친구들과 더불어 자신만의 영역에 침잠하여 사적인 목적만을 추구하더라도 체면이 손상되지 않고 경멸의 대상이 되지도 않으며 그 자신의 인간적 가치가 훼손되지 않을 수도 있다는 점"에 대해 진지하게 생각하지 않았다.[217]

가정생활과 정치의 상호 연계성에 대한 공자의 주장에서 보듯이 유가적 사유 전통에서는 가정생활과 정치생활 사이의 근원적인 구별은 존재하지 않는다. 그러나 앞에서 간략하게 대조한 바대로 서구에서의 공사 구별은 이와 다르다. 유가적 공사관과 대비되는 서구적 공사관의 대표적인 두 흐름 중 하나인 공화주의적 공사 구별을 좀 더 살펴보자. 공화주의적 공사

• • •
216   한나 아렌트, 『인간의 조건』, 이진우·태정호 옮김, 한길사, 1996, 112쪽.
217   이사야 벌린, 『자유론』, 박동천 옮김, 아카넷, 2006, 121쪽.

구별에서 정치적 삶의 영역이 지니는 중요성에 대한 강조가 결정적 의미를 지닌다. 정치적 삶, 즉 폴리스 시민으로서 영위하는 삶을 시민의 정치적 자유를 실현하는 데 중요한 것으로 보는 관점은 고대 그리스 및 로마 공화정에 공통되는 것이었다. "모든 차이에도 불구하고, 그리스인에게나 로마인에게나 정치체제의 건설은 인간 삶의 필멸성과 인간 행위의 허망함을 극복해야 하는 필요 때문에 야기되었다. 정치체제 밖에서 인간의 삶은, 예를 들어 타인의 폭력에 노출되어 있으므로 근본적으로 안전하지 않을 뿐만 아니라, 어떤 경우에도 흔적을 남길 수 없기 때문에 의미와 존엄성이 없다. 이것이 그리스적 사유가 오로지 생존에만 관심을 두는 '백치 같은' 사적인 삶 전체를 저주한 이유이며, 또한 키케로가 정치공동체의 건설과 보전을 통해서만 인간의 덕목이 신의 [존재] 방식을 획득한다고 주장한 이유기도 하다."[218]

그러나 정치적 삶을 인간의 인간다움의 실현을 가능하게 하는 인간에게만 고유한 행위라는 인식은 근대에 이르러 많은 비판에 직면했고, 자유주의적 공사 구별이 그 이전의 정치적 삶에 우위를 부여하는 공사 구별을 대신했다. 이제 국가권력이나 공적인 것에 의해 침해받지 않고 자유롭게 행동할 수 있는 영역을 확보하는 것이 더 중요한 가치로 인정받게 되었다. 정치적 삶에 대한 관심이 아니라 고대 그리스 및 로마인들에 의해 바보와 같고 무의미한 삶의 방식으로 경멸받았던 사적인 영역에서의 삶이 더 중요한 것으로 간주되기에 이르렀다. 이런 새로운 사유를 대변하는 것이 자유주의이다. 20세기 탁월한 자유주의 옹호자의 한 사람인 이사야 벌린은

---

218 한나 아렌트, 『과거와 미래 사이: 정치사상에 관한 여덟 가지 철학연습』, 서유경 옮김, 푸른숲, 2005, 100-101쪽. 물론 아렌트가 대변하는 신아테네 공화주의 외에도 신로마 공화주의 및 공동체적 공화주의 등 여러 흐름이 존재한다. 공화주의의 여러 흐름이 지니는 장단점을 치밀하게 탐구한 저서로 정원규, 『공화민주주의』, 씨아이알, 2016, 참조

개인의 자유에 대한 자유주의적 관점의 출현은 "자본주의 문명의 발전에 따른 소산"이다. 그에 의하면 에피쿠로스 시대 이전에는 개인적 자유라는 문제, 즉 "세속적인 영역에서든 종교적 영역에서든 공공적인 권위가 특별한 이유가 없는 한 침범해서는 아니 될 개인 생활의 경계선에 관한 문제"는 분명하게 표현되지 않았다.[219]

자유주의는 사회를 유기적이고 통합된 전체로 보는 관점을 비판하면서 교회와 국가, 시장과 국가, 국가와 학문, 가정과 경제 등등의 경계를 설정하고 사회의 각 영역 사이의 분리를 확정지을 때 인간의 자유를 더 잘 보호하고 가능하게 해줄 수 있다고 본다. 그래서 마이클 왈저는 자유주의를 "분리의 기술"로 정의할 것을 제안한다. 달리 설명하자면 종교를 국가와 분리하고 종교를 개인의 사적인 자유에 속하는 것으로 보고 국가가 그런 사적 영역에 개입하는 것을 거부함으로써 종교의 자유를 확보할 수 있다고 자유주의는 생각한다. 또 자유주의는 국가 및 종교로부터 자유로운 학문의 영역을 설정하였다. 시장사회의 출현 역시 시민사회와 국가의 분리를 통해 가능했다. 공적 생활과 사적 생활을 분리하는 자유주의에 의해 등장한 중요한 삶의 영역은 사생활의 영역으로서의 가정생활이다.[220]

그런데 공화주의적 공사 구별은 가정생활을 단순히 사적인 영역에 해당되는 것으로 간주하는 데 그치지 않는다.[221] 그 영역은 정치적 영역 외부에 있는 것이기에 기본적으로 정치적 삶에서 결정적인 시민의 자치와는 무관한 영역으로 간주된다. 심지어 사적인 가정생활은 열등할 뿐만 아니라, 공적 영역의 원칙과 상반되는 원리가 지배하는 장소로 이해된다. 아테네

---

219 이사야 벌린, 『자유론』, 앞의 책, 121쪽.
220 마이클 왈저, 『정치철학 에세이』, 최홍주 옮김, 모티브북, 2009, 123-127쪽 이하 참조.
221 거듭 강조하지만 이 글의 목적은 공화주의의 다양한 흐름을 체계적으로 연구하는 것이 아니기에 아렌트식의 공화주의적 공사관을 중심으로 공화주의적 공사관의 특성을 살피는 데 그친다.

민주주의 사회에서 관행적으로 행해진 공사 구별에 대한 아리스토텔레스의 설명은 이를 잘 보여준다. 그는 가정생활에서는 자유가 존재하지 않고 자유는 오로지 자유로운 시민들, 즉 가장인 남성들 사이에서만 실현될 수 있다고 본다. 그래서 가정의 논리와 폴리스의 논리는 본질적 차이를 갖고 있다고 아리스토텔레스는 말한다. "정치가(politikos), 왕(basilikos), 가사 관리인(oikonomikos), 몇몇 노예들의 주인(despotikos)의 역할이 같다고 생각하는 이들이 있는데 이는 잘못이다." 정치가, 왕, 가사 관리인들의 역할에 본질적 차이가 없다고 생각하는 사람들에 의하면 이들 사이에 존재하는 차이란 사소한 것이다. 즉, 이들 사이에는 지배받는 사람들의 수에서 많고 적음만이 있을 뿐 "본질적인 차이"가 없다고 생각한다. 그러나 아리스토텔레스는 그런 관점을 틀린 것으로 본다.[222]

II. 공화주의적 공사관과 아시아적 전제정

아리스토텔레스에 의하면 주인과 노예의 관계를 그 구성 요소로 포함하는 가족생활은 기본적으로 지배와 피지배의 관계가 관철되는 영역이다. 달리 말하자면 가족은 자유로운 시민인 남성이 주인, 즉 가부장으로서 노예와 여성과 아이들을 다스리는 지배의 영역이다. 이와 달리 자유로운 시민들 사이에서 형성되는 폴리스, 즉 정치적 통치행위 혹은 시민생활(politikos bios)은 주인과 노예의 관계에서 관철되는 지배의 형식과 근본적으로 다른 방식으로 이루어진다. 시민들은 서로가 서로를 동등한 자로

---

222 아리스토텔레스, 『정치가』, 천병희 옮김, 숲, 2009, 15-16쪽. 고대 아테네에서 자유로운 시민생활과 노예적인 가족생활 사이의 공사 이원론에 대해 이의를 제기한 인물은 소크라테스였다. 이에 대해서는 가라타니 고진, 『철학의 기원』, 조영일 옮김, 도서출판 b, 2015, 201-202쪽 참조

대우하면서 번갈아가면서 통치하는 자유로운 방식으로 지배한다. 그래서 아리스토텔레스는 주인이 노예를 지배하는 방식과 자유로운 시민들이 서로에 대해 대하는 통치행위의 차이를 다음과 같이 요약한다. "이상으로 주인의 지배(despoteia)와 정치가의 지배는 서로 다르며, 어떤 사람들이 말하듯 모든 종류의 지배가 서로 같은 것이 아님이 분명하다. 정치가는 타고난 자유민을, 주인은 타고난 노예들을 지배하기 때문이다. 그리고 가정에서의 지배는 독재(monarchia)적이다. 각각의 집을 한 사람이 지배하기 때문이다. 반면 정치가는 자유민과 동등한 자들을 지배한다."[223] 인용문에서 보듯이 아리스토텔레스에 의하면 남성 시민은 집안의 가장으로 폴리스라는 도시국가의 정치적 성원권을 누리지만, 자연적인 노예, 아이와 여성들은 시민의 지위에서 제외된다. 이렇게 아리스토텔레스는 가족을 남성 시민인 가장의 권위적이고 폭력적인 지배가 관철되는 영역으로 이해한다.[224]

한나 아렌트는 20세기에서 고대 그리스 시민의 자유에 관심을 기울이면서 그 의미를 되살리고자 시도했다. 그리고 그는 정치적 자유에 대한 공화주의적 이해를 새롭게 하는 데 크게 기여했다. 그는 정치적인 것, 즉 폴리스의 구성원으로 산다는 것을 자유로운 삶으로 생각하는 고대 아테네의 이념을

• • •
223 같은 책, 35쪽.
224 일부 인간은 본성적으로 노예라는 아리스토텔레스의 입장을 장 자크 루소는 비판했다. 루소에 의하면 아리스토텔레스는 원인과 결과를 혼동한다. 몇몇 사람들이 노예로 타고나는 것은 노예제 사회를 당연한 것으로 간주하는 사회에서 노예로 태어났기 때문이다. 그리고 그런 상황을 자연스러운 것으로 받아들이도록 길들여져 있기 때문에 노예는 자신을 구속하는 사슬과 억압에서 해방되려는 욕망도 지니지 않는다. 그래서 노예제가 유지되는 것이다. 간단하게 말하자면 노예는 자연에 반하는 것인데, 노예제를 운영하는 사회가 그것을 자연스러운 것으로 만든 것뿐이다. "그러므로 천성적인 노예가 있는 것은, 그에 앞서 천성에 반한 노예가 이미 존재했기 때문이다. 폭력이 최초의 노예를 만들어냈고 그들의 비열함이 노예 상태를 영속시킨 것이다." 장 자크 루소, 『사회계약론』, 이환 옮김, 서울대학교출판부, 2007, 7-8쪽.

이어받아 폴리스 외부에 있는 가정생활을 자유와 전적으로 무관한 삶의 영역, 심지어 가장의 전제적인 폭력이 난무하는 곳이자 야만적인 아시아 전제주의 국가에 고유한 삶의 방식으로 규정한다. "그리스인들은 폭력으로 사람을 강제하며, 설득하기보다 명령하는 것을 전 정치적(pre-political) 사람을 다루는 방식이라고 생각한다. 이 방식은 폴리스 밖의 생활, 즉 가장이 전제적 권력을 휘두르는 가정과 가족생활에 특징적이며 또는 아시아의 야만적인 제국의 생활에 특징적인 것이다. 이 제국의 전제주의는 흔히 가정조직체와 유사하였다."[225]

가정생활을 한 사람, 즉 가장이 노예를 대하듯이 전적으로 홀로 독재를 행사하는 영역으로 바라보는 것, 달리 말하자면 정치적 공동체에서의 자유로운 생활은 가정생활의 운영 방식과 무관하고 대립적인 것이라는 아리스토텔레스 및 아렌트의 관점은 공자 및 유가적 사유 방식과 커다란 차이를 잘 보여준다. 공자로부터 발생한 동아시아의 유가적 사고에 따르면 가정생활을 모든 공적인 활동의 덕목이 형성되는 출발점이다. 이 책 제3장에서 강조했듯이 주희는 공사 구별을 천리와 인욕의 대비 속에서 이해하지 가정생활을 사적인 것으로 보고 국가에 관련된 것을 공적인 것으로 간주하지 않는다. 그러므로 공자에서 주희에 이르는 유가사상의 전통에서처럼 가정생활을 정치생활의 기초로 바라보는 관점을 서구적인 공사 구별의 관점에 입각하여 공과 사를 혼동하고 있다거나 공사 구별을 명확하게 하고 있지 않다고 비판하는 것은 온당치 못하다. 공과 사를 구별하는 원칙이 서로 다른 것이어서 서구적인 공사 구별, 즉 가정생활은 사적인 것이고 정치적 공동체에 관한 것은 공적인 것이라는 생각 자체가 초시대적·초역사적인 보편성을 지니는 공사 구별의 기준이 될 수 없다는 것이다.

그뿐만 아니라 가족의 영역을 노예적 삶의 방식이 관철되는 전제주의적

• • •
225 한나 아렌트, 『인간의 조건』, 앞의 책, 78-79쪽.

영역이라는 아리스토텔레스 및 아렌트의 입장은 가족생활을 정치생활과 밀접하게 연계된 것으로 바라보는 시각에 대한 오해를 동반한다. 『정치학』 제3권에서 아리스토텔레스는 비헬라스인들, 즉 타고한 노예이자 야만인들은 전제정치를 더 잘 견뎌낸다고 말한다. 그 이유는 비헬라스인들은 노예근성으로 인해 독재치하에서도 아무런 굴욕을 느끼지 못하는 존재이기 때문이다. 그리고 비그리스인들, 즉 아시아인들이 보여주는 천성적인 노예근성의 뿌리는 가부장적인 권력에 대한 순응이라고 아리스토텔레스는 이해한다. "그 밖에도 다른 유형의 독재정치(monarchia)가 있는데, 야만족들 사이에서 볼 수 있는 왕정이 그것이다. 이런 유형의 왕정은 모두 왕이 참주와 같은 권한을 갖지만, 합법적이며 아버지에게서 아들로 세습된다. 그것은 이민족이 헬라스인들보다, 아시아인들이 에우로페(Europe)인들보다 더 노예근성이 강해서 불평 없이 전제정치(專制政治; despotikē archē)를 더 잘 참고 견디기 때문이다."[226]

아렌트는 기본적으로 아리스토텔레스의 입장을 반복한다. 바로 앞에서 인용한 주장에서 보듯이, 즉 "가장이 전제적 권력을 휘두르는 가정과 가족생활에 특징적이며 또는 아시아의 야만적인 제국의 생활에 특징적인 것"이 폭력적 지배라고 간주하는 아렌트는 폴리스 외부의 삶의 영역을 자유가 박탈된 필연성의 영역으로 보는 데 그치지 않는다. 그는 자유의식이 없이 가장이 전제적인 방식으로 통치하는 생활방식은 '제국의 전제주의'와 다름이 없고, 그런 통치 질서는 바로 아시아 문명에 특유한 정치제도라고 본다. 길게 설명할 필요도 없이 이런 인식이 바로 유럽중심주의에 의한 아시아 문화의 타자화에 다름 아니다.

그런데 흥미롭게도 '폴리스=자유의 영역 대 가정생활=전제주의의 영역 혹은 필연성의 영역'이라는 아리스토텔레스 및 아렌트의 이분법은

---

226 아리스토텔레스, 『정치학』, 앞의 책, 178-179쪽.

고대 아테네 민주주의의 비밀을 품고 있다. 즉, 아테네 민주주의가 작동할 수 있는 필연적 전제 조건이 바로 자유로운 시민인 가부장 남성의 지배하에 있었던 노예이다. 노예적 삶의 영역으로 간주되는 가정생활 너머에서야 비로소 폴리스에 참여하는 자유로운 시민들의 삶이 가능하다는 인식은 아테네 민주주의가 구성적 타자로서 노예를 요청하고 있으면서도 그런 자유의 영역으로부터 노예를 배제하고 있는 폭력적 지배질서임을 은폐하고 있는 것이다.

페리 앤더슨(Perry Anderson)은 그의 유명한 저서 『고대에서 봉건제로의 이행』에서 노예제 생산양식을 그리스·로마 세계가 창안한 것이자 그 세계의 "번영과 쇠퇴를 가져온 궁극적 기초"라고 말한다.[227] 고대 그리스 문명이 찬연하게 꽃피어난 위대한 고전기라고 알려진 기원전 5세기와 4세기의 그리스는 "여타의 노동조직 가운데에서도 유독 노예제가 대대적이고도 일반적인 때였다"고 그는 지적한다.[228] 특히 고대 사회에서 경제력의 주요 원천이었던 은을 채취할 수 있는 광산을 시내에 많이 갖고 있었던 아테네는 다른 도시국가들에 비해 유달리 많은 노예를 지니고 있었다.

헤겔에 의하면 그리스 공화국, 즉 그리스의 직접민주주의는 신탁에 의한 정치, 노예제도 그리고 소규모의 도시국가라는 세 가지 특성을 지닌다.[229] 이 세 가지는 고대 아테네의 자유 공화국이 제대로 작동되기 위해 충족되어야만 했던 필수적인 조건들이었다. 특히 헤겔은 고대 아테네 민주주의와 노예제도 사이의 논리적 연관성에 주목한다. 헤겔은 고대 아테네 민주주의 자체가 필연적으로 노예제도를 요구하고 있다고 비판한다. 공공

• • •

227 페리 앤더슨, 『고대에서 봉건제로의 이행』, 유재건·한정숙 옮김, 현실문화, 2014, 24쪽.

228 같은 책, 25쪽.

229 G. W. F. Hegel, *G. W. F. Hegel Werke in zwanzig Bänden*, hg. v. E. Moldenhauer und K. M. Michel, Band 12, Frankfurt 1969-1971, p. 310 이하.

선과 공적인 업무를 결정하는 데에 참여하는 시민들의 삶을 인생의 궁극적 가치로 바라보는 아테네 민주주의는 시민의 역할을 담당할 사람들을 좁게 한정하고 그 외의 사람들을 비시민으로 배제하지 않을 수 없다. "노예제도는 각 시민이 공공의 장소에서 국가 행정에 대한 연설을 하고 그것을 경청하는 권리와 의무, 체육관에서 자신의 신체를 단련할 권리와 의무 그리고 축제를 공동으로 거행할 권리와 의무를 지녔던 그런 아름다운 민주주의의 필연적 조건이었다." 간단하게 말하자면 "시민들의 평등"과 "노예들의 배제"는 상호 공속하는 것이다.[230]

고대 아테네 민주주의의가 헤겔의 주장처럼 '아름다운 민주주의'였는지는 의문이다. 자유로운 시민의 삶이 공적 삶에 대한 적극적 참여에 있다고 믿는 한에서, 아테네 시민들은 수시로 공적 행사에 참여하지 않을 수 없었다. 특히 전쟁이 발발할 경우에 자유로운 시민은 곧 시민병사로 전쟁에 참여하는 것을 정상적이고 자연스러운 시민적 삶으로 간주했다. 그러므로 자유로운 시민들은 경제적 활동에 전념할 수 없었다. 그들은 자신의 자유로운 삶을 위한 여유를 반드시 노예를 통해 확보하지 않으면 안 되었다.

사실 아테네 민주주의의 번영은 노예제도에만 의존해 있었던 것이 아니었다. 아테네 민주주의의 번영과 발전은 제국주의적 팽창을 위한 지속적인 전쟁과 함께했다. 아테네 민주주의의 성장 과정에서 전쟁은 중요한 역할을 수행했다. 그 당시 전쟁에 참여할 때 장비와 무기는 시민들 자신의 재산에서 조달되었다. 상류 계층의 시민들은 기병으로, 중간 계층의 시민들은 중무장 보병으로 그리고 기병이나 중무장 보병에 필요한 장비를 스스로 조달할 경제력 능력이 부족한 하층 노동 계층의 시민들은 해군 함정에서의 노를 젓는 수군으로 활동했다. 이런 상황에서 시민들이 자발적으로 전쟁에 복무

• • •

230 G. W. F. Hegel, *Vorlesungen über die Philosophie der Weltgeschichte*, Band II-IV, Hamburg 1988, 610쪽 이하. 아테네 민주주의의 내적 한계에 대한 보다 상세한 분석에 대해서는 나종석, 『헤겔 정치철학의 통찰과 맹목』, 에코리브르, 2012, 35-37쪽 참조.

하는지 여부는 사활적인 문제였다. 아테네가 민주주의를 택했던 이유도 전쟁에서 민주주의가 도시를 방어하는 데 더욱 용이할 것이라는 사실 때문이었다.[231]

정복국가로서의 아테네 폴리스가 보여주었던 무한한 팽창 욕망은 고대 그리스 도시국가의 내적인 불안정성과 밀접하게 연결되어 있음을 잊어서는 안 된다. 해외로의 팽창은 폴리스 내부의 극단적 분열과 갈등을 치유하는 최고의 방법이었다. 모제스 핀레이는 해외의 식민지 개척을 통한 아테네인들의 해외 정착이야말로 "내전을 막는 최선의 안전장치이고 정치적 평온과 안정에 이르는 열쇠였다"고 말한다.[232] 아테네의 가난한 시민들도 정치적 참여를 할 수 있도록 함으로써 아테네 민주주의를 그 절정에 이르게 한 페리클레스시기에 가장 가난한 계층에 속하는 시민들은 국가가 부여하는 수당을 받으며 주로 수병으로 활동하였다. 이렇게 하여 그들은 정치적 활동에 참여할 수 있게 되었고, 이는 또한 시민들 사이의 긴장을 줄여 시민들의 화합에도 긍정적인 기여를 하였다. 그런데 이런 시민들의 화합에 요구되는 막대한 경제적인 비용은 바로 아테네의 해외팽창으로 충당되었던 것이다.[233]

아테네 민주정이 제국으로의 팽창 경향을 지니고 있었다는 점은 많은 학자들의 지지를 받고 있다. 간단하게 말해 "아테네의 제국 건설을 부추긴 것은 아테네의 경제적·사회적 동학과, 궁극적으로는 정치적 동학이었다"는 것이다.[234] 아테네 주도로 구성된 델로스-아테네 해양 동맹이 점점

• • •
231 폴 우드러프(Paul Woodruff), 『최초의 민주주의: 오래된 이상과 도전』, 이윤철 옮김, 돌베개, 2012, 60쪽 참조.
232 모제스 I. 핀레이(Moses I. Finley), 『고대 세계의 정치』, 최생열 옮김, 동문선, 2003, 145쪽.
233 페리 앤더슨, 『고대에서 봉건제로의 이행』, 앞의 책, 53쪽 참조.
234 헤어프리트 뮌클러, 『제국: 평천하의 논리』, 공진성 옮김, 책세상, 2015, 113쪽. 가라타니 고진도 "제국주의적 확장이야말로 아테네 민주정의 기반"이라고 강조한다. 『철학의

아테네의 제국적인 해양 지배(Thalasokratie)로 변화되는 과정에서 아테네는 페르시아 대제국의 위협이 사라진 이후 동맹도시들로부터 평화배당금을 받아내기 위해 그들을 "종속된 피지배국"으로 전락시킨다.[235] 아테네는 동맹국들이 내야 할 액수를 스스로 정했을 뿐만 아니라, 군대의 지휘관과 동맹의 재무장관을 임명했다. 아테네는 해양 동맹 국가들의 내정에도 개입했고 동맹국의 도시에 군대를 주둔시켜 동맹국 내부의 문제에 정치적 영향력을 행사했다. 심지어 아테네는 동맹의 금고를 델로스 섬에서 아테네로 옮겼을 뿐만 아니라, "동맹의 충성 서약을 '아테네와 그 동맹국'"이 아니라, "아테네 시민들"에게 하도록 했고 동맹의회가 지니고 있었던 전쟁과 평화에 대한 결정권을 박탈하고 그것을 아테네 민회가 갖도록 했다.[236]

자유로운 시민들의 정치적 공동체가 그것이 추구하는 규범적 원칙인 자유 및 평등과 배치되는 노예와 피정복 국가의 희생 위에서 가능했던 것은 고대 아테네 민주주의에만 국한된 일시적 현상은 아니다. 근대 유럽 자본주의 세계체제는 그것이 본격적으로 출현할 때부터 식민지배 체제를 동반했다. 그리고 미국 민주주의 건국의 아버지들도 대다수가 노예 농장주들이었다. 1787년 여름 필라델피아에서 열렸던 헌법제정회의(Constitutional Convention)에 당시 미국 13개 주 중에서 11개 주의 대표들이 참석하여 헌법을 작성했다. 이 헌법에 서명한 39명 중 대다수는 노예 소유주였으며 이 헌법을 비준하기 위해 투표에 참여한 수는 2천명도 안 되는 적은 수였다.[237]

고대 아테네 민주주의 및 미국 건국 당시의 민주주의를 보건데 자유는

• • •

기원」, 앞의 책, 185쪽.

235 헤어프리트 뮌클러, 같은 책, 357쪽.

236 같은 책, 34-35쪽.

237 로버트 달(Robert Dahl), 『미국헌법과 민주주의』, 박상훈 · 박수형 옮김, 후마니타스, 2004, 69-70쪽 참조.

노예제도와 함께하고 있다는 역설에 직면한다. 이런 역설이 대중 민주주의가 실현된 오늘날에는 완전히 사라졌다고 볼 수 있을까? 그렇지 않다. 아테네 민주주의가 품고 있었던 자유와 노예의 모순적 결합체는 오늘날에도 변형된 형태로 남아 있다. 이 모순적 결합은 논리적 차원에서 볼 때 자유 및 평등의 실현을 궁극적 가치로 설정하는 민주주의가 의존성과 자립성의 배제적 결합의 방식을 넘어선 방안을 쉽게 찾을 수 없다는 점에 기인하는 것으로 이해될 수 있기 때문이다. 달리 말하자면 사적 영역으로 분류된 가정에서 노예적인 지배 관계가 당연한 것으로 치부되면서, 동시에 폴리스 구성원인 시민들만이 자유를 향유할 수 있었다는 것은 자유가 자체적으로 자유의 전적인 타자인 노예를 요구하고 있었음을 의미한다. 오늘날의 용어로 표현하자면 고대 아테네의 노예는 자유로운 시민 공동체의 구성적 타자임에도 불구하고, 그런 정치적 공동체인 폴리스에서 아무런 몫을 주장하지도 지니지도 못하는 '잉여=무'와 같은 존재였다.

자유로운 사회를 구성하면서 그 공동체 내에서 아무런 몫을 갖고 있지 못할 뿐만 아니라, 몫을 주장할 아무런 권리조차도 지니지 못하는 질서가 지속되는 이유 중의 하나는 자유에 대한 독특한 믿음 때문이다. 자유라는 것이 의존성과 양립할 수 없다는 자유에 대한 널리 퍼져 있는 잘못된 신화가 바로 자유가 노예와 같은 비자립적이고 자유를 박탈당한 존재에 의존해 있다는 사실을 망각하도록 하는 것이다. 아리스토텔레스와 아렌트가 가족과 폴리스의 작동 원리가 서로 양립할 수 없다는 점을 강조하면서 우리에게 확인해주는 것은 시민적 자유의 위대성과 존엄성만은 아니다. 공화주의적 혹은 민주주의적 자유의 이념에 대해 찬탄하는 사람일지라도, 아니 그런 사람일수록 자유가 사적 영역인 가정 및 노예 경제의 희생 위에서만 가능하다는 관념을 극복할 대안을 모색해야 한다.

그런 모색에서 모든 사람은 다 자유롭고 평등하다는 관념, 그러니까 자율성의 이념을 보편주의적 원칙으로 선언하는 데에 그 해답이 있을 것이라는 결론에도 쉽게 동의해서는 안 된다. 그런 동의는 자유와 평등의 보편주의적 원칙이 여전히 삶의 기본적 조건인 '의존성'의 문제에 대해 맹목적 태도를 지니고 있다는 점을 자각하고 있지 않기 때문이다. 인간의 삶의 기본적 조건인 의존성의 문제와 자유 및 독립성 사이의 상호 관계에 대한 보다 성숙된 사유가 필요한 이유도 보편주의적 원칙의 이런 맹목성과 일면성 때문이다.

인간의 삶의 기본적 전제 조건인 의존성의 문제를 좀 더 살펴보기 전에 아테네 민주주의에서 정치적 자유가 왜 노예를 필연적으로 요청하고 있는지에 대한 아렌트의 설명을 인용해보자. "생명의 보전을 염려하는 살아 있는 존재인 인간은 필요(necessity)에 직면하고, 또 필요에 의해 추동된다. 필요는 정치적으로 '좋은 삶'이 시작되기에 앞서 정복되어야 한다. 이 정복은 [필요 욕구]의 지배를 통해서만 가능하다. 그러므로 '좋은 삶'의 자유는 필요를 지배하는 일에 달려 있다. 필요의 정복은 인간을 강제하고 자신의 세력 속에 붙잡아두는 삶의 필요를 통제하는 일을 목표로 삼는다. 그러나 필요에 대한 지배는 오로지 타인을 통제하고 그들에게 폭력을 가해야만 성취될 수 있다. 여기서 타인이란 자유인을 필요에 의한 강제로부터 해방시켜주는 노예를 의미한다. 자유인, 즉 폴리스의 시민은 삶의 물리적 필요에 의해 강제되지 않고, 타인의 인공적인 지배에 종속되지도 않는다. 자유인은 노예가 되어서는 안 되고 노예를 소유하고 지배해야 한다. 정치 영역의 자유는 실제 생활의 모든 기초적인 필요가 규정대로 정복되었을 때 시작한다. 그러므로 지배와 종속, 명령과 복종, 지배와 피지배는 정치 영역을 수립하는 선(先)조건일 뿐이다. 왜냐하면 이런 것들은 정확히 말해서 정치 영역의 내용이 아니기 때문이다."[238]

• • •
238 한나 아렌트, 『과거와 미래사이: 정치사상에 관한 여덟 가지 철학연습』, 앞의 책, 162-163쪽.

아렌트가 말하는 필요의 욕구란 인간이 육체적 생명을 유지하기 위해 필요로 하는 모든 것을 생산하는 것과 관련되어 있다. 인간이 생명체인 한 생명의 보존과 유지 그리고 재생산을 위해 필수적으로 요구되는 것들은 존재한다. 그럼에도 그런 필수적인 것을 생산하거나 그것을 관리하거나 하는 등의 문제를 정치적 영역과 무관한 것으로 설정하는 것 자체도 문제다. 그러나 이보다 더 심각한 문제는 아렌트가 '필요'라고 부르는 영역을 자유로운 삶을 위해 반드시 정복되어야 할 것으로 본다는 데 있다. 그리고 그 영역은 아렌트에 의하면 지배와 폭력을 통해서 정복될 수 있는 것이다. 그리고 '필요에 의한 강제'로부터 벗어나 '좋은 삶'이라는 폴리스적 시민으로서 향유할 수 있는 자유로운 삶은 필요의 영역을 폭력적으로 강요당하는 노예를 필요로 한다고 아렌트는 강조한다. 그래서 아렌트에게 폴리스 시민이 누리는 자유로운 삶은 노예를 지배하고 소유하지 않으면 가능하지 않은 것으로 이해된다. 그러므로 폴리스가 존재하기 위해 노예를 폭력적으로 지배하고 관리하는 가정 영역이 요청된다고 그는 결론짓는다.

위에서 보듯이 아렌트가 이해하는 시민적 자유의 삶은 내재적으로 노예에 대한 강제적/폭력적 지배를 매개로 하고 있다. 그럼에도 폴리스적 시민은 자신의 자유가 노예의 처지로 강등되고 억압된 노예에 의존하고 있다는 사실을 성찰하지 않는다. 달리 말하자면 시민의 자유가 독립적 삶을 지향함에도 불구하고 그런 자립적 삶이 궁극적으로는 노예에 의존하고 있음을 자각하지 않는다. 오히려 노예 주인으로서 시민의 자유로운 삶은 노예적 삶을 경멸하고 무시하는 데 존재한다. 이처럼 자유로운 삶은 타자인 노예를 전제하면서도 자유를 가능하게 해주는 노예에 대한 의존성을 무시한다. 그래서 아렌트의 입장에서도 노예는 자유로운 시민을 가능하게 하는 존재이면서 폴리스로부터 근본적으로 배제되어 있는 구성적 타자로 머무르고 있다.

달리 말하자면 아렌트의 공화주의적 자유 이론은 자유로운 시민을 가능하게 하기 위해 폴리스로부터 배제되면서도 그에 대한 아무런 몫을 지니지 못하는 자를 철저하게 은폐시킨다. 그러므로 그의 폴리스적 자유론은 자유로운 시민이 노예에 의존하고 있는 역설적 존재, 즉 노예의 노예라는 사실을 제대로 다루지 못하는 불충분한 이론임이 드러난다. 그뿐만 아니라 아렌트식의 자유와 필연의 이분법은 인간의 삶에서 가족생활이 차지하는 의미를 이해하는 데에서도 심각한 오류를 보여준다. 유교적 사유 방식을 설명하는 부분에서 좀 더 자세하게 살펴보겠지만, 가족생활(적어도 유가적 전통에서 바라본 가족의 운영 원리)은 노예적 삶의 영역도 아니며 노예주가 노예를 폭력적으로 지배하는 영역과도 아무런 관련이 없기 때문이다.

앞에서 보았듯이 가정과 국가를 별도의 원칙이 적용되는 독자적 영역으로 보는 시각은 유가적 전통에서 볼 때 매우 낯설다. 그런데 흥미로운 점은 동아시아의 수많은 지식인들도 유가적 전통을 비판할 때 유가적 가정생활에 대한 이해 방식이 폴리스적 시민을 가능하게 하기 위해 희생되고 배제되어야 할 영역, 그러니까 폭력적인 지배의 원칙이 통용되어 마땅한 노예적 삶 및 전제적 지배 권력이 유감없이 관철되는 영역으로 보는 관점과 아무런 차이가 없다는 점을 자명한 것으로 전제한다는 사실이다. 달리 말하자면 가족에 대한 유가적 이해가 아렌트가 보여주는 것처럼 가족의 운영 원리를 전제적인 폭력과 지배, 즉 노예적 삶이 관철되는 곳으로 보는 사유 방식을 공유하고 있음을 전제하면서, 이런 가정 자체가 과연 참다운 것인지에 대해 아무런 회의나 의심을 던지려 하지 않는다. 바로 뒤에서 보겠지만 이런 무비판적 태도는 유럽중심주의적 사유 방식의 철저한 내면화의 결과이다. 아테네 및 로마의 가족제도의 역사적 경험을 배경으로 하여 형성된 가족에 대한 서구적 이해가 참이라는 가정 자체에 대해 그 어떤 비판적 문제 제기가 이루어지지 않을 정도로 서구 중심적 사유 방식의 노예적 전유는 심각하다.

유가적 가족이해가 근본적으로 전제적이기에, 가족 운영의 원리에 바탕을 두고 사회 및 국가를 운영해온 동아시아의 역사가 철저하게 자유의식이 없는 전제주의 사회의 지속적 반복의 역사에 다름 아니라는 사유는 사실상 유럽중심주의적 사유 방식의 핵심적 구성 요소이다. 이런 사유의 대표적 사례가 바로 헤겔의 역사철학이라는 점은 널리 알려져 있다. 유럽중심주의의 철학적 대변인에 해당되는 헤겔은 중국 문명 및 동아시아 문명의 핵심을 '가족정신'에서 구한다. 그에 의하면 동아시아 문명이 인간의 자유가 점진적으로 실현되는 역사에서 자체적으로 아무런 실질적인 진보를 이룩하지 못한 채 후진적이고 정체된 상태에 처하게 된 것은 다름 아닌 가족정신 때문이다. 이런 점을 헤겔은 다음과 같이 요약한다. "다음에 우리들은 위에 서술한 중국 역사의 근소한 자료를 기본으로 삼아 그에 일관하여 변하지 않는 국체의 정신을 고찰할 생각이다. 이 국체의 정신은 보편적인 원리로부터 생긴다. 보편적 원리란 바로 실체적 정신과 개체적인 것의 직접적인 통일이다. 그러나 그것은 실제로는 이 인구가 조밀한 국토에 번지고 있는 가족정신이다. 주관성의 계기, 바꾸어 말하면 개별적 의지를 전멸시키는 힘인 실체에 대한 개별적 의지의 자기반성의 면, 혹은 이 힘이 개별적 의지 자체의 본질로서 세워져 개별적 의지가 이 본질 안에서 자기를 자유로서 안다고 하는 면은 여기에는 아직 존재하지 않는다."[239]

제3장에서 언급했던 진관타오의 주장, 즉 가정윤리를 정치 영역에 적용해온 유교 전통에 의해 중국에서 공과 사의 구분이 존재하지 않는다는 주장은 헤겔적인 서구중심주의적 사유의 틀을 자명한 것으로 받아들이고 있는 한 사례에 불과하다. 그렇지만 서구적인 공사 구별을 반복하는 것은 유가적 사유 방식의 고유성을 인식하는 데 방해가 될 뿐이다. 가정생활은 전제적인 폭력이 지배하는 영역이고 그런 영역을 전체 사회의 원리로

• • •
239 헤겔, 『역사철학강의』, 김종호 옮김, 삼성출판사, 1995, 187쪽. 중국의 가족정신에
     관한 헤겔의 인식이 지니는 문제점에 대해서는 김상환, 『공자의 생활난: 김수영과
     『논어』』, 북코리아, 2016, 43쪽 참조.

받아들이고 있는 것은 아시아인들이라는 고대 아테네에서 발생하고 아렌트에게까지 이어지는 관점을 가족에 대한 유가적 이해의 본질로 보고 이를 비판하는 것은 가족과 정치의 유가적인 연계성의 사유 방식을 심각하게 곡해하기 때문이다. 이런 시각은 고대 아테네 남성가장 시민들이 누리던 가정생활을 마치 보편적으로 타당한 가정생활의 전형으로 보고 그것을 아시아의 생활방식 전체에 투사한 결과에 불과하다. 그런 시각은 좁게는 가정에 대한, 넓게는 정치세계를 포함한 세계 전체에 대한 자신의 특정한 이해, 달리 말하자면 세계에 대한 자신의 편견(선입견)을 진리라고 우겨대는 지적 폭력에 불과하다.

Ⅲ. 자유주의적 공사 구별과 그 딜레마

아렌트가 분석한 폴리스적 시민의 자유로운 삶과 노예적/사적인 가정생활의 이분법이 안고 있는 문제는 의존성과 자유의 상관성에 대한 통찰의 불충분성에 기인한다고 앞에서 말했다. 그리고 의존성과 자립성의 이원적 대립 구도의 함정에 빠져 있는 것은 자본주의적 근대사회의 주류적 자유 이론이라 할 수 있는 자유주의라고 예외가 아니다. 예를 들어 칸트는 능동적 시민과 수동적 시민을 나눈다. 그에게서도 시민은 남성에 한정되어 있었으며 경제적으로 자립할 여력이 없는 남성들에겐 참정권이 주어지면 안 된다. 그는 경제적 자립 능력이 없는 사람을 어린아이와 여성과 더불어 미성숙한 존재로 취급한다. "시민, 즉 공동입법자로서 공동적 존재의 한 성원의 자립성(*sibisufficientia*). 그렇지만 입법 자체의 요지에 있어서 현전하는 공공의 법칙들 하에서 자유롭고 평등한 모든 사람들은 이러한 법칙들을 만드는 법[권리]과 관련하여서는 모두를 평등하다고 여길 수 없다. [……] 이제 이러한 입법에서 투표권을 갖는 사람은 하나의 시민(Stadtbürger),

즉 부르주아(bourgeois)가 아니라, 시토와엥(citoyen), 즉 국민(Staatsbürger)이라 한다. 그것을 위하여 요구될 수 있는 성질은 자연적인 성질 (그것이 아이도 아니고 여성도 아니라는 것) 외에 다음의 유일한 성질이다: 즉 그가 자기 자신의 주인(그의 권리)이라는 것, 따라서 그를 먹여 살리는 그 어떤 소유물(이러한 것으로는 또한 각각의 기술, 수공업 또는 아름다운 기술 또는 학문이 헤아려질 수 있다)을 갖는다는 것; 즉 그는 살기 위하여 그가 타자로부터 벌이를 할 수밖에 없는 경우들에서 그의 것의 양도를 통하여서만 벌이하는 것이지, 그의 힘들을 사용하도록 그가 다른 사람들에게 내주는 인가를 통하여 벌이하는 것은 아니다."[240]

칸트는 시민적 자립성을 지니지 못하는 사람들을 타인의 보호와 명령을 받아야만 하는 사람들이라고 부른다. 그리고 타인의 명령에 복종하고 보호를 받아야 하는 위치에 있는 사람들을 "공동체의 막일꾼"에 불과하다고 말한다. 그런 사람들이 누구인지에 대해서 그는 다음과 같이 구체적으로 열거한다. "[……] 정원 일에 고용한 나무꾼, 쇠 가공 일을 하기 위해서 자기의 망치, 모루, 풀무를 들고 가가호호 방문하는 인도의 구두장이, 교사와는 대조적인 가정교사, 임차농과는 대조적인 소작농부 등등은 한낱 공동체의 막일꾼일 따름이다. 왜냐하면 이들은 타 개인들의 명령이나 보호를 받지 않으면 안 되고, 그러니까 아무런 시민적 자립성을 가지고 있지 못하기 때문이다."[241] 여성 및 어린아이와 더불어 경제적 자립 능력이 결여되어 있는 사람들은 칸트 당대에 대다수 독일인을 구성했을 터인데도, 그는 그들에게 정치적 참정권을 주어선 안 되는 미성숙한 존재에 지나지 않는다고 본다. 심지어 칸트는 타인의 의지에 따라 복종하면서 살아가야 하는 사람들이 자신들의 주인에 대해 의존하고 있는 것 그리고 이런 수동적

• • •

240 임마누엘 칸트, 『속설에 대하여: 그것은 이론에서는 옳을지 모르지만, 실천에 대해서는 쓸모없다는』, 오진석 옮김, 도서출판 b, 2011, 41-42쪽.

241 임마누엘 칸트, 『윤리형이상학』, 백종현 옮김, 아카넷, 2012, 268쪽.

시민이 겪어야 하는 불평등은 동일한 국민을 이루는 "인간으로서의 그들의 자유와 평등에 결코 대립적인 것은 아니"라고 강조한다.[242]

20세기 후반의 미국의 위대한 자유주의 이론가인 존 롤스의 이론도 마찬가지이다. 물론 그는 아렌트 및 칸트와 달리 여성을 동등한 시민의 범주에서 제외시키지도 않으며 이른바 가족과 같은 "사적 영역이 정의로부터 면제된 공간"이라는 생각을 거부한다.[243] 그러나 그의 자유주의적 정의론도 의존성의 문제를 제대로 다루지 못함을 알 수 있다. 롤스가 주장한 평등 지향의 정의 이론은 자율성의 이념을 전면에 내세우기에 삶의 취약성 및 의존성과 관련된 문제를 적절하게 반영하고 있지 못하다. 자율성과 의존성의 문제를 적절한 방식으로 해결하는 정의 이론으로는 충분하지 않다는 비판이 그의 정의 이론에 대해 제기되는 이유가 여기에 있다.

이 문제와 관련하여 주목할 만한 논쟁은 롤스의 자유주의적 정의론에 대한 페미니즘적 이의 제기로 인해 출현했다. 특히 에바 페더 커테이(Eva Feder Kittay)는 롤스의 평등주의적 자유주의 정의론은 의존적인 사람과 이를 돌보고 보살펴야 하는 사람을 시민의 지위에서 주변화시키고 있다는 반론을 제기했다.[244] 이 자리에서 이와 관련한 쟁점들을 상세하게 다룰 수는 없지만, 롤스의 이론과 같은 현대의 자유주의 정의론조차도 인간의 의존성의 문제를 어떤 논리적 이유 때문에 소홀하게 다루고 있는지를 간단하게 살펴볼 필요가 있다.

인생에서 의존은 예외적이거나 일시적인 것이 아니다. 갓 태어난 아이나 병든 노인만이 의존할 수 있는 누군가를 필요로 하지 않는다. 의존성은

---

242 같은 책, 268-269쪽.

243 존 롤스, 『정치적 자유주의 증보판』, 장동진 옮김, 동명사, 2016, 671쪽.

244 에바 페더 커테이, 『돌봄: 사랑의 노동』, 김희강·나상원 옮김, 박영사, 2016, 특히 제2부 '정치적 자유주의와 인간 의존성' 참조; 김희강, 「역자 해제: 돌봄 패러다임」, 같은 책, 1-18쪽 참조. 역자 해제는 커테이의 기본적 문제의식을 잘 전달하고 있다.

198 | 제1부 한국 가족사회와 민주주의

그 어디에서나 언제나 존재한다. 커테이는 이런 점을 "인간 의존의 사실"(fact of human dependency)이라고 부른다.[245] 우리는 성인이 되어서도 뜻하지 않은 사고로 중증장애인이 될 수 있거나 사망할 수 있다. 중증장애인이 된 경우에는 말할 것도 없고 위험한 사고에 처해서 사느냐 죽느냐 하는 긴급한 상황에 처한 사람은 타자의 도움과 관심을 간절히 바란다. 그런 상황에서 자신의 생명이 죽을지도 모르는 위험을 무릅쓰고 어려운 처지에 있는 사람을 구해주는 선행은 오늘날에도 드물지 않다. 그리고 긴박한 상황에서 자신의 생명을 돌보지 않고 어려움에 처한 사람을 돕는 행위에서 보듯이 의존적이며 도움이 필요한 사람에게 반응을 보이는 사람은 일방적인 헌신과 희생을 제공한다.

돌봄 관계의 일반적 사례에서 보듯이 의존인, 즉 타인으로부터 도움을 받아야 하는 사람과 돌봄을 제공하는 사람 사이의 관계는 사회계약론이나 자유주의적 정의 이론이 상정하듯이 동등한 권리 주체로 인정되는 자유롭고 평등한 시민들이 맺는 대칭적이고 상호적인 관계와 다르다. 돌봄 관계는 대칭적이고 상호적인 방식으로 주고받는 관계와 질적으로 다르기 때문이다. 커테이의 주장에 따르면 돌봄 관계에 전형적이고 일반적인 사례는 호혜적으로 관계 맺을 수 없는 돌봄에 의존해 있는 경우, 달리 말하자면 "호혜적일 수 없는 돌봄에 의존하는 의존인"의 경우이다.[246] 그리고 상당 기간 동안 의존인에게 돌봄을 제공한 사람이 오늘날에도 여전히 사회적·경제적 처지가 열악한 것은 우연이 아니다. 성별분업이 남성 위주로 되어 있는 상황에서 주로 돌봄의 의무를 져야 하는 여성들은 도움을 필요로 하는 노부모나 어린아이를 돌보아야 한다. 그런데 그런 돌봄 행위는 돌봄을 제공하는 사람으로 하여금 자신의 자율적 삶을 구현하려는 목적에 전적으

• • •
245 같은 책, 39쪽.
246 같은 책, 31쪽.

로 몰입할 수 없게 만든다. 오늘날에 이르기까지 인류사에서 돌봄의 노동, 즉 돌봄 행위를 제공하는 여성과 달리 돌봄의 필요에 응답할 필요가 없는 남성 동료 시민들이 여성과의 경쟁에서 유리한 조건에 서게 된 데에는 이유가 있다.

인간에게 의존성이라는 사태는 너무나 당연하다. 여기에서 다루어지는 의존성의 사태는 사회적 존재로서 인간은 누구나 다 타인의 인정을 욕망한다는 차원과 결부되어 있는 타자 의존성의 맥락과 구별된다. 물론 '타인의 시선(응시)은 지옥'이라는 장 폴 사르트르(J. P. Sartre)의 언급에서 보듯이 인간은 본래 타자 의존성에서 벗어날 수 없다. 물론 이 주장을 통해 사르트르가 강조하고자 하는 것은 사람이 오로지 자신의 주체성을 박탈/파괴하는 적대적 관계에서만 타자의 의미를 경험한다는 사태이다.[247] 그러나 타인의 욕망, 즉 타인이 자신에게 내보이는 부러움과 시샘을 통해서도 사람은 자신의 존재 이유를 느끼기도 하는 존재이다. '타인의 시선이 지옥'이라는 명제는 사실 인간의 사회성을 역설적으로 강조하는 주장으로 이해되어야 한다. 즉, 그것은 타인의 시선이 메두사의 눈을 바라본 사람을 딱딱한 돌과 같은 물체로 만들어 버리는 힘, 그러니까 자신의 자율성을 전적으로 박탈할 수 있음을 보여주고 있기 때문이다. 이처럼 사람은 타인에게 적대적 방식으로 의존해 있는 존재인 셈인데, 이런 의미에서 이해된 의존성의 문제는 여기에서 다루어지는 의존성의 사태와 다른 차원의 것이다.

더구나 의존이 필요할 경우에 그에게 돌봄을 제공하는 사람이 없다면 그 인간은 존재할 수 없다. 이런 점에서 돌봄 제공자와 돌봄 의존인 사이의 관계에는 사르트르가 주목한 타인의 시선이 지니는 폭력성과 자신의 주체성 사이에서 발생하는 파괴적 관계와 묘하게 통하는 지점이 존재한다. 돌봄 관계가 때론 엄청난 폭력관계로 타락할 수 있는 잠재성을 지닌다는

• • •
247 테리 이글턴, 『우리시대의 비극론』, 이현석 옮김, 경성대학교출판부, 2006, 398쪽.

점은 타자 의존성이 지니는 폭력성과 무관하지는 않을 것이다. 그런데 의존적인 사람을 돌보는 일을 주로 여성에게 전가해온 것이 동서고금을 막론하고 인류 역사의 부인할 수 없는 사실이다. 자유와 평등의 보편성이 그 어느 때보다 존중되고 있다고 자부하는 현대 민주주의 사회에서도 도움을 절실하게 필요로 하는 의존적인 사람을 돌보는 일은 주로 가정이나 여성에게 전가되고 있다. 의존성의 사태로부터 벗어나 독립적이고 주체적으로 행위 할 수 있는 사람은 결국 성인 남성이라는 점에서 현대 민주주의 사회도 독립적인 남성 활동을 정상적인 것으로 간주하는 사회라는 점이 드러난다.

커테이의 돌봄에 대한 사유로 되돌아가보자. 커테이에 의하면 존 롤스의 공정으로서의 정의론은 사회를 자유롭고 평등한 사람들의 결사체로 본다는 점에서 유아, 아이, 노인, 병약자, 장애인 등과 같은 사람들의 의존성과 관련된 문제를 외면한다. 존 롤스의 평등주의적 자유주의 정의 이론도 의존성과 관련된 불평등의 문제를 적절하게 고려하지 않고 있다는 것이다. 달리 말하자면 자유주의적 평등 이론은 민주주의 사회를 자유롭고, 독립적이고(independent) 평등한 시민들로 구성된 결사체로 이해하기 때문에 부인될 수 없는 인간의 보편적인 의존성의 사실을 제대로 고려하지 못하는 불완전한 평등 이론에 그치고 있다.[248] 커테이는 이런 자신의 문제 제기를 자유주의적 평등에 대한 "의존 비판"(dependency critique)이라고 부른다. 그리고 의존 비판은 "평등에 대한 페미니스트 비판"이기도 하다.[249]

커테이의 의존 비판은 평등의 이념 자체를 거부하려는 것이 아니다. 그것이 지향하는 것은 삶의 피할 수 없는 조건인 의존성의 문제를 고려하는 더 나은 평등 이론이다.[250] 평등에 대한 의존 비판의 핵심적 문제 제기는

• • •
248 같은 책, 43쪽.
249 같은 책, 27-28쪽.
250 같은 책, 29쪽.

"의존의 요구와 평등의 목표"를 양립 가능하게 할 수 있는 정의 이론의 추구가 필요하다는 것이다.[251] 의존성과 보편적 자율성의 이념 사이의 조화를 가능하게 하는 새로운 정의 이론을 추구하는 입장에서 커테이는 존 롤스의 이론을 다음과 같이 평가했다. "현대 자유주의 철학을 대표하는 가장 저명한 학자인 롤스는 전통적인 서구 철학의 용어로 정치적인 것(the political)을 정의한다. 롤스 이론의 포괄성과 설득력에도 불구하고, 그의 이론은 이전의 이론과 마찬가지로 인간 의존이라는 사실을 간과했으며, 인간 의존이 사회조직에 미치는 영향을 주목하는 데 실패했다. 그는 정치적인 것에서 의존인에 대한 책임을 누락했던, 즉 의존인에 대한 책임을 정치적인 것의 주변부로 치부한 기존의 논의와 입장을 같이 했다. 롤스 이론의 전제는 이러한 책임이 공적 관심이 아니라 사적 관심에 속한다고 보았다. 정치적인 것을 정의할 때 의존을 간과한다면, 이러한 공사 구분은 합리적으로 보이기에 충분했다. 따라서 구성원이 평등하다고 간주되는 정치적 영역에서 의존인을 돌보는 의존 노동자의 특별한 지위는 감춰져 있다. 자유주의적 이상으로서의 평등은 이와 같은 공적 영역에 관심을 갖기 때문에, 인간 의존의 세계를 조망하는 데 실패했다."[252]

커테이의 의존 비판을 불러일으킨 존 롤스의 입장을 좀 더 살펴보자. 1993에 나온 『정치적 자유주의』에서 그는 그의 정의론이 "시민으로서의 개인들이 사회의 협동적 성원이 될 수 있도록 하는 모든 능력을 갖추고 있는 것으로 가정하고 있다'고 말한다. 달리 말하자면 그의 정의론은 "자유롭고 평등한, 그리고 일생을 통하여 정상적이고 완전하게 협동하는 사회의

• • •

251 같은 책, 67쪽.

252 같은 책, 153쪽. 존 롤스는 『정치적 자유주의』에서 1971년의 『정의론』(*A Theory of Justice*)에서 서술된 공정으로서의 정의론에 대해 제기된 반론, 그러니까 그것은 성과 가족에 관하여 많은 미해결의 문제점을 안고 있다는 반론을 언급한다. 그러면서 이제 그런 반론이 극복될 수 있다고 생각한다. 존 롤스 『정치적 자유주의』, 앞의 책, 37쪽 참조

구성원으로 간주되는 시민들 사이에 사회적 협동의 조건들을 규정하기 위하여 가장 적합한 정의관"이 무엇인지를 탐구한다.[253] 그는 이런 정의관을 추구하면서 질병이나 사고로부터 고통을 겪는 구성원들의 문제들을 일단 논외로 치자고 말한다. 즉, 롤스는 "일시적 무능력과 또한 영구적 무능력이나 정신적 착란이 너무 극심하여 일상적인 의미에서 사회의 협동적 성원이 되는 것을 가로막는 문제들에 관해서는 당분간 논외로 하고자 한다"고 인정한다.[254]

롤스가 사회적 협력의 정의로운 원칙을 해명할 때 사회적으로 협력할 정상적인 구성원이자 평등한 시민의 모델로 설정하는 개인은 "일생을 통하여 정상적이고 완전하게 협동하는 사회의 구성원으로 간주되는 시민"이다. 그러므로 그는 원초적 상황에서 질서정연한 사회를 운영할 수 있는 기본적 정의 원칙을 합의하는 당사자들은 의존을 필요로 하지 않는 정상인이라고 가정하면서 의존의 문제와 관련된 것을 정의의 핵심적 과제로 설정하지 않는다. 이렇게 그는 타인의 돌봄에 의존해 있는 사람은 물론이고 도움을 필요로 하는 사람을 돌보지 않으면 안 되는 사람을 그의 평등 개념에서 배제한다. 그리고 그런 배제의 근본 이유는 그가 설정한 사회협력 당사자에 대한 관점이 평생을 걸쳐 온전한 삶을 살아갈 수 있는 시민을 이른바 정상적인 인간의 모델로 가정하고 있기 때문이다.

그런데 인간은 자유롭고 '정상적인' 존재로 타고나지 않는다. 롤스의 표현대로 한다면 인간은 '정상적이고 완전하게 협동하는' 사람으로 태어나지 않는다. 인간은 누군가의 도움과 협력을 받아서 비로소 자유로운 존재로

• • •

253 존 롤스, 『정치적 자유주의』, 같은 책, 103쪽.
254 같은 책, 103-14쪽. "정의의 근본 문제는 사회에 완전하고도 활동적으로 참여하고, 인생 전체 과정에 직접 또는 간접적으로 연루되어 있는 사람들 사이의 관계에 관심을 두기 때문에, 모든 사람들은 어떤 정상적인 범위 안에서 육체적 필요와 정신적 능력을 갖는다고 가정하는 것이 설득력을 지닌다. 그러므로 특별한 건강 문제나 정신적 결함 문제는 일단 논외로 한다." 같은 책, 420쪽 각주 10.

성장할 수 있을 뿐이다. 스스로 선택하거나 부모와 계약 내지 합의를 한 후에 태어나는 인간이란 존재하지 않는다. 탄생은 우리에게 선물과 같은 우연적 사건의 결과이다. 유아는 이 세상에 나온 뒤 그와 최초로 관계를 맺는 사람, 주로 어머니와 정서적 접촉 경험을 통해 사회화 과정을 겪는다.[255] 타인과의 성공적인 정서적 접촉의 경험을 통해 어린아이는 자신을 서서히 독자적인 주체로 이해하는 능력을 키우게 된다. 그러므로 부모와의 상호애착 관계 형성 여부는 어린아이가 독립적 주체로 성장하는 과정에서 결정적 중요성을 지니는 것으로 인정된다.[256] 도널드 위니캇이 주장하듯이 어린아이가 다른 사람의 도움이나 보살핌이 없이 스스로 행동하거나 홀로 있을 수 있는 능력은 신뢰할 수 있는 어머니가 곁에 지속적으로 존재하고 있다는 경험에 기대어 있다.[257]

인간이 어머니와의 성공적인 애정 결속을 경험함에 의해 성숙해나가는 존재라는 점은 갓 태어난 아이가 처음으로 세상에 나와 만나는 타자(대개는 어머니)에게 절대적으로 의존해 있다는 사실을 통해 여실하게 입증된다. 아이의 어머니에 대한 절대적 의존성의 사태보다도 탄생과 성숙의 과정이 언제나 성공할 것이라는 점을 미리 전제할 수 없음을 극명하게 보여주는 것은 없다. 그런 점에서 탄생은 가장 위험한 도박이나 다름없다. 타자의 반응에 전적으로 의존해 있는 어린아이에게 자신과 이 세상에서 최초로 관계를 맺는 타자가 자신을 사랑으로 대할지, 즉 그 타자가 자신과 성공적으로 정서적 결합을 보여줄 태도를 지닌 존재인지는 아무도 알 수 없다.

• • •

255 커테이가 말하듯이 롤스가 말하는 정상적인 사회 협력의 구성원이 되기 위해서는 대략 20년 정도 양육되어야 하고 그중 10년 정도는 거의 전적으로 성인에게 의존하는 삶을 살아야 한다. 그리고 이런 의존의 상황은 노년에도 해당된다. 에바 페더 커테이, 『돌봄: 사랑의 노동』, 앞의 책, 163-164쪽.

256 악셀 호네트, 『인정투쟁: 사회적 갈등의 도덕적 형식론』, 문성훈 · 이현재 옮김, 사월의 책, 2012, 192쪽 참조.

257 같은 책, 205쪽 참조.

이런 타자의 미결정성 및 불확실성은 인간 실존의 근원적 조건으로 이해되어야 한다. 우리 모두는 이런 극단적인 불확실성 속에서 태어난다. 탄생이 계약에 의한 것이 아니라, 타자가 준 선물이듯이 탄생 이후의 지속적 생존은 자신에게 의미 있는 타자 혹은 부모의 헌신적인 돌봄과 배려의 결과이다. 부모의 헌신적인 돌봄 행위는 가장 순수한 증여, 혹은 아무런 대가를 전제로 하지 않는 일방적인 절대적 증여의 상징일 것이다.

그리고 그런 증여는 우연성에 터를 둔 기적과도 같은 것이다. 태어나면서 버려지는 아이도 많다. 어떤 생명은 낙태를 통해 이 세상에 나오기도 전에 제거되기도 한다. 주체적인 존재로 성장하여 활동한다는 것은 결코 자명한 사실도 정상적인 사태도 아니다. 많은 사람들이 이른바 정상인처럼 동료 시민들과 협력할 수 있도록 하는 근본 조건은 자율성이 아니라, 증여와 같은 무조건적인 배려와 보살핌을 베풀면서 자신을 소멸시키는 누군가의 희생인 것이다. 그런 행위가 자발적인 헌신과 희생이라고 해도 희생은 희생인 것이다. 이처럼 이 세상에 태어난다는 것은 가장 모험적인, 극도의 위험성을 안고 있는 상황에 자신이 처한다는 것을 의미하며, 이런 상황에서 스스로 독립적인 주체로 성장하는 것은 자신의 자립적인 노력의 결과가 아니라, 절대적 의존성의 상황에 처한 갓난아이를 자신처럼 관심을 기울이며 돌보는 사람이 준 선물인 셈이다.

그렇다고 인간이 어렸을 경우에만 타인, 예를 들어 엄마에게 절대적으로 의존하고 있는 것은 아니다. 인간의 의존성은 사람이 태어나서 죽을 때까지 늘 존재한다. 의존성에서 벗어난 삶은 인간에게 가능하지 않다. 인간이 자유롭고 평등한 존재로서 존중받으면서 살아갈 수 있는 것도 늘 타자에 대한 의존성으로부터 완전히 해방되었기 때문이 아니다. 모든 조건으로부터 벗어난 상태에서 비로소 사람이 자유로울 수 있다는 것은 틀린 것이다. 모든 관계로터 떨어져 나온 상황에서 자족적이며 독립적 삶을 살아갈 수 있는 존재는 인간이 아니다. 따라서 자유로운 삶 자체가 타인에 의존해 있다는 인정 이론적 통찰은 자유란 사람들이 서로를 자유로운 인간으로 존중하는 한에서 가능하다는 자유의 사회성을 강조하는 데에 국한해 있지 않다.

물론 타자가 자신을 자유로운 인격적 주체로 존중하는 사회 속에서만 개인의 자유도 온전하게 보호될 수 있다는 점에서도 우리는 자유가 타자에 의존해 있다고 주장할 수 있고, 그런 주장 역시 타당하다. 이런 인식이 사소한 것처럼 보이지만 서구 근대의 자유에 대한 역사를 보면 꼭 그렇지만도 않다. 예를 들어 로크식의 자아관은 자아가 타자와의 관계에서 형성되는 것임을 간과한 채 자아가 타자와의 관계망 속에서 형성될 수 있는 정체성과 무관하게 정의될 수 있다고 보았다.[258] 이런 자아관은 주체를 철저하게 독립적 존재로 보는 사회계약론적인 정치적 원자론과 긴밀하게 연결되어 있다.[259] 실제로 로크는 사회계약을 통해 정치사회를 구성하는 담당자를 "자유롭고 평등하고 독립적 존재"로 설정한다.[260]

그러나 인간적 삶의 기본 조건으로서 의존성의 사태를 강조하고 이를 자유의 문제와 연관해보려는 시도는 자유롭고 평등한 시민들 사이의 상호 존중의 틀을 넘어서 있다. 그것은 비대칭적으로 의존해 있는 사람을 사회계약의 당사자 범주로부터 배제하는 자유주의 평등 이론이나 서구의 전통적인 사회계약론이 가정하고 있는 완전성 및 독립성의 신화[261]에 대한 비판을 겨냥한다. 독립성(independency)의 신화는 인간의 의존의 사실을 예외적인 것으로 보거나 비정상적인 것으로 보면서 그런 점을 정의로운 사회의

258 찰스 테일러, 『자아의 원천들: 현대적 정체성의 형성』, 권기돈 · 하주영 옮김, 새물결, 2015, 111쪽.

259 같은 책, 388쪽 참조

260 존 로크, 『통치론: 시민정부의 참된 기원, 범위 및 그 목적에 관한 시론』, 강정인 · 문지영 옮김, 까치, 2003, 93쪽.

261 에바 페더 커테이, 『돌봄: 사랑의 노동』, 앞의 책, 311쪽; 마사 누스바움, 『혐오와 수치심: 인간다움을 파괴하는 감정들』, 조계원 옮김, 민음사, 2015, 562-563쪽 참조.

기본 구조를 사유할 때 고려의 대상으로 삼지 않는 태도를 말한다. 그러나 그런 태도는 아무런 합리적 근거를 지니고 있지 않기에 신화나 허구에 불과하다.

앞에서 살펴본 것처럼 자유주의 전통에서 젠더 문제를 포함하여 가장 평등 지향적인 이론으로 평가받는 롤스의 정의론이 보여주는 한계는 바로 의존성의 문제와 평등 및 자유의 이념을 상호 결합하는 데에서 보여주는 난점에 기인한다. 달리 말하자면 평등에 대한 롤스의 관념은 대칭성(혹은 대등성)과 쌍무적인 상호성을 기반으로 하고 있기 때문에, 대칭적이지도 못하고 쌍무적인 상호성의 관계 속에서 포착될 수 없는 삶의 근본적 조건인 의존성 및 삶의 취약성의 문제를 간과하고 있는 것이다. 가상적 상황에서 정의 원칙을 선택하는 사람들이 의존성의 사실에 대해 맹목성을 지니는 사람들이라고 한다면, 그런 사람들이 채택한 정의 원칙이 문제가 없을 것이라고 추측할 수는 없다. 의존성의 사실에 대해 맹목적인 사람들에 의해 선택된 정의 원칙은 삶의 온전함을 보장하기 위해 필요한 기본적인 사회구조를 이해하는 과정에서 반드시 왜곡과 편향을 초래할 것이기 때문이다. 커테이가 적절하게 지적하듯이 "온전히 기능하는 사람이라는 규범에 기초하여 대표자를 구성하는 것은, 비의존적으로[독립적으로: 필자] 기능하는 사람과 돌봄에 대해 책임을 담당하지 않는 사람을 선호하여 정의의 원칙이 선택되도록 왜곡하는 것이다."[262]

인간의 삶의 의존성과 결부되어 있는 돌봄의 필요를 진지하게 다루지 못하는 자유주의적 평등 이론에 대한 커테이의 '의존 비판'은 이제 많은 학자들의 공감대를 얻고 있다. 캐나다 출신의 저명한 정치철학자인 윌 킴리카에 의하면 모든 사람들을 자율적 존재로 동등하게 존중해야 한다는 자유주의적 사상가들은 "세계가 오로지 장애 없는 성인들로 구성되어

• • •
262 에바 페더 커테이, 『돌봄: 사랑의 노동』, 같은 책, 179쪽.

있는 것처럼 저술했고, 그러한 성인들이 어떻게 양육되었으며, 의존적인 사람들의 필요가 어떻게 충족될 수 있는가에 대한 문제들을 무시했다.'[263] 미국의 대표적인 여성 철학자인 마사 누스바움도 존 롤스의 영향을 받아 기본적으로 정치적 자유주의를 옹호하면서도 사회계약이론이 가정하는 사회관계에 대한 사고방식의 한계와 위험성을 비판한다. 그에 의하면 정치적 자유주의의 핵심적 사고는 "평등한 존중, 호혜성" 그리고 "개인의 불가침성"의 옹호이다.[264]

그런데 대칭적인 상호성의 전제에서 출발하는 평등 이념과 개인의 자유 및 존엄성에 대한 강조는 커다란 한계가 있다. 누스바움에 의하면 그것은 타인의 도움을 필요로 하는 의존적 존재를 비정상인의 범주에 속하는 사람으로 분류하고 이를 평등하고 자유로운 시민이라는 이른바 정상적인 사회 구성원으로부터 배제하는 논리로 변질될 위험성을 보여준다. "사회의 기본적 구조를 힘과 능력이 대체로 비슷한 독립적인 성인 간의 계약으로 보는 주요 사회계약 이론가들의 관점은 상당히 설득력이 있다. 또한 이러한 전통은 존엄성과 호혜성에 대한 자유주의적 사고를 심화시키는 데에도 큰 기여를 해왔다. 그러나 케이헌과 에치오니가 주장하는 시각보다 훨씬 더 미묘한 방식이기는 하지만, 이들 이론은 평등과 독립성을 강조하고, 사회계약의 목적을 상호 이익에 둠으로써 낙인을 조장할 수 있다. 이러한 시각은 독립적인 성인이 전형적인 시민을 대표한다고 보고, 모든 시민은 능력이 대략 비슷하다고 간주하기 때문에 삶의 일부분 또는 전 생애에 걸쳐 일반적이지 않은 장애가 있거나 비대칭적으로 의존하는 사람들에 대한 낙인을 불러올 수 있는 것이다. [사회계약 이론에 담긴] 사회의 가장 기본적인 정치적 원칙은 [능력이 동등한 시민 간의 계약을 가정하기 때문에

• • •
263 윌 킴리카, 『현대 정치철학의 이해』, 장동진 외 옮김, 동명사, 2006, 574쪽.
264 마사 누스바움, 『혐오와 수치심: 인간다움을 파괴하는 감정들』, 앞의 책, 600쪽.

다른 사람에게] 비대칭적인 도움을 받아야 할 필요가 있는 대상을 고려하지 않으며, [이처럼 절대적 도움이] 필요한 사람들을 평등하게 존중받을 가치가 있는 존재로 여기지 않게 한다. [그래서 사회계약 원리에 따라] 사회의 기본적 구조를 설계한 후에 [절대적 도움이] 필요한 사람들을 고려하게 되면, 일반적인 장애를 지닌 사람(이른바 이들 '정상인'은 자신을 '몸이 건강한' 사람으로 부르길 좋아한다.)이 특이한 장애를 지닌 사람을 [자신과 완전히 다른 존재로] 구분하게 만들 위험성이 있다."[265]

배려 윤리학자이자 여성주의 정치이론가인 조안 트론토(Joan C. Tronto)도 "시민을 독립적인 성원으로 간주"하는 자유주의적 태도가 역설적으로 인간을 배제하는 논리로 작동한다고 비판한다. "모든 인간은 전체 인생을 놓고 보았을 때 정도의 차이는 있을 수 있겠지만, 타인의 돌봄에 의지해서 살아가는 상호의존적 존재"인데도 불구하고, 독립성에 대한 자유주의적 강조는 "사람을 의존적이라 낙인찍어" 배제시킨다. 독립성에 대한 생각은 "상호의존적인 모든 인간의 특성과 한 사회에서 돌봄의 필요를 직시하지 않는 것"을 정당화하기 쉽기 때문이다.[266]

IV. 유가적 공공성 이론의 성격과 그 가능성

우리는 위에서 의존성과 평등 이념을 균형 잡힌 시각에서 다룰 수 있는 확장된 정의 이론의 필요성을 강조했다. 그리고 그런 정의 이론을 모색하는 과제는 인간적 삶의 의존성과 취약성을 적절하게 고려할 수 있는 확장된 인간관 그리고 그런 인간관에 부합하는 정치 이론 및 민주주의 이론의

• • •
265 같은 책, 610-611쪽.
266 조안 C. 트론토(Joan C. Tronto), 『돌봄 민주주의』, 김희강・나상원 옮김, 아포리아, 2014, 78쪽.

모색과 깊게 연결되어 있다. 또한 이런 새로운 정치이론의 모색에 대한 필요성은 공자와 유가 전통에서 늘 소중하게 다루어온 가족의 중요성 그리고 가족과 정치의 상호 밀접한 연계성에 대해서도 새로운 해석의 가능성을 제공한다. 이런 해석의 출발점은 당연히 돌봄은 가정에 속하는 과제가 아니라 고유한 정치적 과제라는 인식이다. 아렌트식의 공사 구분이나 자유주의적인 공사 구분의 문제점에서 명확하게 드러났듯이, 돌봄 문제는 정치적인 핵심 과제의 하나로 재평가되어야 한다. 그러므로 돌봄을 전체 사회가 공정하게 분담할 수 있도록 민주주의 사회를 재구성하는 것이 오늘날 중요한 민주주의적 정치의 과제라고 조안 C. 트론토는 주장한다.[267] 돌봄을 민주주의 사회가 해결해야 할 중요한 과제로 인식하는 것은 돌봄을 사적인 영역으로 간주된 가정에 속하는 일, 그리고 성별화된 분업 속에서 돌봄을 여성의 일로 간주하는 태도를 해체하는 작업이자 돌봄의 민주화, 즉 돌봄의 책임을 민주적으로 함께 질 수 있는 방안을 모색하는 시도이다.

유가적 사유 방식의 현재적 의미를 새롭게 사유하기 위한 출발점으로 유학이 강조하는 가족과 정치의 연계성의 논리를 알아보자. 여기에서는 성리학자 주희의 공(公) 이론에 초점을 두고 유가의 공사 의식의 특성이 무엇인지를 해명해볼 것이다. 성리학의 집대성자인 주희는 몸에 대해서도 공을 언급하는데, 이런 식의 공사의 구별을 우리는 결코 서구적인 공사 구별의 관점에서 제대로 이해할 수 없다. 주희에 의하면 자신의 몸을 다스리는, 혹은 자신의 몸을 대하는 사사로움의 방식과 공적인 방식이 구별된다. 그에 의하면 "공은 인의 방법이고, 사람의 몸은 인의 재료이다."[268] 자기에 대해서도 사와 공이 적용된다는 것은 주희에게는 이론의 여지가 없다.

• • •

267 같은 책, 48-49쪽, 53쪽 참조.

268 여정덕 편, 『주자어류(朱子語類) 2』, 허탁 외 옮김, 청계, 2001, 99조목; 100조목; 102조목, 779쪽 이하.

달리 말하자면 자신의 몸을 함부로 사사로운 방식으로 대하지 않을 경우에만 그는 가족이나 향촌사회, 더 나아가 국가를 공적인 방식으로 잘 다스리는 기초를 훌륭하게 다진 인물임을 입증할 수 있는 것이라고 생각한다. 자기 자신을 사사로운 방식으로 대하는 태도를 극복한다는 말은 사람의 몸을 인(仁)의 재료라고 주장한 부분과 연결해서 보아야 한다. 그러면 자신의 몸을 수양해서 자기를 사사로이 대하지 않아야, 즉 자신에 대한 사사로움(己私)을 극복해야 비로소 공(公)할 수 있다는 것이다.

인욕의 사사로움에 대비되는 천리의 공 관념은 주희에게서 공자의 가장 핵심적 사상인 인(仁)과 밀접한 관련 속에서 이해된다. 공자의 핵심 사상이 인(仁)에 관한 것이라는 점은 의문의 여지가 없지만, 인은 다양한 의미를 지닌다. 인(仁)은 모든 인간이 추구해야 할 인간다움의 근원이라는 점에서 보편적인 도덕 원칙이자 인간다움의 최고의 경지라는 성격을 지닌다. 공자는 인을 인간이 자신의 인간성을 실현하기 위해 갖추어야 할 최고로 중요하고도 가장 완벽한 덕으로 이해하면서 동시에 인을 다양한 덕을 총괄하고 있는 것으로 이해한다. 이런 맥락에서 진영첩은 인을 "모든 다른 덕들이 뒤따라 나오는 보편적이고 기본적인 일반적 덕"이라 규정한다.[269]

그러나 공자는 보편적이고 일반적인 덕이 아니라, 특수한 덕을 지칭하기 위해 인 개념을 사용하는 경우가 있다. 예를 들어 번지(樊遲)가 인(仁)을 묻자, 공자는 "사람을 사랑하는 것"[270]이라고 말한다. 이때 사람을 사랑한다는 것은 타인에 대한 이타적 관심과 공감어린 배려 행위로 이해되어야 한다. 그래서 첸양리(Chenyang Li)는 인 개념에 가장 잘 어울리는 영어 용어로 배려 내지 보살핌의 뜻을 지닌 'caring'을 추천한다.[271]

• • •

269   Wing-tsit Chan, "Chinese and Western Interpretations of Jen (Humanity)", *Journal of Chinese Philosophy* 2, no.2, p. 107.

270   주희, 『논어집주』(論語集註), 「안연」, 22, 앞의 책, 248쪽.

271   Chenyang Li, "The Confucian concept of Jen and the feminist ethics of care", *Confucian*

공자 이후 최고의 유학자라 불리는 맹자도 인(仁) 개념을 넓은 의미로 사용하는 경우가 있다.[272] 그는 『맹자』「진심하」16에서 "인(仁)은 사람이라는 뜻이니, 합하여 말하면 도(道)이다'라고 설명한다.[273] 그러나 맹자에게서 인(仁) 개념은 거의 전적으로 타인에 대한 배려나 다른 사람에게 해를 가하지 않으려는 마음이라는 의미로 이해된다. 그래서 벤자민 슈워츠는 맹자에 이르러 인(仁) 개념은 "전 포괄적인 도덕적 탁월성에서 남에 대한 '박애'라는 좀 더 특수한 의미로 좁아졌다"고 말한다.[274] 그러나 주희의 성리학에서 인은 천리의 공과 연결되어 그 포괄성을 새로운 차원에서 회복한다. 주희는 공과 사의 구별을 천리와 인욕의 구별이라는 관점에서 이해함으로써 공자의 인 사상을 천리의 공과 연결시킨다. 예를 들어 주희는 "인은 천하의 공이며 선의 근본이다"(仁者天下之公, 善之本也)라는 『역전』(易傳)에 나오는 구절을 다음과 같이 설명한다. "어진 사람은 천지 만물을

• • •

　　　Studies. Edited by Xinzhong and Wei-ming Tu, Volume 4. Reinterpreting Confucian Ideas, London and New York: Routledge, 2011, p. 262.
272　물론 공자와 맹자를 공맹(孔孟)으로 병칭하여 맹자를 공자사상의 참다운 후계자로 바라보는 데 대해 비판이 없는 것은 아니다. 예를 들어 송대에서도 맹자에 대한 강력한 비판의 흐름이 존재했다. 사실 송대 이전에 유학자들은 늘 주공과 공자를 주공(周孔)으로 병치했던 데 반해, 송대 이후 유학자들은 공맹을 병칭으로 사용하여 맹자의 지위를 상승시켰다. 그리고 이런 흐름을 주도한 사람이 바로 성리학의 집대성자인 주희였다. 또한 송나라 시대에 맹자를 비판한 사람들은 주로 맹자의 민본주의 및 역성혁명론 등 황제의 권한을 제어하여 황제체제를 변혁시킬 수 있는 잠재적 요소를 비판했다는 사실 그리고 민본주의 및 왕패지변 그리고 역성혁명론 등 맹자의 기본적 사상을 숭상했던 유학자들이 성리학자들이었음도 명심할 필요가 있다. 황준걸, 『이천년 맹자를 읽다: 중국맹자학사』, 함영대 옮김, 성균관대학교출판부, 2016, 191-26쪽 참조.
273　주희, 『맹자집주』(孟子集註), 성백효 역주, 전통문화연구회, 1991, 422쪽.
274　벤자민 슈워츠, 『중국 고대 사상의 세계』, 나성 옮김, 살림, 2004, 411쪽 각주 31. 공자 및 맹자에게서 인은 모든 윤리적 이상을 포괄하는 넓은 의미로 사용되기도 하고, 정서적 관심(affective concern)을 뜻하는 좁은 의미로도 사용된다. 그러나 맹자에게서 인은 '다른 사람에게 해를 끼치는 것을 내키지 않아 한다'거나 '무고한 사람을 죽이지 않는다'와 같은 정서적 관심을 강조하는 의미로 더 자주 사용된다. 이에 대해서는 킹로이슌, 『맨얼굴의 맹자』, 이장희 옮김, 동과서, 2017, 110쪽 참조.

하나의 몸으로 여기는 까닭에 '천하의 공'이라고 말한다. 사단(四端)과 온갖 선은 인에 포섭됨으로 '선의 근본'이라고 말한다."[275]

또 주희는 인과 공을 구별하면서도 공을 인에 이를 수 있는 방법으로 이해한다. "인(仁)의 도는 요컨대 단지 하나의 공(公)자로 말해 버릴 수 있다. 공(公)은 인(仁)의 리(理)일 뿐이니, 공(公)을 곧 인(仁)이라 불러서는 안 된다. 공(公)을 사람이 체득하면 인(仁)이 된다."고 그는 말한다.[276] 이처럼 인을 실현하는 방법이 바로 인간의 모든 구체적인 관계 속에서 공을 실현하는 것이라고 주희는 강조한다. 그래서 주희는 "사사로운 욕망을 완전히 씻어내고 하늘의 이치가 유행하는 것이 인이다"라고 역설한다.[277]

사람이 공을 체득하여 인을 실현할 수 있는 길을 파악하는 것이 무엇인가를 분명하게 이해하기 위해서는 자신의 몸과 마음은 물론이고 타자와의 관계에서 사사로움의 관계 방식이 무엇인가를 알아야 한다. 주희에 의하면 사사로움(私)이란 자신, 이웃, 국가, 인류 그리고 심지어 모든 자연 존재에 대한 개방성과 연계성, 즉 개방적 태도의 결여이자 자신에게만 배타적으로 관계하는 폐쇄적인 관련 맺음의 방식을 일컫는다. 달리 말하자면 사사로움, 그러니까 사사로운 관계라는 것은 자기 자신은 물론이고 사람과 사람, 사람과 여타 생명체 그리고 사람과 우주의 상호 소통과 감응을 차단하고 이들 사이에 간격을 형성하여 천지만물과의 소통적 관계 및 긍정적인 감응 관계를 불가능하게 만드는 행위 일반이다. 그래서 주희는 사(私)를 천지만물이 물처럼 자연스럽게 흐르는 것을 차단하는 행위로 본다. 그리고 이런 차단 행위는 "다른 사람과 자기가 하나이고 외물과 자기가 하나라는 것"을 자각하지 못하게 만드는 "간격"(間隔)이라고 정의한다.[278] 사사로움

• • •

275 주희·여조겸 편저, 『근사록집해 1』, 이광호 역주, 아카넷, 2004, 101쪽.

276 같은 책, 244쪽.

277 여정덕 편, 『주자어류 2』, 앞의 책, 780쪽 이하.

278 같은 책, 757쪽.

으로 인해 초래된 다른 존재와의 소통의 가능성 자체의 결여 내지 부재 상태를 주희는 인의 상실 혹은 불인(不仁)으로 이해한다. 그리고 그는 정명도(程明道, 1032~1085)의 주장을 이어받아 인(仁)과 불인을 손발의 마비 상태와 대비해서 설명한다. "의서(醫書)에서 손발이 마비된 것을 불인(不仁)이라 하는데, 이 말은 인을 가장 잘 표현했다. 인이라는 것은 천지만물을 한 몸으로 여기는 것이므로 자기가 아닌 것이 없다. 천지만물을 모두 자기라고 생각한다면 어디엔들 미치지 못함이 있겠는가? 만약 자기의 일부가 아니라면, 저절로 자기 자신과 상관이 없게 된다. 이것은 손과 발이 불인(不仁)하여 기가 관통하지 않게 되어, 모든 것이 자기에게 속하지 않게 된 것과 같다."[279]

앞의 인용된 구절에서 보듯이 사사로움은 자기를 다른 존재와 격리시켜 관계하지 않고 오로지 자신에게만 배타적인 방식으로 몰두하려는 태도이다. 주희가 볼 때 본래 인간의 본성은 선한 것으로 배움을 통해 성인(聖人)의 경지에 이를 수 있는 존재임에도 불구하고, 인간은 다른 사물 및 타인과 관계함이 없이 오로지 자신만의 사사로움을 취할 수 있다. 그는 이런 사사로움의 상태를 여기서는 손과 발이 서로 통하지 않는 것으로, 즉 불인(不仁)한 것으로 묘사한다. 불인(不仁)이란 타자와의 만남과 소통이 단절된 상태이며 동시에 참다운 자신의 상실임을 보여준다. 따라서 사사로움, 달리 말해 자신에 대한 불인한 태도는 자신의 본성으로부터의 어긋남이자 소외이다. 이처럼 자기 소외로서의 사사로움은 타자와의 연계와 소통의 단절로 인해 생긴 마비된 상태이며, 이런 마비 상태 자체에 대하여조차도 자각하지 못하는 것을 의미한다. 따라서 주희는 다음과 같이 설명한다. "천지만물은 나와 한 몸이므로 마음에 사사로운 가림이 없으면(心無私蔽) 자연스럽게 사랑하고 공평하게 되니(愛而公), 이것을 인이라고 말한다. 만약 이러한

• • •
279 같은 책, 115쪽.

이치에 밝지 못하여 사사로운 생각에 의해서 막히고 끊어지게 되면 너와 내가 형체로 나뉘게 되어 교섭이 없게 된다. 비유하자면 수족이 마비되어 기운이 서로 관통하지 않게 되어 아프고 가려워도 상관하지 않게 되는 것과 같다. 이것은 사지를 가진 몸의 불인이다."[280]

타자와의 긍정적인 소통과 개방적 관계를 차단하여 자신조차도 파멸에 이르게 하는 사사로움(私)에 반하여 "공(公)은 소통하여 막힘이 없다는 것이다. 오직 그것이 소통하여 막힘이 없기 때문에 흘러서 사물을 윤택하게 할 수 있다."[281] 이처럼 주희의 공(公) 이론은 자신과의 관계는 물론이고 사람과 사람 그리고 사물과 사물들 사이의 단절과 분리를 사사로움으로 보고, 이런 격리되고 분리된 소외 상태를 이어주어 천지만물의 공생과 조화를 지향한다. 즉, "천지만물을 하나의 몸으로 여기는" 사람이 바로 어진 사람이고, 이런 마음의 태도를 일컬어 "천하의 공"이라 하는 것이다.[282]

천리의 공 및 인의 실현의 방법으로 이해되는 공 관념에 따라서 주희는 '부자(父子)의 정'도 사(私)의 차원에서 이루어질 수도 있고 공(公)적 태도에서 이루어질 수 있다고 주장한다. 후한 사람 제오륜(第五倫)의 사례는 송대(宋代) 유학자들에게 많은 논란거리를 제공했다. 그는 매우 성실하고 공정한 관리로 유명한 사람이었는데, 그에게도 사사로운 방식으로 사람을 대할 때가 있었는지 물어보는 어떤 사람과의 대화가 『후한』(後漢)이라는 저서에 실려 있다. 제오륜은 자신에게도 사사로움이 있는지에 대한 질문에 다음과 같이 대답했다고 한다. "내 형의 자식이 병이 났을 적에 하룻밤에 열 번 일어났지만 돌아와서는 편히 잤다. 내 자식이 병이 났을 적에는 비록 살펴보지 않았지만 밤새도록 자지 못했다. 이와 같은 것을 어찌 사사로움이 없다고

• • •
280 같은 책, 116쪽.
281 주희 · 여조겸, 『근사록집해 1』, 앞의 책, 245쪽.
282 같은 책, 101쪽.

말할 수 있겠는가?"[283]

제오륜의 사례에 대한 주희의 해석에 따르면 조카가 아플 때는 하룻밤에 열 번이나 일어나 살펴보았으면서도 편안하게 잠이 든 것이나 자기 자식이 아플 때는 애써 살펴보지 않았으면서도 밤새도록 잠을 이루지 못하고 걱정하는 모습이 다 사사로움의 표현이다. 그는 타인의 시선을 의식하여 조카가 아플 때 열 번이나 일어나 살펴보면서도 실상은 크게 걱정하는 마음이 없어 잠을 편하게 잔 것이니 지극히 공정하지 못한 사사로운 행위라는 것이다. 여기에서도 성리학이 이해하는 공정함, 즉 타자에 대한 공적인 태도는 기본적으로 타자와의 적극적인 교섭 및 소통을 지향하고 있음이 드러난다. 병든 조카에 대한 정서적 관심에 바탕을 둔 어진 마음을 키워 그에 대한 진정한 관심을 갖게 되는 것이 그에 대한 공적인 태도이자 마음가짐이라는 것이다.

또한 제오륜은 자기 자식이 아플 때에는 조카에 대한 태도와 정반대로 행동했다. 자기 자식이 아플 때 밤에 일어나 그 상황을 살펴보는 것이 부자지간에서 우러나오는 자연스러운 감정, 즉 공정함의 표현일 터인데도 불구하고, 그런 행동을 하는 자신의 모습이 혹여 다른 사람에게 나쁘게 여겨지지나 않을까 하는 작위적인 마음으로 자식의 병을 밤에 살펴보지 못하면서 밤새 잠을 이루지 못했다.[284] 이렇게 개인의 몸과 부자지간을 대하는 태도에도 공과 사가 적용되듯이, 조정이나 군주의 일에 대해서는 물론이고 천하의 일에 대해서도 마찬가지이다. 그래서 주희는 "비록 온 세상에 관한 공적인 일이라도 만약 사심을 갖고서 한다면 곧 사사로운 일이 된다."고 말한다.[285]

수신·제가·치국·평천하라는 명제가 보여주듯이, 몸-가정-지방사

• • •

283 같은 책, 589-590쪽에서 재인용.
284 같은 책, 589-590쪽 참조.
285 주희·여조겸, 『근사록집해 2』, 앞의 책, 876쪽.

회-국가-천하에 이르기까지 사사로움을 극복하여 만물일체의 인을 실현하는 방법이 성리학에서 생각하는 공이다.[286] 공의 실현 방법은 몸과 마음가짐의 수양일 수도 있고, 가족생활에서의 효일 수도 있으며, 공론의 장에서 참석하여 공평무사하게 자신의 입장을 표현하는 것일 수도 있고 국가와 평천하를 위해 평정한 마음으로 정치적 활동에 참여하는 것일 수도 있기 때문이다.[287] 이처럼 인을 실현하는 공의 방법이 다양하지만 그런 다양성에 일관성을 부여해주는 원칙은 천지만물이 화육하는 공생 공영의 상황을 향해 끊임없이 나아간다는 데에 있다. 칸트철학의 용어를 빌려 말하자면 천지만물의 화육은 인을 구현하고자 하는 공적 행위를 주도하는 규제적 원리라고 말할 수 있을 것이다.

지금까지 살펴본 것처럼 중국의 유가적 전통에서 공은 천지만물이 일체가 되어 만물이 공동 번영하는 데에 이르기까지 타자와의 지속적인 소통의 망을 확충해 나가는 행위로 정리될 수 있다. 이런 중국의 공(公) 개념의 특성을 "'똑같이 하는'·'함께하는' 것 자체를 공동(共同)으로 이해하는 연계성"으로 보면서 이런 연계의 공과 대비되는 일본의 공 개념을 "영역의

---

286 『대학』에서 정식화된 '수신제가치국평천하'라는 명제를 글자 그대로 보면 가족과 별도로 움직이는 지역사회의 독자성에 대한 언급이 없다. 그렇다고 지방사회의 자립성에 대한 인식이 주희를 비롯한 송대(宋代) 성리학자들에게 없었다고 결론짓는 것은 위험하다. 실제로 주희는 국가 및 관료 제도와 별개로 민간에서 사대부들이 활동하는 공간인 '향리공간'을 매우 중요하게 간주했다. 심지어 성리학은 향리공간에서 활동하는 사대부들의 학문이었다고 해도 과언이 아니다. 그리고 '제가'의 가(家) 개념이 일종의 재지사회의 의미를 담고 있었기 때문에 가와 구별되는 별도의 향리공간이라는 용어를 사용할 필요가 없었다. 이에 대해서는 미조구치 유조 외, 『중국제국을 움직인 네 가지 힘』, 조영렬 옮김, 글항아리, 2012, 198-202쪽 참조. 주희를 비롯한 12세기 송대에 신유학이라 불리는 성리학을 체계화한 유학자들이 사대부들의 공동체를 형성하여 지방사회에서 엘리트로서 활동하려는 비전을 공유하고 있었다는 점에 대해서는 피터 볼, 『역사 속의 성리학』, 김영민 옮김, 예문서원, 2010, 제7장 참조.
287 주희의 '공론(公論) 이론'은 그의 공생적·연계적 공(公) 이론의 일부분이다. 주희의 '공론(公論) 이론'에 대해서는 이미 다른 글에서 다룬 바 있다. 나종석, 「주희 공(公) 이론의 민주적 재구성의 가능성」, 앞의 글, 참조.

공동'으로 파악하는 것은 일본의 저명한 중국학자 미조구치 유조의 입장이다. 그에 의하면 일본의 공 개념의 전통에는 서구의 공사 구별과 유사하게 연계성의 의식이 약하고 조정 및 국가의 영역을 공으로 보고 이와 무관한 가정을 사적 영역으로 보는 의식이 강하다.[288]

마루야마 마사오(丸山眞男, 1914~1996)도 일본의 유학자, 특히 오규 소라이(荻生徂徠, 1666~1728)의 공사(公私) 구별을 주자학의 그것과 대비할 때 영역적 구별이라는 용어를 사용한다. 마루야마 마사오에 의하면 소라이는 공과 사를 영역적인 것으로 구별하면서 주자학에서처럼 사(私)를 나쁜 것으로 보지 않는다. 문학이나 학문은 통치의 영역으로서의 공적 영역에 속하는 것이 아니라 사적 영역에 속하는 것으로 오규 소라이는 이해했다는 것이다. 이처럼 일본에서는 도덕과 정치의 영역적 분리가 사와 공의 영역으로 분리되어 나타난다.[289] 다른 식으로 표현하자면 공 영역과 사 영역의 엄격한 구별을 통해 오규 소라이는 공적 영역을 훼손하지 않는 한에서 사적 영역을 긍정한다. 그래서 에도시대의 일본에서 "은밀함·내밀한 일"의 사적 영역이 자율적인 영역으로 인정되기 시작했다.[290]

V. 돌봄과 자율성의 종합 이론으로서 유교적 인정(仁政)의 정치이념

그리고 성리학의 연계적 사유는 서구 공사관의 두 가지 패러다임이 해결하지 못한 돌봄의 패러다임과 자율성 패러다임(의존성과 자율성)의

• • •
288 미조구치 유조 외,『중국의 공과 사』, 정태섭·김용섭 옮김, 신서원, 2004, 83-85쪽 참조
289 마루야마 마사오·가토 슈이치,『번역과 일본의 근대』, 임성모 옮김, 이산, 2008, 98쪽 이하 참조
290 미조구치 유조,『한 단어 사전, 공사』, 고희탁, 옮김, 푸른역사, 2013, 94쪽 이하 참조

변증법적 종합의 가능성을 보여준다. 이런 종합의 필요성을 우리는 앞절에서 자유주의적 평등 이론의 한계에 초점을 두고서 살펴보았다. 상호성과 대칭성을 기본 원리로 하는 자유주의적 자율성 및 인간 존엄성 이론의 한계를 극복하기 위해서는 자율성과 인간 존엄성에 대한 확장된 사유 방식이 요청된다고 보았기 때문이다. 그런데 자유주의적 평등 이론의 불완전성을 비판하고 그것이 적절하게 해결하고 있지 못하는 의존성과 관련되어 있는 돌봄의 사태를 반영하여 돌봄의 문제와 자립성의 문제를 종합할 수 있는 새로운 윤리 및 정치이론의 가능성을 추구하는 작업이 유교적인 사상과 무슨 상관이란 말인가? 그렇지 않다는 것이 필자의 견해인데, 필자는 유가의 인 이론을 '책임에 기초한 자율성 이론'으로 해석함에 의해 이런 문제의식을 구체화하려는 시도를 수행한 바 있다.

필자는 절대적인 의존적 상황에서 도움을 요청하는 타자에 대한 책임을 정의와 도덕의 근본적 토대로 설정하고, 이를 기반으로 자율성과 평등한 상호 존중의 이념으로 나가는 새로운 자율성 이론을 구축할 필요가 있다고 생각한다. 이런 새로운 사유 방식의 잠재성을 유교적 인정(仁政)의 정치이론에서 구할 수 있다는 것이 필자의 견해이기도 하다. 그리고 이를 위해서는 서구적 근대를 상대화시킬 수 있는 사유 방식의 대 전환과 아울러 유교의 사상을 혁신적으로 재구성할 담대한 용기가 필요할지도 모른다. 하여간 이런 문제의식을 구체화하는 작업을 필자는 선행 연구를 통해 시도해왔다. 특히 필자는 「인권에 대한 유교적 정당화의 가능성에 대한 연구」라는 글에서 유교적인 인(仁) 이론이 나름의 유교적인, 동아시아적인 자율성 이론으로 독해될 수 있다는 가설을 입증하고자 했다. 그러면서 유교의 인(仁) 이론이 레비나스적인 무한한 책임이론과 보편적인 동등 존중의 원칙을 종합할 수 있는 이론의 한 형태로 해석될 수 있는 여지를 탐색하였다.[291]

선행 연구를 반복하지 않기 위해 중요하다고 생각되는 부분만을 간단하게 살펴보자. 우선 유교적 사상 전통에서 개인주의 및 자율성 이념의 유교적 표현 형태로 해석될 수 있는 가능성을 설명해보자.[292] 주지하듯이 유교에서는 인간의 인간다움인 인(仁)의 실현이란 삶의 궁극적 가치인데, 인의 실현의 주체는 늘 자신이다. 공자는 인에 대한 안연의 질문에 답하면서 "인을 하는 것은 자기 몸에 달려 있으니 남에게 달려 있는 것이겠는가?"하고 말한다.[293] 『중용』 25장에는 "성(誠)은 스스로 이루어지는 것"(誠者自成也)이라는 주장과 더불어 "자기를 이룸은 인이다"(成己仁也)라는 명제가 등장한다.[294] 공자는 이렇게 인간의 도덕성과 자기완성에 대한 믿음을 표현한다. 공자의 이런 주장에 인간의 인간다움의 실현이 인간 자신의 노력과 수양에 달려 있다는 생각이 들어 있음을 알 수 있다. 모든 것의 근본을 수신(修身)으로 삼는 유교 전통에서 '자기성찰', '자기반성', '자신을 돌이켜 잘못을 구함'(反求諸己), '자신을 돌이켜 정성되게 함'(反身而誠)과 같은 자기수양을 위한 공부는 늘 강조되었다.[295]

배움을 통해 모든 사람이 하늘로부터 부여받은 도리를 깨우치면 성인이 될 수 있다는 주장, 즉 성인가학론(聖人可學論)은 주자학의 중요한 학설이다. 이 이론은 "마음의 자율성에 대한 새로운 주장과 개개인이 직접 도에 접근해 터득할 수 있다는 주장"을 전제하고 있다.[296] 주희는 성현들의 책을 읽고 이치를 밝히는 작업을 강조하면서 독서는 자신의 체험에 의한 내면화로 이어져야 함을 강조했다. 성현들의 책을 읽는 수양도 결국은

• • •

291 나종석, 「인권에 대한 유교적 정당화의 가능성에 대한 연구」, 나종석 외 편저, 『유학이 오늘의 문제에 답을 줄 수 있는가』, 혜안, 2014, 43-82쪽.

292 이하 세 단락은 나종석, 「인권에 대한 유교적 정당화의 가능성에 대한 연구」, 같은 책, 49-51쪽을 약간 수정하여 재구성한 것임.

293 주희, 『논어집주』(論語集註), 앞의 책, 228쪽.

294 주희, 『대학·중용집주』(大學·中庸集註), 성백효 옮김, 전통문화연구회, 1991, 99쪽.

295 위잉스, 『동양적 가치의 재발견』, 김병환 옮김, 동아시아, 2007, 135쪽 참조.

296 윌리엄 시어도어 드 배리, 『중국의 '자유' 전통』, 표정훈 옮김, 이산, 2004, 51쪽.

사람 마음 안에 구비되어 있는 도리를 발현하는 것에로 향해 있다. 따라서 유교 전통에서 인이라 부르든 양지(良知)라고 부르든 모든 인간이 보편적이고 동등하게 "가치 자각 능력"을 지닌 존재라는 믿음은 결정적 의미를 지닌다.[297] 이처럼 유학에서 개인은 도덕적 자각과 행위의 주체로서 인정되고 있다. 마찬가지로 유교적 개인주의는 인간 존엄성의 토대를 제공하는 것으로 이해될 수 있을 것이다.[298]

앞에서 언급한 "인을 하는 것은 자기 몸에 달려 있으니 남에게 달려 있는 것이겠는가?"라는 공자의 말은 유교적 자유 개념을 잘 보여준다. 일본 교토학파를 대표하는 중국사학자인 미야자키 이치사다(宮崎市定, 1901~1995)도 이 구절에 주목하면서 공자의 인은 자유로 해석되어야 잘 이해된다고 말한다. 어짊은 스스로 하는 것이라는 공자의 말은 "타인의 영향이나 유혹, 협박을 떠나 완전히 자유가 된 사람이 스스로 행하는 행위가 자연스럽게 인이 된다고 해석하는 것이 좋다."[299] 공자는 또 "사람이 도를 넓히는 것이지 도가 사람을 넓히는 것이 아니다"(子曰 人能弘道 費道弘人)라고 말한다.[300] 이 구절도 모든 인간이 따라야 할 도를 실현하는 일은 사람의 능동적인 주체적 행위에 달려 있다는 공자의 확신을 보여준다. 그래서 이 구절에 대해 박영도는 "우리 모두가 따라야 할 도(道)가 동시에 인간의 자율성의 성과로 파악되어야 한다는 것을 의미"하는 것으로 해석할 것을 제안한다.[301]

• • •

297 위잉스, 『동양적 가치의 재발견』, 앞의 책, 139쪽.

298 그러나 개인을 모든 인간관계로부터 벗어나 존재하는 합리적 행위자로서 이해하고, 계약에 의해 사회를 구성하는 존재로 보는 것이 개인주의라고 한다면, 유교적 사유 전통에서의 개인과 자아에 대한 관념을 개인주의라 부르기 힘들 것이다.

299 미야자키 이치사다, 『자유인 사마천과 사기의 세계』, 이경덕 옮김, 다른세상, 2004, 143쪽.

300 주희, 『논어집주』(論語集註), 「위령공」 28, 앞의 책, 319쪽.

301 박영도, 「유교적 공공성의 문법과 그 민주주의적 함의」, 나종석 외 편저, 『유학이 오늘의 문제에 답을 줄 수 있는가』, 앞의 책, 35쪽.

유교의 핵심인 어짊이 인간의 자발적인 주체성을 긍정하는 것으로 이해되는 맥락에서 인간은 자신에 대해 진실해야 한다는 유교적 전통의 또 다른 강조도 제대로 이해될 수 있을 것이다. 내면의 마음에 귀를 기울여 인간의 참다운 본성을 충실하게 지켜내야 한다는 것은 공자 이래 유가가 중요시하는 인간의 핵심적 덕목의 하나이다. 군자는 자신에 대한 관계 속에서 자신에게 진실하고 충실해야 한다. 이런 점에서 공자에게서 시작된 유학사상이 사람을 자신에 대한 주체적 관계에서가 아니라, 늘 타인의 시선을 의식하는 체면이나 부끄러움만을 강조하는 사조로 이해하는 것이 잘못된 것임이 드러난다. 다른 사람의 시선이나 타인에 의한 평가와 같은 것으로 환원되지 않는 인간 개개인의 고유한 도덕적 지평과 주체적 역량을 신뢰하는 것은 유가사상의 기본적 가르침이다. 그래서 주희도 충(忠)을 다음과 같이 말한다. "진실한 마음을 발하는 것을 충(忠)이라고 한다. 실리(實理)를 다하는 것을 신(信)이라고 한다. 충과 신은 덕을 진전시키는 기초이다. '종일토록 쉬지 않고 힘쓴다'는 것은 '종일토록 하늘을 마주 대한다'는 것을 말한다. '월'(越)자는 '어'(於)와 같다. 군자의 한 마디 말과 하나의 행동은 충신을 지켜서 항상 상제를 대면하듯 하여, 감히 한 털끝만큼도 속이려는 생각이 없다."[302]

그러나 유가적인 인 이론은 자율성 이론에 그치지 않는다. 이 장 제3절에서 다루었던 것처럼 서구 근대의 자율성 이론은 기본적으로 대칭성과 상호성을 토대로 한 인간관의 표현이다. 그리하여 인간의 삶의 필수적 구성 요소인 의존성의 문제를 다양한 방식으로 배제하는 맹목성을 보여주고 있음이 강조되었다. 달리 말하자면 근대 서구의 주류적인 자율성 이론의 한계에는 삶에서의 의존성에 뿌리를 둔 도덕적 관계, 그러니까 비대칭적 관계가 자립성 및 자율성의 원천일 수 있다는 통찰에 대한 인식의 부재가

• • •
302 주희·여조겸, 『근사록집해 1』, 앞의 책, 112쪽.

존재한다. 그러므로 커테이의 용어를 빌려 사용한다면 자율성에 대한 '의존 비판'은 의존을 예외적이거나 자율성 및 독립성에 비해 비정상적이고 일시적인 것으로 간주하는 관점 자체가 편견임을 보여준다.

취약한 상황에 있는 사람을 돌보는 활동은 인간이 늘 필요로 하는 것이고, 돌봄 관계를 형성하지 않는 한 인간은 결코 자유로운 존재가 될 수 없다. 아니 아무리 타인의 돌봄을 장시간 받는다 해도 독립적이고 자율적인 성인으로 성장할 수 없거나 독립적 성인의 위치로 되돌아갈 수 없는 사람은 너무나 많다. 갓 태어난 아이로서 장시간 타인의 돌봄을 필요로 하는 영유아는 물론이고 중증장애인이나 나이가 든 노인들의 경우가 그렇다. 그리고 취약한 상황에 있는 타인을 돌보기 위해서는 그 사람의 처지에 대한 높은 관심과 취약한 사람과의 돌봄 관계를 지속적으로 유지할 수 있기 위한 정서적인 친밀함과 신뢰 혹은 애착 관계가 요구된다. 그러므로 취약한 상황에서 타인의 돌봄과 배려에 의존하지 않을 수 없는 사람과 그런 사람을 돌보는 사람 사이의 관계는 모든 사람을 동등하게 대우하는 보편적 정의 원칙에 대한 존중감과 같은 자율성 이론이 자명한 것으로 전제하는 도덕적 관계의 틀로는 결코 포착될 수 없다.

예를 들어 어머니는 돌봄 행위를 필요로 하는 아이에 대한 커다란 사랑과 관심을 갖고 있기에 그리고 자신과 동일시하는 아이와의 일체감을 외면할 수 없기에 기꺼이 아이를 보살핀다. 어머니의 아이에 대한 무조건적인 관심은 도움을 필요로 하는 모든 사람에게 동시에 향해질 수 없다. 또한 아이를 돌볼 때 어머니는 그 아이에게 일차적으로 관심을 기울이며 그 외의 다른 모든 존재를 배제할 수밖에 없다. 따라서 돌봄 혹은 배려는 공평무사함(impartiality)에 의해 규정되는 모든 사람을 동등하게 존엄한 존재로 대우할 것을 요구하는 도덕과 다른 것이다.

인간사회가 인간다움을 실현하기 위해서는 자율성 중심의 권리 이론이 강조하듯이 모든 인간을 동등하게 존중하는 원칙을 제도적으로 보장하지 않으면 안 된다. 그러나 동시에 자율적인 행위를 할 가능성이 없는 중증장애인이나 갓 태어난 어린아이 등과 같은 의존적 존재의 필요를 충족시키기 위한 책임을 가정과 국가와 시민사회가 함께 떠맡아야 한다. 그리고 그런 돌봄을 책임지는 행위는 돌봄에 의존하고 있는 사람이 장래에 독립적이고 자율적인 성인으로 자라날 잠재성을 지니지 않는다고 사라지지 않는다. 특히 비대칭적이고 의존적인 관계를 곧바로 노예적 굴종 관계나 가부장적 권위주의적 관계로 설정하고 그런 관계와의 철저한 단절 속에서 비로소 인간의 자율성의 확보가 가능하다고 보는 관점은 병리적이다.

의존적 관계를 곧바로 지배/피지배 관계 혹은 주인/노예 관계와 동일한 것으로 보면서, 그런 관계에서 관철되는 행위는 기본적으로 전제적이고 폭력적이라고 단정 짓는 것은 의존성의 사태에 대한 매우 일면적인 이해에 기인한다. 앞에서 살펴본 것처럼 아리스토텔레스와 아렌트는 가정생활을 가장인 아버지가 아이들 및 아내 그리고 노예를 전제적인 방식으로, 즉 시민적인 법에 의해서가 아니라 자의적이고 폭력적인 방식으로 지배하는 영역으로 보는 관점을 공유하고 있었다. 그리고 이런 관점에서 보면 의존관계를 규정하는 모델은 주인-노예 모델이다. 따라서 '의존관계=노예관계'로 보고 이를 자유로운 시민적 삶의 원칙과 전혀 어울리지 않는 것으로 보거나 자유 및 평등이라는 보편적 정의 원칙에 정면으로 위배되는 것으로 취급하는 것은 논리적으로 매우 위험하다.

이미 앞에서 살펴본 것처럼 의존적 관계, 달리 말하자면 비대칭적인 의존적 관계가 반드시 위계서열적이거나 혹은 권위주의적인 관계, 심지어 주인-노예 관계로 귀결되지는 않는다. 영유아가 어머니 혹은 부모에 대해 보여주는 절대적 의존성은 결코 폭력적이고 권위주의적인 비대칭적 관계 유형과 다른 의존성의 관계가 존재함을 웅변한다. 게다가 동아시아의 가족 정신에 기반을 둔 사회를 전제정치에 의해 규정되는 비자유의 야만사회로 보는 근대 서구의 유럽중심주의적 오리엔탈리즘도 논리적으로 본다면 비대칭적인 의존성의 관계에서 주인-노예의 일방적인 지배/피지배 관계만을 도출하려는 편견 위에 서 있다.

의존성의 관계에 대한 성찰에 기초하여 내릴 수 있는 결론의 하나는 다음과 같다. 인간의 삶의 취약성에 뿌리를 내리고 있는 타자에 대한 의존성은 인간 사회를 가능하게 해주는 전제 조건으로 이해되어야 한다. 사회의 사회성은 무력한 타자의 요구를 폭력적인 지배의 방식으로 다스리려는 야만의 힘을 통제하지 않는 한 확보될 수 없다는 말이다. 자유롭고 평등한 사람들 사이의 원초적 합의나 계약에 의해서 해명될 수 있는 규범이 사회를 사회로 만드는 것이 아니다. 오히려 스스로 어찌할 수 없기에 무한한 요구를 하면서 어떤 누군가에게 전적으로 의존하지 않을 수 없는 존재에 대해 자신의 모든 것을 아무런 조건 없이 증여하여 응답하는 행위로서의 책임을 다하는 것이 인간의 사회를 가능하게 하는 궁극적 토대가 아닌지 진지하게 고민해보아야 한다. 이렇듯 의존관계에 대한 새로운 성찰이 필요한 이유는 그것이 반드시 자율성과 관계를 맺고 있기 때문만은 아니다. 달리 말하자면 의존관계를 통해 인간이 이른바 정상적인 독립적이고 자율적인 주체로 성장할 수 있기 때문에 우리가 의존관계 및 돌봄 문제를 진지한 윤리적·정치적 문제로 다루어야만 하는 것은 아니라는 말이다.

물론 의존관계는 인간이 독립적인 주체로 성장할 수 있는 필수 조건이라는 면에서도 각별한 주의와 관심의 대상이 되어야 한다. 의존관계에 대한 깊은 성찰은 자율성의 가능성의 조건에 대한 탐구의 맥락에서도 윤리적이고 정치적으로 매우 중요한 의미를 지닌다. 그것은 자유와 책임에 대한 새로운 인식을 보여주고 있기 때문이다. 갓 태어난 아이가 독립적인 주체로 성장해가는 과정을 보면 자유와 권리에 앞서 어머니의 무한한 보살핌, 레비나스의 용어로 표현하자면 비대칭적으로 어머니의 도움만을 바라는 아이의 요청에 전적으로 응답하는 책임이 우선적 의미를 지닌다. 달리 말하자면 비대칭적 관계 속에 있는 타자에 대한 무한한 책임이 자유와 권리에 우선한다.[303] 무한한 책임, 그러니까 취약한 타자가 절실하게 요청하는 도움에 대한 조건 없는 응답(일방적이고 무조건적이며 비대칭적인)으로서의 책임이 자유를 가능하게 해준다. 이런 의미에서 책임이 자유의 이른바 선험적 조건이라는 인식은 요즈음 레비나스 및 데리다 등에 의해 새롭게 강조되고 있다.

아이리스 영이 지적하고 있듯이 "비록 많은 철학자들에게는 자유로운 행위자가 책임의 근원이지만, 레비나스주의자/데리다주의자 개념에서 책임은 자유에 앞선 것이며 자유의 토대이다."[304] 자유의 토대로서의 책임에 대한 인식은 칸트에서 롤스에 이르는 자율성 이해의 한계를 보충할 수 있는 중요한 이론으로 평가되어야 마땅하다. 보편성, 대칭성 그리고 평등성의 구조를 인간 사회의 가장 바람직한 모델로 설정하여 모든 인간을 동등하게 존중해야 한다는 원칙은 호혜성과 무관한 비대칭적인 무한한 책임의 중요성을 제대로 평가할 수 없으며, 그 결과 인간의 사회성의 토대에 대한 편향과 왜곡을 초래할 수 있기 때문이다.[305]

앞에서 살펴본 것처럼 돌봄 관계는 인간의 삶에서 일방적으로 도움을 요청하고 그런 도움의 필요에 무조건적으로 응답하는 책임 관계의 상징이다. 그런 한에서 돌봄 관계는 인간의 삶과 사회에서 필수불가결하다. 그리고 구체적인 타자에 대한 관심과 배려를 베풀려는 마음가짐은 동등한 상호 존중이라는 자율성의 원칙과 관련이 없어도 충분한 도덕적 의미와 가치를 지닌다. 이런 인식이 타당하다면 돌봄 관계가 관철되는 가족관계에 대한 모델에 입각하여 국가를 이해하는 유가적 사회이론을 무조건 권위주

---

303 자유에 앞서는 책임에 대해서는 에마뉘엘 레비나스 『신, 죽음 그리고 시간』, 김도형 외 옮김, 그린비, 2013, 259-272쪽 참조.
304 아이리스 M. 영, 『정치적 책임에 관하여』, 허라금 외 옮김, 이후, 2013, 204쪽.
305 레비나스와 데리다의 책임이론에 대해서는 나종석, 「데리다의 절대적 타자이론과 정치」, 『가톨릭철학』 19, 2012, 167-198쪽 참조.

의적이고 전제주의적인 이론으로 바라보는 관점도 분명한 한계를 지닌다. 가족 내에서 부모와 자식 사이의 친근한 관계를 모든 사회적 삶을 가능하게 하는 능력이 도야될 수 있는 토대로 간주하는 유가적인 도덕이론은 사람 사이의 관계를 노예적인 의존관계에 빠뜨리면서 사람에게 자연스럽게 노예적 심성을 뼛속 깊이 스며들게 만드는 정의롭지 못한 이론이 아니기 때문이다. 그런 주장이 타당하려면 비대칭적 관계가 모두 주인-노예관계 라는 주장이 우선 입증되어야 한다. 달리 말하자면 비대칭적 관계와 주인- 노예관계가 논리적 동치관계에 있다는 주장의 타당성이 우선 입증되어야 한다. 그러나 돌봄 관계의 고유성 및 타자에 대한 무한한 비대칭적 책임이 자율성의 참다운 토대일 수 있다는 앞에서의 서술을 통해 보건데 이런 주장은 결코 참일 수 없다.

자율성을 위주로 하여 사회와 인간을 바라보는 이론이 타자에 대한 의존성의 관계를 오해하는 것을 보여주는 사례 중의 하나가 바로 자율성 이론이 연민의 감정을 도덕적으로 평가 절하하는 태도이다. 서양 철학에서 연민의 감정이 도덕적으로 그리 높이 평가받지 못한 것은 주지의 사실이 다.[306] 일례로 칸트의 경우도 예외는 아니다.[307] 그는 "연민의 감정에 빠져 들게 하는 일종의 온화한 마음씨는 아름답고도 사랑스러운" 감정이지만 "나약하고 언제나 맹목적"이라고 평가한다.[308] 그러나 누군가의 도움을 절실하게 필요로 하는 사람, 이런 사람은 아마 타자에게 완전하게 의존하고 있다는 점에서 우리에게 단순한 타자가 아니라 절대적인 타자이기도 하다.

• • •

306 고대중국의 정(情) 개념에 대한 세밀한 분석으로는 김명석, 「『논어』의 정(情) 개념을 어떻게 이해할 것인가」, 『동양철학』 29, 2008, 참조.

307 소크라테스, 스토아학파 그리고 칸트로 이어지는 서구 철학사에서 연민에 대한 비판이 얼마나 지속적으로 이루어졌는가에 대해서는 마사 누스바움, 『감정의 격동 2: 연민』, 조형준 옮김, 새물결, 2015, 참조.

308 임마누엘 칸트, 『아름다움과 숭고함의 감정에 대한 고찰』, 이재준 옮김, 책세상, 2005, 28쪽.

고통 속에서 힘들어하는 존재에 대해 연민의 감정을 그리고 그런 상황에서 그를 구해주고 싶은 마음을 느끼지 않는 사람을 온전한 의미에서 사람이라고 할 수 있을지 회의적이다.

인간의 보편적 동등 존중의 원칙을 도덕 및 정치의 제일 원칙으로 설정하는 칸트가 연민의 감정을 사람의 마음을 나약하게 만드는 것으로, 즉 자립성과 독립성에 대한 강렬한 열망을 허물어뜨리고 타인에 대한 의존성의 감정을 키우는 것으로 비판하는 것은 틀린 것이다. 칸트의 판단과 달리 측은지심이나 타인의 고통을 같이 아파하는 공감과 동정심을 인간다움의 기본적 표현으로 이해하면서 그런 인간다움의 전형적인 인간상을 군자 혹은 선비에서 구하는 유학사상은 자율성 이론의 확장을 가능하게 한다. 유가적 도덕 및 정치이론은 자율성 및 독립성에 대한 강한 자각과 아울러 인간의 취약성과 관련 맺는 의존적 사태에 대한 도덕적 감수성을 함께 갖추고 있기 때문이다.

인(仁)에 대한 공자와 맹자의 접근 방식이 지니는 약간의 차이는 여기에서 더 이상 논하지 않을 것이다.[309] 그러나 공자와 맹자는 인(仁)을 이해할 때 타자의 아픔을 공감하는 데에서 출발한다.[310] 맹자가 인의 단초로 이해한 '측은지심'에서 '측'(惻)은 불쌍히 여기는 것이며 '은'(隱)은 아픔을 뜻한다.[311] 결국 인은 자신과 타인이 겪는 아픔에 대한 지각 그리고 그런 아픔을 자신의 아픔으로 느끼는 공감이자 그것을 같이 극복하고자 애쓰려는 마음

• • •

309 일례로 공자, 특히 공자 말년의 사상을 계승하는 사람은 유가에 대한 준열한 비판을 감행한 장자이고, 맹자는 공자의 정통 사상에서 벗어난 인물이라는 평도 존재한다. 이에 대해서는 시라카와 시즈카(白川靜), 『사람의 마음을 움직여 세상을 바꾸리라』, 장원철 옮김, 한길사, 2004, 225-246쪽 참조.

310 이하 두 단락은 「칸트의 자율성 도덕론과 동아시아」, 『칸트연구』 37, 2016, 83-84쪽을 바탕으로 한 것이다.

311 주희·여조겸 편저, 『근사록집해 1』, 앞의 책, 127쪽. 측은지심에 대한 보다 상세한 설명으로는 황태연, 『감정과 공감의 해석학 1』, 청계, 2014, 402-404쪽 참조.

가짐에 다름 아니다. 그리하여 공자는 어진 마음, 즉 인(仁)을 '사람을 사랑하는 것'(愛人)으로 정의하고 있으며, 맹자는 어진 마음의 실마리를 '측은지심'으로 바라보면서 "측은지심(惻隱之心)이 없으면 사람이 아니"라고 말한다.[312]

유교적 도덕이론은 연민의 감정을 인간다움, 달리 말하자면 인(仁)의 특성을 가장 잘 보여주는 기본적인 도덕 감정으로 바라보고, 그런 도덕 감정은 부모 자녀 사이에서 발생하는 보살핌의 경험을 매개로 해서 만개될 수 있다는 점을 중시한다. 그리고 이런 유교의 도덕 감정이론은 서구에서도 점점 더 많은 동의를 얻고 있다. 진화론의 창시자인 찰스 다윈도 동정심을 인간의 사회적 본능의 원천으로 보고 이런 사회적 본능을 보여주지 못하는 사람을 "괴이한 괴물"로 본다.[313] 조지 허버트 미드(G. H. Mead, 1863~1931)와 같은 사회심리학자도 고통을 겪는 타인을 동정하는 따뜻하고 공감어린 마음을 가능하게 하는 것은 "부모의 충동"이라는 점을 역설하는 맥두걸(William McDougall)의 주장에 기본적인 동의를 표한다. 그에 의하면 다른 사람을 도와주는 행위의 특성이 바로 부모가 보여주는 아이와의 관계에서 유래된 것이다. 그러므로 인간이 가족의 범위를 넘어서는 더 넓은 사회를 형성할 수 있는 것 역시 부모와 아이와의 관계에서 형성되는 부모로서의 반응의 능력 때문이라고 그는 이해한다. 간단하게 말하자면 미드는 "사회는 가족에서부터 발달해왔다"고 강조한다.[314]

물론 사회적 본능, 혹은 어린아이를 지극 정성으로 보살피면서 아이와 따뜻한 관계를 형성하는 모성 본능이 인간의 진화 과정에서 형성된 것으로

• • •

312 주희, 『논어집주』(論語集註), 「안연」, 22, 앞의 책, 248쪽. 주희, 『맹자집주』(孟子集註), 「공손추상」, 6, 성백효 역주, 전통문화연구회, 1991, 103-104쪽.

313 찰스 다윈, 『인간의 유래 1』, 김관선 옮김, 한길사, 2006, 187-188쪽.

314 조지 허버트 미드, 『정신 · 자아 · 사회: 사회적 행동주의자가 분석하는 개인과 사회』, 나은영 옮김, 한길사, 2010, 483-484쪽.

보면서, 그런 모성적 관계를 인간의 사회성을 가능하게 하는 근원적 동력으로 바라보는 다윈의 입장은 오늘날 심리학에서도 자주 강조된다. 예를 들어 요즈음 세계적인 명성을 누리는 심리학자 대커 켈트너(Dacher Keltner)는 공맹의 인(仁) 사상과 진화 심리학에서 경험적으로 입증되는 도덕적 감정에 대한 이론 사이에 근본적인 동일성이 존재한다고 역설한다. 그에 의하면 부모 혹은 돌봐주는 사람과 아이 사이에서 형성되는 사랑을 경험하지 못한다면 그 아이는 결코 사람이 될 수 없다. 즉, "인간이 된다는 것, 그것이 무엇을 의미하든 이를 가능하게 하는 것은 사랑이다." 그리고 부모와 아이 사이의 관계에서 발휘되는 사랑과 보살핌과 배려는 공자가 주장한 "인(仁)으로 나가려는 성향에 시동을 걸어준다"고 켈트너는 말한다.[315]

게다가 공자와 맹자는 인(仁)을 타인의 고통에 대한 공감적인 배려로 보고 이런 능력을 가족, 사회, 국가를 넘어 전체 우주로까지 확장하려는 모습을 보여준다. 그러나 이런 공맹의 이론은 모든 사람에 대한 동등한 존중의 원칙을 배제하지 않는다. 앞에서 강조했듯이 공자는 '사람을 사랑하는 것'(愛人)을 인이라고 하여, 인의 보편주의적이고 박애주의적 성격을 분명히 한다. 그리고 하늘이 명한 사람다움의 덕을 실현하는 길을 걸어갈 때 사람들은 당연히 백성을 편안하게 하는 어진 정치, 즉 인정(仁政)의 정치를 고려하지 않으면 안 된다. 그리하여 공자는 모든 백성의 삶을 편안하게 하는 일은 가장 이상적인 황제로 칭송받는 요순(堯舜)의 경우에도 어려운 일이었음을 강조한다. "자공이 말하였다. '만일 백성에게 은혜를 널리 베풀어(博施) 많은 사람을 구제한다면(濟衆) 어떻겠습니까? 인(仁)하다고 할 만합니까?' 공자(孔子)께서 말씀하셨다. '어찌 인(仁)을 일삼는 데 그치겠는가. 반드시 성인(聖人)일 것이다. 요순(堯舜)도 이에 있어서는 오히려 부족하게 여기셨을 것이다.'"[316]

• • •

315 대커 켈트너, 『선의 탄생』, 하윤숙 옮김, 옥당, 2011, 326쪽.

물론 유가적인 시각에서 볼 때 친한 사람들에 대한 애착의 경험이나 애정관계 형성을 출발점으로 삼아 타인에 대한 배려와 관심의 마음가짐을 지속적으로 성숙시키는 과정을 통해서만 보편적인 인간애과 같은 도덕적 태도가 형성될 수 있다. 이런 맥락에서 공자 이후 유가에서는 늘 가족 윤리인 '효제'를 '널리 백성을 구제하는 일' 및 더 나아가 천지만물 일체의 조화를 이룩하는 인의 궁극적 지향으로 나아갈 수 있는 필수적인 징검다리로 생각했다.

모든 일이 그러하듯이 인에 대한 박애주의적 강조와 친친 및 효와 같은 가족 윤리의 중요성을 강조하는 측면을 동시에 강조하는 유가사상 내부에는 논리적 긴장이 없다고 볼 수 없다. 그 긴장은 유가적 사유의 특성인 연계성 논리로 인한 것이다. '수기치인'(修己治人)으로 압축되는 유가적 사유의 골격은 늘 가족에서의 효제를 바탕으로 치국평천하에 이르는 연속성의 추구에 있는데, 이런 연계성 혹은 연속성은 모든 개인에게는 늘 이상적인 것으로 남아 있고 대부분의 경우 가족 위주의 삶에 만족하거나 인간의 삶을 가족 중심의 삶에 한정할 가능성이 존재한다. 그러나 공자는 이런 논리적 긴장을 해결할 수 있는 방법을 '역지사지'(易地思之), 즉 '타인의 입장에서 상황을 헤아려 보는 관점'에서 구할 수 있다고 보았다. 그래서 공자는 자신의 처지를 미루어 타인을 헤아리는 추기급인(推己及人), 즉 서(恕)를 인(仁)을 실현할 수 있는 방법으로 내세우면서 자신과 타자의 상호 연관성에 주목한다. 공자는 서(恕)를 "자기가 서고자 함에 남도 서게 하며, 자신이 통달하고자 함에 남도 통달하게 하는 것이다."(己欲立而立人, 己欲達而達人)라고 말한다.[317]

그리고 측은지심을 실마리로 삼아 모든 존재하는 것들이 스스로의 본성

- - -

316 "子貢曰, 如有博施於民而能濟衆, 何如, 可謂仁乎, 子曰, 何事於仁, 必也聖乎, 堯舜其猶病諸." 주희, 『논어집주』(論語集註), 「옹야」(雍也) 28, 앞의 책, 123-124쪽.

317 주희, 『논어집주』(論語集註), 「옹야」 28, 같은 책, 124쪽.

을 잘 실현할 수 있는 조건을 창출함에 의해서만 비로소 자신의 인간다움의 실현 역시 보장될 수 있음을 강조하는 충서(忠恕)이론은 유학사상이 주체성과 자율성에 대한 나름의 이론을 갖추고 있음도 보여준다. 충서의 방법을 통해 어진 마음을 실현하는 주체는 각 개별 인간이기 때문이다. 이처럼 유가적 주체성 이론에 의하면 인간은 타자와의 다중적인 관계를 지속적으로 확충함에 의해서만 자신의 도덕적 잠재력을 온전하게 실현할 수 있는 주체로 성장할 수 있다. 이런 맥락에서 유가적 개인주의 혹은 주체성은 충서적 개인주의 혹은 충서적 주체성으로 규정될 수 있을 것이다.

앞에서 본 것처럼 서(恕)는 타자와의 관계를 통해 자신과 타자의 도덕적 본성을 실현하는 실천적 행동이다. 서(恕)에 대한 강조로부터 공맹의 유학사상이 기본적으로 타자에 의존적인 존재에 대한 무한한 사랑 및 돌봄 관계에서 출발하여 사람들 사이의 상호 대등한 존중 관계를 이룩하고자 하는 이중적 차원으로 구성되어 있음을 알 수 있다. 그런 점에서 유학사상은 비대칭적 관계와 대칭적 관계라는 중층적 차원으로 구성되는 인간사회의 모습을 보다 분명하게 사유하고 있다고 평가되어 마땅하다. 인간의 인간다움을 실현하는 모범적인 인간상인 '살신성인'의 군자가 상징하듯이 유교는 대등한 동료 군자와의 상호 존중의 관계에만 몰두하지는 않는다. 유가사상에 의하면 군자의 존재 이유는 궁극적으로는 타자에 대한 무한한 책임을 인수할 수 있다는 점에 근거하고 있기 때문이다.

특히 대동(大同)세계의 정치적 이상이 보여주듯이 유교의 인정(仁政)의 정치이론은 과부나 홀아비로 상징되는 아무런 몫을 갖고 있지 않는 사람들의 몫을 찾아주려는 무한한 책임의식을 갖고 있다. 과부나 홀아비와 같은 존재는 갓난아이와 마찬가지로 사회 속에서 존재하지만 사회 속에서 아무런 몫을 지니지 않는 배제된 절대적 타자의 상징과도 같은 존재이다. 유교적 인(仁) 이론은 타자에 대한 책임의 관계가 인간에게만 한정되어 있지 않다. 유교적 인(仁) 이론은 타자를 배려하고 아끼는 마음에서 출발하여 사람들 사이의 수평적인 관계뿐만 아니라, 사람과 자연 사이의 조화로운 관계를 지향한다. 앞에서 살펴보았듯이 유교의 인(仁) 이론은 칸트의 보편적 동등 존중의 원칙을 버리지 않으면서 비대칭적 관계에 대한 개방적 감수성을 풍부하게 갖고 있다. 따라서 유교적 인(仁) 이론의 잠재성과 현재적 의미를 새롭게 발굴할 필요가 있다고 믿는다.

나가는 말

불교 및 도교와 더불어 동아시아 사회의 정신적 원류의 하나인 유가사상은 오늘날 우리 사회에서도 여전히 다양한 방식으로 살아 숨 쉬고 있다. 사상의 영역에서뿐만 아니라, 일상생활에서 끼치고 있는 유교적 문화의 영향은 아직도 강력하다. 그것이 비록 서구 근대의 충격과 영향 속에서 변형되기도 하고 해체되고 있다고 해도 말이다. 효라는 유교적인 덕목 이외에도 하늘, 즉 천(天)이나 공공성 그리고 인(仁)이란 개념들은 유교적 사상과 문화가 다듬어온 동아시아의 보편적 이념이다. 그리고 효나 충이란 관념은 물론이고 백성이 나라의 근본이라는 민본주의, 하늘이나 인(어짊)과 관련된 개념들도 여전히 우리의 일상생활에서 자주 사용된다. 유교 자본주의론 혹은 아시아적 가치론에서처럼 친족주의를 유교적 가치의 핵심인 양 간주하는 태도는 천하위공(天下爲公)의 대동세계를 향한 유교적 열망 그리고 이와 깊게 결합되어 있는 현실 비판 의식이라는 참다운 유교의 핵심적 가치를 헐값에 팔아넘기는 것에 불과하다.

앞에서 살펴본 것처럼 가족과 국가를 넘어 평천하에 이르는 천하위공의 길을 걷고자 하는 유교의 진정한 핵심 주장이 때로는 역사 속에서 이기적 가족주의의 틀로 위축되는 현상을 보이는 것도 사실이다. 그러나 효제의 중요성을 강조하는 유교적 교리를 왕에게 요순성왕의 이상적 군주의 모습을 갖출 것을 요청하면서 권력의 자의성과 폭력성을 비판하는 측면과 따로 떼어 놓고 이해하려는 것은 유교의 핵심적 가르침을 애써 무시하려는 태도에 지나지 않는다. 가족에서 효제를 중요 덕목으로 권장하는 것은 폭력적인 정치체제 속에서 고통 받는 백성의 삶을 편안하게 하고 천하에 평화로운 질서를 창출하려는 문제의식의 소산이었기 때문이다.

물론 천명이나 천리와 같은 개념이 보여주듯이 유학 전통이 축적해온 보편주의적 관념은 인권과 민주주의라는 새로운 보편적 이념과 만나 변형되고 있다. 따라서 오랜 세월 동안 축적되어 우리의 사유 방식과 일상생활 속에 깊게 뿌리를 내리고 있는 유가적인 이념을 비판적으로 계승하는 일은 아주 중요하다. 그런 시도는 유교가 정치체제의 공식 이념으로 채택되고 나서 그것이 백성을 착취하는 데에 일조해온 역사를 부인하지는 않는다. 그리고 그런 역사가 유독 동아시아의 유교 전통에만 있는 것은 아니다. 따지고 보면 인류의 모든 보편종교나 이념도 그러하다.

동아시아의 유가사상과 유가적 정치체제의 역사를 전제 권력의 횡포 속에서 인간의 보편적 존엄성을 조롱해온 것으로 보는 관점과도 이제 작별해야 한다. 민주주의의 후퇴가 미국이나 유럽을 포함하여 세계의 여러 지역에서 발생하고 있다. 이런 상황에서 인권과 민주주의에 새로운 활력을 제공하기 위해서도 유가적인 보편주의와의 새로운 대화는 절실하다. 이 책의 뒷부분에서 좀 더 상세하게 분석하겠지만 한국의 독립운동은 물론이고 우리 사회의 민주주의도 유교적 사상과 정치문화를 매개로 하여 형성된 것이다. 그러므로 유교적인 사상 및 문화 전통을 현대화하는 작업은 우리의 역사적 현실을 규정해온 유교의 영향사에 대한 인식을 동반하지 않으면 안 된다. 동아시아 유교 전통에서 위기에 처한 민주주의에 새로운 활력을 제공하고, 이를 통해 21세기 문명전환의 시기를 준비하려는 시도를 두고 문화적 복고주의의 반복이나 동서양 이분법의 고루한 시각을 답습하는 것으로 보지 말았으면 한다.

제 5 장

조선의 유교적 능력주의와 한국 가족주의의 또 다른 기원: 유교와 근대의 대립을 넘어

들어가는 말

다른 가족에 대해서 배타적·폐쇄적인 성격을 지니는 한국의 가족주의는 가족 이기주의, 집단 이기주의, 연고주의 및 정실주의 문화를 양산하는 데 활용되기도 한다. 그러나 오늘날 한국사회의 가족주의 및 연고주의가 보여주는 폐단이 조선의 유교적 전통 문화에서 유래된 것으로 보는 것은 좀 더 면밀한 검토를 요한다. 달리 말하자면 조선의 유교적 생활방식이 가족주의와 같은 문제점을 초래했다면, 어떤 방식으로 그런 문제점이 유교적 사회의 문법에서 발생하였는지를 명확하게 서술하지 않으면 안 된다. 특히 가족주의 문화와 조선의 유교적 전통 문화 사이의 친화성을 강조하는 관점에 의하면, 가족주의는 개인의 능력이나 자발적인 행동에 의한 성취 원리와 무관한 몰개인적인, 그러니까 이른바 전근대적인 집단주의 문화의 소산이다. 그러나 이런 식의 이해는 분명 한계가 있다.

조선왕조의 국가체제가 실시한 과거제도의 운영 원리는 조선사회를 전근대적이고 봉건적인 사회, 그러니까 개인의 성취 원리와는 무관한 세습적인 신분제 사회로 보는 시각과 정면으로 충돌한다. 알렉산더 우드사이드

(Alexander Woodside)가 지적하듯이 조선에서 실시된 과거제도는 "최소한 형식적으로는 상류사회의 세습적 권리에 관계없이, 명확한 규정을 바탕으로 한 능력주의적인 과거시험을 통해 관료들을" 선발하는 제도였다.[318] 그러므로 조선 후기 사회에서 부와 사회적 지위가 소수의 문벌이나 가문에 의해 독점되고 세습화되는 경향이 두드러지게 나타나는 것은 본래 조선사회가 기본적으로 혈통에 의해 사회적 지위를 세습적으로 운영하는 전근대적인 신분사회로 인한 것으로만 보기에는 무리가 있다. 그것은 조선사회에 여전히 존재했던 양반의 일부 세습적 특권의 전통과 더불어 유교적 능력주의 원리가 관철되면서 발생하는 사회구조적인 병리적 현상으로도 이해되어야 할 것이다.

이 책 제3장 '한국의 가족주의와 유교 전통'에서 강조했던 것처럼 오늘날 우리 사회의 가족주의의 역사적 기원으로 평가되는 조선 후기의 가족중심주의는 사족들의 지배체제를 위기로 몰고 간 커다란 사회변동 과정에서 형성되었다. 그리고 뒤에서 좀 더 상세하게 언급될 것이지만, 그러한 사회변동은 과거제도와 무관하지 않았다. 과거제로 대변되는 유교적 능력주의의 관철로 인해 초래된 배타적인 혈족 및 가문 중심의 가족주의 강화 및 그와 연동된 소수 가문에 의한 권력의 세습적 경향의 대두는 좁게는 조선의 유교적 능력주의 사회, 넓게는 능력주의 사회의 내적 동력학과 그 위험성을 보여주는 주목할 만한 사례로 접근되어야 할 문제다.

오늘날 우리 사회는 능력주의와 재산 및 권력의 세습적 경향이 서로 긴밀하게 맞물려 작동할 수 있음을 보여주고 있다. 최근의 흙수저·금수저 논란이 보여주듯이 우리 사회는 자본주의적 경쟁사회 속에서 그 제도가 전제하고 있는 능력주의 논리에 위배되는 새로운 형태의 유사 신분제 사회를 발생시키고 있다. 이런 현상은 조선 후기의 반복으로 해석될 소지가

· · ·
318 알렉산더 우드사이드, 『잃어버린 근대성들』, 민병희 옮김, 너머북스, 2012, 24쪽.

다분하다. 우리 사회에서 학연·혈연·지연이 개인의 능력보다 더 우리의 삶에 중요한 영향력을 행사한다는 관념이 널리 받아들여지고 있는데, 이 또한 매우 흥미로운 사실이다.[319] 그러나 흙수저·금수저 논란은 능력 본위 원칙의 성공적 관철을 그 주된 배경으로 삼고 있다는 점을 염두에 두어야 한다. 이렇게 본다면 개인주의 및 평등주의와 결합된 능력주의가 집단주의 및 가족주의와도 결합될 수 있음을 알게 된다. 이런 설명이 타당하다면 "가족주의, 집단주의, 귀속주의"를 전근대적인 행위 원리로 규정하면서, 그것을 현대적인 원리인 "평등주의, 개인주의, 성취주의"와 날카롭게 대비시키는 것[320]은 재고되어야 한다.[321]

이 장에서 시도되는 것은 조선 후기에 이르러 본격화된 문중 중심의 가족주의 현상을 조선의 유교적 능력주의와의 관계 속에서 새로 해명하려는 것이다. 가족주의의 폐쇄성과 배타성은 조선사회가 개인의 성취 원리를 배제하는 세습적 신분제 사회라서 출현한 것이 아니라, 오히려 개인의 성취 원리를 기본적으로 승인하고 있었던 조선의 유교적 능력주의의 성공적인 관철의 결과 초래되었다고 보아야 함을 설명해볼 것이다. 달리 말하자면 우리 사회에서 받아들여지고 있는 통념, 즉 가족주의 및 연고주의는 개인의 능력을 존중하는 원리와는 상반되는 것이라는 생각을 비판적으로 검토해볼 것이다. 따라서 조선에서 오랜 세월 축적된 유교적 가족주의는 성리학적인 능력주의 혹은 업적주의(meritocracy) 사회가 지니고 있었던 내적 변동의 문법이라는 관점에서 접근되어야만 더 잘 이해될 수 있다는

• • •
319 김동춘, 『1997년 이후 한국사회의 성찰: 기업사회로의 변환과 과제』, 길, 2006, 432쪽.
320 한남제, 『한국가족제도의 변화』, 일지사, 1997, 12쪽 이하 참조.
321 물론 성취의 원리 대 귀속의 원리, 즉 업적성 대 귀속성은 탤컷 파슨스(Talcott Parsons)가 전통사회와 근대사회를 구별하기 위해 도입한 여러 이분법적 대립항 중의 하나이다. 여하튼 귀속성과 업적성은 전근대적인 전통사회와 근대사회의 구조적 차이를 해명하는 데 널리 적용되고 있는 개념쌍의 하나인 셈이다. 이에 대해서는 김덕영, 『사회의 사회학: 한국적 사회학의 이론을 위한 해석학적 오디세이』, 길, 2016, 320-323쪽 참조.

점을 보여줄 것이다.

오해의 소지를 없애기 위해 첨언한다면, 여기에서 비판적으로 검토되는 편견은 가족주의 및 연고주의는 능력주의 원칙과 본질적으로 친화성이 없을 것이라는 생각이다. 그러니까 능력주의 원칙과 집단주의적 연고주의 및 특권 세력의 세습화 경향 사이에는 본래 아무런 연관성이 없는 것이 아니라, 능력주의 사회가 그 원칙과 양립하기 힘든 부와 권력을 독점하는 특권 집단의 세습화 현상도 자체적인 동력에 의해 초래할 수 있다는 점을 성찰해볼 것이다. 전근대의 집단주의 및 세습제 사회 대 근대적인 성취원리 및 개인주의라는 이원론은 조선시대의 성격을 이해하는 데 방해가 될 뿐만 아니라, 한국사의 역사발전의 독특한 경로를 이해하지 못하게 한다. 그리고 그런 식의 이원론을 통해서는 오늘날의 자본주의 사회의 양면성도 이해하기 힘들 것이다. 토마 피케티(Thomas Piketty)가 주장하듯이 21세기 세계화된 자본주의는 "세습자본주의"(patrimonial capitalism)라고 명명될 정도이다.[322] 이처럼 자본주의 사회는 전형적으로 개인의 능력에 따라 자유롭게 직업을 선택할 수 있는 능력주의 원칙에 의해 지배되는 사회이지만, 자본주의 역시 극심한 불평등을 초래하고 그런 불평등한 사회 구조를 민주적 방식으로 통제하지 않고 방치한다면, 새로운 형태의 세습적 신분사회로 회귀할 수도 있다.

그러므로 능력주의 원칙과 세습적인 특권의 모순된 상황을 보여주는 조선 후기 사회가 근대 및 전근대라는 이분법적 관점에 의해 적절하게 이해될 수 없다는 것은 분명하다. 오히려 능력주의 원칙의 관철이 세습적 신분 구조를 초래할 수 있다는 점을 염두에 둔다면, 유교적 능력주의 원칙을 수용했던 조선사회의 성격은 물론이고 오늘날 우리 사회의 가족주의 동력 학을 새롭게 이해해볼 수 있다는 것이 여기에서 입증해보려는 중요한

• • •

322 토마 피케티, 『21세기 자본』, 장경덕 외 옮김, 글항아리, 2014, 617쪽.

논제이다. 이 작업은 제3장 및 제4장에서 다룬 한국 가족주의의 유교 문화적 기원에 대한 성찰과 맞물려 있다.

앞에서 언급했듯이 조선사회가 유교적 능력주의 사회의 성격을 지니고 있었다는 점은 그 사회를 어떤 시대로 규정해야 하는지에 대한 물음을 제기한다. 성취의 원리를 긍정하는 사회가 근대사회라는 것이 사회학의 통념인데, 이런 사회학적 상식에 비추어 볼 때 조선사회를 세습적 신분제 사회인 봉건사회라는 의미의 중세사회로 보는 것이 조선의 현실과 얼마나 동떨어져 있는지는 쉽게 알 수 있다. 그럼에도 불구하고 조선사회를 봉건제적 중세사회니 전근대사회니 하는 식으로 바라보는 시각 자체가 우리 사회에 강력하게 존재한다.[323] 그래서 현대 한국사회의 가족주의의 역사적 기원을 다루면서 오늘날 우리 사회의 가족주의 성격, 더 나아가 가족주의에 의해 강력하게 규정되어온 현대 한국사회 성격이 무엇인지를 제대로 다루기 위한 전제 조건의 하나는 조선사회 성격이 어떤 것인지를 새롭게 바라보려는 시도이다.

달리 말하자면 가족주의를 현대 한국사회의 부정적인 성격을 보여주는 핵심적 구성 요소라고 보며 그런 현상을 늘 전근대적이고 중세 봉건적인 조선의 유교적 전통의 탓으로 돌리는 시각이 정말로 타당한지를 검토해보자는 말이다. 만약 한국사회의 가족주의로 인해 우리 사회의 근대성이 왜곡되고 지연되는 것으로 보는 시각이 문제점이 많다면, 한국의 현대사회가 전근대적인 유교사회 전통에 의해 제약되고 있다는 점을 근거로 해서 현대 한국사회를 후진적인 근대성에 속하는 것으로 보는 한국학계의 통념은 재고되어야 한다. 마찬가지로 전근대적인 유교적 전통사회의 영향으로

• • •
[323] 한국사 학계의 주류적 인식은 내재적 발전론으로 알려져 있는데, 이 이론에 따르면 조선시대는 봉건사회이고 조선 후기는 봉건제가 해체되어 가는 시기로 이해된다. 미야지마 히로시(宮嶋博史), 『나의 한국사 공부: 한국사의 새로운 이해를 찾아서』, 너머북스, 2013, 43쪽 참조

인해 현대 한국사회가 서구적 근대성이 불충분하고 왜곡된 방식으로 전개되고 있다고 보는 통념이 가정하고 있는 인식 틀, 그러니까 '서구 근대 대 동아시아의 전근대적인 유교사회'라는 이항 대립의 신화를 비판적으로 검토하는 것으로 나가지 않으면 안 될 것이다. 그런 이항 대립적 인식 패러다임은 서유럽의 발전 모델을 인류 역사발전의 보편적 모델로 설정하고 있는 서구중심주의의 또 다른 얼굴이어서 조선사회의 본래적인 성격이나 그것에 의해 규정된 현대 한국사회의 특징을 파악하는 데 여러 문제점을 지니고 있기 때문이다.

따라서 한국사회의 가족주의의 역사적 기원을 조선의 유교적 능력주의 사회의 내적 전개 과정의 맥락과 관련하여 새롭게 탐색하려는 문제의식을 조선사회의 성격 및 한국 근대성의 특성에 대한 성찰로 이어가는 것이 이 글의 주도적 인식 관심이다. 달리 말하자면 조선의 유교 전통과 오늘날 한국 근대성 사이의 연계성에 대한 물음을 다른 방식으로 제기해보는 것이 중요하다는 것이다. 이때 유교적 전통을 한국 근대성에 대한 장애물로서 바라보지 않을 뿐만 아니라, 유교적 자본주의 이론처럼 산업화와 유교적 에토스 사이의 긍정적인 상관성에만 주목하는 입장과도 거리를 두면서 유교 전통과 한국사회의 근대성 사이의 연관성을 새롭게 해명할 가능성을 탐색해볼 것이다. 마지막으로는 유교사회의 역사적 경험이라는 전통에 의해 규정되어 있으면서도 식민지 지배와 분단 및 전쟁 그리고 경제적 산업화 및 민주화의 과정 속에서 가족제도가 겪은 현대적 변형이 지니는 의미에 주목하고, 그것이 동아시아 3국, 특히 한국의 독자적인 근대성의 성격 해명과 관련해서 함축하고 있는 해석학적 질문을 다룰 것이다.

Ⅰ. 과거제도와 조선의 유교적 능력주의

조선사회는 유교사회였지만 능력주의 원칙을 존중하는 사회이기도 했다. 주지하듯이 유교적 능력주의 제도인 과거제도가 전면화된 것은 중국의 송나라 시대에 이르러서였다.[324] 송나라 시대의 지배계층인 사대부는 유교적 능력주의 원칙을 제도적으로 실현하는 과거제에 기반을 두고 있었다. 시마다 겐지(島田虔次)는 송나라 시대 사대부 계층의 역사적 특이성을 다음과 같이 요약한다. "사대부란 누구인가. 당대의 과거제도의 확립과 함께 일어나 송대에 이르러 확고부동한 세력으로 자리 잡게 된 독특한 지배계급이다. 경제적으로 보면 대체로 지주이지만, 그러나 그것이 반드시 필수조건인 것은 아니다. 사대부의 특징은 무엇보다도 먼저 지식계급이라는 점에서, 다시 말하자면 유교경전의 교양을 지닌 사람들이라는 점에서, 즉 독서인이라고 하는 점에서 찾아볼 수 있다. 조금 더 자세하게 말하자면, 그 유교적인 교양(이것은 동시에 도덕 능력도 의미한다) 때문에 충분히 합격 가능한 과거를 통과하여 위정자(관료)가 되어야 할 사람으로 기대되는 사람들의 계급이다. [……] 육조시대는 흔히 귀족시대라고 불린다. 그러나 육조의 귀족은 반드시 학문적인 교양을 제일 우선시했던 것이 아니라 출생, 가문이 귀족이 되는 조건이었다. [……] 이들과 비교해볼 경우, 사대부의 특징은 가장 선명하다. 그것은 출생을 원리로 하는 폐쇄적인 신분이 아니라 능력을 원리로 하는 개방적인 계급이며, 그 능력이란 유교 경전적인 교양이었다."[325]

...

324 당나라 시대에 황제들은 군사적 귀족 집단의 정치적 권력을 약화시키기 위해 과거제도를 정비하여 시행했지만, 당대 관리의 90% 이상은 시험에 의해서가 아니라 추천 제도인 음보를 통해 문관의 자리를 얻었다. 디터 쿤, 『하버드 중국사 송: 유교 원칙의 시대』, 육정임 옮김, 너머북스, 2015, 235-236쪽.

325 시마다 겐지(島田虔次), 『주자학과 양명학』, 김석근·이근우 옮김, 까치, 2001, 20-21쪽. 한 연구에 의하면 1148-1256년에 진사 자격을 획득한 사람들의 출신 가문을 보면,

앞으로 좀 더 자세하게 설명하겠지만 설령 그 원칙이 충분하게 발현되었는지 여부[326]는 제외하더라도 유교적인 능력 본위의 사회를 지향한 조선사회는 오늘날 한국 가족주의의 고유한 동력학을 이해할 때에도 매우 중요하게 참조해야 할 지점이다. 기본적으로 전통이라는 이름으로 오늘날에 이르기까지 지속되고 있다고 간주되는 가족주의적 삶의 양식은 조선 후기에 발생했다. 그리고 이는 조선 후기 유교적 지배질서가 동요하는 시대를 배경으로 한다. 사회질서가 동요하는 위기상황에 직면해서 한정된 중앙권력에 진출하는 유리한 지위를 확고히 하고 변화된 시대적 상황에 능동적으로 대처하는 전략적 선택의 일환으로 가족주의적 삶의 방식이나 문중주의가 강화된다. 특히 양반으로 행세할 수 있기 위해서는 과거제를 통해 중앙의 정치 관료로 진출하는 것이 필요했기에, 적은 수의 관료 지위를 둘러싸고 양반계층 내부에 격렬한 경쟁이 발생하지 않을 수 없었다. 이런 과정에서 당연히 특정 가문이나 그 가문과 연고가 있는 집단에게 권력이 과도하게 집중된 현상이 초래되는 것은 거의 필연적이다. 주지하듯이 19세

• • •
급제자의 57%가 직계 3대(부, 조, 증조)에서 관리가 배출된 적이 없는 집안 출신이었다. 디터 쿤(Dieter Kuhn), 『하버드 중국사 송: 유교 원칙의 시대』, 같은 책, 241쪽.

326 제임스 팔레(James Palais)는 조선의 "성리학적 개혁자들이 가졌던 주요한 목표 중의 하나였던, 세습적 귀족정치를 무너뜨리고 유교의 고전과 주희의 주석에 담긴 사상에 기초한 능력 위주의 사회를 건설하려는 시도"는 "성공하지 못했다"고 평가한다. 제임스 팔레, 『유교적 경세론과 조선의 제도들: 유형원과 조선 후기 1』, 김범 옮김, 산처럼, 2008, 52쪽. 제임스 팔레의 제자인 존 던컨(John B. Duncan)은 팔레가 단선적인 역사발전론과 진보사관의 신봉자였음을 강조한다. 팔레는 영국의 역사에서 유래한 서구 근대의 발전 모델을 근대의 모델로 보고 조선이 그런 모델을 따르고 있다는 점을 입증하는 노력, 예를 들어 자본주의 맹아론과 같은 시도가 설득력이 없음을 보여주려고 노력했다. 존 던컨, 「한국사 연구자의 딜레마」, 배항섭 엮음, 『동아시아는 몇 시인가?』, 너머북스, 2015, 116쪽. 실제로 팔레는 조선 후기에서의 사회변화보다는 그 이전 시기와의 지속성을 강조하고 자본주의 맹아론을 부인함으로써 일부 한국학자들로부터 정체론자라는 비판을 받기도 했다. 이런 비판에 대해 그는 김용섭의 선구적인 업적 등에 의해 입증된 조선 후기에서의 경제 발전을 인정하면서도 그런 발전이 자본주의 맹아를 이룰 정도로까지 이어지지 않았다고 주장한다. 한홍구·제임스 팔레, 「미국 한국학의 선구자 제임스 팔레: 정년 기념 대담」, 『정신문화연구』 24(2), 2001, 211쪽 참조.

기 이후 조선에서 소수 벌열 가문의 세도정치 권력이 60년 정도 조선의 정치사회를 지배하게 되었다. 그러나 소수 가문에 의해 권력이 집중되는 현상 역시 유교적 능력주의 사회가 지녔던 평등 지향의 내적 원리와 결합되어 이해되어야 한다.

조선 후기에 양반계층은 한편으로는 토지에 대한 특권을 상실하면서도, 다른 한편으로는 특권화의 길을 걷는 이중적 모습을 보여준다. 조선 후기에 가족 및 친족관계에서 부계 혈연 중심의 가족 양태가 강화되고 과거 합격자가 소수 가문에 집중되는 현상과 더불어, 양반층의 폐쇄적인 신분적 성격이 강화된다. 그러나 이런 과정과 궤를 같이하여 집약적 벼농사의 전국적 확산으로 인해 소농 경영이 일반화되면서 농민들도 양반의 생활방식 및 존재양식을 모방하여 선조로부터 물려받고 자손에 물려주어야 할 가족 관념을 실천에 옮기게 된다.[327] 정약용은 조선 후기 사회에서 목도되는 평등화 경향을 "온 나라가 양반되기"[328]라고 압축적으로 표현했다. 그리고 '온 나라 양반되기' 현상은 유교적 능력주의 사회인 조선에서 일반 백성들도 능력을 통해 양반이라는 사회적 지위를 누릴 수 있으리라는 기대를 현실로 옮길 수 있을 정도로 사회적·경제적 조건이 성숙되고 있었다는 점을 배경으로 한다. 그래서 일반 서민들도 경쟁적으로 지배계층인 양반들의 사고 및 생활 방식을 모방하게 되어 서민의 양반화가 일반화되는 현상이 초래되었던 것이다. 그리고 이는 조선사회의 유교적 평등주의가 전체 사회로 확산되는 것으로 이해되어야 한다.

양반이라는 사회적 신분이 명실상부하게 폐쇄적인 신분이었다고 한다면 모두가 양반의 생활방식을 모방하는 경쟁 자체가 발생할 수 없었을 것이다. 사실 조선사회에서 양반은 혈연에 의해 전적으로 규정되는 폐쇄적

---

327 미야지마 히로시, 『일본의 역사관을 비판한다』, 창비, 2013, 198-199쪽 참조
328 김상준, 『맹자의 땀 성왕의 피: 중층근대와 동아시아 유교문명』, 아카넷, 2011, 494쪽 참조

인 세습적 신분이 아니었다. 양반은 과거라는 능력 위주의 시험을 통한 정치 관료로서의 진출 경험을 토대로 하여 형성된 사회적 위신과 명망의 향유라는 측면에 의해 더 크게 규정되었기 때문이다. 간단하게 말해 조선시대의 양반은 지배계층이라고는 하나 통치에 관한 일을 특정한 세습적인 귀족 권력이나 가문이 독점했던 에도시대 일본사회처럼 전형적인 신분제 사회에서의 특권계층과 존재 양상이 달랐다. 이런 조선의 국가체제와 양반이라는 지배계층의 상대적 개방성과 유동성으로 인해 사회적 신분상승을 둘러싼 격렬한 갈등과 경쟁이 전체 사회로 확산될 수 있었다. 특히 모든 양민은 과거를 볼 수 있는 자격을 갖고 있었으며 17~18세기 이후 자립적인 소농이 일반화되자 수많은 양민도 과거시험을 준비할 수 있는 경제적 조건을 어느 정도 갖추게 되었다. 이러한 사회·경제적 조건에서의 변화를 토대로 하여 양민들도 양반들의 전유물이었던 선비 의식을 동경하면서 그것을 자신의 것으로 삼아나갈 수 있었던 것이다. 이런 과정을 통해 선비 의식 또한 점차 광범위하게 민중화된다.

조선 후기에 일반화되어 가는 양반의 가치관 및 생활방식은 19세기 조선의 정치사를 이해하는 데에서도 중요한 의미를 지닌다. 조선의 19세기는 흔히 '민란의 시기'라고 불린다. 조선의 19세기는 백성이 "다양한 경험을 바탕으로 정치적 역량을 축적하여 국가권력과 직접 대립"하게 되는 시기이기 때문이다.[329] 그리고 19세기 조선의 정치사의 주체로 등장하는 백성이 '태동하는 시기'를 이해하기 위해서는 그 이전 시기와의 연속성도 단절 못지않게 염두에 두어야 할 것이다.[330] 19세기 후반 이후에 민란을 통해

• • •

329 오수창, 「18세기 조선 정치사상과 그 전후 맥락」, 역사학회 편, 『정조와 18세기: 역사로서 18세기, 서구와 동아시아의 비교사적 성찰』, 2014, 51쪽.
330 조경달은 19세기를 민중이 주체로 등장하는 "민중 태동의 시기"라 부른다. 조경달, 『근대 조선과 일본: 조선의 개항부터 대한제국의 멸망까지』, 최덕수 옮김, 열린책들, 2015, 29쪽.

일반 백성들이 부패한 조선왕조의 지배체제에 대해 불만을 표출하면서 정치사의 전면에 등장하고, 양반으로의 사회적 신분상승을 향한 인정투쟁이 전국적 차원에서 발생할 수 있었던 배경에는 17~18세기에 형성된 경제적 조건의 전반적 향상과 더불어 양반을 중심으로 한 조선 특유의 국가체제가 자리 잡고 있었다. 생산력이 발전하여 자립적인 소농이 될 수 있는 기회가 커지면서 백성들의 신분상승의 욕망이 실제로 분출될 수 있었고, 그 결과 새로이 경제력을 축적한 부민들도 다양한 수단을 통해 양반 행세를 할 수 있게 되었던 것도 조선시대의 국가체제 및 신분제의 특성을 염두에 두지 않고서는 이해될 수 없는 것이다.

앞에서 보았듯이 18~19세기에 들어 사회적 신분상승을 둘러싼 격렬한 인정투쟁이 벌어지는 과정을 통해 조선 특유의 신분제는 심각하게 동요하게 되었다. 달리 말해 신분제적 차별의 요소가 해체되고 조선 특유의 유교적 평등의 이념이 점차 확산될 수 있었다. 조경달이 지적하듯이 조선사회에서 근대적인 의미의 평등사상이 구현되는 방식의 독특성은 "양반이라는 조선 특유의 신분을 폐절시키는 것이 아니라, 본래 마땅히 그래야 할 양반의 이상형을 설정함으로써 민중의 총체적인 신분상승"을 추구했던 데에서 구해진다.[331] 이처럼 19세기 '민란의 시기'를 주도한 백성은 유교적 민본주의 및 능력주의를 내세운 조선의 정치문화의 역사적 축적 과정에서 출현한 존재로 보아야 한다. 달리 말하자면 소농으로 자립하게 된 많은 백성들이 양반 사족의 가치 규범 및 생활 방식을 공유하고자 애쓰면서 일반화되기 시작한 백성들의 선비 의식의 내면화 과정이 없이는 19세기에 민이 정치사의 주체로 등장하기 힘들었을 것이다.[332] 조선의 유교적 정치문화적 배경이 백성이 민란의 주체로 등장하는 것을 용이하게 했다. 이와 관련하여 유교적

- - -

331 조경달, 『민중과 유토피아: 한국 근대 민중운동사』, 허영란 옮김, 역사비평사, 2009, 41쪽.

332 조경달, 『식민지 조선과 일본』, 최혜주 옮김, 한양대학교출판부, 2015, 28-29쪽 참조

정치문화가 조선에 비해 일반 백성의 일상생활을 규율할 정도로 큰 영향력을 행사하지 못한 에도시대가 위기에 처한 상황에서도 일본사회에서는 조선의 갑오농민전쟁이나 중국의 태평천국의 난과 같은 대규모로 일반 백성이 참여하는 민란이 발생하지 않았다는 점도 언급될 필요가 있다.

우리는 앞에서 조선 후기 사회가 보여주는 이중성을 조선의 유교적 능력주의 사회의 성격과 관련하여 이해하는 것이 필요하다는 점을 강조했다. 거듭 말하지만 조선 후기 사회는 소수 가문에 과거 합격자가 집중되는 현상과 같이 양반계층의 폐쇄적·신분적 성격이 강화되면서 동시에 양반의 가치관이나 생활방식이 모든 백성들에게 침투하여 주자학적인 질서가 전면적으로 전체 사회에 확산되는 유교적 평등화의 관철이라는 이중적 양상을 보여준다. 그리고 이런 서로 모순되는 두 양상은 조선의 유교적 능력주의 사회의 내적 동력학 속에서 이해되어야 할 것이다. 유교적 능력주의 사회를 포함하여 능력주의 사회는 그 자체로 심각한 권력의 집중 현상을 초래하는 경향이 존재하기 때문이다. 예를 들어 사농공상의 엄격한 세습적 신분제 사회였던 일본의 에도시대처럼, 조선시대의 농민은 가업을 통해 영원히 농업에 종사하거나 상인계층의 자손은 항구적으로 상인의 직역만을 담당해야 하는 사회가 아니었다. 조선에서 과거제도가 중국의 명나라 및 청나라 시기의 그것에 비해 상대적으로 폐쇄적 성격이 강하게 존재하고 있었다고 해도[333] 조선의 과거제도는 능력에 의한 관료 선발이라는 원칙 자체를 폐지하지 않았다. 조선에서 과거제도는 전 시기를 걸쳐 신분상승의 사다리의 역할을 완전히 상실한 적은 없었다.[334]

...

333 중국의 과거제도와 조선의 과거제도의 비교를 위해서는 기시모토 미오(岸本美緒)·미야지마 히로시(宮嶋博史), 『조선과 중국 근세 오백년을 가다』, 김현영·문순실 옮김, 역사비평사, 2008, 97-99쪽.

334 윤평중은 조선사회를 전형적인 신분제 사회로 본다. 윤평중, 『시장의 철학』, 나남출판, 2016, 66쪽 참조. 그러나 그의 조선사회의 성격에 대한 논의는 보충이 요구된다.

일본 출신의 한국사 연구자인 미야지마 히로시의 연구는 조선시대의 과거제의 모습을 잘 보여준다. 그에 의하면 중국의 과거제도에 비해 조선의 과거제도는 과거 시험 합격자들이 소수 가문에 의해 과점되고 있으며 인구 비율에 비해 문과 합격자 수가 많다는 두 가지 중요한 특징을 보여준다. 그럼에도 그는 조선시대의 과거제도가 널리 인재를 뽑는 과거제 본래의 기능을 다하지 못했다고 보아서는 안 된다고 지적한다. 그는 문과 합격자들의 출신 성분을 실증적으로 분석하여 이름 없는 가문에서도 문과 합격자가 지속적으로 출현했다는 점을 강조한다. 많은 문과 시험 합격자들이 소수의 가문 출신에 의해 과점되어 있었다고는 하지만, 본관을 알 수 없을 정도로 이름 없는 가문 출신의 사람들도 계속하여 과거 시험에 합격하여 출세가도를 달릴 수 있었다고 한다.

이름 없는 가문 출신도 과거제도에 응시하여 사회적으로 출세할 수 있었다는 점에 대한 미야지마 히로시의 실증 연구를 좀 더 보자. 그의 연구에 따르면 조선시대에 문과 합격자를 배출한 동족집단은 834개였는데, 이 중 한 명의 합격자만을 낸 동족집단의 수는 325개였다. 또한 451명의 합격자는 아예 본관이 분명하지 않은 가문 출신이었다고 한다. 오늘날 한국인들 중에 본관과 성을 갖고 있지 않은 사람은 아무도 없다. 그런데 오늘날 일반화된 동족집단은 역사적으로 형성된 것이다. 본관이 분명하지 않은 사람들이 과거시험에 합격하여 "처음으로 동족집단을 형성한 존재, 즉 새로운 동족집단의 실질적인 시조"가 될 수 있었기 때문이다. 동족집단은 과거에 합격한 사람이 본인의 출신 가문을 과시하기 위해 "조상 중 특정한 인물을 시조로 삼아 시조에서 내려온 계보에 본인을 자리매김하면서 비로소 형성되는 것"이었다.[335] 이로부터 오늘날에 모든 가문이 보편적

335 기시모토 미오(岸本美緒)·미야지마 히로시(宮嶋博史), 『조선과 중국 근세 오백년을 가다』, 앞의 책, 100-101쪽.

제5장 조선의 유교적 능력주의와 한국 가족주의의 또 다른 기원 | 247

으로 속해 있는 동족집단이 본래부터 세습되어 내려온 가문이 아니라, 유교적인 능력주의 사회인 조선에서부터 역사적으로 형성되어온 것임을 알게 된다.

조선시대의 과거제도가 여러 한계를 안고 있었지만, 조선의 지배계층이 었던 양반으로 제대로 행사하면서 그 사회적 신분의 위상을 계속하여 승인받기 위해서는 적어도 그 가문에서 과거에 합격하여 관료로서 활동하는 사람이 나와야만 했다. 이리하여 숫자가 한정된 관료를 두고 치열한 경쟁이 벌어지지 않을 수 없었다. 그 결과 조선 후기에 이르러 경화사족과 재지사족의 분기 현상이 일어나고 또한 세도정치에서 볼 수 있는 것처럼 몇몇 가문에 의해 권력이 과도하게 독점되는 현상이 발생했다. 따라서 그런 현상은 유교적 능력주의 사회로서 조선사회가 지니고 있었던 평등 지향의 작동 방식과 긴밀하게 결합되어 있었던 것으로 이해되어야 한다. 권력이 소수 가문에 독점되는 현상을 두고 조선사회가 세습적 신분제 사회라고 단정 짓는 것은 타당하지 않다. 능력주의 원칙의 관철로 인해 출현한 특정한 소수 가문이 그들 자신에게로 권력을 집중하는 현상에만 주목한다면, 조선 후기 사회의 전반적 모습이 시야에서 사라질 위험이 있다. 앞에서 강조했듯이 조선 후기 사회를 뜨겁게 달구었던 '모든 사람 양반되기' 현상도 염두에 두어야 한다. 이처럼 조선 후기 사회는 온 백성이 양반되기의 대열에 합류함으로써 유교적 평등주의가 관철되는 시기이기도 했다. 그리고 19세기 조선사회가 민, 즉 백성이 정치적 주체로 출현하여 기존 질서에 저항하는 것도 이런 맥락에서 이해되어야 한다. 19세기 민의 출현과 정치적 각성의 표출인 민란을 서구적인 근대 지향이라는 관점에서 바라볼 때 그 의미가 제대로 이해되지 않을 것이다.

앞에서 강조했듯이 조선의 관료제도의 원칙은 능력주의에 기반을 둔 것이었다. 혈통에 기반을 둔 세습되는 귀족제도가 아니라 재능 있고 학식이 있는 양인이면 원칙적으로 누구나 시험을 통해 관료로 진출할 수 있었다는 말이다. 그리고 합리적 과거제도의 정신을 규정하는 유교적 능력주의 원칙은 오로지 세속적인 성공에 대한 기회의 균등만을 허용하는 데 그치지 않았다. 조선의 유교적 능력주의는 모든 사람이 다 스스로의 노력에 의해 인간의 이상형인 성인(聖人)의 경지에 이를 수 있는 존재라는 주자학의 근본 전제에 뿌리를 내리고 있었다. 그러므로 조선의 과거제도의 능력주의는 개인의 자발성과 책임을 전제로 할 뿐만 아니라, 사람들 사이의 평화로운 공존과 화합의 가치를 함께 강조하는 유교적인 화이부동(和而不同)의 대동정신을 전제로 한 것이다.[336] 그러므로 세습적인 귀족정치에 비해 조선에서 실시된 과거제도는 상당한 정도로 신분 사이의 이동을 허용하는 개방적 사회의 지표만을 보여주는 데 그치는 것이 아니었다. 유교적 원리가 국가통치의 지배 이념으로 자리 잡아 그것이 점점 일반 백성들의 일상생활 전반에 이르기까지 영향력을 확장시키면서 동시에 유교적 사유가 지니고 있었던 사회비판적 잠재력도 민중화되기에 이른다. 18세기 이후 점차 전체 조선 사회에 뿌리를 내리기 시작한 유교적 대동세계의 정신은 조선 후기 사회가 직면한 사회적·정치적 갈등을 해결할 수 있는 '사회적 상상'이자 유교적 유토피아를 대변하는 비판정신의 핵심이었다.

II. 유교적 능력주의의 평등관

유교적 능력주의의 내적인 갈등, 즉 평등 지향과 특권적인 권력 집중 현상 사이의 모순은 유교적 능력주의 원칙 속에 함유되어 있는 평등 이념의 성격이 무엇이었는지에 대한 질문을 제기한다. 조선사회의 유교적 능력주

---

336 성리학자들이 늘 과거 시험을 통해 사회적 명망이나 출세를 지향하는 행동이 지니는 위험성을 지적하면서, 인간의 궁극적인 도덕적 본성의 선함과 덕성의 연마를 통해 사회를 구제하려는 데 힘쓰라고 주장하는 것도 우연이 아니다.

의 원칙과 그것이 전제하는 평등의 이념에 대한 성찰에서 장은주의 연구는 매우 주목할 만하다. 그는 유교적 메리토크라시(meritocracy) 이념에서 한국 사회의 근대성의 논리적 특이성을 규정하는 문화적 전제 조건을 구함으로써 우리 사회 근대성 연구에서 중요한 시사점을 제공한다. 그런데 그는 유교적 능력주의 원칙이 자연적 재능에서의 평등이라는 틀을 넘어서지 않고 있다고 이해한다. 그에 의하면 유교적 능력주의가 전제하는 평등은 자연적인 재능에서의 평등에 한정되어 있다. 따라서 그는 유교적 사유 전통이 발전시켜 온 "사람들 사이의 평등" 관념도 "일차적으로 자연적이고 생물학적인 평등"으로 이해한다. 달리 말해 유교적 평등 이념은 "사회화 이전의 평등이고 전(前) 도덕적 평등"으로 "누구든 동일한 자연적-생물학적 속성을 갖고 태어난다"는 사실을 긍정하는 평등에 지나지 않는다.

그리고 유교적인 평등관은 기껏해야 사회적인 불평등, 그러니까 재능의 평등이라는 출발점에서 시작되어 초래된 온갖 불평등을 자연스럽고 거역할 수 없는 것으로 받아들이는 논리적 정당화 구실을 한다고 장은주는 비판한다. 자연적 재능의 평등관을 내면화한 사회 구성원들은 불평등을 자연스럽게 받아들이는 심성을 지니게 된다는 것이다. 유교적인 자연적 평등관은 자연적으로 평등한 재능을 스스로의 노력에 의해 다르게 실현하여 발생한 불평등한 결과에 대해서 이의를 제기하기보다는 그것을 숙명적인 것으로 받아들이는 집단적 심성을 갖도록 하기 때문이라고 그는 분석한다. 그리고 그가 보기에 이런 집단적 심성은 오늘날 우리 사회의 극단적인 신자유주의적인 불평등 구조를 산출한 유교 문화적 전제 조건을 이룬다. 그리하여 "인간적-자연적 본성의 평등"에서 출발한 유교적 능력주의 원칙도 서구의 자본주의적 시장경제와 조우하면서 사회적인 위계질서 및 불평등 시스템을 자연스러운 결과로 받아들이도록 정당화하는 것으로 아주 쉽게 변질될 수 있었다.[337]

그러나 유교적 평등주의 및 능력주의 원칙에 대한 장은주의 해석은 매우 인색하다. 유교가 주장하는 인간의 보편적 평등의 이념은 인간이 생물학적으로 같은 종으로서 동일한 속성을 지니고 있다는 점과 관련된 것이 아니라, 인간이 하늘의 이치를 부여받았다는 점에서 사람들은 기본적으로 차이가 없다는 것을 강조하는 것이다. 달리 말하자면 유교 전통에서 평등이란 원칙적으로 모든 인간이 스스로의 노력에 의해 성인(聖人)의 경지에 도달할 수 있는 도덕적 잠재력을 평등하게 간직하고 있음을 긍정하는 것이기 때문이다. 즉, 인간의 도덕적 본성이 선함을 긍정하는 것이다. 그리고 그런 도덕적 본성의 보편적 평등성에 대한 주장을 능력에 따른 불평등한 결과의 논리적 정당화 및 수용이라는 평등관으로 보는 것은 유교적 평등 원칙의 특성을 충분히 고려한 것이라고 생각되지 않는다.

주자학만을 예로 들어 보아도 그것의 철학적 근본 원리는 천리(天理)의 보편성과 평등주의였다. 그런 원리에 기반을 두었기에 주자학은 늘 누구나 다 배움을 통해 요·순 및 공자와 같은 성인(聖人)이 될 수 있다고 믿었다.[338] 물론 유가가 학문을 통해서 인간이 궁극적으로 달성해야 할 이상적 인간상을 긍정한다고 해서, 모든 사람들이 하늘로부터 부여받은 인간의 보편적인 도덕적 잠재성을 동일한 수준에서 달성할 수 있다고 말하는 것은 아니다. 수기치인의 유교적 이상을 최고의 수준에서 실현할 수 있는 성인(聖人)이 될 수 있는 잠재성을 모든 인간이 다 지니고 있고 그런 가능성을 스스로의 노력에 따라 실현할 수 있다는 점을 긍정하는 수준에서의 평등인 것이다.

그러므로 유교는 수양과 배움의 정도가 사람의 타고난 기질상의 차이나 후천적인 노력의 정도에 따라 다를 수 있다는 점도 긍정한다. 이런 식으로

• • •
337 장은주, 『유교적 근대성의 미래: 한국 근대성의 정당성 위기와 인간적 이상으로서의 민주주의』, 한국학술정보, 2014, 126-127쪽.
338 성리학(性理學)의 보편주의적이고 평등주의적 원리에 대해서는 나종석, 「헤겔과 아시아: 동아시아 근대와 서구 근대성에 대한 비판적 성찰」, 『헤겔연구』 제32호, 2012, 115-139쪽 참조.

유학은 노력과 도덕적 자기 수양의 정도에 따라 사람은 사회에서 그 지위가 다를 수 있고 다르게 대우받을 수 있다고 본다. 이와 관련하여 주희의 다음과 같은 주장은 참조할 만하다. "인성은 본래 선하다. 스스로 학대하는 자는 본성을 어기고 선함을 믿지 않으니, 이것은 스스로 그 본성을 (모질게) 해치는 것이다. 스스로 버리는 자는 본성이 선하다는 것을 알지만 게을러 그만두고 하지 않으니, 이것은 스스로 그 본성을 끊어버리는 것이다. 이것은 어리석은 중에도 더욱 못난 자이니 바꿀 수 없다."[339]

그러나 주희에 의하면 배우는 자는 기본적으로 성인(聖人)과 다르지 않다. "성인은 편안히 행하고 학자는 힘써 노력하여 행하지만 성공하게 되면 같다"[340]는 것이다. 이것이 바로 성인가학론(聖人可學論), 즉 사람이 배움을 통해 누구나 다 요순과 같은 성인의 경지에 이를 수 있다는 성리학의 기본적 믿음이다. 그리고 이런 주자학의 보편주의적 평등관은 그 이전의 공자·맹자의 사상을 이어받은 것이다. 사람은 누구나 배움을 통해 성인(聖人)이 될 수 있다는 성리학의 성인가학론은 모든 인간이 실현할 수 있는 보편적인 덕목으로 인(仁)을 주장한 공자에서부터 사람들도 요순성왕과 다르지 않다는 맹자의 주장을 이어받고 있는 유교 나름의 평등의식의 표현이다.

조선에서 축적되어온 유교적 능력주의 문화는 현대 한국사회의 경제적 성장은 물론이고 민주주의로의 이행이 보여주는 독특한 궤도와도 연결되어 있다. 유교적 능력주의 전통과 한국의 민주주의와의 연관성을 강조하는 것은 많은 사람들에게 낯선 주장으로 여겨질지도 모른다. 이 문제를 직접 다루기 전에 우선 민주주의와 능력주의 사이의 관계를 언급하자. 민주주의와 능력주의는 매우 친화적이라는 것은 의문의 여지가 없다. 일례로 『21세

• • •
339 주희·여조겸 편저, 『근사록집해 1』, 이광호 역주, 아카넷, 2009, 104쪽.
340 같은 책, 168쪽.

기 자본』의 저자로 유명한 토마 피케티(Thomas Piketty)는 능력주의의 가치를 "민주주의 사회의 토대를 이루는" 것으로 규정한다.[341] 조선의 과거제도가 보여주는 바처럼 세습적인 귀족사회와 달리 능력주의 사회에서 사람들(보다 정확하게 표현하자면 남성 양인)은 원칙적으로 관직에 나갈 수 있는 기회의 평등을 인정받고 있었다. 이 자리에서 기회의 평등이 실질적으로 보장받기 위해서는 유교적 경전 교육을 제대로 받을 수 있는 일정한 재산과 교육을 높이 평가하는 가정환경 등과 같은 여러 조건들이 뒷받침되지 않으면 안 된다는 사실에 대해서는 논의를 유보하자.

유교적 능력주의 원칙의 사상적 뿌리는 모든 인간의 도덕적 잠재성의 평등성에 대한 유학의 확고한 신념이었음은 이미 앞에서 언급했다. 과거제도가 유교적인 사상 전통이 강력했던 동아시아의 중국에서 발생했던 것은 우연이 아닐 것이다. 하여간 과거제도는 유교적인 평등주의 이념이 정치제도로 구현된 것으로 보아야 한다. 그렇지만 성리학의 완성자인 주희는 유교적 평등주의 이념의 핵심적 학설인 성인가학론이 과거제도의 실현이라는 차원으로 제한되지 않는다는 점을 자각하고 있었다. 그는 성인가학론이 지니는 혁신적 의미를 잘 알고 있었다. 그는 나라를 다스리고 천하를 태평하게 한다는 사대부의 이상이 혹시 모든 인간이 다 제왕이나 황제가 되어야 한다는 것으로 이해될 수도 있지 않을까라는 생각을 품었었다. 이런 과감하고 혁신적인 결론의 도출 가능성에 대해 주희 역시 스스로 자문자답의 형식으로 다룬 적이 있다. 물론 모든 사람이 다 황제가 될 수 있다는 관념, 그러니까 오늘날의 인민주권적 민주주의 사상으로 비유하건데 국민 혹은 인민이 곧바로 황제요 제왕이라는 결론 앞에서 그는 후퇴했다. 그 대신에 그는 분업적 사회질서 내에서 성왕의 길에 동참한다는 대안을 더 합리적인 결론이라고 생각했다.

· · ·
341 토마 피케티, 『21세기 자본』, 앞의 책, 8쪽.

『대학혹문』(大學或問)에 나오는 다음과 같은 주희의 말을 들어보자. "어떤 사람이 물었다. '치국·평천하'(나라를 다스리고 천하를 평온하게 하는 것)는 천자와 제후의 일이니, 경대부 이하의 사람들은 그 일에 관여할 수 없습니다. 그런데 지금 『대학』의 가르침에서는 으레 '명명덕어천하'(明明德於天下)로써 말을 하니, 어찌 그 지위에서 벗어난 것을 생각하고 그 분수가 아닌 것을 범하는 것이 되지 않겠습니까? 그것이 어떻게 위기지학(爲己之學)이 될 수 있겠습니까?' 나는 아래와 같이 대답하였다. '하늘의 밝은 명은 태어날 적에 함께 얻은 것으로, 나만 사사로이 얻은 것이 아닙니다. 그러므로 군자의 마음은 드넓게 크고 공정하여 천하를 바라볼 때 어느 한 생명체라도 내 마음으로 사랑해야 할 대상 아닌 것이 없으며, 어느 한 가지 일이라도 나의 직분상 해야 할 바가 아닌 것이 없다고 여깁니다. 비록 형세상 비천한 신분의 일반인일지라도 자기 임금을 요임금과 순임금 같은 분으로 만들고, 자기 백성을 요순시대의 백성으로 만들고 싶은 포부가 그들 분수 안에 있지 않은 때가 없습니다."[342]

주희의 자문자답은 성리학적 직분 개념이 혈연적인 신분제적 사회의 직분 개념과 단절하고 있음을 보여준다. 그의 분 개념은 결코 세습적인 신분적 직역과 관련이 없다. 그래서 치국·평천하의 일은 세습적인 귀족이나 왕에게 주어진 특권이 아니라고 주희는 강조한다. 주희는 에도시대의 일본에서처럼 세습되는 직역인 사무라이에게 통치를 전담하게 하는 사회를 승인하지 않는다. 세습적인 신분을 통해 통치를 담당하는 계층이 따로 있는 것이 아니기에 천하를 걱정하고 나라를 태평성대의 훌륭한 나라로 만드는 일은 모든 사람의 자기실현, 즉 '위기지학'에 바탕을 두고 있는 것이라고 주희는 생각한다. 그래서 바로 위에서 인용한 주희의 주장이 잘 보여주듯이 그는 자신이 속한 정치사회의 군주를 요순과 같은 위대한

• • •

342 주희, 『대학혹문』, 『대학』, 최석기 옮김, 한길사, 2014, 193쪽.

성군으로 만드는 일은 평범한 보통 사람도 관심을 기울여야 할 공적 관심사라고 강조한다. 나라의 임금을 요순성왕으로 만드는 노력은 다름 아니라 일반 백성들 스스로 유교적 전통에서 가장 이상적 사회의 모델로 칭찬하는 요순시대의 백성으로 살아갈 길을 다듬는 노력인 셈이다. 그러므로 모든 백성들은 서로 힘을 합해 나라의 임금을 이상적인 군주로 만들어 가장 이상적인 세계인 대동세계에 살 수 있도록 애써야 하는 것이다. 그리고 이런 정치적 행위는 재산이 많고 커다란 권력을 향유하는 특정 계층이나 왕에게만 주어진 특권적인 사명이 아니라, 일반 백성 모두가 응당 관심을 지녀야 하는 사명이자 본분이라는 것이 주희의 생각이었다.

주희의 이런 주장은 유가적 천(天) 이념의 보편주의적이고 평등주의적인 요소를 매우 분명하게 보여준다. 히라이시 나오아키(平石直昭)는 천(天) 관념이 유가사상의 전통에서 다양한 의미와 역할을 수행해왔음을 밝히면서도, 천 관념이 '안민'이라는 정치적 이상을 실현하는 맥락과 관련해서 군신의 상하 관계, 즉 군신 간의 위계서열적인 관계를 "상대화"할 수 있는 힘을 지녔다고 강조한다. 달리 말하자면 은나라를 치고 주나라를 세운 주나라 지도자들이 그들의 권력 장악을 '천명'에 의한 것으로 정당화하는 데에서 보듯이 그리고 맹자의 역성혁명과 방벌론이 보여주듯이 천은 신하가 폭정을 일삼는 군왕을 폐위시키고 그 자리를 대신할 수 있는 논리적 근거로 활용되고 있다. 그리고 이런 천 관념이 지니는 평등주의적 요소가 주희의 생각에도 이어지고 있음을 알 수 있다.[343]

에도시대 일본에서 유학이 체제를 위험하게 할 사상으로 간주되는 경향이 있었음도 우연이 아니다. 에도시대에 유학이 어느 정도 보급되면서 유학적 교양을 갖춘 사람이 정치를 담당해야 한다는 생각은 과거제도

• • •
343 히라이시 나오아키, 한림대학교 한림과학원 기획, 『한 단어 사전, 천』, 이승률 옮김, 푸른역사, 2013, 103-16쪽 참조

도입을 주장하게 되는데, 본격적으로 과거제를 도입한다는 것은 실제로 신분제 사회인 에도막부의 전복을 의미한다. 그래서 와타나베 히로시도 에도시대에 과거제도의 도입 가능성이 없었음에도 "유학이 확대되는 것은 사실상 체제에 위험"한 것이라고 강조한다. "학문과 무관한 무인 세습에 의한 통치 자체가 문제"로 될 수 있기 때문이다.[344]

그러나 앞에서 살펴본 것처럼 성리학의 집대성자인 주희에 의하면 하늘을 대신하여 백성의 삶을 평안하게 하고 세계를 평화롭게 하여 누구나 다 대동세계의 일원으로 당당하게 살아갈 수 있는 유가적 이상 세계를 만드는 일은 왕이나 사대부 혹은 양반계층에 의해서만 독점되는 것이 아니다. 백성이 요순성왕의 이상적 대동세계를 구현할 수 있는 일에 관하여 관심을 기울인다고 자신의 분수를 넘는 월권을 행하는 것이 아니라, 그런 일에 관심을 지니는 것이 모든 평범한 백성들의 당연한 소임이라는 주희의 생각은 유가적 천 관념의 평등주의적인 경향을 이어받고 있다. 그리고 자신이 속한 나라를 요순시대의 유교적 이상 세계에 어울리도록 만드는 일에 대해 백성들이 관심을 기울이는 일이 백성의 본분에 해당되는 자연스러운 일이라는 관념은 그저 관념으로만 머물지 않게 된다. 이런 유교적 가치관이 널리 보급됨에 따라 그것을 자신의 것으로 만드는 유교적 가치의 대중화 현상은 백성들의 정치적 자각으로 표현되기에 이른다. 18세기를 거치면서 이런 유교적 정치관은 대중적으로 확산된다. 즉 대동세계로 상징되는 유교적 이상사회를 일반 백성들이 내면화하게 됨에 따라 대동세계는 바람직한 사회에 대한 공유된 감각으로 그들 사이에 굳게 뿌리를 내리게 된다. 그리고 이러한 유교적인 '사회적 상상'을 매개로 하여 19세기 후반에 백성이 정치적으로 출현하게 되었다고 보아야 한다.

• • •

344   와타나베 히로시, 『일본정치사상사: 17~19세기』, 김선희 · 박홍규 옮김, 고려대학교 출판문화원, 2017, 105쪽.

III. 유교적 평등주의와 민주공화주의:
민본주의와 민주주의의 대립과 단절을 넘어

1) 유교적 민본주의와 민주주의의 관계에 대한 상이한 이해

위에서 우리는 19세기에 백성이 조선의 정치 전면에 등장할 수 있는 정신사적 조건으로 모든 백성에게 '사회적 상상'으로 확산된 유교적 정치문화의 대중화와 일상화에 주목할 것을 강조했다. 19세기 후반에 등장하여 그 이후 한국사회에 커다란 영향력을 행사한 동학도 이런 유교적 가치관의 일상화 및 대중화의 흐름 속에서 탄생했다. 동학의 창시자인 수운 최제우가 '모든 민중은 요순이 될 수 있다'고 강조했는데, 이는 결코 우연이 아니다. 그런데 19세기 후반에 역사의 전면에 등장한 백성의 정치적 활동과 관련하여 제기되는 문제 중의 하나가 백성의 정치적 출현과 민주주의 사이의 내적 연관성에 관한 것이다.

유교적 민본주의 및 유교적 정치문화의 틀 내에서 19세기 후반에 이르러 전면적으로 출현한 백성들의 정치적 행위를 민주주의와 연관해서 바라보려는 시도가 손쉽게 연상시킬 오해는 다음과 같다. 즉, 그런 시도는 유럽적 근대를 근대 일반으로 설정하고 서구 근대에 상응하거나 유사한 것을 우리의 이른바 전통사회에서 구하려는 익숙한 시도의 반복이 아닌가 하는 오해 말이다. 그러나 여기에서의 문제의식은 그런 서구중심주의적 사유를 반복하는 것과는 전혀 상관이 없다. 유교적 민본주의와 민주주의 사이의 단절과 이질성, 즉 전통적인 유교적 민본주의와 서구적인 민주주의 사이의 소통의 가능성을 매우 부정적인 것으로 보는 전통과 근대의 이항 대립의 반복을 답습하는 길과 다른 길을 모색하고자 하기에 그렇다. 이런 맥락에서 "모든 민중이 요순이 될 수 있는 사회"를 바로 "민주주의의 유교적 버전"으로 보는 김상준의 해석은 좋은 논쟁 지점을 제공한다.[345]

우리 학계에 유교적 민본주의와 민주주의 사이의 차이를 강조하는 입장이 널리 펴져 있다. 그럼에도 불구하고 필자는 김상준의 해석에 대해 기본적으로 동의한다. 유교적 민본주의와 민주주의 사이의 거리를 지나치게 설정하고 이 둘 사이에는 메울 수 없는 차이가 존재한다는 생각 자체를 이제 진지하게 비판적으로 검토해볼 필요가 있다고 생각하기 때문이다. 김상준에 의하면 유교는 왕권에 대한 지속적인 계도와 규제를 시도한다는 점에서 "자유주의적(견제와 균형)"이고 요순성왕론 및 선양론을 주장한다는 점에서 "공화주의적"이며, 민본 및 백성이 요순이라는 이념 안에 "민주주의적"인 "급진적 잠재성을 품고 있었다."[346]

유교적 민본주의와 민주주의 사이의 단절과 연속성의 문제를 좀 더 살펴보자. 박훈은 조선사회가 후기에 이르러 유교적 전국정치를 형성했고 그것이 근대적 민주정치로 이어질 가능성을 지니고 있었다고 보는 김상준의 입장에 반대한다. 그러면서 그는 다음과 같이 유교적 민본주의와 서구 민주주의 사이의 단절을 강조한다. "정치에 참여하는 것은 어디까지나 사(士)이지 민(民)은 아니다. 사대부적 정치문화의 극성 속에서도 끝내 그 선상에서 민주주의는 탄생하지 않았다. 민주주의는 어디까지나 서양 정치

---

345 김상준, 『유교의 정치적 무의식』, 앞의 책, 43쪽. 동학이 과연 갑오농민전쟁에 깊은 영향을 주었는지에 대해서는 논란이 큰 주제이다. 한편으로는 동학이 갑오농민전쟁에서 주도적 역할을 수행했다고 보는 관점이 있는 데 반해, 다른 한편으로 동학을 외피로 하여 농민전쟁이 이루어졌다고 이해하는 입장이 있다. 이에 대해서는 조경달, 『이단의 민중반란: 동학과 갑오농민전쟁 그리고 조선 민중의 내셔널리즘』, 박맹수 옮김, 역사비평사, 2008, 19-22쪽 참조. 배항섭에 의하면 동학사상과 농민전쟁 사이의 관계에 관한 학계의 견해는 다음 4가지로 정리될 수 있다. "① 동학의 사상과 조직이 모두 농민전쟁의 필수적인 조건이 되었다고 주장하는 '동학사상=지도이념론', ② 동학의 교리는 농민전쟁의 지도원리가 될 수 없었지만, 시대적 조건 속에서 종교인 동학의 사상과 조직이 없었다면 농민전쟁이 불가능하였다는 입장으로, 엥겔스가 『독일농민전쟁』에서 제기한 견해를 수용한 '종교적 외피론', ③ 동학사상이 그대로 농민전쟁의 사상적 기반이 된 것은 아니었지만, 내면적·유기적인 관련을 가진다고 이해하는 '유기적 관련론', ④ 동학사상과 농민전쟁의 관련을 부정하는 '단절론' 등이 그것이다." 배항섭, 「해제」, 정창렬저작집 간행위원회 편, 『정창렬 저작집 1: 갑오농민전쟁』, 선인, 2014, 39쪽.

346 김상준, 『유교의 정치적 무의식』, 같은 책, 86쪽.

사상의 수입을 통해 이루어졌다."[347]

그러나 유교적 민본주의와 서구 민주주의 사이를 단절적으로 바라보려는 박훈의 이해에는 미묘한 지점이 존재한다. 그는 "사대부적 정치문화와 유학적 정치사상"이 일본의 서구적 근대화에 장애물로서가 아니라, 오히려 "가교 역할"을 수행했다는 주장을 통해 일본 메이지 유신에 대한 새로운 해석을 제공하고 있기 때문이다. 이런 새로운 해석에 대해 배운 바가 적지 않다.[348] 그럼에도 그는 유교적 민본주의와 민주주의 사이의 깊은 단절을 강조한다. 그런데 그런 입장은 그가 스스로 말하고 있듯이 유교적 정치사상이 일본으로 하여금 서구적 근대화에 나서는 데 적극적 역할을 했고, 서양 민주주의에 대해 저항감을 보이는 사람들을 유학적 용어로 반박하며 그들을 설득했다는 입장과도 상충된다.

박훈에 의하면 서구화에 저항하는 사람들을 설득시키기 위해 일본의 유학자들은 "의회제도는 현군(賢君)이 공론을 존중하는 것"과 다르지 않고 "통치자를 선출하는 공화정은 바로 요순시대의 선양(禪讓)과 같은 것"이고, "고등문관 시험은 바로 과거제"와 다르지 않은 것이라고 설득했다.[349] 이런 설득이 단순히 수사학적인 기교에 불과하다고 보지는 않는다. 그렇다면 유교적 민본주의와 민주주의 사이에는 여러 지점에서 친화적이고 상통하는 정신이 있다고 보아야 할 것이다. 그런 점에서 유교적 민본주의와 서구 민주주의 사이의 단절 못지않게 연속성도 살펴볼 필요가 있다.

이 지점에서도 수용자의 수용 능력과 해석학적 지평에 의해 초래되는 영향사라는 관점의 중요성이 강조될 필요가 있을 것이다. 더 나아가 논리적

• • •
347 박훈, 『메이지 유신은 어떻게 가능했는가』, 민음사, 2014, 232-233쪽 각주 31.
348 물론 그에 앞서 메이지 유신에서 유교가 적극적 역할을 했음을 강조하는 관점이 전혀 없었던 것은 아니다. 박훈의 이론은 니시무라 텐슈(西村天囚)의 입장을 소생시킨 것이라고 한다. 미야지마 히로시, 「'유교적 근대론'과 한국과 일본의 역사적 위치」, 배항섭 엮음, 『동아시아는 몇 시인가?』, 앞의 책, 49쪽 참조.
349 박훈, 『메이지 유신은 어떻게 가능했는가』, 앞의 책, 217쪽.

으로 볼 때 백성의 정치 참여의 문제에 대한 이해도 달리 할 수 있을 것이다. 특히 조선의 경우 과거제도를 통해 통치 관료, 즉 정치 엘리트들을 충당하고 있었고 과거제에 일반 평민들도 참여할 수 있었다. 그런 점에서 통치를 독점적으로 담당하는 특정 가문을 둔 전형적인 신분제 사회였던 에도시대의 일본과 달리 조선사회에서 사(士)와 민(民)의 경계는 유동적이었다. 물론 서구 근대의 선거 민주주의처럼 정당정치 및 선거를 통해 정치 엘리트를 선발하는 제도를 갖추지 않았지만, 동아시아의 전통적인 유교사회는 나름의 정치 엘리트들을 광범위한 백성들 사이에 일정한 기준을 통해 선발하는 제도를 운영하고 있었다. 따라서 다음 절에서 보다 상세하게 살펴볼 터이지만, 중국, 베트남 그리고 조선에서 실시된 과거제도를 "형식을 바꾼 일종의 총선거"로 해석하는 입장도 긍정적으로 검토해볼 필요가 있다.[350]

2) 갑오농민전쟁, 유교적 민본주의, 민본주의의 민주주의적 계기

그뿐만 아니라 조선 후기에 백성이 유교적 이념을 실현할 수 있는 주체임을 자각하고 이를 행동으로 옮기는 것은 우연이 아니다. 그런 현상은 결코 가볍게 볼 사안이 아니다. 갑오농민전쟁에서 백성이 '보국안민'(輔國安民)이라는 전형적인 유가적 가치를 전면에 내세우고 부패한 조선왕조와 조선을 침략하려는 야욕에 눈이 먼 일본 제국주의에 저항했던 것이 이를 잘 보여준다.[351] 갑오농민전쟁은 요순성왕 및 공자의 이념을 실현할 책임 있는 담당자가 특권적인 양반계층이 아니라, 백성 자신이라는 점을 만천하에 공표한 일대 사건이었다. 달리 말하자면 갑오농민전쟁을 통해 타락하고

· · ·
350 미야자키 이치사다, 『중국의 시험지옥: 과거(科擧)』, 박근철 · 이근명 옮김, 청년사, 1993, 237쪽.
351 황현, 『오동나무 아래에서 역사를 기록하다: 황현이 본 갑오농민전쟁』, 김종익 옮김, 역사비평사, 2016, 125-127쪽 참조

부패한 양반 기득권 관료가 아니라 일반 백성 스스로가 요순성왕에서 공자, 맹자를 거쳐 성리학적 교양을 갖춘 사대부 혹은 양반으로 이어지는 도통(道統)의 진정한 계승자라는 자각을 공개적으로 선언한 사건으로 이해될 수 있다는 말이다. 그리고 그렇게 백성이 유교적 민본주의의 이념의 궁극적 담당자임을 만천하에 공표하고 부패한 정치체제를 일대 개혁할 것을 요구하고 나설 정도로 유교적 정치의식은 일반 백성들에게 광범위하게 내면화되었고, 그런 유교적 정치의식의 보편화 혹은 대중화가 바로 갑오농민전쟁의 정신사적 배경이라고 해석되어야 할 것임은 이미 앞에서 강조되었던 바이다.

이를 갑오농민전쟁 시기에 전봉준이 직접 작성한 포고문의 내용을 통해 좀 더 살펴보자. 매천(梅泉) 황현(黃玹, 1855~1910)의 기록에 의하면 보국안민의 기치를 내건 1894년 3월 20일 무장에서 농민 봉기를 알리는 「무장포고문」의 내용은 다음과 같이 시작된다. "세상에서 사람을 가장 귀하게 여기는 까닭은 바로 사람에게 인륜이 있기 때문이다. 임금과 신하, 부모와 자식의 관계는 인륜의 요체이다. 임금은 어질고 신하는 강직하며, 부모는 자식을 사랑하고 자식은 부모에게 효성을 다해야만 비로소 가정과 나라가 이루어지고, 끝없는 복을 누릴 수 있다. 지금 우리 임금은 인자하고 효성스러운 성품과 이치를 밝히 아는 총명한 자질을 겸비하신 분이다. 만약 선량하고 정직한 신하가 임금을 보필하며 나라를 다스린다면, 요순(堯舜)의 덕화(德化)를 이룸은 물론이요, 한나라 문제(文帝)·경제(景帝) 시대와 같은 훌륭한 정치에 도달하는 것은 그리 오래 걸리지 않는다."[352]

위의 인용문에서 전봉준은 유교적 민본주의 이념을 철저하게 긍정하고 있다. 이 인용문은 당대 임금인 고종을 요순과 같은 성왕으로 만들어 백성들 스스로 유교적인 유토피아 세상인 대동세계의 일원, 즉 요순성왕의 백성으

•••
352 같은 책, 125-126쪽.

로 살고자 하는 갈망을 표현하고 있다. 우리는 이미 앞에서 주회의 자문자답을 다루면서 주회도 자신이 속한 나라의 임금을 요순성왕으로 만들어 스스로 그런 이상적인 대동세계의 백성으로 살아갈 수 있도록 정치에 참여하는 일은 일반 백성들의 본래적인 직분에 어울리는 것으로 인정했음을 강조했다. 위의 포고문의 첫 부분에서도 우리는 동일한 사유 구조를 발견한다.

포고문은 나라를 위기에 빠트리고 백성의 고혈을 쥐어짜 그들의 삶을 도탄에 빠트리는 소수 특권 기득권 계층 및 조선을 침략하려는 외세에 저항하여 갑오농민전쟁의 지도부와 백성은 목숨을 걸고 나섰던 것임을 천명하고 있다. 그리고 저항을 통해 이루고자 하는 이상적인 나라는 전형적인 유가적 이상 세계였다. 즉, 갑오농민전쟁에 참여한 백성들은 조선의 국왕을 요순성왕으로 만들어 백성들도 요순성왕의 백성이 되는 태평성세의 대동적 이상 세계를 구현하려는 열망을 지니고 있었다. 나라가 풍전등화의 위기에 빠져 있음에도 내부 개혁을 통해 위기를 극복하기 위해 노력하기는커녕 백성을 착취하는 데 정신이 팔려 있는 부패한 기득권 세력이나 양반에게 나라를 더 이상 맡기고만 있을 수 없어 백성이 스스로 나서 이런 문제를 해결하고자 한다고 포고문은 말한다.

왜 백성이 정치 전면에 등장하지 않을 수 없는지를 포고문은 다음과 같이 정당화한다. "마침내 온 나라가 결딴나고 만백성은 도탄에 빠졌다. 수재(守宰)들의 탐욕과 학정이 진실로 이런 지경에 이르렀는데 어떻게 백성의 생활이 곤궁하지 않을 수 있겠는가? 백성은 나라의 근본이다. 근본이 약해지면 그 나라는 망할 수밖에 없다. [……] 우리는 비록 시골에 살면서 망해가는 이름 없는 백성일 뿐이지만, 임금의 땅에서 먹고 입고 사는 까닭에 이 존망의 위기를 모른 척할 수 없다. 그래서 팔도의 백성이 마음을 같이하고 수많은 백성의 의논을 거쳐 지금 의(義)의 깃발을 높이 치켜들고 보국안민(輔國安民)에 생사를 걸 것을 맹세한다."[353]

19세기 조선에서 갑오농민전쟁으로 이어지는 민의 정치적 성숙과 각성을 보여주는 지속적인 민란은 성리학적 사유가 지니고 있었던 보편주의적이고 평등주의적 요소를 급진적으로 전유하여 백성을 단순하게 통치의 대상으로 간주하는 기존 민본주의의 보수적 해석체계 및 그와 연동된 현실 정치체제를 해체하려는 변혁적 시도였다. 그리고 민란, 특히 갑오농민전쟁은 백성이 나라의 근본이라는 종래의 주자학적 사유 방식을 급진적으로 전유하여 그것을 보수적으로 해석하는 지배 권력에 일대 균열을 일으킴에 의해 유교적 조선사회의 민본주의 이념 내에 존재했던 민주적 요소, 즉 보편주의적이고 평등주의적 요소를 전면에 부각시키는 결정적 사건으로 해석되어야 한다.

갑오농민전쟁으로 전면적으로 출현한 조선사회의 민본주의의 자기 혁신 행위 속에 들어 있는 민주적 요소를 어떻게 해석해야 하는지를 알아보자. 여기에서 민본주의의 민주적 계기(요소)라 함은 우선 일반 시민(백성)의 적극적인 정치적 활동과 참여의 계기를 의미한다. 일반 백성이 위기에 처한 정치사회를 극복하기 위해 부패하고 억압적인 권력에 저항하는 역사는 민주주의와 연결되는 것으로 이해되어야 하기 때문이다. 최장집이 강조하듯이 "민주주의는 그 형태와 내용이 어떠하든, 민중적 동력을 중심으로 하는 민중적 민주주의의 요소를 중심에 포괄하지 않는 한 민주주의라고 보기 어렵다."[354] 복수의 정당이 자유로운 경쟁과 주기적인 선거를 통해 정치지도자를 선출하는 체제나 투표에 의해 선출되는 의회에서 다수결로 공적 사안을 결정하는 정치체제만을 민주주의로 보는 입장도 한계가 있음을 알아야 한다. 폴 우드러프(Paul Woodruff)에 의하면 우리가 오늘날 민주

<hr>

353 같은 책, 127쪽.

354 최장집, 「한국어판 서문 민주주의와 헌정주의: 미국과 한국」, 로버트 달, 『미국 헌법과 민주주의』, 박상훈·박수형 옮김, 후마니타스, 2004, 16쪽. 이 부분에 대해서는 이 책 제8장도 참조.

주의의 핵심으로 알고 있는 다수결 원칙이나 투표에 의한 대표 선출 등과 같은 제도는 민주주의가 아니라 민주주의와 유사하지만 민주주의가 아닌 "대역"에 지나지 않는다.[355]

민본주의와 민주주의 사이의 단절을 강조하는 박훈과 달리 조경달은 유교적 민본주의에서 민의 정치 참여가 지니는 의미에 대해 좀 더 적극적인 의식을 보여준다. 그는 유교적 민본주의가 민중의 정치적 참여를 긍정한다는 점을 인정하면서도, 백성들의 정치 참여는 유교적 정치질서가 위기에 처해 있을 때에 한해서 허용되는 일시적인 것이라고 본다. 그러므로 그는 동학이 민중의 정치 참여를 일시적으로 인정하는 논리를 찾아낸 것으로 본다. 요약해 보자면, 동학에서도 그리고 갑오농민전쟁을 이끌었던 '이단동학'에서도 "민중은 변혁의 주체이기는 해도 결코 정치의 주체는 아니었다."고 그는 이해한다. 따라서 그는 갑오농민전쟁을 이끈 이단동학도 백성을 "정의의 실체=변혁의 주체"로 인정했을 뿐, "민중을 정치 주체로 파악하고 그들의 일상적인 정치 참여를 전제로 국가가 운영되어야 한다는 정치사상을 전혀 갖고 있지 않았다."고 결론짓는다.[356]

동학과 갑오농민전쟁 시기 조선의 일반 백성들이 정치적 주체로서의 자각이 존재하지 않았다는 조경달의 결론에는 여전히 민본주의와 민주주의 사이에 서로 만날 수 없는 차이가 존재한다는 인식이 깔려 있다. 그는 박훈과 마찬가지로 기본적으로 유교적 민본주의와 근대적 민주주의 사이의 이질성을 강조한다. 그에 의하면 "민본주의와 민주주의는 정치 주체라

• • •

355 폴 우드러프, 『최초의 민주주의: 오래된 이상과 도전』, 이윤철 옮김, 돌베개, 2012, 32-41쪽 참조 아리스토텔레스도 공직을 "투표가 아니라 추첨"으로 뽑는 것이 민주주의의 특징 중 하나로 본다. 그는 "공직자를 추첨"으로 선발하는 체제를 민주주의로 "선거"로 뽑는 정치체제를 과두정으로 이해한다. 아리스토텔레스 『정치학』, 천병희 옮김, 숲, 2009, 336쪽 및 225쪽.

356 조경달, 『이단의 민중반란: 동학과 갑오농민전쟁 그리고 조선 민중의 내셔널리즘』, 앞의 책, 333-334쪽.

는 면에서 전혀 다른 개념이다. 이단 동학은 민중=정치 주체라는 인식을 갖고 있지 않았기 때문에 근대 사상이라고 부를 수 없다."[357]

그러나 조경달이 제시하는 변혁 주체와 민주적 정치 주체 사이의 경계는 모호하다. 정치 주체와 변혁 주체 사이의 명백한 구별 그리고 유교적 민본주의와 서구의 근대적 민주주의 사이의 이질성을 강조하는 조경달의 입장이 안고 있는 문제를 좀 더 살펴보자. 그가 강조하듯이 만약에 정치질서가 파탄에 이르지 않도록 방지하는 궁극적인 방파제가 변혁 주체로서의 민중의 정치적 참여라는 점을 인정한다면, 그런 인정이 과연 백성(민중)을 민주적 정치 참여 주체로 인정하는 것과 별개의 것으로 간주되어야 할지는 의문이다. 현대사회 민주주의 국가의 헌법에서 명문으로 표현된 국민주권을 민주주의의 핵심 원리로 인정한다면, 주권자의 행위 방식이나 정치참여는 결코 주기적인 선거에서 투표를 하는 것으로 한정될 수 없다. 주권자는 유권자와 동일시될 수 없다. 민주주의 국가의 정치적 정당성의 궁극적 원천인 국민(인민)의 정치적 의지 표현이 결코 투표를 통해서만 자신의 정치적 의지를 표출하는 유권자로 환원될 수 없다는 말이다.

일상의 정치와 비상상황의 정치를 준별할 명확한 기준은 존재하지 않는다. 민주적 법치국가도 완전하지 않기에, 정부나 의회가 내리는 결정이 치명적인 실수일 경우가 존재한다. 그러므로 이런 상황에서 시민들이 정부 당국이나 사법부 및 의회의 부당한 결정에 대해 이의를 제기함은 물론 그것에 따르기를 거부하는 집단적인 불복종 행위의 가능성 자체가 차단되어서는 안 된다. 시민의 정치적 불복종을 불온한 것으로 설정하고 그것을 전면적으로 차단한 정치체제는 민주적 법치국가라 불릴 자격이 없다. 집합적 시민 역시 완전한 존재가 아니라는 점에서 시민들의 집단적 불복종 행위가 늘 옳고 오류로부터 벗어나 있을 것이라고 추정할 수 없다. 그러나

• • •
357   같은 책, 335쪽.

그런 위험성을 스스로 감수하면서 책임 있는 정치적 주체로 나서는 시민들의 능동적 행위 없이는 민주적 법치국가의 정치는 관리나 치안으로, 그리고 실정법의 준수 등으로 환원되어 민주주의의 실종으로 이어질 것이다.

적어도 민주적 정치는 권력의 자의적이고 부당한 결정에 대한 불법적인 (실정법상) 행위를 감내하는 행위도 포괄한다. 그러므로 부당한 법적 결정에 대한 불법적 행위조차도 일정한 제약 조건에서이겠지만 민주주의 사회의 시민들에게 허용되어 있는 정치적 행위의 일부로 존중되어야 한다. 간단하게 말하자면 정부 및 사법부의 부당한 결정에 따르기를 거부하고 그런 결정의 철회를 통해 민주적 헌법질서의 근본정신이 재확인될 수 있을 경우에, 설령 실정법상 불법적이라 할지라도 시민들의 집합적 정치 행위는 시민의 주권적 정치 행위의 일부로 승인되어야 한다. 이런 점에서 예외 상황은 정상 상황이 붕괴된 데에서 나오는 파생적인 것이 아니라, 오히려 모든 정치적 공동체가 늘 처할 수밖에 없는 "근본적 상황"으로 이해되어야 할 것이다.[358]

모든 정치적 공동체가 피할 수 없는 근본적 상황, 그러니까 예외 상황은 그 정치체제의 성격이 무엇인지를 판별하게 해줄 수 있는 결정적 시금석의 역할을 한다. 이런 점에서 카를 슈미트(C. Schmitt)의 다음과 같은 주장은 정치체제의 성격을 이해하는 데 중요하다. "예외는 정상사례보다 흥미롭다. 정상적인 것은 아무것도 증명하지 않지만 예외는 모든 것을 증명한다. 예외가 규칙을 보증할 뿐만 아니라, 규칙은 애당초 오로지 예외에 의해서만 존속한다. 예외 속에서 실제 삶의 힘은 되풀이됨으로써 굳어버린 기계장치의 껍데기를 깨부술 수 있다."[359] 따라서 무엇이 예외 상황인지 그리고

• • •
358 이는 카를 슈미트의 예외 상황 혹은 비상사태에 대한 하소 호프만(H. Hofmann)의 해석이다. 김도균, 「해제: 민주주의와 법치주의의 변증법」, 카를 슈미트, 『합법성과 정당성』, 김도균 옮김, 길, 2015, 251쪽 각주 148 참조.
359 카를 슈미트, 『정치신학: 주권론에 관한 네 개의 장』, 김항 옮김, 그린비, 2010, 27-28쪽.

그런 상황에서 벗어나 정상적 질서를 창출할 수 있는 주체가 누구인지에 따라 한 나라의 정치체제의 성격이 해명된다. 예외적 상태가 무엇인지를 결정하는 권위를 부여받은 자가 누구인지에 따라 특정 정치공동체의 주권자가 누구인지가 판단될 수 있기 때문이다. 그러므로 슈미트는 주권자를 다음과 같이 정의한다. "주권자란 예외상태를 결정하는 자이다."360 슈미트의 이런 주권자 개념에 따라 주권자가 왕이라면 그 정치체제는 왕정이다. 예외 상황을 판단하고 정치질서 및 법질서의 정상 상황을 복원할 수 있는 주체가 모든 시민들임이 공인된 사회라면 그 사회는 민주주의라고 불릴 수 있을 것이다.

앞에서 본 것처럼 일상적인 정치 참여와 위기시의 정치 참여의 구분은 결코 자명한 것이 아니다. 예외 상황과 정상 상황의 예리한 구별이 유지될 수 없다는 판단이 타당하다면, 변혁 주체와 정치적 주체를 구별하는 조경달의 시도는 재검토되어야 한다. 실제로 일상시의 민주주의도 늘 위기 상황을 대비하여 민주적 법치국가의 헌정 위기를 수호할 궁극적 거점으로 시민의 저항권 혹은 시민불복종을 긍정한다. 존 롤스에 의하면 민주적인 법치국가에서도 시민불복종은 "정의로운 제도를 유지하고 강화하는 데 도움"이 된다. 그리고 이런 시민불복종의 정당화는 민주사회에서 정의의 헌법적 원칙들에 대한 최후의 수호자는 시민들 자신이라는 점에 기인한다. 이런 맥락에서 롤스는 민주적 헌정국가의 정의의 원칙을 수호할 수 있는 "최후의 법정은 사법부도 행정부도 입법부도 아닌 전체로서의 유권자"라고 강조한다.361 앞에서 본 것처럼 일상적인 정치 참여와 위기시의 정치 참여의 구분은 결코 자명한 것이 아니다.

그리고 앞에서도 언급했듯이 과거제도라는 정치 관료의 선발 시험에

---

360 같은 책, 16쪽.
361 존 롤스, 『정의론』, 황경식 옮김, 이학사, 2003, 498쪽, 507쪽.

일반 양인들도 원칙적으로 참여할 수 있었던 점이나 조선 후기의 영조와 정조와 같은 왕들이 백성과 직접 소통하기 위한 직소 및 상언·격쟁과 같은 여러 제도적 장치를 마련하고자 했음을 감안한다면,[362] 조선의 정치제도가 예외적 상황을 제외하고서라도 일반 백성을 전적으로 통치의 대상으로 다루었을 뿐 정치 참여의 주체로 인정하지 않았다는 주장도 다시 검토될 필요가 있다. 그뿐만 아니라 앞에서 강조했듯이 조선왕조의 공식적 국가 이념의 창시자인 주희도 치국·평천하의 일에 관여하는 것은 일반 백성들의 고유한 직분에 속한다고 인정했는데, 논리적으로 그런 인정이 단순히 유교적 왕정 체제가 위기에 처해 있을 경우로만 한정된 것은 아닐 것이다.

게다가 조경달은 갑오농민전쟁 시기 농민들이 추구했던 여러 개혁적 조치들에도 불구하고 그들은 "아직 의회제 도입에 관한 발상을 갖지 못한 점에서 민중을 정치 주체로 인정하려는 자세는 없었다"고 강조한다.[363] 이런 조경달의 입장은 그의 독특한 근대관과 관련되어 있다. 이 문제를 다루기 전에 일단 의회제 도입에 대한 이해의 문제를 좀 더 살펴보자. 주지하듯이 프랑스 혁명을 통해서도 민중(모든 시민들 혹은 여성을 제외한 성인 남성들이라고 해보자)은 결코 정치주체로 인정받지 못했다. 능동적 시민과 수동적 시민의 구별을 통해 일정 정도의 재산을 갖고 있는 사람에게만 정치적 참정권이 허용되었다. 이런 점에서 "정치에 참여하는 것은 어디까지나 사(士)이지 민(民)은 아니"라는 점을 근거로 민본주의와 민주주의 사이를 단절적으로 바라보는 박훈의 입장은 말할 것도 없고, 천민과 같은 모든 백성을 포괄하는 용어로 민중 개념을 사용하는 조경달의 입장도 논리적 모순에 처한다. 민본주의와 민주주의 사이의 이질성에 대한 강조에

• • •
362   이에 대해서는 한상권, 『조선 후기 사회와 소원(訴冤)제도: 상언·격쟁 연구』, 일조각, 1996, 참조.
363   조경달, 『이단의 민중반란: 동학과 갑오농민전쟁 그리고 조선 민중의 내셔널리즘』, 앞의 책, 336쪽.

도 불구하고 의회제 도입을 했던 서구의 근대적 국가도 민중을 정치적 주체로 긍정하지는 않았기 때문이다. 아마 19세기를 통틀어서 서구 유럽에서 그런 현상은 일반적이었을 것이다.

그런데 조경달도 강조하듯이 갑오농민전쟁기에 조선의 민중은 집강소 혹은 도소체제를 운영하면서 민중의 자치를 실험했다. 그래서 그도 갑오농민전쟁은 "민중자치의 물결"을 보여주었던 것이라고 혹은 "민중자치의 위대한 한 걸음을 내디딜 수 있었다"고 적극 평가한다.[364] 여기에서도 민중의 정치적 주체로서의 자각과 변혁주체로서의 인식을 뚜렷하게 구별하기 힘들다는 점이 드러난다. 게다가 민중 스스로 운영하는 집강소의 경험 말고도 전봉준도 "새로운 정치형태 또는 정치권력의 형태에 대한 전망"을 보여주었다고 한다.[365]

1895년 1월 26일 일본 영사관에서의 약식 취조를 받을 때 "네가 경성에 쳐들어온 후 누구를 추대할 생각이었는가?"라는 일본정부의 질문에 전봉준은 다음과 같이 답한 것으로 기록되어 있다. "일본병을 물러나게 하고 악간(惡奸)의 관리를 축출해서 임금 곁을 깨끗이 한 후에는 몇 사람의 주석(柱石)의 선비를 내세워서 정치를 하게 하고, 우리들은 곧장 농촌에 들어가 상직인 농업에 종사할 생각이었다. 하지만 국사를 들어 한 사람의 세력가에게 맡기는 것은 크게 폐해가 있는 것을 알기 때문에 몇 사람의 명사에게 협합(協合)해서 합의법에 의해 정치를 담당하게 할 생각이었다."[366]

일본정부 측의 질문에 대한 전봉준의 대답에서 보듯이 그는 사회를 대표할 정도로 명망이 있는 몇 사람의 합의를 통해 이루어지는 정치 구상을

• • •
364 같은 쪽.
365 정창렬, 정창렬저작집 간행위원회 편, 『정창렬 저작집 1: 갑오농민전쟁』, 선인, 2014, 347쪽.
366 같은 책, 348쪽에서 재인용.

하고 있었다. 그래서 정창렬은 이런 점을 두고 왕권의 절대적 권위를 인정하는 유보 속에서이기는 하지만 "농민군의 정치의식의 커다란 질적인 비약이었고 동시에 그 민주주의적 발전의 단서를 열어 놓은 것"이라고 평가한다.[367] 그런데 조경달은 정치주체와 변혁주체를 엄격하게 구별할 때 일정 정도 근대에 대한 그의 인식을 전제로 한다. 민주주의와 민본주의의 이질성을 강조하는 데에서도 보았듯이 그는 은연중에 근대를 서구 근대로 보고 그런 서구 근대의 기본적 특성을 정치적 차원에서 민주주의 및 의회제에서 구하고 있다. 그리하여 그는 "갑오농민전쟁을 근대적 변혁운동으로 받아들일 수 없다"고 하면서 그것을 "반근대적 변혁의 범주에 속하는 운동이었다고 규정해야 한다"고 결론짓는다.

그런데 근대라는 개념에서도 조경달은 아쉽게도 모호성을 보여준다. 그는 갑오농민전쟁을 "또 하나의 근대 추구의 방법", 그러니까 비서구적인 "근대를 구현하려고 했던" 조선의 위대한 "민중운동"으로 볼 수 있다고 강조하고 있기 때문이다.[368] 물론 필자 역시 서구 근대와 다른 동아시아적 근대의 가능성을 철저하게 긍정한다. 그러므로 서구중심주의적 근대주의로부터 벗어나 비서구 사회, 이를테면 동아시아 및 한국사회의 근대성의 특질을 새로운 시각에서 이해할 필요가 있음을 역설하는 것이다.

그러나 서구 근대와 다른 근대의 길이 존재할 수 있다는 점을 긍정하면서 서구중심주의적 근대주의에 의해 가려진 비서구 사회의 근대성의 모습을 성찰하는 작업에서 민주주의나 의회제 등의 이념과 중첩될 수 있는 혹은 서구 민주주의와 가족 유사성을 지니는 정치체제 및 이념의 고유한 전개의 가능성을 미리 차단할 필요가 없다. 의회제적인 방식으로 실현된 민주주의에 대한 서구 근대의 경험을 보편적인 것으로 보지 말아야 한다. 그래야만

• • •

367 같은 쪽.
368 조경달, 『이단의 민중반란: 동학과 갑오농민전쟁 그리고 조선 민중의 내셔널리즘』, 앞의 책, 339-340쪽.

민주주의에 대해서도 서구적 이해 방식과 상호 대화가 가능하면서도 그와 다른 길을 추구할 가능성이 열릴 것이다. 민주주의에 대한 해석의 독점을 서구 근대에게 부여할 필요는 없다. 또한 그래야만 민중을 정치 주체로 인정하는지 여부를 판단하는 기준을 의회제 도입의 여부에서 구하려는 시도도 상대화시킬 수 있을 것이다. 그렇지 않다면 일반 백성을 정치의 주체로 인정하는지 여부를 판정할 수 있는 결정적 기준을 의회제 도입에 두는 조경달의 입장에서 우리는 쉽게 해결될 수 없는 딜레마에 직면하게 될 것이다. 달리 말하자면 우리는 의회제=근대=민주주의라는 규정의 자명성을 받아들여 서구 근대를 근대로 특권화하든지 아니면 서구 근대와 비서구 근대 사이의 이질성을 강조하여 이들 사이의 대화 및 상호 번역의 가능성 자체를 배제함으로써 서구와 비서구의 이원론적 입장에 빠지는 딜레마에 처하게 될 것이다.

물론 조경달이 갑오농민전쟁 및 유교적 민본주의의 성격을 해석하기 위해 제기한 변혁의 주체와 일상적인 정치적 참여를 구별하는 것은 나름의 의미가 있다. 특히 일반 백성의 변혁적 행위를 승인하면서 그것을 제도화 (의회제든 혹은 주기적 선거나 정당정치 등을 통한)하여 지속가능한 민주적 정치체제의 문제를 해결하는 데 조선 후기의 유교적 민본주의 정치가 보여준 한계도 분명했기 때문이다. 조선 후기에서부터 오늘날에 이르기까지 한국사회는 일반 백성들의 민주적인 에너지의 폭발적인 분출을 주기적으로 경험하고 있다. 19세기 후반의 민란-갑오농민전쟁-의병전쟁-3·1 운동과 독립운동-4·19-5·18-87년 6월 항쟁-2016년 촛불시위에 이르기까지 한국의 일반 백성(시민)들은 역사의 중요한 길목에서 스스로의 목소리 내기를 주저하지 않았다. 국정농단을 일삼았던 박근혜 전 대통령을 헌정사상 처음으로 탄핵하는 데 성공할 수 있었던 것도 2016년 말 이후 시민들의 광범위한 촛불집회 때문이었다. 민주당이나 국민의당과 같은 한국사회의 범자유주의적인 정치세력은 물론이고 범민주·개혁세력도 탄핵정국을 주도하지 못했다. 그들은 국민의 의지에 끌려 다녔다. 간단하게 말해 광장 및 거리의 정치, 즉 일반 시민들의 뜨거운 정치적 개혁 의지의 분출이 제도정치를 견인해냈던 것이다.

그러나 시민들의 광장정치가 보여준 민주적인 변혁 및 개혁의지의 분출이 어떤 방식으로 제도정치와 연결되어 실질적으로 한국사회의 구조적 개혁으로 이어질지는 의문이다. 우리 사회는 광장정치와 제도정치의 내적 연결성을 확보하여 오랜 세월 쌓인 적폐를 청산하는 과제를 해결해야 하는 상황에 처해 있다. 19세기 이후 최근의 한국사가 보여주었던 일반 백성 및 시민의 정치적인 변혁 의지의 주기적인 폭발이 실질적으로 정치 엘리트들의 정치적 능력의 부족으로 인해 왕왕 당대 사회의 구조적 개혁의 실현으로 이어지지 않았던 역사를 오늘날에는 반복하지 않을지 아무도 장담할 수 없을 것이다.

3) 유교적 민본주의와 민주주의의 만남의 사례

또 하나 유교적 민본주의와 민주주의 사이의 대화의 역사에서 강조해야 할 것은 한말 이후 사람들이 민본주의와 민주주의 사이의 상호 결합 가능성을 주체적으로 모색했던 흐름이 지니는 중요성이다. 일본 유학자들이 서구적 근대화에 저항하는 일본사회의 반응에 대응하면서 유가적 학설과 서구 근대의 공화주의 및 의회주의 사이의 친화성을 강조했던 것과 유사하게 한말 이후 우리 사회에서도 그런 흐름이 발견된다.[369] 혜강(惠岡) 최한기(崔漢綺, 1803~1877)는 조선에서 서구 입헌민주주의에 대한 관심을 처음으로 보인 인물이라고 평가받는다. 그는 미국 대통령 선거를 '지공거'(至公擧), 즉 가장 공변된 선거로 보면서 미국의 정치를 마치 요순과 같은 성왕이

• • •
369 중국의 근대 사상가인 량치차오(梁啓超, 1873~1929)도 미국의 민주적 정치제도를 요순의 선양에 빗대어 이해한다. 량치차오, 『음빙실자유서』, 강중기 · 양일모 외 옮김, 푸른역사, 2017, 47-48쪽 참조.

통치하는 가장 이상적인 유가적 정치체제로 묘사하였다.[370]

최한기 외에 다른 예로 해학(海鶴) 이기(李沂, 1848~1909)의 주장을 보자. 그는 갑오농민전쟁이 일어나자 전봉준을 찾아가 서울로 올라가 민씨 일당을 타도하고 나라를 바로잡자고 건의했던 것으로 알려져 있다. 그러나 전봉준과 달리 김개남은 그를 죽이려고 하여 탈출하였다. 그 후 그는 농민군에 반대하는 반농민군을 지도하기도 했던 인물이다. 그리고 대한자강회 등을 조직하여 계몽운동에도 적극적인 인물이었다.[371] 이기는 실학파의 경제론을 계승하면서도, 유교적 입장에서 서양 정치사상을 수용하여 이 양자의 결합을 꾀한 인물이었다.[372] 그는 「급하게 해야 할 여덟 가지 제도에 대한 논의」(急務八制議)에서 공화제와 입헌제 등 서구 근대의 정치제도와 유교의 전통적 논의 사이의 연관성을 다음과 같이 언급한다. "지금 세계에서 독립된 국가로 부르는 나라가 많은데, 그 정치적 체제는 크게 세 가지가 있으니, 공화, 입헌, 전제 등이다. 우리 동양에서는 일찍이 이러한 이름들이 없었으나, 그러한 시대가 있는가 하는 것에 대해 고찰을 해보면 당우(唐虞) 이상의 시대는 공화의 통치시대이며, 삼대(三代)는 입헌의 통치시대이며, 진한 이하는 전제의 통치시대라 할 수 있다. 이 세 가지 가운데 가장 좋은 정치제도는 공화이며, 가장 나쁜 것은 전제라 할 수 있다. 성인(聖人)이 다시 통치를 하게 된다 할지라도 반드시 그 선택할 바가 있을 것이다."[373]

위에서 인용한 글이 보여주듯이 이기는 유가적 성인의 모범으로 손꼽히는 요순이 통치한 시대인 당우(唐虞) 시대를 공화정치로 본다. 그리고 이런

• • •

370 정용화, 『문명의 정치사상: 유길준과 근대한국』, 문학과지성사, 2004, 274-275쪽 참조.

371 차용주, 「해학유서 해제」, 신기선 외, 『양원유집/해학유서/명미당집/소호당집/심재집』, 차용주 역주, 고려대학교 민족문화연구소, 1993, 103-104쪽 참조. 조경달, 『민중과 유토피아: 한국 근대 민중운동사』, 앞의 책, 131-132쪽 참조.

372 김도형, 『근대 한국의 문명전환과 개혁론: 유교 비판과 변통』, 지식산업사, 375쪽.

373 이기, 「급하게 해야 할 여덟 가지 제도에 대한 논의」(急務八制議), 신기선 외, 『양원유집/해학유서/명미당집/소호당집/심재집』, 앞의 책, 111쪽.

시대 규정의 정당성을 그는 두 가지로 든다. 첫 번째로 그는 요순시대를 천하위공(天下爲公)의 유가적 이상이 완전히 구현된 시대로 본다. 달리 말하자면 "천하는 천하 사람들의 천하이며 한 사람의 천하가 아니다"라는 유가의 사상이 서구적인 민주 공화사상과 상통한다는 것이다. 이기가 두 번째로 드는 근거는 요순시대의 권력 이양이 선양에 의한 것이었다는 점이다. 주지하듯이 요임금은 자신의 권력을 아들에게 넘겨준 것이 아니라, 순이라는 효성이 지극한 인물에게 이양했다. 이런 선양의 전통이 바로 천하는 천하인의 천하이지 그 어떤 한 사람, 즉 황제나 군왕의 사사로운 혈연적 세습 권력에 의해 통치되는 세상이 아니라는 사상을 구현한 것으로 본다. 물론 서구의 대통령제와 달리 순임금은 요임금으로부터 물려받은 권력을 생애 동안 유지했다. 그래서 이기에 의하면 요순의 선양은 "구미의 대통령과 다름이 없으나 연한에는 서로 다른 점이 있다."[374]

유교적 천하위공의 대동적 민본주의와 서구의 민주 공화제 사이의 친화성을 주장하는 것은 이기에게만 한정된 것은 아니었다. 애국적인 독립운동가이자 비판적인 언론인 및 민족주의적 역사학자였던 단재 신채호도 1910년에 발표된 「20세기 신국민」에서 다음과 같이 말한다. "[……] 이에 국가에 이로운 것이 날로 많아지며 백성의 복이 날로 커져, 전제 봉건의 낡고 비루함이 사라지고 입헌공화의 복음이 널리 펴져, 국가는 인민의 낙원이 되며, 인민은 국가의 주인이 되어 공자·맹자의 세상을 잘 다스려 백성을 잘 살게 한다는 의미의 이념이 이에 실행되며, 루소의 평등·자유정신이 이에 성공하였도다."[375] 신채호에 의하면 서구 근대가 입헌 공화제도를

• • •
374 같은 글, 111-112쪽. 이기가 제안한 토지개혁, 관료제도 및 입헌군주론에 대해서는 김도형, 『근대 한국의 문명전환과 개혁론: 유교 비판과 변통』, 앞의 책, 370-380쪽 참조.
375 신채호, 「20세기 신국민」, 안병직 편, 『신채호』, 한길사, 1995, 138쪽. 1909년의 다른 글에서 신채호는 아테네 공화주의 및 요순의 선양을 "인민의 공화"가 아니라 "귀족의 공화"라고 이해한다. 이호룡, 『신채호 다시 읽기: 민족주의자에서 아나키스트로』,

통해 평등한 인민을 국가의 주인으로 만들어 인민(국민)주권의 이념을 실현함에 의해 국가를 백성의 낙원이 되게 했다. 게다가 국민의 삶을 번영케 하는 민주공화제는 바로 공자와 맹자가 이루고자 한 세상에 다름 아니라는 것이 신채호의 생각이었다.

앞에서 살펴본 것처럼 조선 후기 사회에서 일반화되는 유교적 전통과 정치문화 등이 오늘날 우리 사회가 이룩한 정치적 민주화의 문화적 동력으로 이어지고 있다. 조선의 유교적 전통사회에서 축적된 인간의 주체성과 자발성의 존중, 능력이 있는 사람이라면 누구나 다 사회에서 존중받고 성공할 수 있는 동등한 존재라는 능력주의 문화, 모든 사람들이 사회 속에서 소외됨이 없는 사회 구성원으로 대우받아야 한다는 대동세계의 관념, 유가의 이상적 세상인 요순성왕의 시대를 만드는 데 일반 백성들도 당연한 책임을 지고 있는 당당한 정치 주체라는 관념 그리고 유교적 세계관을 내면화하여 모든 백성이 다 요순성왕과 같은 존재가 될 수 있다는 각성을 바탕으로 하여 위기에 처한 나라를 구하기 위해 몸소 실천에 나선 역사적 경험 등은 우리 사회의 민주주의의 문화적 동력이자 그 정신사적 조건으로 보아야 할 것이다.

4) 번역으로서의 민주주의와 한국 및 동아시아 근대

위에서 유교적 대동세계 이념을 매개로 한 서구 민주주의 및 공화주의의 능동적 수용의 모습을 살펴보았다. 존 롤스의 용어를 빌려 사용해본다면 필자가 시도하는 것은 동아시아의 유교적 전통과 민주주의 및 인권 이념 사이의 상호 '중첩적 합의'(overlapping consensus)의 길이다. 이런 길은 유교적 전통과 민주주의가 서로 양립할 수 없다는 태도를 견지하는 헤겔, 헌팅턴과 같은 서구중심주의 사상가들은 물론이고, 윤치호와 같은 개화파

• • •
돌베개, 2013, 70쪽.

지식인 및 오늘날 그런 개화파의 입장을 계승하고 있는 후예들이 취하는 입장과도 다르다. 여기서 탐색되는 것은 서양의 충격 이전 동아시아 유교적 전통 내에서도 독자적 힘으로 인간의 보편적 존엄성을 자각하고 이를 보장할 수 있는 정치질서 구현을 향한 움직임이 있었으며, 그런 역사적 조건이 존재했기에 한국사회가 서구 근대의 민주주의 및 인권을 주체적 방식으로 섭취할 수 있었다는 점을 해명하려는 시도이기 때문이다. 그리하여 유교적 전통과 민주주의와의 만남의 가능성을 시도하는 작업은 "전통적 유교가 비민주 혹은 반민주 둘 중 하나였다"는 새뮤얼 헌팅턴(Samuel P. Huntington)의 전형적인 서구중심주의적 사고방식에 대한 비판을 수행하는 것이다.[376]

그런데 이런 시도는 동아시아 전통이나 조선사회에서 서구 근대의 민주주의 및 공화주의와 친연성을 띠는 요소들을 발굴하여 조선사회 내부에서 서구 근대와 유사한 흐름이나 경향이 있었음을 강조하는 작업을 반복하고 있지 않다. 유교적 조선사회의 역사 속에 서구 근대 문명이 전파하고자 한 민주주의나 시장사회 등과 같은 것들을 독자적 방식으로 수용할 수 있는 조건을 형성하고 있었다는 점에만 주목하는 시도와는 관련이 없기 때문이다. 오히려 필자가 추구하는 것은 한국 현대사회의 성격이 조선 및 동아시아의 유교적 문명과 서구 근대 문명 사이의 상호 접합 과정 속에서 형성되었다는 점에 주목하면서, 그런 접합 과정 속에서 함축적이든 혹은 명시적이든 움직이고 있는 세계에 대한 새로운 이해의 가능성이다.

이런 필자의 시도에 대한 반론 중의 하나는 유교적 전통에는 민주주의나 인권과 같은 용어나 개념이 없었다는 지적일 것이다. 이런 지적은 사실이다. 그러나 이런 반론에 대한 답변으로 필자는 문화적 번역이 지니는 중요성

• • •
376 새뮤얼 헌팅턴,『제3의 물결: 20세기 후반의 민주화』, 강문규·이재영 옮김, 인간사랑, 2011, 416쪽.

을 언급하고 싶다. 위에서 우리는 이미 19세기 중엽 이후 조선의 학자들이 서구의 공화주의 및 민주주의를 유교적 이상사회였던 요순시대라는 사유틀로 이해하려고 했다는 점을 살펴보았다. 이런 현상은 전형적인 문화적 번역 행위에 해당된다. 그래서 이 자리에서는 우리 사회 민주주의 역시 문화적 번역의 결과로 이해되어야 한다고 보고 그 의미를 좀 더 부연 설명해보고자 한다.

우리는 민주주의를 영어 'democracy'의 번역어로 알고 있다. 그런데 '민주주의'라는 용어가 번역어인 한 그것은 'democracy'라는 개념이 지시하는 의미와 유사성을 지니면서도 후자와 완전하게 동일한 개념일 수 없다는 점을 인식할 필요가 있다. 마찬가지로 번역어인 민주주의는 이를 사용하는 사람들에게 'democracy'와 다른 의미를 전달하는 용어이기도 하다는 점을 간과해서는 안 된다. 자본주의적 시장경제이든 민주주의적 입헌주의적 제도 및 관념이든 그것을 수용하는 조건이 조선의 유교 사회적 경험에 의해 규정되어 있는 한, 서구에서 전개되는 민주주의 및 시장경제에 대한 이해와 다른 이해 가능성이 열리게 될 것이기 때문이다.

이런 현상을 제대로 이해하려면 우리는 서구 근대가 발전시킨 민주주의나 자유로운 시장경제를 비서구 사회에 번역되는 텍스트로 볼 필요가 있다. 그리고 서구 근대를 번역되는 원본 텍스트라고 해도 번역 과정에서 형성되는 민주주의 및 시장경제에 대한 이해가 그런 텍스트의 단순한 반복일 수 없다는 점이 강조되어야 한다. 번역 작업에서 원텍스트와 번역본이 근본적으로 동일한 것인지를 측정해줄 초월적인 기준이란 존재하지 않기 때문이다. 그러므로 번역은 늘 자신의 관점 속에서 번역되는 텍스트를 재번역하는 행위로 이해되어야 한다.[377] 이렇게 본다면 완벽한 번역을

• • •
377 폴 리쾨르, 『번역론──번역에 관한 철학적 성찰』, 윤성우·이향 옮김, 철학과현실사, 2006, 82쪽 참조.

추구하는 것은 부질없고 불가능한 과제일 것이다. 폴 리쾨르가 주장하듯이 "자국적인 것과 이국적인 것이 하나로 환원될 수 없음을 인정하고 받아들이면서, 외국어와 모국어 사이를 끝없이 왕래하는 것이 번역 활동의 본질"인 셈이다.[378]

그런데 끝없이 반복되는 번역 행위는 이질적인 타자에 대한 환대(타자에 대한 개방성과 그것의 적극적 수용)를 통해 자신이 기존에 갖고 있는 세계 이해의 틀을 변형시키는 행위이기도 하다. 또한 그런 번역 행위를 통해 우리는 기존 전통에 대한 아주 새로운 이해도 수행할 수 있게 된다. 즉, 아주 다른 시각과 문제의식을 갖고 과거 전통과 텍스트를 바라보게 되면 그 이전에는 전혀 상상하거나 사유할 수 없었던 새로운 사유가 전통 속에 내장되어 있다는 점을 발견할 수 있게 되기 때문이다. 앞에서 보았듯이 한말 유학자들이 서구 근대 공화주의와 유교적인 요순성왕론 사이에 존재하는 유사성을 자각하게 된 결정적인 동기는 이질적인 서구의 민주공화주의와의 만남이었다. 그런 타자를 마주하여 그것을 번역함에 의해 서구 근대를 이해함과 아울러 우리의 전통을 새롭게 자각할 수 있게 된 것이다. 마찬가지로 새로운 번역 행위는 한말 유학자들로 하여금 서구적 근대의 해방성과 폭력성의 양가성을 넘어 새로운 대안적 근대성을 모색하지 않을 수 없게 만든다. 그런 창조적 번역 행위의 대표적 산물이 대동적 유교 이념의 현대화를 통한 서구 민주주의의 유교적 전환임은 이미 강조되었다.

배병삼에 의하면 데모크라시의 번역어가 민주주의로 정착하는 과정도 매우 흥미롭다. 데모크라시를 '백성이 주인'이라는 뜻인 민주(民主)로 번역한 것은 중국 지식인이라고 한다. 이에 반해 일본에서 데모크라시의 번역어로 처음에 채택된 것은 민본(民本)이었다. 일본에서 데모크라시의 번역어로 민주보다는 민본을 채택한 까닭은 "천황제라는 일본식 통치형태를 감안했

• • •
378 같은 책, 88쪽.

기 때문"이라고 배병삼은 지적한다. 중국은 만주족이 지배하는 군주제에 대한 비판 의식으로 인해 민주라는 번역어를 선호했던 데 반해, 천황제를 유지하려는 일본사회의 강한 흐름이 일본 지식인들로 하여금 민주라는 용어 대신에 민본주의를 채택하도록 했다는 것이다.[379]

조선에서 민주라는 번역어가 데모크라시의 번역어로 정착되는 1920년 대 중반에도 데모크라시를 민본과 민주로 병기한다.[380] 데모크라시의 번역 어가 민주주의로 정착되는 과정도 흥미롭지만, 그런 번역어를 사용하는 사람들이 그 언어에 대해 지니는 역사적 공동 감각에도 주목할 필요가 있다. 우리가 민주주의의 민주(民主)에서 '백성이 주인'이라는 관념을 떠올 리면서 그와 결부된 동아시아의 유교적 전통 및 그와 결부된 여러 역사적 경험을 함께 연상하는 것은 지극히 당연하다. 그리고 유교적 전통에 의해 매개되어 번역된 민주주의는 서구적인 민주주의와 가족적 유사성을 지니 면서 서구 근대의 민주주의가 아직 실현하지 못한 민주주의의 약속을 이행할 가능성을 제공할 수도 있지 않을까 하는 희망도 지녀보는 것이다. 번역 행위는 번역되는 텍스트의 주권적 힘을 인정하지 않고 그것을 상대화 하는 작업임을 상기한다면, 민주주의 및 공화주의에 대한 조선 및 동아시아 의 번역 행위가 그것에 대한 새로운 상상력을 수반하는 것이었음은 불가피 하였던 것이다.

그런 점에서 거듭 강조하지만 상이한 전통에 의해 서구 민주주의가 번역됨에 의해 전통의 의미가 새롭게 반추될 수 있었다는 점만이 중요한 것이 아니다. 이런 번역 행위는 서구 근대사회가 민주주의에 대해 지니고 있던 역사적 이해의 제약성을 넘어설 수 있는 민주주의에 대한 다른 이해의 가능성도 보여줄 수 있기 때문이다. 달리 말하자면 민주주의라는 번역어는

• • •

379 배병삼, 『우리에게 유교란 무엇인가』, 녹색평론사, 2012, 48-50쪽.
380 같은 책, 51-54쪽 참조

서구 민주주의의 단순한 수용이나 반복이 아니라, 동아시아 및 우리의 문화적 전통에 의해 매개된 역사적 산물이란 점에서 우리의 것이다. 그렇게 본다면 민주주의는 'democracy'와 일치하면서도 다른 것이고, 이런 다른 지점을 매개로 해 민주주의 및 시장경제에 대한, 즉 서구 근대성 혹은 근대성 자체에 대한 다른 이해의 가능성이 열리게 된다는 사실을 잊어서는 안 될 것이다.

Ⅳ. 능력주의 원칙의 한계와 조선의 과거제도 폐단

장은주는 한국의 유교적 근대성에서 메리토크라시 이념은 극단적인 형태의 사회적 불평등조차도 자연스러운 것으로 받아들이도록 정당화하는 방식으로 작동한다고 주장한다. 그리고 이런 장은주의 입장도 나름의 설득력을 지니고 있음이 분명하다.[381] 실제로 그가 강조하듯이 능력주의 원칙에 뿌리를 둔 유교적 입신출세주의도 자체 내에 억압적이고 불평등한 사회질서를 산출하고 이를 재생산하는 특권층의 권력 독점을 초래하는 문제점을 안고 있다. 그리고 그런 문제점은 한국과 같은 유교적 근대성이 관철되고 있는 사회에서만 발생하는 것은 아니다. 능력주의 원칙이 과연 바람직한 민주주의 사회가 지향해야 하는 이상적 규범인지에 대해서는 논외로 치더라도 그것은 자체 내에 여러 문제점을 갖고 있다. 특히 능력주의 원칙은 사람들 사이의 불평등을 정당화하는 장치로도 사용될 수 있다. 능력주의 원칙에 의하면 불평등이 전통적인 귀족사회처럼 세습적인 신분에 의해 미리 정해진 것이 아니라, 사람들의 능력에 의해 초래된 것이라면

...
381 장은주, 『유교적 근대성의 미래: 한국 근대성의 정당성 위기와 인간적 이상으로서의 민주주의』, 앞의 책, 125-126쪽 참조.

공평하다는 생각을 이상시할 수 있기 때문이다.[382] 메리토크라시 이념이
특권층의 초래를 가져와 그 이념이 정당화하고 있는 능력 원칙을 저해하는
역설적 상황을 만들어내는 것은 유교적 능력주의 사회 고유의 문제만은
아니었다. 따라서 정도의 차이는 있을지 몰라도 유럽사회라고 해서 메리토
크라시 이념이 갖고 있는 한계를 피할 수 없다.

메리토크라시라는 용어를 유명하게 만든 마이클 영(Michael Young)은
정치적 능력주의(political meritocracy)가 지니는 세 가지 문제점을 지적했
는데, 그것은 정치적 능력주의 원칙에 의해 선발된 정치적 지도자들이
그들의 정치적 권력을 남용할 가능성이 존재한다는 점, 정치적 위계질서는
경화되고 사회적 유동성을 훼손할 가능성이 높다는 점 그리고 권력 구조에
서 배제된 사람들에게 그런 시스템을 정당화하기 힘들 것이라는 점으로
요약된다.[383]

이처럼 능력주의 사회는 사람들에게 동등한 기회 균등을 보장하지만,
그 기회의 균등은 철저하게 형식적인 의미만을 지닌다. 달리 말하자면
업적주의 사회는 혈통에 의해 관직을 세습하는 귀족사회와 달리 스스로의
노력에 의해 능력과 자질을 키운 모든 사람에게 원칙적으로 수상이나
영의정이 될 수 있는 가능성을 부여한다. 즉, 능력주의 사회는 경제적
부나 정치적 권력에 모든 사람들이 접근할 수 있는 가능성을 원칙적으로나
마 허용한다. 우리나라의 격언으로 표현하자면 업적주의 사회는 '개천에서
용이 될 수 있는' 사회다.

그러나 업적주의 사회가 허용하는 기회의 균등은 매우 형식적이어서

• • •
382 스튜어트 화이트(Stuart White), 『평등이란 무엇인가』, 강정인 · 권도혁 옮김, 까치,
    2016, 93-94쪽 참조. 장은주도 이런 사실을 분명하게 인식하고 있다. 같은 책, 122-123쪽
    참조.
383 Daniel A. Bell, *The China Model: Political Meritocracy and the Limits of Democracy*,
    Princeton: Princeton University Press, 2015, p. 111 참조.

사람들 사이에 존재하는 천부적인 재능의 불평등으로 인해 또 다른 형태의 불평등이 초래됨에도 불구하고 그런 불평등을 시정하려는 노력을 등한시 할 수 있다. 심각한 불평등은 능력주의 원칙을 파괴하는 상황으로 치닫게 된다. 따라서 마이클 영은 능력주의 원칙을 강력하게 수용한 사회에서 열등한 처지에 처한 사람들은 그런 불평등을 자신의 노력의 부족이나 재능의 부족으로 인한 당연한 결과로 받아들이게 된다고 분석한다. 그리고 이런 식의 태도는 불평등하고 열악한 처지에 처한 사람들에게 진정한 열등감을 불러일으킬 것이라고 염려한다. 이런 염려는 2030년대의 한 영국 대학원생이 영국에서의 능력주의의 발전을 회고하는 방식으로 다음과 같이 설명된다. "오늘날 모든 개인들은 아무리 미천할지라도 그들이 모든 기회를 [……] 가졌다는 점을 알고 있다. 비록 그들이 '멍청이'라는 호칭을 반복적으로 들어왔다 할지라도 그들은 더 이상 시치미를 뗄 수 없다. [……] 이제 그들은, 과거처럼 기회를 거부당했기 때문이 아니라 자신들이 열등한 존재이기 때문에, 자신들이 열등한 지위에 놓이게 되었다고 인정하도록 구속되지 않는가?"[384]

존 롤스도 능력주의 사회를 비판한 대표적 철학자이다. 그는 능력이 있으면 출세할 수 있다는 원칙을 따르는 능력주의 사회(meritocratic society)를 "냉담한" 사회로 이해한다.[385] 물론 롤스도 능력 위주의 사회가 사람들에게 상당한 설득력을 얻을 수 있다는 점을 인정한다. 그래서 사람들이 열심히 일하고 노력한 대가를 받을 자격이 있다는 것은 상식으로 통한다고 그는 말한다. "상식은 소득이나 부 그리고 생활 일반에 있어서 좋은 것은 도덕적 응분(moral desert)에 따라 분배되어야 한다고 생각하는 경향이 있다."[386]

• • •

384 Michael Young, *The Rise of the Meritocracy*, 1958, p. 86-87. 스튜어트 화이트(Stuart White), 『평등이란 무엇인가』, 앞의 책, 123쪽에서 재인용.

385 존 롤스, 『정의론』, 황경식 옮김, 이학사. 2003, 151쪽.

386 같은 책, 409쪽.

그러나 공정성으로서의 정의관을 추구하는 롤스는 정의를 능력 원칙에 따라 해석하는 입장을 거부한다.[387] 그가 보기에 능력이나 노력 등도 타고난 자연적 재능과 마찬가지로 사람이 우연하게 속하게 된 사회적 여건이나 가정환경 등에 의해 영향을 받기 때문에, 정의를 그런 자의적인 조건에 따라 해석하는 것은 부당하다.[388]

롤스는 능력주의 사회가 허용하는 기회 균등의 한계를 다음과 같이 설명한다. 능력주의적 "사회 질서의 형태는 재능이 있다면 출세할 수 있다는 원칙을 따르고 있으며 기회 균등을 경제적 번영이나 정치적 지배를 향한 인간의 정력을 해방시키는 방식으로 이용하고 있다. 상위 계층이나 하위 계층 간에 생활 수단이나 권리나 조직 속의 특권에 있어 뚜렷한 격차가 존재하게 된다. 보다 빈곤한 계층의 생활양식은 가난해져 가는 반면에 지배층이나 기술 지배적 엘리트 계층은 권력과 부라는 국가적 목적에의 봉사에 굳건히 발을 붙이고 있다. 기회 균등이란 영향력이나 사회적 지위에 대한 사적인 추구에 있어서 보다 불운한 사람들을 뒤에 처진 대로 내버려두는 그런 식의 평등한 기회를 의미한다."[389]

능력주의 사회가 지니는 내적 한계에 대한 분석은 조선 후기의 과거제가 낳았던 폐단의 원인을 분석하는 데 도움이 된다. 앞에서 강조했듯이 조선 후기에 이르러 과거제도는 소수 기득권 계층의 특권을 유지하고 재생산하는 수단으로 변질되어 버렸다. 조선사회에서 과거제의 폐단을 비판하는 목소리가 높았던 것도 소수 권문세가들이 과거제를 통해 권력을 독점하면서 능력주의 사회의 원칙을 근본적으로 훼손하고 있었기 때문이다. 조선 후기에 과거제도가 갖고 있는 폐단이 심각해지자 개혁적인 성향의 유학자들이 과거제를 비판하고 과거제와 다른 선발 제도를 거론한 것은 우연이

• • •
387 같은 책, 410쪽 참조.
388 같은 책, 153-155쪽 참조.
389 같은 책, 158-159쪽.

아니었다.

예를 들어 실학의 창시자로 평가받는 반계(磻溪) 유형원(柳馨遠, 1622~1673)은 어질고 유능한 인재를 선발한다는 과거제도의 본래의 취지가 상실되고 소수 문벌의 자제들에게 유리한 제도로 변질되었음을 비판하면서 과거제도의 폐지를 주장했다. 그는 과거제도 대신에 덕이 있고 유능한 사람을 천거를 통해 선발하는 공거제도를 대안으로 제시했다.[390] 다산 정약용도 조선의 과거제도의 폐단을 크게 염려했다. 그는 과거제의 폐단을 논하는 글 「오학론」(五學論)에서 "지금은 온 천하의 총명하고 재간 있는 인재를 모두 과거라는 절구통에 넣어 찧고 두드려서 오히려 더 부서질까 두려워" 할 지경으로 과거제가 타락했다고 한탄한다.[391] 정약용이 지적하듯이 '모든 사람들이 다 양반이 되고자 하는 열망'은 조선사회에서 지배계층인 양반에로의 상승 이동의 가능성이 존재했기에 가능했다.

정약용은 과거제도의 폐단을 다음과 같이 비판하였다. "신은 엎드려 생각하건대, 인재를 얻기 어렵게 된 지가 오랩니다. 온 나라의 훌륭한 영재(英才)를 뽑아 발탁하더라도 부족할까 염려되는데, 하물며 8~9할을 버린단 말입니까. 온 나라의 백성들을 다 모아 배양(培養)하더라도 진흥시키지 못할까 두려운데, 하물며 그중의 8~9할을 버린단 말입니까. 소민(小民)이 그중에 버림받은 자이고 중인이 그중에 버림받은 자입니다. 우리나라의 의원(醫員) · 역관(譯官) · 율학(律學) · 역원(曆員) · 서화원(書畵員) · 산수원(算數員)인 자가 중인입니다. 서관(西關 평안도(平安道))과 북관(北關 함경도(咸鏡道)) 사람이 그중에 버림받은 자이고 해서(海西 황해도(黃海道)) ·

• • •
390 박희병, 『범애와 평등: 홍대용의 사회사상』, 돌베개, 2013, 300쪽 참조. 해방 이후 한국학계에서 이루어진 실학 연구 흐름의 중요한 갈래들에 대한 설명으로는 정일균, 「1950 · 60년대 '근대화'와 다산 호출」, 나종석 외, 『유학이 오늘의 문제에 답을 줄 수 있는가』, 혜안, 2014, 191-192쪽 참조.
391 정약용, 『정다산시문선: 경세제민의 작품을 중심으로』, 김지용 역주, 교문사, 1991, 619쪽.

송경(松京 개성(開城))·심도(沁都 강화(江華)) 사람이 그중에 버림받은 자입니다. 관동(關東)과 호남(湖南)의 절반이 그중에 버림받은 자이고, 서얼(庶孼)이 그중에 버림받은 자이고 북인(北人)과 남인(南人)은 버린 것은 아니나 버린 것과 같으며, 그중에 버리지 않은 자는 오직 문벌 좋은 집 수십 가호뿐입니다. 이 가운데에도 사건으로 인해서 버림을 당한 자가 또한 많습니다."[392]

정약용의 비판이 보여주듯이 과거제도는 조선 후기에 이르러 인재를 선발하는 제도로서의 순기능을 상실했다. 그리고 문벌이 좋은 몇몇 가문에 의해 과거제도를 통해 관직에 이르는 길은 독점되어 버렸다. 이는 과거시험에 능력이 있는 사람은 누구나 다 응시할 수 있는 기회의 평등이 심각한 불평등 체제와 양립 가능함을 보여준다. 따라서 조선 후기 사회의 위기의 근원에는 "능력주의 사회라는 정신적 매력과 사회적, 정치적 재봉건화의 유혹 사이에 존재하는 매우 날카로운 대립"이 존재하고 있었다.[393]

능력주의 사회를 지향하면서도 동시에 그 원칙의 관철이 가져올 수 있는 권력의 불평등 심화와 소수의 명문세가에 의해 권력이 독점되는 상황으로 인해 강화되는 재봉건적 요소 사이에 존재하는 긴장과 대립을 비유하여 말하자면 다음과 같다. 과거제를 통해 신분상승을 하게 된 기득권 양반가문들이 다른 사람에게 그런 가능성을 박탈하기 위해 사다리를 걷어차지만, 그 결과 권력과 사회적 위신을 둘러싼 인정투쟁이 격화되었다. 그리고 조선 후기 사회가 능력주의 사회의 원칙과 결부되어 재봉건적 사회로까지 악화되어가는 사회의 양극화 및 심각한 불평등 구조를 제대로 해결하지 못하고 지속적인 갈등을 겪고 있을 때, 내우외환 격으로 서구열강의 침략이 겹쳐 조선은 결국 망국으로 가는 것이라고 볼 수 있다.

...

392 정약용, 「통색(通塞)에 대한 의」(通塞議), 『詩文集第九卷』, 허호구·성백효·이종덕(공역), 한국고전번역원, 1982.

393 알렉산더 우드사이드, 『잃어버린 근대성들』, 앞의 책, 74쪽 참조.

한말 과거제도의 부패상에 대한 매천 황현의 기록은 조선의 위기가 유교적 능력주의의 폐단을 제때 혁파하지 못한 데에서 초래된 것임을 잘 보여준다. 과거제도의 타락상에 대한 그의 기록은 가을 서릿발처럼 매섭다. 그에 의하면 과거제도의 폐해가 오랜 세월 누적되어 그것은 "마치 소금에 절인 냄새나는 물고기나 악취를 풍기는 썩은 쥐처럼 더럽기 짝이 없다."[394] 그리하여 그는 과거제도의 누적된 폐해로 인해 조선이 망국의 위기에 처하게 되었다고 말한다. 나라를 통치할 정치 엘리트를 선발하는 과거제도가 극심하게 타락하여 나라의 인재가 뜻을 접고 세상에 등을 돌리게 되는 상황이 일반화되는 사회가 어찌 지속될 수 있었겠는가? 황현은 과거제도의 누적된 폐해가 초래한 상황을 다음과 같이 적고 있다. "뜻있는 선비들은 코를 막고 눈살을 찌푸리며 시나 문장이 오히려 사람을 더럽히는 것을 두려워했다. 널리 알려져 있듯이, 과거를 통해 관리를 선발하는 일은 한 시대를 고무하는 도구이다. 그런데 과거가 이 지경에 이르렀으니 다른 변고가 일어나지 않더라도 머지않아 나라가 망한다는 것은 뻔히 알 수 있다."[395]

V. 유교 전통과 한국사회 근대성 문제

한국의 근대성이 조선시대의 유교적 전통을 배경으로 하여 나름의 성과를 이룩할 수 있었다고 한다면, 유교 전통으로 인해 동아시아 사회는 근대화를 자체적으로 이룩할 수 없었다고 바라보는 서구중심주의적 근대성 이론은 비판적으로 검토되지 않으면 안 된다. 찰스 테일러에 의하면 "애초부터

---

394 황현, 『오동나무 아래에서 역사를 기록하다: 황현이 본 갑오농민전쟁』, 앞의 책, 167쪽.
395 같은 쪽.

근대 사회과학의 첫 번째 문제는 근대성(modernity) 자체였다"고 한다.[396] 그리고 근대성에 대한 해명에서 최고의 권위를 자랑하는 막스 베버(M. Weber)는 근대성이라는 주제를 인류 보편사의 관점에서 이해해야 한다고 하면서 서구중심주의적 사유 방식을 다음과 같이 말한다. "보편사의 문제들을 근대 서구 문화 세계의 후예는 불가피하게 그리고 정당하게 다음과 같은 문제 제기 아래 다루게 된다. 즉 어떠한 상황들이 어떠한 방식으로 연결되어 작용한 결과로 하필 서구의 터전에서, 그리고 유독 여기에서만 — 적어도 우리 서구인들이 흔히 표상하듯이 — 보편적 의미와 타당성을 지니는 방향으로 발전한 문화 현상들이 출현했는가?"[397]

그러나 오늘날 서구 근대성을 근대성의 패러다임으로 설정하고 그런 패러다임이 서구의 충격으로 인해 비서구 사회에 단일한 방식으로 확산되고 있다는 베버적인 입장은 심각한 이의 제기를 받고 있다. 서구 근대성 자체를 유일 근대성으로 놓는 입장이 타당한지는 일단 도외시한다 해도, 유교 전통을 지니고 있었던 한국과 같은 사회도 서구사회 못지않은 근대성을 이룩하는 데 성공했기 때문이다. 게다가 한국의 근대성은 유교적 전통사회가 해체된 제로 상황에서가 아니라, 바로 그것을 바탕으로 해서 이루어진 독자적인 근대성이며, 그런 한에서 그것은 서구 근대성의 단순한 이식이나 반복도 아니기 때문이다.

예를 들어 전통과 현대를 모순적인 것으로 설정하고 있는 서구 중심적 주류 근대화 이론으로는 근대화 과정에서 보여주는 한국 가족주의의 모습을 제대로 이해할 수 없다.[398] 서구의 주류적인 가족사회이론에 의하면

• • •

396 찰스 테일러, 『근대의 사회적 상상: 경제·공론장·인민주권』, 이상길 옮김, 이음, 2010, 6쪽.

397 막스 베버, 「『종교사회학논총』서문」, 『프로테스탄티즘의 윤리와 자본주의 정신』, 김덕영 옮김, 길, 2010, 11쪽.

398 1960년대 이후 우리 사회에 전면적으로 수용된 미국발 근대화 담론은 한국사회에 대단한 영향을 주었다. 이에 대해서는 신주백, 「1960년대 '근대화론'의 學界유입과

산업화과정에서 물질적 생산, 교육 그리고 종교 등과 같은 가족 이외의
제도가 전통사회에서 가족이 담당했던 여러 기능들을 떠안기 때문에 가족
이 담당하는 기능은 축소되고 가족의 사회적 중요성 또한 약화되어 순수한
애정관계에 토대를 둔 핵가족이 일반적인 형태로 정착한다.[399]

그러나 현대 한국사회의 가족은 서구 가족이론에서 가정하는 전형적인
근대가족과 사뭇 다르다. 한국의 근대화 과정은 정치, 경제, 사회 질서
전반에 걸쳐 가족 중심적인 논리가 관철되는 모습을 보여준다. 반복해서
말하자면, 한국사회의 근대적 가족은 경쟁과 타산적 이해관계의 논리로
작동하는 척박한 산업사회의 장과 달리 가족 구성원들의 몸과 마음을
온화하게 보호하는 "순수한 애정적 결합"이 아니다. 오히려 그것은 준
국가적인 기능과 역할도 수행하는 제도였다. 그러므로 가족은 식민지배,
전쟁 그리고 경제성장 제일주의적인 산업화 과정에서 한국인들이 생존하
기 위해 믿고 버틸 수 있었던 "유일한 생존·적응기제"라는 도구적 의미도
지닌 것이었다. 그렇다면 "경제조직, 정치질서, 사회관계의 탈가족화를
근대화의 핵심 과정으로 보는 기존의 시각은 원천적으로 수정되어야 한
다."[400] 이런 의미에서 우리에게 요구되는 것은 한국사회가 보여주는 독자
적 근대성의 내적 논리와 문법이 무엇인지를 분명하게 하는 것이다. 그리고
우리의 역사적 경험을 사유의 과제로 삼아 서구중심주의적 근대 사회학의
대가인 막스 베버가 자신의 필생의 학문적 탐구 대상으로 설정했던 질문을
비판적으로 검토하여 근대성에 대한 새로운 이해를 구성해야 한다.

특히 유교적 전통 문화가 한국사회의 근대성 형성에 끼친 영향사에
주목한다면, 유교적 전통뿐만 아니라 가족주의를 마냥 근대성의 합리적

• • •

　　한국사 연구」, 『사학연구』 125, 2017, 참조.

399　장경섭, 『가족·생애·정치경제: 압축적 근대성의 미시적 기초』, 창비, 2009, 52쪽
　　참조.

400　같은 책, 19쪽, 58쪽, 103쪽.

진행을 왜곡시키거나 방해하는 것으로 바라보는 입장은 더 이상 설득력이 없다. 그럼에도 유교와 근대에 대한 물음에 대해 우리는 아직도 이렇다 할 답을 갖고 있지 못하다.

한국을 포함한 동아시아의 전통 문화, 특히 유교적 전통과 가치가 지니는 의미에 대한 새로운 관심은 분명 최근의 일은 아니다. 소위 아시아의 네 마리 용으로 불리던 한국, 싱가포르, 대만 그리고 홍콩에서의 급속한 자본주의적 경제 성장은 동아시아 문화, 특히 가족주의 문화를 재평가하는 데 중요한 계기를 제공했다. 일례로 '아시아적 가치' 논쟁은 동아시아에서의 성공적인 경제 성장을 유교의 가족 위주 사상 또는 가정윤리질서라는 동아시아에 특유한 문화적 전통과 관련해 설명하려는 시도에서 등장하였다. 이때 유교적 가치라고 하는 것은 "유교 문화에 내재한 강한 리더십, 검약과 절제의식, 높은 교육열, 가족적 인간관계, 협동과 근면 등"과 같은 것을 의미하였다.[401]

1990년대 말에 발생한 동아시아 경제위기는 '동아시아 모델'을 그 이전과는 달리 부정적으로 평가하게 만든 중요한 계기가 되었다. 많은 사람들이 기적과 같은 경제성장의 원인으로 칭송했던 것을 이제는 아시아의 경제위기를 초래한 원인으로 여기게 되었다. 달리 말해 "아시아 지역의 문화에 내재한 정실인사, 부패, 뇌물, 기업운영의 불투명성, 연고주의, 정경유착 등"은 아시아의 경제 위기를 초래한 요인들로 거론되었다.[402] 동아시아 가치에 대해서 찬성을 하든지 반대를 하든지 간에 한국을 포함한 동아시아 사회 전반을 이해하는 데 가장 중요한 문화적 요인은 바로 유교적 가치관에

• • •

401 이승환, 「'아시아적 가치'의 담론학적 분석」, 이승환 외 지음, 『아시아적 가치』, 전통과현대, 1999, 314쪽.
402 같은 책, 315쪽. 김충렬은 동아시아의 경제 발전과 동양사상과는 아무런 관계가 없다고 본다(「21세기와 동양철학」, 한국철학회 편, 『문화철학』, 철학과현실사, 1995, 31쪽 참조).

입각한 가족주의 전통이다. 따라서 '동아시아 가치 논쟁' 또는 아시아적 가치 논쟁을 동아시아 가족에 대한 논쟁이라고 규정하는 조은의 입장은 정당하다.[403]

우리는 우리 사회의 가족주의 및 가족제도의 성격을 해명하는 작업과 관련해 유교적 전통과 서구 근대 사이의 상호작용의 의미를 새롭게 성찰해야 한다. 이런 성찰은 우리 사회가 채택해야 할 가족제도의 방향을 검토하는 데에만 국한된 것은 아니다. 전통과 현대의 변증법의 문제는 서구 근대성의 어두운 면을 포함하여 근대성이란 무엇인가를 개념적으로 재정의하는 물음과 관련된 것이기 때문이다. 그러므로 유교와 근대의 관계 문제, 달리 말하자면 유교 전통은 근대를 실현하기 위해 반드시 극복되어야 할 부정적 유산인지를 다시 검토할 필요가 있다.

그리고 이런 성찰 작업에서 유교사회인 조선의 국가체제와 그것을 지탱 시켜 주었던 사상 및 문화로서의 유교의 성격을 다시 해명하는 작업은 매우 중요하다. 예컨대 조선의 주자학을 봉건적인 사유 체계로 보면 그 사유를 국가 이념으로 삼았던 조선사회는 당연히 봉건적인 전근대사회로 이해되어야 한다. 그러나 조선사회에 대한 이런 식의 이해는 과거제도 및 조선의 능력주의 사회의 모습을 보건데 더 이상 유지될 수 없다. 따라서 유교에 대한 재인식이 없이는 조선사회의 성격은 물론이고 그런 조선사회 의 역사적 유산에 의해 규정되고 제약된 현대 한국사회의 모습도 제대로 이해될 리가 없다.

조선을 비롯한 동아시아 사회에 큰 영향을 준 유교에 대한 새로운 인식을 추구하기 위한 사전 전제 작업의 하나는 서구 근대를 인류사의 정점으로 놓는 사유 패러다임의 상대화이다. 서구 근대성의 특권적 지위를 상대화하

• • •
403 조은, 「'동아시아 가족'이 있는가?」, 정문길 외 지음, 『발견으로서의 동아시아』, 문학과 지성사, 2000, 175쪽.

기 위해 우리는 앞에서 조선의 능력주의 원칙에 기반을 둔 과거제도의
여러 의미를 다루었다. 그런 맥락에서 유교적 민본주의와 서구 근대 민주주
의 사이를 양립하기 어려울 정도로 떼어 놓은 인식을 비판적으로 검토했다.
동일한 맥락에서 근대성의 핵심적 용어들인 인권과 민주주의 등에 대해서
뿐만 아니라, 근대성 자체에 대한 우리의 이해 방식이 혹시나 서구 근대의
식민주의적이고 인종주의적인 배제의 논리를 정당화하는 작업과 공모하
고 있지는 않은가 하고 물음을 던져야 한다. 따라서 유교적 전통과 현대
한국사회와의 연관성에 대한 성찰은 근대성에 대한 서구중심주의적인
해석 양식에 대한 이의 제기이기도 하다.

VI. 능력주의와 서구 근대:
중국의 충격과 서구 근대 형성

서구중심주의적인 근대성 이론의 핵심적 주장 중의 하나는 서구 근대가
자생적으로 출현했다는 믿음이다. 그러나 서구 근대의 자생성이라는 믿음
은 신화에 불과하다. 이 자리에서는 서구 근대의 자생성이라는 믿음이
신화임을 능력주의 및 과거제도와 관련하여 해명해보고자 한다. 능력주의
사회의 모습을 지닌 중국 문화가 서구 근대 형성에 큰 영향력을 주었다는
사실은 요즈음 서구 근대 계몽주의 연구에서 크게 주목받고 있다. 이에
크게 기여한 학자는 서구 계몽주의 연구에 신기원을 연 학자로 평가받는
조너선 이스라엘(J. Israel)이다.[404] 그는 서구 근대 계몽주의를 영국이나
프랑스 등의 개별 국민국가 차원에서 이루어진 것이 아니라 유럽적 차원에

···

404 조너선 이스라엘의 급진적 계몽주의 이론의 기본 특성 및 그 이론을 둘러싸고 제기될
수 있는 쟁점들에 대한 국내의 소개로는 장세룡, 『프랑스 계몽주의 지성사: 지적
실천 운동으로서의 계몽주의 재해석』, 길, 2013, 23-33쪽 참조

서 진행된 운동으로 이해해야 한다고 주장하면서, 유럽 계몽주의를 선도한 흐름을 '급진적 계몽주의'(radical Enlightenment)로 본다. 더 나아가 그의 주장에 따르면 급진적 계몽주의의 창시자는 유럽 근대에서 최초로 민주주의를 최고의 정치체제로 주장한 스피노자(Spinoza)인데, 그는 "진보적, 세속적, 민주적 사고의 토대"를 제공해주었다.[405] 그리고 스피노자 철학은 "신 즉 자연"(deus sive natura)이라는 그의 유명한 명제가 보여주듯이 전통적인 기독교 사상과 달리 범신론 및 무신론적 경향을 지닌 사상으로 간주되기에 충분할 정도로 혁신적인 내용을 지니고 있었다. 자연 전체가 신이기에 신은 모든 인간에게 평등하게 현전한다. 달리 말해 신이 모든 사람들 안에 무한하게 현전한다면, 모든 인간이 평등하다는 주장은 자연스럽다.[406]

스피노자의 사상을 이어받아 유럽사회를 변화시키려는 급진적 계몽주의자들에게서도 당대의 중국사회는 유럽이 이상적 좌표로 설정할 만한 문명의 모델이었다. 스피노자주의를 무신론적이고 비도덕적인 사조로 비판하는 것은 중국을 어떻게 볼 것인가 하는 문제와 밀접하게 연결되어 있는 쟁점이었다. 급진적 계몽주의자들은 중국의 공자사상, 즉 유학과 스피노자주의 사이의 유사성에 주목하면서 이를 스피노자주의가 인류의 가장 자연스런 사유 양식임을 입증하는 사례로 생각했다. 또한 급진적 철학자들은 중국사회에 세습적인 귀족제가 없다는 점에 열광했다. 이성을 최고의 권위로 생각하는 계몽주의 사상가들에게 초월적인 신과 독립적인 도덕 및 사회의 구성 원리에 의해 작동되는 중국은 당대 유럽과 비교하여 매우 이상적 모델로 간주되기에 충분했다.

독일 계몽주의도 예외는 아니었다. 크리스티안 볼프(C. Wolff)는 1721년

---

405 스티븐 내들러(Steven Nadler), 『스피노자와 근대의 탄생: 지옥에서 꾸며진 책 『신학정치론』』, 김호경 옮김, 글항아리, 2014, 11쪽.

406 프레더릭 바이저(Frederick Beiser), 『헤겔: 그의 철학적 주제들』, 이신철 옮김, 도서출판 b, 2012, 72-73쪽 참조.

할레에서 <중국인의 실천철학에 관한 연설>(Oratio de Sinarum philosophia practica)이라는 제목의 연설을 통해 공자의 도덕이론을 신학이나 종교로부터 독립된 도덕이론의 모범으로 간주하면서, 공자의 도덕이론에 커다란 경탄을 표명해 독일사회에 충격을 주었다. 종교로부터 독립적인 도덕이 가능하다는 주장 그리고 공자의 도덕이론이 종교와 독립적인 이성적 도덕을 위한 모델이라는 그의 확신을 둘러싼 논쟁사에서 바로 서구 근대가 낳은 가장 위대한 칸트의 자율적인 이성 도덕이 발생할 수 있었다.[407] 조너선 이스라엘에 의하면 스피노자를 추종하는 급진적 계몽주의자들은 무신론자라는 비난을 받으면서 유럽사회가 평등과 자유가 넘치는 민주주의 사회로 나갈 것을 옹호하였다. 그리고 그들은 귀족제적인 신분제 사회였던 당시 유럽사회의 기득권 세력에 저항하면서 유럽사회를 급진적으로 개혁하기 위하여 "중국 모델"(the Chinese example)을 적극적으로 활용했다. 그들이 보기에 중국사회는 "혈통과 탄생에 기초한 사회적 위계질서"가 아니라, 능력주의에 기초한 개명된 선진 사회였기 때문이다.[408]

사실 능력주의 원칙은 프랑스 혁명을 적극적으로 옹호한 토머스 페인(Thomas Paine)이나 미국 건국에 지대한 공헌을 한 토머스 제퍼슨(Thomas Jefferson) 등에 의해서도 적극적으로 옹호되었다. 토머스 페인은 프랑스 혁명에 대해 비판적 고찰을 한 에드문드 버크(Edmund Burke)에 대항하여 프랑스 혁명을 적극적으로 옹호한 책『인권』(Rights of Man)에서 능력주의를 찬양한다. 그에 의하면 프랑스 혁명이 헌법에 의해 특권 귀족사회를 전적으로 해체하여 공작이나 백작 등과 같은 어떤 세습적인 작위(爵位)도 있을 수 없음을 천명한 것은 지극히 정당하다. 그러면서 그는 프랑스 혁명에

• • •
407 이에 대해서는 나종석,「칸트의 자율성 도덕론과 동아시아」,『칸트연구』 37, 2016, 58-60쪽 참조.
408 J. Israel, *Enlightenment Contested: philosophy, modernity, and the emancipation of man 1670-1752*, Oxford: Oxford University Press, 2006, p. 51.

의해 사회의 지위나 명예의 기반이 세습적인 지위로 인정되지 않게 되었으며, 사회적 지위는 철저하게 모든 사람들의 "성품", 즉 그 사람의 실제 능력에 의해 성취되는 원리에 입각하게 되었음을 강조한다. "소위 귀족의 최하층이 지금 최상층보다 더 높다고 생각되고, 말을 타고 모험을 찾아 모든 기독교 지역을 돌아다니던, 갑옷 입은 무사가 현대의 백작보다 숭배된 시기가 있었다. 세계는 그런 어리석은 짓이 조롱을 당하고 없어지는 것을 보았다. 작위 같은 어리석은 것도 그와 같은 운명에 처하리라. 프랑스 애국자들은 사회의 지위나 위신이 새로운 기반을 가져야 함을 제때 발견했다. 낡은 기반은 완전히 없어졌다. 이제 그것은 작위라는 망상적 기반 대신 성품(character)이라는 실질적 기반을 가져야 한다."[409]

토머스 제퍼슨은 1813년 존 애덤스(John Adams)에게 보낸 편지에서 세습적 귀족제도를 비판하고 자연적인 귀족제도의 우월성을 승인한다. 그에 의하면 자연적인 귀족제도의 근거는 사람의 "덕망과 재능"인 데 반해, 인위적인 귀족제도는 "재산이나 문벌에 기초한" 것이어서 부당하다. 그 편지의 일부 내용을 인용하면 다음과 같다. "나는 인간 사회에 자연의 귀족제도가 있다는 당신의 견해에 동의합니다. 이것의 근거는 덕망과 재능뿐입니다. [……] 그러나 재산이나 문벌에 기초한 인위적인 귀족제도도 있습니다. [……] 나는 자연의 귀족제도를 자연의 가장 귀중한 선물로 생각합니다. 그것은 사회를 교육하는 데뿐 아니라 사회의 위임을 받고 그것을 다스리는 데도 필요한 것이기 때문입니다. 가장 효과적으로 이 자연적인 귀족들이 공직을 담당할 수 있는 깨끗한 선발제도를 갖춘 정부를 최선의 정부형태라고 말할 수 있지 않겠습니까?"[410]

이 인용문에서 명백하게 드러나듯이 토머스 제퍼슨은 능력주의 원칙에

• • •

409 토머스 페인, 『상식·인권』, 박홍규 옮김, 필맥, 2004, 160쪽.
410 크릴(Creel, H. G.), 『공자: 인간과 신화』, 이성규 옮김, 지식산업사, 1998, 330쪽에서 재인용함.

입각하여 재능과 덕망 있는 관료를 투명하게 선발하여 그들이 사회를 통치하는 사회야말로 최선의 정부형태라고 간주한다. 제퍼슨은 능력주의 원칙이 관철되는 사회가 최선의 정부형태인 민주주의와 전혀 상충되지 않을 것이라고 생각했다.[411] 그리고 크릴은 자연적인 귀족제도에 대한 제퍼슨의 옹호를 두고 "중국의 과거제도를 이보다 더 간결하게 요약하기도 힘들 것"이라고 강조한다.[412]

실제로 능력주의 원리 혹은 성취의 원리의 혁신성과 합리성은 서구중심주의적 근대성 이론을 비판적으로 검토할 수 있는 중요한 실마리 중 하나이다. 동아시아 유교사회에서 실시된 능력주의 원칙에 입각한 과거제도의 근대성을 높이 평가하면서 서구 중심의 근대성 이론에 의해 '잃어버린'(lost) 근대성을 발굴하여 그 이론의 한계를 성찰하는 알렉산더 우드사이드의 접근 방식은 매우 시사적이다. 그에 따르면 중국에서 시작되어 한국 및 베트남 등 아시아 여러 국가에 의해 실시된 과거제도는 세습적 귀족제를 능력에 따른 관료와 같은 직업적 엘리트로 대체한 것인데, 이는 인류사에 등장한 중요한 혁명적 전환에 비견될 만한 소중한 역사적 성취이다. 직업적인 관료를 능력의 원칙에 입각하여 공정한 시험을 통해 충원하는 방식은 해럴드 퍼킨(Harold Perkin)에 의해 식량 공급을 위한 '정착 농업'의 시작 그리고 '산업의 발달'에 이은 인류사에 등장한 세 번째 혁명으로 이해되었다. 그러므로 과거시험을 통해 인재를 등용하고 이들에게 국가의 통치를 담당하게 한 산업화 이전 동아시아의 관료제는 근대적인 전문직 계층의 출현을 예견한 것으로 평가받아 마땅하다.[413]

동아시아 전통사회에서 실시된 과거제도의 합리성은 왕권을 견제하는

• • •

411 리처드 세넷(Richard Sennett), 『뉴캐피탈리즘』, 유병선 옮김, 위즈덤하우스, 2009, 140쪽 참조.

412 크릴(Creel, H. G.), 『공자: 인간과 신화』, 앞의 책, 330쪽.

413 알렉산더 우드사이드, 『잃어버린 근대성들』, 앞의 책, 55-58쪽 참조

측면에서도 주목을 요한다. 과거제도를 통해 선발된 사람들은 흔히 관료라고 불리지만 요즈음의 행정 관료와 다른 점이 있다. 그들은 왕과 더불어 정치를 담당하는 행위자였기 때문이다. 과거제도에서 중요한 것은 유교적 교양이었는데 과거제도는 자의적이고 독단적인 왕권을 견제하는 중요한 제도적 장치이기도 했다. 더 나아가 한 나라의 정치를 주도하는 덕망과 재능을 갖춘 정치 엘리트들을 공정한 조건하에서 선발했던 과거제도의 보편적 개방성도 중요하다. 원칙상 노비와 같은 천인을 제외하고 모든 남성들은 과거제도에 응시할 수 있었다.

헤겔에 의해 집대성된 서구중심주의적 근대 이론의 폭력성에 의해 망각된 역사 중의 하나가 과거제도이다. 동아시아 사회와 달리 관리를 채용하는 데 능력을 검사하는 시험을 통해 선발하는 제도는 유럽 역사에서도 비교적 최근에 실시된 것이다. 영국에서 관리 임용에 시험이 채택된 것은 1870년 이후이고, 미국도 1883년에 이르러서야 비로소 관리 임용시험 제도를 채택했다. 그리고 "관리 등용 시험제도의 시작은 중국 과거제의 영향이라고 보는 견해가 유력하다."[414] 이처럼 과거제도의 예는 동양과 서양 문명의 상호 교류에 의해 서구 근대가 형성되어 왔음을 잘 보여준다.

흥미롭게도 헤겔은 1809년 뉘른베르크 김나지움 교장으로서 행한 졸업식 연설에서 "우리의 조국에서 모든 직업이 능력과 근면에 따라 결정될 수 있도록" 하는 것이 매우 중요하다고 역설했다.[415] 1810년의 연설에서 그는 공부할 수 있는 외적 여건이 제대로 마련되지 않아 어려움을 겪는

• • •

414 같은 책, 230쪽. 아놀드 토인비(A. Toynbee, 1889~1975)도 영국이 현대적 공무원 제도를 중국에서 빌려 왔다고 주장했다. 알렉산더 우드사이드, 『잃어버린 근대성들』, 같은 책, 48쪽. 과거제도를 매개로 한 근대성에 대한 새로운 성찰 가능성에 대한 서술은 나종석, 「다산 정약용을 통해 본 유교와 천주교의 만남—한국적 근대성의 논리를 둘러싼 논쟁의 맥락에서」, 『사회와철학』 31, 2016, 27-28쪽을 참조하여 재구성함.

415 G. W. F. Hegel, *Hegel Werke in zwanzig Bänden*, hg. v. E. Moldenhauer und K. M. Michel, Band 4, Frankfurt 1969-1971, p. 325.

학생들을 지원해야 함을 강조하면서 "재산이 없는 부모에게서 태어난 얼마나 많은 사람들이 그런 지원으로 인해 더 높은 계층으로 상승할 기회를 얻게 되었는지, 그리고 가난으로 인해 계발되지 않은 채 죽어 있었을 재능을 기를 수 있었는지"를 생각해보라고 권유했다.[416] 헤겔의 연설을 통해 우리는 19세기 초 독일에서도 모든 사람들이 자신들의 재능과 능력에 따라 직업이 결정되는 이른바 근대적인 능력주의 원칙이 일반적으로 시행되고 있지 않음을 알 수 있다.

그런데도 헤겔은 그의 역사철학에서 근대성을 오로지 기독교 문명에 기반을 둔 유럽 근대사회의 역사적 경험에 한정하고 유럽적 근대의 기준을 근대 그 자체의 기준으로 설정하고 여타 지역에서 근대성이 출현할 수 있는 가능성 자체를 원칙적으로 배제한다. 그의 이론에 의하면 중국과 같은 동아시아 사회는 어린아이와 같은 미성숙하고 노예적 굴종 정신을 갖고 있는 유교적 사회로 역사 이전 혹은 역사의 유아적 단계에 영원히 머무르고 있는 사회에 불과하다. 그리고 유럽 근대와 비서구 사회의 야만성을 대비시키는 헤겔의 시도는 유럽 근대의 우월성을 확인하기 위해 비서구 사회를 체계적으로 타자화시키는 것에 지나지 않는다. 비서구 사회는 문명의 정점으로서 규정되는 유럽 근대의 자기 정체성 확인에 구성적 타자의 역할을 수행한다. 그리고 이렇게 비서구 사회를 유럽 근대의 구성적 타자로 간주하는 것은 사실상 이런 사회를 근대로부터 배제하면서 이를 구성적 타자로 유럽 근대에 포함시키는 배제적 포함이기도 하다.

그런데 서구중심주의적 사유 방식의 상대화뿐만 아니라, 서구의 근대적 가치와 동양의 전통적 가치 사이의 문명 간 대화를 긍정적인 방식으로 이끌기 위한 전제 조건으로 우리가 극복해야 할 또 다른 문제는 동양의 가치에 대한 이데올로기적인 분석 및 동아시아적 가치에 대한 근본주의적/

• • •
416 같은 책, 339-340쪽.

본질주의적 관점이 가지는 한계를 넘어서는 것이다. 동양의 가치에 대한 이데올로기적인 접근 방식은 동양적 가치가 어떻게 가족 내부에서뿐만 아니라, 정치적·경제적인 억압적 질서를 은폐하고 정당화하려는 기제로 기능하고 있는가를 드러내주고 있다는 점에서 긍정적이다. 최재석은 이미 1960년대에 동양의 유교적 가치관에 뿌리를 두고 있는 한국의 가족주의는 사회통합과 민주적인 사회질서 확립을 방해하는 역기능을 지니고 있다고 지적하였다.[417] 그리고 가부장적이고 권위주의적인 국가에 의해서 실시된 1960년대 이후의 급속한 산업화 과정에서 어떻게 전통적인 가족주의가 정치적으로 동원되었는가에 대한 연구는 많다.[418]

아시아적 가치가 본래 서구의 근대적인 인권 및 민주주의와 이질적이라고 단정 지으면서, 그렇게 이해된 아시아적 가치에 상응하는 정치이론을 주장하는 사람들은 "사회적 질서와 경제적 번영을 민주주의나 인권보다 더 중요한 가치로 간주하고, 이를 위해서는 전통과 권위에 대한 존중이 필수적이라고"생각한다. 그러므로 현실로 존재하고 있는 아시아적 정치사회의 특징이 "수원-후원의 공동체주의, 권위에 대한 존중, 일당 지배, 그리고 강한 국가"라는 점을[419] 염두에 둘 때, 우리는 유교적 가치가 권위주의적인 정치질서를 정당화하는 이데올로기로 동원되고 있음을 확인하게 된다. 그리고 이러한 사실이 서구의 근대적인 이념에 호의적인 사람들이 유교적인 전통을 대단히 비판적으로 바라보게 되는 중요한 이유의 하나인 것이다.

그러나 동양적 전통과 가치가 지니는 의미는 이데올로기적인 비판이나

•••
417 최재석, 『한국인의 사회적 성격』, 개문사, 1976, 170쪽 참조.
418 예를 들어 조은, 「'동아시아 가족'이 있는가?」, 정문길 외 지음, 『발견으로서의 동아시아』, 앞의 책, 참조.
419 김영명, 「동아시아의 문화와 정치체제」, 정문길 외 지음, 『발견으로서의 동아시아』, 같은 책, 324쪽 이하.

폭로 작업으로 완전히 소진될 수 없다. 그렇게 믿는 것은 인간의 삶의 역사성에 대한 차원을 과소평가하고 있는 셈이다. 그리고 동양 전통을 권위주의적인 것으로 보는 태도는 서구 근대를 우리가 지향해야 할 이상적 좌표로 설정하고 그런 시각에서 우리의 과거를 자의적으로 비판하는 것이 아닌지 재검토할 필요가 있다. 그런 서구중심주의적 사유 패러다임을 갖고 동양의 전통과 역사를 바라보는 관성에서 벗어나야 한다. 그런 사유의 관성은 동양의 전통에 대한 고정적인 생각에 경도되어 있는 셈이다.

전통과 현대의 이원론, 즉 이 둘 사이의 양립 불가능성에 대한 견고한 확신은 객관적인 학문적 근거에 기반하고 있는 것이 아니라, 서구중심주의적 사유 패러다임을 내면화한 결과이다. 즉, 유교적 가치관을 오로지 근대로 나가는 길을 방해하는 요인으로 간주하는 태도는 바로 유교적 가치관은 서구 민주주의 원리와는 양립하기 어렵다는 생각을 전제로 하고 있는데, 실상은 그런 전제 자체가 하나의 신화라는 데 문제가 있다. 따라서 유교적 전통을 지나치게 권위주의적인 정치질서와 친화성을 지니고 있는 것으로 바라보는 것은 일면적이다. 유교 이념을 구성하는 효 및 충에 대한 강조가 비민주적인 정치체제를 정당화하는 데 오용될 수 있음을 인정한다 해도, 이러한 가치 역시 민주주의적인 공동체와 양립할 수 있는 것으로 재해석될 수 있기 때문이다. 이미 앞에서 본 것처럼 유교의 근본이념 속에 인권 및 민주주의 이념과 부합되는 측면이 존재함은 부인될 수 없다.[420]

아시아적 가치에 대한 이데올로기적 접근 방식의 일면성을 지적하는

• • •

420 안병주, 「한국사회와 유교 문화」, 한국철학회 편, 『문화철학』, 철학과현실사, 1995, 92쪽 참조. 리콴유(李光耀)의 입장에 대한 김대중의 이의 제기는 중요한 의미를 지닌다. 왜냐하면 김대중은 리콴유의 동아시아 전통에 대한 입장을 비판하는 과정에서 아시아의 문화적인 전통 속에 내재되어 있는 민주주의적 잠재성을 강조하기 때문이다. 그가 보기에 아시아에서 민주주의를 확립하고 인권을 개선하는 데 가장 큰 장애는 아시아의 "문화적 전통이 아니라 권위주의적인 지도자들과 변명자들의 저항"이다. 김대중, 「문화는 숙명인가」, 이승환 외 지음, 『아시아적 가치』, 전통과현대, 1999, 51쪽 이하 참조.

것과 마찬가지로, 동양의 유교적 전통을 서양의 인권 및 민주주의 이념과 모순되는 것으로만 바라보는 태도를 넘어서야 한다. 서구의 인권 및 민주주의를 동아시아 전통과 상통할 수 없는 것으로 보고 전자를 옹호하려는 시도는 역설적 상황에 처하기 쉽다. 그런 태도는 동아시아의 역사와 문화에 어울리지 않는 외부적인 것을 옹호하는 것에 지나지 않는다는 비판을 초래할 것이기 때문이다. 앞에서 거론한 것처럼 아시아적 가치를 주장하는 사람들 중 일부는 아시아 문화가 서구의 그것과 이질적이라는 동일한 가정을 받아들여 아시아 사회에 필요한 정치제도는 권위주의적인 것이라는 주장을 정당화하고자 한다. 이런 흐름을 대표하는 인물은 아마 싱가포르의 전 수상인 리콴유일 것이다.

리콴유는 서구 사회와 동아시아 사회의 문화적 차이점에 기초하여 민주주의의 가장 기초적인 원리라고 할 수 있는 1인1투표제도에 대해서조차 회의적인 견해를 피력한다. 그는 사회와 국가에 대해 서구와는 다른 관점, 즉 개인이 가족 속에 존재한다는 가치관을 지니고 있는 동아시아 사회에서는 서구적 민주주의 제도는 적합하지 않다는 견해를 옹호한다.[421] 싱가포르를 중심으로 한 동남아시아의 정치지도자들과 관변 엘리트에 의해 제시되는 '아시아적 민주주의' 이론이 개인적 권리 및 민주주의를 서구 사회를 타락시킨 주된 요인으로 비판하는 것은 우연한 일이 아니다.

리콴유에게서 보듯이 유럽중심주의적 관점에 대한 대안을 모색한다는 명분을 내걸고 동아시아를 민주주의 및 인권과 거리가 먼 독자적인 문명이라고 결론짓는 행위는 서구중심주의적 사유 방식 못지않게 일면적이다. 리콴유의 태도는 사실상 서구적인 오리엔탈리즘을 역으로 세워놓은 것에 지나지 않는다. 서구 근대사회가 많은 한계를 안고 있는데, 동아시아 문명에서 서구 근대를 극복할 수 있는 대안을 발견할 수 있다는 식으로 동양

• • •
421 리콴유, 「문화는 숙명이다」, 『아시아적 가치』, 같은 책, 22쪽 이하 참조

문명을 현대화할 수 있다고 보는 태도는 서구 근대의 극복이 아니라 그에 대한 안티테제에 지나지 않는다.

　아시아적 가치를 둘러싼 논쟁의 비생산적인 구도에서 벗어날 필요가 있다. 유교적 동아시아 사회와 자유·평등을 지향하는 서구 근대 사이의 이원적인 대조는 현실을 지나치게 왜곡하고 있다. 서구 근대가 비서구 사회와의 생산적인 만남이나 비서구 사회로부터 영향을 받음이 없이 스스로의 힘으로만 형성되었다는 시각이 미망이고 신화인 것처럼, 비서구 사회의 전통을 전근대적인 것으로 치부하는 것 역시 아무런 학문적 근거가 없다. 이런 시각은 서구는 다른 문명과의 상호작용이 없이 홀로 근대 문명을 개척했지만, 서구 문명과 달리 비서구 사회는 전근대적인 문명으로 서구 근대의 충격적 영향과 접촉의 계기 없이는 자체의 힘으로 근대 문명을 개척할 수 없었다는 식으로 비서구 사회를 타자화한 서구중심주의적 사유 방식을 진리로 받아들인 결과일 뿐이다.

　네그리와 하트가 적절하게 지적하고 있듯이 서구중심주의적 사유 방식이 무비판적으로 내세우는 가정, 즉 "근대성이 순전히 유럽의 발명품이라는 생각에는 정신병적인 무언가가 있다."[422] 실제로 비서구 사회와의 접촉과 다른 문화의 영향이 없는 유럽 근대의 탄생은 상상할 수 없기 때문이다.[423] 과거제도가 유럽 근대 형성에 준 지대한 영향 이외에도 동양과의 접촉이 없이 서구 근대는 가능하지 않았다. 비록 서구중심주의적 사유 방식이 여전히 주류적 인식의 지위를 점하고 있지만, 서구 근대 문명이 이슬람 문명 및 인도와 중국을 포함하는 아시아 문명의 영향이 없이는

• • •

422　안토니오 네그리·마이클 하트, 『공통체』, 정남영·윤영광 옮김, 사월의 책, 2014, 116쪽.

423　이 문제에 대해서는 다음 저서도 참조. 안드레 군더 프랑크, 『리오리엔트』, 이희재 옮김, 이산, 2003; 엔리케 두셀, 『1492년 타자의 은폐: '근대성의 신화'의 기원을 찾아서』, 박병규 옮김, 2011, 참조.

상상할 수 없다는 것은 이제 학계에서 새로운 통념으로 자리 잡아가고 있다.

이 자리에서는 근대 과학기술의 형성에 중국의 과학기술이 끼친 영향과 서구 근대의 자본주의 세계체제의 발생이 비서구 사회의 발전을 전제로 한다는 견해만을 소개할 것이다. 예를 들어 조셉 니덤(Joseph Needham)의 『중국의 과학과 문명』(Science and Civilization in China)이라는 기념비적 업적에 의하면, 서양의 과학혁명에 준 아시아, 특히 중국의 영향과 공헌이 얼마나 큰지 제대로 된 평가가 이루어지고 있지 않다. 그는 서구 근대의 과학기술 문명이 고대 그리스의 합리주의 정신을 이어받은 유럽의 르네상스를 통해 이루어진 것으로 생각하는 태도를 비판한다. 그리고 그는 유럽사회가 과학의 발전에 '독점적 공헌'을 했다는 식의 주장을 자명한 것으로 이해하는 것은 허구에 지나지 않는다고 지적한다.[424]

안드레 군더 프랑크(A. G. Frank)는 유럽 근대가 비서구 사회와의 관계 없이 독자적으로 발전해왔으며 중국과 같은 아시아 지역은 지체된 지역이었다는 서구중심주의적 사유 방식을 다음과 같이 비판한다. "좀 더 구체적으로 비교하자면 아시아의 상당수 지역은 1400년대 초반에 유럽보다 앞서 있었고, 그런 우위는 1750~1800년대에도 유지되었다. 또 역사적으로 보아도 유럽이 유포시킨 고견과는 달리 1800년 이후 유럽이 도약한 것은 유럽만이 예외적으로 과학·기술·제도 등 모든 면에서 준비되어 있었기 때문이 아니라는 사실도 우리는 확인할 수 있었다. 유럽이 발전한 것은 르네상스시기를 거치면서 이른바 선수를 치고 나갔기 때문도 아니다. 그리스와 유대교로부터 합리성과 과학이라고 하는 허울 좋은 유산을 물려받은 덕분에 발전한 것은 더더욱 아니다. 이 모든 기존의 '고견'은

• • •

424 조셉 니덤, 『중국의 과학과 문명: 사상적 배경』, 콜린 로넌 축약, 김영식·김제란 옮김, 까치, 2003, 14-15쪽 참조.

신화에 기초한 유럽중심주의 이데올로기에 불과할 뿐 실제의 역사나 사회과학에 기초한 것이 아니다. 양식 있는 학자라면 적어도 '서양의 발흥'을 '나머지' 세계에서 이룩한 그 이전 및 동시대의 발전과 연결시킬 줄 알아야 한다."[425]

VII. 서구 근대와 다른 동아시아의 길에 대한 철학적 성찰

앞에서 살펴본 것처럼 한국의 근대화 과정에서 가족주의가 결정적 역할을 수행했다는 점은 분명하다. 그리고 한국의 가족주의가 유교적인 가족중심의 가치관 및 삶의 방식과 다양한 방식으로 연관되어 있다는 점도 사실이다. 그뿐만 아니라 지난 수십여 년 동안 우리 사회가 달성해온 경제성장과 민주주의적 정치질서도 동양적 전통과의 연속성 속에서 이루어진 것이다.[426] 그렇다고 한다면 한국 근대성의 성격은 서구적인 근대성과 사뭇 다른 모습을 지닐 것임은 명백하다. 따라서 우리 사회의 경제성장 및 민주주의의 형성 과정을 서구의 충격에 직면하여 서구적 근대의 이념과 가치를 수용·모방해온 것으로만 바라보는 태도가 적절한지 비판적으로 검토할 필요가 있다. 우리 사회의 근현대사를 바라볼 때 조선사회에서 오늘날의 한국사회에 이르는 모습을 연속성의 측면에서 바라보는 시각의 전환이 절실하게 필요하다는 말이다. 유럽을 기준으로 설정하고 조선사회가 근대 문명의 척도로 설정된 유럽에 얼마나 유사한지 그렇지 않은지를 묻는 작업에서 벗어나지 않는 한, 조선사회의 역사적 경로의 고유성을 그대로 인정하면서 그런 전통에서 오늘날 우리 사회로 이어지는 연결성에

• • •
425 안드레 군더 프랑크, 『리오리엔트』, 앞의 책, 358-359쪽.
426 이에 대한 상세한 서술에 대해서는 이 책 제8장, 제9장, 제12장 그리고 제14장 참조.

대한 사유의 가능성은 확보될 수 없다.

앞에서 강조한 것처럼 한국사회의 근대성 형성의 특이성을 보다 분명하게 인식하기 위해서 유교적 조선사회의 전통 문화가 어떤 방식으로 한국사회의 현대화에 작동하고 있는지에 대한 분석이 필수적이다. 달리 말하자면 한국의 현대화, 즉 민주화와 산업화의 실현 과정에서 동양의 가족주의 전통이나 조선 500년의 역사를 통해 집중적으로 축적해온 유교 문화의 전통이 발휘하고 있는 영향사에 대한 인식이 없다면, 한국 현대화 과정에 대한 인식은 불철저하고 불완전할 수밖에 없다. 이런 맥락에서 "삶이 폭풍 같은 격변에 휩싸이는 혁명적인 시대에조차 세상 만물이 뒤바뀌는 것처럼 보여도 사실은 옛것이 우리가 생각하는 것보다 더 많이 보존되며, 새로운 것과 결합하여 새로운 효력을 발휘한다"는 가다머의 주장에 더 귀를 기울일 필요가 있다.[427]

더 나아가 우리는 전통과의 대화를 수행함에 의해 우리 사회가 걸어가는 길을 좀 더 거리를 두고 비판적으로 사유할 기회를 얻을 수 있다. 특히 우리는 조선이 축적해온 유교적 민본주의, 평천하의식 그리고 향촌사회의 자율성과 공론정치 등이 지니는 민주적 잠재성을 단순히 지나간 과거의 것으로 보는 데 그치지 않고 그것을 현재적 맥락에서 다시 창조적으로 활용할 지혜를 키울 필요가 있다. 현재가 과거보다 더 진보했기에 과거로부터 배울 것이 없다는 생각은 단견에 지나지 않는다. 그런 편견은 유럽 근대=선진 그리고 조선 및 동아시아의 전통=전근대 및 후진이라는 사유 방식이 절대적 진리라고 믿는 맹목성에 기인한다. 그러나 역사적 과거 속에는 오늘날 우리 사회가 안고 있는 문제를 다른 방식으로 새롭게 사유할 수 있는 수많은 경험들이 존재한다. 과거의 그런 경험은 우리에게 오늘날의

• • •
427 한스 게오르크 가다머, 『진리와 방법: 철학적 해석학의 기본 특징들 2』, 임홍배 옮김, 문학동네, 2012, 159쪽.

삶의 방식이 유일한 것인지를 묻고 있다. 우리는 그런 물음에 대해 답하면서 오늘날 우리가 처한 상황을 보는 보다 확장된 인식을 확보하여 난국을 더 잘 해결할 수 있을 것이다.

과거에서 현재로 이어지는 역사 속에서 오로지 보편적인 진리의 관철과 같은 진보사관을 입증하고자 하는 사람은 역사적 과거가 우리가 살아가는 현재와 다른 타자의 경험임을 이해하지 못하고 역사적 과거의 의미를 투명하고 완전무결하게 인식했다고 믿기 쉽다. 그러나 그런 식으로 과거의 타자성을 완전히 자신의 것으로 만들어 과거와의 새로운 대화를 할 필요가 없다고 믿는 사람들의 정신은 과거를 지배하고 시간을 지배할 수 있는 초월적인 절대자의 지위에 올라갈 수 있다고 믿는 사람의 정신이다. 그리고 시간성과 유한성의 지평을 완전히 초월한 절대적 지평에 올라서서 역사의 종언을 선언할 수 있다고 믿는 정신은 헤겔의 역사철학이 그러하듯이 이미 역사의 자기 완결성을 선언하는, 즉 역사의 종말을 선언하는 태도에 지나지 않는다. 그리고 역사의 종말을 선언하는 사람에게 과거와의 대화는 더 이상 필요가 없고 그런 대화가 설령 이루어진다고 해도 그것은 아무런 새로운 경험을 가져다주지 않는 단조로운 회고에 지나지 않을 것이다.

그러나 역사 속에서 살아가는 인간에게 경험의 완결이란 치명적인 미망에 불과하다. 예를 들어 자유민주주의는 민주주의의 완결태일 수 없기에 그것은 인류 역사의 종결점일 수 없다. 자유민주주의가 유일하게 정당한 정부 형태라는 인식이 확산되었다고 해서 민주주의에 대한 특정한 이해가 민주주의에 대한 유일하게 참다운 이해라고 단언하는 것은 독단에 불과하다. 우리는 더 나은 민주주의에 대한 이해를 향해 나갈 수 있다. 그러기 위해서는 과거와의 새로운 대화를 통해 우리에게 자명한 것으로 알려져 있는 민주주의에 대한 이해의 방식도 상대화할 줄 알아야 한다. 그래야 새로운 역사도 가능할 것이다. 이런 점에서 우리는 전통에 대한 개방적 자세를 갖추고 역사적 과거의 타자성을 그저 순종하는 태도로 받아들이지 않고 전통과의 대화를 통해 우리 인식의 역사적 제한성과 유한성을 자각할 줄 알아야 한다. 그리고 그런 제한된 역사성에 대한 자각이 실로 진정한 의미에서 역사를 바라보는 새로운 시야와 지평을 확충할 수 있는 발판이 된다.

그래서 유교 전통 속에서 민주주의를 독해해 내면서도, 다른 한편으로 유교적 전통의 눈으로 오늘날 일반화되어 있는 민주주의를 낯설게 바라보면서 이를 새롭게 이해할 수 있는 눈을 기를 필요가 있다. 이렇기 때문에 한국사회의 근대성의 독특성을 이해하려는 작업은 결코 근시안적이지도 않거니와 우리 사회에만 시야를 국한시켜야 한다는 주장을 정당화하는 것과도 아무런 상관이 없다. 한국사회에 대한 연구, 즉 한국사회의 독특성이 무엇인지를 해명하는 작업은 서구 근대 중심의 근대성 논의를 근본적으로 비판할 수 있는 계기를 제공할 것이다. 그런 점에서 한국사회의 근대성에 관한 논의는 유럽중심주의적 근대성 논의는 말할 것도 없고 유럽중심주의적으로 왜곡된 세계사에 대한 인식의 전환을 가져올 수 있을 것이다.

문제는 서구적인 자율성의 이념이 유럽 역사의 고유한 맥락과 결부되어 있는 특수주의적인 흔적을 비판적으로 바라보면서, 그것을 우리의 역사적 맥락에 맞게 수용하는 주체적 능력의 배양이다. 민주주의와 자율성에 대한 서구적 이해 역시 자신의 역사적 전통과 독특한 경험에 의해 매개되어 형성된 것이라는 점에서 무비판적으로 받아들일 수 없기 때문이다. 우리의 문화적 전통에 대해 애정을 갖고 그것을 새로운 상황에 적합하게 재해석하려고 노력하는 것과 마찬가지로, 우리는 다른 문화와 대화를 게을리해서는 안 된다. 우리의 삶과 세계 이해를 역사적으로 제약하고 있는 문화적 전통에 대한 강조가 다른 문화에 대한 진지한 접근을 방해하는 것으로 작동해서는 안 될 것이다. 전통에 대한 이러한 자기 폐쇄적인 접근은 대단히 위험한 것이다.

앞에서 전통에 대한 과거 회귀적이거나 근본주의적인 태도는 물론이고 전통을 권위적이고 보수적인 함축만을 지니는 것에 불과하다는 식의 전통에 대한 이데올로기적인 단죄의 허구성을 넘어서 전통과의 창조적인 대화의 중요성을 새롭게 깨달을 필요가 있음을 살펴보았다. 서구 근대의 계몽주의는 모든 편견과 선입견에서 벗어나 객관적이고 보편적 인식의 추구를 목표로 삼으면서 과거의 전통에 기인하는 우리의 선입견 및 편견을 미신으로 혹은 진리에 이르는 길을 방해하는 것으로 간주했다. 이런 전통에 대한 계몽주의의 오류는 서양의 근대 계몽주의에 뿌리깊이 박혀 있는 것이다. 서구 계몽주의는 전통과 억압적인 것을 동일시하고, 전통과 일체의 선입견으로부터 자유로운 상태에서 현실에 대한 이성적인 참다운 인식이 가능하다고 생각했다.

그러나 역사적 제약으로부터 완전히 벗어난 경우에만 비로소 자유와 해방을 이룩할 수 있다고 보는 계몽주의는 그 자체로 편견에 지나지 않는다. 그것은 전통이 인간 생활에서 벗어날 수 없는 조건임을 망각한 데에서 오는 계몽주의의 치명적인 편견의 표현에 다름 아니다. "일체의 선입견을 극복해야 한다는 계몽주의의 전면적인 요구 자체가 또 하나의 편견이었음이 밝혀졌다. 그리고 그러한 선입견을 바로잡을 때만 우리 인간 존재뿐 아니라 역사의식까지도 지배하는 유한성에 대한 올바른 이해의 길이 열릴 것이다."[428]

서구중심주의적 사유 패러다임이 은연중에 동아시아 전통의 본질을 야만의 것 혹은 전근대적인 것으로 치부하고 있는 데에서 보듯이 그것은 과거, 특히 비서구 사회의 역사와 전통을 불변적인 것으로 간주한다. 그런데 전통은 굳어져 있는 어떤 실체적인 것이 아니다. 우리가 속해 있는 전통은 우리에게 전해져 오는 과거의 경험 및 지혜의 축적이기에 세계에 대한 이해를 형성하는 데에서 커다란 영향을 주고 있는 것이다. 개인이든

• • •
428 같은 책, 148-151쪽.

사회든 진공 상태에서 출발하지 않는다. 그리고 개인이든 사회든 지속되기 위해 세계에 대한 이해와 해석의 방향을 어느 정도 정해주는 배경적 앎의 세계, 특히 옳음 및 그름이나 정의 및 부정의에 대한 일정한 방향 감각을 요구한다. 그리고 개인이나 사회가 추구해야 할 바람직한 가치나 의미가 무엇인지를 이해하고 당면한 여러 문제를 해결하는 데 일정한 방향감각을 제공하는 것은 개인에게는 현재에까지 이르는 형성 과정 그리고 집단적으로는 전승되어오는 역사적 과거의 공유감각, 즉 전통이다.

그러므로 전통과 역사와 과거를 굳어져 버린 것으로, 그러니까 그것과의 새로운 대화를 시도할 아무런 이유도 없는 죽어 버린 것으로 간주하는 것, 그것이 바로 과거의 식민화를 통한 주체성의 자발적 포기로 이르는 첩경인 셈이다. 그렇게 자신의 과거를 식민화하고 죽은 시체처럼 간주하여 대화의 상대가 아니라 파괴 및 저주의 대상으로 간주하는 사유 태도가 실제로는 그렇게 생각하는 사람에게서 주체적인 정체성 형성의 토대 자체를 허물어뜨려 그를 노예로 만들어버린다. 주체성의 자기 박탈이 과거를 식민화하는 사람에게 가하는 식민화된 전통의 복수임을 자각해야 한다.

그런데 과거를 죽은 것으로 치부하는 과거의 식민화와 과거에 대한 무조건적인 숭배 현상은 동전의 양면이다. 달리 말하자면 전통을 무조건적으로 승인하거나 심지어 오늘날의 자신 및 우리의 정체성 형성의 회피할 수 없는 배경으로 작동하는 전통을 이미 닫혀 있고 완결된 것으로 숭배하는 것은 전통의 핵심을 제대로 보지 못하는 것이다. 전통은 숭배의 대상도 아니기 때문이다. 가다머가 지적하듯이 "아무리 내실이 있는 진정한 전통이라 할지라도 과거에 존재했던 그대로 자연스럽게 보존되는 것이 아니라 후대 사람들이 긍정하고 거꾸로 가꾸고 돌볼 때에만 비로소 전승될 수 있는 것이다."[429] 그러므로 전통을 보존하고 계승한다는 것은 역사적 과거

• • •
429 같은 책, 158쪽.

를 무비판적인 태도로 수용하는 것이 아니라 변화된 현실 속에서 그 의미를 비판적으로 반추하는 주체적인 사유과정을 수반한다. 이런 맥락에서 전통, 즉 역사적 과거는 우리에게 어떤 방식으로 세계를 이해하고 살아갈 것인가에 대한 질문을 던지는 대화의 상대로 받아들여져야 한다.

전통의 본성이 있다면 그것은 불변적인 실체라는 의미에서가 아니다. 전통의 본성은 그것이 늘 우리에게 질문을 제기하는 대화의 상대라는 점에 있다. 우리는 이런 대화 속에서 자신의 정체성을 새롭고 확장된 방식으로 추구할 수 있는 것이다. 이는 다른 문명과의 만남에서도 마찬가지이다. 헤겔이 지적했듯이 정신의 본질은 바로 소원한 것으로 여겨지는 것을 매개로 하여 비로소 자기에로 귀환할 수 있다는 점에 존립한다. 즉 이질적인 것에서 자기 자신을 인식하고 이러한 이질적인 것을 자신과 친숙하게 만드는 과정을 통해서 정신은 비로소 정신일 수 있고 더욱더 풍요로워질 수 있다. 바로 이런 타자와의 매개 속에서 자신을 찾아가는 것이 정신의 본질이며 그것은 전통의 다른 이름이기도 하다.[430]

그러므로 동양과 서양의 만남을 세계에 대한 우리의 이해 및 인식의 지평을 보다 보편적인 데에로 확장하려는 좋은 기회로 선용할 수 있어야 한다. 이런 해석학적 대화의 정신에 대한 감수성을 갖출 때 우리는 비로소 서구의 눈으로만 우리를 바라보는 일면성과 함께 우리의 전통을 서구와 대립되는 것으로 간주하려는 배타적인 태도를 벗어날 수 있을 것이다.

• • •
430 이 부분은 필자가 헤겔의 교양 개념에 대한 가다머의 해석에 의거하여 재구성한 것이다. 한스 게오르크 가다머, 『진리와 방법: 철학적 해석학의 기본 특징들 1』, 이길우 외 옮김, 문학동네, 2000, 41-58쪽 참조. 물론 헤겔이 타자의 문제, 예를 들어 비서구 사회의 문제를 진정으로 제대로 다루고 있는지는 회의적이다. 헤겔의 유럽중심주의와 비서구 사회의 전통과 역사를 타자화하는 오류에 대해서는 졸고, 「헤겔과 동아시아: 유럽 근대성의 정체성 형성과 동아시아의 타자와의 문제를 중심으로」, 『헤겔연구』 40, 2016, 85-111쪽 참조.

나가는 말:
전통과의 새로운 대화, 서구중심주의의 상대화 및 전통의 탈식민화 방법

서구 근대와 전통의 이항 대립을 넘어서고자 할 때 사상적으로 가장
중요한 과제의 하나는 인권의 보편성 및 시민 자치의 이념을 어떤 방식으로
이해할 것인가이다. 우리에게 요구되는 것은 인권과 민주주의를 본래적으
로 서구에 속하는, 달리 말하자면 서구 홀로 비서구 사회와의 만남으로부터
영향을 받음이 없이 이룩된 성과로 보는 태도와 결별하는 것이다. 물론
이런 결별은 인권과 민주주의에 대한 이념의 명료화 및 그것의 제도적
실현에 대한 개념화가 서구의 역사, 이를테면 고대 아테네 및 로마 공화정의
역사는 물론이고 서구 기독교의 역사적 전개의 맥락에 의해 재해석되고
규정되어 인권 및 민주주의에 서구 근대가 나름의 독특한 내용과 형식을
부여했다는 점을 부인하지 않는다. 간단하게 말해 인권과 민주주의의 발전
과정에서 서구 근대가 끼친 긍정적인 역할을 부인하지 않는다.

서구의 인권과 민주주의가 비서구 사회와의 접촉과 만남을 매개로 하여
성숙되어온 것임을 긍정하는 것과 마찬가지로, 그것이 동아시아 전통사회
및 역사와는 전혀 무관하다는 식의 태도는 더 이상 견지될 수 없다. 서구중
심주의적 사유 방식에 대한 비판은 인권 및 민주와 같은 근대 유럽이
발전시킨 보편적 가치를 더 진지하게 받아들이는 방법이기도 하다.[431]
서구중심주의를 상대화 혹은 '지방화'(provincializing)[432]하는 작업이 수행
되지 않는 한, 문명 사이의 관계에서 관철되는 유럽 근대의 폭력성은 극복될
수 없다. 그뿐만 아니라, 그런 폭력성의 제거가 수행되지 않는 한 유럽이
발전시킨 인권과 민주주의는 참다운 인류의 보편적 가치로 승인될 수

• • •
431 인권과 민주주의를 유럽이 창안했다고 생각하지 않기에 '발전'이라는 용어를 사용했다.
432 디페시 차크라바르티(D. Chakrabarty), 『유럽을 지방화하기: 포스트식민 사상과 역사적
     차이』, 김택현·안준범 옮김, 그린비, 2014 참조

없을 것이다. 그런 까닭에 서구중심주의를 상대화하는 작업을 '유럽적 보편주의', 그러니까 유럽 중심적 인식 패러다임으로 인해 제약되고 굴절되어 있는 민주주의 및 인권과 같은 보편적 가치를 참다운 방식으로 구현할 수 있는 방법이라고 역설하는 것이다.

유럽적 보편주의 혹은 서구중심주의적 인식 패러다임을 상대화하는 작업은 동아시아 전통과 역사 속에서 인권과 민주주의의 동아시아적 유형과 버전을 인식하여 이를 통해 동아시아 및 우리의 역사적 전통을 새로이 이해해보려는 작업으로 이어져야 한다. 이런 작업은 앞에서 시도되었다. 비록 그 결과가 충분하지 않을지 모르겠지만 말이다. 거듭 말하지만 이런 시도는 서구 근대를 근대의 전형으로 설정하고 조선사회를 전근대로 대립시켜 놓고 후자에서 전자에 유사한 것을 찾아내려는 기존의 서구중심주의적 역사 인식 방법을 반복하고자 하는 것이 아니다. 오히려 이 시도는 조반니 아리기(G. Arrighi)가 동아시아의 명과 청 시기에 비자본주의적 시장 기반 발전 경로가 성장하고 있었던 사실에 주목했던 것[433]과 유사하게 동아시아의 역사, 즉 동아시아의 문화와 사상 속에서도 서구 근대와 다른 근대의 유형을 인식하려는 시도라고 할 수 있을 것이다. 그렇지 않고 인권과 민주주의 등을 오로지 서구적인 것으로 간주하는 태도는 그것을 이상시하든 아니면 극단적으로 비판하든지에 상관없이 서구중심주의를 넘어서는 데 아무런 도움을 줄 수 없을 것이다. 그런 태도는 기껏해야 문명의 충돌만을 반복할 것이기 때문이다.

그리고 유럽적 보편주의를 넘어서기 위한 방법으로 동아시아 역사 속에 구현되어 있는 '동아시아적 민주주의'를 발굴하는 작업은 인권 및 민주주의에 대한 유럽적 이해의 한계를 넘어설 수 있는 방법이기도 하다. 그리고 이런 방법은 유럽중심주의에 의해 식민화된 동아시아의 과거 및 전통의

• • •
433 조반니 아리기, 『베이징의 애덤 스미스: 21세기의 계보』, 강진아 옮김, 길, 2009, 참조.

탈식민화 작업을 구현하는 것이다. 과거의 탈식민화는 매우 중요한 사상의 과제이다. 과거의 식민화는 서구 근대를 선진 문명의 정점으로 설정하고 다른 문명을 열등하고, 심지어 야만적인 것으로 강등시켜 타자화한 결과이다. 그러므로 이렇게 식민화된 과거 및 전통을 탈식민화하여 그것을 새로운 대화의 상대로 삼아야 한다. 전통의 탈식민화 작업은 제국주의적 문명론에 의해 타자화되어 인류 역사에서 배제되고 지워진 비서구 사회의 과거의 목소리를 복원하는 작업인 셈이다.

문화제국주의적인 인식론적 폭력에 의해 역사 이전의 세계 혹은 인류사의 초년기로 강등된 전통의 목소리를 되찾는 작업이 없이 유럽중심주의는 결코 그 지적 헤게모니를 상실하지 않을 것이다. 그러므로 전통의 탈식민화를 통해 전통과의 새로운 대화를 시도하는 작업은 유럽적 보편주의의 한계를 넘어 참다운 보편주의로 나가는 길을 모색하는 것이다. 보다 구체적으로 말하자면 동아시아 전통과의 새로운 대화는 유럽 근대에 의해 독점적 방식으로 전유되어 온 인권과 민주주의에 대한 기존 이해를 넘어 그것을 전체 인류의 보편적 가치로 전환시키는 데에 기여할 수 있을 것이다. 앞에서 시도했듯이 유교적 가치와 사상 그리고 그것과 연결되어 있는 유교 국가 조선의 역사를 그 나름의 보편적 가치를 실현해온 과정으로 해석하려는 작업도 유럽중심주의에 의해 굴절(변질)되어 있는 보편적 가치인 인권과 민주주의에 대한 이해를 확충하기 위한 노력으로 이해되어야 한다.

이처럼 서구중심주의를 상대화하는 작업 및 전통의 탈식민화의 작업은 (한국을 포함한 동아시아의) 전통과 근대의 관계에 대한 물음을 새롭게 제기한다. 이 관계에 대한 새로운 탐색의 핵심적 과제는 다음 두 가지로 요약될 수 있을 것이다. 하나는 유교적 문화에 의해 크게 영향을 받은 조선을 비롯한 동아시아 역사 속에서 인권과 민주주의로 번역/해석 가능한 유교적인 유형을 인식하는 노력이다. 이런 노력은 민주주의와 인권이 오로지 서구 문명의 역사적 토대 위에서만 창출될 수 있었다는 주장의 자명성을 의심하지 않는 유럽중심주의적 신화를 해체하는 작업의 일환이다. 전통과 근대의 관계를 새로 묻는 작업의 또 다른 축은 인권과 민주주의에 대한 유럽적 이해의 지평을 확장할 수 있는 가능성을 동아시아의 전통 속에서 발굴하는 작업이다. 이런 작업은 결국 전통과의 대화가 과거의 유교적 보편주의 혹은 유교적 문명 의식의 단순한 반복으로 회귀되는 것을 견제하는 데에도 크게 기여할 수 있을 것이다.

앞에서 설명했듯이 전통과 근대의 관계에 대한 새로운 성찰을 주도하는 방법은 서구중심주의의 상대화 및 전통의 탈식민화의 방법이다. 본문에서 언급한 것처럼 한국의 근대성은 서구적 근대성의 단순한 이식이나 수동적인 반복적 모방의 결과가 아니다. 서세동점의 시대가 본격적으로 전개되던 한말 이후 우리 사회의 역사는 결코 서구 근대의 충격을 맞이하여 서구 근대에 그저 수동적인 방식으로 반응해온 역사로 축소될 수 없는 것이기 때문이다. 여기에서 다중 근대성(multiple modernities) 이론 및 그 한계를 둘러싼 여러 쟁점들을 상세하게 논의할 수 없다. 그럼에도 분명한 것은 다음과 같다. 서구적 근대성의 수용은 유교적 전통 문화를 매개로 하여 이루어졌으며 그런 매개를 통해 형성되어온 한국사회 근대성의 성격은 서구의 그것과 다르지 않을 수 없다.

가족주의적 집단주의나 연고주의 등과 같은 현상이 보여주듯이 한국사회의 근대성의 위기는 우리 사회의 근대성을 성공하는 데 기여한 유교적인 문화 전통과 무관하지 않은 것으로 이해된다. 간단하게 말하자면 유교적 문화 전통을 우리 사회의 근대성을 지체시킨 주범으로만 바라보아서는 안 된다. 그것은 현대 한국사회의 형성을 가능하게 한 전제 조건이자 동시에 제약 조건이기도 했다. 달리 말하자면 유교적 문화 전통은 우리 사회의 고유한 근대성을 가능하게 했으며, 동시에 그 근대성의 내적 위기를 초래한 주된 요인이라고 이해되어야 할 것이다. 이를 해명하기 위한 사전 작업으로 우리는 위에서 조선 후기에 세습적 특권세력의 등장 및 사회적 양극화의 위기를 돌파하기 위해 선택적으로 채택된 가족주의 문화의 등장이 유교적 능력주의 원칙의 관철과도 밀접하게 연결되어 있음을 분석했다.

그러므로 한국의 가족제도 및 가족생활의 양상을 포함하여 오늘날 한국 사회의 전반적인 모습을 제대로 이해하기 위해서도 근대화 과정에서 전통과 현대의 변증법이 어떤 방식으로 이루어졌는지에 대한 연구가 필요하다. 이를 통해 우리는 한국의 사회현실을 철학적 사유의 과제로 삼아 서구 지식에 대한 과도한 의존 상태를 넘어서 스스로 사유할 수 있는 주체적 역량을 일구어낼 수 있을 것이다. 그리고 이런 연구를 바탕으로 하여 동양과 서양 혹은 전통과 현대의 대화는 한층 더 내실을 갖게 될 것이다. 더 나아가 전통과 현대의 만남에 대한 새로운 인식을 거쳐 성숙된 동양과 서양의 대화 작업은 더욱 확장될 것이며, 이를 통해 우리는 서구 근대의 원리를 포용하고 그 부정적인 측면을 극복할 수 있는 대안적 문명사회의 길에 더 다가갈 수 있을 것이다.

제2부

한국 시민사회와 민주주의

제6장

한국사회에서 기업 민주주의의 가능성

들어가는 말

20세기 후반 한국사회에서 일어난 가장 의미 있는 변화들을 언급한다면 다음 세 가지 사건일 것이다. 그것은 60년대 이후 본격화된 국가 주도의 성장전략을 발판으로 한 산업사회에로의 급속한 이행, 오랜 군사 통치와 권위주의 정치에서 민주주의에로의 이행 그리고 남북 화해와 협력의 분위기를 통한 한반도에서 냉전구조의 근본적 변화의 움직임이다.[1] 물론 이

---

1 제6장은 「한국의 기업 민주주의와 능동적 신뢰」, 『한중일 기업문화를 말하다』(이학사, 2005)를 토대로 해 재구성된 것이다. 「한국의 기업 민주주의와 능동적 신뢰」를 쓰던 2004년도 후반에는 대북송금특검 등에 의해 우여곡절을 겪었지만 아직도 남북 사이의 화해와 협력의 분위기가 지속되고 있었다. 그러나 요즈음 북한의 수소폭탄 실험 등으로 인해 촉발된 남북 사이의 긴장 격화로 개성공단이 폐쇄되는 등 남북 사이의 화해와 협력의 길은 좌절되었다. 김대중 정부 시절 통일부장관을 지내면서 '6 · 15 남북공동선 언'을 채택하는 데 크게 기여한 임동원 전 통일부장관에 의하면 한국의 역대 정부가 추진한 대북정책은 두 가지로 요약된다. 북한에 대한 시각의 차이로 인해 두 가지 서로 다른 통일방안과 대북정책이 추진되었다. 북한의 점진적 변화론을 선호하는 정부는 점진적 평화통일과 이에 따른 화해협력의 포용정책을 추진했던 데 반해, 북한이 곧 붕괴할 것이라는 이른바 북한붕괴론을 신봉하는 정부는 흡수통일을 기대하여 북한의 붕괴를 기다리는 방관정책 혹은 붕괴를 촉진하기 위한 압박과 제재의 대결정책을

과정은 극심한 사회적·정치적 긴장과 갈등을 동반한 것이었다. 그리고 독재 시대에서 민주주의 시대에로의 이행에서 주목할 만한 성공에도 불구하고, 우리 사회에는 민주주의가 좀 더 확고하게 자리 잡기 위해 해결해야 할 여러 과제가 존재한다. 또한 남북관계에서 긍정적인 전진에도 불구하고 한반도의 분단체제를 평화적으로 극복하여 한반도 및 동북아시아의 평화와 안정을 보다 굳건하게 만드는 일은 앞으로 우리 사회가 해결해 나가야 할 과제이다.

경제 분야에 국한해 살펴보자면, 60년대 이후 지속된 한국 자본주의 전개 과정은 1997년에 이르러 IMF 사태로 귀결되면서, 한국경제의 구조뿐만 아니라 한국사회 전반은 엄청난 변화의 소용돌이 속에 놓여 있다. 그리고 이런 변화는 국제적인 경제 질서의 변화와 밀접한 연관 속에 있다. 소위 세계화와 정보화의 흐름이 그것이다. 냉전이 종식된 후 전 세계는 시장경제에 입각한 자본주의 시스템, 특히 영·미형 자본주의가 확실한 헤게모니를 장악하고 있다. 영·미형 주주자본주의의 세계적 확산과 금융자본이 주도하는 세계화는 급속히 확산되고 있다.[2] 신자유주의적 세계화 시대에서 각 국민국가가 자본주의 시장경제와 민주주의 사이의 이완을 경험하는 양상은 다르다. 도식적으로 말하자면 유럽의 여러 민주적 자본주의 국가는

⋯

선호했다. 김대중·노무현·노태우 정부는 전자에, 김영삼·이명박 정부는 후자에 속한다. 임동원, 『개정증보판 피스메이커: 남북관계와 북핵문제 25년』, 창비, 2015, 589-591쪽.

2   물론 필자는 자본주의 모델의 다양성을 부인하지 않는다. 다만 세계화 시대의 신자유주의를 이끄는 자본주의 세계체제의 헤게모니 국가인 미국이 주도적 역할을 하고 있다는 점을 강조하고 싶다. 달리 말하자면 다양한 유형을 보여주는 자본주의 국가들도 미국이 취하는 경제제도의 영향력에서 벗어나 있지 않고 차이점 못지않게 자본 규제의 완화 및 민영화 조치 등 자본 주도의 시장경제가 국가의 힘을 통해 민주적 통제로부터 해방되어 작동하는 유사한 메커니즘을 보여준다는 말이다. 볼프강 슈트렉(Wolfgang Streeck), 『시간벌기: 민주적 자본주의의 유예된 위기』, 김희상 옮김, 돌베개, 2015, 이에 대해서는 13-14쪽 참조.

제2차 세계대전 이후 형성된 복지국가, 즉 시장을 민주적 방식으로 통제하는 능력을 상실하는 방식으로 민주주의와 자본주의 사이의 긴장을 겪고 있다.

이와 달리 한국사회는 민주적 선거에 의해 최초로 권력이 여당에서 야당으로 평화적으로 이행하는 사건을 김대중 대통령 당선으로 경험했다. 김대중 정부는 '민주주의와 시장경제의 병행 발전'이라는 문제의식으로 1997년에 발생한 IMF 사태의 도전을 극복하고자 했다. 1990년대 김영삼 정부에 의해 본격적으로 신자유주의적 세계화 흐름에 전면적으로 노출된 한국경제는 IMF라는 경제 식민지 상황으로 전락하게 되었다. 이런 절박한 위기 상황에서 평화적인 수평적 권력 이동으로 상징되는 민주주의의 전진이라는 역설적 상황이 도래한 것이다. 이런 상황은 독특한 것이었다. 주지하듯이 1970년대 이후 점점 확산되어온 신자유주의적 세계화는 서구의 민주적 자본주의 국가들에서 자본주의와 민주주의 사이의 결합을 해체하고 이들 사이의 긴장 관계를 악화시키고 있었기 때문이다.[3]

그러나 신자유주의적 세계화의 흐름 속에서 한국사회는 시장경제의 효율성을 증대시켜 국가 경쟁력을 키울 수 있는 새로운 패러다임을 모색해야 하는 상황에 직면하고 있다. 오늘날 세계화를 주도하는 신자유주의적 시장 근본주의는 고용 구조의 불안정성과 분배 구조에서의 불평등 심화를 가져와 사회통합력을 심각하게 파괴하고 있다.[4] 우리 사회도 예외는 아니

• • •

3   자본주의와 민주주의 사이의 결합이 서구사회에서는 이완되어 그것이 미국에서는 극우적인 정치인인 트럼프 대통령 당선으로 표출되고 유럽 여러 국가에서는 극우 정치세력이 주도적 정치세력으로 약진하는 데까지 악화되어 간다. 이에 반해 지난해 촛불시위로부터 문재인 대통령 당선으로 이어지는 모습을 볼 때 우리 사회 민주주의가 여전히 그 역동성을 유지하고 있는 것처럼 보인다. 그러나 한국사회 민주주의의 미래 역시 장담할 수 없을 정도로 우리 사회의 문제는 산적해 있고 중국의 부상으로 미국 주도의 세계 질서의 불확실성도 커지고 있다.

4   이 글의 토대가 된 글 「한국의 기업 민주주의와 능동적 신뢰」는 2005년도에 발표된 것이다. 2008년 미국에서 촉발된 금융위기 이후 전 세계적인 규모에서 진행되는 경제위

다. 그러므로 우리 사회도 사회의 민주적 통합이라는 과제를 포기하지 않고 효율적이고 공정한 시장경제 체제를 형성해야 하는 과제에 직면해 있다.

이 장에서 필자는 자본주의적 경제체제의 효율성과 사회적 연대성을 결합할 한 방법으로서 기업 민주주의와 신뢰의 문제를 다룬다. 이때 민주적 방식으로 창출하는 '능동적 신뢰'를 논의의 출발점으로 삼는다. 기업 민주주의 및 신뢰의 문제를 이해할 때 취하는 기본 원칙은 다음과 같다. 민주주의적 원리를 기업 활동과 연결하는 것이 현재 한국사회가 당면한 경제적·사회적 문제점을 해결하는 데 유용하다는 입장을 옹호하는 것이다. 이런 입장은 시장경제체제와 민주주의 사이의 연관성에 대한 두 가지 주장을 함축하고 있다. 첫째는 민주주의적 원리를 더욱 확대·심화시키는 것은 그 자체로서 내재적 의미를 지닌다는 것이고, 둘째로는 민주적 체제의 확장이 경제활동에 긍정적 효과를 미칠 수 있다는 관점이다. 즉, 기업 민주화와 기업지배구조의 변화 그리고 기업 내 민주적 노사관계 성립은 한국사회의 민주주의 발전을 더욱더 향상시키는 계기가 될 뿐만 아니라, 바로 기업 경쟁력과 경영 효율성을 증대시킬 수 있는 긍정적 계기로 작용할 수 있을 것이라는 입장을 논증하고자 한다. 그런데 이런 과제를 구체적인 현실에 적용하고자 할 때 생기는 문제는 바로 우리 사회가 자본과 노동의 상호 협력의 전통을 훌륭하게 일구어 오지 않았다는 점과 관련되어 있다. 그러므로 자본가, 노동자 그리고 일반 시민들 사이의 상호 불신을 해결하는 방안이 모색되어야 하는데, 여기에서 민주적 방식으로 신뢰의 토대를 구축하려는 방안을 진지하게 검토해볼 만한 해법으로 받아들인다.

이런 기본적인 원칙에서 출발하여 우선 기업 활동과 민주주의 사이의 관계에 대해서 간단하게 살펴볼 것이다. 이때 민주주의의 핵심적 원리가

• • •

기로 인해 신자유주의적 질서가 갖고 있는 문제는 극명하게 드러났다.

왜 정치 영역과 경제 영역 모두에 적용되어야 하는지를 다룬다(Ⅰ). 두 번째 절에서는 한국 기업문화의 특성과 기업 민주주의의 현재적 상황을 살펴본다. 여기에서 기업 민주주의를 촉진시키는 경제 내적 요인과 경제 외적 요인을 함께 살펴본다(Ⅱ). 세 번째 절에서 다루어지는 주제는 한국경제구조의 특수성을 우리 사회의 문화적 전통과 연관해서 해명하는 것이다. 이는 한국 자본주의 시장경제의 유형과 그 특질에 대한 분석의 시도이다(Ⅲ). 한국 시장경제의 특질을 규정하는 문화적 조건에 대한 분석에 이어서 한국사회의 공적제도와 민간기업의 신뢰 수준을 경험적인 연구 자료에 의거하여 분석해볼 것이다(Ⅳ).

다섯 번째 절에서는 한국사회 및 한국경제의 새로운 도약을 가능하게 할 대안으로 대화민주주의(dialogue democracy)와 능동적 신뢰(active trust)를 살펴본다. 이해 당사자들이 능동적으로 참여하여 대화의 방법을 통해 와해된 신뢰를 창출함으로써 문제를 민주적 방식으로 해결해내는 문화를 정착시키려는 노력이 우리 사회가 당면한 위기를 극복하는 데 기여할 수 있는 문제 해결의 패러다임임이 강조된다(Ⅴ). 마지막으로 다루어지는 문제는 자본주의와 민주주의의 긴장 관계가 심화되어가는 오늘날 신자유주의 세계화 시대에서 자본주의 자체를 극복해야만 하는 것이 자본주의 세계체제의 위기를 극복하는 대안일 수 있는지에 대한 물음이다(Ⅵ).

Ⅰ. 자본주의적 경제 시스템과 민주주의

자본주의는 일단 "재화와 노동력이 상품이 되는 경쟁적 시장경제체제"로 정의된다.[5] 이런 자본주의의 근본적 속성은 다음 세 가지 점으로 요약된

5   앤서니 기든스, 『좌파와 우파를 넘어서』, 김현옥 옮김, 한울, 1997, 24쪽.

다. 즉, 자본주의는 생산수단의 사적 소유, 시장에 의한 경제활동의 조정, 개별 경제주체의 자기 이익 추구의 극대화와 자율적 의사 결정을 기본 속성으로 한다.[6] 이 세 가지 특성 중에서 근대의 시장경제가 독특성을 지니는 것은 개별 경제주체에게 자기 이익 추구의 극대화를 적극적으로 권장하는 데 기인한다. 생산수단의 사적 소유나 시장에 의한 경제활동의 조정이란 현상은 그것이 비록 제한적이었다고 할지라도 근대 이전의 사회에서도 발견될 수 있는 현상인 데 반하여, 경제적 활동의 목적으로서 이윤추구 극대화의 원리에 대한 전면적인 긍정은 근대의 독특한 현상이기 때문이다.

자본주의적 시장경제로 알려진 제도가 왜 서구 근대에서 발전할 수 있었는가 하는 것은 흥미 있는 정신과학의 주제이지만 여기에서는 상론할 수 없다. 다만 언급되어야 할 것은 중세 이전에 서구에서도 이윤의 극대화에 대한 태도는 사회에서 전면적으로 등장하지도 않았을 뿐만 아니라, 무한한 부의 추구는 자연에 반하는 것이자 비도덕적인 것으로 바라보는 비판적 태도가 주류를 이루었다는 점이다.[7] 이윤 추구의 무한한 허용은 그리스인들에게 바람직하지 않고 부정적인 것으로 여겨졌다. 플라톤은 자신의 원리론(Prinzipienlehre)에서 한정지어진 것 내지 한도를 의미하는 페라스(peras)를 긍정적인 원리로 이해하고 있는 데 반해, 잠재적인 무한성을 '한계지어지지 않은 이원성'(ahoristos dyas)이라는 원리에서 파생되는 것으로 본다.

• • •

6   앤서니 기든스 · 윌 허튼 편저, 『기로에 선 자본주의』, 박찬욱 외 옮김, 생각의나무, 2000, 47쪽 이하.

7   재화의 끝없는 소유에 대한 플라톤의 비판적 언급 부분에 대해서는 플라톤, 『국가 · 정체』, 박종현 역주, 서광사, 1997, 157쪽 참조. 돈 버는 것을 유일한 목적으로 하는 상행위를 비자연적이고 부도덕한 것으로 간주하는 아리스토텔레스의 입장에 대해서는 『정치학』, 천병희 옮김, 숲, 2009, 37-41쪽 참조. 특히 그는 고리대금을 가장 혐오스러워해야 할 경제적 행위로 규정한다(같은 책, 49쪽 참조). 이자 금지 규정은 중세의 스콜라철학에서도 받아들여진다. 토마스 아퀴나스 역시 고리대금업에 대하여 대단히 비판적이었고 이자는 도덕적으로 금지되어야 한다는 점을 강조한다. 페터 코슬로브스키(P. Koslowski), 『자본주의 윤리학』, 이미경 옮김, 철학과현실사, 1999, 43쪽 참조.

그런데 '한계지어지지 않은 이원성'의 원리는 바로 무질서와 변화의 원리로 간주된다.[8]

아리스토텔레스 역시 가능한 한 많은 친구를 사귀는 것은 바람직하지 않다고 보는 것과 마찬가지로[9] 이윤의 극대화를 무한히 추구하는 돈 버는 기술에 대해서 비판한다. 고대와 중세에서와는 달리 근대에서 이윤의 극대화를 추구하는 행동의 원리는 단순히 도덕적으로 허용될 수 있는 것으로 간주되는 것에 국한되지 않고 칼뱅주의에서처럼 심지어 도덕적인 명령으로 받아들여지게 되었다.[10] 그러므로 근대적인 자본주의의 새로운 특성은 "이윤 동기를 인간의 정당한 동기로 또 경제활동의 원동력으로 승인하도록 하기 위해 도덕적으로 중립화시킨 데 있다"고 페터 코슬로브스키는 결론짓는다.[11]

기업 민주주의를 논할 때 우선 떠오르는 문제는 다음과 같다. 즉, 민주적 원리를 경제 영역에도 적용하는 것이 정당한가? 이 문제는 다음 세 가지 관점에서 다루어질 필요가 있다. 민주주의와 시장경제의 상관성, 시장근본주의의 오류 그리고 민주적 원리는 경제 영역에도 적용되어야 할 인간사회의 기본적인 구성 원리라는 관점이 바로 그것이다.

첫째로 지적되어야 할 사항은 민주주의와 시장경제의 연관성이 존재한다는 사실이다. 물론 자본주의와 시장경제의 활성화와 발전이 민주주의적 제도와는 별개로 이루어질 수도 있다. 일례로 동아시아의 급속한 경제

• • •

8 플라톤 철학에서 그 정점을 구성하는 것은 이데아 이론이 아니라, 원리론이라는 입장을 둘러싸고 현재 치열한 논쟁이 벌어지고 있다. 플라톤의 원리론에 대해서는 G. 레알레 (Reale)의 *Toward a New Interpretation of Plato*, translated from the Tenth Edition and edited by John R. Catan and Richard Davies, Washington, D.C.: The Catholic University Of America Press, 1997, p. xxiii 이하 참조.

9 아리스토텔레스, 『니코마코스 윤리학』, 이창우 외 옮김, 이제이북스, 2006, 343쪽 참조.

10 V. Hösle, *Praktische Philosophie in der modernen Welt*, München 1992, p. 113.

11 페터 코슬로브스키, 『자본주의 윤리학』, 앞의 책, 30쪽.

발전의 성공은 정치적 민주화와 별개로 권위주의적인 개발 독재 시대에 이루어졌다. 이런 상황에서 일련의 학자들이 아시아적 가치를 주장하면서 소위 '동아시아 발전 모델'을 가능하게 했던 문화적 요인으로서 유교 문화에 바탕을 둔 가족주의 전통을 강조하는 것은 널리 알려져 있다.

그러나 장기적인 관점에서 볼 때 시장경제가 민주주의적 정치제도가 정착되지 않은 곳에서 효율적으로 작동하리라는 보장은 없다. 실제로 1990년대 말 우리나라를 포함하여 동아시아 각국을 강타한 경제위기는 '동아시아 발전 모델'에 대한 비판적 성찰을 할 기회를 주고 있다. 왜냐하면 동아시아에서 경제성장을 가능하게 했던 것으로 간주되었던 여러 문화적 요인들, 특히 가족주의로 대표되는 유교적 규범에 기초하는 인간관계는 아시아 경제 위기를 초래한 원인의 일부로 비판받고 있기 때문이다. 즉, 기업 운영에서 보이는 불투명성이나 정경 유착에 의한 부정부패의 만연, 기업의 무책임한 경영 방식, 그리고 독단적이고 비민주적 경영 형태 등은 동아시아의 문화적 전통에서 기원한 연고주의와 배타적이고 폐쇄적인 가족 이기주의적 생활 패턴으로 인한 것이라는 비판이 제기되었다. 그리하여 건전한 시장경제의 발전을 저해하여 경제 위기를 초래하게 한 문화적 요인이 바로 전통적 가족주의에 기반하고 있는 퇴행적 기업문화라고 많은 학자들은 분석한다. 그리고 이런 분석은 매우 설득력이 있다. 일례로 프랜시스 후쿠야마(Francis Fukuyama)는 동아시아에서 가장 중요한 사회자본(social capital)인 가족주의적 전통은 가족 이외의 사회 구성원들 사이의 자발적인 결합과 신뢰 관계를 저해하여 장기적으로 볼 때 기업 발전에도 부정적인 영향을 미친다고 본다. 그에 의하면 성공적인 자본주의 경제제도가 정착되기 위해서 자유민주주의의 발전이 요구된다.[12]

● ● ●
12   프랜시스 후쿠야마, 『트러스트: 사회도덕과 번영의 창조』, 구승회 옮김, 한국경제신문사. 1996.

시장경제와 민주주의 사이의 관계를 좀 더 살펴보자. 시장경제와 민주주의 사이의 상관성은 시장경제의 측면에서만 중요한 것은 아니다. 민주주의 제도 역시 자신의 효과적인 존속을 위해서 적절한 경제성장이 요구된다. 즉, 민주주의는 일정한 경제적 풍요로움이 없이는 유지되기 힘들다. 아리스토텔레스 이래로 많은 정치 사상가들은 효율적인 민주주의는 사회 발전 및 경제적 번영에 달려 있다고 주장해 왔다. 시장경제와 민주주의 사이의 상관성을 강조하는 입장은 시장근본주의 및 자유지상주의(libertarianism)에 대한 비판적 접근을 내포한다.[13] 시장근본주의와 자유지상주의는 세계화의 흐름을 주도하는 이론적 입장이며 현재 우리나라에서도 주도적인 지배 담론이다. 물론 세계화는 경제적인 영역에서만 발생하는 현상은 아니다.[14] 그렇지만 현재 금융을 중심으로 한 시장의 세계화가 가장 강력한 세계화의 추동력이다. 이런 상황에서 시장근본주의적 입장을 취하는 사람들은 시장의 효율성과 자기조절 능력을 과신한다.

신자유주의적 시장근본주의자들은 자본주의적 시장체제를 경제적 효율성을 극대화시킬 수 있는 경제 질서로 바라보며 국가에 대한 시장 개입을 극도로 조심스러워 하며 이를 강력하게 비판한다. 그러나 이런 입장은 경제의 구체적인 작동 방식과 인간의 사회적 삶의 방식에 대한 서술로서는 결코 적절하지 않다. 피에르 부르디외(Pierre Bourdieu)는 신자유주의적인 시장에 대한 이론을 거대한 추상화에 기반을 둔 "순수한 수학적 허구"에 지나지 않을 뿐만 아니라, "합리적 성향을 띤 경제적·사회적 상황들과

• • •

13 시장근본주의에 대한 좀 더 상세한 비판적 분석으로는 나종석, 「신자유주의적 시장 유토피아에 대한 비판: 시장주의를 넘어 민주적 공공성의 재구축에로」, 『사회와철학』 18, 2009, 187-216쪽 참조.

14 앤서니 기든스는 세계화를 경제적인 측면에서만 바라보는 것은 잘못이라고 지적하면서, 세계화는 "경제적 상호의존에 관한 것일 뿐만 아니라, 우리의 생활에서 시간과 공간의 변형에 관한 것이기도 하다"고 강조한다(『제3의 길』, 한상진 외 옮김, 생각의나무, 1998, 70쪽).

그 실행조건인 경제적 · 사회적 구조들을 괄호 안에 넣어 생략해버리는 허구"에 지나지 않는다고 주장한다.[15] 칼 폴라니(Karl Polanyi)는 이미 제2차 세계대전 시기에 자기를 스스로 조정할 수 있는 제도로서 시장을 바라보는 것은 순진한 유토피아에 지나지 않음을 간파하였다.[16]

위에서 살펴본 것처럼 시장에 대한 적절한 이해가 필요하다. 우리가 명심해야 할 것은 시장은 만능이 아니며 또한 결코 진공 상태에서 자동적으로 움직이는 체제가 아니라는 점이다. 시장은 포괄적인 정치 · 사회제도 그리고 문화적 조건들과의 연계 속에서 형성되고 운영되는 질서이다. 요즈음 사회학과 경제학에서 물리적 자본과 인적 자본 이외에도 사회자본이 커다란 관심의 주제로 떠오르고 있는데, 사회자본에서 문제되는 것은 바로 사회자본인 신뢰와 경제발전 그리고 민주주의 사이의 상관성이다. 사회자본에 대한 관심은 사회의 신뢰 수준이나 사회규범 그리고 공동체에 대한 의무 등과 같은 문화적인 요소들이 경제적 효율성이나 경제성장에 지대한 영향을 미치고 있다는 사회학적 반성과 연결되어 있다. 따라서 사회자본에 대한 논의의 확산은 신자유주의자들이 생각하듯이 시장은 결코 스스로 움직이는 제도가 아님을 드러내주고 있다.

신자유주의자들은 시장이 거의 혹은 전혀 간섭받지 않은 상태에서 작동할 때 최적의 효과를 산출할 것이라고 주장하면서도, 역설적이지만 시장이 스스로 산출할 수 없는 시장 외적인 조건들에 의존하고 있음을 알고 있다. 시장근본주의와 함께 가족 및 민족에 대한 보수주의적 옹호를 동시에 주장하는 신자유주의자들에게서 그런 모순적인 태도가 발견된다. 즉, 신자유주의는 한편으로는 시장근본주의적 태도를 통해서 "시장 그 자체의 사회적 기반"을 도외시하면서, 다른 한편으로 가족 및 민족에 대한 보수주

• • •

15   피에르 부르디외, 「신자유주의에서 벗어나기」, 노엄 촘스키 외 지음, 『프리바토피아를 넘어서』, 최연구 옮김, 백의, 2001, 19쪽 이하.

16   칼 폴라니, 『거대한 전환: 우리 시대의 정치 경제적 기원』, 홍기빈 옮김, 길, 2009.

의적 옹호를 통해 시장질서는 "시장근본주의가 무관심하게 도외시해 버리는 바로 그 공동체적 형태에 의존하고 있다"는 점을 역설적으로 고백하고 있다. 시장근본주의와 전통적 가족 및 민족의 가치를 보수적인 방식으로 수호하려는 입장이 서로 긴장 관계 속에 있다는 것은 가족 및 민족과 같은 제도를 파괴하는 것이 다름 아닌 자본주의적 시장 자체라는 점에서 분명해진다. 따라서 앤서니 기든스는 "한편으로는 자유 시장에, 다른 한편으로는 전통적 가족과 민족에 헌신하는 것은 자기모순"이라고 결론짓는다.[17]

시장근본주의가 지니는 모순으로부터 우리는 다음과 같은 결론을 도출할 수 있다. 즉, 시장경제는 이를 둘러싼 사회적·정치적·문화적 배경 없이는 불가능하기 때문에, 시장경제의 효율성을 내세워 시장에 대한 민주적 원리에 입각한 일정한 제한 설정을 거부하는 입장은 시장과 인간 사회에 대한 적절한 이해로 볼 수 없다. 자본주의적 시장경제체제가 다른 어떤 경제체제에 비해서 효율적인 경제체제임을 부인할 수 없다. 그러나 시장경제의 효율성이 좋다고 하여 이 시장경제의 원리가 인간사회 전체의 기본 원리로 작동되어도 좋다는 것을 의미하지는 않는다. 자본주의적 시장경제는 자체 내에 필연적으로 부의 불평등을 가져오고 이에 기반을 둔 정치적 영향력의 불평등은 민주주의 체제 내에서 전제되고 있는 평등한 권리의 행사를 공허한 것으로 만든다. 시장질서가 자생적으로 민주주의를 낳을 것이라는 믿음은 근거가 없다.[18] 토마 피케티가 적절하게 주장하듯이 "사람들은 흔히 민주주의적 합리성이 경제적, 기술적 합리성에서 마치 마술처럼

• • •
17 앤서니 기든스, 『제3의 길』, 앞의 책, 48쪽 이하.
18 시장과 민주주의 사이의 관계가 지니는 중층성과 복합성에 대한 성찰로는 나종석,
    「시장과 민주주의─적대적 공생관계?」, 『헤겔연구』 17, 2005, 289-350쪽 참조. 최근
    우리 학계에서 나온 시장과 민주주의에 대한 철학적 성찰의 성과로는 윤평중, 『시장의
    철학』, 나남출판, 2016이 있다.

저절로 파생될 것이라고 가정"하는데, 이는 잘못된 것이다. 즉 "진정한 민주주의와 사회적 정의를 이루려면 시장의 제도, 단지 의회나 그 외의 형식적인 민주주의의 제도뿐만 아니라 민주주의와 사회정의 스스로의 특정한 제도들이 필요하다."[19] 그러므로 사회질서 전반을 시장질서에 내맡기는 것은 무책임한 것이다.

셋째로 경제 영역에 대한 민주적 원리의 적용은 필연적이다. 이는 위에서 살펴본 시장근본주의적 사고방식의 모순과 스스로 작동하는 시장의 양면성으로부터 도출할 수 있는 논리적 결론이다. 다시 말해 왜 경제 영역에 대한 민주적 원리의 적용이 요구되는가 하는 물음에 대해 우리는 다음과 같이 답한다. 민주주의 원리는 사회 구성 원리 중에서 가장 기본적인 것이기에 경제 영역에 이런 원리의 적용은 피할 수 없는 것이라고, 이렇게 경제민주주의의 정당성은 우리가 추구하는 민주주의의 내적 요구로 이해되어야만 한다. 만약에 민주주의를 인간사회의 기본 원리로 볼 수 없다는 견해를 지닌 사람이 있다면, 그는 반드시 그 주장에 대한 논변의 부담을 피할 수 없을 것이다.

시장경제 원리가 왜곡되지 않게 작동하기 위해서도 정치적 민주화가 필수적이라는 점은 우리의 역사가 보여주는 바이기도 하다. 우리 경제의 부정적인 저해 요인으로 간주되는 정경유착, 관치금융 그리고 재벌의 선단식 경영과 부의 불공평한 분배 등은 정치적 민주화가 적절하게 진척되었다면 어느 정도 극복할 수 있었던 문제들이다. 1997년 IMF위기와 그 후 '국민의 정부' 및 노무현의 '참여정부'에 이르기까지 한국사회에서 정치민주주의와 시장경제 합리화가 일정 정도 확대되고 있다.[20]

...
19   토마 피케티(Thomas Piketty), 『21세기 자본』, 장경덕 외 옮김, 글항아리, 2014, 506쪽.
20   주지하듯이 이 글이 작성되던 시기 이후에 이명박 및 박근혜 정부에서 민주주의의
      심각한 후퇴가 현실화되고 있다. 그런데 최근의 한국사회 민주주의를 후퇴시킨 원인
      중에서 신자유주의적 시장만능주의의 관철로 인한 사회적 불평등 확산과 심화는 결정적

그렇다면 민주주의 원리란 무엇을 의미하는 것인가? 그리스에서 시작하여 현재에 이르는 서구 민주주의의 전통은 다양한 형태의 민주주의를 보여준다.[21] 이에 따라 민주주의의 의미는 논쟁이 많은 개념이고, 역사적으로 다양한 의미의 변천이 존재한다. 이 장에서 필자는 민주주의가 실현가능한 바람직한 정치질서라는 점을 전제한다. 그리고 민주주의는 현대 세계에서 세계적으로 널리 그 정당성을 인정받고 있는 정치체제라는 일정한 합의가 존재한다는 점을 받아들인다.

따라서 민주주의가 다른 형태의 정치체제보다 왜 선호되어야만 할 것인지에 대해 N. 보비오가 제시하는 세 가지 관점을 언급하는 것으로 만족하고자 한다. 그에 의하면 민주주의는 윤리적인 이유에서 다른 정부형태들에 비해 우월하다. 왜냐하면 민주주의 정부는 시민들 스스로 통치한다는 자율성 이념에 가장 근접하는 정치체제이기 때문이다. 둘째로 정치적 정당화인데, 이것이 의미하는 것은 민주주의에서 주권이 전체 인민에게 분배되어 있기에 민주주의야말로 권력 남용을 방어할 수 있는 최상의 정치체제라는 것이다. 마지막으로 보비오는 민주주의의 우월성을 공리주의적인 관점에서 정당화한다. 물론 이 입장은 그가 보기에도 다른 두 가지 관점에 비해 논의의 여지가 많다. 여하튼 그에 의하면 민주주의는 인민들을 자신의 집단적인 이해관계(collective interest)에 대한 궁극적인 해석자로 간주한다는 점에서 독재나 다른 형태의 정부들에 비해 선호될 만한 근거가 충분하다.[22]

...

이다. 그리고 이런 불평등 심화가 이명박 및 박근혜 정부에서 더 두드러진다고 해도 그 이전의 이른바 민주정부도 그런 불평등 심화를 초래한 책임에서 자유롭지 못하다. 달리 말하자면 시장만능주의적 정책의 실행이라는 측면에서 볼 때 이른바 개혁적인 민주정부 시절이나 보수적 정부라 일컬어지는 이명박 및 박근혜 정부 사이에 실질적 차이를 찾아보기 힘들다는 것이다.

21 다양한 민주주의의 모델에 대한 포괄적이고 체계적인 설명을 위해서는 데이비드 헬드, 『민주주의의 모델』, 이정식 옮김, 인간사랑, 1988, 참조.

Ⅱ. 한국경제 구조 변동과 기업 민주주의

이 절에서는 한국 경제구조의 특수성과 기업 민주주의 사이의 연관성의
문제를 살펴본다. 여기에서 다루어지는 문제는 앞 절에서 언급된 민주주의
와 경제적 영역 사이의 관계에 대한 원리적 성찰의 문제와는 다르다. 이
절에서는 한국경제의 구조 변화 과정에서 기업 민주주의에 대한 필요성이
이론적 요구에 그치는 것이 아니라, 한국경제구조의 내·외적 요구에
기인하고 있다는 점을 밝히는 데 집중할 것이기 때문이다. 따라서 한국사회
의 기업 활동에서 민주주의적 원리 적용을 요구하는 경제 내적 요인과
경제 외적 요인을 구별하여 설명할 것이다.

우선 한국경제 구조변화로 인한 경제 영역의 내적 요구로서 기업 민주주
의가 활성화될 필요가 있다는 점을 설명해보자. 한국 경제구조의 내적
변화에서 염두에 두어야 할 것은 지식경제가 차지하는 역할과 의미가
확대되고 있다는 점이다. 세계는 지금 유형의 자원이 경제 발전의 동력을
담당했던 산업사회로부터 무형의 지식과 정보가 경제 발전의 원동력이
되는 지식정보사회로 나아가고 있다. 정보화와 세계화는 세계를 하나의
지구촌으로 만들고 있고 국민경제 시대에서 세계경제 시대에로의 전환을
주도하고 있다. 정보화 시대와 민주주의의 연관성은 많은 사람들의 주목을
받고 있다.

• • •
22   N. 보비오, 『자유주의와 민주주의』, 황주홍 옮김, 문학과지성사, 1992, 222쪽. 미국의
     저명한 정치학자였던 로버트 달은 민주주의가 지니는 열 가지 이점들이 존재한다고
     주장한다. 비록 민주주의가 많은 결함을 안고 있음에도 불구하고, 민주주의는 다음과
     같은 바람직한 결과를 가져오기에 다른 정치적 대안에 비해 좋은 제도이다. "1. 전제정치
     의 방지 2. 본질적 권리들 3. 일반적 자유 4. 자기 결정 5. 도덕적 자율성 6. 인간계발
     7. 본질적인 개인적인 이익들의 보호 8. 정치적 평등을 추가하여, 현대 민주주의는
     다음과 같은 결과를 가져온다. 9. 평화의 추구 10. 번영"(『민주주의』, 김왕식 외 옮김,
     동명사, 1999, 69쪽).

그리고 세계화와 정보화의 흐름 속에서 20세기의 경제활동과 달리 지식경제가 경제활동의 주요한 부분으로 성장하고 있다. 지식경제라는 이름을 창시하고 이를 대중화시키는 데 결정적인 영향력을 끼친 이는 피터 드러커(Peter F. Drucker)이다. 그는 현대사회를 자본주의 이후의 사회(post-capitalist society)로 규정하면서, 지식이 현대사회와 현대경제의 핵심 자원이라고 강조한다. 즉, 자본주의 이후의 사회에서 가장 중요하고 결정적인 생산요소는 더 이상 자본, 토지 그리고 노동이 아니라 바로 지식이라는 것이다. 그리고 그는 우리나라를 "지식은 현대사회를 만들고, 성과 있는 현대경제를 만드는 유일한 자원"이라는 자신의 지식경제론을 입증하는 최고 모범 국가라고 말한다.[23]

드러커에 따르면 자본주의 이후 사회로의 이행은 제2차 세계대전이 끝난 직후부터 시작되었다. 물론 자본주의 이후 사회는 반(反)자본주의 사회가 아니고, 자유 시장을 경제적 통합기구로 계속 유지할 것이다. 그러나 지식사회를 주도하는 사회집단은 자본가도 전통적인 노동자도 아니고, '지식 근로자'일 것이고, 지식 전문가가 바로 지식사회의 주역이 될 것이라고 그는 주장한다.[24] 지식경제 사회에로의 이행은 기존 경영조직에 근본적인 변화를 가져올 것으로 간주된다. 드러커는 다음과 같이 말한다. "지식이 하나의 자원이 아니라 바로 자원 그 자체가 되었다는 것이 우리들의 사회를 '탈자본주의사회'로 만들고 있다. 지식은 사회의 구조를 그것도 근본적으로 바꾼다. 지식은 새로운 사회적 힘을 창조한다. 지식은 새로운 경제적 힘을 창조한다. 지식은 새로운 정치체제를 창조한다."[25]

드러커는 지식사회가 사회조직에 큰 변화를 가져올 것이라고 예측한다. 특히 지식사회의 등장으로 인해 "오늘날의 모든 조직은 그 조직구조 자체

• • •

23 피터 드러커, 『자본주의 이후의 사회』, 이재규 옮김, 한국경제신문, 1993, 4쪽, 26쪽.
24 같은 책, 28쪽 이하 참조.
25 같은 책, 82쪽.

에 변화의 관리를 짜 넣어야 한다"고 강조한다. 여기에서 중요한 것은 조직이 혁신적 변화에 적응성과 탄력성을 갖고 대응할 수 있도록 재편하는 것이다. 또 다른 변화는 자본주의 이후 사회는 분권화가 진행된다는 점이다. 그리고 지식사회에서 지식 근로자들은 전통적인 피고용인과는 근본적으로 다른 지위를 갖는다.[26] 그들은 일하는 조직에 속해 있다는 점에서 조직에 의존적이기는 하나, 다른 한편으로 지식이라는 생산수단을 소유하고 있다는 점에서 독립적이다. 이리하여 지식사회에서는 기업에서 자본과 소유주의 역할, 권한 그리고 기능이 새로운 의미를 지니고 새롭게 정의될 필요가 있다. 예를 들어 현재 영·미형의 주도적인 기업지배 형식인 주주 이익을 최대한 존중하려는 주주자본주의는 변화할 것이라고 그는 진단한다. "현대 기업의 성공은 지식 근로자들의 동기와 공헌의지에 크게 의존하므로 기업경영을 오로지 주주들을 위해서만 하는 것은 지식 근로자들을 소원하게 만든다."[27] 지식사회에서 조직은 점점 더 "권한에 기초한 조직으로부터 책임에 기초한 조직"으로 변해갈 것이다. 이런 조직이야말로 바로 "지식조직에 적합한 유일한 해답이다."

프랜시스 후쿠야마도 정보화 사회에서 일어나는 사회변동을 강조한다. 그가 보기에 정신노동이 육체노동을 대신하고 정보기술의 세계적인 확산으로 인해 정치와 기업은 자기 혁신을 요구받게 되고, 이들 영역에 존재하던 "모든 종류의 위계구조가 붕괴되어 사라져 가고 있다." 달리 말하자면 "규칙과 규제, 강제 등의 수단에 힘입어 조직사회 내의 구석구석까지 통제해온 대규모의 경직된 위계구조는 개인의 정보 접근권을 허용하는 지식기반 경제의 도래에 따라 설 자리를 잃어가고 있다."[28]

---

26 같은 책, 102쪽 이하 참조

27 같은 책, 132쪽 참조

28 프랜시스 후쿠야마, 『대붕괴 신질서』, 한국경제신문 국제부 옮김, 한국경제신문, 2001, 20쪽.

앞에서 간략하게 살펴본 것처럼 지식경제 사회에서 조직 원리는 좀 더 변화에 개방적이고, 분권화되어야 하고, 지식 근로자들의 자율성을 보장하여야 하고 또한 사회적 책임을 담당하도록 해야 한다. 이렇게 지식에 기반을 둔 새로운 경제는 과거처럼 일방적인 권위주의적 명령 체계로 구성되어 있거나 변화에 적응력이 없는 폐쇄적인 조직이 아니라, 자율성과 책임을 기본적인 원리로 하는 좀 더 민주적인 조직을 요구하는 것이다.

성경륭 역시 기업조직의 변화를 재촉하는 요인으로 세계화와 민주화 그리고 정보화의 흐름을 강조한다. 그는 정보화와 함께 급진전되는 지식경제의 진전 과정은 기업조직을 민주화시키는 내생적 요인이라고 강조한다. 성경륭은 정보화가 기업 조직과 활동에 가져올 변화를 다음 세 가지로 요약한다. 첫째로 정보화의 가장 큰 힘은 기업조직의 생산과 업무를 대대적으로 자동화시킨다. 둘째로 정보화 과정은 "기업조직 내외부의 연결성 (connectivity)을 수평적, 수직적으로 넓힘으로써 의사소통과 거래의 범위를 무한대로 확대하고 이와 함께 거래 속도의 최소화를 가능하게 한다." 마지막으로 컴퓨터 혁명과 통신 혁명에 의해 진전되는 정보화는 생산 자체의 본질을 변화시키고 있다. 이리하여 기업 생존의 가장 핵심적인 메커니즘으로 등장하는 것은 혁신과 속도이고, 그 결과 지식이 생산의 가장 중심적인 요소로 등장한다. 이런 변화는 "모든 조직 구성원들을 정보화시키고(informationing), 동시에 권능화시킴으로써(empowering)" 정보화 시대, 지식경제 시대의 조직 구성원들로 하여금 자율성에 대한 강한 욕구를 갖게 한다.[29]

이제까지 기업의 환경 변화로 인해 기업 내부에서 기업 민주화의 요구가 커지고 있다는 사실을 살펴보았다. 이제 기업 민주화를 촉진시키고 있는

• • •
29   성경륭, 「환경의 지각변동과 기업조직의 혁신」, 신기업이론연구회 편, 『한국기업의
     이해와 과제』, 삼성경제연구소, 1998, 40쪽 이하 참조

기업 외부의 조건을 살펴보자. 기업 민주화를 진척시키는 기업 외적 조건의 변화 중에서 우선 정치 민주화의 과정으로 인해 요구되는 기업조직의 민주화에 대한 증가된 요구가 언급될 수 있다. 우리나라에서 1980년 5·18 광주 민주화운동을 바탕으로 해서 가능했던 1987년 6월 항쟁 이후 본격적으로 진행되고 있는 민주화 과정은 기업조직 내부를 민주화시키는 데 강력한 요인으로 작용한다. 한국의 산업화는 1960대와 70년대의 박정희의 권위주의 정치체제 하에서 본격적으로 일어났다. 1987년 이후에 민주주의의 상대적 안정과 지속은 이승만 정권의 붕괴 후에 형성된 민주정부가 채 1년도 못돼 무너져 버린 상황과는 아주 대조적인 현상이다. 이런 대조에서 우리가 염두에 두어야 할 것은 1960년대 이후 독재체제 아래에서 수행되었던 산업화 과정의 성공이다. 이런 성공을 기초로 해서 우리나라는 역설적으로 1987년 이후 민주화에 성공할 수 있었던 것이다. 그러므로 최장집은 제2공화국 민주당 정부에서의 민주주의를 '산업화 없는 민주주의'로, 그리고 1987년 6월 항쟁 이후의 민주주의를 '산업화 있는 민주주의' 또는 "산업화에 의해 뒷받침된 민주주의"로 규정한다.[30] 그는 1987년 6·29 선언 이후 권위주의가 종결되고 민주주의로의 이행이 시작된 이래 한국사회가 보여주는 민주화에서의 비약적 전개를 커다란 경이로움으로 표현하면서 우리나라에서 민주화를 가능하게 했던 원인들이 무엇인가를 묻고 있다.[31]

위에서 지적한 대로 1987년 이후 본격적으로 민주주의가 실현되고 있지만, 민주주의가 우리 사회에 폭넓고 깊게 자리 잡고 있다고 보긴 힘들다. 민주적 절차가 효율적으로 작동되지 못하도록 방해하는 여러 제도적 장치들이 아직도 존재하며, 다양한 사회집단 간의 갈등을 합리적으로 해결하는 전통과 관행 역시 확고하게 우리 사회에 뿌리내리고 있지 못한 실정이다.

• • •
30　최장집, 『민주화 이후의 민주주의』, 후마니타스, 2002, 73쪽.
31　같은 책, 95쪽 참조

이런 요인 이외에도 우리 사회의 민주주의를 왜곡시키는 중요한 요인의 하나로 경제적 자원의 불평등의 문제를 간과할 수 없다. 최장집은 한국의 '민주화 이후의 민주주의'라는 주제를 고찰하면서 한국 민주주의는 위기에 처해 있다고 진단한다.[32] 그에 의하면 "우리는 권위주의와 접맥되었던 냉전반공주의, 온정주의와 가부장주의, 관료적 권위주의, 기술 관료주의, 시장근본주의 등 민주주의의 기반을 잠식하는 여러 형태의 사회적 힘, 조류들과 직면하고 있다."[33]

최장집은 한국사회의 민주화 이후에 우리 사회가 질적으로 나빠졌다고 지적하면서, 그 구체적인 사례의 하나로 계급 사이의 불평등 구조의 급격한 심화를 들고 있다. 우리 사회가 당면한 여러 가지 문제들에 대해 한국의 민주주의는 무기력하고 사회적 요구와 변화에 제대로 대응하지 못함으로써 위기에 빠져 있다는 것이 바로 민주화 이후의 한국사회에 대한 최장집의 시대 진단이다. 그리하여 민주적 원리에 입각한 정치는 시장이 초래하는 불평등을 조정하여 사회의 통합력을 유지시키는 기제로 작동하여야 함에도 불구하고, 민주화 이후 우리 사회는 기득권 구조와 특권체제 그리고 시장체제의 불평등 구조를 제어할 민주적 역할을 제대로 수행하고 있지 못하다. 이렇게 한국 민주주의가 무기력하게 된 가장 큰 문제로 최장집은 한국의 정당체제의 특이성에 주목한다. 그가 보기에 한국의 정당체제는 "매우 협애한 이념적 대표체제, 즉 사실상 보수와 극우만을 대표하는 정치적 대표체제(the system of representation)"라는 지나치게 편향된 보수독점의 정치구조라는 특성을 보여준다.[34]

앞에서 보았듯이 우리 사회는 민주주의를 우리 실정에 알맞게 심화시켜야 하는 과제에 직면하고 있다.[35] 만약에 우리가 민주주의를 최선의 정치체

• • •

32   같은 책, 17쪽.
33   같은 책, 230쪽.
34   같은 책, 20쪽.

제가 아니라 할지라도, 다른 정치질서에 비해 바람직한 정치질서로 인정한다면, 정의로운 민주체제를 형성하고 이를 심화시키기에 적절한 조건들을 창출하는 데 더 많은 노력을 해야 한다. 이런 노력들이 성공하지 못하고 실패한다면 우리나라에서 민주주의는 보다 심각한 위기에 빠지게 될 것이다.

우리는 역사적 경험에서 민주주의와 시장경제가 서로를 배제해서는 불행한 결과를 낳는다는 사실을 배울 수 있다. 그러나 시장경제와 민주주의적 원리가 서로 충돌할 때 민주주의적 원리를 우선적으로 고려해야 한다.[36] 그리고 시장과 민주적 원리의 결합은 민주사회의 내적인 요구이면서 동시에 경제체제 내부에서 발생하는 요구라는 점을 인식하는 것이 중요하다. 정치적 민주화의 진전 과정 속에서 시민들의 의식이 상승함에 따라 기업 구성원들, 즉 자본가와 노동자 사이의 역관계가 변화할 수밖에 없고, 이런 변화는 또한 기업 경영 형태와 기업지배구조 그리고 노사관계에서 새로운 변화로 귀결될 수밖에 없을 것이다. 실제로 우리나라에서 1987년 이후 민주화의 진전과 1997년에 발생한 IMF 경제위기를 통하여 재벌에 대한 개혁은 많은 국민들의 동의를 받고 있다. 기업 경영 형태와 지배구조는

• • •

35   이런 과제를 실현하기 위해서는 우리나라의 민주주의 역사와 전통은 좀 더 장기사적 관점, 그러니까 조선사회의 유교적 민본주의와의 내적 연결과 그 변형의 과정 속에서 이해되어야 한다고 생각한다. 이 글을 작성할 당시에는 이런 문제의식이 분명하게 형성되어 있지 않았다.

36   '국민의 정부'가 내세운 '민주주의와 시장경제의 병행 발전'은 그것이 지니는 주요한 시대사적인 통찰과 현실 적합성이라는 측면에서 주목할 만한 입장이다. 그러나 그것은 민주주의와 시장경제라는 가치들이 서로 충돌할 때 어떻게 할 것인가 하는 문제에 대해 불확실한 면을 보여준다. 민주주의와 시장경제의 병행 발전이라는 소위 'DJ노믹스'에 대한 상세한 설명에 대해서는 이선 외 지음, 『민주주의와 시장경제. DJ노믹스의 이론적 · 경제사적 고찰』, 1999, 산업연구원, 참조. DJ 정권 출범 후에 벌어졌던 '민주주의와 시장경제'냐 '민주적 시장경제'냐를 둘러싼 이념적 혼란에 대해서는 김균 · 박순성, 「김대중 정부의 경제정책과 신자유주의」, 이병천 · 김균 엮음, 『위기, 그리고 대전환』, 당대, 1998, 참조.

여전히 비민주적이고 억압적인 요소들을 지니고 있어, 이런 요소들이 도리어 경제 효율성을 떨어뜨리는 장애 요인으로 지적되고 있다. 즉, 재벌에 의한 경제력 집중 문제, 정경유착과 관치금융, 방만한 기업경영에서 오는 비효율성과 내부 부패 그리고 기업 총수를 비롯한 사회적 지도층의 도덕적 책임감 결여와 같은 문제들은 국내 기업들의 경쟁력을 강화하고 경제 효율성을 강화하는 데 장애 요인이 되고 있다는 것이다.[37]

그러므로 지금 필요한 것은 우리 사회가 당면한 고질적인 문제들을 어떤 방식으로 개혁하여 경제체제를 한 단계 업그레이드시킬 것인가를 둘러싼 논쟁이다. 여기에서 제시되는 대안은 기업 민주주의의 도입과 그 확장이다. 성경륭은 정치민주화가 진행되어 기업 환경에서의 변화가 발생하면 기업조직 자체의 민주화도 촉진될 수밖에 없다고 본다. 그에 의하면 기업 환경의 정치적 민주화는 다음 두 가지 점에서 기업 자체의 민주화를 촉진시키는 요인으로 기능한다. 첫째 정치민주화는 권위주의 사회나 전체주의 사회하에서 부인되었던 노동의 기본권을 합법적으로 보장함으로써 노동자들의 결사 능력과 대항 능력을 증진시킨다. 그리하여 권위주의 체제에서 국가의 배제와 폭압적 기구에 의해 안정적으로 유지되던 자본가의 노동자 지배는 도전에 직면하게 되고 생산 과정에 커다란 교란이 발생하게 된다. 둘째 정치 민주화는 노동자들의 정치 참여 폭을 확대시킨다. 노동자들은 자신들의 계급적 이해를 보다 더 적절하게 대변하고 옹호할 정치적 세력을 형성시키거나 이런 세력들과 결합함에 의해 그들의 요구를 정치적으로 반영시킬 수 있는 정치적 대안을 마련할 더 넓은 기회를 얻게 된다.

정치적 민주화를 통해 변화된 상황에서 권위주의적인 정치체제 아래에서 가능하였던 노사관계와 기업의 지배구조는 더 이상 존립할 수 없게

• • •
37 김대중의 '국민의 정부'는 기업 개혁의 5대 과제로 기업의 투명성, 상호지급보증의 금지, 건전한 채무구조, 핵심기업의 설정과 중소기업에 대한 협력 그리고 지배주주와 경영자의 책임성 확립을 설정하였다.

된다. 즉, 정치적 민주화의 진전으로 인해 가능해진 기업 환경에서의 민주화와 기업조직 내부에서 진행되는 권위주의적인 지배방식 사이에는 심각한 괴리 내지 불일치가 발생하게 되어, 노동자들은 기업 내부에 존재하는 비민주적 경영방식이나 권위주의적인 노사관계 등을 민주적으로 변화시키기 위해 노력하게 되는 것이다.[38]

환경문제 역시 기업 민주주의를 요구하는 중요한 외적 요인의 하나이다. 지구 온난화와 오존층 파괴는 그 범위와 영향이 한 국가에 국한되는 것이 아니라, 전 세계에 미치는 생태계 위기의 대표적 사례이다.[39] 환경위기는 인류 생존의 문제와 직결되어 있기 때문에 시장경제의 파괴적인 결과를 그냥 수수방관할 수 없는 노릇이다. 경제성장의 목적은 의미 있는 삶의 향유에 있는 것이지 성장을 위한 성장에 있지 않다. 우리 사회는 지난 40여 년 동안 압축적인 경제성장을 통해 환경을 말할 수 없을 정도로 파괴하여 왔다. 한국 경제성장에 대해 높이 평가하는 피터 드러커조차도 한국사회가 급변하는 국내외의 상황에 적절하게 적응할 수 있는 능력을 배양하기 위해서는 자연환경을 되살리고, 급속한 경제 발전 과정에서 발생한 깊은 심리적인 상처를 해결하는 것과 동시에 '경제성장과 사회 안정 그리고 사회적 단결 사이의 균형을 유지하는' 방법을 배울 필요가 있다고 충고한다.[40] 따라서 우리 사회는 생태계 파괴의 위험을 줄이고 동시에 적정 수준의 경제성장을 유지할 수 있는 효과적인 방안을 모색하고, 이에 대해 사회적인 합의를 도출하기 위해 전력을 기울여야 할 시점에 와 있다.

• • •

38 성경륭, 「환경의 지각변동과 기업조직의 혁신」, 신기업이론연구회 편, 『한국기업의 이해와 과제』, 앞의 책, 44쪽.

39 환경위기의 중요한 요인이 인간의 과도한 자연에의 개입이라는 점에 대해 의심하는 환경론자들도 존재한다. 그러나 인간의 활동이 지구의 기후변화를 초래하고 있다는 사실을 설득력 있게 제시하고 있는 과학적인 증명 자료에 대해서는 피터 싱어, 『세계화의 윤리』, 김희정 옮김, 아카넷, 2003, 40쪽 이하를 참조.

40 피터 드러커, 『자본주의 이후의 사회』, 앞의 책, 6쪽.

지속가능한 발전과 예방원칙의 채택이라는 환경보호를 위해 많은 사람들이 내세우는 대응 원칙이 때로는 매우 모호할지 모른다. 그러나 지나친 자연에 대한 개입의 결과로 발생하는 새로운 불확실성과 위험에 대처할 수 있는 사회의 능력을 제고하기 위해 노력해야 한다는 사실을 부인할 사람은 소수일 것이다. 즉, 생산자나 소비자인 경제 주체의 자유로운 선택을 보장하고 경제적 효율성을 달성하여 사회를 번영하게 하는 시장경제의 장점과 가치를 강조하면서 시장에 대한 온갖 규제의 철폐만을 주장하는 것은 더 이상 설득력이 없다. 시장의 역동성과 효율성을 허용하되, 사회적 연대 및 환경보존 이념이 실현될 수 있도록 시장을 적절하게 조정하고 규제해야 한다.

시장은 스스로 사회적 정의와 연대성을 창출할 수 없다. 마찬가지로 그것은 홀로 환경문제를 해결할 수 없다. 그렇다고 환경보호를 위하여 시장을 포기하고 모든 것을 국가의 전적인 통제나 관리 하에 두고자 하는 것은 아니다. 그러므로 생태환경의 보존과 경제성장의 역동성을 조화롭게 만드는 과제 혹은 생태환경을 보존하기 위하여 기업권력을 규제하는 문제 역시 어떤 전문가나 과학자 혹은 관료 내지 소수의 자본가에게만 맡겨져 있는 것이 아니라, 이해관계 당사자들, 그러니까 한국사회 시민 전체 및 전 인류의 광범위한 참여를 바탕으로 한 민주적인 방식에 맡겨져 있는 것이다.

21세기의 시장경제는 민주주의적 참여와 생태적 가치를 존중하는 시장 경제를 지향해야 한다. 그리하여 경제적인 영역에서도 대화와 능동적 신뢰의 구축을 위한 민주적 리더십의 형성 그리고 이를 가능하게 떠받쳐 줄 책임 있고 능력이 있는 자율적 시민의 육성이 중차대한 선결 과제로 등장하고 있다. 세계사적 변혁기에 생존하고 번영을 이루기 위해 우리 사회는 거대한 전환기의 도전에 적극적으로 대응할 능력을 마련할 필요가 있다. 이를 위해서는 정치·경제·사회 등 모든 분야에서 시대에 뒤떨어진 관행과 제도들을 고치는 작업을 진행시켜야만 한다. 이런 개혁과정을 이끄는 가장 기본적인 원리는 바로 민주주의와 인권 그리고 환경 친화적이며 사회적 연대를 파괴하지 않는 자본주의 시장경제의 발전이 되어야만 한다.

Ⅲ. 유교적 가족주의 전통과 한국 경제구조의 특수성

앞 절에서 기업의 대내외적 조건이 변화함에 따라 기업 민주주의가 요구된다는 점을 지금까지 살펴보았다. 그러나 한국사회 전반, 특히 한국 기업에 민주적 원리를 적용하는 데에서 발생하는 여러 가지 문제점이 있다. 그중에서도 한국사회의 문화적 특성으로 간주되는 유교 문화 그리고 가족주의적 전통과 민주주의 사이의 상관성을 살펴볼 필요가 있다. 왜냐하면 경제 영역에 민주적 원리를 적용하는 것이 규범적으로 정당하다고 주장하는 것만으로는 충분치 않기 때문이다. 그러므로 우리는 이런 원칙이 현실 속에서 어떻게 실현될 수 있는가 하는 문제를 함께 고려하지 않을 수 없다.

민주주의와 인권, 영구 평화, 기업 투명성과 시장경제 발전을 위한 개혁적 요구 등은 한국만이 갖고 있는 독특한 사회적·문화적 조건 그리고 그 역사적 맥락에 대한 깊이 있는 이해와 매개되지 않는다면 공허한 메아리로 그칠 것이다. 역사적 맥락에 대한 감수성을 동반하지 않는 도덕적 요구가 현실 속에서 거부당하는 현상은 드물지 않다. 그리고 그런 역설적 결과가 초래하는 부정적 결과 중의 하나는 도덕적 요구에 대한 사람들의 믿음과 기대를 무의미한 것으로 만들어 버린다는 점이다. 그리고 이로 인해 많은 사람들은 도덕적 냉소주의를 당연시하고, 부당한 현실에 대한 맹목적 순응주의에 굴복한다. 그런 점에서 현실과의 매개 가능성을 전혀 고려하지 않은 채 어떤 도덕적 규범의 정당성만을 옹호하는 태도, 그러니까 추상적 도덕주의가 도덕을 배반하게 하는 주범이라는 역설적 상황이 발생한다.

그러므로 아시아적 가치 논쟁에 대한 찬반을 떠나 이 논쟁이 우리가 살아가고 있는 삶의 구체적 역사성과 그 특수성을 이해하려는 정당한 지적 욕구에서 나온 것임을 인정할 필요가 있다. 그렇지 않다면 왜 우리 사회는 서구와 다른 자본주의 발전 과정을 겪고 있는지 그리고 왜 우리의 현대사는 일제 식민지와 분단 그리고 군사독재의 경험들로 이루어져 있는지 설명할 수 없을 것이다.

자본주의적 시장경제의 진화 과정은 각 나라가 처한 역사적 상황, 문화 그리고 제도의 차이에 따라 다양한 모습을 보여주고 있다. 한국을 포함한 동아시아 여러 국가에서 자본주의적 시장경제의 성장 과정 역시 독특한 성격을 나타내고 있다. 한국의 경제 시스템은 그동안 눈부신 고도성장을 통해 개발 도상국가들의 모범으로 간주되기도 하였다. 그러나 권위주의적 정치 그리고 그런 독재 권력에 의해 정치적으로 동원된 유교적 전통을 매개로 한 경제성장 전략은 결국 정경유착, 관치금융 그리고 사회 전반의 부정부패를 야기했다.

민주화된 우리나라에서 어떤 경제체제를 형성해 나갈 것인가 하는 문제와 관련해서 프랜시스 후쿠야마의 문제의식은 중요하다. 그는 『트러스트』라는 책에서 경제적 번영과 문화적 요인 사이의 내적 연관이라는 주제를 탐구한다. 그의 문제의식의 출발점은 냉전질서 붕괴 이후 세계질서에 대한 역사철학적 성찰이다.[41] 그가 보기에 자유민주주의라는 정치제도와 시장경제체제는 이에 대한 정치·경제적인 대안적 모델을 허용하지 않는다는 점에서 인류사회의 최종적인 목표로 간주될 수 있다. 그리고 민주주의와 자유 시장제도가 전 세계적인 규모에서 그 타당성과 효율성을 폭넓게

<hr />

41 경제 질서와 문화적인 영역 사이의 밀접한 연관성에 대한 프랜시스 후쿠야마의 논의는 제임스 콜맨(James Coleman)의 사회자본에 대한 논의로부터 많은 영향을 받았다(프랜시스 후쿠야마, 『트러스트: 사회도덕과 번영의 창조』, 앞의 책, 28쪽 참조).

인정받기에 이르렀다는 점에서 최종적인 목적을 향해 나가는 인류사회 전체의 역사적인 전개가 이제 그 종말에 이르렀다고 그는 이해한다.

여기에서는 후쿠야마가 내세운 역사의 종말론이 타당한지 여부를 논외로 한다. 그리고 설령 민주주의와 자본주의적 시장경제체제에 대한 대안이 없다고 할지라도, 이런 질서가 아무런 문제점을 지니고 있지 않다는 말은 아니다. 그러므로 문제는 민주주의적인 정치제도와 시장경제는 어떻게 그 생명력과 활력을 계속하여 유지할 수 있는가 하는 것이다. 후쿠야마는 자유민주주의와 자본주의 시장경제체제를 지속가능하게 하는 전제 조건들에 대한 탐구의 필요성을 제기하면서, 이러한 전제 조건들 중에서 "건강하고 역동적인 시민사회"를 가장 결정적이라고 생각한다.[42] 그가 생각하는 시민사회는 기업, 자치협회, 교육기관, 클럽, 노동조합, 자선단체, 매스미디어, 교회를 비롯한 다양한 중간단체를 의미한다.

그런데 이런 다양한 중간단체는 어떻게 형성되고 공고화되는가? 시민사회의 번성 여부는 국민의 기질, 관습, 도덕에 달려 있다고 후쿠야마는 강조한다. 그는 이런 가정들에 입각하여 『트러스트』의 주요 논제인 경제적 삶과 문화와의 밀접한 연관성을 다음과 같이 말한다. "경제적 삶을 검토함으로써 얻을 수 있는 가장 큰 교훈은 한 국가의 복지와 경쟁력은 하나의 지배적인 문화적 특성, 즉 한 사회가 고유하게 지니는 신뢰의 수준에 의해 결정된다는 사실이다."[43] 이렇게 후쿠야마는 신뢰 문제를 경제활동을 이해하는 중요한 주제의 하나로 부각시킨다.

신뢰 문제가 새롭고 중대한 문제로 등장한 이론적 배경은 사회에 대한 제도주의적 접근 방식이 지니는 한계에 대한 반성과 연관되어 있다. 제도주의적 시각은 관행과 문화의 측면을 소홀히 다룬다. 신뢰로서의 사회자본에

. . .

42   같은 책, 21쪽. 물론 필자는 역사의 종말이라는 후쿠야마의 테제에는 동의하지 않는다. 게다가 그의 서구 근대 중심의 역사이해에도 비판적이다.

43   같은 책, 25쪽.

대한 관심은 민주주의 제도의 성공적인 안착과 그 원활한 작용이 경제적
활성화 그리고 견제와 균형의 원리에 입각한 정치 제도의 적절한 설계
못지않게 사회문화적 전통에 의해 영향을 받는다는 통찰과 연관되어 있다.
로버트 퍼트넘(Robert D. Putnam)이 적절하게 지적하고 있듯이 정치제도의
분석에서 사회문화적 전통을 강조하는 지적 흐름은 플라톤에서 토크빌
(Alexis de Tocqueville)에 이르기까지 오랜 역사를 지니고 있다.[44] 또 사회자
본의 중요성은 민주제도의 활성화라는 주제에 국한되지 않는다. 사회자본
이라는 개념은 건전한 시장경제의 활력과 효율적인 작동을 위해서 요구되
는 것이기도 하다.

　후쿠야마의 분석에 의하면 중국, 프랑스, 이탈리아, 그리고 한국 등은
'가족주의 사회'이자 '저신뢰 사회'로 분류된다. 이에 반하여 미국, 독일
그리고 일본은 '고신뢰 사회'에 속한다. '고신뢰 사회'는 가족을 초월한
강력한 자율적 결사체가 발전된 사회인 데 반하여, '저신뢰 사회'인 가족주
의 사회는 사회성을 획득할 수 있는 일차적인 방법이 가족이나 또는 혈족
및 씨족 같은 보다 폭넓은 형태의 친족뿐인 사회이다. 가족주의 사회에서는
혈연관계가 없는 사람들이 서로를 신뢰할 만한 토대를 가질 수 없어 자발적
결속력이 약하다고 본다. 후쿠야마는 이러한 사회로서 중국, 대만, 프랑스,
이탈리아, 그리고 한국 등을 예로 든다.[45]

　문화와 산업구조 사이의 상관성에 대한 통찰은 한 사회의 경영 조직
형태 및 그 조직의 운영 원리의 특성을 이해하는 데에도 도움이 된다.

･･･
44　프랜시스 후쿠야마는 사회자본에 대한 가장 진지한 이론가로 19세기의 프랑스 정치사상
　　가인 토크빌을 들고 있다. 물론 그가 지적하듯이 토크빌은 사회자본이라는 개념을
　　사용하지는 않았으나, 사회자본의 중요성을 가장 명확하게 인식했던 사상가이다(『대붕
　　괴 신질서』, 앞의 책, 41쪽 참조).
45　프랜시스 후쿠야마, 『트러스트: 사회도덕과 번영의 창조』, 앞의 책, 53쪽 이하 참조.
　　후쿠야마가 전제하는 저신뢰 사회 대 고신뢰 사회의 이분법적 대비는 비교 이론적
　　측면에서 불가피한 면도 있겠지만 지나치게 도식적이라는 한계가 존재한다.

후쿠야마는 다음과 같이 설명한다. "가족적 연대는 매우 튼튼하지만 친족 관계가 없는 사람들 간의 신뢰에 바탕을 둔 연대가 상대적으로 취약한 사회에서는 가족이 소유하고 경영하는 중소기업이 우위를 차지하는 경향이 있다."[46] 그런데 한국은 특이하게도 대기업 중심의 경제 구조를 갖고 있다. 한국은 중국이나 대만과 유사한 가족주의 사회이면서도 대기업 및 고도로 집중화된 산업구조를 지니고 있다는 점에서 일본, 독일 혹은 미국에 유사하다. 이러한 한국의 특이성은 정부 주도의 개발 전략에 의한 대기업 육성과도 관련된 것이다. 즉, 한국사회는 '저신뢰 사회'라는 특정을 지닌 문화적 제약에도 불구하고, 민간부문 혼자 힘으로는 만들어낼 수 없는 대기업을 만드는 데 일정 정도 성공했는데, 이 성공에는 정부 및 국가의 개입이 큰 역할을 했다. 후쿠야마에 의하면 신뢰도가 낮은 사회에서는 대기업이 발전하기 어렵거나 대기업을 소유하기 위해서는 국가의 강력한 개입이 필요하다.[47]

후쿠야마는 한국정부가 거대기업을 형성시키는 데 사용한 여러 수단들을 다음과 같이 요약한다. 한국정부는 ① 신용통제 수단을 이용하고, ② 조건이 좋은 수출시장에 진출할 수 있는 기업을 제한적으로 허가하였으며, ③ 외국의 경쟁자로부터 국내시장에서 국내기업을 보호하는 역할을 담당했을 뿐만 아니라, ④ 권위주의적인 방식에 의해 기업을 통제하는 방법을 동원하여 거대한 기업을 육성할 수 있었다.[48]

물론 한국사회에는 정부역할과 별개로 대기업이 출현할 수 있는 요소들이 존재했다. 한국사회는 협소한 가족주의의 경계를 벗어날 수 있는 여러 문화적 조건들을 갖고 있었다. 그중에서 다음과 같은 요소가 중요했다. ① 남부 중국에서의 가문 조직과 같은 방대한 한국의 문벌집단은 폭넓은

• • •
46   같은 책, 81쪽 참조.
47   같은 책, 56쪽 참조.
48   같은 책, 193쪽 참조.

인력풀을 이용 가능하게 하여 족벌체제가 초래할 수 있는 부작용을 완화시켜주었다.[49] 이런 조건들 외에도 ② 일본에 없는 지역주의 현상, ③ 대학 동창회, ④ 일본에 없는 방대한 군대, ⑤ 현대적 도시문화에서 발생한 다수의 연구 클럽과 취미 클럽의 영향력이 주목되어야 할 요소들이다.

한국사회는 정부의 주도적인 개입을 통해 중소기업을 선호하는 문화적 특성을 극복하고 대기업을 육성하는 데 성공했다. 그리고 대기업을 육성할 때 박정희 정부가 일본 모델을 적극적으로 모방한 것은 널리 알려져 있다. 그러나 후쿠야마가 보기에 한국 재벌과 일본의 전전 재벌이나 전후 계열과의 차이점은 다음과 같다. 첫째로, 한국 재벌은 일본의 계열처럼 민간은행이나 여타 금융기관을 중심으로 결합되어 있지 않다. 둘째로, 한국 재벌은 도요타의 수직적인 계열보다는 한층 일반적인 형태인 일본의 수평적인 계열을 닮았다. 셋째로, 한국 재벌은 일본의 계열에 비해 훨씬 더 중앙집중화되어 있다.[50]

앞서 언급했듯이 가족주의 문화는 기업형태뿐만 아니라, 기업경영 방식에도 영향을 준다. 후쿠야마는 한국의 가족주의 문화가 미친 한국 대기업의 특성들을 다음과 같이 요약한다. ① 기업 경영에서 소유와 경영의 미분리 현상(전문경영인의 채용에 저항적인 경향을 보여준다). 따라서 한국 기업이 일본과 유사하게 규모면에서 크지만 실질적으로는 중국 기업을 더 닮았고 그와 비슷하게 행동한다. 한국의 대표적 대기업인 현대와 삼성은

---

49   한국사회의 문중과 같은 친족집단은 단순한 의미에서의 자연적인 혈연관계에만 기반을 둔 배타적 조직의 성격만을 지니고 있지 않았다. 한 연구자에 의하면 한국의 부계 혈연집단은 "혈연에 의거하는 자연적인 집단이 아니라 의지적이고 선택적으로 형성되어온 역사적 구축물"이다. 이처럼 한국의 친족집단은 그 결합의 측면에서 일본과 비교해 매우 유동적인 측면을 보여준다. 한국의 친족집단은 그 집단의 범위를 지속적으로 확대하면서도 상대적으로 그 집단의 안정성을 유지하는 모습을 보여준다. 미야지마 히로시, 『나의 한국사 공부: 한국사의 새로운 이해를 찾아서』, 너머북스, 2013, 230쪽.

50   프랜시스 후쿠야마, 『트러스트: 사회도덕과 번영의 창조』, 앞의 책, 181쪽 이하 참조.

대기업의 외양 속에 "가족적인 내면을 감추어 두고 전문인 경영체제와 주식공개, 경영과 소유의 분리, 그리고 비개인적이고 계층적인 기업경영 형태에 마지못해 적응해 가고 있다."

② 한국 특유의 가족주의 문화는 기업 승계에서 어려움을 발생시킨다. 분할상속과 가족승계의 원칙으로 인해 재벌이 분할되는 경우도 발생하고 회사 규모를 유지하는 데 고신뢰 사회에서보다 많은 비용과 어려움이 등장한다.

③ 가족주의 문화의 영향으로 인해 한국 기업은 권위주의적이며 중앙 집중적으로 운영되는 경향을 보인다. 신속한 의사결정과 결단성의 면에서 장점이 있으나, 불충분한 정보에 입각한 잘못된 의사결정이 내려질 위험한 가능성이 상존한다.

④ 한국 재벌은 일본 기업이 지니는 "공동체적 결속력의 형태"를 보여주고 있지 못하다(종신고용제의 부재와 대량해고의 가능성이 높음). 즉, "한국 기업은 일본이나 독일처럼 포괄적이고 사적인 종업원 복지체제를 발전시킨 경영상의 가부장주의적인 관념을 전혀 가져 본 적이 없다."

⑤ 한국의 노사관계는 대립적 성격을 띠고 있다(노조의 호전성).[51]

우리나라, 대만 그리고 일본에서 지속적인 민주주의의 발전을 염두에 둘 때, 아시아 문화권에는 민주주의가 적합하지 않다는 주장은 더 이상 설득력이 없다. 한국사회에서 민주주의 퇴행이 분명해진다는 것이 이런 사실을 다시 번복할 이유라고 여겨지진 않는다. 민주주의 위기는 오늘날 미국이나 서유럽 여러 나라에서 일반적으로 발생하고 있다. 다만 한국 민주주의 위기의 근원을 진단할 때, 유교적 정치문화가 우리나라의 민주주의에 미치는 다양한 영향을 체계적으로 분석할 필요가 있다. 그러므로 동아시아의 전통, 특히 유교적 전통이 민주주의와 친화적이지 않다는 주장

• • •
51   같은 책, 185-190쪽 참조

은 기껏해야 권위주의적 통치를 정당화하는 이데올로기적 구실에 지나지 않거나 서구중심주의적 사유 방식의 내면화로 인한 것이다.[52]

물론 아시아적 가치에 대한 관심은 특정한 사회의 역사성과 문화적인 고유성에 대한 관심과 감수성을 포함하고 있으며, 아시아적 가치를 둘러싼 논쟁은 동아시아의 구체적 현실에 대한 보다 정확한 인식과 이해를 추구하는 데 중요한 지적 자극을 주고 있다.[53] 시장과 같은 제도 역시 진공 상태 속에서 움직이는 것이 아니라, 구체적인 역사적 문맥 속에서 형성·변화되는 것이다.

후쿠야마의 분석에 따르면 한국경제 성장의 고유성은 '저신뢰 사회'로 규정되는 가족주의적 전통사회 속에서 국가의 중앙 집권적 권력 주도로 성장하는 경로로 인한 것이다. 그리고 한국경제체제의 형성을 가능하게 한 조건들은 거꾸로 그것이 지니는 여러 한계를 만들어내고 있음을 잘 보여준다. 따라서 한국경제가 안고 있는 문제를 해결할 수 있는 대안 모색에서 그의 논의는 중요한 출발점을 이룬다. 왜냐하면 그는 한국경제가 안고 있는 모순이 가족이나 혈연을 넘어서는 보다 폭넓은 사회적 신뢰 관계 형성의 역사적 관행이나 경험의 축적을 제약하는 가족주의적인 문화에

* * *

52 이승환에 의하면 1990년대 후반부터 중국에서도 유교에 대한 비판적인 재평가가 다양하게 이루어지고 있다(『유교 담론의 지형학』, 푸른숲, 2004, 107쪽 이하 참조). 물론 중국에서 일고 있는 유학의 르네상스가 중국의 앞날에 어떤 방식으로 기여할지는 아직 모호하다. 2000년대 이후 중국에서 발생한 유학의 복권이 지니는 여러 의미와 그 한계에 대한 연구로는 조경란, 『국가, 유학, 지식인: 현대 중국의 보수주의와 민족주의』, 책세상, 2016, 참조.

53 필자는 '아시아적 가치'가 1990년대 말에 불어닥친 아시아의 경제위기의 근본적 요인이라고 단정적으로 평가하는 견해에 전적으로 동의하지는 않는다. 아시아적 전통과 문화가 지니는 의미를 변화된 환경 속에서 창조적으로 발전시키는 것이 보다 더 적절한 입장이라고 생각한다. 그런 점에서 서구중심주의와 아시아의 문화적 전통의 우위성이라는 이원적 대립은 필자가 보기에 우리가 당면하고 있는 문제들에 대한 적절한 해결책을 가져다 줄 수 없을 것이고, 지난 40여 년 동안 우리 사회가 경험한 여러 근본적 변화에 대한 정확한 이해에도 도움이 되지 못한다.

기인한다는 점을 지적하고 있기 때문이다. 이로부터 우리는 한국경제의 여러 문제점들을 해결하기 위해서는 연고주의적인 틀을 넘어서는 보다 개방적인 사회적 신뢰 관계를 형성하려는 노력을 기울여야 한다는 사실을 추론할 수 있다. 즉, 한국사회는 '저신뢰' 사회에서 '고신뢰' 사회로 변화해야 한다. 그리고 이런 변화를 커다란 사회적 긴장과 갈등을 수반하지 않으면서 달성하기 위해서 모든 노력을 기울여야 한다.

후쿠야마는 관행, 인습과 의식 등을 통한 계약 이행에 대한 상호 신뢰성 제고, 특히 혈연이나 지연, 학연 등의 인간적 유대 관계의 영역을 뛰어넘는 사회 구성원들 사이의 신뢰성 제고가 효율적인 경제활동에 긍정적 역할을 한다는 점을 강조한다. 그에 의하면 사회자본은 사회 구성원들이 서로 신뢰하고 새로운 그룹이나 사회적 연대를 형성하는 데 서로 협력할 수 있도록 하는 인적 자본의 구성 요소이다. 그러나 후쿠야마가 제시하는 고신뢰와 저신뢰 사회의 분석적 중요성에도 불구하고 그의 이론이 지니는 한계는 사회적 신뢰 관계를 창출할 수 있는 구체적 방법론에 관한 성찰 부족에 기인한다.

후쿠야마는 사회자본을 "협동을 전제로 한 집단 구성원 간에 공유되고 있는 비공식적 가치기준이나 규범의 집합"으로 규정한다.[54] 그리고 그는 신뢰 그 자체를 도덕적 덕목으로 보는 것이 아니라 덕목의 부산물로 본다. 즉, 신뢰는 "사람들이 정직과 호혜의 규범을 공유하고 이를 바탕으로 서로 협동하게 될 때 생겨나는 것"이다.[55] 후쿠야마는 유교에 기반을 둔 가족주의적 전통이 지배하는 사회와는 달리 서구에서 가족이나 혈연을 넘어선 사람들 사이의 협력과 신뢰를 가능하게 한 문화적 요인으로 개신교의 중요성을 일관되게 강조한다. 간단하게 말해 개신교는 가족이나 혈연을

●●●
54   프랜시스 후쿠야마, 『대붕괴 신질서』, 앞의 책, 36쪽.
55   같은 책, 83쪽.

덜 중요하게 여기며 신뢰의 대상을 "가족의 테두리에 국한하지 않고 성실성이나 도덕적 책임감 등과 같은 보편적 진리를 공유할 수 있는" 사람들로 확산한다. 따라서 개신교 사회에서는 가족관계를 넘어서 "상대적으로 폭넓은 계층의 사람들 사이에서도 신뢰 관계"가 형성될 수 있는 문화적 기반이 창출되어 있다.[56] 그러나 이런 가치나 규범 체계가 서구의 역사적 경험을 초월하여 과연 모든 사회에 일률적으로 적용될 수 있는지의 문제를 논외로 치더라도, 그것 역시 현대 미국사회에서조차 커다란 변화와 붕괴 상황에 노출되어 있다.

이런 붕괴를 가져온 요인들 중에서 후쿠야마가 특히 주목하는 것은 현대사회에서 급속하게 발전하는 기술 변화이다. 그런데 사회와 도덕의 영역은 이런 변화에 그렇게 빠르게 적응할 수 없다. 그 결과 이 둘 사이에 커다란 간극이 생기고 이런 간극이 바로 현대사회가 겪고 있는 위험의 원천이라고 후쿠야마는 강조한다. 그러나 그는 이 긴장을 어떻게 극복할 것인가에 대하여 특별한 대안을 제시하지 않는다. 그 대신에 그는 "우리의 유일한 희망은 사회질서를 회복시키는 인간의 타고난 본성"이라고 말하면서, 사회와 도덕질서를 재건하려는 시도가 성공할지 여부는 "지금 역사의 주기가 상승세냐 하강이냐에 달려 있다"는 주장으로 『대붕괴 신질서』라는 책을 끝맺는다.[57]

후쿠야마와는 달리 앤서니 기든스는 '탈전통적 사회'에서 신뢰를 문제 삼으면서 이 신뢰를 단순히 관행의 힘에 맡기지 않는다. 그는 능동적 신뢰라는 관점에서 관행에 대한 반성적이고 개방적인 태도를 취하면서도 신뢰의 문제를 소홀히 하지 않는다. 그가 보기에 현대사회는 불확실성의 시대이다. 불확실성이나 위험 같은 것은 인류 역사에서 늘 존재했던 것이지만, 현대사

• • •
56   같은 책, 368쪽.
57   같은 책, 424쪽.

회가 안고 있는 불확실성의 문제는 차원이 다르다. 왜냐하면 근대 이전 사회에서 불확실성은 기근이나 홍수 혹은 지진과 같은 자연적인 요인에 의해 발생했지만, 현대사회의 불확실성의 원천은 인간 활동이다. 새로운 불확실성이 지배하는 현대사회에서 후쿠야마처럼 신뢰를 관행과 전통의 힘에서 구하는 것은 한계가 있다. 불확실성의 시대란 전통의 권위 자체가 의문시되는 시대라는 의미이기도 하다. 따라서 신뢰의 문제를 새롭게 접근할 필요가 있다고 기든스는 생각한다. 그에 의하면 "인위적 불확실성의 맥락에서 볼 때 문제가 되는 것은 능동적 신뢰를 산출하는 문제이다. 능동적 신뢰는 "사람들 혹은 정치제도를 포함한 제도들 사이에서 능동적으로 생산되고 조정되는 신뢰"이다.[58]

불확실성의 시대, 지그문트 바우만의 유명한 개념을 활용하여 표현해본다면 고정적이고 확고한 모든 것이 '유동화'되는 시대에 기든스는 사회 구성원들 사이에 신뢰를 형성할 수 있는 새로운 방법으로 '능등적 신뢰'를 해법으로 제시한다. 그는 이 방법을 정치에 대한 새로운 성찰과 연결시킨다. 기든스는 능동적 신뢰를 '삶의 정치' 그리고 '발생적 정치'와 밀접한 연관 속에서 고찰한다.[59] '삶의 정치'란 구좌파가 추구했던 해방의 정치가 대신할 수 없는 새로운 사회변화와 밀접하게 연관된 주제들을 해결하려는 정치이다. 삶의 정치에서 중요한 것은 "과거에는 자연스러웠던 혹은 전통적이었던 모든 것이 이제는 어떤 의미에서든 선택되거나 결정되어야 하는 세상에서 우리가 어떻게 살아야 하는가에 대한 문제이다." 삶의 정치에서 결정적인 것은 "선택의 정치일 뿐만 아니라 정체성의 정치"이기도 하다는 것을 기든스는 강조한다.[60]

예를 들어 이전에는 자연스럽게 간주되었던 결혼이나 성적 정체성도

• • •
58   앤서니 기든스, 『좌파와 우파를 넘어서』, 앞의 책, 109쪽 이하.
59   같은 책, 110쪽 참조.
60   같은 책, 107쪽 이하.

옛이야기가 되었다. 결혼은 현재 누구나 다 성인이라면 해야 하는 것이
아니다. 그러므로 결혼에서도 결혼을 결정하는 쌍방의 동의가 차지하는
의미는 증대되었으며, 이런 결혼 관계를 지속시키는 것 역시 쌍방의 노력이
나 관계에 더욱더 의존하게 되었다. 이리하여 결혼이나 결혼의 지속 문제는
당사자의 삶의 영역에서 자신이 어떤 삶을 이루어 가는 것이 좀 더 바람직한
것인가 하는 결정과 선택의 문제에 더 크게 의존하는 상황으로 변화되어
가고 있다. 그리고 성적 정체성 혹은 섹슈얼리티도 마찬가지로 이성애를
가장 자연적인 것으로 간주하는 전통적인 입장의 권위가 더 이상 설득력이
없는 상태로 되어 가고 있고, 이에 따라 인간은 자신의 성적 정체성이
무엇인지를 결정해야 하는 상황 속에 놓이게 된 것이다.[61]

또 다른 예는 생태학적 문제이다. 생태학적인 문제는 '단선적 근대화'
과정에서 진보라고 여겨져 온 것들이 예기치 않게 인간의 삶을 치명적으로
위험에 빠뜨린다는 역설적 상황과 관련된 것이다. 생태적 위기는 어떤
삶의 방식이 바람직한 것인가 하는 문제를 제기하고 있다. 그러므로 이
문제는 환경에만 관련된 문제가 아니라 정치의 문제이기도 하다. 그리고
개인의 삶의 영역이든 아니면 공적 영역에서 중요한 것은 관계를 지속시킬
수 있는 상대방에 대한 개방성과 책임감이다. 또한 관계를 지속시켜 주는
원천인 개방성과 책임성은 상대방과의 대화에 뿌리를 내리고 있다. 이런
점에서 삶의 정치에서 요구되는 것은 능동적 신뢰를 창출하는 능력과
이를 유리하게 해줄 조건들에 대한 성찰이다.[62]

• • •
61   같은 책, 135쪽 이하 참조.
62   종래 부모가 누렸던 권위가 해체되면서 부모-자녀 관계가 점점 더 민주적 관계로
      이행하게 되는 상황을 이해하고 그것이 초래할 문제에 대해 기든스가 제시하는 해법은
      낙관적 측면이 강하다. 성과 에로티시즘에 관련해서도 마찬가지이다. 성, 사랑 그리고
      가족과 관련해 기든스의 대화민주주의 이론이 안고 있는 한계에 대해서는 이 책 제2장에
      서 다루었다.

IV. 한국사회에서 기업과 공공 영역에 대한 신뢰도의 실증적 연구

기든스가 제시한 능동적 신뢰 방법이 우리 사회 기업민주화와 관련해 어떤 실천적 의미를 지니는지 살펴보기 전에 기업 및 공공 영역에 대한 신뢰 정도를 살펴보기로 하자. 우리 사회에서도 모든 인간관계의 기초인 신뢰가 크게 훼손되어 있다는 비판적인 평가가 존재한다. 정치에 대한 불신은 널리 알려진 주제이고,[63] 또 대기업에 대한 일반 국민들의 신뢰 역시 높지 않다는 연구 결과가 발표되기도 한다. 한국사회에서 신뢰 문제가 본격적으로 많은 사람들의 관심사로 부각된 계기는 IMF라는 경제적 위기일 것이다. IMF 위기를 기업과 기업 사이의 불투명한 거래관행, 기업과 정부 사이의 유착관계와 부패, 정부의 거대한 관료화와 비효율성과 무책임성 등 총체적인 신뢰의 위기로 규정하는 것은 그리 과장된 것만은 아니다. 그러므로 한 연구에 의하면 지난 30여 년 동안 권위주의적인 국가 주도형 근대화 발전전략으로 인해 비약적인 경제성장에 성공하였으나, 가장 중요한 무형적 사회자본인 신뢰가 점차 붕괴되어 왔다. 그리고 이런 사회 구성원들 사이의 상호 신뢰와 사회제도 및 질서에 대한 신뢰의 붕괴는 "우리 사회의 고질적인 병폐로서 간주되고 있는 부정부패, 정경유착, 지역주의와 같은 폐단을 낳았으며, 이에 따라 신뢰의 회복은 학문적 관심사의 수준을 넘어서서 시급히 해결해야 할 정책과제의 성격을 갖게 되었다"고 주장한다.[64]

• • •

63   어수영의 연구에 따르면 65.2%의 한국인이 의회에 대해 신뢰하고 있지 않다고 응답한 것으로 나타났다(『가치변화와 삶과 정치: 한국, 일본, 미국, 멕시코 4개국 비교연구』, 이화여대출판부, 1997, 48-70쪽 참조). 정치가에 대한 신뢰도가 떨어지는 현상은 우리나라에 국한되는 것이 아니라, 서구 선진 국가들에서도 나타나는 일이다(앤서니 기든스, 『제3의 길과 그 비판자들』, 박찬욱 외 옮김, 생각의나무, 2002, 124쪽 이하 참조).

64   김우택 · 김지희, 「신뢰의 개념과 신뢰 연구의 맥락」, 김우택 · 김지희 편, 『한국사회 신뢰와 불신의 구조: 미시적 접근』, 소화, 2002, 12쪽.

이하에서는 최근 한국사회에서 진행된 신뢰 수준에 대한 여러 경험적 연구를 참조하여 우리나라의 신뢰 수준이 어느 정도인지 서술한다. 이때 주로 법과 제도와 같은 공공 영역 그리고 기업과 같은 민간 부문에서의 신뢰의 문제를 나누어서 살펴보고자 한다. '2003 한국정치학회 추계정기학술회'에서 발표된 「한국사회조직생활의 패턴과 신뢰구조의 이중성」이라는 장수찬의 논문에 따르면 한국인은 친근한 내부집단에 대한 신뢰도는 69.6%를 보여주는 데 반해, 낯선 외부집단에 대한 신뢰 수준은 5.9%에 지나지 않았다. 즉, 한국인은 내부집단인 가족에 대해 93.6%, 친척에 72.3% 그리고 친구에 대해서는 70.5%라는 아주 높은 수준의 신뢰도를 보여주었으나, 외국인에 대해서는 8.0%의 아주 낮은 신뢰 수준을 보여주었다. 이 통계자료에 의하면 내부집단과 외부집단에 대한 신뢰도의 차이가 그리 크지 않은 서구와는 달리, 우리 사회는 지연이나 학연[65]과 같은 1차 집단에 대해 갖고 있는 신뢰도와 그 외의 집단에 대해 보여주는 신뢰 수준의 차이가 대단히 크다. 이런 신뢰 구조의 이중성은 정치·사회·지역갈등과 밀접한 연관성을 갖고 있다.[66]

이재혁에 따르면 우리나라의 사적 신뢰는 높고 강하지만 공적 신뢰는 낮다.[67] 즉, 사적인 영역에 대하여는 높은 신뢰를 보이면서도, 정치 및 법제도와 같은 공적인 영역에 대한 사람들의 신뢰는 상대적으로 낮다.

* * *

65 물론 혈연이나 지역적 연고에 의해 맺어지는 것과 학연에 의해 맺어지는 집단이 동일한 것은 아니다. 학연은 혈연적 연고 집단과 달리 오로지 생래적으로 귀속되지 않는 성취적 집단이라는 성격을 지니고 있기 때문이다. 그래서 김용학은 학연집단을 성취된 집단이기는 하지만, '연줄주의를 의도적으로 지향하면서' 형성된 것으로 본다. 학연집단에 가입할 때 일정한 노력이 요구되긴 하지만, 가입할 때 연줄적 특권을 중요한 고려 사항의 하나로 간주한다는 점에서 시민사회의 자발적인 결사체들과 다른 성격을 보여준다. 학연집단에 대한 김용학의 분석은 한승완, 「'연줄망'에서 '연결망'으로」, 권용혁 외 지음, 『한중일 기업문화를 말한다』, 이학사, 2005, 147쪽 참조.

66 <문화일보>, 2003년 10월 17일.

67 이재혁, 「신뢰의 사회구조화」, 『한국사회학』 32, 1998, 311-335쪽 참조.

이런 경향은 다른 경험적 연구 결과와 동일하다. 1998년 9월 6일 자 <중앙일보>에 의하면 "법을 지키면 이득이 되지 않는다"라는 설문에 응답자의 56%가 "그렇다"고 대답하였다. 이는 1995년에 42%, 96년 53%로 동일한 질문에 "그렇다"고 응답한 결과를 비교하면 우리나라의 법에 대한 신뢰도가 계속 악화되고 있음을 보여준다.

현재 우리나라의 가족주의적인 연고문화는 지역주의 및 학연과 연결되어 작동한다. 따라서 학벌과 인맥이 우리 사회에서 얼마나 커다란 영향을 미치는가에 대한 실증적·인문학적 연구는 양적으로 증가하고 있을 뿐만 아니라, 그런 연구는 우리 사회가 어떻게 작동하고 있는가를 인식하는 데 귀중한 자료를 제공하고 있다. 우리 사회에서 학벌 문제의 심각성을 체계적으로 정리하고 이에 대한 다양한 대안들을 담은 연구 결과로서 김상봉의 『사회적 주체성에 대한 철학적 탐구: 학벌사회』가 주목할 만하다.[68] 그는 '학벌'과 '학벌주의'를 계급적 불평등의 문제로 고찰하고, 이를 공론화하는 데 큰 영향력을 행사한 강준만의 연구 성과를 이어받아 학벌 문제 해결 방안을 적극적으로 모색한다.

김상봉은 강준만의 문제 제기와 이를 기초로 해서 학벌 문제 해결이 대학 서열 타파와 대학 평준화에 있다는 결론을 도출한 김경근의 연구업적과 문제의식에 크게 공감을 한다. 그러나 그는 이 두 사람의 연구가 지니는 근본적인 한계를 지적한다. 그는 이들의 연구가 학벌 문제를 그 현상에서 서술하는 데 머물러 그 근원에 대한 이론적 접근을 파악하지는 못하고 있다고 본다.[69] 그래서 그가 과제로 삼는 것은 바로 "학벌 문제가 우연적 현상이나 부수적 현상이 아니라, 한국사회의 본질적 형성 원리로부터 비롯된 현상이라는 것을 밝히는 것"이다.[70] 김상봉은 한국사회에서 진정한

• • •

68   김상봉, 『사회적 주체성에 대한 철학적 탐구: 학벌사회』, 한길사, 2004.
69   같은 책, 20쪽 이하 참조.
70   같은 책, 25쪽.

의미의 지배계급은 자본가가 아니라 서울대 학벌이라고 말한다. 서울대 학벌은 "이 나라의 대학교수의 1/4를 차지하며, 국회의원의 1/3 이상을 차지하고, 법조인의 절반 이상을 차지하며, 행정부 최고위직의 2/3을 차지" 하고 있기 때문이다.[71]

일본의 <마이니치신문>이 한국의 KBS 및 아시아 연구기금과 공동으로 1996년 서울, 동경 그리고 베이징의 유권자 각각 1천 명을 대상으로 한 연구에서도 학연이나 지연이 차지하는 비중이 한국이 다른 나라에 비해 훨씬 높은 것으로 나타난다. 예를 들어 "지연이 성공 여부에 어느 정도 영향을 준다고 생각하느냐'라는 질문에 "그렇다"고 대답한 응답자의 비율이 서울 80%, 베이징 52% 그리고 동경 51%로 나타났다. 그리고 "학연이 성공여부에 어느 정도 영향을 준다고 생각하느냐'에 대해서도 서울 지역에서 응답자의 91.6%가 "그렇다"고 대답하였다. 이는 동경의 82.2%나 베이징의 65.1%에 비해서 높은 수치이다. 이 연구에 의하면 동일한 유교 문화권에 속하는 한 · 중 · 일 3국에서도 우리나라에서 학연, 혈연, 지연의 중요성이 가장 높게 평가되고 있으며, 연고주의적인 성향이 상대적으로 더 두드러진 것으로 나타난다.[72]

혈연, 지연 그리고 학연과 같은 연고 집단에 대한 신뢰가 높은 반면에, 공적으로 제도화된 절차나 규범에 대한 신뢰는 그리 높지 않은 실정이다. 한국정신문화연구원이 1999년 11월에 수행한 「한국사회의 신뢰실태조사」의 결과는 이를 잘 보여준다. 이 조사는 공식적인 제도의 투명성과 공정성에 연관된 공적 신뢰의 수준을 구체적으로 살펴보기 위해 보상과 처벌의 공정성 및 불공정한 사회적 관행을 다루었다.[73] 이 조사보고서에서 연구자

• • •

71   같은 책, 29쪽.
72   김지희, 「한국사회의 신뢰 수준」, 김우택 · 김지희 편, 『한국사회 신뢰와 불신의 구조 미시적 접근』, 앞의 책, 240쪽 이하 참조.
73   한상진 · 은기수 · 조동기, 『한국사회의 신뢰실태조사』, 1999년도 교육부 연구보고서.

들은 우리 사회에서 보상의 공정성에 대한 신뢰를 알아보기 위해 "직장 내 승진, 세금징수, 징병검사, 사업의 인허가, 교수 임용, 대기업 공채" 등에 대하여 그것이 공정하게 이루어지는지에 대한 생각을 물어보았다. 위 6개 항목에 대해 "매우 공정하다"와 "약간 공정하다" 등 공정하다고 응답한 비율이 가장 높은 것은 "대기업 공채" 41.2%이고, 가장 낮은 것은 "세금징수" 13.7%였다. 이 연구 결과는 우리 사회의 구성원들이 징병 검사, 사업인허가나 세금징수와 같은 국가의 중요한 역할에 대한 아주 낮은 수준의 신뢰를 지니고 있음을 보여준다.

1999년에 행한 한국정신문화연구원의 연구는 공적인 제도의 공정하고 투명한 운영과 함께 "범법자에 대한 처벌의 공정성"을 공적인 제도나 절차에 대한 사회적 신뢰를 결정하는 중요한 요인으로 간주한다. 왜냐하면 사회적 제도나 규칙이 그에 따라 행동하는 사회의 구성원들로부터 광범위한 신뢰와 정당성을 확보하려면 이것들이 반드시 합리적으로 운영되어야만 할 뿐 아니라, 이를 위반할 경우에는 그에 합당한 처벌과 제재가 엄격하고 일관적으로 적용되어야만 하기 때문이다. 이 연구 결과에 의하면 우리나라 사람들은 처벌과 제재의 공정성을 그리 높게 신뢰하고 있지 않다.

이 연구는 법적 처벌의 공정성에 대한 신뢰를 측정하기 위해 "대기업가의 공금유용, 정치인의 선거법 위반, 일반 시민의 음주운전, 변호사의 탈세, 노동자의 불법파업, 불법 노점상" 등 6개 항목에 대하여 처벌이 얼마나 엄격하게 이루어지는가를 물어보았다. 이 물음에 대하여 "일반시민의 음주운전"에 대한 처벌이 엄격하게 이루어지고 있다는 응답이 67.5%로 가장 높게 나왔으며, "노동자의 불법파업"과 "불법 노점상"에 대한 처벌이 엄격하게 이루어지고 있다는 응답이 각각 60.5%와 58.1%로 나타났다. 이것은 우리나라 사람들이 전반적으로 일반 시민의 위법 행위는 대체로 엄정하게 다루어지고 있다고 보고 있음을 보여준다. 이에 반하여 변호사의 탈세에 대한 처벌이 공정하게 이루어지고 있다고 보는 응답 비율은 겨우 9.9%에 지나지 않는다. 그리고 정치인의 선거법 위반과 대기업가의 공금유용에 대한 처벌의 공정성을 신뢰하는 비율은 각각 10.2%와 16.1%에 그치고 있다. 결국 이 연구 결과에 의하면 우리나라 사람들의 상당수는 공적 제도나 규범 그리고 사법적 절차에 대하여 강하게 불신하고 있다. 또한 우리나라 사람들은 법이 사회 지도층 및 부와 권력을 지니는 소수 특권계층에 대해 지나치게 온정적인 방식으로 적용되고 있으며, 그에 따라 법 앞에서의 평등 원칙이 크게 훼손되고 있다고 인식하고 있다.

지금까지 공적 영역에 대한 한국인들의 신뢰 수준을 나타내는 실증적인 연구 결과를 살펴보았다. 민간부분, 특히 대기업에 대한 신뢰 수준을 보여 주는 연구 결과는 공적인 영역에 대한 연구 결과와 크게 다르지 않다. 결론부터 말하자면 우리 사회에서 대기업에 대한 신뢰 수준은 전반적으로 낮으며 IMF 이후에 대기업에 대한 신뢰가 더욱더 하락함을 알 수 있다. 예를 들어 1996년도에 대기업을 신뢰할 수 있다고 응답한 비율이 매우 신뢰한다(2.1%)와 어느 정도 신뢰하는 편이다(37%)를 합쳐 39.1%였는데, 1999년도에 신뢰한다고 응답한 비율은 매우 신뢰한다(1.1%)와 신뢰하는 편이다(16.9%)를 합쳐 18%로 급락하였다.[74]

울산대학교 동아시아연구센터의 실증적인 연구 조사에 의한 기업 내 의사소통 구조와 기업에 대한 신뢰분석을 살펴보자. 본 연구소에서는 「한·중·일 3국 기업의 의사소통 구조 비교」를 위해 2003년 12월부터 2004년 1월에 걸쳐 한국, 중국, 일본에서 설문조사를 실시하였다. 조사 대상 모집단은 한국의 경우 수도권 소재 기업, 중국의 경우는 상하이시 소재 기업, 일본의 기업은 동경 소재 기업체 종사자이며, 3국 모두에서 무작위로 추출된 기업의 종사자 500명을 표집하여 조사하였다. 조사의

74   한준, 「민간부문과 신뢰: 대기업을 중심으로」, 김인영 편, 『한국사회 신뢰와 불신의 구조: 거시적 접근』, 소화, 2002, 159쪽 참조.

신뢰도를 높이기 위해 자료의 수집을 3국 모두 전문조사연구기관에 의뢰하였다. 한국은 '한길리서치', 중국은 '상하이 사회과학원'(上海社会科学院) 산하의 '사회학연구소'에, 일본은 '게인(ゲイン)리서치'가 조사를 대행하였다.

한·중·일 3국 기업 내부의 의사소통 구조를 연구하는 본 연구의 분석 틀은 세 가지이다. 첫째 의사소통에 참여하는 주체의 성격을 평가하기 위한 분석 틀은 '개인주의'와 '집합주의'이다. 둘째로는 행위자들의 사회적 관계가 위계적인가 아니면 수평적인가에 의거한 권위주의/평등주의 분석 틀이 설정되었다. 마지막 틀은 의사소통의 방식이 사적이며 상황적인가 아니면 공식적인가 하는 공식성/비공식성의 개념 틀이다. 이 세 가지 분석 틀을 갖고 기업의 의사소통 구조를 분석해보자.

설문 항목 중에서 행위자의 가치관 변수로 집합주의/개인주의를 측정하였다. 7점 척도로 측정된 집합주의/개인주의 변수의 5개 문항의 평균값을 비교해보면, 한국이 4.8, 중국이 4.1, 일본이 3.5로 나타났다. 이러한 측정 결과를 놓고 볼 때, 동아시아 3국의 행위자들은 비교적 집합주의적 태도를 나타내고 있다고 볼 수 있다. 특히 한·중·일 3국 중에서 한국이 가장 높은 집합주의적 태도를 나타내고 있으며, 가장 낮은 집합주의적 성향을 보이고 있는 나라는 일본이다. 예를 들어 "회사의 발전을 위해서 개인의 불이익을 감수할 수 있다"는 문항에 대한 응답을 비교해보면 다음과 같다. 비교적 높은 집합주의적 태도를 보인 한국의 경우 긍정적 응답자의 비율이 56.6%이고 부정적 응답자의 비율은 26.6%에 불과하다. 반면 한·중·일 3국 중에서 상대적으로 낮은 집합주의적 태도를 보인 일본의 경우, 긍정적 응답자의 비율은 14.8%에 불과하고, 부정적 응답자의 비율은 65.4%에 이른다. 중국의 경우 긍정적 응답자와 부정적 응답자의 비율은 각각 34.6%와 52%이다.

권위주의/평등주의 변수는 7점 척도의 5개 문항으로 측정되었다. 5개

문항의 평균값으로 측정된 결과를 보면, 중국이 4.7, 한국이 3.8, 일본이 3.8로 나타났다. 이러한 조사결과 한·중·일 3국의 의사소통 행위자들은 기업조직 내에서 평등주의적 성향보다는 권위주의적 성향이 강하다고 볼 수 있다. 한·중·일 3국 중에서 중국이 가장 높은 권위주의적 태도를 나타내고 있으며, 한국과 일본은 비슷한 것으로 보인다.

"회사 내에서 직원 간의 위계질서가 중요하다"는 문항에 대해 중국의 경우 긍정적 응답자의 비율은 77.6%이며, 부정적 응답자의 비율은 20.4%에 불과하다. 중국의 경우 기업조직 내에서 직원들의 자율성보다는 위계질서가 중요시되고 있다. 반면 일본의 경우는 부정적 응답자의 비율이 66.4%로 긍정적 응답자의 비율 13.4%보다 훨씬 높다. 한국의 경우도 부정적 응답자의 비율이 53.6%로 긍정적 응답자의 35%보다 높다. 중국과 한국의 기업이 기업조직의 위계질서를 중시한다면, 일본 기업의 경우는 중국과 한국의 기업과는 달리 기업조직의 위계보다는 개인의 자율적 참여를 중요시하고 있다.

공식성/비공식성 변수는 7점 척도의 5개 문항으로 측정되었다. 5개 문항의 평균값으로 측정된 결과를 보면, 중국이 4.8, 한국이 4.3, 일본이 3.9로 나타나고 있다. 직무수행 방식에 있어서 중국기업은 공식규정에 의해 수행하려는 경향이 한국이나 일본에 비해 보다 강한 것으로 보인다. 반면 일본의 경우는 기업의 공식적 규칙보다는 상황에 따른 개인의 주관적 판단을 보다 중요시하는 것으로 보인다.

"회사의 공식적인 직무규정이나 업무지침은 어떤 경우에도 준수되어야 한다"는 문항에 대한 응답을 보면, 중국의 경우 긍정적 응답자의 비율이 81.7%에 이르고 부정적 응답자의 비율은 6.34%에 불과하다. 반면 일본의 경우는 긍정적 응답자의 비율이 43%, 부정적 응답자의 비율이 31.4%이다. 한국의 경우는 긍정적 응답자의 비율이 56.2%, 부정적 응답자의 비율이 27.6%이다. 공식성/비공식성과 관련하여 유의할 점은 한·중·일 3국의 기업조직 내에서 공통적으로 인간관계가 중요시되고 있다는 점이다. 직장 생활에 있어 고충 해결을 위해 친밀한 사람에 의존한다는 응답자와 직원의 채용과 승진에 있어 인사 청탁이 영향을 미친다는 응답자의 비율이 한ㆍ중ㆍ일 3국 모두에서 매우 높게 나타나고 있다.

기업조직 내부에서 학연, 혈연, 지연, 업연(과거의 직장동료) 등으로 구성된 연고주의의 영향을 5점 척도로 측정한 결과를 보면, 한ㆍ중ㆍ일 3국 사이에 의미 있는 차이는 보이지 않는 것으로 나타났다. 연고주의 변수의 평균값은 한국이 2.9, 일본이 2.8, 중국이 2.5로 나타났다. 3국 중에서 한국과 일본의 기업조직에서 연고주의 영향이 중국보다 약간 큰 것으로 보인다. 한ㆍ중ㆍ일 3국 모두에서 연고주의가 기업조직 내에서 영향을 미치는 것으로 나타나고 있다.

한ㆍ중ㆍ일 3국의 기업조직에 있어서 연고주의의 영향을 고려할 때 중요한 점은 연고주의의 영향의 정도보다는 연고주의의 유형이다. 연고주의의 영향의 정도는 3국 간에 큰 차이를 보이고 있지 않지만, 영향력 있는 연고주의의 유형은 3국가 간에 큰 차이를 보이고 있기 때문이다.

회사에서 승진에 영향을 미치는 연고 유형을 학연, 혈연, 지연, 업연으로 나누어 측정한 결과를 보면 3국에서 중요한 영향을 미치는 연고의 유형은 상이하다. 한국의 경우 학연과 지연의 영향이 일본 및 중국에 비해 큰 것으로 나타났다. 중국의 경우는 여러 연고 중 혈연의 영향이 한국이나 일본에 비해 크게 나타났고, 일본의 경우는 업연의 영향이 한국이나 중국에 비해 크게 나타났다. 이로 보건데 중국사회는 상대적으로 일본이나 한국보다 혈연관계를 통한 사적 관계에 더 의존하고 있는 데 반해, 일본은 혈연보다는 업연을 더 중요한 연고 관계로 받아들이고 있음을 알 수 있다.

기업에 대한 신뢰는 조직(제도)과 사람이라는 두 차원으로 나누어 조사되었다. 기업제도에 대한 신뢰의 정도를 측정하기 위해 이사회, 인사고과제도, 노동조합(종업원 대표기구), 기업의 회계와 감사, 성과분배제도 등에

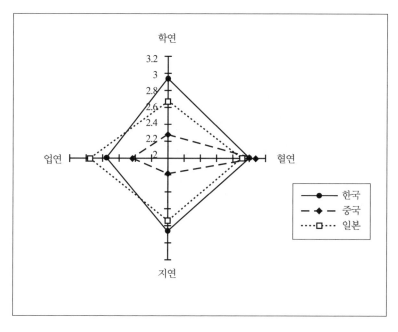

학연

혈연

업연

지연

● 한국
◆ 중국
□ 일본

<그림> 기업 내 승진과 관련된 연고주의 유형 비교

대한 신뢰 정도를 5점 척도로 측정하였다. 기업 내의 인간관계에 대한 신뢰는 사장, 경영진, 상급자, 동료, 부하직원 등으로 구분하여 5점 척도로 측정하였다.

기업에 대한 신뢰 정도를 제도와 사람으로 나누어 측정한 결과를 보면, 제도에 대한 신뢰 정도는 한국이 3.0, 중국이 3.35, 일본이 2.47이고, 사람에 대한 신뢰 정도는 한국이 3.56, 중국이 3.38, 일본이 3.18로 나타났다. 한·중·일 3국 모두 기업 제도보다는 기업 내 인간관계를 더 신뢰하는 것으로 나왔다. 한·중·일 3국이 공통적으로 제도보다는 인간관계를 더 신뢰하는 모습은 사회생활에 있어서 인간관계를 기업 제도의 공적 규칙보다 더 중요시하는 경향을 보여주는 것으로 이해된다. 그리고 이는 인간 상호 간의 인륜적 관계를 중시하는 유교적 가치관의 영향으로 인한 것으로

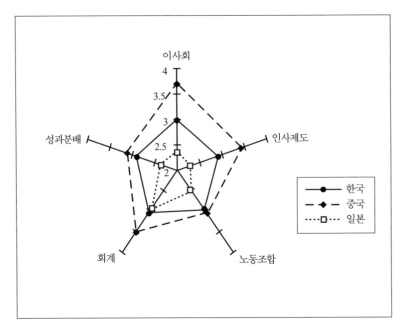

<그림> 한중일 3국의 기업조직에 대한 신뢰도 비교

파악된다. 한·중·일 3국에서 중국이 제도를 가장 신뢰하고 있고, 인간관계에 대한 신뢰는 한국이 가장 높다. 일본은 제도와 인간관계 모두에서, 즉 공적 신뢰와 사적 신뢰 영역에 대해 가장 낮은 신뢰도를 보여주는 것으로 나타났다.[75]

이상에서 살펴본 바와 같이 실증적인 연구 결과는 한국사회에서 여전히

• • •
75   일본에 대한 연구 결과는 조심스런 해석이 요구되는 것으로 보인다. 제도와 인간관계 모두에서 일본이 한국이나 중국에 비해 신뢰 수준이 낮은 것으로 나타난 이유로 우선 고려해야 할 점은 1990년대 초반 시작된 버블경제의 붕괴의 영향이다. 기존에 기업이나 다른 사람에 대해 지녔던 높은 신뢰 수준이 급속한 경제위기와 이로 인한 기업조직 내의 변화가 기업조직과 사람에 대한 신뢰 수준을 급락시킨 원인이라고 보아야 할 것이다. 그런 점에서 이번 연구 결과에 의거해서 단순하게 일본의 신뢰 수준이 한국이나 중국의 그것에 비해 낮다고 평가하는 것은 무리일 것이다.

학연, 혈연 그리고 지연과 같은 연고문화가 큰 영향력을 행사하고 있음을 보여준다. 그러므로 기업을 포함한 한국사회의 신뢰 위기를 해결하기 위해 혈연/학연/지연과 같은 1차 집단의 영역을 넘어서 형성되는 보다 자발적인 사회 구성원들의 결합과 교제의 가능성을 넓히는 방안들을 모색할 필요가 있다. 이를 위해 혈연/학연/지연 등과 같은 연고 집단에 대한 높은 신뢰도 와 그 외의 집단에 대한 낮은 신뢰도 사이의 이중성을 극복할 방안들을 모색해야 한다. 왜냐하면 혈연이나 지연 등과 같이 생래적으로 귀속되는 우연적인 요인과 무관하게 사회 구성원 사이의 공동체적인 유대 관계를 활성화하려면 이들 사이에 우연적인 귀속성의 원리를 넘어선 자발적인 상호 신뢰가 형성되어야 하기 때문이다. 따라서 시민공동체 또는 시민단체 라고 불리는 자발적 사회적 결사체의 활성화 방안이 다각도로 모색되어야 한다. 특히 여기에서 주목하는 것은 내부/외부 집단 사이의 극명한 신뢰도 의 차이를 극복할 방안의 하나인 '능동적 신뢰'이다.

V. 능동적 신뢰와 한국 기업 민주주의 발전 방향

우리 사회는 1987년 6월 항쟁 이후 민주화의 시대를 경험하고 있다. 그러나 민주주의가 역사적으로 항상 그렇게 성공적인 것만은 아니었음을 망각해서는 안 된다. 20세기를 돌이켜 볼 때 민주주의는 여러 나라에서 실패를 거듭했다. 그리고 신자유주의적 시장만능주의가 일정한 한계에 직면하면서 각 나라마다 상이하겠지만 우리나라에서만이 아니라, 유럽 국가들이나 미국에서도 민주주의의 심각한 퇴행 현상이 나타나고 있다. 그러므로 우리는 서구 민주주의의 역사적 경험에서 배우는 자세를 견지하 면서 그것을 우리가 따라가야 할 모델로 보는 입장에서 벗어날 필요가 있다. 우리에게 필요한 것은 우리나라에서 민주주의가 지속적으로 이루어질 수 있도록 제반 여건들을 형성해 나가려는 창조적인 노력이다. 그러기 위해서는 민주주의에 우호적인 전제 조건들이 무엇인지를 면밀하게 검토하고, 이런 조건들을 심화 발전시켜 나가려는 세심한 배려와 노력이 요구된다. 특히 경제개혁 및 기업 민주화와 관련하여 우리 사회 고유의 문화적 조건과 결합되어 있는 경제제도의 특성을 고려하여 한국형 민주적 경제개혁의 전망을 진지하게 모색하는 것이 필요하다.

신자유주의적 세계화로 인해 발생하고 있는 자본주의와 민주주의 사이의 상호 관계의 해체 현상은 매우 염려스럽다.[76] 이런 현상을 넘어서기 위해 특히 모든 권력은 부패하고 인간이 가지는 권력은 항상 남용될 수밖에 없다는 사실은 결코 다수정의 횡포에 국한되지 않는다는 점에 대한 인식이 중요하다. 권력의 남용 가능성은 부와 특권을 지닌 소수의 사람들에게도 해당된다. 따라서 흔히 다수에 의한 통치로 이해되는 민주주의만이 마치 전제정치로 몰락할 가능성을 지니고 있음을 강조하면서, 민주주의의 위험성만을 무분별하게 비난하는 태도는 철회되어야 한다.[77]

더구나 민주주의와 자본주의 사이의 결속력이 해체되면서 나타나는 불평등 심화 및 이와 연관해서 발생하는 심각한 사회적 갈등 구조는 더 이상 방치되어서는 안 된다. 우리는 비정규직 노동자들의 급속한 증가, 부의 불평등의 심화, 실업자 수의 급속한 증가 등의 문제들에 대한 해결책을 제시하기 위해 노력해야만 한다. 일례로 한국보건사회연구원 서동우 연구

• • •

76   N. 보비오, 『자유주의와 민주주의』, 앞의 책, 87쪽 참조.

77   민주화를 무식하고 순응적인 군중들의 지배로 격하하는 태도는 서구에서 플라톤의 민주주의에 대한 비판 이래로 기나긴 전통을 지닌다. 알랭 로랑(Laurent, A.)은 이런 판에 박힌 민주주의에 대한 비판을 다음과 같이 반복한다. "고분고분하고 비독립적이며 순응주의적인 대중은 개인화 과정을 왜곡시키고 희석시키고 타락시킨다. '민주화' 역시 아무것도 해결하지 못한다. 아니, 그 반대이다. 왜냐하면 민주화란 단지 군중의 지배, 집단의 힘, 평등주의가 행사하는 억압, 다수결 법칙에 의한 소수에 대한 다수의 횡포를 의미할 뿐이기 때문이다."(『개인주의의 역사』, 김용민 옮김, 한길사, 2001, 83쪽 이하).

원의 조사 결과 발표에 의하면 우리나라에서 경제적인 어려움으로 인해 현재 자살로 숨지는 사람과 자살 시도를 하는 사람들의 수가 급증하고 있다. 이 조사에 의하면 우리나라에서 매일 30명이 자살로 숨지고 960명이 자살을 시도하고 있다. 자살증가율은 현재 2002년 기준으로 경제협력개발기구(OECD) 가운데 1위이고 자살 사망률은 4위이다. 이 조사에서 특히 주목할 만한 것은 자살이 현재 우리나라의 20~30대 젊은이의 사망원인 1위를 차지한다는 점이다.[78] 이런 상황을 개혁하기 위해 사회적으로는 시장경제체제에서 낙오한 사람들에게 최소한의 인간적 삶을 보장할 수 있도록 사회보장정책이 강화되어야 할 것이고, 경제적으로는 우리나라 경제구조의 변화를 통한 새로운 경제 발전의 모델이 모색되어야 할 것이다.

한국사회에 적합한 새로운 경제발전 모델을 모색하는 과정에서 김대중 정부 시절 논의되었던 '민주주의와 시장경제의 병행 발전'은 좋은 출발점이 될 수 있다. DJ 정부의 정책적 이념의 표현인 '민주주의와 시장경제의 병행 발전'이 실질적으로 현실에 구현되었는지 여부에 대해서는 여기서 다루지 않을 것이다.[79] 다만 '민주주의와 시장경제의 병행 발전'이라는 정책적 패러다임이 일정 정도 개혁성을 갖고 있었던 것은 사실이다. 이병천이 지적하듯이 김대중 정부는 "김영삼 정부와 같은 탈규제 일변도가 아니라 질서 자유주의적 개혁에 착수했다는 점에서도 진일보한 개혁성"을 지니고 있었기 때문이다. 그럼에도 질서 정연한 책임 자본주의를 형성하여 한국경제의 여러 문제를 해결하고자 한 김대중 정부의 개혁은 세계화의 함정에 깊이 빠져들었고 재벌 측의 요구를 받아들여 경제개혁에서 제한된 개혁만을 이루는 데 그쳤다는 비판을 받아야 한다.[80]

• • •

78 <프레시안>, 2004년 11월 19일.

79 최장집은 '민주주의와 시장경제의 병행 발전' 담론이 정치적인 구호에 그쳤다고 비판한다. 최장집, 『민주화 이후의 민주주의』, 앞의 책, 177쪽 참조.

80 이병천, 『한국 자본주의 모델: 이승만에서 박근혜까지, 자학과 자만을 넘어서』, 책세상,

한국의 경제구조를 좀 더 민주적 방향으로 개혁하려고 할 때 단골로 등장하는 비판 중의 하나는 노조의 호전성 문제이다. 한국의 많은 지식인들과 언론 그리고 경제활동의 주체들은 한국의 노조운동의 강경함과 전투성을 우려한다. 그들은 노조의 전투성이 외국인 투자 유치에 최대의 걸림돌이라고 반복해서 말한다. 특히 보수적인 언론들은 노동운동과 진보적 사회정책에 대해 비우호적일 뿐만 아니라, 노골적인 적대감을 거침없이 표현한다. 노조 파업을 국가 경제를 망치는 주범으로 몰고 가거나, 노조의 집단 이기주의를 맹렬하게 비판하고, 강성노조를 한국경제 발전의 걸림돌로 바라보는 편향된 시각을 거리낌 없이 사회적으로 유포시키고 있다.

한국의 보수언론과 수많은 보수적 지식인 그리고 한국의 정계와 재계는 외국인 투자를 방해하는 것은 이른바 호전적인 노조가 아니라 재벌기업의 지배구조를 유지하기 위해 허용되는 불투명한 경영이라는 외국인 투자가들의 주장에는 귀를 기울이지 않는다.[81] 더 나아가 그들은 정작 이러한 현상이 어떻게 해서 발생하게 되었는가에 대한 역사적·발생적 고찰을 하지 않는다. 그러나 이런 자세는 불공정한 것일 뿐만 아니라, 우리가

• • •

2014, 128-129쪽 참조. 이병천에 의하면 국민의 정부의 민주주의와 시장경제의 병행 발전이라는 경제정책 패러다임은 김대중이 그 이전에 주장했던 이해 당사자 참여를 중요시한 '대중경제론'에서 영미식 시장자본주의를 지향하는 '디제이노믹스'로 변화된 결과였다. 같은 책, 138쪽. 노무현의 비극적 죽음 이후 우리 사회 일각에 참여정부에 대한 지나친 온정주의적 태도가 강하게 존재한다. 그런 태도가 비판받아야 하지만, 그런 분위기를 선의로 이해한다면 그런 태도를 보이는 사람은 아마 참여정부가 국민의 정부에 비해서 개혁적인 정부였다는 믿음을 갖고 있는 것처럼 보인다. 그러나 이병천의 분석에 의하면 그런 믿음은 근거가 없다. 같은 책, 184-186쪽 참조. 그렇기 때문에 참여정부가 실패하게 된 원인을 보수적인 기득권 세력의 방해에서만 구하면서 참여정부가 보여준 무능력에 대해서는 온정적인 시선으로 감싸주려는 태도는 비판되어야 한다. 그런 태도가 참여정부가 국민의 정부에 비해 남북관계를 비롯하여 경제개혁의 분야 등에서 상대적 진보성을 보여주지 못했다는 점을 정면으로 응시하고, 이를 비판적으로 성찰하면서 더 나은 개혁의 방향 및 방법을 모색하는 가능성을 가로막고 있기 때문이다.

81 「외국계, "투자 걸림돌은 호전적 노조보다 불투명한 경영"」, <프레시안>, 2004년 5월 13일.

당면한 문제를 해결하는 데 전혀 도움이 되지 않는다. 기업가와 노동자 사이의 불필요한 갈등과 긴장을 격화시키고 상호 불신을 증폭시키는 것은 바람직하지 않기 때문이다.

전투적/대립적 노사관계를 타협적/상생적 노사관계로 변화시키는 작업은 구두선만으로는 이룩되지 않는다. 상생적인 노사관계를 지향한다고 해도 우리는 노사 간의 갈등을 불온하고 위험한 것으로 보는 태도를 버려야 한다. 상생적 노사관계라는 이름으로 파업행위와 같은 노동자들의 정당한 문제 제기를 억눌러서는 안 된다는 말이다. 그리고 타협적/상생적 노사관계로의 변화를 이루어내기 위해서는 우선 한국경제 발전 과정에서 노조활동의 자유가 대단히 제약되어 있었고 노조활동에 대한 정권 탄압이 극심했을 뿐만 아니라, 정부의 기업에 대한 일방적인 옹호가 노조의 전투성을 초래하게 한 주된 원인의 하나임을 인정하는 데에서 출발해야 한다. 따라서 전투적·대립적 노사관계를 타협적·상생적 노사관계로 변화시키기 위해서는 다양한 방법들이 동원되어야 한다. 기업의 경영형태나 기업지배구조의 변화, 정경유착의 부패사슬 극복, 공정한 시장경제의 확립 그리고 사회 각 분야에 퍼져 있는 분열/대립과 반목을 극복할 통합의 정치적 리더십 등이 상생적·타협적 노사관계를 이루는 데 함께 가야 할 것들이다.

법이나 제도의 개혁 못지않게 중요한 것은 시민들의 삶의 태도와 관습 그리고 의식에서의 변화이다. 극단적 대립 문화가 자리 잡고 있고, 경험에 의거한 상호 불신의 벽이 높은 상태에서 정치적 사려나 이성적 논의에 의한 문제 해결이 자리할 여지가 거의 없다. 그러므로 노사관계를 전투적이라고 규정짓는 행위는 그 사실 여부를 떠나 사람들의 의식을 규정하여 현실을 형성하는 힘을 지닌다는 점에서 주목할 필요가 있다. '자기를 실현시키는 예언'이라는 유명한 사회학적 용어를 염두에 둔다면, 상대방의 태도를 전투적이라고 규정짓는 태도는 문제 해결의 커다란 걸림돌이 아닐 수 없다. 그러므로 개혁의 과제나 내용들을 열거하거나 제도적 장치들에 대해서 언급하는 것만으로는 부족하다. 개혁정책을 개발하는 것 못지않게 중요한 것은 개혁적인 내용들을 구체적인 현실 속에서 실현시키는 민주적 역량의 강화를 위한 방법과 절차에 대한 고민이다.

민주사회에서 시민들은 어떤 결론을 선험적으로 제시하고 이를 특정한 누가 타당한 것이라고 권위적인 방식으로 제시하거나 강요하는 것을 합당한 것으로 여기지는 않을 것이다. 이런 점에서 민주주의는 공동선과 이를 달성할 수 있는 최선의 수단에 대한 지식과 관련해 우월한 수호자나 전문가들이 통치를 맡아야 한다고 주장하는 '수호자통치'를 인정하지 않는다.[82] 민주주의는 "성인들 가운데 국가의 통치에 대한 완전하고 최종적인 권위를 맡겨야만 할 정도로 통치에 있어 다른 사람들보다 아주 단정적으로 더 뛰어난 자격을 지녔다고 할 수 있는 사람은 없다"는 신념을 가정한다.[83] 간단하게 말해 민주주의는 시민들 스스로에 의한 통치이다.

일상생활, 기업과 정부 조직 그리고 시민사회의 영역 등 각종의 사회영역에서 신뢰와 사회적 연대의 재건이 지니는 중요성을 인정하면서도 신뢰를 새로운 각도에서 접근하는 사람은 앤서니 기든스이다. 그는 신뢰가 아니라 '능동적 신뢰'를 현대사회의 여러 문제점들을 해결하기 위한 방법으로서 제시한다. 이 개념을 정확하게 이해하기 위해서는 그가 사용하는 대화민주주의에 대한 선이해가 필요하다. 대화민주주의는 요즈음 민주주의 이론에서 새롭게 조명을 받고 있는 심의민주주의(deliberative democracy)에서 영감을 얻은 것이다.

기든스가 보기에 기업조직 내에서도 권위적이고 관료적인 조직 체계에

---

82 소수의 지혜로운 사람에게 정치적 통제가 주어져야 한다고 주장하면서 민주주의는 올바른 지도력을 발휘할 수 없어 극단적인 예속의 상태로 전락할 수밖에 없다고 주장한 대표적인 사상가는 플라톤이다. 이에 대해서는 데이비드 헬드, 『민주주의의 모델』, 앞의 책, 37쪽 이하 참조.

83 로버트 달, 『민주주의』, 앞의 책, 106쪽.

비해서 보다 효율적인 조직 구성의 원리들을 형성해 내야만 한다. 그렇지 않으면 인간에 의해서 인위적으로 산출된 불확실성이 급속도로 증대되고 있는 21세기의 상황을 헤쳐 나갈 수 없을 것이다. '인위적 불확실성'(manu-factured uncertainty)을 극복하기 위해서 조직 구성원들은 좀 더 많은 자율적인 공간과 책임영역을 가져야 할 것이다. 인위적 불확실성이라는 개념은 현대사회의 특성을 분석하기 위해 기든스가 사용하는 용어이다. 인위적 불확실성을 가속화시켰던 것은 지난 40~50년간에 걸쳐 서구 근대 문명이 사회와 자연을 변형시켰던 일련의 발전의 결과물이다. 이 중에서 우리가 특히 주목해야만 하는 것은 다음 세 가지 발전이다. 그것은 바로 "세계화"의 심화, "탈전통적 사회(post-traditional society)의 등장" 그리고 "사회적 성찰성(social reflexivity)의 확장"이다.[84] 기업조직의 민주화와 연관해볼 때, 정보기술과 과학기술의 발달로 인해 유연적 생산이나 '하의 상달식 (bottom-up) 의사결정'이 중요하게 대두되는 것도 바로 현대사회에서의 사회적 성찰성의 확장과 무관하지 않다. 사회적 성찰성이 높아진 세계에서는 정부조직이나 정치조직 그리고 기업조직 역시 조직 구성원에게 보다 많은 행동의 자율성과 책임을 부여해야만 한다.

기업영역에 민주주의 원칙을 적용할 때 주목해야 할 것은 민주주의와 신뢰의 상관성 문제이다. 앞에서 지적한 바와 같이 신뢰는 현대사회에서 민주주의를 가능하게 해주는 조건인데, 그것은 더 이상 자연적인 것으로 전제되는 것이 아니라 문제 해결의 당사자들이 능동적으로 형성하고 유지시켜야 할 과제이다. 능동적 신뢰에서 중요한 것은 당사자들 사이의 공적인 토론을 통해 서로가 신뢰의 터전을 마련하는 것이다. 기든스에 의하면 오늘날 일상생활의 영역과 전 지구화의 영역에서 민주주의 및 대화가 더 중요성을 띠게 된다. 예를 들어 사랑 및 가족관계에서도 대화의 공간이

• • •
84 앤서니 기든스, 『좌파와 우파를 넘어서』, 앞의 책, 17쪽 이하.

더 확장되어 간다. 이처럼 현대사회에서는 일상 영역 전반에서 대화에 의한 문제 해결의 중요성이 그 어느 때보다 커진다. 따라서 심의는 정치적 사안을 결정하는 절차로만 이해될 필요가 없다. 이렇게 그는 심의 개념을 정치적 영역 이외에도 적용할 수 있도록 탄력적으로 변형시킨다. 그리고 자신의 민주주의 개념을 대화민주주의라고 규정한다.[85]

대화민주주의와 능동적 신뢰 개념에서 중요시되는 것은 다양성을 존중하면서 상호 협력의 영역들을 이루어내고 이에 기초하여 문제들을 대화적이고 평화적인 방식으로 풀어가려는 태도이다.[86] 즉 대화와 타협에 의한 문제해결의 방식에서 우선적으로 배제되어야 할 것은 다양성을 억압시키고 모든 대화의 여지를 파괴하는 근본주의적 자세이다. 근본주의가 위험하고 잠재적으로 폭력에 노출될 수밖에 없는 이유는 그것이 대화를 통해서 사람들 사이의 관계를 평화롭게 유지시켜 가야 할 상황에서 대화를 거부하기 때문이다. 그렇다고 현대사회가 탈전통사회로 이행하고 있다고 해서 전통의 의미가 전적으로 상실되었다는 것은 아니다. 전통은 자연과 마찬가지로 보호되어야 할 필요가 있으나 전통에 대한 보호의 필요는 반드시 공적인 논의 과정을 거쳐야 한다.

전통 역시 대화의 영역에서 배제되어 있는 것이 아니라 대화에 열려져 있어야만 한다. 개방적인 토론과 대화 속에서 자신의 정당성을 입증할 수 있는 전통적 삶의 방식은 존중되고 유지될 것이다. 그러므로 기든스는 전통을 억압이나 어리석은 편견 내지 미신과 동일시하고 이로부터 벗어날 것을 시도한 근대의 계몽주의의 한계를 지적한다. 그는 전통과 계몽이라는 계몽주의적인 이항 대립을 받아들이지 않는다. "우리는 세계가 전통으로부터 전적으로 벗어나야만 한다는 계몽사상을 수용해서는 안 된다. 전통은

• • •
85   같은 책, 132쪽 이하 참조.
86   같은 책, 147쪽 참조.

생활에 지속성과 형식을 부여하기 때문에 필요하고, 또한 언제나 존속할 것이다."[87]

지금까지의 서술에서 한국사회 구성원 사이의 신뢰와 연대성을 회복하는 방법으로 기든스가 제안한 능동적 신뢰 개념과 그와 연관된 여러 핵심적인 용어들을 검토했다. 그리고 이들 핵심용어들은 자율성, 대화 그리고 사회적 삶의 결합 사이의 상호 연관이었음을 알 수 있었다. 능동적 신뢰의 원칙을 기반으로 해서 이제 능동적 신뢰를 창출할 수 있는 구체적인 방법을 모색해볼 차례다. 위에서 강조한 것처럼 능동적 신뢰는 문제 당사자들 사이의 개방적인 대화와 그것의 생활화를 요구한다. 이런 민주적 대화 문화를 기업영역에서도 정착시켜야 한다. 이하에서는 기업사회에서 대화 민주주의를 실현하기 위한 몇 가지 방법을 살펴보자.

첫째, 한국의 기업문화를 민주적으로 변형시키기 위해서는 기업을 시장 중심주의적인 관점에서만 바라보는 시각의 상대화가 요구된다. 지난 30여 년 이상 장기간의 군사독재에 의한 국가중심적인 동원 체제를 통해 산업화를 이룩하였기 때문에 우리나라는 문제를 민주적인 방식으로, 즉 스스로 자율적이고 이성적인 대화를 통해 해결해 본 경험을 충분하게 발전시켜오지 못했다. 박정희 시대가 우리 사회에 부정적으로 끼친 영향들이 여러 가지이지만 그중의 하나가 민주적 정치문화의 발전을 방해했다는 점이다. 그래서 박정희 시대가 초래한 부정적 결과 중 하나로 "분열주의를 민주적 과정을 통해 해소하는 훈련을 못하게 했다는 점"을 강조하는 강준만의 지적은 타당하다.[88]

권위주의적 개발독재의 경험과 함께 시장의 효율성에 대한 과도한 가치 부여는 함께 성장한 쌍생아이다. 그리고 그런 관점의 확산은 기업에 대한

• • •
87   앤서니 기든스, 『질주하는 세계』, 앞의 책, 99쪽.
88   강준만, 『한국인을 위한 교양사전』, 인물과사상사, 2004, 89쪽.

우리의 시각을 지나치게 협소하게 만든다. 그리고 기업을 효율성과 성과만을 위한 조직으로 보는 시각은 조직운영에서의 민주적 자세를 폄하하게 만들 위험이 있다. 그러므로 우리는 다양한 이해집단들 사이의 갈등을 터부시하거나, 그것을 일거에 해결하려는 유혹에 저항하면서 이해의 충돌과 갈등을 사회의 활력과 성장의 원동력으로 삼을 수 있는 민주적 지혜가 필요하다. 이런 지혜 혹은 대화적인 문제 해결 능력은 행정 권력이나 화폐의 논리를 넘어서 사람들 사이의 관계를 민주적으로 유지시키는 능력을 의미한다. 한국사회를 비롯하여 현대사회가 직면하고 있는 여러 문제는 사람들 사이의 결합의 기예 내지 능력이 훼손되거나 축소되는 데에서 기인한다. 사람들 사이의 민주적 결합 능력에 의존하는 시민의 자치 이념은 시장에서의 이윤 극대화와 자기 이익 추구 행위와 다른 고유성을 지닌 것으로 이해되어야 한다.

둘째, 문제 해결의 당사자를 대등한 존재로 인정하고 존중하는 자세를 지닐 수 있도록 해야 한다. 이 부분은 물론 대화에 의한 문제 해결의 원칙과 밀접하게 연관된 사항이다. 상대방을 문제 해결의 진정한 상대자로 인정하고 존중하는 자세는 단순히 수사적인 표현으로 해결될 성질의 것이 아니다. 그것은 문제 해결을 추구할 때 폭력이나 강제력에 호소하지 않을 것이란 점을 상대방에게 심어줄 때 비로소 그 진실성이 입증될 것이다. 따라서 우리나라의 노사관계를 혁신적으로 개혁해 나가기 위해서는 사용자들과 기업인들의 구시대적 경영 마인드가 변화되어야 한다. 노동자를 동등한 대화 파트너로 인정하지 않는 권위주의적인 노사관계는 더 이상 유지되어서는 안 된다.

자본가들은 노조와 노동자를 경제 발전과 성장에서 협력해야 할 파트너로 인정하고, 이들에게 기업 경영에 참여하는 폭을 확대하는 방향으로 기업구조를 변화하는 자세를 보여주어야 한다. 이런 대안은 노동자 및 노조에게 보다 큰 역할을 부여하는 것에 그치지 않는다. 바로 뒤에서 살펴보는 것처럼 이는 동시에 노조에게 보다 더 강한 책임감과 의무를 부여하는 것이기도 하다. 책임을 분담함에 의해 이들은 더 이상 과거와 같은 관념적이고 비현실적인 정책적 방향을 고수할 수 없게 될 것이고, 보다 현실적이고 책임감이 있는 세력으로 변화될 기회를 갖게 될 것이다.

셋째, 문제해결의 직접적인 이해 당사자들인 기업가 내지 자본가와 노동자들은 서로의 처지에 대한 상황을 솔직하고 투명하게 공개하여 서로의 상황에 대한 정확한 이해를 도모해야만 한다. 기업가 측에서는 기업경영의 투명성을 보장할 제도적 개혁을 마련해야 할 것이다. 그리고 과거 독재권력 시절에 공권력에 의존했던 관행에 대한 솔직한 사과가 이루어져야할 것이다. 노동 단체는 시장경제체제에 대한 지나친 편견이나 자본과 노동의 계급 투쟁적 관점이 현대사회에서도 유지될 수 있는 입장인지를 분명하게 정리해야 할 것이다. 이런 과정에서 비로소 자본가와 노동자는 산업민주주의의 이념에 대한 틀에 박힌 부정적 반응과 함께 지나친 긍정을 넘어서 우리 사회가 안고 있는 제반 조건들을 엄밀하게 분석, 고려한 기초 위에서 실현가능한 대안들을 모색할 수 있을 것이다.

넷째, 문제해결의 당사자들은 그에 걸맞은 책임과 자율성의 영역을 부여받아야만 한다. 그러므로 경영에 대한 노동자들의 참여를 극단적으로 거부하는 자세는 합리적인 대화 자세라고 보기 힘들다. 동시에 노동자들은 현재의 세계화의 시대에서 그리고 사회경제적 조건들이 급속도로 변화하는 상황에서 과연 과거식의 연공서열제나 평생고용제도가 복원될 수 있는가를 검토할 필요가 있을 것이다. 고용의 불안정에 대한 대책이 필요하나, 이런 것이 노동시장의 유연성을 극도로 제한하는 방식으로 이루어질 수 있는지를 비판적으로 성찰할 필요가 있을 것이다. 즉, 특정한 역사적 사회 경제적 조건에서 형성된 재분배 시스템을 교조적으로 신성시하는 태도에서 벗어나 사회적 정의와 공평한 사회의 형성이라는 원칙을 견지하면서도 이를 실현할 수 있는 상황적합적인 제도적 장치들을 만들어내는 탄력적인 사고방식이 요구된다. 영미식 주주자본주의를 극복할 수 있는 대안으로 우리 사회의 일각(특히 진보진영)에서 꾸준히 거론되는 이른바 '스웨덴 모델'은 우리에게 시사하는 바가 있다. 스웨덴은 1998년 개정된 연금법을 통해 연금보험료 책임을 기존의 사용자 전담 방식에서 노사가 반분하는 방식으로 자본의 세계화 흐름 및 노령인구 비율의 급속한 증가와 같은 인구구성의 변화에 적응하려고 노력한다.

다섯째, 우리나라의 노사관계를 좀 더 바람직한 방향으로 변화시키기 위해서는 책임과 의무의 상호성을 철저하게 인정해야만 한다. 만약에 노동자들이 기업 경영에 참여하고 자율적으로 책임을 지게 되면 그에 상응하는 의무를 이행해야만 할 것이다. 이때 자발적으로 이루어진 책임감을 통해 보다 강한 사회적 유대와 결속력을 창출할 수 있다는 믿음을 견지해야만 한다.

마지막으로 중요한 것은 위에서 언급된 원칙들에 의거해서 문제를 개방적인 대화를 통해 해결해 나가는 공동의 경험을 축적하여 이를 통해 자연스럽게 상호 신뢰를 만들어내고 그것을 한층 더 심화시키기 위한 노력을 경주하는 것이다. 이런 대화를 통한 문제해결의 전통과 문화의 활성화는 시장 원리 자체만으로는 창출될 수 없다. 그리고 이런 전통은 그저 주어지는 것이 아니므로 상호 합의된 것을 철저하게 이행 혹은 불이행하는지를 비판적으로 검토할 수 있는 대화의 지속적인 통로를 형성하는 것이 필요하다. 즉, 공적인 문제를 자율적이고 평등한 시민들이 대화를 통해 해결하기 위해 자유로운 논의 및 대화의 영역을 창출하는 것이 요구되는 것과 마찬가지로, 시장과 기업 그리고 노사관계에서의 논쟁적인 문제들을 토론하고 논의할 지속적인 대화의 장을 만들어내야 한다. 그리고 이런 대화의 장을 문제 해결의 직접적인 당사들뿐만 아니라 좀 더 공정하고 객관적인 입장을 취할 수 있는 정부나 시민단체와의 협력 속에서 구성해보는 것이 요청된다.

대화의 방식으로 문제를 해결하는 다양한 시도가 우리 사회에 강하게 뿌리를 내릴 수 있다면, 대화의 정신의 습속화는 다원적인 민주주의 사회에서 필연적으로 발생하는 이해갈등의 강한 충돌이 한 사회를 해체시킬 정도로 극단화된 적대성의 분출로 이어지지 않도록 해줄 것이다. 거듭 강조하지만 정치적 쟁점들을 대화나 심의 방법에 의해서 합리적으로 해결할 수 있는 민주적 정치가 활성화되기 위한 전제 조건의 하나는 대화와 절차가 실질적으로 다양한 문제를 해결하는 데 기여할 수 있다는 광범위한 믿음과 신뢰를 사회 구성원들 스스로가 확보하는 것이다. 그런 조건들이 충분하게 성숙되지 않은 상황에서 공정하고 불편부당한 합의와 절차를 통해 민주적 정치 결정의 정당성과 합리성이 옹호될 수 있다는 식의 주장은 사실상의 권력관계를 은폐하는 도구로 전락할 것이다. 합리적으로 논의하는 공론장 역시 권력관계로부터 자유로울 수 없기 때문이다. 그러므로 심의와 대화를 통한 민주적 정당성의 확보에 대한 믿음은 민주적 정치공동체의 구성원인 시민 상호 간의 연대의 지지를 요청하고 있다는 점을 인식할 필요가 있다. 그런 시민의 연대는 민주적 가치의 생활화와 무관하게 공정한 절차에 의한 합의에 의존해서는 충분하게 창출될 수 없기 때문이다.[89]

VI. 사회복지국가 대 자본주의 너머에 대한 상상의 문제

2008년 세계적 차원에서의 공황과 더불어 신자유주의적 세계화의 파탄이 분명해지면서 자본주의적 경제체제의 효율성과 사회적 연대 그리고 민주주의의 상호 결합을 추구하는 흐름에 대해 비판적 목소리가 커지고 있다. 자본주의 자체의 극복이 더 시급한 문제라는 것이다. 자본과 국가

●●●
89 심의민주주의와 기든스가 제기한 대화민주주의가 안고 있는 문제점에 대해서는 샹탈 무페(Chantal Mouffe), 『민주주의의 역설』, 이행 옮김, 인간사랑, 2006, 제4장, 제5장 참조.

너머를 상상하는 시도에서 주목할 만한 것으로는 안토니오 네그리(A. Negri)와 마이클 하트(M. Hardt)의 다중 이론 그리고 슬라보예 지젝(S. Žižek)의 공산주의의 재규정 시도 등이 있다.

지젝은 네그리와 하트가 새로운 해방의 기획을 정치적으로 조직할 수 있는 행위자로 제시한 다중(multitude)이 자본주의를 변혁하고자 하는 외양을 띠고 있지만, 실제로는 자본주의 체제를 뒷받침하는 것에 지나지 않는다고 비판한다. 지젝에 의하면 네그리와 하트가 생각하는 공산주의는 "'포스트모던' 디지털 자본주의와 기이하게 비슷'하다.[90] 네그리와 하트에 의해 대변되는 자본주의 극복의 시도보다도 지젝이 더욱더 강력하게 비판의 대상으로 삼는 것은 자유주의 좌파들이다. 지젝은 새로운 형태의 공산주의적 실천을 강조하면서 사회민주주의적 지향에 호의적인 자유주의 좌파들을 자본주의 체제를 유지하는 최후의 보루라고 비판한다. "사회민주주의가 20세기 내내 자본주의에 대한 공산주의의 위협에 대응하기 위해 동원된 수단"이었다고 지젝은 강조한다.[91] 그에 의하면 자유주의 좌파들은 자본주의적 지배에 대한 혁명적 저항의식 자체를 포기하고 현실의 개혁에 안주하면서도, 그런 정치만이 오늘날 유일하게 허용된 진보정치의 형식이라는 믿음을 갖고 있기 때문이다.

그래서 지젝은 자본주의 이외의 대안은 없다는 통념을 비판하는 것을 가장 중요한 문제로 본다. 이런 맥락에서 그는 존 카푸토(John Caputo)의 다음과 같은 주장을 인용하면서 카푸토가 옹호하고자 하는 개량주의적 관점을 비판한다. "나는 미국의 극좌 정치인들이 전 국민 건강보험을 제공하고, 국세청 수정 세법에 따라 부를 더 공정하게 효과적으로 재분배하고, 선거자금 모금을 효과적으로 통제하고, 모든 이에게 선거권을 부여하고,

• • •

90 슬라보예 지젝, 『처음에는 비극으로 다음에는 희극으로』, 김성호 옮김, 창비, 2010, 116쪽.
91 같은 책, 193쪽.

이주노동자를 인간적으로 대우하고, 미국의 권력을 국제공동체 내부로 통합시킬 다각적 외교정책을 발표시키는 등, 한마디로 진지하고 폭넓은 개혁을 통해 자본주의를 막아선다면 정말로 행복하겠다. [……] 만약 이 모든 일을 행하고도 바디우와 지젝이 자본이라고 불리는 어떤 괴물이 아직도 우리를 쫓아다닌다고 불평한다면 나는 하품을 하면서 그 괴물을 맞이할 용의가 있다."[92]

여기에서 지젝의 시도에 대한 상세한 언급은 불가능하다. 그러나 필자는 사회민주주의에 대한 그의 평가에 대해 전적으로 동의하지는 않는다. 민주적 통제와 계급 타협으로부터 벗어난 고삐 풀린 신자유주의적 시장자본주의의 위기와 모순을 해결하기 위해 자본에 대한 개별 국민국가의 민주적 통제를 완전히 포기할 수 없다고 보기에 그렇다. 이런 문맥에서 볼 때 독일의 사회학자 볼프강 슈트렉(Wolfgang Streeck)의 고민은 시사적이다. 그는 유럽연합 수준에서 초국적 자본 권력을 민주적으로 통제할 수 있는 방안을 강구해야 한다는 위르겐 하버마스의 시도와 달리, 국민국가의 자율적 주권을 다시 활성화하여 자본주의를 민주적으로 통제하는 것이 더 실현 가능한 대안이라고 본다. "새로운 정치적 행위능력을 구축해 신자유주의의 탈민주화 프로젝트의 속개를 막을 투쟁에 투여할 시간을 버는 일은 절박하다. 이처럼 힘을 비축하는 일에 필요한 전제는 현재 자본주의가 그래도 민주적으로 발달할 수 있다는 전망을 고집하면서 현대사회의 국민국가적 조직이 여전히 의심스러움에도 자본주의의 시장 팽창이라는 치맛자락에 매달려 국민국가를 극복하려는 게 아니라는 사실의 인정이다. 오히려 핵심은 국민국가의 남은 잔재에 일시적으로나마 힘을 실어주어 빠르게 진행되는 자본주의의 점거 속도를 떨어뜨리자는 것이다. 자본주의가 그래도 기능적으로 발전을 이끌어 줄 것이라며 이에 순응하면서 민족주의

• • •
92   같은 책, 158쪽 이하에서 재인용.

이후의 민주주의를 희망하는 전략은 현재 상황에서는 오로지 자율적으로 작용한다는 글로벌 시장자본주의 엔지니어들이나 구사할 법한 것이다. 이들이 무슨 일을 벌일지는 이미 2008년의 위기로 충분히 맛을 보았다."[93]

신자유주의가 강요하는 민주주의와 자본주의의 분리가 심화되는 상황에 맞서 국민국가 수준에서라도 자본주의와 민주주의 사이의 분해를 다시 결합하고자 하는 시도에 필자는 매우 공감한다.[94] 고삐 풀린 자본주의 시장경제가 초래한 사회적 불평등의 문제를 해결하기 위해서는 민주적 정치의 공간이 확장되어야 하기 때문이다. 사회적 자유의 이념의 실현을 통해 사회주의의 혁신 가능성을 모색하는 악셀 호네트(Axel Honneth)가 주장하듯이, 오늘날 자유로운 사회적 삶을 실현하려는 프로젝트가 개별 국민국가 수준에만 머물러 있을 수는 없다.[95] 따라서 국민국가 수준에서조차 민주주의와 자본주의의 분리가 심화되는 상황이기 때문에 국제적 차원에서 자본을 민주적으로 적절하게 규제한다는 것은 이상적으로는 바람직하다. 그리고 실질적으로도 전 지구적 차원에서도 불평등 문제를 해결할 방법을 모색해야 한다. 그러나 그런 모색이 개별 국민국가 차원에서 자본의 민주적 제어 가능성을 포기해야 함을 의미하지 않을 것이다. 『21세기 자본』의 저자인 토마 피케티(Thomas Piketty)도 역설하듯이 "부의 분배의 역사는 언제나 매우 정치적인 것이었으며, 순전히 경제적인 메커니즘으로 환원될 수는 없다."[96] 재산과 소득의 분배를 민주적 방식으로 해결하기

• • •

93 볼프강 슈트렉, 『시간벌기: 민주적 자본주의의 유예된 위기』, 앞의 책, 261-262쪽.
    슈트렉의 유럽연합과 유로화에 대한 비판을 둘러싸고 진행된 슈트렉, 하버마스, 그리고
    오페 사이의 논쟁에 대해서는 같은 책에 실린 이병천의 해제(「세계화 시대 자본의
    귀환과 민주적 자본주의의 위기」), 같은 책, 276-278쪽 참조.

94 필자와는 다른 지점도 존재하지만 윤평중도 신자유주의의 위기 상황을 빌미로 "자유
    시장경제의 '외부'를 꿈꾸는 것은 미몽(迷夢) 가까운 시도"라고 평가한다. 윤평중, 『시장
    의 철학』, 앞의 책, 12쪽.

95 악셀 호네트, 『사회주의의 재발명 : 왜 다시 사회주의인가』, 문성훈 옮김, 사월의책,
    2016, 176쪽 참조.

위해서는 당연히 여러 기본적 자유를 보장하고 있는 "헌법적 권리 규정들이 아직도 유일한 주권적 법치국가를 통해 형성되고 보장되는" 현실을 전적으로 무시해서는 안 된다. 그러므로 개별 국민국가 수준에서 민주적 개혁의 가능성을 전적으로 포기한다는 것은 바람직스럽지 않다.[97]

게다가 신자유주의적 자본주의라는 변화된 조건 속에서 극심한 사회적 양극화의 문제를 국가의 개입을 통해 해결하려던 기존 사회민주주의 이념도 일정 정도 한계에 직면하게 되었다는 점은 분명하다.[98] 그러므로 신자유주의적 자본주의의 위기를 극복하기 위한 대안을 모색하기 위해서는 기존 사회민주주의와 복지국가 패러다임에 대한 비판과 그것을 넘어설 수 있는 대안 모색이 필요하다는 점도 부인될 수 없다. 특히 복지 문제를 단지 경제적 재화를 재분배하는 시각으로 접근하거나 국가의 관료적 개입에 의해 시혜 위주로 사회적 불평등의 문제를 해결하고자 하는 기존 사회복지국가의 문제점을 비판적으로 성찰하지 않으면 안 될 것이다. 그럼에도 기존 사회복지국가가 보여준 여러 문제점을 극복할 수 있는 대안에 대한 모색이 지젝이 옹호하는 공산주의에 대한 언급으로 해결될 수 있는지는 의문이다. 특히 공산주의에 대한 지젝의 새로운 호명의 시도가 상당히 모호하기에 그렇다.

지젝의 공산주의 재장전의 시도에 대해 의구심을 갖게 하는 또 다른 이유는 그 계획이 아무런 구체성을 지니고 있지 않기 때문이다. 자본주의를 넘어설 수 있는 공산주의를 창출하려는 지젝의 정치적 행위의 기획은 구체적인 내용을 지니고 있지 않다. 이런 비판은 실제로 지젝과의 논쟁에서 라클라우(Ernesto Laclau)가 그에게 제시한 반론의 하나이다. 자본주의에

• • •

96   토마 피케티(Thomas Piketty), 『21세기 자본』, 앞의 책, 32쪽.
97   악셀 호네트, 『사회주의의 재발명: 왜 다시 사회주의인가』, 앞의 책, 178쪽.
98   개입주의적 복지국가에서 신자유주의적 자본주의로의 이행에 대한 분석으로는 문성훈,
      『인정의 시대: 현대사회변동과 5대 인정』, 사월의 책, 2014, 294-304쪽 참조.

대한 전면적 반대를 기치로 내걸면서 포스트모더니즘의 옹호자들이 자본주의를 '마을의 유일한 게임'으로 보고 현존하는 자본주의적 자유주의 체제에 대한 전복의 가능성 자체를 시야에서 지워버리고 만다고 단언하는 지젝에 대해 에르네스토 라클라우는 다음과 같이 반문한다. "이 같은 단언에서 느끼는 곤란함은 그것이 의미하는 게 전혀 없다는 점이다. 나는 마르크스가 자본주의를 넘어선다고 말할 때 그것이 무엇을 의미하는지 알고 있다. 그가 여러 번이나 아주 명쾌하게 해명했기 때문이다. 나는 또한 같은 이유에서 레닌이나 트로츠키가 무엇을 의도했는지 알고 있다. 하지만 지젝의 작업에서 그 표현은 그가 사람들이 알까 봐 매우 조심스러워 하는 어떤 은밀한 전략적 계획을 가진 게 아니라면 아무것도 의미하지 않는다. 우리는 그가 프롤레타리아 독재를 도입하길 원한다고 이해해야 하는가? 아니면 그는 생산수단을 사회화하고 시장 메커니즘을 폐지하길 바라는가? 그리고 이 다소 특이한 목표를 달성하기 위한 그의 정치 전략은 무엇인가? 그가 요구하는 대안적 사회 모델은 무엇인가? 적어도 이런 문제들에 대한 대답을 시작하기 전에는 그의 반(反)자본주의는 그저 빈말에 불과할 것이다."[99]

라클라우가 지젝에게 반박하고 있듯이 자본주의 너머에 대한 상상은 그에 대한 합리적 대안 제시가 없다면 큰 설득력을 얻기 힘들다. 공교롭게도 우리 사회에서도 '자본주의 극복'을 우리 시대의 진정한 진보로 설정하는 김상봉의 입장을 둘러싸고 논쟁이 진행 중에 있다.[100] 이 자리에서 이를 상술할 수는 없지만 김상봉의 입장에 대한 비판자, 이를테면 유시민에

• • •

99   에르네스토 라클라우, 「구조, 역사, 그리고 정치적인 것」, 주디스 버틀러 · 에르네스토 라클라우 · 슬라보예 지젝, 『우연성, 헤게모니, 보편성』, 박대진 · 박미선 옮김, 도서출판 b, 2009, 282쪽.

100 김상봉, 「진보란 무엇인가」, 강수돌 외, 『리얼진보: 19개 진보 프레임으로 보는 진짜 세상』, 레디앙, 2010, 41-61쪽; 김상봉, 『기업은 누구의 것인가』, 꾸리에, 2012, 76-88쪽 참조.

의하면 김상봉은 '사회주의' 혹은 '공산주의'를 진보로 보고 있다. 달리 말하자면 김상봉처럼 진보를 자본주의 극복과 동일한 것으로 본다면, "진보는 곧 사회주의"임을 주장하는 것이라고 유시민은 이해한다.[101] 이런 이해에 대해 김상봉은 자신이 자본주의의 극복을 주장한다고 해서, 그것이 곧바로 기존의 마르크스-레닌주의적 공산주의의 단순한 반복일 것이라고 추론하는 것은 논리적 비약이라고 반박한다.[102] 그가 제시하는 자본주의의 극복이란 기업을 민주화하는 것, 달리 말하자면 "노동자 주권에 입각한 기업경영"을 의미한다. 좀 더 쉽게 말하자면 김상봉이 자본주의의 극복을 위해 제안하는 핵심은 "국민이 대통령을 뽑는 것처럼, 기업의 경영자를 노동자들이 선출하는 것"에 있다.[103]

김상봉이 제안한 기업 민주화의 방법이 얼마나 타당한지 그리고 이를 실제 현실에 응용할 수 있는지를 둘러싸고 여러 입장이 존재할 수 있겠지만,[104] 그에 대한 유시민의 반박은 우리 사회에서 자본주의 너머에 대한 상상을 곧바로 20세기에 실현된 재앙적인 공산주의 및 사회주의의 시도와 동일시하는 관념이 매우 폭넓게 자리 잡고 있음을 보여준다. 유시민의 논리는 20세기 사회주의 및 현실 공산주의의 실패라는 엄연한 역사적 경험을 배경으로 하고 있다는 점에서 명백한 호소력을 지니는 것처럼

• • •

101 유시민, 『국가란 무엇인가』, 돌베개, 2011, 196쪽. 김상봉, 『기업은 누구의 것인가』, 같은 책, 79쪽에서 재인용.

102 김상봉, 『기업은 누구의 것인가』, 같은 책, 83쪽.

103 같은 책, 76쪽, 80쪽.

104 기업의 민주화에 대한 김상봉의 접근은 존 롤스가 제안한 "재산 소유 민주주의"와 상통한다. 그는 "정치권력이 다수의 민주 정당 사이에 공유되는 것과 똑같은 방식으로 경제 권력이─이를테면 기업의 감독과 경영이 직접적으로 노동자들의 손에 있지는 않더라도 노동자들에 의해 선택될 때처럼─기업들 사이에 분산된다고 가정한다." 존 롤스, 에린 켈리 엮음, 『공정으로서의 정의: 재서술』, 김주휘 옮김, 이학사, 2016, 246쪽. 그리고 롤스는 재산 소유 민주주의를 "자본주의의 대안"으로 간주한다. 같은 책, 242쪽.

보인다. 그러나 자본주의 극복을 기존의 전체주의적 공산주의와 동일시하는 접근 방식 자체가 역설적으로 오늘날 신자유주의적 자본주의 이외의 대안은 없다는 논리의 자명성을 전제로 한다면, 그런 태도도 매우 위험하다. 이런 현상에 대한 지젝의 분석은 탁월하다. 그는 자본주의 너머에 대한 상상을 곧바로 전체주의적인 것으로 귀결되는 위험하고 퇴행적인 자살 시도에 불과하다고 단언하는 태도 자체가 인간의 새로운 사유의 가능성을 박탈하고 비판적 사유를 기존 질서에 철저하게 제한하게 만드는 "사유 금지"(Denkverbot)의 명령이라고 비판한다. 달리 말하자면 자본주의 이외의 다른 질서에 대한 추구는 홀로코스트와 같은 새로운 유형의 전체주의로 귀결될 것이기 때문에 위험하다는 반대에 직면하게 되고, 그리하여 급진적 현실 참여는 봉쇄된다.[105] 이런 현상을 두고 지젝은 민주주의가 오늘날 전 지구적 자본주의의 "진정한 주인 기표"로 전락했다고 분석한다.[106]

앞에서 설명한 것처럼 지젝의 자본주의 너머에 대한 상상도 존중되어야 한다. 그러나 김상봉이 자본주의 극복의 길이 상이할 수 있다고 강조하는 것처럼, 기존 사회복지국가의 경제적 재분배 이념을 새로운 시각에서 해석하여 보다 효과적이고 바람직한 방식으로 사회적 불평등의 문제를 해결할 수 있는 길을 모색해보려는 모든 시도를 자본주의 질서 자체에 순응하는 것에 지나지 않는다고 보아 거부하는 것은 바람직하지 않다. 특히 경쟁 시장 체제를 승인하는 조건에서라도 부와 자본을 사회의 소수가 독점하여 경제적 영역뿐만 아니라, 민주적인 정치의 활동 공간의 위축을 초래할 수 있는 가능성을 차단할 방안을 강구해야 한다. 기존 사회복지국가가 초래한 관료주의적 온정주의의 폐단을 피하기 위해서는 우선 다원화된

• • •
105 슬라보예 지젝, 『전체주의가 어쨌다구?』, 한보희 옮김, 새물결, 2008, 15쪽.
106 슬라보예 지젝, 『시차적 관점』, 김서영 옮김, 마티, 2009, 628쪽.

시민사회의 중요성에 대한 통찰이 재조명되어야 한다고 본다. 다원화된 시민사회의 활성화는 민주주의가 다수의 폭정으로 전락하지 않도록 막아 주는 버팀목일 뿐만 아니라, 국가주의적/관료주의적 사회국가의 한계를 피하면서도 무제한적인 시장사회의 야만성을 순치시킬 수 있는 중요한 방안일 것이다.[107]

게다가 기존 사회복지국가가 시민들을 복지의 수혜자로 전락시키고 그들을 국가의 복지시스템에 의존적인 존재로 만들어 버린 문제점을 극복하기 위해서는 경제적 재분배를 공적 삶으로서의 민주주의적 이상과 결부시키려는 노력이 필요하다.[108] 시민들을 국가의 시혜적 조치의 소비자이자 의존자로 만들어 버리는 사회복지국가의 폐단을 피하면서 추진되어야 할 경제적 재분배의 이상은 민주적 시민들의 자치라는 민주공화국의 자율성의 이념에 의해 재해석될 필요가 있다. 이 경우 경제적 불평등의 시정 조치는 그것이 정치적 평등이라는 민주주의 이상을 전복시키지 못하도록 규제하는 의미에서 정당화될 수 있을 것이다.[109]

사회복지국가에 대한 비판적 성찰은 오늘날 노동이 경제 영역에서 차지하는 위상과 비중이 급격하게 변동된 상황과 맞물려 있다. 특히 보편적 임금노동을 정상적인 것으로 설정하고 실직 혹은 질병이나 예기치 못했던

• • •

107 재산과 자본이 사회적 소수에게 독점되고 그런 사회적 소수가 다원화된 시민사회를 분해하는 경향을 막기 위한 방안으로 존 롤스가 제안한 자본과 자원의 소유를 분산시키는 것도 생각해봄 직할 것이다. 존 롤스, 『정의론』, 황경식 옮김, 이학사, 2008, 21-22쪽 참조.

108 분배 정의 패러다임이 안고 있는 문제점에 대해서는 장은주, 『정치의 이동: 분배 정의를 넘어 존엄으로 진보를 리프레임하라』, 상상너머, 2012, 제3장과 제4장 참조. 그러나 의존성의 문제를 해결하기 위해 복지를 선별적으로 실시하거나 조건부로, 예를 들어 노동의 의지와 연관시키는 시도는 문제이다. 그리고 인간의 삶의 취약성이 보여주듯이 삶에서 의존은 피할 수 없는 조건임을 성찰하여 돌봄의 문제를 민주주의적 정의와 연결시키려는 노력이 필요하다.

109 이런 맥락에서 필자는 헤겔의 인륜성 철학의 현재적 의미를 탐구한 바 있다. 나종석, 「헤겔의 인륜성 이론과 사회국가」, 『헤겔연구』 38, 2015, 1-28쪽 참조.

사고 등에 의해 초래되는 위기에 대비하는 사회보조금 시스템을 운영하는 유럽의 복지국가가 전제하는 기본 가정들이 의문시된다. 예를 들어 제임스 퍼거슨(J. Ferguson)에 의하면 유럽복지국가 설계자들은 사회보호 정책을 발전된 산업경제 및 최소한 남성가장의 완전 고용 달성을 자연스러운 것으로 가정하고 있었는데, 이런 가정들은 오늘날 현실적 타당성을 상실했다. 이른바 제1세계의 복지국가 유형 중 가장 보편주의적 복지 시스템을 지향하는 것으로 평가받는 스웨덴식의 사회민주주의적 복지국가도 사회부조 프로그램을 '완전 고용 보장'과 관련하여 이해하고 있다. 그러므로 스웨덴의 복지국가 모델의 성공 여부 역시 그런 완전 고용의 문제를 성공적으로 실현할 수 있는지의 여부에 전적으로 달려 있다고 한다. 그러나 이런 가정, 그러니까 사회부조가 노동과 관련해서 정당화될 수 있다는 가정 자체는 오늘날 청년시절부터 시장에 진입할 수 없는 잉여인구가 광범위하게 존재하는 시장사회의 조건 속에서 의문시되지 않을 수 없다.[110]

미국의 인류학자 제임스 퍼거슨도 시장사회의 급격한 구조 변동 속에서 남아프리카공화국을 비롯한 주변 여러 나라에서 실시되는 노동과 무관하게 무조건적으로 지급되는 현금보조지원 정책, 즉 기본소득 정책이 지니는 새로운 분배정치의 가능성에 대한 숙고를 제안한다.[111] 자산 조사나 근로조건이 없이 사회의 모든 구성원들에게 현금으로 주어지는 무조건적인 기본소득에 대한 가장 강력한 옹호를 펼치는 사람은 필리페 판 파레이스(Philippe van Parijs)인데, 그는 무조건적인 기본소득을 모든 사람에게 실질적 자유를 보장해주기 위해 필요하다고 본다. 그는 기본소득을 통해 정의로운 사회를 구현할 대안을 제공하는 이론을 "실질적 자유지상주의"(real

---

110 이에 대해서는 제임스 퍼거슨, 『분배정치의 시대』, 조문영 옮김, 여문책, 2017, 60-61쪽 및 특히 61쪽 각주 22번 참조.

111 같은 책 참조. 특히 조문영의 「옮긴이 서문: 분배정치가 열어젖힌 새로운 사유와 가능성」은 퍼거슨 이론의 핵심을 잘 정리해주고 있다.

libertarianism)라고 부른다.[112] 그리고 제임스 퍼거슨은 기본소득과 같은 포괄적인 분배형태를 사회주의를 새롭게 혁신시킬 수 있는 대안으로 이해한다. 흥미로운 점은 기본소득에 대한 지젝의 모순된 태도이다. 지젝은 한편으로 보편적 기본소득 제안을 자본주의와 사회주의를 넘어서는 제3의 길을 제공한다고 평가하면서도, 다른 한편으로 기본소득을 위한 가장 광범위한 기획도 '자본주의 안에 남는 것'이라고 비판한다.[113]

그러나 자본주의 체제의 극복에 대한 지젝의 단언이 지니는 추상성에도 불구하고 지젝은 물론이고 라클라우 및 버틀러의 문제의식에 대해 필자가 깊게 공감하는 부분이 있다. 특히 이들이 주장하듯이 다양성과 차이에 대한 강조에 머물러서는 안 되며 새로운 보편성을 추구할 필요가 있다는 문제의식은 깊은 공감을 불러일으킨다. 다양성과 차이는 거칠게 말하면 포스트모던의 깃발이라고 보아야 할 것인데, 그것을 넘어서 새로운 보편성의 지평을 창출하기 위해 노력해야 한다는 것이 지젝, 라클라우 그리고 버틀러 등의 공유된 문제의식이다. 보편자에 대한 물음과 주체에 대한 물음이 다시 심각한 사회·정치철학적 주제로 대두돼야 한다는 문제의식은 존중받아야 한다. 그런데 문제는 다음과 같은 물음이다. 어떤 보편자이고 어떤 식의 보편성을 우리가 어떤 방식으로 획득할 것인가?

지젝은 헤겔적인 구체적 보편성을 독특하게 하나의 해법으로 제시하고 있는데, 이에 대해 필자는 이미 비판적인 글을 발표한 적이 있다.[114] 필자는

• • •

112 필리페 판 파레이스, 『모두에게 실질적 자유를: 기본소득에 대한 철학적 옹호』, 조현진 옮김, 후마니타스, 2016년, 22쪽 참조. 파레이스의 기본소득 이론 형성에도 큰 영향을 준 존 롤스의 재산 소유 민주주의 이론 그리고 그가 자신의 재산 소유 민주주의 이론과 복지국가 이론 사이의 차이를 설명하는 부분으로는, 존 롤스, 『공정으로서의 정의: 재서술』, 앞의 책, 241-249쪽 참조.

113 제임스 퍼거슨, 『분배정치의 시대』, 앞의 책, 351-352쪽 참조. 같은 책, 350쪽 및 같은 쪽 각주 21 참조. 한국사회에서 기본소득을 인권의 차원에서 옹호하고 있는 철학자로 임경석이 있다. 이에 대해서는 임경석, 「인권의 실현을 위한 기본소득」, 『시민사회와 NGO』 13(2), 2015 참조.

보편성을 추구하는 방법에서 지젝과 조금 다른 길을 가고 있다. 간단하게 말하자면 헤게모니적 보편성이 돼야 한다고 필자는 생각한다. 헤게모니적 보편성은, 버틀러의 글을 좀 다른 방식으로 활용해 설명한다면 혹은 필자가 이해하는 해석학적인 통찰을 활용하여 설명을 한다면, 문화적 번역을 매개로 한 혹은 해석학적 대화를 통한 보편성이라고 정의하고 싶다. 정치에서 헤게모니적 보편성이라는 것은 예를 들면 계급투쟁과 여성해방 등 다양한 투쟁들 사이에 어떤 위계서열을 두는 것이 아니다. 그것은 예를 들면 계급투쟁의 이론이나 해석을 받아들이고 또 성 해방 운동에 대해 개방적인 태도를 취하면서 이것이 서로서로 번역되는 과정을 통해서 형성되는 보편성일 것이다. 달리 말하자면 성 해방이 어떻게 계급해방과 연결될 수 있고, 민족해방 및 인종차별 철폐 투쟁이나 소수자 해방과 어떤 방식으로 연관될 수 있는지, 혹은 계급적 가치에서 보면 자기의 투쟁이 다른 다양한 투쟁들과 어떻게 교차되고 결합될 수 있는지 등에 대한 상호 경합하면서도 논쟁과 해석을 통해 확보되는 보편성이 바로 헤게모니적 보편성이 아닐까? 다양한 저항운동들 사이에서 벌어지는 문화적 번역이라는 작업을 통해서 확보되는 그런 의미의 보편성, 또 그런 것을 통해서 확보되는 헤게모니 정치나 보편성이 상상될 수 있을 것이다.

계급적 불평등 구조에 분노하는 사람이 반드시 한반도의 평화적 통일이나 동성애자의 권리에 기꺼이 연대할 것이라고 생각할 수 없다. 마찬가지로 동성애자의 권리를 적극적으로 옹호하는 사람이 반드시 계급적 불평등 구조의 혁신이나 외국인 이민 노동자의 처우 개선에 동의할 것이라고 미리 단정 지을 수 없다. 그런 점에서도 특정한 저항이 독점적이고 우월적인 지위를 확보하면 그런 저항과 다른 맥락으로 인해 고통을 겪는 사람들의

---

114 나종석, 「슬라보예 지젝의 헤겔 변증법 해석에 대한 비판: 구체적 보편성과 급진 민주주의 비판을 중심으로」, 『사회와철학』 27, 2014, 207-238쪽 참조.

투쟁은 위축된다. 그로 인해 근본주의적 방식으로 이해된 계급투쟁이나 민족해방투쟁의 동력도 왜곡되고 변질될 것임은 분명하다. 여러 저항운동 사이에 위계서열을 구획하려는 욕망을 넘어 이들 사이에 문화적 번역과 대화가 필요한 이유도 여기에 있다. 그렇기 때문에 특정한 집단적인 정체성 확보를 위한 투쟁이라든가 계급투쟁이 이론적으로 선차성을 갖고 있고, 이런 선차적 투쟁이 다른 투쟁에 비해 더 우월하고 핵심적 지위를 차지한다는 식으로 보는 입장에 대해 동의하기 힘들다. 이런 의미에서 지젝도 추구하고자 하는 보편성과 주체 및 행위의 가능성을 그와 다른 방식으로 찾아가자는 것이 필자의 입장이다.

그래서 예를 들면, 우리나라의 '종북좌파' 논쟁에서도 보듯이 소위 민족해방파의 괴멸적인 모습들, 어처구니없는 모습들도 성찰해보면 민족문제만을 근본주의적 시각에서 바라보면서 민족문제를 여성문제라든가 민주주의 문제라든가 평화 문제 등과 대화하여 민주적인 정치적 설득력과 집합적 행위 능력을 창출하려는 능력의 부족에서 초래된 것이라고 본다.[115] 달리 말하자면 변화된 상황 속에서 민족의 문제가 사회적 불평등 문제 및 젠더 문제나 성소수자의 정체성 정치의 문제와 관련된 다양한 투쟁 방식과 어떻게 접합될 수 있는지에 대한 보다 설득력 있고 합리적인 대안적 모습을 제안하는 민주적 능력을 충분하게 보여주지 못했기 때문에 끊임없이 고립되고, 대중과 호흡하기 힘들 정도의 시대착오적 모습을 보여줄 수밖에 없었던 것이 아닌가 한다.

2000년 김대중 전 대통령과 김정일 전 국방위원장의 6·15 남북정상회담뿐만 아니라, 남북의 화해와 협력에도 큰 기여를 한 임동원 전 통일부 장관의 언급대로 다양성을 특징으로 하는 민주주의 사회를 지향하는 우리

•••
115 '종북좌파' 프레임이 지니는 반민주적 성격은 비판받아야 마땅하다. 이에 대한 분석은 이 글의 범위를 넘어선다.

사회에서 대북문제 및 민족문제에 대한 의견 차이에 대해 "대화를 통한 갈등 해소와 공조"를 이루려는 정치적 노력이 필요하다. 그는 "냉전적 수구가 아닌 건전한 보수, 극좌가 아닌 건전한 진보는 손을 맞잡을 수 있으며 민족문제는 보수와 진보가 균형을 이루는 가운데 진척되어야 하고 또한 그럴 수 있다는 신념"을 강조한다.[116]

민족문제가 중차대한 역사적 과제라는 점을 잊지 않으면서 우리 사회 내에 존재하는 이념적 갈등과 대립 상황을 보다 신중하게 고려하여 그런 갈등을 민주적 방식으로 해결하려는 정치적 능력을 확보하는 것이 중요하다는 것이다. 그러므로 한국사회에서 헤게모니 정치 및 헤게모니적 보편성의 획득 능력의 부족이 통합진보당이 위기에 처하고 결국 헌법재판소에 의해 강제적인 방식으로 해산된 중요한 원인의 하나임에는 분명할 것이다. 그런 의미에서 민주적인 헤게모니 정치 및 보편성에 대한 이해는 우리 시대에도 굉장히 필요하지 않을까 한다.

나가는 말

지금까지 우리 사회에서 기업 민주주의가 왜 필요한지, 기업 민주주의를 실현시킬 수 있는 방법으로 개방적인 자세로 임하는 소통에 의한 신뢰의 창출이라는 문제, 그리고 사회민주주의의 현재성 유무 등을 살펴보았다. 이 글에서 취하는 방향이 무엇인지를 상술하는 것은 불필요한 것이지만, 이 글은 민주주의와 시장경제 사이의 관계에 대하여 민주주의와 시장이 자연적인 친화성을 지니고 있다는 자유주의자들 사이에 널리 퍼져 있는 견해에 대해 일정한 비판적 거리를 취하였다. 마찬가지로 시장체제를 악의

• • •
116 임동원, 『개정증보판 피스메이커: 남북관계와 북핵문제 25년』, 앞의 책, 281쪽.

원천으로 간주하여 완전히 배제하거나 폐지되어야 할 것으로 여기는 태도 역시 시장에 대한 신자유주의자들의 무조건적인 갈채와 환호 못지않게 일면적인 시각에 불과하다는 것을 논의의 출발점으로 삼았다. 그리하여 국가와 시장을 단순하게 대립시키는 견해를 넘어서 시장의 경제적 효율성과 시민들의 자치 이념이 서로에게 긍정적인 방향으로 영향을 줄 수 있는 조건들에 대해 반성을 하고자 했으며, 시장경제와 민주주의의 만남의 시도가 경제 영역에서는 기업 민주주의로 구체화되어야 함을 강조하였다.

그뿐만 아니라 기업의 영역에 민주적 원리를 적용할 필요성에 대한 논의를 경제 내적·외적 조건의 변화와 연관해서 좀 더 구체적으로 접근하고자 시도하였다. 우리는 세계화, 정보화 그리고 지식경제의 출현과 확산이라는 심대한 변화에 대응할 수 있는 정치·경제·사회·문화 전반에서의 개혁을 추진할 과제 앞에 처해 있다. 이런 상황에서 박정희 시대에 형성된 국가주의적 경제개발 모델을 한국적 자본주의의 모델로 규정하는 것을 넘어 그것을 지나치게 온정적으로 바라볼 필요도 없으며, 마찬가지로 영미식 주주자본주의를 세계가 추구해야 할 모델의 전형으로 추켜세울 필요도 없다. 또 신자유주의의 이데올로기적 공세 속에서 유럽식 혹은 북유럽식의 자본주의를 지나치게 비효율적인 것으로 폄하하는 것도 또 반대로 이 체제를 가장 이성적인 것으로 간주할 필요도 없는 것이 중요하다.

서구의 다양한 자본주의 제도의 장단점을 면밀하게 검토하고, 우리나라의 사회적·역사적·문화적 실정에 알맞은 시장경제체제를 형성해야 한다. 이때 특별히 민주시민들이 사회적으로 결합하는 능력이 지니는 중요성을 언급하고 싶다. 시민이 소비자와 동일하지 않은 것과 마찬가지로 국가와 시민사회는 동일한 것이 아니다. 시민들의 대화와 참여를 통해서 구성되는 공적인 영역과 공적인 활동은 국가와 시장의 실패를 조정할 수 있는 의미 있는 매체로 이해된다. 그리하여 이제 우리가 의존해야 하는 것은 시민들의 사회적 결합 능력이다. 국가나 시장이 아니라, 국가와 시장의 장점을 적절하게 조정할 수 있는 시민들 서로의 결합의 능력을 키우는 것이다.

21세기 우리 사회의 미래는 사회적 정의와 연대성을 시장경제의 역동성과 결합시킬 수 있는 대안을 마련하고 이를 현실에 옮길 수 있는 힘을 마련할 수 있는가에 달려 있다. 기업과 관련해서도 기업을 둘러싼 이해관계 당사자들의 적극적인 협력에 기초하여 능동적인 방식으로 상호 신뢰를 형성하는 능력, 즉 간단하게 말해 시민들 사이의 결합의 능력에 주목할 시기에 이르렀다.

제 7장

한국 시민사회의 특성과 그 방향에 대한 성찰

들어가는 말:
시민사회 이론의 르네상스

시민사회에 대한 관심은 여러 분야에서 증대되고 있다.[117] 물론 시민사회에 대한 이론적·실천적 관심은 새로운 것은 아니다. 그런 점에서 요즈음 다시 등장한 시민사회에 대한 다양한 이론적 접근들은 그동안 학계에서 망각되어온 시민사회 이론에 대한 재발견이라고 할 수 있다. 시민사회 이론의 르네상스는 여러 요인들이 복합적으로 작용한 결과이다.[118]

우선 동유럽 현실 공산주의가 몰락하는 과정에서 시민사회가 수행한 역할이 언급될 수 있다. 구소련과 동유럽 공산주의의 전체주의적인 국가권

• • •

117 제7장은 「한국 시민사회의 특성에 대한 분석과 규범적인 미래지향성에 대한 일고찰」, 『한중일 시민사회를 말한다』(권용혁 외 지음, 이학사, 2006)를 토대로 해 수정·보완되었다.

118 시민사회 이론에 대한 한국사회의 관심은 1990년대 이후에 본격화되었다. 그러나 시민사회의 활성화에 대한 관심은 오늘날에 이르러 좀 수그러든 것 같다. 그럼에도 다원화된 현대사회에서 민주주의와 관련하여 시민사회의 역할에 대한 성찰은 여전히 중요하다.

력에 대항하여 투쟁했던 지식인들과 개혁 세력들은 자신들의 민주화운동을 '국가에 대한 시민사회의 반란'이라고 주장했다. 실제로 구 공산주의 국가들의 관료적이고 억압적인 일당독재 체제, 중공업 중심의 계획경제 질서는 시민들의 자발적인 활동에 대한 감시와 억압을 일상화하는 체제로 귀결되었다. 이런 전체주의적 국가권력에 대한 투쟁에서 동유럽 개혁 세력과 지식인들은 국가와 사회의 자유주의적인 분리 그리고 독립적이고 활력적인 다원화된 시민사회의 창출을 위한 노력을 감행했다. 그 결과는 제2차 세계대전 후에 형성된 자유민주주의적인 서구 세계와 현실 공산주의 세계 사이의 냉전적 긴장과 대립의 해소였다. 냉전의 종식이 서구세계의 자유민주주의 체제의 승리로 종결되었다는 점은 두말할 나위도 없다.[119]

1980년대 이후 동유럽 사회주의 국가들의 몰락은 정치적·시민적 권리의 중요성과 함께 다수 정당 체제와 국가권력으로부터 시민사회의 분리가 지니는 의미를 다시금 숙고하게 만들었다. 동유럽 사회주의의 몰락은 민주적인 정치질서에서 국가로부터의 시민사회의 구별과 분리는 없어서는 안 되는 필수적인 구성 요소의 하나임을 입증하는 것으로 여겨졌다. 이런 관점은 제3세계 국가들을 포함한 전 세계적 차원에서의 민주주의 확산으로

• • •

119 오늘날 한반도를 둘러싼 긴장 그리고 중국의 부상에 대한 미국과 일본의 대응으로 인해 촉발되는 동아시아에서의 새로운 갈등을 보면, 1990년대 구소련의 몰락을 냉전 시대의 종식으로 부르는 것은 분명 매우 한계가 있다. 헤어프리트 뮌클러(Herfried Münkler)에 의하면 중국이 세계정치의 무대에 돌아온 것은 "지리 경제적으로나 지리 정치적으로 지난 2, 3세기의 가장 중요한 발전"인데, 세계 정치 무대로의 중국의 귀환은 중국에 이웃한 우리나라로 하여금 "반중국 연합을 형성하기를 원하는가, 아니면 강력한 이웃 중국과 좋은 관계를 맺을 것인가" 하는 "질문 앞에 세울 것"이다. 헤어프리트 뮌클러, 『제국: 평천하의 논리』, 공진성 옮김, 책세상, 2015, 7-8쪽. 냉전과 탈냉전의 개념 틀로 전후 동아시아 국제질서의 모습을 제대로 개념화할 수 있는지 여부는 또 다른 쟁점이다. 이삼성이 '전후 동아시아 대분단체제' 이론을 내세우는 것도 전후 동아시아 질서의 고유한 성격을 해석하기 위해서는 불충분한 미소 중심의 냉전 및 탈냉전 담론의 한계로 인한 것이다. 이에 대해서는 이삼성, 「동아시아 국제질서의 성격에 관한 일고: "대분단체제"로 본 동아시아」, 『한국과국제정치』 22(4), 2006, 41-83쪽 참조.

인해 더욱더 설득력을 얻게 되었다. 동유럽 공산주의의 붕괴와 더불어 발생한 서구 자유민주주의의 보편화를 인류 이데올로기적 진화의 종착과 인간들이 수립할 수 있는 정부의 최종적 형태로 간주하는 프랜시스 후쿠야마는 자유민주주의의 승리를 '역사의 종말'이라고 선언했다.[120]

소련과 동유럽에서의 현존 사회주의 국가가 보여준 실패 그리고 전 세계 여러 지역에서의 민주주의의 확산과 더불어 서유럽 복지국가의 부정적 결과에 대한 비판의 확산은 시민사회와 그에 대한 이론적 관심을 불러일으킨 또 다른 중요한 요인이다. 제2차 세계대전 이후 서유럽의 복지국가는 예기치 않았던 부작용들을 산출했다. 그래서 소위 '국가의 실패'로 일컬어지는 담론이 등장하게 되었다. 이와 더불어 시민사회와 시장의 영역에 대한 국가의 직접적인 개입이 정당성을 획득할 수 있는지 그리고 그것이 정당하다고 할지라도 그 한계는 무엇인지를 둘러싸고 첨예한 이론적 갈등들이 발생했다.

물론 서구 복지국가의 문제점들에 대한 반성은 보수적인 혹은 우파적인 시각에 국한된 것은 아니다. 많은 좌파 이론가들이 여전히 서구 복지국가가 이룩한 업적들을 세계화라는 변화된 상황에서도 수호하려는 태도를 보이고 있지만, 복지국가의 실현 과정에서 드러난 국가와 사회의 결합이 보여주는 여러 모순들을 간과하지는 않는다. 전후 복지국가의 모순들과 구조적인 취약성에 대한 철저한 반성은 사회적 연대성의 회복이라는 복지국가 이념

• • •
120 프랜시스 후쿠야마, 『역사의 종말』, 이상훈 옮김, 한마음사, 1997. 그는 세계화의 과정이 동반하는 부정적인 결과들을 목도하고 나서야 이런 낙관적 입장을 수정했다. 프랜시스 후쿠야마, 「개인인가 공동체인가」, 귄터 그라스 외, 『세계화 이후의 민주주의』, 이승협 옮김, 평사리, 2005, 참조. 가라타니 고진은 후쿠야마의 '역사의 종말'이라는 테제를 '자본주의=네이션=국가'라는 삼위일체시스템을 최종적인 것으로 보는 입장으로 이해한다. 그리하여 그는 '역사의 종말'이라는 사고를 뛰어넘기 위해서는 자본·네이션· 국가의 상호 연관적인 체제를 넘어서야 한다고 본다. 가라타니 고진, 『제국의 구조: 중심·주변·아주변』, 조영일 옮김, 도서출판 b, 2016, 20-21쪽 참조

의 지속적인 유지를 위해서도 요구된다고 여겨진다.[121] 복지국가의 모순들과 문제점들에 대한 성찰에서 시민사회 이론은 아주 중요한 의미를 지닌다.

위르겐 하버마스(J. Habermas) 같은 독일의 대표적인 진보학자[122]도 『공론장의 구조변동』의 1990년 신판 서문에서 서구 복지국가에 대한 변화된 생각을 분명하게 서술한다. 물론 그는 서구 복지국가의 이념 자체를 거부하지 않는다. 그러나 그가 이 책을 서술하던 1960년대 초 당시에 옹호하고자 했던 민주주의 이론은 "민주적, 사회적 법치국가의 사회주의적 민주주의로의 발전이라는 아벤드로트의 구상"이었다. 이 이론에 영향을 받아 하버마스는 당시에 민주적 통제를 경제 과정 전체로 확장하는 것을 긍정하였다.[123]

그러나 하버마스는 이제 사회적 법치국가를 사회주의적 민주주의 사회로 나가는 구상과 관련해 이해하는 관점에 대해 비판적이다. 하버마스가 보기에 아벤드로트식의 구상은 기능적으로 분화된 현대사회에서는 구현 불가능한 것일 뿐만 아니라, 규범적으로 보아도 바람직하지 않다. 하버마스가 강조하듯이 "국가사회주의의 파산은, 시장에 의해 조정되는 근대의 경제체제에서 화폐를 행정 권력과 민주적 의사결정으로 임의로 치환하는

· · ·

121 물론 지젝과 같은 사람은 사회민주주의를 현대 자본주의 질서를 유지하는 가장 강력한 버팀목이라고 보고 사회민주주의를 넘어 공산주의 이념의 재장전과 재활성화를 꾀하는 것이 오늘날의 상황에서 결정적인 정치적 물음이라고 본다. 슬라보예 지젝, 『처음에는 비극으로 다음에는 희극으로』, 김성호 옮김, 창비, 2010, 참조. 지젝의 공산주의 이론의 문제점에 대해서는 이 책 제6장 제6절에서 다루었다.

122 페리 앤더슨(P. Anderson)의 구분에 의하면 하버마스는 존 롤스 및 노르베르토 보비오와 더불어 중도 좌파로 간주되어야 한다. 특히 하버마스와 롤스는 중도파의 핵심적인 가치인 합의를 소중한 가치로 간주하는 사상가들이기 때문이다. 국제관계에 대해 이 세 사상가는 제국적 전쟁을 정당화하는 군사개입을 옹호한다는 점에서 공통성을 보인다. 페리 앤더슨, 『현대 사상의 스펙트럼: 카를 슈미트에서 에릭 홉스봄까지』, 안효상·이승우 옮김, 길, 2011, 15쪽 이하 참조.

123 박영도에 의하면 젊은 시절부터 요즈음에 이르기까지 하버마스가 일관되게 관심을 기울인 주제는 민주주의의 심화와 확장이라는 문제였다. 박영도, 『비판의 변증법: 성찰적 비판문법과 그 역사』, 새물결, 2011, 537쪽 참조.

경우 그 능률이 위협받을 수밖에 없다는 사실을 다시금 확인"시켜주고 있기 때문이다. 달리 말하자면 행정 권력이나 민주적 의사결정 과정이 시장 영역에 적용되어 그것을 간섭·통제하게 된다면, 화폐 내지 시장의 논리가 갖고 있는 효율성은 위험에 처하게 된다는 것이다.[124]

그리하여 하버마스는 급진적 민주주의의 규범적 이상을 고수하면서도 "자본주의적으로 자립화된 경제체제와 관료적으로 자립화된 '지배 체제의 지양이 더 이상 목표가 아니'라고 분명하게 말한다. 그 대신에 이제 목표는 국가권력과 경제체제의 논리가 생활세계 영역을 침범하여 식민화하는 것을 "민주적으로 저지하는 것"이다. 사회국가적 기획을 새롭게 구현하려는 하버마스의 시도는 "성찰적 사회복지국가의 기획"으로 평가된다.[125] 이런 기획에서 핵심적 용어 중의 하나가 생활세계의 식민화라는 개념이다. '생활세계의 식민화'는 하버마스가 후기 자본주의의 구조적 병리 현상을 진단하는 개념이다. 이 개념은 기능적으로 분화된 현대사회에서 화폐와 행정 권력이라는 매체를 통해 조절되는 두 개의 하위 체계인 경제체계와 관료적 행정체계의 논리가 의사소통 행위를 통해 형성되고 유지되는 생활세계에 침투하여 이 영역을 지배하는 현상을 가리킨다.

국가의 관료적 행정 권력과 자본주의적 경제체제에 의한 생활세계의 식민지화를 저지하여, 이 생활세계를 "사회통합의 연대력"으로 활용하면서 하버마스가 추구하는 것은 시장사회와 국가 지배의 철폐나 지양이 아니다. 그가 목표로 하는 것은 국가권력과 자본주의적 경제체제 그리고 생활세계라는 여러 사회적 통합 기제들 사이의 "새로운 균형"이다. 그의 입장에 의하면 이런 목표는 실현 가능한 것일 뿐만 아니라, 규범적인 관점에

---

124 이런 입장이 사실상 자본주의 세계체제를 운명적인 것으로 받아들이면서 그것에 적응하려는 시도의 결과라는 점은 분명하다. 이런 점에서 하버마스 스스로 인정하듯이 자본주의 사회를 급진적인 방식으로 극복하려는 초기의 사회주의적 관심은 해소된다.

125 박영도, 『비판의 변증법: 성찰적 비판문법과 그 역사』, 앞의 책, 564쪽.

서도 더 바람직한 것이다.[126]

물론 권력 조정과 이익 조정 그리고 생활세계에 뿌리박고 있는 의사소통적인 사회통합력 사이의 균형을 추구하는 작업에서 이제 비국가적이고 비시장사회적인 공적 영역에 대한 이론적 관심이 점점 더 중심적 위치를 차지한다. 그래서 하버마스는 비경제적인 시민사회(Zivilgesellschaft)의 재발견이라는 주제를 언급하면서, 시민사회의 제도적 핵심으로 "자발적 토대 위에서 이루어진 비국가적이고 비경제적인 결사"들을 언급한다. 하버마스가 비경제적 시민사회의 활력에 주목하는 것은 그것이 사회복지국가의 병리적 현상과 모순을 극복할 수 있다고 보기 때문이다. 사회복지국가의 모순은 개인의 자율성의 실현을 가능하게 하기 위해 사회적 불평등을 완화하려고 하지만, 역설적이게도 그 실현 방식이 관료적이어서 시민들을 복지수혜의 대상으로 전락시킨다는 데 있다. 그런데 사회복지국가의 모순을 극복하기 위해 우리가 해야 하는 중요한 과제는 비경제적인 시민사회의 민주적 건강성을 회복하는 것이다. 특히 시민사회 안에서 형성되는 공론장은 화폐와 행정 권력을 민주적으로 제어할 수 있는 영향력을 산출하는 장소로 이해된다. 이렇게 하여 하버마스는 현대사회에서 시민사회의 중요성과 의미에 대하여 다시 주목할 필요가 있음을 강조한다.[127]

●●●

126 생활세계와 체제의 이원론으로 구성된 후기 하버마스 사회이론에서 화폐 권력으로 상징되는 자립화된 자본주의적 체제는 이제 더 이상 민주적 방식으로 규율되거나 조정될 영역이 아니다. 그런데 자본주의 경제제체를 민주적인 의지를 통해 합리적 방식으로 조절하거나 규율하지 않고서 무소불위의 힘을 집적하여 생활세계 자체를 식민화하는 무한질주 시장권력의 힘을 어떤 방식으로 저지하겠다는 것인지 의아하다. 페리 앤더슨이 지적하듯이 자본주의를 억제할 필요가 있다고 공언하는 하버마스의 진정성을 의심할 수 없지만, 그의 이론은 이를 어떻게 구현할 것인지에 대해서는 아무런 내용을 제시하지 않는다. 페리 앤더슨, 『현대 사상의 스펙트럼: 카를 슈미트에서 에릭 홉스봄까지』, 앞의 책, 199쪽 참조. 필자는 이 책 제6장에서 주장했듯이 경제적 질서의 민주적 통제와 규율이 경제적 효율성과 양립 가능하다고 본다.

127 지금까지 하버마스와 관련된 인용은 위르겐 하버마스, 『공론의 구조변경: 부르주아사회의 한 범주에 관한 연구』, 한승완 옮김, 나남출판. 2001, 28쪽 이하 참조.

우리 학계에서도 1990년대에 이르러 시민사회에 대한 관심이 증가하였고 이에 따라 시민사회에 대한 이론적 탐구가 등장하였다. 이런 현상은 물론 한국사회 역시 세계적 차원에서의 역사적 변혁에서 예외 지역일 수 없다는 평범한 사실과 연관되어 있다. 우리나라도 1987년 민주화 항쟁기를 계기로 하여 민주주의 사회로 이행하는 길을 걷게 되었다. 더 나아가 우리 사회에서 정치적 민주화의 진전과 더불어 사회운동세력도 분화를 경험하게 되었고 이에 따라 다양한 시민운동이 활발하게 전개되는 상황이 발생하였다. 한국사회의 사회 구성이 복잡해지고 민주주의의 진전에 따른 시민사회 및 시민단체 활동의 활성화로 인해 시민사회에 대한 이론적 · 실천적 관심도 크게 증대되었다.[128]

이 글의 순서는 다음과 같다. 첫째로 시민사회의 개념을 분석하고 이를 토대로 한국 시민사회의 분석을 위한 틀을 형성하도록 할 것이다(Ⅰ). 이어서 한국 시민사회의 성격이 어떠한지를 기존의 연구 성과 및 울산대학교 동아시아연구센터가 2004년 9월부터 2005년 2월에 걸쳐 준비하고 조사한 서베이 조사 결과를 통해 살펴보기로 한다(Ⅱ). 세 번째 절에서는 신자유주의적 세계화의 과정에서 관철되고 있는 국가권력과 시장권력의 결합이 어떻게 시민사회의 민주적 공공성의 힘을 위기로 몰고 가고 있는지를 분석해볼 것이다(Ⅲ). 이어서 한국 시민사회가 안고 있는 문제점을 살펴보고, 이를 극복할 수 있는 방향에 대해 서술하고자 한다(Ⅳ). 마지막으로 한국 민주주의의 활성화를 위한 조건으로 탈식민적 사유가 중요한 과제임이 강조된다. 달리 말하자면 한국 민주주의의 위기와 퇴행을 가져오는 정신사적 조건의 하나로 지나친 서구중심주의적 사유 패러다임이 언급되고 그로부터의 탈피의 필요성이 언급된다. 탈식민적 성찰은 서구적인 인식

• • •
128 우리나라의 인문학계에서 시민사회와 시민운동에 대한 이론적 · 실천적 관심의 결과물로는 『시민사회와 시민운동』(유팔무 · 김호기 엮음, 한울, 1995)과 『시민사회와 시민운동 2』(유팔무 · 김정훈 엮음, 한울, 2001) 등이 언급될 수 있다.

패러다임이 과도한 영향력을 발휘함으로써 초래된 한국 인문학의 생산과 그 사회적 확산을 담당하는 대학 및 언론의 비판적 사유 역량의 위축을 극복할 수 있는 방법으로 제안된 것이다(V).

I. 시민사회 개념 규정과 분석 틀

일반적으로 시민사회 개념은 일국적 차원의 범주로 간주되어왔다. 시민사회는 근대 자본주의적 시장경제체제가 국가로부터 독립되어 독자적인 영역으로 분화되는 과정 속에서 등장했다. 그렇기에 시민사회의 개념 형성에서도 국가로부터 독립된 다양한 형태의 자율적인 비정부적 기구나 조직, 생활 형태들의 발생 및 그 기능에 대한 분석은 커다란 의미를 지닌다. 그렇다고 시민사회의 개념이 단순히 서구 근대사회에 고유한 것으로만 이해되어서는 곤란하다. 사실 시민사회의 영어 표현인 civil society의 개념 사적 연구에 의하면, 이 개념은 고대 그리스의 용어인 politike koinonia와 이 단어의 라틴어적 표현인 societas civilis에서 유래한 것이다. 그런데 이 용어는 고대 그리스적인 문맥에서 보자면 용어는 동일하지만 그 내용은 현대의 시민사회의 그것과는 사뭇 다르다. 고대 그리스 민주주의와 로마 공화정의 역사에서 기원하는 고전적인 시민사회에 대한 해석에서 시민사회는 "정치적으로 조직화된 국가"(politically organized commonwealths)로 간주되었다.[129]

시민사회에 대한 고전적인 개념은 인간을 정치적 동물(zoon politikon)[130]

• • •

129 J. Ehrenberg, *Civil Society. The Critical History of an Idea*, New York and London: NYU Press, 1999, p. xi.

130 아리스토텔레스에 의하면 동물과 인간의 질적 차이는 숙고 능력의 유무에 달려 있다. 인간 이외의 동물에게서 숙고 능력이 존재하지 않는다고 보는 아리스토텔레스의 논거에

로 파악하여 정치공동체를 인간 존재의 내적인 목적 실현과의 연관 속에서 파악한 아리스토텔레스의 이론과 맞닿아 있다. 즉 고대 그리스의 도시국가인 폴리스는 정치적 결합체(politike koinonia)로서 "법적으로 제한된 통치의 체계 속에서 자유롭고 평등한 시민들의 윤리적-정치적 공동체로서 정의된다."[131]

시민사회에 대한 고전적인 관념과 개념을 지배해왔던 패러다임은 근대에 들어와 급격한 변화를 겪는다. 이런 급격한 변화의 배경에는 근대의 지배적인 질서인 자본주의적 시장과 민족(국민)국가(nation-state)의 등장이 존재한다. 근대적 국민국가 및 자율적인 시장체제의 등장과 더불어 시민사회에 대한 관점은 근본적으로 변화되었다. 근대에서 시민사회는 정치사회적인 의미가 아니라 "생산, 개인적 이익, 경쟁 그리고 욕구(필요)에 의해서 가능하게 된 문명"으로 이해되기 시작했다. 물론 시민사회에 대한 이런 관점은 근대에서 등장한 시민사회에 대한 유일한 접근 방식은 아니다. 근대에서 시민사회에 대한 또 다른 접근 방식은 시민사회를 "자유에 봉사하고 중앙적인 제도들의 권력을 제한하는 지금은 널리 알려져 있는 중간 조직의 영역"으로 파악하는 것이다.[132] 그래서 근대에 등장한 시민사회에 대한 중요한 두 관점은 근대에 형성된 시민사회의 다차원성을 반영하고 있다. 즉 위에서 언급된 첫 번째 관점에서 시민사회는 사적 개인들의 이익추구에 의해서 형성된 시장의 영역과 동일시되는 경향이 있는 데 반해, 두 번째 관점에서 결정적인 의미를 지니는 것은 개인과 국가를 연결시켜주는 다양한 형태의 중간 혹은 매개 조직들이다.

• • •

대한 상세한 분석으로는 조대호, 「숙고의 인지적 조건: 아리스토텔레스 도덕 심리학의 숙고 개념」, 『서양고전연구』 55(2), 2016, 87-120쪽 참조.

131 J. Cohen and A. Arato, *Civil Society and Political Theory*, Cambridge, Massachusetts, and London: The MIT Press, 1992, p. 84.

132 J. Ehrenberg, *Civil Society. The Critical History of an Idea*, 앞의 책, p. xi.

다시 각광을 받고 있는 시민사회와 이에 대한 이론적 관심에서 주목할 만한 현상 중의 하나는 헤겔의 시민사회 이론에 대한 관심의 부활이다. 실로 헤겔의 시민사회 이론은 근대 이전의 시민사회이론과 근대에서 발생한 로크적 및 몽테스키외적인 시민사회 이론과 같은 여러 시민사회 이론을 종합한 것이다. 그뿐만 아니라 헤겔의 시민사회 이론은 19세기 후반기와 20세기 시민사회 이론의 중요한 출발점이기도 하다.

주지하듯 헤겔은 시민사회(bürgerliche Gesellschaft)를 인륜성(Sittlichkeit)의 필수적인 구성 요소의 하나로 간주한다. 시민사회는 가족 및 국가와 함께 자유를 실현하기 위해 요구되는 필연적인 영역이다. 물론 이 시민사회에서 인간은 우선적으로 자신의 이기적인 목적을 추구하는 개인으로 혹은 사적인 인격(Person)으로 등장한다. 시민사회에서 인격으로서 각 개인은 자신의 사적 이익을 자유롭게 추구하면서 근대적인 시장사회적인 경제 질서를 구성한다. 그러나 이 경제 질서는 내부에 해방적인 계기만을 지니는 것이 아니다. 욕구 체계를 그 구성 요소의 하나로 갖고 있는 시민사회는 부와 빈곤의 극단적인 대립을 통하여 새로운 형태의 인간 소외의 모습을 창출하는 장소이기도 하다.

헤겔에게 시민사회는 '욕구 체계'로 이해되는 자본주의적 시장사회의 영역은 물론이고 시장으로부터도 독립된 자유로운 개인들이 자발적으로 형성한 다양한 결사체와 조직들을 다 포함하는 개념이다. 그리고 이 영역은 더 완전하고 보편적인 방식으로 인간의 자유를 보장해줄 국가에로의 이행을 가능하게 해주는 중간 영역이기도 한 것이다. 즉 국가 공동체의 윤리적 삶은 가족과 직업단체를 비롯한 다양한 결사체들 내에서 공동 활동을 경험하면서 육성되는 공공성에 의해서 지지되지 않는 한 불가능하다. 그러므로 헤겔의 견해에서 볼 때 시민사회에서의 삶은 윤리적인 삶의 최고 단계로 설정되는 국가 공동체에서 삶을 가능하게 하는 역할을 담당한다.[133]

헤겔의 '시민사회와 국가의 변증법적 매개이론'은 루소를 통해서 극적으로 표현된 인간(homme)과 공적 시민(citoyen)의 분열이라는 근대의 모순과의 학문적 대결의 산물이다. 사적 생활과 공적 생활의 분리는 루소의 '인간(homme)/공적 시민(citoyen)' 구별과 헤겔의 '부르주아적 시민(Bürger)/공적 시민(citoyen)' 구별로 표현되었다.[134] 이 구별은 고대적 자유와 근대적 자유의 대립 내지 기독교적 전통과 고대 그리스적 전통 사이의 모순으로 표현될 수 있다. 또한 자유주의와 민주주의 사이의 대립으로 표현되기도 한다. 이는 자유의 근원적 의미에 대한 서로 다른 입장들 사이의 논쟁인 것이다. 이 논쟁에 실마리를 제공한 것은 국가의 부당한 개입으로부터 보호되어야 하는 각 개인의 권리를 강조하는 근대의 고전적 자유주의와 인간관이다.

헤겔이 행한 시민사회와 국가의 구별과 그 연계성에 대한 사유는 새로운 시민사회 개념을 설정하는 데 유용한 출발점이다. 시민사회와 국가의 구별과 이 둘 사이의 변증법적 연결 이론의 현재적인 의미는 시민사회에 대한 보다 풍부한 이론적 전개를 위해 수많은 통찰들을 우리에게 제시해준다는 데 있다. 헤겔의 사회·정치철학은 자본주의적 시장사회를 자유를 보장하는 필수적인 질서로 설정하면서도 정치적 공동체에서 시민으로서의 자유 실현을 중요시한다. 그래서 헤겔은 다양한 차원(직업단체, 소규모의 지방 자치 공동체나 여론 등)에서 사회와 국가의 매개를 설정함에 의해 이두 자유, 즉 사적 자유와 공적 자유의 결합과 그 실현을 보장하고자 한다.

• • •

133 프레더릭 바이저(Frederick Beiser)에 의하면 많은 사람들이 오해하는 것처럼 헤겔의 국가론이 지나치게 공동체주의적이어서 비판받아야 하는 것이 아니다. 우리는 헤겔이 자유주의와 공동체주의 사이의 거대한 종합을 이룩해내지 못했다고 비판할 충분한 이유를 지니고 있다. 그런데 그 이유는 헤겔이 공동체에 대해 너무 많은 의미를 부여하고 그리고 자유에 대해 충분하게 대우를 하지 못했기 때문이 아니라, "자유에 대해 너무 많이 그리고 공동체에 대해 충분치 못하게 행했기 때문이다." 프레더릭 바이저, 『헤겔: 그의 철학적 주제들』, 이신철 옮김, 도서출판 b, 2012, 329쪽.

134 K. Löwith, *Von Hegel zu Nietzsche*, in: *Sämtliche Schriften*, Band 4, Stuttgart 1988, p. 300.

1990년대 서구에서 시민사회 이론에 대한 논쟁에서 큰 역할을 한 『시민사회와 정치이론』의 저자인 J. L. 코헨(Cohen)과 A. 아라토(Arato)는 헤겔의 시민사회 이론을 "시민사회에 대한 최초의 근대적인 이론"으로 평가하면서 시민사회에 대한 여러 이론적 경향들을 종합한 헤겔의 "이론적 영감"은 "아직 소진되지 않았다"고 강조한다.[135] 그들은 시민사회론을 통해 자유주의와 민주주의의 대립을 설정하는 요즈음의 이론적 경향들을 극복하고자 한다. 코헨과 아라토는 국가와 시장경제의 영역과 구별되는 시민사회의 특징들을 다음과 같이 제시한다. "다원성: 가족, 비공식 집단, 자발적 결사체들. 이들의 다원성과 자율성의 삶의 형식의 다양성을 허용한다. 공공성: 문화와 의사소통적 제도들. 프라이버시: 개인의 자기발전과 도덕적 선택의 영역. 합법성: 다원성, 프라이버시, 공공성을 적어도 국가로부터 구별하고 경향적으로는 경제로부터 구별하는 데 필요한 일반적인 법률과 기본권의 구조. 이러한 구조들이 모여서 근대의 분화된 시민사회의 제도적 실존을 보장한다."[136]

부르주아(bourgeois) 사회와 시민(civil)사회를 혼동하는 것은 시민사회를 적절하게 이해하는 데 커다란 방해가 된다. 부르주아적 사회를 사적인 시장경제 사회를 지칭하는 용어로 사용할 때, 우리는 사적 시장경제가 과연 민주적인 정치질서에 긍정적인 효과를 지니고 있는가 하는 문제에 직면한다. 달리 말하자면 시장이 민주주의와 어떤 친화성을 갖고 있는가에 관한 물음이 시장사회 및 시민사회 이론에서 커다란 논쟁점 중의 하나이고, 이 논쟁은 여전히 뜨겁게 진행되고 있다.

그러나 시민사회가 갖고 있는 민주주의와의 연관성을 풍부하고 의미있는 방식으로 전개시키기 위해서는 시장과 시민사회를 동일한 것으로

• • •

135 J. L. Cohen/A. Arato, *Civil Society and Political Theory*, 앞의 책, p. 91.
136 같은 책, p. 346.

보는 관점을 벗어난 좀 더 세분화된 접근 방식이 요구된다. 그런 점에서 부르주와 사회로서의 시장경제와 적절하게 구별되는 시민사회의 개념만 이 "시장경제가 이미 그 자신의 자율적인 논리를 발전시킨 혹은 발전시키고 있는 사회에서 비판적인 정치·사회철학의 중심이 될 수 있다"고 코헨과 아라토는 지적한다. 달리 말하자면 독재에서 민주주의로의 성공적인 이행이 이루어진 사회에서 '사회 대 국가'라는 이항 대립적 구호가 보여주는 미분화된 시민사회 개념은 그 개념의 "비판적 잠재력"을 상실할 수밖에 없다는 것이 그들의 입장이다.[137] 이런 관점에서 코헨과 아라토는 시장-시민사회-국가라는 삼분모델에 기초한 시민사회 이론을 전개시키고자 한다. 이들에 의하면 시민사회는 공공 영역과 사적인 영역과 구별되는 제3의 영역으로서 간주되어야 한다. 시민사회는 이제 가족이나 자발적인 결사체들, 다양한 형태의 사회운동 단체들 및 공적인 의사소통의 형태들로 구성되는 "경제와 국가 사이의 사회적 상호작용의 영역"으로 정의된다.[138]

국가-시민사회-시장사회의 삼분모델은 권위주의적 권력에 대항하여 시민사회를 시민들의 자유를 보장하는 보루로 보는 입장을 더 잘 분석하게 해준다. 그리고 이 삼분모델은 시장사회에 대한 국가 개입의 실패나 국가 개입이 없는 고삐 풀린 자본주의 시장사회의 실패도 넘어서 이 둘 사이를 변증법적으로 매개할 수 있는 비판적 사유의 길도 보여준다. 따라서 시장경제-시민사회-국가라는 삼분모델에 기초하는 시민사회는 국가권력을 획득하여 통제하려고 하거나 경제적인 과정에 대한 직접적인 개입을 추구하는 것이 아니라, 국가와 시민사회 그리고 시장과 시민사회를 매개하는 다차원적인 제도들을 통해 이들 영역에 대한 합리적인 영향력을 행사하는 방식을 선호한다.

...
137 같은 책, p. viii 이하.
138 같은 책, p. ix.

오늘날 시민사회의 중요성에 대한 재발견을 주도하고 있는 사상가의 하나인 하버마스 역시 국가와 시장 그리고 시민사회의 3분설을 주장한다.[139] 그는 다음과 같이 적고 있다. "물론 그동안 '시민사회'(Zivilgesellschaft)라는 표현은 자유주의 전통의 시민사회, 그러니까 헤겔에 의해 마침내 '욕구의 체계'로, 즉 사회적 노동과 상품거래의 시장경제적 체계로 개념화되었던 그 '부르주아 사회'와는 다른 의미를 띠고 있다. 오늘날 시민사회라고 불리는 것은 마르크스와 마르크스주의에서 생각하는, 사법적으로 구성되고 노동시장과 자본시장과 상품시장에 의해 조정되는 경제를 더 이상 포함하지 않는다. 그 제도적 핵심을 형성하는 것은 오히려 자유의지에 기초하는 비국가적이고 비경제적인 연결망과 자발적 결사체들이다."[140]

앞에서 살펴본 시민사회의 개념을 토대로 할 때, 우리는 시민사회를 일단 국가와 개인 사이를 매개하는 자발적 시민들의 다양한 형태의 결사체의 활동 공간으로 규정할 수 있을 것이다. 달리 말하자면 시민사회는 신분사회의 질곡으로부터 해방된 근대적 개인을 국가와 매개하는 자율적인 중간조직의 총체로 규정될 수 있다.

II. 한국 시민사회에 대한 경험적 자료 분석

• • •

139 하버마스의 시민사회론은 3분 모델과 4분 모델 두 가지를 다 제공한다. 손혁재, 「한국 시민사회의 개념과 실제」, 손혁재 외, 『아시아의 시민사회』, 아르케, 2003, 55쪽 참조.

140 J. 하버마스, 『사실성과 타당성』, 한상진 · 박영도 옮김, 나남출판, 2007, 440쪽. 하버마스도 많은 좌파 이론가처럼 헤겔의 시민사회를 편협하게 바라보고 있고, 그의 시민사회 이론의 복합적 측면을 무시하고 그것을 욕구의 체계 내지 자본주의적 시장경제체제와 동일시하는 오류를 범한다. 시장-시민사회-국가의 3분 모델 혹은 시민사회-국가의 2분 모델 중 어느 것이 더 적절한 것인지에 대해서는 손호철, 「국가-시민사회론: 한국정치의 새 대안인가?」, 유팔무 · 김정훈 엮음, 『시민사회와 시민운동 2』, 앞의 책, 19쪽 참조.

위에서 언급된 시장-시민사회-국가(정치사회)의 3분 모델은 현대 시민사회 이론에서 주목할 만한 이론임에는 분명하다. 그럼에도 이 시민사회 이론은 주로 서구 유럽이나 미국의 역사적 경험과 연관되어 있는 것이라는 점에서 한국사회를 분석하는 데는 일정한 한계를 지닐 수밖에 없다. 그런 점에서 서구의 시민사회 이론은 우리에게 보다 바람직한 시민사회의 형성을 위한 이론적·실천적 고민의 대답으로 간주되어서는 안 된다. 다만 우리는 서구의 이론을 거울로 삼아서 좀 더 현실에 적합한 이론적 분석틀을 고안하려는 노력을 기울여야 할 것이다. 이런 이론적 고민을 해결할 수 있는 방법은 정해져 있지 않을 것이다. 다만 이 글에서 한국 시민사회의 역사에서 보이는 특수한 성격을 고찰하고 현재 시민사회의 신뢰 정도를 경험적으로 분석하는 자료를 검토해보면서, 우리 현실에 바탕을 둔 시민사회의 바람직한 미래상을 간단하게나마 그려보고자 한다.

한국 시민사회의 역사는 서구 시민사회의 형성 과정과 다르고, 그에 따라 독특한 특성을 보여준다. 시민사회의 형성에서 나타나는 특수성은 한국 시민사회의 성격을 강하게 규정한다. 일반적으로 한국 시민사회의 형성에서 주목할 만한 것은 그것이 반공주의와 친미주의 이념으로 무장한 독재 권력과의 긴 투쟁 과정에서 형성되고 발전되어왔다는 사실이다. 최장집에 의하면 한국에서 시민사회는 "중앙집권화된 정치권력에 반하여 민주주의와 민주적 공적 영역을 수호하기 위한 투쟁을 그 핵심 내용으로 하여 형성되었다." 그 결과 한국 시민사회는 공적 권위를 대변했던 국가에 반대하여 사적 영역 내지 상업사회를 옹호했던 서구의 시민사회와 달리 재산권을 최우선의 원리로 삼거나 시장과 경제적 사적 이익 추구를 옹호하는 과제를 중요한 목적으로 삼지 않았다. 한국에서 시민사회의 형성은 자유주의와 결합되었다기보다는 민주주의적 경향을 갖고 있었다. 이렇게 한국 시민사회의 특수성은 시민사회를 사회의 공공선의 옹호라는 관념과 긴밀하게 연결시켜 주었다. 그렇기에 한국 시민사회는 공적 영역과 사적 영역의 이분법이나 '국가에 반하는 시민사회'라는 테제를 통해서는 온전하게 이해될 수 없다. 달리 말하자면 한국 시민사회는 "약한 자유주의적 내용"과 "매우 강한 민주주의적 전통에 뿌리를 내리고" 있기에, 한국 시민사회의 형성에서 "운동으로 표출되는 공적 정신 내지는 공공선의 가치가 압도적인 내용을 갖는 것이었다."[141]

1987년 이전 한국 시민사회는 권위주의적 국가권력이 지배하는 상황에서 다원성과 자율성의 측면에서 여러 한계를 지니고 있었다. 그러나 이런 상황에서 민주화운동은 국가권력으로부터 독립적인 시민사회 창출을 주도하게 되었다. 이런 상황을 최장집은 다음과 같이 묘사한다. "강력한 권위주의 국가, 그와 위계적으로 결착된 비정부적 제도와 조직들, 냉전반공주의 이데올로기가 사회에 대해 갖는 억압구조 등은 시민사회의 다원성과 자율성을 근본적으로 제약했다. 이런 조건에서 정치권력과 국가로부터 자율적인 공간과 공적 영역을 창출한 것은 사적 이익 결사체나 제도들이 아니라 운동이 될 수밖에 없었다."[142]

민주화 이후의 한국 시민사회는 커다란 변화를 겪게 되었다. 우선 국가와 시민사회의 관계가 변화했다. 민주화 이후의 시민사회는 과거 권위주의 독재 권력의 시기에서처럼 "국가에 의해 수직적으로 통합된 부분이 아니라, 거꾸로 국가의 영역에 들어온 야당 혹은 민주화운동 세력 등 국가 영역 내에서의 이질적 요소에 저항하는 영역이 되었다."[143] 민주화 이후 한국에서는 국가와 시민사회의 관계에서 구조적인 변화가 발생했는데, 그 주된 요인의 하나는 김대중 정부에 의해 본격적으로 추진된 남북화해공존의 정책이었다. 햇볕정책으로 불리는 이 남북화해공존 정책은 분단 이후 한국의 가장 강력한 이데올로기였던 냉전반공주의의 기초를 근본적으로

• • •

141 최장집, 『민주화 이후의 민주주의』, 후마니타스, 2002, 184 이하 참조.
142 같은 책, 188쪽.
143 같은 책, 192쪽.

변화시키는 단초를 이루고 있기 때문이다. 그 결과 한국에서 시민사회의 보수적 부분이 총집결하여 상대적으로 민주화된 국가에 대하여 비판적으로 대결하는 상황이 벌어지기도 했다.

1980년 5·18 광주 민주화운동에 바탕을 둔 1987년 6월 항쟁의 결과 비교적 성공적으로 진행되어온 것으로 평가받는 우리나라의 민주화의 진전 과정에서 시민사회는 역설적인 상황에 직면하게 된다. 한편으로 시민 사회 내에서 과거 권위주의 시대를 지탱하는 데 결정적인 버팀목 역할을 했던 "거대 기업, 거대 자율적 이익 결사체, 거대한 이데올로기적 기구와 제도들, 다시 말해 경제에 물적 토대를 둔 사회의 하위 체계와 하위 조직들의 국가에 대한 자율성이 증대"되었다. 그러나 이런 자율성의 증대는 한국의 민주화나 시민사회의 활성화와 다양성의 증가에 어떤 긍정적인 기여를 하지 못했다. 그래서 최장집에 의하면 민주화 이후 시민사회 내에서 보수적 부문의 이념적 헤게모니의 우월성이 관철되고 그 결과 "사회의 여러 하위 체계 수준에서 발전해야 할 민주화와 이념적 다원화가 지체되고 있으며 정치체제의 전반적 수준에서 민주주의의 내용적 발전이 저해되고 있다."[144]

앞에서 본 것처럼 민주화 이후 한국 시민사회 내에서는 자율적 결사체가 팽창하지만, 거대 기업이나 보수 언론 등이 주도하는 보수적인 헤게모니 부문의 강화가 관철되고 있다. 이런 시민사회 내에서의 구조 변화와 아울러 권위주의 시대에 민주화 투쟁을 통해서 자율적인 시민사회의 활동 공간을 형성하고 확대·발전시키는 데 커다란 공헌을 한 시민사회 내의 개혁적인 운동 세력은 새로운 도전에 직면하고 있다. 개혁적인 시민사회 세력은 신자유주의적인 세계화의 충격과 그 결과 발생한 심각한 사회적 양극화의 문제, 지구적 차원에서의 환경 위기의 심화, 한국 시민사회 내의 다원화와

•••
144 같은 책, 193쪽 및 195쪽 이하.

민주적인 활성화의 과제 그리고 성공적으로 진전되고 있는 한국의 제도적, 절차적 민주주의의 심화·확대 등과 같은 간단치 않은 여러 과제들을 해결하는 데 무기력한 모습을 보여주고 있다. 그 결과 한국 시민사회는 여전히 시민 없는 시민사회라고 비판받고 있으며, 명망가 중심의 시민운동이 계속되고 있다.[145]

한국 시민사회의 위기를 초래한 요인 중 그것이 사회 구성원들로부터 신뢰를 충분하게 확보하고 있지 못한 상황도 무시될 수 없다. 또한 시민사회를 구성하는 자발적 단체들 내부의 신뢰 형성을 가로막는 문화적 관행, 가령 연고주의적 행동 유형도 시민사회의 신뢰도 추락에 큰 요인일 것이다. 이하에서는 우선 최근에 진행된 한국사회의 신뢰 수준에 대한 여러 경험적 연구를 참조하여 신뢰 수준이 어느 정도인지 살펴본다.

한국사회의 신뢰가 커다란 붕괴의 위기에 처해 있음이 여러 실증적인 조사에 의해서도 확인된다. 법적인 제도 및 기업에 대한 신뢰도뿐 아니라, 시민사회에 대한 신뢰도 역시 전반적으로 높지 않다. 시민들의 법에 대한 경시 풍조는 우려할 만하다. '법대로 하면 손해'라는 인식은 시민들 사이에 광범위하게 퍼져 있다. 이런 법에 대한 경시 및 불신 풍조는 우리나라의 고위 관료층, 거대 기업, 정치인들의 고질적인 정경 유착과 부패 행위의 결과임을 부정하기 어려울 것이다. 민주주의의 핵심적 기관인 입법부에 대한 국민의 신뢰도도 그리 높지 않다.

이하에서는 울산대학교 동아시아연구센터가 2004년 9월부터 2005년 2월에 걸쳐 준비하고 조사한 한중일 3국의 시민사회 관련 설문 문항 결과를 중심으로 중앙 정부 및 시민사회 등에 대한 한국인의 신뢰도를 분석해보도록 하겠다. 설문 문항 중에서 사회적 신뢰를 묻는 문항은 다음과 같은

• • •

145 최장집은 민주화 이후의 한국의 시민사회는 약화되어가고 있다고 평가한다. 이런 평가가 안고 있는 치열한 문제의식을 긍정한다고 해도, 이런 해석이 정확한 것인지에 대해서는 여전히 심도 깊은 논의가 요구되는 것으로 보인다.

것들이었다. 우선 법원을 신뢰하는 정도를 측정하기 위한 문항이 제출되었는데, 이에 대한 대답은 다음과 같다. "귀하는 법원을 얼마나 신뢰하십니까?"라는 문항에 대한 한국, 중국 그리고 일본의 응답을 보면 다음과 같다. 한국의 경우 법원에 대해 신뢰한다는 응답 비율은 48.5%이고, 신뢰하지 않는다는 응답 비율은 26.2%이다(중간 25.%). 한국과는 달리 중국의 경우 법원에 대해서 신뢰한다는 응답 비율은 무려 96.2%였고, 불신한다는 응답 비율은 겨우 1.8%에 지나지 않았다(중간 2.0%). 일본의 경우를 보면 법원에 대해 신뢰한다는 응답 비율이 66.8% 그리고 신뢰하지 않는다는 응답 비율이 19%로 나타났다(중간 14.2%).

기업에 대한 신뢰를 묻는 문항에 대한 응답은 다음과 같다. "귀하는 기업을 얼마나 신뢰하십니까?"라는 문항에 대해 한중일 3국의 응답자들의 비율은 다음과 같이 분석된다. 한국의 경우 긍정적인 응답자의 비율이 38.8%, 부정적 응답자의 비율이 30.5%이다(중간 30.6%). 중국의 경우에 긍정적 응답자의 비율이 90.6%, 부정적 응답자의 비율이 4%로 나타났다(중간 5.4%). 일본의 경우를 보면 긍정적 응답자의 비율이 32.4%, 부정적 응답자의 비율이 34%이다(중간 29.6%).

다음으로 노조에 대한 신뢰도를 측정하기 위한 문항이 설정되었는데, "귀하는 노조를 얼마나 신뢰하십니까?"라는 문항에 대해서 한국의 경우 긍정적인 응답 비율이 30.6%, 부정적 응답 비율이 40.7%이다(중간 28.7%). 중국의 경우 93.2%가 이 문항에 대해서 긍정적으로 대답했고, 부정적인 응답을 보여준 경우는 3.4%에 머물렀다(중간 3.4%). 일본의 경우 긍정적인 응답 비율이 26.2% 그리고 부정적인 응답 비율이 42.4%로 나타났다(중간 31.4%).

중앙정부에 대한 사회 구성원들의 신뢰도를 측정하기 위한 문항은 "귀하는 중앙정부를 얼마나 신뢰하십니까?"였다. 이 문항에 대해서는 한국의 경우 응답자의 32.3%가 긍정적으로 대답한 반면에 40.3%가 부정적인 반응을 보여주었다(중간 27.3%). 중국의 경우 긍정적인 응답자의 비율은 96%로 그리고 부정적인 응답자의 비율은 1.4%였다(중간 2.6%). 일본의 경우에 응답자의 22.8%가 긍정적으로 대답하였고, 부정적으로 응답한 사람의 비율은 58.8%에 이르렀다(중간 18.4%).

중앙정부 및 노조 그리고 법원과 마찬가지로 본 연구소는 시민운동단체에 대한 신뢰도를 측정하기 위해 "귀하는 시민운동단체를 얼마나 신뢰하십니까?"라는 문항을 설정했다. 이 문항에 대한 한중일 3국의 응답 비율을 분석한 결과는 다음과 같다. 한국의 경우 긍정적으로 응답한 사람의 비율이 57%, 부정적으로 응답한 사람의 비율이 24.3%로 나타났다(중간 17.8%). 중국의 경우에는 긍정적인 응답 비율이 91.6%, 부정적인 응답 비율이 3.8%였고(중간 4.6%), 일본의 경우에는 긍정적인 응답 비율이 38%, 부정적인 응답 비율이 32.2%였다(중간 29.8%).

한국의 시민사회 및 시민단체에 대한 신뢰는 최근 들어 저하되고 있다. 일례로 시민사회의 한 영역을 담당하고 있는 노조의 경우를 보자. 민주노총과 한국노총이라는 양대 노총은 한국의 대표적인 노조이다. 특히 민주노총의 핵심을 구성하는 대기업 중심의 노조에 대한 문제 제기와 비판이 이제 개혁 세력 내부에서도 공공연하게 등장한다. 이러한 문제 제기와 비판은 그간 경제계나 정부 그리고 보수 언론의 전유물로 간주되었던 상황이었으나, 민주노동당 부설연구소인 '진보정치연구소'는 2005년 '한국사회 위기의 주범 TOP 10'을 발표하면서 양대 노총과 대기업 노조를 '한국사회 위기의 주범 TOP 10'에 포함시켰다.[146] 이런 상황은 1987년 노동자 대투쟁 이후 현재까지 한국 노동운동의 지도적 세력이었던 대기업 노조와 대기업 노조 중심의 노동운동이 커다란 신뢰의 위기에 직면하고 있음을 보여준다. 민주노동당 '진보정치연구소'는 '2005년 한국사회의 10대 지표'를 선정하

• • •
146 <프레시안>, 2006년 1월 4일.

면서 빈곤율 및 자살률 등 우리 사회의 양극화의 심각한 현상을 보여주는 통계 수치를 발표했다. 이때 이 연구소는 "진보·개혁시민사회단체에 대한 국민 신뢰도 저하"를 2005년의 한국사회를 보여주는 10대 지표의 하나로 선정했다.[147]

이를 자세히 살펴보면 다음과 같다. 한국의 민주화를 이끈 주도 세력으로 인정받고 있는 진보적이고 개혁적인 시민사회운동과 노동운동은 '민주화 이후의 사회 개혁' 과정에서 국민의 신뢰를 상실하고 있다. 진보정치연구소는 그 구체적인 사례로 2001년 동아일보의 여론조사와 2005년 12월 한국사회여론연구소의 여론조사 결과를 비교한다. 이 비교에 의하면 2001년 동아일보의 여론조사에서 우선적으로 변화되어야 할 대상으로 응답자의 92.1%가 정치인을 지목하고 시민운동을 지목한 비율은 겨우 11.5% 그리고 노동운동을 지목한 비율은 19.1%에 불과했다. 그러나 2005년 12월 한국사회여론연구소의 발표에 의하면, 한국의 대표적인 종합적 시민운동단체인 참여연대에 대한 신뢰도는 41.5%, 민주노총에 대한 신뢰도는 25.6%에 그쳤다.[148]

투명사회협약실천협의회가 여론조사 기관인 TNS에 의뢰한 조사 결과는 우리나라의 구성원들이 사회 지도층에 대해 얼마나 커다란 불신을 갖고 있는가를 잘 보여준다. 2005년 11월 22일에 발표된 여론조사에 의하면 우리나라 국민들의 82%가 "사회 지도층을 못 믿겠다"는 반응을 보여주었다. "사회 지도층이 국민에 비해 더 청렴한자"를 묻는 문항에 대해 응답자의 1.8%만이 그렇다는 긍정적인 대답을 했고, 사회 지도층이 더 부패하다는 응답이 65.5%로 나타났다.[149] 이 결과로 보면 한국인들에게 "털어서 먼지 나지 않은 사람은 없다"는 인식이 팽배하다는 것을 알 수 있다. 이는 전체

---

147 <프레시안>, 2005년 12월 28일.
148 진보정치연구소의 2005년 12월 27일 보도 자료 참조.
149 <프레시안>, 2005년 11월 22일.

사회 구성원들 사이에 부패를 만연케 하며 상호 불신을 증대시킨다. 세계은 행 자료를 바탕으로 한국, 타이완, 포르투갈, 일본, 스페인 등의 국가와 부패지수 추이를 비교한 연구 결과에 의하면 한국은 모든 비교 대상 국가 중에서 "부패의 통제 수준이 낮으며, 거의 모든 조사에서 최하위를 기록"하 는 것으로 나타난다.[150]

한국 시민사회 신뢰도 조사 결과를 보면 한국사회는 전반적으로 부패가 만연되어 있고 사회 구성원 사이에 신뢰가 그리 높지 않은 것으로 나타난다. 그런데 시민사회에서 등장하는 저신뢰 구조는 한국사회의 가족주의적 문화와 결합되어 있다. 달리 말하자면 한국사회 전반 그리고 한국 시민사회 의 구조적 취약성을 형성하는 데 가족주의적(연고주의적) 문화가 큰 역할 을 수행하고 있다. 물론 앞에서 언급했듯이 한국 시민사회의 특성을 규정하 는 데 냉전반공주의 및 권위주의 국가체제도 큰 역할을 했다. 그래서 가족주 의 문화와 냉전반공주의 체제 사이의 결합에 주목할 필요가 있다. 그러나 여기에서는 한국 시민사회와 가족주의적인 혹은 연고주의적인 특성 사이 의 연관성에만 주목할 것이다. 주지하듯이 한국사회의 특수성과 연관해서 가장 많이 언급 되는 것 중의 하나는 유교 문화적 가치관에 의해서 규정되는 가족주의 사회에 관한 것이다. 그래서 한국사회의 저신뢰 구조는 늘 가족주 의 사회 문제와 함께 거론된다. 한국사회가 '저신뢰 사회' 혹은 '가족주의 사회'로 규정되는 것도 우연이 아니다.[151]

...
150 김병연, 「제10장 한국의 시장경제: 제도의 부정합성과 가치관의 혼란」, 이영훈 엮음, 『한국형 시장경제체제』, 서울대학교출판문화원, 2014, 359-360쪽.

151 이런 지적이 한국사회에서 유교적 전통이 지니는 긍정적 영향사를 부인하고 유교적 전통 전부를 부인하는 것으로 오해되지 않길 바란다. 유교 전통이 한국 근현대사에서 다양한 방식으로 존재하면서 오늘날의 우리 사회 형성에 기여했기에 그렇다. 특히 이 책 제4부에서 한국의 근현대 역사 속에서 이루어진 민주주의와 유교 전통 사이의 창조적 회통이 좀 더 상세하게 분석되어 있다. 그러나 한국사회의 신뢰 부족의 문화적 조건이 어떤 역사적 맥락을 지니고 있고 그런 역사적 상황 속에서 유교 전통이 어떻게 작용하고 있는지에 대한 체계적 분석이 우리 학계에는 아직 없다.

이 책 제6장에서 살펴본 것처럼 F. 후쿠야마는 중국, 프랑스, 이탈리아 그리고 한국 등을 '가족주의 사회'로 규정하며 '저신뢰 사회'로 분류한다. 이와는 달리 그는 미국, 독일 그리고 일본을 '고신뢰 사회'에 속하는 대표적인 나라들로 이해한다. '고신뢰 사회'의 특징을 후쿠야마는 가족을 초월한 강력한 자율적 결사체가 발전되어 있다는 사실에서 구하고 있으며, '저신뢰 사회'인 가족주의 사회에서 사회성을 획득할 수 있는 일차적인 방법은 가족이나 혈족이나 씨족 같은 보다 폭넓은 형태의 친족을 통해서라는 것이 그의 결론이다. 그리하여 가족주의 사회에서는 혈연관계가 없는 사람들이 서로를 신뢰할 만한 토대를 가질 수 없으며, 이 결과 자발적 결속력의 발전은 지체된다는 것이다.[152]

후쿠야마가 강조하듯이 한국사회가 가족주의 사회이자 저신뢰 사회임을 실증적으로 보여주는 선행 연구는 상당하다. 이미 이 책 제6장 제4절에서 분석했듯이 한국인은 혈연, 학연 그리고 지연과 같은 1차 집단에 대해서는 높은 신뢰를 보이지만 그 외의 집단에 대해서는 불신하는 정도가 높다. 2005년 세계가치관조사(World Values Survey) 결과를 토대로 한 국가별 신뢰수준에 대한 김병연의 연구결과도 마찬가지이다. 그에 의하면 한국은 가족에 대한 신뢰를 제외하고 이웃, 지인, 처음 만난 사람에 대한 신뢰도에서 스위스, 스페인, 멕시코, 타이완과 비교해볼 때 가장 낮은 수준을 보인다. 한국보다 더 낮은 수준의 신뢰도를 보인 나라는 멕시코였다. OECD 국가의 평균과 비교해보아도 이웃, 지인, 그리고 처음 만난 사람에 대한 신뢰도는 낮다.[153] 이런 가족주의 문화로 인해 시민사회도 어려움을 겪고 있다. 사회학자 김성국도 한국 시민사회의 정상적인 발전을 가로막는 요인들 중 중요한 것으로 학연·혈연·지연으로 대표되는 연고주의적인 관행을 꼽

• • •
152 프랜시스 후쿠야마, 『트러스트』, 구승희 옮김, 한국경제신문, 1996, 53쪽 이하 참조.
153 김병연, 「제10장 한국의 시장경제: 제도의 부정합성과 가치관의 혼란」, 앞의 글, 361쪽.

고 있다.[154]

Ⅲ. 국가권력과 시장권력 결합에 의한 시민사회의 공공성 위기

앞 절에서 보았듯이 신뢰도에 관한 실증 연구에 의하면 한국은 고부패, 저신뢰 사회의 성격을 보여준다. 고부패, 저신뢰 사회 구조를 개혁하지 않으면 우리 사회는 결코 더 나은 미래로 나아가지 못할 것이다. 이런 문제를 해결하기 위한 만병통치약은 존재하지 않지만, 사회 구성원 사이의 신뢰를 회복하기 위해서는 민주적 공공성의 회복이 요청된다. 1990년대 이후 한국사회에서도 시민사회에 대한 관심과 더불어 공공성에 대한 관심도 증가하고 있다. 이는 급속한 자본주의적 근대화 및 민주주의의 성장으로 시민사회가 활성화되고 있는 상황과 연결되어 있다. 비록 한국이 압축적인 경제성장 과정에서 과도하게 경쟁이 격화되어 타인에 대한 신뢰가 낮은 상황으로 치닫고 있지만, 다른 한편으로는 다양한 형태의 자율적인 공공 영역도 출현하고 있다. 이는 저신뢰 및 고부패 현상과 달리 한국사회에서 민주주의 성장의 중요한 동력 내지 민주주의 성장에 유리한 토대라고 독해될 수 있다.

그런데 우리가 공론장 및 시민사회의 활성화에 관련해서 주목해야 하는 것은 시민들이 대화 및 토의를 통해서 의견을 교환하는 상호작용에서 차지하는 '이성'의 독자적 차원이다. 이때의 이성은 독백적인 사유 활동을 의미하는 것이 아니라, 대화적 관계 속에서 형성되는 것이다. 이성의 공적 사용, 즉 이성적 토의는 단순히 의견 교환에 그치거나 거래에서처럼 타협하

• • •
154 김성국, 「한국의 시민사회와 신사회운동」, 유팔무 · 김정훈 엮음, 『시민사회와 시민운동 2』, 앞의 책, 77쪽.

거나 하는 행위로 환원되지 않는 특성이 있다. 그것은 이성이 "비판 가능성과 근거 제시 가능성"과 깊게 결부되어 있기 때문이다.[155] 의견의 자유로운 교환과 상호 이해의 행위가 단순히 전략적 행위 모델로 환원될 수 없는 까닭도 바로 여기에 있다. 하버마스가 강조하듯이 대화와 토론에 참여하는 사람들에게 중요한 것은 "원칙적으로 모든 당사자들이 자유롭고 평등한 사람으로서 오직 더 나은 논증이라는 강제"에 입각하여 논의를 진행할 것이라는 전제이다.[156]

그렇다면 자율적인 시민사회와 공론장이 활성화되기 위해서는 아무런 강제나 두려움 없이 공개적으로 논의할 수 있는 제반 조건들이 형성되어야 한다. 예를 들어 자유로운 토론의 자유는 다양한 결사들에 기초한 공공 영역의 활성화 없이는 공허한 주장에 지나지 않는다. 그러므로 시민사회적 공론장의 비판적 잠재력을 방해하는 내적 및 외부적 조건들에 대한 탐구가 필요하다. 자본주의에 의해 촉진되는 세계화의 부정적인 측면이 보여주듯이 경제적 불평등과 결부된 권력의 비대칭적 상황은 공론장의 건전한 활성화를 방해한다. 경제적 불평등은 다양한 방식으로 공론장을 축소시키고 특정한 부류의 사람들을 배제시킨다. 20세기 초 막스 베버는 자본주의의 합리화 경향과 맞물려 움직이는 현대 국가는 '하나의 커다란 경영(經營)'에 지나지 않는다고 진단하면서, 사회를 하나의 '쇠우리'(iron cage)로 만들어 버리는 관료제도가 진전함에 따라 인간의 자유가 상실될 위험성에 처해 있음을 경고했다.[157] 대중 민주주의의 진전으로 공개적인 토의를 통한 민주적인 의지 결집 과정 자체가 허구적이고 공허한 형식으로 변질되어

• • •

155 위르겐 하버마스, 『의사소통행위이론 1 — 행위합리성과 사회합리화』, 장춘익 옮김, 나남출판, 2006, 45쪽.
156 위르겐 하버마스 지음, 『담론윤리의 해명』, 이진우 옮김, 문예출판사, 1997, 20쪽.
157 막스 베버, 『프로테스탄티즘의 윤리와 자본주의 정신』, 김덕영 옮김, 길, 2010, 365쪽 참조.

버렸다는 진단은 20세기 전반에 월터 리프만(Wlter Lippmann)이나 카를 슈미트(Carl Schmitt) 등에 의해 제기되었다.

카를 슈미트는 1923년에 이미 다음과 같이 주장한다. "오늘날 파당들은 의견들을 토론하는 집단으로서 마주하는 것이 아니라, 사회적 또는 경제적인 권력집단으로서 서로 대립하고 쌍방 간의 이익과 권력의 가능성을 계산하고, 이러한 사실적인 기초에 의거해서 타협과 제휴를 체결한다. 대중은 선전기관을 통해 획득되고 있는데, 이 선전기관의 가장 커다란 영향은 즉각적인 이익과 격정에 의존하고 있다. 참다운 의미에서의 토론의 특징을 이루는 본래적인 의미에서의 논증은 사라졌다. 그 대신에 정당들 사이의 협상에서 이익들과 권력 획득에 대한 목적의식적인 계산이 등장했다."[158]

현대의 거대한 관료주의적 국가권력뿐만 아니라, 시장권력 역시 민주적 공론장을 왜곡시킬 수 있다. 시장사회라는 용어를 통해 보듯이 민주화 이후의 우리 사회의 모습은 시장권력의 극대화로 인해 민주주의가 위기에 처하게 되었음을 보여준다. 게다가 과학기술의 발달로 등장한 전자대중매체나 언론권력으로 상징되는 거대 언론자본은 공론장을 허구적으로 만들고 지배를 위한 도구의 수단으로 전락시키고 있음도 부인할 수 없다. 이처럼 행정 권력이나 과도한 화폐의 논리에 의해 공공성은 침식되고 왜곡되고 왜소해지고 있으며, 그에 따라 시민들은 공론장으로부터 소외되고 있다. 이는 결국 우리 자신의 운명에 대해 스스로 결정할 수 있는 민주적 통제력의 상실로 귀결될 것이다. 우리는 시민들 스스로 결정할 수 있는 정치적 자유의 의미와 가치를 지켜내기 위한 노력을 해야 한다.

앞에서 보았듯이 현재 민주적 공공성의 위기 근원에는 자본주의적인 시장경제체제의 지배적 관철 경향이 존재한다. 테일러가 주장하듯이 서구

• • •
158 카를 슈미트, 『현대 의회주의의 정신사적 상황』, 나종석 옮김, 길, 2012, 18쪽 이하.

'근대의 사회적 상상'의 세 가지 형식은 자유로운 경제, 공공성 그리고 주권을 가진 인민인데, 인민주권과 공공성의 출현은 사회로부터 분리된 경제 질서의 출현과 긴밀하게 연결되어 있다. 근대 서구에서 정치 외적(extrapolitical)인 공간으로 공공성과 "정치적으로 조직된 사회에 선행하며 그것에 기초를 제공한다고 여겨지는 행위 주체성으로서의 사회"인[159] 집합적 인민으로서의 정치사회의 출현은 시장에 의해 조율되는 경제의 출현과 공속 관계에 있기 때문이다. 그러나 신자유주의적 자본주의가 지배적 힘을 발휘함으로써 초래된 민주적 공공성의 위기가 보여주듯이 서구 근대성의 세 가지 핵심 구성 요소들, 즉 사회로부터 이탈된 시장경제와 공공성 그리고 민주적인 자기지배(democratic self-rule) 사이에는 쉽게 극복될 수 없는 긴장이 도사리고 있다.

물론 공공성은 화폐나 행정 권력으로 상징되는 현대사회의 구조적 문제로 인해서만 황폐화되는 것은 아니다. 이 거대 구조에 의해 지탱되는, 역으로 그 구조를 재생하는 데 기여하는 개별 시민들의 심성의 변화도 공공성의 와해에 기여한다. 오늘날 한국사회학의 중요한 분석 대상으로 등장한 속물의식은 그 대표적 사례이다. 물론 한국사회에서 속물정신의 문제는 사회학적으로 보다 정밀하게 서술되어야 할 주제이지만, 속물근성의 출현은 경제적 효율성에 대한 과도한 믿음과 무관하지 않다. 모든 사회 영역이 경제적 효율성의 논리에 의해서 구조 조정되고 있는 상황이 우리 사회를 속물들이 지배하는 사회로 변질시켰다고 보아야 할 것이다. 이런 상황은 자본주의적 효율성 체제에 강제로 편입된 결과만으로 해석되어서는 안 된다. 이 시스템에 많은 사람들이 자발적으로 동의하고, 참여했기 때문이다. 그러므로 속물현상은 자본주의적 경제체제의 헤게모니적 관철

---

159 찰스 테일러, 『근대의 사회적 상상: 경제·공론장·인민주권』, 이상길 옮김, 이음, 2010, 159쪽.

로 보아야 더 적절할 것이다. 그도 그럴 것이 경제적 효율성의 극대화만을
유일한 가치로 설정하는 신자유주의적 세계화의 흐름 속에서 사람들은
생존경쟁을 위해 물불을 가리지 않고 있다. 부동산 투기나 펀드 열풍,
그리고 목숨을 건 성형 수술의 붐 등이 보여주듯이 많은 사람들은 돈만
벌고 성공하면 그만이라는 속물근성에 물들어 있다. 땅을 사랑하기에 부동
산 투기를 했다는 말이 고위 공직자 후보의 입에서 나오는 것은 우리
사회가 속물주의가 지배하는 사회임을 잘 보여준다.[160]

물론 한국사회의 속물정신은 신자유주의적 세계화에 의해서만 초래된
것으로 보아서는 안 된다. 앞에서도 지적했듯이 속물현상은 경제성장을
제일 우선적 가치로 설정하고 온 사회를 극단적인 경쟁체제로 만들어
버린 정부 주도의 경제성장 과정의 한국적 특성을 배경으로 하여 나타난
것이다. 신자유주의적 경제 효율성에 대한 강조가 한국사회의 경쟁체제를
더욱더 강화시켜 한국사회의 속물정신을 크게 강화시켰다고 보아야 한다.
하여간 수단과 방법을 가리지 않고 성공과 출세만 하면 된다는 사회 일반의
인식은 우리들의 일그러진 욕망을 잘 보여준다. 이런 상황에서 누가 정치적
사안에 대해 관심을 기울일 것이며 공적 사안들에 대한 합리적 토론을
경청하려고 할 것인가? 사회학자 김홍중은 속물로의 전락에서 인간의
영악스러움의 최고치를 발견한다. 속물은 그저 바보가 아니다. 그에 의하
면, 속물은 물불을 가리지 않고 성공만을 추구하면서 인간의 기본 조건이라
할 수 있는 성찰성 자체를 도구적인 것으로 극단화시킨다. 달리 말하자면
속물에게서 등장하는 것은 "도구적 성찰성의 전황"에 온몸을 스스로 내맡
기는 것이다.[161] 우리 사회의 많은 사람들이 염치와 부끄러움의 부재 속에

• • •
160 속물주의 현상을 한국적 근대성의 규범적 지평의 굴절로 인해 형성된 사회문화적
     현상으로 분석하는 작업에 대해서는 장은주, 『인권의 철학』, 새물결, 2010, 402쪽
     이하 참조.
161 김홍중, 『마음의 사회학』, 문학동네, 2009, 95쪽 참조.

서 거리낌 없이 자신의 야망과 물질적 성공을 위해 모든 일을 하는 것도 이런 영악함의 극단적 표출이라 할 것이다.

시장권력에 의해서 식민지화되고 있는 삶의 다양한 영역들이 지니는 고유한 위상을 지키기 위한 노력이 필요한 시점이다. 소비자의 지위로 전락해버린 소비적 주체를 능동적인 시민적 주체로 바꾸려는 노력이 요구된다. 그리고 시민적 주체 형성을 위해 토론과 이성을 존중하는 마음가짐을 소중히 생각하는 정치문화를 만들려고 노력해야 한다. 위에서 보았듯이 공론장은 "폭력이나 타협을 통해서가 아니라 협의를 통해 갈등을 해소하고자 하는"[162] 사회 구성원들의 내면화된 윤리적 태도를 요구한다.[163] 마이클 맨(F. L. Michelman)이 주장하듯이 토론(deliberation)은 "자신의 주장과 마찬가지로 타인의 주장과 관련하여 제시되는 근거 있는 이유들에 의해 설득될 수 있는 개방적 태도"를 전제한다.[164] 그런데 이런 개방적 태도를 시민들이 생활 속에서 체화하지 않는다면 토론을 통한 민주적 문제 해결 능력은 확보될 수 없다. 시민의 능력을 어떻게 배양할 것인가는 한국의 민주주의가 해결해야 할 중요한 과제 중 하나이다.

IV. 한국 시민사회의 규범적 방향에 대한 성찰

앞에서 살펴본 것처럼 한국사회가 극심한 경쟁사회 혹은 정글사회로

• • •

162 위르겐 하버마스, 『이질성의 포용』, 황태연 옮김, 나남출판, 2000, 65쪽.
163 여기서는 과연 심의 혹은 토의가 인간의 정치적 삶에서 상수로 작용하는 투쟁과 갈등을 대체할 수 있는지 그리고 토의를 통한 민주적 해결을 선호하는 심의민주주의가 갈등의 자연스러운 표출을 억압하는 일종의 반(反)정치적 기획인지에 대해서는 논의하지 않는다. 이 주제에 대해서는 마이클 왈저, 『정치철학 에세이』, 최홍주 옮김, 모티브북, 2009, 263쪽 이하 참조.
164 위르겐 하버마스, 『이질성의 포용』, 앞의 책, 285쪽에서 재인용.

된 것은 부패의 구조화 및 그로 인한 사회 구성원들 사이에 만연하는 상호 신뢰의 부재와 무관하지 않다. 속물정신의 만연 현상이 보여주듯이 한 사회에서의 신뢰의 부족은 사회 구성원들의 삶을 피폐하게 만든다. 따라서 시민사회는 신뢰를 회복하기 위해 노력해야 한다. 그렇다면 집합적 행동을 방해하고 사회의 공동선과 연대성의 원천들을 고갈시키는 신뢰 부재 현상을 극복할 수 있는 방법은 무엇인가? 시민사회에 대한 국민들의 신뢰를 회복하기 위해 시민사회는 두 가지 방향에서 노력해야 한다. 하나는 시민사회 내부를 개혁하는 것이고, 다른 하나는 한국사회의 공적인 관심사로 등장하는 문제들에 대한 대응력을 강화하는 것이다.

우선 한국의 시민사회는 가족주의적이고 연고주의적인 관행을 극복해야 한다. 연고주의적 특성을 극복하기 위해서는 시민사회 내부의 구조를 좀 더 자율적이고 평등적인 구조로 재구성하려는 개혁이 요구된다. 이는 시민사회의 민주화의 요구로 표현될 수 있다. 시민사회의 민주화가 이루어지지 않는다면, 시민사회 이론가들이 주장하는, 시민사회의 활성화가 민주주의의 건강함을 가능하게 할 것이라는 관점은 헛된 가정에 지나지 않을 것이다. 시민사회의 활성화가 곧바로 민주주의의 심화 내지 발전으로 귀결되는 것은 아니기 때문이다.[165] 앤서니 기든스도 건강한 시민사회만이 압도적인 국가권력으로부터 개인을 보호할 수 있다고 지적하면서 시민사회를 자발적인 질서와 조화의 원천으로 바라보는 것은 순진한 상상에 지나지 않는다고 강조한다.[166]

1990년대 초반에 이미 최장집은 한국의 시민사회가 안고 있는 고질적인

• • •

165 손호철은 시민사회 이론의 유행이 가져온 가장 심각한 병폐 중의 하나로 국가를 독재의 근원으로, 시민사회를 민주주의의 보루로 간주하려는 안이한 이분법적 태도를 거론한다. 손호철, 「국가——시민사회론: 한국정치의 새 대안인가?」, 유팔무・김정훈 엮음, 『시민사회와 시민운동 2』, 앞의 책, 39쪽 이하 참조
166 앤서니 기든스, 『제3의 길』, 한상진・박찬욱 옮김, 생각의나무, 1998, 138쪽 참조

병폐로서 지연과 학연에 의해 이루어진 엘리트 구조를 지적했다. 그는 시민사회가 우리나라의 민주화를 방해하고 있다고 진단한다. 그는 다음과 같이 말한다. "오늘날 우리는 시민사회가 민주화의 사회적 기반이라는 안일한 시민사회 이론에만 의존할 수 없다. 오히려 우리는 지금 민주화를 가로막고 있는 것이 시민사회라는 역설적 인식을 가질 필요가 있는지도 모른다. 국가의 거대한 권력과 영향력이 일정하게 벗겨진 이후 드러나는 시민사회는 지역 차별과 학연에 뿌리를 둔 완강한 엘리트 구조, 현상 유지에 안주하는 광범한 중간층, 재벌을 중심으로 한 거대한 부르주아 지배 구조의 체계로서 장기간의 군부 권위주의 권력구조의 사회적 그물망의 복제판 이상의 것이 아닌 것으로 나타났기 때문이다."[167]

김성국 역시 한국 시민사회의 취약성을 논하는 글에서 시민사회의 구조적 제한성의 하나로 "연고주의 문화에 따른 시민사회의 분열과 과소 합리화"를 들고 있다. 한국에서 각종 연고주의로 규정되는 집단화로 인해 시민사회에서 계급적 갈등의 표출은 제한되고 있는 반면에, 지연·혈연·학연 등에 의한 시민사회의 내적 갈등은 구조화되어 있다. 내집단과 외집단 사이의 관계를 배타적으로 바라보는 연고주의적인 문화로 인해 시민사회 내에서의 합리적인 의사 결정과 사고방식의 발전이 제대로 이루어지고 있지 못하다.[168] 연고주의 문화를 형성하는 데 중요한 문화적 자원인 유교적 습속에서 수직적 사회 체계가 강조되어왔고, 이런 유교적 전통에 뿌리를 두고 있는 수직적 인간관계는 시민사회의 민주적 발전을 저해하고 있다.

한국 시민사회 특성의 하나로 지적되는 연고주의적 문화를 극복하지 않고는 시민사회의 활성화는 달성되기 어렵다. 연고주의로 인한 문제를 해결하기 위해 시민사회의 내부 구조를 좀 더 수평적으로, 대외적으로

• • •
167 최장집, 『한국민주주의의 이론』, 한길사, 1993, 78쪽.
168 김성국, 「한국의 시민사회와 신사회운동」, 유팔무·김정훈 엮음, 『시민사회와 시민운동 2』, 앞의 책, 77쪽 참조.

보다 개방적으로 개혁해야 한다. 그래야 시민사회 내 의사 결정 구조는 구성원들 사이의 합리적인 토론과 숙고를 통해서 민주화될 것이다. 그럴 경우에 시민사회 구성원들은 다양한 형태의 결사체에서 책임 있는 참여자로서 그리고 능동적인 주체로서 자기를 확인할 수 있게 될 것이고, 그 결과 시민사회는 그 구성원들로부터 더 높은 정당성과 신뢰를 획득할 수 있을 것이다.

많은 사람들은 연고주의 문화의 한계를 극복하고 시민사회의 민주화를 견인할 방안으로 인권의 보편성에 주목한다. 그러나 연고주의 문화를 비판하고 그것을 보다 민주적 방식으로 개혁하는 방법으로 개인의 자유와 권리를 우선적인 것으로 간주하는 권리 담론이 얼마나 실효성이 있는지 살펴보자. 연고주의적 배타성과 폐쇄성을 극복하는 데 개인의 자유와 권리를 존중하는 권리 지향의 사유 방식이 갖고 있는 긍정적 역할은 부인될 수 없다. 사회 구성원들을 자유롭고 평등한 개인으로 존중하는 것은 연고주의의 문제를 시정하는 데 크게 기여할 것임에 틀림없다. 그럼에도 연고주의적 공동체주의의 폐단을 극복하는 데 개인주의적 자유주의 지향의 권리 접근 방식만으로는 충분하지 않다. 자유롭고 평등한 시민으로서 인간을 동등하게 존중하려는 자유주의적 권리 이론만으로는 공동체의 지속성과 안정성을 확보하는 데 필요로 하는 연대 의식을 창출하는 데 충분하지 않다고 보기 때문이다. 그러므로 연고주의적 공동체주의 대 자유주의적 개인주의라는 도식으로는 한국사회가 안고 있는 연고주의 및 가족주의 문화의 병리적 현상을 충분하게 극복할 수 없다. 그래서 자유주의적 동등 존중 원칙 및 개인주의를 강화하는 작업과 동시에 연고주의 집단 문화에 착종되고 억압된 방식으로나마 숨 쉬고 있는 구성원들 사이의 깊은 연대 의식과 상호 배려를 다른 방식으로 재구성하는 방법이 필요하다.

둘째로 한반도의 분단 상황, 즉 남과 북의 준전시 상황을 극복하고 보다 항구적인 한반도의 평화 구조를 정착시키기 위한 노력이 요구된다.

이에 대하여 시민사회의 지속적인 관심과 노력이 필요하다. 미국의 대테러 전쟁의 와중에서 발생하고 있는 한반도의 긴장 상태를 격화시키는 주변 상황을 극복함과 동시에 북한 사회의 보다 나은 변화를 추동하기 위한 노력은 한반도에서의 평화 구조를 달성시키지 않고는 소기의 목적을 제대로 달성할 수 없다. 한반도에서의 보다 굳건하고 항구적인 평화 질서를 정착시키는 과제는 분단 상황에서 우리 사회가 달성한 두 가지 성과인 경제성장과 민주화의 지속성을 확보하는 작업과도 밀접하게 연결되어 있다.

앞에서 살펴본 것처럼 한국사회가 저신뢰 사회이자 고부패 사회인 것은 단순히 유교적 가족주의 전통이 지니는 한계 때문만은 아니다. 한국사회가 오로지 세속적 성공과 물질적 행복을 수단과 방법을 가리지 않고 추구해도 된다는 집단적 심성을 갖도록 하는 데 냉전반공주의 체제 하에서 이루어진 국가 주도의 경제성장 체제 역시 한몫했다. 이런 상황에서 자발적 시민사회를 구성할 문화적 토대인 성찰적 행위 방식 및 사유 방식이 만개하리라고 기대할 수 없다. 이런 점에서 시민사회단체와 시민사회 구성원들은 한반도 평화 질서를 구축하는 데 많은 관심과 노력을 기울여야 할 것이다.

셋째로 신자유주의적 세계화의 급속한 진전으로 인해 초래된 사회적 양극화를 극복하여 사회의 통합력을 회복하는 데 시민사회는 긍정적인 기여를 할 준비가 되어 있어야 한다. 1980년대 말에 이룩된 한국의 민주화의 진전 과정과 함께 한국사회에 불어닥친 세계화의 충격이 가져온 한국사회의 구조적 변화의 양상을 최장집은 다음과 같이 지적한다. "오늘의 한국 현실에서 대다수 일반 시민이 직면하고 있는 경제생활의 질적 저하와 그것이 가져오는 사회적·인간적 피폐만큼 큰 문제는 없다. 항상적인 실업의 공포와 불안정한 고용 구조, 노동시장의 내부 분화에 의한 비정규직 노동자의 대규모 누적, 소득 분배 구조의 악화와 불평등의 증대, 정상적인 경제활동의 권리를 제한받는 신용불량자의 양산, 노동시장 밖으로 밀려난 빈곤층의 확대 등 노동시장 안팎의 상황은, 이른바 세계화된 한국경제가 보여주고 있는 오늘날의 사회적 모습이다. 이러한 변화가 생활세계 전반에 미치는 효과는 더 파괴적인 것으로 보인다. 끔찍한 살인 및 강력 범죄의 급증, 가족 동반 자살이라는 비극적 형태를 포함하는 자살률의 급증, 세계 최고 수준의 이혼율과 거꾸로 세계 최저수준의 출산율 등의 지표들은 사회 해체의 급격함과 그 심각함의 일단을 드러낸다."[169]

한국사회의 양극화를 극복하는 과제는 이제 더 이상 미룰 수 없다. 이는 단순히 한국의 시민사회가 안고 있는 문제만은 아니다. 이 문제는 정치의 문제일 뿐 아니라 한국의 민주주의의 장래를 결정할 수 있는 핵심적인 사항이기도 하다. 한국의 시민사회는 민주주의가 시민들의 삶의 수준을 실질적으로 향상시킬 수 있는 제도라는 점을 입증해 보여야 한다. "사회경제적인 문제가 정당들과 민주정부에 의해 정치적인 문제로 다루어지지 않는 한 오늘의 한국 민주주의는 한 발짝도 진전하기 어려울 것이다."[170]라는 최장집의 주장은 옳다. 시민사회는 세계화의 흐름에 역행하지 않으면서도 사회적인 연대와 평등의 이념을 고수할 수 있는 새로운 대안을 모색하는데 온 힘을 기울여야 할 것이다.

넷째로 세계시민사회의 형성에 대한 정확한 인식과 세계화의 진전이 가져오는 문제점들을 극복할 수 있는 이론적 대안들을 제시하기 위한 노력이 요구된다. 세계화의 진전 과정에서 개별 국민국가의 역할과 기능에 대한 광범위한 성찰과 회의가 진행되고 있다. 또 현대사회에서 등장하고 있는 문제들, 예를 들면 세계화의 부정적인 결과인 불평등 구조의 심화나 환경 위기의 심화 등과 같은 문제들은 일국가의 노력이나 개별 국가의 시민사회의 노력으로 완전히 극복될 수 없는 것들이다. 한국의 시민사회

• • •
169 최장집, 「한국 민주주의의 취약과 사회경제적 기반」, 최장집 편, 『위기의 노동』, 후마니 타스, 2005, 13쪽.
170 같은 글, 34쪽.

및 시민운동은 세계화의 흐름에 발맞추어 이에 능동적이고 유연하게 대처할 수 있는 능력을 배양해야 한다.

이 문제는 한국의 시민운동과 시민사회가 "글로벌한 이슈와 의제들을 어떻게 내부화할 것인가 하는 문제"이기도 하다. 한국의 시민사회 및 시민운동은 "폐쇄적 민족주의의 성격을 강하게 가지고 있고 '국제주의적' 차원에 대한 인식은 결여되어 있는 상태"라고 조희연은 평가한다.[171] 이런 평가가 얼마나 적절한 것인가는 논외로 치더라도 한국의 시민사회 및 시민운동이 세계적 차원의 문제들에 대한 안목을 키워나가야만 한다는 지적의 타당성을 부인할 사람은 많지 않을 것이다.

세계적 안목과 더불어 지역적으로 행동할 수 있는 능력을 갖춘 시민사회와 이를 구성하는 적극적이고 능동적인 시민들을 육성하는 일은 우리 시민사회의 미래에 결정적인 의미를 지닌다. 세계적 차원의 문제들 중에서 현재 가장 중요한 것은 아마도 신자유주의적 세계화의 확산과 그로 인한 전 지구적 및 개별국가 차원에서 불평등의 심화 현상과 그리고 지구 환경 위기의 심화 확산의 문제 등일 것이다. 이런 문제에 대해 정확한 인식을 갖추고 그것을 지역적·국제적으로 행동할 수 있는 다양한 시민단체들의 육성이 시급하다. 특히 현재의 세계화를 주도하는 신자유주의적인 이념에 토대를 둔 자본주의적인 경제 질서의 세계화에 직면하여 자본주의적 시장 경제를 사회 통합적으로 그리고 환경 친화적으로, 합리적으로 조절·제어할 수 있는 방안을 모색하는 데 시민사회의 구성원들과 시민운동은 더욱더 큰 관심을 갖고 임해야 할 것이다.

. . .

171   조희연, 『비정상성에 대한 저항에서 정상성에 대한 저항으로』, 아르케, 2004, 194쪽.

V. 한국 시민사회의 민주화와 탈식민적 사유

신뢰의 위기를 겪고 있는 시민사회뿐만 아니라 한국사회에서 위기와 퇴행에 처한 민주주의를 구하기 위해 그 무엇보다도 한국사회의 문화적 전통에 대한 접근 방식의 전환이 요구된다. 우리사회의 위기는 궁극적으로 비판적 사유 능력의 부재로 인한 것이라고 생각되는데, 비판적 사유 능력의 부족은 전통과 근대의 이원론의 문제와 깊게 결합되어 있기에 그렇다. 물론 필자는 우리 사회의 민주주의의 위기와 퇴행의 구조적 조건을 일본의 식민지배의 부정적 유산, 분단체제의 제약이나 미국 중심의 신자유주의적 세계체제로의 과도한 편입 등에서 구하는 작업에 십분 긍정한다. 그러나 한국 민주주의의 위기를 조장하는 정신사적 상황 내지 조건에 대해서도 좀 더 많은 관심이 요구된다고 본다. '정신사적 상황'이란 개념은 카를 슈미트가 바이마르 공화국 시기 독일의 대의제 민주주의의 위기의 근원을 분석하면서 사용한 것이다.[172] 대의민주주의 혹은 자유민주주의는 대화를 통한 문제해결이라는 믿음을 전제로 하는데, 한 사회에서 대화를 통한 문제해결을 가능하게 하는 시민들 사이의 공유된 신념이 여러 요인으로 인해 상실되는 경우 대의제는 더 이상 존립할 수 없다는 것이 슈미트의 생각이었다.

우리의 문화적 전통과 관련해서 민주주의의 정신사적 조건에 대한 관심이 필요하다고 보는 이유는 우리 사회의 대다수 지식인들이나 상당수의 사람들이 전통(특히 유교적 전통)과 민주주의 사이에는 친화성보다는 적대적 균열이 강하다고 믿고 있기 때문이다. 달리 말하자면 한국을 비롯한 비서구 동아시아 사회의 전통은 민주주의와는 친화적이지 않고, 오히려 민주주의의 실현에 방해가 되고 있다는 믿음은 우리 사회 구성원들에

• • •
172 카를 슈미트, 『현대 의회주의의 정신사적 상황』, 앞의 책, 참조.

의해 꽤나 널리 공유되고 있다. 더구나 이런 공유된 믿음은 학문적인 진리 탐구의 결과에 의해서 뒷받침되고 있다고 사람들은 생각한다. 그러나 학문 활동을 통해 이런 믿음에 타당성을 제공하는 것 자체가 우리 사회의 성격의 문제를 비판적으로 검토해볼 주제라는 인식은 강하지 않다. 그러므로 그런 진실의 이름으로 우리의 유교적 문화 전통과 민주주의를 대립적인 것으로 바라보는 관점 자체를 우리 사회의 성격을 이해할 수 있는 중요한 사상의 과제로 설정하고 이를 성찰하는 힘은 그리 강하지 않다. 그러나 우리 사회의 전통이 민주주의와 양립 가능하지 않다는 공유된 믿음은 권력과 학문제도 가 함께 연동하여 생산해낸 사회적 구성물인데, 그것은 서구중심주의적 사유 방식을 재생산하고 사회에 유포하는 대학체계 그리고 그 학문제도 속에서 훈육된 지식인들의 활동의 산물이기 때문이다.

오늘날 소위 전근대사회 혹은 조선사회와 오늘날의 사회 내지 근현대 사이의 관계에 대한 주류적 관점은 모두 다 유럽 근대의 척도를 진리로 받아들이고 있다. 예를 들어 조선사회를 전근대사회에 속하는 것으로 간주 하고 이를 봉건적인 것으로 치부하는 태도나 그 사회에서 일부 근대 지향의 싹을 발견하면서 그 사회를 어느 정도 긍정적으로 보는 태도 사이에 차이가 존재하지만, 그런 차이 역시 서구 근대를 기준으로 설정하고 전통을 비판하 고 있다는 점에선 다르지 않다. 그리고 서구 근대의 척도에 의해 전통을 전근대 혹은 봉건적 사회로 낙인찍는 방식에 대한 정반대의 반응으로 전통 자체를 무조건적이고 극단적으로 옹호하는 태도가 존재한다. 전통을 근대의 장애물로 보거나 전통 속에서 근대 지향의 맹아를 찾으려는 태도나 전통을 무조건적으로 옹호하려는 입장 사이에 여러 차이가 존재한다. 그럼 에도 전통에 대한 이런 다양한 이해는 모두 서구 근대 문명의 충격에 대한 다양한 반응이라는 공통점을 지닌다. 또한 이들은 서구 근대를 기준으 로 설정하고 조선사회를 바라본다는 점에서는 아무런 차이가 없다. 전통을 무조건적으로 옹호하는 우리 사회 일각의 태도와 '공자가 죽어야 나라가 산다'는 식의 전통에 대한 배타적 태도는 서로 극단적으로 상이한 것처럼 보이지만, 실상은 서구 근대의 충격에 대한 전형적인 두 가지 대응 방식에 지나지 않는다. 그런 두 가지 대응 방식은 서로 적대적으로 공존하고 있다.

조선의 망국과 일본 제국주의 식민지배는 우리 사회 구성원들에게 지울 수 없는 정신적 트라우마이자 가리고 싶은 치욕과 같은 것이기에 그런 심각한 상처를 외면할 수 있는 방식으로 두 가지 극단적 반응은 어쩌면 불가피한 현상일지도 모르겠다. 그러나 전통을 생산적인 방식으로 반추하는 활동의 가능성, 달리 말하자면 과거를 긍정적이든 부정적이든 거울로 삼아 오늘의 우리 모습을 되돌아보고 더 나은 미래를 상상하는 가능성 자체가 박탈당한 집단은 온전한 방식으로 정의로운 사회를 실현할 수 없을 것이다.

과거가 부재한 사람이나 집단은 온전한 의미에서 사람일 수도 인간적인 공동체일 수 없다. 그런데 강제적 방식으로 자신의 과거를 송두리째 부정당하거나 망각하도록 강제당하는 사람이 자신에게 폭력을 가하는 사람을 오히려 옹호하는 것도, 또한 이와 반대로 자신의 과거를 극단적인 방식으로 신성화하면서 이를 무조건적인 방식으로 옹호하고자 하는 태도도 흔히 볼 수 있는 전형적인 두 가지 반응일 것이다. 전자의 경우는 인질범에게 사로잡힌 후에 풀려난 사람들이 오히려 인질범을 옹호하는 현상과 마찬가지일 것이고, 후자의 경우는 전통을 야만의 것으로 간주하는 서구 근대의 우월 의식에 대항하여 역으로 동아시아의 문명적 위대함과 우월성을 확인하면서 전통을 숭배하는 태도일 것이다. 그리고 이런 태도는 서구중심주의적 사유 방식을 철저하게 내면화하여 전통을 극단적으로 비판하는 입장과 다르지 않다. 그것은 서구중심주의적인 전통의 타자화 못지않게 변화하는 현실에 전통을 적용하는 창조적 해석 작업을 배제하고 있다는 점에서 전통의 생명력을 질식시키고 있기 때문이다.[173]

위에서 언급한 두 가지 대응 방식은 전통을 그 어떤 고정 불변적인 실체로 치부한다는 점에도 동일할 뿐만 아니라, 과거와 현재의 대화를 통한 새로운 주체 형성의 가능성을 차단하고 있다는 점에서도 모두 퇴행적인 반응 양식이다. 따라서 전통에 대한 양극화된 태도는 전통과의 진지하고 생산적인 대화 자체를 불가능하게 만들어 우리 사회가 창조적 방식으로 사회를 재구성할 수 있는 주체적이고 자율적인 역량 형성을 봉쇄하고 있다는 점에서 치명적인 사회 병리적 현상이다. 그리고 자율적인 주체적 역량과 능력을 적절하게 행사하지 못하도록 방해하는 전통에 대한 극단적인 분열 현상 자체는 권력 관계에 의해서 구성된 것이라는 점을 우리는 간과해서는 안 된다.

일제가 주입한 우리 민족의 후진성에 대한 관념을 극복하기 위한 많은 노력이 있었고 일본 제국주의의 식민사관을 어느 정도 극복했음에도 불구하고, 우리 사회의 과거, 즉 전통(그것은 오늘날의 우리에게도 이어지고 있는데)에 대한 극단적인 분열적 태도는 우리 사회가 여전히 서구 중심적 인식에 깊게 사로잡혀 있다는 점을 보여준다. 조선의 망국과 일제 강점기를 통해 우리 사회에 널리 확산된 조선사회에 대한 부정적 인식과 서구 근대를 우리 사회가 도달해야 할 문명 자체로 바라보는 시각은 여전히 우리 사회의 주류적 관점이다. 조선을 비롯한 동아시아 전통사회에 대한 부정적 태도는 서구 중심의 근대주의의 영향을 무비판적으로 내면화한 결과이다. 달리

...
173 이 글에서 필자는 한국사회에 존재하는 다양한 형태의 문화적 민족주의를 과거 전통에 대한 미화의 움직임으로만 보지는 않는다. 장은주가 적절하게 지적하고 있듯이 문화적 민족주의는 문화적 제국주의 및 식민주의의 문제점에 대한 반응의 일종으로 탈식민 담론과 결합되어 있으며 서구 근대의 압도적인 팽창력의 영향 속에 있었던 비서구 사회에서 볼 수 있는 일반적인 반사적 대응과 같은 것이기 때문이다. 그뿐만 아니라 역사적으로 불가피하고 어떤 역사적 필연성과도 같은 문화적 민족주의는 모호하고 오해의 소지가 있는 방식이기는 하지만 주체적인 태도에 대한 강조는 건강한 규범적 핵심이 들어 있다고 그는 강조한다. 장은주, 『인권의 철학』, 앞의 책, 68-75쪽 참조. 여기에서 비판하는 것은 과거 전통을 오늘날의 맥락에서 재해석하는 활동을 소홀히 하면서 그것의 의미를 무비판적으로 옹호하려는 태도이다.

말하자면 우리의 전통에 대한 부정적인 판결 자체가 서구 근대가 자신의 헤게모니를 비서구 사회에 관철시키는 독특한 권력-지식 행위에 의해 강제된 것인데도, 우리 사회는 그런 점에 대한 비판적 성찰의 모습을 제대로 갖추고 있지 않다.

특히 서구 근대 지상주의적 사유 방식은 시민사회를 구성하는 대학사회 및 언론을 통해 지속적으로 재생산되고 있다. 그런 점에서 대학사회 및 언론사회 역시 권력관계로부터 자유롭지 못하다. 오늘날 시민사회를 논할 때 개인 존중과 민주주의가 우리 사회의 유교적 문화 및 전통과 대립적 관계 속에 있다고 보는 주류적 사유 패러다임의 헤게모니도 그런 주장을 반복적으로 재생하고 이를 유포하는 대학 및 언론을 통해 관철되는 셈이다.

앞에서 보았듯이 전통에 대한 부정적 태도는 우리 사회의 정체성의 위기, 즉 자신의 과거와 전통에 대한 극단적 분열 양상을 초래하고 이런 분열된 태도는 우리 사회 구성원들 사이의 공통의 역사 인식과 공통감각의 형성을 저해하고 있다. 우리 사회가 일본 제국주의 시대를 어떻게 평가할 것인가를 놓고 보여주는 분열을 생각해보자. 그리고 이런 분열로 인해 우리 사회는 공통의 집합적 행위를 수행할 역량을 축적하는 데 많은 어려움을 겪고 있다. 이는 우리 사회에 사회적 신뢰 부족 및 연대성의 약화를 가져온다. 게다가 이런 분열, 즉 공통의 사회적 상상을 불가능하게 하는 전통에 대한 심각한 균열을 배경으로 하여 연고주의적 집단문화의 부정적 영향력이 더 큰 힘을 발휘하게 된다는 것이 필자의 주된 주장이다.

한국사회에서 여성 종속과 억압 문제도 그 원인을 조선의 가부장적 유교 문화 탓으로만 돌리면 안 된다. 여성 종속과 억압 문제를 고려할 때 전 지구적 자본주의와 결합된 문화적 제국주의가 가하는 영향을 간과해서는 안 된다. 그렇지 않다면 우리 사회 여성이 겪는 종속과 억압은 제국주의 및 자본주의 침략 및 착취와 무관하게 조선으로부터 전해져오는 야만적 문화로 규정된 전통의 문제로 환원되어버리고 만다. 그러므로 문화 권력,

특히 문화 권력의 생산 및 유통에 책임 있는 대학 및 언론사회에 대한 비판적 성찰 없이 유교 문화 및 그 병리적 현상의 하나인 우리 사회의 연고주의 문화만을 엄중하게 비판하는 것은 충분하지 않다. 우리의 전통과 역사를 그런 연고주의적 문화 자체로 바라보고 그런 시각이 전통에 대한 유일하게 진실한 인식을 대변한다고 믿는 태도야말로 식민권력에 의해 생산된 오리엔탈리즘적 담론의 효과인 측면도 강하게 존재하기 때문이다.

주지하듯이 피식민지 사회에서 등장하는 자기 분열, 즉 자신의 전통에 대한 극단적인 열등의식과 그렇게 타자화된 전통에 대한 극단적 옹호 사이의 분열과 대립은 서구 제국주의의 침략에 대한 저항을 약화시킨다. 그 결과 피식민지 사회의 내적 갈등은 증폭된다. 그리고 피식민지 사회에서의 내적 분열의 이런 증폭이 제국주의적 식민 권력과 결탁한 지식 담론의 구성물임에도 불구하고, 지배자들은 그런 현상이 마치 자연스러운 것으로, 그러니까 피식민지 사회의 본래적인 본질인 것으로 호도하면서 다시 자신의 지배를 정당화한다.

반복해서 말하자면 서구 제국주의(우리의 경우 동아시아의 서구인 일본 제국주의)에 의해 식민지로 전락한 사회에서 발생하는 전통에 대한 양극화는 식민지 사회 구성원들의 집단적인 정체성의 위기의 반영에 다름 아니다. 그런 점에서 피식민지 사회의 내적 분열의 표현인 정체성의 위기는 제국주의에 의한 집단적인 자율성의 침해, 즉 자율성의 상실이라는 피식민적 상황에 뿌리를 두고 있는 것이다. 따라서 전통과 근대의 극단적인 대비라는 사유 방식에 의해 초래된 우리 사회의 정체성의 위기는 단순한 인식론적인 위기에 그치지 않는 도덕적·정치적 위기라는 것이 분명해진다. 그리고 이런 상황은 식민지배로부터 해방된 이른바 포스트식민지적 시대에도 극복되고 있지 않다. 그리고 이런 상황을 초래하게 된 데 대해 한국의 시민사회, 특히 대학사회 및 언론사회가 져야 할 책임도 크다.

오늘날 우리 사회의 민주주의 위기와 퇴행을 목도하면서 어떤 사람들은 그 이유를 한국사회가 전통적으로 민주주의와 모든 인간의 자유롭고 평등한 보편적 이념을 축적해오지 않았다는 데에서 구할지도 모른다. 달리 말하자면 동아시아 및 한국의 전통, 예컨대 유교적 전통 같은 것이 본래 혹은 대체적으로 민주주의 및 자유의 이념과는 친화적이지 않아서, 그러니까 우리 사회의 민주주의의 토양이 미숙할 수밖에 없어서 우리 사회의 민주주의는 무언가 결여된 것으로 이해하는 사람도 있을 것이다. 물론 이런 이해 방식이 지니는 일정한 설득력을 전적으로 부인할 수는 없을 것이다. 그 어떤 사회의 전통도 민주주의 및 자유의 이념에 긍정적으로 호응하는 모습을 갖고 있지는 않을 것이고, 그런 점에서 동아시아의 전통도 다르지 않을 것이기 때문이다.

그러나 우리 전통 속에 민주주의와 자유의 이념이 부재하기에 우리 사회의 민주주의가 위기에 처해 있다는 분석은 잘못하면 자기 패배적 논리로 귀결된다. 여기에서는 전통을 동원하는 특정한 역사적 맥락에서 작동하는 권력 관계를 논외로 한다. 이에 대해서는 이미 앞에서 언급했다. 민주주의 위기를 민주주의에 낯선 전통의 영향사에서 찾는 입장이 옳다면, 역으로 우리 사회에 민주주의는 어울리지 않는다는 판단을 쉽게 거부할 수 없을 것이라는 점에서 그런 비판은 생산적이지 않다. 달리 말하자면 그런 시각은 우리 사회의 외부에서 혹은 사회 밖의 초월적 관점에서 민주주의가 옳다고 주장하거나 계몽 독재 내지 계몽 군주의 입장에서 우리 사회에도 민주주의가 좋은 것이니 이를 받아들여야 한다고 주장할 수는 있을지 모르지만, 진정으로 민주주의가 우리 사회에 튼튼하게 착근할 수 있는 방안에 대해서는 침묵할 수밖에 없을 것이기 때문이다.

서구중심주의적 사유 방식에 의거하여 동아시아 사회를 이해하고자 하는 태도가 근본적으로 재검토되어야 하는 이유 중의 하나는 서구중심주의는 전통과 근대의 단절을 강제하여 우리 사회의 모습을 제대로 이해하지 못하도록 방해하기 때문이기도 하다. 오늘날 찰스 테일러에 의해 널리 알려지게 된 인정(recognition)의 정치를 언급하지 않는다 해도, 자신이 속한 특정한 문화적 집단에서 형성되어온 삶의 양식과 공유된 사회의 이해에 대한 인정이 없이는 특정한 집단의 구성원들은 자존감(self-respect) 을 누리지 못하게 되어 결과적으로 그들의 자율성을 행사할 수 있는 능력을 위협받게 된다.

문명 담론이 비서구 사회 구성원들의 주체성 형성을 어떻게 불가능하게 하는지는 헤겔의 역사철학이 잘 보여준다. 유럽중심주의 혹은 서구중심주의의 철학적 정당성에 입각하여 아시아를 야만적 문명으로 낙인찍은 헤겔의 중국 문명에 대한 주장을 보자. "이 민족의 특징은 그들에게 무릇 정신에 속하는 모든 것, 즉 자유로운 인륜이라든가 도덕이라든가 심정이라든가 내적인 종교라든가 학문이라든가 또 본래적인 예술 등이 결여되어 있는 점에 있다. 황제는 항상 존엄과 아버지 같은 자애와 온정으로 인민을 대하지만, 인민은 자기 자신에 대해서는 극히 비굴한 감정만을 가질 뿐이고, 자신은 단지 황제 폐하의 권력의 수레를 끌기 위해서 탄생했다고 믿고 있다. 그들을 땅에 닿을 정도로 밀어붙이는 무거운 짐도 그들에게는 어떻게 할 수 없는 운명으로 생각되어 자기를 노예로 팔고 예속의 쓰디쓴 맛을 보는 것도 그들에게는 별로 무서운 일이 아니다. 복수의 수단으로서의 자살, 일상다반사로서 벌어지는 자식들을 버리는 행위 등도 자기 자신과 인간에 대해서 존경의 마음을 가지지 않는 증거이다."[174]

헤겔의 지적대로 아시아 문명이 인간의 존엄성을 송두리째 부인하는 것을 그 핵심적 요소로 간직하고 있다는 점, 그리고 유교적 전통에 의해 대변되는 동아시아의 문화와 역사가 인간의 자유의식을 질식시키고 인간을 오로지 노예적인 굴종 상태를 숙명적인 것으로 받아들이도록 하는

• • •

174 G. W. F. Hegel, *Hegel Werke in zwanzig Bänden*, hg. v. E. Moldenhauer und K. M. Michel, Band 12, Frankfurt 1969-1971, p. 174.

데 그치고 있다고 가정하자. 사실상 헤겔의 오리엔탈리즘적 사유 방식, 그러니까 아시아를 문명과 진보와 자유와 대조되는 이른바 전제주의의 고향(oriental despotism)이라는 가정을 자명한 진리로 받아들인 사람은 구한말 조선의 대표적 개화파 지식인이었던 윤치호(尹致昊, 1865~1945)였다. 1894년 11월 1일 일기에서 그는 한국인들은 "민족으로서 어떤 미래도 지니지 않고 있다."고 적고 있다. 그리고 한국인들은 "미개인이면서도 심지어 미개인의 더 좋은 성질"인 "대담무쌍함과 호전성"(fearlessness and war-like spirit)조차도 갖고 있지 않음을 한탄하면서 다음과 같이 주장한다. "조선인은 보존할 가치가 있는 그 어떤 단 하나의 기질적 요소를 지니지 않는다." 조선인이 미개인보다 더 야만적인 민족, 미개인 중의 미개인으로 전락하게 된 원인을 그는 조선사회의 유교 문화에서 구한다. 그에 의하면 "유교와 전제주의가 위와 아래에 있는 돌이고 그런 두 돌 사이에서 인간을 야만인보다 더 고상하게 하는 모든 특징은 가루로 분쇄되었다."[175]

윤치호가 나중에 모든 독립운동을 어리석은 행동으로 보고 적극적인 친일파가 되는 것은 자신의 전통과 역사와 과거를 온통 부정적인 것으로 평가하고 조선이 직면한 모든 문제의 원인을 그렇게 기각된 조선의 유교적 전통의 탓으로 돌리는 데에서 나온 논리적 필연이었다. 이미 그는 1889년 12월 28일의 일기에 다음과 같이 적고 있다. "나는 조선 독립 문제에 관심이 없습니다. 현재와 같은 정부를 두고는 독립해도 민족에게 아무런 희망을 주지 못할 것입니다. 반대로, 애족적이고 인민의 복지에 호의적인 관심을 가진 더 나은 정부를 가진다면 다른 나라에 종속되었다 해도 재앙은 아닙니다."[176]

개인의 차원에서든 집단적인 공동체의 차원에서든 자신에 대한 긍정적

• • •
175 윤치호, 국사편찬위원회 편, 『윤치호 일기 3』, 1974, 398-399쪽.
176 윤치호, 『윤치호 일기 2』, 박정신 옮김, 연세대학교출판부, 2003, 16쪽.

인 태도, 즉 자존감(self-respect)이 없이는 그 어떤 긍정적인 가치를 설정하고 그것을 달성하기 위한 적극적 노력을 기울일 수 없다. 개인의 차원에 국한해보자. 어떤 개인이 자신의 삶의 궤적에서 아무런 자존감을 갖지 않고 자신을 쓰레기와 같은 존재 혹은 사회에서 늘 열등한 지위를 차지하는 것을 당연한 것으로 간주하는 심성을 내면화했을 때, 그는 어떤 가치를 자신이 실현해야 할 인생의 목적으로 설정하고 그것을 위해 정열적이고 책임감 있게 몰두하여 타인으로부터 긍정적 평가를 받을 수 있을 것이라는 믿음을 갖기란 거의 불가능하다. 간단하게 말해 자존감이 없는 사람은 스스로 설정한 인생의 목표, 즉 가치를 실현할 수 있는 능력에 대한 확고한 신념을 가질 수 없다. 이런 맥락에서 존 롤스는 자존감의 상실이 사람을 무감각과 냉소주의로 흐르게 할 것임을 다음과 같이 주장한다. "우리의 계획이 보잘것없다고 느낄 경우에 우리는 그것을 즐겁게 추구할 수가 없으며 그 실현에 기쁨을 가질 수 없다. 실패와 자기 불신(self-doubt)을 걱정한 나머지 우리의 노력을 계속해서 기울일 수 없다. 그래서 자존감이 기본 선이 되는 이유가 명백해진다. 그것이 없이는 어떤 것도 할 가치가 없는 것으로 보이며, 또는 비록 어떤 것이 우리에게 가치가 있는 것일지라도 우리는 그것을 추구하고자 하는 의지를 갖지 못하게 된다. 모든 욕구와 활동은 공허하게 되고 우리는 무감각과 냉소에 빠지게 된다."[177]

자존감이 없는 한 개인이 그 어떤 긍정적 가치를 실현하기 위한 지속적인 행동의 능력을 갖출 수 없어 결국은 냉소와 허무주의로 귀결될 것이라는 존 롤스의 분석은 정치적 공동체에게도 해당된다. 정치공동체의 구성원들이 자신의 문화와 역사 전체에 대해 아무런 긍정적 관계를 맺을 수 없다면, 그러니까 자신이 속한 공동체의 과거가 송두리째 파괴되고 부정되어야 할 암 덩어리로 낙인찍는 판단을 집단적으로 공유한다면, 그 사회는 공동체

•••
177 존 롤스, 『정의론』, 황경식 옮김, 이학사, 2008, 568쪽.

로서 아무런 의미를 지니지 않게 된다. 시민사회의 민주적 공공성의 활성화를 저해하는 우리 사회에 만연되어 있는 속물정신의 탄생도 전통과 근대의 이원론적 담론이 초래한 정체성 위기와 무관하지 않다. 그래서 유교적 삶의 양식 전부를 통째로 비판함에 의해서만 우리 사회가 서구 근대가 규범적 원칙으로 내세운 인간의 자율성을 존중할 수 있을 것이라고 믿는 태도는 자가당착적인 것이다.

과거를 삭제한 채 공허한 상태에서 그 무엇인가를 시작할 수 있는 존재는 이 세상에 존재하지 않는다. 과거에서 현재에 이르는 경험을 일정한 방식으로 정리하고 그것에 의미를 부여할 수 있을 때 인간은 자신이 어떤 존재인지에 대한 고유한 정체성을 형성할 수 있다. 개인적 정체성이든 집단적 정체성이든 이미 완결되고 고정적인 형태로 존재하지 않는다. 인간이 시간성 속에서 살아가는 존재라는 것은 이런 의미에서 결정적이다. 찰스 테일러에 의하면 "우리가 누구인가에 대한 의식을 갖기 위해서는 우리가 어떻게 지금의 우리로 되어 있는지, 우리는 어디로 가고 있는가에 대한 관념을 가져야 한다."[178] 이런 점은 특정한 역사 공동체에게도 해당된다. 달리 말하자면 개인이든 공동체든 과거에서 현재에 이르는 여러 경험들에 일정한 의미를 부여하고 통일성을 제공할 수 있는 이야기를 형성할 수 있을 때 우리는 '너는 누구인가'에 대한 물음에 답할 수 있기 때문이다.

정체성에 대한 질문이 반드시 타인에게서 오는 것으로만 볼 필요는 없다. 우리는 종종 스스로에게 자신의 존재 의미를 묻곤 하기 때문이다. 하여간 '너는 어떤 사람인가?'라는 질문에 직면하여 과거에서 현재에 이르는 여러 사건들에 일정한 방식으로 통일성을 부여할 수 있는 서사적 이야기를 형성할 수 없다고 한다면, 그 존재는 무와 같은 존재로 전락하지 않을

• • •
178 찰스 테일러, 『자아의 원천들: 현대적 정체성의 형성』, 권기돈 · 하주영 옮김, 새물결, 2015, 106쪽.

수 없을 것이다. 그러므로 개인이든 집단이든 일정한 서사적 정체성을 형성하고 이를 타인과 공유할 수 있을 때에만 자신의 존재가 긍정적이고 소중한 의미를 지니는 것으로 인정받을 수 있다. 이런 점에서 정체성을 확보하는 것과 행위 주체로서의 삶을 영위할 수 있는 것은 서로 떼어 놓고 생각할 수 없다.[179]

정체성과 자존감에 대한 위의 분석이 타당하다면 유럽적 근대성의 규범을 문명의 모델로 설정하고 비서구 사회의 과거를 문명에 어울리지 않은 야만적인 것으로 타자화하는 서구중심주의적 문명 담론을 극복하는 과제는 매우 중요한 사상의 과제가 아닐 수 없다. 우리 사회는 여전히 식민지적 경험으로 인해 분열되어 있기 때문에 더욱더 그러하다. 유럽적 보편주의에 의해 식민화된/타자화된 비서구 사회의 과거에 대한 새로운 인식의 추구가 지니는 중요성을 프란츠 파농(Franz Fanon)은 다음과 같이 강조한 바 있다. "식민주의는 원주민을 장악하고 원주민의 두뇌에서 온갖 형식과 내용을 제거하는 데만 만족하지 않는다. 일종의 왜곡된 논리에 의해 식민주의는 피억압 민중의 과거를 왜곡하고 훼손하고 파괴한다. 이렇게 식민지 이전의 역사를 평가 절하하는 것은 오늘날 논리적 중요성을 지닌다."[180]

반복하건대 자유와 평등 그리고 시민들의 자치의 이념이 본래 동아시아의 유교적 전통과 어울리지 않는다고 보는 시각은 재검토되어야 한다. 자유롭고 평등한 시민들의 민주사회는 시민들이 민주적 정의 원칙과 이상을 스스로 이해할 수 있고 구체적 상황에 적용할 수 있는 것으로 받아들여지지 않는다면 공허할 것이다. 그리고 스스로 충분하게 이해할 수도 없고

179　이때 사용되는 정체성의 의미는 폴 리쾨르가 주장하는 서사적(서술적) 정체성에 가깝다. 서사적(서술적) 정체성에 대한 설명으로는 폴 리쾨르, 『시간과 이야기 3: 이야기된 시간』, 김한식 옮김, 문학과지성사, 2004, 471쪽 참조. 폴 리쾨르의 정체성 이론에 대해서는 김애령, 「서사 정체성의 구성적 타자성」, 『해석학연구』 36, 2015, 215-242쪽 참조.

180　프란츠 파농, 『대지의 저주받은 사람들』, 남경태 옮김, 그린비, 2007, 239쪽.

구체적 현실에 적용하여 그 실현을 향유할 수 없는 그 어떤 고상한 정의 원칙이란 본래 아무런 실질적 힘을 갖고 있지 못한 추상적인 구호, 심지어는 제국주의적 침략을 은폐하는 수단에 불과할 것이다. 그래서 우리 사회의 민주주의의 퇴행과 위기를 조장하는 것은 바로 서구중심주의적 사유 패러다임의 내면화에 의해 한국사회 및 동아시아 전통과 근대(서구 근대의 규범적 토대라고 간주되는 자유와 민주주의)의 이원론적 대립을 자명한 것으로 간주하는 담론인 것이다. 그리고 이런 담론의 주요한 생산자이자 그것을 사회적으로 널리 유포·확산시키는 제도가 대학사회 및 언론일 것이다. 대학에서 학자는 저서 및 강의를 통해 전통에 대한 지배적인 고정관념을 재생산하는 데 기여하고 있고, 언론은 대학 및 지식사회에서 생산된 담론을 일반 시민들에게 끊임없이 설득하려고 애쓴다. 이런 점에서 과거의 탈식민화 작업 및 서구중심주의의 상대화 작업은 시민사회의 중요한 일원인 대학과 언론의 민주화의 과제를 고민할 때 결코 간과할 수 없는 문제임이 드러난다.

더구나 21세기는 서구 근대 문명 혹은 서구 근대의 자본주의 세계질서가 부동의 정당성을 획득하는 시기가 아니다. 서구 근대가 출현하던 시기부터 그것은 원래 자체 내에 심각한 내적 모순과 한계를 안고 있었다. 이제 서구 근대 문명이 얼마나 심각한 문제를 안고 있는 것인가에 대해서 우리는 더 이상 언급하지 않아도 되는 시대에 살고 있다. 서구 근대의 문제점이 여실하게 드러나 탈근대를 둘러싼 논의가 전 지구적 차원에서 이루어지고 있는 상황에서, 우리 사회가 언제까지 서구 근대를 바람직한 사회와 문명의 모델로, 즉 우리 사회를 포함하여 인류가 찾으려던 문명의 궁극적 대답이자 해결책이라고 받아들여야 하는가? 서구 근대를 우리 사회가 지향해야 할 이상적 좌표로 설정할 수 있는 시대는 더 이상 아니지 않는가?

서구 근대 문명의 제대로 된 극복은 21세기 인류사회가 당면한 최고의 과제이다. 서구 지상주의적인 편향을 넘어설 수 있는 방법 중의 하나는 우리의 과거와 전통에 대한 새로운 이해이다. 과거와의 새로운 대화의 시도는 동서 문명의 이분법과 무관하다. 서구 근대 문명을 이상적 좌표로 더 이상 상정할 필요가 없다는 인식은 서구와의 대화의 가능성 자체를 차단하는 것과 무관한 것이기 때문이다. 그것은 서구 근대를 상대화, 즉 탈중심화하여 서구를 더 진지하게 다룰 수 있는 대화의 공간과 장을 확보하는 시도의 일환이기도 하기에 그렇다. 이를 위해서는 아마도 대학교육, 특히 대학인문학의 교육체제가 개혁되어야 할 것이다. 시민사회와 민주주의 문제를 고민하면서 이 문제는 상대적으로 소홀히 취급되고 있다고 생각된다. 서구인들 역시 서구 근대 문명을 무조건 추종하고 세계를 자신들이 설정한 방식 그대로 모방하는 존재보다는 스스로의 힘으로 서구 근대를 이해하는 주체를 더 바랄 것이다. 그들 역시 다른 방식을 통해서라 할지라도 서구 근대 문명의 어두운 면에 의해 고통을 겪고 있기는 마찬가지일 것이고, 따라서 그 한계를 진정으로 극복하길 바랄 것이기 때문이다.

물론 유럽중심주의적 사유 패러다임의 상대화가 우리의 궁극 목표일 수 없다. 유럽적 보편주의를 상대화하는 작업은 더 나은 사회에 대한 열망을 구현하려는 작업의 출발점이다. 그러므로 우리에게 필요한 것은 전통과의 화해를 통해서 민주적 방향으로 전통의 지평을 확충하는 노력이다. 전통과 민주주의 사이의 상생적인 만남의 가능성을 추구하는 방법 중의 하나는 전통에 대한 새로운 이해를 통해 민주주의를 전통 속에 깊게 각인시켜 전통적인 세계 이해의 지평을 확충하는 길이다. 전통을 민주주의 시각에서 재정의하는 작업은 전통 속의 민주주의를 활성화하는 작업에 그치지 않는다. 전통과의 새로운 대화는 우리에게 익숙하게 알려져 있는 민주주의에 대한 이해의 방식을 비판적으로 검토할 기회를 제공하여 민주주의에 대한 보다 나은 인식으로 나가는 데 긍정적으로 기여할 것이기 때문이다.

그런데 전통과의 대화가 형성되기 위해서는 바로 과거의 탈식민화 작업이 필요하다. 과거, 전통, 역사를 근대(민주주의 및 자율 등)와 무관한 혹은 그와 대립되는 것으로 바라보는 서구중심주의적 사유 방식을 넘어서야 한다는 말이다. 달리 말하자면 과거와의 창조적 대화의 가능성을 차단하는 서구중심주의적 사유 방식이 지니는 인식론적/식민지적 폭력으로부터 벗어나지 않는 한 전통과의 새로운 대화란 불가능할 것이다. 세계화를 서구화 내지 미국화와 동일한 것으로 바라보는 오늘날 우리 사회에서 진정한 의미의 탈식민적 사유가 필요한 이유이다.

나가는 말

우리는 지금까지 한국 시민사회의 특성을 경험적 자료를 토대로 해서 분석해보고, 미래지향적인 시민사회의 틀과 방향이 무엇인가를 규범적인 차원에서 간단하게나마 서술해보았다. 우리나라에서도 시민사회의 힘과 영향력은 커졌다. 그에 따라 당연히 시민사회의 책임의식이 커져야 한다. 그러나 시민사회가 시대적 과제에 적절하게 대응하고 있는가는 의문이다. 이런 의문은 개혁적인 시민운동에 대한 국민들의 신뢰도의 저하에서도 표현되고 있다.

한국의 시민사회가 당면한 여러 과제가 있다. 시민 없는 시민운동이라는 비판이 있을 정도로 풀뿌리 시민사회의 활성화는 매우 절실한 과제가 아닐 수 없다. 더구나 민주주의가 위기에 처한 상황에서 다원화된 중간단체의 활성화 문제는 한국의 지속적인 민주주의를 위하여 매우 중요한 과제임도 분명하다. 다양한 시민사회가 활성화되고 우리 사회에 굳건하게 뿌리를 내릴 수 있기 위해서는 우리 사회의 작동방식의 고유한 성격에 대한 인식도 필요하다. 우리의 모습을 제대로 이해하지 않고서 제시되는 해법은 실질적으로 아무런 설득력을 지니지 못할 것이기 때문이다.

세계화(신자유주의적)에 대응할 수 있는 한국적 사회통합 및 연대 모델을 개발하고 실현하는 것과 연관된 여러 이론적·실천적 과제들의 해법을 모색할 때 타성적 사유 방식을 넘어 세계를 새롭게 보는 능력이 중요하다. 특히 우리 역사를 스스로 사유할 수 있는 힘을 기르는 것은 우리 시민사회가 해결해야 할 최우선적인 사상의 과제라 할 것이다. 장기적 관점에서 볼 때 이 과제를 얼마나 성공적으로 해결할 수 있는지에 한국사회의 미래가 달려 있다 해도 과언이 아닐 것이다.

제8장

유교적 연고주의, 한국 현대사회 그리고 연고주의의 민주화

들어가는 말

한국사회가 이룩한 민주주의와 산업화의 이중적 성공은 결코 무시될 수 없는 역사적 성과이다. 비록 우리 사회의 자본주의와 민주주의가 많은 한계를 안고 있음에도 말이다. 산업화와 민주화라는 "이중혁명은 한국사는 물론이고 현대 세계 발전사에서도 기념비적인 것으로 크게 자랑할 만한 성취"라고 이병천은 강조한다.[181] 그래서 한국형 자본주의 시장경제체제와 민주주의의 모습이 무엇인지 그리고 그런 모습을 형성하는 데 유교적 문명국가인 조선의 경험과 전통이 어떤 방식으로 기여하고 있는지에 대해서는 별도의 연구가 필요하다. 특히 우리 사회의 여러 병리적 현상의 독특한 경로 형성에 대한 정확한 진단과 그 해법을 모색하기 위해서라도 전통과 현대의 상호작용의 전체적 모습에 대한 연구가 절실하게 요구된다.

우리 사회의 민주주의 및 자본주의 경제의 위기가 유교적 전통에 의한

•••
181 이병천, 『한국 자본주의 모델: 이승만에서 박근혜까지, 자학과 자만을 넘어』, 책세상, 2014, 418-419쪽.

제약의 산물인지의 여부는 여기에서 논외로 치자. 오늘날 우리 사회 구성원 대다수의 분노를 자아내게 하는 가진 자들의 '갑질문화'나 재벌 및 대형교회는 물론이고 사학의 세습적 지배체제가 가능하도록 만든 문화적 동력의 하나로 유교적인 삶의 습속이나 전통에 주목하는 시선도 존재한다. 그리고 그런 식의 접근 자체가 모조리 틀린 것은 아닐 것이다. 그렇지만 오늘날 한국사회가 이룩한 산업화와 정치적 민주화라는 이중혁명의 동력에서 유교적인 문화가 끼친 긍정적 영향사도 결코 폄하되거나 무시될 성질의 것이 아니다. 그러므로 우리 사회 민주주의의 역동성과 조선의 유교적 문명국가의 경험 사이에는 결코 이어지지 않는 심연만이 존재한다고 과장하는 시각을 벗어나야 한다. 그런 과장된 시각이야말로 그릇된 환상에 불과하다.

I. 동아시아 전통, 탈식민적 사유, 보편주의

가족주의 문제를 다룰 때나 기업운영에서 민주주의를 확장시키기 위한 원칙과 방법에 대해서 서술하면서 그리고 시민사회의 방향을 성찰하는 장에서 한국의 연고주의 문화의 문제를 상세하게 다루지 않았다. 좀 더 분명하게 표현하자면 다음과 같다. 연고주의 문화와 조선사회의 유교적 전통과의 상호작용의 다양한 모습 전반을 체계적으로는 다루지 못했다. 그 부분은 별도로 다루어야 할 중요한 문제라고 생각되었기 때문이었다. 가족주의와 관련해서도 살펴보았던 것처럼 우리의 생활 전반에서 가족주의 혹은 연고주의 문화는 큰 영향을 주고 있다. 기업을 포함하여 한국의 시민사회가 연고주의 문화에 의해 규정되고 있다는 언급도 새삼스러운 일은 아니다. 기업이나 대형 교회 등과 같은 집단이 연고주의에 의해 조직되고 운영될 뿐만 아니라, 개인들도 그런 문화적 관행에 의해 크게 규정되고 있다. 그리고 유교적인 가족주의 전통과 결합되어 있는 혈연, 지연 및 학연에 대해 강하게 집착하는 연고주의 문화는 개방적이고 민주적인 시민사회의 형성과 발전에 불리한 조건을 만들었다는 것은 우리 사회의 통념에 가깝다.[182]

이런 통념을 좀 더 살펴보자. 연고주의는 연고주의적 집단주의 혹은 연고주의적 이기주의로 이해된다. 왜냐하면 연고주의는 연고 집단 내부와 외부 사이의 강한 분리 내지 구별을 기초로 하고, 자신이 속한 연고 집단에 대한 충성만을 강조하고 그 이외의 집단에 대해서는 강한 배타성을 보여주는 것을 그 특징으로 하기 때문이다. 물론 연고주의는 연고 집단에 속하는 구성원들 사이의 신뢰를 통해 집단의 결속과 효율을 증가시켜 개인들 사이의 거래에서 거래 비용을 낮추는 순기능의 역할도 수행한다. 그러나 연고 집단은 구성원들의 신뢰가 외부 집단에로 확장될 가능성이 매우 낮아 연고를 갖고 있지 않은 사람들과의 신뢰 관계를 형성할 수 있는 문화적 자원, 즉 신뢰의 자원을 확보하는 데 어려움을 겪게 된다.[183] 그리고 연고주의의 이런 특성은 연고가 혈연에서처럼 자유로운 계약이나 성취와 같은 각 개인의 노력이 중요한 것이 아니라, 우연적으로 타고나면서 획득되

• • •

182 우리 사회의 연고주의 전통이 시민사회의 긍정적인 자원으로 활용될 수 있다는 점을 강조하는 입장에 대해서는 유석춘 편저, 『한국의 시민사회, 연고집단, 사회자본』, 자유기업원, 2002, 제1장을 참조. 우리 사회의 연고 집단에서 발견되는 공동체 지향적인 가치와 의식을 고려하고 이를 적극적인 방식으로 시민사회 형성 과정에 창조적으로 응용하고자 하는 입장에 필자 역시 원칙적으로 동의한다. 전통을 전적으로 벗어난 삶은 생각할 수 없기 때문이다. 필자가 거부하는 것은 우리 사회의 연고주의적 문화에 대한 과도한 의미 부여의 시도이다. 또한 필자가 보기에 시민사회의 활성화를 위해 연고 집단의 긍정적인 역할이 어떻게 접목될 수 있는가에 대한 구체적인 고민과 해결책이 미흡하다. 유교적 연고 집단을 긍정적으로 해석하려는 입장에 대한 비판으로는 한승완, 「'연줄망'에서 '연결망'으로」, 권용혁 외, 『한중일 기업문화를 말한다』, 이학사, 2005, 141-162쪽 참조.

183 이우관, 「동아시아 3국의 연고주의 비교」, 권용혁 외, 『한중일 기업문화를 말한다』, 같은 책, 105쪽.

는 귀속적인 것이라는 특성과 결합되어 있다.

귀속성이 지니는 의미는 사람들의 노력과 무관하게 자연적으로 획득한 지위, 이를테면 재벌가의 장남이나 자녀로 태어난 사람이 그들의 능력 여부와 상관없이 기업을 물려받는 상황을 통해 분명해진다. 그리고 이런 상황은 사람들이 스스로 노력해서 아무리 탁월한 경영 능력이나 경험을 축적해도 재벌가에 속하지 않는다면 최고 경영자가 되지 못한다는 점에서 기회의 평등의 이념과 상충한다. 그런데 재벌기업의 소유권과 경영권이 가문의 원리, 즉 혈연이라는 연고적 관계에 의해 규정되고 있다는 사실은 우리에게 낯설지 않다. 김원식에 의하면 이런 재벌 기업의 경영권 계승의 방식은 동아시아의 유교적 가족주의 전통의 변형인 가족주의적 경영 형태의 한 양상이다. 실제로 한국의 재벌 기업에서 기업의 소유권과 경영권은 분리되지 않고 장손을 중심으로 기업이 상속된다. 1996년 한 조사 결과에 따르면 총 35건의 조사 사례 중 전문 경영인에 의한 승계는 단지 1건이었다.[184] 연고주의 문화는 기업 경영의 형태에만 영향을 주는 것은 아니다. 우리에게 익숙한 비판이지만 학연과 혈연에 기초한 연고적 집단 논리와 집단적 이익 추구의 관행은 국가나 사회의 그것에 비해 연고집단의 이익을 우선시해 우리나라 전체를 포괄할 수 있는 민주적인 보편적인 규범과 행위의 규칙들이 발전하는 것을 가로막고 있다.

배타적인 연고주의 문화를 극복하고 민주적인 시민 정신을 사회 구성원의 일상생활에 뿌리내리도록 하기 위해서는, 정치·경제에 관련한 적정 수준에서의 제도 변경과 더불어 민주적 방식으로 문제를 해결할 수 있는 시민의 능력을 제고해야 함은 물론이다. 한승완이 지적하듯이 폐쇄적이고 특수주의적인 방식으로 작동하는 유교적 연고주의 집단을 좀 더 "개방적이

• • •

184 김원식, 「동아시아의 가족주의 전통과 기업 민주주의」, 권용혁 외, 『한중일 기업문화를 말한다』, 같은 책, 66쪽.

고 수평적인 '민주 공동체'로 전환'하려는 모색이 필요하다.[185] 민주시민의 역량을 강화하기 위해서 그 무엇보다도 입시 위주의 교육 패러다임을 넘어서야 한다. 시험에서 더 좋은 성적을 받기 위한 교육이 아니라, 민주공화국 대한민국의 이상을 구현할 수 있는 시민의 자치 역량 강화를 위한 민주시민교육이 매우 절실하게 요구된다. 민주적 시민의 역량을 강화할 수 있는 교육을 통해 시민정신을 사회적 습속으로 뿌리내리도록 해야 한다. 이는 현대사회와 같이 매우 다원적인 사회에서 더욱더 필요하다.

우리 사회와 같이 쏠림 현상이 심하고 집단주의적 문화 현상이 온존하고 있는 상황에서 지나치게 정파적이고 비타협적인 문제 접근 방식은 다원화된 사회문제를 해결하는 적절한 방법이 될 수 없다. 다양한 이해관계는 물론이고 상이한 종교적 가치관 및 세계관이 존재하는 상황에서 공적인 문제에 대한 상이한 평가와 견해의 표출은 불가피하다. 따라서 민주사회에서 다양한 사회적 갈등을 해결해야 할 경우에 요구되는 것 중의 하나가 민주적 공론장의 활성화일 것이다. 그리고 사회 구성원 전반에 영향을 주는 공적인 사안들에 대해 시민들이 스스로 토론 및 심의의 절차를 통해 공론을 형성하고, 이렇게 형성된 공론의 힘을 통해 정치적 영향력을 발휘할 때 비로소 민주주의는 그 실질적 의미를 획득할 것이다. 그런데 민주적 공론장의 실질적 활성화 및 토의를 통해 사회적 갈등을 민주주의의 이상에 어울리게 해결하려면 민주적 시민문화가 확보되어야 한다. 또한 민주적 시민문화 육성에서 어린 시절부터 실시되는 민주시민교육이 매우 중요하다. 한국사회의 교육 현장이 이런 이상과 거리가 멀다는 것은 두말할 나위가 없다.

그런데 앞에서 언급했듯이 한국사회에서 민주주의 문화의 상대적 부재를 논할 때, 그 원인을 곧바로 한국 유교 문화의 '반민주성'에서 구하는

<hr />

185 한승완, 「'연줄망'에서 '연결망'으로」, 앞의 글, 160쪽.

강력한 지적 흐름이 형성되어 있다. 일례로 시장철학을 주장하는 윤평중은 성숙한 자유 시장을 시민사회와 민주주의가 활발하게 이루어지기 위한 전제 조건으로 간주한다. 그는 자유 시장과 민주주의를 근대성의 "쌍두마차"로 본다.[186] 이런 견해에 의하면 법치주의의 핵심이라 할 법 앞에서의 만민의 평등이라는 이념을 실천하지 못할 정도로 법치주의 문화가 허약한 이유는 단지 "일제 식민통치의 경험과 현대 군사권위주의 체제의 유제"만으로 다 설명되지 못한다. "현대 한국인의 생활세계는 20~21세기의 집합 경험과 제도적 유산보다 더 오래된 과거의 아비투스에서 결코 자유롭지 않는 것"이기 때문이라고 윤평중은 해석한다.[187] 간략하게 요약하자면, 윤평중에 의하면 한국인들의 생활세계에 시민윤리가 견고하게 뿌리내리지 못하도록 한 정신사적 토대의 연약함의 근저에는 "성숙한 시장과 연결된 시민정신의 축적 과정"의 결여가 존재한다.[188]

한국사회의 비민주적 생활방식의 기원을 이른바 상업적 번영을 터부시한 조선의 비시장사회의 역사와 연결시켜 이해하려는 해석은 일정한 설득력을 지닌다. 오늘날 만연해 있는 권위주의적인 여러 관행들의 역사적 기원이 조선사회로까지 거슬러 올라갈 수 있다는 점 자체를 부인할 수 없다. 마찬가지로 조선의 유교적 문화가 오늘날 우리 사회의 여러 영역에 걸쳐서 부정적으로 영향을 주고 있다는 점도 인정할 수 있다.

그럼에도 한국사회의 민주적 시민정신이나 공공성의 부족을 시장경제의 역사적 경험이 부족했던 유교적 조선사회와 연결시켜 보는 관점은 지나치게 일면적이다. 윤평중도 인용하는 경제학자 이헌창[189]이 지적하듯이 18세기 조선은 한국의 근대적 경제성장의 "기반형성기"였다. 그는 18세

---

186 윤평중, 『시장의 철학』, 나남출판, 2016, 9쪽.
187 같은 책, 57쪽.
188 같은 책, 61쪽.
189 같은 책, 60쪽.

기 조선이 이룩한 성취와 한계를 다음과 같이 요약한다. "요컨대 18세기 조선은 농경 기술의 발전, 시장의 성장, 제도의 정비 그리고 인적 자본의 축적에서 상당한 성과를 거두었으므로, 근대 경제성장을 위한 기반을 상당히 닦고 있었다. 그런데 시장의 상층이 발달하지 않았고 농촌 공업지대가 발견되지 않고 계몽주의와 과학혁명에 상응하는 변화가 없어서 과학·기술에 유용한 지식의 보급이 제한된 점에서 근대 경제성장의 단계로 도약할 수 없었다."[190]

일단 조선의 경제체제였던 국가에 의한 재분배체제를 전근대적인 것 그리고 자본주의적 시장경제체제를 근대로 보고 전근대에서 근대로의 이행을 인류사가 보편적으로 거쳐 가야 할 발전 도식으로 보는 문제점은 도외시하자. 한국사회가 자본주의 시장경제체제를 형성하는 과정에서 조선의 전통에 의해 제약되는 측면뿐만 아니라, 그것을 가능하게 해준 긍정적 측면도 존재한다는 점을 소홀히 평가할 필요가 없을 것이다. 게다가 한국사회가 산업화와 더불어 민주화에서도 결코 과소평가될 수 없는 역사적 성취를 보여주고 있는데, 민주주의와 관련해서 과연 조선 문화와 전통은 아무런 긍정적 기여도 하지 않았다고 주장할 수 있을까? 18세기까지 거슬러 올라가지 않더라도 19세기 갑오농민전쟁을 거쳐 의병운동 및 3·1 운동과 지속적인 독립운동, 그리고 분단 상황에서 4·19 학생혁명, 5·18 광주 민주화운동을 거쳐 1987년 6월 항쟁과 2016년 말부터 계속되는 거국적인 촛불시위의 저력은 결코 유교적 조선사회의 역사적 성취를 배경으로 하지 않고는 제대로 이해될 수 없을 것이다.[191]

•••

190 이헌창, 「근대경제성장의 기반 형성기로서의 18세기 조선의 성취와 그 한계」, 역사학회 편, 『정조와 18세기: 역사로서 18세기, 서구와 동아시아의 비교사적 성찰』, 푸른역사, 2014, 158쪽.

191 한국의 헌법과 민주주의에 관한 논의에서 최장집은 대한민국헌법을 미국이라는 외부에 의해 주어진 것이라는 점에서 "타율적 헌법"으로 규정한다. 그리고 이런 타율적 헌법은 긴 권위주의 시기 이루어진 민주화 투쟁을 거쳐 어느 정도 토착화되었다고 분석한다.

그러나 윤평중의 접근 방식의 한계는 전통이 지니는 다양한 측면을 도외시할 뿐만 아니라, 20세기를 거치면서 전통이 선택적인 방식으로 변형되기도 하고 일제 식민지배 및 군사독재시기를 통해 전략적으로 동원되고 재창조되는 맥락의 중요성을 간과하고 있다는 데 기인한다. 예를 들어 시민사회와 국가가 담당해야 할 책임과 의무를 온통 가족에게 전가하는 가족주의를 희생양으로 삼아, 국가와 사회의 모든 역량을 오로지 경제성장이라는 한국판 정언명령을 이행하는 데 동원해온 우리 사회 나름의 역사적 맥락을 고려하지 않고, 한국사회의 시민정신 부족과 같은 문제를 전통적 유교 문화 탓으로 돌리는 것은 문화 환원주의에 불과하기에 그렇다.

19세기 이후 서구의 충격에 노출되면서 유럽 근대를 문명의 모델로 삼아 그것을 따라잡으려는 노력을 했던 한국에서 다른 비서구 사회에서와 마찬가지로 전통과 근대 사이의 단절이 심하게 나타났다. 이는 서구 근대의 충격 앞에서 전통사회를 서구 근대의 기준에 어울리지 않는 부정적인 것으로 보면서 그것을 의식적으로 파괴하려는 시도의 결과이다. 그런데 서구 근대에 대한 맹목적 긍정은 전통에 대한 과도한 부정을 초래한다. 전통과의 과도한 단절의 시도는 역으로 전통에 대한 무조건적인 긍정과 옹호의 태도를 부추기기 때문이다. 그러므로 전통과의 극단적 단절이 전통의 부정적 측면에 대한 철저한 비판과 대결 의식이 될 수 있으려면 서구 근대에 대한 개방적 태도와 더불어 서구 근대의 침략성과 폭력성의 문제에 대해서도 치열한 저항 정신이 동반되어야 한다. 그렇지 않고 서구 근대를

• • •

이런 입장도 한국 민주주의 전개 과정을 적어도 조선 후기 사회와의 연관성 속에서 바라보려는 시각을 결여하고 있다는 점에서 문제가 있다. 최장집, 「한국어판 서문 민주주의와 헌정주의: 미국과 한국」, 로버트 달, 『미국 헌법과 민주주의』, 박상훈 · 박수형 옮김, 후마니타스, 2004, 38-43쪽 참조. 한국 민주주의와 유교 문화의 긍정적 상관성에 대해서는 필자의 글, 「한국 민주주의와 유교 문화: 한국 민주주의론을 위한 예비적 고찰」, 『가톨릭철학』 21, 2013, 219-250쪽 및 「전통과 근대: 한국의 유교적 근대성 논의를 중심으로」, 『사회와철학』 30, 2015, 313-348쪽 참조.

문명의 모델로 간주하고 전통을 부정하는 행위는 서구 근대성의 양가성에 눈을 감고 서구 제국주의의 식민지 지배로 대변되는 폭력성에 대한 순응적 태도로 귀결될 위험성이 있다.

이 책 제7장 제5절 '한국 시민사회의 민주화와 탈식민적 사유'에서 전통과 근대의 강제적, 식민적 단절이 지니는 문제점을 살펴보았다. 따라서 이 자리에서는 그 핵심적 주장을 개괄해보는 데 그칠 것이다. 일본 제국주의의 침략에 의해 강요된 전통과 근대의 분열은 식민지배가 피식민 사회에 남긴 뿌리 깊은 상처이다. 이런 상처를 극복하려는 작업은 피식민지배를 경험한 국가와 그 사회 구성원들의 내부 문제를 극복하기 위해서만 필요한 것은 아니다. 식민성이 서구 근대의 자본주의적 세계체제의 폭력성의 상징이듯이 식민지적 상처의 해결은 서구 근대의 한계에 대한 비판과 그 극복의 시도이다. 그러므로 우리에게 필요한 것은 전통을 비판하면서 동시에 서구 근대의 폭력성에 대해 저항하는 이중적 부정의 길이다. 그리고 이 이중 부정의 길만이 전통에 대한 철저한 자각적 인식과 더불어 서구 근대에 대한 개방적 태도를 가능하게 해준다. 이렇게 본다면 전통에 대한 과도한 부정과 그에 대한 맹목적인 근본주의적 옹호 사이의 딜레마를 벗어나는 길은 전통과 근대의 단절과 연속의 중층적 측면을 놓치지 않는 데에 있다. 전통의 진정한 부정은 전통의 자기 부정이다. 전통으로부터 전통 부정의 힘을 구해내야만 진정하게 전통이 혁신되어 새로운 방식으로 전통의 지평이 확장되는 것이다.

전통의 자기 부정 행위를 매개로 해서만 비로소 서구 근대의 양가성에 대한 참다운 대응도 가능하고, 서구 근대의 해방적 측면을 더 적극적으로 수용하여 이를 우리의 삶의 역사적 맥락 속에서 더 튼튼하게 재규정하고 재해석할 수 있는 것이다. 이미 말한 것처럼 이때 외부로부터의 충격이나 타자와의 만남이 또 다른 부정의 계기일 수 있다는 점이 부인되지 않는다. 다만 서구중심주의적 문명화의 시각을 내면화함으로써 전통을 비판하는 행위는 전통에 대한 힘 있는 비판이 아니라, 외부적인 비판에 그치고 만다는 점을 명심해야 할 것이다. 그 비판이 전통의 자기 혁신과 부정으로 나가기 힘들기에 그렇다.

그런데 한편으로는 서구 근대의 긍정과 전통의 부정이, 다른 한편으로는 전통의 긍정과 서구 근대의 부정이라는 양자택일식의 소모적 대결은 서구 근대가 스스로를 관철시키는 문화적 전략이기도 하다는 점에 대한 자각도 필요하다. 달리 말하자면 서구 제국주의가 비서구 사회를 식민화할 때 그 명분을 문명화에서 구한다는 것은 주지하는 바다. 그리고 문명 담론은 비서구 사회의 전통을 야만의 것으로 낙인찍는데, 서구 제국주의 권력은 피식민지 사회에게 서구중심주의적 문명화 사명을 내면화할 것을 요구한다. 그러나 폭력적으로 강요된 문명화 담론의 내면화는 피식민지배 사회의 구성원들에게 문명화 담론에 따른 자기 부정과 모욕 행위에 대한 근본주의적 전통의 옹호를 불러일으키지 않을 수 없다. 외부의 침략 속에서 자신의 전통이 야만으로 매도될 때 피식민지 사회 구성원들 대부분은 자신의 삶의 양식에 대한 모욕을 느끼지 않을 수 없으며, 그런 모욕을 전통의 이상화를 통해 극복하려는 유혹에 빠지기 쉽기 때문이다.

그러나 역설적이지만 피식민지 사회에서 나타나는 이런 정체성의 극단적 분열, 즉 서구적 문명화 담론의 철저한 내면화와 그에 대한 근본주의적 저항의 배제적인 결합은 바로 제국주의에 의한 식민지 지배의 지속을 가능하게 하는 것이다. 약간 다르게 표현한다면, 피식민지 사회의 구성원들 사이에 극단적인 정체성 분열을 초래하여 특정 사회가 나가야 할 방향 감각에 대한 공통의 의지를 파괴하여 방향 감각을 상실케 하는 것 자체가 서구 근대의 식민지적 폭력성이 자신을 효과적으로 관철시킬 수 있는 문화적 헤게모니 정치의 핵심이라는 것이다. 그리고 그러한 문화적 헤게모니 정치를 통해 피식민 사회에 극단적인 분열 의식을 산출하는 것은 서구 근대의 어두운 면을 진정으로 극복할 수 있는 길을 차단하고 식민지 지배의 지속을 가능하게 하는 것이다. 또한 공식적으로 제국주의 시대가 지나가고 피식민지 국가가 독립했지만, 식민지배로 인한 여러 문제는 변형된 형태로, 특히 사상의 영역에서도 유지되고 있다. 이런 점에서 포스트식민 시대에도 여전히 전통과 근대의 단절과 연속의 문제는 피식민 경험을 겪은 국가나 그 사회 구성원들에게만 중요한 사상적 문제가 아님을 알 수 있다.

앞에서 보았듯이 탈식민적 사유는 서구 근대의 역사적 제약성에 대한 성찰의 방법이기도 하다. 왜 그런지 예를 들어 살펴보자. 특히 서구 근대의 역사에서 가장 야만적인 사건으로 간주되는 나치즘의 폭력성의 문제와 식민지와의 연관성을 다루어 보자. 많은 사람들에게 나치즘과 식민지와의 내적 연관성의 문제는 익숙한 주제가 아닐지도 모르겠다. 그렇다면 그 역시 서구 근대의 폭력성이 자본주의적 근대의 식민지적 팽창과 깊게 연루되어 있다는 점에 대한 자각이 부족하여 생긴 현상이다. 실제로 피식민지 경험을 겪은 탈식민화된 국가나 그 사회 구성원들만이 아니라, 서구 사회 역시 식민주의적 이데올로기로 인해 여러 병리적 현상을 겪고 있다.

서구 세계는 본래 근대적인 민주주의 문명의 창시자이어서 민주주의에 우호적인 문화적 조건들을 갖추고 있다는 해석은 통념에 가깝다. 간단하게 말해 유럽의 기독교 문화는 본래 자유주의나 민주주의와 친화적이라는 관점은 유럽사를 바라보는 전통적인 해석일 것이다. 그리고 이런 해석은 냉전이 서구의 자유민주주의의 승리로 귀결된 이후 어느덧 자명한 것으로 간주되고 있다. 그러니까 서구의 역사는 자유민주주의로 순탄하게 이행될 수 있을 정도로 민주주의에 우호적인 조건을 갖추고 있었다는 고정 관념은 매우 강고하다. 이런 전통적인 고정 관념을 『문명의 충돌』의 저자인 새뮤얼 헌팅턴(Samuel Huntington)은 다음과 같이 표현한다. "근대화의 길로 접어들지 못한 아득한 옛날에도 서구는 서구였다. 서구를 다른 문명들과 구분 짓는 중요한 특징들은 서구의 근대화 이전에도 벌써 존재하고 있었다."[192]

그러나 헌팅턴이 보여주는 전통적인 서구 우월적인 역사 해석에 대한 매우 설득력 있는 반론이 존재한다. 유럽사 연구에서 괄목할 만한 성과를 통해 국제적으로 명성을 얻고 있는 학자인 마크 마조워(Mark Mazower)는 20세기 전반부 유럽의 역사가 폭력, 뿌리 깊은 증오 그리고 잔혹함의 전시장이었음을 잘 보여준다. 그가 보여주는 유럽의 역사는 유럽은 인권과 민주주의라는 이른바 인류의 보편적 가치를 대변하는 문명지역이라는 통념과 너무나 거리가 멀다. 헌팅턴식의 역사 이해와 달리 '민주주의가 유럽의 역사 속에 깊게 뿌리내리고 있다'는 식의 견해는 현재를 과거에 과도하게 투사한 결과에 불과하다. 마크 마조워가 지적하듯이 "민주주의가 유럽에 원래부터 적합한 제도"라는 믿음은 근거가 없다. 20세기 전반부의 유럽의 역사는 "민주주의가 오래전부터 유럽의 토양에 깊이 뿌리내리고 있었다"는 믿음과 정반대의 모습을 보여주었다고 그는 말한다. 실제로 20세기에 들어와 "1930년대까지 대다수 유럽인들은 더 이상 민주주의를 위해 투쟁하고 싶어 하지 않았"을 뿐 아니라, "그들의 전통과 전혀 이질적이지 않는 권위주의라는 정치질서를 발견했고, 이를 사회·산업·기술을 통제하는 아주 효율적인 제도라고 생각했다."[193]

많은 사람들은 20세기 전반 유럽에서 등장했던 파시즘이나 나치즘 그리고 스탈린식 전체주의적 공산주의가 히틀러, 무솔리니 그리고 스탈린과 같은 광기에 사로잡힌 지도자에 의해 초래된 일시적인 재앙으로 생각하는 경향이 있다. 유럽은 본래 민주주의의 고향이기에 파시즘이나 나치즘은 광기에 사로잡힌 독재자들로 인해 잠시 정상적인 궤도를 벗어나 일시적으로 일탈된 사건으로 취급된다. 그러나 20세기 전반기의 유럽의 역사를 보면 그렇게 쉽게 단정 지을 수 없다. 마찬가지로 나치가 유대인을 대상으로 저지른 전대미문의 대량학살도 서구 근대의 야만성 및 폭력성과 무관하지

• • •
192 새뮤얼 헌팅턴, 『문명의 충돌』, 이희재 옮김, 김영사, 1998, 88쪽.
193 마크 마조워, 『암흑의 대륙: 20세기 유럽 현대사』, 김준형 옮김, 후마니타스, 2009, 23-24쪽.

않다. 홀로코스트는 서구 현대 문명의 좌절이나 일탈이 아니라, 그 구조적 산물이기 때문이다.[194] 그리고 히틀러의 나치가 저지른 유대인 대량학살이 유럽의 자본주의적 세계체제의 이면인 식민주의적 폭력의 복수라는 점을 인식하지 않으면 안 된다. 마크 마조워에 의하면 나치의 제국주의가 유럽에서 저지른 "폭력과 인종차별"은 "유럽인들이 과거에 아시아나 아프리카, 특히 아메리카에서 저질렀던 폭력과 인종차별"을 "유럽"에 적용한 것이다. 달리 말하자면 독일의 나치는 유럽인들이 비유럽인들에게 대했던 방식을 유럽인들을 향해 사용했던 것이다. 간단하게 말해 나치 독일은 유럽이 비유럽을 폭력적으로 식민지로 삼았던 것과 마찬가지로 "유럽 그 자체를 자신의 식민 제국"으로 만들려고 했다.[195] 히틀러는 2차 세계대전이 한창이던 때 "캐나다에서 수입한 밀을 먹으면서 약탈당한 아메리카 원주민을 생각하는 사람은 없다"고 주장하면서 유대인들의 말살과 유럽 국가들의 지배를 정당화하고자 했다.[196]

위에서 살펴본 것처럼 유럽의 역사에서 자유민주주의로 나가는 직선적인 진보의 모습을 그려내는 것은 과도한 일반화이거나 신화에 불과한 것이다. 그리고 20세기 전반기에 유럽에서 나치즘이나 파시즘의 승리와 더불어 나치에 의해 자행된 전대미문의 대학살극은 "유럽이라는 집으로 돌아온 식민주의의 한 형식"임도 부인될 수 없다.[197] 그러므로 식민주의의 역사에 대한 성찰은 단순히 피식민지 경험을 한 지역의 특수한 문제가

• • •
194 지그문트 바우만, 『현대성과 홀로코스트』, 정일준 옮김, 새물결, 2013, 특히 제4장 참조.
195 로버트 영(Robert Young), 『포스트식민주의 또는 트리컨티넨탈리즘』, 김택현 옮김, 박종철출판사, 2005, 20쪽.
196 마크 마조워, 『암흑의 대륙: 20세기 유럽 현대사』, 앞의 책, 251쪽.
197 "파시즘은 유럽이라는 집으로 돌아온 식민주의의 한 형식"이라는 점을 최초로 지적한 사람은 마르띠니끄 출신의 위대한 작가이자 정치인이었던 에메 세제르(Aime Cesaire, 1913-2008)였다고 한다. 로버트 영, 『포스트식민주의 또는 트리컨티넨탈리즘』, 앞의 책, 20쪽.

아니라, 식민주의 및 인종주의적 폭력성을 문명화의 사명으로 정당화하고
자 한 유럽적 보편주의를 넘어서려는 인류 보편의 사상적 과제로 이해되어
야 한다. 결국 탈식민적 사유의 보편성은 탈식민적 사유의 과정을 거치지
않고서 인류의 참다운 보편주의로 나아갈 수 없다는 점에서도 확인된다.

Ⅱ. 조선 후기 사회와 근대 시장경제 사이의 연관성

오늘날 한국경제 성장의 여러 토대가 조선 후기에 이루어졌다는 사실은
많은 동의를 얻고 있다. 앞으로 좀 더 자세하게 살펴볼 것이지만 18세기에
이루어진 시장 발전이나 인적 자본의 축적 등이 한국사회가 근대적 시장경
제로 전환하는 데 긍정적인 기반을 제공했다는 사실이 많은 공감대를
얻고 있다. 일례로 마사히코 아오키(Masahiko Aoki)는 한국경제 성장의
비교제도사적 연구를 통해 한국경제가 조선 후기 사회로부터 신분제의
약화 및 신분질서의 유동성과 개방성을 특징으로 하는 "자율적인 사회협
약"(autonomous social compacts)의 능력을 이어 받았음을 강조했다. 그에
의하면 전통사회로부터 물려받은 사회조직 구성에서의 개방성과 유동성
그리고 활발하고 자율적인 사회협약 능력을 토대로 해서 한국의 대기업은
국제적인 경쟁력을 갖춘 집단으로 성장할 수 있었다.[198]
이 책 제5장에서 연고주의와 성취의 원리가 상반되는 측면만 지니고
있는 것이 아님을 살펴보았다. 한국의 연고주의 문화가 자본주의적 근대의
압축적 성장을 위해 정치적으로 동원된 기제였던 측면이 강하게 존재함도

• • •
198 아오키 연구 내용은 이영훈, 「한국사회의 역사적 특질」, 이영훈 엮음, 『한국형 시장경제
체제』, 서울대학교출판문화원, 2014, 372-373쪽에 의거하여 재구성한 것임. 물론 이영훈
은 그 자신의 선행 연구를 활용하여 논지를 전개시키는 아오키의 해석에 대해 이의를
제기한다. 같은 글, 376쪽 이하 참조.

강조했다. 마찬가지로 조선 후기에서의 문중 중심의 가족주의적 생활양식의 보편화 현상도 그 당시 유교적 능력주의의 내적 동력과 긴밀하게 연결되어 태동되었던 것으로 이해되어야 함을 서술했다. 그뿐만 아니라 마사히코 아오키의 언급을 통해서도 볼 수 있듯이 조선 후기 사회도 자발적인 사회결사의 움직임이 상당히 활성화되어 있었다.

조선 후기에서 자발적인 사회결사의 움직임이 상당히 발전되어 있었다는 사실은 계(契)에 대한 연구를 통해서도 확인된다. 계는 조선 후기 사회에서 가족 및 친족결합 외의 사회적 결합의 원리와 그 특성이 무엇인지를 해명하는 데 커다란 실마리를 제공한다. 한국사회에서 계는 오래전부터 존재해왔지만 조선시대 후기에 이르러 광범위하게 활성화되었다. 우리 학계에서 계조직의 성격을 이해하는 흐름은 크게 두 가지이다. 하나는 계를 전근대사회의 조직적 특성인 공동체로 보는 것이고, 다른 하나는 그것을 결사체적 성격을 지니는 것으로 보는 견해이다. 공동체론의 관점을 대표하는 학자는 김삼수이고, 후자의 견해를 대표하는 학자는 김필동이다.[199]

특히 김필동은 계의 결사체적 성격을 해명하는 과정에서 계에 대한 기존의 공동체론적 관점 및 촌락과의 관계에서 계를 이해하고자 하는 인류학적 접근 방식의 한계를 다음과 같이 지적한다. "경제사적 접근은 '계' 문제를 주로 '경제적' 맥락에서 포착하려 함으로써 계의 식리성(殖利性)을 과장하는 결과를 초래하였고, 계의 '역사성'을 이해함에 있어서도 경제사적 일반 법칙을 당연한 것으로 전제함으로서 계를 '공동체'로 파악하는 시각이 이의 없이 받아들여졌던 것이다. 또한 인류학적 접근은 계의 역사성에는 관심을 기울이지 않은 채 그것의 조직 원리만을 형식적으로 파악하고

• • •
199 미야지마 히로시(宮嶋博史), 『나의 한국사 공부: 한국사의 새로운 이해를 찾아서』, 너머북스, 2013, 234쪽.

인류학적 연구의 인습적인 연구 단위인 '촌락'에 그것을 종속시킴으로써 계 연구의 시각을 협소한 것으로 만드는 데 기여했다."[200]

김필동에 의하면 많은 학자들이 계에서 식리적 측면을 주목하여 그것을 계의 본질적 구성 요소의 하나로 간주했다. 그러나 이런 이해는 계의 발전사를 종합적으로 보지 않고, 조선 후기에 나타난 계의 발전의 한 양상이라는 점을 간과한 것이다. 그러므로 계의 본질을 식리성에서 구할 수는 없다고 그는 강조한다.[201] 또한 김필동은 계를 전근대사회의 공동체로 보거나 계가 촌락과 깊은 연관 속에서 발전되었다는 역사적 사실로부터 곧바로 계를 촌락에 기초하고 있는 것으로 단정하는 기존 연구의 편향을 시정하기 위한 대안적 관점을 제시한다. 김필동은 계(稧)를 "어떤 목적을 수행 달성하기 위하여, 구성원들의 자발적인 참여와 합의(약속)에 의해 의도적으로 만들어지는 비교적 지속적이고 조직적인 모임(단체)"로 정의한다.[202] 계를 공동체가 아니라, 자발적인 결사체로 보는 김필동의 견해는 많은 학자들에 의해 수용되고 있다.[203]

계의 발전사에서 조선 후기, 특히 17세기 중엽 이후는 매우 중요한 시기이다. 이 시기에 들어 계의 수가 급증하고 있을 뿐만 아니라, 계의 종류도 다양해지고 계를 만드는 사람의 범위도 크게 확장되고 있기 때문이다.[204] 조선 후기에 이르러 광범위하게 결성된 계(稧)의 성격을 두고 학자들 사이에 견해가 다른 것은 조선 후기 사회를 어떤 사회로 볼 것인가에

• • •

200 김필동, 『한국사회조직사연구: 계조직의 구조적 특성과 역사적 변동』, 일조각, 1992, 31쪽.
201 김필동, 『차별과 연대: 조선사회의 신분과 조직』, 문학과지성사, 1999, 370쪽 참조.
202 김필동, 『한국사회조직사연구: 계조직의 구조적 특성과 역사적 변동』, 앞의 책, 89쪽.
203 미야지마 히로시(宮嶋博史), 『나의 한국사 공부: 한국사의 새로운 이해를 찾아서』, 앞의 책, 235쪽. 이영훈, 「18 · 19세기 대저리의 신분구성과 자치질서」, 안병직 · 이영훈 편저, 『맛질의 농민들: 한국근세촌락생활사』, 일조각, 2001, 248쪽 참조.
204 김필동, 『차별과 연대: 조선사회의 신분과 조직』, 앞의 책, 373쪽 참조.

대한 견해 차이와 관련되어 있다. 조선 후기가 오늘날의 근대 시장경제로의 이행과 관련하여 맺고 있는 의미와 한계를 제대로 보기 위해서도 일단 조선 후기 사회, 특히 18세기 조선을 어떤 사회로 볼 것인가는 매우 중요한 문제이다. 우리 학계에서 조선사회를 중세로 보고 조선 후기를 중세적인 신분제 사회가 동요하면서 근대 세계로의 이행의 여러 조건들이 형성되고 있던 시기로 보는 것이 통설인 것 같다. 그러나 미야지마 히로시는 한국사, 특히 조선 후기를 중세 봉건제에서 자본주의로의 단선적 발전이라는 마르크스주의적 도식으로는 적절하게 인식할 수 없다고 말한다. 그는 다른 지역과 달리 동아시아 지역에서는 근대적 토지제도의 확립이 상대적으로 상당히 순조롭게 진행되었다고 본다. 그리고 그는 이런 것을 가능하게 한 동아시아 지역의 이른바 전통('전근대')사회의 특징을 새롭게 파악할 필요성을 강조한다.[205]

서유럽 사회에서 발생한 근대화의 역사적 경험을 근대화의 기준으로 설정하게 된다면, 봉건제 사회에서 근대 부르주아 사회로의 이행이 결정적 의미를 지니게 되고, 그런 발전 도식에서 볼 때 중세의 귀족 특권층에 의해 세습적으로 이루어졌던 토지영유(土地領有)의 권리를 폐지하고 사적 소유의 자유를 달성하는 토지소유의 문제가 중요한 역사적 과제였다. 그런 과제를 해결하기 위해 서구에서는 의회의 설립을 통해 국왕에게 전국 과세권을 보장함으로써 토지 영유권을 폐지하는 길을 걸었다. 이처럼 서유럽의 경우 중세에서 근대로 이행할 때 경제적 과제와 정치적 과제가 불가분의 관계에 있었다.

그런데 미야지마 히로시에 의하면 한국의 경우 근대화로 나가기 위해서 해결되어야 할 과제는 서구의 그것에 비해 매우 달랐다. 토지소유와 관련하

---

205 미야지마 히로시(宮嶋博史), 『나의 한국사 공부: 한국사의 새로운 이해를 찾아서』, 앞의 책, 28-30쪽 참조

여 볼 때 조선의 지배계층이었던 양반은 서구의 중세 귀족계층과 달리 토지에 대한 영유권을 지니고 있지 않았다. 조선시대 토지대장인 양안을 보면 양안에 양반은 노비는 물론이고 일반 서민들과 동등하게 토지 소유자로 등록되어 있음을 알 수 있다. 그가 지적하듯이 이런 사실은 결코 사소한 일이 아니다. 일본의 에도시대의 토지대장과 비교하면 그 차이가 분명하게 드러난다고 그는 지적한다. 에도시대에 일본의 토지대장에 토지소유자로 등록되어 있었던 사람은 농민 신분에 한정되어 있었다고 한다. 달리 말하자면 조선시대의 양반계층에 상응하는 에도시대의 지배층이었던 무사들은 토지 영유자로 토지장부에 토지소유자로 등록될 필요가 없었다.[206]

미야지마 히로시는 양반이 토지에 대한 특권을 지니지 않았으며 일반 사람들과 동등하게 토지소유자로 등록되어 있다는 점에서 조선시대의 독특한 성격을 해명할 수 있는 실마리를 발견할 수 있다고 강조한다. 그는 이를 다음과 같이 설명한다. "국가의 입장에서 볼 때 양반도 토지소유자로서 일반 서민과 동등한 위치에 있었을 뿐, 토지에 대해 아무런 특권도 가지고 있지 않았던 것이다. 양반들이 토지대장인 양안(量案)에 토지소유자로 등록된 이유도 여기에 있었다. 특권적 토지소유가 없는 것, 이것이야말로 조선시대, 더 엄밀하게 말하면 조선 후기 양안의 최대 특징으로서 지적될 수 있으며, 그 의미를 탐구하는 것이 조선시대의 실상을 밝히기 위한 필수적인 과제가 되는 것이다."[207]

이헌창도 조선시대, 특히 18세기에 소유권 보장이 상당히 잘 이루어져 소유권 분쟁이 일어날 경우 분쟁을 해결할 소송절차도 비교적 잘 정비되어 있었다고 평가한다. 그에 의하면 18세기에 "토지소유는 사적이고 개인적인 재산권으로서 성격을 갖추었고, 남녀노소를 막론하고 노비를 포함하여

• • •
206 같은 책, 32-33쪽 참조
207 같은 책, 34쪽.

소유의 주체가 될 수 있었고, 소유·매매·재판의 법제가 정비된 편"이었다. 그리하여 그는 18세기 조선사회에 "계약사회가 성립"되었다고 주장한다.[208]

조선이 이미 상당한 정도로 토지 소유권을 인정해 왔다는 점은 일본의 이토 히로부미(伊藤博文, 1841~1909)가 1905년 통감부를 설치한 후 통감으로 조선을 통치하던 시기에 근대적인 법 제도를 만들기 위해 조선의 실상을 연구한 결과가 잘 보여준다. 우메 겐지로(梅謙次郞)는 이토 히로부미의 강력한 추천을 받아 조선에 민법을 도입하기 위해 조사를 한 후 다음과 같이 말한 것으로 알려져 있다. "현재로서는 일반적으로 토지 소유권을 인민에게 인정하고 있다는 것은 의심할 바가 없어 보이며, [……] 그러므로 내가 말한 바대로 한국의 토지 소유권이 완전히 현재 일본의 토지 소유권 개념과 일치하는지 여부는 몹시 의심스럽다. 하지만 요컨대 대개 소유권이라고 할 수 있는 권리가 한국 인민에게는 적어도 수백 년 전부터 인정되어 왔다는 점은 의심할 수 없다."[209] 이 일화는 한국이 이미 오래전부터 근대적 소유권과 유사한 형태의 토지소유권을 인정해왔던 사실을 새삼스럽게 보여준다.

이헌창은 조선 후기 사회를 근세(early modern)로 규정하면서 그 시대와 오늘날 한국사회의 경제적 근대화 사이의 연속성을 강조한다. 그는 근세론이 자본주의 맹아론의 대안이라고 본다. 그는 자본주의 맹아론이 자본주의 맹아의 존재 의미를 과대평가하고 근대경제로의 전환을 협소한 시야에서 바라보는 한계를 지닌다고 비판한다. 이헌창에 의하면 근세론은 근대로의 전환의 메커니즘을 설명하려는 것이 아니라, 근대 초기의 양상을 분석하는 입장이다. 그리고 18세기 조선은 경제적 측면에서 볼 때 근대경제성장의

• • •
208 이헌창, 「근대경제성장의 기반 형성기로서의 18세기 조선의 성취와 그 한계」, 앞의 글, 149-150쪽.
209 미야지마 히로시, 『일본의 역사관을 비판한다』, 앞의 책, 213쪽에서 재인용.

단계로 도약하는 시기로서가 아니라, "지속적 성장의 기반이 본격적으로 형성되는 시기"라는 의미에서 근세에 속한다.[210] 그는 "기술 발전, 인구 증가, 시장 발전, 제도 발전, 인적 자본의 형성 그리고 사회와 국가의 발전"이라는 6가지 지표를 근대경제성장의 기반을 조성하는 중요한 요인으로 보고,[211] 18세기 조선에서 근대화 기반이 어느 정도로 형성되고 있었는지를 차례로 분석한다. 그는 이런 분석을 토대로 해 18세기 근세로서의 조선의 긍정성과 한계를 다음과 같이 요약한다. "요컨대 18세기 조선은 농경 기술의 발전, 시장의 발전, 제도의 정비 그리고 인적 자본의 축적에서 상당한 성과를 거두었음으로, 근대경제성장을 위한 기반을 상당히 닦고 있었다. 그런데 시장의 상층이 발달하지 않았고 농촌공업지대가 발견되지 않고 계몽주의와 과학혁명에 상응하는 변화가 없어서 과학·기술에 유용한 지식의 보급이 제한된 점에서 근대경제성장의 단계로 도약할 수 없었다."[212]

이헌창은 전근대와 근대를 매개하는 중간 시대로 근세를 설정하고 유럽의 근세를 16~18세기로, 일본의 경우는 도쿠가와시대를 그리고 중국의 경우는 송대 이후를 근세로 설정하면서, 조선의 18세기를 세계사적 의미의 근세에 해당되는 것으로 평가한다.[213] 그러나 앞에서 언급했듯이 그는 조선을 비롯한 동아시아 3국의 근세는 유럽의 근세와 달리 자체적인 힘으로 산업혁명 및 자본주의적 근대로의 이행을 할 수 없었다고 본다. 조선은 근세에서 근대로의 이행을 할 동력이 약했기에 조선을 비롯한 일본 및 중국 등 동아시아의 근대는 서구 근대의 충격에 의해서 비로소 추진될

• • •

210　이헌창, 「근대경제성장의 기반 형성기로서의 18세기 조선의 성취와 그 한계」, 앞의 글, 138쪽 참조.
211　같은 글, 144쪽.
212　같은 글, 158쪽.
213　같은 글, 170쪽.

수 있었다는 것이다. 따라서 "동아시아의 근세는 자체로 근대를 열 수 있다는 차원이 아니라, 유럽 근대 문명을 흡수할 수 있는 기반을 닦았다는 의미"로 이해되어야 한다고 그는 결론짓는다.[214] 이상에서 보았듯이 이헌 창은 자본주의 맹아설 내지 내재적 발전론을 주장하는 통설을 비판하면서 도, 서구의 자본주의적 근대를 근대 자체로 설정하고 있다. 그런 점에서 조선에서 오늘날에 이어지는 역사의 모습을 이해하기 위해 동원하는 그의 분석 틀이 과연 자명한 것인지에 대해서 재검토할 필요가 있다.[215] 이런 문제점을 일단 여기에서 논외로 한다.[216]

이헌창의 온건하고 상대적으로 균형 잡힌 시각과 달리 조선 후기 사회와 20세기 한국의 역사 사이의 강력한 단절론적 입장을 대변하는 학자는 바로 이영훈이다. 신자유주의적 문명사관, 즉 식민지근대화론의 옹호자로 유명한 그조차도 한국사회의 근대적 경제성장에 조선 후기 사회가 축적한 여러 문명적 요소들이 긍정적 역할을 수행했음을 부인하지 않는다. 물론 그의 식민지근대화론이 가정하는 문명사론도 서구 근대, 그것도 시장 중심 및 이기적 개인주의 중심으로 이해된 서구 근대중심주의의 반복이다.[217]

• • •

214 같은 글, 174쪽.

215 오늘날 시장만능주의에 의해 시장경제가 사회로부터 완전히 이탈하여 심각한 병리적 현상을 자아내는 시점에서 조선의 유교적 도덕경제 시스템으로부터 무언가 배울 바가 있을 것이다. 이를 위해서는 국가에 의한 재분배 경제에서 자본주의 시장경제로의 전환을 단선적인 역사발전의 도식에서 이해하려는 타성에서 벗어나야 한다. 국가에 의한 재분배체제를 "비시장 통합 형태라는 점에서 전근대적이고 낙후된 형태"라고 보는 이헌창의 입장은 다시금 검토되어야 한다. 이헌창, 「총론」, 이헌창 엮음, 『조선 후기 재정과 시장: 경제체제론의 접근』, 서울대학교출판문화원, 2015, 25쪽.

216 미국의 한국학자인 존 던컨은 조선에 근세라는 개념을 적용하기는 적절하지 않다고 본다. 존 던컨, 「한국사 연구자의 딜레마」, 배항섭 엮음, 『동아시아는 몇 시인가?』, 너머북스, 2015, 112-133쪽 참조.

217 이삼성은 식민지근대화론은 미국에서 출현한 제국 담론의 부활과 직간접적 연관을 맺고 있다고 본다. 식민지근대화론이 제국주의 시대 일본의 한국 및 동아시아 지역에 대한 식민지배를 문명사적 관점에서 긍정적으로 재평가하는 성격을 지니고 있기 때문이 다. 이삼성, 『제국』, 소화, 2014, 448쪽 참조.

이는 내재적 발전론의 자본주의 지향 혹은 민족지향의 목적론적 역사관 못지않은 문제점 많은 시각이다. 물론 이영훈은 조선 후기 사회를 봉건제가 해체되는 시기로 보는 내재적 발전론과 달리 '동아시아 소농사회'의 한 유형으로 본다.[218]

조선 후기 실학사상에서 근대지향이나 민족지향을 읽어내려는 시도나 조선 후기 사회에서 '자본주의 맹아 형태'에 주목하려는 시도는 일본 제국주의의 식민사관, 즉 조선의 식민지 지배를 정당화하는 데 기여했던 조선의 정체성과 후진성 담론을 비판하고, 우리 전통사회에 대한 새로운 시야를 확보하는 데 큰 기여를 했다. 그러나 내재적 발전론 역시 서구 유럽의 역사적 경험을 보편적 모델로 설정하고, 그 기준에 비추어 우리 역사를 바라보려는 시도라는 점에서는 문제가 있다는 반론이 제기된다. 내재적 발전론은 조선사회를 봉건제 사회로 보고 조선 후기에서 봉건제가 해체되는 시기라고 보는데, 이런 시각으로는 조선사회의 모습이 제대로 포착될 수 없다. 또한 내재적 발전론은 한국사의 내재적 요인을 지나치게 강조하여 한국사의 전개를 일국적인 관점에서만 바라 볼 뿐 그것을 동아시아와의 연관 속에서 이해하려는 인식이 부족하다.[219]

유럽중심주의적 역사 방법론이나 일국사적 관점에 매몰되어 있는 인식론적 태도는 근본적인 재검토가 필요하다. 오늘날 유럽적 근대가 수많은 문제점을 보여주고 있다는 점에서도 그렇다. 유럽중심주의적 역사 인식의 틀을 넘어서 동아시아에 대한 새로운 역사상을 구상할 수 있는 시도가 절실하게 요구된다. 그럼에도 이영훈의 문명사관은 자본주의 맹아설을

---

218 동아시아 소농사회론에 대해서는 미야지마 히로시, 『나의 한국사 공부: 한국사의 새로운 이해를 찾아서』, 앞의 책, 44-81쪽 참조.

219 한국의 내재적 발전론의 문제점에 대해서는 미야지마 히로시, 「프로젝트로서의 동아시아」, 임지현·이성시 엮음, 『국사의 신화를 넘어서』, 휴머니스트, 2004, 115-116쪽 참조.

맹공하면서도 유럽을 보편적인 것으로 놓고 조선 후기 사회에서 유럽 근대 문명적 요소들, 예컨대 사유재산 제도나 시장경제 질서의 발전과 성장 그리고 개인들의 자발적 결사체의 움직임 등을 강조하는 데 그치고 있다. 이는 유럽중심주의적 사유 패러다임의 변형인 셈이다. 그리고 그는 소위 근대 문명적 요소들, 즉 문명소에 어울리지 않는다고 보는 측면에 대해서는 소홀히 평가하거나, 그것을 문명화=근대화=산업화에 장애가 되는 반문명적 요소로 치부하곤 한다. 그러므로 이영훈이 일제 식민지 지배 및 미국 주도의 세계질서에로의 편입으로 인해 발생한 오늘날의 한국 근대와 유교적인 전통 문명 사이의 연속성보다는 극적인 단절, "파천황의 단절"[220]을 강조하는 것도 우연이 아니다. 그가 전통 시대를 매우 부정적인 것으로 비판하는 것도 유럽 근대를 목표로 삼고 있는 유럽중심주의적 문명사관으로 인한 것이다.

시장중심주의적 사유 방식으로 과도하게 축소된 서구 근대 문명사관의 틀로 조선사회에서 오늘날 한국사회에 이르는 역사를 전체적이고 통시적 시각에서 바라보고자 하는 이영훈의 시도는 한계가 뚜렷하다. 물론 그것은 조선 후기 사회의 역사적 경험은 물론이고, 식민지시기 및 분단 이후 한국의 경제성장과 민주화의 과정 및 역사에 대한 특정한 해석임은 분명하다. 특히 17~20세기에 이르는 한국의 역사 전체를 조망하면서 현대 한국사회의 형성 경로의 특질을 해명하려는 그의 시도는 여러 측면에서 매우 흥미롭다. 예를 들어 20세기 한국사회가 경험한 근대화의 과정을 "전통사회의 구조와 외래 문명이 맞물려 이루어낸 복선(複線)의 전환 과정"[221]으로 이해하려는 시도도 매우 중요하다.

그러나 이영훈의 시장중심주의적 문명사관이 조선 후기 사회에서 오늘

• • •

220 이영훈, 「민족사에서 문명사로의 전환을 위하여」, 임지현・이성시 엮음, 『국사의 신화를 넘어서』, 같은 책, 98쪽.
221 이영훈, 「한국사회의 역사적 특질」, 앞의 글, 370쪽.

날에 이르는 역사적 경험을 제대로 이해하고 평가할 수 있는 적절한 인식 패러다임을 제시하는 데 성공했다고 보기에 무리가 있다. 그의 단선적이고 일면적인 문명사의 인식 틀과 그가 내리는 여러 결론에 동의할 수 없기 때문이다. 하나의 예를 들어보자. 이영훈은 17~19세기 조선의 농촌사회를 양반과 상민으로 구별되는 신분제적 차별 사회로 규정하면서, 이런 신분제 적 차별의 정당화가 "동시대 일본과 중국에서 찾아볼 수 없는 한국 고유의 현상"이라고 강조한다.[222] 그런데 이헌창은 조선의 자생적인 근대화(서구 적인 의미의)를 방해한 요인의 하나로 양반제라는 폐쇄적 신분제를 거론하 면서도 동시대 에도 일본은 "폐쇄적인 사농공상제로 경제 발전을 이루었으 므로, 폐쇄적 신분제가 무조건 근대화를 저해한 결정적인 요소"로 볼 필요 는 없다고 강조한다.[223] 그리고 이영훈의 문명사적 시각은 의도적 혹은 무의식적으로 우리 사회의 역사적 경험의 다른 측면을 배제하고 주변화시 키는 효과도 지니고 있는데, 그렇게 주변화되고 있는 역사적 경험 중 오늘날 과 관련하여 의미가 있는 두 가지를 언급하고자 한다.

첫째로, 이영훈은 유교 국가 조선이 실시한 여러 제도적 실험과 관련된 역사적 의미를 매우 인색하게 평가한다. 조선이 유교적 민본주의 이념에 기반하여 국가적 차원에서 실시한 백성들의 삶을 보호하려는 민본적 공공 성의 역사적 경험에 관련된 문제를 살펴보자. 물론 이영훈은 조선사회가 자본주의적 시장경제 질서로 운영되는 사회가 아님을 잘 알고 있다. 그도 조선사회의 경제체제를 "균등과 안정의 이념으로 기획된 재분배 경제"로 규정한다. 이런 이념에 따라 사회의 부는 국가에 의해 적절하게 분배되었고 시장을 불가결한 것으로 보았으면서도 그것이 지나치게 성장하는 것을 위험시했다.[224]

• • •

222 같은 글, 375쪽.
223 이헌창, 「근대경제성장의 기반 형성기로서의 18세기 조선의 성취와 그 한계」, 앞의 글, 158쪽.

이영훈도 강조하고 있듯이 조선은 홍수 혹은 가뭄과 같은 자연재해로 인해 어려움에 처한 가난한 백성을 구제하는 여러 구민(救民) 혹은 양민(養民) 제도를 지니고 있었다. 백성의 삶이 도탄에 빠지는 것은 천하가 어지러운 상황으로 나가는 것인데, 민생의 안정과 천하의 평화를 정치의 근본으로 간주하는 유학의 정신에 비추어 볼 때 그런 상태를 그대로 방치한다는 것은 있을 수 없는 것이었다. 물론 이런 사회보장 정책과 제도는 일시적인 위기 상황을 극복하기 위해서만 설립된 것은 아니었다. 사창(社倉)과 환곡(還穀)제도는 항구적인 사회보장형 양민제도로 일반 백성들의 기본적 생활을 안정시키려는 대표적인 제도였다. 김상준에 의하면 "중국과 조선의 상평창-환곡-사창 시스템"은 오늘날 현대 국가가 시행하는 시장조절 정책이나 소득이전 및 재분배 정책을 방불케 한다. 그런 점에서 그는 조선을 "소민대부(小民貸付)형 사회보장국가"로 규정한다.[225]

물론 이영훈도 조선이 상당한 문명 수준을 자랑하는 국가였음을 부인하지 않는다. "개인, 가족, 촌락, 단체, 관료제, 시장, 사유재산 등의 여러 문명의 요소에서 조선왕조는 세계적으로 비교적 높은 수준에 있었지요."라고 그는 말한다.[226] 그런데 종합적으로 볼 때 이영훈에 의하면 조선은 경제관념이 없는 국가였으며, 그 결과 식민지로 전락할 수밖에 없었다. "조선왕조의 성리학적 정치이념에서 경제는 독자적인 영역이 아니었습니다. 지배층을 이루는 군자가 도덕을 올바로 수양하여 정치를 바로하면 경제는 저절로 통한다는 도덕주의적 정치관과 경제관이 조선왕조가 산업을 일으키고 국제수지를 방어하기 위한 정책을 시행하지 못하도록 막았다고 생각합니다. 그것이 궁극적으로 조선왕조를 식민지로 떨어지게 한 최종

• • •

224 이영훈, 「민족사에서 문명사로의 전환을 위하여」, 앞의 글, 41쪽.
225 김상준, 『유교의 정치적 무의식』, 글항아리, 2014, 158쪽.
226 이영훈, 『대한민국 이야기』, 기파랑, 2007, 54쪽.

적 원인이겠지요."[227]

이영훈은 19세기의 조선이 농지의 토지 생산성이 극도로 하락한 황폐화된 사회, 그러니까 내부적으로 거의 와해의 상태에 있었다고 보면서, 조선이 망한 것은 일본 제국주의에 의한 침략으로 인한 것이 아니라고 진단한다. 19세기의 "위기는 1905년 조선왕조의 멸망이 어떤 강력한 외세의 작용에 의해서라기보다 그 모든 체력이 소진된 나머지 스스로 해체되었다고 해도 좋을 정도로 심각한 것이었다."[228] 그리고 식민지 시대를 거치면서 조선은 사유재산 제도의 법적 정비를 통한 근대적 경제성장의 기반을 구축하였다. 이영훈이 보기에 일본 제국주의는 조선을 '영구히 병합할' 목적을 지녔기에 일본이 서구로부터 받아들인 선진적인 근대적인 제도(사유재산제도의 법적 확립)[229]를 조선에 이식하였고, 그 결과 일제시기에 근대적인 경제개발과 성장[230]이 이루어졌다. 그리고 "일제하에서 발족한 한국문명의 근대적 전환은 1948년 대한민국의 건국으로 그 정치적 결실을 맺었다"고 그는 이해한다.[231] 이처럼 이영훈은 이른바 식민지근대화론을 주장한다.[232]

그러나 이영훈의 일방적인 시장근본주의적 문명사관은 그 자체로도 매우 협소한 이론이지만, 조선사회 후기에서 오늘날에 이르는 한국사회의 역사를 총체적으로 조망하는 데 너무 많은 한계를 보여준다. 예를 들어

• • •

227 안병직 · 이영훈 대담, 『대한민국 역사의 기로에 서다』, 기파랑, 2007, 103-104쪽.

228 이영훈, 「총설: 조선 후기 경제사 연구의 새로운 동향과 과제」, 이영훈 편, 『수량경제사로 다시 본 조선 후기』, 서울대학교출판부, 2004, 382쪽.

229 이영훈, 『대한민국 이야기』, 앞의 책, 84쪽, 91쪽.

230 같은 책, 88-89쪽.

231 이영훈, 「한국사회의 역사적 특질」, 앞의 글, 400쪽.

232 이헌창은 19세기 조선의 위기는 이영훈이 말하듯이 조선이 자체적으로 와해될 정도가 아니었다고 주장한다. 이헌창, 「근대경제성장의 기반 형성기로서의 18세기 조선의 성취와 그 한계」, 앞의 글, 175쪽 참조. 식민지근대화론의 전개 과정과 그 이론이 지니는 새로운 문제 제기의 의의 및 문제점에 대해서는 정연태, 『한국근대와 식민지근대화 논쟁: 장기근대사론을 제기하며』, 푸른역사, 2011, 제1부의 제1장, 2장 그리고 4장을 참조.

그는 재분배경제체제 사회에서 시장경제체제로의 이행을 문명사적 진보 사관으로 매우 높게 평가한다. 그러나 오늘날 우리 사회가 안고 있는 가족주의 및 연고주의를 생각해보자. 오늘날 우리 사회의 지속적 번영을 방해하는 것으로 비판받는 가족주의도 조선의 유교적 사회복지형 국가의 파괴와 일제 식민지배 및 분단의 상황에서 일면적인 경제성장 위주로 사회가 전면적으로 재편되는 역사적 경로와 무관하게 형성된 것은 아니다.

달리 말하자면 조선이 유교적 이념에 입각하여 건설하고자 한 국가체제와 사회조직의 정합성과 통합성이 내외적인 도전, 특히 서세동점의 시기 서구 제국주의 열강들의 충격과 연이은 일본에 의한 식민지로의 전락 등의 경험을 통해 파편화되어 가는 과정에도 응당 주목해야 한다는 말이다. 조선의 환곡제도가 후기로 가면서 얼마나 부패했고 그 결과 조선사회가 엄청난 갈등에 휩싸이게 되는지는 널리 알려져 있다. 그럼에도 조선사회가 지향했던 독립 소농들의 자립성을 전제로 그들의 어려움을 국가적 차원에서 해결하려는 시도와 그 의미가 다 잘못되었다고 평가받을 이유는 없다. 주지하듯이 국가주의적인 충효이데올로기 이외에도 해방 후 좌우 분열 대립이나 한국전쟁 그리고 오랜 기간 지속된 독재 권력 시절에 국가는 시민들의 생명이나 공공선을 옹호하는 데 무능하였다. 아니 국가나 정부는 개인의 생활을 안전하게 보장해주기는커녕 수시로 이들 사회 구성원의 일상생활을 박탈하고 생명을 빼앗아 갔다. 이런 상황에서 사람들은 가족의 소중함을 더욱더 절실하게 느끼게 되었고 이런 경험들이 가족의 생존과 이익을 최고의 가치로 간주하는 뒤틀어진 가족주의 문화가 자라는 좋은 자양분을 제공하였다. 이런 점에서 한국사회를 적절하게 이해하는 작업에서 역사적인 맥락에 대한 감수성은 아주 중요하다.

이영훈이 간과하고 있는 또 다른 조선사회의 역사적 경험은 다름 아닌 조선의 유교적 정치문화가 지니는 지속적 영향의 측면, 특히 그것이 독립운동 및 해방 이후 대한민국의 정치민주화와 관련한 여러 주목할 만한 영향사의 중요성이다. 달리 말하자면 조선 후기의 대동적 세계를 향한 일반 백성들의 열망, 일제 강점기에서의 지속적 독립운동 그리고 분단 상황이라는 어려운 여건 속에서도 일구어 낸 민주주의라는 역사적 성취 사이의 내적 연속성과 질적 전환의 과정에 대한 관심의 결여이다. 그러나 조선의 유교적 정치문화의 역사적 축적 경험이 산업화 못지않게 우리 현대 한국사회가 이룩한 또 다른 역사적 성취인 민주주의에 어떤 방식으로 연결되어 있는지를 제대로 인식할 필요가 있다. 그리고 이런 인식은 한국사회의 민주주의의 내적 동력학의 특성을 파악하는 데 기여할 수 있을 뿐만 아니라, 고유한 역사적 경로를 통해 달성된 우리 사회의 민주주의의 제약성, 그러니까 그 취약성이 무엇인지를 비판적으로 바라볼 수 있는 힘을 키우는 데 도움을 줄 것이다. 이에 대해서는 이 책 제9장에서 별도로 다룰 것이기에 이 정도로 마무리하고자 한다.

Ⅲ. 황도유학(皇道儒學)과 조선 유교 전통의 국가주의적 유학으로의 변형/변질

오늘날 유교적 가족주의나 연고주의라고 일컫는 우리 사회의 폐단이 조선사회의 역사적 경험에서 유래된 것으로 보는 것은 단견이다. 조선사회에서의 유교적 가족 원리는 기본적으로 유교적 전통의 대동적 이상을 포기한 적은 없다. 그러므로 조선시대의 유교적 가족주의는 천하위공 혹은 대동적 가족주의로 보는 것이 더 정확할 것이다. 현대 우리 사회의 가족주의는 조선과 다른 맥락에서 기능하고 있다. 주지하듯이 우리의 가족주의 문화가 가족 중심의 유교적 삶의 양식의 영향사와 무관하지 않다고 해도, 그 역사적 기원을 온통 조선사회로부터 전해오는 유교적 가족주의 전통에서 구하려는 태도는 설득력이 없다. 앞에서 강조했듯이 현대 한국 가족주의는 유교적 문화가 식민지 및 분단을 거치면서 변형된 역사적 구성물로 이해되는 것이 더 정확할 것이다. 한국 현대 가족주의 문화 형성의 역사적 맥락을 제대로 이해하고자 할 때 우리는 일제 식민지를 거치면서 우리 사회에 뿌리를 내린 일본식 유교, 즉 천황 중심의 혹은 국가주의적인 유교인 황도유학의 영향을 무시해서는 안 될 것이다.[233]

뒤에서 좀 더 상세하게 다루겠지만 황제나 왕의 권력보다도 더 우월적인 천리나 하늘과 같은 규범이나 원칙을 유교 사상의 핵심으로 이해한 중국과 조선에서 일반적인 유교와 달리, 일본에서의 유학은 충과 효를 일치시키면서 충의 궁극적 대상을 현실적 권력인 황제, 즉 일본 천황으로 귀일시키는 특질을 보여준다. 그러므로 조선 유학과 일본 유학을 좀 더 면밀하게 비교 분석하여 그 특징을 구별하지 않는다면, 유학이 그 나라의 사회조직 및 정치문화와 관련을 맺는 양상이 제대로 이해될 수 없다. 마찬가지로 각 나라의 유교 문화가 사회형성에 일정하게 영향을 주었기 때문에 유교 사상 및 유교 문화의 전통을 비교하여 이해하지 않는다면, 유교적 문화권에서 발생하는 가족주의 양상의 상이성을 제대로 이해하기 힘들 것이다. 요약해서 보자면 동아시아 유교에는 크게 두 가지 양상의 유학이 존재한다. 이를테면 천하위공 유학/대동유학과 국가주의적 유학(천황제적 유교=황도유학)이 그것이다.[234] 그리고 이런 상이한 유학의 흐름이 가족주의 형성과 어떤 방식으로 결합되어 나름의 가족주의 문화를 창출하는지에 주목해야만 각 나라의 상이한 가족관도 더 잘 이해될 수 있을 것이다. 그리고 이렇게 유교 사상 및 유교 문화를 비교 분석하는 작업은 유교 문화의

• • •

233 일제 식민지시기에 일본의 황도유학과 오늘날 한국사회에서의 국가주의적 충성관의 탄생에 대한 보다 상세한 분석은 이 책 제13장 '일본의 황도유학과 한국의 국가주의적 충성관의 탄생'을 참조.

234 왕도유학과 황도유학의 대비도 좋지만, 왕도란 개념은 맹자 사상과 너무 깊게 연결되어 있다. 그리고 왕도는 군주제적 함의를 갖고 있다는 문제도 있다.

영향을 받았던 조선시대의 한국 및 에도시대의 일본사회 전반적 성격은 물론이고, 이를 바탕으로 이루어진 서구 근대의 충격에 대한 한국과 일본의 상이한 반응 양식을 새롭게 이해할 수 있는 데에도 기여할 것이다.[235]

천하위공 유학/대동유학의 흐름을 견지한 조선사회에서는 적어도 유교적 전통이 가족(혹은 넓은 의미에서의 문중)이나 향촌사회의 연고적 형태의 네트워크(선비나 양반들의)와 결합되어 작동되었지만, 나름의 정합성을 지니고 국가를 견제하는 정치적인 역할을 수행했다. 그리고 이 책 제5장에서 언급했듯이 조선의 연고주의를 전근대적인 귀속성의 원리에 의해 규정되고 있다고 보는 것은 문제이다. 연고주의가 조선 특유의 유교적 능력주의 사회 속에서 활성화되었기 때문이다. 이 자리에서 강조하고 싶은 것은 조선의 문중 및 친족집단 등과 같은 가족주의 문화가 조선의 국가체제 및 통치이념인 유교 사상 및 문화에 의해 규정되고 있는 측면이다. 달리 말하자면 조선의 유교 전통에는 가족 및 지역의 연고주의가 유교적인 보편주의(유교적인 민본주의 및 평천하주의)에 의해 매개되어 확장되고 있는 측면이 존재하는데, 이 측면이 지니는 중요성에 대해 주목해보자는 것이다. 그런 민본주의적이고 대동지향의 유교적 정치문화가 오늘날 한국 사회에서도 살아 있지만, 한말 이후 조선의 유교적 문화는 상이한 역사적 상황과 변동되어 변형된 모습을 띠고 작동을 하면서 여러 형태를 띠고 존재한다.

• • •

235 유교를 매개로 하여 조선과 에도의 일본의 차이는 물론이고 이런 차이로 인해 한국과 일본의 근대성의 길이 갈라지는 이유와 그 명암을 이해하는 작업이 중요하다는 점에 대해서 필자는 조경달 및 미야지마 히로시의 선행 연구로부터 많은 자극을 받았다. 또한 미조구치 유조로부터 받은 지적 영향 역시 매우 컸음은 물론이다. 이들의 선행 연구는 이 책에 자주 인용되기에 여기에서 그에 대해서는 별도로 언급하지 않는다. 물론 이 책에서 필자는 이들의 문제의식을 나름대로 더 발전시키고자 했다. 동아시아 유학의 흐름을 천하위공의 유학 및 국가주의적 황도유학으로 개념화하는 것도 그런 사례의 사소한 예일 것이다. 하여간 이들의 문제의식을 단순하게 반복하지 않으려는 필자의 문제의식이 얼마나 성공적인지 여부를 판단하는 몫은 독자에게 맡기겠다.

조선의 유교적인 전통 문화가 오늘날의 가족, 지연 그리고 학연 중심의 연고주의로 변형되는 과정에 대한 본격적인 연구가 필요하지만, 그런 연구는 우리 학계에는 아직 공백으로 남아 있다. 우리 사회에서 극성을 부리고 있는 연고주의 및 정실주의 문화가 조선의 유교적 문화와 직접적으로 연결되는 측면과 아울러 근현대사의 굴절된 역사적 맥락과 상호작용하는 과정에서 일정하게 변형되어져 온 지점에 대한 성찰이 필요한 이유이다. 예를 들어 일제 식민지를 통해 유입된 일본식의 극단적인 국가중심주의적인 충효 관념은 조선의 유교 전통이 일본의 황도유학 등의 영향을 통해 변형된 대표적 경우이다. 그럼에도 불구하고, 그런 충효 관념이 조선의 유교적 전통에서 곧바로 우리에게 이어져 온 것처럼 생각하는 것은 사회적 통념에 가깝다.[236]

국가에 대한 충성을 진정한 의미의 효라고 이해하면서, 국가에 대한 헌신과 충성이 유학의 참다운 가르침이며 또한 그렇게 이해된 유학 정신이 조선의 유학 정신의 핵심이라고 보는 것은 커다란 오해이다. 그런 오해는 조선에서 면면히 이어져 내려온 대동유학 정신의 전통, 그러니까 천리의 보편성에 입각하여 도탄에 빠진 백성을 구하고 세계를 평화롭게 만들기 위하여 일신의 영달이나 가족에 대한 애착도 초월하여 공자 및 맹자로부터 비롯되는 유학의 핵심적 가르침인 인의(仁義)를 몸소 실천하려는 조선 유교의 전통적 모습을 망각한 데에 기인한다. 그리고 그런 오해는 조선의 일반적인 유교 전통의 모습을 망각하게 하고 그 자리를 일본적인 유학 전통에 기원을 둔 충효 관념으로 대체하는 역사적 과정에 대한 인식 부재의 결과다. 그러니까 '부모에 대한 효도'가 곧 '나라에 대한 충성'으로 자연스럽게 이어진다는 식의 충효일치 사상이나 멸사봉공 혹은 대의멸친이 유교

<hr />

236 일제 식민지시기에 황도유학에 의한 충효 관념의 변화에 대해서는 나종석, 「전통과 근대: 한국의 유교적 근대성 논의를 중심으로」, 앞의 글, 332-337쪽 참조.

의 근본정신이라는 식의 생각은 일본의 유학적 전통이 식민지시기를 거치면서 우리 사회에 널리 퍼지면서 그것이 마치 조선에서 이어져 내려 온 우리의 고유한 유학 정신의 계승인 것으로 간주하는 극적인 전환의 과정을 통해서 형성된 역사적 구성물이다. 그럼에도 불구하고, 우리는 그런 역사적 과정에 대한 인식을 결여한 채 일본의 유학 정신의 전통을 조선의 유학 전통으로 잘못 알고 있는 것이다.

물론 이런 착각은 충성이나 효와 같은 용어들이 조선 및 중국의 유학 전통에서도 너무나 익숙한 관념이라는 점에서 더욱더 강화된다. 그러나 이런 착각은 충성, 효와 같은 기본적인 유학의 핵심적 용어가 실제 사용되는 맥락을 봄에 의해 시정될 수 있을 것이다. 달리 말하자면 조선에서도 왕에 대한 충성을 강조하는 것은 너무나 일상적인 모습이었지만, 그렇다고 왕에 대한 충성관이 조선 및 에도시대 일본에서 기본적으로 동일했다거나 유사했다고 추론할 이유는 없다. 충성에 대한 이해 방식의 상이성에 대한 인식은 그 개념이 왕 및 국가권력과 관련하여 실제로 어떤 방식으로 발현되고 있었는지를 분석할 때 획득될 수 있을 것이다.

실제로 일본 유교 전통은 조선 및 중국의 유교적 전통과 구별되는 여러 측면을 보여준다. 동아시아, 특히 조선과 중국의 유교적 전통에서 충이 군신관계를, 효가 가족관계를 대표하는 덕으로 간주된 이후로도 대개 정치를 가족 도덕의 연장으로 보는 견해가 주류를 이루었다. 가족과 국가 사이의 충돌의 문제는 유교 전통에서도 매우 중요하게 다루어지는 주제 중의 하나였지만, 조선과 중국에서 효는 일반적으로 충보다 더 근원적인 규범으로 간주되었다. 군신관계에서의 충에 비해 가족관계에서의 효의 우선성을 강조하는 것은 아주 오랜 전통이었다.

효와 국가 혹은 군주에 대한 충성 사이의 관계에 대한 인식 이외에도, 충성의 궁극적인 대상에 대해 일본과 조선의 유교 전통은 다른 모습을 보여준다. 에도시대, 특히 17세기 중반 이후 유학은 일본에 널리 수용되었다. 그 과정에서 에도시대 일본의 통치계층인 무사, 즉 사무라이들에게 유학은 점점 더 많은 관심의 대상으로 부상하게 되었다. 이런 움직임에 큰 영향을 주었던 것은 제5대 쇼군 도쿠가와 쓰나요시(德川綱吉, 1646~1709)였다. 그는 유학을 남달리 좋아했기 때문이다.[237] 유학이 무사들 사이에 널리 퍼지게 되면서 무위(武威)가 지배하던 에도시대 일본사회에서 군주에 대한 충성이 무엇인지에 대한 논의가 발생했다. 『예기』(禮記) 「곡례」(曲禮) 편에는 군주와 신하와의 관계에 대한 매우 중요한 언급이 등장한다. 임금에게 '세 번을 간해서 듣지 않으면, 그를 떠난다'고 하는데, 과연 사무라이는 자신이 모시는 주군에게 그렇게 해도 좋은지 하는 의문이 제기되었던 것이다.[238]

물론 주군과 신하 사이의 관계에 대해 에도시대 무사들이 내린 전형적인 대답은 조선 및 중국의 전통적인 유학자들이 내린 것과 사뭇 달랐다. 예를 들어 야마자키 안사이(山崎闇齋, 1618~1682)의 제자였던 아사미 게이사이(淺見絅齋, 1652~1711)는 천자에게 덕이 있든 없든 그에게 무조건 충성을 다하는 것이 군신 간의 대의라고 강조했다.[239] 이런 군신 간의 대의에 대한 일본 에도시대 무사들이 내린 전형적인 대답에서 보듯이 유교적인 보편적 도리인 인, 즉 백성에 대한 어진 마음보다 주군에 대한 충성이 우선적인 것으로 여겨지는 것은 당연하다. 달리 말하자면 에도시대에 많은 학자들이 백성을 잔악하게 다루는 군왕을 제거하여 군주에 대한 충성보다는 백성에 대한 사랑을 우선시해야 함을 역설하는 맹자의 폭군 방벌론은 난식적자와 같은 극악무도한 패륜 행위를 정당화하는 것에 다름 아니라고

• • •
237 와타나베 히로시, 『일본정치사상사: 17~19세기』, 김선희·박홍규 옮김, 고려대학교 출판문화원, 2017, 95-98쪽 참조.
238 『예기』(禮記) 상, 이상옥 옮김, 명문당, 2003, 167쪽.
239 와타나베 히로시, 『일본정치사상사: 17~19세기』, 앞의 책, 110쪽 참조. 일본 고유의 충성관의 성격에 대한 보다 상세한 서술은 이 책 제13장에서 이루어진다.

성토한 것도 우연이 아닌 셈이다.

앞에서 살펴본 것처럼 일본의 유교 전통에서 충성의 대상은 천황이나 국가로 한정되고 있다. 그러나 일본의 유교 전통과 달리 조선에서는 충성의 궁극적인 대상은 유교의 보편적 원리인 천리(天理)로서의 인의(仁義)였다. 이미 조선왕조가 역성혁명의 논리에 의해 형성된 국가인 만큼 주자학의 천리나 유교적 전통에서 강조되어온 하늘, 즉 천(天) 관념은 개별 왕조를 초월하는 보편적 가치의 의미를 지니고 있었다.[240] 왕이라 할지라도 도덕과 정치의 근본 원칙인 천리(天理)를 어기는 행위는 비판받아야 마땅하다는 것이 조선 유학자들에게는 공유된 감각이었다. 조선의 유교적 전통에서 보면 하늘의 공공성, 즉 천리(天理)의 공은 왕도 순종해야 할 도덕적 권위의 궁극적인 기반이었다.[241]

에도 막부 말기 일본이 처한 대내외적 위기를 극복하는 과정에서 일본은 메이지 유신을 통해 근대 천황제라는 국민국가를 이루었다. 그런데 천황제의 정치적 정당성의 궁극적 근거를 '만세일계'(萬世一系)의 혈연의 연속성에서 구하는 생각이 확고하게 자리를 잡게 된 데에는 에도시대 이래 축적되어 온 일본의 독특한 충효관이 매우 큰 영향을 주었다. 앞에서 간략하게 설명했듯이 일본의 유교 전통에서는 충성의 궁극적 대상이 왕조나 황권과 분리되어 있지 않았으며, 천황에 대한 충성으로 환원되는 강력한 흐름이 존재했다. 그리고 이런 일본의 유교 전통은 메이지 유신 이후 1890년에 반포된 일본의 교육칙어(教育勅語)를 통해 충효일체의 관념으로 전개된다.[242]

• • •

240 이성계와 더불어 조선 건국의 공동 창업자라 할 수 있는 정도전의 급진적 성리학의 면모에 대해서는 김영수, 『건국의 정치: 여말선초, 혁명과 문명전환』, 이학사, 2006, 508-538쪽 참조.

241 주자학에서의 천리의 공공성 이론에 대해서는 나종석, 「성리학적 공공성의 민주적 재구성 가능성」, 나종석·박영도·조경란 엮음, 『유교적 공공성과 타자』, 혜안, 2014, 83쪽 이하 참조.

충효일체라는 관념을 정당화하기 위해 동원된 것이 국가와 국민의 관계가 부모와 자손의 관계와 구조적으로 동일하다는 생각이다. 달리 말하자면 한 국가의 국민은 한 가정의 확대판이기 때문에 국가에 대한 충성이 곧바로 효라는 것이다. 이렇게 하늘로부터 부여받은 인간 마음에 내재하는 도덕적 본성의 발로인 부모에 대한 효가 군주에 대한 충에 비해 우선적인 것으로 이해되어온 조선 및 중국의 유교 전통과 달리, 일본에서는 '충효'로 변형된다. 나라에 대한 충성이 곧 효라는 관념을 통해 일본에서 천황에 대한 충성이 가장 우선적인 것이고 이런 충성은 바로 부모에 대한 효에 해당하는 것으로 간주된다.

1890년 제정된 교육칙어를 해설하는 역할을 담당한 학자였던 이노우에 데쓰지로(井上哲次郎)는 1908년에 간행된 『윤리와 교육』에서 충효일체를 다음과 같이 설명한다. "한 가족 안에서 가장에게 효를 다하는 정신은, 하나의 국가로 미루어 확장해보면 그 역시 천황에 대한 충이 되는 것입니다. 다만 충이라는 것은 또 효라고도 말할 수 있습니다. 왜냐하면 천황은 일본 민족의 가장 지위에 서 계시므로 한 가족에서 가장에 대한 본분과 같은 형태로 천황에 대해 충을 다하는 것이듯이 이 충은 즉 효와 같은 것입니다. 그래서 충효일체라는 민족적 도덕의 가르침이 예부터 전해 내려오는 것입니다. 충효일체와 같은 민족적 도덕은 이처럼 사회조직이 아니면 생기는 것이 아닙니다. 이와 같은 사회조직 속에서 필연적으로 발달하게 되는 것이 으뜸 도덕입니다. 이처럼 으뜸 도덕이 없으면 이 사회조직은 존속할 수 없는 것입니다."[243]

• • •

242 히라이시 나오아키(平石直昭)에 의하면 메이지 초기에 일본에도 보편주의적이고 평등주의적인 천 관념이 존재했었다. 히라이시 나오아키(平石直昭), 한림대학교 한림과학원 기획, 『한 단어 사전, 천』, 이승률 옮김, 푸른역사, 2013, 12쪽.

243 우에노 치즈코(上野千鶴子), 『근대가족의 성립과 종언』, 이미지문화연구소 옮김, 당대, 2009, 94쪽에서 재인용함.

이노우에 데쓰지로가 주장하듯이 충효일체의 관념은 일본 내에서 강력한 전통이었다. 그래서 그는 충효 관념을 일본의 "민족적 도덕의 가르침"으로 보고, 이런 관념이 오래된 것임을 강조할 수 있었다. 일본인 스스로 자신의 유교 전통의 특징이자 장점이라고 본 충효일체 사상은 일제 식민지 시기에 황도(皇道)유학으로 전개된다. 식민지 조선에서 황도유학을 알리는 데 큰 영향력을 행사한 인물은 다카하시 도루(高橋亨, 1878~1967)인데, 그는 경성제대에서 교수로 활약하면서 조선 유교 사상사에 대한 저서를 낸 사람이기도 하다. 그는 일제시기에 '황도유학'을 주창하여 일제 강점기 식민지 조선의 지식인들에게 커다란 영향을 주었다. 다카하시 도루는 1939년 12월에 발표된 「왕도유교에서 황도유교로」라는 글을 통해 황도유학을 전면적으로 내세운다.[244]

다카하시 도루는 황도유학의 핵심을 다음과 같이 요약한다. "오늘날 조선에서 크게 진흥해야 할 유교 교화는 그런 미지근한 유교의 가르침이 아니며, 충분하게 일본의 국수(國粹)에 동화한 국민정신과 국민도덕을 계발과 배양 및 함양해온 황도적인 유도가 되어야 할 것이다. 우리는 지나 유교의 정치사상인 역성혁명, 선양(禪讓), 방벌을 배제하고, 충효불일치, 효를 충보다 중시하는 도덕사상을 부인하고, 그리하여 우리 국체에 따른 대의명분으로써 정치사상의 근본을 세워, 충효일체로써 도덕의 골자로 삼아야 할 것이다. 또 지나를 중화로서 숭배하는 것을 폐지하고 우리나라를 중조(中祖)로 삼고, 우리 국사의 정화를 존중해야 할 것이다. 이러한 것은 참으로 우리 일본 유교도가 품고 있는 정치도덕사상으로서, 그리고 이제부터의 조선 유교도 이렇게 하여 세태에 기여하며 스스로를 살려나가야 하는 것이다. 조선의 유교단체는 황도유교를 선포하고 발양하지 않으면

• • •
244 1939년 이후 다카하시 도루를 통해 조선사회에서 황도유학은 공론화된다. 이에 대해서
는 정욱재, 「조선유도연합회의 결성과 '황도유학'」, 『한국독립운동사연구』 33, 2009,
227-264쪽 참조.

안 될 것이다."[245]

위 인용문에서 보듯이 일본 유학의 성격은 1) 조선 및 중국의 유교 전통에서 소중히 간직되어온 왕도정치에 입각한 역성혁명과 폭군방벌론의 부정, 2) 효를 충보다 더 중요시하는 관점의 부정 그리고 3) 이런 두 가지 유교적 전통의 부정을 바탕으로 해서 충효일체의 관점으로 국가 및 천황에 대한 전면적인 복종과 충성을 유학의 근본적인 도덕으로 주장하는 것으로 규정된다. 그리고 일본이 황도유학의 이론을 조선의 유학이 따라야 할 참다운 유학정신임을 강조하는 이유는 일본 제국주의 권력의 확고한 기반을 조선에서 구축하는 데 있다. 달리 말하자면 일본 식민주의 관학자 다카하시 도루가 조선총독부와 더불어 꾀한 것은 일제 강점기에도 그 비판적 생명력을 유지하고 있었던 조선의 유교적 전통을 해체하여 그것을 일본식의 유교로 대체하는 것이었다. 더구나 유교적 전통에서 면면히 이어져 온 대의명분과 원칙에 입각한 비판정신을 해체하지 않고서는 조선인들을 일본의 총력전 체제에 동원할 수 없었다. 그리고 다카하시 도루의 글은 일본 제국주의도 이런 점을 분명하게 인식하고 있었음을 보여준다.

피식민지 사회에서 공통적으로 발생하는 일이지만 제국주의 지배 권력의 이념을 내면화하여 그런 침략을 호도하는 지식인은 일제시기 조선에서도 존재했다. 일제시기에 들어와 일본식의 충효 관념을 철저하게 자신의 것으로 만들어 그것을 옹호하는 극단적 한 사례를 우리는 다음과 같은 이광수의 충성 관념에 대한 설명에서 발견한다. 이광수는 1942년에 천황에 대해 모든 것을 바치는 충성을 일본정신의 핵심으로 설명한다. "그러므로 황국신민에게는 영미인이 생각하는 바와 같은 개인도 없고 자유도 없습니다. 자유가 있다면 오직 천황을 섬기는 자유가 있을 뿐이니 이 자유야말로

• • •
245 같은 글, 243쪽에서 재인용.

가장 귀중한 자유여서 생명으로써 지키는 자유입니다. 황국신민에게는 영미식 자유의 개인도 없고 오직 대어심(大御心)을 체(體)하여서[본받아서: 필자] 천황이 하라 하시는 일을 순순히 할 따름입니다. 이것을 충(忠)이라고 합니다. 모든 선은 오직 천황께 충(忠)하려는 데 있습니다. 이것이 일본정신입니다."[246]

천황을 섬기는 일, 그러니까 천황에게 모든 것을 바쳐 충성을 다하는 일이 바로 인간의 참다운 자유라는 이광수의 주장은 지금 보면 섬뜩하다. 그러나 국가의 권력자에게 충성하는 것이 인간의 자유라는 관점이나 삶에서 의미 있는 가치, 그러니까 이광수의 용어로 표현한다면 "모든 선"이 오직 천황에 대한 충성에 존재한다는 생각은 현대 한국사회에서 국가와 조직에 대한 충성 담론으로 변형된 채로 여전히 우리 사회에 살아 움직이고 있다. 그런데 기업조직이나 국가에 대한 맹목적인 충성을 동원하여 나라와 기업의 효율성과 경쟁력을 강화하려는 움직임은 많은 한계를 지닌다. 오늘날 한국사회에서 많은 사람들을 분노케 하는 '열정페이'와 같은 현상도 조직을 위해서 개인은 전적으로 희생해야 한다는 생각, 아니 조직의 승리만이 조직 구성원의 삶의 의미를 부여한다는 일본식의 극단적인 몰개인적인 봉공심 혹은 극단적인 충성심 문화의 지속으로 보아도 좋을 것이다.

그런데 흥미롭게도 국가조직의 상징인 천황에 대한 충성을 모든 선의 근원으로 바라보는 일본적인 충성 관념이 우리 사회에서는 약육강식의 문화와 연동되어 전개되고 있다. 그리고 약육강식 및 승자독식의 노골적인 출세주의와 몰개인적인 충성 관념의 결합은 우리 사회를 이른바 '헬조선'으로 규정할 정도로 극심한 경쟁사회로 몰고 가고 있다. 그러므로 이런 극단적인 경쟁사회는 경쟁에서 패배한 사람은 물론이고 승리한 사람에게서 서로를 존엄한 자유로운 개인으로 인정하는 것도 어렵게 만들고 또

• • •
246 이광수, 이경훈 편역, 『춘원 이광수: 친일문학전집 2』, 평민사, 1995, 313-314쪽.

민주공화국의 동료 시민으로 인정하는 연대 의식도 식어버리게 만들고 있다. 이런 맥락에서 우리 사회 구성원들 사이에서 속물의식이 광범위하게 관철되고 있는 것도 우연이 아닐 것이다.

박근혜 전 대통령을 탄핵으로 파면시킬 정도로 강력한 위력을 발휘한 촛불시위는 우리 사회가 민주공화국의 시민으로서 연대 의식을 여전히 갖고 있음을 보여준다. 그러나 이런 현상만을 보고 우리 사회 도처에서 발생하고 있는 사회적 연대의 해체 현상에 눈을 감아서는 안 될 것이다. 박근혜를 적극적으로 지지하여 대통령으로 만들었을 뿐만 아니라, 탄핵이 확인된 이후에도 여전히 박근혜 탄핵반대를 외치는 사람들도 엄연히 우리 사회의 동료 시민들이다. 그러므로 오늘날 우리 사회가 목도하고 있는 승자독식 사회에서 독버섯처럼 번지고 있는 각자도생의 지옥도(地獄道)나 자살공화국으로 불릴 정도로 극심한 불평등 구조가 초래하는 문제를 외면해서는 안 된다. 마찬가지로 오로지 세속적인 성공을 위해서는 물불을 가리지 않는 부끄럼도 모르는 '속물형 개인'이 우리 사회의 진면목을 보여주고 있다는 점을 인정하고 그 문제에 대한 성찰을 수행해야 한다. 그런데 이런 현상들이 과연 조선에서 축적된 유교적인 전통과 삶의 양식의 근대적 변형[247]이라는 분석을 통해 충분하게 해명될 수 있는지는 의문이다.

우리에게 필요한 것은 우선 전통을 불변적인 실체로 보는 관점을 벗어나서 전통의 다양한 존재 양상의 현실을 인정하면서 유교적 전통의 영향사를 체계적으로 분석하는 일이다. 그러므로 조선의 유교적 전통, 특히 유교적 전통 문화의 비판적·민주적 잠재성이 한말과 일제 식민지 그리고 분단

• • •

247 장은주는 한국의 근대성을 유교적 근대성으로 이해하고 한국사회의 초물질주의적인 삶의 양식을 유교적 현세주의의 현대적 변형의 결과로 이해한다. 장은주, 『유교적 근대성의 미래: 한국 근대성의 정당성 위기와 인간적 이상으로서의 민주주의』, 한국학술정보, 2014 참조. 장은주의 유교적 근대성의 의미와 그 한계에 대해서는 나종석, 「전통과 근대: 한국의 유교적 근대성 논의를 중심으로」, 앞의 글, 참조

및 전쟁 등을 통해 지속되는 모습을 인식하는 것과 아울러, 그런 전통의 흐름이 어떤 방식으로 굴절되고 해체되어 다른 얼굴로 변화되어 가는지에 대한 분석이 수행되어야 한다. 여기에서 간단하게 강조했듯이 현대 한국사회의 유교적 전통은 단일하지 않다. 그것은 적어도 대동적인 인의 원칙을 지향하는 흐름과 국가주의적 충성을 최고의 가치로 이해하는 일본식 유학 이해로 양분되어 있는 상황이다.

따라서 이런 상이한 유학 전통이 우리 사회의 속물근성 및 출세지상주의 문화의 활성화와 어떻게 상호작용을 하고 있는지를 분석하지 않고 그런 현상을 곧바로 조선 유교의 근대적 변형으로 규정하는 시도는 일면적일 수밖에 없다. 달리 말하자면 유교적 전통 문화가 어떤 방식으로 극단적인 출세지향의 현세적 물질주의로 변형되었는지에 대한 분석과 더불어 유교적 전통 문화가 한말의 의병운동을 비롯하여 일제시기 독립운동을 거쳐 대한민국의 민주주의를 향하는 과정에서 긍정적으로 작동하는 영향사의 모습을 균형 잡힌 시야 속에서 이해하는 것이 필요하다. 그렇지 않다면 우리 사회의 여러 병리적 현상의 근원을 유교적 전통 문화에서 구하는 것은 설득력이 떨어진다.

필자가 보기엔 한국사회의 승자독식에 대한 숭배 현상의 문화적 배경은 조선의 유교적 전통에 기인하기보다는 다른 데에서 기인하는 바가 더 크다. 종교적 신앙의 형태로까지 극단화되는 승자독식 및 '갑질' 문화는 일본 제국주의 침략을 문명화 과정에서 불가피한 대가로 간주한 한말 및 일제 강점기 친일파들의 정신세계를 이어받고 있다. 친일파들은 '힘은 곧 정의다'라는 인식을 갖고 힘이 없는 약자는 "약자로 사는 법을 배워야 한다"[248]고 강변하면서 우리 사회의 모든 병폐의 원인을 오로지 조선의 유교적 전통의 탓으로 비판하면서도 외세의 침략에 저항하기는커녕 그것

• • •
248 윤치호, 김상태 편역, 『윤치호 일기: 1916-1943』, 역사비평사, 2001, 70쪽.

을 문명화로 가는 길로 받아들였다. 그리고 식민지배에 적극 가담한 조선의 사회지도층 인사들은 조선사회를 동물적 세계에 버금가는 최악의 야만사회로 혹평하면서도 정작 위정척사파 성리학자들이나 다른 조선의 유학자들이 보여주었던 책임의식을 전혀 보여주지 않았다. 간단하게 말해 오늘날 한국사회를 강력하게 지배하는 극단적인 물질만능주의를 형성한 정신사적 조건은 사회지도층이라면 지녀야 할 최소한도의 책임의식마저 저버린 식민지시기 일그러진 친일 사회지도층의 정신세계가 사회전반에 끼친 영향에서 구하는 것이 더 설득력이 있을 것이다.

위에서 언급한 다카하시 도루의 글이 보여주듯이 일본의 황도유학은 조선의 대동적 유학 정신이 간직하고 있었던 체제 전복적 가능성과 비판성을 거세시키고 그런 유학정신에 호의적인 일반 한국인의 심성을 완전히 지워 일본 천황에 절대적으로 충성하는 신민으로 훈육시키려는 식민 교육의 기본 지침이었다. 일본 유학의 전통인 충성관을 이어받은 황도유학이 주창했던 '충효일본', 즉 충과 효가 동일하다는 논리로 인해 충과 효는 조선 및 중국의 유학 전통에서 늘 강조된 도의 실현, 즉 자신의 내면적인 도덕적 잠재성을 도야하여 세상을 구제하려는 뜻과 단절된다. 그리하여 국가에 대한 충성을 효와 일치시킴으로써 유학에서 소중히 다루어온 도(道)에 대한 원리적 충성은 왜곡·변질되지 않을 수 없었다. 그 결과 모든 생명의 번영을 지향하는(백성을 도탄에서 구하고 세계를 평화롭게 하는) 인의(仁義)라는 유학의 근본정신이 국가주의적인 충효로 변질되게 되었다.

요약해보자면 천하위공의 유교적 대동세계의 이상은 일제시기에 공식적인 교육세계로부터 추방되었다. 그 대신 일제는 강제적인 식민 교육을 통해 황도유학 정신을 한국인들에게 강요하여 일제 천황에게 충성하는 노예로 만들었다. 그런 과정에서 조선의 대동적 유학정신과 달리 일본식 황도유학의 영향으로 인해 유학정신은 부국강병의 일국적인 국가주의 논리로 변형, 축소되어 버리고 만 것이다. 그러나 조선의 전통적인 보편주의적 원리 중심의 대동적 유학정신은 의병전쟁 및 독립운동과 결합되어 그 비판적 생명력을 지속시키고 있었다는 점은 이미 언급한 바 있다. 즉, 조선의 유교적인 문명주의 및 세계주의는 유럽 근대의 국민국가 중심의 자본주의 세계체제의 도전에 직면하여 조선의 망국 및 일본 제국주의의 식민지로 전락하면서 두 가지 중요한 흐름으로 분기된다. 한편으로 조선의 유교적 전통의 핵심이라 할 수 있는 대동적 민본 유학의 근본정신은 의병전쟁 및 독립운동과 결합되어 대동민주 유학의 흐름으로 전개되었지만, 다른 한편으로 일본의 영향을 받은 유교 전통은 국가주의적 충성 이론이나 가족에만 과도하게 의지하는 가족주의적 유학의 모습으로 변질되거나 축소되어 간다.

Ⅳ. 연고주의 문화의 민주화와 유교 문화의 변형

다양한 이해관계가 충돌할 수밖에 없는 다원적인 현대사회로 이행한 우리 사회에서 폭력을 수반할 가능성이 많은 근본주의적 접근 방식을 제어할 방안을 모색해야 한다. 근본주의적이고 비타협적인 태도는 사회적 통합을 일거에 해체할 인화성이 강한 위험한 태도이다. 오늘날 미국의 트럼프 현상이나 유럽에서의 난민과 외국인 노동자 및 이슬람 소수 종교인에 대한 배타적인 태도와 결합된 극우적 정치세력의 대중화 현상도 다원화된 현대사회가 겪는 어려움을 보여준다. 이들의 반응이 지니는 폭력성이나 배타성을 비판하고 그런 모습을 악마화하는 것은 문제 해결에 아무런 도움이 되지 않는다. 그런 반응을 낳은 오늘날 신자유주의적 세계화의 구조적 폭력 문제에 대한 비판은 극우적 반응보다 나은 합리적인 대안의 길을 제시할 때 그 설득력을 확보하게 될 것이다. 그러나 그런 대안 제시는 아마 극우세력을 비판하는 것보다 몇 배나 힘들 것임엔 틀림없다.

한국사회 일각에서는 정규직 대기업 노조의 비타협적 태도가 마치 기업 및 나라의 경쟁력을 손상시키고 개혁을 더디게 만드는 요인 중 하나로 보는 시각이 강하다. 그러면서 한국사회의 비타협적이고 전투적인 문화를 언급할 때 이른바 강성노조에 대한 비판은 단골로 등장한다. 그러나 이런 식의 분석은 한국 기업사회의 문화에 대한 아주 일면적인 인식에 기인하는 것으로 설득력이 떨어진다. 우리 사회를 충격으로 몰고 간 조현아 전 부사장의 '땅콩회항' 사건이나 그룹 지배권을 둘러싸고 보여주는 롯데그룹 일가의 추악한 내분은 돈과 권력을 갖고 있는 기득권층이 얼마나 무책임하고 민주적 시민의식을 결여하고 있는지를 보여주는 일부분에 지나지 않을 것이다. 그러므로 우리 사회는 사회적 통합을 민주적 방식으로 해결하기 위해서는 시민들 상호 간의 연대 의식, 즉 민주적 신뢰를 회복할 수 있어야 한다.

사회적 신뢰를 회복하기 위해 우리는 그 무엇보다도 근본주의적인 태도와 단호하게 결별해야 한다. 특히 기업 및 시민사회 민주화를 위해 우리는 문제를 비타협적인 방법을 통해서가 아니라, 민주적이고 개방적인 방법을 통해 해결하는 관행과 문화를 형성할 필요가 있다. 이를 위해 전투적 자세가 왜 형성되었는지를 성찰하지 않은 채 현상적으로 드러난 강경자세를 탓하는 것은 아무런 도움이 되지 않는다. 그러니까 극단적인 물질 만능주의가 무한 경쟁사회와 관련되어 있음을 자각하고 무한 경쟁사회 구조를 근본적으로 개혁할 방안을 강구해야 한다. 마찬가지로 연고주의 문화를 비판하고 그것을 민주적인 방향으로 변형시키려는 노력에서도 이런 성찰적 자세가 요구된다. 연고주의 문화를 좀 더 개방적인 문화로 변형시키기 위해 노력할 때 그것의 배타성과 폐쇄성을 비판만 할 것이 아니라, 그런 연고주의 문화를 잉태한 한국사회의 정치적, 경제적, 사회적 조건의 열악함을 함께 고려하지 않으면 안 된다는 말이다.

이하에서는 연고주의 문화를 민주화하는 방법의 하나로 유교적 전통을 활용할 수 있는 방안을 살펴보고자 한다. 특히 유교 전통 속에 있는 보편주의적 특성, 예를 들어 성취 원리의 긍정과 아울러 민본주의적 균평(均平) 및 평천하 의식을 선용할 수 있는 가능성도 무시해서는 안 된다. 그러므로 유교적 연고주의 문화를 극복하기 위해 유교적 사회 구성 원리의 습속에 대해 지나치게 부정적으로만 접근해서는 안 된다. 전통의 매개 없이 이루어지는 혁신이 지니는 파괴성만을 염려해서만이 아니다. 요즈음 한국사회에서 큰 화두가 되는 공정사회 담론이나 복지국가 논쟁만이 아니라, 오랜 숙제인 재벌 개혁의 방향을 모색할 때 흔히 가족주의 및 연고주의 문화로 인한 기업 경영의 부당한 형태, 이를테면 재벌 세습의 문제를 극복하는 데에서도 연고주의 문화의 민주적 변형은 중요하다. 그리고 이런 변형에서 유교적 전통 문화와 맞닿아 있는 긍정적인 모습과 유산을 현재적 맥락에서 재활용하는 지혜가 필요하다.

경제적인 영역에 한정해보아도 연고주의 문화의 폐단을 극복한다는 이름으로 그 원인을 오로지 한국사회의 유교적 전통에서 구하는 한 연고주의 문화의 합리화는 요원할 것이다. 따라서 기업 내 문화나 기업의 경영 행태를 비롯한 한국사회의 경제 영역에 뿌리를 내리고 있는 연고주의 문화의 폐단을 극복하기 위해서는 연고주의 문화를 산출한 우리 사회의 국가권력의 문제나 시민사회의 발전 방향 등을 함께 고민하지 않으면 안 된다. 또한 특정한 역사적 맥락 속에서 작동하는 연고주의 문화가 지니는 합리적 핵심과 같은 것도 좀 더 면밀하게 성찰해볼 때이다. 경제사회 전반에 큰 영향력을 행사하는 연고주의 문화의 병리적 현상을 극복하고자 할 경우에도, 한국경제 성장의 동력 중의 하나인 조선사회의 전통에서 이어져 오는 자발적인 사회협약의 경험이나 그것을 가능하게 한 유교적인 능력주의 원칙(meritocracy) 및 유교적 민본주의가 지니는 긍정적인 잠재력을 선용하는 것이 더 바람직한 경제 제도의 민주화에 기여할 것이라고 보기에 그렇다.

유교적 전통의 재해석을 통한 연고주의의 민주화를 이루는 방법을 상술하기 전에 한국사회 유교 전통의 성격이 무엇인지를 간략하게 설명해보자. 이 장 제3절에서 우리는 조선 및 중국의 전통적인 유학의 근본정신을 대동유학 혹은 보편적 인의(仁義)의 유학으로, 그리고 일본 유학의 특이성을 황도유학으로 규정했다. 이런 두 가지 유학의 전통을 토대로 여기에서 필자는 중국과 조선 그리고 일본에서의 유교 전통의 적절한 비교를 위해 유교의 성격을 8개의 측면으로 세분해서 고찰해야 한다는 미조구치 유조(溝口雄三)의 제안을 논의의 출발점으로 삼고자 한다. 그에 의하면 유교를 "1) 예제(禮制), 2) 철학사상, 3) 정치·경제사상, 4) 지도층의 책임이념, 5) 학문론·교육론·수양론·도덕론, 6) 민간윤리, 7) 공동체 윤리, 8) 개인윤리"라는 8개 측면으로 나누어 비교분석하지 않으면 유교가 동아시아 사회에 어떤 방식으로 영향을 주고 있는지에 대한 적절한 이해를 확보할 수 없다.

미조구치 유조에 따르면 중국에서 1)의 예제 및 7)의 종족적인 가부장 윤리인 공동체 윤리라는 측면은 서구 근대와의 조우 속에서 타도의 대상이 되었지만, 정치·경제사상의 측면에서 면면히 이어져 온 유교적인 균등사상은 "만물일체의 인-대동주의-삼민주의-사회주의적 공동주의"로 계승되고 있다. 쑨원이 "공자의 대동주의"라고 언급한 유교적인 공천하 사상 및 '고르게 하지 못함을 걱정하는' 균평 이념은 중국이 사회주의 혁명으로 가게 되는 사상적 토대가 되었다.[249]

미조구치 유조의 해석이 보여주는 것처럼 연고주의가 유교적 문화에서 비롯된 것이기에 그것을 비판하고자 한다면 이는 좋다. 그러나 이때 비판되어야 하는 것은 유교적 전통 모두가 아니라, 가부장제적이고 위계서열적인

• • •
249 미조구치 유조(溝口雄三), 『방법으로서의 중국』, 서광덕·최정섭 옮김, 산지니, 2016, 168-169쪽, 175쪽.

효제 윤리의 특정한 형태일 것이다. 미조구치 유조가 거론한 유교의 여러 측면을 정확하게 이해하는 바탕 위에서 부정적 결과를 가져오는 유교의 가치나 그와 연결되어 있는 일상화된 생활습속의 타성을 극복해야 한다는 말이다. 물론 어떤 사람은 유교 전통 자체의 전복만이 우리 사회를 더 나은 상태로 만들 방법으로 생각할지도 모르겠다. 그러나 여기에서 필자는 그런 입장을 따르지 않는다. 따라서 유교적 전통을 비판한다고 할 때 우리는 가족의 화목에 대한 가치 부여, 유교적 민본주의 내지 과도한 경제적 불평등의 확산을 염려하는 균평주의 이념 그리고 지식인과 정치인들, 소위 사회의 주도적 계층의 책임의식의 강조 등은 전적으로 비판되어야 할 것이 아닐 것이다.[250]

대한민국헌법 전문에도 유교적 균등이념은 살아 있다. 대한민국헌법 전문의 내용은 다음과 같다. "유구한 역사와 전통에 빛나는 우리 대한국민은 3·1 운동으로 건립된 대한민국 임시정부의 법통과 불의에 항거한 4·19민주이념을 계승하고, 조국의 민주개혁과 평화적 통일의 사명에 입각하여 정의·인도와 동포애로써 민족의 단결을 공고히 하고, 모든 사회적 폐습과 불의를 타파하며, 자율과 조화를 바탕으로 자유민주적 기본 질서를 더욱 확고히 하여 정치·경제·사회·문화의 모든 영역에 있어서 각인의 기회를 균등히 하고, 능력을 최고도로 발휘하게 하며, 자유와 권리에 따르는 책임과 의무를 완수하게 하여, 안으로는 국민생활의 균등한 향상을 기하고 밖으로는 항구적인 세계평화와 인류공영에 이바지함으로써 우리들과 우리들의 자손의 안전과 자유와 행복을 영원히 확보할 것을

• • •
250 미조구치 유조는 "천하는 천하인의 천하"라는 공천하주의 그리고 '고르게 할 수 없음을 염려하는' 균평주의를 천의 사상에 기반을 두고 있는 중국 유교의 특질이라고 이해한다. 달리 말하자면 그는 이런 천본 사상이 조선 및 일본 유교와 다른 중국 고유의 유교적 특성을 보여주는 것으로 본다. 같은 책, 175쪽 참조. 그러나 이는 조선 유교에 대한 인식의 부족으로 인한 것이다.

다짐하면서 1948년 7월 12일에 제정되고 8차에 걸쳐 개정된 헌법을 이제 국회의 의결을 거쳐 국민투표에 의하여 개정한다."[251]

대한민국헌법 전문에서 강조되고 있듯이 대한민국헌법은 "국민생활의 균등한 향상"을 지향한다. 그리고 이런 균등이념이 유교적 이념을 이어받고 있는 조소앙의 삼균주의에서 큰 영향을 받았다는 점은 학계에서 인정되고 있다.[252] 이 책 제9장 및 제12장에서 더 상세하게 언급할 터이지만 헌법 전문에 들어 있는 세계평화의 존중 이념도 조선시대 대동적 유학 정신을 이어받아 일본 제국주의 침략에 저항한 한국 독립운동의 주도적 이념을 계승하고 있는 것이다.

그런데 한국사회의 연고주의 문화를 극복할 때 필자가 주목하고자 하는 것은 그 안에서 작동하고 있는 사회 연대의 정신이다. 달리 말하자면 가족, 지역 그리고 학연 등을 중심으로 구성된 연고주의의 폐단을 극복할 때에조차도 우리는 그 속에 왜곡된 형태로나마 존재하는 자발적인 상호협력과 협동의 논리를 무시해서는 안 된다. 연고적 집단의 배타성과 폐쇄성을 비판하고 그것을 개방적인 조직으로 변형시키기 위해 개인주의 원리만을 강조하는 것은 충분하지 않다. 자유롭고 평등한 개인들로 이루어진 수평적 사회가 민주적이고, 그런 사회만이 인간다운 삶을 가능하기에 충분하다는 생각도 이제 진지하게 검토해야 한다. 민주사회를 그런 시각으로 바라보게 되면 특정 국민국가의 상대적 독자성의 의미를 소홀히 대하기 쉬울 뿐만 아니라, 비대칭적이고 의존적 관계의 성격으로부터 결코 완전히 벗어날 수 없는 돌봄과 배려의 활동조차도 독립과 자존에 위배되는 노예적 의존관계로 낙인찍어 차별할 수 있기 때문이다.[253]

• • •
251 헌법재판소 법령정보 참조

252 예를 들어 서희경, 『대한민국헌법의 탄생: 한국 헌정사, 만민공동회에서 제헌까지』, 창비, 2012, 참조.

253 이에 대한 상세한 설명은 이 책 제4장 참조.

따라서 연고주의 문화를 민주적 방식으로 재규정하려는 시도에서 우리가 놓치지 않아야 하는 것은 유교적 전통의 권위주의와 권리중심주의적 개인주의 사이의 이분법이 안고 있는 한계를 직시하는 것이다. 특히 혈연 중심의 연고주의 문제를 극복하기 위해 지나치게 권리중심주의적 사유 방식만을 유일한 해법으로 제시하는 것이 지니는 역설에도 주목할 필요가 있다. 예를 들어 가족에게 교육이나 건강이나 노인부양과 같은 모든 문제를 전가하는 것은 있을 수 없다. 그러므로 우리 사회는 가족중심주의 문화를 극복하기 위해서라도 경제민주화와 민주적 복지국가로의 전환이 요구된다.

또 이 책 제2장 및 제4장에서 상세하게 다룬 것처럼 서구의 권리 중심의 사유 방식은 가족 및 사랑관계에 뿌리 내리고 있는 보편화불가능한 가족의 유대를 이해하는 데 많은 어려움을 안고 있다. 바로 그렇기 때문에 우리는 가족중심주의 문화가 보여주는 가족 구성원들의 행복과 안녕에 대한 관심을 개인주의적인 권리 담론으로 대체하려고만 시도하지 말고, 그것을 국가 차원 및 다원화된 시민사회의 영역에서 다른 형태로 복원시키려는 노력이 필요하다. 그러려면 개인의 자율성 존중과 더불어 사회의 연대성의 문제, 그리고 돌봄의 사회화 및 민주화를 함께 고민해야 한다.

돌봄의 민주화라는 용어는 조안 트론토(Joan Tronto)가 제안한 "돌봄 민주주의"(caring democracy)에서 착안한 것이다. 트론토는 인간의 의존성과 관련된 돌봄 및 배려의 행위를 간과함에 의해 불평등이 야기되고, 그 결과 민주주의도 위기에 처하게 된다는 관점에서 출발하여 평등주의적 자유주의 정의관이 지니는 한계를 비판한다.[254] 민주주의 사회는 더 이상 돌봄을 가정에만 속하는 일이라거나, 사적인 개인이 책임져야 할 문제라고 보아서는 안 된다. 마찬가지로 민주주의 사회는 권리공동체이자 연대 공동

• • •
254 조안 트론토, 『돌봄 민주주의』, 김희강 · 나상원 옮김, 아포리아, 2014, 참조.

체라는 점을 잊지 말아야 한다. 따라서 한국 시민사회의 연고주의 문화를 극복하는 방안을 언급하는 곳에서도 강조했듯이, 연고주의 문화를 비판할 때 개인주의와 결합되어 있는 권리 중심의 사고방식의 한계도 아울러 염두에 두지 않으면 안 된다. 가족중심주의의 위험성과 폐쇄성을 극복한다는 이름으로 각 개인의 권리만을 존중하는 식으로 접근하여 가족이 어쩔 수 없이(국가나 사회가 사회적 연대문제를 해결하지 못했기 때문에) 도맡아야 했던 배려와 연대적 관심의 측면을 도외시해서는 안 된다는 말이다.

따라서 필자는 연고주의 문화가 전도된 형태로나마 갖고 있는 구성원들 상호 간의 배려와 상호부조의 원리를 존중할 방법을 찾아야 한다고 본다. 어려움에 처한 구성원들을 기꺼이 도와주려는 공감대가 적어도 연고주의 집단 내에서는 작동한다. 그들 사이에는 다른 구성원의 행복에 대해서도 깊은 관심이 존재한다. 문제는 그런 상호부조와 연대 의식을 특정한 연고 집단 내부의 구성원들에게 한정시키는 데 있다. 그래서 우리는 그런 상호연대 의식을 친족이나 좁은 학연집단을 넘어 우리 사회 구성원 전체에로 확장할 수 있는 방안을 모색해야 한다.

유교적인 가족 및 친족윤리에 의해 확보되어온 돌봄이나 상호 배려의 윤리를 오늘날 민주주의 사회와 만나도록 변형할 수 있는 방법으로 필자가 주목하는 것은 마을공동체만들기 운동이다. 마을만들기 운동은 우리 사회에서도 최근에 많은 관심을 불러일으키고 있다. 2012년 현재 전국에는 강릉시 마을만들기지원센터를 비롯하여 총 13개의 '마을만들기지원센터'가 운영 중에 있고, 마을만들기지원센터 설립에 대한 논의를 하고 있는 곳도 5곳에 이른다.[255] 필자는 「마을공동체에 대한 철학적 성찰」이란 글에서 마을공동체의 의미를 네 가지 측면에서 고찰해보았다.[256] 첫째로, 마을

• • •

255 마을만들기 전국네트워크 편집, 『마을만들기지원센터의 전국적 현황과 전망』, 2012, 279쪽 참조.
256 나종석, 「마을공동체에 대한 철학적 성찰」, 『사회와철학』 26, 2013, 1-32쪽.

공동체는 상호부조와 연대의 삶의 공간이라는 점을 강조했다. 둘째로, 마을공동체는 다원화된/분권화된 자치의 공간으로서의 성격을 지니고 있으며, 이런 마을만들기 운동의 활성화는 분권화되고 다원화된 민주주의를 튼튼하게 할 수 있다고 보았다. 달리 말하자면 마을공동체 형성이라는 과제는 위기에 처한 우리 사회의 민주주의를 되살릴 가능성과 관련된 것이라고 보았다. 셋째로, 마을공동체는 사회와 정치의 연계를 가능하게 하는 공간으로서도 중요한 의미를 지니는데, 마을공동체는 로컬 거버넌스 (local Governance)로서 여러 중요한 역할을 수행할 수 있기 때문이다.

필자가 마을공동체와 관련하여 주목한 마지막 지점은 대안적 경제 질서로서 마을공동체가 지니는 의미였다. 특히 풀뿌리 자치와 호혜경제의 가능성에서 마을공동체의 의미에 주목할 필요가 있다는 것이다. 오늘날 한국사회에서 마을공동체가 지니는 네 가지 측면을 보면, 마을공동체의 작동 원리가 유교적인 가족 및 친족 관계(향촌사회도 포함하여)가 해결하고자 했던 돌봄 및 상호부조의 문제와 연결되어 있음이 분명해진다. 그리하여 마을공동체 혹은 마을만들기 운동은 유교적인 가족 및 친족 공동체의 현대화의 변형이자 왜곡된 형태로 존재하는 연고주의적 집단에 살아 있는 상호연대의 정신을 민주화할 수 있는 방법으로 평가해도 무방할 것이다.

나가는 말

2017년 1월 23일 인터넷 신문 <뉴시스>(Newsis)의 보도에 따르면 문재인 전 더불어민주당 대표는 23일 전남 나주의 남평 문씨 문중(門中) 서원을 찾아갔는데, 남평 문씨 종친회 측은 "45만 문가(文家)는 왕족이 되기를 원한다. 문재인 대표께서 우리를 왕족으로 만들어달라고 큰 박수를 부탁드린다"며 반갑게 맞이했다. 우리나라에서 문중이 일반화되어 모든 사람들이성을 갖고 자신의 족보를 만들기 시작한 것은 조선 후기, 특히 17~18세기 이후라 알려져 있다. 그런데 민주주의 공화국 대한민국 대통령 선거에 나가려는 사람이 자신의 문중을 방문하는 것도 흥미로운데, 문씨 가문에서 왕이 나와 왕족이 되길 바란다는 종친회 측의 발언은 더욱 흥미롭다. 이는 조선사회에서 본격화된 가문의 위세를 획득하려는 경쟁이 오늘날에도 지속되고 있음을 보여준다. 대통령을 현대판 왕으로 보고 자신의 문중에서 왕의 현대적 표현인 대통령을 배출하면, 그 문중이 왕족이 된다는 사고방식을 분명하게 표현해주고 있기 때문이다.[257]

문씨 문중의 사례에서 보듯이 21세기 한국사회는 서구 중심의 근대주의 영향을 지극히 크게 받은 나라이면서, 여전히 조선사회의 역사적 경험을 여러 면에서 이어가고 있다. 그리고 족보는 한국사회에서 처음에는 지배계층인 양반들의 전유물이었지만, 이제 한국에서 족보를 지니고 있지 않은 가족은 없을 정도로 보편화되었다. 그리고 족보 편찬의 일반화 현상은 일제 식민지시기에서도 중단되지 않았다. 즉, 조선에서 시작된 한국사회의 유교적 전환은 서구 근대 문명과의 접촉 이후에도 소멸되지 않고 지속·확장되어 왔던 것이다. 그런데 여기에서 우리가 주목해야 하는 것은 친족을 구성함에 의해 족보를 편찬하는 일의 일반화가 사회적으로 높은 평판을 추구하는 사회적 인정투쟁과 결합되어 있다는 사실이다. 달리 말하자면 우리 사회에서 특정 문중(친족집단)이 문중 출신의 영의정이나 대통령(왕)을 만들어냄으로써, '왕족' 혹은 영의정을 배출한 권문세가라는 사회적 명성을 획득하려는 경쟁이 오늘날에도 계속되고 있다는 점 말고도, 사회적 및 정치적 평판과 명성을 획득하려는 갈등과 경쟁이 조선에서 이어져 온 유교적인 사회적 인정투쟁의 영향으로 인해 그 독특한 성격을 보여준다

• • •

257 이 부분이 특정한 정치인을 부정적으로 평가하는 것과 무관하다는 점을 밝혀둔다. 글의 맥락을 보면 특정 정치인의 문제를 부각하려는 의도가 전혀 없다는 점을 알 수 있으리라고 본다.

는 점에 주목할 필요가 있다.

또 우리가 반드시 기억해야 하는 것은 조선사회에서 우리가 물려받은 사회적 인정투쟁의 문법은 결코 세습적 신분제 사회의 유습이 아니라, 비세습적이고 신분 개방적 사회에서 등장하는 인정투쟁이라는 점이다. 사회적 지위가 혈연에 의해 대대로 이어지는 신분제 사회라고 한다면, 모든 사람들이 친족집단을 구성하여 자신의 문중에서 영의정이나 현대사회의 왕이라 일컬어지는 대통령 배출을 통해 자신의 가문의 위상을 높이려는 경쟁이 나타나지 않았을 것이기 때문이다. 문중 사이에서 정치적 명예와 평판을 둘러싸고 진행되는 격렬한 경쟁과 갈등은 조선사회가 나름의 비신분제적인 능력주의 원칙을 지향하는 사회였기 때문에 가능했다는 점을 인식할 필요가 있다. 그러므로 문씨 문중이 보여주는 모습을 우리는 마냥 전근대적이고 봉건제적인 유습이어서, 이른바 근대적인 사회에 이르러서는 사라져야 할 구태를 아직도 극복하지 못한 현상으로만 바라보아서는 안 된다.

그런 식의 접근 방식이 오히려 구태의 반복일지도 모른다. 그것은 서구 근대 문명을 문명의 지표로 삼아 서구적 근대 문명을 이루는 요소들에 상응하는 것을 우리의 역사 속에서 발견해내려는 전형적인 유럽중심주의적 사유 방식의 반복에 그치고 있기 때문이다. 그리고 그런 식의 접근 방식은 유교적 삶의 문법과 서구적인 근대의 세계 이해라는 서로 다른 논리가 중첩적이고 복합적인 방식으로 우리 사회를 구성하는 모습을 제대로 인식하지 못하도록 만들어 우리의 현실 인식을 왜곡시킬 것이기 때문이다. 더 나아가 왜곡된 현실 인식은 특정한 방식의 행동을 정당화하여 그릇된 정치적 행위를 불러일으키는 데로 귀결될 것이라는 점에서도 경계가 필요하다.

제 9장

조선 후기 대동세계 이상과 한국 민주주의의 정신사적 조건

들어가는 말

이 책 제8장에서는 한국의 근대적 경제성장의 독특한 역사적 경로와 조선 후기의 역사 사이에 존재하는 관련성을 탐색했다. 조선 후기, 특히 18세기의 역사적 성취가 한국의 근대적인 시장경제체제를 성공적으로 수용하는 데 상당한 긍정적 역할을 수행했다는 점은 이제 널리 받아들여지고 있다. 그러나 산업화와 더불어 20세기 후반 한국사회가 이룩한 민주주의의 성공과 관련해서는 상황이 좀 다르다. 민주주의에 이르는 한국 나름의 역사적 경로가 조선에서 축적되어온 유교적인 정치·문화적 전통에 의해 어떻게 규정되고 있는지에 대한 연구는 그리 활발한 것 같지 않다. 특히 가족주의 전통을 비롯하여 여러 유교적 전통을 한국사회의 민주주의의 이른바 정상적인 발전에 장애물로 보는 연구 경향에 비해, 우리 사회의 민주주의의 성공에 유교적 정치문화가 끼친 긍정적 영향을 해명해보려는 연구는 그리 많지 않은 실정이다.

그러나 이 장에서 한국사회의 민주주의에 조선의 유교적 정치문화가 어떻게 긍정적인 영향을 주고 있는지를 살펴보고자 한다. 뒤에서 좀 더

상세하게 언급할 것이지만, 우선 과거제도가 상징하듯이 유교 국가 조선이 나름의 능력주의 사회를 지향했고, 그런 능력주의 원칙이 우리 사회 특유의 평등주의 지향의 문화를 형성하는 데 크게 기여했다. 그리고 이런 능력주의 원칙을 존중하는 문화는 그 자체로뿐만 아니라, 오늘날 변형된 형태로 많은 병리적 현상을 초래한 장본이기도 하다. 그러나 유교적 능력주의 문화는 우리 사회에 능력에 따른 신분상승의 기회나 사회적 개방성을 실현하는 역사를 축적해, 오늘날 한국사회가 추구하는 평등과 민주주의의 문화의 토대를 구성하는 역할도 수행했다.

그러나 이 글에서 좀 더 집중적으로 다루고자 하는 문제는 조선의 유교적 특성이라 할 수 있는 대동유학 이념 및 유교적 민본주의 이념이 오늘날 한국사회의 민주주의와 어떻게 연결되고 있는가에 관한 것이다. 특히 유교적 대동 이념의 근본 특성을 살펴보면서 조선에서 유교적 대동주의 및 천하위공의 유학 전통을 간략하게 사적으로 요약할 것이다. 물론 사적인 개요는 조선 후기 이후의 대동유학의 흐름에 제한되어 있고, 다루는 부분 역시 매우 선별적이라는 한계를 넘어서 있지 못하지만, 그럼에도 제8장에서 서술된 일본 특유의 국가주의적 유학과 대별되는 천하위공의 대동유학의 흐름이 조선시대 유학의 특징임을 입증하는 데 나름대로 기여할 것이라고 생각된다.

특히 갑오농민전쟁을 천하위공의 유교적 민본주의의 일반화 현상과 맞물려 전개된 조선 후기 최대의 정치적 사건으로 보고자 한다. 이를 통해 조선의 유교적 민본주의와 민주주의 사이의 연관성을 부정적으로 바라보는 시각을 비판적으로 검토해볼 수 있을 것이다. 그뿐만 아니라, 갑오농민전쟁을 천하위공의 유교적 민본주의의 급진적 전개로 보는 시도는 전통과 근대를 지나치게 단절적으로 바라보는 시각으로 인해 조선 후기의 역사는 물론이고 그 이후 전개되는 의병전쟁 및 일제하 독립운동, 더 나아가서는 한국사회 민주주의의 역사적 전개 과정이 지니는 고유한 성격을 왜곡하는 현상을 비판적으로 재검토해볼 기회도 제공할 것이다.

Ⅰ. 유교적 능력주의 사회와 조선의 노비 문제

오늘날 우리 사회를 이해할 때 조선에서 이어져 오는 유교적 전통의 힘을 무시할 수 없다. 그 영향이 부정적이든 긍정적이든 우리 사회가 조선의 전통으로부터 많은 것을 이어받고 있다는 점은 사실이기에 그렇다. 그래서 조선의 유교사회의 성격에 대한 정확한 인식은 전통의 부정적 유산을 극복하고, 그 긍정적 유산을 변화된 상황 속에서 선용할 수 있는 방안을 모색할 때 우선적으로 요구되는 기본 전제이다. 그럼에도 우리는 조선사회의 성격에 대해서 아직도 제대로 이해하고 있지 못하다. 예를 들어 조선사회가 과연 신분제 사회인지에 대해서도 아직 이견이 존재한다. 그것은 양반의 존재양식이 지니는 독특한 성격으로 인한 것이다.

그런데 양반의 존재양식과 함께 노비의 문제는 조선사회를 이해할 때 매우 중요한 주제이다. 물론 현대사회와 비교해볼 때 조선의 유교사회는 다양한 가치가 활성화된 사회라고 보기 힘들다. 직업의 수를 현대사회와 비교해볼 때 그 다원성의 부족은 분명하다. 그리고 조선 후기에 이르기까지 조선사회에서 시장경제의 활성화는 같은 시기 중국이나 일본에 비해 뒤떨어진 것이었다.[258] 그러나 조선의 유교사회는 일본의 에도시대와 비교할 때 나름의 여러 장점을 지닌 사회이기도 했다. 이헌창이 강조하듯이 조선에서 15세기 과전법(科田法)의 폐지 이후 토지 소유는 개인적인 재산권의 성격을 띠고 있었고, 노비나 여성도 소유의 주체가 될 수 있었으며 소유·

• • •

258   이헌창, 「근대 경제성장의 기반 형성기로서의 18세기 조선의 성취와 한계」, 역사학회 편, 『정조와 18세기: 역사로서 18세기, 서구와 동아시아의 비교사적 성찰』, 푸른역사, 2014, 147쪽 참조

매매·재판의 법제도도 상당히 잘 정비되어 있었다. 토지를 소유한 노비가 지주가 되고 그 토지를 양반이 임대하는 경우도 존재했다. 이처럼 조선시대에 소유권과 계약질서가 상당한 수준으로 성장해 있었다.[259] 또한 능력주의(meritocracy) 원칙에 입각하여 관료를 선발하는 과거제도에 의해 운영되는 조선의 정치제도는 일본에 존재하지 않았다. 조선의 양반 지배층이 순수하게 혈통에 의해 세습되는 귀족적인 신분이 아니었던 데에서도 분명하게 알 수 있듯이, 조선사회는 일본의 에도시기의 신분제 사회와도 구별되며 유럽의 봉건제 사회와 같은 신분제적인 사회도 아니었다.

능력에 기초한 과거제도를 운영한 조선사회의 의미를 해명할 때, 알렉산더 우드사이드(Alexander Woodside)의 연구는 시사하는 바가 크다. 그는 조선, 중국 그리고 베트남에서 실현된 과거제도로 인해 세습적인 귀족제가 능력에 기반을 둔 직업적 엘리트로 대체되었다고 평가한다. 그에 의하면 과거제도는 산업혁명과 같은 인류사에 등장한 중요한 혁명적 전환에 비견될 만한 특성을 지니고 있다. 우드사이드의 연구는 서구 중심의 근대성 논의가 불가피하게 산업성장이나 자본주의의 역사에만 과도하게 관심을 기울이는 데로 흘러가는 일면적 경향을 성찰하면서, '합리화의 과정'으로 이해되는 근대성은 자본주의 및 산업화와 무관하게도 발생하고 진행될 수 있음을 보여준다.[260]

• • •

259 같은 글, 149쪽.

260 알렉산더 우드사이드, 『잃어버린 근대성들』, 민병희 옮김, 너머북스, 2012, 23-25쪽, 55-63쪽 참조. 우드사이드의 입장에서 본다면 자유 시장의 성장에 초점을 두고 근대성의 핵심을 이해하고, 그 기준에 따라 조선사회에서 오늘에 이르는 우리 사회 문제의 근원이 왜곡된 시장 및 그와 연동되어 있는 시민정신의 불충분성에 기인한다는 윤평중의 지적은 문제가 있다. 윤평중, 『시장의 철학』, 나남출판, 2016, 제1장 참조. 그런데 우드사이드의 통찰은 동아시아 관료제의 근대적 특성을 강조하는 데 그치지 않는다. 그는 동아시아에서 진행된 과거제의 폐단을 둘러싼 논쟁이 오늘날 서구사회가 최근에서야 경험하게 된 능력본위의 사회가 초래할 여러 위험성들을 예견하고 있었다고 강조한다. 그러므로 과거제의 실시만이 아니라, 합리화된 관료제도가 가져오는 책임감의

조선의 통치가 과거제에 의한 관료제로 운영되었기에 조선의 지배계층인 양반의 존재양식도 이런 관료제와 깊게 연동되어 있었다. 조선사회의 지배계층인 양반은 원칙적으로 혈연에 의해 세습되는 유럽의 중세사회에서의 혈통 귀족이 아니었다.[261] 유럽의 봉건제에서 귀족은 특정한 직책을 통해 자신이 담당하는 사회적 역할을 갖고 있었으며, 그 역할을 후손에게 세습해줄 수 있었다. 일본의 에도시대도 마찬가지였다. 예를 들어 무사계층은 무사의 역할을 가문의 대를 이어 세습 받는 것이었다. 그러나 양반은 그런 의미의 세습적인 지위가 아니었다. 관직이 세습되지 않았기 때문이다. 에도시대 사무라이는 향촌에서 분리되어 도시에서 거주해야만 했다. 이는 병농 분리 정책의 결과였다. 도시에 살면서 사무라이는 그들이 주군으로 모시는 다이묘들에게서 받은 봉록을 갖고 생활하는 계층으로 되었다.[262] 그러나 조선의 양반은 자기 토지를 소유한 지주로 지방에서 선비로서 자율적인 행동의 능력을 갖고 있었을 뿐만 아니라, 능력 및 성취의 원리(meritocracy)에 기반을 둔 과거제도에 의해 선발된 정치 관료들의 후손들이었다. 달리 말하자면 양반은 관직이라는 직책을 세습하는 것이 아니라, 후손에게 관료를 통해 획득한 명성과 같은 사회적 지위를 이어지게 할 수 있는 독특한 존재였다.

그래서 미야지마 히로시(宮嶋博史)는 중국의 사대부 및 일본의 무사계층과 비교할 때 조선의 양반계층이 보여주는 독특한 성격을 다음과 같이 요약한다. "양반이란 존재의 가장 큰 특징은 그 지위를 세습하는 방법에 있었다고 할 수 있다. 즉 양반이라는 지위는 중국 명·청시대의 사대부

...

결여 문제 등에 대한 비판적 성찰도 근대성에 대한 이해에 많은 시사점을 준다는 것이다.

261 양반의 성격에 대한 연구로는 미야지마 히로시(宮嶋博史), 『양반』, 노영구 옮김, 강, 2006, 참조. 미야지마 히로시(宮嶋博史), 『나의 한국사 공부: 한국사의 새로운 이해를 찾아서』, 너머북스, 2013, 제5장, 제6장 참조.
262 박훈, 『메이지 유신은 어떻게 가능했는가』, 민음사, 2014, 38쪽 참조.

및 일본의 도쿠가와시대의 무사와 비교하면, 양자의 중간적인 성격을 갖고 있었다. 중국의 사대부는 그 관직과 사회적 지위를 다 세습할 수 없는 존재였던 데 비해, 일본의 무사는 양자를 세습하는 존재였다. 반면에 양반의 경우에는, 관직은 세습할 수 없었지만 양반으로서의 사회적 지위는 세습하는 것이 가능했을 뿐만 아니라, 단독 상속의 일본과 달리 양반으로서의 사회적 지위는 모든 후손들이 세습할 수가 있었던 것이다."[263]

조선시대를 주도했던 정치 엘리트들인 문과 급제자들에 대한 연구는 조선사회의 신분적인 개방성의 정도를 보여준다. 1894년 갑오경장의 개혁 조치로 인해 과거제도가 문을 닫기 전까지, 약 500년의 조선왕조기에 배출된 문과급제자 수는 1만 4,615명이었다고 한다. 한영우는 문과급제자 1만 5천여 명의 신원을 조사하여 신분이 낮은 계층에서 배출된 문과 과거 급제자의 비율의 변동을 추적하여, 조선사회가 비교적 계층 상승의 기회가 보장된 사회였음을 보여주었다. 한영우가 신분이 낮은 사람들로 구분한 범주에 속하는 사람은 내외 4대조의 이름이 없는 급제자, 오랜 세대에 걸쳐 양반관료를 배출하지 못한 가문 출신이거나 서얼 출신 혹은 향리 가계 출신의 급제자, 윗대의 가계를 모르는 급제자, 성관은 좋음에도 불구하고 내외 4대조 혹은 그 윗대에도 벼슬아치를 배출하지 못한 가문 출신 그리고 아마 '족보'를 위조한 것으로 보이는 신원 미상의 과거급제자들이다. 그의 연구 결과에 의하면 신분이 낮은 급제자의 비율은 조선 전기와 후기를 통틀어 약간의 변동이 존재하지만, 최고 50%에서부터 최저 14%를 보여준다.[264]

그러나 조선사회가 지니고 있었던 상대적인 신분제적 개방성은 분명

• • •
263 미야지마 히로시(宮嶋博史), 『나의 한국사 공부: 한국사의 새로운 이해를 찾아서』, 앞의 책, 154쪽.
264 한영우, 『과거, 출세의 사다리: 족보를 통해 본 조선 문과급제자의 신분이동 (태조~선조 대)』, 지식산업사, 2013, 5-24쪽 그리고 633-35쪽 참조.

한계가 있었다. 그것을 보여주는 가장 극명한 사례 중의 하나가 노비의 존재였다. 물론 이 자리에서 조선사회에서의 노비 문제를 상술할 수는 없다. 그렇기에 이를 간략하게 언급하는 것으로 만족하고자 한다. 일단 조선에서의 노비와 대조되는 서양의 노예도 서구 근대사회에서 장기간 존재했음을 망각해서는 안 된다는 점을 강조하고자 한다. 우리가 조심해야 할 것은 조선시대의 노비와 서구의 노예(slave)를 동일시할 수 있는가 하는 문제이다. 1864년 공식적으로 흑인노예가 해방되기 전에 민주국가라는 미국도 수많은 흑인노예를 두고 있었다. 유럽에서도 마찬가지이다. 영국의 노예제도는 1833~1838년에 폐지되었고, 프랑스의 노예제도는 1792년에 없어졌지만 1803년 나폴레옹에 의해 부활된 후 1848년에 완전히 폐지되었다고 한다.[265] 노예에 대한 유럽사회의 반응 역시 늘 비판적이었던 것은 아니었다. 존 로크 역시 흑인 노예를 당연시했으며, 1756년에도 어느 신문은 흑인이나 개에게 사용할 목줄을 선전하는 광고를 실었다. 이 신문 광고가 보여주듯이 당시 노예는 개와 동등하게 취급되었다.[266]

서구 근대사회에서도 조선의 노비와 유사한 존재가 있었다는 점을 들어 노비제도의 야만성을 부인코자 함이 아니다. 이영훈에 의하면 조선시대 노비문서에 "수개"(壽介)라는 노비 이름이 등장하는 데 이 수개는 실제로는 수캐라는 의미를 지닌다.[267] 조선에서처럼 서구에서 노예의 처지는 동물적인 존재와 동일시되었다. 앞에서 언급한 것처럼 흑인 노예에게 사용할 목줄을 개에게 사용하는 목줄과 동일한 것으로 보는 관행이 18세기 서구에서도 공공연하게 행해졌다. 또한 로마시대에 노예 소유주들은 노예가 보는

• • •
265 토마 피케티(Thomas Piketty), 『21세기 자본』, 장경덕 외 옮김, 글항아리, 2014, 196쪽 참조.
266 이에 대해서는 수전 벅모스(Susan Buck-Morss), 『헤겔, 아이티, 보편사』, 김성호 옮김, 문학동네, 2012, 51-53쪽 참조.
267 이영훈, 『대한민국 이야기』, 기파랑, 2007, 226쪽.

앞에서 버젓이 성관계를 맺고는 했다고 하는데, 노예는 사람이 아니기에 그들이 그런 장면을 보는 것에 대해 수치심이나 부끄러움을 느낄 하등의 이유가 없다고 생각했기 때문일 것이다.[268]

조선사회에서의 노비 문제를 집중적으로 탐구한 학자는 미국 출신의 한국학자 제임스 팔레였다. 그는 조선 후기 사회를 노예제 사회로 규정한 다. 노비 인구가 한 사회의 인구 구성에서 30% 정도를 차지하면 그 사회를 노예제 사회로 규정할 수 있다고 그는 주장한다. 노예제 사회를 판별하는 이런 기준에 의해 그는 18세기 중반 정도까지 조선을 노예제 사회로 보아야 한다고 강조한다. 물론 그는 노예제가 자본주의적 생산양식에서도 발견되 는 것이므로, 남북전쟁 이전의 미국 남부 역시 노예제 사회로 보아야 한다고 말한다.[269]

그러나 이런 팔레의 주장은 많은 한계를 안고 있다. 물론 조선시대의 노비 역시 서구의 노예처럼 사회적 인격이 거의 말살될 정도로 비천한 존재로 여겨지는 측면도 존재했다. 그래서 노(奴)의 이름은 "개, 소, 말, 돼지 등 동물의 분뇨나 돌과 같은 무인격의 물상에 빗대어" 지어졌고, 비(婢)의 이름도 "태어난 달을 빌리거나 꽃과 같은 식물에 비유되었다."[270] 그러나 이영훈에 의하면 노비를 노예(slave)로 이해하면서 다수의 노비가 존재했던 조선시대를 노예제 사회로 규정하는 것에는 수많은 해결하기 힘든 문제가 있다. 예를 들어 노비의 상당수를 차지했던 납공노비는 주인가 와 떨어져 자신의 가족과 토지를 보유한 존재였는데, 그의 토지 소유는 법적으로 인정받고 있었다. 그리고 외거노비인 납공노비는 그들의 토지에

• • •
268 장은주, 『정치의 이동: 분배 정의를 넘어 존엄으로 진보를 리프레임하라』, 상상너머, 2012, 89쪽 참조.
269 한홍구·제임스 팔레, 「미국 한국학의 선구자 제임스 팔레: 정년 기념 대담」, 『정신문화 연구』 24(2), 2001, 212-213쪽 참조.
270 이영훈, 『한국경제사 1: 한국인의 역사적 전개』, 일조각, 2016, 383쪽.

부과된 조세와 공물을 국가에 납부한다는 점에서 일반 양인 농민과 동등한 조선의 공민으로 인정받았다. 이런 납공노비를 노예의 범주로 분류하기는 매우 어렵다. 그리고 이런 납공노비를 제외한 노비의 수만으로 팔레가 노예제 사회의 성립 조건으로 제시한 전체 인구의 30%를 조선사회가 충족시킬 수 없을 것이라고 이영훈은 결론짓는다.[271]

그리고 노예 및 노비에 대한 사회적 대우의 방식에서도 차이가 존재한다. 앞에서 언급했듯이 조선시대에 노비를 비천시하는 관념은 상당했다. 그럼에도 그런 사회적 처우가 "노비들의 사회적 인격을 박탈할 정도는 아니었다." 게다가 노비와 양인의 경계가 분명하지 않았을 뿐만 아니라, 노비를 양인과 차별하는 사회적 상징도 발달하지 않았다고 한다. 요약해보자면, "조선시대의 노비들에게 그들이 사회적으로 죽은 자라는 상징은 강요되지 않았다"고 이영훈은 결론짓는다.[272]

그뿐만 아니라 야만적인 노비제도의 폐지 문제가 조선사회에서도 지속적으로 거론되었을 뿐만 아니라, 실질적으로도 노비제의 해체에 버금가는 해방의 조치들이 자체적으로 이루어졌다는 점에도 우리는 당연히 주목할 필요가 있다. 전통과 서구 근대의 이원론이 여전히 사회에서 통설로 통하기에 조선사회는 신분제적 불평등을 자체적으로 타파하는 역사를 보여주지 못하지 않았는가 하는 의구심이 널리 퍼져 있는 것 같다. 그리고 이런 의구심은 신분제적인 전통사회와 근대의 자율적 사회라는 서구중심주의적 이원론의 한 사례에 불과할 것이다. 그래서 조선에서 이루어진 노비제도 폐지의 역사에 대해서 간략하게나마 언급해두고자 한다.

양인 출신의 여자와 결혼하여 낳은 자녀를 양인으로 하는 종모법은 조선 후기에 실시된 대표적인 노비 해방의 법제적 길이었다. 강만길에

• • •
271 같은 책, 388쪽.
272 같은 책, 390-391쪽 참조.

의하면 부모 중 어느 한쪽만 노비인 경우 그 자녀는 모두 노비가 되는 종모종부법은 전체 인구 중 노비 인구의 비율을 현저하게 증가시켜 그런 폐단을 없애기 위해 조선은 1669년 종모법을 실시했다. 그러나 이 법은 노비 소유자층의 반대로 인해 다시 폐지되는 등의 우여곡절을 겪고 영조대인 1731년부터 비로소 불변의 법으로 정착되었다. 이렇게 확립된 종모법에 대해 "노비 소유층의 반대를 이기고 노비 해방에 또 하나의 법제적인 길이 열린 것"이라고 강만길은 평가한다.[273]

종모법의 실시로 인해 노비는 어머니가 비(婢)인 경우로 한정되는 모습으로 격감한다. 그 결과 노비의 가계는 여러 세대에 걸쳐 세습되기 힘들게 되었다. 19세기에 이르러 비가 여러 딸을 낳으면 큰딸만 어머니의 신분을 계승하고 나머지 딸은 양녀 신분으로 해방되었다. 노의 경우는 그 해방의 정도가 더 확실했다. 남자인 노(奴)는 양녀와 결혼하면 양인의 신분으로 될 수 있게 됨에 따라, 자신의 당대에 한해서만 노의 역할을 하는 예속인으로 변화되었다고 평가된다.[274]

남자인 노(奴)의 경우 노비 신분이 자신 당대에 한할 정도로 노비제가 해체되고 있었다는 점은 주목할 필요가 있다. 서구 근대의 가장 위대한 계몽철학자로 인정받는 칸트의 법철학에 보면 가정 내 하인들은 "가장의 자기 것에 속한다"고 되어 있다. 달리 말하자면 가정 내 하인들을 대하는 것은 물건에 대한 주인의 권리와 동일한 것이라고 칸트는 주장한다. "왜냐하면 가장은 종복이 도망간다면 그를 일방적인 의사로써 자기의 통제력 안으로 되돌릴 수 있기 때문이다." 이처럼 하인은 자유로운 의지에 따라 집 밖으로 나갈 수 없는 예속적인 존재이며, 마음대로 집 밖으로 도망친 예속인을 "물건들(도망간 가축들)처럼 점령 포획할 권리"[275]를 가장이 지

• • •
273 강만길, 『고쳐 쓴 한국 근대사』, 창비, 2015, 176쪽.
274 이영훈, 『한국경제사 1: 한국인의 역사적 전개』, 앞의 책, 447쪽 참조
275 물론 "도망간 가축들처럼 점령 포획할 권리"를 언급할 때 칸트가 염두에 둔 것은

니고 있다고 칸트는 주장한다. 오늘날 보편적 인간 평등 이념을 주장한 대표적 사상가로 높이 평가되는 칸트이지만, 그의 법이론을 보면 그런 평가는 좀 의아스러운 면이 없지 않아 있다.

그리고 칸트는 당대 프로이센 법률(Allgemeines Landrecht für Preußischen von 1794)과 마찬가지로 범죄로 인해 자신의 인격성을 상실한 사람을 긍정한다. 달리 말하자면 칸트는 사형을 받을 정도의 중범죄자에게 인격성을 긍정하지 않았다. 그리하여 그는 그런 중범죄자에 대한 타인의 소유권을 인정하고 있다. 예를 들어 그는 사형수는 노예로 취급받아야 마땅하다고 보았는데, 이런 생각을 다음과 같이 기록하고 있다. "노예 신분은 인격의 죽음이되 동물의 삶이다. 그것은 사형의 범죄의 경우에 일어난다. 그러나 그것은 계약에 의거하는 것이 아니다. 그러한 자는 아무런 권리도 가질 수 없는 자로서, 일체의 법리적 신뢰와 책무 능력이 없을 것이기 때문이다." 그리고 칸트가 살았던 시기의 프로이센 법은 기사령을 가진 귀족에게 노예를 그 신민으로 삼는 것을 허용했다.[276]

칸트 법철학이 나온 해가 1797년, 그러니까 조선의 정조 말기였다. 이처럼 당대 프로이센의 노예에 대한 규정이나 하인과 같은 예속인에 대한 법적 대우가 당대 조선시대의 노비 처우에 비해 결코 우월하지 않았음을 알 수 있다. 이로부터 우리는 조선의 전통사회를 전근대적인 봉건적 예속사회 혹은 야만사회로 놓고, 그에 대비되는 서구 근대를 문명화된 사회로 보는 시각이 얼마나 편견에 가득 찬 것인가를 새삼스럽게 깨닫게 된다. 거듭 강조하지만 이런 비교를 통해 서구 근대 문명에 비해 조선시대가 우월하다는 것을 입증하려는 의도는 조금도 없다. 다만 어떤 한 시대가

• • •

집안에서 도망간 자식들이었다. 그러나 가정 내에서 자식들을 물건처럼 취급하는 것과 하인에 대한 그런 취급은 동일한 것이다. 임마누엘 칸트, 『윤리형이상학』, 백종현 옮김, 아카넷, 2012, 222쪽, 224쪽.

276 같은 책, 224쪽 번역자 주 71.

다른 시대에 비해 총체적으로 우월하다는 문명의식, 그러니까 서구중심주의적 사유 방식이 가정하는 단선적인 역사발전 도식에 따른 전근대사회의 야만성과 서구 근대사회의 문명 사이를 날카롭게 가르는 이원론적 대립 패러다임이 아무런 학문적 타당성을 지니고 있지 않다는 것을 강조하고 싶을 따름이다.

조선시대 역시 노비 문제를 고민했고, 노비의 신분상 차별을 개선하는 조치가 자체적으로 이루어졌다는 사실이 지니는 의미는 아무리 강조해도 지나치지 않을 것이다. 그리고 유교 국가 조선에서 일어난 나름의 독자적인 신분적 차별을 해방하려는 노력은 유교적 민본주의가 지니고 있었던 평등주의적이고 인본주의적 이념과도 무관하지 않다는 점도 진지하게 생각해볼 주제이다. 그런 점에서 조선 후기 사회에서 일어난 노비제의 해체를 이끈 "궁극적 힘은 시장경제의 대두, 집약농법의 진전, 인구 증가 등, 소농(小農)으로 자립할 수 있게 한 사회경제의 새로운 환경"으로 보는 것도 일면적인 것처럼 여겨진다.[277]

조선 후기의 사회경제적 변화의 특성을 소농사회의 성립으로 보는 이영훈과 달리 조선 후기 사회에서의 상업 발전을 중세적 신분질서의 해체라는 시각에서 바라보는 강만길의 노비해방에 대한 이해도 문제인 것으로 보인다. 그는 노비계급의 신분해방을 분석하면서 조선의 관료 지배층이 종모법 실시를 주장한 목적이 "노비의 신분해방 문제보다 양역 부담 인구의 수를 늘리려는 데 있었다"고 분석하는데, 이런 해석 역시 지나친 것으로 생각된다.[278] 해방 조치를 실시한 세력의 의도와 그 조치로 인해 변화된 현실도 명백히 구분할 필요가 있기 때문이다. 사회경제사적인 조건의 변동이 노비의 처우 개선과 신분제적 제약으로부터 해방되는 데 매우 중요한 조건임도

• • •
277 이영훈, 『한국경제사 1: 한국인의 역사적 전개』, 앞의 책, 447쪽.
278 강만길, 『고쳐 쓴 한국 근대사』, 앞의 책, 177쪽.

분명할 것이고, 노비를 해방시키는 법적 조치를 취한 지배층의 배경에는 나름의 계산이나 이데올로기적 이유가 존재했다는 점도 부인될 수 없을 것이다.

그러나 이데올로기 분석이나 사회경제적 조건의 변동만으로 한 사회의 신분제 변동 혹은 조선의 노비제 해방의 과정을 다 해명할 수 있다고 보기 힘들다. 사회는 늘 그 사회 나름의 공유된 이념이 존재하는데, 피지배층과 지배층이 공유하는 가치관에 노비제도를 부정적으로 바라보는 요소가 없었다거나 매우 희박했다고 한다면, 경제성장이 아무리 발전해도 노비의 해방은 이루어지지 않을 것이기 때문이다. 따라서 조선시대 노비 해방의 역사는 양반 지배계층은 물론이고 일반 백성과 같은 피지배계층도 공유했던 당대의 통치이념인 유교적(성리학적) 민본주의가 안고 있었던 평등이념 및 인본주의의 사회적 확산이 없었다면 불가능했을 것이다.

영조시기에 이루어진 종모법 이후에도 조선에서는 지속적으로 노비해방의 시도가 행해졌다. 순조 1년(1801년)에 내수사 노비와 관노비가 폐지되었다. 정조 승하 후 공노비 해방을 주도한 인물은 윤행임(尹行恁, 1762~1801)이었는데, 그는 공노비 해방의 명분을 정조의 유지를 받든다는 데에서 구했다. 그처럼 공노비 폐지는 정조의 개혁 구상을 이어받은 것이었다.[279] 실제로 정조는 노비제 개혁에 대한 강력한 의지를 지니고 있었다. 물론 그의 노비제 개혁이 신분제 자체의 전적인 부정으로 나아갈 정도로 철저하지 않았다고 할 수 있을지 모르지만, 그렇다고 그의 노비제 개혁안이 지니는 중요성이 폄하될 것이 아님은 분명하다. 그는 노비제를 없애고 이를 고용인으로 전환시키고 그 지위가 자식에게 대물림되지 않도록 하는 고용법의 도입을 구상했다. 이에 대해 그는 홍재전서(弘齋全書)에서 다음과

• • •

279 노대환, 「19세기 정조의 잔영과 그에 대한 기억」, 『역사비평』 116, 2016, 177-178쪽 참조.

같이 말한다. "나는 이 세상에서 제일 억울한 존재가 노비보다 더한 것이 없다고 생각한다. [……] 내가 국정에 바쁜 여가를 이용하여 두 쪽 다 똑같이 편리한 방법이 없을까를 고심하다가, 우선 노비 규정을 모조리 없애 버리고 대신 고용(雇傭)의 법을 만들어서 대물림은 하지 않고 자신에게만 한하도록 조처를 취하고, 그에 관한 방략(方略)을 먼저 정하여 대금을 주고 드나들게 하는 데도 다 일정한 수를 제한하도록 하는 것으로 뜻을 같이한 한두 신하들과 함께 그 영(令)을 발표하려고 생각했다. [……] 추쇄관(推刷官)을 혁파한 것만으로도 충분히 하늘의 명을 따르는 것이라고 말하지 말라. 그것은 단지 작은 절목 내의 일에 불과할 뿐이다. 그들이 평민과 섞여 사는 것과 본분을 지키는 일이 어그러지지 않고 병행될 수만 있다면 단연코 결행할 것이다."[280]

그리고 황태연의 연구에 의하면 고종은 1886년 3월 사노비 해방을 단행한다.[281] 이처럼 조선에서 노비제도의 폐지도 서구 근대의 충격을 받아서가 아니라, 자체적인 경로를 통해 자생적으로 이룩된 신분해방의 역사에서의 커다란 성취로 볼 수 있다. 따라서 황태연은 갑오농민전쟁에서 분출된 일반 백성들의 강렬한 요구를 반영하여 이룩된 1894년 갑오경장으로 비로소 신분해방이 이루어진 것으로 보는 것은 오해라고 말한다.[282]

II. 유교적 대동 이념의 근본 주장

본래 유학에서 모든 사람들의 모범이 되어야 할 이상적인 인간상을

• • •

280 弘齋全書卷十二. 翼靖公奏藁財賦類叙 : 奴婢引. 양홍렬 옮김, 한국고전번역원, 1998.
281 고종은 개인집에 속해 있는 사노비가 대대로 이어지지 않고 당대에 한하도록 조치했다. 『고종실록』, 고종23년 1월 2일.
282 황태연, 『대한민국 국호의 유래와 민국의 의미』, 청계, 2016, 181-183쪽 참조.

추구하는 선비나 군자는 도(道)의 실현에 뜻을 두는 사람이었다. 공자도 제자들에게 도에 뜻을 둘 것을 권고하면서 도의 실현에서 가난이나 명성의 부재로 인해 마음이 흔들리지 말 것을 당부했다. "선비가 도(道)에 뜻을 두고서 나쁜 옷과 나쁜 음식을 부끄러워하는 자는 더불어 도(道)를 의논할 수 없다."[283] 참다운 선비는 도에 뜻을 둔 사람으로 나쁜 옷이나 변변치 못한 음식을 먹어도 그것이 부득이한 경우라면 그에 대해 전혀 부끄러워하지 않는다. 달리 말하자면 참다운 선비란 도에 뜻을 두고 그것의 실현을 위해 독실하고 진실하게 온 마음을 기울여야 한다는 것이다. 따라서 이때 공자가 열거하는 나쁜 옷이나 나쁜 음식이란 단순히 경제적으로 어려운 상황만을 가리키지 않는다. 그것은 도의 뜻에 대한 성실한 마음가짐 외의 모든 것, 예컨대 허명이나 사회적인 평판에 대한 지나친 열망 등도 포함한다.

그리고 공자에 의하면 결국 선비가 지향해야 하는 뜻은 사람의 사람다움인 어짊, 즉 인(仁)이다. 이렇게 보면 선비가 뜻을 세워 추구하려는 궁극적 가치이자 목적은 다름 아닌 인의 실현이다. 공자의 인은 다양한 의미를 지니고 있는 것이어서 쉽게 한 마디로 정리할 수 없지만, 뭇 생명에 대한 보살핌, 즉 생명을 아끼고 사랑하는 마음이라고 할 수 있을 것이다. 달리 말하자면 인은 사람은 물론이고 뭇 생명에게 해를 가하지 않으려는 마음이자 고통 받고 해를 당하는 생명의 아픔을 자신의 아픔으로 공감하면서 이를 제거하려고 애쓰는 마음일 것이다. 공자가 어진 마음을 '사람을 사랑하는 것'(愛人)으로 정의한다든지 맹자가 공자의 어진 마음의 실마리를 '측은지심'으로 바라본 것도 우연한 일은 아닐 것이다.[284] 맹자가 인(어진

---

283 "士志於道, 而恥惡衣惡食者, 未足與議也." 주희, 『논어집주』, 「이인」 9, 성백효 옮김, 전통문화연구회, 1990, 75쪽.

284 『논어집주』(論語集註), 「안연」 22, 같은 책, 248쪽. 주희, 『맹자집주』(孟子集註), 「공손추상」 6, 성백효 옮김, 전통문화연구회, 1991, 103쪽.

마음)의 단초로 이해한 '측은지심'의 '측'(惻)은 불쌍히 여기는 것이며 '은'(隱)은 아픔을 뜻한다.[285]

그리고 인의 실현을 위해서 궁극적으로 올곧은 선비는 죽음도 불사한다는 것이 공자의 주장이었다. 이는 자신의 생명을 가벼이 여기라는 말이 아니다. 인간의 인간다움의 길은 단순한 생물학적 생명의 존속에 국한된 것이 아니라, 그것을 초월한 가치와 목표를 추구하는 데에 있기에 단순한 생명의 존속보다는 자신이 이루려는 뜻을 위해 기꺼이 목숨도 초개처럼 여기라는 말이다. "지사(志士)와 인인(仁人)은 삶을 구하여 인(仁)을 해침이 없고, 몸을 죽여 인(仁)을 이루는 경우는 있다."[286]

만약에 동물적 생존 유지만을 삶의 궁극적 목적으로 삼는다면 노예 및 노비의 존재는 아주 자연스러운 것으로 받아들여져야 할 것이다. 헤겔의 주인과 노예의 변증법을 언급할 필요도 없이 주인에게 복종하여 인신의 구속을 받지만, 노예도 생명은 보존할 수 있을 것이기 때문이다. 고대 그리스에서도 자유로운 시민은 죽음보다도 노예의 신세를 더 두려워했다. 고대 그리스의 자유 시민의 정신에 의하면 생명에 대한 과도한 애착은 비겁함의 표현으로 노예의 전형적인 모습이었다. 즉, "생명에 대한 지나친 사랑은 자유에는 방해가 되며 이것은 동시에 노예성의 확실한 표시"로 간주되었다.[287] 그러므로 공자가 인을 설명하면서 부득이한 경우에 군자의 도를 지키기 위해 생명을 내걸 수 있다고 주장한 것은 사람은 결코 노예적 삶 혹은 단순한 생물학적 생명의 보존에 머물러서는 안 된다는 가르침인 셈이다. 인간의 자율적 인격성에 대한 유교적인 선언으로 이해되어야 한다

• • •

285 주희 · 여조겸 편저, 『근사록집해 1』, 이광호 역주, 아카넷, 2009, 127쪽.

286 "志士仁人, 無求生以害仁, 有殺身以成仁." 주희, 『논어집주』(論語集註), 「위령공」 10, 앞의 책, 310쪽.

287 한나 아렌트, 『인간의 조건』, 이진우 · 태정호 옮김, 한길사, 1996, 88쪽과 주석 30 참조

는 말이다.

어진 마음을 실현하는 것이 참다운 선비가 걸어가야 할 삶의 길, 즉 참다운 도(道)라는 것 그리고 그런 인간의 인간다움을 실현하는 과정에서 때로는 어진 마음을 온전하게 지키는 길을 죽음보다도 더 소중하게 생각해야 한다는 공자의 주장은 인간의 도덕적 자율성에 대한 철저한 자각이자 선언에 머무르지 않는다. 그것은 정치의 영역에 대한 높은 책임의식으로 이어진다. 정치는 어진 정치, 즉 인정(仁政)이어야 한다는 것이 공자의 생각인데, 모든 백성을 편안하게 하여 고통에 빠진 세상을 널리 구제하는 것은 요순과 같은 성인도 이루지 못할 경지라고 그는 강조했다. 그의 제자 자공과의 대화를 보자. '자공이 말하였다. 만일 백성에게 은혜를 널리 베풀어(博施) 많은 사람을 구제한다면(濟衆) 어떻겠습니까? 인(仁)하다고 할 만합니까' 공자(孔子)께서 말씀하셨다. 어찌 인(仁)을 일삼는 데 그치겠는가. 반드시 성인(聖人)일 것이다. 요순(堯舜)도 이에 있어서는 오히려 부족하게 여기셨을 것이다."[288]

공자가 주장하듯이 어진 마음을 이루는 일은 정치 세계를 우회할 수 없다. 특권계층이나 권력자에 의해 백성들이 당하는 고통을 헤아리고 그들의 고통을 제거하는 행위는 정치에서 인을 실현하는 방법으로, 뜻이 있는 선비가 반드시 관심을 지녀야 하는 과제이다. 앞에서 강조했듯이 공적인 대의, 즉 하늘이 인간에게 부여한 도리를 실현하는 주체인 군자 혹은 선비는 때로는 죽음 앞에서도 물러서지 않아야 하는 강직함과 용기를 지녀야만 한다는 것이 공자의 기본적 가르침이었다. 군자의 이상은 모든 인간이 인간다움의 실현을 위한 가능성을 지니는 존엄한 존재라는 인식을 보여주고 있는데, 이런 군자의 사상은 정치세계에서 비로소 제대로 실현될 수

• • •

288 "子貢曰, 如有博施於民而能濟衆, 何如, 可謂仁乎, 子曰, 何事於仁, 必也聖乎, 堯舜其猶病諸."
주희, 『논어집주』(論語集註), 「옹야」 28, 같은 책, 123-124쪽.

있다고 공자는 생각한다. 뒤에서 살펴보듯이 공자가 내세운 군자의 길은 평천하 사상과 대동세계를 구현하려는 열망과 결합되어 있다. 대동유학의 창시자가 바로 공자인 셈이다. 따라서 공자의 정치세계에 대한 참여의식은 남달랐고, 선진시대의 여러 학파들, 예컨대 묵가나 법가류는 물론이고 노자나 장자 등의 은둔적 사유 방식과도 대조적이었다.

『논어』「헌문」41에는 세계에 대한 공자의 접근 방식이 어떤 것인지를 보여주는 이야기가 실려 있다. 그 부분을 인용해보자. "자로(子路)가 석문(石門)에서 유숙하였었는데, 신문(晨門)이 묻기를 '어디에서 왔는가?' 하자, 자로(子路)가 '공씨(孔氏)에게서 왔소.'라고 대답하니, 그는 '바로 불가능(不可能)한 줄을 알면서도 하는 자 말인가.' 하였다."[289] 이 이야기가 보여주듯이 공자는 이 세상에서 도가 상실되었음을 알고 있었고, 세상을 구제하려는 그의 노력이 당대에서는 헛된 것으로 귀결될 수도 있음을 모르진 않았다. 그러나 그는 이 세상과 등을 지고 고통 받는 백성들의 삶을 외면할 수 없었다. 공자가 꿈꾸는 세상은 실현될 가능성이 없을 정도로 극심하게 타락한 시절임에도 불구하고, 이 세상에 도를 실현하고자 하는 공자의 노력을 조롱하는 시선이 공자 당대에도 존재했음을 이 이야기는 보여준다.

그러나 불가능함에도 지칠 줄 모르고 이 세상에서 잔인한 폭정으로 인해 고통을 겪는 백성들의 삶을 편안하게 하려는 노력을 온 힘을 다해 기울였던 인물이 바로 공자였다. 세상을 비관하여 사회를 등지고 자연으로 은둔하는 삶을 선호하는 도가와 달리, 불가능한 줄 알면서도 현실에 개입하여 세계를 인간다운 세상으로 변혁하려는 비장한 참여 의식이 바로 공자로부터 유래되는 유학의 근본정신임은 분명하다. 그리고 천하를 고민하면서 백성들의 고통을 없애려는 공자의 어진 정치의 궁극적 이상은 바로 유교적

●●●

289 "子路宿於石門. 晨門曰, 奚自, 子路曰, 自孔氏, 曰, 是知其不可而爲之者與." 주희, 『논어집주』(論語集註), 「헌문」 41, 같은 책, 299쪽.

이상사회인 대동세계의 구현이었다.

　유교의 대동사회 이념은 『예기』(禮記) 「예운」(禮運) 편에 잘 나타나 있다. "공자가 말씀하셨다. 큰 도가 행하여진 세상에는 천하가 모두 만인의 것(天下爲公)으로 되어 있다. 사람들은 현자(賢者)와 능자(能者)를 선출하여 관직에 임하게 하고, 온갖 수단을 다하여 상호 간의 신뢰화목을 두텁게 하였다. 그러므로 사람들은 각자의 부모만을 부모로 여기지 않았고, 각자 자기 자식만을 자식으로 여기지 아니하여, 노인에게는 그의 생애를 편안히 마치게 하였으며 장정에게는 충분한 일을 시켰고, 어린이에게는 마음껏 성장할 수 있게 하였으며, 과부・고아・불구자 등에게는 고생 없는 생활을 시켰고, 성년 남자에게는 직분을 주었으며, 여자에게는 그에 합당한 남편을 갖게 하였다. 재화라는 것은 헛되이 낭비되는 것을 미워하였지만 반드시 자기에게만 사사로이 독점하지 않았으며, 힘이란 것은 사람의 몸에서 나오지 않으면 안 되는 것이지만 그 노력을 반드시 자기 자신의 사리(私利)를 위해서만 쓰지는 않았다. 모두가 이러한 마음가짐이었기 때문에 [사리사욕에 따르는] 모략이 있을 수 없었고, 절도나 폭력도 없었으며 아무도 문을 잠그는 일이 없었다. 이것을 대동(大同)의 세상이라고 말하는 것이다."[290]

　공자가 말하는 큰 도가 이루어지는 이상 세계, 대동세계는 천하위공의 세계인 것이다. 천하가 만인에게 속하는 것이라는 관념이 실현된 세계인 것이다. 정치적으로 볼 때 천하위공의 대동세계에서 천하는 어느 한 개인(설령 그가 황제라고 해도)에게 속하는 자의적인 소유물일 수 없다는 관념의 표출이다. 그리고 정치는 "사람들"이 "선출"한 현자(賢者)와 능자(能者)를 통해 이루어지는 것이라고 한다. 사람들 중에서 덕이 있고 능력 있는 자를 발탁한다는 것은 모든 인간이 기본적으로 정치세계에 관여할 수 있는 존재임을 긍정하는 것이다. 에도시대 일본에서처럼 세습되는 직분으

• • •

290 『예기 중』, 「禮運」, 이상옥 옮김, 명문당, 2003, 617쪽 이하.

로 특정한 사무라이 계층에게만 정치를 담당하게 하는 세계는 유교적인 대동세계의 이상과 거리가 멀다. 이렇게 유학의 대동세계 이상은 기본적으로 전제적인 황제권력의 자의성을 견제하고 비판하여 이를 순치시켜 천하를 천하 만민의 것으로 보려는 천하주의적인 공화 이념을 포함하고 있다. 천하위공의 대동사상이 서구 근대의 입헌공화주의적 민주주의 이념과도 상통하는 부분이다. 서구 근대와의 조우 속에서 동아시아의 여러 유학자들이 서구의 입헌공화주의 혹은 민주주의 이념에 상응하는 것을 천하위공의 대동세계의 이상에서 발견할 수 있다고 생각한 것은 결코 터무니없는 것이 아니었다.

경제적으로 볼 때 공자가 꿈꾸었던 대동세계는 극단적인 사유재산의 허용으로 인해 초래되는 심각한 경제적 불평등 구조를 용인하는 사회와 거리가 멀다. 위 인용문에서 나오듯이 천하위공의 공공성은 경제적인 공공성을 포함하고 있다. 이를테면 경제적 부를 어느 한 사람이 "독점"하는 것을 사사로움, 즉 공공성에 대비되는 사적인 것으로 바라본다. 이곳에서 우리는 유교적 공사 구별이 서구 근대의 자유주의적 공사 구별과 다른 원칙에 의거하고 있음을 인식할 수 있다. 그러나 유교적 대동 이념은 부의 독점을 공공성에 위배되는 것으로 보면서도 사람 개개인의 능동성과 노력의 의미를 무시하지 않는다. 이 책 제5장에서 별도로 다루었던 것처럼 자체 내에 큰 한계를 지니고 있음에도 불구하고 능력주의(meritocracy)는 민주주의와 상통한다는 것은 널리 인정되고 있다. 유교적 능력주의 역시 기본적으로 모든 사람은 자신의 능력을 마음껏 발휘할 수 있는 것으로 간주한다. 다만 "그 노력을 반드시 자기 자신의 사리(私利)를 위해서만 쓰지는 않았다"는 주장에서 보듯이 자신이 스스로 노력해서 얻은 결과, 설령 그것이 사회적 명성이든 아니면 성적이든 경제적 부이든 자신의 이익을 위해서만 활용되어서는 안 된다고 제한을 하고 있을 뿐이다. 사람의 능력이나 노력조차도 천하의 공공성에 기여하는 관점에서 이해되어야 한다는 것이다. 따라서 유교적 대동세계에서 관철되는 능력주의는 극단적 불평등 구조를 허용하는 것과 무관함을 알 수 있다.

유교적 대동세계의 이상에서 주목해야 할 또 다른 지점은 천하의 공공성이 사회적 약자를 배제하지 않고 이들을 모두 포용하는 원리로 이해되고 있다는 점이다. 모든 사회 구성원들에게 몫을 나누어 아무런 몫을 갖고 있지 않는 사람들을 없애는 세상이 바로 대동세계이다. 그리하여 고아나 과부는 물론이고 노인들도 그 세계에서는 결코 소외되지 않는다.

공자가 이상사회로 보았던 천하위공의 대동세계는 유학하면 조건반사적으로 국가에 대한 충성이나 멸사봉공 혹은 가부장적 권위주의에 찌든 가족 이기주의를 떠올리는 것이 얼마나 일면적인가를 보여준다. 물론 혹자는 「예운」에 나타난 대동 이념이 공자의 사상과 무관하다고 반론할 수도 있을 것이다. 실제로 「예운」의 진위 여부를 둘러싸고 많은 논의가 있어왔다. 특히 송대 이후에 「예운」의 사상을 공자의 사상이라기보다는 묵자나 도가 사상의 영향에 의한 것으로 보는 입장이 강했다. 그러나 대동세상에 대한 「예운」의 설명이 설령 공자에게서 직접 유래한 것이 아니라고 해도 대동의 의미는 유학의 기본 이념과 배치되지 않는다.[291]

맹자도 공자의 대동세계의 이상을 이어 받고 있다. 맹자의 왕도 정치는 공자의 어진 정치의 이념을 이어받고 있다. 『맹자』「양혜왕」 5에서 제선왕(齊宣王)이 "왕정(王政)을 얻어 들을 수 있겠습니까"라고 왕도 정치에 대해 묻자 맹자는 다음과 같이 대답한다. "옛적에 문왕(文王)이 기주(岐周)를 다스릴 적에 경작하는 자들에게 9분의 1의 세금을 받았으며, 벼슬하는

• • •

291 이에 대해서는 소공권(蕭公權), 『중국정치사상사』, 최명 · 손문호 옮김, 서울대학교출판부, 2002, 126-127쪽 참조. 「예운」 편의 대동사상이 노자나 장자의 학설이 아니라 묵자의 학설에서 나온 것이라는 주장 그리고 묵가가 유가에서 나왔을 것이라는 주장에 대해서는 순사오(孫曉), 『한대 경학의 발전과 사회변화』, 김경호 옮김, 성균관대학교출판부, 2015, 227-234쪽 참조.

자들에게는 대대로 녹(祿)을 주었으며, 관문(關門)과 시장(市場)을 기찰(譏察)하기만 하고 세금을 징수하지 않았으며, 택량(澤梁)을 금하지 않았으며, 죄인을 처벌하되 처자(妻子)에게까지 미치지 않게 하였습니다. 늙어서 아내가 없는 것을 환(鰥, 홀아비)이라 하고, 늙어서 남편이 없는 것을 과(寡, 과부)라 하고, 늙어서 자식이 없는 것을 독(獨, 무의탁자)이라 하고, 어려서 부모(父母)가 없는 것을 고(孤, 고아)라 하니, 이 네 가지는 천하(天下)의 곤궁한 백성으로서 하소연할 곳이 없는 자들입니다. 문왕(文王)은 정사(政事)를 펴고 인(仁)을 베푸시되 반드시 이 네 사람들을 먼저 하셨습니다. 『시경』(詩經)에 이르기를 '부자(富者)들은 괜찮거니와 이 곤궁한 이가 가엾다.' 하였습니다."[292]

　공자와 맹자의 학설에서 보듯이 유가적 사상의 전통에서, 특히 조선과 중국의 유학사상의 역사에서 정치의 핵심은 자의적인 권력의 행사나 탐관오리 및 소수의 특권계층에 의한 부정부패 및 착취에 의해 고통 받는 모든 백성의 고충을 없애는 데 있는 것이다. 그런 점에서 일본 유학의 전통에서 보듯이 국가나 왕에 대한 무조건적 충성을 선비가 걸어가야 할 참다운 모습이라고 본 적은 없다.[293] 앞에서 본 것처럼 공자에게 어진 마음을 실현하는 길이란 '사람을 사랑하는 일'이고, '백성에게 은혜를 널리 베풀어(博施) 많은 사람을 구제'하는 일이기도 하고, 그런 상황에서 부득이 한 경우에는 '목숨을 바쳐서 인을 이루는 일'(殺身成仁)이기도 한 것이다. 그리하여 시라카와 시즈카(白川靜)가 주장하듯이 공자가 주장하는 인의 길, 즉 인도(仁道)란 인민대중 혹은 사람을 위해 "헌신하는 것이나 다름없다." 또 이런 고통 받는 모든 사람에 대한 "헌신'이라는 유가적 희생정산"을 오늘날의 말로 하면 고통 받고 소외된 사람들과의 연대로 이해할 수 있을

• • •
292　주희, 『맹자집주』(孟子集註), 앞의 책, 56-57쪽.
293　이 점에 대해서는 제8장 및 제13장 참조

것이다.[294]

또 레비나스의 용어를 활용한다면 군자는 어느 한 사람이라도 고통을 겪으면 그것을 자신의 탓이 아닌지 걱정하면서 어쩔 줄 몰라 전전긍긍하는 사람이라는 점에서 백성의 볼모(인질)에 다름 아니다. 그리고 타자, 즉 백성의 볼모인 유교적 성왕의 역할은 백성들 스스로 자신의 삶을 잘 영위할 수 있는 조건을 창출하는 데 있다. 그런 점에서 이상적인 군주를 백성의 볼모로 보는 사상은 백성들의 자율적인 삶과 배치되지 않는다. 따라서 국왕을 '백성의 부모'로 보는 유학의 시각도 백성을 오로지 통치의 대상이자 어린아이와 같은 미성숙한 존재로 보고 그들의 자율성을 억압하는 것으로만 보지 말아야 할 것이다. 부모와 자식 관계가 책임 원칙을 대변하는 모델인 것처럼 부모는 어린아이가 스스로 자신의 삶을 잘 영위할 수 있도록 도와주는 데 모든 힘을 다해야 하는 존재이기 때문이다. 국왕이 백성에게 늘 보여주어야 하는 어진 마음은 백성의 자율성을 박탈하는 단순한 온정적 태도로만 볼 일이 아니라는 말이다.[295] 이처럼 부당한 정치 현실에 의해 고통 받는 일반 대중과의 연대를 구축하여 모든 사람이 사회에서 제 몫을 찾는 정치 세계를 이룩하는 것이 바로 참다운 선비와 뜻 있는 군자가 걸어가야 할 정도라는 것이 조선 및 중국의 대동적 유학 전통의 기본적 경향이었다.

주지하는 바와 같이 조선은 주자학을 국가 이념으로 삼아 국가와 사회

...

294 시라카와 시즈카(白川靜), 『사람의 마음을 움직여 세상을 바꾸리라』, 장원철 옮김, 한길사, 2004, 168-169쪽. 물론 이 주장은 공자의 사상을 노예해방의 기수로 해석한 중국학자인 곽말약(郭沫若)에서 유래한 것이다. 『논어』에서 나타나는 인(人)과 민(民)의 용례 연구를 통해 전자가 노예주를 그리고 후자가 노예 계급을 지칭한다는 주장을 내세운 학자도 있다. 그가 바로 조기빈(趙紀彬)이다. 조기빈, 『反논어』, 조남호·신정근 옮김, 예문서원, 1996, 제1부 제장 참조.
295 유교적 성왕이론을 백성에게 무한한 책임을 다하는 백성의 볼모로 이해하는 관점은 이 책 제12장 제2절에서 더욱 상세하게 전개된다.

전반을 그 이념에 어울리게 전반적으로 전환시키고자 한 보기 드문 유교사회였다. 유교적인 국가·사회체제의 중요한 특징은 다음과 같다. 유교경전에 깊은 이해를 갖고 있는 사람을 과거를 통해 선발하고 그렇게 선발된관료가 국가의 통치를 담당했고, 국가의 통치에서 '예'(禮)에 결정적 지위를부여했던 것이 조선의 유교적 국가·사회질서의 핵심이었다.[296] 과거제와그에 바탕을 둔 관료제도는 조선사회가 개인의 능력에 따라 사회적 지위를획득할 수 있는 능력주의 사회의 면모를 지닌 사회였음을 보여준다. 물론조선사회를 능력주의 사회로 볼 때 여러 측면에 대한 심도 깊은 검토가필요하다. 특히 조선사회의 공식적 국가이념이었던 주자학이 능력주의원칙을 인정한 사상이라는 점은 분명하지만, 주자학이 이상으로 삼았던사회는 능력주의 사회가 초래할 불평등 구조도 조정하는 것이었다.

유교 경전에 대한 교양 능력을 갖춘 사람이면 누구나 과거제도를 통해관리로 나가 나라를 운영할 수 있다고 주장하는 철학적 근거가 무엇인가를놓치지 않아야 한다. 주자학에 의하면 사람의 본성은 하늘의 이치, 천리(天理)를 부여받았다는 점에서 차이가 없다. 그리고 주자학은 사대부(조선의경우 양반)에게 국가의 정치 업무를 담당할 주체라는 자각을 심어주었다.성리학의 대변자인 주희는 "마땅한 의리를 바로잡고 이익을 도모하지마라. 마땅한 도리를 밝히고 공적을 헤아리지 마라"[297]고 강조한 말을두고 한 나라 유학자 동중서(董仲舒)를 높이 평가한다. 동중서의 말을 통해그가 공리(功利)를 추구하는 세상에 일침을 가하고, 유학자가 좇아야 할진정한 도리가 공리나 공적을 쌓는 데 있지 않다는 점을 분명하게 인식하고있었던 사상가임을 알 수 있기 때문이다. 이런 인식을 분명하게 자각하고있다는 이유로 주희는 동중서가 "다른 사상가들보다 뛰어난 점"을 보여준

• • •

296 미야지마 히로시(宮嶋博史), 『일본의 역사관을 비판한다』, 창비, 2013, 208쪽 참조.
297 "正其義, 不謀其利. 明其道, 不計其功." 此董子所以度越諸子. [『程氏遺書』 25-77] 주희·여조
     겸 편저, 『근사록집해 2』, 이광호 역주, 아카넷, 2009, 923쪽.

다고 평가했던 것이다.[298] 그러므로 주자학이 지향하는 바는 단순히 유교적 능력주의라는 원리로 환원되지 않는다. 능력주의가 세속에서의 지위나 역할을 자신의 능력에 의해 달성할 수 있다는 의미에서 사용된다면 그렇다는 말이다.

앞에서 주장했듯이 주자학의 철학적 근본 원리는 천리(天理)의 보편성과 평등주의였다. 이런 천리적 평등주의는 누구나 다 배움을 통해 요·순 및 공자와 같은 성인(聖人)이 될 수 있다는 믿음으로 표현되었다. 주자학의 대 전제인 '성인가학론'(聖人可學論)에 의하면 사람이 추구해야 할 궁극적 가치는 바로 배움을 통해 성인이 되는 것인데, 가장 이상적인 인간상인 성인이 하는 일이 바로 세상을 평화롭게 하는 평천하이자 그 누구도 소외됨이 없는 대동세계의 구현이었던 것이다.[299] 그래서 천리(天理)의 공공성(天理之公)으로 표현되는 주자학의 기본 이념은 사람과 사람 사이의 관계를 경쟁 위주로 보는 것이 아니라 화합과 조화로운 사회, 더 나아가 자연과 인간의 조화를 지향하고 있다. "인은 천하의 공이며 선의 근본이다"(仁者天下之公, 善之本也)라는 『역전』(易傳)에 나오는 구절을 인용하면서 주희는 다음과 같이 설명한다. "어진 사람은 천지 만물을 하나의 몸으로 여기는 까닭에 '천하의 공'이라고 말한다. 사단(四端)과 온갖 선은 인에 포섭됨으로 '선의 근본'이라고 말한다."[300] 주자학의 이상은 공자 이래로 유학이 지향했던 천하태평의 대동세계의 이상과 다르지 않다.[301]

* * *

298 같은 책, 923-924쪽.

299 성리학(性理學)의 성격은 다음 네 가지로 요약될 수 있다. 1) 천즉리(天卽理)에 의한 보편주의적 인간관의 유교적 옹호. 2) 천하위공(天下爲公)에 의한 중앙 집중적 국가권력의 통제의 이론 정립을 통한 유교적 문명주의의 확립. 3) 성인가학론(聖人可學論)에 입각한 일반 백성의 자발성과 자율성(선비 자율주의)을 존중하는 이론. 4) 균분적인 공(公)관념에 의한 조화로운 사회의 지향. 나종석, 「헤겔과 아시아: 동아시아 근대와 서구 근대성에 대한 비판적 성찰」, 『헤겔연구』 제32호, 2012, 115-139쪽 참조.

300 주희·여조겸 편저, 『근사록집해 1』, 앞의 책, 244쪽, 101쪽.

301 이런 주자학의 성격에 대해서는 시마다 겐지(島田虔次), 『주자학과 양명학』, 김석근·이

Ⅲ. 천하위공과 조선 후기에서 동학 이전까지의 대동 이념 : 그 전개에 대한 간략한 사적 개요

1) 유교 국가 조선에서의 가족주의, 대동 이념 그리고 광장 민주주의

조선의 국가·사회체제의 성격을 해명할 경우 우리는 유교적인 조선사회에서 선비들은 단순히 과거를 통해 중앙관료로 진출하는 데에만 관심을 기울인 것이 아니라, 가족 및 국가 사이를 매개하는 지방·향촌사회를 형성하여 유교적 이념과 가치를 실현하고자 했다는 점에도 주목해야 한다. 달리 말하자면 '수신·제가·치국·평천하'로 알려진 주자학(성리학)의 이념을 국가이념으로 받아들인 조선에서 선비(그리고 중국의 송나라 이후 사대부)는 가족을 결코 혈연적인 좁은 의미의 가족으로만 생각하지 않았다. 그들은 충과 효를 분리하고 효에 더 우선적 가치를 부여했을 뿐만 아니라, 가족과 국가를 매개하는 향촌의 자율성을 확립하고자 했던 사람들이다.[302]

조선사회에서도 유교적 전통과 결부되어 있는 친족주의가 강한 영향력을 행사했음도 사실이다. 그러나 조선사회에서의 혈연과 지연에 기반을 둔 친족공동체주의는 기본적으로 유교적 가치가 궁극적 이상으로 삼는 대동적인 천하위공(天下爲公)과 결합되어 있었다. 현실에서 늘 그러했다는 것은 아니지만, 적어도 그 지향하는 바가 그러했다는 것이고, 그러는 한에서 가족 및 향리공간에 대한 강조가 국가의 통치와 연결되어 있었다. 친족주의는 결코 유교적 가치의 궁극적 이상이 아니었다. 이는 유교적 이상을 표현하는 '수신제가치국평천하'[303]에서도 분명하게 드러난다. 유교에서

• • •

근우 옮김, 까치, 2001, 제1장 '새로운 철학의 출발' 참조

302 주희를 비롯한 송나라의 사대부가 군주의 사적인 권력 남용을 제어하기 위해 노력했을 뿐만 아니라, 지방자치를 확립하기 위해 노력했다는 점에 대해서는 피터 볼, 『역사 속의 성리학』, 김영민 옮김, 예문서원, 2010, 참조. 조선에서 향촌의 자율성을 확보하여 유교적 이념을 확산시키고자 한 사림의 움직임에 대해서는 윤인숙, 『조선전기의 사림과 『소학』』, 역사비평사, 2016, 참조.

배움, 즉 학문은 결코 출세를 위한 수단으로 이해되지 않았다. 이 장 제2절에서 보았듯이 유학의 전통에서 군자가 가는 길은 인간의 인간다움의 길이었다. 그리고 배움은 인간의 윤리적 본성을 실현하기 위한 학문이라는 의미에서 늘 '위기지학(爲己之學)'이었다. 그리고 자신의 몸을 가꾸어 자신의 윤리적 이상을 실현시키고자 하는 궁극적 목적은 나라를 다스려 백성을 편안하게 하고 천하에 평화를 이루는 데에 있는 것이지, 자신의 안일이나 행복에 탐닉하거나 자신의 가족만을 배타적으로 사랑하고 배려하라는 것은 아니다.

마찬가지로 효제(孝悌)를 인간의 인간다움, 즉 인(仁)을 실현할 수 있는 출발점(근본)[304]으로 삼는 유교의 가르침이 이기적인 가족주의를 선창하는 것으로 보는 것은 단견이다. 게다가 군주에게 성왕(聖王)이 될 것을 요구함에 의해 왕권을 윤리적으로 견제하려는 유교적 전통은 공자 이래로 일관된 것이다. 이처럼 친친(親親)과 존존(尊尊)은 유교적인 민본주의와 대동적 천하위공에 이르는 길이자 방법으로서의 의미를 지니고 있었다. 친족 관계를 매개로 한 유교적 태평세계의 구상이라는 좀 더 심층적 차원을 보지 못하고, 그 표층적인 현상만을 보고 친족 관계에 기반을 둔 배타적 공동체주의가 유교적 전통의 핵심이라고 하거나 유교적 가치는 그런 배타적인 혈연 및 지연 등의 인간관계를 이상적인 것으로 간주하고 있다는 식으로 이해하는 것은 곤란하다.

특히 천하위공 및 대동세계에 대한 유교적 이상 국가를 실현하려는 노력이 오늘날 우리 사회의 민주주의와 연결되는 지점은 매우 중요하게

• • •

303 "자기 몸을 다스리고 집안을 가지런하게 하여 천하를 평안하게 하는 데 이르는 것은 다스림의 도(道)이다."(治身齊家, 以至平天下者, 治之道也.). 주희・여조겸 편저, 『근사록집해 2』, 앞의 책, 681쪽.

304 "효제가 인을 행하는 근본이다"는 주장의 출처는 다음과 같다. 『논어』 「학이」 2장. "君子務本, 本立而道生. 孝弟也者, 其爲仁之本與!" 주희, 『논어집주』(論語集註), 앞의 책, 19쪽.

간주되어야 한다. 인권과 민주주의라는 가치관을 서구가 독점하고 있다는 생각을 넘어서자. 그것은 서구 근대를 보편적 문명의 유일한 기준으로 설정하면서 사실상은 서구 예외주의, 그러니까 인간의 보편적 존엄성이나 인간의 평등함을 존중하는 세계를 향한 열정과 행위는 말할 것도 없거니와 그것의 제도적 구현이 오로지 서구사회에서만 가능했다는 서구 근대 문명의 특권의식과 우월주의를 승인하는 것에 지나지 않는다.

그런 태도야말로 극복되어야 할 '유럽적 보편주의'의 반복일 것이다. 유럽적 보편주의를 넘어서기 위해서는 인권이나 민주주의의 관념이 서구에 어울리는 가치라는 인식 자체를 극복해야 한다. 더 나아가 민주주의를 선거나 국민의 대표자인 의회에서의 다수결이라는 제도적 틀에 한정해서 이해하려는 견해도 넘어서야 한다. 이 책 제5장에서 강조했듯이 시민들의 직접적인 정치적 참여나 광장에서 자신의 목소리를 평화적으로 당당하게 내는 행위는 민주주의의 중요한 구성 요소로 간주되어야 한다. 민주주의의 궁극적 주체인 인민(국민) 혹은 시민은 주기적 선거를 통해서만 자신의 의지를 표현하는 유권자로 그치지 않기 때문이다. 그러므로 민주주의는 다수당의 경쟁을 통해서 정치지도자를 선출하는 경쟁 체제나 다수결에 의한 의회에서의 정치적 사안들의 결정이라는 제도화로 환원되지 않는다. 일반 시민들이 기존 질서를 변화시키려는 집단적인 행위를 누락한 채 민주주의를 특정한 방식의 제도적 틀에 한정해서 바라보면, 그런 민주주의는 곧바로 그 활력을 상실할 가능성이 존재한다.

지난해부터 올해 벽두에 이르기까지 지속되는 촛불시위가 보여주듯이 한국사회는 매우 역동적인 시민의 정치적 참여 의식과 참여 문화를 지니고 있다. 그런데 조선시대로부터 면면히 축적된 유교적 정치문화가 이런 시민의 민주적 참여 문화의 형성에 크게 기여했다는 데 대해서는 큰 관심이 없는 것 같다. 그러나 백성의 삶을 책임지지 못하는 정치지도자는 참다운 지도자일 수 없기에, 심각한 경우에는 그 자리에서 물러나도록 해야 한다는

유교적 민본주의 이념에 바탕을 둔 역성혁명의 전통 없이 우리 사회의
시민 참여형 광장민주주의 정치문화를 이해하기 힘들다.

2) 조선 후기에서의 대동 이념

주지하듯이 조선은 주자학을 통치이념으로 내세워 전체 사회를 그 이념
에 맞추어 변화시키려고 시도한 유교 국가였다. 그러나 조선의 유학자들이
유학의 이상사회가 서술되어 있는 『예기』 「예운」 편에 대한 상세한 언급을
한 적은 그리 많지가 않다고 한다. 조선 전기와 중기에 대동사상을 구체적으
로 다룬 유학자로는 양촌(陽村) 권근(權近)과 율곡(栗谷) 이이(李珥) 등이
언급될 수 있다.[305] 그런데 율곡의 대동 이념과 달리 유교적 대동세계에
대한 이상이 기존 질서를 거부하는 행위로 나아갈 수 있는 가능성도 존재했
다. 천하위공의 대동사상이 조선에서 조선 왕조 질서에 반하는 사상으로도
사용되는 사례는 이미 조선 중엽에 나타난다. 대표적인 사례 중 하나가
선조 시기 역모로 몰려 죽은 정여립(鄭汝立, 1546~1589)의 경우이다. 기록
에 의하면 그는 평소 천하위공 및 공천하 사상, 예를 들어 "천하는 공물(公物)
인데 어찌 정해진 임금이 있겠는가. 요(堯)임금, 순(舜)임금, 우(禹)임금은
서로 전수하였으니 성인이 아닌가."(天下, 公物, 豈有定主? 堯, 舜, 禹相傳, 非聖人
乎?)라는 생각을 지녔다고 한다.[306]

군주가 혈통에 의해 세습되는 정치체제가 운영되던 조선사회에서 정여
립은 공천하 사상, 달리 말하자면 요임금이 순임금에게 선양했듯이 능력이
있는 사람에게 천하를 다스리는 지위를 물려주었던 대동사상을 강조한
것이다. 또한 그는 임금에 대한 충성을 강조하는 불사이군, 즉 '두 임금을
섬기지 않는다'는 주장은 맹자와 같은 성현의 말씀과 다르다고 생각했다.

• • •

305 김성윤, 「조선시대 대동사회론의 수용과 전개」, 『조선시대사학보』(朝鮮時代史學報) 30,
2004, 13쪽, 20쪽 참조.
306 『선조수정실록』 23권, 선조 22년 10월 1일.

달리 말하자면 맹자의 왕도사상에 의한 역성혁명과 같은 학설이 보여주듯이 임금에 대한 충성을 맹목적으로 받아들이는 것 자체가 유학의 가르침에 어긋난다고 생각한 것으로 기록되어 있다.

정여립은 하층민과 무사들 그리고 노비들과 함께 대동계(大同契)를 조직하여 대동사회를 구현하려는 이상을 지니고 있었다.[307] 정여립의 경우를 제외해도 대동사상은 조선에서 지속적인 관심의 대상이었으며, 특히 17세기 대동법이 실시되면서 대동이라는 용어는 널리 사용되기에 이른다.[308] 17세기를 거치면서 대동사상이 중요한 사회 이념으로 인식되었고 그것은 18~19세기에 이르러 여러 실학자들에게뿐 아니라 일반 백성들에게도 광범위하게 수용된다는 것이다.[309] 실제로 율곡 이이의 대동사회론[310]을 이어받아 반계(磻溪) 유형원(1622~1673)은 유교적 이상사회론을 구상했으며, 담헌(湛軒) 홍대용[311](1731~1783)과 정약용은 대동사회론을 구상했다. 이들 실학자들에 중요한 이념 중의 하나는 사회적 평등이었다. 그래서 실학의 창시자로 평가받는 유형원은 유교적 이상사회의 실질적 내용을 균(均), 즉 평등으로 이해했다.[312]

• • •

307 이긍익, 『연려실기술』(燃藜室記述) 제14권 「기축년 정여립 (鄭汝立)의 옥사(獄事)」, 김규성 옮김, 한국고전번역원, 1967. 신병주, 「정여립: 반역자인가, 혁명아인가?」, 『선비문화』 6, 2005, 11쪽 참조. 신병주에 의하면 정여립이 지니고 있었던 사상은 예외적인 것이 아니라 남명학파 및 화담학파의 학자들에게서도 나타나는 경향이었다고 한다. 같은 글, 12쪽 참조.

308 안병욱, 「조선 후기 대동론의 수용과 형성」, 『역사와현실』 47, 2003, 188쪽 참조.

309 정연태, 『한국근대와 식민지근대화 논쟁: 장기근대사론을 제기하며』, 푸른역사, 2011, 397쪽.

310 율곡 이이의 대동 이념에 대해서는 강정인, 『넘나듦(通涉)의 정치사상』, 후마니타스, 2013, 제6장 '율곡 이이의 정치사상에 나타난 대동(大同), 소강(小康), 소강(少康)' 참조.

311 홍대용의 사회사상에 대해서는 박희병, 『범애와 평등: 홍대용의 사회사상』, 돌베개, 2013, 참조.

312 유형원과 홍대용의 대동사회 이론에 대해서는 김성윤, 「조선시대 대동사회론의 수용과 전개」, 앞의 글, 5-59쪽 참조.

유교적 대동이념에 뿌리를 둔 평등사상을 우리는 다산 정약용에게서도 찾아볼 수 있다. 그는 정치의 근본을 논하는 글 「원정」(原政)에서 "정치란 정이다"(政者正也)라고 주장한 공자의 사상을 균평의 이념으로 해석한다. "정(政)이란 바르게(正) 하는 것이다. 모두 같은 우리 백성인데 누구는 토지의 이익을 겸병하여 부유하게 할 것이며, 누구는 어찌하여 땅의 윤택을 막아서 빈박하게 할 것인가? 땅과 백성을 헤아려 고르게 나누어서 바르게 함을 정치라 이른다."[313] 일제시기 대표적인 민족주의 이론가이자 독립운동가였던 민세 안재홍은 1935년에 정약용의 사회 개혁론을 "일종의 국가적인 사회민주주의의 명백한 사상체계를 방불케 하는 것"으로 평가했다.[314]

그러나 다산은 대동세계의 이상을 경제적 평등의 관점에서만 추구했던 것은 아니다. 그는 정치권력, 특히 왕권의 발생에 대한 유교적인 대동이념을 이어받아 그것을 발전시킨다. 다산에 의하면 원래 천자, 즉 황제도 사람들의 추대에 의한 것이었다. 그래서 사람들에 의해 추대된 천자는 사람들에 의해 추대되지 않으면 물러나는 것이 상례라고 그는 생각했다. 더 나아가 다산은 군주를 춤추는 무리를 지휘하는 사람에 비유하면서 춤을 잘 지휘하면 춤추는 사람들의 지휘자가 되지만 그렇지 못한 경우 그는 춤추는 사람들에 의해 다른 사람으로 교체되는 것이 마땅하다고 주장한다. "대저 천자(天子)의 지위는 어떻게 해서 소유한 것인가. 하늘에서 떨어져 천자가 된 것인가, 아니면 땅에서 솟아나 천자가 된 것인가. 생겨진 근원을 더듬어보면 이러하다. 5가(家)가 1린(隣)이고 5가에서 장(長)으로 추대한 사람이 인장(隣長)이 된다. 5린(隣)이 1리(里)이고 5린에서 장으로 추대된 사람이 이장(里長)이 된다. 5비(鄙)가 1현(縣)이고 5비에서 장으로

• • •
313 정약용, 「원정」(原政), 『정다산 시문선: 경세제민의 작품을 중심으로』, 김지용 역주, 교문사, 1991, 565쪽.
314 안재홍, 「현대사상의 선구자로서의 다산선생 지위」, 안재홍 선집 간행위원회 편, 『민세 안재홍 선집 4』, 지식산업사, 1992, 150쪽.

추대된 사람이 현장(縣長)이 된다. 또 여러 현장들이 다 같이 추대한 사람이 제후(諸侯)가 되는 것이요, 제후들이 다 같이 추대한 사람이 천자가 되는 것이고 보면 천자는 여러 사람이 추대해서 만들어진 것이다. 대저 여러 사람이 추대해서 만들어진 것은 또한 여러 사람이 추대하지 않으면 물러나야 하는 것이다. [……] 뜰에서 춤추는 사람이 64인인데, 이 가운데서 1인을 선발하여 우보(羽葆)를 잡고 맨 앞에 서서 춤추는 사람들을 지휘하게 한다. 우보를 잡고 지휘하는 자의 지휘가 절주(節奏)에 잘 맞으면 모두들 존대하여 '우리 무사(舞師)님' 하지만, 지휘가 절주에 잘 맞지 않으면 모두들 그를 끌어내려 다시 전의 반열(班列)로 복귀시키고 유능한 지휘자를 재선(再選)하여 올려놓고 '우리 무사님' 하고 존대한다. 끌어내린 것도 대중(大衆)이고 올려놓고 존대한 것도 대중이다. 대저 올려놓고 존대하다가 다른 사람을 올려 교체시켰다고 교체시킨 사람을 탓한다면, 이것이 어찌 도리에 맞는 일이겠는가."[315]

천자의 지위는 하늘에서 떨어진 것도 땅에서 갑자기 솟아난 것도 아니라 일반 사람들이 '하이상'(下而上), 즉 '아래에서 위로'의 방법으로 추대한 데 따른 것이라는 정약용의 생각은 권력이 사사로운 것이 아니라 공공의 것이라는 천하위공의 사상과 맞닿아 있다.[316] 성리학의 이념을 국가 이념으로 삼아 이상적인 유교 국가를 지향했던 조선시대가 결코 봉건적인 사회가 아니었던 것과 마찬가지로, 조선 후기 사회의 여러 문제점을 비판하면서 그에 대한 대안을 새로운 유학사상의 구성 속에서 제안했던 정약용은

• • •

315 정약용, 「탕론」(湯論), 『다산시문집』 11권, 한국고전번역원, 임정기 옮김, 1983.
316 정약용의 '하이상' 사상과 전제군주론에 가까운 강력한 군주의 역할을 강조하는 그의 왕권강화론 사이에는 논리적 긴장이 있다. 이 문제에 대해서는 박현모, 『정조 사후 63년: 세도정치기(1800~1863) 국내외 정치 연구』, 창비, 2011, 203-219쪽 참조. 다산의 정치이론에 대한 우리 학계의 연구 현황에 대해서는 다음 글이 상세하고 정치하다. 이봉규, 「경학적 맥락에서 본 다산의 정치론」, 송재소 외 지음, 『다산 정약용 연구』, 사람의무늬, 2012, 65-129쪽 참조.

결코 봉건적 사상가가 아니었다.[317] 아직도 실학사상, 특히 정약용의 실학 사상 연구에 고전적 연구자로 평가받는 최익한은 다산의 사상에서 "인권평 등과 재산평등을 인간의 천부의 권리"로 옹호하는 진취적 이상을 읽어낸 다.[318] 그리고 최익한은 다산의 개혁사상이 갑오농민전쟁의 지도자인 전봉 준과 김개남에게 이어졌다고 본다.[319]

조선 후기에 유학의 가치관이 백성들에게 확산되는 유학의 대중화 혹은 일반화 현상은 여성들에게서도 확인된다. 이런 현상 자체는 대동세계 이념 의 확산과 상관이 없을지도 모른다. 그러나 유학이 지니고 있었던 평등주의 가 관철되는 현상으로 본다면, 이를 유교적 대동 정신의 관철로 보지 않을 이유도 없을 것이다. 하여간 임진왜란과 병자호란을 거치면서 조선사회가 극심한 변동을 겪었는데, 이 과정에서 남성 중심의 유교사회가 매우 보수적 으로 흐르는 경향도 발견된다. 그 과정에서 여성의 정조와 절개를 강조하는 가치관이 강화되었던 것도 사실이지만, 조선 후기에 문화가 융성하면서 여성 성리학자, 즉 여성선비가 등장하여 여성이 선비이자 군자로 높이

• • •
317 한국 및 동아시아의 유학사상사에서 다산이 차지하는 위치는 다산연구에서 중요한 과제 중의 하나이다. 그리고 이 문제에 대한 연구에서 조선 성리학과 다산학의 관계는 매우 중요한 주제로 다루어지고 있다. 예를 들어 이승종은 주희보다 다산이 공자의 사상을 더 잘 이어받고 있다고 평가한다. 이승종, 「다산의 사유에 대한 현대적 접근: 분석적 해석학, 사유의 위상학, 역사현상학」, 『다산과현대』 3, 2010, 317쪽 참조.
318 최익한·송찬섭 엮음, 『실학파와 정다산』, 서해문집, 2011, 463쪽.
319 같은 책, 391쪽. 임형택에 의하면 최익한의 주장과 유사한 입장을 북한의 대표적 역사학 자인 김석형도 옹호한다. 그러나 실질적으로 갑오농민전쟁을 지도한 전봉준이나 김개 남에게 다산의 『경세유표』 별본이 비밀리에 전해졌다는 학설에 대해서 임형택은 그 구체적 실증을 입증할 수 없다고 본다. 임형택, 『실사구시의 한국학』, 창비, 2009, 400-401쪽, 432쪽 참조. 그러나 민중적 민족주의 사학을 대표하는 학자인 정창렬은 최익한의 해석에 동의한다. 정창렬, 정창렬저작집 간행위원회 편, 『정창렬 저작집 1: 갑오농민전쟁』, 선인, 2014, 374쪽 이하 참조. 동학이 조선 주자학에 대해 비판적이었 지만 그 사상의 중심은 유학이라는 점 그리고 동학의 창시자인 최제우가 공자의 계승자 라는 의식을 강하게 갖고 있었다는 점에 대해서는 조경달, 『이단의 민중반란』, 백맹수 옮김, 역사비평사, 2008, 48-50쪽 참조.

인정받는 경우도 있었다.

예를 들어 임윤지당(任允摯堂, 1721~1793)이나 이사주당(李師朱堂, 1739
~1821)은 여성 성리학자로 이름이 매우 높았다고 한다.[320] 임윤지당을
깊이 흠모했던 또 다른 조선 후기의 여성 성리학자인 강정일당(姜靜一堂,
1772~1832)은 남편에게 임윤지당이 배움을 통해 성인의 경지에 이를
수 있다고 보았다고 적었다. "윤지당께서 말하기를, '나는 비록 부인이지만
하늘에서 받은 성품은 애당초 남녀의 차이가 없다고 하였고, 또 부인으로
태어나서 태임과 태사와 같은 성녀가 되기를 스스로 기약하지 않는 사람들
은 모두 자포자기한 사람들이다'라고 하였습니다. 그렇다면 비록 부인들이
라도 큰 실천과 업적이 있으면 가히 성인의 경지에 이를 수 있습니다."[321]

3) 18세기 탕평군주와 대동 이념의 보편화

조선의 유교적 정치문화 중에서 우리 사회의 민주주의와 연결되는 지점
중의 하나는 왕의 자의적 권력의 행사를 최소화하려고 노력한 역사이다.
조선사회는 기본적으로 가족, 향촌 그리고 국가로 이어지는 유교적 사회의
구성 원리에 의해 형성된 것이어서 그 자체로 나름의 정합성을 지니고
있었다. 그러므로 조선사회에서는 늘 성공적인 것은 아니었으나 자율적
지방사회를 바탕으로 하는 선비들의 활동공간이 존재했고 중앙집권적인
국가권력(특히 왕권)의 자의적 폭력을 견제하고자 하는 대간(臺諫)이나
사관(史官)과 같은 유교적 공론정치의 제도는 물론이고 경연(經筵), 및 서연
(書筵)제도 등 다양한 정치 제도적·사회문화적 장치가 존재했다.[322]

• • •

320 이에 대해서는 이남희, 「여성선비(女士)와 여중군자(女中君子): 조선 후기 지식인 여성의
     자의식」, 김석근 엮음, 『선비정신과 한국사회』, 아산서원, 2016, 112-142쪽 참조.

321 같은 글, 120-121쪽에서 재인용함.

322 유학에서의 공론의 이념에 대해서는 이상익, 『유교전통과 자유민주주의』, 심산, 2004,
     제8장 '유교의 공론론(公論論)과 정치적 정당성(政治的 正當性)의 문제' 참조.

대간 제도나 경연 제도를 비롯하여 언로의 개방과 언관의 역할을 강화하여 언론제도를 활성화하려는 것은 정도전을 비롯한 신진 사대부들이 주축이 되어 건립된 조선 왕조에서 비롯된 것이었다.

대간 제도는 간관(諫官)과 어사(御使)=사헌(司憲)이라는 두 제도를 합해서 일컫는 말이다. 간관은 군주의 좌우에 기하면서 수시로 시시비비를 논의하는 역할을 담당하는 기관이었고, 사헌은 군주의 눈과 귀가 되어 군주와 재상은 물론이고 백관(百官)의 비행과 위법행위를 규찰하고 탄핵하는 역할을 수행하는 기관이었다. 이런 대간 제도가 갖고 있는 장점에도 혹시나 그런 제도가 악용되어 역으로 밑으로부터 올라오는 언로가 차단되어 간관에 의해 언로가 독점되는 폐단을 우려하여 대간을 택할 때 불편부당하며 강직한 인물로 구성하여 그 기관의 독립성을 유지할 수 있도록 하려는 노력도 병행되었다. 사관 제도도 대간 제도와 아울러 조선의 유교적 정치이념을 잘 반영하고 있는 제도라고 평가된다. 사관 제도는 시종일관 왕의 좌우에 입시하여 왕과 주변의 사항을 꼼꼼하게 기록하는 역할을 담당하였다. 사관이 올바르게 기록할 수 있도록 보장하기 위해 사관이 기록한 내용은 국왕도 볼 수 없었고, 사관 제도는 왕의 언행을 일일이 기록하여 왕으로 하여금 역사의 심판을 두려워하도록 하려는 취지에서 운영된 제도였다. 경연(經筵) 및 서연(書筵)은 조선에서 세종대에 이르러 정착된 것인데, 경연이라 함은 왕에 대한 유교 경전의 교육이었고 서연은 왕세자를 대상으로 한 교육제도였다.[323]

숙종(재위 1674~1720), 영조(재위 1724~1776) 그리고 정조(재위 1777~1800) 등이 통치한 17세기 말 및 18세기는 그 이전 시기의 붕당정치의 폐단을 시정하고자 탕평정치가 실시된 시대로 이해된다. 이들 탕평군주는

• • •

323 강상규, 『조선정치사의 발견: 조선의 정치지형과 문명전환의 위기』, 창비, 2013, 100쪽 각주 70 및 102-115쪽 참조.

유교의 이상적인 국가를 구현하기 위해 주자학의 성인군주(聖人君主)론을 받아들여 스스로 학문 수양을 통해 군주이자 스승(君師)의 역할을 내세워 국왕 중심의 국가체제를 정비하고 사회 전반의 개혁을 주도하고자 했다.[324] 영조대의 탕평정치와 정조대의 탕평정치의 지속성 속에서도 그 차이가 존재한다. 영조의 탕평은 여러 당파의 온건한 인물중심의 완론(緩論) 탕평으로 규정되는 데 반해, 정조의 탕평은 당파의 옳고 그름을 가리는 의리, 청론 중심의 준론(峻論) 탕평으로 간주된다. 그리고 한국사 연구자들에 의해 대체적으로 영조의 탕평정치보다 정조의 탕평정치가 한 단계 더 진전된 것으로 평가된다.[325]

유교 국가인 조선에서 요순성왕이 다스리던 세계는 늘 이상적인 사회로 간주되었다. 15세기 성종대와 16세기 중종대의 실록에 등장하는 '요순지치', 즉 유교가 가장 이상적인 사회로 보는 요순시대의 정치에 대한 강조는 사림(士林)이 새로이 정치의 주도 세력으로 등장하는 것과 맞물려 군주를 계도하기 위한 수단으로 활용되었다.[326] 그러나 영조대에 이르러 요순에 대한 표방은 국왕 중심의 정치를 정당화하는 방식으로 변형되었다. 이처럼 영조와 정조는 탕평정치를 요순의 정치이상을 실현시키려는 방안으로 정당화하고자 했다. 예를 들어 영조는 요순의 정치를 탕평정치의 구체적 실천 모델로 이해했다. 그래서 영조시기에 요순이 실제로 행한 유교적인 이상 정치가 바로 탕평정치라고 이해되었다. '탕평'(蕩平)이란 개념 자체가 원래 군주 주도하에 이룩된 삼대 이상사회의 화평한 상태를 가리키는 말이었다.[327] 정조도 요순 및 삼대의 정치를 회복하는 것이 자신의 목적임

• • •
324 김백철, 『두 얼굴의 영조: 18세기 탕평군주상의 재검토』, 태학사, 2014, 40쪽.
325 김인걸, 「총론: 정조와 그의 시대」, 김인걸 외 지음, 『정조와 정조시대』, 서울대학교출판문화원, 2011, 2쪽 참조. 한영우, 『다시 찾는 우리역사』, 경세원, 2014, 362쪽 참조.
326 김백철, 『조선 후기 영조의 탕평정치』, 태학사, 2010, 32쪽 참조.
327 같은 책, 17-18쪽, 29-30쪽 참조.

을 분명히 했다. "돌아보건대, 내[정조: 필자]의 정치는 뜻대로 되지 않아 비록 삼대(三代)를 만회할 수는 없지만 곧 원하는 바로는 삼대가 아니면 달갑지 않다."[328] 영조와 마찬가지로 정조도 왕 스스로 학문에 정진하여 만백성들을 가르치는 스승의 역할과 더불어 백성들이 왕과 한 마음이 되도록 교화하여 대동사회를 구현하려는 정치의 궁극적 추동자이고자 했다.[329]

대동을 표방한 탕평 정국을 이끌던 영조는 사대부 혹은 사족(士族)보다도 일반 백성, 즉 소민(小民)을 더 중요하게 생각하는 모습을 보여준다. 백성은 나라의 근본이라는 인식, 즉 '민유방본'이라는 이념은 조선왕조의 유교적 민본정치의 기본적 이념이었지만, 18세기에 이르러 나라의 주인을 국왕과 양반 관료로 보면서 소민을 단순히 통치의 대상으로 바라보는 기존의 관점에서 주목할 만한 변화가 일어난다. 백성과 국가의 관계에서 소민을 보호해야 한다는 관점은 18세기에서도 변함이 없으나 18세기에 이르러 소민보호론의 성격이 바뀌어 새로운 소민보호론이 등장한다. 18세기에 이르러 양반 관료보다도 소민의 중요성이 더 강조되고 소민보호의 수단이 더 구체화된다고 이태진은 강조한다.[330] 18세기에 등장한 새로운 형태의 소민보호론의 성격은 영조가 백성을 자신과 같은 피를 나눈 '동포'임을 강조하는 데에서도 잘 드러난다.[331]

탕평군주인 영조와 정조는 백성을 위한 유교적 민본 정치가 더욱더 효과적으로 되려면 백성들이 겪는 고통을 직접 들어야 한다고 보고 다양한 방법을 통해 백성의 여론을 정치에 반영하고자 했다. 특히 이들은 직소

• • •

328 『홍제전서』 166권, 일득록(日得錄) 6, 정사(政事) 1, 한국고전번역원.

329 김기봉, 「태양왕과 만천명월주인옹: 루이 14세와 정조」, 역사학회 편, 『정조와 18세기: 역사로서 18세기, 서구와 동아시아의 비교사적 성찰』, 앞의 책, 292쪽.

330 이태진, 「조선시대 '민본' 의식의 변천과 18세기 '민국' 이념의 대두」, 이태진 · 김백철 엮음, 『조선 후기 탕평정치의 재조명 상』, 태학사, 2011, 32-33쪽.

331 『영조실록』 7년 1월 5일.

및 상언·격쟁과 같은 다양한 제도적 장치를 통해 일반 백성들의 뜻이 정치에 반영될 수 있도록 애썼다.[332] 그리고 1799년 정조 23년에 대사간(大司諫) 송전(宋銓)이 제기한 정조의 소민 위주의 정치가 지니는 폐단에 대한 다음과 같은 주장에서 정조의 탕평정치로 인해 양반 관료 및 지배층이 느끼는 불안한 감정을 알 수 있다. "전하께서는 매양 백성들을 보살피는 마음으로 이용후생하는 방책과 고통과 어려움의 실상을 낱낱이 통찰하고 훤히 알고자 하십니다. 그러나 사랑하고 덮어주는 일이 너무 과하여, 상하 존비의 차이가 없어져 우매한 무리들이 명분의 엄정함을 알지 못하고 질고를 알리고자 하는 일에만 몰두하고 있습니다."[333]

영조와 정조와 같은 탕평군주들이 소민보호에 적극적인 것도 단순하게 왕권을 강화하는 수단의 의미만을 지니고 있지는 않았다. 그들은 적어도 명시적으로는 왕권강화 시도를 정당화하는 명분을 대동의 안민(安民)·균평(均平)의 이념에서 구하고 있었다. 예를 들어 영조는 양역변통을 실시하려던 "당초의 뜻은 양민의 괴로움을 없애주고 싶어 대동(大同)의 정사를 행하려던 것"이었다고 강조한다.[334] 이를 통해 영조는 탕평정치가 대동정신에 입각한 민생경제의 안정과 사회적 통합의 확충을 중요하게 간주했었음을 보여준다.

정조 역시 소민(小民)을 나라의 근본으로 파악하였고, 백성들과의 소통을 위해 매우 애를 썼다. 특히 정조는 "규모를 세우는 데는 상하사방 균제방평"(上下四方 均齊方平)보다 더 중요한 원칙은 없다고 강조하면서 "위아래 그리고 사방을 고르고 가지런하게 한" 균평 사회를 가장 바람직한 사회상

---

332 이에 대해서는 한상권, 『조선후기 사회와 소원(訴冤)제도: 상언·격쟁 연구』, 일조각, 1996, 참조.

333 『승정원일기』 정조 23년 8월 25일. 이경구, 「총론: 새롭게 보는 정조와 19세기」, 『역사비평』 115, 2016, 115쪽에서 재인용함.

334 『영조실록』 26년 7월 3일.

으로 보았다.[335] 균평한 사회는 다름 아닌 유교적 이상사회인 대동사회였다. 이처럼 그는 대동사회를 당대에 실현하기 위해 '위를 덜어 아래를 이롭게 한다'라는 손상익하(損上益下) 및 '서울과 지방의 인재를 골고루 등용한다'는 일시경외(一視京外)라는 원칙을 내세워 계층 간, 지역 간 갈등 및 불균등 상황을 극복하여 사회가 통합된 균평 사회를 구현하고자 했다.[336]

그리고 탕평군주들이 강조했던 대동적 안민(安民)·균평(均平) 이념은 당대 유학자들에게서도 승인받고 있었다. 예를 들어 그런 이념은 조선실학의 총 집대성자로 평가받고 있는 다산(茶山) 정약용(丁若鏞, 1762~1836)에게서도 발견된다. 그도 자신이 살고 있었던 당대 조선의 병폐를 극복하기 위한 개혁 조치의 일환으로 사람들이 모두 다 골고루 잘 사는 균평의 이념을 실행에 옮길 것을 강력하게 추천한다. 그는 전론(田論)에서 다음과 같이 말한다. "어떤 사람이 있어 그의 전지(田地)는 10경(頃: 1백 이랑, 즉 백묘(百畝)의 지적(地積)을 말함)이었고, 그의 아들은 10인(人)이었다. 그의 아들 1인은 전지 3경을 얻고, 2인은 2경을 얻고, 3인은 1경을 얻고 나니 나머지 4인은 전지를 얻지 못하였다. 그래서 그들이 부르짖어 울고 이리저리 굴러다니다가 길바닥에서 굶어 죽는다면 그들의 부모 된 사람이 부모 노릇을 잘 한 것일까? 하늘이 이 백성을 내어 그들을 위해 먼저 전지(田地)를 두어서 그들로 하여금 먹고살게 하고, 또 그들을 위해 군주(君主)를 세우고 목민관(牧民官)을 세워서 군주와 목민관으로 하여금 백성의 부모가 되게 하여, 그 산업(産業)을 골고루 마련해서 다 함께 살도록 하였다. 그런데도 군주와 목민관이 된 사람은 그 여러 자식들이 서로 치고 빼앗아

• • •
335 『홍제전서』 175권, 일득록(日得錄) 15, 훈어(訓語) 2. 한국고전번역원.
336 한상권, 「정조의 군주론과 왕정」, 김인걸 외, 『정조와 정조시대』, 앞의 책, 158-159쪽 참조. 정조 시기 손상익하의 이념이 실현되는 구체적 모습과 그 의미에 대해서는 송양섭, 『18세기 조선의 공공성과 민본이념: 손상익하의 정치학, 그 이상과 현실』, 태학사, 2015, 참조.

남의 것을 강탈해서 제 것으로 만들곤 하는 것을, 팔짱을 낀 채 눈여겨보고
서도 이를 금지시키지 못하여 강한 자는 더 차지하고 약한 자는 떠밀려서
땅에 넘어져 죽도록 한다면, 그 군주와 목민관이 된 사람은 과연 군주와
목민관 노릇을 잘 한 것일까? 그러므로 그 산업(産業)을 골고루 마련하여
다 함께 잘 살도록 한 사람은 참다운 군주와 목민관이고, 그 산업을 골고루
마련하여 다 함께 잘 살도록 하지 못하는 사람은 군주와 목민관의 책임을
저버린 사람이다."337

　　대동의 안민(安民)·균평(均平)의 이념은 요순의 도(道)를 실현하는 것을
궁극적 목적으로 삼았는데, 다산과 같은 실학사상이 당대 현실에서 철저하
게 외면되고 실학자들의 목소리가 조선의 국정과 무관했던 것이 아닌가라
고 생각할 사람도 꽤 있을 것이다. 그러나 최근 연구에 의하면 실학자들의
학설은 영·정조와 같은 탕평군주들에 의해 광범위하게 활용되었다.338
앞에서도 언급했듯이 영조와 정조의 탕평 정책은 요순의 도, 즉 요순의
대동적 이상 세계를 당대에 구현하겠다는 것이었다. 예를 들어 영조는
"한 사람[一人: 군주]으로서 천하를 다스리는 것이지, 천하가 한 사람을
받드는 것은 아니다"(以一人治天下, 不以天下奉一人)라는 공천하 이념을 강조
했다.339 즉 천하와 나라가 한 개인의 사유물이 아니라 천하 만백성의
것으로 일개 국왕이 사사로이 국정을 농단해서는 안 된다는 것을 천명했다.
　　영조의 발언은 유가의 대동적 천하위공의 이념의 반복이다. 주지하듯이

• • •
337　정약용,「전론」1,『다산시문집』11권, 임정기 옮김, 한국고전번역원, 1983. 영조 21년
　　(1745)에 부교리(副校理) 홍익삼(洪益三)도 "천하국가는 한 사람이 사사로이 할 바가
　　아니라, 천하의 중지를 합하여 천하의 일을 함께 하는 것이 바로 왕(王者)의 공천하의
　　마음"(天下國家, 非一人之所自私, 則合天下之衆智, 以共天下之事者, 是王者公天下之心)이라고
　　말하였다.『승정원일기』54책(탈초본 988책) 영조 21년 7월 14일.
338　김백철,「'탕평'을 어떻게 볼 것인가」, 이태진·김백철 엮음,『조선 후기 탕평정치의
　　재조명 상』, 앞의 책, 44-76쪽 참조
339　『승정원일기』62책 (탈초본 1115책) 영조 31년 1월 6일.

맹자의 역성혁명론과 요순선양론도 천하위공의 사상과 긴밀하게 연결되어 있다. 그리고 천하위공의 사상은 『여씨춘추』 「귀공」(貴公) 편에 다음과 같이 잘 요약되어 있다. "옛날 선대의 성왕(聖王)들이 천하를 다스릴 때는 반드시 공(公)을 앞세웠으니 공을 실천하여 천하가 태평하였다. 태평은 공으로부터 얻을 수 있는 것이다. 한번 옛날 기록들을 시험 삼아 살펴보자. 천하를 얻은 자 많았거니와 그들이 천하를 얻을 수 있었던 것은 공을 실천하였기 때문이었다. [천하를 잃은 자도 많았는데] 그들이 천하를 잃었던 것은 꼭 [어딘가에] 치우치기 때문이었다. 그러므로 『서경』(書經) 「홍범」(洪範) 편에는 말하고 있다. '치우치지도 않고 패거리를 짓지도 않으니 왕도가 탕탕하도다. 기울지도 않고 쏠리지도 않으니 왕의 의로움을 따르는구나. 편애하지 않으니 왕의 도리를 밟는구나. 미워하지 않으니 왕의 길을 따르는구나.' 천하는 한 사람의 천하가 아니라 천하의[모든 이들의] 천하인 것이다. 음양이 조화를 이루는 것은 [어떤] 한 족속만을 기르려 해서가 아니고, 감로가 내리거나 때맞추어 비가 오는 것은 [어떤] 사물 하나만을 편애해서가 아니다. 만백성의 주인은 [어떤] 한 사람만을 위하지 않는다."[340]

그런데 조선 후기를 거치면서 이상적인 세계를 구현할 수 있는 담당자는 양반이나 참다운 선비들에 한정될 수 없으며, 유교적 이상사회 구현의 궁극적인 주체가 백성들 자신이라는 의식이 널리 확산되었다. 특히 영조와 정조의 탕평정치를 거치면서 조선사회의 일반 백성들에게 유교적 대동세계의 이념은 점차 일반화되었다. 17~18세기를 거치면서 양반의 생활습관이 일반 백성들에게까지 확산되어 '온 나라 사람들의 양반되기 현상'도 유교적 가치관의 대중화 및 통속화의 경향과 연결되어 있다. 그리고 이런 현상은 탕평군주 시절에 사족 중심의 정치가 후퇴하고 정조 사후에 소수

• • •
340 여불위(呂不韋), 『여씨춘추』, 정하현 옮김, 소명, 2011, 40쪽 이하.

문벌 가문의 권력 독점으로 이어져 사대부 중심의 정치가 약화되는 현상만을 주목하는 한[341] 제대로 인식되기 힘들다.

4) 대동 이념과 19세기 민의 정치의식의 출현

역사학자 오수창에 의하면 조선 후기 18세기 탕평정치와 19세기 세도정치 사이의 관계를 어떻게 볼지에 대한 학계의 동의가 존재하지 않는다.[342] 그런데 탕평정치와 세도정치 사이의 관계에 대한 박현모의 주장은 흥미롭다. 박현모는 영조와 정조가 정력적으로 추진한 탕평정치의 결과 유교사회 조선의 정치적 역동성 체제를 구성했던 '유교적 공론정치'(Confucian deliberative politics)의 변질 내지 약화가 초래되어 정조 사후 세도정치(勢道政治)의 등장을 촉진시켰다고 비판했다. 달리 말하자면 18세기 탕평군주들의 개혁이 커다란 한계를 지녔다는 것이다. 그래서 그것이 예기치 않게 소수 문벌에 의한 독재정치인 19세기 세도정치의 등장을 유리하게 하여 조선사회가 장기적으로 지속할 수 있도록 해준 공론정치 제도와 이에 기반하고 있었던 유교적 민본주의 정치문화의 틀을 파괴했다고 그는 지적한다.[343]

박현모의 지적은 18세기 개혁정치 대 19세기 민란의 시대 혹은 혼란과 쇠퇴의 시기라는 식으로 18세기와 19세기를 극적으로 대비시켜 보는 종래의 시각이 안고 있는 한계를 잘 보여준다. 그는 18세기와 19세기 사이에 존재하는 연속성을 매우 예리하게 드러낸다. 그러나 세도정치 하에서 사대부 정치문화가 크게 위축되는 19세기를 조선이 쇠퇴하는 시기로 보면서 19세기 정치의 핵심으로 이해되는 백성의 전면적 등장과 연동되어

• • •

341 박훈, 『메이지 유신은 어떻게 가능했는가』, 민음사, 2014, 168-169쪽 참조. 박현모, 『정조 사후 63년: 세도정치기(1800~1863) 국내외 정치 연구』, 앞의 책, 참조.

342 오수창, 「오늘날의 역사학, 정조 연간 탕평정치 및 19세기 세도정치의 삼각대화」, 『역사비평』 116, 2016, 205쪽.

343 박현모, 『정조 사후 63년: 세도정치기(1800-63)의 국내외 정치 연구』, 앞의 책, 50-54쪽 참조.

있는 유교적 정치문화의 확산이라는 계기를 소홀히 하는 것[344]도 문제다. 18세기 탕평정치와 19세기 백성이 정치 세계의 전면에 등장하는 사건 사이에도 일정한 지속성의 요소가 있다는 점을 간과하는 것은 사대부나 양반 중심으로 조선의 역사를 바라보는 데서 기인하는 것이라고 여겨진다.

비록 18세기 탕평군주의 개혁 정책으로 인해 사대부적 정치문화의 주도 세력이었던 사림(士林)의 영향력이 쇠퇴하였고, 양반 중심의 공론정치를 제도적으로 보장했던 삼사의 언관의 위상이 추락했으며, 붕당 정치의 역기능을 해체하는 수준을 넘어 붕당 정치의 토대 자체를 허물어뜨려 조선의 사림 혹은 양반 중심의 공론정치 및 유교적인 사대부 정치문화의 체제가 크게 흔들리게 되었음도 사실이다. 박광용에 의하면 탕평정치는 "붕당의 공론을 인정하지 않음으로써 붕당을 타파한다고 표방했는데, 이는 붕당이 군주 및 권력집단에 대한 견제 기능을 수행할 수 없도록 하는 선택이었다."[345]

그러나 탕평군주의 개혁 정치를 배경으로 해 새로이 성장하기 시작한 일반 민, 즉 백성들의 정치적 각성과 그에 따른 다양한 방식의 정치적 요구의 분출이라는 측면도 함께 고려해야 한다. 18세기 탕평군주들은 그 이전의 유교적 민본주의 이념에 비추어 볼 때 백성에 대한 인식에서 새로운 면모를 보여준다는 연구 성과도 주목할 필요가 있다. 이런 맥락에서 이태진

• • •

344 박훈, 『메이지 유신은 어떻게 가능했는가』, 앞의 책, 169-170쪽 참조

345 박광용, 「조선의 18세기, 국정 운영 틀의 혁신」, 역사학회 편, 『정조와 18세기: 역사로서 18세기, 서구와 동아시아의 비교사적 성찰』, 앞의 책, 62쪽. 그런데 최성환의 연구에 따르면 정조의 탕평정치는 조선 후기 특유의 붕당정치 질서를 존중하면서 여러 당파의 이해관계 및 상호 갈등을 조정하는 정치를 지향했다. 최성환, 「조선 후기 정치의 맥락에서 탕평군주 정조 읽기」, 『역사비평』 115, 2016, 137-139쪽 참조. 이 글에서 그는 '갈등의 조정'을 정치의 본질로 보고, 정치의 영역에서 '사회혁명과 같은 혁명의 경험'을 배제하는 시각을 전제하는데, 오수창은 이런 정치에 대한 이해가 지니는 문제점을 지적한다. 오수창, 「오늘날의 역사학, 정조 연간 탕평정치 및 19세기 세도정치의 삼각대화」, 앞의 글, 참조

은 탕평군주 시기에 등장하는 '민국'(民國)이라는 용어를 '민과 왕이 함께 나라의 주인' 혹은 '백성과 국왕이 함께 정치의 주체'라는 새로운 인식을 담고 있는 것으로 해석한다.[346]

앞에서 본 것처럼 영조와 정조가 군주 주도의 탕평책을 통해 추구하고자 한 것은 요순 삼대의 대동세계를 구현하는 것이었다.[347] 그리고 영조와 정조 시기 민본이념의 새로운 면모는 일반 서민에게만 부과된 양역의 폐단을 시정하기 위해 양역의 균등화를 모색하는 데서도 발견된다. 그뿐만 아니라 탕평군주들은 왕과 백성 사이의 소통의 통로를 확장하기 위해 다양한 방법을 활용했다. 달리 말하자면 탕평개혁을 계기로 사대부 중심의 공론정치에서 배제되었던 일반 백성들도 공론의 주체로 등장하게 된다. 그래서 18세기에 시작된 탕평정치로 인해 '공론'의 주체와 영역이 사족에서 일반 서민에 이르기까지 확산되었다고 평가된다.[348]

게다가 세도정치로 상징되듯이 19세기 조선의 정치가 소수 문벌에 의해 권력이 독점되지만, 그런 부패하고 특권적인 지위를 점하고 있는 지배계층에 대한 저항과 항거를 통해 백성들은 스스로 요순성왕의 유교적 태평세계를 열기 위한 새로운 정치적 주도 세력으로 등장하게 된다. 달리 말하자면 19세기는 흔히 민란의 시기라고 일컬어지듯이 백성들과 중앙 집권적인 권력이 대립하면서 그 권력에 대해서 정치적 책임을 묻게 되는 시기이기도 했다.[349] 비록 정치적 책임에 대한 문제 제기가 유교적 성왕론에 입각해

• • •

346 이태진, 「18세기 한국사에서의 민(民)의 사회적 · 정치적 위상」, 이태진 · 김백철 엮음, 『조선후기 탕평정치의 재조명 상』, 앞의 책, 참조. 그러나 이태진의 민국정치론에 대한 반론도 만만치 않다. 예를 들어 김인걸은 '민국'이란 용어가 기존 민본 이념의 틀을 넘어서 있지 않다고 주장한다. 김인걸, 「정조의 '국체' 인식」, 김인걸 외, 『정조와 정조시대』, 앞의 책, 133-135쪽 참조.

347 박광용, 「조선의 18세기, 국정 운영 틀의 혁신」, 역사학회 편, 『정조와 18세기: 역사로서 18세기, 서구와 동아시아의 비교사적 성찰』, 앞의 책, 56-58쪽 참조. 한상권, 「정조의 군주론과 왕정」, 김인걸 외, 『정조와 정조시대』, 같은 책, 158-166쪽 참조.

348 박광용, 같은 글, 74쪽 참조.

당대 군주에게 성왕이 될 것을 호소하는 형식으로 이루어졌다고 해도, 그 의미는 결코 상실되지 않는다. 백성이 조선의 유교적 민본주의를 내면화하여 지배층의 부패와 학정에 대해 이의 제기를 할 수 있었던 시기가 19세기 조선의 또 다른 모습이기도 하다는 것이다.

강조되어야 할 또 다른 지점은 사족들의 일부가 도탄에 빠진 백성들의 이의 제기에 적극적으로 참여하는 모습을 보여주는 현상도 19세기에 전면으로 등장한다는 점이다. 17세기에 절정에 달한 사림에 의한 공론정치가 18세기 탕평정치에 의해 일정하게 동요하게 되지만, 사족들이 이상적인 가치관으로 받아들였던 유가적 사상을 실현할 수 있는 새로운 길과 방법에 대한 모색이 등장하게 된다는 것이다. 따라서 공론정치를 유교적 정치문화의 한 양상이라고 보아야지, 유교적 정치문화나 유교적 인정의 정치이념을 실현시킬 수 있는 유일한 방법이라고 볼 이유는 없다.

그래서 조경달은 "사족이 그 덕망과 정의감으로 인해 민중과 함께 궐기하는 사태야말로 임술민란 이후 일어난 민란의 특징이며, 이것은 갑오농민전쟁에까지 계승된다."고 강조한다.[350] 이처럼 18세기의 탕평정치를 거치면서 일반 백성들에게 대중화되기 시작한 유교적 선비 의식과 대동세계관은 부패한 정치권력에 대해 저항하는 양상과 방법을 규정하는 정신사적 조건으로 작용하고 있다. 즉, 국가권력에 대한 민중의 저항방식이나 의식을 가능하게 한 것이 조선 후기 백성들의 일상생활로 광범위하게 파급된 유교적 정치문화라는 것이다. 그리고 백성들이 사림이나 사족과 별도로 스스로 유교적 선비 의식 및 정치적 책임의식을 지니고 있는 정치적 주체라는 자각은 갑오농민전쟁에서 가장 높은 수준으로 표출되었다.

• • •

349 오수창, 「18세기 조선 정치사상과 그 전후 맥락」, 역사학회 편, 『정조와 18세기: 역사로서 18세기, 서구와 동아시아의 비교사적 성찰』, 앞의 책, 53쪽 참조.

350 조경달, 『민중과 유토피아: 한국근대 민중운동사』, 허영란 옮김, 역사비평사, 2009, 66쪽.

앞에서 간략하게나마 살펴본 것처럼 유교적 이상사회 이론인 대동사회 이론은 조선 후기에 이르러 보편화되기에 이른다. 즉, 유교적 이념이 지배층에 국한되지 않고 일반 백성들에 의해 널리 수용되기에 이르렀다는 말이다. 그 결과 일반 백성들도 유교적 이상사회 이념을 통해 부당한 현실을 비판하고 양반사회의 폐쇄성에 저항하는 행동을 정당화할 수 있게 되었다. 기존 연구에 의하면 자치적으로 운영되었던 향회(鄕會)에서 계층 사이의 갈등과 이해 대립을 조정하고 합의를 이끌어내는 과정에서 대동사상은 중요한 정당화의 논리로 활용되었다. 유교적 대동의식을 논리적 정당화로 활용하여 일반 백성들은 양반 지배층의 완강한 저항에도 불구하고 세금을 부과할 때 토지로 일원화하는 획기적 변화를 이룩해냈다.[351]

향회는 물론 신구사족뿐만 아니라 요호·부민은 물론이고 소민이라 불리는 일반 백성들과 같은 다양한 계층으로 구성된 향촌사회의 합의 기구였다. 그리고 그런 향회가 늘 이해갈등을 조화롭게 해결할 수는 없는 노릇이었다. 그런 경우에 향회는 민란으로 변화되기도 했다. 향회가 민란의 조직 기반으로 전환되었던 현상에 대한 연구는 많이 축적되어 있다. 선행 연구에 의하면 18세기 후반을 거쳐 19세기에 이르러 향회·민회 등을 중심으로 이루어진 향촌사회에서의 공론, 즉 '향중공론'은 독자적인 영역을 확보해가기 시작했고, 그것의 정치사회적 영향력은 확대되어갔다. 그래서 일반 백성, 즉 소민들은 향중공론을 통해 사족 중심의 공론 영역을 무력화하고 그것과 독립적인 새로운 정치적 공론의 장을 통해 자신의 목소리를 형성해갔다. 그리고 향촌사회에서 독자적인 활동 조직이 활성화되어 감에 따라, 19세기에는 민이 향촌사회 내부의 여러 자발적인 조직을 바탕으로 하여 민란 및 농민전쟁과 같은 극단적인 형태의 정치적 저항조차도 수행할 수 있었다고 한다.

• • •
351 안병욱, 「조선 후기 대동론의 수용과 형성」, 앞의 글, 188쪽 참조

이처럼 18세기 후반 이후 본격적으로 대두된 향중공론을 바탕으로 19세기에 일반 백성은 자신의 고유한 목소리를 내면서 이를 정치에 반영하기 위해 노력했다. 양반 및 사족 중심의 전통적인 사대부 공론 정치가 붕당의 폐단 및 그로 인한 탕평정치의 등장으로 커다란 위기와 변화를 겪는 과정에서 공론이 분기되어 서민층 위주의 향중공론이 형성되는 과정은 공론을 통한 성리학적 이념의 정치적 구현이라는 조선 특유의 유교적 정치문화의 확대로 이해될 수 있다. 그래서 박광용은 18세기 이후 탕평정치에 의해 공론의 주체와 영역이 "사류뿐 아니라 중간계층 및 일반 서민에까지 확산"되기에 이르렀다고 말한다.[352] 이런 공론 정치의 확대는 성리학적 공론 정치의 서민화 내지 보편화로도 개념화할 수 있을 것이다.

이처럼 조선의 유교적 정치문화와 천하위공의 대동사상이 18세기를 거치면서 일반 백성들도 널리 공유하게 됨에 따라 유교적 대동 이념 및 민본주의는 정치에 대한 사회적 상상으로 습속화된다. 이런 상황에서 천리의 공 혹은 천하위공의 담지가가 오로지 왕이나 사대부에 의해서만 전유될 수 있다는 관념은 위기에 처하게 된다.[353] 천하위공의 이상을 구현할 정치 담당자가 국왕이나 양반 사족에 한정되는 것이 아니라, 이름 모를 평범한 백성도 유교적 천리의 공을 실현할 수 있는 당당한 주체라는 자각이 분출되

• • •

352 박광용, 「조선의 18세기, 국정 운영 틀의 혁신」, 역사학회 편, 『정조와 18세기: 역사로서 18세기, 서구와 동아시아의 비교사적 성찰』, 앞의 책, 74쪽.

353 송양섭, 「19세기 부세 운영과 '향중공론'의 대두」, 『역사비평』 116, 앞의 책, 148-167쪽 참조. 이미 김인걸은 1989년의 논문에서 안병욱의 선행 연구를 토대로 하여 향회의 역할이 변화되는 지점을 다음과 같이 요약했다. "이전 시기까지 재지 지배층이라 할 사족들의 지배기구였던 향회가 수령의 부세자문기구화가 되고 그 구성원에 있어서도 일정한 변동이 있게 되면서 단지 부세결정과정에 있어서 관권에 기생하는 차원을 넘어서서 민인의 이해를 대변할 수 있게까지 된 것은 이 시기 민인의 성장을 잘 보여주는 것이라 할 수 있다. 그러한 가운데 이제 향회는 농민항쟁의 조직 기반으로까지 전화하기도 하였던 것이다." 김인걸, 「조선후기 촌락조직의 변모와 1862년 농민항쟁의 조직기반」, 『진단학보』 67, 1989, 157쪽.

는 현상도 자연스럽다.

IV. 갑오농민전쟁과 천하위공의 유교적 민본주의

갑오농민전쟁의 정당성을 표현하는 구호가 대변해주듯이, 당시 조선의 백성들은 위기에 처한 나라를 구하고 백성을 편안하게 한다는 '보국안민' (輔國安民)의 유교적 가치를 구현할 수 있는 진정한 담당자가 일반 백성이라는 자각을 온몸으로 보여주었다. 이런 자각은 1894년 고부에서 백성들을 지도하여 봉기를 일으킨 전봉준 등이 "동학이 하늘을 대신하여 세상을 정리하고 나랏일을 도와 백성들을 편안하게 할 것"이라 주장했다고 기록한 매천 황현(1855~1910)의 글에도 오롯이 드러나 있다.[354]

한국사학계에 동학사상과 갑오농민전쟁 사이의 관계를 두고 여러 갈래의 해석이 존재한다.[355] 이 글에서 필자는 동학사상이 농민들의 저항적 정치의식 형성에 큰 도움을 주었다는 시각을 견지하고자 한다. 그리고 동학을 기본적으로 유학의 전통 속에서 등장한 종교로 이해한다.[356] 사실 동학의 창시자인 수운(水雲) 최제우(崔濟愚, 1824~1864) 역시 동학의 가르침이 공자의 학설과는 크게 보면 같고 약간 다를 뿐이라고 강조했다.[357]

• • •

354 황현, 『오동나무 아래에서 역사를 기록하다: 황현이 본 갑오농민전쟁』, 김종익 옮김, 역사비평사, 2016, 125쪽.

355 이 책 제5장 제3절 참조.

356 김상준, 『맹자의 땀 성왕의 피』, 아카넷, 2011, 제13장 '동학(東學): 대중유교와 인민주권' 참조. 조경달도 동학이 결코 유학에 반대하는 사상이 아니었음을 강조한다. 조경달, 『이단의 민중반란』, 박맹수 옮김, 역사비평사, 2008, 48-49쪽 참조.

357 그럼에도 조선 정부와 영남의 유학자들은 동학이 천주교를 따르고 있다고 오해했다. 이에 대해서는 김정인, 『민주주의를 향한 역사: 시대의 건널목, 19세기 한국사의 재발견』, 책과함께, 2015, 81쪽 및 표영삼, 『동학 1: 수운의 삶과 생각』, 통나무, 2004, 266-276쪽 참조.

그에 의하면 "공부자의 도를 깨달으면 한 이치로 된 것이요, 오직 우리 도로 말하면 대체는 같으나 약간 다른 것이니라."[358] 이 책 제14장 제5절 '민주화운동과 유교 전통의 변형'에서도 언급되는 바이지만, 동학은 만민 평등사상을 천명하고 있다. 모든 사람이 하늘처럼 존중받아야 마땅하기에, 사람들 사이의 차별은 정당하지 않다는 동학의 선언은 유학 전통 속에 내장되어 있는 만민 평등사상의 급진적 표현으로 보아야 한다. 성리학의 경천애인(敬天愛人) 사상이나 성인가학론은 동학에서 사람이 곧 하늘이라는 '인내천'(人乃天) 사상으로 전개된다. 달리 말하자면 경천애인 사상의 유교적 민본주의는 사람을 하늘처럼 섬기라는 사인여천(事人如天)의 사상으로 이어진다.

주자학에서 동학으로 유교적 사유가 급진화해 나가는 과정에서 주희의 다음과 같은 사고는 주목을 요한다. 주희는 모든 사람이 천리를 부여받기에 도를 얻을 수 있다는 성인가학론을 주장하면서 하늘과 사람의 연속성 혹은 하늘과 사람의 불리불가분성을 역설한다. 다음 주장은 『주자어류』 권17에 등장한다. "'하늘이 처음에는 사람이 아니었고, 사람이 처음에는 하늘이 아니었다'는 것을 물었다. 답했다. '하늘이 곧 사람이고 사람이 곧 하늘이다(天卽人, 人卽天). 사람이 처음 태어날 때에 하늘에서 얻은 것이다. 이 사람이 태어나면 하늘에 또 사람이 있는 것이다. 모든 말하고 행동하고 보고 듣는 것이 모두 하늘이다. 지금의 말도 하늘이 이 속에 있는 것이다. '이것을 돌아본다'는 것은 항상 광명하고 찬란한 가르침을 보고 눈앞에 그 조망이 있는 것이다.'"[359]

성리학의 집대성자 주희의 사상이 천리의 보편성에 입각하여 "하늘이 곧 사람이고 사람이 곧 하늘이다(天卽人, 人卽天)"라고 천명하는 것은 놀랍

• • •
358 최제우, 「수덕문」, 『천도교 경전 공부하기』, 라명재 주해, 모시는사람들, 2010, 58쪽.
359 황준걸, 『이천년 맹자를 읽다: 중국맹자학사』, 함영대 옮김, 성균관대학교출판부, 2016, 253쪽에서 재인용함.

다. 여기에서도 조선의 유학자들이 주자학을 때로는 보수적으로 전유하여 그것을 통치 이데올로기로 사용했다고 할지라도, 그런 현상을 이유로 주자학 자체가 지니고 있었던 유교적 평등주의 이상 및 그 급진적 잠재성을 간과하지 않아야 함이 드러난다. 조선에서 성리학에서 동학으로의 이행을 연결시켜 주는 사상가 중 하나로 다산 정약용이 있다. 이런 연결 지점에서 특히 주목을 요하는 것은 '하늘을 섬기는 일'(事天)과 '사람을 섬기는 일'(事人)에 대한 상호 호환성을 강조하는 다산의 사상이다. 주지하듯이 정약용은 공자 이래 유학의 가장 근본적인 가르침인 인(仁)을 실현하는 방법을 구체적인 인륜 관계의 완성에서 구한다. 그런데 이때 정약용은 인륜 관계를 최상의 경지로 만들기 위해 노력하는 일을 하늘을 섬기는 것과 다름없다고 강조한다. 달리 말하자면 다산은 하늘을 섬기는 일이 인륜 관계를 최상의 상태로 향상시키는 일이라고 보면서, 임금과 신하 혹은 아버지와 아들 그리고 친구 사이의 관계에서 요구되는 도덕적인 일을 최고도로 실현하는 것이 인을 실현하는 길이자 하늘을 섬기는 가장 올바른 길이라고 역설한다.

이렇게 '하늘을 섬기는 일'(事天)과 '사람을 섬기는 일'(事人)은 별개의 것이 아니다. 인간세상을 교화하여 모든 사람들이 서로에게 어질게 대하는 세상을 만드는 일이 바로 하늘을 섬기는 일이라는 것이 다산의 생각이었다. 이렇게 사람을 섬기는 사인(事人)과 하늘을 섬기는 사천(事天)이 등가의 것이라는 다산의 사상은 동학의 '사인여천'(事人如天)과 '인내천'(人乃天) 사상과 무리 없이 연결될 수 있을 것이라고 본다.[360]

최제우에 이어 동학을 이끌었던 해월(海月) 최시형(崔時亨, 1827~1898)

...

[360] 흥미로운 것은 동학의 창시자인 최제우도 서학의 현실 개혁 의식의 부재를 비판한다는 점이다. 조광, 『조선후기 사회와 천주교』, 경인문화사, 2010, 469쪽 참조. 동학사상의 연원을 유교에서 구하는 일은 새로운 것이 아니지만 다산의 서(恕)를 매개로 한 사천과 사인의 종합이론이 어떻게 동학으로 이어지는지에 대해서는 보다 상세한 연구가 필요할 것이다. 이런 주장을 필자는 잠정적으로 내세우고자 한다.

은 사람 사이의 차별을 비판하고 만민 평등사상을 적극 옹호했다. 그는 1866년에 신분제적 차별의 하나였던 적서 차별의 부당성을 비판하고 "대동 평등의 의(義)"를 존중해야 함을 역설하였다.[361] 갑오농민전쟁에도 영향을 준 동학 정신이 만민 평등의 이상을 지향하고 있음을 우리는 매천 황현의 기록에서도 볼 수 있다. 그는 동학교도들이 "귀천과 노소를 가리지 않고 모두가 서로 대등하게 두 손을 마주 모아 잡고 인사하는 예를 법도로 삼았다"고 적고 있다. 심지어 "노비와 주인이 함께 입도한 경우에는 마찬가지로 서로 상대방을 '접장'이라고 불렀는데, 마치 친구를 사귀는 것처럼 평등하게 대했다."[362]

동학이 신분제적 차별을 거부하고 모든 사람을 차별 없이 대했다는 점을 백범 김구도 『백범일지』에서 강조하고 있다. 백범 김구는 1893년 18세의 무렵에 동학을 접하고 동학교도가 되고자 동학 관계자를 만났을 때, 동학의 평등 의식으로 인해 매우 감동했던 경험을 기록하고 있다. 그가 만난 동학교도 중의 한 사람은 당시 젊은 양반이었는데 초면에 그는 백범에게 공손하게 맞절을 하였다. 그러면서 그 젊은 청년이 18세의 백범에게 공대를 하면서 질문을 하자 당황해하면서 내가 어른이라도 양반에게 공대를 듣지 못할 터인데 어린 자신에게 왜 공대를 하느냐고 질문했다. 그 질문에 대한 젊은 청년의 대답을 백범은 다음과 같이 기록하고 있다. "천만의 말씀이오. 나는 다른 사람과 달리 동학 도인이기 때문에 선생의 교훈을 받들어 빈부귀천에 차별 대우가 없습니다. 조금도 미안해 마시고 찾아오신 뜻이나 말씀하시오."[363]

갑오농민전쟁을 이끈 지도자들의 인식에서도 우리는 조선의 유교적 전통의 지속과 민중화를 바라볼 수 있다. 전봉준(全琫準), 김개남(金開男),

361 표영삼, 『동학 1: 수운의 삶과 생각』, 앞의 책, 338쪽 각주 294에서 인용함.
362 황현, 『오동나무 아래에서 역사를 기록하다: 황현이 본 갑오농민전쟁』, 앞의 책, 217쪽.
363 김구, 『백범일지』, 도진순 주해, 돌베개, 2015, 41쪽.

손화중(孫華仲) 등으로 구성된 갑오농민전쟁 지도부는 농민전쟁의 정당성을 백성들에게 널리 알리는 포고문을 만들어 배포했다. 그중 「무장포고문」이 유명하다. 매천 황현의 기록에 의하면 「무장포고문」의 내용 중 일부는 다음과 같다. "세상에서 사람을 가장 귀하게 여기는 까닭은 바로 사람에게 인륜이 있기 때문이다. 임금과 신하, 부모와 자식의 관계는 인륜의 요체이다. 임금은 어질고 신하는 강직하며, 부모는 자식을 사랑하고 자식은 부모에게 효성을 다해야만 비로소 가정과 나라가 이루어지고, 끝없는 복을 누릴 수 있다. 지금 우리 임금은 인자하고 효성스러운 성품과 이치를 밝히 아는 총명한 자질을 겸비하신 분이다. 만약 선량하고 정직한 신하가 임금을 보필하며 나라를 다스린다면, 요순(堯舜)의 덕화(德化)를 이룸은 물론이요, 한나라 문제(文帝) · 경제(景帝)시대와 같은 훌륭한 정치에 도달하는 것은 그리 오래 걸리지 않는다. [······] 마침내 온 나라가 결딴나고 만백성은 도탄에 빠졌다. 수재(守宰)들의 탐욕과 학정이 진실로 이런 지경에 이르렀는데 어떻게 백성의 생활이 곤궁하지 않을 수 있겠는가? 백성은 나라의 근본이다. 근본이 약해지면 그 나라는 망할 수밖에 없다. [······] 우리는 비록 시골에 살면서 망해가는 이름 없는 백성일 뿐이지만, 임금의 땅에서 먹고 입고 사는 까닭에 이 존망의 위기를 모른 척할 수 없다. 그래서 팔도의 백성이 마음을 같이하고 수많은 백성의 의논을 거쳐 지금 의(義)의 깃발을 높이 치켜들고 보국안민(輔國安民)에 생사를 걸 것을 맹세한다."[364]

이 인용문의 핵심 주장은 이미 이 책 제5장 제3절 '유교적 평등주의와 민주공화주의 —— 민본주의와 민주주의의 대립과 단절을 넘어'에서 다룬 바 있다. 그러므로 가능한 한 간략하게 유교적 민본주의와 대동 이념의 보편화 혹은 일반화의 측면에서 고찰할 것이다. 첫째, 이 포고문에 의하면

• • •
364 황현, 『오동나무 아래에서 역사를 기록하다: 황현이 본 갑오농민전쟁』, 앞의 책, 125-127쪽.

갑오농민전쟁에 참여하는 지도부와 백성이 기본적으로 유교적인 민본주의 이념을 통해 자신들의 행위를 정당화하고 있다. 그들은 백성의 삶을 도탄에 빠트리며 나라를 위기에 처하게 만든 타락한 지배층에 대한 저항을 '백성이 나라의 근본'이라는 점을 내세우면서 정당화하고 있다. 둘째, 전쟁 지도부는 농민들의 봉기가 존망의 위기에 처한 나라와 백성을 구해내는 것을 목표로 삼는 것을 천명한다. 달리 말하자면 나라의 근본인 백성이 저항을 통해 '보국안민, 즉 위기에 처한 나라를 구하고 백성의 삶을 편안하게 하여' 나라를 태평세계로 만들어가겠다는 선언이다. 셋째, 나라의 근간인 백성을 위하는 민본의 길이 국왕, 즉 훌륭한 성왕이 될 수 있는 어진 성품과 총명한 자질을 지닌 국왕을 도와주려는 것임을 분명하게 밝히고 있다. 그러므로 위 포고문은 조선을 유교가 가장 이상시했던 요순성왕이 다스렸던 삼대지치의 세계, 즉 대동세계로 만들기 위해 백성이 스스로 당대 고종을 성왕으로 만들겠다는 각오를 천명한다.

넷째, 이 포고문은 이제 '시골에 사는 이름 없는 백성들'이 조선이 꿈꾸어 왔던 유교적인 이상 세계, 즉 대동적 세계를 실현할 수 있는 주체임을 선언하고 있다. 달리 말하자면 조선을 유교적 이념에 어울리는 이상 사회로 만드는 주역이 양반과 같은 일부 지배층이 아니라, "시골에 살면서 망해가는 이름 없는 백성"이라는 점을 선언한다. 다섯째, 위 포고문은 고종을 도와 유교적 이상사회인 대동세계를 구현할 궁극적 주체가 백성 일반이라는 자각의 선언을 넘어 그런 자각을 실제로 죽음을 각오하고 실천에 나설 것임을 당당하게 천명하는 서약서이다. 이를 통해 일반 백성이 유교적 이상사회를 만들어낼 수 있는 참다운 선비임을 천명하고 있는 셈이다. 선비 혹은 군자가 본래 하늘에 의해 인간에게 구비되어 있는 인간의 도덕성, 즉 인간다움을 실현하는 주체라는 본래 유학의 기본 인식을 이어 받아 실제로 위기에 처한 나라와 도탄에 빠진 백성의 삶을 구제하여 조선을 유교적 이상사회로 만들려고 실천하는 사람이 진정한 선비라는 의식이 수반되어 있음을 알 수 있다.

물론 갑오농민전쟁에 참여한 모든 사람들이 선비로서의 자각을 의식했는지 여부는 여기에서 중요한 문제가 아니다. 여기에서 중요한 것은 농민전쟁 지도부뿐만 아니라, 수많은 일반 백성들로 하여금 목숨을 걸고 투쟁에 나설 수 있도록 고무한 정신이다. 달리 말하자면 위기에 처했을 때 이들이 목숨을 걸고 싸움터로 나갈 수 있을 정도로 강렬하게 전쟁 지도부와 일반 백성들이 공유하고 있었던 정신의 논리가 무엇인가 하는 것이 중요하다. 그것은 유교적 유토피아, 즉 대동세계를 구현하는 궁극적 주체가 다름 아닌 백성 일반이고, 그런 한에서 백성 일반 역시 자신과 모든 사람의 도덕적 완성을 지향하는 수기치인의 담당자인 군자=선비라는 공유된 집단정신이었다고 보아야 할 것이다. 간단하게 말하자면 포고문의 정신은 조선이 내걸었던 통치이념인 유학의 진정한 담당자가 백성이라는 선언으로 이해될 수 있을 것이다. 그리고 이런 정신은 조선 후기를 거쳐 백성 전반에 일반화된 유교적인 가치관 및 양반적인 생활규범을 바탕으로 백성이 곧 선비 혹은 군자라는 유교적 선비/군자 관념의 보편화를 대변하는 것으로 이해되어야 할 것이다.

유교적 군자 관념의 보편화, 그러니까 백성의 군자화=군자의 백성화는 유교적 평등주의의 궁극적 실현에 다름 아니다. 이는 실제로 '성인가학론'의 민중적 버전으로 이해될 수 있을 것이다. 앞에서 보았듯이 유학의 근본이념은 공자 이래로 인간의 도덕적 자율성의 보편성을 긍정하는 사상이었다. 그런 유학의 평등 지향은 성리학에서도 기본적으로 받아들여졌다. 앞에서 언급한 "하늘이 곧 사람이고 사람이 곧 하늘이다(天卽人, 人卽天)"라는 주희의 주장은 말할 것도 없거니와 이 책 제5장 제2절 '유교적 능력주의의 평등관'에서 필자는 주희가 『대학혹문』(大學或問)에서 자문자답하는 예를 통해 '치국·평천하'(나라를 다스리고 천하를 평온하게 하는 것)는 일반 사람 누구나 다 관심을 기울여야 할 일임을 긍정하는 부분을 다룬 바 있다. 주희에 의하면 평범한 일반 사람들도 나라의 왕을 요순성왕과 같은 통치자로 만들어 자신을 포함하여 모든 백성을 가장 이상적인 요순세상, 즉 대동세계의 일원으로 되게 하는 일에 당연히 관심을 기울여야 한다. 그런 일에 대해 관심을 기울이는 사람은 결코 자신의 분수를 어기는 사람이 아님을 주희는 긍정했던 것이다.

자신의 왕을 요순성왕으로 만들고 자신과 백성을 요순성왕의 백성으로 만드는 일이 모든 사람들이 마땅히 관심을 기울여야 하는 과제라는 주희의 주장과 위에서 인용한 「무장포고문」의 정신은 서로 통한다. 이 포고문에서 전봉준 등 전쟁 지도층은 유교적 민본주의 이념을 철저하게 긍정하면서, 고종을 요순과 같은 성왕으로 만들어 요순성왕의 백성으로 살고자 하는 열망을 분명하게 표현하고 있다. 이렇게 본다면 유학의 정치이념은 공론정치나 대간 제도를 핵심으로 하여 운영되는 유교적 공론정치의 틀 내에 국한되어 있지 않다는 것이 명백해진다. 유교적 성왕론 및 역성혁명론이 보여주듯이 유교적 정치 이론에서는 기본적으로 백성 자신이 하늘을 대신하여 부당한 현실을 혁파할 수 있는 가능성을 늘 포함하고 있었기 때문이다. 그러므로 탕평정치에 의해 유교적 공론정치의 파괴만을 보면 유교적 정치가 지니고 있는 급진적 변혁의 논리를 외면하는 셈이다.

앞에서 살펴본 것처럼 "하늘은 우리 백성들이 보는 것을 통해 보며, 하늘은 우리 백성들이 듣는 것을 통해 듣는다"[365]는 맹자의 주장이나 천리의 보편성에 대한 성리학적 긍정은 이제 하늘 혹은 천리가 곧 백성이요 백성의 뜻이라는 생각으로 전개된다. '천리=백성의 뜻'이라는 사유는 갑오농민전쟁을 겪으면서 백성의 목소리와 뜻 자체가 하늘이요 정치세계의 정당성의 최후 근거라는 유교적 공화주의 및 민주주의의 문턱에까지 이른다. 그리고 갑오농민전쟁에서 보여주었듯이 백성의 삶이 곤란하여 사회가

<hr />

365 동양고전연구회 역주, 『맹자』, 민음사, 2016, 323쪽.

위기에 처할 때 인간다운 세상을 이룩하기 위해 백성들이 직접 나서야 한다는 전통은 최근의 일만은 아니다. 그리고 나라와 백성을 위하여 헌신하는 학문과 덕망을 지닌 사람이 참다운 지식인 혹은 선비이며, 그런 사람을 이상적인 인간상으로 존중하던 유교적인 정치문화 속에서 모든 백성들도 그런 선비의 이상을 구현할 수 있는 주체라는 관념은 일제시기 독립운동과 해방 이후 민주주의 운동에도 변형된 형태로 지속되고 있는 것이다.

V. 급진적 유교적 민본주의와 온건 유교적 민본주의의 분화와 대립

이 책 제8장에서 언급했던 부국강병의 이데올로기로 전락한 국가주의적 유교 역시 서구가 주도하는 근대 문명의 도전에 대한 나름의 유교적 대응이라고 볼 수 있다.[366] 그러나 그런 변형이 유교적 이상의 전통에 가져 온 상실도 매우 큰 것이었다는 점을 바로 보지 않으면 안 된다. 이는 이미 강조된 바이다. 더욱이 근대 일본이 보여주었듯이 부국강병의 패권적 논리와 부응하는 식으로 서구 주도의 근대 자본주의 세계체제 및 국민국가체제에 적응하는 유교적 대응 방식과 다른 대응 방식이 존재했다는 점을 인식할 필요가 있다. 그리고 그것은 천하위공의 유교적 세계주의 및 문명주의의 전통에 뿌리를 둔 것이었다. 이제 그런 전통을 비판적으로 계승하려 하면서 서구 열강의 제국주의적 패도정치에 대응하는 흐름에 주목해보자. 그 흐름은 압도적인 군사력과 자본주의의 생산력을 내세워 비서구 사회를 침략해 온 서구 제국주의의 패도적이고 강권적인 팽창 야욕에 저항하고, 민족과 인류의 평등 및 공존공영의 질서를 창출하는 방식으로 유교적인 인의의

---

366 일제 강점기에 조선의 유학이 국가(천황)에 대한 충성을 최고의 가치로 설정하는 일본의 황도유학으로 변질되는 과정에 대한 보다 상세한 설명은 이 책 제13장 '일본의 황도유학과 한국의 국가주의적 충성관의 탄생'에서 이루어진다.

원칙을 새롭게 실현하는 노력이었다. 그리고 그 흐름은 다름 아닌 한국의 저항적 민족주의와 결합된 유교 문명주의의 흐름이다. 우승열패의 신화, 즉 성공한 개인이나 민족을 문명 세계의 일원으로 보고 실패한 자나 나라를 열등한 민족이나 사람(생존할 권리도 인정받지 못할)[367]으로 취급하는 19세기 서구 제국주의의 전형적 논리였던 사회진화론의 광풍을 극복할 수 있었던 요인 중의 하나도 이런 유교적 문명주의의 평화 지향의 저력 덕분이었다.

　　시마다 겐지(島田虔次, 1917~2000)는 일본의 주자학이 조선 및 중국의 주자학과 성격이 다르다고 본다. 그에 의하면 일본의 "주자학에는 천지를 위해서, 인류를 위해서, 학문의 전통을 위해서, 또 만세를 위해서라는 것과 같은 웅대한 정신, 바로 그런 것이 매우 결여되어 있는 것처럼 생각된다."(爲天地立心, 爲生民立道, 爲去聖繼絶學, 爲萬世開太平.) "천지를 위해서, 인류를 위해서, 학문의 전통을 위해서, 또 만세를 위해서"라는 말은 본디 송나라 주자학 형성에 큰 기여를 한 횡거(橫渠) 장재(張載, 1020~1077)가 한 말인데 시마다 겐지는 이 말을 "송학의 근본정신"을 보여주는 것으로 평가한다.[368] 그런데 일본의 유학에서는 이런 웅대한 정신이 매우 결여되어 있다고 그는 평가한다. 그리고 송대 주자학의 웅대한 현실 개혁 의식은 앞에서 강조한 '불가능한 줄 알면서도 세상에 대한 참여 의식'을 불태우는 공자의 정신을 이어받고 있다. 위잉스(余英時)가 탁월하게 밝혀주고 있듯이 송대 사대부들은 정치적 주체라는 철저한 자각을 지니고 있었다. 그리고 이들 사대부들은 "천하를 자신의 임무로 삼는다"(以天下爲己任)는 정신을 공유하고 있었다.[369]

• • •

367　최남선에 의하면 "금일의 세계는 문명의 세계이니, 오직 문명인만이 생존의 권리를 향유"하는 세계이다. 박정심,『한국근대사상사』, 천년의 상상, 2016, 382쪽에서 재인용.

368　시마다 겐지,『주자학과 양명학』, 앞의 책, 6쪽.

369　위잉스,『주희의 역사세계 상』, 이원석 옮김, 글항아리, 2015, 30쪽, 43쪽 참조.

앞에서 강조했듯이 갑오농민전쟁을 계기로 유학의 도를 담당하는 주체가 양반계층에서 일반 백성, 즉 민으로 이행했다. 물론 백성들이 유학적 가치관을 자신의 것으로 만들어 유교적 이상 세계의 이념에 호소하면서 기존 질서의 폐단과 부당한 현실에 대한 그들의 저항을 정당화하고자 했지만, 그런 흐름만이 유학의 비판정신을 이어받은 것은 아니었다. 조선의 선비정신 및 유교적 대동세계 인식은 일반 유학자들에게도 지속적으로 이어졌다. 예를 들어 매천 황현은 선비, 즉 유학자의 진정한 임무를 "나라를 잘 다스려서 온 세상을 평안하게 하는 것"이라고 강조한다. 이런 주장은 앞에서 본 갑오농민전쟁 지도부의 '보국안민'의 이념과 다르지 않다. 그리고 황현은 참다운 유학자의 모습이 어떠해야 하는지를 다음과 같이 보다 구체적으로 설명한다. "유학자의 마음이란 한 사람의 백성이라도 태평성세의 혜택을 누리지 못하면 자기가 마치 길거리에서 매를 맞는 것처럼 아파해야 하고, 유학자의 예법이란 임금이 부르면 수레를 기다리지 않고 달려갈 정도로 간절하고 정성스러워야 하며, 유학자의 올바른 도리란 임금의 눈치를 보지 않고 옳고 그른 것에 대한 자신의 생각을 과감하게 진술하여 임금의 잘못을 바로잡고, 탐욕스러운 사람을 청렴하게 만들며, 나약한 사람을 부추겨 떨쳐 일어나게 만들어야 한다."[370]

황현의 주장은 "나라를 잘 다스려서 온 세상을 평안하게 하는 것"이라는 유학자의 근본 과제를 구현할 수 있는 방법에 대한 것이다. 그리고 그의 주장은 갑오농민전쟁 지도부가 선언한 「무장포고문」의 근왕 및 민본 정신도 공유한다. 왕의 잘못을 바로잡는 것을 유학자의 올바른 도리로 보고 있다는 점에서, 그리고 '한 사람의 백성이라도 태평성세의 혜택을 누리지 못하는 경우에 자기가 마치 길거리에서 매를 맞는 것처럼 아파해야 한다'는 점에서 그렇다. 그뿐만 아니라 황현의 주장에서 보듯이 선비, 즉 참다운

• • •
370 황현, 『오동나무 아래에서 역사를 기록하다: 황현이 본 갑오농민전쟁』, 앞의 책, 25쪽.

유학자는 어떤 신분적 집단에 소속되었는가와 무관하다. 천하 및 국가에 유학의 도를 실천하는 주체가 선비라는 것이다. 이런 선비 의식은 이미 앞에서 보았듯이 공자에게서 유래한 것이다. 그에게서도 본래 유학자인 군자나 선비는 신분이나 혈통과 무관한 것이었다.[371] 그런데 황현과 같은 유학자는 갑오농민전쟁에 대해 비판적이었다. 물론 백성들이 그렇게까지 나설 수밖에 없었던 불행한 처지에 대해서는 깊게 공감했지만 말이다. 그리고 이런 현상은 황현에게만 국한된 것은 아니었다.

조경달에 의하면 갑오농민전쟁을 진압하기 위해 나선 여러 유학자들도 유학의 근왕 및 민본정신을 공유하고 있었다. 그러나 민본 및 근왕정신에 대한 해석의 갈등이 존재한다. 간단하게 말하자면 19세기 후반에 민본과 근왕의 정신을 누가 진실하게 이어받고 있는가를 둘러싸고 사회적 인정 투쟁이 발생했던 것이다. 황현의 주장에서 보듯이 진정한 유학자, 즉 선비의 길은 근왕과 민본 정신에 투철한 사람을 일컫는 말인데, 갑오농민전쟁이 실현하고자 한 것이 바로 이런 민본과 근왕의 정신이었다.[372] 그렇기 때문에 필자는 갑오농민전쟁은 일반 백성이 참다운 선비라는 각성이자 유학의 도를 실현할 수 있는 참다운 주체라는 자각을 선언한 획기적 사건으로 이해되어야 한다고 강조했던 것이다. 민본과 근왕의 실현의 주체임을 자임하고 나선 갑오농민전쟁에 대해 사회적으로 양반의식을 지니고 있었던 재지사족의 일부가 그것을 극도로 위험한 것으로 간주하고 농민군을 탄압했던 것은 조선 후기에 이르러 일반화된 양반의식 및 유교적 가치관을 대변하는 주체가 누구인가를 둘러싸고 진행된 사족과 백성 사이의 정치적 인정 투쟁의 표현으로 이해되어야 할 것이다. 그리고 그런 정치적 인정 투쟁에서 백성이 지향한 것은 기존 양반 지배층에 의해 독점되고 있었던

• • •

371 물론 황현이 전통적인 우민관을 완전히 극복했는지는 의문이다. 황현은 갑오농민전쟁의 주력인 농민을 '도적'으로 묘사한다.

372 조경달, 『민중과 유토피아: 한국근대 민중운동사』, 앞의 책, 126-129쪽 참조.

유교적 인정 이념 혹은 유교적 대동 이념인 문화적·정치적 상징권력의 확보였다. 즉, 갑오농민전쟁은 유교적 문화권력 혹은 상징권력을 백성의 것으로 만들려는 유교적 상징권력의 평민화 운동으로 이해될 수 있다.

앞에서 강조했듯이, 유교적 민본주의 정신을 구현할 수 있는 방법과 그 주체가 무엇인지를 둘러싸고 대립된 상이한 입장이 갑오농민전쟁을 계기로 분출되었다. 그런데 이런 대립의 분출은 하루아침에 이루어진 것은 아니었다. 이는 17~18세기 이후 전개된 조선사회의 변동과 맞물려 있었다. 만민의 군자화를 주장하는 동학에서 보듯이 군자관의 대중화는 근왕과 민본의 구현을 지향하는 선비 의식의 보편화 현상을 배경으로 출현한 것인데, 선비 의식의 일반화 및 대중화가 본격적으로 이루어진 시기가 바로 조선 후기였던 것이다. 이런 의식의 변화를 가능하게 했던 요인 중의 하나는 사회경제적 조건의 변동이었다. 17세기 이후 조선사회가 경제적으로 소농사회로 이행하면서 독립적인 소농을 이루는 백성들이 많아지고 새로운 부를 축적한 부민들의 등장으로 인해 대다수 백성이 양반이 되어 양반과의 평등을 지향하는 조선 특유의 만민 평등에로의 길이 발생했기 때문이다. 그리고 그러는 과정에서 지배계층인 양반의 권력과 위신은 실추되어갔고 유서 깊은 사족(구향층) 내에서도 적장자 우위의 상속 관행의 일반화로 인해 계층 분화가 일어났다. 그뿐만 아니라, 구향층과 경제력을 바탕으로 새로 등장한 신흥사족(신향층)과의 대립도 격화되었다. 그 결과 선비란 어떤 존재인가라는 정체성의 물음이 제기되는 것은 당연했다.

조선 후기 양반 지배체제가 동요하면서 새로이 제기된 물음인 선비의 정체성에 대한 답이 바로 공자의 도를 제대로 실현할 수 있는 사람이면 누구나 다 선비라는 관념의 태동이다. 이를 잘 보여주는 것이 환재(瓛齋) 박규수(朴珪壽, 1807~1876)의 선비관이다. 그는 농민이나 공업에 종사하는 일반 백성들도 '효제충순'(孝悌忠順)과 같은 유학이 숭상하는 기본적 덕성을 지닌 사람이기에 선비라는 혁신적인 선비 관념을 옹호했다. '효제충순'

이란 유교적인 보편적 도의 관념을 기준으로 해서 새로 정립된 선비 관념으로 인해 현실에 존재하는 양반계층의 "신분"은 "상대화"되었다. 그러므로 박규슈가 조선의 신분 지배 체제를 부정했는지 문제와 무관하게 그의 선비관은 "사민평등의 논리적 기초"를 제공한 것으로 평가된다.[373]

위에서 필자는 갑오농민전쟁은 백성 일반이 민본과 근왕 이념, 즉 유교적 정치이념을 실현할 수 있는 주체임을 선언한 획기적 사건으로 이해되어야 함을 강조했다. 그런 점에서 갑오농민전쟁은 일반 백성이 유교적인 보편적 도의 관념을 실현할 수 있는 진정한 군자요 선비라는 의식을 내면화하는 데 그치지 않고, 이를 공개적으로 천명하고 나선 사건으로 보아야 한다고 생각한다. 그리고 이런 경향을 유교적 민본주의 급진적 흐름으로 명명하고자 한다. 즉, 그것은 만민의 군자화 내지 선비화를 주장하는 동학사상 및 유교적 생활양식과 가치관의 일반화 및 대중화의 흐름 속에 내장되어 있었던 급진적 유교적 민본주의 혹은 급진적 민중유학의 정신을 대변하고 있다고 여겨진다.

온건한 흐름의 유교적 민본주의는 농민군이 반란을 일으키지 않을 수 없었던 어렵고 고통스러운 처지를 십분 이해하면서도, 백성이 스스로 선비임을 자처하고 나서는 것을 유교적 전통 관념을 거스르는 위험한 행위로 보는 사람들에 의해 옹호된 것으로 이해된다. 그런데 조선의 유교적 민본주의가 낳은 두 가지 흐름, 즉 온건한 유교적 민본주의와 급진적 유교적 민본주의 사이의 대립도 중요한 것이지만, 급진적 유교적 민본주의 정신이 공맹사상 및 성리학적 사유 내에서 잉태되고 전개될 수 있었다는 점이 더욱더 중요하게 간주되어야 할 것이다.

위에서 여러 번 언급한 매천 황현은 온건한 유교적 민본주의 흐름에

• • •
373 같은 책, 35-39쪽 참조. 박규수의 선비관 그리고 그것이 그의 할아버지 연암 박지원의 선비론을 어떻게 계승하고 있는지에 대해서는 김명호, 『환재 박규수 연구』, 창비, 2008, 152-154쪽 참조.

속해 있는 전형적인 유학자로 여겨진다. 그런데 황현의 사례에서 우리는 매우 흥미로운 현상에 직면하는데, 그것은 유교적 선비정신을 전유하는 방식의 다양성이다. 주지하듯이 황현은 1910년 조선이 일본에 의해 강제로 합병되자 그에 격분하여 자결을 한 올곧은 선비를 대표하는 전형적인 조선의 유학자였다. 황현 역시 방법상의 차이가 있었지만 유학자의 진정한 모습을 모든 백성이 제 자리를 찾아 편안하게 생활하는 세계를 구현하는 데에서 구했다. 그러나 황현이 걸었던 길과 달리 단재(丹齋) 신채호(申采浩, 1880~1936)는 조선의 선비정신에서 독특한 위상을 보여준다. 신채호는 유학자로 성균관 박사이기도 했었지만, 갑오농민전쟁의 지도자 전봉준을 "혁명가"로 높이 평가했을 뿐만 아니라, 의병에 냉담한 애국계몽운동을 추진하는 개혁적인 엘리트들과 다르게 의병을 "의사" 혹은 "충신"으로 인식했다.[374] 우리는 신채호에게서 유학의 급진적 민본주의 흐름에 동참하는 유학자의 전형을 발견한다. 그가 황현과 달리 백성의 전면적인 출현을 위험한 것으로 보는 것이 아니라, 오히려 그 흐름의 중요성을 긍정하고 급기야 참다운 선비와 민중을 구분하지 않게 된 것은 우연이 아니었던 것이다.

VI. 한말 이후 일제 식민지시기 대동유학의 지속: 단재 신채호와 백암 박은식을 중심으로

1) 단재 신채호

단재 신채호는 전형적인 유학자로 출발했다. 어려서부터 조부로부터 서당에서 글을 배우기 시작해 19세에는 성균관에 들어갔고, 26세에는 회시

---

374 조경달, 『식민지 조선과 일본』, 최혜주 옮김, 한양대학교출판부, 2015, 258-259쪽 참조.

(會試)에 합격하여 성균관 박사가 되었다. 그러나 그는 위정척사파의 유학자들과 다르게 행동했다. 그는 조선 유학의 문제점들을 가차 없이 비판하기도 하고, 조선의 독립운동을 위해 민족주의를 고취시키는 다양한 활동을 했다. 예를 들어 19세의 나이로 처음 서울에 왔을 때 독립협회 운동에 참여하기도 했고, 그 시절부터 한학만이 아니라 서양문물을 널리 연구했다고 한다. 그리고 그는 1905년에는 성균관 박사를 그만두고 향리 부근에 산동학원을 개설해 신교육 운동을 했다.[375] 그래서 신채호는 박은식 등과 더불어 기존 유학을 비판하면서 유학을 민족주의 및 국민국가 시대에 어울리는 방향으로 개혁하려고 시도했다는 점에서 개신유학자라는 평가를 받기도 한다.[376]

앞서 언급했듯이 단재 신채호는 한말에 애국계몽운동에 동참하기도 했으며 망국의 위기에 처한 조선을 구제할 대안으로 조선의 백성들에게 국가주의 및 애국심을 고취시키고자 노력했다.[377] 이와 관련해 그가 서구 문명을 널리 연구하는 자세를 게을리하지 않으면서도 외국 문명에 대한 무비판적 수용 자세에 대해서는 비판적 태도를 취하면서, 민족적 정체성을

• • •

375 윤사순, 『한국유학사 하』, 지식산업사, 2012, 346쪽. 신채호의 생애에 대한 간단한 요약으로는 이만열, 「단재 신채호의 민족운동과 역사연구」, 충남대학교 충청문화연구소 편, 『단재 신채호의 사상과 민족운동』, 대전광역시, 2010, 4-9쪽 참조.

376 윤사순, 『한국유학사 하』, 같은 책, 313-314쪽 참조. 신채호와 유학과의 관계에 대해 여러 관점이 존재한다. 그를 철저한 유학비판자로 보는 입장도 있고 단재 사상과 유학사상 사이에 연속성을 강조하는 입장도 존재한다. 이 문제에 대해서는 박정심, 『한국근대사상사』, 앞의 책, 303-306쪽 참조.

377 '애국계몽운동'이란 개념은 1948년 손진태가 사용한 용어인데, 이 용어는 현재 국사학계의 통설로 정착되어 있다. 그런데 조동걸은 '애국'이란 관두어는 불필요하고 한말계몽운동의 개념과 성격을 혼란스럽게 할 우려가 있다고 주장한다. 그에 의하면 한말 일본 제국주의의 노골적인 침략에 맞선 반제국주의 구국운동은 의병운동과 계몽운동으로 전개되었으니, 이런 두 저항 다 애국적 성격을 지닌 것이다. 그러므로 의병전쟁과 계몽운동을 별도로 거론할 경우 계몽운동에 '애국'이라는 관두어를 사용하면 오해의 소지가 있다는 것이다. 조동걸, 한국독립운동사편찬위원회 편, 『한국독립운동의 역사 1: 한국독립운동의 이념과 방략』, 경인문화사, 2007, 42쪽 각주 33 참조.

확립하는 것이 급선무라고 강조했다는 점에 유념해야 한다.[378] 그러는 과정에서 그는 위정척사파적 유학자와 달리 국가 혹은 왕조가 멸망하더라도 유교적 도를 지키기 위해 죽음을 아끼지 않는 행위를 참다운 유학자의 모습이라고 생각하지 않았다. 그는 당시 국제사회에서는 보편적인 도의와 같은 것은 없기에 약육강식의 국제 현실의 논리를 철저하게 긍정해야 한다고 생각했다. 그러나 그는 냉엄한 국제정치의 현실을 긍정하면서도 강자의 입장에서 약자의 유린을 받아들이지 않았다. 그는 오히려 그런 현실에서 조선이 살아남을 수 있도록 강력한 민족주의 및 국가주의를 주장했던 것이다.[379] 그래서 신채호는 서구 근대 문물에 대해서도 개방적 태도를 유지하면서 동시에 국가의 독립을 주장하지 않고 일제의 침략 논리였던 동양주의를 무비판적으로 수용하고 있었던 당시 많은 한국 지식인들과 다른 길을 걸어갈 수 있었던 것이다.[380]

그러나 그의 국가주의는 평등주의와 공화주의적 성격을 분명하게 지니고 있었다. 이미 1908년에도 그는 "국가는 한 개인의 소유가 아니고 모든 이들의 것이다"라는 공화주의적 사유 방식을 갖고 있었다.[381] 한국 민족주

• • •

378 이만열, 「단재 신채호의 민족운동과 역사연구」, 앞의 글, 13쪽.

379 신채호는 1897년 신기선의 추천으로 성균관에 입학한 이후 사회진화론을 수용하게 되었다고 한다. 이호룡, 「신채호의 아나키즘」, 충남대학교 충청문화연구소 편, 『단재 신채호의 사상과 민족운동』, 앞의 책, 192쪽 참조 한말에 많은 한국 지식인들이 사회진화론을 수용했지만, 그 수용 양상은 크게 두 가지로 대별된다. 하나는 진화의 측면을 강조하는 입장이고, 다른 하나는 경쟁을 강조하는 입장이다. 전자의 관점에서 사회진화론을 수용하는 경우 서구 근대 문명의 선진성과 우수성을 인정하여 독립보다는 실력을 우선 배양하는 데 더 우선적 관심을 기울인다. 그리고 실력배양을 우선적으로 보는 태도는 일본과 같은 문명국의 도움도 적극 받아들여야 한다는 결론으로 나간다. 이에 반하여 경쟁의 입장에서 사회진화론을 수용하는 경우에는 생존 경쟁이 지배하는 엄연한 현실에서 경쟁의 주체로서 민족과 국가의 자강에 힘쓰는 것을 제일차적 과제로 삼아 외세의 제국주의적 침략에 저항하는 태도로 나간다. 신채호는 후자의 길을 걸었던 것이다. 이에 대해서는 이호룡, 같은 글, 196쪽 참조

380 같은 글, 195쪽 참조

381 헨리 임, 「근대적 · 민주적 구성물로서의 '민족': 신채호의 역사서술」, 신기욱 · 마이클

의의 상징과도 같은 인물이 이른 시기부터 국가주의를 만민 평등의 민권중심의 공화주의와 결합하여 바라보고 있다는 점도 주목해야 한다. 이는 한국의 저항적 민족주의가 그 탄생시기부터 민주적 성격을 보여주고 있기 때문이다. 그런데 중국이나 한국의 민족주의와 달리 일본의 민족주의는 인민주권적인 민주주의와의 "행복한 결합의 역사"를 잘 알지 못했다고 평가받는다. 민권 및 국민주권적인 공화주의 내지 민주주의와 결합되는 민족주의 흐름이 대단히 미약했고 근대 일본의 국민국가적 정체성을 천황을 정점으로 하는 천황제 국가에 대한 복종에서 구했던 일본의 민족주의는 초기부터 대내적으로는 억압적이고 대외적으로는 침략적인 성격을 안고 있었던 것이다. 그래서 마루야마 마사오는 "일찍부터 국민적 해방의 원리와 결별"한 일본 민족주의는 "국가주의로, 나아가서 초국가주의(ultra-nationalism)로까지 승화"되지 않을 수 없었다고 비판한다.[382] 물론 공화주의적 사유를 옹호하면서 신채호가 '천하는 한 사람의 천하가 아니라 천하 모든 사람의 천하'라는 유학의 대동적 공천하 사상을 국민국가로 변형하여 활용하고 있다는 점도 흥미롭다. 박찬승도 신채호 등에 의해 형성된 '민족' 개념은 남녀노소의 차별은 물론이고 양반-평민-노비의 신분 차별을 거부하는 평등주의적 요소를 갖고 있었음을 강조한다.[383]

신채호는 말년에 무정부주의를 받아들이면서 조선의 민중을 독립과 사회변혁의 주체로 발견하게 된다. 또한 그는 무정부주의 사상을 통해 사회진화론적 사고를 벗어나게 된다. 특히 한 연구자는 신채호가 1919년 러시아 혁명 이후 접하게 된 사회개조·세계개조론과 대동사상을 통해 사회진화론의 사고를 극복하게 되었다고 주장한다.[384] 그는 선비가 민중

• • •

　　로빈슨 엮음, 『한국의 식민지 근대성』, 도면회 옮김, 삼인, 2005, 480쪽.
382　마루야마 마사오, 『현대정치의 사상과 행동』, 김석근 옮김, 한길사, 1997, 205-206쪽.
383　박찬승, 「한국에서의 '민족' 개념의 형성」, 『개념과 소통』 1, 한림대학교 한림과학원, 2008, 106쪽 참조.

속으로 들어가 그들과 함께 활동해야 한다고 역설했다. 그러나 사회진화론의 한계를 극복하면서 독립운동의 이념과 방법에 대해서 새로운 전기를 마련하게 된 사상적 동기 중의 하나가 바로 그가 이른 시기부터 알고 있었던 유교적 대동사상의 영향이었다는 점은 강조될 필요가 있다. 그는 1923년의 「조선혁명선언」에서 조선의 독립이 전 인류 사회에 존재하는 모든 차별, 억압 그리고 침략을 없애는 투쟁과 결부되어 있음을 강조한다.[385] 그에 의하면 "강도 일본의 통치를 타도"하는 것은 "인류로써 인류를 압박치 못하며, 사회로써 사회를 수탈하지 못하는" 독립된 "이상적 조선"을 달성하기 위한 것이다.[386]

독립운동의 주체를 민중으로 설정하는 신채호의 사상을 조선 후기 이후 전개된 유학사상과 관련해서 좀 더 살펴보자. 조선 독립운동의 참다운 주체가 조선의 민중임을 천명한 신채호의 인식은 조선 후기에서부터 본격화되기 시작했던 선비 의식의 민중화 경향과 관련되어 있기 때문이다. 달리 말하자면 무정부주의 영향을 비롯하여 서구 근대와의 조우를 통한 자극도 중요하겠지만, 유학의 대중화 현상을 배경으로 하여 만민 평등을 만인의 군자화로 표현한 동학사상 및 백성이 유교적 민본주의 구현의 당당한 주체일 수 있음을 보여준 갑오농민전쟁 등의 역사 전개 속에서 신채호의 독립운동과 그 사상이 더 잘 이해될 수 있다. 조경달은 신채호에 의해 전개된 민중관을 "제국주의뿐만 아니라 국가의 강권 일반에 대항하는 저항주체·변혁주체로서의 민중을 발견함으로써 사(士)에서 민(民)으로 자기규정의 전환을 이루고, 전봉준도 가능하지 않았던 우민관을 극복했다"고 평가한다. 선비라는 유학자적인 지식인 상을 넘어 참다운 선비는 민중

• • •
384 이호룡, 「신채호의 아나키즘」, 앞의 글, 199쪽 참조.
385 「조선혁명선언」을 작성할 당시 신채호는 의열단원이 아니었으나, 김원봉의 요청으로 이 선언문을 작성했다. 조경달, 『식민지 조선과 일본』, 앞의 책, 133쪽.
386 신채호, 「조선혁명선언」, 안병직 편, 『신채호』, 한길사, 1995, 196쪽.

속으로 들어가 민중과 함께해야 하며 민중이 되어야 한다는 신채호의 민중관은 18세기 이래 선비, 즉 사(士)는 어떤 존재인가라는 조선사회에 제기된 질문에 대한 "가장 혁신적인 회답"이라는 것이다.[387]

신채호는 유학자로 출발하였지만 유교를 그 누구보다도 치열하게 비판했다. 그러나 그는 유학 전체를 폐기하지는 않았다. 그는 위기에 처한 유학을 재건하기 위해서는 그것이 대동유학으로 거듭나야 함을 역설했다. "유교의 진리를 확장하여 허위를 버리고 실학에 힘쓰며, 소강을 버리고 대동에 힘써서 유교의 빛을 우주에 비출지어다."[388] 유교적 대동 정신의 비판적 계승이 없이는 유학의 앞날을 보장할 수 없다고 그는 생각했던 것이다. 일제 강점기에 무수히 많은 유학자들이 친일의 길을 걷고, 일본의 전통적인 천황과 국가중심주의적 황도유학에 무릎을 꿇던 시절에 외국에서 유학의 근본정신의 재생을 통해 조국 독립운동의 방도를 모색하려는 신채호의 고민 속에서 오히려 갑오농민전쟁으로 분출된 급진적 유교 민본주의 정신을 비판적으로 계승하려는 모습을 발견한다.

물론 앞에서 보았듯이 신채호에게서도 유교적 대동사상은 단순히 유학을 재건하는 방법에 그치지 않는다. 그것은 한국 독립운동의 정당성을 유교적 색채를 띤 보편주의적인 세계시민의 이념과 결합하게 하는 사유의 틀을 제공한다. 달리 말하자면 유교적 대동사상은 약육강식의 논리가 국제관계를 지배하는 철의 법칙처럼 간주되던 시기에, 우리 민족독립의 정당성

---

387 조경달, 『민중과 유토피아: 한국 근대 민중운동사』, 앞의 책, 388-389쪽.

388 신채호, 「유교확장에 대한 론」, 단재신채호선생기념사업회 편, 『단재 신채호전집 하』, 형설출판사, 1987, 119-120쪽. 유학의 재건이 바로 유교의 근본정신인 대동적 이념의 재생에 달려 있다고 보는 것은 그에게 국한된 것은 아니다. 예를 들어 민세 안재홍도 유학에서 "만세에 썩지 아니할 대도를 구"하고자 한다면, 도탄에 빠져 고통을 겪는 천하의 모든 사람을 구하는 "도"에 힘써야 한다고 강조한다. 그래서 그는 다음과 같이 말한다. "유의 도로서 오히려 썩지 아니한 바가 있다 하면, 그는 확실히 일신의 안전을 던지어 천하생민을 구하고자 하는 일관한 지성 그것일 것이다." 안재홍, 「유림제씨에게 격함」, 안재홍 선집 간행위원회 편, 『민세 안재홍 선집 1』, 지식산업사, 1981, 199쪽.

을 모든 민족과 인류가 평등하고 평화롭게 살아갈 수 있는 새로운 세계를 향한 희망과 결합시켜 사유할 수 있도록 해준 유력한 정신적 자산이었다. 그러므로 신채호가 한국의 독립을 동양평화라는 보편적 대의와 연결시켜 이해하는 것 역시 우연한 일이 아닌 셈이다. "동양평화를 말하고자 한다면 조선의 독립을 능가할 상책이 없다. 조선이 독립하면 일본은 사방을 경영하던 힘을 수습하여 자신의 영토를 보존할 것이요, 러시아 볼셰비키는 약한 민족을 돕는다는 구실을 빙자하기 어렵게 되어 북쪽에 웅크릴 것이며, 중국 역시 혁명으로 혼란한 국면을 정돈할 기회를 얻는다. 이것이 동양평화의 요의(要義)이다."[389]

단재 신채호나 뒤에서 보는 백암 박은식 및 백범 김구 등이 처한 상황은 위정척사파가 절대 절명의 위기에 처한 조선을 구하기 위해 외세와 비타협적으로 저항하던 상황과 달랐다. 위정척사파의 저항과 투쟁은 조선이 망국의 길로 가는 백척간두의 위기적 상황에서 유교적 도를 나라의 존망보다도 더 우선적인 가치로 간직하는 유교적 문명의식을 배경으로 했다. 그리고 위정척사파가 조선의 유교 문명을 수호하고자 일본 등 서구 제국주의 열강의 침략에 죽음을 걸고 투쟁했던 시기는 사실상 치국평천하를 지향하는 유교적 문명주의가 극도로 위기에 처한 상황이었다. 위정척사파가 활동하던 시기에 정상적인 의미의 치국에 참여한다는 것은 유학자들에게는 친일에 협력하는 길 말고는 불가능한 것이었다.[390]

그러므로 나라가 멸망한다 해도 조선의 유교적 문명 정신만이라도 지키고자 한 몸부림도 근왕과 민본주의 이념에 어긋나는 것이 아니었다. 왕을 도와 위기에 처한 나라를 구하고 천하생민을 구하고자 하는 유교적 민본주

...

389 신채호, 「조선독립 급(及) 동양평화」, 『단재 신채호의 천고』, 최광식 역주, 아연출판부, 2004, 61쪽. 박정심, 『한국근대사상사』, 앞의 책, 334쪽에서 재인용함.
390 고종이 통치하는 조정에 나가 일본의 침략에 맞서 조선을 근대적인 국민국가로 개혁할 수 있는 여지는 전무했다고 볼 수는 없겠지만 매우 협소했다고 보아야 할 것이다.

의 이념에서 볼 때 조선이라는 나라가 망국적 상황에 점점 빠져들고 있을 때 왕에 대한 충성만을 강조하면 자칫 외세에 결탁한 기득권층에게 면죄부를 줄 수도 있는 상황이었다. 그러므로 화서(華西) 이항로(李恒老) 등 위정척사파 출신의 학자들이 조선의 멸망보다도 유교적 문명의 도를 수호하는 것이 더 중요하다고 보았던 것은 그 당시 시대 상황과 관련된 불가피한 대응 방식으로 이해될 수 있을 것이다. 유교적 문명정신만이라도 고수해야 망국이 되더라도 유교적 정신을 바탕으로 하여 새로운 국가를 건설할 수 있는 방안을 도모할 수 있을 것이기 때문이다. 그리고 이를 바탕으로 해서 조선인은 보국안민 및 치국평천하라는 유교적 민본주의 이념을 새로 구현할 수 있으리라는 희망을 지닐 수 있었을 것이다.

이처럼 위정척사파를 대표하는 거유(巨儒) 화서(華西) 이항로(李恒老)가 유가적 도를 유지하는 것을 조선의 망국보다 더 우선적인 가치로 설정하고 일본의 제국주의적 침략에 저항하는 정신을 보여주었다면,[391] 일본에 의해 실제로 조선이 망하게 되면서 조선의 지식인과 일반 사람들은 조선의 독립과 새로운 국가 건설의 문제를 진지하게 고민하지 않을 수 없게 되었다. 유교적의 도의와 그것의 실현을 가능하게 할 조선이라는 유교 국가가 없어짐에 따라, 유교적인 도와 새로운 국가의 건설 사이의 관계를 정리하는 것이 절박한 사상의 과제로 떠오른 것이다. 물론 위기에 처한 조선의 상황을 극복하기 위한 대안에 대해 상이한 입장이 존재하는 것은 당연했다. 그러했기에 그런 상이한 입장에 따라 유교와 새로운 국가 사이의 관계를 설정하는 것이 다르게 표출되지 않을 수 없었다.

일단 급진적 개화파의 경우에는 조선의 멸망을 유교 문화의 열악성과 야만성으로 인한 것이라고 보았다. 그렇기에 개화파 지식인들의 대안에서 유학의 근본정신을 새로이 변화된 상황 속에서 계승하려는 문제의식이

●●●
391 이 부분에 대해서는 이 책 제12장 제2절 참조.

나타날 수 없었다. 위정척사파의 경우 다양한 방식으로 일본 침략에 저항하면서 소멸되어 갔다. 물론 그들의 저항 정신은 의병전쟁 및 독립운동 등으로 변형되어 전개되었지만, 일제 치하에서 자주적인 독립국가를 향한 투쟁에서 왕조국가로 되돌아갈 가능성은 거의 없었다. 그래서 대동유학의 참다운 정신을 이어받고자 한다 해도, 서구의 공화주의 및 민주주의 혹은 사회주의의 도전에 창조적으로 응전하지 않을 수 없었다. 이제 유럽의 근대 국민국가 시스템이 주도하는 상황에서 독립의 문제를 고려할 때 응당 조선도 그런 국민국가 형성을 지향하는 것은 불가피했고, 그 결과 조선의 국민의식 및 민족의식을 새롭게 형성하려는 노력은 독립운동의 과정에서 해결해야 할 제일차적 과제로 부각되었다.

그러나 민족적 정체성에 바탕을 둔 근대적 국민국가(nation-state)의 성립을 독립운동의 기본 방향으로 설정하면서도, 한국의 독립운동 정신은 결코 부국강병과 국가주의적인 배타성만을 고취하는 식으로 흘러가지 않았다. 또한 한말 이후 한국사회에 엄청난 영향을 준 사회다윈주의, 그러니까 약육강식, 우승열패 그리고 적자생존의 논리를 문명과 국가에 적용하여 서구 제국주의의 침략에 의해 패배한 인종이나 민족이나 국가의 운명을 불가피한 것으로 받아들이는 인식에서 벗어나지 않는다면, 조선 독립운동의 정당성은 딜레마에 처하게 될 것이 뻔했다. 사회진화론적인 약육강식의 경쟁논리를 철저하게 밀고 나간다면, 약소국가인 조선이 일본의 식민지로 전락하는 것 역시 열등한 민족의 피할 수 없는 숙명으로 받아들이는 결론을 쉽게 반박하기 어렵기 때문이다. 또한 사회다윈주의는 약육강식의 경쟁에 의해 사회와 역사가 앞으로 발전해나간다는 문명진보의 역사관과 결부되어 있었기에, 약소국가는 제국주의에 의한 지배를 통해 문명화될 수 있다는 논리도 함축하고 있었다. 조선의 식민지로의 전락을 순순히 받아들이지 못한 수많은 지식인들이 실력양성운동을 벌이면서 조선이 서구적인 문명화의 길로 나아갈 준비를 해야 한다는 생각을 갖게 된 것도 사회진화론의 무비판적 수용 및 내면화의 논리에 의한 것이다.

이처럼 힘이 있는 나라의 문명은 더 우월한 것이라는 사회진화론적 문명관을 수용하는 한, 힘이 있는 나라가 약한 나라를 침략하는 행위를 합리적으로 논박하기 힘들었다. 따라서 많은 계몽 운동가들은 서구나 일본의 제국주의적 침략에 대해 선뜻 동의하지 않으면서도, 조선이 식민지배로 전락하는 것을 서구적인 문명화의 길로 나가기 위해서는 겪을 수밖에 없는 불가피한 과정으로 보게 되었던 것이다.

그러나 민중이 변혁의 주체임을 선언하고 조선의 독립을 동양평화 및 인류사회에서의 모든 착취와 억압의 폐지라는 보편적 이상과 연결시키는 흐름을 개척한 신채호나 세계적인 대동평화사상에서 한국 독립운동의 나아갈 길을 밝히고자 한 박은식 등은 부국강병의 강권의 논리나 서구 근대 국민국가 시스템의 팽창주의적이고 폭력적인 모습에 전적으로 순응하지 않으면서도 근대적인 자주적 독립국가 구상이 가능한 것임을 잘 보여준다. 더 나아가 평화사상 및 모든 인류의 평등과 조화의 사상과 조선의 독립을 서로 연결시켜 새롭게 사유하는 신채호와 박은식이 모두 조선의 유학 전통을 비판하면서도 그 참다운 대동 정신의 긍정적 유산을 결코 포기하지 않았던 유학자 출신이었다는 점도 매우 중요한 사실이다. 이들에게서 우리는 조선의 유학에서 나타난 치국·평천하 사상의 현대적 변형을 발견하는 것도 우연이 아닌 셈이다.

특히 신채호 및 박은식의 경우가 보여주듯이 유교적 민본주의의 급진적 흐름이 독립운동과 결합하여 한국 독립운동은 독특한 보편주의적 색채를 띠게 되었다. 달리 말하자면 박은식과 신채호는 국민국가의 독립과 국민국가 간 상호 평등의 이념을 결합해 배타적인 국민국가 유일주의 혹은 부국강병식 국민국가관의 폐쇄성과 일국주의를 넘어서는 사유의 지평을 분명하게 보여준다. 그들이 서구 근대의 국민국가 위주의 사유 방식을 넘어서서 조선의 독립을 세계평화 및 억압으로 고통 받는 모든 민족 및 민중의 해방이라는 관점으로까지 밀고 나갈 수 있었던 사유의 배경에는 유교적인 천하관과 대동적 이상의 지속적인 영향사가 존재하는 것이다.

앞에서 강조했듯이 단재 신채호가 동양평화와 한국의 독립운동의 상호 연관성을 강조한 것도 조선 후기 실학사상과 개혁운동은 말할 것도 없이 한말 이후 일본 제국주의 및 서구 열강의 조선침략에 대해 저항했던 의병운 동을 비롯하여 일제 강점기에 이루어진 민족독립운동 속에 스며들어 있는 유교적인 평천하·대동사회의 이상과 무관하지 않다. 한국 민족주의의 평화 지향과 문명주의의 특색을 강화시켜 준 문화적 토양이자 배경적 전통이 바로 유교적인 대동세계의 이상이라고 할 수 있을 것이다.

그런데 한국 독립운동 정신은 유교적 대동사상의 전통을 이어받으면서 그 사상도 혁신한다. 달리 말하자면 한국 독립운동이 기본적으로 민주공화 주의를 지향했던 데에서 보듯이 한국 독립운동은 서구 근대의 도전에 직면하여 서구 근대의 이른바 '해방적 이념'인 민주주의 및 공화주의를 비롯한 여러 이념을 능동적이고 주체적 방식으로 해석하여 기존의 유교적 인 대동세계 이념을 새롭게 발전시킨다. 한국의 독립운동이 기본적으로 평화지향 및 세계주의적 이념을 굳게 견지할 수 있었던 데에는 평천하적 세계시민주의 이념인 유교적 대동세계의 정신적 자산이 큰 기여를 했지만, 그 이념은 독립운동 과정 속에서 근대적인 국민국가 및 민주공화주의와의 대화를 통해 현대적으로 변형되지 않을 수 없었다. 그러므로 한국 독립운동 정신의 핵심은 대동민주주의 혹은 공화주의적/민주주의적 대동이념으로 개념화해볼 수 있을 것이다.

그렇다면 한국의 독립운동 이념과 정신은 동아시아 유교적 전통의 민주 화이자 민주주의의 동아시아화 혹은 유교화로 요약할 수 있을 것이다. 이를 좀 더 명료하게 하면 다음과 같을 것이다. 한편으로 대동민주주의 혹은 공화주의적 대동 이념으로 개념화된 한국 독립운동의 정신은 조선사 회로부터 이어져온 유교적 대동사상의 민주적이고 공화주의적 잠재성을 명료화한 결과로 독해되어야 한다. 다른 한편으로 한국 독립운동의 기본 정신은 국민국가 중심의 서구 자본주의 세계체제의 침략성과 폭력성을 표현하고 있는 '유럽적 보편주의'의 한계를 평천하 및 균평의 사상을 담고 있는 유교적 대동 이념으로 비판적으로 극복한 산물로 간주되어야 마땅하다.

게다가 평천하 의식을 담고 있는 한국의 저항적 민족주의 정신은 오늘날 두 가지 점에서 여전히 중요하다. 첫째로, 뒤에서 좀 더 상세하게 밝히겠지만 한국 독립운동 정신은 대한민국의 민주공화국 헌법 정신에 사회통합적 균등지향, 한반도의 평화통일 및 세계평화 추구의 형태로 반영되어 지속되고 있다. 둘째로, 한국의 저항적 민족주의가 견지한 평천하적 세계시민주의 정신은 한반도의 분단으로 인한 남과 북의 극단적 갈등상황을 동아시아 및 세계평화 질서의 구상이라는 폭넓은 시야 속에서 해결할 것을 요구하고 있다.[392]

2) 백암 박은식

백암 박은식은 처음에는 전형적인 성리학자였다. 그의 부친인 박용호도 황해도 황주에서 이름난 성리학자였기에 그도 어렸을 때부터 부친의 서당에서 성리학을 익혔다. 20대 때 박문일(朴文一, 1822~1894) 및 박문오(朴文吾, 1832~1899) 형제에게 성리학을 배웠다. 이들은 위정척사파의 거두 화서 이항로 학맥을 이어받은 관서 지방의 대표적 주자학자로 이름이 높았던 인물들이었다.[393] 그리고 그는 신채호와 마찬가지로 사회진화론의 영향을 받아 당대를 국가 경쟁의 시대로 여기면서 조선이 근대적인 국민국가로 나가기 위해서 민족적 정체성을 확립하는 것이 관건이라고 생각했다.

• • •
392 이에 대해서는 이 책 제12장 '한국의 역사적 경험에서 본 세계시민주의와 대동민주주의' 참조.
393 윤사순, 『한국유학사 하』, 앞의 책, 318-319쪽 참조.

1906년의 『서우』(西友) 제1호의 글인 「교육이 흥해야 생존을 얻는다」에서 박은식은 조선인이 약육강식의 세계에서 생존하기 위해서는 교육이 필요하다고 역설하면서 당대를 "생존경쟁은 천연이요, 우승열패는 공례"로 관철되는 시대로 본다.[394] 그래서 박은식은 신채호와 마찬가지로 애국계몽운동 시기에 국제사회에서 관철될 수 있는 보편적인 가치의 현실 적합성을 매우 회의적으로 보았다. 그리고 그들은 민족주의를 약육강식의 정글 법칙이 지배하는 세상에서 한민족이 거듭날 수 있는 방안으로 생각하는 경향을 보여주기도 했다. 박은식과 신채호가 보여준 모습을 유교적 사유 방식의 해체와 관련하여 조경달은 다음과 같이 해석한다. "대한 내셔널리즘을 적극적으로 고취하였던 인물이 바로 박은식과 신채호였다. 양자의 사상적 특징은 당시 사회진화론의 '진보'를 중시하여 이해하는 경향이 강한 와중에, 반대로 철저하게 '경쟁'을 중시하여 이해하였다는 점에 있다. 그 결과 양자는 현실 세계에는 가혹한 경쟁이 있을 뿐, 보편적 도의 등은 없다고 생각하였다. 국제법 등은 조금도 기대할 것이 없으며, 열강이 생각하는 대로 해석하여 약소국을 고통에 빠지게 만드는 도구에 지나지 않는다는 인식이었다. 그 때문에 두 사람은 국가주의의 입장에 서야 함을 집요하게 주장하였다. 국가는 도의보다도 무겁다고 주장한 것이다. [……] 조선의 전통적 교학인 주자학에서는 훌륭한 인격자가 훌륭한 정치를 실천할 수 있다고 생각한다. 도덕과 정치는 연속되어 있는 것이었다. 정치의 세계에서는 본래 권모술수 등을 써서는 안 된다는 인식이다. 주자학적 사유에 젖어 있었던 조선의 지식인은 이러한 사유로부터 쉽게 벗어날 수 없었는데, 박은식과 신채호는 도덕과 정치를 분리시킴으로써 진정한 국가주의를 정립하였다."[395]

394 이만열 편, 『박은식』, 한길사, 1980, 83쪽.
395 조경달, 『근대 조선과 일본: 조선의 개항부터 대한제국의 멸망까지』, 최덕수 옮김, 열린책들, 2015, 256-257쪽.

그러나 국가 및 민족 중심의 사유, 그러니까 평천하와 분리된 국가의 안위만을 고려하는 생각은 그 당시에 절박한 시대정신을 반영하고 있다고 해도 그 자체로서 볼 때 한계가 있었다. 거듭 강조하지만 서구 근대 자본주의 세계체제의 국가형태인 국민국가에 바탕을 둔 국제질서에서, 더구나 사회다윈주의로 무장하여 전 세계를 제국주의 열강의 약탈장으로 만들고 있었던 시기에 평천하의 이념은 한가로운 낭만적 몽상가의 생각처럼 여겨질 수도 있었을 것이다. 그러나 국가의 독립도 국가들 사이의 상호 인정에 의해서만 진정하게 달성될 수 있다는 점을 생각해보아도 국가 사이의 지속가능한 평화체제의 구축 방안을 모색하는 작업은 식민지배로 전락한 피식민지 일반 민중들이 스스로 해결해야 할 과제였다.

박은식은 40세 되던 해인 1898년부터 사상과 행동에서 커다란 전환기를 맞이한다. 그가 주자학에서 양명학으로 관심을 변경하게 된 것도 그 무렵이다.[396] 그는 양명학을 수용하여 망국에 이어 식민지로 전락한 조선의 상황을 극복하여 세계의 여러 나라와 대등한 위상을 확립하는 방안을 모색할 수 있을 것이라 기대했다. 여기에서는 그의 사상 전모를 밝히는 자리가 아니기에, 글의 취지에 어울리게 박은식의 유교적 대동사상의 몇몇 모습에 주목할 것이다. 그의 유교적 대동사상은 양명학의 '만물일체의 인' 사상과 관련되어 있다. 그는 '만물일체의 인'을 양명학의 핵심으로 파악했고,[397] 이 관념을 사해동포주의 및 대동사상과 연결시켜 강권(強權) 위주의 제국주의의 폐해를 극복할 수 있는 새로운 세계시민 지향의 유교적 평등주의 혹은 대동적 세계 이념으로 발전시키고자 했다.[398]

...
396 박은식의 생애에 대해서는 이종란, 「박은식의 구국활동과 양명학」, 박은식, 『왕양명실기』, 이종란 옮김, 한길사, 2010, 13-21쪽 참조. 박은식의 양명학과 강화학파(江華學派) 사이의 연관의 문제에 대해서는 박정심, 『한국근대사상사』, 앞의 책, 275쪽 참조.
397 박은식, 「일본 양명학회 주간에게」, 이만열 편, 『박은식』, 앞의 책, 158쪽 참조. 박은식의 대동사상에 대해서는 박정심, 『한국근대사상사』, 같은 책, 292-297쪽에서 많은 시사점을 받았다.

박은식은 사회진화론적인 약육강식의 논리를 통해서는 인류의 병폐를 치유할 수 없다고 보고, 20세기 인류가 적자생존 및 약육강식의 정글로부터 벗어날 길을 유교적 대동세계를 구현하는 데에서 찾을 수 있다고 생각했다. 1909년 <황성신문>에 실린 글 「유교 발달이 평화를 위한 최대의 기초」에서 그는 유교의 평화 지향의 논리와 당대 제국주의 열강의 시대를 규정하는 적자생존 논리의 폭력성을 다음과 같이 대조시키고 있다. "유교는 세계평화를 지향한다. 『논어』의 충서(忠恕)와 『중용』의 중화위육(中和位育), 그리고 「예운」(禮運)의 대동이 모두 평화의 본원이며 평화의 극공(極功)이다. 또 『춘추』(春秋)에는 천하열국으로 하여금 경쟁을 쉬게 하고 난리를 그치게 하고 강신수목(講信修睦)하여 대동평화를 이루는 것을 종지로 한 내용도 있다. 이런 주의가 경쟁 시대에는 적합지 않은 듯하지만 장래 사회 경향이 평화에 기울면 우리 유교의 큰 발달을 확연히 기약할 수 있다. 우리나라의 유교여, 유교의 형식에 구애되지 말고 유교의 정신을 발휘하여 세계동포로 하여금 대동평화의 행복을 균일하게 향유하게 해야 할 것이다."[399]

박은식은 1911년경에 저술된 「몽배금태조」라는 글에서는 강권(强權), 즉 강자의 권리(the right of the stronger)가 당대 인류 역사를 지배하는 보편적 진리라고 보고 이를 비판한다.[400] 문명 세계에서 강자의 권리는 신성한 것으로 여겨지고, 그 결과 약자의 권리는 존재하지 않는 것이고 강자가 승리하게 된 동인은 바로 지력의 발전과 더 우월한 문명에 기인한 것임을 옹호하는 약육강식의 사회진화론적 논리가 유교의 대동세계적인 이념, 즉 천지만물 일체의 인의 이념과 상충된다는 점을 유학자인 박은식은

• • •
398 박정심, 『한국근대사상사』, 같은 책, 287쪽, 291쪽 참조.
399 박은식, 「유교 발달이 평화를 위한 최대의 기초」, <황성신문>, 1909년 11월 6일, 박정심, 같은 책, 296쪽에서 재인용.
400 강자의 권리(the right of the stronger)를 강권(强權)으로 번역한 사람은 일본인 가토 히로유키(加藤弘之)라고 한다. 박노자, 『우승열패의 신화』, 한겨레출판, 2007, 136쪽.

간파했다. 그는 이 점을 다음과 같이 분명하게 천명한다. "어찌하여 세운의 문명이 더욱 진보하고 인간들의 지식이 더욱 발달할수록 경쟁의 기회와 살벌의 소리가 더욱 극렬하여, 소위 국가 경쟁이니 민족 경쟁이니 하는 허다한 문제가 층층이 생기고 첩첩이 나타나 세계에 전쟁의 역사가 그치지 않음은 물론이요, [……] 허다한 사람을 죽여 성을 덮고 들판을 덮는 기구가 정교에 정교를 더하여 소위 극노포이니, 속사포이니, 모비총이니, 철갑선 이니, 경기구이니 하는 각종 기계가 바다와 육지를 진탕하고 하늘과 땅을 뒤흔들어 인민의 피로 시내를 이루고, 인민의 뼈로 산을 쌓았는데 약육강식 을 공례(公例)라고 하며, 우승열패를 천연(天演)으로 인식하여, 나라를 멸하 며 종족을 멸하는 부도불법으로써 정치가의 양책을 삼되 소위 평화재판이 니 공법담판이니 하는 문제는 강권자와 우승자의 이용물에 불과할 뿐이요, 약자 열자는 그 고통을 호소하고 원통함을 펴나갈 곳이 없으니 상제의 일시동인과 성인의 만물일체에 대하여 유감이 없기 어려운 바로소이 다."[401]

박은식은 대동세계와 같은 유교적 이상사회 이념을 약육강식의 논리로 인해 도탄에 빠져 고통스러워하는 우리 민족과 모든 인류를 구원하는 이념으로 삼아야 한다고 생각했다.[402] 이처럼 그는 인류를 우승열패와 생존경쟁과 같은 전쟁의 참화로 몰고 가는 서구 근대 문명의 야만성과 폭력성을 해결할 수 있는 방안을 혁신된 유교적 대동세계의 이념에서 구할 수 있다는 신념을 지니고 있었다. 그리고 그의 이런 신념은 동양사회가 21세기의 새로운 인류 역사의 주역으로 등장할 수 있을 것이고, 공자의 도가 상실되지 않고 지속될 것이라는 믿음과 통하는 것이었다. 서구 근대 문명의 지도적 지위가 쇠퇴하고 새로운 문명 전환의 시대가 도래할 것임을

• • •
401 박은식, 「몽배금태조」, 이만열 편, 『박은식』, 앞의 책, 180-181쪽.
402 같은 책, 181쪽.

예측한 것이다. 공자의 도가 21세기 인류사회에 크게 기여할 수 있으리라는 그의 믿음은 「유교구신론」(儒教求新論)의 다음과 같은 주장에 매우 잘 표현되어 있다. "대개 과거 19세기와 현재 20세기는 서양의 문명이 크게 발달한 시기요, 장래의 21세기와 22세기는 동양의 문명이 크게 발달할 시기이다. 그러니 우리 공자의 도가 어찌 땅에 떨어지겠는가? 장차 온 세계에 그 빛을 크게 나타낼 시기가 올 것이다. 아아! 우리 한국의 유림이 눈을 똑바로 뜨고서 보고, 몸을 떨쳐 이를 책임질 것이다."[403]

Ⅶ. 백범 김구의 독립정신과 유교 전통

우리나라 독립운동의 상징적 인물의 하나라 할 백범(白凡) 김구(金九, 1876~1949)도 조선의 유교정신의 원리적 혹은 도의적 성격에서 커다란 영향을 받은 것으로 알려져 있다. 그는 청년시절 고석로(高錫魯, 1842~1922)로부터 커다란 영향을 받았다. 고석로는 화서 이항로의 직접 제자는 아니나, 그의 학맥을 이어받은 김평묵 및 유중교를 통해 이항로의 사상을 전수받은 인물이었다.[404] 김구는 『백범일지』에서 그의 스승인 고석로를 다음과 같이 회상하고 있다. "아, 슬프도다! 이 말을 기록하는 오늘까지 30여 년 동안 내 마음을 쓰거나 일을 할 때, 만에 하나라도 아름다이 여기는 점이 있다면 그것은 온전히 당시 청계동에서 고선생이 나를 특히 사랑하시고 심혈을 다 기울여 구전심수(口傳心授)하시던 훈육의 덕일 것이

• • •

403 박은식, 「유교구신론」, 같은 책, 152쪽.

404 고석로는 『백범일지』에는 고능선(高能善)이라는 이름으로 알려진 인물이다. 고석로의 생애와 이념 그리고 그의 사상이 백범 김구에게 끼친 영향에 대한 보다 상세한 연구로는 권오영, 『근대이행기의 유림』, 돌베개, 2012, 「고석로의 위정척사 이념과 '구전심수'의 교육」 참조.

다. 다시 이 세상에서 그같이 사랑하시던 위대한 얼굴을 뵈지 못하고, 다시 참되고 거룩한 사랑을 받지 못하겠으니, 아, 슬프고도 애통하도다!"[405]

물론 김구는 후에 그가 그토록 높이 평가하는 스승 고석로와 달리 위정척 사파적 입장의 한계를 넘어서고자 했다. 그는 위정척사파의 한계를 분명하게 자각하면서, 서양을 오랑캐로 보지 않아야만 하고 서구로부터도 배우려는 개방적 태도를 지녀야 한다는 입장을 지니게 되었다. 그럼에도 앞에서 인용된 스승에 대한 절절한 회상에서 보듯이 그는 늘 고석로에게서 받은 영향을 매우 크게 생각하고 이를 잊지 않았다. 김구는 그가 20세가 되는 1895년 2월 청계동에서 고석로를 처음 만나 그로부터 직접 가르침을 받았다. 특히 그는 스승으로부터 "의리와 순도(殉道, 殉國)"의 정신을 전수받았다고 한다.[406] 예를 들어 김구는 고석로가 그에게 강조한 것이 의리였다고 회고한다. "선생은 주로 의리(義理)가 어떤 것인지에 대해 말씀하셨다. 아무리 발군의 뛰어난 재주와 능력이 있는 자라도 의리에서 벗어나면 재능이 도리어 화근이 된다는 것과, 사람의 처세는 마땅히 의리에 근본을 두어야 한다는 것 [……] 등 여러 가지 좋은 말씀(金言)을 들려주셨다."[407]

특히 의리와 관련된 고석로의 가르침의 핵심은 도를 위해서는 목숨도 아끼지 않아야 한다는 데 있었다. 달리 말하자면 일반 백성들까지 나서서 위기에 처한 나라를 구하려는 일념을 포기하지 않고 그것을 위해 온 힘을 다해 노력하는 것이 바로 참다운 도리를 지키는 것이요, 의리를 지키는 행동이라는 것이다. 이런 생각을 고석로는 청년 김구에게 당시 망국의 위기에 처한 조선의 상황과 관련하여 설명하고 있는데, 이때 그는 나라가 망하는 방식에도 차이가 있다고 역설한다. 즉 나라가 망하는 데에는 "신성하게 망하는 것과 더럽게 망하는 것"이 있다는 것이다. 그 부분을 인용하면

• • •
405 김구, 『백범일지』, 앞의 책, 180쪽.
406 권오영, 『근대이행기의 유림』, 앞의 책, 82-83쪽, 95쪽.
407 김구, 『백범일지』, 앞의 책, 63쪽.

다음과 같다. "만고 천하에 흥해보지 못한 나라가 없고 망해보지 못한 나라가 없네. 종전에는 토지와 백성은 가만두고 군주 자리만 빼앗는 것으로 흥망을 논하였지. 그러나 지금의 망국이란 나라의 토지와 백성과 주권을 모두 강제로 집어삼키는 것이네. 우리나라도 필경은 왜놈에게 망하게 되었네. 소위 조정대관들은 전부 외세에 영합하려는 사상만 가지고, 러시아를 친하여 자기 지위를 보전할까, 혹은 영국이나 미국을, 혹은 프랑스를, 혹은 일본을 친하여 자기 지위를 견고히 할까, 순전히 이런 생각들뿐이라네. 나라는 망하는데, 국내의 최고 학식을 가졌다는 산림학자들도 한탄하고 혀만 차고 있을 뿐 어떠한 구국의 경론도 보이지 않으니 큰 유감일세. 나라가 망하는 데도 신성하게 망하는 것과 더럽게 망하는 것이 있는데, 우리나라는 더럽게 망하게 되었네."[408]

나라가 망하는 데에도 품격이 있다는 고석로의 설명은 참으로 비장하면서도 선비의 높은 절의를 실감하게 한다. 당연히 김구도 이런 설명에 놀라 그것이 의미하는 바가 무엇인지 질문을 던지지 않을 수 없었다. 그는 백범의 질문에 다음과 같이 설명한다. "일반 백성들이 의(義)를 붙잡고 끝까지 싸우다가 함께 죽는 것은 신성하게 망하는 것이요, 일반 백성과 신하가 적에게 아부하다 꾐에 빠져 항복하는 것은 더럽게 망하는 것일세."[409] 고석로의 입장은 갑오농민전쟁시기에 민본과 근왕의 이념의 실현을 위해 선비가 가야 할 길을 걸으려는 백성들의 뜻에 반대한 전통적인 유교적 민본주의적 유학자와 다른 모습을 보여준다. 일반 백성도 의를 위해 끝까지 투쟁해야 한다는 점을 명백하게 옹호하고 있기 때문이다.

김구는 신성하게 망하는 것과 더럽게 망하는 것 사이의 강조에서 큰 감명을 받고 어려울 때마다 스승의 의리 정신을 견지하려고 노력했다.

• • •
408 같은 책, 65쪽.
409 같은 책, 65-66쪽.

그가 평생 우리나라의 독립운동을 위해 헌신한 것도 이런 의리 정신에 바탕을 둔 것이었다. 비록 그가 후에 스승의 위정척사파적 입장을 비판하고 서구 문명으로부터도 가능한 한 많은 것을 배우려고 했음에도, 그의 독립정신에는 스승으로부터 물려받은 선비정신이 면면히 이어지고 있음도 간과해서는 안 될 것이다. 이로부터 나라의 존망 여부보다 유교적인 문명의 도를 더 우선시하고 그런 도를 지키는 정신과 기백이 존재한다면, 궁극적으로는 나라의 위기도 구해낼 수 있다는 이항로의 저항적인 선비정신이 고석로를 매개로 하여 김구의 독립정신으로 이어지고 있음을 알 수 있다.

김구는 명성황후를 시해한 일본에게 복수를 하기 위해 1896년에 일본 육군 중위를 살해하여 인천 감영에서 사형수로 복역하는 도중에 서양 서적을 접하게 된다. 이를 계기로 그는 고석로로부터 배운 위정척사파적인 서양관을 버리게 된다. 그는 이제 "의리는 유학자들에게 배우고, 문화와 제도 일체는 세계 각국에서 채택하여 적용하는 것"이 우리나라가 취해야 할 길이라고 생각하였다.[410] 이처럼 김구도 서구 근대 문명과의 조우라는 역사적 전환의 시기에 조선의 유교 문명을 선으로, 그리고 서구 근대 문명을 야만으로 설정하는 태도를 넘어선다. 즉, 고석로의 가르침대로 서양의 문명을 야수나 오랑캐의 것으로 보고 서구 문물을 사갈시하는 태도가 일면적임을 알게 되었다. 그리하여 그는 고석로와 다시 만났을 때 스승이 그에게 중국으로 망명간 유인석에게 가 장래의 일을 도모할 것을 권하자, 여러 경험을 통해 그가 새로 배운 바를 스승에게 말씀드렸다. 즉, 그는 스승에게 중화를 존중하고 서양의 오랑캐를 배척하는 길은 "정당한 주의가 아니라는 것"과 "오랑캐에게서 배울 것이 많고, 공맹에게서는 버릴 것이 많다고 생각됩니다"라고 말했다. 물론 이런 김구의 주장에 대해 고석로는 박영효나 서광범과 같은 개화파의 주장의 반복에 다름 아니라고 질책했

• • •
410 같은 책, 115쪽.

다.[411]

김구는 해방 후 1947년에 작성된 「나의 소원」에서도 조선을 양반독재사회로 신랄하게 비판한다.[412] 특히 주자학 일색의 조선사회가 일종의 양반계급독재사회였다고 하면서, 주자학 이외의 학문이 자유로이 발전할 수 없었기 때문에 조선이 결국은 망하게 되었다고 말한다.[413] 그럼에도 그는 유학정신과 유교적 전통 자체를 철저하게 부정하면서 서구로 가는 전면적인 서구화만이 우리나라가 나아갈 길임을 확신하는 흐름에 대해서도 늘 경계를 취하고 있었다. 그는 「나의 소원」에서도 조선의 좋은 제도의 사례로 간관제도를 거론하고, 그것을 국민 중에 훌륭한 사람을 국정에 참여케 하는 것이라고 긍정적으로 평가한다.

더 나아가 김구는 자신이 원하는 우리나라의 모습이 무엇인지를 설명하면서 반복해서 유교적 정신을 강조한다. 예를 들어 그는 인류가 불행에 처하게 된 이유를 "인의(仁義)가 부족하고, 자비가 부족하고, 사랑이 부족"하기 때문이라고 말한다. 그는 유교적인 인의를 불교의 자비나 기독교의 사랑보다도 더 우선적으로 거론한다. 또한 우리 민족이 세계사에 큰 기여를 할 수 있는 나라가 되기 위해서는 사상의 자유와 더불어 국민교육의 완비가 매우 중요하다고 주장하면서 그는 다음과 같이 말한다. "최고 문화 건설의 사명을 달할 민족은 일언이 폐지하면, 모두 성인(聖人)을 만드는 데 있다."[414]

• • •

411 같은 책, 178-180쪽.

412 해방 후 김구는 크게 보아 중도파 민족주의 계열에 속해 있었다. 그러나 김구는 해방 이후부터 1947년까지 당시 해방 후 정국의 정치 세력 분포도에서 볼 때 극우적 경향을 띤 것으로 평가된다. 그러나 1948년 1월 이후 그는 단정을 반대하고 중도파 민족주의자들과 함께 통일정부 수립을 위한 정치적 활동을 한다. 이에 대해서는 서중석, 『한국현대민족운동연구 2: 1948-1950 민주주의 · 민족주의 그리고 반공주의』, 역사비평사, 1996, 14-15쪽 참조.

413 김구, 『백범일지』, 앞의 책, 427-428쪽 참조.

414 같은 책, 431-432쪽.

김구 스스로 강조하듯이 그는 구소련식의 국가보다는 미국과 같은 언론의 자유와 개인의 자유를 존중하는 사회가 더 바람직하다고 보았다.[415] 그러므로 그가 우리나라가 민주주의 국가로서 개인의 존엄성과 사상의 자유를 존중하는 사회가 되기를 희망했다고 보아도 무방하다. 그리고 그는 민주주의의 민주를 "백성이 나라의 주권자"로 행세하는 것으로 이해한다.[416] 그런데 이런 자유로운 민주국가를 건설하기 위한 최선의 길이 바로 문화국가가 되는 데 있는데, 그런 문화국가를 달성하는 지름길은 모든 국민을 "성인"(聖人)으로 만드는 데에 있다고 김구는 확신한다. 달리 말하자면 근대 민주주의 국가로 거듭 탄생할 독립된 조선의 모든 구성원들은 "성인"의 정신을 지녀야만 한다. 그래야만 민주국가가 최고로 잘 발현되어 고도의 문화를 자랑하는 국가로 될 수 있다고 백범은 믿었다. 오늘날로 표현하자면 김구는 능동적인 민주시민의 이상을 천하생민의 고통을 구제하는 유교적인 최고의 인간상인 성인에서 구하고 있다.

그런데 당연한 이야기인 것 같지만 유교적 성인의 이상을 민주주의 국가와 연결시키는 백범의 시도는 조선의 유교적 민본주의가 서구 근대와 조우해 탄생한 새로운 성취임을 망각해서는 안 된다. 백범의 자서전이 보여주듯이 유교적 선비정신과 민주주의 사이의 상호만남을 매개로 한 유교적 선비정신의 새로운 탄생은 아주 지난한 과정을 겪은 후에 이루어진 것이다. 모든 사람을 요순과 같은 성인으로 만드는 것이 유교적 대동세계의 꿈이었음은 이미 살펴본 바와 같다. 그런 유교적 대동의 이념을 이어 받은 김구는 그것을 서구의 자유 및 민주주의와 매개하는 사유를 거쳐 모든 사람을 성인으로 만드는 교육을 통해서 인류사회에 기여할 수 있는 번영하는 민주적인 문화국가가 될 수 있다고 주장하는 것이다. 그가 말하는 성인

• • •
415 같은 책, 430쪽 참조.
416 같은 책, 430쪽.

(聖人)은 민주시민으로서의 덕을 충분하게 갖추고 있는 사람이지만, 그런 민주시민은 동시에 변형된 형태로나마 유교적인 안민과 평천하의 이념을 견지하고자 하는 현대적인 민주 선비이기도 한 것이다.

그렇다면 김구가 상상한 민주주의 문화국가 이념을 서구의 자유민주주의에 가까운 것인지 아니면 사회민주주의적인 것과 친화적인 것인지를 논하기보다는, 그것을 우리의 역사 속에서 창출된 민주주의 이념, 그러니까 유교적 대동세계의 이상과 서구적인 공화주의 및 민주주의 사이의 창조적 결합의 한 형태인 대동 민주주의에 속하는 것으로 이해해보는 것도 큰 무리는 아니지 않을까 한다.

자유의 나라를 완성하는 작업에서 교육의 중요성을 언급하는 대목에서 대한 사람 모두를 "성인"으로 만들어야 한다는 백범의 주장에서 눈길을 끄는 또 다른 지점은 동포 사이의 화합을 강조하는 부분이다. 이 부분에서 백범은 동포 사이의 증오와 반목을 그만두고 서로 사랑하고 아낄 줄 아는 대한 사람이 되어야 한다고 힘주어 말한다. 그러면서 그는 우리 모두가 개인의 자유를 내세우는 것을 적극적으로 옹호하면서도 그 자유는 "제 가족을, 제 이웃을, 제 국민을 잘 살게 하기에 쓰이는 자유"로 이해되어야 한다고 말한다. 가족, 이웃 그리고 국민으로 확장되어 나가는 자유에 대한 그의 서술은 사람의 어진 마음을 '수신제가치국평천하' 혹은 친친, 애인 그리고 애물로 확장되어 나가는 과정을 중요하게 간주하는 유교적 사유 방식을 보여준다. 실제로 그는 바로 연이어서 다음과 같이 말한다. "우리는 남의 것을 빼앗거나 남의 덕을 입으려는 사람이 아니라, 가족에게, 이웃에게, 동포에게 주는 것을 낙으로 삼는 사람이다. 우리말에 이른바 선비요 점잖은 사람이다."[417]

백범 김구는 자신의 자유를 남의 자유와 화합하게 하는 마음가짐의

• • •
417 같은 책, 432쪽.

중요성을 강조하면서 개인의 자유를 늘 이웃과 동포의 삶을 번영케 하는 사회적 행위와 결부시켜 이해한다. 그리고 그는 그런 방식으로 행동하는 사람을 "선비"로 규정하는데, 이는 매우 중요하다. 독립운동을 거치면서 조선의 선비 개념이 민주주의적 자유와 동포에 대한 사랑에 관심을 기울이는 사람으로 변형되어 나타나고 있기 때문이다. 백범의 선비에 대한 이해는 천하생민의 고통을 제거하기 위해 나라의 왕을 요순성왕으로 만들어 백성의 삶을 편안하게 하려는 사람이 선비라는 조선의 선비정신의 현대적 변형, 즉 민본적 유교적 선비정신의 민주적 선비정신으로의 이행과 변형의 모습을 보여준다. 더구나 백범은 가족, 이웃 그리고 동포에게 우선 베풀어주어야 자신의 자유와 삶도 가능하다는 생각을 보여주는데, 이 역시 '자신이 서고자 하면, 우선 남을 먼저 세워주라'는 유교의 기본적인 군자와 선비의 이상을 반복하는 것이다.

그러나 무엇보다도 가장 흥미로운 백범의 생각은 이웃과 동포에게 우선 베풀어주는 행위를 공자의 인과 사랑으로 해석하는 부분이다. "사랑하는 처자를 가진 가장은 부지런할 수밖에 없다. 한없이 주기 위함이다. 힘든 일은 내가 앞서 하니 사랑하는 동포를 아낌이요, 즐거운 것은 남에게 권하니 사랑하는 자를 위하기 때문이다."[418] 백범에 의하면 동포와 백성에 대한 사랑은 바로 그들에게 아낌이 없이 온 마음을 다해 정성스럽게 그들의 자유와 행복을 위해 일하는 것이다. 그러므로 그가 지향하는 자유로운 민주주의 국가의 주인이자 주권자인 백성에 대한 사랑은 자유에 대한 사랑에 다름 아닌 것이다. 그리고 이렇게 자유에 대한 사랑이자 동포에 대한 사랑의 마음인 어진 마음, 즉 인(仁)에는 한계가 없다.

사랑하는 마음에 한정이 없듯이 백성의 자유와 동포에 대한 무한한 사랑은 다름 아닌 민주주의의 주권자인 백성에 대한 충성을 다하는 것이다.

· · ·
418 같은 책, 432쪽.

본디 충성이라는 것은 자신의 마음을 진정으로 다하는 것이라는 뜻이었다.
즉, 성리학에서도 "진실한 마음을 발하는 것을 충(忠)이라고 한다."(發乎眞心
之謂忠)[419] 그러므로 백범에 의하면 민족(동포)에 대한 사랑은 백성에 대한
사랑이며 백성의 자유와 행복에 대한 사랑을 의미하는 것이다. 또한 백성과
동포의 자유 및 행복을 이루기 위해 사랑하는 마음을 지극하게 하는 것이
바로 민주주의 사회에서 시민이 지녀야 하는 충성의 본연의 모습인 셈이다.
이처럼 백범의 경우를 통해 유교적인 사랑과 충성의 이념이 민본주의를
거쳐 민주공화국과 연동되어 민주주의에 대한 충성으로, 그러니까 나라의
주권자인 백성(시민)에 대한 사랑과 충성으로 발전하는 것을 보게 된다.
사실 백범은 이미 1909년경에 진정한 양반, 즉 새로운 시대에 어울리는
양반 정신은 "삼천리강토의 이천만 민중에게 충성을 다하여 자기 자손과
이천만 민중의 자손에게 만세토록 복음"을 남기는 데 있다고 강조했다.
그는 "군주 일 개인에 대한 충성"에 매몰되어 있던 충성관을 "구식 양반"이
지녔던 그릇된 충성관으로 보고 새로운 유교적 충성관은 도탄에 허덕이는
이천만 조선 민중에게 독립과 번영의 삶을 부여하기 위해 온 힘을 다해
노력하는 데 있다고 보았던 것이다.[420]

• • •

419 주희 · 여조겸, 『근사록집해 1』, 앞의 책, 111쪽.

420 김구, 『백범일지』, 앞의 책, 204쪽. 조선의 유교적 이념과 문화를 현대화 내지 민주화
하려는 문제의식은 한국의 경제사학 발전에 지대한 공헌을 한 학자이자 해방 후 온건
좌익 지도자로 활동한 백남운(白南雲, 1895~1974)에게서도 발견된다. 그는 1946년
4월 15일에 발표된 「조선민족의 진로」에서 유교의 인(仁), 의(義), 효제(孝悌) 등의
이념을 민주적 방식으로 재전유할 수 있어야 함을 강조한다. 예를 들어 그는 민주시대에
인은 기층 민중을 "인격적으로 해방"하려는 인, 즉 "인간을 사랑하고 민족을 사랑하고
생산계급을 사랑하자는 '민주적 인'"으로 변형되어 전개되어야 함을 역설했다. 마찬가
지로 기존의 유교적 충성 이론은 "압박 및 착취의 반봉건성 또는 자본주의적인 모든
특권적 질곡으로부터 노동자와 노동층의 해방을 위한 충"으로 새롭게 전개되어야
하는데, 그는 이를 "민주적 충"으로 규정한다. 백남운, 『조선민족의 진로 · 재론』, 범우,
2007, 84-87쪽. 백남운의 민주적 인 및 충성 이론은 상대적으로 좀 더 급진적인 민주주의
와 매개되어 재전유된 유교적 전통사상의 현대적 발현의 한 양상으로 평가될 수 있을

그리고 이런 민주주의에 대한 충성의 관념은 김대중 전 대통령의 유교적 충성의 이해와도 이어진다. 김대중은 "현대사회에서 충(忠)의 대상"을 "국민"으로 이해한다. 달리 말하자면 그는 우리의 헌법정신이 국민이 주권자라는 인식에 기반하고 있는 것처럼, 충성을 다해야 할 대상은 대통령이나 국가나 왕이 아니라, "내 아내요, 내 남편이요, 내 이웃"이라고 역설한다. 간단하게 말하자면, 김대중은 "백성 '민'(民) 자, 임금 '주'(主) 자, 즉 백성이 임금이고 백성이 주인"인 사회에서 충성의 대상은 백성, 즉 시민이라고 본다.[421]

"인의(仁義)가 부족하고, 자비가 부족하고, 사랑이 부족"하기에 인류사회가 불행하게 되었다는 백범의 주장에서 주목할 또 다른 점은 그것이 위정척사파에게서 발견되는 동아시아 문명론의 핵심인 유가적 문명론의 한계, 즉 유가문명을 문명의 대변인으로 그리고 서구 근대 문명을 야만의 것으로 보는 입장이나, 다른 한편으로 급진적 개화파의 한계, 그러니까 위정척사파의 입장과 정반대로 서구 근대 문명을 문명으로 보고 동아시아 전통을 야만으로 치부하는 서구 중심의 문명론의 문제점으로부터 벗어나 있음을 보여준다는 점이다. 달리 말하자면 백범 김구는 서구의 기독교적 사랑이나 불교의 자비 그리고 유학의 인의 정신을 모두 대등한 것으로 놓고, 이들 사이의 대화 가능성을 긍정하고 있다.

그리고 앞에서 강조한 것처럼 김구는 동양과 서양 문명 사이의 모든

• • •

것이다. 백남운은 『조선민족의 진로』에서 좌우 대결을 극복할 방안으로 '연합성 신민주주의론'을 제시했다. 그의 제안은 민족 독립이 국제노선에 의해 이미 달성된 것으로 놓고 사회혁명에만 몰두하는 조선공산당과 박헌영 노선의 공허성과 한계를 비판하는 것이었다. 그리고 그의 제안은 여운형이 주장해온 연합정부론과 맥을 같이하는 것이었다. 이에 대해서는 서중석, 『한국현대 민족운동연구: 해방후 민족국가 건설운동과 통일전선』, 역사비평사, 1996, 366-368쪽 참조.

421 김대중, 「충효사상과 21세기 한국」, 『신동아』 1999년 5월 호. 현대 민주주의 사회에서 유교적인 전통적 충성관이 민주주의적 충성관으로 변형되는 데 대해서는 이 책 제14장 제5절에서 좀 더 상세하게 다루어진다.

위계서열적인 중심주의를 넘어서, 동서 문명의 상호작용과 만남의 결과를 모든 인간을 성인(聖人)으로 만드는 민주공화국이라는 개념으로 표현하고 있다. 이런 동서 문명의 창조적인 통합 및 매개의 시도는 여러 지점에서 보충되고 더 전개되어야 할 것이다. 그러나 동서 문명의 이질성을 서로 대등한 것으로 보고 이를 나름의 방식으로 통합하려는 시도는 오늘날 서구, 특히 미국에서 일고 있는 이른바 선한 제국 혹은 민주적 제국의 사명[422]에 대한 강조나 중국에서 불어오는 새로운 문명 담론, 예컨대 중화 중심의 천하담론의 도전을 슬기롭게 대응할 수 있는 우리의 소중한 역사적·사상적 자원의 하나가 아닌가 한다. 중국 중심의 중화주의적 문명 담론에 친화적인 입장에서든 아니면 서구 중심의 문명 담론에 치우친 것이든 우리는 문명들 사이에 위계서열을 매기고, 그것을 통해 문명과 야만의 이분법을 강요하는 모든 문명 충돌론적 사유 패러다임으로부터 자유로운 시각을 확보할 때이다.

나가는 말

이 장에서는 한국사회의 민주주의가 서구 근대에 의해 일방적으로 이식된 수동적 수용의 역사가 아니라, 그 이념을 주체적으로 수용하고 그것을 자신의 것으로 만드는 정신사적 조건이 조선의 유교적 정치문화의 역사적 경험을 통해 마련되어진 것임을 간략하게 살펴보았다. 특히 거듭 강조하고 싶은 것은 18~19세기를 거쳐 망국과 식민지배 그리고 광복 및 분단 이후

. . .
422 국민국가 체제 내에서 귀환한 민주적 제국인 미국에 대한 분석으로는 헤어프리트 뮌클러(Herfried Münkler), 『제국: 평천하의 논리』, 공진성 옮김, 책세상, 2015, 제6장 참조. 중국발 천하담론의 예로는 자오팅양(趙汀陽), 『천하체계: 21세기 중국의 세계 인식』, 노승현 옮김, 길, 2010, 참조.

산업화 및 민주화에 이르는 역사를 좀 더 거시적이고 장기적 관점에서 볼 필요가 있다는 점이다. 우리 역사를 좀 더 장기적인 시각에서 본다면, 이른바 쇠퇴 시기인 19세기를 거쳐 20세기 초 조선의 망국, 즉 일제에 의한 식민지로 전락하는 과정에만 주목할 때 보이지 않았던 새로운 역사상을 포착할 수 있을 것이다. 이 글에서는 가설적으로나마 그것을 18세기 탕평정치를 매개로 하여 형성된 대동세계 지향의 새로운 유교적 정치문화의 확산 추세와 관련된 것으로 개념화하고자 했다.

18세기 이전의 조선의 역사적 경험을 기반으로 해서 출현한 것이지만, 18세기 조선에서 본격화하기 시작한 유교적 대동세계 지향 및 평등 지향의 일반화 추세는 조선왕조의 위기와 해체의 시기를 거치면서 변형된 형태로 지속되었다. 조선 후기에 축적된 유교적 대동세계 및 평등 사회에 대한 백성의 열망은 19세기 민란이나 갑오농민전쟁 등과 같은 정치적 저항의 형태로만 나타난 것은 아니다. 그것은 일본 제국주의의 침략에 맞서 한국의 주권을 수호하기 위한 구한말 의병운동[423]을 비롯하여 서구 근대의 충격을 주체적으로 수용하는(제국주의적 침략에 저항하면서 동시에 서구 근대의 공화주의적 및 민주주의적 기획의 합리적 핵심을 능동적으로 수용하는) 문화적 기반으로 작용하였다. 그리하여 대동세계 지향의 유교적 정치문화 및 유교적 문명주의는 일본 제국주의 침략에 대한 저항 및 일제 식민지시기 독립운동에서 대내적으로 공화주의적이고 민주주의적인 독립국가를 지향하고, 대외적으로는 배타적 민족주의 및 침략 전쟁을 거부하는 민족 사이의 평등, 동양의 평화 그리고 세계평화 지향의 민족해방 이념의 형성에도 긍정적으로 기여했다.

•••
423 한말 의병운동이 일본 제국주의와의 전체 민족적 차원의 '전쟁'이었으며, 당대 여러 개화개혁 운동이나 계몽운동의 흐름보다도 전체 민족의 의지를 대변하고 있었던 민족운동의 주류를 형성했다는 점에 대해서는 조동걸, 한국독립운동사편찬위원회 편,『한국독립운동의 이념과 방략: 한국독립운동의 역사 1』, 앞의 책, 22-24쪽 참조.

18세기 이래 본격화되기 시작한 유교적 대동평화 및 평등사회 지향에서 부터, 한말 의병전쟁, 일제 식민지시기 독립운동을 거쳐 민주공화국 대한민국에서 민주주의의 실현에 이르는 과정 전체를 일관된 역사로 인식하려는 시도는 당연히 이 책의 기본적 문제의식 중 하나인 전통과 근대의 이원론을 넘어서려는 시도를 구체화하는 작업이다. 그리고 18세기에서 오늘날에 이르는 우리 근현대사를 전체적으로 조망할 수 있는 역사상을 재규정할 때 가장 기본적인 사유 패러다임은 '유교 전통의 민주적 변형과 민주주의의 유교적 전환의 이중 과정'으로 요약할 수 있을 것이다.

이런 새로운 역사상의 추구를 통해 우리는 우리 사회의 구조적 변동의 원리와 그것이 지니는 역사적 제약성을 더 잘 인식할 수 있을 것이다. 특히 조선 후기에서 오늘날에 이르는 역사 과정을 관통하는 대동세계의 민주적 변형과 그 전개라는 사유 틀에서 본다면 우리 사회를 내재적으로 비판할 수 있는 '역사 속의 이성'을 재구성할 수 있을 것이다. 더구나 한반도에서 항구적 평화체제 확보와 자주적인 평화통일을 통한 분단 극복이라는 역사적 과제가 미완인 상태로 남아 있는 엄연한 현실, 전 세계적 차원에서 진행되는 자본주의와 민주주의의 결합의 이완 및 그로 인한 극심한 불평등 구조의 심화와 민주주의의 위기 상황을 염두에 둔다면, 우리 사회가 추구해온 민주적이고 공화주의적인 대동적 평등·평화 세계를 향한 역사는 아직 종결되지 않았음을 알 수 있다.[424]

• • •

424 조선 후기, 특히 18세기 이후 전면화되기 시작하는 유교적 대동세계 이념의 대중적 확산을 기점으로 하여 19세기 농민의 저항 및 독립운동 그리고 해방 이후 민주주의 사회로의 이행을 장기사적 관점에서 전체적으로 조망하려는 시도가 혹자에게는 정연태의 장기근대사론과 유사하다고 볼 수 있을지도 모르겠다. 물론 한국 근현대사를 보는 사유 틀에서 중요한 차이가 있다고 필자는 생각한다. 그러나 정연태의 장기근대사론을 상론할 수 없으나 그의 이론은 한국의 근현대사를 새롭게 보려는 노력이라는 점에서 주목을 요한다. 특히 그의 장기근대사론은 한국 근대를 19세기 후반에서 시작되는 것으로 보고 근대의 종점을 민족통일의 시점으로 설정하고 있다는 점에서 새롭다. 그리고 그는 이러한 장기근대사론에 입각하여 한국 근대를 "평등성을 중핵으로 한

끝으로 이 장을 끝맺으면서 느끼는 아쉬움을 표현하고자 한다. 이 장에서 유교적 대동 이념의 역사적 전개에 대한 서술은 매우 소략하기에 보충되어야 할 점이 많이 있다. 특히 조선 후기 탕평시기 이후부터 19세기 및 20세기 전반의 일제 식민지시기를 거쳐 오늘날에 이르는 유교적 대동 이념에 대한 체계적인 사상사 연구는 별도로 진행되어야 마땅하다. 그뿐만 아니라 유교적 대동세계에 대한 사유가 조선 후기 이후의 역사에서 어떤 방식으로 사회 및 정치 개혁과 연동되어 전개되었는지에 대한 서술도 별도로 이루어져야 함도 분명하다.[425]

더 나아가 유교적 대동세계 이념이 서구의 민주주의 및 공화주의 이념과 접촉하는 과정에서 어떤 방식으로 변형되어 오늘날에 이르는지에 대한 연구가 한국사회의 근현대사를 새롭게 이해할 때 결정적인 실마리라는 생각을 보다 구체적으로 서술하는 작업은 다음 기회로 미루지 않을 수 없다.

• • •

인간해방과 근대 민족의 형성·독립·재구성·통일 등 민족해방의 실현을 추구해온" 역사로 이해하고자 한다. 정연태, 『한국근대와 식민지근대화 논쟁: 장기근대사론을 제기하며』, 앞의 책, 특히 결론 부분 '책마무리에——장기근대사론을 제기하며' 참조

425 이런 주제를 좀 더 상세하게 다룬 성과를 별도의 책으로 출판할 예정이다.

제3부

한국 민족주의와 민주주의

제 **10**장

탈민족주의 담론에 대한 비판적 성찰[1]

들어가는 말

1990년대 이후 최근까지 탈민족주의 담론이 지식인 사회와 한국사회에서 큰 반향을 불러일으키고 있다. 탈민족주의 담론이 등장하게 된 이유는 여러 가지이다. 한편으로는 환경문제나 경제 위기 그리고 안보문제 등 개별 국민국가의 노력만으로는 해결 불가능한 문제들이 증가되고 있는 상황으로 인해, 다른 한편으로 다문화주의적 현상의 증대로 인해 야기된 국민국가 내부의 문제점 때문에 등장한 것으로 평가할 수 있을 것이다. 더구나 탈냉전 이후 세계화의 흐름이 가속화되는 상황에서 근대적 주권적 국민국가는 도전을 받고 있지만, 동시에 신자유주의적 세계화가 가져오는 사회통합 및 민주주의의 위기 등에 대응하는 방식으로 민족주의나 애국심을 동원하는 움직임이 나타나고 있다. 이는 사람들에게 퇴영적 민족주의에 대한 두려움을 불러일으키는 계기로도 작용하고 있다.

• • •

1   이 장은 「탈민족주의 담론에 대한 비판적 성찰: 탈근대적 민족주의 비판을 중심으로」,
     『인문연구』(人文硏究) 57, 2009, 57-96쪽을 토대로 수정·보완된 것이다.

더구나 사상적으로 보아도 서구 근대의 여러 한계가 분명해지면서 서구 근대를 해체하려는 탈근대 담론이 서구 지성계에 준 영향도 민족주의에 대한 비판적 성찰이 촉발된 계기라고 볼 수 있을 것이다. 그러나 무엇보다도 한국사회에서 탈민족주의 담론이 큰 반향을 불러일으킨 이유 중의 하나는 한국 민족주의 정서가 지니는 위험성에 대한 인식인 것으로 보인다. 특히 탈민족주의를 주장하는 사람들은 우리나라의 민족주의를 지나치게 과잉되어 있고 위험한 측면들을 안고 있는 것으로 본다. 그 하나의 예를 들자면 한국사회에 존재하는 외국인 노동자 및 소수자에 대한 배타적 감정일 것이다.

우리 사회에서 외국인 노동자 및 소수자에 대한 혐오발언은 일상생활에 매우 깊게 뿌리를 내리고 있다. 일본인을 "쪽발이"라고 부르는 것과 같은 차별적이고 모욕적인 혐오발언은 매우 익숙하다. 물론 이런 경멸적인 표현 배후에는 한국과 일본의 과거 역사가 가로놓여 있을 것이다. 일본 제국주의의 야만적인 식민지배의 역사적 경험과 그런 역사에 대해 독일과 비교해볼 때 반성하고 잘못을 되풀이하지 않으려는 노력이 상대적으로 부족한 일본 사회의 모습을 감안해야 할지 모른다. 그럼에도 그런 식의 혐오감이 정당화될 수 없을 것이다. 그런데 혐오발언은 그런 것에 국한되어 있지 않다. 중국인을 "더러운 짱깨"로, 동남아시아인은 더러운 냄새가 나는 "똥남아"로 부르는 것은 낯설지 않다. 또 아랍인을 "개슬람 테러리스트"로 부르면서 "씨를 말려야" 한다거나 흑인을 "깜둥이"로 부르는 현상은 우리 일상생활에서 쉽게 발견되는 소수자에 대한 혐오발언의 몇 사례이다.[2]

한국사회에서 혐오발언이 사회문제로 급격하게 부상하는 계기를 부여한 극우성향 인터넷 온라인사이트 '일간베스트'(일베)에서 사용되는 용어

---

2   홍상현, 「옮긴이의 말」, 간바라 하지메, 『노 헤이트 스피치』, 홍상현 옮김, 나름북스, 2016, 236-237쪽 참조.

를 보면 놀랍다. 일베에는 민주화운동, 외국인 노동자, 여성, 그리고 호남지역을 폄하하거나 모욕하는 비방용어가 널려 있고, 그곳을 발판으로 삼아 그런 혐오발언은 우리 사회에 널리 확산되어 유포되고 있다. 우리 사회에서 혐오발언은 이제 일상적으로 일어나는 풍경이 되었다. 우리 사회에 만연해 있는 혐오감정 및 혐오발언의 상황을 간단하게 살펴보자. 2014년 일베 회원 등 100여 명은 세월호 참사 진상 규명을 위해 단식을 하는 유가족 앞에서 '폭식투쟁을 한다'는 명분을 내세워 피자 100판을 먹는 행위를 해 사회에서 큰 논란을 불러일으켰다. 2016년 5월 17일 강남역 인근 화장실에서 여성이 살해된 사건을 계기로 여성혐오와 증오범죄(hate crime)가 사회적으로 커다란 이슈가 되었다.[3] 이 사건을 계기로 한국사회에서는 극심한 여성혐오에 대응하는 되받아치기 식의 남성혐오 표현, 즉 '미러링'의 방식으로 여성혐오에 저항하는 행위를 둘러싸고 '메갈리아 사태'라고 불릴 정도로 격렬한 논쟁이 일어났다. 그리고 이런 사건을 계기로 하여 한국사회에서 여성들이 경험하는 여성차별과 혐오의 문화가 사회적·정치적 쟁점으로 떠오르게 되었다.[4]

대통령 탄핵 정국에서 탄핵을 반대하는 집회에 참가한 한 남자가 '빨갱이는 죽여도 돼'라는 글귀가 적힌 방패 모양의 팻말을 들고 시위를 하고 있는 장면이 언론 매체에 등장했다.[5] 또 언론 보도에 의하면 박영수 전 특검의 집 앞에서 그의 얼굴이 새겨진 현수막에 불을 지르는 '화형식'이나 살해 협박이나 테러를 암시하는 협박성 발언 등이 거리낌 없이 행해지고 있다.[6] 탄핵을 찬성하든 반대하든 그런 의견이 정치적으로 자유롭게 표현

3   조승미·이혜진, 「옮긴이의 말」, 모로오카 야스코, 『증오하는 입: 혐오발언이란 무엇인가』, 조승미·이혜진 옮김, 오월의봄, 2015, 272쪽 참조.
4   강남역 살인사건과 메갈리아 논쟁의 추이 및 이를 둘러싼 논쟁에 대해서는 천정환, 「강남역 살인사건부터 '메갈리아' 논쟁까지──'페미니즘 봉기'와 한국 남성성의 위기」, 『역사비평』 116, 2016, 353-381쪽 참조.
5   고명섭, 「[아침햇발] 수구 난동과 이면헌법」, <한겨레>, 2017년 3월 7일.

되고 토론되는 것이야 민주사회의 정상적 모습일 터인데, 자신과 정치적 의견을 달리하는 세력을 잠재적으로 북한을 추종하는 사람이나 집단으로 낙인찍는 것을 넘어 그런 사람은 살해당해도 상관이 없는 인간이 아닌 인간으로 바라보는 것은 증오 및 혐오감정이 얼마나 위험한 상황으로 치달을 수 있는가를 잘 보여준다.

물론 외국인 노동자, 여성혐오 및 정치적 반대파 낙인찍기 등이 모두 다 민족주의로 환원되어 이해될 수 없다. 그렇게 본다는 것은 거친 환원론에 불과하다. 그러나 우리나라 내부에 있는 다양한 이질적 소수자 집단에 대한 배타적 감정이 민족주의와 결부되어 작동하고 있음도 부인하기 힘들 것이다. 민족주의를 매개로 하여 형성된 국민국가의 집단적 정체성은 내부적으로도 다양한 차이를 억압하는 배제의 폭력을 보일 수 있기 때문이다. 이처럼 국민국가 속에서 소수자들은 늘 타자화되거나 배제될 가능성을 안고 불안한 삶을 살아간다. 따라서 민족주의가 우리 현대사에서 긍정적인 기여를 한 측면이 있음을 전적으로 부인하지는 않으나, 탈민족주의 담론의 주창자들은 민족주의가 끼치고 있는 폐단과 어두운 측면에 초점을 맞추고 있다.

본 글의 문제의식은 탈민족주의 담론의 민족주의 비판이 얼마나 근거가 있는가를 성찰해보는 것이다. 이를 구체화하기 위해 본 글의 순서는 다음과 같이 구성된다. 우선 탈민족주의 담론이 제기하는 주요 주장을 설명한다. 민족주의가 과연 본래 배타적이고 폭력적인가를 살펴볼 것이다(Ⅰ). 그 다음으로 다루어지는 문제는 민족주의의 다양한 양상들에 대한 탈민족주의 담론이 갖고 있는 태도이다(Ⅱ). 탈민족주의 담론이 민족주의의 다양성을 분석하고 설명할 수 있는 이론적 틀을 제시하고 있는가를 다룬 후에

6　「"극우단체 도 넘었다"… 박영수 특검妻 화형식 보고 '혼절'」, <헤럴드경제>, 2017년 3월 8일.

우리는 세계화와 민족주의의 문제로 이동한다. 여기에서는 세계화의 시대에 민족주의는 버려야 할, 시대에 뒤떨어진 이념인가 하는 문제를 토론한다(Ⅲ). 이어서 우리는 탈민족주의 담론이 갖고 있는 이론적 문제점을 살펴볼 것이다. 특히 탈민족주의 담론이 다른 지적인 흐름에 대해서는 매우 날카롭게 비판의 날을 세우면서도 자신들의 담론이 초래할 수 있는 여러 부정적 효과에 대해서는 정작 무비판적 태도를 보이고 있음을 보여주고자 할 것이다(Ⅳ).

Ⅰ. 민족주의의 배타성과 폭력성 문제

앞으로의 논의를 위해 민족주의와 밀접하게 연관된 여러 핵심적 용어들, 예컨대 민족과 국가, 종족과 민족, 민족성과 민족주의 그리고 민족국가에 대한 개념 정의를 간단하게나마 해야 할 것이다. 물론 이들 개념에 대한 정의는 대단히 어려운 것으로 정평이 나 있다. 홉스봄은 민족(nation)이나 민족주의(nationalism)에 대한 정의를 내리기가 너무나 어려워, 아예 그 개념이 무엇인지 알 수 없다는 "불가지론에서 출발"할 것을 권고한다. 그는 그런 태도를 민족주의를 논하는 "학자의 최상의 태도"라고 말할 정도이다.[7] 그러므로 여기에서 이들에 대한 언급은 본 글의 문제의식을 좀 더 명료화하는 작업에 기여하는 한에서만 이루어질 것이다.

바로 앞에서 필자는 nation을 민족으로 그리고 nationalism을 민족주의로 번역하여 사용했다. 그러나 이런 번역어가 과연 올바른지를 두고 논쟁이 진행되고 있다. 학계에서는 '국민', '국민주의' 혹은 '내셔널리즘'으로 번역해야 한다는 입장이 우세하다고 한다.[8] 그러나 장문석에 의하면 nation을

• • •

7   에릭 홉스봄, 『1780년 이후의 민족과 민족주의』, 강명세 옮김, 창비, 2008, 24쪽.

국민으로 번역하면, 이 용어에 함유되어 있는 "종족의 문화적 측면(민족)"이 제거되고 "국가라는 정치공동체의 성원(국민)이라는 측면만이 부각된다는 점에서 문제가 있다." 장문석은 근대의 모든 '네이션'(nation)에는 "종족의 문화적 논리와 시민의 정치적 논리가 공히 존재한다"고 주장한다. 민족과 구별되는 '종족'이란 용어는 "혈연적·문화적 공동체"의 의미를 갖고 있다는 점에서, '민족' 개념을 '종족'과 '국민'의 중간적 의미를 지니는 것으로 사용할 수 있다고 제안한다.[9]

장문석은 민족주의를 넓은 의미의 민족주의와 좁은 의미의 민족주의로 나누어 설명한다. 넓은 의미의 민족주의는 "민족의 자율성과 정체성과 통일성을 형성하고 유지하려는 이데올로기이자 운동"으로 정의된다. 후자, 즉 좁은 의미의 민족주의는 마이클 헤치터(Michael Hechter)의 제안을 따라 "민족의 경계들을 통치구조 단위의 경계들과 일치시키도록 고안된 집단행위"로 정의될 수 있다고 한다.[10] 좁은 의미의 민족주의에 대한 정의는 어네스트 겔너(E. Gellner)의 그것과 매우 유사하다. 그에 의하면 민족주의는 "정치적 단위와 민족적 단위가 일치"해야 한다고 주장하는 "정치적 원리"이다.[11] 민족에 대한 정의는 쉽지 않지만 민족을 정의하는 방법은 크게 두 가지로 나뉜다. 이 두 정의는 흔히 민족에 대한 객관적 정의와

• • •

8   'nation'의 번역어로서의 '국민'은 여러 다른 서구 근대의 번역어와 마찬가지로 일본에 의한 것이다. 박명규, 『국민·인민·시민: 개념사로 본 한국의 정치주체』, 소화, 2009, 이에 대해서는 52쪽 참조.

9   장문석, 『민족주의 길들이기』, 지식의 풍경, 2007, 10쪽. 필자는 장문석의 제안을 따른다. 그의 저서는 요즈음 우리나라에 나온 민족주의 관련 책들 중에서 높은 평가를 받아 마땅하다. 우리나라에서 '민족' 개념의 형성사에 대해서는 박찬승의 글, 「한국에서의 '민족' 개념의 형성」, 『개념과 소통』 1, 한림대학교 한림과학원, 2008, 79쪽 이하를 참조.

10 장문석, 『민족주의 길들이기』, 같은 책, 37쪽 이하.

11 어네스트 겔너, 『민족과 민족주의』, 이재석 옮김, 예하, 1988, 8쪽. 홉스봄도 겔너의 민족주의에 대한 정의를 받아들인다. 에릭 홉스봄, 『1780년 이후의 민족과 민족주의』, 앞의 책, 25쪽.

주관적 정의로 불린다. 민족은 어떤 사람들에 의하면 자생적인 공동체로 이해될 수 있고, 다른 사람들에 의하면 그것은 인위적으로 구성된 공동체로 이해되어야 한다. 흔히 전자는 민족을 종족적(ethnic)인 것으로 보는 입장으로 분류되고, 여기에서 중요한 것은 혈통이나 종교 그리고 언어적 기원과 같은 것들이다.[12]

객관적 기준에 의해 민족을 정의한 것 중 스탈린의 그것이 가장 잘 알려져 있다. "민족은 언어, 영토, 경제생활 및 문화 공동체 내에 구현된 심리구조 등을 지닌 역사적으로 진화한 안정된 공동체이다."[13] 이에 반해 민족을 인위적으로 구성된 공동체로 보는 사람들에 의하면, 민족을 구성하는 것은 시민들의 집단에의 소속 의지이다. 예를 들어 에르네스트 르낭(Ernest Renan)에 의하면 민족은 "매일매일의 국민투표"에 의해 존립하는 것이다.[14] 거칠게 말하자면 민족의 기원과 생성을 객관적 기준에 의해 이해하려는 입장은 흔히 원초론(primordialism)이나 영속론(perennialism)의 형태를 띠고, 민족을 인위적으로 구성된 것으로 보는 입장은 그것을 근대의 산물로 보는 근대론(modernism)의 형태를 띤다. 후자가 서양학계에서 주류 담론의 위치에 있다고 한다.[15] 근대론자는 민족과 민족주의를 근대의 산물로 이해하면서 민족주의가 민족을 형성한 것으로 주장한다. 예를 들어

• • •

12 베네딕트 앤더슨(Benedict Anderson)의 '상상의 공동체'로서의 민족 개념은 민족주의 이론에서 민족이 자연스러운 것이 아니라, 사회적 구성물이라는 관점을 옹호하기 위해 자주 인용되는 것이다. 민족을 '상상의 공동체'로 보는 앤더슨의 이론이 지니는 한계에 대해서는 황정아, 『개념비평의 인문학』, 창비, 2015, 제4장 "'상상'의 모호한 공간과 민족주의"를 참조

13 에릭 홉스봄, 『1780년 이후의 민족과 민족주의』, 앞의 책, 21쪽 주석 11에서 재인용.

14 에르네스트 르낭, 『민족이란 무엇인가』, 신행선 옮김, 책세상, 2002, 81쪽.

15 장문석에 의하면 원초론은 민족을 자연의 일부로 보는 데 반해, 영속론은 민족을 역사적 과정의 산물이라고 본다. 특히 영속론은 민족주의가 근대의 현상이라는 점을 인정한다는 점에서 근대론과 입장을 같이하지만, 민족이 근대 이전의 역사적 뿌리를 갖고 있다고 주장한다는 점에서 민족조차도 근대적 현상이라고 보는 근대론자와는 구별된다. 『민족주의 길들이기』, 앞의 책, 47쪽 이하 참조

근대론적 민족주의 이론의 역사에서 큰 업적을 선보인 겔너는 "민족주의가 '민족'이 존재하지 않는 곳에서 민족을 발명해냈다"고 주장한다.[16] 홉스봄도 "민족주의가 민족에 앞선다"고 하면서 "민족이 국가와 민족주의를 만드는 것이 아니라 그 반대다"라고 주장한다.[17]

민족을 정의할 때 혈통이나 언어와 같은 객관적 요인을 주된 것으로 파악하는 입장이나 민족을 소속감과 소속의지에 의해 정의하려는 입장이나 모두 일면적이다.[18] 앤서니 스미스(Anthony Smith)가 주장하듯이 현실에 존재하는 민족은 모두 시민적인 소속의지와 종속적이고 혈통적인 요소의 혼합체로 이루어져 있기 때문이다. 달리 말하자면 "근대적 민족은 동시에 필연적으로 시민적이며 인종적이다."[19] 민족국가(nation-state)는 민족에 토대를 둔 국가로 정의될 수 있을 것이다.[20] 많은 학자들이 민족과 국가 사이의 밀접한 연계가 없다면, 민족주의는 "아무런 사회적 혹은 정치적 중요성을 갖지 않았을 것"이라고 주장하는 이유도 민족과 국가를 일치시키는 운동이 민족주의의 핵심이라고 보기 때문이다.[21]

탈냉전 이후 '역사의 종언'과 이데올로기의 종말, 즉 자유민주주의의

• • •

16   E. Gellner, *Thought and Change*, London: Weidenfeld and Nicholson, 1971, 169쪽.
17   에릭 홉스봄, 『1780년 이후의 민족과 민족주의』, 앞의 책, 26쪽. 독일의 사회학자인 한스 울리히 벨러도 민족이 민족주의를 만든다는 말은 틀린 것이고 오히려 "민족주의가 민족이라는 새로운 실재의 창조자"라는 것이 옳다고 강조한다. 『허구의 민족주의』, 이용일 옮김, 푸른역사, 2007, 38쪽.
18   민족에 대한 객관적 정의와 주관적 정의가 안고 있는 문제점에 대해서는 장문석, 『민족주의 길들이기』, 앞의 책, 41쪽 이하 참조.
19   앤서니 스미스 『세계화 시대의 민족과 민족주의』, 이재석 옮김, 남지, 1997, 140쪽.
20   이 글에서 nation을 민족으로 번역했지만 nation-state를 민족국가 및 국민국가로 병행해서 사용한다. 다른 사람의 번역이나 인용문의 경우 일괄해서 민족국가로 바꾸는 것이 적절하지 않다고 여겨지기 때문이다.
21   앤서니 스미스 『세계화 시대의 민족과 민족주의』, 앞의 책, 157쪽. 스미스에 의하면 영토적 국가 그리고 민족과 국가를 일치시키려는 운동은 민족주의의 결코 필연적인 구성 요소는 아니다. 국가와 민족을 일치시키는 것만이 민족 및 민족적 정체성을 보호하고 유지하는 유일한 방법이 아니기 때문이다. 같은 책, 158쪽 이하.

종국적 승리에 대한 환호에도 불구하고, 최근의 종교적·인종적 분규는 민족주의가 쉽게 사라지지 않을 것임을 암시하고 있다. 그럼에도 많은 사람들은 민족주의는 이제 시대에 뒤떨어진 이데올로기라고 비판한다. 한국 지식사회에서 민족주의를 옹호하는 것은 이제 거의 불가능할 정도로 민족주의에 대한 비판의 분위기는 강하고 학계의 주류적 담론의 지위를 차지한 것으로 평가된다. 그래서 국문학자인 김흥규는 다음과 같이 적고 있다. "2000년대에 와서 탈민족주의, 포스트콜로리얼리즘, 포스트모더니즘 등의 담론이 성행하는 가운데 '민족, 민족주의'는 특히 신랄한 비판을 받았고, 심지어는 조롱거리로 전락했다. 지적 담론의 공간에서 민족이라는 어휘를 비판용이 아닌 용도로 자주 거론하거나 민족주의를 변호하는 것은 신용하(愼鏞廈) 선생 정도의 원로가 아닌 한 비웃음거리가 될 언동으로 여겨졌다. 의아스러운 것은 1980년대까지 민족, 민중의 '민'자가 없으면 한 페이지의 글도 이어가지 못하던 논자들이 2000년대에는 이 단어들을 거의 외면했다는 점이다. '민중'은 '민족'이 받는 것과 같은 비난에서 면제되었지만, 어느 사이엔가 기이할 정도로 조용하게 지적 언어 공간에서 소멸했다. 포스트담론이 유행하던 시기의 인도, 라틴아메리카 역사 연구에서는 서발턴(subaltern)이 역사의 중요한 주체로 떠올랐는데, 한국의 '민중'은 반대로 지적 어휘로서 생존할 자격에 대한 최후변론조차 받지 못한 채 폐기된 것이다."[22]

한국 지식사회에서 탈근대론적 인식을 바탕으로 하는 탈민족주의 담론을 주도적으로 이끌어온 학자들은 진보·좌파 성향의 지식인들이었다.[23]

---

22   김흥규, 『근대의 특권화를 넘어서: 식민지 근대성론과 내재적 발전론에 대한 이중 비판』, 창비, 2013, 14쪽 이하.

23   최근 한국사회에서의 민족주의와 관련된 논의의 여러 흐름에 대해서는 홍석률, 「민족주의 논쟁과 세계체제, 한반도 분단문제에 대한 대응」, 『역사비평』 80, 2007, 151쪽 이하. 본 글에서 주된 비판의 대상으로 삼는 것은 탈근대적인 탈민족주의 담론이다.

그들 중 몇몇을 거명하자면 임지현, 권혁범 그리고 윤해동 등이다. 탈민족주의 담론에 의하면 민족주의와 근대 민족국가는 기본적으로 배타적이고 억압적이다. 처음에 임지현은 민족주의를 비판하면서도 모든 형태의 민족주의를 싸잡아 비판하지는 않았다. 1999년에 출간된 『민족주의는 반역이다』라는 대단히 도발적이면서도 오해를 불러일으키는 제목의 책에서 그는 결코 민족주의의 순기능을 거부하지는 않았다. 그는 『민족주의는 반역이다』의 머리말에서 '시민적 민족주의'(civic nationalism)를 주장했다. 즉 "민족에 대한 우리 사회의 정의가 인종적인 것 혹은 종족적인 것으로부터 공공적인 것, 영어식으로 표현한다면 'ethnic nationalism'에서 'civic nationalism'으로 이동해야 한다"는 점을 강조했다.[24] 그러므로 윤건차는 그를 백낙청, 강만길, 안병욱 그리고 서중석 등과 함께 "진보적 민족주의자"로 분류했다.[25]

그러나 임지현은 그 후 민족주의 비판을 탈근대의 지평에서 수행하면서 민족주의, 민족국가를 전면적으로 거부하는 입장으로 나간다. 그래서 그는 자신이 주창한 시민적 민족주의뿐만 아니라 '열린 민족주의'에 대해서도 비판한다. 이런 비판적 성찰의 계기는 2001년 미국에서 일어난 9·11 테러 이후 미국 민족주의의 배타성과 폭력성의 노골적인 전면화였다. 그에 의하면 9·11 테러 이후 배타적이고 폐쇄적인 미국의 민족주의의 범람은 "자유와 평등의 이념을 기반으로 시민혁명을 추동한 '시민적 민족주의'의 이면이" 드러난 것이었다. 이제 그는 '시민적 민족주의'나 '혈통 혹은 종족적 민족주의'(ethnic nationalism) 사이의 구별도 철회하면서 시민적 민족주의는 배타성과 폐쇄성의 측면에서 종족적 민족주의와 다를 바 없다고 결론짓는다. 그는 이를 "포스트 9·11 민족주의가 던져주는 세계사적 성찰

<hr/>

24   임지현, 『민족주의는 반역이다』, 소나무, 2005, 8쪽.
25   윤건차, 『현대 한국의 사상흐름: 지식인과 그 사상 1980~90년대』, 장화경 옮김, 당대, 2000, 18쪽.

의 핵심"이라고 표현한다.[26]

2001년 이후 임지현은 민족국가의 억압성을 강조하고, 그것을 각 개인의 개성을 말살하고 억압하고 획일화하는 권력으로 본다. 그는 자신이 한때 주장했던 시민적 민족주의든 김동춘이 주장한 '개방적 민족주의'든 모두 "형용모순"으로 본다.[27] 이제 임지현은 민족주의를 파시즘적 요소를 갖고 있는 것으로 생각한다. 이런 생각의 일단을 우리는 그가 근대 민족국가에 대해서 내리는 판단, 그러니까 "합의독재를 [……] 국민국가의 완성 형태"라고 바라보는 결론에서 잘 포착하게 된다. 이제 임지현은 영미식의 대중민주주의와 독일·이탈리아식의 대중독재의 차이가 거의 없다는 결론에 이르는 것이다. 이 둘은 "국민독재"라는 범주로 한데 분류될 수 있다고 생각한다.[28]

임지현은 그의 대중독재론을 민족주의 비판과 연결시킨다. 그는 국가권력이나 독재 권력에 대한 대중의 자발적 복종이라는 사례를 예로 들면서 "내셔널리즘"이 대중들을 자발적으로 독재 권력에 동의하게 하는 "메커니즘의 중요한 축을 담당한다"고 강조한다.[29] 이런 생각은 궁극적으로 그로 하여금 국민국가를 정상화하려는 노력을 불필요하거나 시대에 걸맞지 않는 시도로 보게 만들어서 "근대를 해체한다는 문제의식"의 필요성을 강조하는 것으로 나가게 한다.[30] 그래서 그가 민주주의와 인권과 같은 소위 인류의 보편적 가치와 민족주의 사이의 양립 가능성을 회의적으로만 바라보는 것은 우연이 아니다.[31]

• • •

26   임지현, 「포스트민족주의 대 열린 민족주의」, 『제8회 인문학 학술대회: 인문학은 말한다』, 이화여대 인문학연구원, 2004, 28쪽.

27   김동춘, 『1997년 이후 한국사회의 성찰: 기업사회로의 변환과 과제』, 길, 2007, 505쪽.

28   임지현·사카이 나오키, 『오만과 편견』, 휴머니스트, 2005, 172쪽.

29   같은 책, 139쪽.

30   같은 책, 186쪽 이하.

31   김동춘, 『1997년 이후 한국사회의 성찰: 기업사회로의 변환과 과제』, 앞의 책, 513쪽.

임지현이 미국 민족주의의 배타성을 강조하고 대중들이 독재 권력에 자발적으로 복종하는 측면을 학문적으로 성찰하는 진지성은 의심의 여지가 없다. 또한 그런 탐구가 갖고 있는 중요성도 십분 인정받을 만하다. 대중사회가 되면서 대중이 독재 권력의 태동에 큰 기여를 할 수도 있고, 대중사회가 민주주의를 위기로 몰고 갈 수 있는 중요한 한 요인임에는 틀림없기 때문에 임지현의 문제 제기에 대해서는 필자 역시 매우 공감한다. 특히 임지현의 대중독재에 대한 성찰은 1980년대 한국사회에서 크게 영향을 주었던 민중 중심의 역사 인식으로 인해 민중을 지나치게 긍정적으로 바라보는 입장을 비판적으로 검토하여 민중의 여러 모습을 객관적으로 탐구할 수 있는 좋은 실마리를 제공한다고 본다.

그러나 필자가 민족주의에 대한 임지현의 이의 제기에서 부족하다고 보는 것은 그의 결론이다. 그의 결론은 그리 튼튼한 논거에 바탕을 두고 있다고 보이지 않기 때문이다. 대중사회가 대중독재로 흐를 위험성을 안고 있는 것처럼, 그것은 보다 광범위한 사람들의 참여로 이루어지는 민주주의를 가능하게 할 수도 있다. 그런데 그는 대중사회가 안고 있는 다양한 가능성에 주목하여 대중사회를 좀 더 객관적으로 보는 것이 아니라, 대중사회가 마치 본래 대중독재로 흐를 수밖에 없는 것처럼 결론짓는다. 그러나 대중사회는 대중독재사회와 동일한 것은 아닐 것이다. 그런데도 그는 이 구분을 무시하는 것으로 보인다. 이와 관련해서 근대 국민국가가 민족적/국민적 정체성을 형성하는 과정에서 그 정체성에 어울리지 않는 다양한 집단들을 배제하고 차별하는 폭력적 과정에서도 신분제 타파와 같은 법 앞에서의 평등이나 집단적 주체로 설정된 국민 형성이 지닌 해방적 성격을 논하는 부분을 예로 들어보자. 인민주권의 문제를 언급하면서 임지현의 일본 측 대담자인 사카이 나오키는 오늘날 한국이나 일본에서 진정한 의미의 인민주권을 확립하려는 여러 노력이 지니는 긍정성을 주장한다. 그러면서 그는 인민주권 개념이 한국이나 일본에서 더 많이 달성되었는지

임지현에게 묻는다.

이 질문에 답을 하면서 임지현은 인민주권론의 위험성을 언급한다. 그에 의하면 현실 속에서 인민주권 개념은 "'인민의 뜻' 또는 '인민의 의지'라는 이름으로 독재 권력을 정당화하는 논리로 더 자주 이용"되었다. 달리 말하자면 그는 동질적인 국민 형성을 통해 일반 국민이 "적극적으로 참여하는 참여형 독재"가 인민주권 이론에 의거하고 있었다고 강조한다.[32] 인민주권론이 대중독재로 흐를 수 있음을 누가 부인할 수 있을까? 그러나 거듭 말하지만 임지현은 인민주권론이 근대 민주주의 및 민족주의와 긴밀하게 연결되어 전개되어온 역사의 다양한 측면을 고려하지 않고 있다.

이처럼 인민주권론을 민주주의와 결부시키기보다는 대중독재를 정당화하는 이데올로기라는 측면에서 바라본다면 지난해 말부터 올 초에 이르는 촛불시위에서 등장한 국민주권주의는 어떻게 이해될 수 있을지 의문이다. 촛불시위를 지나치게 신성화할 필요도 없지만, 2016년 말에서 2017년 초까지 시민들의 적극적 참여로 이루어진 대규모 촛불시위는 대한민국의 민주적 헌법 정신과 원리를 수호할 의지가 거의 보이지 않을 정도로 심각한 정치적 무책임성을 보여주는 박근혜 대통령을 탄핵하여 대통령 자리에서 내려오게 만들 수 있을 정도로 민주적 주권자 의식이 성장했음을 보여주기에 부족함이 없는 사건이다. 임지현이 역사학자로서 필자보다도 더 잘 인식하고 있을 민족주의에 대한 여러 흐름들을 모른 채 하고 모든 민족주의를 위험한 것으로 동일시하는 오류도 국민주권주의=대중독재로 바라보는 입장과 마찬가지로 지나친 것으로 보인다.

9·11 테러 이후 미국이 보여주는 제국주의적 폭력성에 대한 지적도 매우 경청할 만하지만, 이 부분에서도 그의 결론은 좀 성급한 것 같다. 필자는 민주주의가 제국주의와 함께 진행될 수 있다는 점에 대해 늘 경계를

• • •
32   임지현·사카이 나오키, 『오만과 편견』, 앞의 책, 57-59쪽.

게을리하지 않아야 한다고 생각한다. 그런 점에서 임지현과 마찬가지로 2000년대 들어와 인권의 이름으로 혹은 폭정의 종식이라는 21세기 판 문명화의 사명이라는 미명으로 미국이 자행하는 일련의 전쟁은 정당성을 결여하고 있을 뿐만 아니라, 그런 전쟁 자체가 미국 민주주의의 건강함을 훼손시킬 수 있을 것이라고 생각한다. 제국의 건설이 공화국의 몰락으로 이어진 로마의 역사가 보여주듯이 제국의 건설과 민주주의 사이에는 상당한 긴장이 존재한다. 독일의 정치학자 헤어프리트 뮌클러가 지적하듯이 세계 여러 지역에 퍼져 있는 미군 기지와 함대에서 비민주적인 "군사적 하위문화"가 퍼져 있는데, 이는 장기적으로 미국의 민주주의와 조화하기 힘들 수 있다.[33] 그러나 미국사회에서 범람하는 민족주의에서 곧바로 모든 민족주의는 위험하다는 결론을 내리는 것에 대해서는 동의하기 힘들다.

하여간 임지현과 윤해동 등의 민족주의에 대한 시각은 뒤에서 좀 더 살펴볼 터이지만 그들은 한국 민족주의에 대한 종합적이고 균형적인 시각을 결여하고 있다. 그 외에도 탈근대론적 탈민족주의 담론은 근대에서 국민국가를 매개로 하여 진행된 민주주의와 인권 실현의 역사 과정에 대해서도 일면적인 이해를 지니고 있다고 여겨진다. 일단 여기에선 임지현도 초기에 긍정했듯이 근대 민족주의 국가의 형태가 단일하지 않고 다양하다는 점만을 지적하고자 한다. 민족국가의 틀 내에서 실현된 인권과 민주주의의 제약성과 한계를 문제 삼을 수는 있을지언정, 민족국가 자체를 억압성과 파괴성의 제도를 상징하는 것으로 이해하는 것은 현실에 대한 거칠고 폭력적인 시각에 지나지 않는다고 생각한다.

• • •
33 헤어프리트 뮌클러, 『제국: 평천하의 논리』, 공진성 옮김, 책세상, 2015, 339-349쪽
    참조

Ⅱ. 민족주의의 다양성

탈민족주의 담론은 민족주의를 근대성의 표현으로 간주하면서 다양한 형태의 민족주의에 대해 맹목적이다. 즉, 탈민족주의 담론은 여러 민족주의들의 차이에 대해 지나치게 둔감하고 이들을 싸잡아 비판한다. 그러나 민족주의를 배타적이고 억압적인 것으로 보는 한 민족주의의 다양한 형태에 대한 관심은 생기기 어렵다. 임지현 이외에도 탈민족주의 이론을 대변하는 역사학자인 윤해동은 '열린 민족주의' 내지 '공공적 민족주의'(시민적 민족주의)를 내세우는 논자들을 비판하면서 다음과 같이 말한다. "민족주의는 좀 전에 말한 대로 집단 이기주의의 아주 노골적인 표현인데, '공공성'이라든지 '열려 있다'는 것과는 접합이 불가능하다고 생각합니다." 이렇게 말하면서 "'열린 민족주의'가 논리적으로 성립 불가능하다는 뜻입니까?"라는 질문에 또 다음과 같이 대답한다. "민족주의를 어떻게 열어갈 수 있는지 저는 이해를 잘 못하겠습니다. 민족주의를 열면 세계주의나 보편이 나올까요? 궁극적으로 공공성이랄까 시민성 같은 것은 세계주의 위에서만 가능하지 않을까 합니다. 국가 단위로 어떻게 가능할지 [……] 형용모순이죠."[34] 권혁범의 열린 민족주의에 대한 태도도 임지현이나 윤해동의 그것과 동일하다. 그에 의하면 "'진정한 민족주의', '열린 민족주의'를 이야기하기에는 그것은 이미 너무 오염되어 있다."[35]

시민적 민족주의나 열린 민족주의가 이렇게 쉽게 단칼에 거부될 성질의 것은 아니라고 본다. 민족국가의 틀 내에서도 가능하지 않은 시민성이나 공공성이 세계주의 위에서만 가능하다고 보는 것은 정말로 지나치게 단순

• • •

34 윤해동은 공공성을 시민적(civic) 특성을 말하는 것으로 본다. 그래서 그는 시민적 민족주의를 공공적 민족주의라고 번역한다(『식민지의 회색지대: 한국의 근대성과 식민주의 비판』, 역사비평사, 2003, 272쪽).

35 권혁범, 『민족주의와 발전의 환상: 개인 지향 에콜로지 정치의 모색』, 솔, 2000, 9쪽.

한 논리다. 윤해동의 단순한 논리는 그의 대표적 글인 「식민지인식의 회색지대: 일제하 공공성과 규율권력」에서도 드러난다. 윤건차가 적절하게 평가하고 있듯이 이 글은 '식민지 시대'에는 수탈만 존재했던 것도 아니고 또 '근대화'만 있었던 것이 아니라 양 측면이 존재함을 강조하는 듯하면서도, 전반적으로는 식민지근대화의 계기만을 중요시하고 민족주의가 담당했던 긍정적 역할을 과소평가하고 있다.[36]

민족주의 비판은 국민국가 비판 그리고 국민국가의 민족적 정체성 형성에서 중요한 역할을 수행하는 국민국가 중심의 역사학 비판으로 전개된다. 그래서 임지현은 "동아시아의 역사학을 잇는 '국사'의 연쇄구도"에서 일본의 민족주의와 한국의 민족주의는 "가해자-피해자의 관계가 아니라 인식론적 공범관계"라고 주장한다.[37] 그가 보기에 한국의 민족주의와 일본의 민족주의는 권력이론으로서 "서로가 서로를 배제하고 타자화한다는 점에서 현상적으로는 첨예하게 충돌하지만, 사유의 기본적인 틀과 이데올로기적 전략을 공유"하고 있기에 "적대적 공범관계" 속에 있다. 결국 동아시아의 민족주의는 "서로가 서로를 배제하고 타자화시키면서도 동시에 서로가 서로를 살찌우고 강화"시키는 관계 속에 있다는 것이다.[38] 간단하게 말해 그에 의하면 "민족국가를 역사발전의 주체이자 대상으로 한 역사 서술은 사실상 국가권력을 정당화하는 이데올로기적 기제" 혹은 "민족국가를 위한 역사적 변명"에 지나지 않는다.[39]

임지현의 주장을 읽어보면 그가 생각하는 국가권력과 민족국가는 어떤 국가권력이며 어떤 민족국가인가라는 의문이 떠오른다. 그가 염두에 두는

. . .

36   윤건차, 『교착된 사상의 현대사: 1945년 이후의 한국·일본·재일조선인』, 박진우 외 옮김, 창비, 2009, 502쪽 참조.
37   임지현, 「국사의 안과 밖: 헤게모니와 '국사'의 대연쇄」, 임지현·이성시 엮음, 『국사의 신화를 넘어서』, 휴머니스트, 2004, 31쪽.
38   같은 책, 26쪽.
39   같은 책, 16쪽.

것은 히틀러식의 혹은 세계 2차 대전을 일으킨 일본식의 국가권력 아니면 프랑스나 영국 혹은 미국식의 국가권력인가? 그러나 이런 물음은 그에게는 큰 의미가 없는 것처럼 보인다. 임지현의 이론은 저항 민족주의 및 침략 지향의 민족주의 사이의 차별성을 무시하고 있기 때문이다. 앞에서 보았듯 이 임지현에게는 미국의 민주주의나 독일 나치체제나 모두 '국민독재'라는 범주에 속하는 것과 마찬가지로 식민지와 제국이 서로 적대적으로 공존하면서 민족주의를 생산하고 있기에 저항적 민족주의와 팽창주의적 민족주의 사이에는 본질적 차이는 없는 것으로 보인다.

임지현과 함께 '비판과 연대를 위한 동아시아 역사포럼'에서 활동하는 도면회가 침략과 저항의 이분법적 도식에 사로잡혀 있는 근대 역사학의 틀이 존속하는 한 "국가·민족 간 갈등이 없는 평화로운 세계를 기대할 수 없다"고 주장하는 것도 마찬가지 문제를 보여준다.[40] 이 주장에 의하면 제국주의 침략에 대한 식민지 민족의 해방투쟁 역사는 제국주의 침략성과 배타성을 닮아가려는 욕망에 포획될 수밖에 없는 것으로만 이해될 뿐이다. 투쟁하면서 투쟁의 대상을 닮아가려는 모습에 대한 비판을 강조하는 것은 일면 긍정할 만하다. 그렇다고 두 차원을 동전의 양면인 것처럼 보는 것은 지나친 해석이다. 따라서 김용흠이 주장하듯이 침략과 저항을 동일시하는 것은 심각한 오류이다.[41]

이처럼 민족국가의 여러 유형들에 대한 섬세한 분석에 관심을 기울이기보다는 근대 비판과 근대를 넘어서려는 문제의식이 앞선 나머지 근대에서 드러나는 다양한 형태의 민족주의나 민족국가들에서 나타나는 차이점들에 대한 감수성이 없다는 것은 문제다. 그러므로 일본의 역사교과서 왜곡을 둘러싼 한국과 일본의 갈등이나 중국의 동북공정을 둘러싼 한국과 중국

---

40   도면회, 「총론」, 도면회·윤해동 엮음, 『역사학의 세기』, 휴머니스트, 2009, 24쪽.
41   김용흠, 「역사와 학문에 '건너뛰기'란 없다」, 『내일을여는역사』 36, 내일을여는역사재단, 2009, 302쪽.

사이의 분쟁이 "근대 역사학이 갖고 있는 자국민 중심의 역사관, 국민 동원 기능에서 비롯되었다"고 주장하는 것도 우연이 아니다. 즉, 도면회에 의하면 "역사를 편찬하여 자국민을 구성하고, 자국민을 동원하여 침략전쟁에 나서거나 침략과 이민족 지배에 저항하는 도식"이 바로 과거를 둘러싼 갈등의 근원이다.[42]

저항과 침략의 차이를 이분법적 도식 혹은 대립의 인식 틀로 보고 이를 넘어서려는 임지현 등의 모습과 일본 진보적 지식인의 자국 중심의 역사서술을 넘어서려는 움직임은 미묘하지만 중요한 차이를 보인다. 일본의 여러 진보적 지식인들이 일본 자민족중심주의 역사관을 비판하는 글을 모아 낸 책인 『내셔널 히스토리를 넘어서』를 예로 들어 보자. 책 제목을 설명하면서 그 제목을 제안한 사람인 다카하시 데쓰야(高橋哲哉)는 그 제목이 안고 있는 문제점을 예리하게 인식하고 있다. 즉 자국민 중심의 역사를 비판하는 사람도 "비판자의 위치나 비판의 맥락과 동떨어진 채 절대화되어서는 안 된"다는 점을 분명히 한다. 그러면서 그는 다음과 같이 자문한다. "내셔널리즘의 구조적 문제점을 망각해서는 안 되지만, 예를 들어 타민족, 타국가로부터 억압받고 민족성이 말살당하는 위치에 처한 사람들의 '저항 내셔널리즘'을 지배 측의 내셔널리즘과 동일하게 논할 수 있겠는가? 국민국가에 귀속해 그 은혜를 향유하고 있는 자가 국민국가를 갖지 못해 고통받는 사람들의 국민국가에 대한 희구를 내셔널리즘이라 하여 잘라 버릴 수가 있을까? [……] 그래서 '내셔널 히스토리를 넘어서자'는 운동은 결코 단순한 운동일 수 없다."[43]

다카하시 데쓰야가 보여주는 "비판자의 위치나 비판의 맥락"을 상실하지 않으려는 노력을 우리 사회의 탈민족주의 담론을 옹호하는 학자들에게

---

42   도면회, 「총론」, 도면회·윤해동 엮음, 『역사학의 세기』, 앞의 책, 24쪽.
43   다카하시 데쓰야, 「머리말」, 고모리 요이치·다카하시 데쓰야 엮음, 『내셔널 히스토리를 넘어서』, 이규수 옮김, 삼인, 2001, 7쪽.

서 발견하기란 쉽지 않다. 임지현은 저항적 민족주의도 "제국주의의 거울 효과"에 지나지 않는 것으로 본다. 그는 제국주의의 침략으로 인해 식민지로 전락한 사회에서 형성된 저항적 민족주의에도 "억압과 차별 그리고 배제의 논리"가 내장되어 있다고 강조한다.[44] 따라서 그는 "건강한 내셔널리즘과 나쁜 내셔널리즘을 구분하는 것은 사실상 불가능하다"는 결론을 도출한다.[45] 그런데 이런 임지현의 민족주의에 대한 이해와 일본 민족주의의 발전 형태의 특이성을 분석하여 제국주의 침략과 세계전쟁을 거치면서 패전한 "일본의 근대국가로서의 발전 자체의 특이성"을 인식하려는 마루야마 마사오의 시도를 비교해보자.[46]

마루야마 마사오에 의하면 일본의 민족주의는 인민주권적인 민주주의와의 "행복한 결합의 역사"를 잘 알지 못했다. 그 결과 일본의 민족주의는 "일찍부터 국민적 해방의 원리와 결별하고" 그것을 "국가주의로, 나아가서 초국가주의(ultra-nationalism)로까지 승화"시켰다.[47] 일본의 민족주의 특이성에 대한 인식을 통해 근대 일본이 걸었던 제국주의적 팽창과 2차 세계대전에서의 패전이라는 역사적 진행 과정의 독특성을 파헤치려는 마루야마 마사오는 일본 민족주의가 서구 민족주의와 지니는 공통성 및 차이성은 물론이고, 당대 중국의 민족주의 및 한반도의 민족주의와의 공통성 및 차별성을 예리하게 들추어내려고 시도한다. 그런 그의 이론적 작업 배후에는 역사의 흐름 속에 등장한 여러 흐름들이 보여주는 차이를 분별하는 작업이 지니는 중요성에 대한 통찰이 존재한다. 따라서 인류사에서 "인간의 능력의 한층 더 높은 성장을 배태하고 있는 그런 사건과, 인간의 역사의 '시계바늘을 거꾸로 돌리는' 의미밖에 가지지 않는 사건을 분별하는 일체

44 임지현 · 사카이 나오키, 『오만과 편견』, 앞의 책, 54쪽.
45 같은 책, 187쪽.
46 마루야마 마사오, 『현대정치의 사상과 행동』, 김석근 옮김, 한길사, 1997, 197쪽.
47 같은 책, 205-206쪽.

의 모든 시도를 체념해버린다면" 그것은 정말 끔찍스러운 일이라고 그는 역설한다.[48]

마루야마 마사오가 여전히 서구 근대의 낙관적인 진보사관을 고수했던 인물이고, 서구중심주의적 사유 방식으로부터 자유롭지 못한 것도 사실이지만, 역사 속에서 등장하는 사건들에서 미묘한 차이에 대해서도 눈을 감지 않으려는 그의 자세는 같은 지식인의 입장에서 볼 때 큰 공감을 불러일으킨다. 그런데 앞에서 본 것처럼 마루야마 마사오와 달리 임지현은 저항적 민족주의와 제국주의적인 침략적 민족주의 사이의 차이를 중요하게 생각하지 않는다. 더 나아가 그는 일본 제국주의 침략과 식민지배의 역사적 경험에 대한 '한반도'에서의 집단적 기억이 "한반도의 국가주의 또는 국가주의적 내셔널리즘을 정당화하는 정서적 기제"라고 인식한다. 이런 인식에서 나오는 그의 다음과 같은 결론은 자못 충격적이다. 그는 팔레스타인을 강제 점령하고 이에 저항하는 팔레스타인들에 대해 잔인하게 보복하는 이스라엘의 민족주의와 한반도의 민족주의를 연결시킨다. 그에 의하면 처참하게 죽은 "팔레스타인 소년들의 주검 앞에서 이스라엘의 젊은 군인들이" 보이는 "당당한" 모습이 홀로코스트 희생자의 후예라는 피해자 의식에 기인한 것이다. 그리고 한국인 역시 일본 제국주의의 식민지배의 "세습적 희생자 의식"을 갖추고 온갖 비합리적 행동을 정당화한다고 비판한다. 그러면서 그는 다음과 같이 주장한다. "식민주의의 희생자가 되지 않기 위해서면 어떠한 행위든 도덕적으로 정당하며, 살아남기 위해 국가를 강화하는 길만이 정치적으로 옳다는 그것은 한반도 내셔널리즘과 논리를 같이한다."[49]

임지현의 염려처럼 사람이든 집단이든 희생자 경험을 특권화하여 비합

---

48   같은 책, 669쪽.
49   같은 책, 14쪽.

리적 행동조차도 정당화하는 현상은 비판받아 마땅하다. 그래서 그가 주장하듯이 "살아남기 위해 국가를 강화하는 길만이 정치적으로 옳다"는 식으로 민족주의 감정을 동원하는 흐름을 비판하는 것에 대해 동의할 수 있다. 우리 현대사에서 그런 방식으로 일제 식민지 시대의 경험을 전유하는 흐름이 존재한다는 점을 부인할 필요도 없기에 그렇다. 그러나 문제는 그가 한국 민족주의를 비판하면서 국가주의적인 민족주의를 "한반도 내셔널리즘"과 동일시하고 있다는 데 기인한다. 이처럼 임지현식의 탈민족주의 담론은 서구에서 등장한 민족주의 유형에 대해서뿐만 아니라, 우리의 근현대사에서 나타난 민족주의 이론의 역사를 분석하고 이해하는 데에서 커다란 문제점을 보이고 있다. 이 이론은 모든 형태의 민족주의가 마치 개별 민족국가 내부의 차원에서뿐만 아니라, 대외적인 차원에서 이질성과 다양성을 은폐하고 억압하는 기능을 담당하는 것처럼 생각하는데 이는 대단히 일면적이다.

앞에서 탈민족주의 담론은 우리나라에서 등장한 여러 형태의 민족주의를 동일시하는, 그것도 민족주의의 최악의 형태로 이해되는 국가주의적이고 공격적인 민족주의와 동일시하는 오류를 범하고 있다고 주장했다. 철학, 특히 서양 정치철학을 전공한 필자가 한국의 저명한 역사 전공자들에게 그들이 한국 민족주의 역사에 대해 오해를 하고 있다고 비판하기엔 좀 어색하다. 그들이 실제로 필자보다 그런 사실을 비교할 수 없을 정도로 잘 알고 있을 것이기 때문이다. 그럼에도 식민지 사회의 저항적 민족주의를 "제국주의의 거울효과"에 지나지 않는 것으로 바라보는 탈민족주의 담론의 입장이 어떤 점에서 지나친 일반화의 오류를 범하고 있는지를 좀 더 살펴보자.

예를 들어 임지현이 한때 옹호하고자 했던 시민적 민족주의나 열린 민족주의 역시 한국의 민족주의 역사에서 결코 새로운 현상이 아니라는 것은 널리 알려져 있다.[50] 역사학자 정연태가 지적하듯이 "공생공존, 호혜

평등, 민주주의 등 인류의 보편적 가치를 핵심 구성 요소로 한 열린 민족주의"는 한국 "민족주의의 중심 줄기 가운데 하나"였다.[51] 우리는 백범 김구의 민족주의는 물론이고 일제하에 제기된 안재홍의 '국제적 민족주의' 및 해방 이후 그의 신민족주의[52]나 일제식민지 해방투쟁의 역사에서 등장한 저항적 민족주의와 남북분단 이후 남한사회에서 큰 역할을 했던 분단극복과 통일지향적인 자주적 근대국가의 완성을 추구했던 민족주의를 이승만이 한때 내세웠던 일민주의적 민족주의[53] 및 박정희식의 민족주의나 북한의 근본주의적 내지 쇼비니즘적 민족주의("조선 민족 제일주의")[54]와 동일한 것으로 볼 수는 없다.[55]

이 자리에서는 특별히 민족주의에 대한 안재홍의 인식을 살펴보자. 그가 일제 식민지시기에 '국제적 민족주의'를 내세우는 배경에는 1920년대 이후 민족주의 무용론을 내세우는 사회주의자들의 주장에 대한 비판적 문제의식이 있었다. 특히 1930년대 들어 프롤레타리아 국제주의를 주창했

- - -

50 여기서는 한국의 저항적 민족주의를 시민적 민족주의로 분류하는 것이 적절한지 여부는 논외로 한다. 따라서 다만 양자 사이에 상당히 중첩되는 부분이 존재한다는 점을 지적하는 데 만족한다.

51 정연태, 『한국근대와 식민지근대화 논쟁: 장기근대사론을 제기하며』, 푸른역사, 2011, 421쪽.

52 해방 이후 안재홍이 제기한 신민족주의 이념에 대해서는 김인식, 한국독립운동사편찬위원회 편, 『한국독립운동의 역사 57: 광복 전후 국가건설론』, 경인문화사, 2008, 제3장 '안재홍의 신민족주의'를 참조.

53 한 연구에 의하면 일민주의는 파시즘과 저항적 민족주의 사이에 존재하는 이중적 측면을 지닌다. 후지이 다케시(藤井たけし), 『파시즘과 제3세계주의 사이에서: 족청계의 형성과 몰락을 통해 본 해방8년사』, 역사비평사, 2012, 17쪽 참조.

54 박찬승, 『민족·민족주의』, 소화, 2010, 254쪽. 북한에서의 1950년대 민족 형성에 대한 논쟁과 그 이후의 민족이론의 변천에 대해서는 김성보, 「1950년대 북한의 조선 '부르죠아 민족' 형성론」, 김성보·김예림 편, 『분단시대의 앎의 체제』, 혜안, 2016, 199-226쪽 참조. 또한 김동춘의 북한 민족주의에 대한 글도 북한 민족주의 성격과 그 문제점을 잘 보여준다. 김동춘, 『근대의 그늘: 한국의 근대성과 민족주의』, 당대, 2000, 313-341쪽.

55 김동춘은 북한 민족주의와 박정희 민족주의를 동일시하는 것을 비판한다. 『1997년 이후 한국사회의 성찰』, 앞의 책, 510쪽 참조.

던 사회주의 운동가들은 민족주의를 '민족개량주의자' 혹은 '파시스트'로 비판하고 나섰다. 이런 움직임에 대해 안재홍은 사해동포주의 혹은 세계주의의 추상성을 비판하면서 민족주의에 토대를 둔 국제주의적 인류애를 옹호하고자 했다.[56] 그는 민족적 주체성을 강조하는 흐름을 보면 자동적으로 "소부르주아적 배타주의니 반동적 보수주의니 또는 감상적 복고주의니"하면서 온갖 비난을 일삼는 사람들이 "급진적인 선구자로 자임하는 자"들 중에서도 매우 강력한 영향력을 행사하는 세태를 비판한다. 그가 보기에 민족적인 문제나 조선적인 것에 관심을 기울이는 일은 결코 반동보수적인 것으로 혹평 받아서는 안 된다.

안재홍이 보는 20세기 인류사회의 특징은 각 민족이 "세계적 대동의 방향, 즉 국제주의적 방향'으로 나가는 측면과 아울러, 각 "민족문화"의 정체성을 강화하는 이중적 흐름이 병존하는 데 있다. 이처럼 그는 대국주의적 관점이나 침략주의적이고 배타적 관점에서 국가와 민족을 바라보지 않았다. 그는 민족주의가 국제주의, 즉 세계적 차원의 대동세계를 지향하는 노력과 연결되어야 한다고 보았다. 그래서 안재홍은 민족주의와 세계평화의 선순환의 가능성을 모색했는데, 그가 보기에 "가장 온건 타당한 각 국민 각 민족의 태도는 민족으로 세계에, 세계로 민족에, 교호되고 조합되는 민족적 국제주의-국제적 민족주의를 형성하는 것"이었다.[57] 그리고 민세 안재홍은 조선의 자주독립을 동아시아의 평화 구축이라는 큰 틀에서 고민을 했다. 또한 우리 역사를 일국사가 아니라 동아시아라는 국제사 속에서 파악했다. 그러므로 그는 "조선이 한번 자주독립을 잃어버리면 동아시아의 평화"가 깨어진다고 주장할 수 있었던 것이다. 이런 주장은 안재홍에 국한되어 있지 않다. 한국 민족주의의 시조라 할 수 있는 단재

---

56 박찬승, 『민족·민족주의』, 앞의 책, 183-185쪽 참조.
57 안재홍, 「민세필담 속」, 안재홍 선집 간행위원회 편, 『민세 안재홍 선집 1』, 지식산업사, 1981, 511-512쪽.

신채호도 1921년에 조선독립과 동양평화를 함께 생각했다. 그는 "조선의 독립"을 동양평화의 지름길이라고 주장했다.[58]

신자유주의적 세계화의 시대인 21세기 벽두에도 안재홍의 문제의식은 여전히 살아 있다. 조선의 독립은 아니지만 한반도의 분단으로 인한 전쟁의 가능성을 해결하는 작업을 동아시아 평화 및 인류평화에 이르는 지름길로 보는 인식은 아직도 우리에게 설득력 있게 다가온다. 게다가 신자유주의적 세계화의 흐름을 선도하던 사람들이 주장했던 국민국가 시대의 종언에 대한 종말론적 예언과 달리 인류는 민족적 · 인종적 갈등에서 벗어나 있지 않음은 물론이고 세계화의 흐름과 더불어 지역화의 흐름의 활성화를 경험하고 있다. 이런 상황은 국제주의와 민족주의의 양 측면을 함께 사유하고자 한 안재홍의 모색이 여전히 현재 진행형임을 보여준다.

III. 세계화와 민족주의

탈민족주의 담론은 세계화의 흐름에 의해 민족국가의 기능과 역할이 소멸될 것이라는 생각을 갖고 있다. 달리 말하자면 근대 민족국가라는 것이 이제 "역사적 한계에 도달했다"는 인식을 탈민족주의 담론은 전제한다. 인민주권론이 대중독재를 정당화하는 이데올로기로 변화된 상황에서 근대의 완성이 아니라 "근대를 해체"시키는 시도가 더 시대의 요청에 어울리는 문제의식이라고 임지현은 생각한다.[59] 권혁범도 서구에서는 2차 세계대전 이후에 그리고 식민지를 경험한 한국에서 저항적 민족주의가 진보성을 담보하던 시기는 냉전 체제가 붕괴된 1980년대 말에 이미 끝났다

- - -

58   최원식, 『제국 이후의 동아시아』, 창비, 2009, 152쪽 이하 그리고 163쪽 이하 참조.
59   임지현 · 사카이 나오키, 『오만과 편견』, 앞의 책, 187쪽.

고 말한다.[60] 윤해동도 "이제 민족주의는 대체로 민주주의에 억압적 역할을 하는 것이 전후 민족주의의 일반적 양상일 것이라고" 주장한다.[61] 이런 시대진단이 없다면 근대의 틀을 해체하고 그것을 대신할 새로운 질서를 모색하는 시도는 자기모순에 처할 것이다. 따라서 임지현이 "국민국가를 자명한 것으로 전제하고 그 틀 안에 사유와 실천을 가두어 놓았던 과거의 대안 추구방식"과는 구별되는, 그러니까 국민국가 틀을 넘어설 수 있는 연대의 방식"을 모색하는 것은 지극히 자연스럽다.[62] 그가 꿈꾸는 연대는 동아시아의 연대에 머물지 않는다. 그는 유럽연합에도 비판적인데, 그것은 민족국가의 틀을 극복하지 못하고 그 외연을 유럽으로 넓힌 데 불과하다고 생각하기 때문이다.[63] 그가 궁극적으로 상정하는 연대는 "전 지구적 자본에 저항하는 전 지구적 연대"이다. 그리고 임지현은 이런 연대를 "세계화 시대의 새로운 연대 방식에 대한 대안 모색"의 일환이라고 평가한다.[64]

세계화의 흐름으로 인해 개별 국가의 절대적 주권성이나 기존의 민족적 정체성이 변형을 요구받고 있음은 분명하다. 예를 들자면 베스트팔렌적인 주권개념, 그러니까 모든 국가들에게 외부의 간섭으로부터 자유롭고 대내적으로 절대적이고 최고의 권위를 행사할 수 있는 주권 개념은 도전을 받고 있다. 더구나 지구화로 인해 발생한 여러 문제들을 국민국가의 틀을

•••
60 권혁범, 『민족주의는 죄악인가』, 생각의나무, 2009, 76쪽 이하 및 161쪽 이하. 홉스봄도 민족주의는 이제 "역사적 힘을 지니지 못한다"고 판단한다. 『1780년 이후의 민족과 민족주의』, 앞의 책, 216쪽. 민족과 민족주의를 철저하게 근대적 현상이라고 보는 탈근대론자의 입장을 수용하고 있는 권혁범이 민족과 민족주의를 시대에 뒤떨어진 것으로 보는 것은 자연스럽다. 같은 책, 44쪽. 그러나 민족과 민족주의를 근대적인 세계의 틀 속에서 보고, 20세기 말에 민족과 민족주의가 쇠퇴하기 시작했음을 단정하는 시각에 대한 비판으로는 앤서니 스미스 『세계화 시대의 민족과 민족주의』, 앞의 책, 49쪽 이하 참조.
61 윤해동, 『식민지의 회색지대』, 앞의 책, 162쪽.
62 임지현・사카이 나오키, 『오만과 편견』, 앞의 책, 437쪽과 462쪽.
63 물론 유럽연합에 대한 그의 비판은 일정 타당하다.
64 임지현・사카이 나오키, 『오만과 편견』, 앞의 책, 462쪽.

고수하면서 극복하는 데는 적지 않은 문제점들이 존재한다. 그러나 세계화의 흐름에 대한 다양한 반응 중에서 국민국가의 종언에 대한 이야기를 지나치게 과장하여 받아들이는 것 역시 섣부른 것이다. 세계화의 진행 속에서도 국가주권은 여전히 세계질서의 보루로 작동하고 있다. 유럽연합의 헌법초안은 회원국들에게 연합으로부터 탈퇴할 수 있는 선택지를 허용함으로써 국민국가를 협정의 자주적 주체로 인정하고 있는 실정이다.[65]

이런 지적을 통해 필자가 민족국가에 대한 임지현류의 비판을 "탈정치적 포스트모더니즘"에 지나지 않는다는 비판을 반복하려는 것으로 보는 것은 오해이다. 임지현이 불만족스럽게 생각하듯이 그의 민족국가 비판을 "자본이 주도하는 세계화를 긍정하는 결과를 빚으며, 따라서 결과적으로는 동아시아에서 미국의 헤게모니를 긍정한다는, 혹은 결과적으로 추인한다는 널리 퍼진 오해"로 보는 입장을 반복하고자 함이 아니다.[66] 다만 세계화로 인해 민족국가의 소멸에 대한 이야기가 유포되고 있지만, 그런 결론은 성급한 것이라는 점을 강조하고자 한다. 그리고 이런 결론은 이론적으로도 현실에 대한 적합한 인식일 수 없을 뿐만 아니라, 실천적으로도 잘못된 결과를 가져올 것이라는 점을 지적하고자 함이다. 특히 근대 민족국가의 역사적 성취가 대단히 취약한 토대 위에 존립한다는 점에 대한 인식의 결여는 자칫하면 민주주의 및 인권을 보장하는 최소한도의 틀마저도 무력화시키는 결과를 가져올 수 있음을 잊어서는 안 될 것이다. 대중독재에 대한 임지현의 성찰도 넓게 보면 근대 민족주의뿐만 아니라, 민주주의도 매우 취약하다는 점을 지적하는 것으로도 이해될 수 있다고 본다. 그래서 국민국가의 취약성에 대한 성찰이 더 큰 설득력을 얻으려면 국민국가 및 민족주의의 양면성에 대한 균형 잡힌 시각이 필요하다. 그렇지 않고

• • •

65   위르겐 하버마스, 『분열된 서구』, 장은주·하주영 옮김, 나남출판, 2009, 99쪽 참조. 최근 영국의 브렉시트는 그 평가 여부와 별개로 이런 점을 잘 보여준다.

66   임지현·사카이 나오키, 『오만과 편견』, 앞의 책, 438쪽.

세계화의 현실에 대응할 수 있는 방법을 "전 지구적 자본에 저항하는 전 지구적 연대"에만 한정하고, 국민국가 및 민족주의의 문제점을 지적한다면, 임지현의 작업이 기껏해야 자본 주도의 세계화를 매끄럽게 하는 데 기여하는 "탈정치적 포스트모더니즘"에 불과하지 않느냐라는 '오해'에서 벗어나기란 쉽지 않을 것이다.

그런데 세계화의 흐름 속에서도 근대 국가의 긍정적인 역할은 무시될 수 없다. 비록 한계가 있다고 할지라도(한계가 없는 존재가 이 지구상에 존재할 리 없지만), 국가는 시장의 파괴적 경향은 물론이고 근대 문명이 초래한 여러 파괴적 현상을 조정할 수 있는 중요한 행위자이다. 국가를 폭력적인 기제로만 이해하는 입장에서 보면 국가 개입과 조정 행위가 모두 파시즘적인 것으로 여겨질 수도 있을 것이다. 그러나 한승완이 지적하듯이 현재의 조건에서 "테러, 조직범죄, 세계적 환경 파괴의 위험, 사회적 불평등과 같은 문제들에 대해 민족국가라는 정치적 제도 없이 대처한다는 것은 기약할 수 없는 일이다."[67]

미국발 세계경제 위기의 발발로 그 분위기가 조금은 달라질 것으로 보이지만, 세계화의 흐름을 주도하는 미국식 신자유주의는 국민국가의 틀 내에서 형성된(비록 불완전할지라도) 민주적인 연대나 시민적 참여를 파괴시키고 있다. 그 결과 전 세계에 걸쳐 새로운 "프롤레타리아트가 형성되는 추세, 즉 국민은 결여된 채 세계시장만"[68]이 강화되고 있다. 사실 트럼프 대통령 당선이란 염려스러운 사건은 '국민'을 결여한 채 무한 질주한 무분별한 신자유주의로 인한 결과인 셈이다. 그러므로 그가 내세우는 이른바 미국 우선주의나 대외적 배타주의를 비판하는 것은 쉽지만, 그런 비판이 신자유주의적 자본 주도의 세계체제에 대한 비판을 결여하고 있다

• • •
67   한승완, 「통일 민족국가 형성을 위한 시론」, 『사회와철학』 1, 2001, 246쪽 이하.
68   세일라 벤하비브, 『타자의 권리: 외국인, 거류민 그리고 시민』, 이상훈 옮김, 철학과현실사. 2008, 47쪽.

면 피상적이고 공허하다. 심지어 그런 비판은 기만적인 것에 지나지 않을 것이다. 그렇다고 미국 시민은 미국을 좀 더 민주적 국가로 만들려는 시도를 포기한 채 전 지구적 차원에서 자본을 제어할 방법만을 찾아야 하는 것이 유일한 대안이라고 주장할 수 있을까?

이런 현실 앞에서 민족국가를 억압적 질서로만 바라보는 것이 얼마나 어처구니없는 것인가를 알게 된다. 이 글이 취하는 국민국가에 대한 접근 방식과 매우 친화적인 이해를 우리는 이삼성의 다음과 같은 진단에서 발견한다. 그에 의하면 "세계 정치의 차원에서도 지역 질서의 차원에서도 그리고 각 사회의 차원에서도, 인류가 민주적 삶을 포함한 공동의 대의를 위해 부단히 전개해야 할 근본적이면서도 일차적인 현실적인 권력투쟁의 장은 과거와 현재에 있어서와 마찬가지로 오랜 미래에 이르기까지 국가 영역인 채로 남을 것"이라고 한다.[69]

근대 민족국가에 대한 부정적 평가 및 세계화의 흐름에 대한 과잉 의미부여는 탈민족주의 담론으로 하여금 민족주의와 세계시민주의를 양립 불가능한 것으로만 바라보게 만든다. 그래서 앞에서 본 것처럼 임지현은 '긍정적 민족주의와 타락한 민족주의를 구분하는 것이 이제는 불가능해졌다'는 입장을 견지한다.[70] 그리고 전 지구적 연대를 국민국가의 틀과 결별하는 작업과 관련된 기획으로 이해한다. 이런 태도는 한편으로는 민족국가에 대한 협애한 이해 및 그에 대한 편협한 부정적 평가와, 다른 한편으로는 세계시민주의의 미래에 대한 근거가 약한 낙관적 태도의 상호결합의 결과이다. 앞에서 보았듯이 임지현은 근대 민족국가를 배타적이고 억압적인 것으로 보고 있다. 그리하여 그는 근대 민족국가의 틀을 넘어서는 탈근대의 시도가 절실하게 요구된다는 점을 반복해서 강조한다. 이런 문제의식의

• • •
69   이삼성, 『제국』, 소화, 2014, 502쪽.
70   임지현 · 사카이 나오키, 『오만과 편견』, 앞의 책, 187쪽.

연장선에서 그는 자연스럽게 근대 민족주의와 세계주의의 상관성이나 상호 조화의 가능성을 전혀 염두에 두지 않는다.[71]

윤해동에 따르면 "건강하고 공정한 시민사회적 가치를 정착시키고, 인류의 보편적 과제를 설정할 수 있는 힘이 민족주의에는 없다."[72] 권혁범의 입장도 마찬가지이다. 그는 2000년에 출간된 책 『민족주의와 발전의 환상』에서 "민족주의와 국민국가의 틀을 넘어서서 지구적 초국적 기업의 거대한 자본에 대항하는 시민 중심의 생태적 국제 연대주의"를 주창했다.[73] 그는 최근에도 민족주의가 "진보적 세계주의"에 장애가 된다는 입장을 내세웠다.[74] 권혁범이 이상으로 꿈꾸는 생태적 사회에 대해 필자 역시 백분 동감한다.[75] 그러나 생태지향적 사회를 향한 방법과 절차에 대해서는

• • •

71 탈민족주의 담론과 더불어 동아시아를 새롭게 사유하는 작업 역시 우리 사회 일각에서 꾸준하게 지속되고 있다. 동아시아 지역주의에 대한 모색은 한편으로는 국민국가의 틀을 넘어서려고 하고, 다른 한편으로는 동아시아 지역주의를 패권주의의 각축장으로 부터 해방된 모습으로 구성하려는 지향을 보여준다. 그러나 임지현 등이 주장하는 지역연대의 주장과 백영서와 최원식 등이 주창한 동아시아론 사이에는 매우 큰 차이가 있다. 이 담론은 근대 국민국가냐 동아시아 지역연대냐는 식의 양자택일의 단선적 시각을 넘어서 있기 때문이다. 백영서는 국민국가의 온전한 역할과 함께 그 한계를 극복하려는 이중적 관점을 취한다. 백영서, 『동아시아의 귀환: 중국의 근대성을 묻는다』, 창작과비평사, 2002, 16쪽 참조. 최원식은 동아시아적 시각을 통해 서구중심주의와 민족주의의 일면성을 탈피하면서도 평화통일을 통한 한반도의 '분단체제' 극복의 문제의식을 새롭게 접근하고자 한다. 따라서 그 역시 기존의 민족주의가 변형되어야 한다는 점을 인정하고 탈민족주의의 민족의식 비판을 일정 부분 수용하지만, 그것이 지니는 관념성에 대해서는 비판적 거리를 취하고자 한다. 최원식, 「동아시아론의 좌표: 서구주의와 민족주의 사이」, 『인문학연구』 31(2), 2004, 184쪽 이하 참조. 최원식과 백영서가 동아시아를 통해 왜 국민국가를 상대화하려고 하는지에 대해서는 황정아, 『개념비평의 인문학』, 앞의 책, 46-48쪽 참조.

72 윤해동, 『식민지의 회색지대』, 앞의 책, 273쪽.

73 권혁범, 『민족주의와 발전의 환상』, 앞의 책, 238쪽.

74 권혁범, 『민족주의는 죄악인가』, 앞의 책.

75 필자는 환경위기를 극복할 이론적 대안으로 객관적 관념론에 대한 새로운 흐름을 검토한 바 있다. 나종석, 「회슬레의 환경철학에 대하여: 객관적 관념론과 환경철학의 새로운 가능성을 중심으로」, 『헤겔연구』 12, 2002, 211-246쪽.

의견을 달리한다. 물론 그에게 대안을 제시하라고 강변할 필요는 없다. 권혁범이 주장하듯이 근대의 성장 및 발전 지상주의의 문제점을 지적할 때마다 대안을 묻는 행위도 바람직하지 않다.[76] 그러나 그의 현실분석 그리고 그가 지향하는 시민 중심의 생태 연대 이론이 지니는 모호성과 그 한계를 지적하는 것은 당연하다. 생태 문제를 해결하는 데 민족주의와 국민국가의 긍정적인 역할은 정말 존재하지 않는 것인지, 그리고 시장의 효율성은 과연 생태적 가치와 양립 불가능한 것인지 등의 물음을 던지는 것은 그에게 구체적인 청사진을 제시하라고 강요하는 것과 다르다. 게다가 그가 지속가능한 발전 개념도 비판하면서 "반발전"(counter-development)을 내세운다는 점을 염두에 둔다면, 그도 생태적 국제 연대주의의 모색 가능성에 대한 나름의 대안을 제시한 셈이다.[77]

그러나 흥미롭게도 권혁범은 "자본주의 내에서 여러 가지 실현 가능한 차선의 제도 실현과 개혁"을 높이 평가하고 있다. 더 나아가서 그는 자본주의를 악으로 보지도 않고 자본주의를 극복하는 대안을 찾아야 한다는 식의 논의에 대해 강한 거부감을 보인다.[78] 필자는 지속가능한 발전도 불만스럽게 생각하는 것과 자본주의에 대한 그의 믿음이 서로 긴장을 갖고 있다고 생각한다. 특히 국민국가와 민족주의를 생태 파괴의 주범으로 보면서 그 틀을 분쇄할 것을 주장하는 권혁범이 국민국가와 더불어 근대의 핵심적 제도인 자본주의를 긍정하는 것은 거의 자가당착에 가까운 것으로 보인다. 게다가 그는 초국적인 거대 자본에 대한 국제적 연대를 주장하는 데, 동시에 자본주의를 악으로 보지 않는다면 그 역시 자본주의에 대한 적정 수준의 제어를 더 나은 대안으로 생각하는 것처럼 보인다. 그렇다면 왜 그가 지속가능한 발전 개념을 비판하는지가 궁금하다.

• • •

76   권혁범, 『민족주의와 발전의 환상』, 앞의 책, 227쪽.
77   같은 책, 237쪽, 240쪽 참조.
78   같은 책, 271쪽 이하와 326쪽 이하 참조.

권혁범이 내세우는 국제 연대주의의 낭만성과 순진성은 이미 문제로 제기되었다. 예를 들어 강준만은 권혁범이 내세우는 '개인 지향적 생태정치'에 대해 다음과 같이 비판한다. "나는 한국과 한국 국민이 일부 한국보다 못사는 제3세계 국가와 그 국민들에게 못되게 구는 작태에 대해서는 권 교수 못지않게 분노하며 독설을 퍼부을 뜻이 충만하며 실제로 그렇게 해왔지만 국민국가의 틀을 넘어서는 것이 해결책이라고 생각하지 않는다. 그런 못된 짓은 국내인들 사이에서도 벌어지고 있는데, 그게 어찌 국민국가의 틀을 넘어선다고 해서 해결될 수 있는 문제란 말인가. [……] 나는 권 교수의 책을 읽으면서 내내 제3세계 지식인의 슬픈 운명을 되씹지 않을 수 없었다. [……] 손꼽히는 생태학자마저도 남의 나라 군대의 주둔 필요성을 현실로 인정하지 않을 수 없는 나라에서 국민국가의 틀을 넘어서야 한다는 주장은 그 원론의 지당성에도 불구하고 우리가 처해 있는 현실에 비추어 너무 공허하다는 그래서 가슴 아프다는 생각을 지울 길이 없었기 때문이다."[79]

IV. 탈민족주의 담론의 무비판성 문제

탈민족주의 담론에 대해 마지막으로 들 수 있는 한계는 자신의 주장에 대한 비판적 성찰의 부족이다. 탈민족주의 담론을 주장하는 사람들은 논리적으로 비일관성을 보이고 있을 뿐만 아니라, 그들이 내세우는 담론의 정치적 및 실천적 효과에 대해서는 정작 성찰을 소홀히 하고 있기 때문이다. 달리 말하자면 탈민족주의 담론은 이중적인 측면에서 독단적인 모습을

---

79   강준만, 「민족주의에 대한 잡념」, 『인물과사상 18: 개혁의 사회심리학』, 개마고원, 2001, 219쪽 이하.

보인다. 우선 그것은 자신이 한국사회에서 초래할 수 있는 정치적 효과 및 권력 효과에 대해 무비판적이라는 점에서 그리고 다른 견해로부터 올 수 있는 생산적인 비판의 가능성을 미리 차단하여 비판으로부터 스스로를 벗어나게 한다는 점에서 그렇다.

임지현의 이론이 갖고 있는 문제점을 그가 스스로 받아들이고 있는 푸코식의 권력-지식 연계설을 통해 설명해보자. 그의 이론은 어떤 권력관계 속에서 작동하고, 유포되고 확산되는 것일까? 그의 이론은 민족주의 담론에 대해 거북해하고 일본의 제국주의 침략의 역사를 부인하는 사람들에게 좋은 구실을 제공하는 것은 아닐까? 다모가미 도시오(田母神俊雄) 일본 전 항공막료장의 주장, 즉 일본의 침략전쟁을 부인하고 일본의 한반도 지배와 중·일 전쟁의 정당성을 옹호하는 입장에 대한 반대는 어떻게 가능한가? 그에 대해 국민국가의 틀을 유지하면서 비판하는 것은 불가능한가? 일본의 식민지 지배에 대한 비판은 역으로 일본의 민족주의 감정을 자극하여 서로의 민족주의를 강화시킨다는 입장이 정말 타당한 것인가? 식민지 지배 및 침략 전쟁에 대한 엄중한 역사적 책임 추궁의 문제는 과연 근대 국민국가의 틀에 기반을 두는 인식론적 지평을 인정한다면 해결될 수 없는 것인가? 임지현은 이런 인식론적 지평의 공유를 염두에 두고 '적대적 공범관계'라고 표현한다. 그에 의하면 "동아시아의 민족주의는 서로가 서로를 배제하고 타자화시키면서도 동시에 서로가 서로를 살찌우고 강화"시켰다는 점에서 "표면적으로는 적이지만 실제로는 내연관계를 맺고 있는 '내연의 적'이다."[80]

윤해동도 민족주의를 "제국주의의 쌍생아"로 치부하면서 "근대 민족주의가 한편으로는 제국주의에 저항하면서 또 다른 한편으로는 제국주의를

• • •
80   임지현, 「국사의 안과 밖: 헤게모니와 '국사'의 대연쇄」, 임지현·이성시 엮음, 『국사의 신화를 넘어서』, 앞의 책, 26쪽.

모방하면서 형성된 인위적인 구성물"이라고 말한다. 그러나 민족주의를 이런 방식으로 접근하는 태도는 가치평가를 떠나 있는 것 같지만 실상은 강한 평가를 함축하고 있다. 식민지 지배를 벗어나려는 투쟁이 설령 또 다른 폭력과 억압을 가져왔다고 해도, 그런 것이 없었다면 아마도 서구 근대의 특권적 우월성과 제국주의의 폭력성은 극복될 가능성이 없었을 것이다. 또한 제국주의에 대항한 식민지 독립투쟁이 없었다면, 인간의 보편적 존엄성에 대한 자각 또한 오늘날처럼 그렇게 널리 인정되지 못했을 것이다. 그뿐만 아니라 그 투쟁이 없었다면, 전 지구적 정의와 평등을 향한 세계시민적 연대에 대한 꿈과 이상은 백일몽에 지나지 않는 것으로 치부되었을 것이다.

게다가 임지현이나 윤해동의 논리를 끝까지 밀고 나가면 국민국가와 민족주의를 옹호하는 입장에서 식민지 지배와 침략전쟁에 대해 아무런 반론을 펼칠 수 없다는 말이 된다. 그러나 독일의 예를 통해서 보더라도 지난 역사의 잘못을 철저하게(상대적인 의미에서) 반성하는 작업은 국민국가의 틀을 넘어서지 않고서라도 가능하다. 과거사를 어떤 방식으로 바라보고 정리하는가는 근대에 대한 탈근대적 비판이 없어도 일정 정도 가능하다. 과거사를 올바르게 정리하는 작업은 궁극적으로 그 국가의 작용 방식이나 구성 방식을 민주적으로 그리고 개방적으로 운영할 수 있는 그 나라 시민들의 역량에 달려 있는 것이다. 이런 점을 제외해도 임지현의 입장은 독립적인 국가들 사이의 평화로운 공존의 가능성 자체가 존재하지 않는다는 전제를 부당하게 깔고 있다. 그러므로 임지현이 자명한 것으로 전제하는 것 자체가 합리적으로 정당화되어야 할 사항이다.

그런데 임지현과의 대화는 쉽지 않다. 그는 자신의 이론에 대해 제기될 수 있는 반론을 '감정적' 반발로 치부하면서 그 반론을 미리 차단하고 있기 때문이다. 달리 말하자면 "'국사' 해체는 적의 공격적 민족주의 앞에서 우리 민족의 방어 논리를 무장 해제할 뿐이라는 감정적 반발이 역사적 · 비판적 성찰성을 압도하는 것이다."[81] 그는 이런 식의 글쓰기를 반복한다. 즉, 상대방의 비판적 논의를 감정적이라고 미리 단정하면서 이의 제기 가능성을 차단한다. 예를 들어 그는 동아시아의 '국사'(national history) 패러다임의 해체를 주장하면서도 '해체한 다음의 대안은 무엇인가'라는 질문에 대한 답변은 없다고 말한다. 즉 "현재로서는 대안이 없다는 것이 [……] 유일한 대안이다."[82]

이처럼 탈민족주의를 주장하는 이론가들은 국민국가 틀을 넘어 어떤 방식으로 세계를 구성할 것인가에 대한 물음에 대해 어느 정도 구체적인 긍정적 대안을 제시하지 않는다. 이런 태도가 불만족스럽긴 하지만, 근대 극복의 길을 추구하는 지식인의 지적 모색 과정에서 그럴 수 있다고 생각해 볼 여지도 있을 것이다. 그러나 다음과 같은 임지현의 태도는 정말로 수긍하기 어렵다. 대안이 없다고 말한 다음에 그는 "대안에 대한 질문 자체가 잘못 설정되었다"고 하면서 "20세기의 유토피아적 기획이 그러했듯이, 잘 기획된 대안이 의도하지 않는 또 다른 헤게모니를 만들어내고 그것을 정당화하지는 않을까 하는 우려"를 표현한다.[83]

임지현의 이 주장을 읽어보면 어떻게 그의 주장을 비판할 수 있을까 하는 불안한 감정을 감출 수 없다. 국사 패러다임을 해체하려는 그의 작업을 비판하면서 그 대안에 대해 궁금해 하는 것은 곧바로 "또 다른 헤게모니"의 추구로 비판당할 것이기 때문이다. 임지현에 대한 비판은 즉각 20세기의 역사에서 참담한 패배로 끝난——이상적인 인류사회의 꿈을 실현하고자 한 시도가 역설적이게도 유례가 없는 야만을 초래한——현실 사회주의자들의 유토피아적 기획과 동일한 것으로 치부될 공산이 크다. 이렇듯 그는 비판 작업이 가져올 다양한 가능성을 염두에 두지 않고, 그 가능성들 중

• • •

81   같은 글, 31쪽.
82   같은 글, 33쪽
83   같은 글, 32쪽.

최악의 것이 유일하고 필연적인 것인 양 주장하면서 그에 대한 비판을 미리 봉쇄하고 있는 것이다.

흥미롭게도 권혁범도 이런 임지현의 태도를 반복한다. 그는 대안에 대한 모색이 "매우 복잡한 현실을 이상주의적 관념에 맞추기 위해 현실과 인간을 인위적으로 조직, 재편하려는 경향을 갖기 때문에 억압성을 발현하기 쉽다"고 말한다. 또 그는 "대안 찾기는 이상적인 개념들의 멋진 결합에 자족하는 급진주의적 지식인의 언어조작에 그치기 쉽다"고 주장한다.[84] 임지현과 마찬가지로 권혁범도 대안의 모색을 거부하면서 그런 시도를 실패한 사회주의와 연결시킨다. 즉 "사회주의 국가의 계획된 대안적 청사진 세계관의 실패"를 거울삼아 자신은 대안 찾기라는 말을 좋아하지 않는다고 강조한다.[85] 대안 모색=현실 사회주의적 전체주의 모험이라는 구도는 자신에 대한 비판 및 문제 제기를 늘 전체주의적 기획으로 귀결될 것임을 미리 가정하고 있다. 그리고 이런 구도에 의하면 임지현이나 권혁범에 대하여 그들이 대안 제시에 소홀하다는 비판을 제기하는 순간 그 비판자는 전체주의적 사유 방식에 의해 오염된 사람임을 각오하지 않으면 안 된다. 그런 점에서, 그것은 학계에서 출현한 보수 세력이 전가의 보도처럼 휘두르는 '종북좌파' 프레임의 한 변형쯤으로 여겨진다.

더 나아가 권혁범도 임지현과 유사하게 민족주의를 비판할 때 타인의 비판을 미리 봉쇄하는 수사학을 즐겨 사용한다. 예를 들어 그는 다음과 같이 말한다. "국수적 민족주의의 폐해를 경험한 서구사회에서 민족주의는 파시즘이나 극우와 동일시되었다. 'nationalist'라는 호칭은 서구에서 결코 긍정적 의미를 갖지 않는다. 파시즘과 동일하게 인식된다."[86] 권혁범의 이런 주장은 대단히 단순하고 지나치게 일반화하는 오류를 범하고 있다.

• • •

84 권혁범, 『민족주의와 발전의 환상』, 앞의 책, 271쪽 이하.
85 같은 책, 271쪽.
86 권혁범, 『민족주의는 죄악인가』, 앞의 책, 161쪽.

서구사회에서 민족주의를 긍정하는 많은 온건 자유주의자들이나 좌파 학자들도 존재한다. 예를 들어 이사야 벌린이나 찰스 테일러, 마이클 왈저 등은 말할 것도 없고 존 롤스 및 윌 킴리카 등 수많은 학자들이 민족주의의 긍정성을 강조한다. 이런 학자들이 윤해동이나 권혁범이 즐겨 인용하는 홉스봄 못지않은 세계적 학자들이라는 점을 부인할 사람은 없을 것이다.

그뿐만 아니라 '민족주의자'라는 호칭이 발화되는 역사적 맥락을 불문에 부치고 그런 호칭을 사용하는 사람은 파시즘을 옹호하는 것이나 다름없다는 주장은 민족주의에 호의적인 사람은 서구사회의 일반적 지적 수준에도 미치지 못하는 수준 미달의 지적 능력을 갖고 있는 사람이라는 경멸적인 함축을 갖고 있다. 권혁범이 서구사회를 문명의 표준으로 설정하고 있지는 않겠지만, 그의 주장을 일단 서구사회가 많은 사람들에게 우리 사회보다 더 수준이 높은 사회로 인식되고 있는 실정을 감안해서 선의로 이해해보자. 그렇다고 해도 이런 주장은 민족주의를 옹호하는 사람을 지방적이거나 문명화가 덜 된 사람이거나 서구의 일반적 인식도 접하지 못한 사람으로 바라보게 만드는 수사적 효과를 갖는다.

임지현이나 권혁범의 탈민족주의 담론은 이중 잣대를 사용한다는 점에서도 논리적 일관성이 부족하다. 그들은 반복해서 민족주의의 과잉이 갖고 올 문제점들과 폐단들에 대해 강조하면서도, 다른 이념이 초래할 수 있는 문제점들에 대해서는 관용적인 모습을 보여주기 때문이다. 그들이 주장하는 이념, 예컨대 동아시아 연대나 생태적 국제 연대주의 이념이 악용될 가능성이나 문제점들에 대해서는 반성과 성찰을 소홀히 하면서 그들과 다른 입장의 문제점만을 유독 강하게 비판하는 태도를 곧잘 보이곤 하는데, 이는 사리에 어긋난다.

민족주의를 집단 이기주의로 맹공하고 그것을 철저하게 비판하는 것 역시 분별력과 균형 감각을 전제한다면 충분히 논의가 가능한 것이다. 그렇다고 민족주의 대 세계 보편주의 혹은, 보다 정확하게 말하자면 국민국가적 민족주의 대 세계 보편주의적 이상의 대립은 그리 설득력 있는 논리적 대안이 될 수 없다. 민족주의 담론을 비판하는 학자들이 민족주의가 안고 있는 폭력성과 배타성을 염려하고 있는 진정성을 믿어 의심치 않지만, 일관성을 유지하기 위해서는 모든 이념이 늘 특정한 정치적 맥락에서 억압성과 배타성을 띨 수 있다는 점을 인정해야만 할 것이다. 즉, 민족주의를 포함한 모든 이념은 정치적으로 악용될 가능성을 갖고 있다는 점을 잊어서는 안 된다. 그렇지 않고 민족주의의 악용의 위험성 혹은 민족주의의 내적인 폭력성을 폭로하는 데에만 치중한다는 것은 그리 설득력이 없다. 김진석은 이미 임지현의 일상의 파시즘론의 비성찰성을 지적하였다. 즉, 자신에 대해서만은 관용적이고 다른 모든 이론에 파시즘이라는 의혹을 들씌우고 이를 비판하는 폐쇄적 성격을 지적한 바 있다.[87]

이념의 정치적 악용 사례에서 성경의 악용보다 더 극적인 것은 없을 것이다. 이런 문맥에서 유명한 신토마스주의 철학자 자크 마리땡(Maritain)의 경구를 인용하는 것은 아주 적절하다. 그 경구의 내용은 다음과 같다. "만약 책들이 사람들이 행한 오용들에 의해서 판단된다면, 어느 책이 성경보다 더 악용되어져 왔는가?"[88] 존 롤스에 의하면 "히틀러의 악마적 세계관은" 악용된 것이지만 "종교적"이었다. 즉 히틀러의 반유대주의는 단지 인종적 요소만 지닌 것이 아니었다. 그것은 유대인의 절멸을 종교적인 믿음으로 간주하는 요소를 갖고 있었다. 그래서 히틀러는 유대인을 이 세상에서 제거하는 행위를 "전지전능한 창조주의 의지"를 수행하는 "행동"이라고 주장했다. 심지어 그는 예수를 "세계의 적인 유대인에 대한 투쟁의 위대한 선구자"로 보고, 예수의 참다운 가르침은 "인류의 적인 유대인에 대한 투쟁"을 선포한 데 있다고 주장한다.[89]

• • •

87 김진석, 『폭력과 싸우고 근본주의와도 싸우기』, 나남출판, 2003, 161쪽.

88 W. Kaufmann, "The Hegel Myth and Its Method", *Hegel's Political Philosophy*, edited by Walter Kaufmann, New York: Atherton Press, 1970, p. 150에서 재인용.

아마 이런 악용의 사례를 보고 대부분의 사람들은 기독교가 '본래' 사악한 종교이며 폭력을 선동하는 종교라는 주장을 하지는 않을 것이다. 더나아가 이런 악용을 보고 누가 기독교를 히틀러의 반유대주의 학살 이념과 동일한 것이라고 주장할 수 있을까? 기독교라는 보편종교의 악용의 사례 외에도 인류평화와 세계공화국의 실현이라는 고상한 이념이 가장 야만적인 전쟁과 약탈과 살육을 정당화할 수 있는 가능성은 충분히 존재한다. 보편적인 것으로 설정된 이상이 사실상 그 어떤 다른 것보다 더 심각하게 인간을 야만으로 몰고 갈 위험성을 내포하고 있다는 점에 대한 통찰은 인류 역사에서 그리 새로운 것이 아니다. 인간의 눈을 정말로 심각하게 멀게 하여 가장 극단적인 야만적 행위와 잔인성을 유감없이 발휘하면서도 그에 대해 아무런 죄의식을 느끼지 않도록 만드는 것은 바로 가장 고상한 얼굴을 띠고 나타나는 보편적 가치들이다. 그래서 '인류에 반하는 범죄'의 논리가 역설적으로 어떻게 가장 야만적인 전쟁을 정당화하는 논리로 동원될 수 있는가에 대한 카를 슈미트(Carl Schmitt)의 반론을 언급하고 싶지도 않다.[90]

권혁범도 민족주의의 부정적 면을 강조하면서도 그가 내세우는 생태적 가치와 '보편적 이성'의 문제점에 대해서 침묵한다. 배병삼이 지적하고 있듯이 "보편적 이성의 이름으로 자행"된 근대의 야만에 대해서도 예리한 비판을 가해야 할 것이다.[91] 권혁범이 보편적인 가치로 인정하는 인권 이념조차도 전쟁의 명분으로 사용될 수 있음을 미국의 이라크 전쟁이 잘 보여준다. 이 전쟁은 탈냉전 이후 세계화의 시대에 유일한 초강대국으로

•••

89 존 롤스, 『만민법』, 장동진 외 옮김, 이끌리오, 2000, 40쪽 그리고 같은 쪽 주석 13.

90 인도주의적 개입 이론에 대한 카를 슈미트의 반론에 대해서는 나종석, 「하버마스인가 아니면 슈미트인가?: 인도주의적 개입과 근대 주권국가 사이의 긴장」, 『사회와철학』 9, 2005, 63-98쪽 참조.

91 배병삼, 「근대와 탈근대적 가치의 충돌」, 『녹색평론』 55, 녹색평론사, 2000, 178쪽.

626 | 제3부 한국 민족주의와 민주주의

남은 미국이 자신이 주도하는 세계질서를 더욱더 공고하게 확립하기 위해 군사력을 활용하는 사건이기도 했다. 이와 더불어 제국 담론은 다시 전 세계 지식인들 사이에서 전면에 등장하게 되었다.[92]

그래서 자본주의 세계체제론의 이론가인 I. 월러스틴(Wallerstein)은 16세기에는 자연법과 기독교가, 19세기는 문명화의 사명이 그리고 현재에는 인권과 민주주의가 제국주의적 개입의 명분으로 호명되었다고 주장한다.[93] 그러나 권혁범은 자신이 호의적으로 바라보는 보편적 이념의 악용에 대해서는 침묵한다. 2014년에 나온 책 『민족주의는 죄악인가』에서도 그는 다시 민족주의의 태생적 공격성과 배타성을 비판한다. 그는 근대 초기에 민족주의가 "매우 혁명적이고 진보적인 의미를 띠었다"는 점을 지적하면서, 제2차 세계대전 이후 그 "진보성은 상실"하게 되었다는 주장을 빼놓지 않는다.[94] 그러면서 그는 민족주의와 보편적 가치는 충돌한다고 말한다. 그가 염두에 두는 보편적 가치는 인권, 정의, 자유, 환경 등이다. 또 그는 민족주의를 집단주의로 보고 개인의 자유와 해방을 제약한다고 말한다. 결국 그에 의하면 "민족주의 논리는 근본적으로 차별과 배제의 메커니즘이다."[95]

민족주의 논리를 차별과 배제의 메커니즘에 불과한 것으로 보는 권혁범

• • •

92　동아시아에서 제국 질서의 주된 담당자였던 중국의 경우와 유럽에서 제국의 등장과 소멸 그리고 다른 제국으로의 권력 이동이 보여주는 성격에 주목할 만한 차이가 존재한다. 이는 제국 건설의 상이한 유형들에 대한 면밀한 비교 분석이 필요함을 의미한다. 이에 대해서는 헤어프리트 뮌클러(Herfried Münkler), 『제국: 평천하의 논리』, 공진성 옮김, 책세상, 2015, 특히 '한국어판 서문' 참조. 고대 동아시아에서 제국 개념의 발생사는 물론이고 오늘날에 이르는 제국 개념의 변천사에 대한 체계적인 연구로는 이삼성, 『제국』, 앞의 책, 참조. 제국의 긍정적 측면을 세계공화국의 이념으로 지양하고자 하는 제국에 대한 최근의 흥미로운 연구로는 가라타니 고진, 『제국의 구조: 중심·주변·아주변』, 조영일 옮김, 도서출판 b, 2016, 참조.

93　이매뉴얼 월러스틴, 『유럽적 보편주의: 권력의 레토릭』, 김재오 옮김, 창비, 2008, 55쪽.

94　권혁범, 『민족주의는 죄악인가』, 앞의 책, 76쪽 이하.

95　같은 책, 103쪽.

의 주장은 민족주의의 해방적 성격을 긍정하는 자신의 주장과는 양립할 수 없다. 그는 자주 민족주의의 긍정성을 인정하는 인상을 주면서도, 결국에 가서는 민족주의의 공격적 속성을 그것의 본질적 특성으로 강조한다. 다양한 민족주의 현상에 대해 분석하면서 이들의 차이에 대한 감수성을 보여주는 인상을 심어주지만, 그는 결국 늘 다른 사람에게 의미 있게 여겨지는 구분을 부인하면서 이를 싸잡아 비판한다. 저항적 민족주의와 패권적 민족주의의 구분은 "현실에서는 불분명해지고, 건강한 민족주의도 힘이 실리게 되면 그것은 여지없이 공격적 팽창주의로 나아가게 된다는 것이 역사의 교훈이다."[96] 그런데 흥미로운 것은 민족주의를 비판하는 사람들이 이런 갈지자 횡보를 자주 보인다는 점이다. 탈근대적 민족 담론 비판과는 다른 방향에서 민족주의를 비판하는 박지향도 민족주의의 배타성과 공격성을 단정하면서 동시에 이를 민족지상주의와 동일한 것으로 다룬다. 즉, 그는 민족주의와 민족지상주의를 혼동하고 있을 정도로 민족주의 비판에 몸이 달아 있다.[97]

고미숙이 지적하듯이 '민족'과 '발전'이 환상인 것처럼 권혁범이 내세우는 자연과 인간의 조화의 이념이나 보편적 이성도 "근대가 만들어낸 신기루에 지나지 않을지도 모른다."[98] 권혁범은 인권, 정의, 자유, 평등, 박애 등의 가치는 "전 세계적 보편성을 획득한 가치"라고 말하면서 이들 용어에 대해 '서구적'이라는 딱지를 붙일 필요가 없다고 강조한다.[99] 그런데 그가

•••
96 권혁범, 『민족주의와 발전의 환상』, 앞의 책, 34쪽.
97 박지향, 「머리말」, 박지향 외, 『해방전후사의 재인식 1』, 책세상, 2006, 13쪽 이하 참조. 박지향의 논리가 지니는 문제점에 대해서는 김기협, 『뉴라이트 비판』, 돌베개, 2009, 73쪽 이하 참조.
98 고미숙, 「생태주의는 민족주의의 대지를 동요시킬 것인가?」, 『창작과비평』 100, 2000, 422쪽. 필자의 권혁범에 대한 반론의 많은 부분은 강준만의 글(「민족주의는 죄악인가?」, 『월간 인물과사상』, 인물과사상사, 2001년 2월 호, 115-149쪽)에 크게 빚지고 있다.
99 권혁범, 『민족주의는 죄악인가』, 앞의 책, 130쪽 이하.

내세우는 보편적 가치는 서구 근대에 의해 전개되고 규정된 것임은 분명하다. 소위 발생과 타당성을 혼동하자는 이야기가 아니다. 필자는 인권의 이론이 서구 유럽의 역사 속에서 전개되었다는 점을 인정해도, 그 보편타당성이 존중되어야 한다는 입장을 갖고 있다. 그러나 이 주장은 단순히 선언적으로 제시될 수 있는 것은 아니다. 늘 보편타당성 주장은 상이한 역사적 맥락 속에서 살아가는 사람들에 의해 재해석되고 재규정되어야 할 것이기 때문이다. 인권의 보편적 타당성 주장의 유일한 판본은 존재하지 않기 때문이다.

그러므로 인권과 민주주의의 보편적 타당성을 긍정하는 주장도 늘 새롭게 제기되지 않으면, 인권 및 민주주의에 대한 특정한 주장이 마치 그것에 대한 유일하게 참된 주장이라는 초월적 지위를 차지한다. 그것은 당연히 또 다른 독단의 긍정에 다름 아니다. 특정 순간에 제시된 권리에 대한 이해가 결코 초역사적인 타당성 주장을 제기할 수 없다는 것은 권리 이론의 역사가 생생하게 증명하고 있다. 그런데 인권이나 정의가 이미 인류사회의 보편성을 지니는 가치이기에, 그것에 대해 '서구적'이라는 형용사를 붙일 필요가 없다는 주장이 어떻게 증명될 수 있는지에 대해 권혁범은 안타깝게도 침묵하고 있다.

달리 말하자면 인권과 정의라는 이른바 인류 보편적 가치도 서구적인 근대 국민국가의 틀 속에서 전개되어온 역사를 갖고 있다. 그런데 그런 인권과 정의는 권혁범이 그토록 위험시하고 극복하고자 하는 민족주의 및 민족국가의 틀 내에서 전개되어온 것이다. 그러므로 보편적 이성을 언급하는 것은 "결국 민족주의와 인식론적 지반을 공유하는 결과를 낳고 만다"는 고미숙의 지적은 통렬하다.[100] 동일한 맥락에서 김성보는 한국의 탈근대론적 이론가들이 유독 민족주의에 대해서만 신랄하게 비판하고

• • •
100   고미숙, 「생태주의는 민족주의의 대지를 동요시킬 것인가?」, 앞의 글, 421쪽.

공격하면서도 인권, 민주주의와 같은 근대의 산물에 대해서는 관대한 모습을 보인다고 비판한다.[101]

권혁범도 임지현과 마찬가지로 자신의 이론 자체에 대해 무비판적 태도를 보인다. 가령 그는 민족주의의 폐단을 지적하면서 늘 독일의 나치즘의 경우를 거론한다.[102] 그런데 그는 나치가 인류 역사상 최초의 생태주의적 지향성을 갖고 있었던 권력이라는 점을 언급조차 하지 않는다. 히틀러는 채식주의자이며 동물 애호가였다. 그리고 나치의 핵심 지도자들은 헌신적인 환경보호의 수호자처럼 행동했다. 생태론적 주제들은 독일 나치즘에 커다란 역할을 수행했다.[103] 생태적 이념 역시 파시즘의 등장에 기여할 수 있다는 것은 단순한 논리적 가능성이 아니라 역사적 사실임에도 권혁범은 그에 대한 비판적 언급을 하지 않는다.

이중 잣대의 문제와 탈민족주의가 보여주는 정치적 및 실천적 효과에 대한 무비판적 태도는 결국 그 담론이 정치적 실천에 대한 합리적 대안 모색을 방해함으로써, 실천적 혹시 정치적 허무주의를 낳는 것은 아닌가라는 의문마저 들게 만든다. 현실진단이 지나치게 단순하면서도 그것이 지향하는 이상이 너무나 현실과 동떨어져 있다는 생각 때문이다. 예를 들어 국사 중심의 역사를 넘어서는 것이 과연 바람직한 것인가? 그렇다면 국사를 해체한 후에 그것을 대체하는 것이 무엇인가? 그것이 민족주의적 역사 이론 못지않게 폭력성과 억압성을 띠지 않으리라는 보장이 어디에 있는가? 윤해동이 주장하는 세계주의나 보편은 어떻게 실현될 수 있을까? 시민성이 세계주의 위에서만 가능하다고 단정한다면, 유일한 세계 국가 내지 세계시

---

101 김성보, 「근대의 다양성과 한국적 근대의 생명력」, 『역사비평』 56, 2001, 191쪽.

102 권혁범, 『민족주의는 죄악인가』, 앞의 책, 29쪽과 154쪽 참조.

103 자넷 빌·피터 스타우든마이어(Janet Biehl·Peter Staudenmaier), 『에코파시즘: 독일 경험으로부터의 교훈』, 김상영 옮김, 책으로만나는세상, 2003, 특히 44쪽 이하 참조. 물론 권혁범은 생태주의와 나치의 연관성을 언급하지는 않았지만, 생태주의의 위험성에 대해 다른 책에서는 경고한 바 있다. 『민족주의와 발전의 환상』, 앞의 책, 268쪽.

민사회를 전제하는 것이다. 시민성과 인간성은 국가의 다수성이 존재하는 조건이 혁파되지 않는 한 본래 구별되는 것이다. 이 둘의 일치는 논리적으로 단일한 세계공화국에서만 가능한 것이기 때문이다. 그러나 영구 평화론을 주장한 칸트조차도 세계공화국이 다양한 지역 및 국민들이 자율성을 획득하려는 움직임을 극복하지 못할 허약한 제국이 되거나, 아니면 가장 야만적인 정치제도가 될 것이라고 생각했음을 기억할 필요가 있다.[104]

나가는 말

우리는 지금까지 한국 지식인 사회에서 탈민족주의 담론을 주도하는 학자들을 중심으로 그들이 왜 민족주의를 비판하는지 그리고 그런 비판이 어떤 점에서 불충분한지를 살펴보았다. 이 글은 근대의 극복과 연결된 탈민족주의 담론에 대항하여 민족주의의 긍정적 차원을 옹호하는 문제의식을 갖고 있다. 민족주의에 대한 비판과 글을 대할 때마다 늘 어떤 불편함이 존재했다. 이 글은 실존적 차원에 국한해보면 이런 불편함의 근원이 무엇인가에 대한 성찰에서 출발했다. 어떤 사람들에게는 학문 세계에서 실존적 고민은 중요하지 않은 것으로 간주될지 모르겠다. 그러나 세상 사람들의 평판이나 의견보다도 더 중요한 것은 진리라는 사실을 전제하는 한에서만, 학문이 진정 학문의 이름값을 할 수 있다는 데서 출발하는 필자에게 학문 수행과 실존적 삶은 대단히 밀접한 연관을 갖고 있다.

플라톤의 『국가』에는 이성적 탐구 행위가 인간의 삶의 방식과 매우

• • •

104 칸트의 영구 평화 이론과 그것의 문제점에 대해서는 나종석, 『차이와 연대: 현대 세계와 헤겔의 사회·정치철학』, 앞의 책, 제11장 참조. 20세기 후반의 가장 영향력 있는 정치철학자인 존 롤스 역시 세계 국가에 대한 칸트의 회의적 입장에 동의한다(『만민법』, 앞의 책, 65쪽 이하 참조).

밀접하게 연결되어 있음을 보여주는 명장면이 있다. '정의로움은 강자의 이익'이라는 트라시마코스의 주장에 심정적으로 동조하지 않았던 플라톤의 형제인 글라우콘이 트라시마코스를 대신하여 그의 입장을 온 힘을 다해 옹호하는 장면을 많은 사람들은 기억할 것이다. 소크라테스에게 왜 트라시마코스의 관점이 논리적으로 타당하지 않은지를 논박해보라고 요구하는 글라우콘의 자세는 학문하는 사람이 참으로 본받아야 할 자세가 아닐 수 없다. 자신이 반대하는 입장이 왜 원칙적으로 수긍할 수 없는가를 통찰하지 않고서는 상대방의 입장을 온전하게 벗어날 길이 없기 때문이다. 트라시마코스의 입장이 반박될 수 없다면, 우리는 그가 권고하는 권력 지상주의적 삶을 살아가야만 할 것이다. 이런 점에서 인식과 행동은 별개의 것이 아니다.

물론 필자는 근대 민족국가 및 민족주의가 지니는 문제점에 눈을 감자는 것이 아니다. 과잉되고 오도된 민족주의적 정서가 한국사회에 존재하고 있다는 점 그리고 이런 것이 우리들에게 외국과 외국인 그리고 우리 사회의 다양한 삶의 방식들에 대해 지나치게 호전적이고 배타적인 정서를 초래할 수 있다는 점을 과소평가하자는 것도 아니다. 또한 근대 민족국가가 초역사적으로 지속할 것이라고 생각하지도 않는다. 그러나 민족주의 및 민족국가의 종말이나 해체에 대한 이야기는 과장된 것이라고 생각한다. 그런 판단은 현재 세계에 대한 일면적 이해의 산물이며 이런 일면적 인식은 잘못된 실천적 결과를 가져올 것이라는 우려 역시 탈민족주의 담론에 대한 불편함의 원인이었을 것이다. 그럼에도 필자는 탈민족주의 담론에 대한 불편함이 혹시나 민족주의적 의식을 과도하게 내면화한 결과일지도 모른다는 반성을 다시 해본다. 그리하여 글을 작성하는 과정에서 가능한 한 감정적 반응을 자극할 만한 용어나 표현의 선택을 자제하고자 했다. 이 글이 탈민족주의 담론을 둘러싼 논쟁에 조금이라도 생산적인 계기로 작용했으면 한다.

제11장

민족주의와 세계시민주의의 만남의 가능성[105]

들어가는 말

민족주의와 민족국가는 쇠퇴하고 있다는 이야기가 널리 유포되고 있다. 탈민족주의 담론을 주장하는 여러 학자들은 서양사, 한국사의 영역에서만이 아니라 다양한 학문 영역에서 활동하면서 민족주의 중심의 학문적 태도를 비판하고 있다.[106] 민족주의에 대한 비판은 임지현이나 권혁범과 같은 진보적 성향의 학자들에 국한된 현상이 아니라, 이영훈과 같은 뉴라이트 계열의 학자들에게서도 발견된다.[107] 이영훈에 의하면 "1920년대에

• • •

105 이 장은 「민족주의와 세계시민주의: 자유주의적 민족주의를 중심으로」, 『헤겔연구』 26, 2009, 169-197쪽을 수정・보완한 것이다.

106 한국에서 탈민족주의 담론을 주도한 학자는 임지현이다. 그는 서양사 전공자로 한국 민족주의 사학이 안고 있는 문제점을 폭로하고 비판하여 탈민족주의 담론의 확산에 크게 기여한 사람이다(임지현, 『민족주의는 반역이다』, 소나무, 2005). 그 외에도 정치학 자로서 권혁범과 한국사 전공자로서 윤해동 등이 있다. 윤해동, 『식민지의 회색지대: 한국의 근대성과 식민주의 비판』, 역사비평사, 2003, 그리고 권혁범, 『민족주의와 발전의 환상: 개인 지향 에콜로지 정치의 모색』, 솔, 2000.

107 이영훈, 「민족사에서 문명사로의 전환을 위하여」, 임지현・이성시 엮음, 『국사의 신화를 넘어서』, 휴머니스트, 2004, 제1부 제2장.

성립한 민족주의 역사학이 한국인을 두고 유사 이래 혈연-지연-문화-운명-역사의 공동체로서 하나의 민족이었다고 선언하였을 때, 그 위대한 선언은 본질적으로 신화의 영역에 속하는 명제'에 지나지 않았다.[108] 이제 민족주의는 근대의 산물이고 한국사회에서의 민족주의도 역사적 구성물이라는 점이 널리 받아들여지게 되었다.[109]

현재 민족주의를 둘러싸고 진행되는 논쟁을 보면 대략 두 가지가 핵심 쟁점이 되고 있다. 이런 쟁점은 민족주의 비판을 주도한 탈민족주의 담론 이론가들에 의해서도 제기되고 있다. 이들이 제기하는 비판에 의하면 민족주의는 한편으로 대내적으로 이질적 타자를 배제하는 한에서 억압적이고, 다른 한편으로는 대외적으로 팽창적 내지 공격적이다. 이 두 가지 쟁점은 민족주의와 민주주의 사이의 관계 그리고 민족주의와 세계시민주의 사이의 관계에 대한 문제이기도 하다. 달리 말하자면 민족주의가 대내적으로 볼 때 억압적이라는 비판은 민족주의와 민주주의 사이의 연관성을 부정하는 것이고, 대외적으로 볼 때 민족주의가 공격적이라는 주장은 민족주의와 세계주의(세계시민주의) 사이를 양립 불가능한 것으로 보고 있는 것이기 때문이다. 그러므로 민족주의를 보다 객관적인 시각에서 다루고자 한다면, 이 핵심 쟁점이 얼마나 근거가 있는 것인가를 살펴보아야 한다.

• • •

108 같은 글, 92쪽 이하. 이영훈과 안병직 등의 민족주의 비판이 민족에 비해 대한민국을 우선시하려는 관점에 서 있다는 점에 대해서 그리고 이들의 논리적 문제점에 대해서는 김기협, 『뉴라이트 비판』, 돌베개, 2009 참조.

109 이영훈은 다른 탈민족주의 담론을 주장하는 학자들에게서 일반적으로 나타나는 근대주의적 입장에서 민족 형성을 이해하고 있다. 그러나 민족 형성의 기원으로 민족주의에 의해 구성된 혹은 상상된 것으로 보는 근대주의적 입장이 자명한 진리로 설정되어 있는데, 이런 자명성 자체가 과연 학문적으로 타당한지에 대해서는 논쟁이 분분하다. 여기에서는 민족 형성에 대한 근대주의적 입장이 갖고 있는 문제점에 대해서는 다루지 않는다. 서구 학계에서 20세기 말에 나타난 민족 형성에 대한 두 가지 견해는 '근대주의적 입장'과 '역사주의적 입장'으로 대별된다. 이에 대해서는 박찬승, 『민족・민족주의』, 소화, 2010, 33-41쪽 참조.

이 글에서 필자는 민족주의가 민주주의 및 세계시민주의와 어떤 점에서 결합될 수 있는가를 자유주의적 민족주의(liberal nationalism)를 통해 알아보고자 한다.[110] 따라서 이 글의 주된 목적은 편협한 민족주의와 추상적이고 공허한 세계시민주의 이상의 양극단을 지양하고, 민주주의 및 세계시민주의와의 연관성에 입각하여 민족주의를 옹호하는 방안을 모색하는 데 있다. 그리고 세계시민주의와 양립 가능한 형태의 민족주의가 일정 정도 합리적 타당성을 지니고 있다는 점을 서술하고 나서, 그런 관점이 일본의 전쟁 책임이나 식민지 지배의 책임으로 상징되는 동아시아 과거사의 문제 해결에 어떤 시사점을 줄 수 있는가를 밝혀보고자 한다.

마지막 문제는 민족주의라는 패러다임을 극복하지 못하는 한 식민지 지배에 대한 일본의 역사적 책임을 묻고 그에 대한 합리적인 해결책을 도모하기 어렵다는 관점과 관련되어 있다. 주지하듯이 한반도 및 동아시아의 미래는 과거사 문제를 어떻게 합리적으로 해결할 것인가에 상당 부분 달려 있다. 그러므로 과거사 문제를 해결하기 위한 방안을 둘러싸고 다양한 논의가 진행되고 있는 것은 당연하다. 그러나 과거사 문제를 해결하고자 할 때 민족주의 및 민족(국민)국가를 넘어서는 세계시민주의적 보편주의 이름으로 역사적 책임의 문제를 접근해야 한다는 목소리가 존재한다. 그런 시도 자체가 문제가 될 수는 없을 것이다. 그러나 그런 주장은 민족주의 및 국민국가 틀을 넘어서지 않는 한 동아시아에서 과거사 문제가 해결되기 힘들다는 가정을 전제하는 경향을 보여준다는 점에서, 그 전제의 타당성 여부를 비판적으로 검토할 필요가 있다. 그러므로 이 장에서는 세계시민주의적 이상과 연관되어 있는 민족주의의 가능성을 논증하면서, 그런 논증이 역사적 책임이라는 구체적인 문제를 해결하는 데 어떤 시사점을 줄 수

• • •

110 자유주의적 민족주의에 대한 연구는 인류평화 및 민주주의와 같은 보편주의적 가치에 대해 개방적인 민족주의 전통이 한국의 저항적 민족주의의 흐름에서도 강력하게 존재했음을 보여주는 연구와 깊은 상관성을 지닌다.

있는가를 보여주려고 한다.

이 글의 순서는 다음과 같다. 우선 근대 민족국가의 이중성을 아렌트
및 하버마스의 이론을 통해 살펴볼 것이다(Ⅰ). 두 번째 절에서는 민족국가
의 경계가 우연적이고 자의적 성격을 지닌다는 하버마스의 이론이 유지될
수 있는가를 살펴볼 것이다. 하버마스는 민족주의가 근대 민주 공화주의
형성에 긍정적 기여를 했다는 점을 인정하면서도, 민주주의와 민족주의
사이의 결합은 우연적인 것이었다고 주장하는데, 이런 주장이 얼마나 합리
적 논거를 지니고 있는지를 다룰 것이다. 이 과정에서 경계의 도덕성이
얼마나 정당화될 수 있는가 하는 문제도 검토해볼 것이다(Ⅱ). 세 번째
절에서는 민족주의와 세계시민주의의 연결 가능성을 다룰 것이다. 이때
주로 마사 누스바움의 '순화된 애국주의'를 중심으로 민족주의가 어떤
점에서 세계시민주의로 나가는 데 긍정적 버팀목으로 작동할 수 있는지를
살펴본다(Ⅲ). 마지막 단락에서는 우리 사회를 첨예한 갈등으로 몰고 가는
일제 식민지 지배 시절의 과거사 문제를 예로 들어 민족주의와 세계시민주
의가 함께할 길을 모색할 필요가 있음을 설명하고자 한다(Ⅳ).

Ⅰ. 근대 민족국가의 이중성

탈민족주의 담론의 여러 주장들과 그 문제점은 다음과 같이 정리될
수 있다.[111] 특히 탈민족주의 담론은 민족주의와 그에 토대를 둔 근대

• • •
111 최근 한국사회에서의 민족주의와 관련된 논의의 흐름은 크게 세 가지이다. 첫째는
    세계화론에 입각한 탈민족주의론인데, 이는 한국사회를 '민족' 중심으로 보는 것을
    반대하고 자본주의적 근대 문명을 지향하는 것을 최고선으로 보는 입장이다. 두 번째
    흐름은 민족주의를 재구성하려는 것으로, 이는 민주화운동 과정에서 형성된 저항적
    민족주의의 흐름을 발전적으로 계승하려는 것이다. 이 흐름은 배타적 민족주의를
    극복할 대안으로 개방적(열린) 민족주의와 시민적 민족주의를 내세운다. 세 번째 흐름은

민족(국민)국가(nation-state)를 대단히 부정적으로 평가한다.[112] 그러나 민족주의와 세계주의를 양립 불가능한 것으로 보는 입장이나, 민족국가를 단지 부정적으로 보는 입장은 한계가 있다. 우리는 민족주의를 진정한 세계시민주의적 가치를 지향하는 방향으로 재구성할 수 있는 대안들을 소홀히 할 필요가 없다. 물론 모든 형태의 민족주의가 정당화될 수 없는 것처럼, 민족주의와 모든 형태의 세계주의가 양립 가능하다고 볼 수는 없을 것이다. 이제 이 두 쟁점을 다루어보자.

근대 국민(민족)국가의 이중성으로부터 시작해보자. 근대 민족국가의 이중성은 널리 알려져 있다. 그래서 사람들은 양 측면 중 어느 한 측면만을 부당하게 부각하여 자신의 주장을 뒷받침하는 오류를 범하기도 한다. 이 책 제10장에서 강조했듯이 임지현을 비롯한 여러 학자들이 내세우는 탈근대 민족주의 비판 이론은 이런 오류의 한 사례이다. 현대 국제 정치사회가 민족국가로 구성되어 있음을 부인할 사람은 없을 줄 안다. 프랑스 혁명과 미국 혁명을 통해 전면적으로 등장한 국가 형태인 민족국가는 근대 국가의 모델로 간주되고 있으며 그것은 이미 전 세계적으로 확산되었다. 그런데 이 국민국가가 민족적 정체성을 매개로 하여 국민(민족) 통합을 달성하였을 뿐만 아니라, 민주주의 역시 일정 정도 실현시킬 수 있었다. 그러나 민족주의와 공화주의 혹은 민주주의라는 이중적 요소로 이루어진 근대

• • •

탈근대론적 관점의 탈민족주의 담론인데, 이는 민족주의의 위험한 형태를 바람직한 형태로 재구성하는 시도에 대해서 회의적이다. 이 흐름은 민족주의 자체의 위험성을 지적하면서, 이를 해체하자는 입장이다. 한국사회에서 민족주의를 둘러싼 논쟁을 불러 일으키고 주도한 것은 바로 탈근대론적 민족주의 비판이었다. 이에 대해서는 홍석률, 「민족주의 논쟁과 세계체제, 한반도 분단문제에 대한 대응」, 『역사비평』 80, 2007, 151쪽 이하. 필자가 주로 비판의 대상으로 삼고 있는 것은 서구 자본주의를 최고의 문명으로 바라보는 민족주의 비판과 탈근대론적인 탈민족주의 담론이다.

112 nation-state, nation 그리고 nationalism의 용어를 어떻게 번역해야 할지에 대해 그리고 민족주의와 관련된 여러 쟁점들을 명료하게 분석한 저서로는 정문석, 『민족주의 길들이기』, 지식의 풍경, 2007, 참조.

국민(민족)국가는 많은 한계를 보여준다. 그중의 하나가 민족적 정체성의 강조로 인해 초래되는 여러 부정적 결과들이다. 그래서 민족주의는 개별 국민국가 내부의 이질적 집단을 억압하거나, 대외적으로는 침략적이고 팽창적인 욕망으로 분출되어 폭력적인 희생을 낳는 주범으로 비판받고 있다. 이런 맥락에서 민족주의와 민주주의 사이를 연결하는 국민(민족)국가적 결합 양식이 갖고 있는 역사적 한계에 대한 물음이 등장하지 않을 수 없었다.

하버마스의 이론을 민족주의와 민주주의 사이의 결합에 대한 논의의 출발점으로 삼아보자. 그의 이론은 민족주의와 민주주의 사이의 민족국가적 결합을 비판하면서 초민족국가적 차원에서 민주주의의 가능성을 모색하는 대표적 사상가의 한 사람이다. 오늘날 국제 정치사회에서 보편적으로 확인되는 민족국가는 '국민'(nation)의 발명 내지 고안을 통해 "민주공화국으로 탈바꿈하는 데 촉매제 역할을 했다"고 하버마스는 지적한다. 하버마스의 설명에 의하면 국민을 형성하는 과정에서 '국민'에 소속한다는 감정을 특징으로 하는 국민적 정체성은 그동안 서로 낯설었던 구성원들 사이의 "연대적 연결을 창출"함에 의해 정치적으로 능동적 주체로 활동할 수 있는 "문화적 맥락"을 형성했다.[113]

달리 말하자면 근대의 민족국가는 민주적 원리를 승인하고 이를 통해 국가의 정통성을 확인함과 더불어, 인민의 자유로운 통치 이념을 구체적으로 실현할 동력을 자율적 개인들을 민족적 정체성의 형성, 그러니까 사회 구성원 전체를 집단적인 국민들의 일원으로 변형함에 의해 확보할 수 있었다. 이렇게 공통의 혈통 및 공통의 언어와 역사적 경험 등을 중심으로 자각적인 국민의식, 즉 "같은 인민(국민)에 속한다는 의식"을 형성함으로써, 민족국가는 인민주권과 모든 인간은 자유롭고 평등하다는 보편주의적

• • •
113 위르겐 하버마스, 『이질성의 포용』, 황태연 옮김, 나남출판, 2000, 141쪽.

도덕원리의 법적 표현인 인권을 제도적으로 구현할 수 있는 사회적 통합을 이룩할 수 있었다.[114] 그리하여 근대의 민주적 입헌국가는 민족주의와 결합되어 전개되어 왔다고 하버마스는 지적한다. 이렇게 민족국가의 역사적 성과를 설명하면서 그는 민주적 공화주의와 민족주의의 결합에 주목한다.

물론 하버마스는 이 결합이 위험성을 안고 있음을 부인하지 않는다. 공화주의와 민족주의 사이의 긴장과 모호한 결합이 바로 근대 민족국가의 내적 모순을 형성하는 것으로 그는 이해한다. 그는 다음과 같이 말한다. "Nation[국민(민족)]은 두 얼굴을 가지고 있다. 공적 시민들의 의욕된 Nation(국민)은 민주적 정통성의 원천인 반면, 동포들의 탄생적 Nation(민족)은 사회적 통합을 받쳐준다. 시민들은 자기의 독자적인 힘으로 자유롭고 평등한 정치적 결사체를 구성한다. 동포들은 공통된 언어와 역사에 의해 만들어진 공동체 속에 이미 존재한다. 평등한 권리공동체의 보편주의와 역사적 운명 공동체의 특수주의 사이의 긴장이 Nationalstaat(국민국가이기도 하고 민족국가이기도 한 이 단어)의 개념 속에 박혀 있다."[115]

근대 민족국가 유형을 나눌 때 시민적 민족주의와 종족적 민족주의로 나누는 것은 꽤나 익숙하다. 그러나 이런 구별은 별로 도움이 되지 못한다. 근대 민족국가는 시민적 민족주의와 종족적 민족주의 양 측면을 모두 갖고 있기 때문이다. 달리 말하자면 근대국가는 "국민정치 공동체로서의 성격"과 아울러 "문화공동체로서의 성격"을 갖고 있다.[116] 하버마스가 주장하듯이 개인의 자율성과 공적 자율성이라는 규범적인 이념, 즉 인권과 인민주권은 민주적 입헌국가의 필수적 구성 요소이다. 그렇지만 규범적 이념만으로는 구체적으로 살아 숨 쉬는 민주적 공동체를 형성할 수 없다.

• • •

114 같은 책, 143쪽.
115 같은 책, 145쪽.
116 이용희, 『미래의 세계정치』, 민음사, 1997, 17쪽.

여기에 사회문화적인 동질성을 지닌 민족주의적 개념이 등장하는 이유가 있다. 즉, "입헌국가의 법적 구성 속에는 자연주의적 인민(민족)개념으로 메워져야 할 개념적 간극이 있다. 순수하게 규범적 개념들만으로는, 자신들의 공동생활을 규제하기 위해 함께 모인 사람들을 어떤 방식으로 실증법의 수단을 통해 구성해낼 수 있는지 설명할 수 없다. 규범적 관점에서 보자면, 자유롭고 평등한 구성원들이 [……] 사회적 경계를 만들어내는 것은 전적으로 우연한 일이다"[117]

하버마스가 주장하듯이 인권의 보편성 주장이나 인민주권론은 그 자체적으로 보면 한국인이 혹은 프랑스인이 한국인 혹은 프랑스인이라는 인민(국민)의 이름으로 다른 나라와 경계를 그으며 독립적인 국가를 세워야 할 이유를 찾기 힘들다. 왜 단일한 세계정부를 실현하면 안 되는가? 그런데 현실은 그렇지 않다. 다수의 독립된 국민국가가 존재하는 것이 오늘날의 현실인데, 그 현실이 왜 그렇게 되었는지를 설명하지 않는 한, 민주주의 이론이나 인권이론은 불충분하다. 그런데 이런 불충분성을 해결해줄 수 있는 것처럼 여겨진 것이 바로 개별 국민국가들의 국민 혹은 민족으로서의 집단적인 정체성이었다. 그리고 이런 민족적 집단의식을 동원하여 국민(인민)주권이라는 민주주의도 성장할 수 있었던 것이다. 지금까지 살펴본 것처럼 근대 민족국가는 결코 악마적 요소만을 갖고 있는 것은 아니다. 이런 맥락에서 근대 민족국가가 붕괴하는 과정이 궁극적으로 전체주의로 귀결되었다는 아렌트의 주장은 많은 시사점들을 우리에게 제공한다.[118]

아렌트에 의하면 제1차 세계대전 이후 급증한 무국적 난민에게 양도할 수 없는 권리, 즉 인권이란 용어는 "절망적인 이상주의나 어설프고 의지박

• • •
117 위르겐 하버마스, 『이질성의 포용』, 앞의 책, 145쪽 이하. 번역을 일부 바꾸었음.
118 물론 바로 뒤에서 보듯이 아렌트가 근대 민족국가의 이중성을 파악하지 못했던 것은 아니다. 민족국가의 붕괴는 사실 민족국가에 의해 배제된 사람들을 무국적인 난민들로 만드는 민족국가의 행위에 의해 초래된 것이라고 아렌트는 생각했다.

약한 위선의 증거가 되었다."[119] 달리 말하자면 아렌트가 보기에 무국적 난민은 "아무런 권리가 없는 지구의 쓰레기"에 불과한 존재로 전락했다.[120] 그런데 자신을 대표하고 보호할 정부가 없이 벌거벗은 채로 세상 밖으로 내동댕이쳐진 소수민족들이나 무국적 난민들의 발생은, 근대 국민국가가 자본주의와 결합하여 추구한 제국주의적인 무한 팽창의 결과 발생한 것이다. 그리고 수많은 난민들에게 그 어느 때보다도 필요한 인권은 국가라는 보호막이 무너졌을 때, 역설적이게도 아무런 의미도 지니지 않는 것임이 판명되었다.

아렌트가 지적하듯이 "인권은 양도할 수 없다고 추정되지만, 주권 국가의 시민이 아닌 사람들이 나타날 때면 항상—심지어 인권에 기초한 헌법을 보유한 국가에서조차—인권은 강요할 수 없는 것이라는 사실이 드러났다."[121] 모든 인간은 양도할 수 없는 인권의 담지자라는 주장과 어울리지 않게 소수의 독립적이고 강력한 유럽의 일부 국가 시민들만이 인권을 향유할 수 있었다는 것과, 인권이 정말로 필요한 무수한 난민들은 아무런 권리도 없이 방치되고 있는 상황 사이의 "모순"을 아렌트는 "현대 정치에서 가장 신랄한 아이러니로 가득 차 있는 역설"로 보았다. 그리고 무국적 난민들의 상황은 포로수용소에 감금되어 버리는 것이 규칙이자 상례가 되는 상황으로까지 계속하여 악화되었다.[122]

무국적 난민과 박해받거나 동화의 위협에 처한 소수민족은 인권과 근대 국민국가의 역설적 결합의 적나라한 모습을 보여주는 상징과도 같다. 근대 민족국가의 긍정성을 우리는 아렌트가 말하는 무국적성(statelessness)과

• • •

119　한나 아렌트, 『전체주의의 기원 1』, 이진우・박미애 옮김, 한길사, 2006, 493쪽. 인권의 보편성에 대한 흥미로운 분석으로는 황정아, 『개념비평의 인문학』, 창비, 2015, 제1장 '인권의 보편성과 정치성'을 참조.

120　한나 아렌트, 『전체주의의 기원 1』, 같은 책, 490쪽.

121　같은 책, 528쪽.

122　같은 책, 506-507쪽.

제국주의가 서로 긴밀하게 연결되어 있다는 지적에서 분명하게 인식할 수 있다. 아렌트는 제국주의적 팽창이 유럽의 근대 "국민국가라는 정치제도를 파괴할 수 있다"고 강조한다. 유럽의 근대 국민국가는 무한한 제국주의적 팽창으로 인해 초래되는 문제를 해결할 능력을 갖고 있지 않다. 국민국가는 여러 이질적인 민족이나 문화를 통합할 원리를 지니고 있지 않다고 아렌트는 보았다. "보편적인 법을 가장 이질적인 민족들에게도 적용"하여 피정복민을 "통합할 수 있었던" 로마제국과 달리 "국민국가는 정부에 대한 동질적인 주민의 능동적 동의('매일매일의 인민투표')에 기반을 두고 있었기 때문"이다. 간단하게 말하자면 자본이 국경을 넘어 무한하게 팽창할 수 있는 것과 다르게, 유럽의 근대 국민국가는 "무한성장에 가장 부적합"한 국가형태이다.[123]

그럼에도 유럽의 자본주의 성장과 더불어 근대 국민국가는 무한한 제국주의적 팽창의 소용돌이 속에 빨려 들어갔고, 그 과정에서 정복된 이민족들이나 소수민족 및 무국적 난민을 폭력적으로 통제하려는 유혹에 휩싸이게 되었다고 아렌트는 이해한다. 주지하듯이 유럽 근대 국민국가가 유대인 말살로 상징되는 나치즘과 스탈린 전체주의 사회로 전락하는 것은 이런 역사적 경로의 최종 결과였다.

아렌트는 인권이 박탈되는 궁극적 토대는 사람들이 특정한 장소와 영토 내에서 거주하면서 살아갈 권리의 박탈에 있다고 강조한다. 달리 말하자면 인권의 보편적 타당성 주장이 실질적으로 의미가 있기 위한 전제 조건은 스스로 인간다운 행위를 통해 자유를 구가할 수 있는 궁극적 터전인 특정한 공동체에 소속되어 있어야 한다는 사실이다. 아렌트는 인권을 가능하게 할 소속의 권리, 즉 "권리를 가질 수 있는 권리"를 다음과 같이 역설한다. "인권의 근본적인 박탈은 무엇보다 세상에서 거주할 수 있는 장소, 자신의

• • •
123 같은 책, 270-272쪽.

견해를 의미 있는 견해로, 행위를 효과적 행위로 만드는 그런 장소의 박탈로 표현되고 있다. 어떤 사람이 자신이 태어난 공동체에 소속되는 것이 더 이상 당연한 문제가 아니고 그것에 속하지 않는 것이 더 이상 선택의 문제가 아닐 때, 또는 어떤 사람이 범죄를 저지르는 경우를 제외하고는 다른 사람이 그를 어떻게 취급할지가 그의 행위에 의해 좌우되지 않을 때, 자유와 정의보다 훨씬 더 근본적인 것인 시민의 권리가 위험에 처하게 된다. 인권을 빼앗긴 사람들은 바로 이런 극단적인 궁지에 처해 있는 것이다. [……] 전 세계적으로 새로운 정치 상황이 출현하면서 수백만 명의 사람들이 권리를 가질 수 있는 권리 [……], 그리고 어떤 종류의 조직된 공동체에 속할 수 있는 권리를 잃고 다시 얻을 수 없게 되면서, 우리는 비로소 그런 권리가 존재한다는 사실을 깨닫게 되었다."[124]

'권리를 가질 수 있는 권리' 혹은 '어떤 종류의 조직된 공동체에 속할 수 있는 권리'가 박탈될 때, 바로 보편적 인권이 송두리째 파괴된다는 점을 위의 아렌트의 글은 설득력 있게 전해준다. 물론 아렌트의 '권리를 가질 권리'에 대한 분석은 근대의 민족국가에 대한 무비판적 긍정과는 거리가 멀다. 그는 '권리를 가질 수 있는 권리'를 다루는 「국민국가의 몰락과 인권의 종말」이라는 곳에서 근대 민족(국민)국가의 양면성을 함께 고려하고 있기 때문이다. 달리 말하자면 아렌트는 근대 국민국가가 유럽의 제국주의 국가들에서 보듯이 아프리카를 비롯한 비서구 사회를 폭력적으로 유린하면서 무수한 난민과 무국적자를 양산하고 있다고 보았다. 이처럼 근대 국민국가는 인권의 보호를 자신의 존재 이유로 삼으면서도, 동시에 인권을 가장 폭력적이고 대규모로 유린하는 도구로 전락하는 야누스적 모습을 보여준다. 그럼에도 인권과 시민권의 긴장 속에서 공동체에 속할 권리는 모든 인간이 갖추어야 할 권리 중의 권리라는 아렌트의 통찰은

...
124 같은 책, 532쪽.

세계시민주의 대 특수한 공동체 사이의 관계를 양자택일의 문제로 손쉽게 해결할 수 없음을 보여준다. 권리를 가질 권리는 특정한 공동체의 구성원이 됨에 의해 비로소 실현될 수 있기 때문이다.

당연한 말이지만 특정한 공동체는 이 지구상에 다수로 존재하고 앞으로도 인류가 존속하는 한 그러할 것이다. 그렇다고 이 특수한 공동체의 존립 자체가 언제나 타자를 배제하고 억압하고 이질적인 것을 파괴하는 모습만을 보여주는 것은 아니다. 만약 그렇다면 인류는 그런 문제들을 영원히 해결할 수 없을 것이다. 특수한 공동체의 다수성은 인류의 영원한 존재 조건인 것처럼 보이기 때문이다. 문제는 이 특수성을 매개로 하여 어떻게 하면 보편적인 것을 실현할 수 있는가를 고민하는 것이다.

달리 말하자면 근대 국민국가의 아포리아라는 아주 어려운 문제를 해결할 수 있는 실마리는 탈민족주의 담론이 보여주는 것처럼 특수한 형태의 집단성을 싸잡아 비판하고, 이를 송두리째 파괴하는 것에서 구해질 수 없다. 인간의 인간다움을 아무런 매개체 없이 직접적으로 실현할 수 있는 존재는 없다. 그러므로 아렌트는 정치적 공동체 속에서 비로소 인간은 보편적 인권을 보장받을 수 있다고 보는 것이다. "평등은 우리에게 그저 주어지는 것이 아니다. 평등은 인간 조직이 정의의 원칙에 의해 지배를 받는 한, 그 결과로 나타나는 것이다. 우리는 평등하게 태어나지 않았다. 우리는 상호 간에 동등한 권리를 보장하겠다는 우리의 결정에 따라 한 집단의 구성원으로서 평등하게 되는 것이다."[125]

그런데 아렌트가 생각하는 정치적 공동체는 시민적(civic) 민족국가였다. 그가 모델로 보았던 것은 종종 시민적 민족주의(civic nationalism) 국가의 전형이라고 평가받는 프랑스였다. 그에 의하면 프랑스는 "탁월한 민족"(la nation par excellence)이었다.[126] 따라서 아렌트는 "최근의 사례인

• • •
125 같은 책, 540쪽.

이스라엘 국가가 입증하듯이, 인권의 복구는 국민적 권리의 확립이나 복구를 통해서만 이루어질 수 있다"고 말한다.[127]

근대 민족국가의 양가성에 대한 아렌트의 분석은 매우 설득력이 있다. 그러나 그는 자신이 '아포리아'라고 표현한 근대 민족국가의 난제를 어떻게 해결할 수 있을지에 대해서는 이렇다 할 대안을 제시하고 있지 않다. 그런데 하버마스는 이런 양가성을 새롭게 해석함으로써 그것을 헤쳐 나갈 가능성을 모색한다. 그것은 민족주의와 민주주의 사이의 역사적 결합 형태는 자의적이라는 그의 주장에서 출발한다. 앞에서 본 것처럼 하버마스는 민주적 공화주의 이념이 지향하는 보편주의와 일정한 한계와 경계를 통해 구성된 '인민' 내지 '국민'의 역사적 사실 사이에는 아무런 논리적이고 규범적인 연관성이 없다고 주장한다. 그러므로 민족주의와 공화주의의 공생은 일시적인 것이고 우연적인 것이다. 즉, 민족주의는 공화주의적 국가의 탄생에서 촉매 역할을 담당했지만 "민주적 과정의 필수적 구성요소가 아니"라는 것이다.[128] 이런 하버마스의 인식이 타당한지 여부는 여기서는 일단 제쳐두더라도, 그의 시도는 근대 국민국가의 이중성을 해결하려는 시도에서 진지한 검토를 요할 충분한 의미를 지닌다. 하버마스는 민족주의와 민주주의의 결합은 우연적인 것이었다고 보고, 민족적 정체성

• • •
126 세일라 벤하비브, 『타자의 권리: 외국인, 거류민 그리고 시민』, 이상훈 옮김, 철학과현실사, 87쪽. 아렌트는 민족국가가 모든 사람들의 인권과 평등을 구현할 수 없다고 보았지만, 세계정부의 가능성에 대해서도 회의적이었다. 같은 책, 88쪽 참조.

127 한나 아렌트, 『전체주의의 기원 1』, 앞의 책, 537쪽. 아렌트의 정치사상의 모순 혹은 복잡성을 분명하게 하기 위해 그가 민족적・종교적 정체성에 기반하고 있는 이스라엘 건국을 비판했다는 점도 아울러 지적되어야 할 것이다. 그는 인종적 민족주의에 토대를 두는 민족국가의 방식에 대해 비판적이었던 것이다. 또한 그는 유대인과 팔레스타인이 공동으로 참여하는 정치제도를 희망했다. 세일라 벤하비브, 『타자의 권리: 외국인, 거류민 그리고 시민』, 같은 책, 90쪽 이하. 주디스 버틀러・가야트리 스피박, 『누가 민족국가를 노래하는가』, 주혜연 옮김, 산책자, 2008, 53쪽 참조.

128 위르겐 하버마스, 『이질성의 포용』, 앞의 책, 163쪽.

의 지지를 받고 있는 근대 민족국가의 시민적 연대성은 그 민족적 제약성과 편협성을 넘어서 나가야 한다고 본다. 그러므로 그는 유럽 통일의 길에서 민족국가의 시민적 연대성의 틀을 제약하고 있는 민족적 편협성을 극복해야 한다고 생각한다. 유럽적 차원에서 작동할 수 있는 시민적 연대성의 창출이 중요한 과제라는 것이다.[129]

II. 민주주의와 경계의 도덕성

그러나 하버마스의 입장은 문제가 있다. 인권의 보편주의적 성향과 인민주권의 행사에서 나타나는 배제적인 성격 사이의 긴장은 하버마스가 주장하듯이 그렇게 쉽게 부인될 수 없다. 사회적 경계 설정이 규범적으로 우연한 일이라는 하버마스의 입장은 재검토가 필요하다. 인권의 보편성은 모든 인간을 포괄하는 반면에, 자치(self-governance)에 기반하고 있는 인민주권은 "일정하게 테두리 지어진 국민(demos)을 만들어낸다"는 점에서 불가피하게 일정 정도 배제를 동반하지 않을 수 없다.[130] 근대 민주주의 역사가 보여주듯이 민주주의적 자치는 영토국가와 밀접하게 관련되어 있다. 민주주의는 인민의 자기 결정과 자기 통치를 이념으로 삼는 한에서 무한히 열려 있을 수 없다. 민주주의는 명백히 자기 완결적인, 폐쇄적인 구조를 필수적으로 요구한다. 그렇지 않다면 어떤 민주주의도 정당성을 확보할 수 없을 것이다. 즉, "민주주의는 적법하게 입법과정에 참여한 사람들을 묶어서 한 법의 테두리 내에 두는 바로 그 이유 때문에, 주어진 영토 내에서 스스로를 국민으로 규정하는 국민"을 요청하는 것이다.[131]

129 위르겐 하버마스, 『분열된 서구』, 장은주·하주영 옮김, 나남출판, 2009, 89쪽.
130 세일라 벤하비브, 『타자의 권리: 외국인, 거류민, 그리고 시민』, 앞의 책, 42쪽.
131 같은 책, 251쪽.

좀 더 쉬운 예를 들어 설명해보자. 한 국가의 정치적 정당성을 그 구성원들이 민주적 방법에 의해 해결하자고 합의했다고 보자. 물론 이 합의 역시 구성원이 일정하게 정해지지 않는다면 해결될 수 없는 것이기는 하지만, 여기서는 이 문제가 해결되었다고 가정하자. 그런 정치공동체에서 심각한 정치적 갈등이 발생하는 경우, 예컨대 대통령을 선출하는 과정에서 찬반이 거의 차이가 없어서 재검표를 통해 이 문제를 해결해야 하는 경우를 상정하자. 이 경우는 조지 부시 2세와 엘 고어 사이의 2000년 미국 대선에서 실제로 일어났다. 이때 재검표에 들어가고 각 시민의 투표가 동등한 가치를 갖고 있는 것으로 계산되었을 때, 그 결과에 의해 정치적 정당성을 둘러싼 갈등은 해결될 수 있을 것이다. 그런데 그 공동체의 구성원 자격이 무한히 열려 있다고 한다면, 그리하여 누구나 그 정당성에 대해 자신의 목소리를 반영해야 한다고 나설 경우에 이 문제는 결코 해결될 수 없을 것이다.[132]

이렇게 본다면 현대사회에서 여러 집단들 사이의 배제와 그에 대한 저항의 근원에는 민주주의가 그 근저에 자리 잡고 있음이 드러난다. 배제를

• • •

132 그렇다고 이런 주장이 시민권이 영원히 외부인에게 허용되어서는 안 된다는 점을 가정하는 것으로 오해하지 말길 바란다. 간단하게 말하자면 특정한 정치적 공동체가 일정한 방식으로 외부와 경계를 설정하지 않을 수 없다고 해서 특정한 정치적 공동체의 경계가 영원히 변경될 수 없다는 주장이 반드시 도출되지는 않는다. 따라서 특정한 절차를 거쳐 외부인들에게 시민권을 확장하는 가능성이 전적으로 배제된 사회라면, 그 사회를 민주적 사회라고 부를 수 없을 것이다. 다만 시민권의 무제한적 허용은 불가능하다는 점, 그리고 상당수의 자유주의자들이나 세계시민주의자들이 주장하듯이, 시민권의 개방 문제가 그리 쉬운 일이 아니라는 점은 분명할 것이다. 개인이든 집단이든 정체성 형성이 매우 중요하지만, 정체성이 타자와의 관계에 의해서 제약되는 만큼 고정불변의 정체성이란 존재하지 않는다. 그러나 지식인 사회에 유행어가 될 정도로 남발되다시피 하고 있는 '만들어진 전통'이라는 용어는 마치 전통이나 정체성이 아주 쉽고 평탄하게 변형될 수 있다는 함축을 동반한다. 그러나 이런 식으로 전통은 쉽게 만들어지진 않는다. 전통이 쉽게 만들어질 수 있다는 생각 자체는 사람이든 사회이든 밀가루 반죽을 재료로 삼아 어떤 형태의 빵이든 자유롭게 찍어낼 수 있을 것이라고 생각하는 제작 만능의 사유와 그리 멀리 떨어져 있지 않다. 그런 제작 만능주의적 사유 방식의 정치적 표현이 다름 아닌 전체주의 사회라는 점은 분명하다.

유발하는 것은 오로지 민족주의의 배타성 탓이 아니라, 오히려 바로 민주주의라는 것이다. 그런 점에서 찰스 테일러는 현대 민주주의는 인류 역사상 가장 "포용적인 체제"이지만, 동시에 배제를 유발하는 이중적 특성을 갖고 있다고 강조한다. "모든 국민의 통치라는 특징이 민주주의를 포용적인 것으로 만드는 동시에, 모든 국민의 통치라는 점에서 배제가 발생하는 것이다. 스스로 통치하는 사회에서 고도의 응집성이 요구되는데 배제는 바로 그 필요성의 부산물인 것이다. 민주국가는 공통의 정체성 비슷한 것을 요구한다."[133]

그러므로 하버마스의 이론을 수용하는 벤하비브(S. Benhabib)조차도 "보편적 인권관에 내재해 있는 팽창적이고 포괄적인 도덕적, 정치적 보편주의와 개별주의적이고 배제적인 민주적 제한이라는 두 요소 사이의 해결 불가능한 모순"이 존재한다는 점을 인정한다.[134] 달리 말하자면 벤하비브가 강조하듯이 "민주적 정통성을 유지하기 위해서는 [정치적 공동체의: 필자] 닫힘이 필요하다는 민주적 대의제도의 논리"를 중요하게 다루지 않으면 안 된다.[135] 그러므로 과연 민족국가적 통합의 틀을 넘어서 민주주의적 자치와 자율성의 이념이 지속적으로 존립할 수 있을까 하는 의구심이 존재하는 것도 우연이 아니다. 이는 하버마스도 인정하는 것이다.[136]

경계의 도덕성 문제는 민주적 정당성의 문제에 국한되어 있지 않다. 이 문제는 사회적 연대 및 인간의 정체성 형성의 문제와도 긴밀하게 연결된 문제이다. 앞에서 지적했듯이, 자유롭고 평등한 시민들 사이의 정치적 연대와 시민적 연대는 민족의식과 결합되어서만 형성될 수 있었지만, 민족국가적 연대를 전체 유럽의 차원으로 확대하는 문제에 직면해서 시민적

• • •
133 찰스 테일러, 『세속화와 현대문명』, 김선욱 외 옮김, 철학과현실사, 2003, 245쪽.
134 세일라 벤하비브, 『타자의 권리: 외국인, 거류민, 그리고 시민』, 앞의 책, 42쪽.
135 같은 책, 252쪽.
136 위르겐 하버마스, 『이질성의 포용』, 앞의 책, 157쪽.

연대의 변형이 필요하다는 것이 하버마스의 입장이다. 그는 민족의식으로부터 벗어난 확장된 "시민적 연대성은 자유롭고 평등한 시민들이 민주적으로 형성한 정치공동체의 성원의식에서 자라난다'고 믿는다.[137] 달리 말하자면 문화적 동질성에 의해 지탱되는 사회통합의 힘이 없다고 해도, 시민들의 정치적 의지형성을 가능케 하는 민주적 절차가 정당성과 함께 사회적 통합의 힘을 창출할 수 있다는 것이다.[138]

그러나 문제는 바로 하버마스의 주장, 즉 "민주적 정통성 양식을 가진 입헌국가의 형식과 절차가 동시에 사회적 결속의 새로운 차원을 산출한다"는 주장이 얼마나 타당한가 하는 것이다.[139] 민주적 헌법의 원칙에 동의하는 시민들 사이에 형성된 민주적 절차를 매개로 한 의지형성 과정이 과연 사회통합의 힘으로서 충분한가 하는 물음이 제기되는 것이다. 이런 물음이 지니는 중요성을 하버마스가 모르진 않는다. 그래서 그 역시 모든 인격이 자의적으로 훼손될 수 없는 존엄한 존재로 동등하게 대우받아야 한다는 정의의 원리를 연대성의 원리와 연결시킬 매개를 탐구한다. 그는 평등한 권리공동체의 보편주의와 역사적 운명 공동체의 특수주의 사이의 긴장을 안고 있는 근대 국민/민족국가의 이중성과 양가성을 극복하기 위해 사회적 통합의 원천인 사회적 연대를 확보할 수 있는 별도의 가능성을 모색한다. 하버마스의 이런 시도는 모든 사람에 대한 동등한 존중이라는 정의의 원칙이 인간의 성공적인 삶을 가능하게 해줄 다양한 도덕의 의미를 제대로 해명하기에는 부족한 편협한 도덕적 관점이라는 비판에 대응하기 위함이다.

특히 칸트에서 롤스 및 하버마스에 이르는 동등 존중의 원칙을 강조하는 도덕이론은 권리 및 상호성 그리고 평등과 같은 원칙만을 강조하면서

• • •
137 위르겐 하버마스, 『분열된 서구』, 앞의 책, 106쪽.
138 위르겐 하버마스, 『이질성의 포용』, 앞의 책, 169쪽.
139 같은 책, 190쪽.

특수한 역사 공동체의 의미를 제대로 평가하기에는 지나치게 추상적이라는 반론에 직면했다. 주지하듯이 이런 반론은 이른바 공동체주의라는 정치이론을 옹호하는 사람에게서 나왔다. 그러나 보편적 동등 존중의 원칙을 정의의 원칙으로 간주하면서, 이를 정치사회의 정당성 유무를 논의하기 위한 으뜸가는 원칙으로 설정하는 도덕이론은 특수한 개인에 대한 무한한 배려와 관심 및 책임의 도덕적 의미를 무시한다는 비판도 초래했다. 이런 반론을 주도한 것은 페미니즘 윤리학 및 정치철학의 옹호자들이었다.

공동체주의 및 페미니즘의 도전에 직면하여 하버마스는 보편주의적인 정의 원칙을 보완할 도덕을 연대성으로 보고, 이런 연대성을 보편주의적 도덕의 필수적 구성 요소로 해석하려고 시도한다. 그는 다음과 같이 말한다. "오히려 의사소통 이론적 관점으로부터는 이웃의 복지에 대한 염려와 일반복지에 대한 관심 사이의 상관관계가 도출된다. 집단의 정체성은 호혜적 인정의 온전한 관계들을 통해 재생산된다. 그렇기 때문에 개인적 평등대우에 대한 보완적 관점은 자선(Benevolence)이 아니라 연대성이다. 이 원리는, 모든 사람이 그들의 공동적 생활연관의 불가침성에 대해 동일한 방식으로 관심을 가지고 있어야 하기 때문에 어떤 사람이나 다른 사람에 대해 책임을 져야 한다는 경험 속에 뿌리를 내리고 있다. 의무론적으로 파악된 정의는 그 상대짝(타자, Andere)으로 연대성을 요청한다. 여기서 중요한 것은 서로 보완하는 두 계기들이라기보다는 오히려 동일한 사태의 두 양상들이다."[140]

위 인용문이 보여주듯이 하버마스는 모든 사람을 동등하게 대우할 것을 요구하는 정의 원칙, 즉 인간 존엄성 원칙은 그 타자(상대짝)인 연대성의 지원을 받아야 한다고 본다. 인간의 보편적 권리를 존중하는 사회가 이루어

---

140 위르겐 하버마스, 『담론윤리의 해명』, 이진우 옮김, 문예출판사, 1997, 87-88쪽. 한글번역에서 '유대성'으로 된 것을 언어의 통일을 위해 '연대성'으로 바꾸었다.

지기 위해서는 사회적 연대성의 지원을 받지 않으면 안 된다는 점을 그도 인정한 것이다. 물론 근대 민족국가는 이런 사회적 연대성을 민족주의에서 구했다. 그런데 하버마스는 민족적 정체성을 통해 연대성을 창출하는 방식은 더 이상 유지될 수 없다고 본다. 하여간 이제 그는 자유로운 정치사회, 혹은 민주적인 법치국가는 정의와 연대성이 서로 결합될 수 있도록 해야 한다고 본다. 그리고 정의와 연대성이 서로 협력할 경우에만 민주적 법치국가가 지속적으로 존립할 수 있음을 설명하면서 그는 사회 구성원들의 권리 존중만이 아니라, 그들의 복지 및 안녕에 대한 폭넓은 관심의 중요성을 강조한다. 사회 구성원들은 권리를 서로 존중하는 것을 넘어, 서로의 행복한 삶의 실현에 대해서도 관심을 지녀야 하고, 이를 실현하기 위해 서로 노력해야 한다는 점을 하버마스도 다음과 같이 분명하게 강조한다. "모든 자율적 도덕은 두 과제를 동시에 해결해야 한다: 도덕은 모든 사람의 평등한 대우 및 모든 사람의 존엄에 대한 동등한 존중을 요청함으로써 사회화된 개인들의 불가침성을 주장한다; 그리고 도덕은 개인들에게 그들이 속해 있는 공동체의 구성원으로서의 연대성을 요청함으로써 호혜적 인정의 상호주관적 관계들을 보호한다. 정의는 자기 자신을 스스로 규정하는 대신할 수 없는 개인들의 평등한 자유와 연관되어 있는 데 반해, 연대성은 상호주관적으로 공유된 생활형식을 통해 밀접한 관계를 맺고 있는 동료들의 복지와——그리고 이 생활형식 자체의 불가침성의 보호와 연관이 있다. 도덕적 규범들은 다른 하나를 보호하지 않고서는 어느 하나도 보호할 수 없다: 다시 말해서 개인들의 평등한 권리와 자유는 그들이 속해 있는 공동체와 이웃의 복지 없이는 보호될 수 없다."[141]

앞에서 본 것처럼 하버마스도 모든 사람을 존엄한 존재로 동등하게 존중하라는 정의의 원칙을 공유하는 공동체는 스스로 정의와 별도로 사회

• • •
141 같은 책, 88쪽.

구성원 사이의 연대성을 필요로 한다는 것은 인정한다. 그럼에도 그가 정의와 연대 사이의 결합의 문제를 제대로 해결하지 못하고 있다는 반론이 자주 제기된다. 이런 반론은 특히 그가 새로운 연대성 창출의 기제로 제안한 헌법애국주의 이론과 관련해서 제기된다. 따라서 그는 그가 옹호하는 헌법 애국주의가 추상적 원칙에 대한 호소로 그치고 있다는 반론에 대해 다음과 같이 응수한다. "헌법애국주의가 단지 추상적 원칙을 불러내는 것에 불과하다는 생각은 뭔가 뚜렷하게 민족적인 것을 선호하는 반대자들이 경향적으로 저지르는 허설일 뿐입니다. 제가 1988년 헌법애국주의 개념과 관련하여 장 마크 페리(Jean Marc Ferry)와의 긴 인터뷰에서 했던 말을 인용하지 않을 수 없군요. '똑같은 보편주의적 내용도 각각의 경우에 따라 자신의 특수한 역사적 삶의 연관 속에서 운용되어야 하며, 자신의 고유한 문화적 삶의 양식 속에 정착되어야 합니다. 모든 집단적 정체성은, 심지어 탈민족적(탈국민국가적) 정체성이라 할지라도, 그 정체성을 중심으로 형성된 도덕적이고 법적이며 정치적인 원칙들의 총체보다 훨씬 더 구체적입니다.'"[142]

이런 강한 반론에도 불구하고 하버마스는 연대성이 어떤 방식으로 정의와 상호보완적으로 작용할 수 있는지 그리고 정의의 타자인 연대성이 어떤 방식으로 창출되고 유지될 수 있는지에 대해 그리 명확한 입장을 보여주지 않는다. 오히려 그는 정의와 그 타자로 명명되는 연대성의 상호 연관을 해명하면서 보편주의적인 도덕의 구성 요소로 이해된 연대성은 특정한 역사적 생활공동체의 자기주장에서 비롯되는 "강요된 희생정신의 성격"을 극복한다고 주장한다.[143] 그는 특수한 역사적 삶의 맥락을 공유하는 구성원들 사이에서 형성될 수 있는 연대성이 집단적이고 폐쇄적인

• • •
142 위르겐 하버마스, 『분열된 서구』, 앞의 책, 76쪽.
143 위르겐 하버마스, 『담론윤리의 해명』, 앞의 책, 88쪽.

방식으로 흐르지 않도록 제어하기 위해서는 서로 소통하고 논의할 수 있는 모든 사람을 동등한 "이상적 의사소통공동체"의 구성원으로 인정하지 않으면 안 된다고 강조한다. 달리 말하자면 "이상적 의사소통공동체에의 소속으로부터 취소할 수 없는 연대성의 의식 및 공동의 생활연관 속에서의 동료관계의 확실성이 발생"할 수 있다는 것이다.[144]

앞에서 살펴본 것처럼 하버마스는 정의의 타자의 필요성을 긍정하면서도, 연대성이 창출되는 조건에 대한 그의 성찰은 애매하기 그지없다. 그는 한편으로 상호주관적으로 공유된, 즉 공통의 생활방식 속에서 비로소 동료 시민과 이웃에 대한 관심과 배려의 마음가짐이 형성될 수 있는 것처럼 설명한다. 그러면서도 그는 다른 한편으로 연대성이 마치 모든 인간을 이상적인 의사소통공동체의 구성원으로서 인정하는 데에서 발생하는 것처럼 설명한다. 그래서 이상적인 의사소통공동체의 구성원의 관점에서 정의와 연대성은 "일치"하게 된다고 그는 주장한다.[145] 간단하게 말해 하버마스에게 연대성은 결국 보편적 정의로 환원된다. 따라서 정의와 연대성의 상호 연관성에 대한 하버마스의 이론적 해명이 지니는 한계에 대한 윌 킴리카(Kymlicka)의 다음과 같은 반론이 설득력이 있음을 보여준다. 그에 따르면 "공유된 정치적 원칙들은 정치적 통합——사람들이 정의 문제에 대해 매우 심각하게 불일치하는 곳에서는 결과적으로 내전이 일어날 것이다——을 위한 필수적 조건"일지 모르지만, 그것은 "연대성, 사회통합 또는 정치적 정당성을 유지하기에는 충분하지 않다."[146]

정의와 연대성의 관계에 대한 하버마스의 모호한 태도는 그의 헌법애국주의 이론에서도 반복되어 나타난다. 하버마스는 『이질성의 포용』에서 공동의 정치문화가 특정한 공동체의 구성원들에 의해 상호주관적으로

---

144 같은 책, 90쪽.
145 같은 책, 88쪽.
146 윌 킴리카, 『현대 정치철학의 이해』, 장동진 외 옮김, 동명사, 2008, 354쪽.

공유된 역사적으로 축적되어온 윤리적이고 문화적인 생활형식들과 깊게 결합되어 있다고 주장한다. "이 공동의 정치문화는 국민국가를 형성하는 모든 국민공동체가 각기 자신들의 역사적 경험연관의 시각에서 행하고, 그런 점에서 윤리적으로도 중립적일 수 없는 헌법 원칙들의 해석에 뿌리박고 있다. 그래서 공동의 해석 지평이라고 말하는 것이 더 나을지도 모르겠다."[147]

윤리적인 삶의 형식이란 하버마스가 사용하는 맥락에서 볼 때 모든 사람의 동등 존중의 원칙 혹은 모든 사람에게 동등하게 좋은 것을 지칭하는 도덕과 달리, 특정한 역사적 공동체 속에서 살아가는 사람들 사이에 공유된 가치들이나 공동선들과 결부된 바람직한 삶의 방식이나 태도를 말한다. 우리 사회와 연관해서 볼 때 통일의 가치에 대한 국민들의 공유된 이해를 하나의 예로 들 수 있을 것이다. 비록 남과 북의 분단이 장기화되고 남과 북의 정치체제 및 삶의 방식에서의 이질성의 정도가 커지고 있다고는 하나 남과 북 모두 통일의 가치를 여전히 중요한 국가의 목표로 설정하고 있다. 또한 세대 간의 편차가 있다고 해도, 대다수 남한과 북한 구성원들은 통일을 중요한 한민족의 역사적 과제로 이해한다. 그러므로 통일과 관련된 태도와 통일을 위한 여러 정책들이나 행동들에 대해서 우리나라의 많은 사람들은 큰 관심을 보이고 그런 움직임에 동의한다. 통일을 추구하고 북한 사람들의 어려운 생활을 도와주는 데 자신의 세금이 사용되는 것에 대해서도 큰 거부감이 없다. 통일 추구가 우리 사회가 걸어가야 할 바람직한 삶의 방식이라고 승인하기에 그렇다.[148] 그러나 남과 북의 통일에 대해 중국이나 미국의 구성원들은 우리와는 사뭇 다른 태도를 보일 수도 있을

• • •

147 위르겐 하버마스, 『이질성의 포용』, 앞의 책, 262쪽. 이 문제에 대한 분석으로는 한승완, 「'자유주의적 민족주의'와 '헌법애국주의'」, 『사회와철학』 20, 2010, 296-297쪽 참조.
148 물론 여기서는 북한정부에 대한 판단으로 인해 북한에 대한 인도적 지원에 대해서까지 우려하는 태도를 둘러싼 의견 차이는 제외한다.

것이다.

다시 하버마스의 헌법애국주의 논의로 돌아가 보자. 위에서 살펴본 것처럼 그는 헌법의 원칙을 공유하고 그것을 자신의 공동체 속에서 구현해 내려는 움직임과 연관된 역사적 경험이 헌법애국주의를 형성하는 핵심적인 것이라고 본다. 그러면서 동시에 그는 그런 공동의 정치문화가 보다 포괄적인 문화적 삶의 양식에 의해 삼투되고 그것과 결합되어 있음을 강조한다. 이런 맥락에서 그는 공용어의 문제를 거론한다. 그가 보기에는 "공용어의 선택이나 공립학교의 교과과정에 대한 결정은 한 나라[민족]의 윤리적 자기 이해와 관련"된 것이다. 그러나 공용어의 선택과 같은 문제는 매우 중요한 정치적 의미를 지니고 있다. 따라서 하버마스는 공용어 선택이나 공립학교 교과과정을 결정하는 행위는 정치와 무관한 것이 아니라, "국민국가 공동체의 집단적 정체성"과 관련된 "정치의 불가피한 구성요소"라고 강조한다. 달리 말하자면 개인이나 공동체는 자신의 독특한 정체성 형성이 없이는 긍정적이고 의미 있는 삶을 살아가기 힘들며, 그런 정체성은 "모국어와 마찬가지로 사적 점유물로 전유될 수 없는 문화적 네트워크 속에서만 안정될 수 있다."[149]

사실 하버마스가 윤리적인 삶의 형식 및 중요한 정치적 공동문화의 상호결합의 한 예로 거론하는 공용어의 문제는 민주주의를 실현하는 전제 조건들이 무엇인지를 성찰하는 데에서 매우 중요하다. 필자가 자유와 평등과 같은 정의의 원칙이나 민주주의적 원리에 대해 공유된 역사의식만으로 사회적 연대를 형성하는 데 충분하다고 보지 않는 이유도 공용어와 민주주의 사이의 긴밀한 연계성과 무관하지 않다. 당연한 말이지만 토의적 민주주의를 거론하지 않는다 해도 민주주의에서 시민들의 토의와 심의는 중요하다. 시민들이 자신과 결부된 공적 사안을 결정할 때 동료 시민들과 그에

• • •
149 위르겐 하버마스, 『이질성의 포용』, 앞의 책, 254쪽, 257쪽.

대한 숙고와 논의는 우회할 수 없는 것이기 때문이다. 그리고 토의를 통한 문제해결 과정은 언어를 전제한다. 그 언어는 예컨대 에스페란토어와 같은 인공적이고 추상적인 언어가 아니라 토속어이다. 공적 사안들에 대해 자유롭고 평등한 시민들이 토의와 숙고의 과정을 통해 민주주의의 정당성을 절차적으로 확보해야 하는 경우 토속어에 대한 강조는 결정적이다. 토속어를 통해서 시민들은 자신의 이해관계나 생각들을 더 풍부하고 설득력 있고 공감적으로 표현할 수 있다. 그러므로 킴리카는 민주주의적 정치는 "토착어로 하는 정치"(politics in the vernacular)라고 말한다.[150] 우리가 공유된 언어와 역사의식을 민주주의에 필수적인 전제 조건으로 보는 것도 이런 이유이다.[151]

그러나 하버마스는 민주적 법치국가가 필요로 하는 정체성과 문화 사이의 관계에 대해 다른 주장도 한다. 그에 의하면 민주적 법치국가가 필요로 하는 정체성은 "정치문화 속에 정착된 헌법 원칙들과 결합된 것이지 그 나라의 지배적인 문화적 생활형식의 윤리적 기본정향과 결합되어 있는 것"이 아니라고 강조한다.[152] 그래서 하버마스는 오늘날과 같이 사회가 다원화되고 다문화사회로 이행한 상황에서 "민주적 과정"을 통해 과거에 국민국가의 민족적 정체성이 담당했던 사회적 통합력을 대신해야 한다고 말한다. 그가 헌법애국주의를 내세운 이유도 민족적 정체성과 결부된 민주 공화정에서 민족주의의 편협성과 배타성을 해체하고, 헌법애국주의를 통해 새로운 사회적 결속과 통합을 창출할 수 있다고 믿었기 때문이다.

그래서 하버마스는 공통의 정치문화와 윤리적인 생활형식의 분리를 헌법애국주의와 관련해서 다음과 같이 강조한다. "공통된 정치문화의 차원

• • •

150 Will Kymlicka, *Politics in the Vernacular: Nationalism, Multiculturalism and Citizenship*, Oxford: Oxford University Press, 2001, p. 70.
151 윌 킴리카, 『현대정치철학의 이해』, 앞의 책, 433쪽 참조.
152 위르겐 하버마스, 『이질성의 포용』, 앞의 책, 267쪽.

은 하부문화와 전(前) 정치적으로 주조된 정체성들의 차원으로부터 분리되어야 한다."[153] 정치문화적 정체성과 민족적 정체성의 분리를 통해 하버마스는 이제 헌법의 원칙에 대한 공유의식 자체가 사회적 통합력의 원천이라고까지 주장한다. "내[하버마스: 필자]는 민주적 정통성 양식을 가진 입헌 국가의 형식과 절차가 동시에 사회적 결속의 새로운 차원을 산출한다는 점을 공화주의의 요점으로 이해한다."[154]

앞에서 본 것처럼 하버마스의 헌법애국주의 이론은 자체 내에 쉽게 해결될 수 없는 논리적 긴장을 안고 있다. 윌 킴리카는 헌법애국주의 개념이 지니는 모순적 주장을 다음과 같이 설명한다. 하버마스의 헌법애국주의는 한편으로는 시민자격(citizenship)이 "언어와 같은 인종문화적 또는 역사적 특징들과는 독립적이어야 한다"는 입장을 옹호하면서, 다른 한편으로 "공통의 언어가 민주주의에 필수불가결하다는 사실"을 주장하고 있다.[155]

앞에서 필자는 하버마스가 헌법애국주의 이론에서 보여주는 논리적 모호성은 정의와 연대의 상호관계에 대한 그의 이론의 불충분성의 표현이라고 했다. 정의와 연대성의 문제에 대해서 그가 보여주는 이론적 난맥상은 특수한 역사공동체의 의미를 제대로 파악하기 힘들게 만드는 그의 보편주의적인 이론 정향에 기인한다. 하버마스는 자유와 평등과 같은 보편주의적 정의 원칙도 "특수한 역사적 삶의 연관 속에서 운용되어야 하며, 자신의 고유한 문화적 삶의 양식 속에 정착"되어야 한다고 주장한다. 그럼에도 그는 "탈민족적(탈국민국가적) 정체성이라 할지라도, 그 정체성을 중심으로 형성된 도덕적이고 법적이며 정치적인 원칙들의 총체보다 훨씬 더 구체적"이라고 스스로 인정하는 연대성의 의미를 제대로 포착하지 못한다. 그 결과 그는 연대성과 정의가 어떤 방식으로 결합될 수 있는지에 대해서도

• • •
153 같은 책, 147-148쪽.
154 같은 책, 190쪽.
155 윌 킴리카, 『다문화주의 시민권』, 장동진 외 옮김, 동명사, 2010, 49쪽 각주 15.

설득력 있는 논거를 제시하지 못한다. 하버마스를 이어 프랑크프루트학파를 이끌어 가고 있는 악셀 호네트(A. Honneth)도 연대성은 특정한 생활방식을 공유하고 있는 역사 및 운명 공동체에 대한 경험 없이는 결코 창출될 수 없다고 강조한다. 그가 보기엔 하버마스의 주장과 달리 연대성은 결코 그 특수주의적 성격을 벗어날 수 없기 때문이다.

따라서 호네트는 연대성과 정의가 일치할 수 있는 것이 아니라고 본다. 그는 연대성의 고유한 성격을 다음과 같이 말한다. "그러나 공통의 삶의 형식에 대한 그와 같은 사회적 소속감은 사람들이 또한 부담과 고통과 과제를 어떤 공통의 것으로 경험할 때에만 비로소 생겨날 수 있다. 그리고 그와 같은 공통의 부담과 필요에 대한 경험은 다시금 단지 집단적 목표설정이라는 조건 위에서만 발전될 수 있기 때문에, 그리고 다른 한편으로 그와 같은 목표를 정의하는 일은 단지 사람들이 가치를 공유하고 있을 때에만 가능하기 때문에, 사회적 소속감이 생겨나기 위해서는 불가피하게 가치공동체라는 전제가 필요하다. 따라서 우리는 서로에 대한 관심이라는 도덕원칙으로 이해되는 연대를, 하나의 사회공동체가 생겨날 때 어떤 식으로든 따라다니게 마련인 특수주의의 요소 없이는 생각할 수 없는데, 그것은 그 공동체의 성원들이 일정한, 윤리적으로 정의된 목표설정을 통해서 통합되어 있다고 생각하고, 따라서 또한 특수한 부담의 경험도 공유하고 있기 때문이다."[156]

앞에서 살펴본 것처럼 자유주의적 정의에 입각한 정치적 공동체 역시 정의의 원칙에 대한 합의 이상의 사회적 통합을 전제로 해서만 제대로 작동할 수 있다. 좀 더 자세하게 말하자면 정의의 원칙에 대해서 공유하는 시민들로 구성된 정치적 공동체가 오로지 정의 원칙에 대한 공유된 심정을 바탕으로 해서 그 지속적 존립을 위한 연대성을 창출하는 데 성공할 수

• • •
156 악셀 호네트, 『정의의 타자』, 문성훈 외 옮김, 나남출판, 2009, 213쪽.

없다. 왜 그런지 다음 세 가지 예를 통해서 보다 상세하게 분석해보자.

첫째로, 정의 원칙들을 공유하는 다수의 민주주의 국가들이 존재하지만, 이들 국가들의 구성원들은 자신들의 동료 시민들에게 우선적인 의무감을 느낀다. 즉, 외국인들에 대해서보다 동료 시민들에게 보다 강한 의무를 지닌다. 이 태도는 민족국가에 의해 창출된 인위적인 감정이거나 반드시 극복되어야 할 병리적인 것은 아니다. 그것을 민족적인 편협함의 표출이라고 보면 그 핵심을 이해하기 힘들 것이다. 만약에 다수의 민주국가들이 공동의 정의 원칙, 그러니까 자유 및 평등의 원칙을 다 같이 소중하게 간주하고 이를 그들 국가의 헌법의 근본 원리로 수용하고 있는데 이들 사이의 국가의 경계와 독립이 민족주의적 배타성에 의해 유지되고 있다는 것이 진실이라면, 왜 다수의 민주주의 국가들이 서로 독립된 상태를 유지하면서 살아가려고 하는지를 설명할 수 없다. 테일러가 지적하듯이 왜 독일인들은 자유로운 나폴레옹 제국의 성원이 되는 데 만족하지 않았는지 그리고 알제리인들은 독립투쟁 대신 왜 명실상부한 프랑스 시민권을 요구하지 않았던 것일까 하는 의문을 설명할 길이 없다.[157]

둘째로, 정의의 원칙들을 공유한 집단들 사이에서도 긴장과 갈등이 해소되지 않는 것을 보면 공유된 정의 원칙들은 사회를 통합하고 유지하는 데 충분하지 못하다. 캐나다의 퀘벡 분리 운동 사례는 이를 잘 보여준다. 캐나다 안에서 퀘벡주에 사는 불어 사용자 상당수가 캐나다의 민주주의적 정의의 원칙에 불만을 품고 있어서 분리주의 운동에 찬성하는 것은 아니다. 다른 캐나다인들과 더불어 그들도 정의의 원칙들을 공유하지만 이 공유의식이 분리주의적 감정을 감소시키지 못한 것으로 보아야 한다. 그리고 그런 분리주의적 감정을 오로지 배타성과 공격성의 민족적 편협함에 터를 두고 있는 것으로 보는 것은 사리에 맞지 않는다. 오히려 퀘벡 분리 문제는

• • •
157 찰스 테일러, 『세속화와 현대문명』, 앞의 책, 255쪽.

한 나라의 사회통합은 전적으로 정의 원칙의 공유에만 의존하고 있지 않다는 점을 보여주는 것으로 이해되어야 한다. 이런 현상은 영국의 스코틀랜드인들이나 스페인의 카탈로니아 사람들의 점증하는 분리 요구나 더 많은 자치의 요구에서도 드러난다.[158] 셋째로, 정의 원칙에 대한 공유만으로 사회적 연대성이 창출될 수 없다는 점은 사회정의와 관련된 문제들에서도 드러난다. 서구의 많은 시민들이 동료 시민들의 사회복지를 위해 왜 희생을 해야 하는지는 정의 원칙 공유만으로는 충분히 설명할 수 없다는 것이다.[159]

앞에서도 언급했듯이 민주주의는 정의 원칙에 대한 동의 이상의 강력한 응집력과 강한 연대 의식을 요구한다. 정의 원칙은 모든 인류에 대한 평등한 도덕적 의무만을 내세우지, 왜 우리가 특정한 집단의 구성원을 동료 시민들로 여기고 그들과 함께하는 삶의 방식을 유지하기 위해 헌신하고 어떤 경우에는 생명도 바쳐서 그런 공동체를 수호하는 마음가짐을 요구하는지에 대해 적절한 해답을 주지 못한다.

앞에서 언급한 세 가지 이유로 정의 원칙과 구별되거나 그것으로 환원되지 않는 사회통합의 힘이 존재하며 그 성격이 무엇인지를 이해하는 것이 필요하다는 점이 분명해졌으리라 본다. 달리 말하자면 민주적인 국가가 유지되기 위해 요구받는 사회통합은 "정치 원칙들의 공유보다 훨씬 깊게 들어가는 공동체에 대한 감각을 필요로 한다"는 명제는 부인될 성질의 것이 아니라, 해명되어야 하는 것이며 그런 사회통합의 힘, 그러니까 정의와 별개로 연대성이라 불리는 사회적 결합 양식의 도덕적 원천이 무엇인가에 대한 질문을 제기하는 것이다. 즉, 사회통합은 어디에서 구해질 수 있는가? 이에 대한 해답의 하나가 바로 공동의 민족 정체성이다.

. . .

158 윌 킴리카, 『현대 정치철학의 이해』, 앞의 책, 357쪽 참조.
159 같은 책, 432쪽.

그러므로 이제 하버마스가 주장하듯이 민족적 정체성의 문제가 한갓 일시적인 것이 아니라고 결론을 내려야 한다. 그리고 우선 민족적 정체성이 왜 그토록 사람들에게 많은 설득력을 획득할 수 있었는지를 해명하는 것이 필요하다. 그것을 단지 위험하고 비합리적인 충동과 같은 것으로 취급해도 문제는 해결되지 않는다는 말이다. 그런데 민족적 정체성의 성격을 해명할 때 주목되는 측면이 소속에 대한 인간의 근원적 욕망이다. 달리 말하자면 공동의 민족 정체성에서 중요한 것은 인간이 어디엔가 소속되고 싶어 하는 욕구를 해결해주고 있다는 점이다. 그래서 20세기 대표적인 자유주의 사상가의 한 사람인 벌린(I. Berlin)은 민족주의에 동기를 불어넣는 정서로 이 소속에 대한 욕망과 더불어 "집에 대한 인식"을 꼽고 있다.[160]

어디엔가 소속되고 싶어 하고 그 소속된 곳에서 집이나 고향과 같은 따뜻한 마음, 그러니까 자신이 그 속에서 소외되지 않고 자신의 인간적 삶의 욕망을 실현하고 있다는 감정은 인간에게 필수적인 욕망이다. 이러한 인간의 욕구는 결코 무시되어서는 안 되는 근원적인 욕구라는 것이 벌린의 생각이었다. 그런데 어느 집단에 소속되어 집안에서와 같은 편안함을 향유하려는 인간의 욕망은 인간의 정체성 형성과 밀접한 관련이 있다. 자신이 속해 있는 집단의 특수성에 따라 그들의 삶의 방식이나 사고방식이 달라질 것이기 때문이다. 따라서 벌린은 민족주의가 근대에서 인간의 정체성 형성에 차지하는 긍정적 역할을 인정했다. 그는 "민족주의는 본질상 극단적이기 때문에 언제 어디서나 그것에 반대해야 한다"는 주장을 거부했다.[161]

찰스 테일러는 소속감이 인간의 근원적인 욕망이라는 벌린의 이론을 받아들여 인간 존엄성은 사회와 독립해서 혹은 사회 외부에서가 아니라, 오로지 상호 간의 인정을 가능하게 해 주는 사회적인 결합 속에서만 존재할

---

160 아비샤이 마갈릿(A. Margalit), 「민족주의의 뒤틀린 재목」, 마크 릴라 외 엮음, 『이사야 벌린의 지적 유산』, 서유경 옮김, 동아시아, 2006, 184쪽 이하.

161 같은 책, 199쪽과 212쪽.

수 있다는 사회이론을 전개했다. 이로부터 그는 인간의 권리에 대한 "사회적인 테제"(the social thesis)를 도출한다. 그는 이러한 테제를 가지고 개인들은 특정한 권리를 지니며 개인들에 대한 사회의 요구 및 주장에 비해 개인의 권리의 우월한 지위를 강조하는 자유주의적인 전통의 한계를 지적한다. 그는 자유주의적 사유 방식이 권리와 의무 사이에 일종의 비대칭적인 관계가 관철될 수 있음을 전제하고 있는데, 이로 인해 개인의 권리의 선차성에 대한 자유주의적 주장 자체도 위험에 빠지게 된다고 비판한다. 자유주의적 사유 방식은 개인의 자율성을 사회 외부에 설정하고 그 사회에 대한 의무를 부차적인 것으로 만들기 때문이다. 그러나 그에 의하면 인간의 권리는 무조건적으로 타당한 것이 아니라, 어떤 "공동체에 속할 의무"(the obligation to belong)를 전제할 때 비로소 실현될 수 있다.[162]

테일러의 사회적 테제 이론은 인간의 자율성은 공허한 진공상태에서 이루어지는 것이 아니라, "특정한 종류의 사회적 환경 안에서"만 형성되고 발휘되는 것이라는 점을 강조한다. 즉, 개인의 자율성에 대한 우선적 가치를 고수하면서 사회 속에서 어떻게 그런 자율성이 자라날 수 있는지에 대한 성찰을 풍부하게 전개하지 않는 자유주의와 달리, 자율성의 능력을 배양하고 그것의 행사를 가능하게 하는 사회적 전제 조건들에 대해 숙고해야 한다는 것이다. 이런 권리의 사회적 성격에 대한 테일러의 강조는 1980년대 이후 서구 정치철학의 중요한 쟁점을 구성했다고 평가받는다.[163]

테일러의 사회적 테제는 한편으로는 삶에서 차지하는 언어문화 공동체의 중요성에 대한 자각과, 다른 한편으로는 자유주의적 정의 실현에 필수적인 구성 요소로서의 시민들 사이의 공동체적 감각 내지 연대감의 중요성을 일깨워주었다. 이 두 가지는 자유주의자들이 흔히 망각해버리는 요소였으

• • •

162 Ch. Taylor, "Atomism", in: *Philosophy and the Human Sciences. Philosophical Papers 2*, Cambridge: Cambridge University Press, 1985, p. 198.
163 윌 킴리카, 『현대 정치철학의 이해』, 앞의 책, 343쪽.

며, 이런 망각으로 자유주의는 특정한 영토로 경계 지워진 공동체의 "도덕적 의미"를 제대로 통찰하지 못했던 것이다.[164]

하버마스가 자신과 큰 친화성을 느끼는 롤스와 드워킨 같은 사람들은 좀 다르다. 그들은 하버마스와 마찬가지로 정치적 공동체의 경계 설정의 문제가 역사적으로 우연적이라는 사실을 인정한다. 그러나 그들은 그 경계가 중요한 의미를 지닌다는 점을 인정한다. 즉, 세계정부가 없는 상황에서 그들은 국가의 "경계의 역할이 정당화될 수 있다"고 생각한다. 그래서 롤스는 이민을 제한할 수 있는 제한된 조건을 국민이 갖고 있다는 점을 강조한다. 이때 그는 정당성을 확보할 수 있는 이민 제한의 이유 중 하나로 "해당 국민의 정치문화와 이들의 헌법 원칙들을 보호하기" 위한 조치를 거론한다. 이와 관련하여 그는 다음과 같은 마이클 왈저의 논변을 긍정적으로 인용한다. "국가의 장벽을 무너뜨리는 것은 시지윅(Sidgwick)이 우려하듯이 장벽이 없는 세계를 창조하는 것이 아니다. 오히려 수천의 작은 장벽을 창조하는 것이다. 이 성벽들 역시 무너질 수 있다. 그렇지만 여기에 필요한 것은 지역 공동체들을 압도할 수 있을 정도로 충분히 강력한 전 지구적 국가이다. 그렇게 되면 그 결과란, 시지윅이 묘사하였듯이 정치경제학자의 세상이 되거나 (또는 전 지구적 자본주의 세상이 될 것이라고 나는 첨부하고 싶다) 고향을 상실한 단순한 남녀들의 세상이 될 것이다."[165]

마이클 왈저도 국가의 경계가 허물어질 때 그 세상에서 나타날 수 있는 것은 무한 질주하는 자본주의 세상일 것이라고 예상한다. 그리고 그 세상에서 살아가는 사람은 고향을 상실한, 그리하여 아무런 장소에서도 애착을 느끼지 못하게 될 것이라고 생각한다. 이런 생각에 존 롤스는 동의하는 것이다. 국가의 경계를 넘어서는 것이 자동적으로 새로운 시민, 즉 국가시

• • •

164 같은 책, 355쪽.

165 존 롤스, 『만민법』, 장동진 외 옮김, 이끌리오, 2000, 68쪽 그리고 같은 쪽 주 48에서 재인용.

민이 아닌 세계시민을 탄생시키지 않는다는 것이다. 그러나 롤스나 드워킨도 하버마스와 마찬가지로 정치공동체의 윤리적 특성과 특정 공동체에서 살아가는 시민들이 서로에게 느끼는 연대감의 근원이 "공통의 정의 원칙에 대한 공유된 헌신"에 기반을 두고 있다고 본다. 그렇지만 이 생각은 테일러가 지적하듯이 지나치게 순진한 생각으로 설득력이 없다.[166]

이미 앞에서 상세하게 살펴본 것처럼, 자유 및 평등과 같은 민주주의적 원칙을 공유한다는 것으로부터 특정한 공동체에 대한 헌신과 연대성이 도출될 수 있다고 생각하는 것은 명백히 틀린 것이다. 우리는 "사회통합이 정치 원칙들의 공유보다 훨씬 깊게 들어가는 공동체에 대한 감각을 필요로 한다는 것"을 이미 살펴보았다. 그러므로 킴리카는 공유된 '우리' 의식과 민주주의 및 자유주의적 정의 사이의 상호의존성을 다음과 같이 말한다. "시민들은 자신들이 같은 공동체에 속해 있다고 느껴야만 한다. 그들은 자신들만의 분리된 국가를 형성하기를 바라거나 다른 외국에 합병되기를 바라기보다, 함께 생활하고 통치하며 같은 운명을 공유하기를 지속하려는 욕구를 가지고 있어야만 한다. 요컨대, 사회통합은 시민들이 서로를 동일시하며 자신들의 동료 시민들을 '우리들' 중 하나로 바라보아야만 한다. 이처럼 공유된 소속감과 공유된 일체감은 시민들이 (비록 어떤 특정 결정에 대하여 소수자의 처지라고 하더라도) 민주적인 결정들의 결과들을 수용하는 데 요구되는 신뢰 관계와 연대성, 그리고 자유주의적 정의 의무들을 유지하는 데 도움을 준다."[167]

다시 상기시키지만 사회통합을 형성하는 방법으로 근대 국가들이 채택한 것이 바로 민족적 정체성의 형성이었다. 그래서 킴리카는 현실 세계의 대부분의 자유민주주의 국가들이 채택해온 사회적 통합에 대한 접근 방식

•••
166 윌 킴리카, 『현대 정치철학의 이해』, 앞의 책, 353쪽과 356쪽.
167 같은 책, 358쪽.

을 "자유주의적 민족주의"(liberal nationalism)를 형성하는 것으로 본다. 사실 자유주의적 민족주의는 그 전통이 오래된 것이었다. 서구의 민주주의적 국가들의 실제 관습들을 탐구해보면, 이들 국가들은 "국민성(nationhood)에 호소하는 방식으로 연대성을 개발하려고" 노력했다. 즉, 근대의 민주주의 "국가는 시민들로 하여금 그들이 '국민'을 형성하며, 따라서 단일한 정치공동체 안에 함께 소속되어 있고 각자가 특별한 의무들을 지니고 있다는 점을 확신시키려고 노력한다."[168] 이렇게 근대의 민주주의 국가들은 "민족주의"를 통해 "영토 안에 있는 모든 계급을 포괄하는 단일한 국민 공동체라는 개념을 창조했다." 더구나 민주주의는 "민족 만들기"(nation-building)를 통해 아주 놀랄 정도로 효과적인 결과를 산출했다고 킴리카는 주장한다.

물론 공유된 민족 정체성을 무엇으로 만드는가는 특정한 정치사회가 처한 역사적 상황에 따라 다를 것이다. 따라서 공유된 민족 정체성이 반드시 인종 내지 종족이나 종교 등과 같은 것들로 구성될 필요는 없다.[169] 킴리카에 의하면 "자유주의 국가의 시민들이 스스로를 함께 소속되어 있으며

• • •

168 같은 책, 364쪽.

169 물론 한국 민족주의의 특성이 '혈통에 바탕을 둔 민족주의'인가는 문제가 된다. 예를 들어 신기욱은 『한국 민족주의의 계보와 정치』(이진준 옮김, 창비, 2009)에서 한국 민족주의를 같은 피와 선조에 바탕을 둔 민족적 정체성 형성을 강조하는 종족적 민족주의라고 주장했다. 그는 종족적 민족주의를 한국 민족주의의 부정적인 측면이라고 비판하면서 민족주의 자체를 거부하는 탈민족주의 담론 이론가들과 달리, 그 부정적 측면과 긍정적 측면을 동시에 강조한다. 그에 의하면 종족적 민족주의를 좀 더 민주적이고 시민적인 정체성으로 변동시키려는 노력을 소홀히 해서는 안 되지만, 그렇다고 종족적 민족주의가 가져다 준 긍정적 측면에 대해서도 눈을 감아서는 안 된다. 그는 많은 연구자들이 종족민족주의를 위험하고 분열적이며 파괴적인 것 일색으로 보는 관점이 한국의 종족적 민족주의의 복잡성을 적절하게 파악할 수 없는 입장이라고 비판한다. 그러면서 그는 종족민족주의는 근대 한국에서 분열적인 역할을 한 것이 아니라, 통합기능을 수행했음을 강조한다. 아울러 그는 종족민족주의가 통일과정에서도 통합의 역할을 할 수 있음을 주장한다. 그의 책 중에서 특히 결론 부분을 참조

같은 국민 구성원이라고 느끼게 하는" 대표적인 것들은 "공유된 역사, 영토, 공동의 언어 그리고 공동의 공적 제도들"이다.[170] 이 사회문화적 토대들이 바로 정의 원칙에 기초하는 사회통합의 무기력을 보완하여 공유된 민족의식 혹은 국민의식을 함양하는 역할을 담당한다는 것이다. 따라서 그는 많은 사람들이 민족주의는 그 정의상 "비자유주의적"이라고 생각하여 자유주의적 민족주의를 형용모순이라고 단정 짓는 경향에 반대한다. 그런 단정이야말로 그들의 편견이라는 것이다. 그러면서 킴리카는 다음과 같이 주장한다. "하지만 사람들이 사회통합을 유지하려고 노력하는 자유주의적 민주주의의 실제적 실천을 검증해볼수록, 사람들은 국민 정체성과 개인의 자유 사이의 연관성에 대해서 보다 주목했으며, 국민성이라는 이상들이 정의와 자유라는 자유주의의 이상들을 달성하기 위한 중요한 기반을 제공해 준다는 결론을 내리는 사람들이 많아지게 되었다."[171]

킴리카의 설명이 보여주듯이 근대 국민국가의 역사에서 민족적 정체성을 형성하는 데 결정적인 요인들로 작용하는 것은 인종적인 것뿐만 아니라 언어적이고 문화적인 정체성들이었다. 근대에서 문화적 유대와 인종적 정체성이 지속적으로 영향력을 행사한다는 점을 무시하는 사람들은 민족주의의 생명력과 함께 특히 언어·문화적 정체성이 차지하는 도덕적 및 정치적 중요성에 대해서도 맹목적인 태도를 취하는 것이다. 민족주의가 민족을 만들어냈다고 보는 근대론적 입장에서 보면 공유된 역사, 공동의 언어 등으로 구성된 공동체의 연대감은 근대에 들어와 갑자기 형성된 것으로 이해된다. 그러나 이런 인식에 대한 이의 제기도 존재한다. 앤서니 스미스는 이런 것들의 기원은 적어도 근대 이전으로 올라간다고 주장한다. 그러므로 민족주의를 오로지 근대적인 현상으로 국가에 의해서 혹은 산업

• • •
170 윌 킴리카, 『현대 정치철학의 이해』, 앞의 책, 369쪽.
171 같은 책, 370쪽. 물론 킴리카는 자유주의적 민족주의의 문제점들에 대해서도 지적한다 (같은 책, 371쪽과 373쪽 이하 참조).

사회의 성장과 더불어 형성된 것으로 바라보는 입장도 상대화해서 볼 필요가 있다.[172] 그러나 이런 입장이 민족을 초역사적으로 전해져 오는 항구적 실체로 보는 주장을 옹호하지는 않는다. 다만 "전근대의 유산과 기억이라는 요인"을 소홀히 하면서 민족을 오로지 "근대의 발명·변혁"으로만 접근하려는 근대주의적 입장의 지나친 단순화를 지적하고자 함이다.[173]

Ⅲ. 민족주의와 세계시민주의의 양립 가능성

그런데 자유주의적 민족주의는 전 지구적(global) 차원에서의 정의 문제를 소홀히 한다는 비판을 받을 수 있다. 따라서 많은 사람들이 전 지구적 차원에서 자유와 평등의 이념을 실현할 방안을 모색하는 것도 당연하다. 예를 들어 존 롤스의 이론을 받아들이는 여러 사람들, 특히 베이츠(Charles Beitz)와 포기(Thomas Pogge)는 전 지구적 차원의 불평등을 해소하기 위해 전 지구적 분배정의 개념을 모색하면서 롤스의 정의 이론의 원칙(특히 차등원칙)을 전 지구적 차원에도 적용해야 한다고 주장한다.[174] 이들이 볼 때 어느 나라에 태어나는 것은 전적으로 우연에 속하는 일인데도, 이 사실은 당사자의 운명에 지나치게 큰 영향을 준다. 그런 점에서 그들은

• • •

172 앤서니 스미스 『세계화시대의 민족과 민족주의』, 이재석 옮김, 남지, 1997, 73쪽 참조.
173 김흥규, 「신라통일 담론은 식민사학(植民史學)의 발명인가」, 『창작과비평』 145, 2009, 393쪽.
174 존 롤스, 『만민법』, 앞의 책, 184쪽 참조. 그런데 흥미롭게도 롤스 자신은 그의 정의 원칙을 전 지구적 차원에 적용하는 것에 반대한다. 그래서 존 롤스의 가장 탁월한 제자로 간주되는 토마스 포기는 후기 롤스에서 발견되는 보수적 흐름을 아쉬워한다. 페리 앤더슨 『현대 사상의 스펙트럼: 카를 슈미트에서 에릭 홉스봄까지』, 안효상·이승우 옮김, 길, 2011, 228쪽 참조.

이런 자의성은 시급히 시정되어야 할 정의롭지 못한 상황이라고 주장한다.

전 지구적 정의의 모색에서 포기와 같은 시도가 적절한지 여부를 도외시하더라도, 민족국가가 많은 문제점들을 보여주고 있는 이 시기에 민족국가의 경계가 지니는 도덕적 의미를 강조하는 것이 시대착오적이지 않을까 하는 반론이 있을 것이다. 이런 관점에서 민족국가의 틀을 넘어설 가능성을 진지하게 모색하는 작업의 중요성은 부인하기 어렵다. 우리나라에서도 개별 국민국가의 틀에 매몰되어 있는 민족주의의 한계를 지적하면서 동아시아 지역주의를 새롭게 접근하려는 움직임이 일어나고 있고 그에 대한 관심도 따라서 높아가고 있다. 그러므로 민족국가의 틀이 안고 있는 문제들을 해결하는 과정에서 동아시아라는 지역을 다시 화두로 삼는 흐름도 매우 진지하게 검토되어야 한다.

동아시아론을 주장하는 흐름에는 크게 온건한 흐름과 급진적 흐름이 존재한다. 백영서와 최원식 등의 비판적 동아시아 담론은 온건한 흐름으로 규정될 수 있다. 이들은 사실상 한국사회에서 동아시아 담론을 내세운 선구적인 인물들이자 주도적인 인물들이다. 이들의 입장은 민족국가의 틀을 전적으로 거부하지 않으면서 동아시아 연대를 모색한다는 점에서 온건하다. 백영서는 "국민국가를 감당하면서 그것을 극복하려는 이중과제를 동시에 수행하려는" 문제의식을 내세우면서 근대 국민국가의 틀을 전적으로 부정하는 흐름에도 거리를 둔다.[175] 최원식은 그가 제시하는 동아시아 담론을 "서구주의와 민족주의를 가로질러 [……] 평화통일의 길을 모색하는 한반도의 새로운 생존전략"이라고 생각한다. 달리 말하자면 비판적 동아시아 담론의 기초는 "분단체제의 극복"이라는 것이다. 따라서 그 역시 민족주의의 변형을 요구하고 탈민족주의가 민족주의에 대해 가하는 비판적 문제 제기의 합리성을 일정 정도 수용한다. 그러나 그는 탈민족주

· · ·

175 백영서, 『동아시아의 귀환: 중국의 근대성을 묻는다』, 창비, 2002, 16쪽.

의의 민족주의 비판이 지니는 "관념성에 대해서는 선을 긋는" 편이다.[176] 그래서 백영서는 최원식과 마찬가지로 동아시아에 대한 관심을 자민족중심주의 및 일국적 시야에 갇혀 있는 우리 사회의 민족주의와 전적으로 결별하려는 시도와 결합시키지 않는다. 그들은 동아시아에 대한 관심을 한국 민족주의의 비판적 재규정을 통해 그것에 개방적이고 더 나은 시야를 제공하기 위한 노력과 연결시킨다.[177] 이처럼 백영서와 최원식은 근대 민족국가의 해방과 억압의 양면성에 대한 인식 위에서 민족국가를 전적으로 뒤로 하지 않고 지역주의를 모색한다.

이런 점에서 최원식과 백영서가 추구하는 동아시아론은 탈민족주의 담론의 대표적 연구자인 임지현의 동아시아 연대의 흐름과 다르다. 물론 임지현도 기존 국민국가 틀을 넘어설 수 있는 연대의 방식을 모색한다. 심지어 그는 유럽연합의 연대 방식도 기존의 근대 국민국가 공동체의 인식 틀을 그대로 유지하고 있다고 비판한다. 임지현이 주장하는 동아시아론은 철저하게 민족국가와 근대성의 틀을 해체하고 이를 넘어설 새로운 전 지구적 및 동아시아적 연대를 주장하기 때문이다.[178]

• • •

176 최원식, 「동아시아론의 좌표: 서구주의와 민족주의 사이」, 『인문학연구』 31(2), 2004, 184쪽 이하.

177 백영서, 「진정한 동아시아의 거처: 20세기 한·중·일의 인식」, 최원식·백영서 엮음, 『동아시아인의 '동양' 인식: 19-20세기』, 문학과지성사, 2005, 12쪽.

178 임지현·사카이 나오키, 『오만과 편견』, 휴머니스트, 2005, 461-462쪽 참조. 이남주에 의하면 기존의 동아시아 협력론에는 민족주의를 이 지역의 평화적 발전을 저해하는 요인으로 생각하면서 민족국가의 틀을 넘어서는 지역질서를 모색하려는 문제의식이 작동했다. 그러나 그는 동아시아 지역질서를 모색할 때 민족국가의 틀을 넘어서는 것을 지향하지 않고 민족국가들 사이의 협력의 문제로 접근하는 학자들도 다수라고 지적한다. 그는 이런 학자들로서 한국의 최장집, 중국의 왕후이(汪暉) 그리고 일본의 와다 하루키(和田春樹)를 들고 있다. 이남주, 「동아시아 협력론에 대한 비판적 검토: 국민국가들의 협력인가, 국민국가의 극복인가」, 백영서 외, 『동아시아의 지역질서』, 창비, 2005, 399쪽 이하. 따라서 이남주 역시 최원식 및 백영서와 마찬가지로 민족국가의 틀을 변형하면서 새로운 지역질서를 모색하는 시도가 더 바람직스럽다는 관점을 보여준다(같은 글, 399쪽 그리고 402쪽 이하 참조).

필자의 견해로는 동아시아 공동체, 더 나아가 세계시민 공동체에 기여할 방향으로 민족국가의 틀을 개방적으로 변형하는 방안을 모색하는 것이 민족주의의 문제점을 지적하는 것만큼이나 중요하다. 달리 말하자면, 지역 공동체와 매개될 수 있는 유연하고 개방적인 민족국가의 틀을 형성하는 작업이 선행되거나 동시에 진행되지 않는다면, 탈민족 이론과 마찬가지로 동아시아 공동체 이론 역시 공허한 말장난으로 그칠 공산이 크다. 그리고 설령 세계화 시대에 어울리는 전 지구적 연대의 가능성을 모색하는 임지현의 노력이 매우 진지하다는 점을 십분 인정한다고 해도, 그런 시도가 자칫하면 현존하는 패권적 국가의 헤게모니를 더 강화하는 방식으로 귀결될 가능성도 존재한다. 기존의 국민국가 틀을 해체한다는 문제의식에서 출발하여 그것을 해체하는 작업에 초점을 맞추고 있기 때문에 "전 지구적 자본에 저항하는 전 지구적 연대"[179]에 대한 모색이 아무런 실천적 힘을 지니지 못할 공산이 크다고 여겨지기 때문이다. 달리 말하자면 민족국가 대 전 지구적 연대의 대립 구도 설정은 해체된 민족국가의 틀을 대신하여 기존 세계질서의 헤게모니 국가의 지배력 관철에 유리한 지형을 형성하거나 새롭게 출현하는 패권주의적 욕망을 정당화하는 기제로 전락할 운명을 벗어나지 못할 것이기 때문이다. 앞에서 보았듯이 개별 국민국가의 틀을 해체한다고 해서 자동적으로 세계 시민이 등장하지는 않는다. 무국적 난민이 겪는 고통은 이를 잘 보여준다. 그러므로 민족국가의 틀을 거칠게 해체하는 것이 아니라, 보다 유연한 방식으로 개혁·재편해야 하는 과제를 해결하기 위해 노력하는 것이 더 바람직한 것으로 보인다.

필자는 세계시민적 정의의 추구 자체를 반대하지 않는다. 다만 이 정의가 하늘에서 떨어지듯이 아무런 바탕이나 전제 조건이 없이 실현될 수 없다는 점만을 강조할 따름이다. 달리 말하자면 세계시민적 정의의 다양한 가능성

• • •
179 같은 책, 461-462쪽.

을 염두에 두어야지 어느 특정한 대안을 유일하게 합당한 세계시민적 정의 원칙을 추구하는 방법인 것으로 강변하는 것은 그리 바람직하지 않다는 것이다. 그래서 필자는 오늘날에도 여전히 가장 중요한 국제정치의 행위자인 정치적 공동체로서 민족국가의 틀을 완전히 무시하면서 세계시민적 가치를 실현하고 모색할 수 있다고 생각하는 유형의 세계시민주의에 대해 회의적일 뿐이다. 국민국가가 양산하는 배제와 차별을 지적하면서 그것을 넘어서서 세계적 차원의 연대를 구상하는 것이 반드시 국민국가와 세계시민주의의 양립 불가능성을 전제할 필요는 없다. 국민국가 없는 세계시민주의가 유일하게 합당한 세계시민주의라는 결론은 받아들이기 힘들다.

이 점에서 필자는 세계공화국에 대한 칸트적 회의주의를 따른다. 실제로 영구 평화론을 주장한 칸트조차도 세계공화국이 가장 야만적인 정치제도가 아닐지 의문시했음을 기억할 필요가 있다.[180] 모든 국가적 경계를 완전히 허물어뜨리고 유일한 세계 국가를 통해서만 세계시민주의가 실현될 수 있다고 생각한다면, 이런 방안은 민족주의와 양립하기 힘들 것이다. 그렇지만 이런 방안은 규범적으로나 현실적으로나 설득력이 없어 보인다. 이 점을 전제하고 민족주의와 세계시민주의가 양립할 수 있는 가능성에 대해 몇 가지를 설명하면 다음과 같다.

첫째로, 세계적 차원에서 보편적 정의가 실현되어 있지 않다 해도, 제한된 영역에서 실현된 인권 보호와 민주주의 실현의 가치가 손상되는 것은 아니라는 점을 강조하고 싶다. 이런 맥락에서 마사 누스바움(Martha Nussbaum)은 다음과 같이 주장한다. "강력한 형태의 국가 주권을 비롯하여

• • •
180 칸트의 영구 평화 이론과 그 문제점에 대해서는 나종석, 『차이와 연대: 현대 세계와 헤겔의 사회 · 정치철학』, 길, 2007, 제11장 참조. 칸트가 주장한 세계시민주의의 성격과 그것의 현재적 의미에 대해서는 김석수, 『요청과 지양: 칸트와 헤겔을 중심으로』, 울력, 2015, 310-336쪽 참조.

국민국가(nation-state)는, 만약 그 국가가 어떤 일정한 (자유주의적, 민주주의적) 형태를 취한다면, 모든 인간들에게 하나의 중대한 좋음이다."[181] 뒤에서도 강조되듯이 민족과 그 역사를 향한 사랑이나 헌신적 태도 등과 같은 도덕적 정서가 인류 모두를 포함하는 도덕적 의무가 아니라고 해서 폄하될 성질의 것이 아니다. 특수한 애착을 모든 사람들을 불편부당하고 동등하게 고려하는 도덕과 반대되는 것으로 평가하고, 이를 부정하려는 것은 대단히 문제가 있는 발상이다.

특수한 사람이나 공동체에 대한 애착을 모든 인간을 동등하게 존중해야 한다는 보편적 도덕 원칙을 훼손하는 것으로 바라보는 태도는 많은 사람들이 의미 있는 삶을 영위할 수 있는 지평을 파괴한다. 이런 점에서 과도한 보편지향적 태도야말로 인간성에 대한 폭력에 지나지 않는다는 것이 필자의 생각이다.[182] 구체적 개인이나 자신이 속한 공동체에 대한 사랑에서 우러나오는 정서로 인해 자신의 연인이나 자신이 속한 공동체를 다른 존재에 비해 특별하게 생각하고 배려하려는 마음가짐은 인간의 본성에 깊게 뿌리박혀 있는 것으로 보인다. 이는 그 어떤 고상하고 아름다운 추상적 이념의 이름으로도 부인되거나 억압되어서는 안 된다. 여하튼 인권을 존중하고 민주주의적 정치제도들을 건강하게 하는 것은 세계시민주의로 나가는 첫걸음이 될 수 있다. 누스바움이 주장하듯이 진정한 세계시민주의는 "(자유주의적이고 민주주의적인) 국민국가들의 지속적 주권과 자율성을 증진해야 하며, 그것들에 참여하는 시민의 권리들을 보호해야 하"기 때문이다.[183]

앞에서 언급한 자유주의적 민족주의는 민족주의와 세계시민주의를 양

• • •
181 마사 누스바움, 「석학과 함께하는 인문강좌. 제1강연 순화된 애국주의는 가능한가?」, 강준호 옮김, 2008년 8월 25일 고려대학교 강연, 4쪽.
182 이와 유사한 주장으로는 누스바움의 같은 글, 11쪽 이하 참조.
183 같은 쪽.

립 가능한 것으로 만드는 대안의 하나로 이해될 수 있다. 앞에서 보았듯이
자유주의적 민족주의의 전통은 오래된 것이다. 다만 요즈음 이 이론은
새로이 많은 사람들의 관심의 대상으로 등장했을 뿐이다. 이에 기여한
인물은 벌린이 말년에 지도했던 야엘 타미르(Yael Tamir)이고, 그의 박사학
위논문 제목이 바로 『자유주의적 민족주의』(Liberal Nationalism)이다. 그는
다원주의에 입각하여 보편적 선의와 특별한 애착을 포기하지 않고 이
둘을 결합할 가능성을 추구한다. "개인적 정체성의 구성을 위해 특수한
환경이 갖고 있는 중요성에 대한 민족주의자의 강조는 인간 본성의 보편주
의 관점과 모순되지 않는다. 오히려 민족주의자는 이 관념을 인정할 수
있다."[184] 왜냐하면 자유주의적 민족주의는 인권의 보편성을 긍정하면서
인간의 자율성이 특수한 언어적이고 문화적 공동체에 소속되어 사회화의
과정을 거침으로써만 획득될 수 있다는 입장을 견지하기 때문이다.[185]
그러므로 그는 자유주의적 민족주의를 "개인의 자유와 개인적 자율성의
고귀함에 대한 이론"이자 "민족적-문화적 소속과 역사적 지속성 그리고
한 개인이 현재의 삶과 미래의 발전을 타인들과 공유된 경험으로 이해하는
것의 중요성"을 긍정하는 이론으로 정의한다.[186]

가장 전형적인 자유주의적 민족주의자로 거론되는 인물은 이탈리아
민족주의자인 주세페 마찌니(Giuseppe Mazzini)이다. 그는 이탈리아 민족
주의만을 긍정한 것이 아니라, 유럽의 모든 민족주의자를 지지할 수 있다고
생각했고 실제로 그렇게 행동했다.[187] 그는 민족주의자로서 자신이 속한
이탈리아에 대한 애국심과 특별한 애착을 소중히 생각하면서도, 다른 국가

• • •

184 Yael Tamir, *Liberal Nationalism*, Princeton: Princeton University Press, 1993, p. 7.
185 같은 책, 79쪽.
186 같은 책, 79쪽.
187 마이클 월저, 「자유주의, 민족주의 그리고 개혁」, 마크 릴라 외 엮음, 『이사야 벌린의
     지적 유산』, 앞의 책, 209쪽 이하 참조. Yael Tamir, *Liberal Nationalism*, 앞의 책,
     p. 79 참조.

들을 존중할 의무를 소홀히 하지 않았다.

마지막으로 자유주의적 민족주의가 주장하는 민족주의의 성격을 살펴보면서 그것이 세계주의와 왜 양립 가능한지를 보자. 자유주의적 민족주의는 '순화된 애국주의'(purified patriotism)로 불린다. 순화된 애국주의는 본래 독일의 철학자 헤르더(Herder)에서 유래한 것이지만, 최근 마사 누스바움이 이를 새롭게 전개하고 있다. 주지하듯이 누스바움은 한때 적극적으로 세계시민주의를 주장했던 인물이다. 그러나 이제 그는 애국심에 회의적인 태도를 보이는 세계시민주의자들과 거리를 취한다. 누스바움에 의하면 그들은 애국심이 인간의 마음을 탐욕과 과도한 이기주의로부터 벗어나 공동생활에 수반되는 의무와 희생들을 수용하도록 확장시켜 주는 역할을 무시한다.[188]

누스바움은 애국심이 궁극적으로는 모든 사람을 포용하는 정의로운 세계라는 목적을 지향하는 보편적 감정을 강화하는 데 유용하다는 관점을 강조한다. 그리고 이때 그는 이탈리아 민족주의자이자 공화주의자인 마찌니의 주장을 적극 수용한다. 누스바움은 애국심은 "세계정의를 향한 노력에 유익한, 심지어 본질적인 버팀목을 제공할 수 있다"는 마찌니의 결론을 옹호한다.[189] 그는 애국심에 대한 마찌니의 논증을 다음과 같이 요약한다. "1. 전 인류의 좋음에 대해 강한 관심을 갖는 것은 궁극적으로 모든 인간에게 좋은 것이다. 2. 인간들은 본성적으로 그들의 관심들에 있어서 다소 편협하고 특수주의적이며, 전 인류에게 직접적으로 강한 애착을 품을 수 없다. 3. 그러나 인간들은 공동의 미래를 위한 과거의 투쟁들과 헌신들에 대한 기억의 체현(體現)으로 여겨지는 국가에 대해서는 강한 애착을 품을 수 있다. 4. 국가가 그렇게 강한 애착을 직접적으로 품을 수 있는 가장

• • •
188 마사 누스바움, 「석학과 함께하는 인문강좌. 제1강연 순화된 애국주의는 가능한가?」, 앞의 글, 2쪽 참조
189 같은 글, 3쪽.

큰 단위인 이유는 그것이 공동의 기억, 수난의 사건들, 그리고 공동의 희망들과 연결되어 있기 때문이다. 5. 만일 그런 애국심들이 인간의 자유와 필요처럼 진정 중요한 것들에 옳게 겨냥된다면, 그것들은 지나치게 만연한 이기주의로부터 사람들을 거칠게 끌어내어 그들이 전 인류의 자유와 행복에 대한 확대된 관심에 대비(對備)하게 하면서, 그들에게 자기 자신보다 더 큰 무언가에 대해 관심을 갖는 습관을 줄 것이다. 6. 인간들은 세계적 관심의 토대로서 애국심을 배양해야 한다." 마찌니의 논증은 "민족주의를 통해 이기주의로부터 벗어나 세계적 관심에 이르는 하나의 매력적 통로를 보여준다."[190]

비록 민족주의가 개인을 이기적 관심을 넘어 주변과 이웃 그리고 정치공동체에 대한 관심을 갖도록 할 뿐만 아니라, 세계적 관심을 배양할 중요한 토대로 작동할 수 있다고 해도 그것은 본래 특수주의적 성격 자체를 완전히 넘어설 수는 없다. 민족과 국가에 대한 사랑인 애국심은 특수한 공동체에의 몰입과 헌신적 사랑이라는 점에서 특수주의적일 수밖에 없기에 그렇다. 그러므로 민족주의 역시 늘 지나치게 배타성을 띠지 않도록 견제되고 순화되어야 한다. 다른 집단이나 국가에 대한 호전적인 심정에 호소하지도 않고 동시에 내부의 특정 집단들에 대한 증오와 원한 감정에 휩싸이지도 않는 순화된 애국심을 시민들에게 육성하는 것은 매우 중요하다.

민족주의는 세계시민주의와 만날 수 있다. 왜냐하면 자유주의적 민족주의와 결부된 순화된 애국심과 시민의식은 민족적 정서를 편협한 틀로 가두는 것이 아니라 그것을 인권, 관용, 국제적 평화 그리고 상호 협력과 같은 보편적 가치에 열린 것으로 만들 것이기 때문이다. 그러므로 윌 킴리카는 자유주의적 민족주의를 세계시민주의를 거부하는 것으로 보는 입장은 잘못이며 마찬가지로 세계시민주의를 민족주의와 전적으로 다른 것으로

• • •
190 같은 글, 3쪽.

보는 입장도 틀린 것이라고 주장한다. 그에 따르면 몇몇 민족주의자들이 외국인 혐오증, 불관용, 국수주의 그리고 식민주의 등을 찬성하지만, 그럼에도 "민족주의자가 되는 것이 그러한 악덕들을 소유하는 데 필요한 조건도 아니며 충분한 조건도 아니다." 따라서 그는 자유주의적 민족주의를 "세계시민주의의 재정의(redefinition)"로 이해할 수 있다는 입장을 옹호한다.[191]

앞에서 다룬 성찰이 설득력 있다면, 우리는 근대 민족국가의 틀을 급진적인 방식으로 해체하면서 동아시아의 공동체를 구상하려는 시도를 비판적으로 검토할 필요가 있다. 우선 우리는 동아시아적 차원에서 근대적인 민족국가의 틀 내에서 가능했던 민주적 자치와 인권 보호 그리고 사회적 연대 등을 어떻게 확보할 수 있는가에 대한 고민을 진지하게 수행해야 한다. 그렇지 않다면 온갖 종류의 탈민족국가적 이론은 사실상 근대 민족국가의 업적을 상실케 하는 것으로 귀결될 가능성이 크다. 우리는 "민족국가들이 민주적 시민권 행사의 우선적 장소"로 유지되는 현상이 당분간은 계속될 것임을 의심할 수 없다. 그러므로 지역주의와 세계시민주의를 지향하는 모든 노력은 "민족국가의 성취"를 기반으로 해서만 유효한 성과를 가져올 것이라는 점을 명심해야 한다. 따라서 세계시민사회를 통해 인류의 영원한 평화를 보다 확고하게 만들기 위해서라도 현재 민족국가가 이룩한 민주주의를 더욱 건강하게 만드는 노력을 게을리해서는 안 된다. 즉 "초국가적 민주주의 성공은 현재의 민족주의적 민주주의의 건강성에 좌우될 수 있다"는 점을 명심해야 한다.[192]

그러나 앞에서 서술된 순화된 애국주의나 자유주의적 민족주의 이론을 언급하는 데 대해 혹자는 그런 것이 이론적으로 타당할지 모르지만 우리

• • •

191 Will Kymlicka, *Politics in the Vernacular. Nationalism, Multicultralism, and Citizenship*, 앞의 책, p. 220.

192 윌 킴리카, 『현대 정치철학의 이해』, 앞의 책, 437쪽.

역사 속에 그런 양상이 실제로 존재했는지 반론할 수 있을 것이다. 그러므로 이런 예상되는 반론을 염두에 두고 자유주의적 민족주의와 친화성을 지니는 사례를 간략하게 소개하고자 한다. 실제로 한국사회에서 민족주의와 민주주의 사이의 관계는 밀접했다. 예를 들어 백범 김구는 민주주의, 개인의 자유 그리고 민족주의를 서로 밀접하게 연결되어 있는 것으로 생각했다. 김구는 독립된 한반도에 등장할 나라를 상상하면서 그 나라가 민주주의 국가이어야 함을 믿어 의심치 않았다. 그는 일제가 물러난 뒤 한반도에 세워질 나라가 "자유의 나라"이길 원했으며, 사상의 자유가 살아 숨 쉬는 민주국가가 되길 소원했다. 그러므로 그는 개인의 자유를 소중하게 존중하고 다원적 가치가 공존하며 사상의 자유가 존중되는 민주주의 나라가 세워지길 소원했다. 그리고 그렇게 세워진 나라가 인류에서 모범이 되는 문화국가가 되길 희망했다.[193]

김구는 해방 이후 1947년에 발간된 「나의 소원」이란 글에서 한반도에 세워질 자유로운 민주국가의 모습을 다음과 같이 설명한다. "산에 한 가지 나무만 나지 아니하고, 들에 한 가지 꽃만 피지 아니한다. 여러 가지 나무가 어울려서 위대한 산림의 아름다움을 이루고 백 가지 꽃이 섞여 피어서 봄들의 풍성한 경치를 이루는 것이다. 우리가 세우는 나라에는 유교도 성하고, 불교도 예수교도 자유로 발달하고, 또 철학으로 보더라도 인류의 위대한 사상이 다 들어와서 꽃이 피고 열매를 맺게 할 것이니, 이러하고야만 비로소 자유의 나라라 할 것이요, 이러한 자유의 나라에서만 인류의 가장 크고 가장 높은 문화가 발생할 것이다."[194]

백범 김구는 자주 독립의 민족국가가 한반도에 들어서 세계에 모범이 될 수 있는 국가로 발전하기를 희망했지만, 그는 그런 새로운 나라가 부국강

• • •
193 김구, 「나의 소원」, 『백범일지』, 도진순 주해, 돌베개, 2015, 427-428쪽.
194 같은 책, 428-429쪽.

병만을 추구하는 나라가 되길 바라지도 않았다. 그는 우리의 자주 독립국가가 인류에게 자랑스러운 나라가 되길 희망했는데 그런 나라를 아름다운 나라라고 말하면서 침략적 민족주의를 철저하게 경계한다. "나는 우리나라가 세계에서 가장 아름다운 나라가 되기를 원한다. 가장 부강한 나라가 되기를 원하는 것은 아니다. 내가 남의 침략에 가슴이 아팠으니, 내 나라가 남을 침략하는 것을 원치 아니한다."[195]

또 다른 예를 들어보자. 최원식이 주장하듯이 1960년의 4월 민주주의 혁명이 민족주의를 각성시켰다면, 3·1 운동은 민족주의가 민주주의를 일깨운 사례이다.[196] 이렇듯 한반도에서 민족주의는 민주주의와 함께 사유되고 있었다. 20세기 후반 한국 민주화의 상징인 김대중 대통령(1924～2009)은 '자유주의적 민족주의자'의 한국적 전형이라고 할 수 있을 것이다. 필자가 '자유주의적 민족주의'에 작은따옴표를 친 이유는 다음과 같다. 간단하게 말하자면 필자는 우리 사회의 역사적 경험을 손쉽게 서구적 용어로 포착할 수 없다고 보기에 그렇다. 필자는 '자유주의적 민족주의'라는 용어를 사용하기보다는 가설적이기는 하지만 '대동민주주의' 및 '대동적 세계시민주의' 지향의 민족주의라는 개념을 통해 한반도에서 등장한 민족주의 및 민주주의를 이해하고자 한다. 그래서 김구나 김대중 등에게서 발견되는 민주주의와 민족주의의 상호 연관성이라는 역사적 사건의 의미를 대동적 세계시민주의 혹은 대동민주주의를 추구하는 민족주의로 이해하고, 그것을 서구의 자유주의적 민족주의와 같은 보편적 가치에 개방적인 민족주의의 한국적 발현으로 이해하고 싶다.[197]

김대중의 다음과 같은 설명을 보자: "나는 내 자신을 철저한 민족주의자

• • •
195 같은 책, 431쪽.
196 최원식, 『제국 이후의 동아시아』, 창비, 2009, 43쪽.
197 이 책 제12장에서 한국의 민족주의 및 민주주의가 조선의 유교적 정치문화 및 유교적 대동세계의 이념과 밀접하게 관련되어 있음을 상술할 것이다.

라고 확신하고 있다"고 말하면서 그는 동시에 다음과 같이 말한다. "그러나 나는 결코 국수주의자는 아니다. 나는 민주주의를 신봉하고, 국제주의를 지지한다. 진정한 민족주의자는 당연히, 이와 같은 입장에 서지 않으면 안 되며, 이것이야말로, 우리의 민족주의를 승화 발전시키게 된다."[198] 김대중의 삶 그리고 그와 연동된 한국의 민주화운동의 역사는 우리의 민족주의와 민주주의가 한반도에서 평화적인 통일에 대한 열망과 함께했음을 보여주는 데 그치지 않는다. 민족주의와 결합되어 전개된 한국 민주주의 역사는 인권, 평화 그리고 민주주의와 같은 인류의 보편적 가치를 우리나라 역사의 특수한 맥락에 접목시키려는 노력이 양립할 수 있다는 점을 보여준다.

앞에서 본 것처럼 우리에게 필요한 것은 추상적 보편주의도 배타적 특수주의도 아니다. 근대 민족국가 체제의 종말에 대한 과장된 주장에 현혹되지 않으면서도, 민족국가가 변화를 요구받고 있다는 사실에 눈을 돌리지 않는 이중적 자세가 요구된다는 것이다. 세계시민적 이상에 대한 희망을 포기하지 않고 그것에 구체적 실현의 가능성을 보장하는 길은 특수한 공동체의 존립이 갖고 있는 중요성을 십분 인정하면서도 그것에 대한 과도한 열정이 분출하지 않도록 하는 것이다. 그러기 위해서 우리는 우선 특수성을 악이나 질병으로 보는 관점으로부터 벗어나 그것을 선용할 지혜와 분별력을 키울 필요가 있다.

특수성이 악으로 변형되는 경우는 보편성과의 연결성을 완전히 상실하고 다른 이질적 가치들을 전적으로 거부하는 경우이다. 반대로 특수성 없는 보편성은 존재하지 않는다는 점 역시 진실이다. 우리는 나무 일반이 존재함을 경험할 수 없다. 다만 이 나무 저 나무를 보면서 그것이 나무임을 인식할 뿐이다. 마찬가지로 인간 일반이나 인류라는 이름이 지니는 보편적

198 김대중, 「민족에의 경애와 신뢰」, 『씨알의소리』, 1975년 4월 호.

의미는 모든 역사적 맥락이나 특수한 차원을 지워버린 텅 빈 공간에서 구해질 수는 없는 것이다. 우리가 왜 인민의 이름으로 혹은 역사발전의 이름으로 자행된 과거 좌파의 폭력성에 동의할 수 없는가? 우리는 인류의 이름으로 개개인의 삶과 생명을 유린하는 것을 보아 왔고 또 그런 개별적인 개인들이 존재하지 않는다면 인류 자체도 존재할 수 없다는 사실을 인식하고 있기 때문에 그렇다.

유사한 방식으로 우리는 특수한 집단, 예를 들면 근대 민족국가의 성원으로 살아가면서 자신의 능력을 배양할 기회를 근원적으로 박탈당한 사람이 명목상으로는 인간이라고 불리지만 실질적으로는 무의미한 존재, 즉 아렌트의 용어를 빌리자면 자신을 의미 있게 해주는 근원적인 삶의 "장소"로부터 "박탈"된 자임을 경험한다. 이런 인식이 없이는 왜 정체성의 문제나 차이의 문제가 첨예한 정치적 문제로 되고 있는가를 이해할 수 없으며, 결국은 왜 그리고 어떤 동아시아 공동체 내지 세계시민 공동체인가 하는 물음이 지니는 의미도 이해할 수 없을 것이다.

Ⅳ. 민족적 책임, 역사적 책임, 그리고 보편주의 문제

주지하듯이 동아시아는 아직 과거사의 문제로 몸살을 앓고 있다. 특히 일본 제국주의에 의한 식민지 지배와 침략전쟁으로 인한 상처를 어떻게 치유할 것인지를 두고 동아시아는 여전히 이렇다 할 돌파구를 마련하고 있지 못하다. 우리 사회에 국한해보아도 친일청산의 문제는 아직도 첨예한 정치적 갈등을 초래하는 미해결의 과제이다. 예를 들어 지난 노무현 정부 시절에 제정된 "일제강점하 반민족행위 진상규명에 관한 특별법"을 둘러싸고 진행된 한국사회의 갈등을 되돌아보자. 이영훈과 같은 뉴라이트 계열의 학자는 이 특별법을 제정하는 과정이 "전문적인 증언에 기초하지 않은 인민재판"에 불과하다고 혹평한다.[199] 그러면서 그는 민족주의의 위험성을 비판하고, 일제 식민지시기에 가장 대표적인 친일협력자로 손꼽히는 이광수의 친일협력 논리를 새롭게 이해하고자 시도한다.

친일협력 논리를 새롭게 이해해보자고 하면서 이영훈은 이광수를 '친일 내셔널리스트'라고 명명한 학자의 글을 인용하여 다음과 같이 주장한다. "그[이광수: 필자]가 협력자로 돌아선 것은 적어도 개인적인 영달을 위한 것은 아니었습니다. 흔히들 친일파라 하면 그렇게 알고 있지만, 조관자의 논문은 그러한 통설적 이해를 정중히 거부합니다. 오히려 이광수는 진지하였습니다. 왜 그랬을까요. 다름 아니라 일본을 조선이 본받아야 할 선진 문명으로 인정했기 때문입니다. 그는 조선의 불결, 무질서, 비겁, 무기력 등에 절망합니다. 그러한 야만의 조선이 일제에 적극적으로 협력하여 일본인처럼 깨끗하고 질서 있고 용감하며 협동하는 문명인으로 다시 태어나는 길이야말로 조선 민족이 재생할 수 있는 길이라고 믿었습니다. 그리고 그 점에서 그는 정직하였습니다. 조관자 교수는 그러한 정신세계의 이광수를 '친일 내셔널리스트'라고 부르고 있습니다. 친일을 하는 민족주의자! 이 얼마나 모순된 표현입니까. 그러나 저는 그러한 모순된 표현에서 이광수만이 아니라 식민지시기를 살았던 대다수 지식인의 정신세계를 읽을 수 있다고 생각합니다. 그들에게서 협력과 저항은 신구 두 문명이 격렬히 충돌하는 고통이었으며, 그 속에서 문명인으로 소생하기 위한 실존적 선택의 몸부림이었습니다."[200]

이영훈이 인용한 글은 조관자의 글이다. 이영훈의 그 글에 대한 이해는 동일한 텍스트가 문맥에 따라 얼마나 달리 읽혀질 수 있는가를 보여준다. 그는 조관자의 글이 이광수의 친일을 위한 협력에서 그 어떤 긍정적인

• • •
199 이영훈, 『대한민국 이야기』, 기파랑, 2007, 326쪽.
200 같은 책, 104-105쪽.

모습을 주장하는 것처럼 독해한다. 그러나 조관자는 이광수의 친일협력 논리에서 "전도된 식민지내셔널리즘의 한 형태"를 보고 있으며, 그런 "'민족을 위한 친일'" 논리가 "형성되고 파탄되는 지점을 추적"하는 것을 목적으로 삼고 있다.[201]

그러나 이영훈의 이광수 옹호에서 납득하기 힘든 것은 이광수가 친일협력 과정에서 그토록 강조한 개인주의의 박멸에 대한 비판적 언급이 전혀 없다는 사실이다. 이영훈은 우리나라의 민족주의를 위험한 것으로 비판하면서 그에 대한 대안으로 문명사관을 내세운다. 그리고 그의 문명사관에서 핵심적 가치는 개인주의이다. 그래서 그는 다음과 같이 주장한다. "분별력 있는 이기심을 본성으로 하는 인간에게 사유재산제도를 확립해주고 경제활동의 자유를 부여하면서 시장의 경제적 성취는 최적상태에 이른다는 경제학의 오래된 신념체계가 자유주의입니다."[202]

그런데 이광수는 이영훈이 옹호하고자 하는 문명사관의 제일 가치와 정반대의 이념을 옹호한다. 그는 자신의 친일행각을 정당화하면서 극단적인 형태의 멸사봉공(滅私奉公)을 주장한다. 그에 의하면 개인주의는 이기주의에 다름 아니고 "자유주의, 자본주의 사상"인데, 그것은 "노예적" 사유방식이다.[203] '개인주의=이기주의=자본주의 사상=노예의식'이라는 이광수의 견해는 이영훈이 옹호하고자 하는 분별력 있는 개인주의 및 자유주의를 정면으로 반박한다. 이광수는 1941년 『신시대』에 발표된 글에서 반개인주의적이고 철저한 전체주의 이념을 다음과 같이 옹호한다. "그런데 청년의 윤리의 제일조(第一條)는 멸사(滅私)다. 즉 나를 잊고 내 것이라는

• • •
201 조관자, 「'민족의 힘'을 욕망한 '친일 내셔널리스트' 이광수」, 박지향 외, 『해방전후사의 재인식 1』, 책세상, 2006, 527쪽.
202 안병직·이영훈 대담, 『대한민국 역사의 기로에 서다』, 기파랑, 2007, 327-328쪽. 이영훈, 『대한민국 이야기』, 앞의 책, 8쪽 참조.
203 이광수, 「신시대의 윤리」, 이경훈 편역, 『춘원 이광수: 친일문학전집 2』, 평민사, 153쪽.

것을 잊는 일이다. 아침 궁성요배시간에 나는 폐하(陛下)의 것입니다 하고 맹세하고 그러고는 그날 하루를 나를 잊고 힘써 일하는 것이다. 일신의 안일을 바라서는 안 된다. 금전의 이득을 바라서도 아니 된다. 지위나 명예를 바라서도 아니 된다. 불평이 있어서는 더욱 아니 된다. 잠자코 직분을 지켜서 한 방울이라도 더욱 땀을 흘리려 하는 청년만이 오직 신체제의 황도(皇道) 청년이다. 이러한 청년이 진실한 지도자다. 이론을 버리고 비판을 버려야 한다."[204]

조관자의 글을 오독한 이영훈도 문제지만, 민족주의에 대한 조관자의 비판도 획일적 태도를 벗어나 있지 않다. 우선 이광수의 친일로의 '변절'을 '친일 내셔널리즘'으로 명명할 수 있는가 하는 문제를 다루어보자. 조경달이 적절하게 지적했듯이 '친일 내셔널리즘'이란 개념은 "형용모순이며 납득하기 어려운 것"이다. 이광수가 목표로 삼은 것은 조선어와 조선 문화를 철저하게 망각하게 하여 조선인을 그야말로 100% 순 일본인으로 만드는 것이었다. 춘원 이광수는 창씨개명 후 다음과 같이 말했다. "조선인은 쉽게 말하면 제가 조선인인 것을 잊어야 한다. 기억할 필요가 없는 것이다. 나는 일찍 조선인의 동화는 일본신민이 되기에 넉넉한 정도면 그만이라는 생각을 가진 일이 있었다. 그러나 나는 지금에 와서는 이러한 신념을 가진다. 즉 조선인은 전혀 조선인인 것을 잊어야 한다고, 아주 피와 살과 뼈가 일본인이 되어야 한다고, 이것에 진정으로 조선인의 영생의 유일로가 있다고."[205] 이런 주장은 서양철학을 전공한 필자보다 한국사 연구자들에게 너무나 잘 알려져 있다고 생각된다. 여하튼 이 주장에서 보듯이 이광수의 친일 협력에서 조선 민족의 입장을 반영한 그 어떤 것을 볼 수 있다는 식의 '친일 내셔널리즘'과 같은 용어는 "언어의 수사"에 불과하다.[206] 이른

• • •

204 같은 글, 155쪽.

205 이광수, 「심적 신체제와 조선문화의 진로」, 『매일신보』, 1940. 9. 12. 이경훈, 같은 책, 82쪽에서 재인용함.

바 내지 일본인과 동등한 국민적 권리를 식민지 조선인들도 누릴 수 있는 길을 넘어서 언어만이 아니라, '피와 살과 뼈' 모두 철저하게 일본인으로 되는 길, 그러니까 철저한 일본인으로의 동화만이 우리 민족이 가야 할 길이라는 주장은 모순적일 것인데도 그것을 '친일내셔널리즘'이란 용어로 표현하는 이유를 잘 알지 못하겠다. 이런 용어가 허용된다면, '천황폐하를 위해 그 어떤 비판이나 이론도 버리고 천황이 하라는 대로 따르는 것'이 개인의 참다운 자유라고 주장하는 이광수의 자유관도 '친일자유주의' 혹은 '천황자유주의'라고 부를 수 있지 않을까 한다.

더 나아가 조관자는 민족주의를 "권력을 정당화하는" 권력의지의 발현으로 이해하면서 "관제 민족주의나 저항적 민족주의나 둘 다 대중의 생존 욕망을 자극하고 동원하고 통합하려는 권력 의지에서 나오는 것"이라고 강조한다. 이런 점에서 관제 민족주의나 저항적 민족주의는 아무런 차이가 없다.[207] 그래서 그는 다양한 민족주의의 유형에 대한 언설(담론)의 구체적인 비교를 수행하지 않고 저항적 민족주의나 관제민족주의나 일본의 극우적 민족주의(일본의 '새 역사 교과서 만들기 모임') 등을 모두 획일적으로 등가화시킨다.[208]

그리고 조관자의 논리적 획일화에는 모방에 대한 일면적 이해가 깔려 있다. 여러 민족주의의 차이를 불문에 부치고 그 모든 민족주의를 권력의지에서 나오는 것으로 획일화하는 그의 시도가 안고 있는 논리적 궁색함은 모방이 마치 동일한 것의 반복인 것으로 이해하는 데에서 기인한다. 그래서 그는 근대 일본의 제국주의적 침략에 저항하는 한국 민족주의 전체가 일본적인 근대국가의 단순 모방에 그치고 있는 것으로 주장한다. 예를

• • •

206   조경달, 『식민지기 조선의 지식인과 민중: 식민지 근대성론 비판』, 정다운 옮김, 선인, 2012, 204쪽.

207   조관자, 「'민족의 힘'을 욕망한 '친일 내셔널리스트' 이광수」, 앞의 글, 526쪽.

208   같은 글, 같은 쪽 참조

들어 조관자에 의하면 "그 누구라도 모방 없이 '문명'을 추구할 수 없으며, 근대화의 주체성을 내세울수록 역설적으로 근대적 지배질서에 더 깊이 구속되고 편재되는 것이다."[209] 또 그는 다음과 같이 말한다. "해방 후 한국의 문화 내셔널리즘은 대항 아이덴티티의 양성을 통하여 밀수입한 일본의 문화 내셔널리즘을 학습하고 반복한 흔적을 그대로 남기고 있다."[210]

일본의 식민지배에 저항하기 위해 한국 민족주의를 형성하는 과정에서 한국의 엘리트들이나 민족 운동가들이 일본의 근대 국민국가 및 민족주의 형성 경험으로부터 배우고 이를 나름대로 모방하고자 했던 측면을 부정하기는 힘들 것이다. 그리고 그런 모방이 문제가 될 것은 없다. 상대방의 장기를 배워 상대방을 극복하는 것은 인류사에서 늘 나타나는 현상이기에 그렇다. 부당하게 침략을 당한 입장에서 벗어나기 위한 노력의 방안으로 한국사회가 부족한 점이 무엇인가를 성찰할 수 있는 참조지점으로 서구나 일본의 민족주의나 국민(민족)국가 형성의 경험에서 배우는 태도가 왜 문제가 될 수 있는지도 의문이다.

더구나 너무나 상식적인 이야기이지만 인간사에서 모방은 창조적 변형과 차이를 동반한다. 어린아이의 놀이도 마찬가지이다. 동네에서 아이들이 하는 제기차기 놀이도 똑같이 반복되는 경우는 없다. 더구나 식민지적 상황에서 문명국가임을 자부하면서 우월의식에 도취되어 특정한 국가와 사회를 미개사회로 낙인찍어 식민지로 삼을 때, 그런 피식민 상황에 처한 사람은 그 상황을 극복하기 위해 불가피하게 자신에게 상처를 준 국가의 힘을 모방하지 않을 수 없을 것이다. 그러나 그런 모방과 더불어 상이한 역사적 맥락과 처지에서 이루어지는 차이나는 반복이 발생한다. 불가피하

---

209 같은 글, 528-529쪽.
210 같은 글, 548쪽.

게 서구 및 일본의 근대 국민/민족국가를 모방하여 독립된 국가를 형성하기 위해 노력하면서도 자신의 다른 상황을 이해하고 극복하기 위해서는 단순한 모방으로는 불충분한 현실에 직면하지 않을 수 없기 때문이다. 그러므로 일본 민족주의를 모방하여 그것을 한국 민족주의를 구성하는 데 활용한다고 해서, 일본 민족주의와 한국 민족주의가 동일한 것이라고 판단하는 것은 적절치 못하다.

물론 이광수가 보여주듯이 모방이 선망을 동반하고 일본 제국주의의 권력의지를 철저하게 내면화하는 단순 모방으로 그치는 경우도 있을 수 있다. 또 침략 세력에 저항하면서 그 저항이 저항을 통해 대항하고자 한 압제자의 폭력에 동화되는 결과로 이어질 가능성도 존재한다. 그러므로 모방은 제국의 식민적 팽창의 논리를 무비판적으로 전유하는 것으로 귀결될 가능성도 존재한다. 그러나 모방이 늘 차이를 수반할 가능성을 안고 있음을 간과해서는 안 된다. 모방이 어떻게 차이를 동반하는지를 예를 들어 설명해보자. 존 스튜어트 밀은 영국의 인도 식민지배를 정당화하는 논리를 인도인들은 스스로 통치할 능력을 갖추지 못했다는 데에서 구했다. 그러나 인도의 독립운동가들은 인도인들이 덜 문명화되었기에 정치적 근대성에 전면적으로 참여할 자격을 갖추는 오랜 노력의 시간이 필요하다는 서구 제국주의 논리를 그대로 반복하지 않았다. 차크라바르티가 주장하듯이 인도의 독립운동가들이 내세운 민족주의도 인도의 서발턴 계급들에 대해서 서구 제국주의 영국이 인도에게 한 관념들을 반복하는 모습도 보여주었다. 그러나 인도의 민족주의 엘리트들은 인도 민족주의를 옹호하면서 보통교육이 선행된 후에 보통선거권이 이루어져야 한다는 밀의 주장을 일축하고 성인 보통 선거권을 채택했다. 만약에 인도의 민족주의가 영국의 민족주의 판본을 그대로 반복했다고 한다면, 영국에 대한 인도의 민족해방운동은 존재하지 않았을 것이다. 그러나 영국의 지배로부터 인도의 해방은 문명국가 영국이 인도인에게 진리라고 이야기하는 민주주의 및 역사에 대한 진화론적 관점 자체를 거부함에 의해 이루어졌다.

달리 말하자면 인도인들은 대다수 문맹인 인도인에게, 즉 영국의 시각에서 보면 문명화되지 않아서 문명화의 학습 과정을 거쳐야 할 미성숙한 인도인들에게 자치권을 부여했던 것이다. 민족주의를 포함하여 문명에 대한 담론을 독점하는 영국 제국주의의 지식-권력에 이의를 제기함으로써, 인도인은 영국 제국주의의 내적 모순과 역설을 명시적으로 드러낼 수 있었고 이렇게 형성된 균열 속에서 인도 독립과 해방운동의 장을 형성할 수 있었다. 이런 차이가 바로 모방과 더불어 발생하는 차이나는 반복이며 모방이라는 수행을 통해 형성되는 차이인 것이다.[211]

이런 현상은 우리나라의 독립운동에서도 나타났다. 1919년 4월 11일 대한민국 임시정부는 여성을 포함한 모든 사람의 참정권을 주장하는 <임시헌장>을 발표한다. <임시헌장>에 이어 발표된 <임시의정원법>은 중등교육을 받은 만 23세 이상의 남녀 모두에게 의원 후보가 될 수 있는 피선거권을 부여하고 있다. 이 선언이 나라가 없는 상황에서 실질적으로 실행에 옮겨질 수 없었다고 해도 그 의미는 과소평가될 수 없다. 대한민국 임시정부의 정치적 참정권에 대한 입장은 당시 중국이나 일본에 비해 선구적이었다. 일본은 식민지인 한국을 제외하고 남성에게 보통선거권을 1925년에 부여했고 중국헌법이 대한민국 임시정부의 <임시헌장>과 동일한 남녀평등 조항을 두면서 여성에게 참정권을 부여한 것은 1921년이었기 때문이다.[212]

정치적 권리를 박탈당한 사람들이 정치적 자치와 권리의 언어와 담론을 구사할 때 지배자의 언어를 모방하고 활용하는 것 자체를 지배자의 권력과 공모하는 것으로 보는 시각은 사태를 매우 일면적으로만 보는 것이다.

• • •

211   디페시 차크라바르티(Dipesh Chakrabarty), 『유럽을 지방화하기: 포스트식민 사상과 역사적 차이』, 김택현·안준범 옮김, 그린비, 2014, 54-57쪽.

212   김정인, 『민주주의를 향한 역사: 시대의 건널목, 19세기 한국사의 재발견』, 책과함께, 2015, 46-47쪽 참조.

이처럼 민족주의의 판본을 서구나 일본의 민족주의에서 구하면서도 이를 제국주의자들과 다른 피식민지인들의 상황에서 다르게 활용하면서 등장하는 차이나는 반복의 현상에도 주목하지 않으면, 민족주의의 모방이 지니는 진면목을 온전하게 이해한 것이라고 보기 어렵다. 결국 피식민지 사회가 자유와 평등과 같은 서구 근대의 보편적 가치를 적극적으로 수용하면서도, 서구 및 일본의 무력 침략에 대해 저항하면서 그들이 내세우는 보편적 가치를 전체 인류사회에 확산시키고 실현시키는 주체로서 거듭나는 양상은 자유와 평등과 같은 보편적 가치의 실천적 주체가 누구인지에 대해 다시 묻게 만든다. 그리고 이렇게 서구가 제국주의적이고 폭력적인 방식으로 인권이나 자유나 문명을 강요하는 것에 대한 저항 속에서 피식민지 국가의 사람들은 민족주의를 포함하여 자유 및 민주주의를 다른 방식으로 전유할 수 있음을 보여주려고 노력했다. 민주적인 자기 결정의 보편적 타당성을 내세우는 서구 제국주의가 그 보편적 타당성 주장과 어긋나게 다른 나라의 자율성을 폭력적으로 파괴할 때, 피식민지 사람들은 그런 일방적인 제국주의의 자기주장을 받아들일 수 없었다. 그리고 서구가 주장하는 자유 이념의 보편성 주장과 제국주의적 침략이 서로 합치될 수 없다는 점을 피식민지 사회의 저항적 민족주의는 폭로할 수 있었다.

이처럼 저항적 민족주의는 인권 및 민주주의 그리고 국민국가 등으로 이루어진 근대성의 핵심 용어들을 전면적으로 거부하지 않고 이를 긍정하면서도 침략당한 사회 구성원들의 위치에서 그것을 재해석하고 번역함으로 폭력과 결부되어 있는 보편주의를 혁신적으로 활용한다. 이를 통해 문명화의 사명이라는 이데올로기가 주장하듯이 보편적 가치를 특권적이고 우월적인 지위에서 대변하는 존재가 있을 수 없다는 점 그리고 배제된 자들의 고통스러운 실천 및 그들과의 연대 속에서 비로소 참다운 보편성이 드러날 수 있다는 점을 식민지 사회의 저항적 민족주의는 보여준다.

그런데 조관자는 민족주의의 위험성을 성찰하고 그에 대한 대안을 보편

윤리에 대한 긍정에서 구하고자 한다. 그에 의하면 중국 및 한국의 민족주의와 일본의 우파적 민족주의는 표면적으로는 적대적인 것 같지만, 사실상은 공생관계에 지나지 않는다. 한국과 중국의 민족주의의 발호는 일본의 민족주의를 자극하고, 배타적이고 극우적인 세력의 활동 공간을 창출한다고 보기 때문이다. 그의 말을 들어보자. "민족주의는 경계 밖의 타민족(가상의 적)을 바라보고 위기의식을 고조시키면서 성장한다. 중국과 한국의 '당당'하고 '자유분방'한 민족주의가 식민지배의 원죄로 움츠려 있었던 일본의 '우울한' 민족주의를 자극하고 배외주의적 성향을 갖는 옛 우익의 출현을 도운 측면도 간과할 수 없다. 만일 동아시아의 영토 분쟁과 역사 인식 논쟁이 격화된다면 일본 내에서 중국과 조선(북한), 한국의 '군사주의적 위협'을 두려워하고 헌법 개정을 추동하는 세력은 더욱 확대될 것이다. 동아시아의 평화를 저해하는 집단의 기억이 역사를 자의적으로 만들어가는 현상에 대한 책임을 비단 일본인의 '민족적 책임', 우경화의 문제로 몰아치는 것이 능사는 아니다.[213]"

이렇게 조관자는 일본의 역사적 책임을 추궁하는 민족주의와 일본의 우경적인 민족주의가 서로 공모하는 모습을 설명한 후, 보편적 윤리 감각의 현실적 중요성에 주목하자고 말한다. 그러면서 그는 "보편적 윤리 감각에 기초한 공존의 질서와 공감대의 형성 가능성으로 나아가는 노력"에 의해 한국과 일본의 과거사 문제를 해결할 수 있을 것이라고 주장한다. 달리 말하자면 민족주의라는 틀을 벗어 던지고 역사문제를 "'민족적 책임'의 경계를 넘어서 동아시아 지역 질서와 관련한 공공의 문제로 자각"하는 것이 중요하다고 그는 강조한다.[214] 그의 문제 제기, 이를테면 보편적 윤리

• • •

213 조관자, 「내재적 발전론의 네트워크, '민족적 책임'의 경계: 가지무라 히데키와 그의 시대, 1955-1989」, 강원봉 외 지음, 『가지무라 히데키의 내재적 발전론을 다시 읽는다』, 아연출판부, 2014, 239쪽.

214 같은 글, 240쪽.

감각에 대한 호소를 통해 역사적 책임의 문제를 동아시아의 차원에서 재구성하려는 시도 자체는 중요하다. 그렇다고 조관자의 문제 제기가 아무런 문제를 지니고 있지는 않다는 말은 아니다. 적어도 그의 문제 제기는 좀 더 세심하게 서술되어 있지 않은 것처럼 보이기 때문이다.

민족적 책임의 한계를 넘어설 방안으로 제안된 보편윤리의 중요성에 관한 조관자의 주장을 간략하게 말하자면 다음과 같다. 그에 의하면 이른바 저항적 민족주의와 공격적 민족주의 사이의 식별불가능성 및 적대적 공존 관계가 존재한다. 그런데 이런 주장은 일면적이다. 다양한 유형의 민족주의가 서로 길항관계와 더불어 공생관계에 이를 수 있다는 것은 경청할 만한 지적이지만, 그런 결합 관계가 있다고 해도 민족주의의 다양한 갈래에 대한 인식의 중요성은 상실되지 않는다. 달리 말하자면 민족주의와 민족/국민국가의 틀 자체를 고수한다고 하는 것이 반드시 이질적 유형의 민족주의 사이의 적대적 공존관계로 귀결된다고 볼 이유는 없다는 것이다.

또 조관자의 주장이 보여주는 논리적 문제점은 보편 윤리에 대한 과도한 의미부여 혹은 믿음이다. 그는 민족적 책임과 같은 인식적 틀은 동아시아에서 민족주의의 폭력적인 연쇄를 초래한다고 본다. 그래서 동아시아의 역사 인식 문제나 '위안부', 즉 일본 제국주의에 의한 성노예화 범죄 문제와 같은 과거사의 문제는 '민족적 책임'의 틀로는 제대로 해결될 수 없을 것이라고 보면서 그는 그에 대한 대안으로 보편적 윤리 감각이라는 해법을 제시한다. 그런데 그는 보편적 윤리 감각도 민족주의가 "경계 밖의 타민족(가상의 적)"을 만들어내어 자민족중심주의를 강화하는 것과 같은 악순환을 반복할 수 있다는 점에 대해서는 맹목적 태도를 보인다. 보편적 윤리 감각도 '인간성에 반하는 범죄'[215]와 같은 수사학을 통해 특정한 세력이나

• • •
215 '인도에 반하는 범죄'가 갖고 있는 정치적 성격을 우리는 전후 일본에 대한 미국의 태도에서도 볼 수 있다. 역설적이게도 일본은 제2차 세계대전에서 패배한 후 극동국제군 사재판에서 미국의 정치적 판단으로 한민족에 대해 저지른 '인도에 반하는 범죄'에

사람을 '인류의 적'으로 낙인찍어 새로운 형태의 적대성을 만들어내는
데 기여할 수 있다. 그리고 그런 염려는 단순한 기우가 아니다. 우리는
인도주의적 개입을 이유로 전쟁과 학살을 일삼는 시대에 살고 있기 때문이
다. 일본 제국주의도 한반도를 식민지로 만들 때 근대화 혹은 문명화라는
보편주의적 담론의 힘을 내세우지 않았던가? 보편적 윤리 감각에 대한
호소가 민족주의가 산출하는 적대적 공생관계 못지않은 적대성과 폭력성
을 창출할 수 있다면, 그에 대해 우리는 어떻게 대응해야 할까?

  조관자가 주장하는 보편적 윤리에 대한 호소가 지니는 또 다른 문제점은
보편적 윤리 자체가 바로 일본의 제국주의 침략에 대한 최소한의 '민족적
책임'을 지는 것조차도 불가능하게 만드는 논리로 활용되고 있는 상황에
대해 무기력하다는 점이다. 어떤 일본인 학자는 세계시민적 개인을 내세워
일본인으로서의 민족적 정체성을 부인하고 일본의 전쟁 책임이나 역사적
책임의 문제를 거부한다. 일본의 어떤 법철학자에 의하면 "'자학사관'을
비판하고 일본인으로서의 긍지를 주장하는 사람도, 전후 세대에게 전쟁
책임이나 죄책감을 강요하려는 사람들도, 정치적 입장은 다르지만, 민족에
대한 귀속을 강요한다는 의미에서 모두 다를 게 없다."[216]

  보편적 윤리에 대한 호소가 갖고 있는 역설적 상황은 우리로 하여금
보편적 윤리 감각만으로 과연 역사적 책임의 문제를 제대로 해결할 수
있는지에 대해서 좀 더 깊게 성찰할 것을 요구한다. 일본이 과거 한반도
식민지 지배의 역사적 경험과 그 야만성에 대해 제대로 기억하고 있지
않고, 그리하여 그런 일본이 과거 동아시아의 여러 국가들에 대해 행했던
침략 행위에 대한 성찰과 반성을 게을리하고 있는 원인은 결코 일본인들의
보편적 윤리 감각의 부재 내지 상대적 결여에서만 구해질 수 없다. 오히려

• • •

대한 책임을 지지 않게 되었다. 서경식, 『언어의 감옥에서: 어느 재일조선인의 초상』,
권혁태 옮김, 돌베개, 2011, 226-227쪽.
216 같은 책, 295쪽에서 재인용함.

과거의 침략행위 및 식민지 지배에 대한 일본 국민의 성찰과 반성의 부족으로 인해 보편적 윤리 감각에라도 호소해야만 하는 상황에 이른 것이라고 보아야 한다.

일본이 동아시아 지역에서 제일 먼저 서구적 근대화의 길로 나가면서 지속적으로 대외적 팽창의 길로 나갔던 역사적 경로는 일본 민족주의의 특이성을 보여준다. 오늘날 일본사회가 우경화되고 과거의 역사적 책임과 민족적 책임을 부인하는 것은 이런 일본 민족주의의 특이성에 대한 집단적 성찰의 부족과 무관하지 않다. 일본사회의 우경화는 일본인들이 인류 구성원의 일부이자 동시에 일본인으로서 그들의 조상이 자행한 폭력적 행위에 대해 기억하고 그것을 후세대에게 전해주며 그런 야만적 행위를 다시금 하지 않을 것을 다짐하면서 개인과 국가 차원에서 피해 당사자들과 피해 국가들에 대해 진지하게 사죄하고 과거의 죄책에 대해 충분히 보상하려는 노력을 수행하지 못한 결과 때문에 발생한 것으로 보아야 할 것이다.

자신이 태어나고 자란 공동체의 어두운 면과 긍정적인 면에 관심을 기울이면서 자신이 속한 공동체의 역사를 이어받고 그에 대한 책임을 져야 한다는 의식이 결여된 사람들이 진정으로 세계시민적 윤리 감각을 제대로 키워나갈 수 있다고 보는 것은 설득력이 없다. 달리 말하자면 자신이 속한 공동체에 대한 강렬한 애정을 토대로 해 자신의 나라의 제도와 역사와 문화를 참으로 인간다운 세상으로 만들려는 책임감도 없는 사람들이 추상적인 인간성에 대한 자각을 통해 세계시민적 보편 윤리의 감각을 키워내고 이를 구체적 행동으로 이끌 수 있는 길은 거의 없다. 인간은 세계에 대한 이해와 경험을 할 능력을 스스로 선택하지 않은 공동체의 역사 속에서 길러내는 존재이다. 달리 말하자면 인간의 경험은 진공 상태에서 획득하는 것이 아니라, 과거로부터 이어져오는 역사적 맥락을 매개로 해서 이루어진다. 그런 점에서 인간은 완전한 의미에서 편견 혹은 선이해의 지평을 넘어설 수 없을지도 모른다. 사람의 인식과 경험을 가능하게 하는 지평으로서 역사적 맥락의 제약성을 완전히 넘어서 초역사적인 관점에서 세계에 대한 객관적인 인식을 추구하는 시도는 이미 불가능한 시도임이 드러났다.

인간의 인식이 본래 역사성을 지닌다는 점을 강조한다고 해서, 그것이 반드시 극단적인 상대주의를 초래하는 것으로 볼 필요는 없을 것이다. 자신이 처한 인식과 경험의 상대성과 시대적 제약성을 인정할 때 비로소 타인과의 새로운 대화가 개시될 수 있고 그런 새로운 대화를 통해 인간은 기존 경험의 한계를 성찰하고 그것을 확장할 수 있을 것이기 때문이다. 따라서 인식과 경험의 역사성을 인정하는 것은 상대주의를 잉태하는 것이 아니라, 경험의 완결성을 부정하고 자신의 경험적 인식의 한계를 교정하고 수정할 수 있는 가능성을 인정한다는 점에서 모든 종류의 독단주의와 거리를 취한다. 이때 상대주의적 독단주의가 존재함에 주의해야 한다. 기존의 역사적 인식을 바탕으로 해서 새로운 현실에 대한 경험의 확장 가능성을 부인하고, 기존의 역사적 인식의 역사성 자체를 자기 완결적인 것으로 간주하는 것이 바로 상대주의가 초래하는 독단주의일 것이다. 그런 상대주의는 변화하는 세계 속에서 자신의 경험이 부정되고 개선되고 확장 될 수 있는 가능성을 배제한다는 점에서 독단주의에 다름 아니다.

이렇게 본다면 우리는 초역사적인 보편적이고 객관적인 인식의 관점에 올라서려는 자만을 피해야 할 뿐만 아니라, 경험의 역사적 제약성을 이유로 해서 그것을 독단적으로 완결된 것으로 받아들여 타자와의 대화의 가능성을 차단하는 자기 파괴적 상대주의 혹은 독단주의적 상대주의의 길 역시 피해야 한다. 그러므로 이런 상황에 대한 고민이 부족한 상태에서 제기된 보편적 윤리 감각에 대한 호소가 어떤 설득력을 지닐 수 있는지 궁금하지 않을 수 없다.

그런데 특정한 형태의 자유주의, 예컨대 인간은 자신의 삶에 대해 소중한 목적이나 가치를 스스로 선택할 수 있는 자유롭고 독립적인 존재라는 점에서 동등한 존중을 받아야만 하는 존재라고 생각하는 자유주의는 스스로 선택하지 않은 역사적 귀속성에서 유래하는 책임의 문제가 인간의 삶에 구성적인 의미를 지닌다는 점을 제대로 설명할 수 없다. 이런 반론은 공동체주의 대 자유주의라는 잘못된 도식으로 우리에게 알려진 논쟁에서의 핵심 쟁점이기도 하다.[217]

이미 알래스데어 매킨타이어(Alasdair MacIntyre)는 모든 구체적 관계로부터 벗어난 추상적 개인의 관점에서는 역사적 책임이나 자신이 속한 집단에 대한 귀속적 정체성에서 유래하는 책임의 문제를 제대로 이해할 수 없다는 점을 문제 삼은 적이 있다. 그에 의하면 사람이 구체적인 선을 실천할 수 있기 위해서는 추상적인 개인의 자격만 가지고는 불가능하고, 자신이 속한 가족이나 민족으로부터 "다양한 부채와 유산, 정당한 기대와 책무들을 물려"받아야만 한다. 그래서 추상적인 세계시민적 개인주의는 자신이 속한 공동체로부터 책임의식과 부채도 떠안는 존재일 수 있다는 사실에 대해 곤혹스러워하지 않을 수 없다. 그는 다음과 같이 말한다. "이러한 사랑은 현대 개인주의의 관점에서 보면 낯설 뿐만 아니라 경악스러운 것으로 보이기까지 한다. 개인주의의 시각에서 보면 나는 내가 존재하기로 스스로 선택한 것이기 때문이다. 나는 항상, 내가 원하기만 한다면, 나의 실존의 순전히 우연적인 특징들로 간주되는 것을 문제시할 수 있다. 나는 생물학적으로 나의 아버지의 아들일 수 있다. 그러나 만약 내가 그러한 책임을 떠맡기로, 명시적으로나 암묵적으로, 선택하지 않는다면, 사람들은 나에게 그가 행한 것에 관하여 책임을 물을 수 없다. 나는 법적으로 어떤

• • •

217 찰스 테일러나 마이클 샌델 같은 이른바 공동체주의 철학자로 널리 알려져 있는 학자들은 자신을 공동체주의자로 규정하고 있지 않다. 공동체주의라는 용어가 불필요하게 개인주의 대 공동체주의라는 편견을 조장하고 공동체주의를 옹호하는 사람들은 개인의 권리를 옹호하지 않고 특정한 시대의 특정한 사회에서 지배적인 가치를 더 중요시하는 것 같은 인상을 불러일으키기 때문이다. 마이클 샌델, 「마이클 샌델 인터뷰: 공화주의와 자유주의에 대하여」, 하버드철학리뷰 편집부 엮음, 『하버드, 철학을 인터뷰하다』, 강유원·최봉실 옮김, 돌베개, 2010, 이에 대해서는 247-249쪽 참조.

특정한 나라의 시민일 수 있다. 그러나 만약 내가 그러한 책임을 떠맡기로, 명시적으로나 암묵적으로, 선택하지 않는다면, 사람들은 나에게 나의 나라가 행하거나 행한 것에 관하여 책임을 물을 수 없다. 이러한 개인주의는, '나는 어떤 노예도 소유한 적이 없습니다'라고 말함으로써 흑인 미국인들에 미친 노예제도의 효과에 대해 어떤 책임을 지는 것도 거부하는 현대의 미국인들에 의해 표현된다. 그것은 또한, 자신들이 개인으로서 노예제도로부터 간접적으로 받은 이익을 통해 정확하게 측정할 수 있는 효과들에 대한 정확하게 계산된 책임을 수용하는 다른 현대 미국인들이 미묘한 방식으로 대변하는 관점이기도 하다. 두 경우에 있어서 '미국인으로서 존재한다는 것'은 그 자체 개인의 도덕적 정체성의 한 부분으로 간주되지 않는다. 물론 이러한 태도에는 현대 미국인에게 특징적인 것이 없다. '나는 아일랜드에 대해 어떤 나쁜 짓도 행하지 않았다. 마치 그것이 나와 무슨 관련이 있는 것처럼 이 오랜 역사를 왜 끄집어내야 하는가'라고 말하는 영국인, 또는 1945년 이후에 태어났다는 것이 의미하는 바는 나치가 유대인들에 대해 행한 것이 현재의 유대인들과 자신의 관계에 있어서 도덕적으로 아무런 문제가 되지 않는다는 것이라고 믿는 독일 청년은 모두 동일한 태도를 보여주고 있는데, 이 태도에 의하면 자아는 그의 사회적, 역사적 역할과 지위로부터 분리될 수 있다는 것이다. 그렇게 분리된 자아는 물론 사르트르와 고프먼의 관점에 아주 잘 맞는 자아이다. 즉, 그것은 아무런 역사도 가질 수 없는 자아이다."[218]

한국인 혹은 일본인이라는 정체성을 어떤 인간이 지녀야 할 유일한 정체성이라고 볼 필요는 없다. 여기에서 문제는 보편주의적 윤리조차도 역사 인식의 문제나 역사적 책임의 문제를 합리적으로 해결하기에는 충분하지 않다는 점이다. 게다가 우리는 보편주의적 윤리의 관점에서 행동한다

•••
218 알래스데어 매킨타이어, 『덕의 상실』, 이진우 옮김, 문예출판사, 1997, 324-325쪽.

고 해서 정치적 책임의 문제로부터 면죄될 수 없다는 점을 강조해야 한다. 카를 야스퍼스(Karl Jaspers)는 정치적 죄(Schuld)를 "국민 지위"에서 구하면서 "국민이라는 이유로 국가 행위의 결과를 감당해야 한다"고 강조한다.[219] 한나 아렌트도 자신이 행하지도 않은 일에 책임이 있는 경우를 자신이 "어떤 의지적 행위로도 해소할 수 없는, 그 집단의 일원이라는 사실"에서 구한다. 특히 아렌트의 경우 집단적인 책임을 거론할 수 있는 유일한 공동체는 국가, 즉 정치공동체이다. 그에 의하면 자신이 속한 정치공동체의 선조가 저지른 범죄는 지속적인 결과를 낳기에 그런 지속적인 정치공동체의 구성원인 한 그 자신은 조상의 죄에 대해 책임을 져야 한다.[220]

마지막으로 조관자의 논리가 안고 있는 한계로 지적하고 싶은 것은 여러 책임 의식 사이의 협력 가능성에 관한 것이다. 그는 일본 국민으로서 지녀야 할 책임과 타자에 대한 무한한 응답으로서의 책임을 함께 염두에 두면서 행동할 수 있는 가능성을 간과한다. 일본인으로서 정치적 공동체에 속하는 책임을 긍정하면서 동시에 피해자인 타자의 호소에 응답하려는 책임을 자각하고 있는 대표적 사례가 다카하시 데쓰야(高橋哲哉)이다. 그는 타자의 호소에 무한하게 응답을 해야 한다는 책임의 문제를 긍정하면서도, 전후 세대의 일본인들은 일본의 전쟁 책임과 식민지배의 피해자들의 호소에 대한 응답 가능성으로서의 책임을 짐으로서 그들의 책임을 다했다고 볼 수 없다고 강조한다. 타자의 호소에 대해 응답하는 것으로서의 책임에는 국경이 없는 관계로 일본의 침략 책임이나 나치의 유대인 말살에 대한

...

219 카를 야스퍼스, 『죄의 문제: 시민의 정치적 책임』, 이재승 옮김, 앨피, 2014, 85쪽. 물론 정치적 '죄'의 개념이 혼동을 불러일으킬 수 있다. 야스퍼스는 정치적 죄를 '책임'(Haftung)이라고 표현한다. 같은 책, 86쪽. 정치적 책임의 문제를 제기한 야스퍼스의 이론이 지니는 문제점도 존재하지만, 그의 문제 제기는 한나 아렌트 등에 의해 지속적으로 발전된다. 이에 대해서는 같은 책, '한국어판 해제' 참조

220 아이리스 M. 영, 『정치적 책임에 관하여』, 허라금·김양희·천수정 옮김, 이후, 2013, 145쪽 참조.

응답 책임은 원칙적으로 일본인이나 독일인에 한정되어 있지 않고 타자의 호소에 직면한 모든 사람들에게 개방되어 있는 것이기 때문이다. 이런 맥락에서 그는 일본인으로서 책임의 문제를 다룬다. 그의 주장을 들어보자. "'일본인으로서의' 전후 책임에 대해 이야기해봅시다. 저는 지금 응답 가능성으로서의 책임의 열린 성격을 강조했습니다. 하지만 일본의 전후 책임의 문제는 이것만 강조되어서는 안 됩니다. 반복되는 이야기입니다만, 일본의 전후 책임은 식민지 지배 책임을 포함한 전쟁 책임에서 파생하는 것으로, 죄책으로서의 책임 없이 일본의 전후 책임은 있을 수 없기 때문입니다."[221]

다카하시 데쓰야가 강조하는 일본인으로서 받아들여야만 하는 책임은 정치적 책임이다. 그는 일본인으로서 전쟁 책임을 받아들여야 한다는 주장에 대해 제기되는 상투적인 여러 반론을 염두에 둔다. 그에 의하면 자신의 정체성을 일본인이라는 정체성에 두고 있지 않다는 이유를 들어 그런 책임을 거론하는 것에 대해 위화감을 표시하는 젊은 일본인들이 존재한다. 그뿐만 아니라 "일본인으로서의 책임이라는 것은 우익이나 보수파의 말투로 이미 내셔널리즘이다. 따라서 그렇게 말하는 것은 문제가 있다"고 반론하는 일부 지식인들도 존재한다. 이런 식의 반론에 대해 다카하시 데쓰야는 일본인으로서 일본인이 받아들이지 않으면 안 되는 정치적 책임을 강조한다. "제가 생각하고 있는 것은 법적으로 일본 국가라 정의된 '정치적' 공동체에 속한 일원이라는 의미에서의 '일본인'입니다. 그런 의미에서는 '일본 국민'이라 말해도 무방합니다. 구체적으로 말하면 제가 생각한 '일본

• • •

221 다카하시 데쓰야, 『일본의 전후책임을 묻는다: 기억의 정치, 망각의 윤리』, 이규수 옮김, 역사비평사, 2000, 65쪽. 서경식, 『언어의 감옥에서: 어느 재일조선인의 초상』, 앞의 책, 297-299쪽 참조. 여기에서는 민족과 국민의 개념상의 차이에 대해서는 논하지 않는다. 국민국가는 민족국가이기도 하기에 비록 다카하시 데쓰야가 민족주의를 비판하면서 공적 시민으로서의 국민의 지위를 강조함에도 불구하고 이 맥락에서는 그리 중요하지 않다고 여겨진다.

안'은 국적법에 의해 일본 국민의 일원이고, 일본 헌법에 의해 일본 국가의 정치적 주권자인 사람입니다. 여기서의 '일본인'이란 법적·정치적 존재라는 것을 잊지 말아주십시오."[222]

더구나 조관자는 한국 민족주의에 "당당하고 자유분방한"이라는 형용사를 사용하고 있는데, 이 부분은 결코 사소한 용어 사용이 아니다. 한국 민족주의, 예컨대 조선의 식민지 지배에 대한 일본의 역사적 책임을 인정하고 그에 대해 철저한 반성과 사과를 요구한다는 것, 혹은 일본이 국가적 차원에서 계획적이고 조직적으로 자행한 성범죄에 대해 국가적 차원에서 사과하고 배상할 것을 요구하는 것이 당당하고 자유분방한 민족주의에 기반을 두고 있는 행위인가? 일본 제국주의의 성노예화 범죄의 피해자로 이루 말할 수 없는 고통을 겪은 후 할머니가 되어서야 자신의 과거를 용기를 내어 고백하고 증언하는 행위가 '당당하고 자유분방한' 민족주의적 책임 추궁으로 이해되어야 하는 것일까?[223]

• • •

222 다카하시 데쓰야, 『일본의 전후책임을 묻는다: 기억의 정치, 망각의 윤리』, 같은 책, 71쪽.

223 이 글에서 재일조선인 서경식의 민족주의에 대한 비판적 성찰을 다루지 못해 못내 아쉽다. 그는 한국 민족주의에 대한 중요한 비판자이다. 특히 언어를 민족적 공동체의 핵심적 기제로 설정하는 민족주의에 대한 지속적이고 예리한 문제 제기를 통해 그는 한국 민족주의가 반드시 성찰해야 할 지점을 분명하게 드러내는 데 성공했다. 한국 민족주의에 대한 그의 비판은 20세기 한국사회가 경험한 여러 비극에 대한 깊은 이해를 토대로 한 것이다. 그러니까 그의 민족주의에 대한 비판과 성찰은 일본의 재일조선인 혹은 재일동포 2세로서 일제 식민지배에 대한 독립운동은 물론이고 분단과 한국전쟁 이후 우리 사회를 규정했던 군사독재를 거부하는 민주주의와 남북의 평화적 통일을 향한 우리 사회의 지속적인 움직임에 대한 강한 공감대 위에서 이루어지고 있다. 주지하듯이 그의 두 형은 군사독재 시절 조작된 간첩단 사건으로 오랜 세월 옥중 생활을 했던 서승과 서준식이다. 서승·서준식 형제 사건이 재일한국인 사회와 역사에서 차지하는 의미 그리고 재일한국인 혹은 재일조선인의 정신사에서의 위치에 대한 해석으로는 윤건차, 『자이니치의 정신사: 남·북·일 세 개의 국가 사이에서』, 박진우 외 옮김, 한겨레출판, 2016, 705-712쪽 참조. 일제 강점기에 강제로 일본에 와서 정착한 조선인 후손인 서경식은 디아스포라의 관점에서 언어 내셔널리즘에 대한 깊은 비판을 제기한다. 서경식, 『언어의 감옥에서: 어느 재일조선인의 초상』, 권혁태 옮김, 돌베개,

나가는 말

우리는 민족주의와 민주주의 그리고 민족주의와 세계주의 사이의 연결 가능성에 대해 살펴보았다. 민족주의가 안고 있는 문제점들을 도외시하지 않고 그것들을 순화시켜 보다 건전하게 만들고 순화된 민족주의를 바탕으로 세계시민 지향의 새로운 질서를 도모해보는 것이 규범적으로도 바람직할 뿐 아니라 실천적인 관점에서도 더 현실성이 있는 대안이라는 점이 얼마나 정당화되었는지는 알 수 없다. 이 글의 출발점은 배타적이고 호전적인 민족주의가 위험한 것만큼이나 추상적이고 공허한 세계시민주의의 일방적 옹호로 표출되곤 하는 탈민족주의 담론 역시 위험한 잠재성을 띠고 있지 않은가 하는 의구심이었다. 민족주의에 대한 공격을 인류의 보편적 이상과 도덕의 이름으로 비판하기에 바쁜 사람들은 민족주의를 악으로 몰아세우기에 여념이 없지만, 이데올로기적인 악용의 가능성으로부터 벗어난 어떤 이념도 존재하지 않는다는 냉정한 사실을 잊어서는 안 된다.

현실적인 정치적 맥락을 고려할 때 모든 이념은 야만을 정당화하는 데 동원될 가능성이 있다. 정치적으로 논쟁적인 맥락에서 벗어나 존재하는 이념이나 담론은 존재하지 않는다. 따라서 민족주의가 야만이라면 모든 이념 역시 (잠재적으로) 야만이다. 야만으로 전락할 운명에 처한 것은 민족주의만이 안고 있는 고유한 문제가 아니다. 고상한 것으로 들리는 이념이나 담론일수록 정치적으로 악용될 잠재력이 크고 그 파괴적인 힘 역시 가늠하기 힘들다. 예컨대 인권을 명분으로 주권국가를 침략하는 제국주의적 혹은 군사적인 인권 근본주의는 인권 보편주의가 폭력을 양산하는 위험한 이론임을 보여준다. 전쟁을 평화의 이름으로 분식한 사례는 인류

• • •
2011 참조.

역사에 수없이 등장한다.

더구나 인류의 이름으로 혹은 도덕과 문명의 이름으로 인간성과 문명의 적이라고 낙인찍힌 집단에게 가해지는 폭력은 더욱더 비인간적이고 더욱 더 잔인해질 가능성이 높다. 그렇게 낙인찍힌 집단은 가장 극악한 범죄 집단으로 간주되고 그런 집단에 대한 무제한적인 폭력 행사도 도덕적으로 당연한 것으로 간주될 수 있기 때문이다. 평화와 인간성의 이름으로 자행되 는 전쟁이 역설적으로 가장 처참한 전쟁으로 이어지는 것은 그런 전쟁 에서 '인류의 적'으로 규정된 집단은 아무런 법적·도덕적 보호를 받을 가치가 없는 괴물과 같은 비인간적인 야만집단이나 국가로 선포되기 때문 이다. 민족주의가 초래한 부정적 결과를 토대로 그것이 나쁘다고 결론짓는 사람이 논리적 일관성을 지니려면, 인권과 정의가 평화를 유린하고 대량 살육과 같은 참을 수 없는 고통을 초래했기에 그런 평화와 인권이나 민주주 의와 같은 이념은 본래 부당한 것이고 나쁜 것임에 틀림없다고 결론지어야 할 것이다.[224]

그러나 우리는 이런 경우에 인권과 정의의 정치적 도구화와 악용의 문제를 비판하면서 보편적 도덕적 기준들 자체의 타당성과 설득력을 옹호 할 수 있는 다른 길을 가야 한다. 정치적으로 악용되고 도구화된 보편주의와 참다운 보편주의를 구별해야 한다는 신중한 분별력이 민족주의 앞에서 멈출 필연적 이유란 존재하지 않는다. 따라서 어떤 고상한 이념도 야만적인 정치적 악용의 가능성으로부터 벗어날 수 없다는 현실에 대한 인식을 토대로 할 때, 비로소 우리는 민족주의 대 세계시민주의의 양자택일적인 이원론의 무익함에서 벗어날 수 있다. 세계시민주의적 보편주의 대 민족주 의의 양자택일은 거짓된 이분법이다. 이제 우리는 민족주의 대 세계주의의

• • •
224 그렇지 않다면 그런 사람은 민족주의는 본래 악하다는 가정에서 출발하는 셈인데, 이때 그는 이미 그 가정이 어떤 의미에서 참인지를 논하지 않는다는 점에서 순환 논증의 오류를 범하고 있다.

대립을 넘어서 지역적 협력질서와 세계시민사회에도 열려 있는 민족적 민주주의의 공공성을 재구축할 길을 모색할 때이다.

제 12장

한국의 역사적 경험에서 본 세계시민주의와 대동민주주의

들어가는 말

여기에서는 우리나라의 민족주의 역사에서 보편지향의 문명주의적 민족주의 전통을 발굴하고 그 의미를 해석해보고자 한다. 세계시민주의와 민족주의가 양자택일의 문제가 아님을 보여주는 이론적 시도를 반복하자는 것이 아니라, 우리나라의 역사적 경험 속에서 등장했던 민족주의의 흐름을 '대동민주주의' 혹은 '대동민주주의적 세계시민주의'라는 개념을 통해 재해석해보는 것이다. 이를 통해 민족주의와 세계시민주의의 상생적 결합이 하나의 관념적 구상에 그치는 것이 아니라, 우리의 역사적 현실에서도 구현되어온 것임이 입증될 것이다. 첫 번째 절에서 다루어지는 것은 우리나라에서 형성된 민족주의의 성격을 '대동민주주의적 세계시민주의'로 볼 것을 가설적으로 제시하면서, 이를 서구에서 출현한 자유주의적 민족주의 혹은 세계시민적 민족주의에 상응하는 동아시아적 유형으로 볼 수 있다는 점을 상술한다(Ⅰ). 두 번째 절에서는 한국의 민주주의를 동양의 유교적 전통의 민본주의와 서구적인 민주주의의 상호접합의 산물로 보고, 이를 대동민주주의라는 관점에서 해석할 수 있음을 보여주고자 한다. 특히 대한민국 제헌헌법이 단순이 시대적 상황의 변화로 인해 외부로 부터 이식된 것이라는 통념과 거리를 취하면서, 제헌헌법의 정신과 이념이 전통 속에서 면면히 이어져 온 대동 정신의 변형된 표현으로 이해될 수 있다는 점을 살펴본다(Ⅱ). 마지막 절에서는 대동민주주의 개념이 어떻게 한국 고유의 근대성 해명의 실마리인지를 살펴본다. 이를 통해 현대 한국사회 전체의 성격과 그 내적 동력학에 대한 일정한 시사점을 얻을 수 있을 것이다(Ⅲ).

Ⅰ. 대동적 세계시민주의로서 한국의 저항적 민족주의

바로 앞 장에서 우리는 민족주의가 파시즘과 같은 대내외적인 이질성을 폭력적으로 억압하고 배제하려는 이념과 동일시될 수 없다는 점 그리고 민족주의는 자유, 인권 그리고 민주주의와 같은 보편주의적 이념과도 양립할 수 있다는 점을 살펴보았다. 그리고 우리는 순화된 애국주의 이론이나 자유주의적 민족주의 이론을 설명하면서, 그런 이론이 세계시민주의의 하나의 유형으로 분류될 수 있음도 알아보았다. 이런 분석을 토대로 한다면 우리는 민족주의의 배타성과 폐쇄성을 비판적으로 성찰하면서도 민족주의의 순기능의 가능성을 오늘날에도 모색할 길을 포기하지 않아도 된다.[225]

• • •

225 이 글을 다 작성할 무렵에 강정인의 저서 『넘나듦(通涉)의 정치사상』(후마니타스, 2013)을 접하게 되었는데, 그가 '대동민주주의'라는 용어를 사용하고 있음을 알게 되었다. 그는 원시 유가사상에서 대동민주주의적 이상을 독해해낼 수 있다고 보고, 그런 민주 친화적 사유가 조선의 실학자인 정약용에 의해 다시금 계승·소생되었다고 주장한다. 유학사상의 민주주의적 측면을 대동민주주의라는 개념으로 파악하려는 그의 시도에 적극 공감한다. 그러나 필자는 유학사상의 전통 내에서 민주주의적 흔적을 독해해내려는 시도에 그치지 않는다. 필자가 보기에 중국의 당송변혁기를 기점으로 해서 명·청대 및 조선 후기에 민간에까지 보편화되는 유교적 사회질서가 일정하게 대동민주주의적 이상을 구현하는 역사로 이해될 수 있기 때문이다. 또한 필자는 한국의 헌법정신도

그러나 제11장은 주로 서구의 역사적 경험에 바탕을 둔 이론에 국한된다는 한계를 안고 있다. 그래서 한국의 민족주의에도 자유주의적 민족주의와 접맥될 수 있는 경향이 존재했는지를 좀 더 살펴보고자 한다. 더 나아가 한국 민족주의가 지니는 세계시민주의적 특성을 밝히면서 이를 자유주의적 민족주의의 한국적 表現으로 이해하기보다는 '대동적 혹은 대동민주주의적 세계시민주의'를 지향하는 민족주의로 정의할 것이다. 이런 이유는 우리의 역사적 경험을 단순하게 서구적 용어로 표현하기에는 부적절하고 불충분하다고 보기 때문이다. 민족주의에 대한 우리의 이해를 형성하는 기본 개념들이나 언어가 서구적 근대의 이론을 수용·모방하는 과정에서 형성되었다는 점을 완전히 부인하는 것은 아니다. 그러나 더 중요한 것은 우리 사회가 19세기 후반 이후 서구 열강 및 일본 제국주의 침략에 맞서 민족적 독립과 정체성을 확보하려고 애쓰면서 창출해낸 민족주의는 분명 역사적으로 형성되고 전승되어온 우리 공통의 세계이해를 배경으로 하고 있다는 점이다. 여기에서 필자는 인간과 세계에 대한 해석학적 이해를 받아들이고 있다.

1) 독립운동과 해석학적 영향사

이 장에서 필자는 한국 민족주의를 조선의 유교적 정치문화, 특히 대동적 세계라는 유교적 유토피아의 영향사와 관련하여 이해해보려고 한다. 그래서 그것을 본격적으로 서술하기에 앞서 필자가 이해하고 있는 해석학에 대해 조금 설명할 것이다.

해석학에 의하면 인간은 역사적이고 사회적인 존재이지 사회 및 역사의 지평 밖에 독립적으로 존재하는 개인이거나 합리적인 행위자가 아니다.

• • •
대동적 민본주의 전통을 민주주의적으로 계승·발전시킨 것으로 이해할 수 있다고 생각한다.

인간이 합리적이고 자율적으로 행동하는 개인이라는 관념이 서구 근대사회에서는 물론이고 우리 사회에서도 광범위하게 통용되고 있지만, 그런 개인적인 행위자 역시 홀로 그런 존재로 되는 법은 없다. 개인적 행위자는 진공상태에서가 아니라, 그러한 행위자를 바람직한 것으로 평가하고 존중하는 특정한 역사적 세계이해를 가능하게 하는 특정한 언어공동체 속에서만 형성된다. 달리 말하자면 언어는 세계를 특정한 방식으로 이해하고 세계에 의미를 부여하도록 규정하는 전제 조건이며 인간은 그런 언어공동체 속에서 비로소 다른 사람과 공동으로 활동할 수 있는 능력을 키울 수 있기 때문이다. 따라서 이때의 언어는 인공언어가 아니라 서로 사회를 구성하면서 역사적으로 연속하는 세대들에 의해 이룩된 살과 피로 이루어진 살아 있는 구체적 언어이다. 이처럼 우리의 세계이해를 가능하게 하는 지평으로서 언어는 인간에게 결정적인 의미를 지니며, 그렇게 이해된 언어는 문화 및 전통과 동의적인 것으로 간주될 수 있다.

찰스 테일러는 우리 인간에게 언어가 어떤 방식으로 이해되어야 하는지에 대해 다음과 같이 설명한다. "나는 인간 생활의 일반적 특징은 기본적으로 서로 대화를 나누는 특성에 있음을 환기시키고자 한다. 인간의 풍부한 표현 언어들을 획득함으로써 우리 인간들은 자기 자신을 이해하고, 따라서 인간 고유의 자기 정체성을 규정하는 원숙한 행위자들이 된다. 이런 것들을 토론할 목적으로 나는 광의의 '언어'를 취하려고 하는데, 이것은 우리가 일상적으로 쓰는 낱말뿐만 아니라, 우리 인간 자신들을 정의하는 다른 표현 양태들, 예를 들면, 예술, 몸짓, 사랑 등등과 같은 '언어'들을 포괄한다. 하지만 우리들은 타인들과 의사 교환을 통해서 비로소 이런 언어들 속으로 이끌려 들어가는 것이다. 아무도 자기 정의(self-definition)에 필수적인 언어들을 자기 혼자서 습득할 수는 없다. 우리는 우리가 관계하는 타인들, 즉 조지 허버트 미드가 말하는 '의미 있는 타인들'과의 의사소통을 통해서 언어들을 습득하게 되는 것이다. 인간의 마음은 이렇게 이런 의미에서 결코 독백적으로 이루어지는 것이 아니라, 상호 대화의 과정에 의해서 생성되는 것이다."[226]

언어를 매개로 한 세계를 이해하는 능력이 인간이 스스로 자율적으로 행동하는 능력의 함양에 필수 불가결하듯이, 한국에서의 민족주의, 특히 저항적 민족주의도 서구의 민족주의나 자유주의적 민족주의와 다른 방식으로 형성되지 않을 수 없었다. 한국사회의 민족주의도 조선사회를 통해 형성된 유교적 정치이해라는 언어와 전통을 배경으로 하여 서구의 민족주의적 세계이해를 받아들였기 때문이다. 그럼 한국 민족주의의 흐름 중 몇 가지 사례를 통해 민족주의 속에 구현되어 있는 대동적 세계에 대한 유교적 이상의 지속적 전개와 그 변형의 모습을 살펴보기로 하자.

2) 3·1 독립운동과 유교적 대동세계의 이상

한말 애국계몽운동과 일제 강점기 독립운동의 지도자 중 한 사람으로 대한민국 임시정부 제2대 대통령이었던 백암(白巖) 박은식(朴殷植, 1859~ 1925)은 조선의 자주적 독립국가와 항일투쟁의 정신을 개혁적인 유교 대동(大同)사상에서 구했다. 그는 우승열패의 적자생존 논리가 판을 치는 국제정세 속에서도 유교적인 대동사회의 이념 속에서 조선의 항일독립운동의 정당성을 발견했다. 그는 대동사회의 이상을 이어받아 한국 독립운동의 의미를 인류공동의 평화로운 발전 가능성을 모색하는 맥락에서 구하고자 했다.[227] 박은식은 1911년에 「몽배금태조」(夢拜金太祖)라는 글에서 그 당시에 주류적 관점이었던 사회진화론에 입각한 민족주의론과 달리 민족 상호 간의 평등주의 이론을 옹호하기 시작했다. 기존 연구에 의하면 이때까지 그는 아직도 사회진화론적 관점을 일정 부분 수용하고 있었다. 그럼에도

---

226 찰스 테일러, 『불안한 현대사회』, 송영배 옮김, 이학사, 2001, 49쪽.
227 박찬승, 『민족·민족주의』, 소화, 2010, 152-153쪽.

그는 '꿈에서 금나라 태조를 만나다'라는 뜻을 지니는 「몽배금태조」에서 "세계 인도의 평등주의"를 제창했다. "조선은 이미 전부터 영구히 부용(附庸) 대우를 받아 평등한 지위를 잃어버린 것뿐만 아니라, 오늘날과 같은 망극한 치욕과 무한한 고통을 겪게 되었다. 그러므로 마땅히 열혈 남자는 격렬한 구국주의로써 조국 동포에게 세계 인도의 평등주의를 크게 외쳐 널리 알려서 그 동포를 하등 지위에서 벗어나 상등 지위로 나아가게 하는 사상을 격발시키며, 또한 세계 각 사회에서 동정을 요구해야 할 것이다."[228]

일본에 의해 강압적으로 식민지로 전락한 한국인으로서 겪는 고통을 극복하기 위해 나라를 구하기 위해 나설 것을 호소하면서도 박은식은 인류사회가 인도주의 및 "평등주의"로 나가는 것을 "시대의 기운"으로 이해하였다.[229] 그러므로 그는 지금은 비록 강권주의가 극성을 부려 조선 민족이 비참한 지경에 이르렀으나, 시대의 흐름은 강권주의에서 평등주의로 이행하는 데로 흘러가고 있기에 조선이 "평화주의의 기치를 높이 들고" 인류사를 크게 빛낼 수 있는 시대가 올 것이라는 믿음을 견지했다.[230]

전형적인 성리학자로 출발한 박은식은 독립운동의 과정에서도 조선 유학의 폐단에 대해서는 매우 비판적이었지만, 유교의 대동사상의 영향에서 벗어나지 않았다. 1912년 이후 그는 상해를 중심으로 독립운동에 참여했으며, 독립전쟁론 및 무장항쟁론을 독립운동의 방법으로 보았다.[231] 그럼에도 그는 한국이 끝내 독립을 달성할 것이고 일본 제국주의가 패망할 것이라는 역사 인식을 통해 평화와 인도의 이념이 궁극적으로 우리 민족이 추구해야 할 가치라고 보았다. 그는 3·1 이후 쓴 『한국독립운동지혈사』에

• • •

228 박은식, 「몽배금태조」, 박은식, 『대통령이 들려주는 우리 역사』, 조준희 옮김, 박문사, 2011, 278쪽. 박찬승, 『민족·민족주의』, 같은 책, 153쪽 참조.

229 박은식, 「몽배금태조」, 같은 책, 278쪽.

230 같은 책, 309쪽.

231 김도형, 「해제: 박은식의 역사학과 『한국독립운동지혈사』」, 박은식, 『한국독립운동지혈사』, 김도형 옮김, 소명, 2008, 10쪽.

서 다음과 같이 역설한다. "오호라! 예로부터 강한 무력만을 믿고 문덕(文德)을 닦지 않은 채 힘으로 정복하여 천하를 다스리려 하는 자는, 마지막에 패망에 이르지 않는 자가 없었다. 그러므로 '덕을 믿는 자는 창성하고, 힘을 믿는 자는 멸망한다'고 하였다. 그런데 하물며 오늘날 전 지구 인류 사상이 강권을 맹수같이 보고, 공리(公理)를 생명과 같이 사랑하니 침략주의의 얼마 남지 않은 목숨까지도 허락하지 않을 것이다. [……] 우리 민족이 분투하면 이기지 못할 것이 없을 것이다."[232]

인류의 역사가 강권과 패도, 즉 약육강식 및 우승열패의 논리를 추구하는 제국주의 시대로부터 평화와 인도의 대동적 세계로 이행하고 있다는 인식에서 보듯이 박은식은 한국 독립운동의 전망을 늘 세계사의 전개 과정 속에서 이해하고자 했다. 그리고 박은식은 일제 강점기 우리 민족 최대의 민족운동인 3·1 만세운동을 이런 인류의 새로운 역사 기운을 더욱더 드높이는 일대 사건으로 본다. 달리 말하자면 그는 3·1 만세운동을 "맨손으로 일어나 붉은 피로써 독립을 요구"한 위대한 사건으로 보고 이를 "세계혁명사의 신기원을 열어 놓은 것"으로 평가했다.[233]

박은식은 3·1 독립운동 정신을 인류 세계의 평화로운 공존과 대동을 이루려는 대동사상 혹은 대동 정신의 발현으로 이해한다. "오호라, 과거의 문명이란 인류의 경쟁에 이용된 것으로, 인도와 평화를 위한 사업은 아니었다. 물경천택(物競天擇), 적자생존(適者生存)의 논리가 오직 유일한 법문이었고, 우승열패가 하늘의 법칙이었다. 약육강식이 일반적 관례였으며, 군국주의의 침략정책이 생존의 목적이 되었다. 소위 문명화된 민족이 온갖 생각과 지력을 다하여 힘을 기울인 신묘한 기술이란 오직 살인하는 이기(利器)로 남의 나라를 도둑질하는 음흉한 계책들이었다. [……] 하늘의 도(道)

• • •
232 같은 책, 148쪽.
233 박은식, 같은 책, 535쪽.

는 근본으로 돌아오기를 좋아하고, 만물은 극에 이르면 반드시 돌아오며, 고정된 것은 오래가지 않는다. 이것들은 불변의 이치이다. 어찌 어진 사람과 뜻있는 사람이 이 조류에서 세상을 구하려 하지 않음이 없겠는가? 그러므로 세계의 대동과 인류의 공존을 기하려는 의리가 점점 학자들의 이론 가운데 나타나게 되었다."[234]

3·1 독립운동에 나타난 한국 민족주의의 성격에 관련하여 그것이 조선시대의 유교적 문명주의의 영향을 통해 그 독특한 성격을 지니게 되었다는 지적은 최근에 일본인 출신의 한국학 연구자인 미야지마 히로시에 의해 제기되었다. 그는 한국에서 3·1 운동에 관한 연구가 그동안 거의 전적으로 민족주의 틀 속에서 이루어져 왔다고 평가한다. 그래서 한국 민족주의에 관한 기존 논의는 그것이 조선왕조가 들어선 이래 주자학을 국가 이념으로 받아들이면서 축적된 유교적 문명주의에 의해 크게 규정되고 있는 측면에 대해서는 큰 관심을 기울이지 않았다고 한다.[235]

미야지마 히로시는 3·1 「독립선언서」를 분석하면서 조선 독립이 중국과 일본과 관련해서도 큰 의미를 지닌다는 점을 호소하는 부분에 주목한다. 특히 그는 조선의 독립으로 인해 일본이 "사로"(邪路)로부터 '탈출'할 수 있는 기회를 줄 것이라고 강조하면서 조선 독립을 인정할 것을 일본에게 호소하는 부분에서 유교적 문명주의의 지속을 발견할 수 있다고 본다. 이런 유교적 문명주의로 인해 한국 민족주의는 그 독특한 성격, 즉 "문명주의적 색채"를 강하게 띨 수 있었다는 것이다.[236] 그리고 문명주의를 이어받고 있었기 때문에 한국 민족주의는 1차 세계대전 이후의 민족자결주의

• • •

234 같은 책, 155-156쪽. 박은식의 대동사상에 대해서는 김현우, 「박은식 '대동사상'의 사상적 연원과 전개」, 『양명학』 10, 2013, 참조.
235 미야지마 히로시, 『나의 한국사 공부: 한국사의 새로운 이해를 찾아서』, 너머북스, 2013, 248쪽.
236 같은 책, 248쪽, 251쪽, 252쪽 참조.

사상의 물결에서 유교적인 이상사회인 대동세계에 대한 이상과 친화성을 발견할 수 있었다고 그는 강조한다.[237]

사실 한국 독립운동, 특히 3·1 「독립선언서」에서 나타난 독립정신이 유교적인 대동사회의 이상을 이어받고 있다는 해석은 오래된 것이다. 앞에서 본 것처럼 박은식뿐만 아니라, 그의 『한국독립운동지혈사』에 서문을 지어 준 중국의 왕정위(汪精衛, 1883~1944)도 3·1 「독립선언서」에서 "인류 대동"에 대한 정신을 읽을 수 있었다고 말한다.[238] 왕정위는 한국의 3·1 독립운동이 강권을 강권으로 혹은 군국주의를 군국주의로 저항하는 길을 걸은 것이 아니라, "인도주의로 군국주의를 대체하는" 길을 걸었다고 해석한다. 달리 말하자면 한국의 독립운동은 일본의 폭력적인 탄압과 압제에도 불구하고 또한 일본 제국주의의 강도적 약탈 속에서 뼈에 사무친 원한과 분노에도 불구하고, "평화를 천하게 여기고 강권을 신성한 것으로 여기"는 나쁜 길로 빠지지 않았다는 것이다. 그리고 그는 군국주의를 인도주의로 대체하려는 한국 독립운동 정신은 "인(仁)으로 폭력을 바꾸는 것"으로 이해했다.[239]

물론 한국 독립운동이 3·1 운동처럼 늘 비폭력적인 저항의 형태만을 반복한 것도 아니고, 또 비폭력적 저항만이 올바른 독립투쟁의 방법일 수 없을 것이다. 그리고 인류사회가 인도주의 및 평화주의로 이행하는 길로 들어섰다는 판단이 지나치게 국제형세를 낙관적으로 바라보았다는 비판도 있을 수 있을 것이고, 일본에게 조선의 독립을 요구하면서 호소의 방법을 취한 것에 대해 회의적 태도를 보이는 것도 수긍할 수 있다. 사실 이런 점에 대해 그동안 많은 비판적 문제 제기가 있었던 것으로 알고

• • •

237 같은 책, 265쪽 참조.

238 박은식, 『한국독립운동지혈사』, 앞의 책, 30쪽. 왕정위는 중일 전쟁이 본격화되고 남경이 일본에 함락한 후에 친일의 길을 걷게 된다.

239 같은 책, 29쪽.

있다. 그중의 한 예를 소개한다. 일본인이 쓴 최초의 조선 근대사로 알려져 있는 와타나베 마나부(渡部學)가 편집한 책『조선 근대사』(1968)에 나오는 것이다. 이 책에 수록된 3·1「독립선언서」에 대한 비판적 해석의 일부를 인용하면 다음과 같다. "명백하게 그들이 발표했던 선언문은 인도주의에 입각한 당당한 명문이다. 그러나 [……] 토지 수탈이나 [……] '동화교육' [……] 헌병 경찰 등에 대해 그 무엇 하나 항의하지 않고 있다. 거기에는 조선 인민의 진정한 분노가 반영되어 있지 않다. 그들은 민족의 독립을 투쟁이 아니라, 미국을 필두로 한 유럽 여러 나라의 '원조'와 일본 제국주의의 '이성'에 호소하여 달성하려 했다. 그것은 공약 3장에 여실히 표현되고 있다."[240]

와다 하루키에 의하면 일본에 소개되어 있는 3·1「독립선언서」에 대한 서술은 위에서 소개된 평가와 대동소이하다고 한다. 그리고 한국인은 일본인을 설득하는 데 실패한 것도 사실이다. 와다 하루키가 지적하듯이 3·1 운동 이후 조선 민족의 이성적인 호소와 설득에 대해 무자비한 탄압을 자행한 일본으로부터 독립을 쟁취하기 위한 방책을 둘러싸고 논쟁이 일었다. 그리고 그 이후 독립운동에서 무장투쟁을 통한 독립 쟁취가 독립운동의 중요한 방법이라는 생각이 널리 퍼지게 된 것도 자연스럽다.[241] 그런데 독립운동의 방법에 대한 상이한 입장은 별도로 하고 이 글의 맥락에서 와다 하루키가 한국의 3·1 운동 정신에 대해 관심을 갖게 된 동기가 더 흥미롭다.

와다 하루키가 3·1「독립선언서」에 본격적으로 관심을 기울이게 된 동기는 김지하 때문이었다. 1975년 박정희 유신독재 체제에서 투옥되었다 나온 김지하는 자신의 석방운동을 위해 애쓴 일본인들에게 연대의 메시지

240 와다 하루키(和田春樹),『이것만은 알아두어야 할 한일 100년사』, 송주명 옮김, 북&월드, 2015, 60쪽에서 재인용함.
241 같은 책, 98쪽.

를 보낼 때 3·1 운동 정신을 강조했다. 와다 하루키는 그 부분을 다음과 같이 기록하고 있다. "56년 전의 3월 1일은 우리 한국 민족과 당신네 일본 민족이 함께 깊은 아픔과 인간적 자각을 가지고서 기억해야 할 날이다. 당신네 일본 민족은 우리 민족을 야수처럼 침략하여 제멋대로 억압과 착취를 하였다. 그러나 그날 우리는 당신네 일본 민족을 단지 불구대천의 원수로 복수하려 하지 않고, 스스로의 주권과 독립을 비폭력적, 평화적인 운동 형식으로 선포함으로써 피해자인 우리 민족만이 아니라 잔인무도한 가해자 당신네 일본 민족도 동시에 구하길 염원하였다."[242]

위에서 인용된 김지하의 3·1 운동에 대한 인식과 이해의 출처가 무엇이 었는지 알려져 있지 않지만, 그의 해석은 앞에서 우리가 살펴본 박은식과 왕정위의 그것과 상통한다는 것은 분명하다. 이렇듯이 일제 강점기 시절 한국의 독립을 염원했던 민족주의에는 폭력을 폭력으로 앙갚음하는 악순 환을 끊어내고 "인(仁)으로 폭력을 바꾸는 것"을 지향했다. 이는 자신의 몸을 바쳐서 인을 실현하는 공자의 살신성인의 정신인 유교적 문명주의가 한국 민족주의의 성격을 강력하게 규정하고 있음을 보여준다.

항일무장투쟁을 독립운동의 올바른 방법으로 이해한 백범 김구도 약육 강식의 정글 법칙을 자연의 순리로 설파하면서 강자의 권리를 내세워 약소국을 폭력적으로 지배한 일본 제국주의에 저항하면서 인간의 도덕적 자율성과 그 보편성에 등을 돌리지 않았다. 이는 앞에서 우리가 살펴본 바와 같다. 달리 말하자면 김구의 경우가 보여주듯이 한국 독립운동은 부득이하게 독립을 쟁취하기 위해 무력을 동원하여 일본 제국주의에 저항 했지만, 제국주의자들이 보여준 야만성을 닮아가면서 생존을 위해서는 수단과 방법을 가리지 않아야 된다거나 평화란 거짓에 지나지 않으며 세상에서는 오로지 강권과 힘만이 유일하게 추구되어야 할 궁극적 목적이

• • •
242 같은 책, 59-60쪽.

라는 생각에 빠지지 않았던 것이다. 한국 독립운동의 이런 측면이야말로 저항적 민족주의와 공격적인 민족주의를 서로를 살찌우는 적대적 공범 관계로 바라보는 탈민족주의 담론의 일면성을 여실하게 보여준다고 할 것이다.

민족주의의 배타성과 폭력성에 대한 성찰도 중요하지만, 한국사회에서 소수자나 사회적 약자에 대한 폭력적인 대우가 어떤 역사적 경로를 통해 우리 사회 구성원들에게 널리 공유되게 되었는지를 곰곰이 따져보아야 할 것이다. 이 책 제8장 제3절에서 강조했듯이 우리 사회에 만연해 있는 사회적 약자에 대한 잔인한 태도는 '힘은 곧 정의다'라는 인식을 갖고 힘이 없는 약자는 "약자로 사는 법을 배워야 한다"[243]고 강변하면서 한국의 독립운동에 대해 냉소적 태도로 일관한 사람의 심성의 영향에서 구하는 것이 더 설득력이 있다. 그 사람은 다름 아닌 급진적인 개화파 출신으로 일제 강점기에 적극적으로 친일의 길을 걸었던 사람인데, 이런 사람의 심성은 타인의 고통에 대해 공감하기는커녕 오히려 그 고통을 약자의 몽매함 탓으로 돌리고 그런 약자로서의 삶을 숙명으로 간주할 것을 강조하는 제국주의적 심성과 닮아 있다.

서구화 혹은 일본에 의한 근대화만이 우리 민족을 구원할 유일한 길이라고 강변했던 이광수는 물론이고 윤치호 같은 극단적인 서구적 근대화론자들은 조선의 유교적 전통의 허약성과 야만성을 질타했으면서도, 그들은 조선시대를 통해 축적된 유교적 문명주의의 힘을 전혀 인식할 수 없었다. 게다가 그들은 사회 지도층 인사였음에도 불구하고 고통 받는 동포들과 연대하여 한국의 독립을 쟁취하려는 책임의식도 보여주지 못했다. 이런 역사도 엄연한 우리의 역사이지만, 우리민족에게 커다란 상처와 불행으로 기록될 역사일 것이다.

● ● ●

243 윤치호, 김상태 편역, 『윤치호 일기: 1916-1943』, 역사비평사, 2001, 70쪽.

3) 조소앙의 독립정신과 유교적 대동사상

3·1 운동 이후에도 한국의 저항적 민족주의에는 유교적 대동의 이상과 평천하적 문명주의가 늘 존재했다. 일제 강점기에 조선일보 주필과 사장을 역임하기도 한 민세(民世) 안재홍(安在鴻, 1891~1965)도 일제 강점기에 조선의 자주독립을 동아시아의 평화 구축이라는 큰 틀에서 고민을 했다. 안재홍은 1920년대 이후 민족주의 무용론을 펼치는 사회주의자들에 대항하여 민족주의를 옹호하고자 했다.[244] 또한 그는 우리 역사를 일국사의 틀에서가 아니라 동아시아라는 국제사의 맥락에서 파악했다. 그러므로 그는 "조선이 한번 자주독립을 잃어버리면 동아시아의 평화"가 깨어진다고 주장할 수 있었던 것이다. 조선의 독립을 동아시아의 평화라는 틀에서 이해한 사람은 안재홍에 국한되어 있지 않다. 앞에서 살펴본 3·1 운동은 말할 것도 없고 한국 민족주의의 시조라 할 수 있는 단재 신채호도 1921년에 조선독립과 동양평화를 함께 생각했다. 그에 의하면 "조선의 독립"은 동양 평화의 지름길이었다. 즉, 조선의 독립 없는 동아시아의 평화는 가능하지 않다는 것이다.[245]

물론 오늘날 이런 식의 민족주의조차도 비판될 소지가 있을 것이고, 그런 민족주의의 현재적 의미를 되살리는 작업보다는 다른 방식의 대안을 추구할 필요가 있다고 생각할 수도 있다. 그러나 이런 대안 작업을 모색할 경우에도 우리 역사에 나타난 독립운동 정신과 경험에서도 배울 바가 여전히 많을 것이라고 생각된다. 민족 독립과 국제주의를 결합한 안재홍의 '국제적 민족주의' 및 신민족주의나 일제식민지 해방투쟁의 역사에서 등장한 저항적 민족주의는 물론이고 1950년대 비극적인 전쟁 이후 공고화된 분단 상황을 극복할 방법으로 제시된 평화통일 지향의 민족주의도 우리는

---

244 박찬승, 『민족·민족주의』, 앞의 책, 183쪽.
245 최원식, 『제국 이후의 동아시아』, 창비, 2009, 152쪽 이하 그리고 163쪽 이하 참조.

잘 알고 있다. 이런 민족주의는 유럽의 파시즘적인 민족주의나 나치의 유대인 말살의 폭력적인 민족주의와 동일시될 수 없으며, 일본의 팽창주의적인 침략적 민족주의와도 구별된다. 그리고 유교적 문명주의와 결합되어 전개되어온 대동세계의 평천하 지향의 성격을 지니는 한국 민족주의는 박정희식의 권위주의적이고 국가주의적인 민족주의나 북한의 근본주의적인 민족주의와도 동일시될 수 없다.[246]

한국 독립운동 정신과 유교적 대동 이념과의 상호 결합 과정에서 주목할 또 다른 이론은 바로 삼균주의이다. 조소앙(趙素昻, 1887~1958)은 삼균주의를 한국 독립운동의 지도적 이념으로 내세운 인물이다. 그는 "독립운동 전선의 가장 뛰어난 이론가의 한 사람"으로 인정받고 있는 인물이다.[247] 그가 주창한 삼균주의 이념은 1931년에 쓴 「한국독립당의 근황」에 잘 나타나 있다. 그에 관련된 부분을 인용해보자. "그러면 독립당이 내거는 주의는 과연 무엇인가? '사람과 사람, 민족과 민족, 국가와 국가의 균등한 생활을 주의로 삼는다.' 어떻게 하여야 사람과 사람이 균등할 수 있는가? 정치 균등화, 경제 균등화, 교육 균등화가 이것이다. 보통선거제를 실시하여 정권을 안정시키고 국유제를 실행하여 경제를 안정시키고 국비 의무교육제를 실행하여 교육을 안정시킨다. 이것으로 국내의 균등생활을 실행한다. 민족과 민족의 균등은 어떻게 하여야 이룰 수 있는가? '민족자결'이다.

* * *

246 식민지근대화론의 대표적 옹호자인 이영훈의 민족주의에 대한 태도는 아주 흥미롭다. 민족주의가 정치적으로 악용되면 매우 위험하기에 민족주의를 비판해야만 한다고 그는 역설한다. 이런 주장에 대해 그 누구도 이의를 제기할 수 없을 것이다. 그런데 그에 의하면 "민족주의를 정치적 자산으로 활용한 점"에서 김대중과 박정희는 아무런 차이가 없다. 게다가 그는 한국 민족주의는 "혈연 원리의 민족주의"인 북한 수령체제에 대해 그리 비판적이지 않다고 주장한다. 그리고 그는 그런 이유를 남한 민족주의와 북한 민족주의 사이에 친화성이 존재한다는 데에서 구한다. 이처럼 이영훈에 의하면 김대중, 박정희 그리고 김일성의 수령체제적 민족주의는 서로 친화적인 것으로 수렴된다. 이영훈, 『대한민국 이야기』, 기파랑, 2013, 44-47쪽.

247 강만길, 『한국민족운동사론』, 서해문집, 2008, 214쪽.

각개의 민족이 적절하게 조화를 이루고 소수민족과 약소민족으로 하여금 피압박·피통치의 지위에 떨어지지 않게 한다면 민족 간의 균등은 이룰 수 있는 일이다. 어떻게 하여야 국가와 국가의 균등을 도모할 수 있겠는가? 식민정책과 자본제국주의를 파괴하고, 약한 것을 겸병하고 매(昧)한 것을 공략하며 어지러운 것을 취하고 망한 것을 모멸하는 전쟁행위를 금지시켜서 일체의 국가가 서로 범하지 않고 서로 침탈하지 않으며 국제생활에서 평등한 지위를 온전케 하여 사해가 일가이며 세계가 일원인 구경의 목적을 도모해 간다면 국가 간의 균등은 이룰 수 있다. 천하에 국가를 다스리고자 하는 자는 먼저 그 민족을 다스리고, 민족을 다스리고자 하는 자는 먼저 그 국내의 사람을 다스린다. 국내인을 다스리고자 하는 자는 먼저 바깥 도적을 몰아내고 자국을 건립하는 것이 제1보이다. 그러므로 독립당이 자국을 건립하고자 하는 것은 국가로써 목적으로 하는 것이 아니라 일종의 방략이다."[248]

조소앙의 삼균주의의 핵심은 두 부분, 그러니까 대내적인 부분과 대외적인 부분으로 나누어 설명할 수 있다. 위 인용문에서 보듯이 조소앙은 삼균주의가 대내적으로 정치, 경제 그리고 교육 세 방면에서 균등을 지향함을 강조하고, 대외적으로는 민족자결을 통해 제국주의의 식민지배를 청산하고 국가 사이에서 전쟁 금지를 통해 항구적인 세계평화를 지향하고 있음을 주장한다. 삼균주의를 형성하는 데 영향을 준 사상은 여러 가지일 것이다. 강만길은 홍선희의 선행 연구에 의거하여 삼균주의를 정립하는 데 도움이 된 사상적 배경으로 '손문(孫文)의 삼민주의, 강유위(康有爲)를 통한 대동사상, 무정부주의 및 사회주의 그리고 대종교와 성리학의 이기설' 등을 열거한다.[249] 이를 통해 알 수 있듯이 삼균주의에 유교적 대동사상은 중요한

---

248 조소앙, 「한국독립당의 근황」, 강만길 편, 『조소앙』, 한길사, 1982, 16-17쪽.
249 강만길, 『한국민족운동사론』, 앞의 책, 214쪽.

사상적 배경으로 작용했다. 주지하듯이 그는 함안 조씨 양반 가문에서 태어났는데, 그 가문은 절의파와 생육신의 후손으로 충절의 전통을 매우 중시하였다. 그리고 그의 가문은 조선 중기 이후 노론 기호학파에 속하였을 뿐 아니라, 그는 노론 기호학파 조송의 7대 종통을 잇는 종가의 둘째 아들로 태어나 어렸을 때부터 풍부한 유교적 지식인으로서의 소양을 갖추게 되었다.[250]

조소앙이 유학사상으로부터 받은 영향을 보여주는 상징적인 일화를 보자. 그가 일본 유학생 대표로 조선을 강제로 병합하려는 일본의 시도에 반대하는 운동을 전개하는 와중에 조선이 망한 직후인 1911년 2월의 일이다. 조선이 일본에 의해 강제로 병합되어 국권을 상실하게 되어 실의에 빠져 있을 때, 그는 어렸을 때부터 그에게 한학을 가르치고 선비정신을 본받을 것을 강조한 할아버지를 뵙는 꿈을 꾼다. 꿈에서 할아버지는 "방심하지 말고 집중하여 흐트러짐 없이 배움을 구하라!"라고 엄하게 야단을 치셨다고 한다. 이를 계기로 다시 흐트러진 마음을 다잡고 공부에 전념하려던 중 어느 날 우연히 서가에 있던『논어』를 집어 들어 읽으면서 큰 감명을 받게 된다. 그는『논어』를 통해 정신적 방황을 극복하고 "공자를 배워 이 세상에 목탁이 되고 싶다"고 굳게 결심을 하게 되었다고 한다.[251]

사실 유교적 대동사상이 조소앙의 삼균주의에 끼친 영향은 앞에서 인용한 삼균주의를 설명하는 부분에서도 분명하게 드러난다. 뒤에서 좀 더 상세하게 살펴보겠지만 균등의 이념 자체가 공자의 유학사상에서 기인함은 말할 나위도 없을 것이고, 국가 사이의 침략전쟁을 금지하고 국제사회에서의 영원한 평화를 향한 도정을 '사해가 일가'가 되는 것으로 보는 것도 그렇다. 그뿐만 아니라 "천하에 국가를 다스리고자 하는 자는 먼저 그

• • •
250 김기승,『조소앙』, 역사공간, 2015, 8-12쪽 참조.
251 같은 책, 12-13쪽.

민족을 다스리고, 민족을 다스리고자 하는 자는 먼저 그 국내의 사람을 다스린다. 국내인을 다스리고자 하는 자는 먼저 바깥 도적을 몰아내고 자국을 건립하는 것이 제1보이다."라는 구절은 수신제가치국평천하의 유교적 이념에 입각한 것이다. 더욱더 중요한 사실은 조소앙이 조선 독립국가 건설을 궁극적 목적으로 삼는 것이 아니라, 그것을 천하에 평화로운 세상을 이룩하기 위한 "방략"으로 연결 지어 사유한다는 것이다. 그 부분을 거듭 인용하면 다음과 같다. 조소앙에 의하면 "독립당이 자국을 건립하고자 하는 것은 국가로써 목적으로 하는 것이 아니라 일종의 방략이다." 이를 통해 삼균주의를 관통하는 사유 구조가 서구 근대의 국민국가 중심의 사유 구조와 달리 국가를 평천하와 연결시켜 사유하는 전통적인 유교적 사유 구조임을 잘 알 수 있다.

조소앙이 강조하듯이 삼균주의의 핵심은 "균등"이다. 그리고 그는 이 균등을 우리 민족과 인류 전체의 행복을 실현할 수 있는 "유일하고 또 절대적인 기초"로 이해한다.[252] 이런 삼균주의의 핵심인 균등이념이 유교적 사상의 전통과 일맥상통할 뿐만 아니라, 조소앙은 유교적인 연원을 갖고 있는 균등 혹은 평등의 가치를 인간 사회의 기본 운영 원리로 이해한다. 달리 말하자면 균등의 상실에서 개인과 개인 사이의 불화는 물론이고 사회 내부에서 내전 및 국가와 국가 사이에서 전쟁의 근원을 보고 있다. 그래서 그는 균등이념을 개인과 개인, 사회 구성원들 사이의 갈등과 불화를 비롯하여 국가와 국가 그리고 민족과 민족 사이의 불평등 구조와 전쟁을 치유할 수 있는 사상으로 이해한다. "개인과 개인 사이에 생활이 평균을 얻지 못하므로 가정이 불화하며 사회에 혁명이 일어나며 국가에 내란이 일어나는 것이다. 따라서 국가 사이에 평등한 국제적 지위를 보전치 못하게 되면 국제적 대혈전이 발생할 수 있는 것이요, 민족과 민족 사이에 이익이

• • •
252 조소앙, 「한국독립당 당의해석」, 강만길 편, 『조소앙』, 앞의 책, 194쪽.

각각 균형 발전을 하기 불능하게 되면 필경 민족적 대전을 연출하게 되는 것이다. 회고하건대 영국 명예혁명, 프랑스 대혁명, 미국 독립전쟁, 소련의 사회주의혁명, 중국의 신해혁명, 그리고 우리 한국의 홍경래혁명, 동학당 혁명, 갑신 정치혁명 등은 다 본국 인민 사이에 존재한 불평으로 인하여 폭발한 것이다. 이 밖에 나라와 나라 사이의 지위, 즉 국제적 지위의 불평으로 인하여 난이 일어난 예가 또한 많으니 이를테면 제1차 세계대전과 제2차 세계대전 등이 다 그것이다. [……] 전쟁은 인류의 재앙이요, 평화는 인류의 행복이다. 그런데 전쟁은 균형을 상실하므로 폭발되는 것이요, 평화는 균등을 유지함으로써 존재할 수 있는 것이다.”[253]

앞에서 살펴본 것처럼 조소앙이 삼균주의의 절대적 기초로 이해하는 균등 이념은 실제로 유교적 대동사상을 현대적 맥락에 맞게 창조적으로 재해석된 것이다. 그는 한국독립당의 기본 이념으로 제시된 평등, 즉 균등 을 “적은 것을 걱정할 것 없이 고르지 못한 것을 걱정하라”는 공자의 주장과 연결시킨다.[254] 그리고 조소앙은 균등을 절대적이고 획일적인 평등 으로 보지 않았기에 소련식의 공산주의에 대해서 비판적이었다. 물론 그는 미국식의 자본주의적 민주주의 역시 과도한 불평등을 허용한다는 점에서 그것을 일부 부유한 계층의 독재로 보았다. 또 그는 균등을 정치적으로 이해할 때 무산자 계급 독재사회이든 자본가가 전권을 휘두르는 사회를 모두 거부하고 “진정한 전민적 정치 균등”의 민주공화국을 지향할 것을 강조한다.[255] 이런 사유 방식은 전형적으로 화이부동의 유교적 대동사상과 일맥상통한다. 화이부동의 방식으로 대동과 균등을 이해하고 있었기 때문 에 그는 공산주의 지향의 독립 세력들이 민족의 자주성을 부정하는 것으로 보고 공산주의와 민족주의가 양립할 수 없다고 생각했다. 달리 말하자면

• • •
253 같은 책, 192-193쪽.
254 같은 책, 192쪽.
255 같은 책, 202쪽.

그는 마르크스-레닌주의에 입각한 계급혁명론적 국제주의 노선을 궁극적으로는 독립된 민족국가 건설을 부정하는 것이나 다름없다고 이해했다.[256] 물론 그가 제시한 삼균주의는 가능한 한 좌우익 세력으로 분열된 민족운동 세력을 통합하려는 노력의 산물이었다. 그래서 그의 삼균주의는 1920년대 후반 이후 분열되어 있었던 민족운동전선을 통합하려는 우익에서 제시된 "연합전선론적 이론"으로 평가된다. 따라서 삼균주의는 "전체 식민지 시대를 통한 우익 노선 민족독립운동의 하나의 결론"으로 받아들여지고 있다.[257]

조동걸에 의하면 1931년에 삼균주의로 체계화된 조소앙의 이론은 좌와 우를 아우르는 독립 세력의 민족연합전선이었던 신간회의 유산이다. 안재홍에 의해 제기된 민족주의론과 마찬가지로 조소앙의 삼균주의도 사회주의 이론의 장점을 흡수하여 20년대의 민족주의를 새롭게 발전시킨 것으로 보아야 한다는 말이다. 1920년대 식민지시기에 자유주의자는 세계주의와 민족주의로 양분되어 전자는 독립운동을 포기했던 데 반해, 후자인 민족주의자는 대개 국수주의에 머물러 있던 상황이었다. 이렇게 보자면 삼균주의도 사회주의의 국제주의 노선과 계급 중시의 관점이 지니는 장점을 흡수하여 민족주의와 세계주의의 상호 연관성을 보다 더 분명하게 인식하고이 둘 사이를 모순 없이 결합해보고자 한 시도에서 나온 의미 있는 결론으로 이해되어야 할 것이다.[258]

• • •

256 김기승, 『조소앙』, 앞의 책, 116-117쪽 참조.

257 강만길, 『한국민족운동사론』, 앞의 책, 218쪽, 233쪽. 유교적 대동사상이 사회주의 사상과 연결되어 전개되는 측면에 대해서는 아쉽게도 이 책에서 언급되고 있지 않다. 이에 대한 보충이 필요하지만 다음 기회로 미루고자 한다.

258 조동걸, 한국독립운동사편찬위원회 편, 『한국독립운동의 역사 1: 한국독립운동의 이념과 방략』, 경인문화사, 2007, 193-194쪽, 295쪽 참조. 조동걸은 삼균주의를 안창호가 제기한 대공주의와 매우 유사한 것으로 보고, 삼균주의가 그것을 구체화한 것으로 이해한다. 같은 책, 297쪽 참조.

바로 앞에서 언급했듯이 삼균주의는 민족주의와 세계주의를 결합하려는 고민 속에서 나온 독립운동의 이념이었다. 그러므로 그것은 한국 독립운동 과정에서 제기된 독자적인 세계평화 이론으로서도 이해될 수 있다. 조소앙은 민족과 민족 그리고 국가와 국가 사이의 불평등 관계를 해결하고 강대국이 약소국을 침략하는 행위를 반대하는 입장을 견지하고 있다. 그는 한국독립당의 최고 이상을 "세계일가"로 보고, 이를 통해 "인간의 모순을 제거하고 영구한 평화와 행복을 실현"하고자 한다고 설명한다. 그리고 이런 인류의 영원한 이상인 세계일가의 이상을 달성할 수 있는 길을 균등에서 구함은 이미 언급한 바와 같다.

　　그런데 조소앙은 삼균주의가 옹호하는 세계일가의 이상을 일본 제국주의가 전쟁과 침략을 정당화하기 위해 내세운 "팔굉일우"(八紘一宇), 즉 '온 세계가 하나의 집'이라는 가치와 구별한다. 즉, 일본 제국주의가 내세운 세계일가의 이념인 대동아주의도 단지 세계정복을 정당화하기 위한 "요설"에 지나지 않는다고 비판한다. 그래서 그는 자신이 내세운 세계일가의 이념을 왕도적인 것으로 보는 데 반해, 일본 제국주의의 대동아공영권의 이념을 패도적인 것으로 규정한다. 국가와 국가의 균등을 추구하는 세계시민주의적 이상은 침략전쟁을 반대하는 것이기 때문이다.[259] 이처럼 삼균주의에 의하면 민족자결주의를 긍정할 뿐만 아니라, 타국에 대한 침략과 지배를 거부하면서 모든 국가가 평등한 지위를 지니고 있음을 인정하는 것이 참다운 왕도적인 사해일가의 이념이다. 그와 반대로 모든 국가를 평등하게 인정하지 않는 패도적인 야망이라는 사욕에 눈이 먼 세계일가의 이상은 헛된 구호에 지나지 않는다. 조소앙의 일관된 세계시민주의적 이상을 잘 보여주는 것은 한국의 독립을 위해 무력 투쟁을 불사하면서도, 한국의 독립투쟁이 결코 일본 자체를 타도할 것을 목적으로 하는 것이 아니라,

・・・
259　조소앙, 「한국독립당 당의해석」, 강만길 편, 『조소앙』, 앞의 책, 207쪽.

제국주의적 침략을 주도하는 세력만을 타도 대상으로 삼고 있음을 명확히 했다는 점이다. 이런 맥락에서 그는 일본이 스스로 각성하여 자국에서 '민주혁명'을 일으켜 아시아의 평화를 위해 함께할 것을 기대하였다.[260]

위에서 한국 민족주의가 지니고 있는 세계시민적 평화주의 정신을 간략하게나마 살펴보았다. 신채호, 조소앙 그리고 안재홍 등의 민족주의에서 보는 것과 같이, 한국의 저항적 민족주의의 특성을 보여주는 세계시민적 평화 정신은 조선과 중국을 비롯한 동아시아 정치문화의 핵심을 구성했던 유교적 세계 이해의 현대적 변형의 한 갈래로 이해될 수 있다. 거듭 강조하지만 유교적인 정치이론이 이상적인 가치로 설정했던 것은 안민(安民)·균평(均平)의 이념이었고 대동사회를 그런 이념이 실현된 사회로 보았다.[261] 그리고 대동사회는 그 어느 누구도 배제됨이 없이 각 개인이 자신의 개성을 실현하여 천하가 평화롭게 하는 길, 그러니까 평천하(平天下)를 구가하는 방법이었다. 그래서 20세기 초 중국의 지식인 량치차오(梁啓超, 1873년~1929)도 유교 전통에서 국가는 인류사회의 최고 발전단계가 아니라, 전체 인류가 공생하는 대동사회를 지향했었음을 강조한다. 달리 말하자면 유교의 '수신제가치국평천하' 이념은 국가를 인류 문명의 최고 단계로 보지 않고 '천하일가'의 천하 관념을 궁극적 목표로 삼고 있다는 것이다.[262]

• • •

260 김기승, 「일제 강점기 '조선독립=아시아평화'론」, 국가보훈처 편, 『나라사랑 독립정신: 학술논문집 1』, 2005, 412쪽.

261 원시 유가사상에서의 대동사상이 민주주의와 통한다는 점에 대해서는 강정인, 『넘나듦(通涉)의 정치사상』, 앞의 책, 제5장 '원시 유가사상에 명멸했던 대동민주주의: 급진적 회상' 참조.

262 량치차오, 『구유심영록』(歐游心影錄), 이종민 옮김, 산지니, 2016, 253쪽. 량치차오가 늘 그런 생각을 갖고 있었던 것은 아니다. 그 역시 한때 중국의 위기를 극복하기 위해 국가의 역할을 크게 보았고 국가주의의 강력한 옹호자이기도 했다. 량치차오의 사상의 궤적에 대해서는 이혜경, 『천하관과 근대화론: 양계초를 중심으로』, 문학과지성사, 2002, 제3부 '양계초의 대동과 도덕주의' 참조. 또한 량치차오는 중국 중심의 천하관의 문제점도 보여준다. 그는 동시대 지식인으로 그 누구보다 한국에 대해 깊은 관심을 가졌고 조선의 망국에 대해서도 애도를 표했다. 그럼에도 그는 조선의 망국에 대한

이렇듯이 천하일가를 지향하는 전통적인 대동유학 정신은 중국 주도의 동아시아 국제질서가 서구 근대가 주도하는 세계질서에 의해 대체되는 과정에서 근대의 야만성에 저항하면서 동시에 그것이 지니는 해방성을 적극적으로 포용할 수 있도록 한 문화적 자산이었다. 그 구체적인 역사적 성과의 하나가 바로 대동적인 세계시민주의를 지향하는 한국의 저항적 민족주의였다.

앞에서 보았던 것처럼 대동세계의 이상은 서구 열강의 침략을 계기로 해서 동아시아의 위기를 유교적 방식으로 대응하는 과정에서 새롭게 발전되었다. 그러나 그런 유교적 대동세계의 이상은 위기의 순간에 다시 발명된 것만은 아니었다. 유교적 대동사상에 대한 열망은 조선사회에서도 명백하게 존재했었기 때문이다.[263] 종합적으로 보자면 천하의 평화를 지향하는 유교의 대동사회 이상은 실사구시적인 개혁운동은 물론이고, 한말 이후 일본 제국주의 및 서구 열강의 조선침략에 대해 저항했던 갑오농민운동 및 의병운동을 비롯하여 일제 강점기에 이루어진 민족독립운동 속에 스며들어 지속되었다. 유교적인 평천하 · 대동사회의 이상과 조선사회로부터 축적된 유교적 정치문화는 한국 민족주의의 평화 지향과 문명주의의 특색을 강화시켜 준 토양이자 배경이었다.

II. 대동민주주의로서 한국 민주주의

• • •

슬픔과 동정을 표하면서도 조선이 중국 중심의 조공질서로부터 벗어나 근대적인 독립국가로 나선 것을 비판하는 등 중화중심주의를 보여주기도 한다. 이에 대해서는 최형욱 엮고 옮김, 『량치차오, 조선의 망국을 기록하다』, 글항아리, 2014, 211-239쪽 참조

263 이런 부분에 대해서는 이미 이 책 제9장 '조선 후기 대동세계 이상과 한국 민주주의의 정신사적 조건'에서 다루었기에 생략한다.

위에서 우리는 해방 이전에 있었던 한국의 저항적 민족주의가 지니고 있는 몇 가지 특색을 그것이 맺고 있는 유교적 대동사회 전통과의 관계를 해명함으로써 분명히 해보려고 시도했다. 그래서 인류대동의 세계주의적 가치를 지향하는 것이 일제 강점기 독립운동을 주도한 한국 민족주의의 특색임을 강조했다. 그리고 그런 특색은 조선시대로부터 역사적으로 형성 되어온 유교적 정치문화 및 문명주의를 매개로 하여 출현한 것임을 밝히고 자 했다. 물론 그 과정에서 언급된 것으로는 한국 민족주의의 다양한 흐름을 다 담아내기에 충분하지 않았을 것이다. 그뿐만 아니라 저항적 민족주의라 는 흐름에 제한해도 그 모습 전반을 드러내기엔 많은 한계를 안고 있다. 그러나 몇 가지 사례를 통해서라도 한국 민족주의가 지니는 특색이 조금은 드러나지 않았을까 한다.

이제 한국 민주주의 전통이 어떤 방식으로 유교적 대동사회 및 민본주의 이념을 비판적으로 계승하고 있는지를 살펴보자. 앞으로 좀 더 살펴볼 것이지만, 유교적 대동사회 이념은 한말과 일제 강점기를 거치면서 독립운 동 및 민주공화제의 이념과 결합되어 전개되었고, 분단 상황 속에서도 우리 사회의 평화통일 및 평등 지향적 민주주의 이념의 발전에도 긍정적인 영향을 주었다.

1) 대한민국헌법의 이식성 여부

그런데 한국 민주주의, 예를 들어 한국 헌법이 일본의 식민지배 종식과 더불어 해방 이후 남한에 들어온 미국의 영향력 하에서 외부로부터 주어진 것이라는 인식이 한국학계에 팽배하다. 한국의 헌법학자들에 의하면 대한 민국헌법에 등장하는 민주주의 원리는 미군의 진주에 의한 자연스러운 결과였다. 즉 한국인의 내적인 노력의 결과로 인해 헌법이 탄생한 것이 아니라, 외적 조건의 변화로 인해 우리 사회에 미국식의 자유민주주의가 주어졌다는 것이다. "'공화국'은 우리 사회의 식민화와 동시에 소멸된 그 '대한제국'에 대한 당연한 역사적 부정이며, 또한 정치적 기본질서에 있어서의 그 자유민주주의는 미군의 진주에 오는 당연한 결과였다."[264] 우리 사회의 개혁적인 지식인의 한 사람인 최장집도 냉전 이후 우리 사회에 도입되고 실천된 민주주의의 중요한 특징 중의 하나로 "조숙한 민주주의"를 거론한다. 조숙한 민주주의의 관점에서 볼 때, 우리나라 헌법은 "미국을 비롯한 자유민주주의/민주주의 국가의 헌법에서 내용을 빌려"온 것이어서 "헌법이 밖으로부터 주어지고, 한국사회와 유리되었다"고 그는 분석한다.[265]

그러나 대한민국헌법 탄생에 대한 선행 연구는 대한민국헌법이 그저 외부에 의해 자동적으로 주어진 것이 아니라, 우리나라 민족의 기나긴 노력과 투쟁의 결실임을 보여준다. 그리고 우리나라 헌법이 결코 서구 근대 헌법 내용을 그대로 수용한 것에 그치는 것이 아니라, 유교 전통 및 우리나라 전통을 바탕으로 하여 서구 근대의 이념을 창조적으로 수용한 결과라는 점이 주목되어야 한다. 그리고 서구 근대 헌법의 창조적 수용은 유교적 전통을 매개로 한 번역에 의한 것이라는 점, 그리고 상이한 역사적 맥락, 특히 서구 및 일본 제국주의 침략 과정에 대한 치열한 저항의식 속에서 형성된 것이라는 점에 의해 서구 근대의 헌법으로 수렴되지 않는 나름의 독특한 헌법 이념과 정신을 보여준다는 점에 주목할 필요가 있다. 이런 지점을 잘 보여주는 중요한 사례가 있는데, 그것은 대한민국헌법 탄생에서 조소앙이 차지하는 위치이다.

헌법학자인 신우철은 조소앙의 헌법사적 위상을 "임시정부 헌법의 아버

• • •

264 한태연·갈봉근·김효전 외 지음, 『한국헌법사 상』, 한국정신문화연구원, 1988. 서희경, 『대한민국헌법의 탄생: 한국 헌정사, 만민공동회에서 제헌까지』, 창비, 2012, 18쪽에서 재인용함.
265 최장집, 『민주화 이후의 민주주의: 한국 민주주의의 보수적 기원과 위기』, 후마니타스, 2003, 58쪽, 61쪽.

지, 대한민국헌법의 숨겨진 아버지"로 규정한다. 대한민국헌법 역사에서 조소앙이 차지하는 위상에 대한 그의 평가를 인용해보자. "임시헌장(1919) 의 기초자로서, 임시약헌(1940) 개정과 건국강령(1941) 제정의 주역으로서, 그리고 임시정부 마지막 헌법인 임시헌장(1944) 탄생을 주도한 산파(약헌 개정위원장)로서, 또한 해방 직후 우파 헌법초안인 임시헌법(1946)의 기초 위원으로서, 그의 헌법사적 위상은 아무리 높게 평가해주어도 부족함이 없다. 헌법학에서의 케인지안, 바이마르 헌법의 아버지 후고 프로이스 (Hugo Freuss)가 맡았던 역할, 사회국가·문화국가의 설계자, 본 기본법의 숨겨진 아버지 헤르만 헬러(Hermann Heller)가 맡았던 역할을 모두 짊어졌 던 인물이 바로 임시정부 헌법의 아버지, 대한민국헌법의 숨겨진 아버지 소앙 조용은이었던 것이다."[266]

대한민국헌법사에서 지울 수 없는 위치를 차지하는 조소앙의 핵심사상 은 삼균주의이다. 달리 말하자면 그의 삼균사상은 대한민국헌법 정신을 규정하는 데 큰 역할을 했다. 예를 들어 서희경에 의하면 조소앙의 삼균주 의 핵심이라 할 수 있는 대동적 균평(均平), 즉 균등이념은 대한민국 제헌헌 법에 커다란 영향을 주었다. 따라서 대한민국헌법을 미국의 영향으로 인해 탄생한 것으로 보는 한국학계의 흐름은 대한민국헌법 탄생의 전반적 모습 을 제대로 담아내지 못한다. 특히 민주공화주의에 대한 사회적 합의가 1945년 해방 이후에야 이루어진 것으로 보는 기존 한국 헌정사 연구에서의 통념은 변화되어야 한다. 서희경의 연구 결과에 의하면 대한민국헌법은 미국에 의해 갑작스럽게 이식된 것이 아니다. 한말, 식민지, 광복에 이르는 과정에서 민주공화국을 지향하는 헌법이념이 독자적으로 형성되어 왔기 때문이다. 즉, 1948년 대한민국의 제헌헌법의 핵심원리들은 "19세기 이래 의 한국사를 통해 광범위한 합의를 거친 것"이라고 서희경은 강조한다.[267]

• • •

266 신우철, 『비교헌법사: 대한민국 입헌주의의 연원』, 법문사, 2008, 438쪽.

서희경은 조선의 군주정에서 민주공화정으로 이행하는 역사 속에서 가장 중요한 사건을 1898년의 만민공동회, 1919년 3·1 운동 및 1919년 4월의 대한민국 임시정부 수립을 꼽고 있다. 그는 19세기 말 만민공동회의 활동을 통해 이루어진 <헌의 6조>를 한국역사에서 군주정을 반대하고 민주공화주의 원리를 처음으로 옹호한 획기적 사건이라고 평가한다.[268] 그러나 조선의 정치원리를 군주제적 원리로 보고 이런 군주정에서 민주공화정으로 이행하는 역사에서 만민공동회의 활동에 주목하는 입장은 두 가지 점에서 보충되어야 할 것으로 보인다.

첫째로, 만민공동회의 활동에서 "한국 민주공화주의의 정치운동의 기원"을 그리고 그 활동의 결과인 <헌의 6조>에서 "한국 근대헌법의 시원"을 보고자 하는 관점은 만민공동회 및 독립협회의 활동에 과도한 의미를 부여한다는 문제를 안고 있다. 서희경에 의하면 만민공동회는 "조선정치의 기본원리에 근본적인 이의를 제기한 사건"인데, "이를 통해 백성이 비로소 정치적 주체로 떠오르고 자각되었다." 그러나 만민공동회에서 백정 출신 박성춘이 한 말, 즉 "지금 나라에 이롭고 백성이 평안할 길은 관민이 합심해야 이룩될 수 있다"[269]는 발언을 바탕으로 백성이 정치적 주체로 자각하게 되었다고 평가하는 것에 대해서는 좀 더 세심한 분석과 이해를 요한다. 그가 행한 발언의 명제적 의미만을 놓고 보아도 다양하게 해석될 소지가 있다. 뒤에서 좀 더 자세하게 분석할 것이지만 백정 출신 박성춘이 한 발언을 유교적 민본주의의 근본정신과 질적으로 단절된 것으로 보는 것은 한계가 있다.

이런 문제보다 여기에서 의문시되는 것은 독립협회 주도로 이루어진

• • •

267 서희경, 『대한민국헌법의 탄생: 한국 헌정사, 만민공동회에서 제헌까지』, 앞의 책, 19쪽, 100쪽; 그리고 416쪽 이하 참조

268 같은 책, 19-20쪽.

269 같은 책, 20쪽.

만민공동회에서 제기된 민권 주장을 지나치게 의미론적 차원에서만 접근하고 있지는 않는가 하는 점이다. 달리 말하자면 그 발언의 화용론적 차원에 대한 분석이 상대적으로 부족하지 않나 한다. 독립협회 주도자들의 백성들에 대한 부정적인 인식, 즉 우민관은 당대 보수적 유학자들이나 전형적인 위정척사파 유형의 지식인들에 비해서도 극심한 것으로 알려져 있다. 실제로 만민공동회를 개최하려는 시점에서조차 윤치호, 서재필, 이완용 등과 같은 독립협회의 주도적 인사들은 '무식한 인민이 난폭한 행동을 하는 것'을 매우 우려했다.[270]

또한 일본의 침략 의도에 대한 의식 부족은 말할 것도 없고, 일본에 의한 지배도 환영 내지 방관하는 태도 등을 종합적으로 고려해볼 때 독립협회 주변의 개화파 인사들에게서 나타나는 민권 옹호 주장은 민권 실현의 역사에서 큰 의미를 부여받기 힘들 것이다. 역사학자 조동걸에 의하면 <독립신문>을 위시로 하여 개화파를 이끈 문명개화론자들은 백성을 우매하고 위험한 존재로 보았을 뿐만 아니라, "의병과 동학농민군을 난적으로 보고 그것을 토벌하기 위한 일본군의 주둔을 오히려 정당한 것으로 논변하는 해괴한 발상까지 하게 될 정도로 국민의식이 미흡"했다.[271]

그런데도 서희경은 만민공동회의 역사적 의미를 매우 높이 평가한다. 그에 의하면 그것은 국민을 유일한 주권자로 보고 공동체의 공적인 문제를 전체 국민의 의사를 통해 결정하는 국민주권 원리 및 공화주의에 대한

- - -
270 주진오, 「독립협회의 개화론과 민족주의」, 『현상과인식』 20, 1996, 34쪽.
271 조동걸, 한국독립운동사편찬위원회 편, 『한국독립운동의 역사 1: 한국독립운동의 이념과 방략』, 앞의 책, 47쪽. 김도형, 『근대 한국의 문명전환과 개혁론: 유교비판과 변통』, 앞의 책, 306-307쪽도 참조. 김도형에 의하면 독립협회를 주도하던 사람들이 주장하던 당대 조선의 자주독립은 오로지 청으로부터의 자주독립을 의미했던 것이었으며, 그것도 청일전쟁의 와중에서 "조선에 대한 일본의 독점적 지배를 위한 포석"의 목적으로 일본에 의해 요구된 것이었다. 독립협회 지도자들은 이런 일본의 침략 의도에 대해서는 침묵하였던 것이다. 같은 책, 323쪽 각주 298.

관심이 "한국인의 정치적 열정"으로 분출된 사건이다. 그에 의하면 만민공동회와 같은 운동은 "근본적으로 '민족'(nation)과 '독립'(independence)이라는 새로운 정치적 자각 위에 서 있었지만, 정치이념의 측면에서 볼 때 훨씬 심오한 각성이 내포되어 있었다." 만민공동회의 활동은 "자신들의 정치적 운명을 스스로의 의지와 판단, 행동을 통해 변혁하려는 정치적 주체, 즉 시민권의 탄생을 시사하고 있기 때문"이라는 것이다.[272] 그러나 이런 구분, 즉 한 나라의 독립과 시민권을 향유하는 정치적 주체의 출현을 상호 독립적인 것으로 보는 관점이 과연 타당한지 의문이다.

주지하듯이 1898년이라는 시기는 조선이 망국의 길로 가는지 아니면 외세의 침략을 막아내고 독립국가로서 존립을 지속할 수 있느냐의 기로에 서 있는 결정적 순간이었다. 이런 상황에서 조선의 유교적 왕정이 지니는 문제점과 폐단의 극복 역시 절박한 시대적 과제임이 분명했다. 일본을 비롯한 외세의 침략에 저항하여 국가의 주권과 독립을 온전하게 지켜낼 수 있는 역량은 국내의 정치체제 및 사회·경제체제의 개혁이 없이는 충분하게 확보할 수 없을 것이 분명하기에 그렇다. 그러나 이런 조선 내부의 개혁의 중요성을 내세우면서 나라의 독립 문제를 상대적으로 소홀히 했던 한말 독립협회 활동의 한계를 간과하는 것은 문제다. 특히 주권이 심각하게 위기에 처해 있던 상황에서 그에 대응할 수 있는 내부 정치 개혁 방안이 반드시 왕정을 폐지하고 민주공화정을 채택하는 것으로 보아야 하는지는 의문이다. 독립협회 내부에서 그에 대한 상이한 견해가 존재했던 것은 당연하다. 그리고 일본에 매우 호의적인 개화파 인사들은 아이러니하게도 메이지 유신으로 탄생한 근대 일본 국가가 결코 민주공화정에 어울리는 나라가 아니라는 점 그리고 19세기 말에 민주공화주의를 채택한 나라는

---

272 서희경, 『대한민국헌법의 탄생: 한국 헌정사, 만민공동회에서 제헌까지』, 앞의 책, 40-41쪽.

전 세계에 걸쳐서도 거의 존재하지 않았다는 점을 무시한다.[273] 물론 주진오가 주장하듯이 대한제국 시기에 활동한 개화파의 노력을 그들이 설령 일본을 모델로 하여 근대 개혁을 추진하려고 했다 해서 훗날 국권 침탈 과정에서 일본에 협력한 세력과 동일한 것으로 파악할 수는 없을 것이다.[274]

그럼에도 시민권의 확보라는 과제가 나라의 독립이 없이 달성될 수 없음은 당연하다. 더구나 독립이 없는 시민권 확보의 가능성을 염두에 둔다면, 그것은 공화주의적 자유 이념에 정면으로 배치되는 것이기도 하다. 공화정이 어원적으로 본다면 군주정이 없는 혹은 군주정에 반대되는 정치 체제의 일종으로 간주되지만, 공화주의 역시 나라의 독립을 전제로 하는 정치체제인 것이다. 공화주의적 전통에 의하면 참다운 정치적 자유는 타인이나 국가로부터 간섭을 받지 않은 상태가 아니라 "사적(私的)인 형태의 주종적 지배(dominazione)(또는 예속dispendenza) 자체가 존재하지 않는 상태"를 뜻한다.[275]

• • •

273 군주전제권에 반대하고 민권 신장의 명분을 내세워 의회제도 및 내각제 도입을 주장한 독립협회는 1896년 7월 창설되어 1898년 12월 말에 해산되기까지 약 2년 5개월 남짓 활동했다. 독립협회는 만민공동회 및 관민공동회를 개최하여 의회개설과 내각제 도입을 통한 정치체제 개혁을 골자로 한 민권 운동을 펼쳤다. 그러나 독립협회 안에는 윤치호-남궁억 계열의 흐름과 안경수-정교 계열로 대변되는 서로 다른 입장이 존재했다. 윤치호-남궁억 계열은 강력한 전제군주권을 바탕으로 개혁지향적인 민과 협력하여 개혁을 추진하려고 했는데, 이에 반해 안경수-정교 계열은 군주권을 제한하고 개명 관료 중심의 정부 구성을 통해 권력을 장악하려고 했다. 특히 안경수는 박영효와 긴밀하게 연락을 주고받으며 당시 대한제국의 황제였던 고종을 몰아내려는 쿠데타를 도모하기도 했다. 주진오의 연구에 바탕을 둔 이태진에 의하면 안경수 계열이 주도한 의회개설과 내각제 시행 운동은 대한제국의 정치체제의 약화를 노리고 있었던 일본을 등에 업고 있었다. 달리 말하자면 독립협회 활동, 특히 안경수 계열의 활동은 대한제국의 군주권을 와해시켜 조선 침략에 유리한 고지를 확보하려는 일본의 힘을 빌려 권력을 장악하고자 했다는 것이다. 그리고 독립협회가 주장한 의회개설론도 실제로는 독립협회에만 한정된 것으로 진정한 의미의 일반 민의 대의제로 인정받기 어려운 것이었다. 이태진, 『고종시대의 재조명』, 태학사, 2015, 서장 참조.

274 주진오, 「개명군주이냐, 민국이념은 레토릭이다」, 교수신문 엮음, 『고종황제 역사청문회』, 푸른역사, 2005, 125쪽.

간섭을 받는다는 것과 예속 관계 속에 놓여 있다는 것의 차이는 다음과 같은 예를 통해 설명될 수 있다. 법을 두려워하지 않고 자의적으로 통치할 수 있는 권력자에 의해 억압받는 경우나 회사 사장의 횡포 속에서 생활을 하는 사람들을 생각해보자. 독재자나 횡포를 부리는 고용주 밑에서 살아가는 사람들에게서 간섭은 보이지 않을 수도 있다. 달리 말해 독재자나 고용주들은 매사에 간섭을 하지 않고서도 마음만 먹으면 언제든지 피고용인이나 백성들을 가혹하게 대우할 수 있다. 따라서 비롤리는 간섭과는 달리 예속은 "무엇보다 사람들이 공포를 가지고 움츠러들도록 하는 개인 의지의 조건화(條件化)"로 본다. 매사에 간섭을 하지 않더라도 어떤 특정한 개인(폭군)이나 특권 계층은 언제든지 마음만 먹으면 일반 시민들의 자유를 공격할 수 있는 능력을 갖고 있는 것이다.[276] 이런 상태가 바로 자유에 대한 진정한 위협이라고 보는 것이다. 그리고 공화주의적 자유를 근본적으로 위협하는 예속 중에서 외세의 침략에 의한 국권 상실보다 더 심각한 예속은 역사상 찾아보기 힘들다.

그러므로 예속 관계를 벗어난다는 것은 시민들이 자의적인 지배 내지 자의적인 의지에서 벗어나 있는 것을 말한다. 이런 예속으로부터 자유를 공화주의적 자유의 핵심으로 보는 것은 공화주의 연구자들 사이에 널리 공유되고 있다. 그래서 오늘날 스키너(Q. Skinner), 비롤리 그리고 페팃을 비롯한 공화주의 이론가들은 이를 '비지배(nondomination)로서의 자유'로 명명한다.[277] 특히 필립 페팃(Philip Pettit)은 '비지배로서의 자유'를 공화주

• • •
275 모리치오 비롤리(M. Viroli), 『공화주의』, 김경희 · 김동규 옮김, 인간사랑, 2006, 91쪽.
276 같은 책, 92쪽 이하 참조.
277 곽준혁, 「키케로의 공화주의」, 『정치사상연구』 13(2), 2007, 135-136쪽 참조. 비지배로서의 공화주의적 자유와 시민들의 자기 지배인 민주주의적 자유 사이의 관계에 대해서도 다양한 이론이 존재한다. 그러나 공화주의적 사상가들은 비지배적인 자유를 옹호하고 이를 보호하기 위한 수단으로 시민들의 정치참여와 자치를 이해하는 경향이 강하다. 예를 들어, 모리치오 비롤리, 『공화주의』, 앞의 책, 113쪽 참조.

의적 자유로 규정하고, 이 자유를 간섭이 없는 상태인 소극적 자유와 민주적인 자율로 이해되는 적극적 자유와 구별되는 자유의 이상에 대한 "제3의 대안"으로 본다.[278]

공화주의적 자유 이념에 비추어 보나 독립협회 및 만민공동회가 활동하던 당시 시대적 상황에 비추어 보나 시민적 주체의 출현과 국가 독립 확보라는 역사적 과제를 균형 잡힌 시각에서 이해하지 못한 개화파 세력의 한계는 뚜렷하다. 개화기 선각자들을 단순하게 외세와 결탁하여 권력을 탐한 친일 세력으로 규정하려는 시각의 한계를 경계한 주진오도 독립협회 운동이 "언론과 교육을 통한 계몽운동보다 외세와 결탁해 권력을 장악하고 왕권을 무력화한 가운데 근대개혁을 주도"하려는 방식을 보여주었다고 비판한다. 그리고 그런 잘못된 근대 개혁운동으로 인해 역설적으로 "개화 망국론"이 확산되었고, 그 결과 국민들 사이에 "근대개혁을 부정적으로 여기는 경향"이 발생했다고 한다. 개화파 인사들은 이런 책임으로부터 자유롭지 못하다는 것이다.[279] 그런 점에서 만민공동회와 같은 운동에서 "'민족'(nation)과 '독립'(independence)이라는 새로운 정치적 자각"과 아울러 "정치적 주체, 즉 시민권의 탄생"을 보려는 관점에 쉽게 동의하기 힘들다.[280]

...

278 필립 페팃, 『신공화주의: 비지배 자유와 공화주의 정부』, 곽준혁 옮김, 나남출판, 2012, 479쪽. 여기에서는 페팃의 공화주의 이론을 전문적으로 탐구하는 장소가 아니므로 그것을 둘러싼 논쟁은 다루지 않는다. 페팃의 비지배 자유관의 문제점에 대해서는 정원규, 『공화민주주의』, 씨아이알, 2016, 219-220쪽 참조.

279 주진오, 「개명군주이나, 민국이념은 레토릭이다」, 교수신문 엮음, 『고종황제 역사청문회』, 앞의 책, 130쪽.

280 이런 서희경의 인식은 아마 민족주의나 민중을 중요시하는 역사관을 통해 한국 근현대 사를 바라보는 시각을 상대화하려는 문제의식을 깔고 있는 것으로 보인다. 한국역사를 과도하게 민족주의적 내지 민중적 시각으로 보는 폐단을 극복하기 위해 민족주의 및 민중사관을 상대화하는 작업은 매우 중요하다. 그러나 문제는 민족주의 및 민중주의 의 과잉을 비판하는 시각이 잘못되면 민족주의 및 민중주의를 삭제하는 경향으로 흐를 수 있다는 점이다. 이에 대한 경계도 게을리하지 않아야 할 것이다.

2) 유교적 민본주의와 공화주의와의 대화

만민공동회를 민주공화정을 향한 과정에서 획기적 사건으로 설정하는 관점이 안고 있는 또 다른 문제점을 살펴보자. 그것은 유교적 민본주의와 공화주의 사이의 관계를 부정적인 것으로 바라보는 시각이 안고 있는 한계이다. 만민공동회를 한국 근대헌법의 시원으로 보는 서희경의 논거를 좀 더 살펴보자. 서희경은 만민공동회에서 백성들이 민회를 만들어 공론 수렴 과정을 거쳐 <헌의 6조>를 의결했음을 강조한다. 특히 이 <헌의 6조>는 1898년 10월 29일 만민공동회에 참석한 정부 대신들과 독립협회 회원 그리고 서울 백성들이 모여 공동으로 의결된 것으로 그 내용은 다음과 같다.

"<헌의 6조> 1. 외국인에게 의부(依附)하지 아니하고 동심협력하여 전제 황권을 견고케 할사. 2. 광산·철도·매탄(석탄)·산림 및 차관·차병과 모든 정부와 외국인과의 조약의 일을 만일 외부대신과 중추원의장이 합동으로 서명 날인한 것이 아니면 시행하지 못할 사. 3. 전국 재정은 어떠한 세를 물론하고 모두 탁지부(度支部)에서 구관(句管)하되 다른 부(府)·부(部)와 사회사(私會社)는 간섭할 수 없고, 예산과 결산은 인민에게 공표할 사. 4. 지금부터는 무릇 중대한 죄인을 별도로 공개하여 공변되이 심판하되, 피고가 도저히 설명하여 필경에 자복한 후에야 시행할 일이며, [……]. 6. 장정(章程)을 실천할사."(<독립신문> 제178호, 1898. 11. 1.)[281]

서희경은 <헌의 6조>가 전제황권을 형식적 차원에서 긍정하고 있지만, 재정, 조약체결 및 인사 문제와 관련된 황권을 제한하려고 한다고 평가한다. 그리고 황제의 권한을 "제한하여 공공화"하려는 <헌의 6조>는 왕의 자의적 통치를 배제하고 "인민의 의사를 존중하여 인민과 함께 협의하여

• • •

281   서희경, 『대한민국헌법의 탄생: 한국 헌정사, 만민공동회에서 제헌까지』, 앞의 책, 43-44쪽에서 재인용. 제6조의 '장정'(章程)은 "중추원 개조를 통한 의회 설립안"을 의미한다. 조경달, 『근대 조선과 일본』, 최덕수 옮김, 열린책들, 2015, 175쪽.

정치를 행해야 한다'는 내용을 담고 있다. 따라서 <헌의 6조>가 지향하는 군민공치(君民共治)는 입헌군주제와 다르지 않다고 그는 결론짓는다. 그러면서 이 <헌의 6조>의 헌정사적 의미를 다음과 같이 요약한다. "공화제는 일반적으로 군주제와 대립적인 의미의 정치체제를 의미하지만, '왕과 인민이 함께 협의하여 정치를 행한다'는 의미의 군민공치적 군주정치는 사실상 '공화주의의 싹'이었던 것이다."[282]

<헌의 6조>와 공화주의 사이의 연결지점을 해명하는 자리에서 서희경은 군민공치의 정치체제를 공화주의로 이행할 수 있는 기본 요소를 포함하고 있다는 정용화의 해석에 의거한다. 정용화에 의하면 '군민공치'라는 용어는 "입헌군주체제"(constitutional monarchy)의 번역어이다. 이 용어는 유길준이 만들어낸 것은 아니고, 19세기 후반 조선, 중국 그리고 일본에서 서구 민주정치체제를 이해하고 동아시아 역사의 맥락에서 새로운 정치체제를 모색하는 과정에서 널리 사용된 것이었다.[283] 물론 정용화도 군권을 제한하여 의회를 통해 백성, 즉 민(民)이 정치에 참여한다는 이념을 전제로 하는 군민공치란 "전통 유교정치 관념으로는 생각할 수 없는 것"이라고 역설한다.[284]

그렇지만 정용화는 서희경보다 훨씬 더 유교적 민본주의와 서구의 공화주의 혹은 입헌민주주의 사이의 접맥 가능성에 주목한다. 일례로 그는 서구 입헌민주주의를 '군민공치' 및 그와 유사한 개념을 통해 이해하고 수용하는 모습을 조선, 중국 그리고 일본에서 공통으로 발견할 수 있는 것으로 본다. 그리고 이런 공통적 현상 배후에는 입헌민주주의 정치체제를 나름대로 수용할 수 있는 유교적 정치문화가 존재한다는 점이 강조되고 있다. 특히 정용화는 군민공치론을 통해 조선, 중국 그리고 일본이 입헌민

• • •
282 서희경, 같은 책, 44쪽.
283 정용화, 『문명의 정치사상: 유길준과 근대한국』, 문학과지성사, 2004, 264쪽.
284 같은 책, 259쪽.

주주의를 수용 과정에서 입헌민주주의 이념이 유교적 정치이념과 연관해서 적극적으로 해석되고 소개되는 측면에 주목한다.[285]

앞에서 강조했듯이 19세기 후반에 중국 및 일본에서와 마찬가지로 조선에서도 유교적 정치이념인 민본주의에 의거하여 서구 근대 입헌민주주의를 수용하는 흐름이 널리 존재했다. 두어 가지 예만을 들면 다음과 같다. 조선에서 서구 입헌민주주의에 대한 관심을 보인 최초의 인물인 최한기는 일반 백성이 선거를 통해 대통령을 선발하는 미국 공화정치를 "유가에서 가장 이상으로 삼는 요순의 통치 모습"으로 묘사했다. 그리고 그는 조선의 유교적 공론정치 역사를 배경으로 하여 공화정치 혹은 군민공치(共治)를 한 나라의 공론을 통해서 수행되는 정치로 이해하고 있다.[286] 또한 1880년대 초 서구의 입헌민주 정치체제를 적극적으로 소개하는 데 기여한『한성순보』도 유교적인 정치 원리를 통해 입헌민주주의의 장점을 소개하고 있다. 예를 들어 이 신문은 입헌정체의 핵심을 민선 의원의 설치를 통해 공적인 사안을 전체 국민이 함께 논함으로써 군주의 자의적 권력 행사의 가능성을 차단하는 데에서 구한다. 그리고 이 신문은 민의 참여에 의한 의원제도 및 권력분립과 같은 공화주의 혹은 입헌민주주의의 핵심적 제도를 "유교정치의 이상인 '사천하(私天下) 방지'와 '현자 등용'에 가장 적합한 방식"으로 이해한다.[287]

위에서 정용화의 연구에 기대어 살펴본 것처럼 유교적 민본주의와 공화주의 사이의 단절을 강조하는 것도 일리가 있지만, 둘 사이의 친화성을 강조한 유학자들의 이해 방식을 무시하는 것은 큰 문제이다. 특히 민본주의와 서구 민주주의적 공화주의 사이의 거리를 좁힐 수 없는 것으로 보고, 이 둘 사이에 존재하는 간극과 근본적인 단절을 정당화하는 데에 가장

• • •
285 같은 책, 264-295쪽 참조.
286 같은 책, 274-276쪽 참조.
287 같은 책, 278-281쪽 참조.

결정적인 전제는 유교적 민본주의는 백성을 정치 주체로서가 아니라, 객체로 다루고 있다는 통념이다. 그리고 '약보적자'(若保赤子)라는 용어가 보여주듯이, 유교적 정치이념이 백성을 위한 정치를 강조한다고 해도 그것은 기껏해야 백성을 어린아이처럼 돌보는 행위에 정치를 한정하고 있는 것처럼 보인다. 따라서 유교적 민본주의는 백성의 능동적인 정치적 참여를 기본으로 하는 민주주의 및 공화주의 정치체제와 양립하기 힘들다는 견해가 학계는 물론이고 우리 사회에 널리 펴져 있는 통념일 것이다.

그러나 민본 내지 위민을 지향하는 유교적 정치체제가 공화주의 및 민주주의와 상통하는 지점을 인식하지 않으면 안 된다. 민본주의와 공화주의 및 민주주의 사이를 이원론적 대립 관계로 바라보는 태도는 서구 근대와 유교적 전통 사이의 이항 대립을 주장하는 모든 관점의 근본적 전제다. 그러나 약보적자, 즉 모든 백성을 어린아이와 같이 늘 돌보는 것이 왕과 사족들이 지켜야 할 궁극적인 도리로 보는 유교적 민본주의는 자유적인 정치이념과 양립 불가능한 것이 아니다. 유교적 민본주의 이념은 오히려 나름의 방식으로 백성들의 정치적 자율성의 체제와 이어지는 연결지점을 보여주고 있기 때문이다. 그것은 이론적으로 보면 모든 인간의 자율성을 가능하게 하는 무한한 책임의 정치이념의 표출이기 때문이다.

이 책 제4장에서 강조했듯이 유교의 인(仁) 이론은 레비나스적인 무한한 책임이론과 보편적인 동등 존중 원칙을 종합하고 있는 이론의 한 형태로 해석될 수 있다. 예를 들어 『서경』(書經), 「홍범」(洪範) 편에 "천자께서는 백성들의 부모가 되시어 천하를 다스리고 계신다"(天子作民父母, 以爲天下王)라는 구절이 등장하고, 「강고」(康誥) 편에는 "어린아이를 보호하듯 하면 백성들이 편안히 다스려질 것이다"(若保赤子, 惟民其康乂)라는 주장이 등장한다.[288] 간단하게 말해 유교적 민본주의에서 왕이나 사족 및 사대부들과

• • •
288 『서경』, 김학주 역주, 명문당, 2009, 289쪽, 333쪽.

같은 이른바 정치의 담당자들에게 제일차적으로 요구되는 것은 백성에 대한 무한한 책임을 다하라는 것이며, 그런 무한한 책임은 백성의 자유로운 삶을 배제하는 것이 아니라, 오히려 그것을 가능하게 하는 행위로 이해되어야 한다. 즉 '약보적자'가 표현하는 것은 백성을 어린아이처럼 막 다루고 그들을 단순하게 통치의 대상으로 격하하라는 것이 아니라, 백성들의 '자유에 앞선 것이자 자유를 가능하게 하는 토대'인 무한한 책임을 다하라는 요구로 해석되어야 한다는 말이다.

아이리스 영은 레비나스 및 데리다가 제안하는 무한한 책임을 자유와 무관하거나 자유를 거부하는 것이 아니라, 자유에 앞선 자유의 토대로 본다.[289] 마찬가지로 유교적 성왕은 백성의 볼모이며 백성의 '공복'으로 이해될 수 있다. 임금이 백성의 볼모로서 백성에게 모든 것을 바쳐 헌신해야 한다는 것은 유교적 민본주의 정치이념의 기본이었다. 그리고 사대부 혹은 조선의 사족 내지 양반들이 군신공치와 같은 형태로 왕을 보필하여 왕을 유교적인 이상을 구현할 수 있는 요순과 같은 성왕으로 만들어내도록 해야 한다는 것도 마찬가지 민본주의 이념의 전개에서 나온 정치형태였다.

그리고 유교적인 전통에서 인(仁)이나 인정(仁政)을 설명하면서 늘 어린아이를 보살피는 마음에 대한 언급이 등장하는 것은 우연이 아니다. 주희의 주장을 들어보자. "혹자가 물었다. '갓난아이를 보살피듯 한다'라는 것은 무엇입니까? 정자의 말에 의하면, 갓난아이란 제 마음을 스스로 말할 수 없지만, 그 아이의 어머니는 어린아이를 사랑하는 지극한 모성애로써 모든 것을 생각하므로 어린아이가 원하는 뜻을 헤아림에 있어 정확하게 맞추지는 못하지만 큰 차이가 나지는 않는다. 이러한 능력과 행위를 어떻게 배운 뒤에 능한 것이라 말할 수 있겠는가. 백성이란 스스로 말을 못하는 갓난아이와는 다르다. 하지만 백성을 부리는 위정자가 민심을 잃게 된 것은 본디

• • •
289 아이리스 M. 영, 『정치적 책임에 관하여』, 허라금 외 옮김, 이후, 2013, 204쪽 참조.

백성을 사랑하는 진실한 마음이 없어 백성의 마음을 살피지 못했기 때문이라고 한다."[290]

군주나 군자는 부모가 아이를 기르는 심정으로 늘 백성을 대해야 한다는 유학의 핵심적 통찰은 상하위계 질서를 정당화하는 가부장주의 내지 전제주의라는 틀에서는 결코 충분하게 이해될 수 없다. 선진시대의 대표적인 법가 사상가 중 하나인 신불해(申不害)가 유가를 비판하는 것을 예로 들어보자. 그는 "천하를 차지하고도 마음대로 하지 못한다면, 이를 일컬어 천하의 질곡(桎梏)이 된다고 한다"고 주장했다. 천하가 질곡이 된다 함은 천하 백성의 일을 어머니가 어린아이를 돌보듯 아끼고 배려하고 그들이 성숙된 존재로 클 수 있도록 관심을 기울이는 일에 전념할 것을 강조하는 유가의 입장을 따른다면, 요와 순과 같은 황제도 천하로 인해 질곡에 빠진다는 말이다. 즉 천하백성의 일로 인해 요와 순은 황제라는 지위에 있음에도 불구하고 어떤 자유를 행할 수 없는 속박의 상태에 빠지게 된다는 것이다. 그리하여 이사(李斯)는 신불해의 주장을 다음과 같이 설명한다. "천하를 차지하고도 마음대로 하지 못한다면, 이를 일컬어 천하의 질곡(桎梏)이 된다고 한다"는 것은 "신하들의 죄를 살피고 처벌할 수가 없어 요임금이나 우임금처럼, 오히려 천하의 백성들에 의해 자기 몸이 괴로워짐을, 질곡이라 말한 것입니다."[291] 천하 백성들에 의해 황제가 오히려 자신의 자유로운 활동이 없어지는 질곡의 상태로 빠지게 된다는 것은 백성들이라는 타자와의 무한한 윤리적 책임관계로 인해 황제 자신이 타자의 '볼모'가 된다는 말과 상통한다.

이사(李斯)는 신하와 백성의 관계를 주인과 노예와 같은 관계로 보면서 요순성왕론은 황제의 전권 행사를 방해하는 것이라 혹평한다. "무릇 다른

---

290 주희, 『대학혹문』, 박완식 편역, 『대학, 대학혹문, 대학강어』, 여강, 2010, 334쪽.
291 사마천, 「이사열전」, 사마천, 『사기열전 상』, 최익순 옮김, 백산서당, 2014, 930쪽.

사람이 자기를 따르면, 자기는 존귀하고 다른 사람은 비천한 것이며, 자기가 다른 사람을 따르면, 자기는 비천하고 다른 사람은 존귀한 것입니다. 다른 사람을 따르는 자는 비천하고, 다른 사람을 따르게 하는 자는 존귀하다 함은, 예로부터 지금까지 항상 그래 왔습니다. [……] 그러나 요임금이나 우임금은 자신을 천하 사람들에게 내맡긴 사람들인지라, 그들을 따르고 존중하게 되면, 현명함을 존중하는 마음을 잃어버리게 됩니다. 크게 잘못된 일이라 하겠습니다. 이를 가리켜 '질곡'이라고 말하는 것은 당연한 일이 아니겠습니까?"[292]

법가 사상가인 이사(李斯)에게 비친 유교적 성왕이론은 그것이 얼마나 황제 권력의 자의적 행사를 불가능하게 하고 있는지를 잘 보여준다. 심지어 그는 유교적 성왕을 "천하를 받드는 하인"[293]에 불과하다고 혹평하지만, 역설적으로 그런 비판은 유교적 성왕이론의 합리적 핵심, 즉 백성의 볼모이론으로서의 성왕론의 근본정신을 보여준다. 물론 이런 유교적 정치이론이 현실에서 얼마나 실질적으로 왕권을 제약했는지는 의문일 수도 있을 것이다. 그리고 그것은 현대 민주공화주의가 내세우는 권력 분립과 대의제적인 선거제도에 비해 권력의 자의적 지배를 배제할 수 있는 제도적 장치로서 충분치 않은 것으로 여겨질 수도 있다. 그러나 유교적 성왕이론은 왕권의 자의적 권력 행사를 원천적으로 봉쇄하여 그 권력을 공공의 것에 어울리게 규율하고 제한하려는 유교적인 제한 권력 의식의 표출이었고, 조선을 비롯하여 동아시아의 역사에서 폭정을 순치하는 데 나름대로 큰 기여를 해온 것도 사실이다. 이사가 주장하고 있듯이 요순성왕은 "천하 사람들에게 내맡긴 사람들"인데, 유교적 성왕의 존재 이유는 바로 천하의 공공성을 유지하는 데 있다. 이처럼 유교적 성왕이론은 천하위공의 대동세계의 이상

• • •
292 같은 책, 931쪽.
293 같은 책, 933쪽.

과 연결되어 있다. 이것이 바로 유교적 민본주의가 내재적으로 공화주의로 이어지는 핵심 연결고리이다.

그럼 한국의 민주공화정 탄생과 조선의 유교적 정치문화 및 민본주의 사이에 어떤 연속성이 존재하는지를 좀 더 구체적으로 살펴보자. 개화파 인사 중 명시적이고 공개적으로 공화제를 주장한 인물은 박제형이었다고 한다.[294] 그는 일본 유학을 했을 뿐 아니라, 갑신정변에도 참여했으나 그 와중에 희생되었던 것으로 보인다. 갑신정변이 실패한 뒤 2년이 지나 일본 에서 그의 유고가 출판되었다. 거기에는 다음과 같은 주장이 실려 있다. "무릇 왕이 백성을 위해 있는 것이지 백성이 왕을 위해 있는 것이 아니다. 한 사회에 비유하여 말하자면, 먼저 지혜로운 자를 뽑아 회장을 삼는데, 국가도 그와 마찬가지이다. 그러므로 서양에서 말하기를, 천하가 사회를 위해 있는 것이니 사회의 총리는 모름지기 덕망이 높은 자를 뽑아야 한다. 상고시대가 법을 세우던 초기와 그리 멀지 않아 요순과 우탕은 서로 왕위를 물려주었고, 고요와 익과 직은 왕위를 물려주었지만 받지 않았다. 만약 오늘날에 왕위를 신하에게 물려준다면 연왕 쾌가 자지에게 왕위를 물려줌 으로써 천하가 어지러웠던 일이 반드시 일어나 신하로 하여금 대역의 죄를 쓰게 할 것이다. (이런 일을 생각해보건대), 미국의 대통령 선거가 만고에 지극히 공의로운 법이다."[295]

박제형은 공화주의를 정당화하기 위해 두 가지 유교 전통사상을 활용한 다. 첫째로, 그는 "무릇 왕이 백성을 위해 있는 것이지 백성이 왕을 위해 있는 것이 아니"라는 유교의 전형적인 위민 혹은 민본이념을 논의의 출발 점으로 삼는다. 둘째로, 그는 백성들이 스스로 대통령을 선출하는 선거제도 를 요순성왕의 유가적 이상사회에서 실현된 정치제도와 동일시하고 있다.

· · ·

294 신복룡, 『대동단실기』, 선인, 2014, 350쪽.
295 박제형, 『근세조선정감』, 중앙당, 1886, 9좌-10우. 같은 책, 351쪽에서 재인용.

특히 요임금이 순임금에게 왕위를 물려준 행위를 지극히 공적인 것으로 보고 있다. 요가 순에게 천하의 권력을 넘겨준 것은 유학의 전통에서는 일반적으로 공천하 사상으로 이해해왔다. 달리 말하자면 황제 권력을 어느 특정한 인물의 자식에게 세습하여 물려주는 행위는 권력을 사사로운 것으로 간주하는 것이다. 박제형의 공화주의 논변은 유교적 민본주의가 지니고 있었던 천하위공의 공천하 사상의 급진성을 다시 환기시켜 유교적 정치문화에 익숙한 사람들에게 공화주의의 정당성을 옹호하는 방식을 취한다.

이렇게 서구 공화주의의 도전에 직면하여 19세기 후반 조선사회는 유교적 전통을 다시 사유하고 그것을 공화주의와 결합시키는 방향으로 그것을 급진화시키는 모습을 보여준다. 그러나 공화주의를 유교적인 공천하주의와 연결시켜 이해하는 방식은 결코 절충주의적인 것으로 혹은 견강부회식의 어설픈 해석으로 폄하될 성질의 것이 아니다. 실제로 천하위공(天下爲公) 사상은 극단적으로 백성을 학대하고 착취하는 폭군을 거부하고 새로운 왕조를 개창할 수 있는 정당성을 긍정한다. 그래서 천하위공 사상이 후대에 이르러 천하의 공은 황제, 즉 천자의 지위를 세습하지 않는다는 생각으로 전개되는 것도 우연이 아니다. 달리 말하자면 황제의 권위를 자식에게 물려주는 것은 천하를 개인의 것으로 삼는 부덕한 행위이기에 유덕한 사람에게 천자의 자리를 물려주는 것이 공천하(公天下)의 이념에 합당한 행위라는 것이다.[296]

공화주의와 군주정을 예리하게 나누는 것은 이 둘 사이의 관계를 모호하게 할 위험성이 있다. 공화주의가 추구하는 근본정신 혹은 공화주의가 달성하고자 하는 자유의 핵심은 자의적 권력 행사로 인해 일반 사람들이 예속 상태로 전락할 가능성을 제거 혹은 견제하는 데 있다. 따라서 공화주의적 자유 이념에서 결정적인 것은 자의적 권력을 행사하는 사람이 한 명이든

• • •
296 미조구치 유조, 『중국사상 명강의』, 최진석 옮김, 소나무, 2004, 109쪽 참조

소수의 특권적 귀족계층이든 또는 다수의 인민이든 상관없이 사람을 예속 혹은 종속의 상태로 몰고 갈 자의적 권력으로부터 보호하는 것이다. 달리 말하자면 공화주의적 자유 이론의 핵심은 자의적 지배 및 종속 상태로부터의 해방, 즉 종속 또는 지배의 부재를 진정한 자유로 바라보아야 한다는 주장이다. 그러므로 공화정을 왕정 혹은 군주정에 반대되는 엄격한 의미로 사용하는 것도 좋지만, 왕정 및 그런 왕정에 반대되는 것으로서 공화정을 바라보는 것은 공화주의적 자유의 근본정신을 제대로 이해하는 데 큰 도움이 되지 않는다. 거듭 강조하지만 공화주의적 자유에서 결정적인 것은 자의적 지배로부터 시민들의 자유를 옹호하는 것이었다. 그래서 공화주의적 이념을 옹호하는 사람들이 군주제를 위험하게 보는 것은 군주정 하에서 왕이 국가권력을 마치 자신의 사적 소유물인 것처럼 마음대로 휘두를 수 있는 경향을 제어하기 힘들다는 이유 때문이었다.

만약에 공화정을 글자 그대로 군주정에 반대되는 의미로만 생각한다면 아마 서구 근대 역사에서 미국과 더불어 가장 발전된 민주주의 정치를 실현한 영국의 정치체제를 이해하기 힘들 것이다. 지금까지도 영국은 왕정을 채택하고 있지만, 영국을 민주주의 국가가 아니라고 보는 사람은 없을 것이다. 이런 맥락에서 군주정보다는 공화정이 예속을 피하려는 인간의 자유, 즉 공공선을 실현하는 데 더 효과적인 정치형태라고 주장하는 마키아벨리(N. Machiavelli)의 입장이 이해될 수 있을 것이다.[297] 마찬가지로 근대 공화주의 정치철학자의 대표적 인물 중 하나인 장 자크 루소도 공화제를 "귀족정치나 민주정치만을 뜻하는 것이 아니라, 일반적으로 전체 의사에 의해 인도되는 모든 정부"라고 규정하면서, 군주정 역시 "공화제가 될 수 있다"고 말한다. 달리 말하자면 정부형태가 군주정이라고 해도 주권자

• • •
297 니콜로 마키아벨리, 『로마사 논고』, 강정인·안선재 옮김, 한길사, 2003, 272-273쪽 참조.

의 대리인으로서 인민의 전체 의사인 "법"에 의해 통치된다면 그 정부 역시 공화주의와 양립할 수 있기 때문이다.[298]

박제형의 인식이 조선사회에서는 그리 새로운 것이 아님을 알아야 한다. 이 책 제9장 제3절에서 좀 더 자세하게 언급했듯이 천하위공의 대동사상과 공천하 사상은 조선 후기에 탕평정치를 통해 일반화되기 시작했다. 예를 들어 영조는 또 1756년 1월에 사단에서 풍년을 비는 날 밤에 함인정(涵仁亭) 뜰에 앉아 후대의 왕에게 권하는 말에서도 백성과 왕의 관계를 다음과 같이 설명한다. "『서경』(書經)에 '백성은 나라의 근본이니, 근본이 튼튼해야 나라가 평안하다.' 하였다. 술 편(述編)에서도 이미 말했듯이, 한 사람으로 천하를 다스리는 것이요, 온 천하로 한 사람을 받드는 것이 아니다. 또한 나라는 백성을 근본으로 삼고 백성은 음식을 하늘로 삼으니, 백성을 평안하게 하고자 하면 농사를 중시하는 것을 우선으로 삼아야 한다. [……] 아, 임금이 되고 스승이 됨은 바로 백성을 위함이다. 백성을 위해 임금이 있는 것이요, 임금을 위해 백성이 있는 것이 아니다."[299]

영조의 발언은 박제형의 발언 요지와 거의 상통한다. 영조 역시 "백성을 위해 임금이 있는 것이요, 임금을 위해 백성이 있는 것이 아니"라는 민본과 위민의 이념을 강조함은 물론이고, 왕권의 정치적 정당성은 "한 사람으로 천하를 다스리는 것이요, 온 천하로 한 사람을 받드는 것이 아니"라는 주장에서 보듯이 공공성에 있는 것임을 천명하고 있다. 왕이라고 해도 왕의 권력은 결코 사사로운 방식으로 마음대로 휘두를 수 있는 것이 아니라 천하를 공공적인 방식으로 사심 없이 다스릴 경우에 비로소 왕다운 왕으로 인정받을 수 있다는 것을 영조도 강조하고 있다.

이제 서희경을 비롯하여 여러 연구자들이 주목하는 만민공동회에 참석

●●●
298 장 자크 루소, 『사회계약론』, 이환 옮김, 서울대학교출판부, 2007, 52쪽.
299 『사직서의궤』(社稷署儀軌), 卷之四, 어제(御製), 한국고전번역원, 2012.

한 백정 출신 박성춘의 연설 내용을 보자. "나는 대한의 가장 천한 사람이고 무지몰각합니다. 그러나 충군애국의 뜻은 대강 알고 있습니다. 앞으로 이국편민(利國便民)의 길은, 관리와 인민이 합심한 후에야 가능하다고 생각합니다. 저 햇빛가리개에 비유한다면 한 개의 장대로 받치면 역부족이나 여러 장대를 합하면 그 힘은 매우 견고해집니다. 원컨대 관리와 인민이 마음을 모아 우리 대황제의 성덕에 보답하고 나라의 운세가 만만세를 누리게 합시다."[300]

박성춘의 연설은 매우 획기적 의미를 지닌다. 그래서 백정 출신인 그가 연설하는 장면에서 "만민 평등의 시대가 활짝 열렸음을 선언하는 것"으로 보는 것도 타당하다.[301] 혹은 만민공동회의 공개토론회가 "조선에서의 민주주의의 첫걸음"으로 평가받아도 마땅할 정도로 의미가 있다. 그러나 문제는 이런 민주적 내지 공화적 정치의식의 공개적 출현을 조선의 유교적 정치문화 및 민본주의 역사를 배경으로 하지 않고 과연 제대로 이해할 수 있는가 하는 것이다. 이런 맥락에서 필자는 만민공동회를 조선의 민주주의의 첫걸음으로 보면서, 이를 "이의 제기를 인정하는 유교적 민본주의를 내건 조선적 전통 정치의 발전 형태"로 보는 조경달의 해석에 공감한다.[302]

위에서 인용한 박성춘의 연설 내용 역시 유교적 민본주의 이념과 큰 차이가 없다. 오히려 그의 연설 내용은 유교적 민본주의가 조선 후기 이후 지속적으로 성숙시켜 온 나름의 평등주의 지향의 공개적 표출로 이해되어

• • •

300 서희경, 『대한민국헌법의 탄생: 한국 헌정사, 만민공동회에서 제헌까지』, 앞의 책, 20쪽 참조. 김정인, 『민주주의를 향한 역사: 시대의 건널목, 19세기 한국사의 재발견』, 책과함께, 2015, 52쪽에서 재인용.

301 김정인, 같은 쪽. 조경달, 『근대 조선과 일본』, 앞의 책, 172쪽.

302 조경달, 같은 책, 같은 쪽. 헌법학자 정종섭도 대한민국헌법의 시원을 홍범14조나 대한국국제(大韓國國制)에서 구하는 시도를 비판하면서 조선시대에서부터 전해져 내려오는 연속성의 측면을 무시하지 않아야 한다고 강조한다. 정종섭, 「자서」, 정종섭편, 『한국헌법사문류』, 박영사, 2002, iii쪽.

도 좋을 정도이다. 우선 그는 자신이 천한 출신이어서 유교적인 교양을 풍부하게 함양할 아무런 지식이 없다는 것을 고백하면서도 유교적 정치이념에서 바람직하다고 인정되는 충군애국의 뜻이 무엇인지를 알고 있다고 강조한다. 그러면서 그는 그 핵심을 "이국편민"(利國便民)이라고 말한다. 이 역시 전형적인 보국안민이나 백성의 삶을 안정하게 해 국가를 평화롭게 한다는 유가적 정치이상의 핵심을 표현한 것이다.

이제 문제는 백정 출신이라고 천대받던 하층민조차도 스스로 유가적 정치이념, 즉 동학농민전쟁에서 전쟁지도부와 농민이 내건 대의로 표현한다면, '보국안민'의 이념을 자신의 것으로 만들어 이를 구현할 수 있는 능동적 정치적 주체임을 공개적으로 천명했다는 사실을 어떻게 이해해야 하는가이다. 그런 행동방식이 지니는 새로움과 급진성의 의미를 이해하는 것이 결정적인 문제라는 것이다. 그 급진성은 선비 개념의 만민화 내지 보편화 과정을 매개로 하여 만민 평등 이념을 실현하고자 한 조선식의 유교적 평등주의의 표출로 이해될 수 있는 것이다. 달리 말하자면 박성춘의 발언은 민본과 근왕의 입장에서 "이국편민"(利國便民), 즉 '나라를 이롭게 하고 백성의 삶을 평안하게 하는' 길에 동참할 수 있는 떳떳한 사람이란 점에서 자신도 출신은 비록 미천한 백정일지 모르지만 선비와 다를 바 없이 동등하게 존중받아야 할 고귀한 인간임을 주장하는 것이나 다름없다.

앞에서 우리는 백정이 스스로 정치적 주체임을 자각하고 이를 공개적으로 천명하는 만민공동회와 같은 사건, 그러니까 최하층의 백성 자신이 정치 주체임을 선언함에 의해 근대적인 '국민'이 탄생하는 극적 순간이 서구적 민권사상이나 민주공화주의 유입의 영향만으로 출현할 수 있었는가 하는 점에 대해 회의적 입장을 취했다. 달리 말하자면 만민공동회의 의미를 한국 헌정사에서 주목할 만한 획기적 사건으로 보고, 그 핵심을 전근대적인 유교적 군주정에서 민주공화정으로 이행하는 단절적·단선적인 역사발전이라는 도식 속에서 이해하는 태도가 문제가 없는가 하는 물음을 제기했다. 간단하게 말해 그 사건을 서구적인 근대 민주정을 수용하여, 한국사회가 비로소 유교적인 전근대적 군주정으로부터 민주공화국으로 이행해가는 거대한 문명 전환으로 보는 시각은 재고되어야 한다는 말이다. 그렇게 본다면 한국 헌정사는 유교적 정치와의 단절의 시각에서만 이해될 뿐만 아니라, 서구 근대의 입헌민주주의 이념의 수용 및 전개라는 틀로 한국 민주공화국 형성사를 이해할 우려가 존재하기 때문이다. 바로 뒤에서 보듯이 우리 사회의 민주공화정 역사는 서구 근대 입헌민주주의 및 공화주의 이념을 단순하게 반복하지 않고, 그것을 유교적 정치문화를 배경으로 하여 나름의 독자적인 형태로 발전시켜 온 과정으로 이해되어야 하기 때문이다.

이런 문제의식을 두 가지로 요약해서 말할 수 있을 것이다. 첫째로, 우리는 만민공동회에서 한국역사에서 전개될 공화주의 싹이나 민주주의로의 첫걸음을 독해해내는 시도를 유교적 민본주의의 평등 지향과 공화주의적 지향의 명시적 표출 및 전개라는 시각과 결합하여 종합적으로 보아야 한다. 둘째로, 유교적 민본주의를 배경으로 하여 서구 근대 입헌민주주의 및 공화주의를 주체적으로 수용하는 과정에서 유교적 민본주의가 공화주의적 방식으로 변형되어 전개되어 가는 과정에 주목할 뿐만 아니라, 다른 한편으로 그런 변형과 전개 과정에 의해서 역으로 서구 근대 입헌민주주의 및 공화주의에 어떤 새로운 이해의 지평이 출현하고 있는가에 주목해야 한다.

3) 조소앙의 삼균주의와 제헌헌법의 성격

유교적 민본주의와 서구 공화주의 사이의 창조적 결합을 통해 새로운 형태의 공화주의 이념이 전개되는 모습은 일제 강점기 독립운동에서 매우 분명하게 나타난다. 앞에서 본 것처럼 한국의 헌법정신이나 헌법이 전적으로 서구적 근대, 특히 서구적인 민주주의의 영향에 의한 것으로 보는 것은 단견이다. 이제 조선시대를 통해 축적된 대동세계 및 천하위공으로 대변되는 유교적인 이념이 한국의 헌법과 어떻게 연결되고 있는지를 살펴보기로 하자. 특히 대동적 평등 지향 및 세계시민주의적 정신과 이념을 통해 대한민국헌법 정신을 해석하려는 작업이 왜 터무니없는 것으로 치부되어서는 안 되는지를 해명해보도록 하자.

조소앙, 신규식, 신채호 그리고 박은식을 비롯한 여러 사람이 함께 작성한 것으로 알려져 있는 1917년 <대동단결선언>은 한국의 독립운동 방향을 민주공화제에서 구하고 있음을 분명하게 천명하고 있다.[303] "융희황제가 삼보를 포기한 8월 29일은 즉 우리 동지가 삼보를 계승한 8월 29일이니 그 사이 순간도 정식이 없다. 우리 동지는 완전한 상속자니 저 황제권 소멸의 때가 즉 민권발생의 때요, 구한국의 마지막 날은 즉 신한국의 최초의 날이니, 무슨 까닭인가. 우리 대한은 무시이래로 한인의 한이오 비(非)한인의 한이 아니니라. 한인 사이의 주권을 주고받는 것은 역사상 불문법의 국헌이요, 비한인에게 주권 양여는 근본적 무효요, 한국의 국민성이 절대 불허하는 바이라. 고로 경술년 융희 황제의 주권 포기는 즉 우리 국민 동지에 대한 묵시적 선위니 우리 동지는 당연히 삼보를 계승하여 통치할 특권이 있고 또 대통을 상속할 의무가 있도다."[304]

이 선언서에 등장하는 삼보란 주권을 가리킨다. 그리고 이 선언에 의하면 황제가 일본 침략자에게 주권을 넘긴 순간, 그렇게 포기된 황제 주권은 이제 일반 백성, 즉 인민에게 속한다. 군주 주권이 포기된 후 국민이 그 주권을 이어받는다는 주장이다. 그리고 이 선언에 의하면 한국인 사이에

• • •

303 <대동단결선언>은 1917년 상하이에서 조소앙, 신규식, 신채호 그리고 박은식을 비롯한 14명의 공동 명의로 발표되었다. 김정인, 『민주주의를 향한 역사: 시대의 건널목, 19세기 한국사의 재발견』, 앞의 책, 368쪽. 14인의 인물에 대해서는 김기승, 『조소앙이 꿈꾼 세계: 육성교에서 삼균주의까지』, 지영사, 2003, 196쪽 참조.
304 김소진, 『한국독립선언서연구』, 국학자료원, 1999, 70쪽에서 재인용함.

"주권을 주고받는 것은 역사상 불문법의 국헌"이기에, 일본에게 주권을 양도한다는 것 자체가 원천 무효다. 그러므로 빼앗긴 조선 인민의 주권을 대동단결하여 스스로 회복하여 민주적 공화주의 국가를 수립하자는 것이 <대동단결선언>의 핵심적 주장이다.

<대동단결선언>은 독립운동 진영에서 황제주권이 소멸되었으며, 이제 독립되어야 할 나라의 정치원리는 국민주권주의에 입각한 것이어야 함을 천명한 것이었다. 독립운동 진영이 공화주의적 지향을 확고하게 하고 있음을 보여주는 이 선언은 1919년 3·1 운동 이후 공화제 임시정부의 선언으로 이어진다. 주지하듯이 1919년 거족적인 3·1 운동 이후 중국 상하이에서 성립된 대한민국 임시정부는 대한민국 임시헌장(1919년 4월 11일)에 "대한민국은 민주공화제로 함"을 명시하고 있다.[305] 그리고 조소앙이 주창한 삼균주의는 1931년에 대한민국 임시정부의 공식적인 독립운동의 이념으로 채택된다.[306]

균등이념을 핵심으로 하는 조소앙의 삼균주의는 조선의 유교적 민본주

• • •
305 정종섭 편, 『한국헌법사문류』, 앞의 책, 30쪽.
306 같은 책, 91쪽. 김용달, 「광복 전후 좌·우파 독립운동세력의 국가건설론」, 『한국독립운동사연구』 46, 2013, 259-260쪽 참조. 3·1 운동 이후 복벽주의가 청산되고 공화주의가 독립운동의 중심으로 정착되었다는 통념에도 불구하고 1919년에서 1923년 시기에 복벽주의와 공화주의 사이에는 상당 수준의 갈등이 존재했다. 3·1 운동 전후부터 1923년 사이에 복벽주의를 내세우며 임시정부 수립운동을 추진한 대표적 사례는 조선민족대동단인데, 조선민족대동단은 "3·1 운동 직후 그 규모나 지속성이 최대 규모인 민족운동 단체"였다고 한다. 특히 조선민족대동단에는 유림인사들이 많이 참석했을 뿐만 아니라, 이 단체에서 활동한 많은 사람들이 후에 민족운동의 대안으로 사회주의를 수용하여 일제하 국내에서 사회주의운동을 선도했다고 평가받는다. 이현주, 『한국 사회주의 세력의 형성: 1919-1923』, 일조각, 2003, 81-82쪽. 이현주에 의하면 복벽주의와 사회주의가 병존할 수 있었던 데에는 강유위의 대동사상의 영향이 중요했다. 같은 책, 129쪽 참조. 물론 대동단에 참여한 이후 많은 사람들이 사회주의 사상을 한국 독립운동의 지도 이념으로 채택하게 된 이유를 강유위의 영향으로만 볼 수는 없을 것이다. 기존 유학사상을 비판하고 그것을 혁신한 것이 유학에 정통하였을 뿐만 아니라, 그에 익숙한 사람들에게 새로운 시대적 조류에 어울리는 사상으로 받아들일 수 있을 정도로 설득력을 지니고 있었기에 그런 수용이 가능했을 것이다.

의를 바탕으로 하여 서구 근대 공화주의 및 입헌민주주의 이념을 창조적으로 수용하여 이루어진 독창적인 이념이다. 그리고 그 이념은 독립운동의 기본 이념이었다. 조소앙의 삼균주의는 1941년 임시정부의 <건국강령>을 거쳐 1948년 대한민국헌법에도 큰 영향력을 행사한다. 이 강령의 제1장 총강 2항의 내용은 다음과 같다. "우리나라의 건국정신은 삼균제도에 역사적 근거를 두었으니 선민(先民)이 명령한 바 수미균평위(지위를 머리부터 꼬리까지 고르게 함)하면 홍방보태평(나라를 일으키고 태평을 보지함)하리라 하였다. 이는 사회 각 층 각 계급의 지력(智力)과 권력과 부력(富力) 향유를 균평하게 하며 국가를 진흥하며 태평을 보유하라 함이니 홍익인간과 이화세계(진리로 세계를 화함)하자는 우리 민족이 지킬 최고 공리임."[307]

조소앙은 균평, 즉 평균을 중심사상으로 삼고 있는 삼균주의를 홍익인간과 같은 우리 민족의 전통이념 및 동아시아의 유교적 전통이념에서 전개되어온 것으로 이해한다. 특히 그는 『논어』 「계씨」 편에 나오는 "적은 것을 걱정할 것 없이 고르지 못한 것을 걱정하라"(不患寡而患不均)는 공자의 주장을 삼균주의의 중요한 사상적 기원이라고 강조한다. 그리고 그는 이 공자의 주장을 "동서고금에 움직일 수 없는 진리"라고 단언한다.[308] 이처럼 그는 한국 독립운동 이념의 기원을 한국 및 동아시아의 전통이념에서 구하면서 이를 서구 공화주의 및 민주주의와 결합시키고 있다. 그러므로 그는 정치·경제·교육의 균등을 기초로 해서야 비로소 참다운 민주주의 국가가 건설될 수 있다고 믿는다. 그러면서 그는 삼균주의에 토대를 둔 독립된 한국이 이상적으로 건설할 국가상을 "신민주국" 혹은 "뉴 데모크라시의 국가"로

* * *

307 강만길 편, 『조소앙』, 한길사, 1982, 102쪽. 헌법학자 신우철에 의하면 건국강령의 작성 과정에서 강유위의 대동사상과 손문의 삼민주의의 영향이 매우 컸다. 그럼에도 그는 조소앙의 독자성은 분명하다고 강조한다. 신우철, 『비교헌법사: 대한민국 입헌주의의 연원』, 앞의 책, 429쪽, 433쪽 참조.

308 강만길 편, 『조소앙』, 같은 책, 192쪽.

규정한다. 그 의미를 그는 다음과 같이 설명한다. "여기에 신민주라 함은 민중을 우롱하는 '자본주의의 데모크라시'도 아니며 무산자 독재를 표방하는 사회주의 데모크라시도 아니다."[309]

조소앙의 신민주주의, 즉 삼균주의에 바탕을 둔 민주주의는 대한민국 임시정부의 헌법을 통해 1948년 제헌헌법에 반영된다. 그래서 서희경은 제헌헌법의 "체계 및 용어, 기본원칙, 이념 등과 놀랄 정도로 유사하다는 점, 헌법적 연속성이 분명하다는 점"을 들어 대한민국 임시정부 헌법을 "한국헌법체제의 일종의 원형헌법"으로 규정한다.[310]

예를 들어 1948년 7월 17일에 시행된 대한민국 제헌헌법의 전문은 다음과 같다. "유구한 역사와 전통에 빛나는 우리들 대한민국은 기미 삼일운동으로 대한민국을 건립하여 세계에 선호한 위대한 독립정신을 계승하여 이제 민주독립국가를 재건함에 있어서 정의인도와 동포애로써 민족의 단결을 공고히 하며 모든 사회적 폐습을 타파하고 민주주의 제제도를 수립하여 정치, 경제, 사회, 문화의 모든 영역에 있어서 각인의 기회를 균등히 하고 능력을 최고도로 발휘케 하며 각인의 책임과 의무를 완수케 하여 안으로는 국민생활의 균등한 향상을 기하고 밖으로는 항구적인 국제 평화의 유지에 노력하여 우리들과 우리들의 자손의 안전과 자유와 행복을 영원히 확보할 것을 결의하고 우리들의 정당 또 자유로이 선거된 대표로서 구성된 국회에서 단기 4281년 7월 12일 이 헌법을 제정한다."[311]

이처럼 인류대동의 평화 지향 민족주의와 평등 지향적 대동민주공화적 이념은 대한민국의 탄생과 더불어 제정된 헌법에서 1987년 헌법에 이르기까지 헌법 전문 속에 면면이 이어져오고 있다. 그뿐만 아니라 대동적인

• • •

309 같은 책, 204쪽.

310 서희경, 『대한민국헌법의 탄생: 한국 헌정사, 만민공동회에서 제헌까지』, 앞의 책, 110쪽.

311 강만길 편, 『조소앙』, 앞의 책, 251쪽에서 재인용함.

균평 이념은 '경제적 평등' 혹은 '경제민주화' 조항 등에서도 지속되고 있다.

물론 백범 김구를 비롯하여 대한민국 임시정부의 당시 주류 인사들은 1948년 제헌국회에 참석하지 않았음은 널리 알려져 있다. 그런 점에서 제헌국회는 "임시정부의 인맥을 계승하는 데에는 실패했고, 임시의정원의 맥을 잇는 데에도 실패했다"고 평가받는다. 그러나 제헌국회의원의 상당수는 "임시정부의 정신이라도 계승해야 한다고 생각하여 그 정신을 헌법에 반영"하고자 무던 애를 썼다고 한다.[312] 실제로 제헌헌법 제정 과정에서 조소앙의 삼균주의로 상징되는 균평 및 평등 지향적 요소를 헌법에 반영한 정치 세력은 김구 및 우사(尤史) 김규식(金奎植, 1881~1950)과 대체로 뜻을 같이하는 사람들이었다고 한다. 비록 김구와 김규식은 단독정부 수립을 위한 선거에 참석하지 않았지만, 제헌헌법에 삼균주의를 반영한 것은 이들과 대체로 뜻을 같이했던 중도파, 특히 진보적이고 민족적인 소장파 국회 세력의 노력에 힘입은바 크다는 것이다. 1948년 제헌국회 구성을 위한 5·10 선거 결과 당선자 현황은 무소속이 85명, 이승만 지지 세력이 많았던 대한독립촉성국민회는 55석 그리고 한민당은 29명이었다. 서중석에 의하면 무소속 85명 중 다수가 김구 및 김규식을 지지하거나 정치적 성향에서 비슷한 사람들인 중도파였다. 그리고 이들이 반민족행위 처벌법(반민법) 제정은 물론이고 농민의 입장에서 농지개혁법을 만드는 데도 앞장섰다.[313]

제헌헌법 제정 과정에서 임시정부의 삼균주의 정신이 제대로 반영되도록 노력한 구체적 사례의 하나로 박찬승은 다음과 같은 의원들 사이의 문답을 제시한다. 당시 헌법기초위원회 위원장이었던 서상일에게 제헌의원인 최운교는 헌법 독회에서 "헌법 전문에 3·1 운동의 정신을 계승한다

• • •

312　박찬승,『대한민국은 민주공화국이다』, 돌베개, 2013, 332쪽.
313　서중석·김덕련,『서중석의 현대사 이야기 1: 해방과 분단 친일파, 현대사의 환희와 분노의 교차로』, 오월의봄, 2015, 128-129쪽 참조

고 했고, 개원식에서 의장 이승만이 대한민국 임시정부를 계승한다는 말이 있었는데, 헌법의 전반적인 내용 가운데 임시정부를 계승한다는 내용이 들어있는가"라고 질문을 하면서, 삼균주의를 거론한다. 최운교는 "임시정부는 과거 약헌·헌법 등을 대외에 선포했고, 그 가운데에는 정치, 경제, 사회의 삼균주의가 분명히 있었는데, 제헌헌법은 그 정신을 계승하고 있는가"라고 거듭 질문한다. 그의 질문에 대하여 서상일은 "이 헌법 전문을 보시면 하필 그것(정치, 경제, 교육을 의미 — 인용자)만의 삼균주의가 아니라, 모든 영역에 있어서 만민균등주의를 확인했다"고 답한 것으로 기록되어 있다.[314]

앞에서 인용된 대한민국 제헌헌법 전문은 "국민생활의 균등한 향상"과 아울러 "항구적인 국제평화"의 이념을 강조한다. 또한 대한민국의 최초의 헌법은 제15조에서 "재산권은 보장된다. 그 내용과 한계는 법률로써 정한다."라고 규정하여 재산권의 행사가 사회의 공공성에 저촉되지 않아야 함을 분명하게 하고 있다. 그리고 같은 헌법의 제84조에서는 사적 재산권의 제한 규정을 다음과 같이 더 명확하게 규정한다. "대한민국의 경제 질서는 모든 국민에게 생활의 기본적 수요를 충족할 수 있게 하는 사회정의의 실현과 균형 있는 국민경제의 발전을 기함을 기본으로 삼는다. 각인의 경제상 자유는 이 한계 내에서 보장된다."

지금까지 살펴본 것처럼 한국의 민주공화주의 헌법정신은 서구 근대의 입헌민주주의 혹은 공화주의를 단순하게 수용했다거나 그것이 미국에 의한 선물처럼 우리에게 이식되었다거나 하는 관점으로는 이해될 수 없는 고유한 성격을 지니고 있다. 거칠게 말하자면 한국 민주공화국은 독립운동-민족해방운동 정신을 이어받은 것으로 그 정신은 대동적 민주공화국 이념으로 개념화될 수 있다고 생각한다. 그리고 제헌헌법의 근본정신으로

• • •
314 같은 책, 333쪽을 참조하여 재구성함.

관철되고 있는 민주공화주의적 대동주의는 조선 후기에 본격화된 민본적 대동주의를 혁신적으로 발전시킨 것으로 이해되어야 할 것이다. 즉, 민본적 대동주의는 갑오농민전쟁과 의병전쟁 그리고 독립운동 과정을 거치면서 새로운 시대 상황에 어울리게 혁신되고 점차 체계적으로 정리된 결과 대동적 민주공화주의 혹은 민주공화주의적 대동주의 정신으로 구체화된 것이다.[315]

대동적 민주공화주의 이념은 대외적으로는 모든 민족의 평등한 상호 인정과 이를 통한 인류사회의 평화 구현, 대내적으로는 모든 종류의 특권과 차별을 폐지하고 일정한 수준의 경제적 평등을 바탕으로 하는 만민 평등의 민주주의 사회를 지향하는 것으로 요약해볼 수 있을 것이다.[316] 그러므로 대한민국헌법 정신을 대동적 민주공화주의로 바라보는 시도는 이식된 서구 근대의 헌법 원리를 수용하고, 그것을 따라잡는 과정으로 한국 헌정사를 바라보는 태도와 다르게 한국 헌법 정신의 역사성과 그 고유한 성격을 해명하려는 것이다. 그리고 그런 시도는 서구 근대를 문명의 모델로 설정하여 그것에 상응하는 요소나 그것을 따라잡을 수 있도록 한 우리 사회의 내재적 발전의 계기를 강조하려는 시도와도 다르다. 이제 한국의 사상사 및 헌법사는 물론이고, 한국 근현대사를 서구 근대의 '충격에 대한 반응'의 틀로 바라보는 인식 틀을 벗어나야 한다.

그리고 전통 대 근대의 이원론적 대립 구도의 틀을 고수하는 시각으로는

• • •

315 이런 점에서 필자는 제헌헌법에 나타나는 사회주의적 성격의 기원을 독립운동에서 추구된 "평등주의적 사회정의관"에서 구하는 서중석의 해석을 기본적으로 받아들인다. 서중석, 『한국현대 민족운동연구 2; 1948~1950 민주주의 · 민족주의 그리고 반공주의』, 역사비평사, 1996, 76쪽 참조. 그러나 일제 강점기 우파와 좌파를 막론하고 민족해방운동 세력의 대부분 세력이 동의한 경제적 영역에 대한 사회주의적 통제관 혹은 평등 지향의 사회정의관의 뿌리를 조선시대에 축적된 유교적인 대동적 민본주의의 영향사와 관련해서 이해해보려고 한다는 점에서 필자는 서중석과 입장을 달리한다.

316 박찬승은 제헌헌법 전문에 담긴 주요 이념을 '민족주의, 민주주의, 균등주의, 국제평화주의'로 이해한다. 박찬승, 『대한민국은 민주공화국이다』, 앞의 책, 337쪽.

상이한 사회적인 상상을 매개로 하여 형성되어온 우리 사회 헌법의 정신사를 제대로 고찰할 수 없다. 마찬가지로 한국 헌법의 탄생이나 20세기 후반 한국사회가 나름으로 이룩한 산업화 및 민주화의 성취를 바라보는 시각에서도 뒤늦게 출발한 비서구사회의 일원인 한국이 서구 근대를 뒤따라잡아가는 의미에서 '만회하는 혁명'으로 보는 관점을 넘어서지 않으면 우리 사회의 역사적 맥락이 지니는 고유한 특성을 충분하게 이해하기 힘들 것이다.

그런데 대한민국헌법 정신을 둘러싼 해석의 갈등은 오늘날 우리 사회가 어디로 가야 할지에 대한 첨예한 정치적 갈등과 연결되어 있다. 특히 경제적 평등 및 소유의 공공성 조항으로 인해 대한민국헌법의 성격을 어떻게 이해할 것인지에 대해 보수적인 경향의 지식인과 진보적인 경향의 지식인 사이에 상당한 긴장이 존재한다. 예를 들어 식민지근대화론의 대표적 학자이자 뉴라이트 운동에 적극적으로 참여하는 이영훈은 이 조항을 들어 대한민국의 제헌헌법이 지향하는 경제 질서를 "자본주의와 사회주의를 섞어 놓은, 사회민주주의 또는 혼합경제체제에 해당"된다고 이해한다. 그리고 그는 그런 경제민주화 조항을 대단히 비판적으로 본다.[317] 그러면서도 그는 다른 책에서는 "대한민국은 정치적으로는 자유민주주의와 경제적으로는 자유 시장체제를 국체의 기본으로 하여 출발하였습니다"라고 주장한다.[318]

제헌헌법의 경제 질서 조항에 대한 이영훈의 해석은 일관되지 못하다. 특히 대한민국 제헌헌법의 경제 질서에 관련된 조항을 자유 시장체제로 이해하는 그의 독법은 비판받을 만하다. 그래서 이병천은 제헌헌법의 제15조 등 경제민주화 관련 조항을 예로 들면서 제헌헌법을 자유 시장체제를

• • •
317 이영훈, 「총론: 한국형 시장경제체제를 찾아서」, 이영훈 엮음, 『한국형 시장경제체제』, 서울대학교출판문화원, 2015, 38-40쪽.
318 이영훈, 『대한민국 이야기』, 앞의 책, 223쪽.

기본으로 하는 헌법이라고 해석하는 이영훈을 비판한다. 이영훈이 "제헌헌법이 정치적 민주주의와 경제적·사회적 민주주의의 조화를 기본 이념"으로 하고 있다는 점을 묵살한다고 그는 비판한다. 이런 이병천의 비판은 정당하다.

그럼에도 필자는 제헌헌법의 이념을 서구적인 사회민주주의 이념의 틀로 이해하려는 이병천의 시도에 전적으로 동의하지는 않는다. 설령 내용적으로 보자면 사회민주주의적 이념이나 우리헌법의 경제적 균등이념이 사실상 수렴되는 것이 아니냐는 반론이 있을 수 있겠다. 그런 반론에 대해 절반은 승인하겠지만, 그래도 제헌헌법의 민주주의 정신 및 경제적 평등 지향의 이념 등을 우리가 영위하는 역사적 전승의 맥락에서 재해석하는 시도가 나름 의미가 있다는 것은 분명할 것이다. 이미 살펴본 것처럼 제헌헌법의 탄생 과정에서 유교적인 균평 및 대동 이념이 나름의 역할을 수행했다는 점이 지니는 의미는 매우 중요하기 때문이다.

더구나 한국 헌법의 성격을 사회민주주의라는 개념으로 이해하려는 시도는 또 다른 문제점을 안고 있다. 그것은 서구 근대의 용어들을 번역하고 재해석하는 과정에서 나타나는 변형을 소홀하게 취급하기 때문이다. 디페시 차크라바르티(Dipesh Ckakrabarty)의 주장을 활용한다면 서구 근대의 역사적 경험을 토대로 해서 등장한 개념들과 이론들은 한국과 동아시아 현실을 분석하고 이해하는 데 '필요 불가결'하면서도 '부적절'하다.[319] 예를 들어 민주주의, 인권, 국민국가 등등은 동아시아의 지적 전통에서 보면 낯선 용어들이다. 그래서 많은 사람들은 근대적 시민의식과 민주주의 이념은 성리학적 사상체계와는 양립할 수 없는 것으로 본다.

그런데 당연한 말이지만 문화의 만남은 늘 번역행위를 동반한다. 민주주

•••
319 디페시 차크라바르티, 『유럽을 지방화하기: 포스트식민 사상과 역사적 차이』, 김택현·
    안준범 옮김, 그린비, 2014, 50쪽.

의, 자유, 평등에 대한 우리의 개념들이 서구의 그것을 번역한 데에서 등장한 것이지만, 그렇다고 그런 번역어가 결코 서구적 용어들의 단순한 반복일 수 없다. 그런 개념들을 번역하고 받아들이는 과정에서 동아시아의 전통적 문화자원을 매개로 한 창조적 변형은 불가피한 것이기 때문이다. 따라서 디페시 차크라바르트의 다음과 같은 주장은 타당하다. "우리의 역사적 차이들은 실제로 차이를 만들어낸다. 차이가 생겨난 것은 인간 사회가 백지 상태가 아니기 때문이다. 정치적 근대성의 보편적 개념들은 기존의 개념·범주·제도·실천과 조우하며, 이런 것들을 통해 다르게 번역되고 배열된다."[320]

한말의 의병운동이나 혁신유림들의 개혁운동은 말할 것도 없고, 일제 식민지시기 독립운동과 대한민국의 민주화운동도 유럽적 근대성이 내세우는 보편적 개념들의 '차이나는 반복'이라는 시각에서 새로이 해석되어야 한다. 그렇게 되면 우리는 문화적 번역 그리고 전통과 서구 근대 사이에서 이루어진 대화를 통한 지평융합의 과정을 좀 더 잘 이해할 수 있게 될 것이다. 서구 근대 문화와의 대화를 통해 산출되는 지평융합은 동아시아 전통의 한계가 비판적으로 성찰되는 과정에 그치지 않는다. 그것은 기존 전통에 대한 새로운 이해를 가능하게 함으로써 그 속에 잠재된 상태로 있었던 요소들을 명확하게 발전시키는 데 기여한다. 이미 앞에서 언급했던 것처럼 서구 근대와의 만남을 계기로 하여 조선 유학자들은 유학 전통 속에서 늘 강조되어 왔던 요순성왕론과 대동세계를 새로운 시각에서 이해할 수 있게 되었다. 즉, 그들은 유교적 대동세계와 서구의 공화민주주의 이념 사이의 친화성을 깨닫고, 이를 통해 그 속에 내장되어 있는 공화주의적·민주적 잠재성을 적극적으로 발굴할 수 있게 되었다. 이를 통해 그들은 기존 질서를 옹호하는 지배 이념으로 변질된 유교적 전통을 시대에 어울리

• • •
320 같은 책, 16쪽.

게 혁신적으로 변형시킬 수 있게 되었다.

그러므로 한국의 민주주의는 조선사회의 전통 속에서 실현되어 오던 유교적 대동세계의 이상이나 유교적 민본주의의 흐름을 새로운 시각에서 재구성하고 재해석하는 주체적 번역 행위에 의한 역사적 성취로 다시 이해할 수 있을 것이다. 즉, 한국 민주주의는 유교적 민본주의 속에서 부분적으로 실현되기도 하고 혹은 함축적으로 존재했던 민주주의적 동력이 서구 근대와의 상호작용 속에서 (비록 망국과 식민지배를 거치면서라고 할지라도) 명시적으로 표출되고 실현되어온 것으로 이해될 수 있다.

필자의 해석이 타당하다면 우리나라 헌법 정신을 오로지 서구적 어휘 및 개념만으로 표현하고 이해하고 서술하는 것은 우리 사회가 겪어온 근현대사의 심층을 제대로 사유하지 못하게 하는 것일 수 있다. 더 나아가 서구와 다른 동아시아의 역사적 경험으로 인해 불가피하게 일어나는 인권 및 민주주의 등과 같은 서구적 개념에 대한 새로운 번역과 해석은 인권 및 민주주의에 대한 서구 근대의 제한된 인식 지평도 확충시켜줄 수 있다. 역사적으로도 반식민지 투쟁이 서구 근대 계몽주의가 안고 있었던 역설, 즉 인간 평등을 내세우면서 문명화의 이름으로 실천적으로는 그것을 부인하는 역설을 해소시켜 유럽 계몽주의의 급진적 실현을 가능하게 했다. 서구중심주의적 시각으로 한국의 민주헌법의 역사를 이해하는 작업은 우리 역사의 중층적 모습을 가리고 있다.

4) 안재홍의 신민주주의

해방 이후 안재홍의 사상도 매우 중요하다. 그는 해방 이후 좌우익이 갈등하는 상황 속에서 중도우익의 국가건설 구상을 대변했던 핵심 인물이었다. 그의 "신민족주의와 신민주주의"라는 글은 중도우익의 국가건설 구상을 잘 정리한 것이다. 그는 이 글에서 배타적 민족주의를 거부하고 민주주의와 함께하는 민족주의 구상을 천명했다. 그는 "진정한 민주주의 노선에서만 진정한 민족주의가 성립되는 것"이라고 역설했다. 그리고 그는 민주주의와 결합된 진정한 민족주의를 "순정우익"(純正右翼)이라 보았다.[321] 민주주의와 결합된 민족주의는 사실 일제 강점기 독립운동 세력 대다수가 취했던 방향이기도 했다. 그리고 민족주의를 민주공화주의와 결합하여 이해하고자 한 시도는 해방 이후 한국사회의 방향설정과 관련해서 볼 때도 매우 적절하고 합리적 대안이었다.

우리는 안재홍이 보여주었던 문제의식의 탁월성을 제국주의 침략에 대항하는 제3세계 피압박 민족들의 독립투쟁과 연대했으며 스스로 알제리 민족해방운동에 적극적으로 참여한 프란츠 파농의 통찰에 견줄 수 있다. 그도 민족주의가 인간해방의 이념과 결합되지 않는다면 매우 위험한 것으로 변질될 수 있음을 지적한다. 그의 다음과 같은 말을 깊게 숙고해보아야 한다. "그러나 민족주의가 명확해지지 않는다면, 민족주의가 급속히 성장하고 깊어져서 사회·정치적 필요에 관한 의식, 다시 말해 인간주의로 전환되지 못한다면, 막다른 골목에 봉착하게 된다."[322]

안재홍은 민주주의를 통해 민족주의의 배타성을 순화시키고자 했을 뿐만 아니라, 극단적인 자유 경쟁사회 및 좌파의 계급독재의 한계를 극복해보고자 했다. 그래서 그는 사회통합과 평등 지향의 자유로운 사회를 해방 이후 한국사회가 가야 할 길로 보았다. "진정한 민주주의는 ① 좌에서, 무산계급독재를 전제요항(前提要項)으로 하고 개성의 자유와 재산의 일정한 사유세습의 원칙을 무시하는 공산주의의 강요를 반대함이요, ② 극우에서, 봉건적·대지주적·자본벌적 특권계급지배의 국가를 배격함이다."[323]

안재홍은 유럽과 미국의 역사에서 실현된 민주주의는 물론이고 공산주의야말로 참다운 민주주의라는 구소련의 관점도 비판적으로 보았다. 그에

• • •
321 안재홍, 안재홍 선집 간행위원회 편,『민세 안재홍 선집 2』, 지식산업사, 1981, 209쪽.
322 프란츠 파농,『대지의 저주받은 사람들』, 남경태 옮김, 그린비, 2004, 230쪽.
323 안재홍, 안재홍 선집 간행위원회 편,『민세 안재홍 선집 2』, 앞의 책, 209쪽.

의하면 우리 사회에 구현되어야 할 민주주의는 우리 사회의 역사적 상황과 문화적 전통에서 비롯되는 민주주의여야 한다. 그리고 그런 민주주의는 개인의 사적 재산과 개성의 자유를 긍정하면서도 그것에 특권적 지위를 부여하는 것도 아니고, 경제적 불평등의 공산주의적 해결에서 민주주의가 실현될 수 있다는 단견도 거부하면서 적정 수준의 사회적·경제적 평등을 옹호하는 이념으로 이해되어야 함을 그는 역설했다.

달리 말하자면 안재홍은 공산주의가 추구하는 결과의 평등을 거부하고 개인의 자유와 개성의 실현을 옹호하면서, 동시에 재산과 권력이 균등하고 평등하게 배분되는 사회제도를 참다운 민주주의로 이해했던 것이다. 그래서 안재홍은 자신이 주창한 '신민주주의'를 "조선적 민주주의"라고 부르기도 했다.[324]

안재홍은 그의 신민주주의 및 신민족주의의 기본 방향을 다음과 같이 요약한다. "서구의 민족주의와 민주주의는 대체로 궁정을 중심으로 한 봉건귀족과 대지주와 자본가 등이 최초로부터 특권벌적 독점으로 천하의 정권을 농단하여 계급적인 억압착취가 있다가, 시대의 진운에 따라 한 걸음씩 소시민·농민 등 하층계급의 사람들에게 그 정치 참여권을 할양한 소위 자본적 민주주의로 된 것이요, 그러한 사회적 기반 위에 구성된 민족주의로서 (우리의 것과는) 그 발생 및 발전의 역사가 거의 근본적으로 다르다. 오인은 이제 동일 예속과 동일 해방에서 모든 진보적이요 반항 제국주의적인 지주와 자본가와 농민과 노동자가 한꺼번에 만민공생(萬民共生)의 신발족(新發足)함을 요청하는 역사적 명제 하에 있으므로, 만민공동의 신민족주의요 신민주주의다."[325]

• • •

324 같은 책, 215쪽.

325 같은 책, 48쪽. 안재홍은 자신의 '신민주주의'가 조소앙의 삼균주의의 영향을 받고 있음을 인정한다. 그에 의하면 신민주주의 이론은 "삼균 정책의 토대 위에 그 만민공화, 대중공생의 신사회 국가를 건설하는 것"이다. 같은 책, 235쪽.

5) 한국 헌법의 근본정신으로서 인류 대동사회 지향의 대동민주주의

조소앙이나 안재홍의 사례는 그 어떤 사회도 전통의 매개를 거치지 않고서 다른 문화를 이해·수용할 수도 없을 뿐 아니라, 그렇게 받아들인 것을 자신의 사회 속에 적용할 수 없다는 점을 보여준다. 저명한 독립운동가의 한 사람이었던 우사(尤史) 김규식의 용어를 빌려 설명한다면 조소앙의 삼균주의나 안재홍의 신민주주의 이론은 모두 다 "조선을 민주주의화할 뿐만 아니라 민주주의를 조선화"[326]하려 한 문제의식에서 나온 중요한 결과이다. 그리고 조선의 역사발전의 궤도 속에서 이해된 민주주의는 유교적 정치문화와 창조적으로 매개된 현대적 민주주의 이론이다. 이처럼 조선 사회에서 축적된 유교적 정치이상인 민본주의 및 대동이념은 서구적 근대의 민주주의를 창조적으로 받아들일 수 있는 우리 사회의 문화적 조건이었다. 그러므로 유교적 민본주의는 서구 근대의 인권과 민주주의를 통해 자신에게 내재된 민주적 함축을 독특한 방식으로 명시화할 수 있었던 것이다.

달리 말하자면 서구적 근대의 인권과 민주주의 이념은 조선사회를 거치면서 축적되어온 유교적 정치이념 그리고 유교적 정치문화를 우리 사회의 역사적 맥락에 맞게 민주적 방식으로 변형할 수 있는 창조적 계기로 작동되었다. 사회와 정치에서 실현되어야 할 유교적 이상인 대동적 민본주의가 지닌 민주적 잠재성은 서구적 근대가 나름의 방식으로 발전시켜 온 민주주의와의 만남을 통해 좀 더 분명한 방식으로 드러나게 되었다는 것이다. 필자가 보기에 서구 근대의 민주주의의 영향을 받으면서 한국사회는 유교적 정치문화 및 대동사상의 이념을 창조적으로 재해석함에 의해 조선사회의 유교적 전통 속에서는 충분하게 발현되지 못한 유교적 민본주의 및 대동사상의 민주적 잠재성을 확충하고 그것을 새로운 방식으로 이해할

• • •
326 김기승, 『조소앙이 꿈꾼 세계: 육성교에서 삼균주의까지』, 앞의 책, 298쪽에서 재인용.

수 있게 되었던 것이다. 그렇다고 유교적 전통이 발전시켜 온 민본주의 및 대동세계의 정치관 및 그에 기반을 둔 전통사회가 잠재적으로만 민주적 이고 공화적인 계기를 간직하고 있었다는 것은 아니다. 조선사회를 비롯하여 명·청기의 중국사회를 전근대 혹은 봉건사회로 보는 것은 그리 설득력 이 없다. 그러므로 이 시기를 어떻게 규정할 것인가 하는 문제는 매우 중요하지만, 이에 대해 상세한 논의를 할 자리가 아니다.

다만 여기서 필자는 조선사회에서 실현된 유교적 민본사회와 오늘날 민주주의의 형태인 대의제적 민주주의가 출현하던 서구의 18세기를 비교 할 때 일반 사람들의 정치적 참여의 폭이 조선에 비해 서구사회가 일방적으로 앞서 있다고 볼 근거는 없다는 점을 강조해두고 싶다.[327] 따라서 서구 근대의 민주주의와 유교적 민본주의의 창조적 만남의 결과로서 이해되는 대동 민주주의, 즉 대동민주공화주의는 사회적 불평등, 국가 간 불평등 구조 그리고 자연에 대한 과학기술적 지배를 지양하려는 문제의식을 지니고 있는 민주주의의 유형이라고 할 수 있다. 앞에서 이런 민주주의 이념과 그것을 헌법의 기본 원리로 확정하는 한국 헌법 정신의 탄생 과정을 민본적 대동주의가 공화주의적·민주주의적 대동주의로 이행하는 과정으로 개념화할 수 있음을 강조했다. 그러므로 한국의 대동민주주의는 유교적인 대동적 민본주의와 서구 민주주의 사이의 이종교배의 결과물이라고 보아야 할 것이다. 대동민주주의라는 현상을 가다머의 해석학의 용어를 빌려 사용하면 서구적 인권 및 민주주의와 동양의 유교적 대동사상의 '지평융합'으로 혹은 동서 문명의 회통(會通)의 한 발현태로도 이해할 수 있을 것이다.

앞에서 살펴본 것처럼 대한민국헌법의 탄생을 고려할 때 헌법조문을 미국이나 서방 민주국가의 헌법에서 빌려온 것으로만 보면 안 된다. 따라서

•••
327 이에 대해서는 이 책 제5장 참조

헌법조문에 실려 있는 내용에서도 유교적 전통의 비판적 계승과 변형을 독해해내는 것도 중요하다. 그러나 우리가 더 관심을 기울여야 하는 것은 독립운동을 통한 민주공화국 대한민국의 탄생과정이나 그 이후 그것을 지속적으로 재생산하는 과정에 영향을 주는 다양한 정치문화적 배경이 무엇인가에 관한 이해일 것이다. 특히 유교적 대동정신이 독립운동을 거치면서 민주공화주의와 만나 대한민국헌법에도 일정하게 영향을 주었음이 확인된 이상, 우리 사회의 민주주의와 그 정신을 조선사회의 유교적 민본주의 및 대동사상의 단순한 지속이나 반복만으로 해석할 필요도 없지만, 그와 마찬가지로 미군정에 의한 서구적 민주주의의 이식의 산물로 보는 것 역시 금물일 것이다. 따라서 대한민국헌법이 추구하는 근본적 가치와 정신을 유교적 민본주의 및 서구적 민주주의의 상호작용의 결과인 대동적 민주주의, 즉 대동 민주주의로 해석해볼 여지가 존재한다.

물론 유교적 대동 정신이 한국 민주주의가 지향하고 있는, 그리고 지향해야 할 유일한 가치라는 점을 주장하려는 것이 아니다. 다만 대동 정신이 오늘날 대한민국헌법 정신으로 이어져 오고 있다는 점이 우리의 헌법은 물론이고 우리나라의 근현대사를 이해할 때 주목할 필요가 있는 현상임을 강조하는 것이다. 이런 문제의식 위에서 필자는 대한민국헌법 정신을 대동 민주주의 정신으로 규정하고, 이를 유교적 대동 이념의 현대적 발현 양상으로 보아야 함을 강조했다. 그리고 대동민주주의 정신은 동아시아 인문정신을 바탕으로 조선을 거쳐 한국사회에서 발현된 동아시아 및 한국의 '역사 속의 이성'으로 간주되어 마땅하다. 따라서 한국의 역사 속의 이성은 대동적 이성으로 명명될 수 있을 것이다. '대동적 이성'이라 함은 개인, 사회 그리고 자연이라는 천지만물의 화육(化育)을 궁극적 이상으로 삼는 것으로 '큰 살림살이에 대한 관심'으로 규정될 수 있을 것이다. 따라서 이상적인 측면에서 재구성해본다면, 대동민주주의는 한국의 역사적 맥락 속에서 사회적 평등 및 세계평화 지향의 평천하의 정신을 그 핵심으로 하고 있으며

개인의 자율성과 민주주의를 자신의 것으로 승화시킨 동아시아의 유교적
인 보편적 문명이념의 현대적 변형이라고 규정될 수 있을 것이다.[328]

Ⅲ. 대동민주주의와 한국 근대성

앞에서 우리는 한국의 독립운동과 대한민국 제헌헌법의 정신을 대동민
주주의라는 개념으로 이해해볼 것을 제안했고, 그 기본 이념의 성격을
간단하게나마 서술했다. 이제 한국사회에서 형성된 유교적 대동사회 이념
의 대동민주주의적 변형이 한국 근대의 특질을 해명하는 데 어떤 시사점을
주는지를 살펴보자. 조선시기에 걸쳐 축적된 조선의 유교사회가 19세기
말 이후 서구의 충격이라는 외인에 노출되면서, 그에 적절하게 대응하지
못하고 일본에 의해 강제로 망국의 길로 걸어갔다는 것은 누구나 아는
사실이다.

이런 사실에 직면하여 많은 학자들은 조선의 유교 전통을 실패한 것으로
이해하고, 그 이유를 조선의 유교적 사회가 서구에 의해 대변되는 근대적인
사회로 이행할 자체적인 힘과 역량을 갖추지 못한 미숙한 사회였다는
점에서 구한다. 그래서 유교적 조선사회가 근대화되기 위해서는 '민주'와
'과학'으로 상징되는 서구 근대의 압도적 영향에 의해서만 가능하게 되었
으며, 그런 근대화 과정에서 전통은 근대화의 주요한 장애물로 규정되었다.
즉, 근대화의 장애물인 전통은 제거되지 않으면 안 된다는 것이 근대와
전통의 관계를 바라보는 관점으로 널리 퍼져있다.

• • •

328 김용옥은 "유교의 새로운 해석이 우리민족의 통일헌법의 기초"가 될 것이라고 주장한다.
    김용옥, 「통서: 인류문명전관」, 『논어 한글역주 1』, 통나무, 2008, 66쪽. 대한민국헌법
    정신을 유교적 대동사상의 지속적 영향사의 맥락에서 해석해보는 이 글의 시도가
    남북 사이의 화해와 평화적 통일에 긍정적으로 기여할 수 있기를 희망한다.

전통 대 서구적 근대의 대립과 이 둘 사이의 양립 불가능성에 대한 견해가 조선의 망국으로 인해 일견 설득력을 얻을 수 있을 것이다. 망국과 식민지배로의 전락이라는 상황에 직면하여, 그 사회의 내적 문제와 한계를 치열하게 반성하는 작업을 부인하지는 않는다. 그러나 자신이 속한 문화와 제도를 치열하게 비판하고 성찰하는 작업이 절실하다고 해서 전통을 통째로 거부하고 자신을 폭력적으로 유린하고 망하게 하는 외세와 그 문명을 선진 문명으로 환호하는 것이 전통을 대하는 유일한 방식은 아닐 것이다. 더 자세히 말하자면, 특정 국면에서의 실패를 그 사회 전체, 더 나아가 그 사회의 전통적 삶의 양식 전체의 실패로 간주하는 것은 논리적 비약이다. 그런 식의 견해는 잘못하면 성공을 사회와 국가의 우수성을 평가하는 제일차적 기준으로 설정하게 된다. 이런 접근 방식은 결국 전쟁의 승리를 문명의 승리로 단순화하면서 강자의 도덕을 승인하게 되는 것이다. 우리는 소위 덜 문명화된 세력에 의해 상대적으로 문명화된 사회가 군사적으로 유린되고 파괴되는 사례를 인류사에서 종종 발견한다. 고대 그리스 아테네 폴리스가 고대 로마에 의해 정복되는 현상도 그런 사례의 하나이다. 비록 로마가 군사적으로 아테네를 압도했지만, 로마인들은 아테네 문화의 선진성을 인정하고 이를 적극적으로 받아들였다.

설령 일본에 비해 조선 문화가 선진성을 보여주지 못했다고 해도 일본에 의해 강제로 식민지라는 비참한 상태로 전락하고 말았던 사건이 곧바로 우리 전통사회와 문화 모든 것이 후진적인 것이라고 추론할 근거는 되지 못한다. 그런 식의 추론은 합리적이지 못하다. 더구나 문화는 국가가 멸망해도 지속적인 영향력을 행사한다. 한국이 독립할 수 있었던 것도 그런 문화의 저력이 있었기 때문이었다. 비록 독립이 우리만의 노력에 의해서가 아니라, 미국과의 전쟁에서 일본이 패배한 결과로 인한 것이었다고 해도 우리의 독립운동의 의미가 결코 반감되지는 않는다. 간단하게 말해 오랫동안 역사 속에서 누적되어온 우리의 독자적인 문화적 역량이 없었다면 지속적인 독립운동과 민주화 및 산업화는 어떻게 가능했겠는가? 그러므로 역사를 좀 더 장기적 시간대 속에서 바라보면서 전통과 근대의 이분법을 넘어서 전통과 근대가 상호작용하는 모습을 이해하려는 더 많은 노력이 요구된다.

앞에서 가설적으로 제기된 대동민주주의 개념은 조선의 유교적 정치문화가 내적으로 전개되면서 서구 근대의 자유와 민주주의 이념을 능동적으로 수용하고, 서로 다른 두 문화가 상호 중첩되고 혼종되고 변형되는 지점을 개념으로 포착하기 위한 것이다. 그리고 한국사회가 일구어온 대동민주주의 개념은 중국에서 사회주의 혁명을 통한 유교적 대동사회 이념의 중국적 변형과도 다르다. 중국의 전통사회는 물론이고 사회주의 혁명 그리고 그 이후의 역사 과정의 궤적은 단순하게 서구적 자본주의 근대의 반복으로 볼 수도 없고, 아편전쟁 이후 서구의 침략에 저항하면서도 서구 자본주의 세계체제 속으로 강제 편입됨으로 인해 초래된 중국 사회의 반(半)식민지, (半)봉건사회 상태를 극복하려는 투쟁의 시각으로도 적절하게 이해될 수 없는 것이다. 중국이 일본의 자본주의적 근대화의 길과 달리 신해혁명의 공화제와 농민혁명의 사회주의의 길을 선택할 수 있었던 역사적 맥락에 대한 탐구에서 미조구치 유조(溝口雄三)의 주장은 주목할 필요가 있다. 그에 의하면 아편전쟁을 경계로 설정하고, 그 이전과 이후를 단절적으로 보는 시각은 비판받아야 하며 그 대신에 중국의 근대를 16~17세기부터 시작된 역사적 변동의 지속이라는 틀에서 보아야 한다.[329]

미조구치 유조에 의하면 마르크스주의와 전통적인 유교 이념 사이에 존재하는 유사성 외에도 중국의 공화제적 혁명과 사회주의 혁명을 가능하게 한 문화적이고 사회적인 토대가 중국의 유구한 유가적인 정치전통

---

329 미조구치 유조(溝口雄三), 『중국의 충격』, 서광덕 외 옮김, 소명출판, 2009, 29-39쪽 참조

및 문화적 구조에 의해서 형성되었다.[330] 그래서 20세기 중국 역사에서 등장한 유교에 대한 강력한 비판의식과 운동[331]에도 불구하고 중국의 유교 사회적 전통과 사회주의 사이의 친화성에 대한 강조는 새삼스러운 것은 아니다. 그래서 미조구치 유조는 "중국혁명의 추이를 주의 깊게 보면 그 안에는 유교적 사고와 습관이 형태를 바꿔가며 흐르고 있는 것"을 놓쳐서는 안 된다고 강조한다.[332]

미조구치 유조가 중국의 근대에 대해 접근하는 문제의식의 핵심적 주장을 인용하면 다음과 같다. "여기에서는 청조 3백 년의 왕조제도 붕괴의 지속과 변동의 역사과정을 '세로축'(縱帶), 아편전쟁 이후 자본주의, 제국주의, 서구 문명의 세 가지가 함께 엮이듯 지구의 서쪽으로부터 동쪽으로 확대되는 상태를 '가로축'(橫帶)이라는 말로 비유하고, 중국의 이른바 근대화 과정을 이 '세로축'과 '가로축'의 교차, 충돌, 혼효, 변화의 양상으로 본다. 이러한 세로와 가로축의 교차라는 관점에서 보자면, 종래의 가로축 (자본주의 시좌 등)만을 중심으로 한 관점은 너무나 단조로우며, 서양중심주의적인 관점(현실이 아니라 이데올로기 혹은 서양의 척도에 근거한 관념)으로 환원되기 쉽다. [……] 중국이 사회주의 사회인가에 대해서는 우선 청대에 민간에 퍼진 유교 윤리──내[미조구치 유조: 필자] 생각에 유교가 민간에 확산된 것은 명대 후기에 시작되어 청대에 이르러서의 일이다──중 '상호부조'의 윤리를 상기할 필요가 있다. 예를 들어, 명대중

---

330 한국, 중국 그리고 일본의 근대성의 상이성과 유사성에 대한 비교 연구는 좀 더 체계적 연구를 필요로 한다. 빠른 시일 안에 필자는 별도의 저서를 통해 유교적 전통의 상이한 모습이 동아시아 3국의 근대성의 특질을 규정하는 데 어떤 의미를 지니는지에 대한 연구를 선보이고자 한다.

331 중국의 근현대 역사에서 출현한 유학에 대한 비판과 유학 부흥의 여러 모습에 대해서는 조경란, 『국가, 유학, 지식인: 현대 중국의 보수주의와 민족주의』, 책세상, 2016, 제1장 참조.

332 미조구치 유조(溝口雄三) 외, 『중국제국을 움직인 네 가지 힘』, 조영렬 옮김, 글항아리, 2012, 348쪽.

기까지는 주로 사(士) 계층의 도덕률이었던 유교가 왕양명(王陽明) 등에 의해 민중계층으로 확산되었고, 그것이 명말 이후 청대에 이르러 '예교'라는 이름으로 불리면서 종족의 결합윤리나 향촌질서윤리로서 민간에 광범위하게 보급되었다(세로축). 그러나 20세기 초부터 종족의 종법은 '봉건'의 이름으로 타도의 대상이 되었고, 민국 초기에는 '사람을 잡아먹는 예교'로까지 비난받게 되었다(가로축). 한편 종족제와 유교적 전통에 바탕을 둔 상호부조·상호보험 시스템이라는 부분은 계속 남아 청말민국 시기의 아나키즘이나 사회주의적인 공동사상의 수용 모체가 되었고(세로축), 마오쩌둥 혁명 이후 적어도 문화대혁명까지는 상호부조나 이타(利他)의 사회주의 윤리로서 전국적으로 재생되었다(세로축). 이처럼 유교가 시대에 따라 변화하면서 전개되어가는 다양한 색채의 조합 그리고 변화 가운데의 연속과 불연속에서 세로축과 가로축의 복잡한 교차를 엿볼 수 있다."[333]

유교적 대동사회 이념이 중국에서는 중국식 사회주의로 변형되었던 데 반해, 대동민주주의는 유교적 전통을 공유하는 중국과도 변별되는 한국 사회의 역사적 맥락을 매개로 한 산물로 이해되어야 한다. 그리고 비록 가설적인 형태로 제시된 이념형적인 분류에 불과하지만 한국사회에서 발현된 대동민주주의는 중국식 사회주의에 의한 변형에 비해 유교적 개인주의 및 자율성의 이념과 조화로운 사회의 결합, 즉 성기성물(成己·成物)의 유교적 정치이념인 중용의 도에 더 잘 어울린다. 수기치인(修己治人)으로 개념화되는 유교적인 인정(仁政)의 정치이념이 개인의 자발성과 자율성을 존중함과 아울러, 그런 자율성의 이념이 오로지 타자와의 성공적인 협동 속에서만 실현될 수 있다는 점을 강조하고 있음을 상기시키고 싶다. 량치차오도 유교의 '수신제가치국평천하' 이념을 개인주의와 세계주의의 결합으로 이해한다. 수신의 "신(개인)은 단위의 기본이며, 천하(세계)는 단체의

• • •
333 미조구치 유조, 『중국의 충격』, 앞의 책, 96-97쪽 각주 6.

최대치이며, 가(가족)와 국(국가)은 단체를 조직하는 한 과정에 불과하다. 그래서 중국인은 개인주의를 숭상함과 동시에 세계주의를 숭상하며, 그 사이에 국가주의가 있다고 생각하지 않았다."[334]

량치차오의 해석을 굳이 언급하지 않는다 해도 유교적 정치이론은 개인의 자발성에 대한 긍정과 아울러, 인간의 개성 실현을 타자와의 공생적이고 연계적 소통의 맥락에서 이해하고자 한 종합적 사상으로 간주되어야 한다고 본다. 따라서 유교적 정치이론의 기본 원리는 '연계적 자율성' 이론임이 강조될 필요가 있다. 그런 연계적 자율성 이론에 필수 불가결한 상응 요소가 바로 천하위공과 대동세계의 이상이다. 이와 달리 문화대혁명에서 보듯이 중국식 사회주의는 유교의 천하위공(天下爲公) 이상을 비판적으로 계승하면서도, 개인의 자율성의 측면을 사회에 대한 공적인 헌신으로 환원하는 위험성을 지니고 있다.[335] 여기에 바로 중국 근대의 내적 모순이 있다. 미조구치 유조는 중국적 근대를 "대동적 근대"로 규정하면서 중국 문화대혁명의 문제점을 "중국 고유의 대동적 근대가 지닌 역사구조상의 제 모순"의 표현으로 이해되어야 함을 역설한다.

미조구치 유조의 문화대혁명의 문제점에 대한 지적을 인용해보자. "마지막으로 사족이지만 문화대혁명을 보는 시각에 대해서 언급한다. 예를 들어, '조반유리'(造反有理) 하나만 하더라도 이것을 중국 내 시각에서 역사적으로 통찰해 본다면 단지 마오쩌둥의 조직파괴라든가 법의 파괴라는 측면만으로 판단할 것이 아니라, 중국 전근대를 부정적으로 계승하면서

• • •

334 량치차오, 『구유심영록』(歐游心影錄), 앞의 책, 253쪽.

335 이에 대해서는 나종석, 「인권에 대한 유교적 정당화의 가능성에 대한 연구」, 나종석 외, 『유학이 오늘의 문제에 답을 줄 수 있는가』, 혜안, 2014, 71-78쪽 참조 유학의 전통 속에서 개인주의 및 개인의 인격적 존엄과 같은 자유주의적 가치와 그 전통을 탐구하는 연구로는 윌리엄 시어도어 드 배리, 『중국의 '자유' 전통』, 표정훈 옮김, 이산, 2004, 참조 사회학자 김성국도 유가의 개인주의를 강조한다. 김성국, 『잡종사회와 그 친구들: 아나키스트 자유주의 문명전환론』, 이학사, 2015, 185-191쪽.

그 때문에 그것의 모반이 각인된 중국 혁명 그 자체의 역사적 특질의 일환으로서 보는 것이 요구될 터이다. 나는 마오쩌둥의 탈권(奪權)이 옳았다든지 부득이했다고 말하는 것이 아니다. 마오쩌둥이 문혁을 발동시킨 동기에 노선문제와 권력문제가 있었던 것은 분명한 사실이지만, 그것은 문혁의 본질이 아니라 현상에 지나지 않고, 오히려 그것들을 그렇게 현상케 했던 것, 즉 중국 고유의 대동적 근대가 지닌 역사구조상의 제 모순을 투시할 필요가 있다."[336]

우리는 대동민주주의를 기반으로 우리 사회의 근대성 문제에 대한 새로운 이해가능성을 추구할 수 있다. 달리 말하자면 대동민주주의는 서구 유럽의 역사적 경험에 토대를 둔 근대의 길은 물론이고, 중국이나 일본의 그것과도 다른 한국 근대의 고유한 특질을 해명할 수 있는 실마리인 셈이다. 대동민주주의 사회의 구상이 조선사회의 유교적 전통과 서구적 근대 사이의 창조적 접합의 역사적 산물로 이해된다면, 서구적 근대를 역사발전의 목표로 설정하는 시각이 지니는 문제점을 극복하고 우리의 역사를 좀 더 내적 관점에서 이해할 가능성을 열어 줄 수 있을 것이기 때문이다. 또 그럴 경우에 우리는 서구 근대의 충격 속에서 민주주의와 인권의 이념을 수용하는 과정에만 과도하게 주목하면서, 그런 시각 속에서 불가피하게 유교적 전통의 영향사가 무시되고 주변적인 것으로 배제되는 현상도 시정할 수 있을 것이다. 그 결과 우리는 전통과 서구 근대 사이에서 일어난 이중적 상호작용의 전체 모습을 제대로 이해할 수 있을 것이다.

그런데 종래 한국사회의 근대를 이해하는 주류적 방법론으로는 이런 이중적 전환 과정 자체를 이해하기 힘들다. 그것은 동아시아를 비롯하여 조선(한국)의 전통을 서구 근대의 장애물로 설정하는 전통과 근대의 이분법 내지 후진적 전근대의 봉건적 동양사회 대 선진적인 서구 근대사회의

336 미조구치 유조, 『방법으로서의 중국』, 서광덕 · 최정섭 옮김, 산지니, 2016, 33-34쪽.

이원론적 구도에 사로잡혀 있기 때문이다. 한국 근대를 이해하는 주류적 방법에서 서구적 근대의 궁극적 지향을 자본주의로 볼 것인지 아니면 사회주의로 볼 것인지와 관련한 관점 차이는 아무런 문제가 되지 않는다. 사회주의를 역사발전의 궁극적 목적으로 보든 아니면 자본주의 사회를 인류문명의 최고 단계로 설정하든 그것은 모두 다 서구적 역사발전의 경험에 토대를 둔 진화론적 혹은 단계론적인 역사발전의 도식이라는 점에서 아무런 차이도 없기 때문이다.

거듭 강조하지만 서구적 근대의 사유 패러다임에 의해 식민화된 동아시아의 과거 내지 전통을 새로운 사유의 진정한 대화 상대자로 인정하는 자세를 회복하지 않고서는 우리 사회의 모습을 제대로 이해하는 인문학 및 철학은 형성되기 힘들다. 유럽중심주의적 사유 패러다임은 비서구 사회, 즉 우리 사회가 전통을 매개로 하여 세계를 보다 새롭고 확장된 방식으로 이해하여 주체적인 행위자로 살아갈 가능성 자체를 박탈한다. 모든 행위는 전통을 매개로 하여 전승되어온 세계 이해의 틀 속에서 새로운 해석과 의미를 추구함에 의해서 비로소 가능한 것이다. 그런데 전통과 근대의 이분법을 정당화하는 서구중심주의적 사유 패러다임은 이런 집단적 내지 개인적인 행위 주체 형성 가능성 자체를 원천적으로 불가능하게 한다.

그러므로 유럽중심주의는 우리의 주체적 행위 능력 자체를 박탈하고 우리를 늘 미성숙의 상태로 전락시키는 정신적 식민주의의 원천인 것이다. 스스로 사유하는 능력을 상실한 사회나 인간에게 독립성과 자율성에 대한 이상은 공허한 신기루에 지나지 않는다. 그래서 신자유주의적 세계화는 물론이고 북핵문제로 상징화되고 있는 한반도의 갈등 그리고 사드도입 여부를 둘러싸고 21세기 초반에 우리 사회가 보여주는 극심한 정치적 분열 역시 스스로 사유할 수 있는 능력을 충분히 길러오지 못한 결과라고 볼 수 있을 것이다.

나가는 말

오늘날 보편주의에 대한 논의가 새로 주목을 받고 있다. 유럽중심주의에 대한 포스트모더니즘의 비판과 성찰을 통해 보편주의가 갖고 있는 폭력성과 배제성이 어느 정도 분명해졌다. 그러나 유럽중심주의에 대한 비판 자체가 새로운 보편에 대한 전망을 제공해주었다고 보기 힘들다. 대규모 인명살상과 참혹한 인권유린을 초래하는 침략과 전쟁을 인권의 명분으로 정당화하는 보편주의적 이념의 이데올로기적 폭력성을 폭로·비판하는 것은 정당하지만, 보편주의를 비판하면서 상대주의적 관점만을 보편주의에 대한 유일한 대안으로 받아들일 이유는 없다.

폭력적인 보편주의에 대한 대안을 모든 가치들이 문화적으로 상대적이라는 관점에서 구하려는 것은 바람직하지 않다. 우리는 참다운 보편주의의 가능성을 열어두어야 한다. 그리고 특수한 역사적 공동체의 구성원들이 동료 시민들에게 보여주는 시민적 연대를 참다운 보편주의의 추구와 결합하기 위하여 우리는 마땅히 동아시아 및 한국역사의 경험에 뿌리를 둔 이념을 사유의 과제로 삼는 작업을 게을리하지 않아야 할 것이다.

이 글에서 가설적인 형태로나마 제시된 대동민주주의는 서구적 보편주의의 이데올로기적 환상을 폭로하는 데 그치지 않는다. 그것은 우리 사회의 전통을 집단주의적이고 권위주의적인 방식으로 해석하면서 우리 사회에는 민주주의가 아니라 권위주의가 더 적합하다는 식의 논변에 대해서도 비판적 거리를 취하게 해준다. 대동민주주의는 우리 사회의 역사 속에서 파편적으로나마 실현된 규범적 가치이자 이상이다. 그래서 우리는 우리 역사 속에서 구현되었지만, 여러 조건들로 인해 바람 앞의 커져가는 촛불처럼 흔들리는 대동적 민주사회에 대한 열망을 소중하게 간직해야 한다.

제4부

유교적 정치문화와 한국 민주주의

제 13장

일본의 황도유학과 한국의 국가주의적 충성관의 탄생

들어가는 말:
한국 근대에 대한 철학적 성찰과 자생적 사회비판 이론을 찾아서

이 글에서 추구하는 것은 유교적 전통 문화가 어떤 방식으로 오늘날 한국사회의 형성에 영향을 주고 있는지를 살펴보는 것이다. 특히 유교적 전통 문화가 산업화 혹은 경제성장과 어떻게 결합했는지를 밝히는 것이 아니라, 그것이 국가주의적인 충성 이론으로 변형되는 과정에 주목하고자 한다. 유교 사유의 논리가 국가주의적으로 변형되는 과정에 대한 탐구는 전통과 근대 사이의 단절에만 과도하게 관심을 기울이는 서구중심주의적 사유 방식의 한계를 극복하고자 하는 문제의식의 산물이기도 하다. 또한 오늘날 우리나라에서 국가에 대한 충성이나 멸사봉공에 대한 담론이 자연스럽게 조선사회에서부터 이어져 온 전통이라는 관념이 자리 잡고 있는데, 이런 통념을 비판적으로 검토해보고자 하는 것이다.

그런데 단절에 대한 강조에도 불구하고 우리 사회의 부정적 문제와 관련해서는 늘 전통과의 연속성이 단골로 등장한다. 이런 문제의식은 전통과 근대의 단절을 강조하는 문제의식과 정반대인 것처럼 보이지만, 사실은 그렇지 않다. 그런 문제의식은 한국사회의 여러 문제점을 근대성에 어울리지 않는 미성숙한 전근대적 사유 및 생활방식에서 구하기 때문이다. 그런데 이런 식의 태도 역시 전통과 근대의 단절적 인식의 변형에 지나지 않는다.

뒤에서 더 명확하게 드러나겠지만, 국가에 대한 충성을 참다운 유교적 충성으로 보는 입장은 사실상 한말 이후 일본의 영향으로 인한 것이다. 그런데도 그런 최근의 산물을 조선의 전통적 유교 문화로 받아들이는 입장이 사회적 통념으로 자리 잡게 된 배경에는 전통과 근대에 대한 우리의 인식을 특정한 방식으로 규율하는 학문(지식)-권력이 존재한다. 국가주의적 방식으로 전통을 재발명하여 그것을 전통의 지속이라고 주장하는 태도도 문제다. 그렇지만 전통을 국가주의적 방식으로 호명하는 권력 문제를 소홀히 하면서 그렇게 호명된 전통을 우리 사회 고유의 전통으로 보고 그것을 참다운 근대와 상반되는 것으로 비판하는 태도도 그 못지않은 한계를 안고 있다.

물론 상식적인 이야기이지만 전통은 그저 불변적인 것으로 반복되는 것이 아니라 변화된 상황 속에서 늘 다르게 해석되어 전승되는 것이다. 그럼에도 사람들은 그런 점을 잘 인식하지 못하는데, 그런 현상 자체가 사실 철학적으로 매우 중요하게 성찰해볼 문제이기도 하다. 그것은 전통의 형성과 전승에서 늘 작동하기 마련인 해석의 갈등 그리고 그와 결부되어 있는 정치권력을 제대로 통찰하지 못하게 막기 때문이다. 특정한 사회문제의 원인을 전통의 탓으로 보는 것도, 권력과 연계된 지식체제에 의해 구성된 결과임에도 불구하고, 사람들은 그런 점을 자각하지 못하기 때문이다. 그러므로 구체적인 역사적·사회적 상황과 맥락에 따라 전통이 변형되는 과정에 대한 연구는 전통의 이름으로 유교적 충효관을 국가주의적인 방식으로 전유하는 것을 비판적으로 해체하려는 작업에서도 중요하다.

오늘날 한국사회의 극심한 문제점으로 인해 절망한 청년들 사이에 '헬조선'이라는 용어가 유행어가 되었는데, 그 와중에 한국 전통은 자율성이든

개인주의든 아니면 민주주의와 인권이든 그런 것과 거리가 먼 것으로
간주되어 맹공을 당하고 있다. 그런데 우리 사회의 병리적 현상을 전통
문화에서 구하는 태도도 역시 '헬조선' 현상을 초래한 책임으로부터 벗어
나 있지 않다. 우리 사회가 무한 경쟁 및 각자도생의 지옥도로 전락하게
된 이유 중의 하나는 한국사회를 비판하는 규범적인 기준을 우리 사회의
역사와 문화 그리고 전통 외부에서만 구하려는 서구중심주의적 사유 방식
의 과도한 내면화로 인한 것이 아닌가 한번쯤 곰곰이 자문해볼 문제이다.

예를 들어 설명해보자. 김덕영은 최근에 한국 근대성을 "환원근대"로
보고 우리 사회의 근대성의 작동 논리를 해명하는 흥미로운 이론을 제시했
다. 그의 작업은 "한국의 환원근대에 대한 실증적인 경험과학적 연구이지
만, 동시에 이 환원근대에 대한 비판이자 이 환원근대를 넘어서는 '진정한'
근대의 토대를 찾아보려는 규범적이고 당위론적인 성찰이기도 하다." 그러
니까 그의 환원근대 이론은 "한국의 근대에 대한 사회과학이자 사회철학이
며 이론과 실천이 되는 셈이다."[1]

그러나 김덕영의 사회비판 이론의 규범적 토대는 개인의 자율성 이념,
즉 "개인의 이념과 개인주의의 원리"이다. 그래서 그는 한국의 집단주의적
이고 권위주의적이고 개인의 개성과 자율을 억압하는 환원근대의 사회
병리적 현상을 극복할 수 있는 "유일한 대안"을 "개인의 이념과 개인주의의
원리에 입각한 근대를 지향하는 것"에서 구한다.[2] 필자도 개인의 자율성이
우리 사회, 더 나아가 인류사회가 소중하게 간직해야 할 원칙 중의 하나라고
확신한다. 그러나 문제는 늘 어떤 개인주의인가가 문제이다.

개인주의에 대한 김덕영의 옹호가 갖고 있는 결정적인 문제는 그것이
그가 서술하는 한국의 환원근대와는 만날 지점이 거의 전무하다는 데

1   김덕영, 『환원근대: 한국 근대화와 근대성의 사회학적 보편사를 위하여』, 길, 2014,
     71-72쪽.
2   같은 책, 342쪽.

있다. 그의 다음과 같은 주장을 인용해보자. "지금까지의 논의를 염두에 두고 한국사회의 근대화 문제를 짚어보기로 한다. 여기서는 분화와 개인화가 중요한 지표가 된다. […] 전자의 경우에는 다원성과 다원주의가 추구되며, 후자의 경우에는 개인주의 및 주관성 그리고 상호주관성이 추구된다. 이 두 차원은 서로 모순적인 것이 아니라 근대 세계의 두 축을 이룬다. 그런데 한국의 근대화 과정에서는 이 두 근대의 토대가 거부되고 억압되며 저지되었다. 한국의 근대화 과정은 그 대상 또는 영역의 측면에서 경제, 보다 정확히 말하자면 경제성장으로 환원되고 그 주체 또는 담지자의 측면에서 국가와 재벌로 환원된, 이중적 근대화 과정이었다. 요컨대 한국의 근대는 이중적 환원근대다."[3]

위 인용문이 명확하게 보여주듯이 한국의 근대화는 그가 대안으로 내세우는 개인의 자율성과 주체성을 옹호하는 참다운 근대의 이념과 전적으로 무관하다. 만약에 김덕영의 진단이 옳다고 한다면, 우리는 참다운 근대의 토대를 '거부하고, 억압하며 저지하는' 한국사회를 어떻게 참다운 근대사회로 만들 수 있는가라고 반문하지 않을 수 없다. 그래서 그의 한국 비판에는 무언가 심각한 결함이 있는 것 같다. 더 나아가 위 인용문은 그 자체만 보면 언뜻 이해하기 쉬운 것 같으면서도 상당한 내적 긴장을 안고 있다. 만약에 그의 주장대로 한국의 근대화 과정에서 근대의 두 가지 "토대가 거부되고 억압되며 저지되었다"고 한다면, 어떻게 그는 한국사회를 '근대화 과정'이라는 용어를 사용하여 분석하고 서술하고 있는지 궁금하다. 한국의 근대성은 결국 근대성과는 아무런 연관이 없는, 아니 근대성 자체와는 정반대의 사회여서 근대화와 철저하게 다른 '반(反)근대적 근대사회'라는 말인지 잘 모르겠다. 설령 '반근대적 근대'라는 용어가 가능하고 그런 근대 역시 근대의 한 유형이라고 한다면, 우리는 김덕영이 명시적이지는

---

3   같은 책, 65쪽.

않지만 '참다운 근대'라는 용어와 다른 근대 개념을 채택하고 있다고 보아야 하지 않을까 한다.

김덕영이 제안한 환원근대론이 안고 있는 문제점은 서구중심주의적 사유 방식의 과도한 내면화로 인한 것이라고 본다. 그의 이론이 보여주듯이 우리는 우리 사회가 역사적으로 경험해온 저항과 해방의 역사적 경험 그리고 그런 경험과 연결되어 있는 특정한 규범적 기대와 전망에 주목하지 않을 뿐만 아니라, 그런 규범적 기대를 가능하게 하는 세계에 대한 심층적인 도덕적 이해를 새롭게 개념화하려는 노력도 진지하게 모색하지 않았다. 간단하게 말하자면 개혁세력의 좌절로 인해 증폭되는 우리 사회에 대한 강렬한 회의와 냉소적 태도의 확산[4]은 한국인의 의식과 행동에 뿌리내리기 어려운 낯선 언어로 말하는 우리 사회의 비판적 사회이론의 일천함과 무관하지 않다. 더 나은 사회를 향한 변혁과 실천의 동력을 우리의 삶의 맥락과 역사적 조건 속에서 찾아내려는 모색이 더욱더 요구된다.

우리에게 필요한 것은 우리의 역사적 경험과 사회적 실천 과정에서 살아 숨 쉬는 사회비판적 이상이다. 필자가 보기에 사회철학의 과제란 그런 우리의 역사적 과정 속에서 단련된 규범적 이상을 제대로 포착하고 그것을 성찰하여 좀 더 설득력 있게 재구성하는 일이다. 그러나 우리는 이 글에서 황도유학으로 대변되는 유학의 친일화가 왜 유교의 현대적 변형의 한 갈래로 이해되어야 하는지를 살펴볼 것이다. 이 유학은 조선유학과 다른 전통에서 나온 일본 유학의 영향을 받은 것이지만, 일제시기에 많은 유학자들은 그런 일본 유학을 새로운 시대에 어울리는 유학이라고 이해했다. 특히 일본의 충효일체관과 국가(천황) 중심의 충효관은 서구 근대의 국가형태인 국민국가를 형성하는 데 기여할 수 있는 '현대적' 유학

• • •
4   최근의 촛불시위의 성과 및 상대적으로 개혁적인 문재인 정권의 탄생에도 불구하고 이런 측면은 무시될 수 없다. 그토록 우리 사회를 비판하던 사람도, 또 박근혜를 그토록 강고하게 지지했던 사람도 다 우리나라 사람들이었다.

의 버전으로 이해될 소지가 다분하게 존재했다. 그리고 황도유학에 의해 변형된/변질된 조선 유학 전통의 한 갈래는 해방 이후 권위주의적이고 국가주의적인 방식으로 유교 이념이 동원되는 방식으로 계속되고 있다.

우리 사회에서 많은 사람들은 일제 식민지시기를 거치면서 일본의 유교 전통의 세례를 받고 거듭난 황도유학과 그 핵심적 주장인 국가에 대한 멸사봉공적 충성 이념이 마치 조선사회에서 유래된 것으로 오해하고 있다. 이런 식의 사회적 통념에 의해 주변화되는 것은 당연히 조선사회에서 유래하는 민본적 대동주의 전통 그리고 일제 식민지시기를 통해 그것이 대동적인 민주공화주의로 변형되는 과정이다.

I. 19세기 서세동점 시기 개화파의 대응

19세기 후반 조선이 처한 위기를 극복하기 위해 등장한 개혁론은 위정척 사론을 제외하면 대략 세 형태, 즉 양무개혁론, 변법개혁론 그리고 문명개 화론으로 구분된다.[5] 이 세 흐름은 서양 열강의 침략 앞에서 조선의 자주독 립을 유지하기 위해서는 서양 문명을 적극적으로 수용하여 부국강병의 길을 걸어야 한다고 생각했다는 점에서는 공통적이었으나, 서양 문명을 받아들이는 정도와 수준에 대해서는 입장이 현격하게 달랐다. 양무개혁론 혹은 동도서기론으로 불리는 흐름은 서양의 기술문명만을 수용하면서 기존의 성리학적 질서와 유교 문명을 여전히 고수하고자 했다. 변법개혁론 의 흐름은 서양의 기술문명을 받아들이면서 동시에 유교적인 정치질서를 변혁하려는 절충론으로 조선의 유교 전통과 서구 근대 문명을 결합하고자

• • •
5   이 구분은 김도형이 제안한 것이다. 김도형, 『근대 한국의 문명전환과 개혁론: 유교 비판과 변통』, 지식산업사, 2014, 37쪽.

시도했다. 이와 달리 문명개화론의 흐름은 유교 전통과의 급진적 단절 속에서 서양 문명의 적극적 수용과 서구화를 지향했다. 위정척사파에게 문명은 유교적 중화문명이고 서구 문명은 야만이었다면 문명개화파에서 문명과 야만의 기준은 서구 문명이었다.[6]

외세의 침략 앞에서 위기에 처한 나라를 구하기 위해 조선의 성리학적 질서와 그 사회를 주도했던 유교적 전통에 대한 철저한 비판은 불가피했다. 비판의 필연성을 긍정한다고 해서 그 비판의 방향이 모두 다 타당한 것으로 인정되어야 한다는 것은 아니다. 유교를 망국의 주범으로 보는 시각은 윤치호와 같은 극단적인 서구중심주의적 문명개화론자들뿐만 아니라, 단재 신채호나 백암 박은식과 같은 사람들도 공유하고 있었다. 그러나 박은식은 유교를 다 버리진 않았으며 유교 전통을 혁신하고자 노력했다.[7]

한말 유림세력과 조선 유교의 타락에 그 누구보다도 비판적이었던 신채호도 결코 유교 이념 자체를 완전히 저버리진 않았다. 그는 유학의 혁신과 재건의 가능성을 포기하지 않았다. 오히려 그는 유교가 개혁되어 조선에 커다란 일을 할 수 있어야 함을 역설했다. "보수를 변하고 실천을 힘쓰며, 수구를 변하고 취신(就新)을 힘쓰며, 침정(沈靜)을 변하고 활동을 힘쓰면, 반드시 백성의 지혜를 진흥하며 국가의 주권을 옹호하여 유가의 큰 광채를 번쩍일 날이 있을진저."[8] 신채호가 볼 때 유교가 혁신되기 위해서는 기존 유교 인식이 확장되어야 했다. 그러기 위해 그는 유교가 대동 이념을 적극적으로 내세워야 한다고 믿었다. "유교의 진리를 확장하여 허위를 버리고 실학에 힘쓰며, 소강을 버리고 대동에 힘써서 유교의 빛을 우주에 비출지어다."[9]

• • •

6 같은 책, 37-40쪽 참조.

7 박노자, 『나는 폭력의 세기를 고발한다』, 인물과사상사, 2005, 198쪽 참조.

8 신채호, 「유교계에 대한 일론」, 단재신채호선생기념사업회 편, 『단재신채호전집』 별집, 형설출판사, 1987, 109쪽.

널리 알려진 사실이지만 신채호는 말년에 무정부주의를 옹호하면서 민중과 선비의 일체, 달리 말하자면 선비가 민중이 되어야 한다고 주장했다. 이런 주장에 대해 조경달은 "유교적 민본주의가 민중을 발견한 순간"으로 이해한다. 그에 의하면 "유교적 민본주의에서는 정치는 민을 위해서라도 그 실천 주체는 어디까지나 사(士)가 아니면 안 되지만, 신채호는 유교적 민본주의가 가진 평균주의나 평등주의의 이면을 받침 접시로 무정부주의를 수용하면서, 사(士)와 민(民)의 논리에 있어서는 그것을 역전시킨 것이다."[10]

한말 이후 서구 제국주의 열강의 침략으로 위기에 처한 조선의 많은 지식인들이 보기에 동시대의 조선인에게 국가 관념은 터무니없이 부족했다. 그리고 그런 국가 의식의 부족과 결여가 조선이 망국의 위기에 처하게 된 근본 요인으로 간주되었다. 그리고 자연스럽게 조선의 수많은 선각자 지식인들은 조선의 유교적 전통이야말로 조선인이 국가 관념을 제대로 갖추지 못하게 만든 장본인으로 간주하고 이를 극단적으로 비판하기 시작했다. 특히 <대한매일신보>는 망국의 위기에 처한 조선을 구하기 위한 방책으로 국가주의를 부르짖는 대표적 신문이었다.[11] 이제 점점 조선의 지배엘리트들과 지식인들은 개화=근대화=문명화=서구화라는 등식을 내면화하게 되었다. 예를 들어 1890~1900년대 독립협회와 그 후계세력들은 서구 근대 문명을 문명과 야만을 구별하는 판별기준으로 삼고 모범적인 서구 선진국을 따라잡는 것만이 우리나라가 살 길이요 선진화의 길이라고 역설했다. 신자유주의 세계화만이 우리 사회가 나아갈 길이라고 보는 21세

• • •
9   신채호, 「유교확장에 대한 론」, 단재신채호선생기념사업회 편, 『단재신채호전집 하』, 형설출판사, 1987, 119-120쪽.
10   조경달, 『식민지 조선과 일본』, 최혜주 옮김, 한양대학교출판부, 2015, 134쪽; 조경달, 『이단의 민중반란』, 박맹수 옮김, 역사비평사, 2008, 440쪽 참조.
11   노관범, 『고전통변』, 김영사, 2014, 137쪽 참조.

기형 문명개화론은 오늘날 우리 사회에서도 여전히 강고하게 자리 잡고 있다.

박노자가 잘 대비시켜 놓은 것처럼 유교적 정치문화가 해체되는 시기인 한말 갑오농민전쟁 때 농민들에 대한 이른바 급진적인 개화파들과 개신 유림들 사이의 상반된 반응은 매우 흥미롭다.[12] 원래 개화파 엘리트들이 주도한 <독립신문>은 서구 근대 문명을 막을 수 없는 역사의 대세로 인정하고, 서구 문명을 받아들여 조선을 문명개화의 상태로 만들 것을 옹호하는 서구 중심의 문명론 확산에 주력했다. 이 신문은 1896년 정부에 반란을 일으킨 사람을 엄정하게 다스려야 한다고 주장한다. "한 번 (반정부 반란의) 죄를 짓게 되면 앙화와 벌이 다만 자기 몸에만 미칠 뿐 아니라 부모형제 처자가 다 해를 입을 터이니 이것을 생각하면 범법한 후에 이익이 없는 것을 깨달을 것이다."[13] 정부에 반란을 일으킨 백성들에 대한 이런 협박성 경고는 백성을 늘 왕의 어린아이처럼 돌보아야 할 존재로 보는 유교적 백성관과 거리가 멀다.

개화파들의 백성에 대한 인식의 변화와 유교적 온정주의를 여전히 간직하고 있었던 개신 유림의 기관지 격인 <황성신문>의 반란민에 대한 태도를 대조해보자. <황성신문>은 1898년에 창간되었다. 1899년에 동학의 잔여 세력이 전라도 지역에서 창궐한다는 보고를 통해 그들을 진압할 군부대의 파견을 요청한 사건을 두고 <황성신문>은 비판적인 논설을 실었다. 이 논설에 의하면 백성들의 소요는 "관료의 학정"에 의한 것이기에 농민에 대한 학정을 방지해달라고 요구하고 있을 뿐만 아니라, 난을 진압하기

• • •

12 개화파를 구분하는 기준은 적극적 개화파 대 소극적 개화파, 혹은 변법적 개화파 대 개량적 개화파 또는 동도서기파, 혹은 급진개화파=개화당 대 온건개화파=점진적 개화파=중간파 등 연구자에 따라 다양하게 정의된다. 강상규, 『조선정치사의 발견: 조선의 정치지형과 문명전환의 위기』, 창비, 2013, 29쪽 각주 25 참조.

13 박노자, 『나는 폭력의 세기를 고발한다』, 앞의 책, 102쪽에서 재인용.

전에 농민들의 고충을 먼저 듣고 설득하는 노력을 기울여야 함을 강조한다. 이에 반해 같은 사건에 대해 <독립신문>도 난이 창궐하게 된 요인을 탐관오리들의 학정에 기인한 것으로 인정하면서도 반란자를 대하는 태도는 유교적 민본주의를 계승한 사람들과 사뭇 달랐다. 그 신문은 "범법자를 죽이"는 일을 당연한 것으로 본다.[14]

한말 시기에 개화파의 주도적 인물들은 백성을 더 이상 유교적 민본주의의 시각에서 이해하지 않았다. 그들에게 조선의 일반 백성에 대한 멸시와 무시는 당연하게 여겨졌다. 개화파 지식인들의 백성관은 우민관을 벗어나지 못했다. 그들이 보기에 백성들은 어리석은 사람들이고 무지한 자들에 지나지 않는다. 개화파 지식인들의 백성들에 대한 적대적 태도는 널리 공유되었다. 박영효나 유길준뿐 아니라 서재필이나 윤치호 등 개화적인 지식인들은 모두 백성들의 자주적이고 주체적인 역량을 믿지 않았다. <독립신문>은 국민의 천부인권, 자유권 그리고 참정권 등을 옹호하는 듯했지만, 실상 인민이 스스로의 목소리를 내는 경우에 그것을 위험한 것으로 비판하였다.[15]

1904년에 이르러 조선 지배를 둘러싸고 진행되던 열강의 각축이 일본 제국주의의 승리로 귀결되어 갔다. 이런 변화된 상황 속에서 개화운동이 계몽운동으로 전개되었다는 것은 학계의 통설이다. 그전까지 개화파의 운동은 일관성이 없었다고 평가된다. 역사학자 조동걸에 의하면 <독립신문>을 위시로 하여 개화파를 이끈 문명개화론자들은 백성을 우매하고 위험한 존재로 보았을 뿐만 아니라, "의병과 동학농민군을 난적으로 보고 그것을 토벌하기 위한 일본군의 주둔을 오히려 정당한 것으로 논변하는 해괴한 발상까지 하게 될 정도로 국민의식이 미흡"했다.[16] 박은식과 같은

• • •
14   같은 책, 103-104쪽.
15   정용화, 『문명의 정치사상: 유길준과 근대 한국』, 문학과지성사, 2004, 344-345쪽 참조.
16   조동걸, 한국독립운동사편찬위원회 편, 『한국독립운동의 역사 1: 한국독립운동의 이념

계몽운동가도 한때는 갑오농민전쟁이나 전봉준을 부정적으로 보는 우민 관을 지니고 있었다.[17]

한말 시기 상당수의 조선 지식인들이 일반 백성을 바라보는 태도는 동시대 일본인의 조선인 멸시관과 아무런 차이가 없다. 청일전쟁 승리 이후 일본인에게 급속하게 일반화된 조선인에 대한 우월의식, 즉 조선인 멸시관은 상상을 불허할 정도였다. 조경달은 일본인이 조선인을 경멸하는 태도를 표현해주는 용어를 통해 그 경멸의 정도가 얼마나 심각했는가를 보여준다. "조선인에게는 '나태'를 시작으로 '교활', '비열', '음험', '망은' (忘恩), '파륜'(破倫), '허언', '겁나', '연약', '불결', '무규율', '무기력', '무신 의', '파렴치', '인순고식'(因循姑息), '완미고루', '면종배위' 등 인간으로서 의 모든 열등적 가치가 부가되어 가는 것이다."[18] 너무나 당연한 이야기이 지만 조선을 미개인 취급하는 일본의 조선인관은 일본이 조선을 식민지로 삼을 때 그것을 정당화하는 이데올로기였다. 식민지시기 조선 민족의 열등 성에 대한 일본인의 의식은 민족차별의 온상이었다. 그런데 개화파 지식인 들 및 이들에 의해 영향을 받고 있었던 조선 사람들도 이런 일본인의 조선인 멸시관의 영향을 받아 그것을 내면화하고 그런 시각을 통해 자민족 과 민중을 보게 되었다.[19]

서구 문명을 우리 사회 문명화의 표준으로 보고 한국사회를 개혁하고자 하는 대표적 인물 중의 하나가 바로 윤치호였다. 정용화는 윤치호를 "문명 개화론을 체득하고 이를 일제 강점기 말까지 강력하게 추구한 대표적

• • •

　　 과 방략』, 경인문화사, 2007, 47쪽; 김도형, 『근대 한국의 문명전환과 개혁론: 유교비판 과 변통』, 앞의 책, 306-307쪽 참조.

17　조경달, 『근대 조선과 일본: 조선의 개항부터 대한제국의 멸망까지』, 최덕수 옮김, 열린책들, 2015, 259쪽 참조.

18　조경달, 『식민지기 조선의 지식인과 민중: 식민지 근대성론 비판』, 정다운 옮김, 선인, 2012, 55쪽.

19　같은 책, 55쪽, 61쪽 참조.

인물"로 규정한다. 그는 윤치호가 당대 조선사회에서 지녔던 위상을 다음과 같이 설명한다. "그[윤치호: 필자]는 유길준과 함께 한국 최초로 일본, 중국, 미국에 유학한 '근대적' 지식인이었을 뿐만 아니라 '개화당'의 일원으로, 그리고 <독립신문> 주필, 독립협회 회장으로서 개화 운동의 핵심 인물로 활동하였다. 하지만 일제 강점기에는 기독교계의 친일을 주도하고 조선지원병후원회 회장과 조선임전보국단 등의 고위 간부와 일본정부의 칙선 귀족의원을 지내면서 친일파의 '대부' 역할을 하여 1945년 해방 후에는 제일급의 민족 반역자로서 고발되기도 하였다. 긍정적이든 부정적이든 그의 사상과 행적은 한국 근대사의 일면을 반영하고 있다."[20]

사회진화론을 신봉했던 윤치호는 조선 민중에 대한 멸시관을 내면화하여 조선독립에 대한 체념을 정당화한다. 1894년 11월 1일 일기에 의하면 한국인들은 "민족으로서 어떤 미래도 지니지 않고 있다." 그리고 한국인들은 "미개인이면서도 심지어 미개인의 더 좋은 성질"인 "대담무쌍함과 호전성"(fearlessness and war-like spirit)조차도 갖고 있지 않다. "조선인은 보존할 가치가 있는 그 어떤 단 하나의 기질적 요소를 지니지 않았다." 왜 그렇게 되었을까? 그는 이를 조선사회 유교 전통의 결과로 이해한다. 즉 그에 의하면 "유교와 전제주의가 위와 아래에 있는 돌이고 그런 두 돌 사이에서 인간을 야만인보다 더 고상하게 만드는 모든 특징은 가루로 분쇄되었다."[21]

조선사회가 자주적으로 서구화에 이르지 못한 것을 조선의 유교 탓으로 생각했던 윤치호는 유교가 조선인을 문약한 노예로 만들었다고 보았다. 그는 1905년 11월 27일 일기에 다음과 같이 기록한다. "한국인은 너무 오랫동안 붓의 노예로 살아왔다. 그들은 붓이 철과 탄약을 대신할 수 있으리

• • •
20   정용화, 『문명의 정치사상: 유길준과 근대 한국』, 앞의 책, 395-396쪽.
21   윤치호, 국사편찬위원회 편, 『윤치호 일기 3』, 1974, 398-399쪽.

라고 생각한다. 칼과 목욕탕이 일본 문명의 원천이라면, 한국의 정신과 희망의 무덤은 바로 붓과 중국 고전들이다."[22] 춘원(春園) 이광수(李光洙, 1892~1950)는 윤치호와 마찬가지로 조선 민족이 저열하고 부도덕하며 독립 능력이 결여되어 있다고 보았다. 이광수 역시 윤치호와 마찬가지로 정치적 성격을 지니지 않는 민족성 개조와 실력양성만을 조선인이 취해야 할 최우선적 과제로 간주했다.[23] 3·1 독립선언문의 기초자인 최남선과 거족적인 3·1 운동이 발발하기 바로 직전인 2·8 독립선언을 쓴 인물이 이광수인데, 이 두 사람은 모두 친일파가 되었다. 일본인 학자 와다 하루키 는 이에 대해 다음과 같이 적고 있다. "민족의 역사에서 중대한 선언문을 기초한 두 사람, 그리고 한국 근대문학의 아버지로 일컬어지는 두 사람이 민족의 배신자, 친일파가 되었다는 사실은 한민족에게 커다란 불행이자 상처가 되었다."[24]

이광수가 민족개조를 통해 꿈꾼 사회는 문명사회였다. 앞에서 보았듯이 식민지 시대의 일부 지식인들은 우리의 과거를 거의 전적으로 부정하는 것이 마치 우리 사회를 계몽할 수 있는 최선의 방안인 양 내세웠다. 조선 민족과 문화에 대한 뿌리 깊은 열등의식은 극단적이고 자발적인 친일과 동전의 양면이었다. 조선사회 전반에 대한 전면적 부정, 뿌리째 부패한 조선인의 정신을 갱생하기 위한 민족개조의 필요성 강조 그리고 조선인 갱생의 진정한 방법으로서 일본 제국주의에로의 철저한 동화라는 결론 사이에 존재하는 논리적 친화성을 인식해야 한다.[25]

···

22 윤치호, 국사편찬위원회 편, 『윤치호 일기 6』, 1974, 199쪽

23 김상태, 「일제하 윤치호의 내면세계와 한국 근대사」, 김상태 편역, 『윤치호 일기: 1916-1943』, 역사비평사, 2001, 46쪽 참조

24 와다 하루키, 『이것만은 알아두어야 할 한일 100년사』, 송주명 옮김, 북&월드, 2015, 91쪽.

25 이광수의 친일 협력과 문학이 엘리트주의적인 계몽의식 및 민족주의와 정반대의 것이 아니라, 그의 계몽주의적 민족주의에 뿌리를 두고 있다는 점에 대해서는 이경훈, 『이광

오늘날 새로운 문명사관을 내세우는 이영훈은 이광수의 친일 행위에서 매우 진지한 고민을 볼 수 있다고 주장한다. 그는 이광수의 정신세계를 "친일 내셔널리스트"로 명명한 조관자의 글을 오독하면서까지 이광수를 옹호하는 모습을 보여준다.[26]

친일파 이광수에 대한 이영훈의 호의적 평가는 우리나라 민족주의의 폐단을 지적하면서 탈민족주의적인 문명사관을 옹호하려는 문제의식에서 나온 것이다. 이러한 그의 이광수에 대한 긍정적 평가의 타당성 여부를 다루는 것은 여기에서의 주제가 아니다. 다만 이영훈의 평가는 지나치게 과장된 것으로써 일면적인 평가가 아닐까 하는 의문을 가져본다. 이른바 조선의 유교적 구문명과 서구 근대의 신문명 사이에서 방황하고 신구 두 문명의 충돌을 이겨내려는 몸부림이 반드시 윤치호나 이광수의 길로 나아갈 필요는 없다고 보기 때문이다. 조선의 역사와 문화를 철저하게 부정하면서 일본 국가와 천황에 대한 복종을 우리 민족이 나아갈 길이라고 보는 것은 도저히 피할 수 없는 그 어떤 숙명 같은 것이 아니다. 그리고 그런 길은 그들의 잘못된 인식에 책임이 있는 것임을 우리는 곧 보게 될 것이다.

II. 국가주의적 유교 탄생에 대한 오해: 조선 유학과 일본 유학의 혼동

많은 사람들에게 유교 문화는 충효 이념과 연결된 채로 이해되고 있다. 그리고 충효이데올로기는 한국사회가 안고 있는 문제점으로서 지적되곤 하는 개인주의 부재 및 집단주의 문화를 낳은 주범으로 비판된다. 장은주는

• • •

수의 친일문학연구』, 태학사, 1998, 21-28쪽 참조

26 이영훈, 『대한민국 이야기』, 기파랑, 2007, 104-105쪽 참조. 이 책 제11장 제4절에서 다루었듯이 이영훈은 조관자의 주장을 오독하고 있다.

앞에서 언급한 김덕영과 유사하게 한국의 근대성을 유교적 근대성으로 규정하고 그것을 "개인 없는 근대성"으로 분석한다. 이런 개인주의 부재의 유교적 근대성의 동력으로 인해 대중들은 박정희의 권위주의적인 경제성장 위주의 지배체제에 '동의'했는데, 이런 점은 한국사회의 유교적 성격이 함께 고려될 경우에 좀 더 분명하게 이해될 수 있다고 그는 믿는다.[27]

박정희식 충효이데올로기를 우리 사회의 유교적 전통의 지속이라는 관점에서 접근하는 것은 환원근대론의 주창자인 김덕영도 마찬가지이다. 그에 의하면 "한국사회는 개인주의 시대인 근대의 토대를 전근대의 토대인 집단주의 위에 구축하려고 했다. 그리하여 전통사회 윤리의 핵심인 충과 효를 강조했다."[28] 물론 김덕영도 맹자 및 조선 후기의 화서(華西) 이항로(李恒老, 1792~1868)의 이야기를 통해 효가 충보다 더 일차적인 덕목으로 간주되는 흐름이 유교적 전통 속에 존재함을 지적한다.[29] 그럼에도 불구하고 김덕영은 가족의 가치를 소중하게 간직하는 것이나, 충과 효를 강조하는 전통적인 유교적 가치관이 개인의 자율성을 질식시키는 국가주의적 방식으로 동원될 가능성을 강하게 간직하고 있다고 본다. 그래서 그는 다음과 같이 주장한다. "이런 전통적인 유교 교육으로부터 근대 한국사회는 세 가지 중요한 문화적 자산을 물려받았다. 고도의 지식인 집단에 의한 관료주의적 통치, 일반 백성들의 높은 교육열과 교육수준, 고도로 규율화된 인간 유형이 그것이다. 이 세 가지 자산은 환원근대의 견인차 역할을 하게 된다."[30] 김덕영이 보기에 유교적인 규율화의 전통이 없었다면, 근대에 이르러 국가주의적 방식으로 가족이 동원될 수 없었을 것이다.

• • •

27 장은주, 『유교적 근대성의 미래: 한국 근대성의 정당성 위기와 인간적 이상으로서의 민주주의』, 한국학술정보, 2014, 95쪽 각주 66 참조

28 김덕영, 『환원근대: 한국 근대화와 근대성의 사회학적 보편사를 위하여』, 앞의 책, 295쪽.

29 같은 책, 172-173쪽 참조.

30 같은 책, 163쪽.

장은주도 유교적 전통이 한국인들을 특정한 방식의 주체, 즉 권위주의적 질서에 순응하는 신민(臣民)적 주체로 규율화시키는 힘을 지닌다고 강조한다. 장은주에 의하면 삼강오륜이나 충효사상을 내면화시키는 과정에서 사람들은 권위주의적 심성을 키워 집단에 대한 맹목적 충성심을 자연스러운 것으로 체화했다. "개인의 절대적 자기희생과 가족이나 조직 및 국가에 대한 헌신, 갈등의 회피, 단결과 질서와 규율 같은 것이 강조되었고, 충효의 도덕이 지시하는 것과 같은 '위계의 존중과 권위에 대한 순응'의 태도나 규칙 같은 것이 그 자체로 도덕으로 자리를 잡았다."[31]

그러나 김덕영과 장은주가 공통으로 강조하듯이 박정희 시대 이후 우리 사회에 널리 퍼진 충효 관념이 과연 조선사회에서 누적된 유교적인 문화적-도덕적 지평에서 출현한 것인지는 의문이다. 물론 유교 전통에서 효와 충이 중요한 도덕관념이었음은 사실이다. 실제로 유교 전통에서 효와 충의 관계는 매우 긴 역사를 지닌 주제였다. 이때 효와 충의 대비에서 충은 나라나 임금에 대한 충성을 의미한다. 그런데 본래 유교 전통에서 충(忠)은 자신의 참다운 마음을 다하는 것을 의미했다. 충이 군신관계를 규정하는 개념으로 그리고 효는 부자관계를 규율하는 가족 도덕으로 간주되기에 이른 것은 전국시대에 이르러서였다고 한다.[32]

동아시아, 특히 조선과 중국의 유교적 전통에서 충이 군신관계를, 효가 가족관계를 대표하는 덕으로 간주된 이후로도 대개 정치를 가족 도덕의 연장으로 보는 견해가 주류를 이루었다. 가족과 국가 사이의 충돌 문제는 유교 전통에서도 매우 중요하게 다루어지는 주제 중의 하나였지만, 조선과 중국에서 효는 충보다 더 근원적인 규범으로 간주되었다. 군신관계에서

• • •

31   장은주, 『유교적 근대성의 미래: 한국 근대성의 정당성 위기와 인간적 이상으로서의 민주주의』, 앞의 책, 131쪽.

32   미조구치 유조 외 엮음, 『중국사상문화사전』, 김석근 외 옮김, 책과함께, 2011, 236쪽 참조.

충에 비해 가족관계에서 효의 우선성을 강조하는 것은 아주 오랜 전통이었다. 예를 들어 공자도 『논어』 「자로」 편 제18장에서 양을 훔친 아버지를 고발한 사람을 정직한 사람이라고 말하는 섭공(葉公)에게 다음과 같이 반문한다. "우리 무리의 정직(正直)한 자는 이와 다르다. 아버지가 자식을 위하여 숨겨주고 자식이 아버지를 위하여 숨겨주니, 정직(正直)함은 그 가운데 있는 것이다."[33]

공자의 이 주장에 대해 여러 해석이 있고, 그중에서는 법치를 무시하고 법의 공정성을 해치는 나쁜 전통을 형성하는 데 기여했다는 식의 아주 비판적인 해석도 존재한다. 그러나 공자는 혈육의 정을 중요시하면서 화목한 가정에서 형성되는 '효도와 자애'를 인간다운 덕의 실현을 위한 결정적 버팀목으로 생각했음이 분명하다. 공자에 의하면 개인의 도덕적 덕성을 함양하는 곳으로 가정을 중요하게 여기고 그런 개인과 가정을 중심으로 하여 치국 및 평천하에 이르기까지 사람의 인륜관계를 확장시켜 나가는 것이 순리이다.

효와 충의 관계에 대해 유교적 전통은 이른바 부모 자녀 사이의 관계를 하늘이 맺어준 천륜으로 그리고 왕과 신하의 관계를 의로움에 의해 맺어진 관계로 이해하는 것이 일반적이다. 군신 간의 관계가 의로움을 매개로 하여 형성된 관계라는 것은 그 관계가 어느 정도 인위적인 성격을 지니고 있음을 의미한다. 그래서 왕과 신하의 관계는 늘 해체될 수 있는 것으로 이해된다. 『예기』(禮記) 「곡례」(曲禮) 편에 '만약 부모가 잘못된 행위를 할 경우, 자식은 세 번을 간청해도 듣지 않으면 울면서라도 그에 따르지만 임금에 대해서는 '세 번을 간해서 듣지 않으면, 그를 떠난다'(爲人臣之禮: 不顯諫. 三諫而不聽, 則逃之. 子之事親也: 三諫而不聽, 則號泣而隨之.)는 구절이 있다.[34] 이처럼 군신관계의 도리는 없을 수는 없지만, 그 관계에서 도리가

• • •
33   주희, 『논어집주』(論語集註), 성백효 옮김, 전통문화연구회, 1990, 265쪽.

망실되면 그 관계는 해소될 수 있다. 마찬가지로 맹자도 "군주가 과실이 있으면 간하고, 반복하여도 듣지 않으면 떠나가는 것"(君有大過則諫, 反覆之而 不聽, 則去.)이라고 말한다.[35]

조선에 결정적 영향력을 행사한 주희도 군주가 도를 따르지 않으면 벼슬을 미련 없이 그만두어야 한다고 강조했다. 주희는 사대부의 참다운 역할은 군주를 제대로 보좌하여 요순성왕과 같은 성군으로 만들어 세상을 편안하게 하는 데 있는 것이지, 군주의 명령이나 군주가 행하는 바 모두를 순순히 받들어 모시는 것이 아니라고 보았다. 따라서 그는 『근사록』에서 다음과 같이 주장한다. "선비가 높은 지위에 있으면 (군주의 잘못을) 구원하는 것은 있으나 (잘못된 일을) 따름은 없다."(士之處高位, 則有拯而無隨.)[36]

충보다 효가 강조되었던 조선의 유교 전통을 잘 보여주는 몇 가지 사례를 보자. 1895년 왕명을 받아 김홍집 내각에 의해 공포된 단발령을 거부한 김평묵(金平默, 1819~1891)을 보자. 한말 위정척사파의 대표적 유학자인 화서(華西) 이항로(李恒老, 1792~1868)의 학통을 계승한 그는 "잘못된 왕명을 따르지 않는 것이 왕의 잘못을 구제하는 길이고, 왕의 잘못을 구제함이야말로 충"이라는 논리를 내세워 단발령을 내린 왕명에 따르기를 거부했다.[37] 한말 의병장 이인영(李麟榮, 1868~1909)의 효행에 관한 일화도 조선에서 효가 충보다 더 중요한 것으로 간주되었음을 잘 보여준다. 이인영은 서울 진입 총공격을 앞두고 부친이 사망했다는 소식을 받자 '불효는 불충'이라면서 의병의 총대장직을 그만두고 그날로 귀향해버렸다.[38] 장례가 끝난 후 진으로 다시 돌아올 것을 요청한 부하들에게 그는 "나라에 충성하지

• • •

34 『예기』(禮記) 상, 이상옥 옮김, 명문당, 2003, 167쪽.
35 주희, 『맹자집주』(孟子集註), 성백효 옮김, 전통문화연구회, 1991, 311-312쪽.
36 주희·여조겸, 『근사록집해 2』, 이광호 역주, 아카넷, 2004, 626쪽.
37 윤사순, 『한국유학사 하』, 지식산업사, 2012, 170쪽.
38 한영우, 『다시 찾는 우리역사』, 경세원, 2014, 468쪽 참조.

않는다면 부모에게 효도하는 것이 아니다. 부모에게 효도하지 않는다면 나라에 충성하는 것이 아니다. 내가 3년 상을 치른 후에 다시 의병을 일으키고, 일본을 소탕하여 대한을 회복한다면 곧 이것이 효순(孝純)으로서 충을 온전하게 하는 것이 아니겠는가?"라고 말하며 그 요청을 거절했다.[39]

효와 국가 혹은 군주에 대한 충성 사이의 관계에 대한 인식 이외에도 일본 유교 전통은 조선 및 중국의 유교적 전통과 구별되는 여러 측면을 보여준다. 특히 충성의 궁극적인 대상에 대해 일본과 조선의 유교 전통은 다른 모습을 보여준다. 충성의 대상을 천황이나 국가로 한정하는 일본의 유교 전통과 달리 조선에서 충성의 궁극적인 대상은 유교의 보편적 원리인 천리(天理)로서의 인의(仁義)였다. 이미 조선왕조가 역성혁명의 논리에 의해 형성된 국가인 만큼 주자학의 천리나 유교적 전통에서 강조되어온 하늘, 즉 천(天) 관념은 개별 왕조를 초월하는 보편적 의미를 지니고 있었다.[40] 왕이라 할지라도 도덕과 정치의 근본 원칙인 천리(天理)를 어기는 행위는 비판받아야 마땅하다는 것은 김평묵과 같은 조선 유학자들에게 공유된 감각이었다. 조선의 유교적 전통에서 보면 하늘의 공공성, 즉 천리(天理)의 공은 왕도 순종해야 할 도덕적 권위의 궁극적인 기반이었다.[41]

성리학의 기본 이념에 바탕을 두고 건국된 조선에서 선비는 모든 정치의 근본적 정당성의 근원을 천리에서 구하면서, 그것을 왕과 더불어 이 세상에 실현해야 할 담지자로 이해되었다. 이런 인식의 구체적 표현의 하나가

• • •

39   조경달, 『근대 조선과 일본: 조선의 개항부터 대한제국의 멸망까지』, 앞의 책, 249쪽에서 재인용함.

40   이성계와 더불어 조선 건국의 공동 창업자라 할 수 있는 정도전의 급진적 성리학의 면모에 대해서는 김영수, 『건국의 정치: 여말선초, 혁명과 문명전환』, 이학사, 2006, 508-538쪽 참조.

41   주자학에서의 천리의 공공성 이론에 대해서는 나종석, 「성리학적 공공성의 민주적 재구성 가능성」, 나종석·박영도·조경란 엮음, 『유교적 공공성과 타자』, 혜안, 2014, 83쪽 이하 참조.

바로 왕통(王統)과 도통(道統)의 성리학적 구별이었다. 천리는 특정한 왕조와 무관하게 모든 사람의 본성 속에 내재해 있으며, 그런 천리를 구현할 수 있는 현실적 주체가 바로 유교적 교양을 쌓은 사대부 혹은 선비라는 것이다. 이런 사대부의 이상은 공자의 군자관에서 비롯된 것임은 두말할 나위가 없다. 공자 군자관의 혁신적 의미에 대해서는 윌리엄 시어도어 드 배리가 다음과 같이 요약한다. "이 군자는 이제 더 이상 혈통과 세련된 교양에 의해 시대착오적인 사회질서를 영속시키는 진부한 군자가 아니다. 그 군자는 광대한 영혼이 수치스러운 신분을 극복하고, 깊은 실천적 지혜가 그를 사람들의 스승으로 만들어 주는 군자이다. 사람들의 지도자가 되려고 하는 자에게 자격을 주는 것은 신사나 귀족의 세습적 특권이 아니다. 그가 지배자이건 스승이건 간에 뛰어난 개인적 덕이 있을 때만 사람들의 존경을 받을 수 있다."[42]

유교 전통에서 군자의 궁극적 목표는 도를 추구하는 데 있다. 어지러운 세상은 도의 상실로 인한 것이다. 그런 혼란스러운 세상을 평안하게 하는 평천하의 이상을 재건할 수 있는 힘은 성인의 길을 밝혀줄 수 있는 도학에 있는 것이고 그런 도학의 도움을 통해서 왕이나 황제는 위대한 성왕이 될 수 있다는 것이 주자학의 기본 신념이었다. 이처럼 주희에 의하면 왕은 도를 수호하고자 하는 선비와 더불어 세계를 통치해야 한다. 그리고 군자는 유학에서 바라보는 이상적인 인간상을 모든 인간이 보편적으로 지니고 있는 도덕적 이상을 구현하는 사람으로 이해된다. 그러므로 군자는 별난 인간이 아니다. 인간은 누구나 다 군자의 이상을 향해 갈 수 있는 존재이다. 인간이 하늘로부터 부여받은 도덕적 원칙, 즉 천리를 간직하고 있다는 점에서 왕이나 일반 백성은 근본적으로 차이가 없다는 것이 조선 주자학의

---

42   윌리엄 시어도어 드 배리, 『다섯 단계의 대화로 본 동아시아 문명』, 한평수 옮김, 실천문학사, 2001, 19-20쪽.

기본 주장이었다.[43]

조선 건국의 일등 공신이었던 정도전의 경우를 보자. 그는 『서경』이나 『맹자』 등에서 천명된 유교의 민본주의 사상의 연장선에서 백성이 나라의 근본임을 누차 강조한다. "대개 임금은 나라에 의존하고 나라는 백성들에게 의존하는 것이니, 백성이란 나라의 근본이며, 임금의 하늘인 것이다. 그러므로 「주례」(周禮)에는 인구수를 왕에게 바치면 왕은 절을 하면서 받았으니, 이것은 그 하늘을 존중하기 때문이었다. 인군 된 사람이 이러한 뜻을 안다면 백성을 사랑함이 지극하지 않을 수 없다."[44] 또 정도전은 인(仁)이 왕위의 정당성의 궁극적 원천이라고 보고 백성을 위해 인정(仁政)을 베풀어야 마땅하다고 강조한다. "인군의 위(位)는 높기로 말하면 지극히 높고, 귀하기로 말하면 매우 귀하다. 그러나 천하는 지극히 넓고 만민은 수없이 많은데, 한 번 그들의 마음을 얻지 못하면 아마 크게 우려할 일이 생기게 될 것이다. [……] 인군은 천지가 만물을 생성시키는 그런 마음을 자기의 마음으로 삼아서 불인인지정(不忍人之政)을 행하여, 천하 방방곡곡 사람들이 모두 기뻐서 인군을 마치 부모처럼 우러러 볼 수 있게 한다면, 오래도록 안부(安富)와 존영(尊榮)의 즐거움을 누리게 될 것이요, 위망(危亡)과 복추(覆墜)의 환(患)을 끝내 갖지 않게 될 것이다. 인(仁)으로서 위(位)를 지킴이 어찌 마땅한 일이 아니겠는가?"[45]

조선과 일본의 유교 전통의 차이점에 대한 인식도 우리 사회에서 긴 역사를 갖고 있다. 1909년 11월 28일 <대한매일신보>에 실린 「오늘날 종교가에게 구하는 바」라는 제목의 논설은 조선과 일본 유교 전통의 차이점을 주제로 삼고 있다. 이 사설에서 화서(華西) 이항로(李恒老)는 조선

• • •

43 나종석, 「인권에 대한 유교적 정당화의 가능성에 대한 연구」, 앞의 글, 49쪽 이하 참조.

44 정도전, 「조선경국전 상」, 정병철 편저, 『증보 삼봉집 Ⅱ』, 한국학술정보, 2009, 58쪽.

45 같은 책, 38쪽.

유학의 전통을 대변하는 사람으로 그리고 야마자키 안사이(山崎闇齋, 1618 ~1682)는 일본 유학의 대표자로 언급된다. 그 사설의 내용을 보자. "이화서 는 한국 유가의 거장이고 야마자키 안사이는 일본 유교의 거장이다. 두 사람의 학술 문장을 비교해보면 야마자키는 화서 문화의 시동 한 사람에 지나지 않지만 그러나 화서 이르기를 '오늘날 우리의 책무는 유교 성쇠에 있고 국가의 존망에 이르러서는 오히려 두 번째 일에 속한다'고 하고 야마자키 말하기를 '우리나라를 침략하여 오는 자 있거든, 비록 공자가 장수이고 안자가 선봉에 선다 해도 나는 마땅히 이들을 적과 원수로 볼 것이다'라고 했다. 아! 한국의 강약은 곧 양국 유교도의 정신에서 보아도 분명하다."[46]

위 논설의 취지는 조선과 일본의 국가적 명망과 수준의 차이를 두 나라를 대표하는 유학자의 국가에 대한 태도의 차이에서 구한다. 물론 이 논설은 기본적으로 일본 유교 정신이라고 일컬어지는 국가를 소중하게 생각하는 태도가 일본이 메이지 유신 이후 동아시아를 주도하는 근대 국가로 발돋움 한 정치문화적 토대라는 점을 인정한다. 그러므로 이 논설은 조선이 일본에 비해 부국강병의 근대적 국가의 길을 걸어가지 못한 이유를 조선의 유교적 인 문명주의에서 구하고 있는 셈이다. 조선과 일본 유교 전통의 차이점을 통해 19세기 말 서구 근대 문명의 침략에 대응하는 이 두 나라의 차이점을 이해하려는 시각은 매우 중요하다.

노관범이 주장하듯이 위 논설은 나라가 망하기 직전에 작성된 것임을 감안하여 이해되어야 하지만 국가주의를 부각하기 위해 조선 유학의 문명 주의적이고 평화 지향적 성격을 비판한 것은 문제가 있다. 따라서 "인의가

---

46 마에다 쓰토무(前田勉), 『일본사상으로 본 일본의 본질』, 이용수 옮김, 논형, 2014, 135쪽에서 재인용. 물론 조선이 망하기 직전에 <대한매일신보>는 한국과 일본의 유학 전통의 차이에서 조선의 국력이 약화되고 일본의 국력이 강해지는 요인을 보고 조선 유교 전통의 무기력을 비판했다. 같은 쪽 참조

충효에 굴절된 일본 유학보다는 차라리 충효에 앞서 인의를 생각한 조선 유학이 유학의 본질에 가까운 것"이고 동시기 "유교를 세계평화의 기초"라고 생각한 <황성신문>이 <대한매일신보>에 비해 "유학에 대한 식견이 높았다"고 보는 노관범의 평가가 설득력이 있다.[47]

<대한매일신보>에 실린 「오늘날 종교가에게 구하는 바」라는 논설에 의하면 학문 수준에서 볼 때 야마자키 안사이는 비교가 안 될 정도로 수준이 떨어진다. 그럼에도 이항로는 유교 문명이 지속할 수 있는지 여부를 국가 존망보다도 더 우선시했다. 그가 서양의 침략에 강력하게 대응한 것은 조선왕조가 구현하려고 한 유교 문명의 도를 지키고자 함이었다. 달리 말하자면 유교 문명의 수호야말로 조선의 존재 이유인 것으로 그런 도가 상실된 상태에서 조선이라는 국가는 무의미하다는 것이 이항로의 생각이었다.

이처럼 이항로는 조선이라는 한 국가의 틀을 초월한 보편적 가치로서 유교 문명의 도(道)를 지켜내야 한다는 관점에서 서구 열강의 제국주의 침략에 저항하는 행동의 정당성을 구하고 있다. 조선의 존재 근거를 유교 문명의 보편주의에서 구하는 이항로의 입장은 조선 유교 전통의 한 특색을 보여주는 것이다. "서양이 도를 어지럽히는 것이 가장 우려할 만하다. 천지간에 한 줄기 밝은 기운이 우리 조선에 있는데, 만일 이것마저 파괴된다면 천심이 어찌 견딜 수 있겠는가. 우리는 천지를 위해서 마음을 곧바로 세우고 도를 밝히는 일을 서둘러 불을 끄는 것처럼 하지 않으면 안 된다. 나라의 존망은 그 다음이다."[48]

화서 이항로와 달리 야마자키 안사이는 에도시대 일본 주자학의 원류(原流)를 이루는 해남파(海南派)의 집대성자로 알려져 있는 인물이다. 그는

• • •
47   노관범, 『고전통변』, 앞의 책, 137-138쪽.
48   강재언, 『선비의 나라 한국유학 2천년』, 하우봉 옮김, 한길사, 2003, 435쪽에서 재인용.

조선의 이황을 크게 존경했으며 '주자를 배워서 잘못된다면 주자와 더불어 잘못되는 것이니 무슨 유감이 있겠는가'라고 말할 정도로 경건한 성리학자였다.[49] 그럼에도 야마자키 안사이는 그의 제자들과 공자와 맹자가 군대를 이끌고 일본을 공격할 경우 공맹의 도를 배우는 일본 유학자들은 어떻게 행동해야 하는지를 놓고 대화를 한 적이 있다. 그 내용을 보면 매우 흥미롭다. 그 역시 국가에 대한 충성을 충성의 궁극적 대상으로 삼고 있기 때문이다. 그 대화 내용은 다음과 같다. "야마자키 안사이가 일찍이 여러 제자들에게 질문하였다. '지금 중국에서 공자를 대장으로 삼고 맹자를 부장으로 삼아 수만의 기병을 이끌고 우리나라를 공격해온다면, 공맹의 도를 배운 우리들은 어떻게 해야 하는가?' 제자들이 대답하지 못하고서 '저희들은 어찌할 바를 모르겠으니 선생님의 말씀을 듣고 싶습니다'라고 하자, 야마자키 안사이가 말하였다. '불행히도 이런 난리를 만난다면 우리들은 갑옷을 걸치고 창을 쥐고서 그들과 싸워야 된다. 그리하여 공자와 맹자를 사로잡아 나라의 은혜에 보답하는 것, 이것이 바로 공맹의 도이다.'"[50]

야마자키 안사이의 고민은 전쟁이라는 국가와 국가 사이에 발생할 수 있는 최고의 긴장 상황을 상정하면서, 그 경우 공맹의 도와 국가의 안위 사이에 어느 것이 우선적 가치를 갖고 있는가에 대한 것이었다. 그는 전쟁이라는 극한 상황에서 '공맹의 도'보다는 국가에 대한 귀속을 우선적인 것으로 보아야 한다고 강조한다. 그리고 뒤에서 살펴보는 것처럼 야마자키 안사이의 생각은 에도시대는 물론이고 메이지 유신 이후 근대 일본 천황제 국가 체제를 떠받치는 기본 심성이었다. 마에다 쓰토무(前田勉)는 야마자키 안사이의 일화가 상징적으로 보여주는 사고방식의 의미를 다음과 같이

• • •

49 마루야마 마사오, 『일본정치사상사연구』, 김석근 옮김, 통나무, 1995, 143쪽 이하 참조.
50 황준걸, 『일본 논어 해석학』, 이영호 옮김, 성균관대학교출판부, 2011, 123쪽에서 재인용. 야마자키 안사이가 말년에 일본 신도(神道)를 받아들이는 것도 우연이 아니다. 이에 대해서는 마루야마 마사오, 『일본정치사상사연구』, 같은 책, 146쪽 참조.

해석한다. "주지하는 바와 같이 유학, 넓게는 종교와 사상의 보편적인 가치와 이념보다도 국가의 존립을 최상의 가치로 여기는 사고방식은 근대 일본에까지 연결되면서 증폭되어 왔는데, 안사이의 이 일화는 그러한 생각 을 단적으로 표명하고 있는 가장 좋은 교재로서 잘 나타나 있다."[51]

III. 일본 유학 전통에서 충효관의 특성

충성이 개별 왕조나 국가와 별개로 이해되는 인의(仁義)와 같은 보편적인 원리로 이어지는 조선과 중국에서의 유교적 전통과 달리, 충성이 국가와 천황으로 환원되고 있는 경향은 야마자키 안사이라는 한 유학자에 국한된 상황이 아니다. 이런 인식은 일본 유학의 특수성으로 규정해도 이상하지 않을 정도로 일본 유학의 전통에서 늘 반복된다. 요시다 쇼인(吉田松陰, 1830~1859)도 군신관계에 대한 일본의 전형적인 이해 방식을 잘 보여준 다. "공자와 맹자가 자신들이 태어난 나라를 버리고 다른 나라에 가서 군주를 섬기는 것은 유감스러운 일이다. 무릇 군주와 아버지는 그 의리가 한 가지이다. 우리가 군주를 어리석고 어둡다고 하여 태어난 나라를 버리고 다른 곳의 군주를 따르는 것은 우리가 아버지를 완고하고 어리석다고 하여 집을 나와 이웃집 노인네를 아버지로 삼는 것과 같다. 공자와 맹자의 이런 의리를 잃어버린 행동은 아무리 해도 변명할 수가 없다. 한 나라의 신하들은 이를테면 반년만 차면 떠나가는 노비와 같다. 그 군주의 선악을 가려서 옮아가는 것은 원래부터 그런 것이다. 일본의 신하는 [······] 주인과 생사고락을 같이하며, 죽음에 이른다고 할지라도 군주를 버리고 가는 도리 는 결코 없다."[52]

- - -
51   마에다 쓰토무(前田勉), 『일본사상으로 본 일본의 본질』, 앞의 책, 134쪽.

요시다 쇼인의 주장에서 보듯이 일본의 유학 전통에는 "백성이 가장 귀중(貴重)하고, 사직(社稷)이 그 다음이고, 군주(君主)는 가벼운 것이다."(民爲貴, 社稷次之, 君爲輕)[53]라는 맹자의 민본주의 정신이 큰 비중을 차지하지 않는다. 요시다 쇼인에 의하면 군주가 유교적 민본 이념에 충실하지 않다고 해도 그를 버리고 떠나는 것은 도리가 아니다. 군주가 아무리 악랄하고 무지하며 어리석다고 해도 그를 제거거나 버리거나 해서는 안 된다는 것이다. 뒤에서 보듯이 이런 관념 배후에는 맹자의 역성혁명론을 터부시하는 에도시대 유학의 기본적 심정이 깔려 있다. 그리고 요시다 쇼인 역시 충효일체의 관념, 즉 "무릇 군주와 아버지는 그 의리가 한 가지"임을 역설한다. 충효일체관은 일본 유학의 근본 성격을 규정하는 것으로 이후에 황도유학으로 전개된다. 이에 대해서는 바로 뒤에서 상술할 것이다. 더 나아가 요시다 쇼인은 일본 유학의 국가주의 및 팽창주의적인 성격을 보여준다. 일본이 한국을 정벌해야 한다는 정한(征韓) 사상은 이미 메이지 시기 이전에 형성되었다. 조선을 향한 제국주의적 침략을 노골적으로 주장한 선구자는 사토 노부히로(佐藤信淵, 1769~1850)였는데, 요시다 쇼인은 그의 조선 및 중국으로의 대륙 팽창의 사상을 이어받아 "근대 일본의 팽창주의"를 전개한 중요한 인물로 평가받는다.[54]

군주에 대한 무한한 복종과 충성의 관념을 전통으로 간직해온 일본 국가의 자기 정체성에 대한 확인은 일본 문화 및 국가의 우월의식으로 이어지는 데 머물지 않는다. 일본의 우월성은 이웃 나라 조선에 대한 경멸, 심지어 조선 정벌의 야욕으로 이어진다. 요시다 쇼인은 자신의 정한론을

• • •

52   시마다 겐지(島田虔次), 『주자학과 양명학』, 김석근 · 이근우 옮김, 까치, 2001, 117-118
      쪽에서 재인용.

53   주희, 『맹자집주』(孟子集註), 「진심 하」 14, 앞의 책, 420쪽.

54   조경달, 『근대 조선과 일본: 조선의 개항부터 대한제국의 멸망까지』, 최덕수 옮김,
      열린책들, 2015, 42쪽.

국체(國體)론으로 정당화하고자 했는데, 이는 결코 우연이 아니다. "국체"라는 용어를 처음으로 정의 내린 인물은 아이자와 세이시사이(會澤正志齋, 1782~1863)였다.[55] 그는 1825년 『신론』(新論)에서 국체를 "① 천황일계의 지배, ② 천황과 억조(만민)의 친밀성, ③ 억조의 자발적이고 끊임없는 봉공심이라는 세 가지 요소를 주축으로 하는 국가권력"[56]으로 이해했는데, 쇼인은 이런 천황숭배사상인 국체론에 심취한 인물이었다. 아이자와 세이시사이는 후기 미토학(水戶學)을 대표하는 학자로 알려져 있고 그의 『신론』(新論)은 존황양이론을 "가장 명확하게 체계화한 것"이라고 평가받는다. 이 책은 에도막부 말기 사상계에 광범위한 영향을 미쳤으며 막부를 타도한 사람들의 "성스러운 경전"으로 간주되었다고 한다.[57] 쇼인은 이런 국체론에 입각하여 공맹의 유학사상을 새롭게 해석하여 보편적인 도의 관념보다도 나라 및 천황에 대한 충성을 더 중요하게 간주하는 일본적 유학의 흐름을 발전시켰다. 그리고 요시다 쇼인의 이런 국체 사상은 "메이지 헌법에서 근대 일본의 국가 원리로 확립"된다. 이에 대해서는 뒤에 다시 언급할 것이다.[58]

그러나 일본 유학 전통과 달리 조선은 유교적 민본주의의 이념을 통치의 제일 원리로 받아들였다. 율곡(栗谷) 이이(李珥, 1536~1584)도 이런 유교적 민본주의 정신을 이어받고 있다. 이이는 군자가 무엇인지를 다음과 같이 설명한 것으로 알려져 있다. "군자는 왕을 사랑하기 때문에, 사직(社稷)을 위하여 마음을 먹고 백성을 위하여 염려를 하니, 의리가 직책을 지키는 데에 있으면 왕의 명령에도 따르지 않는 바가 있고, 말을 다해야 할 것이 있으면 왕의 권위에도 물러서지 않는 바가 있다."[59]

• • •

55 아이자와 세이시사이는 아이자와 야스시라고도 한다.
56 조경달, 『근대 조선과 일본: 조선의 개항부터 대한제국의 멸망까지』, 앞의 책, 43쪽.
57 마루야마 마사오, 『일본정치사상사연구』, 앞의 책, 499-500쪽.
58 조경달, 『근대 조선과 일본: 조선의 개항부터 대한제국의 멸망까지』, 앞의 책, 42-43쪽.

그러나 조선과 중국에서처럼 천(天)의 이념에 바탕을 두고 군주의 자의적 폭력에 대해 저항하면서 백성을 위한 정치를 추구하는 유교적 전통이 일본에는 매우 낯설다. 백성을 편안하게 한다는 민본주의와 연결되어 있는 천 관념과 일본의 천 관념은 아주 다르다. 일본의 건국 신화에 의하면 일본에서 정치의 정당성의 궁극적 근원은 혈통에 있다. 그리고 그 혈통은 일본인의 조상인 아마테라스 오미카미(天照大神)가 내려준 신칙(神勅)에 입각해 있다. 달리 말하자면 아마테라스 오미카미(天照大神)가 천상의 다카마가하라(高天原)에서 내려오는 천손(天孫)에게 일본은 자신의 자손이 통치해야 할 나라라고 명령했다고 하는 데에서 일본 천황의 정통성의 근거가 존재한다. 달리 말하자면 천황은 일본인의 조상신인 아마테라스 오미카미(天照大神)의 유지를 받드는 데에서 그 정통성을 구한다.

천(天) 관념이 갖고 있는 혈통적 기원으로 인해 일본에서는 맹자의 민본주의 전통과 긴밀하게 연동되어 있는 역성혁명에 대한 관념도 매우 희박했던 것으로 알려져 있다. 물론 일본에서도 천황에 대한 충성과 달리 보편적 가치, 즉 "원리에의 충성"을 옹호하는 유교적 흐름이 없었던 것은 아니다. 예외적이지만 일본에서도 원리에 대한 충성을 매개로 해 '반역'을 정당화하려는 유교적인 천도 및 천명사상이 존재했다.[60] 에도시대 유학자들 사이에서 나타나는 유교적인 원리에의 충성과 천황에 대한 충성으로 충성이 환원되는 상황 사이의 긴장 그리고 전자보다는 후자의 압도적인 경향에 대해서 마루야마 마사오는 다음과 같이 종합적인 평가를 내린다. "물론 일본의 경우, 역성혁명 사상은 대부분의 경우, 기껏해야 '무가'(武家)의 동량(棟梁)의 교체와 추이에 적용되는 데 머물러서, 현실에서는 말할 것도

59   강상규, 『조선정치사의 발견: 조선의 정치지형과 문명전환의 위기』, 앞의 책, 174쪽, 각주 104에서 재인용.
60   마루야마 마사오, 『충성과 반역: 전환기 일본의 정신사적 위상』, 박충석·김석근 옮김, 나남출판, 1998, 30-31쪽 참조.

없고, 논리에서도 천황의 세습적 지위 자체에까지 미치는 예가 드물었다는 것은, 세상의 이른바 국체론자(國體論者)들의 공공연한 주장을 기다릴 것까지도 없이, 현저한 특질이었다. 사토오 나오카다(佐藤直方)나 미야케 쇼오사이(三宅尚齊)처럼, 천도라는 원리에 대한 충성을, 텐노오(天皇)를 포함한 구체적 인격에 대한 충성보다 의식적으로 그리고 수미일관되게 우선시한 유학자는 오히려 예외적이었음에 틀림없다."[61]

천황이 누대에 걸쳐 일본을 다스려왔다는 신화, 달리 말하자면 일본에는 역성혁명론이 설 자리가 없는 안정적이고 통일된 국가라는 믿음은 근대 천황제 국가 형성을 통해 국민적 통합과 정체성 형성의 토대가 되었다. 일본에서 민중사 연구의 제일인자로 명성이 높은 야스마로 요시오(安丸良夫)는 메이지 유신 시기에 근대 천황제 국가가 성립하는 과정에서 '만세일계'(萬世一系)라는 혈연적 연속성의 전통을 창출하는 정신적 조건을 역성혁명을 부정하는 전통과 연결하여 해명하고 있다. 그의 설명을 들어보자. "만세일계라는 생각은 역사적으로 깊은 유래가 있기는 하지만 에도시대까지는 천황제라는 것은 혈연적으로 이어져 있다는 것만으로 후계하는 것은 무리였습니다. 혈연적인 것과 도덕적인 것이 일체화되어 있지 않으면 안 되는 것이죠. 이는 동아시아 전통으로서의 인군(仁君) 사상이라고 할까요? 왕권의 정당화라고 하는 것은 아무래도 도덕적인 것을 황제가 체현한다는 것을 어필하지 않으면 안 되는 것입니다. 그런데 그러한 논리에 의하면 나쁜 임금의 경우에는 바꾸어도 좋다고 하는 역성혁명론이 됩니다. 이것을 부정하는 것이 천황제의 아주 중요한 원리로서 이런 생각이 어디서 왔느냐 하는 것은 꽤 어려운 문제이지만 모토오리 노리나가(本居宣長) 단계에서 확실하게 나타납니다. 이러한 아마테라스 오미카미(天照大神) 이후의 혈연적인 연속성이라는 것이 천황제 전통성의 가장 근원이 되었다는 생각은

• • •
61   같은 책, 31-32쪽.

메이지 유신 때에 승인되었던 것입니다."[62]

천황제의 정치적 정당성의 궁극적 근거를 '만세일계'(萬世一系)의 혈연의 연속성에서 구하는 생각은 일본의 독특한 충효관과 늘 같이하는 것이다. 일본 유학 전통에서 형성된 충효관의 핵심은 충효일체이다. 충효일체라는 관념을 정당화하기 위해 동원된 것이 국가와 국민의 관계가 부모와 자손의 관계와 구조적으로 동일하다는 생각이다. 달리 말하자면 한 국가의 국민은 한 가정의 확대판이기 때문에 국가에 대한 충성이 곧 효라는 것이다. 일본 특유의 충효일체는 메이지 유신 이후 1890년에 반포된 일본의 교육칙어(敎育勅語)를 통해서 일본 국민 도덕교육의 기본 원칙으로 된다. 이렇게 하늘로부터 부여받은 도덕적 본성의 발로로서 부모에 대한 효는 일본에서는 '충효'로 변형된다. 나라에 대한 충성이 곧 효라는 관념을 통해 이제 일본에서 천황에 대한 충이 가장 우선적인 것이고, 이런 충은 바로 부모에 대한 효에 해당하는 것으로 간주된다.

충과 효는 하나라는 일본 특유의 충효관을 좀 더 살펴보자. 와타나베 히로시가 적절하게 강조하고 있듯이 에도시대 일본에서 등장한 충효일치는 '효자인 사람이 올바른 충신일 수 있다'거나 '충신을 얻으려면 효자 가문에서 구해야 한다'는 것을 말하는 것도 아니고, 또 효의 대상은 부모이고 충의 대상은 군왕이라는 차이는 있으나 효와 충을 모두 진실하게 해야 한다는 의미에서 효와 충의 양립 가능성을 주장하는 이론이 아니다. 그런 식의 충효일치는 중국에서도 흔하게 찾아볼 수 있다.[63]

일본 고유의 충효일체에 대한 이해를 위해서는 일본 에도시기 가족제도의 성격을 이해해야 한다. 세키몬 심학(石門心學)의 창시자로 널리 알려져

• • •
62 박진우 편저, 『21세기 천황제와 일본: 일본 지식인과의 대담』, 논형, 2006, 101쪽 이하.
63 와타나베 히로시, 『일본정치사상사: 17~19세기』, 김선희·박홍규 옮김, 고려대학교 출판문화원, 2017, 186쪽.

있는 이시다 바이간(石田梅巖, 1685~1744)과 연관된 일화를 살펴보자. 그에게 어느 날 제자가 물었다. "친부가 양부를 죽이면 양자는 어찌해야 하는가?" 이 질문에 대한 이시다 바이간의 대답은 다음과 같다. "양부의 적을 베어 그 목을 무덤 앞에 바쳐야 한다."[64] 즉, 양부의 적인 친부를 죽여서 양부의 원한을 풀어주어야 한다는 것이다. 이시다 바이간의 대답은 아마 우리에게 매우 이질적이고 충격적으로 여겨질 것이다. 친부를 죽여 양부에게 그 목을 바쳐야 한다는 그의 대답은 우리가 이해하는 효에 대한 통념과는 너무나 다르기 때문이다. 그러나 이런 효에 대한 일본 특유의 관념도 에도시대 일본 특유의 가족제도와 결부되어 있다. 에도시대 일본에서 '이에'(家)는 여러 가지 점에서 당대 한국이나 중국의 가족제도와 달랐다.

이시다 바이간의 예를 통해 에도시대에 양자 제도가 꽤 널리 확산되어 있음을 추론할 수 있다. 조선이나 중국에서와 달리 일본에서는 혈연관계가 없는 사람들이 쉽게 가족 성원이 될 수 있었던 것은 '이에'(家)가 선조와 자손으로 이어지는 세대 간의 영속성을 혈연에서 구하는 혈연집단과 다른 측면을 지니고 있었기 때문이다. 일본의 가족, 즉 '이에'(家)에서 중요한 것은 아버지와 아들 사이에 혈연관계가 있는지 여부가 아니라, 세습되는 신분으로서 직업인 가업을 제대로 이어받을 수 있는지 여부였다. 가장 지위를 물려받는 것은 그 가족이 사회 속에서 세습적으로 이어가야 할 가업을 대표하는 지위를 물려받는 것을 의미했다. 일본에서 양자 제도가 발달하여 비혈연자도 가족의 구성원이나 가족을 대표하는 가장, 즉 당주(當主)가 되는 일이 자주 일어난 것도 이 때문이다. 심지어 가업을 이어가기에 능력이 없는 미덥지 못한 친자식이 있다 해도 능력이 있는 양자를 들여 가업을 이어가도록 하는 경우도 드물지 않았을 정도이다.[65]

• • •

64　같은 책, 88쪽에서 재인용함.
65　같은 책, 82-83쪽 참조.

일본 가족제도의 특이성과 효에 대한 일본 특유의 이해는 밀접하게 연결되어 있다. 부모에게 효도를 다한다는 것은 일본사회에서 이에, 즉 가업을 잘 이어받아 그것을 번영하게 한다는 것을 의미했다. 이런 맥락에서 선조와 부모 그리고 자신으로 이어지는 이에를 위해 전력을 기울이는 행위가 최상의 효로 간주된다. 그리고 일본사회에서 선조와 부모에 대한 효는 "자신이 속한 이에에 대한 충성의 또 다른 이름"으로 받아들여지게 된다.[66] 따라서 가족 내에서도 일본인들에게는 효와 충이 다르지 않은 것이라고 말할 수 있다. 특히 사무라이, 즉 무사의 경우에 본래 효와 충은 동일한 것이었다. 무사 직분은 세습적인 것인데 무사 가문의 가업은 다름 아닌 주군에게 봉사하고 충성을 다하는 것이었기 때문이다. 그러므로 사무라이에게는 주군에게 충성을 다하는 것이 바로 그가 속한 이에, 즉 가업으로서 가족에게 효를 다하는 것임을 의미했다.[67]

사무라이에게서 가장 극명하게 드러나는 일본 특유의 충효일체 관념은 메이지 유신 이후 일본에서 모든 국민이 갖추어야 할 기본적인 도덕적 관념으로 전개된다. 메이지 유신을 통해 모든 일본 국민은 일본이라는 국가의 가장인 천황에게 충성을 다해야 하는 충효일체 관념을 내면화하도록 교육받는다. 1890년에 제정된 교육칙어를 해설하는 역할을 담당한 학자였던 이노우에 데쓰지로(井上哲次郎)는 1908년에 간행된 『윤리와 교육』에서 충효일체를 다음과 같이 설명한다. "한 가족 안에서 가장에게 효를 다하는 정신은, 하나의 국가로 미루어 확장해보면 그 역시 천황에 대한 충이 되는 것입니다. 다만 충이라는 것은 또 효라고도 말할 수 있습니다. 왜냐하면 천황은 일본 민족의 가장 지위에 서 계시므로 한 가족에서 가장에 대한 본분과 같은 형태로 천황에 대해 충을 다하는 것이듯이 이 충은

• • •
66   같은 책, 172쪽.
67   같은 책, 185쪽 참조.

즉 효와 같은 것입니다. 그래서 충효일체라는 민족적 도덕의 가르침이 예부터 전해 내려오는 것입니다. 충효일체와 같은 민족적 도덕은 이처럼 사회조직이 아니면 생기는 것이 아닙니다. 이와 같은 사회조직 속에서 필연적으로 발달하게 되는 것이 으뜸 도덕입니다. 이처럼 으뜸 도덕이 없으면 이 사회조직은 존속할 수 없는 것입니다."[68]

Ⅳ. 일제 강점기 황도유학 유입과 그 확산

일본인 스스로 자신의 유교 전통의 특징이자 장점이라고 본 충효일체 사상은 일제 식민지시기에 황도(皇道)유학으로 전개된다. 식민지 조선에서 황도유학을 알리는 데 큰 영향력을 행사한 인물은 다카하시 도루(高橋亨, 1878~1967)인데, 그는 경성제대에서 교수로 활약하면서 조선 유교 사상사에 대한 저서를 낸 사람이기도 하다. 그는 일제시기에 '황도유학'을 주창하여 일제 강점기 식민지 조선의 지식인들에게 커다란 영향을 주었다. 다카하시 도루는 1939년 12월에 발표된 「왕도유교에서 황도유교로」라는 글을 통해 황도유학을 전면적으로 내세운다.[69]

다카하시 도루가 황도유학의 이름으로 정리한 일본 유학의 성격은 다음 세 가지로 요약된다. 일본 유학은 1) 유교 전통에서 소중히 간직되어온 왕도정치에 입각한 역성혁명과 폭군방벌론의 부정, 2) 효를 충보다 더 중요시하는 관점의 부정, 3) 이런 두 가지 유교적 전통의 부정을 바탕으로

• • •

68 우에노 치즈코(上野千鶴子), 『근대가족의 성립과 종언』, 이미지문화연구소 옮김, 당대, 2009, 94쪽에서 재인용.

69 1939년 이후 다카하시 도루를 통해 조선사회에서 황도유학은 공론화된다. 이에 대해서는 정욱재, 「조선유도연합회의 결성과 '황도유학'」, 『한국독립운동사연구』 33, 2009, 227-264쪽 참조. 다카하시 도루가 주장하는 황도유학에 대해서는 이 책 제8장 제3절에서 다룬 바 있기에 그에 대한 상술은 생략한다.

해서 충효일체의 관점으로 국가 및 천황에 대한 전면적인 복종과 충성을 유학의 근본적인 도덕으로 주장하는 이론으로 규정될 수 있다. 그리고 일본이 황도유학의 이론을 조선 유학이 따라야 할 참다운 유학정신임을 강조하는 이유는 일본 제국주의 권력의 확고한 기반을 조선에서 구축하는 데 있다. 달리 말하자면 일본 식민주의 관학자 다카하시 도루가 조선총독부와 더불어 꾀한 것은 일제 강점기에도 그 비판적 생명력을 유지하고 있는 조선의 유교적 전통을 해체하는 것이었다. 더구나 이런 유교적 전통에서 이어져 온 대의명분과 원칙에 입각한 비판정신을 해체하지 않고서는 조선인들을 일본의 총력전 체제에 동원할 수 없다는 것은 분명한 것이었다.

물론 황도유학의 목적 중의 하나는 일본 제국주의 침략 체제에 협력하는 친일 유림들에게 학문적 정당성을 부여하고자 하는 것이기도 했다. 일본은 조선(대한제국)을 강점한 후 조선사회 엘리트 유림과 일반 서민들에게 여전히 강한 영향력을 갖고 있었던 유교 전통에 주목하지 않을 수 없었다. 그래서 일본은 유림들의 항일의지를 거세시켜 안정된 식민지배 체제를 구축하기 위해 일찍부터 유학을 이용하고자 했다. 그래서 일본 제국주의는 1911년 유학 교육에 관한 일을 관장해오던 성균관(成均館)을 폐지하고 경학원(經學院)을 설립해 명분상으로는 유교 진흥을 내세우면서 조선의 식민통치 정당성을 확보하려고 시도했다. 이 경학원에 많은 유학자들이 참여하여 일제에 협력한다. 정욱재에 의하면 경학원에 참여한 친일 유림들의 상당수는 일제가 유림을 친일화하기 위해 만든 대동학회(大東學會) 출신으로 아시아 연대주의와 문명론에 경도되어 친일의 길로 빠지게 되었다. 특히 흥미로운 것은 이들도 국가보다는 유교 문명의 보존이라는 명분을 내세워 친일을 정당화했다는 것이다. 바로 뒤에서 보듯이 물론 이들은 유교 문명을 일본식의 유학 전통이 잘 계승하고 있다고 보고 있다.

백범 김구와 같은 독립운동 지도자는 물론이고 김창숙을 비롯한 여러 개혁 성향의 유학자들과 달리 친일에 앞장선 유학자들은 조선 유교 전통의 장점에 대한 언급이 거의 없이 그 폐단만을 지적하면서 일제 지배 정책을 옹호했다. 조선 유학 전통에 대한 이런 친일 유림의 태도는 당연히 조선 유교 전통을 당쟁만 일삼으면서 권문세가와 결탁하여 권력만을 탐하는 것으로 비판하는 조선총독부의 입장과 궤를 같이하는 것이었다. 앞에서 조선에 황도유학을 소개하는 선도자로 언급되었던 다카하시 도루(高橋亨)는 황도유학을 내세우기 전에 이미 경학원 중심의 친일 유림들과 더불어 조선 성리학을 공리공담의 지적 유희에 불과한 것으로 비판했다. 그리고 그는 친일 유림에게 일본 유학을 소개하여 그들로 하여금 일본과의 일체감 속에서 친일 행위를 정당화하는 데 큰 기여를 한 인물이었다.

일본 제국주의에 협력한 유학자들은 황도유학에서 자신의 행동의 정당성을 구할 수 있었다. 앞에서 본 것처럼 황도유학은 일본인들이 일본정신의 우월성의 근거를 어디에서 구하고 있는지를 잘 보여준다. 그들이 보기에 일본 문화는 천황과 국가에 대한 충성을 궁극적인 가치로 삼고서 역성혁명론이나 폭군방벌론과 같은 위험한 사유 방식으로부터 면역되어 전 국가적 통일과 일체감을 확보할 수 있었다. 그리하여 그들은 일본이 천황을 정점으로 하는 일치단결의 전통으로 인해 조선이나 중국보다 더 빨리 서구 문물을 받아들이는 데 성공했고, 급기야는 영미 제국주의와의 한바탕 대결을 통해 전체 세계로 뻗어나갈 수 있었다고 보았다. 일본과 달리 조선과 중국은 효를 충보다 앞세우고 폭군방벌이나 역성혁명의 유혹에 빠져 늘 국가 내부에 혼란과 무질서가 그치지 않음으로써 결국 위기 상황에 대처하는 능력을 키울 수 없었다는 것이다.

20세기 초 동경제국대학 중국철학과 교수를 역임했던 우노 데쓰진(宇野哲人, 1875~1974)도 동일한 사상을 반복하고 있다. 그는 서구열강의 개입으로 반식민지 상태로 전락한 중국의 상황을 보고 그 이유를 민주주의 사상 및 역성혁명의 전통에서 발견한다. "중국 사회의 부진은 예로부터 민주주의 사상이 발달하고 역성혁명의 기풍이 형성되어 일정한 주권 하에서 단결되는 성향이 부족하였기 때문이다." 중국이 혼란에 빠진 원인을 역성혁명 사상의 영향으로 인해 중국 사람들은 국민국가적 정체성 형성에서 어려움을 겪게 되었다는 것이다. 우노 데쓰진은 일본 천황제 체제의 우월성을 다음과 같이 확인한다. "우리 일본은 유신을 할 때, 위로는 만세일계의 황실이 있어서 인심을 모을 수 있었다. 그런데 중국은 청나라가 타도된 뒤 어느 누구도 계승하지 못하였다. 생각이 이에 미치니, 우리 일본의 정치체제가 매우 고맙고 중국의 역성혁명의 정치적 현실이 안타깝도다."[70]

일본 제국주의가 전시 총동원 체제 속에서 한국인을 전쟁의 충실한 협력자로 만들기 위해 제시한 황도유학은 조선의 유학 전통을 비판만한 것은 아니었다. 다카하시 도루나 아베 요시오(阿部吉雄, 1905~1978) 같은 일본 제국주의 관변학자들은 일제 초기에 조선 유학을 부정적으로만 바라보던 태도를 벗어나 황도유학의 충효일치 정신이 조선 유학사상사에서 매우 중요한 위치를 차지하는 퇴계 이황과 연결된다는 학설을 내세우기도 했다. 그들은 퇴계 이황의 주자학이 일본 에도시대 주자학에 큰 영향을 주었다는 점을 십분 활용하여 이황의 학문 정신이 야마자키 안사이를 거쳐 메이지 정부의 교육정책 방향 설정에 지대한 영향을 준 모토다 나가자네(元田永孚, 1818~1891)에 이르러 완성되었다고 강변했다. 예를 들어 아베 요시오는 1943년 조선에서 야마자키 안사이와 모토다 나가자네의 사상은 "황국의 도에 근본을 두고 공자나 주자나 퇴계선생의 도의사상을 융회·순화·지양한 것"으로 평가한다. 그리고 그는 야마자키 안사이와 모토다 나가자네에 의해 선창된 "일반적인 인의도덕의 가르침은 실로 황국의 도를 중핵으로 하는 인의도덕의 가르침"이라고 강조한다.[71] 이처럼 일본

• • •

70 황준걸, 『일본 논어 해석학』, 이영호 역주, 성균관대학교출판부, 2011, 155쪽에서 재인용.

71 박균섭, 「퇴계학의 오독: 다카하시 도루와 아베 요시오의 퇴계론 비판」, 『퇴계학과유교문화』 59, 2016, 170쪽.

제국주의 시절 일본 관변학자들은 퇴계 이황의 학설을 적극적으로 활용하여 황도유학의 정통성을 한국인 및 한국 유학자들에게 전파시키고자 했다. 당연히 많은 친일 유학자들은 조선 유학 정신이 일본의 황도유학을 통해 순화되고 완성에 이르게 되었다는 식의 논변을 섭취하여 자신들의 친일 행각을 유학적 어휘로 분식하게 된다.

그런데 황도유학의 정신으로 대변되는 근대 일본문명의 우수성을 옹호하는 사람은 일본과 협력한 친일 유학자들에 한정되어 있지 않았다. 일제 강점기 시대 대표적인 친일인사 중 하나인 춘원(春園) 이광수(李光洙, 1892~1950)는 조선 청년들에게 일본을 위해 전쟁에 나갈 것을 격려하는 시에서 '충 없는 효 없고 나라 없는 부모 없다'고 말한다. 한때 조선의 독립운동에 참여하기도 했지만 그는 이미 1900년 초 손병희의 「삼전론」(三戰論)의 영향을 받아 약육강식과 적자생존의 논리를 수용했다. 그리하여 이광수는 "이론은 약자의 신음" 혹은 "도덕은 강자에게 복종하는 약자의 의무"[72]라거나 "강한 자가 이기고 약한 자가 지는 것은 공평한 알"이라고 주장했다. 그리고 이광수는 1910년대 일본에서 유학하던 시절에 "우리 모두의 힘을 키우기 위해 민족의 우수한 성원끼리만 결혼시켜야 한다"고 주장했는데, 이런 주장은 조선인을 문약하게 만든 유교에 대한 비판과 함께했다. 이광수에 의하면 "유교를 비롯한 구사상을 완전히 타파하지 않으면 조선 민족이 우등 민족으로 거듭날 수 없을 것이다." 이처럼 이광수는 개화기 이래 문을 숭상하는 유교적 전통으로 인해 조선인이 약해지고 그 결과 망국으로 이어졌다는 유교 비판을 반복한다.

이광수는 「조선민족론」이라는 짧막한 글에서 조선의 유교 전통을 사대주의로 찌든 나머지 조선의 민족정신을 마멸시키는 주범이라고 비판했다. "이 모양으로 조선인의 고유한 사상을 파괴하는 동시에 또는 그 방편으로

• • •
72   이광수, 『이광수 전집 20』, 삼중당, 1962, 151쪽.

조선어를 탄압하고 천시하여 이것의 절멸을 기하였다. 이 대죄(大罪)를 범한 자는 누구냐 하면, 그것은 민족의식을 마멸함으로 자기네의 지위를 보전하려 하던 양반, 유림계급이었다. 이조의 양반계급은 모든 인민의 고혈(膏血)을 빨아먹는 자들일 뿐만 아니라 실로 민족의 정신과 말과 글까지 빨아먹은 독충이었다."[73]

1920년대 들어 이광수는 이른바 고루한 유교 정신으로 민족정신을 마비시킨 양반 지배층에 대한 비판을 확대하여 조선인 민족성론의 관점에서 조선인 전체의 게으름과 나약함 등을 비판하였다. 그의 문제 많은 글 「민족개조론」에서 이광수는 조선 민족 쇠퇴(衰頹)의 근본 원인을 "타락된 민족성"에서 구한다. 그는 조선인 중에서 지배자 계층에게는 그들이 허위(虛僞)와 사욕(私慾) 정신에 물들어 "정의가 없고 충신(忠信)이 없으며" 또한 '나라나 백성에 대한 사랑하는 마음이나 존경하는 심정', 즉 "애(愛)도 경(敬)도" 없다고 지적한다. 그리고 일반 백성에 대해서는 게으름(懶惰)에 찌들어 있고 겁이 많고 나약하여 용기가 부재하고 '사회성'을 결여하고 있는 존재라고 주장한다.[74]

이광수는 조선 민족이 거듭나기 위해서는 조선인 전체의 도덕적 타락을 극복하여 민족성을 그 근본으로부터 철저하게 개조하지 않으면 안 된다고 보았다. 특히 그는 조선인에게 거짓말하지 않는 참다운 도덕 정신은 물론이고 "부지런하고, 신의 있고, 용기"있는 정신뿐만 아니라 "개인보다 단체를, 즉 사(私)보다 공(公)을 중히 여겨, 사회에 대한 봉사를 생명"으로 여기는 정신이 필요하다고 역설했다.[75] 이런 이광수의 민족개조론에 나타난 조선 민족에 대한 관점에 대해 조경달은 "총독부의 논의와 조금도 다름이 없었고, 너무나 자학적"인 것이라고 평가한다.[76]

• • •

73   이광수, 『이광수 전집 17』, 삼중당, 1962, 330쪽.
74   같은 책, 184-185쪽.
75   같은 책, 201-202쪽.

이광수는 친일행각을 노골적으로 하게 된 1940년대 초에도 「병역과 국어와 조선인」이란 글에서 조선인의 결점을 대략 다섯 가지로 요약한다. 그에 의하면 조선인은 1) 거짓말을 한다, 2) 책임 관념이 약하다, 3) 이기적이다, 4) 원대한 심사숙고가 없다, 5) 불친절하고 의리가 강하지 않다는 결점을 갖고 있다. 그리고 이런 조선인의 결점은 일본의 황국신민이 되어서 철저하게 일본정신으로 무장할 때 극복 가능하다고 그는 강조한다.[77] 이광수는 『신시대』 1941년 6월 호 「인생과 수도――반도 육백만 청년남녀에게 고하노라――」는 글에서 '황도정신'을 일본정신의 정수로 보고 "황도정신의 일본 문화는 세계에서 가장 아름다운 문화"로 칭송한다. 그런데 그에 의하면 황도정신은 "일군만민, 충효일체"의 정신이다.[78]

이광수의 주장을 통해 일본정신의 핵심인 "일군만민, 충효일체"로서의 황도정신이 무엇을 의미하는지 좀 더 살펴보자. 그는 일본의 황도정신의 핵심을 다음과 같이 좀 더 상세하게 설명한다. "만세일계, 군민일체, 천황 중심――이러한 관념은 오직 일본에만 있는 것이다. 일본의 국체(國體) 관념이란 것 이것이니 이것을 바로 파악하는 것을 국체명징(國體明徵)이라고 일컫는 것이다. 그러하기 때문에 일본인은 자기의 생명과 자녀를 모두 폐하의 것으로 안다. 매일 라디오 체조를 하여서 자신의 건강을 증진시키는 것도 그럼으로 폐하를 위한 것이다. 폐하께 구실을 잘 바치기 위하여서 제 몸의 건강을 조심하는 것이다. '내 몸 가지고 내 마음대로 하는 데 무슨 참견이야' 하는 따위의 말은 일본인으로서는 할 말이 못 된다. 그것은 진실로 불충한 말이다. 자녀는 부모의 것이 아니다. 폐하의 것이다 하는 것이 일본정신이다."[79]

• • •

76 조경달, 『식민지 조선과 일본』, 앞의 책, 95쪽.
77 이광수, 이경훈 편역, 『춘원 이광수: 친일문학전집 2』, 평민사, 1995, 338-342쪽 참조.
78 같은 책, 256쪽.
79 이광수, 「일본문화와 조선――실생활을 중심으로」, 같은 책.

일본정신이란 간단하게 말해 천황을 아버지로 여기면서 그에게 모든 것을 기꺼이 바치려는 충성의 마음이다. 그러므로 이광수는 일본의 충성관을 "천황이 하랍시는 일을 순순히 할 따름"이라고 설명한다. 그리고 그런 일본의 충성 정신은 영미인의 개인주의적 자유의 이념과 다른 본래적인 자유의 이념을 제시한다고 그는 역설한다. "그러므로 황국신민에게는 영미인이 생각하는 바와 같은 개인도 없고 자유도 없습니다. 자유가 있다면 오직 천황을 섬기는 자유가 있을 뿐이니 이 자유야말로 가장 귀중한 자유여서 생명으로써 지키는 자유입니다."[80]

이광수가 이해하는 자유의 이론, 즉 개인의 자유가 아니라 일본 국가인 천황을 섬기는 행위가 바로 자유의 정수라는 관념은 주목을 요한다. 이 자유의 이념은 국가에 대한 멸사봉공(滅私奉公)의 충성과 헌신의 이념에 다름 아니다. 이광수는 자신의 친일행각을 정당화하면서 극단적인 형태의 멸사봉공을 주장한다. 그에 의하면 개인주의는 이기주의에 다름 아니고 "자유주의, 자본주의 사상"인데, 그것은 "노예적" 사유 방식이다.[81] 그는 1941년 『신시대』에 발표된 글에서 반개인주의적이고 철저한 전체주의 이념을 다음과 같이 옹호한다. "그런데 청년의 윤리의 제일조(第一條)는 멸사(滅私)다. 즉 나를 잊고 내 것이라는 것을 잊는 일이다. 아침 궁성요배시 간에 나는 폐하(陛下)의 것입니다 하고 맹세하고 그러고는 그날 하루를 나를 잊고 힘써 일하는 것이다. 일신의 안일을 바라서는 안 된다. 금전의 이득을 바라서도 아니 된다. 지위나 명예를 바라서도 아니 된다. 불평이 있어서는 더욱 아니 된다. 잠자코 직분을 지켜서 한 방울이라도 더욱 땀을 흘리려 하는 청년만이 오직 신체제의 황도(皇道) 청년이다. 이러한 청년이 진실한 지도자다. 이론을 버리고 비판을 버려야 한다."[82]

• • •

80   이광수, 「사상 함께 영미를 격멸하라」, 같은 책, 313쪽.
81   이광수, 「신시대의 윤리」, 같은 책, 153쪽.
82   같은 글, 155쪽.

이렇게 이광수는 전통적인 유교적 충성 이념을 국가주의적인 충성 이념으로 변형하는 데 그치지 않고, 그것을 자유의 극치로까지 해석한다. 그러므로 이광수는 일본 황도정신에서 인간의 가장 고귀한 자유의 본래 정신이자 인류를 구원할 수 있는 대안적 근대성, 즉 근대를 초극할 수 있는 이념을 찾을 수 있다고 본다. 이광수의 다음과 같은 주장은 이를 잘 보여준다. "그러므로 가정도 나라를 위해서, 자기 자신도 나라를 위해서 존재하는 것이며, 따라서 국민 각자의 일생은 직업봉공을 위해서만 바쳐질 수 있는 것이다. 이를 신도실천(臣道實踐)이라 하는데, 이것은 구미의 개인주의와는 실로 대척적인 것이다. 이 일본정신은 결코 사변 이래로 시작된 것은 아니다. 더욱이 독일을 모방한 것이 아니다. 이는 일본의 역사나 문화 전반을 통해 일관되게 흘러온 것으로, 일본 문화의 특색은 실로 이 한곳에 있다. 이를 충효일본(忠孝一本)의 정신이라고 하며, 교육칙어의 정신이기도 하다."[83]

위의 인용문이 보여주듯이 이광수는 충효일체라는 관념을 통해 자신이 그토록 조선의 문약정신과 도덕적 타락을 초래한 원흉으로 질타했던 유교적 정신 내지 원리를 받아들인다. 그러나 '충과 효는 하나'라는 충효일본의 관념은 그가 스스로 강조하듯이 일본의 국가주의적인 유교적 전통 그리고 메이지 유신 이후 천황제와 결합한 일본 유교정신의 세례를 받고 거듭난 황도정신의 유학일 뿐이다. 물론 그런 관념 역시 크게 보면 유교적 전통의 일부라고 보아야 할 것이다. 그럼에도 이런 이광수의 충효이론을 유교적 전통 전체로 환원하거나 일본의 황도유학을 조선의 유교적 전통과 연결되어 있는 것으로 생각하는 입장은 전적으로 틀린 것이다. 그것은 일본의 것이지 조선이나 중국의 유교적 전통과 너무나 거리가 먼 것이기 때문이다.

그러나 이광수가 일본정신으로 설파하는 부국강병의 논리, 국가를 통한 일치단결 그리고 멸사봉공의 정신을 참다운 개인의 자유로 보는 이해 등은 독립 후 우리 사회에도 계속하여 영향을 주고 있다. 그가 황도정신을 정당화하면서 내세운 이념이 상당수 유교적 어휘로 이루어진 것이고, 그런 유교적 전통의 재구성은 일본 유교 전통의 근대적 변형을 수용한 결과였지만 그것은 대한민국에로 이어졌다. 그중 대표적인 것이 박정희 시대에 이루어진 충효교육이다. 박정희는 1970년 연두 기자회견에서 개인이 국가에 대해 충성을 다해야 한다는 논리를 다음과 같이 설명한다. "왜 우리가 국가를 위해서 희생을 하고 국가를 위해서 봉사를 하는 것이 그렇게 훌륭한 거동이냐고 묻지 않을 수 없습니다. '나'라는 우리 개인을 우리는 이것을 '소아'라고 합니다. '나'를 확대하고 연장한 것이 국가인데, 그 국가를 우리는 보통 '대아'라고 합니다. [……] 우리나라라는 것은 '나'와 '너'와 모든 것이 다 합쳐져서 된 것이며, 나를 확대한 것이 즉 우리 국가입니다. 우리 민족이라고 할 때의 우리도 역시 마찬가지로 우리 민족이라는 것은 '나'를 확대한 '대아'인 것입니다. 그렇기 때문에 국가가 잘되는 것은 결국은 내가 잘되는 것이며, 민족이 잘되는 것은 결국은 내가 잘되는 것이며, 국가를 위해서 내가 희생을 하고 봉사를 하는 것은 크게 따지면 내 개인을 위해 봉사하는 것이고, 우리 자신을 위해서 봉사하는 것입니다. 그렇기 때문에 우리가 국가를 위해서 충성을 하는 것은 미덕이다, 가장 보람 있는 일이다, 이렇게 생각할 수 있는 것입니다."[84]

국가의 이익이 바로 나의 참다운 이익이라는 국가주의적 관점은 개인의 독립성과 자율성에 대한 인식의 부재와 함께한다. 국가가 잘된다는 것의 의미가 무엇인지 그리고 그런 국가의 정치적 정당성의 원천이 무엇인지에 대해서 질문을 제기하지 않는 것은 지도자에 의해 미리 규정된 국가의

• • •
84   전인권, 『박정희 평전: 박정희의 정치사상과 행동에 관한 전기적 연구』, 이학사, 2006, 260-261쪽에서 재인용함.

이념을 일반 시민이나 국민이 무조건 복종하고 따라야 한다는 강요로 이어진다. 국가의 절대성을 상대화하지 않고 국가를 인간 개개인의 삶의 궁극적인 의미의 원천으로 보는 사고방식은 매우 위험한 것이다. 이런 강요를 강조하는 것이 바로 국가에 대한 무조건적인 헌신이나 봉사가 인간의 참다운 고귀한 행동임을 가르치는 국가주의적 충성 이론인 것이다.

박정희 정권은 유신시대인 1977년부터 충효교육을 문교부를 통해 교육정책에 전면적으로 반영했다. 박정희 정부는 충효사상을 보급하여 국가주의적이고 매우 권위주의적인 유신체제의 정당성을 국민들로부터 획득하고자 했다. 그래서 국가주의적 충효 관념은 박정희 유신체제에서 우리 사회가 소중하게 간직해 가야 할 고유한 민족전통으로 부활하게 된다. 박정희는 충효사상을 다음과 같이 설명한다. "충효사상은 이처럼 자기가 속한 공동체에 대한 짙고 뜨거운 사랑에 바탕을 두고 있다. 나의 가정이 하나의 조그마한 생활공동체라면 국가나 민족은 하나의 커다란 생활공동체이며, 이 두 공동체에 대한 애정은 그 본질에서 조금도 다를 것이 없다. 인간 누구나 갖고 있는 사랑의 정이 그 생명의 근본인 부모에게로 자연스럽게 분출되는 것이 효도이며, 그것이 자기가 속한 운명과 생활의 공동체인 국가를 향해 분출되는 것이 충성이다. 따라서 자녀를 사랑하고 부모를 공경하고, 화목한 가정을 이룰 수 있는 사람이 곧 국가와 민족을 위해 헌신할 수 있는 사람이다."[85]

* * *

85 박정희, 『민족중흥의 길』, 광명출판사, 1978, 22쪽. 군사 쿠데타 직후 1960년대 초반만 해도 박정희는 우리 역사에 대해 일본의 식민사관과 유사한 견해를 지니고 있었다. 그는 이른바 '반만년에 이르는' 우리 민족의 전체 역사를 "퇴영과 조잡과 침체의 연쇄사"로 규정했다. "한무제 동방 침략의 고조선시대에서부터 고구려 · 신라 · 백제의 삼국정립시대, 그리고 신라의 통일시대를 거쳐, 후백제 · 후고구려 · 후신라의 후삼국시대, 다시 통일 고려시대에서 이조 500년에 이르는 우리 반만년의 역사는 한마디로 말해 퇴영과 조잡과 침체의 연쇄사였다 할 것이다." 박정희, 『국가와 혁명과 나』, 지구촌, 1997, 252쪽.

위 인용문에서 박정희는 국가에 대한 충성과 가족에 대한 효가 동일하다는 충효일체의 이론을 주장한다. 국가나 민족이 잘되어야 개인이 잘된다는 점을 들어 국가와 민족에 대한 개인의 무한한 충성과 봉사의 정신만을 강조하는 이론은 우리나라 고유의 전통이자 오늘날에 되살릴 훌륭한 전통이라는 생각과 함께한다. 그러나 국가 속에서 개인의 권리가 무엇인지 그리고 국가가 잘못되어 국민들의 기본적 권리와 존엄성을 훼손할 경우에 어떻게 해야 할지에 대해서는 아무런 언급이 없이 국가와 민족이 잘되기 위해 개인은 무조건 충성을 다해야 한다는 논리는 국가를 신성한 최고의 존재로 설정하는 국가지상주의적인 사고방식에 불과하다는 것은 두말할 나위가 없을 것이다. 그리고 그런 충효일체관은 조선의 유교전통에서가 아니라, 일본의 황도유학 정신을 이어 받은 것으로 보아야 할 것이다.

나가는 말

전통과 정치의 내적 관련성을 이해하기 위해서 우리에게 필요한 것이 유교적 정치문화의 나라별 비교이다. 우리나라에서 유교적 전통이 지니는 다양한 영향사를 더 잘 이해하기 위해서도 나라별 비교가 필요하다. 예를 들어 국가주의적인 충효 관념이 어떤 경로를 통해 발생하고 유포되고 있는가를 좀 더 정확하게 인식하는 작업은 이런 비교연구의 좋은 출발일 것이다.

게다가 충과 효가 유교적 전통에서 매우 귀중하게 간주되는 사회윤리의 기본이라고 하지만, 조선 및 중국에서의 충효관과 일본에서의 그것 사이에 어떤 변별력이 있는지를 검토하는 작업은 전통적인 충효관으로 유포되고 있는 우리 사회의 전통 담론의 정치적 성격을 비판적으로 극복하는 데에서 더 효과적이다. 달리 말하자면 늘 개인의 자율성에 대한 가치를 옹호하면서 국가주의적 방식으로 전통이 동원되는 역사적 맥락에 대해서는 눈을 감고 국가주의적 충효관을 전통 자체로 놓고 그것을 비판하는 태도는 지양되어야 한다는 말이다. 그런 식의 비판은 사실 박정희시기에 이루어진 전통의 집단주의 대 서구의 개인주의(및 민주주의)라는 동서 이분법적 구도를 자명한 것으로 인정하는 것이다. 이런 공통의 인식 지평을 비판하지 않고 단지 권위주의적인 집단주의의 위험성을 개인의 자율성과 주체성의 존중이라는 이름으로 비판하는 데 만족하는 것은 충분하지 않다.

그러므로 김덕영처럼 한국사회의 전통을 개인주의나 민주주의와는 거리가 멀고 박정희식의 국가주의적인 근대화의 동력으로 작동할 정도의 강한 가족중심 및 집단주의적 전통 문화로 설정하는 입장을 비판적으로 바라보아야 한다. 김덕영이 박정희식 혹은 싱가포르의 리콴유식의 개발독재를 비판한다고 해도 전통에 대해 그가 보여주는 태도는 박정희 및 리콴유가 이해하고 있는 전통과 하등 질적 차이가 없다. 그렇다면 오히려 그는 표면적으로는 비판하지만 박정희와 리콴유의 유교적 전통의 국가주의적 전유와 활동을 학문적으로 정당화하고 있는 것이 아닌가 하는 의구심이 발생하지 않을 수 없다. 아무리 개인주의 및 민주주의적 가치가 소중하다고 해도 그런 가치와 규범이 한국사회의 오래된 전통과 그토록 거리가 먼 낯선 것이라고 한다면, 민주주의를 계몽하는 엘리트주의적 독재의 길이거나 경제성장 후에나 민주주의가 가능하다는 식의 박정희 독재 권력이 채택한 근대화 전략을 통해서만 한국사회가 변형될 수 있으리라는 관점을 거부하기 힘들 것이기 때문이다. 따라서 전통의 문제는 근대 문제의 핵심이다.

사실 우리가 이미 앞에서 살펴본 것처럼 조선 및 중국에서의 충효관과 일본에서의 그것 사이에는 상당한 차이가 존재한다. 대의멸친과 멸사봉공(滅私奉公) 그리고 충효일체를 공자의 사상이자 유교 사상의 핵심으로 간주하는 것은 유교의 일본적 변형을 유교 사상 자체로 오인한 결과이다. 한국과 중국에서 유학은 늘 자기에서 출발하여 제가, 치국 그리고 평천하에 이르는 동심원적 방향으로 인의(仁義)의 윤리를 확장시켜 가는 것을 궁극적 지향으로 삼았다. 그런 점에서 한 국가나 한 가정에만 모든 것을 바치는 충과 효의 관념은 유교 사상의 본래 정신에서 볼 때나 한국 및 중국에서 주류적 지위를 차지한 유교 전통에서 볼 때 매우 이질적인 것이다. 그러므로 충효일체 및 멸사봉공의 이념을 국가주의적인 방식으로 활용하여 시민들의 비판 및 저항정신을 마비시키고 이들을 순응적인 대중들로 순치시킨 박정희 정권의 작업은 조선 유교 전통의 정치적 동원이 아니라 일본 제국주의를 매개로 하여 우리 사회에 전파된 일본 유교 전통의 지속으로 이해되어야 마땅하다.

앞에서 본 것처럼 유교적 어휘로 이루어진 국가주의적 충성 관념을 조선에서 이어져 온 유교적 정치문화의 반복이자 지속이라고 보는 것은 단견이다. 이런 시각에서 누락되어 있는 것은 전통을 전유하고 해석하는 갈등과 투쟁의 정치적 차원에 대한 인식이다. 해석의 문제가 권력관계 및 사회 내부의 적대의 문제와 공속하고 있다는 정치적 차원의 문제를 회피하도록 만드는 인식 자체가 바로 국가주의적 충성 이론이 아주 오래된 우리들의 유교적인 문화적 생활양식이자 습속이라고 보도록 하는 힘에 의해 초래된 권력 효과이다. 그럼에도 불구하고 우리 사회에서 유교적 전통의 국가주의적 전유에 대해서 비판적인 사람들도 그런 전유의 역사적 맥락과 정치적 맥락에 대해 맹목적이고 무비판적 태도를 취함으로써, 사실상 국가주의적 유교적 변형과 그 전유를 자연스러운 유교적 전통의 반복과 지속임을 승인하고 있는 셈이다.

제 14장

한국 민주주의와 유교 문화: 한국 민주주의론을 위한 예비적 고찰[86]

들어가는 말

오늘날 한국사회의 성격이 무엇인지를 학문적으로 해명하는 작업은 우리 인문학계 및 사회과학계에서 많은 관심을 불러일으키는 주제이다. 물론 이 주제는 아주 새로운 것이 아니라 꽤 해묵은 주제이기도 하다. 그러나 요즈음 한국학계에서 진행되는 논쟁은 일견 새로운 면모를 보여준다. 그 새로움은 한국사회의 성격, 예컨대 한국 근대성의 성격을 해명하는 작업에서 전통이 차지하는 기능과 역할에 대한 재검토와 관련되어 있다. 1960년대 이후 경제성장 중심의 근대화 과정을 이해하기 위해 유교자본주의론이 제기되기도 했지만, 한국사회 근대성 자체의 성격을 조선사회에서 축적된 유교적 정치문화 및 일상문화의 영향사의 맥락에서 이해하려는 작업은 분명 새로운 현상이다. 이런 새로운 시도의 예를 보여주는 것은 장은주의 '유교적 근대성' 이론이나 김덕영의 환원근대론, 그리고 미야지

· · ·

86   제14장은 「한국 민주주의와 유교 문화: 한국 민주주의론을 위한 예비적 고찰」, 『가톨릭 철학』 21, 2013, 219-250쪽의 글을 수정·대폭 보완한 것이다.

마 히로시(宮嶋博史)의 유교적 근대론 등이다.[87]

이 글에서 필자는 민주주의와 유교 문화 사이에 긍정적인 연관이 있다는 점을 한국 민주화 과정에서 유교적 전통이 끼친 긍정적 영향을 중심으로 살펴보고자 한다.[88] 모든 전통이 그러하듯이 유교적 전통과 가치는 다양한 방식으로 전유되고 해석될 수 있다는 점을 인정한다. 그리고 그런 전유방식의 다양성은 특정한 역사적 맥락 속에서 전통을 정치적으로 활용하려는 권력관계와도 무관하지 않다. 식민지시기에는 일본 제국주의의 식민지적 지배에 유리한 방식으로 조선의 유교 전통이 호명되고 재해석되었다는 것은 앞 장에서 이미 살펴본 바 있다. 해방 이후 그리고 독재 권력 시기에 유교 전통의 효와 충성의 관념이 권위주의적인 권력의 정당성을 위해 널리 활용되었음도 사실이다. 예를 들어 충효 관념이 그렇다. 부모에 대한 효를 국가에 대한 충으로 연결시켜 이를 유구한 역사를 자랑하는 우리 사회의 유교 전통의 미덕인 것처럼 생각하는 관념은 일제 식민지시기를 거쳐서 우리 사회에 유포되었다가 유신시대에 국가교육에 의해 널리 확산된 시대의 산물이다.

그럼에도 국가에 대한 충성이 마치 조선의 유교적 전통에서 숭앙되어온 충성 관념의 자연스러운 전유인 것으로 보는 것은 우리 사회의 통념이다. 그러나 충성에 대한 그런 사회적 통념은 전통에 대한 오해의 대표적 사례이다. 거듭 강조하지만 그런 식의 유교적 충성관은 일본의 황도유학에서 정점에 이르는 전형적인 일본 유학의 전통에서 기인하는 것이다. 그래서 일본의 저명한 중국역사학자였던 미야자키 이치사다(宮崎市定)는 다음과

---

87   김덕영, 『환원근대』, 길, 2014; 미야지마 히로시, 『나의 한국사 공부』, 너머북스, 2013; 장은주, 『유교적 근대성의 미래: 한국 근대성의 정당성 위기와 인간적 이상으로서의 민주주의』, 한국학술정보, 2014.

88   본문에서 "유교"라는 명칭은 종교적인 의미의 유교가 아니라 사상과 문화적 맥락에서의 유학적 전통을 지칭한다.

같이 주장한다. "공자의 유교에 대해 오로지 충효의 봉건도덕을 가르쳤다
고 이해한다면 그것은 오히려 고전을 읽는 쪽의 편향이다. 공자의 『논어』에
서 말하는 충(忠)은 반드시 그 대상을 군주로 한정하지 않는다. 효(孝)를
중요한 도덕으로 가르친 것은 사실이지만, 그것은 상식적인 효행일 뿐
몸과 생명을 희생하라고까지는 말하지 않는다. 공자의 『논어』를 봉건적인
상하관계에서 작용하는 '멸사봉공'이라는 뜻의 충·효를 가르친 책으로
읽는 것은, 오히려 도쿠가와(德川)시대 봉건제도 아래에서 살았던 일본사람
들이 자기의 봉건사상을 바탕으로 이해하는 것과 다를 것이 없다."[89]

　사실 유교경전에서 충과 효를 연결하여 충효라는 개념의 조합을 사용한
적은 거의 없었다. 그래서 대의멸친(大義滅親)이나 멸사봉공(滅私奉公)과
같은 덕목이 강조하듯이 국가에 대한 충성을 유교적인 덕목의 핵심인
것으로 이해하는 관점은 매우 논쟁적이다. 하여간 그런 충효관이 유교적
전통이라 불릴 수 있을지라도 그것은 한국의 유교 전통에서는 찾아보기
힘든 것이다. 그런 충효에 대한 이해는 일본 제국주의에 의해 일본적인
특색으로 재해석된 유교 전통을 마치 조선의 유교 전통에서 기인한 것으로
생각하는 것에 지나지 않는다. 그럼에도 그런 전통 전유의 계보학적 인식은
거의 전무하다.[90]

　그러나 이 글에서 비판하고자 하는 관점은 유교적 가치는 오로지 봉건적
이고 반(anti)근대적이어서 근대성을 추구하는 데 결정적인 방애물이라는
통념이다. 동양문화에 대한 이런 일반적인 이해에서부터 동아시아 사회가

• • •
89　미야자키 이치사다, 『자유인 사마천과 사기의 세계』, 이경덕 옮김, 다른세상, 2004,
　　142쪽.
90　오늘날 우리에게 익숙한 충효 관념이 중국과 조선의 유학 전통에서는 매우 이질적인
　　것이며 일본의 도쿠가와시대의 유교 전통에 불과하다는 점에 대해서는 배병삼, 『우리에
　　게 유교란 무엇인가』, 녹색평론사, 2012, 제3장 참조. 중국과 일본의 유교 전통의 차이에
　　서 일본 천황제의 문화적 기원을 이해하는 입장에 대해서는 미야지마 히로시, 『일본의
　　역사관을 비판한다』, 창비, 2013, 304-306쪽 참조.

현대화되기 위해서는 전면적인 서구화와 유교 전통의 철저한 부정이 필요하다는 인식이 도출된다. 그리고 자본주의 근대가 발달하지 못했던 원인이 부패했던 조선의 유교사회의 문명적인 후진성에 있다고 보는 관점은 우리 사회에 강하게 뿌리를 내리고 있다. 이 통념은 서구의 충격으로 인해 조선왕조가 멸망하고 일본 제국주의의 식민지로 전락한 경험으로 인해 지금까지 조선 유학, 특히 조선 주자학을 바라보는 주류적 관점이다.

그런데 조선의 주자학에 대한 부정적 인식은 사상사 연구에서 드러난 서구중심주의적 근대화론의 한 양상에 지나지 않는다. 서구중심주의적 사유 방식의 핵심은 전통과 근대의 이원론이다. 한국의 유교 전통과 서구 근대의 이원론, 즉 한국과 같은 비서구 사회의 전통 내에서는 독자적이고 자생적인 근대로의 길이 차단되어 있었기에, 서구적인 근대의 충격을 통해 비로소 근대로의 길을 걸어갈 가능성이 확보되었다는 식의 인식이 바로 그것이다. 그리고 이런 전통과 근대의 이원론은 서구의 역사적 경험이 인류사가 걸어가야 할 문명의 길이라는 서구중심주의적인 사유 방식을 내면화한 결과임도 자명하다. 서구적 근대화의 경험을 유일한 근대성의 길로 특권화시키고 그와 다른 길은 모두 다 후진성과 야만성에 불과한 것으로 낙인찍어 비서구 사회의 전통과 과거를 근대의 장애물이라고 선언하는 것이야말로 인식에서의 식민성의 결과이다. 그리고 그런 식민성을 철저하게 재검토하여 근대를 바라보는 새로운 인식의 틀을 형성하지 않는 한, 식민주의로부터의 진정한 해방이란 요원한 일임이 분명하다.

헤겔의 역사철학은 자유를 실현해나가는 인류사의 정점을 서구 근대에서 구함으로써 비서구 사회를 타자화하는 대표적 사례이다. 아시아는 진보가 없는 정체되고 낙후되어 있는 역사세계라는 관점은 몽테스키외에서 시작하여 헤겔과 마르크스를 거쳐 막스 베버와 카를 비트포겔에 이르는 주문(呪文)이다.[91] 그러므로 고야스 노부쿠니(子安宣邦)의 다음과 같은 지적은 수긍할 만한 것이다. "헤겔의 역사철학적인 '동양'의 기술이 유럽 근대의 성립과정에서 유럽인이 직면한 이질 동양에 대한 인식과 체험의 이론적이고 포괄적인 역사철학적 표상이라면, 그것은 유럽 근대 문명에 기초한 동양관을 이론적인 포괄성을 가지고 대표하는 것이 된다."[92]

유교적 정치문화에 대한 주류적 관점과 달리, 이 글에서 필자는 한국 민주주의의 실현 과정에서 조선시대를 거치면서 축적되어온 유교적 정치문화가 어떤 방식으로 긍정적인 역할을 수행했는지를 보여주고자 한다. 필자는 이 글에서 한국의 민주주의를 선비민주주의로 규정하고 선비정신과 민주주의의 창조적 만남의 과정을 통해 민주화운동의 내적 논리를 해명하고자 한다. 또한 이 글은 유교적 전통이 서구의 충격을 통해 변형되는 과정을 충(忠) 관념의 민주적 변형이라는 시각에서 고찰한다. 이를 통해 유교적 정치전통의 민주적 잠재력이 한국사회에서 어떤 방식으로 구현되는가를 보여줄 것이다.

이 연구는 아직도 제대로 된 한국 민주주의론이 없는 학문적 공백을 채워보기 위한 시도이기도 하다. 비록 여러 한계를 보여주고 있지만 민주주의를 향한 한국인의 줄기찬 투쟁 그리고 그 과정에서 보여준 나름의 성취는 분명 학문적으로 진지하게 탐구해야 할 중요한 영역이다. 게다가 한국 민주주의의 역사적 경로에 대한 정확한 인식이 없이는, 한국 근대성에

* * *

91 미조구치 유조(溝口雄三), 『중국의 공과 사』, 정태섭·김용섭 옮김, 신서원, 2004, 143쪽 이하 참조.

92 고야스 노부쿠니(子安宣邦), 『동아·대동아·동아시아──근대 일본의 오리엔탈리즘』, 이승연 옮김, 역사비평사, 2006, 73쪽. 헤겔 연구자인 필자는 서구중심주의적인 근대성 이론의 극복은 헤겔 역사철학 및 정신철학과의 비판적 대결이 없이는 불가능하다고 생각한다. 서구중심주의적 역사철학의 전형인 헤겔의 역사철학과 그의 아시아관을 비판적으로 극복하려는 필자의 시도에 대해서는 나종석, 「헤겔과 아시아: 동아시아 근대와 서구 근대성에 대한 비판적 성찰」, 『헤겔연구』 32, 115-139쪽; 나종석, 제3장 「헤겔의 오리엔탈리즘과 서구중심주의」, 『헤겔 정치철학의 통찰과 맹목』, 에코리브르, 2012; 나종석, "Ambivalente Moderne: Wie Hegels Parteinahme für den Westen seine Fehleinschätzung Ostasiens erklärt", in: *Allgemeine Zeitschrift für Philosophie*, 2015(40. 1), S. 36-46 참조.

대한 성격 규정은 길을 잃을 것임이 분명하다. 한국 민주주의 실현 과정에 대한 독자적 논리를 이해하려는 시도를 통해 궁극적으로 해명하려는 과제는 한국적 근대성의 고유한 성격이다. 유교 문화와 민주주의의 상생적 만남이 바로 한국 근대성의 독자적 성격을 보여주고 있다고 보기 때문이다.

Ⅰ. 한국의 사회적 상상으로서 유교적 전통

한국사회의 민주화는 오랜 투쟁의 성과물이다. 그러나 한국사회는 민주화를 더욱더 심화시켜 나가야 하는 길목에서 민주주의의 후퇴와 위기에 직면해 있다. '민주화 이후의 민주주의'[93]라는 주제가 논의되고 있는 것도 이를 반영하는 것이다. 그럼에도 한국사회가 민주주의를 향한 과정에서 보여준 역사적 성취의 의미는 결코 과소평가될 수 없다.[94] 민주주의를 제도적으로 정착시키는 과정에서 한국사회가 보여준 용기와 희생 역시 존중받아야 할 터이다. 그래서 한국학 연구자인 브루스 커밍스(Bruce Cumings)는 민주주의를 위한 "한국인의 투쟁이 너무나 길고 험난했기에 우리 시대에 대한민국만큼 민주주의를 누릴 만한 나라는 없을지도 모른다"고 강조한다.[95]

• • •

93 1997년 김대중의 대통령 당선으로 한국이 본격적인 민주주의 사회로 이행하게 되었다는 평가가 존재하지만, 정치민주화와 더불어 사회가 신자유주의적 방식으로 재편되어 기업사회로 변화하고 있다는 진단도 존재한다. 현재 한국사회를 '기업사회'로 규정하는 김동춘의 예를 보라. 『1997년 이후 한국사회의 성찰──기업사회로의 변환과 과제』, 길, 2007. 서론 참조.

94 한국 민주화를 추진시킨 민중운동(minjung movement)은 동유럽과 남아프리카 민주화 운동에 비견될 사건이지만 상대적으로 알려져 있지 않다고 이남희(Lee Namhee)는 강조한다. The Making of Minjung──Democracy and the Politics of representation in South-Korea, New York: Cornell University Press, 2007, p. 1.

95 브루스 커밍스, 『한국현대사』, 김동노 외 옮김, 창비, 2001, 486쪽.

이 글에서 필자가 주목하는 것은 한국사회의 민주주의를 가능하게 한 정치문화적 조건이 무엇인가 하는 것이다. 특히 한국 민주주의를 가능하게 한 정치문화의 조건 중에서 유교적 전통의 긍정적 기여라는 측면에 주목하고자 한다. 한국이 경제 발전과 민주화에서 이룩한 성취에 대한 많은 관심에도 불구하고, 한국학계는 이런 변화가 어떻게 이루어졌는지에 대해 설득력 있는 논리를 제공하고 있지 못하다. 그래서 대만의 비판적 지식인인 천광싱(陳光興)은 다음과 같이 말한다. "우리는 다음의 질문에서 아직도 자유롭지 못하다. 지난 한 세기 동안 한국이 보여준 강인한 민중운동의 역량을 역사적으로 어떻게 해석할 것인가? 이 문제에 대해 한국 사회과학계의 친구들은 아직 설득력 있는 해석을 내놓지 못했다. 내 생각에 이는 동아시아 사상계가 공동으로 짊어질 숙제다."[96]

한국 민주주의와 유교 문화 사이의 상호 연계성의 논리를 해명하기 위한 방법으로 필자는 찰스 테일러의 '사회적 상상' 이론을 활용할 것이다. 달리 말하자면 유교적 정치문화를 통해 한국인들은 바람직한 사회와 도덕적 질서에 대한 '사회적 상상'을 형성하고 이를 내면화하면서 그것을 집단적으로 공유하게 되었는데, 이런 유교적인 사회적 상상이 한국사회의 민주주의 형성에 어떤 방식으로 작동하는가를 분석할 것이다.

한 사회에서 집합적 정치 행동이 가능하기 위해서는 사회 구성원들 사이에 정치적 정당성 및 그것과 관련된 가치들이나 암묵적인 행위 유형에 대한 공유가 필수적이다. 이렇게 특정한 집단이 공동으로 공유한 가치들 및 행동 유형 등을 그 사회의 정치문화라고 할 수도 있을 것이다. 찰스 테일러는 이런 정치문화를 "의미를 부여함으로써 한 사회의 실천들을 가능하게 만드는 것"이라는 의미에서 '사회적 상상'(the social imaginary)이

• • •

96   천광싱, 「경험으로 본 한국-대만의 지적 교류와 연대」, 최원식 · 백영서 엮음, 『대만을 보는 눈』, 창비, 2013, 275쪽 이하.

라 부르고 있다.[97] 즉 사회적 상상이란 "공통의 실천을 가능하게 하고 정당성에 대한 감각을 공유하도록 만드는 공통의 이해"이다.[98]

사회적 상상이나 정치문화에 대한 설명은 사회 속에서 사람들의 실천이 진공상태에서 이루어지는 것이 아님을 보여준다. 게다가 사회적 실천은 단순하게 관념이나 이론의 변형과도 다른 것이다. 정치와 사회에 대한 새로운 규범적 이론을 전개하는 작업도 중요하다. 그러나 이런 이론의 변화가 힘을 발휘하기 위해서는 역사적으로 형성된 사회적 실천에 대한 사람들의 상상을 매개로 해야 한다. 그러므로 한국사회에서 역사적으로 공유된 사회적 상상, 그러니까 정치는 어떠해야 하며 바람직한 사회는 어떠한 것인지에 대해 폭넓게 공유된 이해의 배경이 무엇인지를 인식하지 않고는 한국 민주주의 실현 과정이 보여주는 특성을 제대로 이해할 수 없다. 그리고 한국사회 구성원의 사회적 상상에서 유교적 전통은 무시될 수 없다.

유교적 전통이란 무엇인가? 이는 유교란 무엇인가를 정의하는 것이 어려운 것과 마찬가지로 쉽지 않다. 이 글에서는 유교라는 개념을 "유교적 전통 전체를 가리키는 것"[99]으로 사용할 것이다. 그런데 유교적 가치는 유교적 전통에서 중요한 도덕적 가치로 간주되어온 사항들, 즉 "효, 사회적 위계질서 그리고 사회적 조화"(family loyalty, social hierarchies, and social harmony)를 강조하는 윤리적 신념들이라고 정의된다.[100] 혹은 유교적 전통에서 중요시되는 가치들은 "개인에 대한 집단의 우선성, 통일이나 조화에의 강조, 근면, 절약, 그리고 교육의 중요성"들이다.[101] 유교적 전통에서

* * *

97　찰스 테일러(Charles Taylor), 『근대의 사회적 상상』, 이상길 옮김, 이음, 2010, 7쪽.
98　같은 책, 44쪽.
99　줄리아 칭(Julia Ching), 『유교와 기독교』, 임찬순·최효선 옮김, 서광사, 1993, 33쪽.
100　Joel S. Fetzer and J. Christopher Soper, "The Effect of Confucian Values on Support for Democracy and Human Rights in Taiwan", *Taiwan Journal of Democracy*, Volume3, No. 1, 2007, p. 148.

"모든 사람이 요순이 될 수 있다"(人皆可以爲堯舜)[102]는 평등의식이나 백성을 귀하게 여기는 것을 정치의 근본으로 간주하는 민본주의(民本主義) 그리고 도덕적 원칙을 몸소 실천하고 이를 세상에 구현하려는 선비정신(土精神)도 매우 중요한 가치이다.[103] 이는 한국 정치의 사회문화적 조건을 이해하는 데 아주 중요하다. 그뿐만 아니라 조선왕조 500년에 걸쳐 실행된 과거제도를 통한 실력 위주의 관료제적인 지배체제로 인한 신분제의 약화와 그에 따른 일반 백성들의 사회적 신분상승의 역사적 경험 등도 한국사회 정치변동의 유형을 이해하는 데 매우 중요하다.

II. 유교망국론

유교적 정치문화의 영향사라는 맥락에서 한국 민주주의가 실현되는 과정의 독자적 길을 해명하려는 작업은 우선 유교 전통에 대한 부정적 견해로부터 등장하는 반론을 염두에 두지 않을 수 없다. 한국 현대사회에서 유교적 전통이 지니는 의미에 대해서는 찬반양론이 강하게 대립되어 있다. 그러나 한국사회에서 유교적 전통이 여전히 중요한 영향력을 행사하고 있다는 사실에는 이견이 없는 것 같다. 1980년대 하와이대 동서센터에서 실시한 '현대사회의 유교가치'라는 조사 프로젝트에 따라 한국의 서울과 일본의 센다이, 홍콩, 타이베이, 그리고 상하이 5개 도시를 대상으로 한 유교 윤리에 대한 친밀도를 알아보는 조사를 실시했다. 그 조사 결과 한국이

• • •

101 Chong-Min Park and Doh Chull Shin, "Do Asian Values Deter Popular Support for Democracy The Case of South Korea", Asian Barometer Working Paper No. 26, p. 3.

102 『맹자』(孟子), 「고자」(告子) 下.

103 몇 가지 핵심적인 유교적 가치체계를 설명하는 것으로 인해 필자가 마치 그런 신념 체계가 초역사적으로 존재하는 것으로 보고 있다고 오해를 하지 않았으면 한다.

가장 유교적인 사회로 나왔다.[104]

한국사학자 미야지마 히로시는 17~18세기에 조선사회에서 형성되었던 농업형태와 촌락구조는 물론이고 가족 및 친족제도의 성격 등이 오늘날까지 이어지고 있다고 본다. 그는 이 사회구조를 소농사회로 이해한다. 소농사회는 토지를 소유하고 있든 아니면 남의 토지를 빌린 소작농이든 자신과 가족의 노동력만으로 독립적인 농업 경영을 행하는 소농들이 지배적인 농업사회를 지칭한다. 소농사회에서 소경영 농민이 일반적인 존재가 됨에 따라 그들의 삶은 상대적으로 균질화된 모습을 보여준다.

게다가 소농사회였던 조선 후기 사회에서 정치적 지배계층인 양반은 시험을 통해 선발되는 과거제도에 의해 구성되는 개방된 계층이었다. 기본적으로 일반 백성들도 유교적 교양 능력을 길러 과거제를 통해 계층 상승이 가능했다. 중앙집권적인 관료체제, 비교적 상호 평등한 농민계층 그리고 계층 상승이 가능한 유동적 사회를 사상적으로 정당화해주는 것이 바로 주자학이었다. 그래서 미야지마 히로시는 조선의 정치적 지배이념인 주자학을 소농사회의 맥락에서 이해할 것을 강조한다.[105]

현대 한국의 정치문화를 이해하는 데에는 조선시대의 정치문화에 대한 선행이해가 필수적이다. 조선왕조(1392~1910)는 약 500여 년 동안 지속되면서 유교 국가를 지향했다. 유교적 민본주의는 정치질서의 기본 이념으로 간주되었고, 특히 조선 후기에 이르러 유교적 가치체계는 유교적 실천

• • •

104 뚜웨이밍, 『문명들의 대화』, 김태성 옮김, 휴머니스트, 2006, 221쪽, 248쪽.
105 미야지마 히로시(宮嶋博史), 『나의 한국사 공부』, 앞의 책, 제2장 참조. 미야지마 히로시는 조선 및 중국에서 형성된 소농사회 시기를 서구적 근대와 다른 독자적인 동아시아적인 근대 혹은 "유교적 근대"로 규정하면서 이 유교적 근대의 정치사상을 주희(朱熹)의 사상에서 구한다. 그러므로 그는 주희사상의 '근대적 성격'을 강조하며 그 이론의 진보성과 선진성을 강조한다. 같은 책, 제11장 참조. 필자는 미야지마 히로시의 이론이 한국을 비롯한 동아시아 역사에 대한 인식을 획기적으로 전환시킬 수 있는 매우 혁신적이고 대담한 시도라고 평가한다.

윤리를 내면화한 일반 사람들 사이에서도 널리 공유되었다. 이런 유교적 민본주의는 조선 민중에게 자신들의 문제를 해결하기 위한 배경을 구성했다. 조선 민중은 공론정치와 유교적 민본주의에 입각한 이의 제기의 기회를 지니고 있었다. 그러나 일제 식민지시기에는 이런 유교적인 정치문화가 봉쇄되었다. 그럼에도 그것은 반일의병전쟁과 식민지 독립운동을 통해서 해방 후 한국사회에도 지속적으로 영향을 미치게 된다.[106]

그러나 유교적 전통이 한국사회의 민주적 발전에 저해 요인이 된다는 비판의식은 뿌리가 깊다. 유교 국가인 조선사회가 자체의 문제점들을 해결하지 못한 채 서구와 일본 제국주의 침략 앞에서 식민지로 전락되는 역사는 한국사회에 지울 수 없는 정신적 상처로 남아 있다. 이런 역사적 경험으로 인해 많은 한국인들은 유교에서 망국과 식민지로의 전락의 원인을 구했다. 조선 유학사상에 대한 선구적 업적을 선보인 현상윤(玄相允)조차 1946년에 조선 유학의 공과 죄를 논하면서 그 부정적 효과를 열거했다. 특히 그는 모화(慕華)사상, 당쟁, 가족주의의 폐해, 계급사상, 문약(文弱), 산업능력의 저하, 상명주의(尙名主義), 복고사상(復古思想) 등이 조선 유학의 부정적 유산이라고 보았다.[107]

1999년에 출판되어 베스트셀러가 된 책인 『공자가 죽어야 나라가 산

---

106 조경달, 『식민지기 조선의 지식인과 민중—식민지 근대성론 비판』, 정다운 옮김, 선인, 2012, 132-133쪽. 미야지마 히로시가 강조하듯이 후쿠자와 유키치(福澤諭吉)의 유교비판의 결정적 문제점은 신유학에 대한 인식부족 그리고 주자학을 국가이념으로 내세웠던 명·청시대 중국과 조선시대의 국가체제에 대한 인식의 결여이다. 미야지마 히로시, 『일본의 역사관을 비판한다』, 앞의 책, 331쪽.

107 현상윤, 『조선유학사』, 이형성 교주, 심산, 2010, 24-28쪽. 현상윤이 조선 유학의 공으로 열거한 것은 "군자학의 면려, 인륜도덕의 숭상, 청렴절의의 존중"이었다. 같은 책, 22-23쪽. 한국의 현대 신유학자로 이름이 난 이상은(1905~1976)은 1966년 「한국에 있어서 유교의 공죄론—현상윤 선생의 '유교공죄론'에 대한 재평가」, 『아세아연구』 9권 4호(통권 24호, 1966)라는 글에서 유교의 부정적 유산에 대한 현상윤의 해석에 이의를 제기하였다. 그의 반론은 요즈음에도 그 의미가 상실되지 않았다고 여겨진다.

제14장 한국 민주주의와 유교 문화 | *831*

다』가 보여주듯이 유교에 대한 부정적 인식이 한국사회에 팽배한 것도 사실이다. 유교적 전통이 한국사회의 근대화와 민주화에 커다란 장애물이라는 인식, 즉 소위 '유교망국론'이 한국사회에 강력하게 존재한다.[108] 1997년 말에 한국을 비롯한 동아시아 여러 국가들이 경제위기를 겪을 때 많은 사람들은 소위 '정실자본주의'(crony capitalism)의 문화적 배경으로서 유교적인 가족주의에 대한 비판을 제기했다. 재벌과 정부의 유착, 지연과 학연을 중시하는 문화로 인해 경제 및 정치에서 투명성과 공신력이 훼손되었고, 그 결과 경제적 위기가 발생했기에 유교적 전통윤리는 철저하게 비판되어야 한다는 분위기가 존재했다.[109]

유교 전통에 대한 비판적 문제 제기는 족벌사학, 대형교회의 목사직 세습, 재벌의 경영권 세습 현상 등을 보면 너무나 당연한 것처럼 보인다. 또한 대학교수들의 과도한 정치지향의 폐단을 지칭하는 폴리페서(polifessor)라는 용어에서 보듯이, 학자가 손쉽게 정치권이나 정부 고위관료로 진출하는 현상도 학식을 갖고 있는 사람이 정치를 담당해야 한다는 조선의 사대부 문화에 대한 배경 없이는 이해하기 힘들다. 그러나 유교적 전통윤리를 정실자본주의나 한국사회의 가족 이기주의 및 조화 지향적 노사관계나

• • •
108 장지연은 1922년에 조선이 유학으로 인해 망했다는 입장에 대해 "조선이 망한 것은 진유(眞儒)를 쓰지 않았기 때문"이라고 반론했다. 『조선유교연원』, 솔, 1998, 31쪽. 미야지마 히로시는 한국사회의 유교망국론이 후쿠자와 유키치(福澤諭吉) 및 마루야마 마사오(丸山眞男)의 유교에 대한 부정적 인식으로부터 영향을 받았을 것으로 추측한다. 『일본의 역사관을 비판한다』, 앞의 책, 10쪽.
109 뚜웨이밍, 『문명들의 대화』, 앞의 책, 260쪽. 실제로 유교적 전통은 독재 권력에 의해서 효과적으로 동원되기도 했다. 독재 권력은 유교적인 근면 윤리를 노동자의 착취를 정당화하는 이데올로기로 사용하기도 했고, 효에 대한 유교적 도덕규범을 노사관계에 활용하여 노동자들의 권리를 옹호하려는 투쟁을 억압하는 장치로도 활용했다. 브루스 커밍스, 『한국현대사』, 앞의 책, 549쪽 참조. 북한에서 유교를 동원한 세습 가족국가의 형성과 남한에서 가족경영의 세습 기업을 세우는 모습에서, 우리는 유교적 전통에 기반을 둔 가족주의 문화가 현대사회에서 어떤 방식으로 변형되고 있는가를 살펴볼 수 있다. 같은 책, 566쪽 참조.

기업 및 교회 등의 세습적 현상을 초래한 결정적 원인으로 분석하는 것은 위험하다. 이런 비판은 전통에 대한 본질주의적 시각을 초래할 수 있기 때문이다. 모든 문화적 전통은 다양한 방식으로 변형되어 수용되기 때문에 수용되는 역사적·사회적 맥락 및 수용자들의 태도에 대한 인식, 더 나아가 그런 인식을 생산하고 유포하는 대학제도 및 그와 결합되어 있는 현실 권력의 작동 방식에 대한 이해를 결여한 채 특정한 현상을 특정한 전통에서 필연적으로 발생하는 것으로 보는 시각은 위험하다는 것이다.

유교적 전통이 현대 한국사회에 여전히 영향력을 행사하는 것은 사실이 지만, 그동안 한국사회 역시 커다란 변화를 겪었다. 그러므로 변화된 상황에서 유교적 전통이 다양한 방식으로 호명되고 정치적으로 동원되기도 하는 현상이 특이한 것은 아니다. 우리는 특정한 문화, 예를 들어 동양문화나 동양문화를 대표하는 유교 문화가 본질적으로 반근대적이어서 동양적 전제주의는 동양사회의 피할 수 없는 숙명이라는 식의 유럽중심주의적 사유 방식에서 벗어나야 한다. 전통은 고정불변적인 것이 아니거니와 전통의 본질적 의미를 그 어떤 특성, 즉 전제주의적인 것 혹은 자유의식의 부재라는 식으로 설정하는 사유의 틀 자체가 지니는 폭력성을 성찰하지 않으면 안 된다.

오늘날 가족주의는 한국사회의 기본적 특성을 보여준다는 인식이 널리 공유되고 있다. 그리고 한국 가족주의는 개인의 자발성을 억압할 뿐만 아니라, 가족의 범위를 넘어선 사회관계에 대한 책임의식이나 윤리의식을 불가능하게 하는 폐쇄적인 가족 이기주의의 온상으로 비판받고 있다. 혈연의 사사로움으로 인해 공적인 태도가 왜곡되는 경우를 우리는 종종 목격하며, 이런 현상을 곧잘 유교적인 가족주의 및 연고주의 문화가 초래한 악습이자 폐단으로 질타한다. 그러나 현대 한국사회를 관통하고 있는 가족중심주의가 곧바로 유교적인 가족질서 자체의 산물이라고 보는 것은 일면적이다.

가족의 가치를 소중하게 여기는 것과 가족 이기주의는 구별되어야 한다.

현대 한국사회의 가족중심주의는 식민지배, 분단 및 전쟁, 군부독재 및 산업화의 과정에서 한국인들의 삶을 책임지지 못하는 국가와 사회공동체의 무기력 속에서 형성된 것이다. 한국의 가족중심주의는 조선의 국가체제가 붕괴된 이후 지속된 혼란 속에서 "가족만이 유일한 생존·적응기제"로 작동한 결과이다. 물론 장기간 지속된 극심한 위기의 시기에서 한국인들이 생존하고 적응하기 위한 수단으로 가족을 효과적으로 동원할 수 있었던 것은 분명 조선사회에서부터 축적된 유교적 가족규범의 집단적 공유를 배경으로 하는 것이었다.[110]

한국사회의 지배적 가치인 가족주의를 유교적 전통의 필연적 산물이라고 단정하지 않고 유교적 가치가 가족주의라는 형태로 수용되도록 만드는 사회적·정치적 권력관계에 대해 더 많은 관심을 기울이는 것이 필요하다. 정당성이 없는 식민지배 권력이나 독재 권력은 시민들의 정치적 관심과 참여를 불식시키고자 가족윤리의 중요성을 강조하여 가족 이기주의를 양산했다. 사회와 국가가 담당해야 할 복지의 문제를 가족이 해결해야 할 것으로 강조하는 것도 가족주의가 국가와 권력에 의해 동원되어온 방식이었다. 그러므로 국가에 대한 극도의 불신 그리고 국가권력의 폭력성이 가족주의를 강화했다는 분석이 더 설득력이 있다.[111]

현대 한국사회와 달리 조선의 유교 국가는 사회복지국가이기도 했다. 조선사회는 다양한 형태의 사회복지 제도를 운영했다. 특히 유교 문명국가를 지향한 중국과 조선은 양민(養民), 구민(救民), 휼민(恤民) 제도를 운영하여 백성이 굶주리지 않도록 나라가 책임을 져야 한다는 유교적인 대동사회 이념을 구현하고자 했다. 중국과 조선에서 실시된 구체적인 사회복지 제도는 상평창(常平倉), 의창(義倉), 환곡(還穀) 그리고 사창(社倉) 제도 등이었다.

• • •

110 장경섭, 『가족·생애·정치경제—압축적 근대성의 미시적 기초』, 창비, 2009, 97-103쪽 참조.
111 김동춘, 『1997년 이후 한국사회의 성찰』, 앞의 책, 428-458쪽 참조.

김상준은 이런 제도들을 칼 폴라니(K. Polany)의 개념을 원용해 국가 재분배 기능을 실현하기 위한 것으로 본다.[112] 이렇게 본다면 정실자본주의는 유교적 전통윤리의 필연적 결과가 아니다. 정실자본주의는 한국 자본주의의 자기전개 과정에서 유교적 전통윤리가 특정한 방식으로 전유된 결과로 이해되는 것이 더 설득력이 있다. 그러므로 정실자본주의의 폐단을 극복하는 것은 유교적 전통윤리와의 단절과 작별을 통해서만 가능하다고 보는 입장은 근시안적이다. 그런 비판은 한국 자본주의 자체의 비판을 유교 전통 비판으로 치환하는 결과를 가져올 것이다.

마찬가지로 한국 가족중심주의가 지니는 폐단들인 폐쇄적 집단주의와 가족 이기주의 그리고 가족 내 권위주의 등도 유교적 전통이 현대적으로 변형된 결과로 독해되어야 한다. 조선에서처럼 유교적 이상에 기초를 두고 형성된 나름의 사회 및 정치제도가 순기능을 했다면, 유교적 가족규범과 가족주의 문화가 오늘날과 같은 모습을 띠지 않았을 수도 있기 때문이다.[113] 또한 한국사회의 병리적 현상의 문화적 근원을 유교전통에서 구하려는 태도는 조선사회의 전통이 서구적 근대화에 어울리지 않는다고 보는 서구 중심주의적 사유 방식의 반복일 경우가 허다하다.

• • •

112 김상준, 『유교의 정치적 무의식』, 글항아리, 2014, 128-130쪽. 우리가 잘 알고 있듯이 조선 후기에 환곡제도의 왜곡으로 인해 구민제도가 역설적으로 백성들을 착취하는 제도로 전락했다. 그런데 이런 역사적 경험에서 간과해서는 안 될 것은 조선의 사대부 지식인들도 이런 환곡제도의 문제점을 인식하고, 이를 혁파하여 명실상부한 사회보장 제도로 만들기 위해 노력을 기울였다는 사실이다. 오늘날 우리 사회를 지배하고 있는 무한경쟁의 신자본주의적 질서가 조선에서 국가에 의해 실시된 일종의 재분배 제도의 한계를 극복하기 위한 대안은 아닐 것이다. 김상준은 기본소득제도를 유교적인 양민-구민사상 제도와 연관해 흥미로운 해석을 보여준다. 같은 책, 159-162쪽 참조.

113 그렇다고 조선의 유교 국가 모델이 가장 이상적인 국가 모델이라는 것은 아니다. 다만 조선사회가 유교적 이상사회를 지향했기에 오늘날과 달리 가족에서 국가를 통해, 그리고 궁극적으로는 평천하에 이르는 가능성을 모색할 수 있었다는 것이 강조될 필요가 있다.

Ⅲ. 유교 전통과 민주주의

요즈음 한국사회의 성격을 이해하고자 하는 데에서 유교적 전통 문화의 역할은 새삼스럽게 인문학계의 중요한 주제로 떠오르고 있다. 예를 들어 장은주는 한국사회의 근대성을 유교적인 전통 문화와의 연관 속에서 체계적으로 해명하고자 시도한다. 그는 한국사회의 근대성이 드러내는 여러 사회 병리적 현상, 특히 극단적인 물신주의 같은 현상을 제대로 이해하기 위해 한국 근대성의 형성에 강력한 영향력을 발휘해온 유교적인 문화적 습속의 힘에 주목한다. 그가 보기에 한국사회가 안고 있는 여러 문제점들, 예를 들면 가족 이기주의나 연고주의 그리고 권위주의 및 집단주의는 유교적 전통 문화의 현대적 변형의 양상들이다. 그리고 이런 현상들을 전근대적인 전통의 지속으로 이해하기보다는 오히려 한국 고유의 성공적인 근대성의 경로를 보여주는 것으로 이해되어야 한다고 그는 강조한다. 그가 볼 때 한국의 근대성은 유교적 전통 문화와 서구적 근대성이 만나 형성된 혼종 근대성이자 유교적 특색을 지닌 유교적 근대성이다.

그런데 장은주에 의하면 한국의 유교적 근대성의 성격은 "집단과 공동체의 가치를 강조하는 개인의 부재"와 더불어 "서구에서보다 더 강한 물신숭배 같은 것을 낳은 현세적 물질주의"라는 경향을 지닌 것으로 규정된다.[114] 이는 유교적 현세주의가 서구적 근대성과 만나 나름의 방식으로 그에 적응하면서 변형된 현상이지만 동시에 유교적 현세주의는 한국 근대성의 독자적인 발전 논리를 형성하게 해준 문화적 자원이기도 하다. 이처럼 장은주는 한국 근대성의 성격을 유교적인 전통과의 연관 속에서 이해하고자 하면서도, 그런 이해를 한국사회의 병리적 현상과 위기의 근원을 해명하려는 비판적 문제의식과 접목시킨다. 그래서 그의 유교적 근대성 이론에는

• • •
114 장은주, 『유교적 근대성의 미래』, 앞의 책, 29-30쪽.

한국사회 근대성을 구성하는 또 다른 측면인 민주적 근대성을 유교적 전통과 관련하여 해명하려는 시도는 거의 없다. 달리 말하자면 그는 민주주의와 전통적인 유교 문화 사이의 긍정적인 상호작용의 가능성을 매우 희박한 것으로 보고 그에 대한 분석에는 거의 관심을 기울이지 않는다.

그러나 한국에서 유교적 전통과 민주주의의 긍정적 상관성에 대해 주목하는 입장도 존재한다. 전통과 서구적 현대 사이의 긴장과 상호작용의 측면에 주목하면서 유교적 전통이 한국의 민주화운동에 긍정적 기여를 한 측면을 강조한 몇 사례를 보면 지식인의 정치적 참여 전통 그리고 지식인의 역사적 책임의식 등이 공통적으로 거론된다. 예를 들어 한상진과 뚜웨이밍(杜維明)은 대담에서 유교적 정치문화가 한국사회 참여민주주의의 활성화에 긍정적 기여를 할 수 있다고 강조한다. 예를 들어 조선사회에서부터 누적되어온 공적토론에 의한 정치나 지식인들이 정치에 책임감을 갖고 참여하는 전통이 외세의 침략을 받았을 때나 억압적인 독재정권 시절에 민족주의 운동과 민주화운동의 자극제가 되었다고 한상진은 강조한다.

뚜웨이밍 역시 조선사회의 양반문화에 뿌리를 둔 지식인의 정치 참여 의식 그리고 지식인과 사회를 주도하는 사람들에게 요구되는 사회 및 정치에 대한 높은 책임감과 의무감의 전통 등이 한국의 대학생들로 하여금 자신들을 "사회의 양심"으로 생각하도록 했다고 강조한다. 학생 및 지식인으로서의 의무를 다하고자 "힘없고 제 목소리를 낼 수 없는 소외된 사람들 편에 서서" 애쓰는 전통은 유교적 정치문화와 깊게 연결되어 있다고 그는 분석한다. 그러므로 뚜웨이밍에 의하면 "한국의 정치적 역동성은 자의식이 강하고 헌신적인 학생 및 지식인 계층의 활발한 정치사회적 참여와 밀접한 관계"가 있다. 이처럼 한상진과 뚜웨이밍은 참여민주주의로 발전될 수 있는 한국사회의 정치적 역동성 배후에 존재하는 유교 문화적 영향력을 중요시한다.[115]

뚜웨이밍의 지적대로 역사적으로 형성된 유교적 정치문화는 다양한 방식으로 한국사회 민주주의의 정신사적 조건으로 작동했다. 유교적 선비정신이 해방 이후 독재에 항거하는 민주주의와 조우한 경우의 사례는 드물지 않다. 무릇 배운 사람이란 천하와 국가에 대의 혹은 도를 실현하는 삶에 목숨을 걸고서라도 전념해야 함을 강조하는 선비정신은 대한민국에서 독재에 항거하는 민주화운동의 정신으로 이어졌다. 1960년대 한국의 대표적인 저항 시인인 김수영(金洙暎, 1921~1968)이 유교적인 전통의 선비정신에서 자신의 저항적 참여정신의 뿌리를 찾아내었다는 것은 김상환의 최근의 연구가 잘 보여준다.[116]

또한 김수영과 거의 같은 시기에 태어나 그가 세상을 떠난 1968년에 별세한 조지훈(趙芝薰, 1920~1968)도 오늘날에 선비정신을 이어받은 대표적 시인이자 지식인의 하나였다. 조지훈은 지조를 목숨과도 바꾸지 않은 지사형의 선비정신을 이어받은 인물로 평가된다. 그에 의하면 지조를 "선비의 것이요, 교양인의 것이요, 지도자의 것"이라고 말한다.[117] 그러나 그가 강조하듯이 "지조를 지키기란 참으로 어려운 일이다. 자기의 신념에 어긋날 때면 목숨을 걸어 항거하여 타협하지 않고 부정과 불의한 권력 앞에는 최저의 생활, 최악의 곤욕을 무릅쓸 각오가 없으면 섣불리 지조를 입에 담아서는 안 된다."[118]

조지훈은 지조론을 내세우면서 이를 실천에 옮긴 지식인이었다. 그는 행동하는 지식인이었다. 그는 몸소 부패한 독재 권력에 아부하는 지식인들의 세태를 준엄하게 비판하였다. 또한 그는 대학생이 일제하 거족적인 3·1 독립운동에서 "민족의 지사로 자임하였고 구국의 투사로서의 긍지"

• • •
115 뚜웨이밍, 『문명들의 대화』, 앞의 책, 220-222쪽.
116 김상환, 『공자의 생활난: 김수영과 『논어』』, 북코리아, 2016, 참조.
117 조지훈, 「지조론」, 『지조론』, 나남출판, 2016, 95쪽.
118 같은 책, 98쪽.

를 보여주었다고 말한다. 달리 말하자면 대학생의 참다운 본분은 학문에 전념한다는 이유를 들이대면서 부당한 현실에서 허덕이는 일반 시민들의 삶을 도외시하는 데 있는 것이 아니라, 올곧은 저항 정신으로 무장하여 참담한 사회현실의 개혁에 앞장서는 모범을 보여주는 데 있음을 역설했다. 그리하여 그는 1960년 4·19 학생혁명 이후 현대적인 선비의 삶에 비추어서 대학생들의 현실 참여 의식을 고취시키고자 했다. 학생은 모름지기 부패한 현실에 방관해서도 아니 되며 영합해서는 더더욱 안 되고, 사회의 양심으로 깨어 있어야 한다는 것이 그의 신념이었다. "오늘의 대학생은 무엇을 자임하여야 할 것인가? 다시 한 번 우리는 민족의 지사, 구국의 투사로서 자임해야 할 시기가 왔다."[119]

조지훈이 강조하듯이 분단과 독재에 의해 위기에 처한 민족적 현실을 직시하고 당대의 문제를 해결하기 위해 실천에 나서야 하는 것이 대학생이라면 당연히 담당해야 할 본연의 사회적 책임이라는 인식은 조선의 선비정신의 계승이다. 그리고 한국사회의 기나 긴 민주화운동의 과정에서 학생운동이 가장 강력한 주도 세력일 수 있었던 것 역시 선비정신을 역사적으로 축적해온 우리 사회의 사회적 상상력을 배경으로 한 것이었다. 학생들이 민주화 과정에 어느 집단 못지않게 헌신적으로 기여한 현상도 유교적 정치문화 속에서 이해되어야 한다. 브루스 커밍스는 한국의 민주화운동을 서술하면서 "학생시위가 교육받은 사람들한텐 국가의 도덕적 귀감이나 양심의 파수꾼이 되기를 요구하거나 심지어는 명령하는 유교의 근원에 바탕하고 있다'고 주장하는 한국 전문가의 증언을 인용한다.[120] 이 주장은 1980년대 미국에서 열린 청문회에서 어느 한국 전문가가 한 증언인데, 이 증언을 접하고 당시 미국 민주당 하원의원인 스티븐 솔라즈(Stephen

•••
119 조지훈, 「오늘의 대학생은 무엇을 자임하는가」, 같은 책, 143쪽, 147쪽.
120 브루스 커밍스, 『한국현대사』, 앞의 책, 486-487쪽.

Solarz)는 매우 흥미로운 주장이라는 반응을 보였다고 한다. 의정활동 기간 내내 인권옹호자 역할을 한 그이지만 그에게는 유교가 권위주의의 방파제라는 말을 줄곧 들어왔기 때문이다.[121] 그래서 커밍스는 한국 학생운동과 민주화운동에 참여한 지식인들에게서 "한국인들이 20세기에 이르러 탈피했다고 믿는 도덕적 질서가 그들의 마음에 여전히 작용하고 있음"을 발견할 수 있다고 생각한다.[122]

앞에서 본 것처럼 분단과 한국전쟁을 거치면서 등장한 독재 권력이 지배하는 상황에서 지식인들과 학생들은 민주화운동에 앞장섰다. 지식인 및 학생이 민주화운동에 적극적으로 참여한 현상, 그러니까 학생 및 지식인이 주도적으로 사회변혁에 나서는 방식으로 작동하는 집합적 정치행동의 유형도 조선시대로부터 축적되어온 역사적 경험의 맥락에서 접근해볼 필요가 있다. 조선사회에서도 유교적인 도덕규범을 내면화한 선비들은 비록 과거시험을 보지 않았지만 커다란 사회적 덕망과 명성을 유지할 수 있었고, 이런 문화적 권력을 통해 왕권을 견제할 수 있었다. 그러므로 조선사회를 거치면서 참다운 지식인은 원리와 도덕을 위해 목숨을 걸고라도 부당한 권력에 저항하는 사람들이라는 전통이 확립되었고, 일반 사람들도 이런 규범을 내면화하여 사회와 국가 그리고 더 나아가 세계를 위하여 올바른 행동의 모범을 보이는 사람이 진정한 선비요 지식인이라는 생각을 지니게 되었다.

이렇듯이 일반 사람들에 의해 공유된 바람직한 선비 혹은 학자에 대한 사회적 상상은 지식인으로 하여금 특정한 방식으로 행동하도록 고무하기도 하고 강제하기도 한다. 달리 말하자면 지식인은 사회적으로 인정된 문법에 어울리게 행동할 경우에 한에서 사회에서 훌륭한 지식인으로 대접

• • •
121   같은 책, 487쪽.
122   같은 책, 486쪽.

받을 수 있는 것이다. 조선시대를 거치면서 유교적인 정치문화를 통해 숙성된 사회적 인정 질서에 대한 공통감각은 오늘날 우리 사회의 지식인에 대한 사회적 기대는 물론이고, 지식인들의 사회참여의 방식을 여전히 크게 규정한다. 대학교수와 사회적인 명망을 지닌 지식인이 한국의 민주화 과정에서 큰 역할을 수행한 것도 조선사회로부터 축적된 정치문화의 배경을 전제로 하는 것이다. 달리 말하자면 지식인과 명망가 주도의 민주화운동은 유교 문화에서 축적되어온 사대부 및 선비 집단의 정치적 행동 양식의 현대적 반복이라는 것이다.

물론 사회적 명망가들인 지식인 주도의 재야정치운동은 학생운동을 바탕으로 한 것이다. 1960년에서 1987년 사이 한국사회에서 가장 중요한 민주화운동 세력은 학생운동이었다. 김동춘은 학생과 지식인 중심의 재야 세력이 민주화운동에 적극적 역할을 담당할 수 있었던 원인을 교육을 사회적인 힘(social power)으로 받아들이는 문화적 조건에서 구한다.[123] 그런데 이 경우 사회권력이자 문화권력의 일종인 지식이 사회 속에서 작동하는 방식에 대한 이해가 더 중요하다. 오늘날 서구처럼 다원화된 사회에서 전문적인 지식을 축적하여 나름의 인정을 받는 경우와 조선시대 이후 한국에서 지식인이 사회적으로 인정을 받는 길은 좀 달랐기 때문이다. 그 길은 기본적으로 지식이 사회 및 국가 전체의 대의를 증진하는 데 얼마나 기여할 수 있는가에 따라 평가되었다.

유교적 가르침의 핵심을 흔히 수기치인(修己治人)으로 표현하듯이, 유학은 개인의 도덕적 완성을 꾀하는 작업을 치인, 즉 안민(安民)을 실현하기 위한 인정(仁政)의 정치이념과 밀접한 연관 속에서 이해했다. 그리고 이런 유학의 근본적 이념을 이 세상에 구현하기 위해 온 힘을 기울이는 학자야말로 진정한 지식인이요 학자라는 것이 지식인, 즉 선비에 대해 일반 사람들이

• • •
123 김동춘, 『1997년 이후 한국사회의 성찰』, 앞의 책, 396-398쪽.

사회적으로 공유하게 된 바람직한 상이었다. 그래서 조선시대에도 유교의 원칙을 지키기 위해 애쓴 수많은 유학자들이 존재했다. 그리고 조선이 멸망한 후인 일제 강점기에도 많은 유학자들은 유교적 이상주의를 포기하지 않고 독립운동가로 변신하여 공적인 대의를 위해 온 힘을 기울였다. 또한 분단 이후 한국사회에서 민주주의를 실현하고자 애쓴 수많은 지식인들의 저항운동도 이런 바람직한 지식인상을 공유한 정치문화 속에서 작동했다. 따라서 이런 현상은 유교적인 사회적 상상에 기반을 둔 배움과 학자에 대한 사회적 인정의 문법이 지속적으로 작동하는 것으로 이해되어야 한다. 그뿐만 아니라, 이런 사회적 상상의 지속을 통해 우리가 알 수 있는 것은 조선시대에 본격적으로 축적된 유교적 정치문화의 힘과 정신이 변화된 상황 속에서도 살아 숨 쉬고 있다는 점이다.

그래서 유교적 정치문화가 지속적으로 변형되면서 존속할 수 있는 힘의 근원을 어디에서 구해야 하는지가 궁금해진다. 이런 물음에 대한 답을 일부학자들은 유교의 자기혁신 정신과 대동사상에서 구할 수 있다고 본다.[124] 조선시대를 통해 축적된 유교적인 대동사회 이상과 평천하 의식은 한말 조선의 국가적 위기와 조선이 일본 제국주의의 식민지로 전락하는 상황에서도 그 영향력이 없어지지 않았다. 천하위공의 대동유학의 전통은 지속되었던 것이다. 물론 나라가 망하고 일본의 식민지로 전락하는 상황에서 수많은 지식인들이 유교적 전통을 고루하고 열등한 것으로 보고 일본에 적극 협력하는 친일세력으로 변질되기도 했다. 그렇지만 독립운동에 헌신한 유학자들도 많았다. 그들은 혁신유림 혹은 개신유림으로 불린다. 혁신유림파들은 조선의 전통과 문화의 여러 폐단들은 물론이고 유학 정신의 부패와 타락을 비판하였지만, 조선의 전통과 문명의 모든 것을 배척하지 않았다. 그들은 조선의 역사와 문화에 대한 긍지를 소중하게 간직했다.[125]

• • •
124 같은 책, 448쪽.

그리고 일제 강점기에 많은 독립운동가들이 유교 정신에서 한국 독립운동의 이념을 구하고자 했던 데에는 유학의 대동 이념이 지니고 있었던 민주공화주의의 성격도 크게 작용했다. 조선의 유교정신과 사상이 새로운 시대 상황에 어울리게 혁신될 수 있는 가능성이 없었다면 독립운동가들이 조선의 유교 문화와 그 정신을 이어받으려고 하지 않았을 것이다. 이 책 제12장에서 한국 독립운동이 자주독립운동이자 민주공화국을 향한 민주주의 운동이었다는 점, 그리고 한국의 저항적 민족주의의 성격이 유교적 문명주의의 영향으로 인해 대동적 세계시민주의 이상을 띠게 되었다는 점 등을 분석한 바 있다. 그래서 그에 대한 설명은 생략하고 단 두 가지 사례만을 언급하고자 한다.

하나는 혁신유림의 대표적인 독립운동가인 석주(石洲) 이상룡(李相龍, 1858~1932)의 경우이다. 그는 1920년대에 러시아 사회주의 혁명을 공자의 대동(大同)사상의 실현으로 이해했다.[126] 또 다른 예는 신채호(1880~1936) 이다. 특히 이 자리에서 신채호와 관련하여 언급하고자 하는 것은 그가 한말 이후에 지녔던 사회진화론적 사유 방식의 한계를 극복해나가는 과정 이다. 신채호는 열강을 비롯하여 동아시아의 서구로 자임한 일본이 대포와 군함으로 약소국가를 유린하는 상황에서 조선이 그에 무기력한 대응을 보인 요인 중의 하나로 조선의 유교적인 평화의식에서 구했다. 그래서 그는 강권에는 강권으로 대응해야 한다고 생각했다. 적자생존과 우승열패 가 세계의 공리로 등장한 상황에서 힘을 기르지 않고는 국가 독립은 물론이 고 평화를 유지할 수 없었기 때문이다.

그러나 신채호는 곧 강권으로 강권을 극복한다는 사상으로는 조선의 독립운동의 정당성을 옹호하기 힘들다는 것을 깨닫게 된다. 우승열패가

• • •
125 서중석, 『신흥무관학교와 망명자들』, 역사비평사, 2001, 307-308쪽.
126 같은 책, 273쪽.

세계를 지배하는 철의 법칙이라면 왜 약소국이 강대국에 의해 유린되어서는 안 되는가라는 반론에 대해 적절하게 대응할 수 없다는 한계가 있었기 때문이다. 강자의 이익이 권리라고 한다면, 일본의 식민지배에 대한 저항 역시 그 정당성을 상실할 것이 분명하기에 그렇다. 약육강식의 논리는 이처럼 양날의 칼이었다. 약육강식의 논리가 힘없는 조선을 부국강병의 국가로 만들어야 한다는 논리로도 활용될 수 있지만, 조선의 멸망이나 식민지 지배를 숙명적 사건으로 받아들이는 논리로도 사용될 수 있었기 때문이다. 그래서 신채호는 무정부주의를 받아들여 그것을 한국 독립운동과 연결시키게 된다. 이제 한국 독립운동은 강권으로 강권에 저항하는 방식을 넘어 서구 제국주의의 폭력성을 새로운 평천하 세계를 향한 이상을 통해 준열하게 비판하게 된다. 그가 생각하는 무정부주의는 유학의 대동 정신과 깊게 연결되어 있다. 이처럼 혁신유림에게서만이 아니라 많은 독립 운동가들의 저항과 투쟁의 정신적 원천 중 하나는 바로 천하위공의 대동유학 정신을 핵심으로 하는 유교적 문명주의였다.[127]

앞에서 살펴본 것처럼 한국 독립운동과 민주주의 운동은 유교적 전통과 긍정적인 방식으로 연결되어 있다. 특히 두 가지 연결 지점이 강조되었다. 첫째로, 민주주의의 관철 과정과 관련하여 유교적인 사회적 상상이 매우 중요한 역할을 수행했음이 강조되었다. 유교적 사회적 상상에 주목해야 하는 이유는 그것이 한국사회 민주주의의 독특한 경로를 가능하게 한 실천의 특성을 해명해줄 수 있기 때문이다. 한국 민주화운동의 실천력은 민주주의와 인권의 규범적 타당성에 대한 한국인들의 동의만으로 설명될 수 없다. 물론 민주주의와 인권의 정당성에 대한 한국인의 공감 역시 중요한 역할을 수행했다. 그러나 우리가 해명해야 할 과제는 한국사회가 민주주의

• • •

127   유교적 문명주의와 한국의 독립운동 사이의 연계에 대해서는 미야지마 히로시, 『나의 한국사 공부』, 앞의 책, 제9장 '민족주의와 문명주의' 참조.

에 이르는 도정에서 보여준 독자적 성격에 대한 분석이다. 미국, 프랑스 그리고 영국 등도 자유와 민주주의에 대한 정의 원칙을 공유하였지만 그런 원칙을 실현하는 길에서는 사뭇 다른 모습을 보여주었다. 한국사회의 민주화의 길은 청교도 혁명을 거쳐 의회민주주의의 지속적 확보의 길을 걸었던 영국과도 다르고, 혁명을 통한 민주주의 길을 모색했던 프랑스와도 다르며 중국과 같은 농민혁명을 통해 사회주의를 거쳐 사회주의적 시장경제 질서의 창출에 이르는 길과도 다르다.

둘째로, 한국사회가 민주주의 사회로 이행하는 과정에서 중요한 역할을 수행했던 지식인 및 학생들의 사회적 책임의식과 헌신이 본래 유교적인 선비정신에서 유래한 것임이 강조되었다. 물론 지식인 및 학생이 민주화운동에서 지속적으로 중요한 역할을 수행할 수 있었던 것은 지식과 학문을 연마하는 사람들에 대해 일반 사람들이 지니고 있었던 사회적 상상을 배경으로 한 것이었다. 하여간 이로움이나 생명의 유지를 위해 부당한 현실에 대해 묵인하는 것을 죽음보다도 치욕스럽게 생각한 유교적인 선비정신과 유교적 민본주의 전통은 지식인과 학생에게 높은 사회적 책임의식을 고무한 정신사적 조건이었음에 틀림없다.

따라서 유교적 가치와 한국의 독립운동[128] 및 민주화운동 사이의 내적 연계성에 대해 김동춘이 내린 다음과 같은 결론도 매우 설득력이 있다. "구한말의 독립운동가, 해방정국의 사회운동가, 그리고 1970년대 민주화운동 과정에서의 지식인, 1980년대의 노동 현장에 투신한 학생운동가들은 [……] 겉으로는 서구적 가치를 견지한 듯이 보이나 동시에 유가 혹은 유교적인 가치와 태도를 자신도 모르는 사이에 내면화하여 행동으로 표현한 존재였다. 그들은 유교적 이상주의적 측면, 즉 인(仁), 극기의 정신에

● ● ●
128 혁신유림으로 분류되는 유학자들이 독립운동에 기여한 바는 매우 크다. 서중석, 『신흥무관학교와 망명자들』, 앞의 책, 25쪽.

매우 충실한 인간이었다고 볼 수 있다."[129]

앞에서의 서술들은 현대 한국사회와 유교적 전통 사이의 연관을 좀
더 균형 잡힌 시야에서 해명하고 있다는 점에서 중요하다. 또한 유교적
전통과 민주주의의 상호작용에 대한 설명은 한국 민주화운동의 문화적
배경 그리고 민주화운동의 패턴이나 성격 등을 분석하는 데 중요한 통찰을
제공한다. 그러나 이런 지적들은 대부분 상세한 분석을 결여하고 있다.
유교적 전통이 한국사회의 독립운동 및 민주주의 운동과 상호 결합되는
방식에 대한 연구가 진척될 필요가 있다. 또한 기존 연구는 유교적 전통이
서구적 근대의 충격에 의해 초래된 변화된 상황에 직면하여 창조적으로
적응하고 변형되는 모습에 대한 인식이 부족하다.

Ⅳ. 선비정신과 한국 민주화운동

앞에서 강조했듯이 한국의 민주화운동에서 가장 결정적인 역할을 수행
한 집단은 바로 학생들이었다.[130] 유교적인 정치문화 속에서 누적된 사회적
책임의식은 수많은 학생운동가들로 하여금 온몸으로 민주주의 운동에
참여하게 하는 문화적 동력이었다. 달리 말하자면 수많은 학생들을 학생운
동에 투신하도록 만든 동력은 부당한 권력에 의해 유린되고 있는 권리와
민주주의 원칙에 대한 자각과 동의에서만 나왔다고 가정할 수 없다. 일제
강점기, 분단 그리고 한국전쟁과 독재 권력하에서 살아온 한국인들이 민주
주의를 향한 지칠 줄 모르는 투쟁을 전개했지만, 시민들은 물론이고 학생운
동가들은 민주주의적 원칙에 대한 갈망을 일상생활에서 체화하거나 충분

• • •

129 김동춘, 『1997년 이후 한국사회의 성찰』, 앞의 책, 451-452쪽.
130 Lee Namhee, *The Making of Minjung*, 앞의 책, p. 148; 김동춘, 『1997년 이후 한국사회의
     성찰』, 같은 책, 397쪽.

하게 내면화할 수 있는 기회를 갖지 못했기 때문이다.

이 글은 한국의 민주화운동을 이끈 동력 중의 하나가 유교적 조선사회의 전통에서 이어져 내려온 이상적인 인간상으로 받아들여진 선비정신이었다고 주장한다. 임마누엘 페스트라이쉬(Emanuel Pastreich)는 '선비정신'(Seonbi Spirit)을 한국사회를 이해할 수 있는 중요한 요소로 거론한다. 그는 선비정신을 다음과 같이 정의한다. "선비정신은 한국사회와 역사에 깊숙이 뿌리 박혀 있다. 개인적 차원에서 선비정신은 도덕적 삶과 학문적 성취에 대한 결연한 의지와 행동으로 나타난다. 사회적 차원에서는 수준 높은 공동체 의식을 유지하면서도 이질적 존재와 다양성을 존중하는 태도로 나타난다. 홍익인간으로 대표되는 민본주의 사상을 품고 있으며 자연을 극복의 대상으로 보지 않고 오히려 조화를 이루려는 특성이 두드러진다."[131]

한국사회의 소중한 문화적 전통인 선비정신은 하루아침에 이루어진 것이 아니다. 선비정신은 오랜 세월을 거쳐 변형되고 확장되어온 것이다. 한국학중앙연구원이 만든 『한국민족문화대백과사전』에 따르면 선비 개념은 "학식과 인품을 갖춘 사람에 대한 호칭으로, 특히 유교이념을 구현하는 인격체 또는 신분계층을 지칭함"으로 정의되고 있다. 선비라는 개념은 조선시대 이전에도 있었다고 한다. 『한국민족문화대백과사전』의 <선비의 말뜻>이라는 항목에서는 "선비는 한자어의 사(士)와 같은 뜻"을 지니는 것으로 "어원적으로 보면 우리말에서 선비는 '어질고 지식이 있는 사람'을 뜻하는 '선비'라는 말에서 왔다고 한다"라고 소개한다.[132]

권순철에 의하면 조선 특유의 선비 혹은 사(士)의식은 역성혁명으로

• • •
131 임마누엘 페스트라이쉬, 『한국인만 모르는 다른 대한민국』, 21세기북스, 2013, 49쪽.
132 선비 개념의 역사적 변천 과정에 대한 상세한 분석으로는 권순철, 「'선비' 개념의 생성과 변화」, 김석근 엮음, 『선비정신과 한국사회: 미래의 리더십을 찾아서』, 아산서원, 2016, 20-71쪽 참조.

탄생한 유교 국가였던 조선이 위민의 정치이념을 실현하고자 했던 경험 속에서 탄생했다. 물론 조선시대에 들어와 확정된 '선비상'은 그 이후 임진왜란 때의 의병이나 당쟁의 소용돌이와 같은 수많은 사회변동과 연동해서 변화해간다.[133] 그러나 이런 변화 과정에서도 선비상에서 공통된 의식은 "이상사회 건설에 대한 '민'(民)과 '천하'(天下)에 대한 책임의식, 희생적 실천정신, 도리(道理)와 지조를 지키는 사표(師表)로서의 자제적(自制的) 역사의식"이라고 권순철은 강조한다.[134]

특히 조선 후기를 거치면서 사(士), 즉 선비정신은 특정한 계층에 국한된 것이 아니라, 모든 사람들이 도달해야 하는 바람직한 인간상으로 보편화되었다. 조선시대는 유교적 선비 개념의 대중적 확산과 토착화에 큰 역할을 해왔다. 어떤 사람이 높은 관직에 있거나 권문세가의 자손이라 해도 유교적인 덕망을 소유하지 않은 사람은 선비로서 대접을 받지 못하게 되며, 다른 한편으로 천하와 국가를 위해 올바른 일을 행하는 사람이 사(士)라는 관념이 일반 백성들에게 널리 공유되기에 이르렀다. 즉 사(士)=공인론(公人論)이 일반 백성들에게 널리 공유되면서 일반 백성도 점차 정치적 주체로서 목소리를 내기 시작했던 것이다. 기존 양반층이 유교적 규범에 어울리는 행동을 보여주지 못한다면 백성이 그런 역할을 수행할 수 있다는 의식이 성장하여 양반들에게 유교적 민본주의 이상을 실현할 것을 요구하기에 이른 것이다. 그 결과 기존 양반층에 속해 있던 도덕적인 사족이 백성들과 연대해서 타락한 세상을 바로잡으려는 저항운동이 조선 후기에 등장한다. 그 대표적인 사례는 바로 1894년의 갑오농민전쟁이었다.[135]

선비정신을 매개로 해서 시민, 지식인 그리고 학생 사이의 광범위한

• • •

133 같은 책, 52-53쪽 참조.

134 같은 책, 55쪽.

135 조경달, 『민중과 유토피아—한국근대민중운동사』, 허영란 옮김, 역사비평사, 2009, 37-66쪽 참조.

연대가 가능했고, 유교적 정치문화의 전통을 바탕으로 한국 민주주의는 독특한 역동적 모습과 민주주의에 이르는 독자적인 형성 경로를 보여준다. 60년대에서 80년대에 이르는 대다수 학생운동가들은 가족을 소중하게 여기는 전통적 규범을 내면화한 사람들이었다. 그러나 그들은 조국이나 민주주의와 같은 대의와 공적인 가치를 위해 헌신하는 것이 더 훌륭하고 인간으로서 해야 할 일이라고 생각했다. 그래서 이남희는 학생운동의 문화적 배경을 "지식인의 전통적 역할, 즉 사회적 비판을 제공하는 긴 전통 속에 배태된 것"이라고 말한다. 그는 이를 "도덕적 특권의 담론"(a discourse of moral privilege)이라고 명명한다.[136] 이 담론의 핵심에는 배운 사람은 마땅히 온갖 어려움과 희생에도 불구하고 사회적 책임과 역사적 책임을 떠안아야 한다는 인식이 존재한다. 이런 책임의식은 분단과 독재정권하에서 고통을 받는 노동자들과 농민들과 같은 일반 사람들의 권리를 옹호하고 이들이 역사의 주체로 서서 민주화되고 통일이 된 새로운 세상을 만드는 것이야말로 학생이 해야 할 의로운 행동이라는 믿음이다.

한국 학생운동과 민주화운동의 절정기인 1980년대에 수많은 학생들은 독재 권력에 대항하여 투쟁했고 노동자들의 권리를 옹호하기 위해 신분을 위장하고 노동현장, 즉 공장에 취직해 노동운동을 조직하였다. 1970년대와 80년대의 대학생들, 특히 남학생들 중에는 가족에서 유일하게 대학에 다니는 경우가 드물지 않았다. 가족 구성원 전체가 대학생의 학업을 위해 온 힘을 다해 헌신했던 것이다. 그리고 그런 헌신 뒤에는 공부를 잘하는 사람은 사회에서 인정받고 사회의 상층부로 진입할 수 있다는 믿음이 존재했다. 고시열풍에서 보듯이 사법시험에 합격하여 사회적 신분상승을 도모하고, 이와 더불어 자신에게 헌신했던 가족 구성원들의 물질적 행복을 책임지는 시스템도 과거시험에 합격하면 사회적 지위와 부와 명예가 확고해졌던

• • •
136 Lee Namhee, *The Making of Minjung*, 앞의 책, p. 153.

조선 유교사회의 역사적 경험의 반복일 터이다. 그래서 1970년대와 80년대의 대학생들은 가족의 행복을 위해 사회에 성공적으로 진출해야 한다는 압박감이 매우 강했고, 많은 학생들이 그런 가족의 염원에 부응하여 입신양명의 길을 택했던 것도 사실이다.[137]

사회에서 출세하여 자신이 대학까지 졸업할 수 있도록 도움을 준 가족 구성원, 특히 부모님의 은혜에 보답해야 한다는 유교적 습속이 한국 대학생들로 하여금 성공하기까지 엄청난 금욕적 생활과 규율을 견디도록 한 문화적 동력으로 작동했다. 그러나 이런 작동에서 연장자나 부모에 대한 무조건적인 복종 관념의 사회문화적 기원만을 추적하는 것은 일면적이다. 부모에 대한 은혜는 부모가 어려운 상황에서도 헌신적으로 자식 교육을 위해 매진한 행동에 대한 보답을 의미했기 때문이다. 이런 점에서 부모에 대한 효는 분명 일방적인 것은 아니었다. 상호적인 방식으로 주고받는 부모의 사랑과 자식의 효의 관계는 일방적으로 매도될 성질의 것이 아니다.

물론 우리는 역사적으로 부모에 대한 효를 강조하는 유교 문화적 전통이 사람들을 권위주의적 통치체제에 순응하도록 하는 부정적 역할을 수행하기도 했다는 점을 부인할 수는 없다. 다만 지적하고 싶은 것은 다음과 같다. 전통의 다양한 작동방식을 종합적으로 이해하고자 하지 않고, 전통의 어느 한 측면만을 들어 전통 일반을 총체적으로 부인하고 배척하는 태도는 합리적이지 않다. 그러므로 다음과 같은 뚜웨이밍의 지적은 경청할 만하다. "보통 '부모에 대한 공경'으로 여겨지는 효는 많은 사람에게 유가윤리의

...
137 입신양명의 길을 걸었던 사람들의 선택을 도덕적으로 비난할 생각은 추호도 없다. 공부를 열심히 해 사회적 신분상승을 도모할 수 있었던 한국사회의 유동성과 개방성의 문화적 배경으로 조선사회의 유교적인 전통이 강하게 존재하고 있었다는 점이 중요하다. 우리는 조선사회 역시 노비제도를 운영했던 계급사회였다 해도, 양인의 경우 과거시험을 통해 사회적인 신분상승이 가능했던 개방적 사회였다는 점을 기억해야 한다. 유럽의 봉건제 사회나 일본의 에도시대는 신분제 사회로서 귀족이나 사무라이가 철저하게 세습되는 사회였지만, 조선의 양반은 그런 세습적 신분과는 달랐다.

근본덕목이자 적당한 인간관계를 이해하는 기초로 인식된다. 계급적으로 정의된 복종의 형식으로서 효는 가끔 독재정치에 대한 이론적 기초를 제공하는 것으로 표현된다. 비록 그것이 효가 실제로 중국의 전통적 정치·문화에서 어떻게 사용되었는지에 대한 정확한 표현이더라도, 유학 전통 안에서 본래 그러한 목적으로 의도되었다고 생각할 수는 없다. 사실상 유학의 효 개념은 정치적 지배와는 부차적으로 관련이 있을 뿐이다. 효는 독재 권력을 실현하기 위한 기초로 생각될 수 없다."[138]

관계지향적인 유교적 사유가 나름의 개인의 자발성과 자율성의 이론을 모르고 있지는 않지만, 관계 속에서 개인의 독립성과 자유가 질식될 가능성도 엄존한다. 이는 서구 개인주의의 어두운 면과는 정반대의 모습이다. 주지하듯이 서구 개인주의는 타인과의 관계를 오로지 이로움을 실현하기 위한 부차적인 것으로 전락시켜 타자와의 관계를 개인의 이익 추구를 위한 수단으로 변질시킬 위험을 안고 있다. 이는 서구 근대의 개인주의를 원자론적 개인주의로 보고, 개인의 사회적 성격을 망각한 사유 방식에 불과하다는 점을 지적하는 헤겔의 개인주의 비판에서도 잘 나타난다. 비록 서구 근대의 개인주의가 원자론적 개인주의의 함정에 빠지기 쉽다고 해서, 개인의 독립과 자율성을 존중하는 태도 자체까지도 비판의 대상으로 삼는 것은 지나치다. 마찬가지로 유교 전통에서 관계지향적인 사유 방식의 한계를 경계하며 타자와의 성공적인 관계를 통해 비로소 각 개인은 의미 있는 삶을 실현할 수 있다는 유교적 사유의 핵심을 살리는 태도도 존중되어야 할 것이다.

앞에서 언급된 1970년대와 80년대 대학생들의 존재 방식과 유교 전통 사이의 연관성의 문제로 되돌아가자. 그 당시에 많은 학생들이 가족의 희생에 보답할 방법으로 세속에서의 출세와 입신양명주의의 길을 걸어갔

•••
138 뚜웨이밍, 『뚜웨이밍의 유학강의』, 정용환 옮김, 청계, 1999, 285쪽.

다는 점은 이미 언급했다. 그러나 그런 입신양명주의 혹은 입신출세주의만이 대학생들이 택한 유일한 길은 아니었다. 1970년대와 80년대에 사회적책임을 다하기 위해 다른 길을 걸었던 수많은 학생들이 존재했다는 것도주지의 사실이기 때문이다. 이 시기에 활동한 사람들의 인터뷰에는 그들이왜 학생운동과 노동운동에 투신했는가를 보여주는 정신이 잘 드러나 있다.교육받은 사람들은 특권을 누리는 계층인데, 이런 특권을 개인의 이익을위해서 사용하는 것은 틀린 것이다. 특권을 누리는 학생들, 즉 지식인들은교육을 받지 못하고 사회에서 어려움을 겪는 사람들을 위해 애써야 한다.그런 행위가 바로 교육을 받은 사람으로서 마땅히 해야 할 행위라는 것이다.이남희는 이들의 도덕적 정신을 "주로 지식인에 대한 유교적 관념"에뿌리를 두고 있는 사회적 및 역사적 책임의식이라고 해석한다.

이남희가 인용한 학생운동 출신으로 노동운동에 투신한 경력을 가진사람들의 인터뷰 중 한두 가지를 인용하면 다음과 같다. "나는 대학에갈 정도로 충분히 특권이 있는 사람으로서 그리고 우리 사회에 빚을 지고있는 사람으로서 오로지 남한의 민주화를 위해 일했다." "어느 누구도우리 사회의 책임을 피할 수 없다. 특별히 고등교육을 받고 사회적 양심을지닌 사람들은 새로운 윤리적 그리고 도덕적 사회 질서를 창조하기 위해자진해서 나서야 할 필요가 있다. 이런 단순한 이유 때문에 나는 공장에일하러 갔다."[139]

학생운동과 노동운동에 매진한 사람들의 인터뷰에서 우리는 배움과학문이 추구해야 하는 궁극적 목적이 자신의 도덕적 완성뿐만 아니라,다른 인간과 생명체의 내적 본성의 실현에 있다는 유교적 사유 방식의반복을 발견하기란 어렵지 않다. 더구나 중요한 것은 대학생들이 스스로를사회의 불의와 부패를 개혁할 책임을 지고 있는 지식인으로 이해하는

• • •
139 같은 책, 244-245쪽.

태도 그리고 그런 학문에 대한 태도를 삶에 구현하기 위해 이기적 삶을 버리고 공공의 이익을 위해 헌신하는 학생들의 행동방식이 한국의 일반 시민들이나 노동자 등과 같은 보통사람에 의해 소중한 행위로 인정받고 승인받았다는 사실이다. 바로 여기에 한국 민주화운동의 성공을 이해하는 열쇠가 있다. 사회적 책임을 다하려는 지식인의 태도와 살신성인의 삶의 방식에 대해 일반 사람들의 광범위한 동의와 지지 그리고 존경심이 없었다면, 한국의 학생운동과 민주화운동은 그렇게 강력한 생명력과 역동성을 확보하기 힘들었을 것이기 때문이다.

이처럼 한국 민주화운동은 사회적 책임을 다하려는 지식인의 실천적인 참여의식과 이를 바람직한 인간상으로 인정하고 존중하는 일반 사람들 사이의 내적 연대성과 공유의식에 바탕을 두고 진행되었다. 그리고 이런 민주주의를 향한 독특한 저항형태는 조선사회에서 유래한 유교적 이상사회에 대한 사회 구성원들의 공유된 집단의식에 그 뿌리를 두고 있다. 달리 말하자면 한국 민주화운동의 내적 동력학은 유교적인 이상을 실현하기 위하여 중앙의 정치제도는 물론이거니와, 가족 및 향촌질서에 이르는 전체 사회를 변형시키려고 한 수백 년간의 조선사회의 집단적 경험의 전통 그리고 불의에 타협하지 않고 명분을 위해 때로는 자신을 희생하는 것을 마다하지 않았던 선비적 삶에 대한 집단적 공감의 누적된 경험에 그 뿌리를 두고 있다. 이런 맥락에서 1980년대 한국의 민주화운동의 주력 부대인 노동자와 학생의 연대는 19세기 말에 나타난 올곧은 선비와 일반 백성의 연대에 의한 농민전쟁의 반복이라고 평가되어야 한다.

공적인 대의를 위해 개인의 이익이나 가족의 안위를 포기하는 행위는 한국의 유교적 전통에서 반복적으로 등장하는 행위이다. 조선을 일본의 식민지로 전락시키는 데 앞장선 일본인 이토 히로부미(伊藤博文)를 암살한 안중근 의사도 "국가를 위해 가족을 잊겠다"[140]고 말했다. 일제시기의 독립운동가이자 해방 후에 민주주의를 위해 헌신한 유학자 김창숙(1879~

1962)도 일제 강점기에 족보를 만드는 행위를 비판하였을 뿐 아니라, 가족의 행복을 위해 일제와 협력할 것을 요구하는 집안사람들을 비판했다. 그런 사람들과 절교를 선언하면서 그들을 "이익만을 좋아하고 염치를 모르는 자들"이라고 말한다. 또한 그는 "성현(聖賢)의 글을 읽는 귀중함이란 그 이치를 바르게 알고 그 의리를 확실하게 실천하는 일일 것"이라고 강조한다.[141]

유교적 정치문화를 매개로 한 사회적 실천의 독특한 성격 외에도 유교 전통이 한국사회의 민주주의에 끼친 영향력 중의 하나로 대한민국헌법에 각인되어 있는 평등 지향의 이념도 강조될 필요가 있다. 예를 들어 대동(大同)사상의 영향력을 살펴보자. 대동사상은 조선 후기 사회에서 분명하게 감지되기 시작한다. 그 이후 대동사상은 계급적인 차별에 저항하고 세계평화를 지향하는 이념으로 전개된다. 조소앙이 기초한 것으로 알려져 있는 1919년의 <대한독립선언서(일명 '무오독립선언')>는 그 당시의 시대를 강권의 시대에서 자유·평등·정의·인도·평화가 실현되는 대동의 세계로 이행하는 시기로 규정한다. 그리고 이런 시대의 흐름을 "천의"(天意)에 의한 것으로 이해한다. 따라서 한민족의 독립과 자립 역시 천하의 공의와 대의에 따르는 정의로운 것으로 천명되고 있다. 특히 이 선언서는 자유와 민주를 수용하면서도 평등의 이념을 핵심적 가치로 내세우는 것으로 평가된다. 정연태는 <대한독립선언서>에 나타나는 평등사상의 기원을 사회주의적 사상의 영향 외에도 전통적인 대동사상의 균평(均平) 이념을 계승한 것이라고 강조한다. 이처럼 대동사상과 긴밀하게 연결된 균평(均平)·균등(均等)주의 등은 조선 후기 민란과 갑오농민전쟁 시기를 거쳐 1919년 3·1운동에도 영향을 주었다.[142] 이 평등의 원칙을 핵심적 가치로 삼는 대동사

• • •

140 이기웅 편역, 『안중근, 전쟁은 끝나지 않았다』, 열화당, 2000, 25쪽.

141 심산사상연구회 편, 『김창숙문존』(金昌淑文存), 성균관대학교 대동문화연구원, 1987, 111-114쪽.

상은 대한민국의 제헌헌법에서의 경제적 평등 조항에까지 영향을 주었다.[143]

V. 민주화운동과 유교 전통의 변형

한국 민주화운동과 유교적 전통의 생산적 만남을 잘 보여주는 또 다른 예는 독립운동과 민주화운동을 위해서 목숨을 바쳐 투쟁한 사람들의 기억 행위와 관련된 것이다. 독립투사, 애국지사, 민주열사 등의 용어에서 보듯이 오늘날 한국사회는 사회와 국가를 위해 일신의 영달을 도모하지 않고 살신성인의 모습으로 헌신한 인물들을 士(선비)로 칭하면서 추앙한다. 이처럼 한국 현대사에서 유교적 정치문화는 그 일상화된 용어에서도 변형된 형태로 존재한다.

그러나 이런 현상이 과연 용어상의 문제인가? 그렇지 않다. 민족이나 국가가 곤란한 상황에 있을 때 목숨을 바쳐 투쟁을 한 사람들에게 독립투사(獨立鬪士)나 애국지사(愛國志士)라는 명칭을 부여하면서, 이들의 숭고한 희생과 투쟁정신을 기리는 모습에서 우리는 조선사회의 이상적인 선비에 대한 선망이 망국과 식민지 지배라는 변화된 조건에서 어떻게 변형되고 지속되고 있는지를 볼 수 있다. 한국인들은 선비에 대한 상을 통해 독립운동

• • •

142 정연태, 『한국근대와 식민지근대화 논쟁: 장기근대사론을 제기하며』, 푸른역사, 2011, 395-397쪽 참조. 대동사상과 한국 독립운동 및 민주화운동 사이의 내적 연계에 대해서는 이 책 제12장에서 좀 더 상세하게 다룬 바 있다.

143 한국사회가 민주주의로 이행하는 역사에서 비할 데 없는 영향을 준 1980년 5·18 광주 민주화운동도 대동정신의 발로로 이해되어야 한다는 주장이 있다. 5·18 민주화운동의 마지막 수배자였던 윤한봉(1947~2007)은 광주항쟁을 대동정신의 발현으로 본다. 그는 대동정신을 화평, 평화 그리고 평등의 이상으로 간주하면서 이를 사회주의적 이념과 친화성이 있는 것으로 본다. 안재성, 『윤한봉: 5·18 민주화운동 마지막 수배자』, 창비, 2017, 347-348쪽 참조.

과 민주화를 위한 투쟁에 정당성을 부여하고 그런 실천에 연대하고 공감하는 감각을 키워온 것이다. 달리 말하자면 한국인들이 엄청난 고난과 희생을 요구하는 독립운동과 민주화운동을 지속적으로 전개할 수 있었던 데에는 한국인들을 집단적으로 독립운동과 민주화운동을 연결시켜 주는 바람직한 인간과 사회에 대한 공유된 이해가 있었다. 이런 공유된 이해가 암묵적이거나 무의식적으로 표현될 수도 있다. 그런 암묵적으로 공유된 이해, 즉 사회적 상상은 바로 공적인 기억 행위에서 의식적으로 표출된다. 그런 공적 기억에서 동원되는 수사와 어휘는 바로 그 사회에서 가장 강력하게 호소력을 띠지 않으면 안 되기 때문이다. 호소력이 없는 이야기와 어휘로 이루어지는 공적 기억과 애도 활동이란 상상할 수 없다. 그런 점에서 가령 '순교자'라는 명칭이 아니라, 독립투사(獨立鬪士)나 애국지사(愛國志士) 혹은 민주열사(民主烈士)와 같은 선비(士)라는 명칭으로 독립운동과 민주화운동을 사회적으로 기념하는 의미는 매우 중요한 현상이다.[144]

그리고 이런 민주투사 및 애국지사 등의 언어적 사용의 창조적 변형 속에서 선비(士)의 민중화 혹은 보편화의 측면도 발견할 수 있다. 조선사회에서도 선비는 세습적인 신분이 아니었다. 선비의 평민화 내지 평등화 경향은 조선 후기에 분명하게 드러난다. 개화파의 선구자인 박규수(1807~1876)는 士를 다음과 같이 설명한다. "무릇 사람에게 효제충순의 덕이 있다면 사(士) 아닌 사람이 없을 것이다. [……] 업은 같지 않더라도 도에는 다름이 없으며, 이름은 네 가지[士農工商: 필자]로 나뉘어져 있지만 士는 실제로는 한 가지이다. [……] 그러므로 천한 필부(匹夫)로부터 귀한 천자(天

․‧‧

144 2013년 5월 3~4일에 싱가포르 남양공과대학과 공동학술대회에서 이 글의 축약본이 처음 발표되었다. 학술대회가 끝난 후 싱가포르에 있는 손문의 기념관에 들렀는데 그곳 정원에 '열사수'(烈士樹)라는 기념 나무가 있었던 기억이 생생하다. 이 경험을 통해 한국, 중국 그리고 일본 등에서의 선비 개념의 현대적 변천 과정에 대한 비교 연구의 필요성을 거듭 깨닫게 되었다.

子)에 이르기까지 士 아닌 사람은 없다."[145]

19세기 후반에 이르러 선비는 더욱더 민주화되고 보편화되는 경향으로 전개된다. 사민평등과 인간평등 지향을 분명하게 보여주는 선비 개념의 변화는 동학에서 '사람이 곧 하늘이다'라는 인내천(人乃天) 사상과 만인(萬人)의 군자화(君子化) 사상으로 전개된다.[146] 모든 사람들이 하늘인 것처럼 모든 사람들도 다 군자가 될 수 있는 존엄한 존재라는 점에서 사람들 사이의 차별은 존재할 수 없다는 동학의 선언은 유학 전통 속에 내장되어 있는 만민 평등사상의 급진적 표출이다. 이처럼 성리학의 경천애인(敬天愛人), 내외합일지도(內外合一之道), 그리고 천인합일(天人合一) 사상은 동학에서 사람이 곧 하늘이라는 '인내천'(人乃天) 사상으로 급진화된다. 달리 말하자면 경천애인 사상의 유교적 민본주의는 사람을 하늘처럼 섬기라는 사인여천(事人如天)의 사상으로 급진화된다는 것이다.

성리학에서 동학으로의 이행을 유학사상의 급진화로 해석할 때 필자가 주목하는 것은 다산 정약용의 사상의 역할이다. 그는 유학에서 가장 소중하게 여기는 인을 인륜 관계의 완성에서 구하고 그런 최상의 인륜 관계를 형성하기 위해 애쓰는 노력을 바로 하늘을 섬기는 것으로 이해한다. 더 나아가 다산은 하늘을 섬기는 일이 인륜 속에 있다는 점을 강조하고, 그런 인륜을 최상의 상태로 끌어올려 인을 이룩하는 방법으로 서(恕)를 새롭게 해석한다. 그래서 서(恕)를 매개로 하여 '하늘을 섬기는 일'(事天)과 '사람을 섬기는 일'(事人)이 결합된다. "이 하나의 '서'(恕) 자는 사람을 섬길 수 있는 데에도 해당되고, 하늘을 섬길 수 있는 데에도 해당된다."[147] 다산에게 하늘을 섬기는 일은 인간을 섬기는 일과 별도로 존재하는 것이 아니다.

• • •

145 한국학문헌연구소 편, 『박규수 전집 상』, 아세아문화사, 1978, 796-798쪽. 조경달, 『민중과 유토피아』, 앞의 책, 38쪽에서 재인용.

146 조경달, 『민중과 유토피아』, 같은 책, 48쪽.

147 정약용, 『역주 논어고금주 4』, 이지형 옮김, 사암, 2010, 269쪽.

인간세상을 교화하여 모든 사람들이 서로에게 어질게 대하는 세상을 만드는 일은 하늘을 섬기는 일에 다름 아니라는 것이 다산의 생각이었다. 그래서 하늘을 섬기는 일이 궁극적으로 인간을 섬기는 일이라는 주장은 동학의 '사인여천'(事人如天)과 '인내천'(人乃天) 사상의 전조로 이해될 수 있을 것이다.[148]

성리학에서 다산의 유학을 거쳐 동학에 이르는 사상의 변화를 조선 후기에서 진행된 유학의 민중화로 부를 수 있을 것이다. 유교적인 선비 의식의 민중화 내지 보편화 현상은 민중의 주체적인 정치활동에서도 구체화된다. '보국안민'이라는 전형적인 유교적 이념을 내걸고 조선의 기득권 계층과 일본 제국주의에 저항했던 갑오농민전쟁은 말할 것도 없고 1901년 제주도에서 일어난 민란을 보자. 그 민란의 지도자로 일반 백성들과 양반들은 관노 출신의 이재수를 추대했다. 이 민란에는 여성들도 대규모로 참여했는데, 이는 여성에게서도 사(士)의식이 확산되고 있음을 보여준다.[149]

일제 강점기를 거치면서 조국과 민족 그리고 민중을 위해서 헌신하는 이상적 인간형에 걸맞은 모든 사람들이 선비라는 칭호를 부여받게 된다. 배우지 못한 노동운동가 출신 중에서 나라와 민족 그리고 민주주의를 위해 투쟁한 사람들에게도 마찬가지로 열사나 투사의 칭호가 부여되고 기억된다. 이런 사람들 중 대표적인 인물이 바로 한국 노동운동의 상징적 인물인 전태일(1948~1970)이다. 그는 1970년 11월에 분신을 통해 한국 노동자들의 비참한 현실을 고발하여 노동문제의 심각성을 일깨운 인물이

---

148 흥미로운 것은 동학의 창시자인 최제우도 서학의 현실 개혁 의식의 부재를 비판한다는 점이다. 조광, 『조선후기 사회와 천주교』, 경인문화사, 2010, 469쪽 참조. 동학사상의 연원을 유교에서 구하는 일은 새로운 것이 아니지만, 다산의 서 이론을 매개로 한 사천과 사인의 종합이론이 어떻게 동학으로 이어지는지에 대해서는 별도의 연구가 필요할 것이다.

149 조경달, 『민중과 유토피아』, 앞의 책, 146-149쪽 참조. 2015년에 개봉된 <암살>이라는 영화가 보여주듯이 여성들도 일제 식민지시기에 조국의 독립을 위해 목숨을 바쳤다.

다.[150] 그의 학력은 초등학교가 전부이나 전태일 열사로 불리면서 70년대와 80년대 민주화운동에서 수없이 호명되었던 인물이다.

혹자는 필자의 이런 해석에 대해 다음과 같이 반론할지도 모른다. 추앙받을 만한 인물들만이 아니라, 운전기사와 같은 용어에서 보듯이 모든 사람들을 사(士)로 보는 용법이 있다고 말이다. 그러나 이런 반론은 앞에서 언급한 선비 개념의 일반명사화, 즉 모든 사람들을 선비로 보는 현상의 반영으로 보아야 할 것이다. 그리고 '운전기사'라는 용어 역시 우리가 그 말을 사용할 때 의식하지 않을지 모르지만 운전하는 사람을 높여 부르는 말이라는 점을 염두에 둔다면, 이런 용법 역시 모든 사람들이 다 선비가 될 수 있고 또 그리해야 한다는 이상적인 인간상의 보편화의 결과임을 알 수 있다.

특히 지행합일의 전통에서 보듯이 배움과 학문에 대한 유교적 상상력은 학생들과 지식인들의 광범위한 사회참여 의식을 가능하게 했다. 대학생들, 심지어 중고등학생들이 왜 민족주의적 저항운동과 민주화운동에 지속적으로 참여했는가? 이들이 왜 역사와 사회의 문제를 고민하는 주체이자 한국사회가 안고 있는 문제 해결 주체로서 강한 책임의식을 갖게 되었는가? 또한 이런 운동에 대해 왜 장기적으로 한국사회는 존경과 승인의 태도를 견지했는가? 이런 물음에 대한 대답은 우리를 한국사회 정치문화의 유교적 전통으로 나아가게 한다. 한국 민주화운동의 경로와 형식은 선비를 존중하고 올곧은 선비가 바로 올바른 정치를 구현할 수 있다는 내성외왕(內聖外王)이라는 유교적 정치이상이 조선사회에서 오랜 세월에 걸쳐 일상의 문화로 받아들여진 배경에서 이해될 수 있을 것이다. 지식인과 학문에 대한 숭상과 선망은 정치와 도덕의 일치를 이상적인 정치질서로 간주한 유교적 정치이

* * *

150 체 게바라(Che Guevara)가 1960년대에 유럽과 미국의 수많은 학생들의 마음을 사로잡은 것처럼 전태일은 한국 학생들에게 사회적 양심과 책임의식을 일깨우는 상징적 인물이었다. Lee Namhee, *The Making of Minjung*, 앞의 책, p. 218.

념이 대다수 시민들(백성들)에 의해 내면화되어 일상의 도덕으로 뿌리내리고 있음을 보여준다. 그리고 이런 일상화는 배운 사람으로 하여금 대의를 위해 헌신하도록 유도하고 고무하는 역할을 담당한다. 지식인에 대한 사회적 기대와 여망을 저버리고는 훌륭한 학자 혹은 배운 사람이라는 정체성을 유지하기 힘들 것이기 때문이다. 달리 말하자면 유교적 정치문화가 일반화된 사회에서 바람직한 지식인상에 대해 집단적으로 공유된 감각에 어긋나게 행동하는 지식인이나 저명인사들은 사회적 인정을 박탈당할 위험을 감수해야 할 것이다. 이처럼 유교적 정치전통에 대한 광범위한 사회적 동의와 그에 대한 공통의 이해가 바로 사회적 엘리트들과 일반 백성들이 함께 독립운동과 민주화 과정에서 집단적인 행동을 할 수 있게끔 만든 '사회적 상상'이었던 것이다.

그러므로 학생과 지식인층이 한국사회에서 특별한 역할을 수행할 수 있었던 현상은 배운 사람들은 시대정신과 도덕의 대변자여야 한다고 보는 유교적 정치문화 전통의 현대적 반복으로 해석되어야 할 것이다. 그리고 그런 학생들의 사회적 비판과 저항에 대해서 그 도덕적 정당성을 승인하는 많은 대중들이 존재했다. 그런 지지가 가능했던 것도 대중과 지식인들이 유교적인 정치문화를 공통으로 내면화한 결과로 이해되어야 한다. 앞에서 주장했듯이 1970년 11월 노동자 전태일이 분신으로 노동자의 처참한 인권 유린 상황에 대해 항거했을 때, 한국의 대학생들과 지식인들은 커다란 충격을 받았다. 그리고 배운 사람을 친구로 두지 못한 전태일 열사의 한이 알려지면서 대학생들과 지식인들은 사회에서 가장 열악한 상황에 처한 사람들의 목소리를 무시했던 점에 대해 치열한 반성을 거치면서 사회적 약자와 연대투쟁에 나서게 되었다. 그 어디에도 하소연할 수 없는 여린 백성들, 요즈음 유행하는 자크 랑시에르의 말을 전용한다면 사회에서 아무런 몫을 갖고 있지 않는 배제된 자들과의 연대 없이는 사회가 온전할 수 없다는 점을 자각한 수많은 젊은 학생들이 고통 받는 사람들의 편에서서, 그들과 함께 연대의 길을 모색하고자 했다. 이런 거대한 사회적 흐름도 유교적 지식인의 '우환의식'(책임의식)의 발로라는 맥락에서 이해 될 수 있다. 전태일 열사의 분신 이후 한국사회에서 노동자와 학생의 연대가 조직화되었고 민주화운동 기간에 노학연대는 중요한 투쟁 방식 중 하나였 다. 이런 투쟁 방법과 투쟁 문화도 사회적 책임을 다하고자 애쓰는 지식인과 일반 백성이 함께 투쟁하는 유교적 전통의 현대적 계승으로 해석되어야 한다.

그러나 선비정신의 지속성 그리고 조선시대에서 본격적으로 축적된 유교적 정치문화와 연동된 집단적인 정치적 행동이 보여주는 특유한 패턴 등에 대한 관심도 중요하지만 유교적 전통이 민주주의를 향한 투쟁 과정에 서 민주주의와 창조적으로 접맥되는 현상도 아주 중요하다. 이는 한국 민주주의 과정, 더 나아가 한국 근대성의 고유성을 새롭게 이해할 수 있는 결정적 지점이라고 생각되기 때문이다. 이 경우 필자는 단순히 유교적 사상이 민주주의와 친화성을 지니고 있다는 측면에만 주목하지 않는다. 물론 사상적으로 보아도 유교적 민본주의는 민주주의 사상과 중첩되는 측면을 보여준다. 그래서 김상준은 다음과 같이 주장한다. "유교는 국가의 폭력성을 밑으로부터 민의 힘에 의해 통어하려 했다. 그들의 정치가 고대 그리스의 민주정체와 같은 직접민주주의 방식은 아니었으나, 늘 민의 복리, 민심을 내세워 군주의 자의적 권력행사를 통제하려 했다는 점에서 민주주 의의 원리와 친화성을 가지고 있었다."[151]

민주주의와 유교적 정치사상 사이의 내적 친화성을 밝히는 작업은 중요 하다. 그러나 필자는 유교적 습속과 생활방식이라는 차원에서 작동하는 사회적 상상으로서의 유교적 정치문화가 한국사회의 오늘날의 모습을 형성하는 데 끼친 영향이나 그런 과정을 매개로 하여 변형되고 새로운

•••
151 김상준, 『맹자의 땀 성왕의 피』, 아카넷, 2011, 580쪽.

모습을 띠어가는 유교적 사유 방식의 의미에 더 주목할 필요가 있다고 생각한다. 오히려 그런 과정에서 유교적 사상이 지니고 있는 현실 비판의 잠재성이나 민주 공화주의적 요소가 더욱더 확실하게 드러날 수 있다고 본다. 그래서 앞에서 유교적 대동 이념이 지니는 혁신성과 그것이 일제 강점기를 통해 민주공화주의와 창조적으로 접맥될 수 있었음을 강조한 것이다.

민주화운동 과정에서 우리는 현대사회라는 변화된 상황에서 유교적 전통의 평등 지향이 민중적·민주적 방식으로 전개되는 계기를 발견하게 된다. 이리하여 전통적인 효와 충에 대한 유교적 관념이 민주적 사유 방식과 결합되면서 충(忠) 관념에서도 변화가 초래된다. 즉 충이 백성을 위해 하늘의 이치를 대변하는 민본주의적인 충이 아니요 군주에 대한 충도 아니라, 민주주의의 주인인 백성과 민중에 대한 충으로 변형되는 것이다. 물론 전통적인 유교적 사유 방식에서도 충의 진정한 대상은 천리와 같은 도덕적 원칙이었지만, 민주주의 운동 과정에서 도덕적 원칙에의 충성이 민주주의적 원리에 대한 충성으로 변형되는 모습이 등장한다. 김대중 전 대통령의 주장은 대표적이다. "현대사회에서 충(忠)의 대상은 반드시 국민이 되어야 한다. 헌법정신도 국민이 주권자라는 데 있다. 충의 대상은 바로 내 아내요, 내 남편이요, 내 이웃이다. 과거에는 임금이 주권자로서 좌지우지했지만, 지금은 백성 '민'(民) 자, 임금 '주'(主) 자, 즉 백성이 임금이고 백성이 주인이다."[152]

• • •

152 김대중, 「충효사상과 21세기 한국」, 『신동아』 1999년 5월 호. 충(忠) 관념을 백성과 연결시키는 것은 『춘추좌전』(春秋左傳)에 그 기원이 있다. 「노환공(魯桓公) 6년」. "소위 도라고 하는 것은 백성에게 충실하고 신령에게 신실한 것입니다. 위에서 백성을 이롭게 하려는 생각이 충이고 축사(제관)가 신령에게 바른 말을 하는 것이 신입니다."(所謂道, 忠於民而信於神也. 上思利民, 忠也, 祝史正辭, 信也.) 좌구명, 『춘추좌전 1』, 신동준 옮김, 한길사, 2006, 92쪽. 지식인을 민중의 대표로 보고 지식계급의 의미를 민중에게 충성을 바치는 것으로 생각하는 견해는 중국의 마르크스주의자인 리다자오(李大釗)에게서도

서구 근대의 충격과 일본의 식민지 지배, 한국전쟁과 분단을 거치면서 한국사회가 직면한 곤경을 극복하려는 독립운동과 민주화운동 과정에서 유교 전통의 민중화(民衆化) 및 민주화 경향이 사상사에서도 나타나고 있음을 확인할 수 있다. 물론 우리는 조선사회에서 축적된 유교 문명의 민중성과 혁신성이 동학을 통해 만개했고, 한국 독립운동과 민주화운동 역시 그런 동학에 힘입은 바가 매우 크다는 사실을 망각해서는 안 된다. 그러나 여기에서 다루고자 하는 것은 유교 문화와 서구 기독교의 만남에 의해 나타난 유교와 기독교의 상호작용 양상이다. 따라서 여기에서는 간단하게 기독교와 유교가 만나는 대표적인 두 가지 사례만을 들고자 한다.

첫째, 20세기 한국 개신교의 가장 독창적 사상가로 인정받는 다석(多夕) 유영모(1890~1981)의 『대학』(大學) 해석을 보자. 『대학』에 나오는 "大學之道, 在明明德 在親民 在至於至善" 중 '在親民'의 "親民"을 그는 '백성을 어버이 모시듯 해야 한다'로 해석하였다.[153] 유영모는 유교적 효 관념을 백성에 대한 효 관념으로 재해석한다. 이리하여 그는 백성인 민(民)을 천자(天子)로 보았다. 이제 민(民)은 수동적인 객체가 아니라 세상을 다스리고 구원하는 주체로 이해된다. 기독교인으로서 그는 천자(天子)인 민중을 하느님(神)처럼 섬기고 받들어야 한다고 보았다.[154] 유영모의 유교적 민본주의에 대한 재해석은 인간의 존엄성과 민주주의 그리고 인권에 대한 독자적인 해석으로 이해될 수 있다.[155]

또 하나의 중요한 사례는 장공(長空) 김재준(1901~1987)의 사상이다.

• • •

　　발견된다. 쉬지린(許紀霖), 『왜 다시 계몽이 필요한가』, 송인재 옮김, 글항아리, 2013, 140쪽.

153　박재순, 『다석 유영모의 철학과 사상』, 한울아카데미, 2013, 94쪽.

154　같은 책, 103-104쪽 참조.

155　유교, 불교 그리고 도교 등의 동아시아 전통사상과의 비판적 대결 속에서 인권 및 민주주의에 대한 새로운 이해가 도출될 수 있는지를 보다 상세하게 탐구하는 것은 앞으로의 과제다.

그는 한국의 진보적 기독교계의 대표적인 인물이자 신학자이며 민주주의 운동가였다. 그의 부친은 유학자였으며 그 역시 어렸을 적에 유학을 공부했다. 그는 열 살 이전에 이미 동양 고전 사서를 다 암기할 정도였다.[156] 유교에서 기독교로 개종한 이후에 유교의 보수적 성격을 비판했지만, 유교에 포함되어 있는 민본주의적인 요소, 정치 참여적 전통 그리고 효 사상을 비판적으로 계승하고자 했다.[157] 김재준은 유교 및 불교의 핵심 교리가 기독교 안에서 비로소 성취되었다고 믿는 신앙인이지만[158] 자신의 기독교 사상에 녹아들어 있는 유교적 요소들을 인정했다. 그는 누구보다도 엄격하게 유교의 가부장적인 권위주의가 초래한 폐단을 비판했다. 그러나 그는 유교의 효와 충이 왕이나 부모에 대한 맹목적인 복종이나 순종이 아님을 강조했고, 효가 기독교의 하느님과 연결될 수 있다고 말한다.[159]

김재준이 민주화운동에 헌신하고 한국 개신교의 진보적인 현실 참여의 전통을 세울 수 있었던 것은 어린 시절에 배웠던 공맹 사상 영향의 맥락에서 이해될 수 있다. 물론 김재준이 현실참여의 신학적 전통을 세우는데 기독교의 영향이 지대했음은 말할 필요도 없다. 그러나 그가 초월적인 하느님에 대한 사상보다는 역사 속의 하느님에 더 강한 관심을 가졌던 데에는 유교적 전통의 영향도 무척 컸다.[160] 그의 사회 참여적 정치신학의 이론적 배경이 되는 다음과 같은 주장을 보자. "예수의 종교는 어떤 것인가? 그것은 우선 그 방향에 있어서 하늘이 땅에로, 하나님이 인간이 되어 역사 가운데 오신 종교다. [······] 무엇 때문에 오셨는가? [······] 하늘이 땅에 내려온 것은,

---

156 김경재, 『김재준 평전』, 삼인, 2014, 38쪽.
157 손규태, 『장공 김재준의 정치신학과 윤리사상』, 대한기독교서회, 2012, 104쪽, 112쪽 참조
158 장공 김재준목사기념사업회 편, 『김재준 전집 18』, 한국신학대학출판부, 1992, 437쪽.
159 『김재준 전집 3』, 같은 책, 111쪽.
160 이에 대해서는 한문덕, 「장공 김재준의 신학사상의 유교적 요소」, 장공 김재준목사기념 사업회 편, 『장공 김재준의 신학세계』, 한신대학교출판부, 2006, 참조.

땅을 하늘에 올라가기 위함이 아니라, 하늘이 땅의 몸이 되기 위함이었다. 하나님 아들이 인간이 된 것은 인간들의 혼, 인간성이 하나님 아들딸로서의 바탕을 갖게 하기 위함이었다. 어디까지나 현존한 땅을 위하고 현존한 인간을 위한 것이었다. 부활 승천한 예수도 '다시 오실 이'로 올라가신 것이요, 그 반대는 아니었다."[161]

이처럼 김재준에게 기독교 하느님은 철저하게 이 땅 위에 역사하는 존재이지 초월적인 저 세상으로 가는 것을 강조하는 존재가 아니었다. 이런 현세구원적인 종교관은 그로 하여금 현실사회의 부당함을 더 강렬하게 비판하는 동력을 부여했는데, 이런 신앙관은 유교적 현세주의 및 비판전통과 맥을 같이하는 것이다.

유영모와 김재준의 '유교적 기독교', 즉 기독교와 유교의 창조적인 대화는 전통에 대한 수용이 맹목적인 수용이 아니라, 새로운 상황에서 전통에 대한 창조적 해석과 적용의 활동임을 보여준다. 달리 말하자면 이 두 사상가에서 우리는 유교적 전통 역시 자기 완결적으로 폐쇄된 것이 아니라, 다른 문화와의 개방적 대화를 통해 새롭게 변혁되면서 존립하고 있음을 알 수 있다.

VI. 유교 문화의 현대화, 대동민주주의 그리고 비판적 동아시아주의

21세기 오늘날 한국사회가 민주주의 위기를 걱정하고 있는 것은 90년대 이후 본격화된 신자유주의적 세계화로 인해 학문과 앎에 대한 실천 지향적 태도가 흔들리는 상황과 무관하지 않다. 그러나 선비정신은 오늘날 민주화된 사회에서도 필요한 것임은 말할 것도 없다. 우리 사회의 민주주의가

• • •
161 김경재, 『김재준 평전』, 앞의 책, 219쪽에서 재인용.

위기에 처하게 된 여러 구조적 요인들 중 하나로 한국사회의 역동적 민주주의를 가능하게 한 한국의 사회적 상상으로서의 유교적 정치문화의 쇠퇴도 거론되어야 할 것이다. 유교적 정치문화 속에서 축적된 지식인 및 사회지도층의 높은 책임의식, 국가를 상대화하고 천하의 태평을 구하려는 평천하 의식을 포함하여 사회적인 균등·균평의 평등 지향의 전통은 말할 것도 없고 개인의 실현을 타자와의 성공적인 소통적 관계 속에서 이해하려는 관계 지향의 유교적 사유 방식이 파편화되고 소멸되는 과정에서 우리 사회의 민주주의가 위기에 처하고 있다고 분석할 수도 있다는 말이다.

그러므로 선비정신과 대동적 이상은 오늘날 민주화된 사회에서도 필요한 것이다. 특히 한국 근현대사를 관통하는 민주주의와 대동사회를 지향하는 유교적 민본주의 사이의 만남을 더욱더 창조적으로 계승·발전시켜 나가야 할 것이다. 필자의 견해로는 20세기의 독립운동 및 민주화운동을 거치면서 변형되고 확충된 조선의 유교적 정치문화와 유교적인 대동세계에 대한 이상의 핵심은 대동민주 혹은 대동민주공화주의라는 개념을 통해 해명될 수 있다. 앞에서 살펴본 것처럼 우리 사회의 민주주의가 유교적 정치문화와의 창조적 접맥 속에서 형성되어온 것이라면, 우리 사회 속에 불충분하게나마 실현되어 있는 민주주의의 이상과 가치를 대동민주주의로 명명하지 못할 이유가 없을 것이기 때문이다. 그러므로 우리 사회의 민주주의는 단순히 서구 민주주의의 이식의 결과가 아니다. 그것은 유교적 정치문화 및 언어를 매개로 하여 우리 스스로 어렵게 성취한 문화적 변역의 산물로 이해되어야 한다. 이처럼 대동민주주의는 민본주의 및 대동사회라는 우리 사회 고유의 유교적 정치문화의 전통을 배경으로 하여 창조적이고 주체적으로 재해석된 역사적 성취의 핵심을 개념화하려는 새로운 언어이다. 그러나 그 언어는 새롭지만 단순한 허구는 아닐 것이다. 오히려 대동민주주의라는 개념은 우리 사회의 역사 속에서 실현된 민주주의의 핵심을 제대로 포착할 수 있는 적절한 언어일 것이다.

그러므로 우리 사회의 근현대사 속에서 구현되어온 유학 정신은 조선시대 주자학의 단순한 반복이나 선진시대 공맹유학으로의 회귀로 이해될 수 없다. 그런 의미에서 대동민주주의라는 개념으로 포착된 새로운 유학 정신은 과거의 유학 전통을 비판적으로 이어받는 것으로 보아야 할 것이다. 그리고 이렇게 이해된 새로운 유학, 그러니까 잠정적으로 비판적인 민중유학 혹은 대동민주 유학으로 불릴 이 거듭난 유학은 21세기의 세계화 시대에도 계속하여 그 목소리를 유지할 수 있을 것이다.

요약해서 말하자면, 대동민주주의는 우리 사회가 안고 있는 여러 심각한 문제점들, 예를 들어 사회경제적인 불평등의 심화나 남북 사이의 극단적인 대립과 긴장으로 인한 항구적인 준 전쟁 상황과 같은 문제점들을 외부적인 제3자의 시각에서가 아니라, 내부적 시각에서 비판하고 이를 교정할 수 있는 규범적 토대로 활용될 수 있을 것이다. 그러므로 우리 역사 속의 이성, 즉 '우리 안의 보편성'인 대동민주주의적 이상은 아직 오지 않은, 그러나 오래된 미래인 우리의 유토피아적 열망을 대변하는 기호인 셈이다.

그러므로 민주주의와 유교적 정치문화의 상호작용에 대한 연구는 서구 근대의 인식 틀로 이해될 수 없는 동아시아 사회의 특성을 이해함으로써 서구 근대의 길과 다른 세계의 가능성을 모색하는 작업이기도 하다. 이런 방법은 한국을 비롯하여 일본과 중국에서 일어나고 있는 '비판적 동아시아 담론'의 비판적 계승이라는 문제의식을 포함한다. 한국사회에서 비판적 동아시아 담론을 주도하는 백영서와 대만학자 천광싱은 어느 대담에서 동아시아 역사 속의 문화자원의 활용 가능성에 대해 논의하면서도 이를 본격적으로 다루지는 않는다. 비판적 동아시아론의 확충을 위해 동아시아 문화 전통의 활용 가능성에 대해 개방적인 백영서와는 달리 천광싱은 일관되게 유교적인 문명이나 문화유산의 재발견을 통해 동아시아를 새롭게 사유하려는 태도에 비판적이다. 그는 아시아 연대의 문제를 고민하면서 연대의 토대를 형성하기 위하여 유교 문화와 같은 공통의 문화적 자원을

활용하려는 시도에 대해 비판적이다.[162]

그러나 동아시아의 비판적 지역주의 담론은 다른 방식으로 전개될 필요가 있다. 달리 말하자면 비판적 동아시아 담론은 유토피아의 방법(method)으로서의 르네상스(renaissance), 즉 과거와의 대화를 통한 미래의 새로운 상상을 추진하기 위한 시도에 의해 확충되어야 한다.[163] 유토피아의 방법으로서의 과거에 대한 재인식, 즉 과거의 재탄생으로서의 르네상스는 기존 유토피아의 치명적인 질병을 치유하면서도 현실을 비판적으로 재규정할 수 있는 가능성을 제공한다. 즉, 이 방법은 "유토피아가 영(零)에서 시작해서 다시 시작될 수 있다고 믿게 되는 타고난 병"을 치유하는 방법이기도 하다.[164]

삶의 고유한 조건인 역사성을 전적으로 무시하는 태도가 20세기 인류를 극단적인 야만으로 몰고 간 악성 유토피아주의를 초래한 사유의 질병이었다. 기존의 관습과 세계이해 등 모든 것을 전적으로 삭제한 상황에서만 비로소 가장 이상적으로 설정된 사회 모델에 입각하여 새로운 사회를 만들어낼 수 있다는 믿음은 현실 공산주의 국가의 참담한 실패뿐만 아니라 수많은 유토피아적 열망을 배반하게 만든 몰사유적 사유의 핵심이었다. 그리고 그런 방식으로 유토피아를 추구하는 행위는 과거와 전통에 의해 이루어진 모든 것을 인간의 참다운 본성에 어울리지 않는, 아니 인간의 참다운 본성을 타락시키고 억압시키고 질식시키는 것에 불과하다는 세계 인식에 뿌리를 두고 있었다. 그리하여 유토피아주의는 모든 것을 완전하게 일소하지 않고서는 제대로 된 이상사회의 건설이 이루어질 수 없다는 인식을 자명한 것으로 받아들이는 사유 방식의 유혹에 빠질 위험성이

• • •

162 천광싱(陳光興), 『제국의 눈』, 백지운 외 옮김, 창비, 2003, 285쪽, 298쪽 이하 참조.
163 유토피아의 방법으로서의 르네상스라는 인식은 폴 리쾨르에게서 얻은 것이다. 『비판과 확신』, 변종배・전종윤 옮김, 그린비, 2013, 236쪽 참조.
164 같은 책, 236쪽.

있다. 그러나 그런 식의 유토피아를 추구하는 것이 인간성에 대한 얼마나 지독한 폭력인지에 대해서는 다시 언급할 필요가 없을 것이다. 그런 유토피아는 인간 삶의 조건 자체를 파괴하는 행위에 불과하기에 그 어떤 야만보다도 더 심각한 야만적인 폭력의 문을 열게 된다는 점을 20세기 역사는 잘 보여준다.

그럼에도 우리는 보다 더 나은 삶에 대한 희망 자체를 위험한 행위와 동일한 것이라고 결론지어서는 안 된다. 모든 과거의 흔적을 완전히 지운 상태에서야 비로소 더 나은 사회에 대한 이상이 제대로 실현될 수 있으리라는 기존의 유토피아가 갖고 있었던 질병을 치유하면서도 보다 더 나은 삶에 대한 희망을 상상할 수 있어야 한다. 서구의 충격에 직면하여 서구 근대를 뒤따라 잡는 것을 최고의 과제로 삼았던 동아시아인들에 의해서도 근대라는 문명화의 길을 방해하는 최대의 암적 존재로 평가되었던 전통 혹은 과거, 예를 들어 유교 문화에 대한 비판적 재구성은 서구 근대의 길을 상대화시켜 그것의 장점을 취하면서도 그 문제점을 극복할 가능성을 추구하는 사유에서 중요한 의미를 지닌다.

예를 들어 서구중심주의적 사유 방식을 상대화하는 작업은 서구 근대의 방식으로 표현된 인권 및 민주주의를 온통 부정적인 것으로 치부하려는 유혹에 저항하지 않으면 안 된다. 필자가 서구중심주의적 사유 방식의 상대화를 시도하는 것은 서구 근대의 역사적 성취를 무비판적으로 숭배하지 않고 그것을 제대로 진지하게 취급하기 위함이다. 달리 말하자면 서구중심주의적 사유 방식을 비판하는 것은 인권 및 민주주의 이념에 대한 서구적 이해 속에 내재되어 있는 어두운 면을 비판하면서, 그것을 좀 더 확충할 수 있는 가능성을 동아시아 전통의 재평가에서 구해보려는 시도와 결합되어 있다.

따라서 유교 문화=반근대의 의식으로부터 유교 문화의 과거 기억을 해방시켜 유교 전통을 새로운 대화의 상대로 만드는 작업은 서구 중심적 사유의 틀을 상대화하는 작업에서 필수적인 것이다. 또한 그것은 새로운 역사에 대한 상상력을 형성하기 위해 요구되는 전제 조건들을 창출하려는 토대 작업이기도 하다. 그리고 과거의 기억과 경험을 새로 평가하는 작업은 오늘날의 동아시아 사회의 특성을 분명하게 인식하는 데 기여할 뿐 아니라, 새로운 주체 의식 및 주체 형성에도 긍정적인 역할을 할 것이다. 그러므로 기존 질서를 비판적으로 응시하면서 일국가적 시야를 넘어 아시아 연대의 토대 구축을 위해서도 전통과의 새로운 대화 시도는 아주 중요하다. 이런 문제의식으로 앞에서 필자는 비판적 동아시아 담론의 새로운 방법을 동아시아 인문정신과의 새로운 대화에서 구하고자 했다. 달리 말하자면 유토피아의 방법으로서 동아시아 인문 전통의 르네상스(renaissance), 특히 유교적 전통과의 새로운 대화를 통한 미래의 새로운 상상을 추진하는 기획의 필요성을 강조했었다. 이는 백영서가 주장하는 '지적 실험으로서의 동아시아' 프로젝트를 더 풍부하게 할 것이다.[165]

나가는 말:
새로운 비판 이론의 방법으로서 전통과의 대화

유교 문화와 한국 민주주의 사이의 긍정적 연계 가능성에 대한 탐색은 여러 의미를 지닌다. 앞으로 더 상세하게 분석되어야 할 과제들이지만, 이 글을 통해 필자가 탐구하고자 하는 문제의식을 간단하게나마 설명하려고 한다. 우선 근대성(modernity)에 대한 철학적 성찰과 관련된 것이다.

• • •

165 '지적 실험으로서의 동아시아'라는 관점에 대해서는 백영서, 「중국에 '아시아'가 있는가?: 한국인의 시각」, 정문길 외 엮음, 『발견으로서의 동아시아』, 문학과지성사, 2000, 55-73쪽 참조.

근대성에 대한 철학적 성찰은 우리 현실을 제대로 인식하기 위해서 필요하다. 일본을 필두로 하여 한국, 대만, 싱가포르 그리고 중국 등이 자본주의적 근대화에서 이룩한 성공은 유럽의 근대성이 비서구 사회가 도달해야 하는 문명의 기준으로 설정될 수 없다는 점을 보여준다. 근대적 관료제 국가, 국민국가, 시장경제, 그리고 과학기술 등의 제도적 변화를 보면 전 세계가 수렴과 획일성을 띠는 모습을 보여준다. 그러나 이런 근대적 제도들을 이해하고 그것들을 자신의 것으로 삼아 생명력을 불어 넣는 모습은 각 나라와 문화에 따라 다르다. 그러므로 한국적 근대성의 고유한 성격을 제대로 이해하기 위해서는 서구중심주의적 사고방식을 비판적으로 보지 않으면 안 된다.

둘째, 한국 민주화 과정에서 유교적 전통이 긍정적인 기여를 하고 있었음을 보여주는 작업이 성공한다면, 이를 발판으로 삼아 우리는 조선의 주자학 및 유교 전통, 더 나아가 동양의 과거와 새로운 대화를 시도할 수 있게 된다. 그러므로 이 글은 사상사의 영역에서 유럽중심주의(Eurocentrism)를 극복하는 작업의 전제 조건을 만들어내는 것이다. 우리는 사상사의 차원에서도 동양의 과거를 탈식민화(decolonizing)하는 것이 필요하다. 정신에서의 식민성(coloniality)을 극복하지 않으면 유럽중심주의를 극복할 수 없다. 과거를 근대성과 결부되지 못하는 반동적인 것으로 보는 것은 과거를 식민화하는 것에 불과하다. 과거를 식민화하는 논리는 동양의 과거가 본질적으로 아무런 생산성과 창조성을 갖고 있지 못하다는 시각을 전제하고 있는데, 이런 전제는 이성적으로 정당화될 수 없는 신화적 단언에 지나지 않는다. 그럼에도 그런 전제는 잔인한 식민지적 폭력에 대한 순응적 태도를 고무한다.

이런 태도를 벗어나지 않는 한 과거와의 새로운 대화가 불가능하며, 그런 한에서 유럽에의 의존성에서 벗어날 수 없다. 과거와의 대화가 차단된 사회에서 새로운 상상이 나올 수 없다. 과거를 식민화하는 결과는 서구화를 문명의 유일한 잣대로 특권화하여 우리 사회 전반을 서구적인 기준으로 재단하려는 불가능한 시도로 이어지지 않을 수 없다. 그리고 이런 시도는 실현될 수 없는 망상에 지나지 않는다. 비서구 사회, 예를 들어 동양사회나 조선사회가 서구사회와 다른 역사적 경험과 경로를 통해 오늘날에 도달했기에 서구사회와는 다른 모습을 보여주는 것은 당연하다. 서구와 다른 역사적 경험을 갖고 있는 우리 사회를 전반적으로 서구적 사회로 만들려는 시도가 폭력적이라는 점은 그런 다른 길을 없앨 수 있는 방법은 폭력밖에 없기 때문이다. 과거를 없애려는 지나친 시도는 과거와 현재의 분열로 등장하여 우리의 모습을 제대로 보는 노력 자체를 차단한다. 결국 자신의 일부를 구성하는 과거를 타자의 시선에서 맹목적으로 비판하고, 그 과거가 오늘날 우리의 정체성 형성에 주는 의미를 오로지 부정적이고 극복되어야 할 것으로 보는 시각은 바로 우리 자신의 정체성의 분열상을 지속화하여 주체적 사유 능력의 성숙 가능성 자체를 박탈하는 데 기여할 뿐이다.

셋째, 유럽중심주의적인 논리에 의해 식민화된 동양의 과거를 해체하는 작업은 전통과 현대와의 새로운 대화를 가능하게 한다. 그리고 이 새로운 대화는 서구적 지식의 체제 그리고 그것을 재생산하는 학문과 권력의 공존 질서를 극복할 수 있는 새로운 사유를 가능하게 한다. 동양의 과거와의 대화는 서구적 지식에 의해 봉쇄된 동양의 과거에 제 목소리를 부여하는 행위이다. 그러므로 과거의 목소리에 대해 귀를 기울이는 행위는 오늘날 주류적인 앎의 존재방식으로 규율화된 지식인의 자기비판의 행위이기도 하다. 그리고 그런 행위는 과거에 이행되지 못한 약속을 다시 환기시키는 작업이기도 하다. 달리 말하자면 과거를 유럽중심주의적 시각으로 식민화하거나 혹은 숙명적인 것으로 간주하는 행위로부터 해방시키는 작업은 과거에 수행되지 못했던 약속과 희망의 가능성을 비판적으로 환기하는 작업이다. 대동세계로 이해되는 유교적 유토피아도 그런 망각된 약속 중 하나일 터이다.

동양의 과거와의 대화를 통해 새로운 사유와 앎의 방식을 추구하는 작업은 문화를 불변적인 것으로 혹은 실체적인 것으로 간주하는 것이 아니다. 많은 사람들은 아시아의 과거, 예를 들어 유학의 역사적 경험과 새로운 대화의 시도를 마치 동아시아 과거를 실체적인 것으로 간주하는 것으로 미리 재단하고 오해한다. 이는 과거와의 대화를 통해 미래에 대한 새로운 구상이 비로소 가능하다는 삶의 역사성과 시간성에 대한 오해의 표현이다. 과거는 대화의 상대이지 숭배의 대상도 그렇다고 야만의 것으로 치부하여 파괴할 그 어떤 대상이 아니다. 과거를 다른 방식으로 사유하는 작업은 늘 환영되어야 한다. 우리의 과거를 구성했던 유교 문화의 의미를 오로지 서구 근대에 반하는 것으로 낙인찍고 이런 낙인을 통해 유교적 전통이 지니는 의미의 온전함을 최종적으로 판정했다고 믿는 편견과 태도는 과거에 대한 가장 잔인한 폭력이자 유린일 것이다. 서구 근대에서 인류의 역사가 완성에 이르고 있다는 역사 형이상학과 일직선적 진보사관을 숭상하는 사람만이 과거에 대한 최종적 인식을 소유했음을 자랑하면서 아무런 거리낌을 느끼지 않을 것이다. 그런 편견은 지식사회를 포함하여 우리 사회에 커다란 힘을 행사하고 있다. 그러나 그런 태도는 스스로 사유하는 힘을 포기해버린 나약한 식민지 지식인임에도 불구하고, 노예 정신을 주인 정신으로 착각하는 전도된 허위의식에 불과하다. 문제는 과거와의 대화 시도가 오늘날 우리의 삶과 미래에 어떤 의미를 지니는지에 대한 열린 대화이다.

제 15 장

문화와 정치:
광우병 촛불시위에 대한 하나의 해석[166]

들어가는 말

이 글은 2008년 초 대한민국을 뜨겁게 달구었던 대규모 촛불집회를 통해 드러난 한국 민주주의의 문제점과 가능성에 대해 성찰한 것이다. 특히 이 글은 민주주의의 문화적 조건들에 대한 성찰을 통해 촛불집회의 성격이 무엇인지를 이해해보려는 것이기도 하다. 따라서 이 글은 촛불집회 (문화제)를 해석하는 다양한 흐름들이 명시적으로 주장했거나 함축하고 있는 민주주의에 대한 시각을 비판적으로 검토하는 작업을 포함한다. 민주주의에 대한 다양한 해석과 태도 역시 민주주의를 구성하는 문화적 조건들의 한 영역이기 때문이다. 민주주의는 민주주의에 대한 다양한 시각들, 가령 심지어 민주주의를 비판하고 거부하는 관점이 실질적인 행동을 통해 민주주의를 전복하려고 하지 않는 이상 역시 하나의 의견으로 존중되어야 함을 인정한다. 그러나 민주주의가 존립하기 위해서 시민들 사이에 민주주

의에 대한 공통된 견해들이 존재해야 함 역시 자명하다. 특히 현대사회처럼 사회의 분화가 심화된 상황에서 공통의 견해는 다양한 해석들 사이의 치열한 논쟁이 없이는 형성될 수 없다. 그런 점에서 다양한 해석은 권력에 의해 억압되어서는 안 된다. 치열한 논쟁과 토의 과정을 통해 민주주의에 대한 일정한 합의를 도출하는 것이 민주주의의 지속적 존립을 위한 필수적 전제 조건의 하나이다. 이때 중요한 것은 공개적이고 자유로운 토론을 통한 의견들의 교류가 최대한 존중되고 그 공론의 장이 돈의 논리나 효율적인 행정 권력에 의해 왜곡되지 않는 것이다. 이런 조건들이 확보되어 있을 때 자유로운 탐구 정신이 제대로 빛을 발휘할 것임은 물론이고 정치적 의지형성의 민주적 정당성이 더욱더 잘 확보될 것이다. 언론·출판·결사의 자유가 바로 민주적 공동체를 형성하는 데 필수적 요소라고 주장하는 이유도 바로 이런 까닭에서이다.

이 글은 철학적 정신의 핵심적 알갱이가 자유로운 탐구에 있다는 점, 그리고 이런 자유로운 탐구 정신이 현실에 대한 새로운 해석의 가능성을 제시함으로써 현실에 대한 비판적 개입의 가능성을 보여줄 수 있다는 점을 전제한다. 철학과 민주주의가 적어도 자유로운 탐구를 공동으로 요구하고 있으며, 또 이런 점에서 철학과 민주주의는 때로는 긴장을 형성하지만 궁극적으로는 운명을 같이할 친구임에 틀림없다. 이 글에서 촛불집회에 대한 상이한 접근 방식 그리고 촛불집회를 매개로 하여 촉발된 다양한 민주주의에 대한 해석들에 대하여 비판적으로 검토하는 작업을 수행하는 까닭도 이와 긴밀하게 연결되어 있다. 해석은 세계를 달리 보는 가능성을 포함하고 있으며, 기존 통념의 자명성을 거부하고 자명하게 여겨지는 것들에 대해 비판적으로 접근함으로써 기존 질서를 구성하고 그 질서에 지적인 정당성을 부여하는 사유 방식 및 행위 습관들을 흔들어서 세계를 새롭게 구성할 수 있게 만든다고 보기 때문이다.

이렇게 세계를 바라보는 방식에서 변화를 추구하는 일은 특히 철학자로서의 정체성을 간직하고자 하는 사람들에게 중요한 작업이라고 생각된다. 모든 철학자들이 현실과 철학 사이의 특정한 연결 방식에 대하여 동의하지는 않을지라도, 많은 사람들에게 자명한 것으로 전제된 견해들에 대해 새로운 해석을 통해서도 철학과 현실이 만나는 방법의 하나일 수 있다는 것이 이 글을 쓰는 필자의 입장이다. 더 나아가 통념을 되새김질하면서 세계에 대한 새로운 인식의 가능성을 보여주는 노력이 오늘날 철학적 사유가 담당해야 하는 중요한 역할일 뿐 아니라, 그런 작업 자체가 정치적 의지 형성에 참여하는 하나의 의미 있는 방식이라고 생각한다. 필자는 철학자들이 세계를 해석하는 작업을 넘어서 세계를 변혁하는 것이 중요하다는 카를 마르크스의 경구를 거부하면서도, 다른 방식으로 그 정신을 이어받고자 하는 것이다.

물론 현실에 대한 철학적 개입 방식에 관한 필자의 태도는 다른 방식으로 사회에 참여하는 것이 가능하다는 것 그리고 그런 다른 방식이 더 효과적일 수 있으리라는 점을 부인하려는 것은 아니다. 예컨대 촛불문화제에 적극 참여하거나 그것을 능동적으로 조직하거나 이런 일을 하는 사람들을 보조하는 일들을 통해 정치적 활동에 책임 있는 시민으로서 역할을 담당할 수도 있을 것이다. 그러나 솔직히 고백하건대 필자는 2008년 촛불문화제에 직접 참여한 적이 없다. 다만 그 현상을 여러 인터넷 신문이나 방송들을 통해 간접적으로 접근했을 뿐이다. 그렇기에 더더욱 필자는 촛불시위 현상에 대한 다양한 반응들을 나름대로 정리하고 해석하여, 그에 대한 이해를 도모하고자 하는 것이다. 또 이런 방식이 역사적 현장에 참여하여 역사를 직접 창출한 사람들로 인해 형성된 사건의 의미를 이해하는 데 장점이 될 수도 있지 않을까 하는 생각도 해본다. 간단하게 말해 이 글은 촛불문화제에 대한 참여자의 입장에서가 아니라 방관자 혹은 관찰자의 입장에서 작성된 것이다.

촛불문화제의 진행 과정에서 필자에게 커다란 흥미를 자아낸 것은 다음

두 가지 현상이다. 하나는 촛불집회에 대한 최장집 교수의 해석을 둘러싸고 진행된 민주주의에 대한 다양한 입장의 분출이고, 다른 하나는 '집단지성' 내지 '다중지성'에 대한 논쟁이었다. 이 두 가지 문제는 민주주의적 정치문화의 중요성에 대해 진지하게 성찰할 것을 요구한다. 달리 말하자면 2008년 촛불집회는 민주주의의 문화적 조건들이 무엇인지 그리고 민주주의가 생활 및 사유방식과 관련해 초래하는 문화적 변형들과 그것이 지니는 함축들이 무엇인지에 대해 주목할 필요성을 보여주고 있다.

그런데 민주주의의 정치문화적 조건에 대한 성찰은 촛불시위를 둘러싼 논쟁에서 그리 큰 주목을 받고 있는 것 같지 않다. 이런 현상은 촛불집회의 성격을 이해하는 데에서도 그리고 이 집회가 한국의 민주주의에 대하여 제기하는 과제들을 고민하는 데에서도 일정한 방해 요인으로 작용하는 것처럼 보인다. 민주주의의 문화적 조건에 대한 성찰은 민주주의를 이해하는 데 중요한 요인일 뿐 아니라, 2008년 촛불집회의 성격을 보다 종합적으로 파악할 수 있는 시야를 제공한다. 누구나 인정하듯이 민주주의는 제도나 선거와 같은 절차만으로 구성되지 않는다. 잘 작동하는 민주주의는 공동체 의식과 공적 삶에 대한 참여 의식 등 자유와 평등의 원칙들을 열정적으로 사랑하는 시민적 품성들(civic virtues)의 함양뿐만 아니라, 민주주의적 제도와 절차에 어울리는 민주적 시민문화의 형성을 요구한다.

Ⅰ. 민주주의적 평등 원리와 '집단지성' 현상

이 절에서 제기하는 주장은 촛불집회를 이해하는 데 민주주의가 문화 및 지식권력에 미치는 영향에 주목할 필요가 있다는 것이다. 민주주의가 문화에 미치는 영향에 주목하여 촛불문화제를 이해하려는 접근 방식이 미흡한 것 같다. 그렇지만 이번 촛불집회에서 드러난 대중지성 현상은 평등의 이상에 의해 추동되는 민주주의가 사상과 감정에서 평등을 초래하는 경향이 있다는 점을 보지 않는다면 제대로 이해될 수 없을 것 같다.

그런데 민주주의가 무엇인지 쉽게 정의하기는 어렵다. 2,500년 이상 민주주의에 대해 토의가 있었지만 대부분의 사람들이 합의에 이를 만한 적절한 개념을 도출하는 데 실패했다는 로버트 달의 지적은 새삼스러운 것이 아니다.[167] 그러나 민주주의가 어떻게 정의되든지 그것은 권력을, 특정한 정치적 공동체에 속하는 구성원들 즉 시민들에게 골고루 평등하게 배분하는 것을 이상으로 삼고 있다는 점만은 분명하다. 즉, 민주주의가 추구하는 가치는 시민들이 스스로 통치의 주체로서 공적 사안을 결정하는 경우 평등한 존재로 간주되어야 한다는 점에서 평등의 이념을 추구하고 있음은 분명하다. 이처럼 민주주의는 시민의 자치와 평등의 이념을 결합하고자 한다.

촛불이 지핀 민주주의 논쟁에서 무엇보다도 커다란 주목을 받은 것은 소위 새로운 주체의 등장이라고 평가되는 '다중지성' 내지 '집단지성'이다. 이런 용어들 외에도 '대중지성'이나 '집합지성' 등의 용어도 사용되고 있다. '다중지성', '집단지성', 그리고 '대중지성' 등의 용어는 함축하는 바가 대개 비슷하나 미묘한 차이가 존재한다. 특히 다중과 대중의 용어가 어떤 유사성과 차이성을 지니는가에 대해서는 별도의 논의가 필요할 것이지만, 이 글에서는 이들 용어들을 동의어로 보는 느슨한 방식으로 사용한다.[168] 여하튼 많은 지식인들은 인터넷을 매개로 한(특히 다음의 아고라

<hr>

167 로버트 달, 『민주주의』, 김왕식 외 옮김, 동명사, 1999, 17쪽. 민주주의에 대한 여러 정의에 대해서는 최장집, 『한국 민주주의 무엇이 문제인가』, 생각의나무, 2008, 59쪽; E. E. 샤츠슈나이더(Elmer Eric Schattschneider, 1892~1971), 『절반의 인민주권』, 현재호·박수형 옮김, 후마니타스, 2008, 21쪽 이하 및 222쪽 참조.
168 천정환, 『대중지성의 시대: 새로운 지식문화사를 위하여』, 푸른역사, 2008, 15쪽 이하 참조. 천정환은 "대중지성은 다중지성의 유의어이자 '집합적 지성'의 다른 이름이며, '연대'·'소통' 같은 오래된 말의 새로운 버전"이라는 입장을 제시한다(같은 책, 20쪽).

광장) 토론장에서 벌어진 일련의 문화적 현상에 흥분을 감추지 못하고
있다. 촛불시위에 적극 참여할 뿐 아니라 전문가 못지않은 식견으로 쇠고기
정국을 능동적으로 타개하고 정부 및 조·중·동으로 대표되는 보수언론
의 논조와 주장의 허구성을 여지없이 폭로하여 시민들의 광범위한 동의와
합의를 이끌어내 대규모 시민들의 동원을 가능하게 한 것은 다름 아닌
인터넷을 매개로 한 시민들의 자발적인 토론이었다.

이를 두고 이진경 교수나 문학평론가 조정환 등은 촛불 시민의 '집단지
성'을 안토니오 네그리(A. Negri) 등이 제안한 탈근대적 다중이론[169]을
적용하여 해명하려는 시도를 했고, 이런 해석은 많은 사람들의 공감을
불러일으켰다. 이진경은 촛불집회를 통해 등장한 '집단지성'에 세계사적
의미를 부여한다. 그에 의하면 "서구 학자인 네그리와 마이클 하트(M.
Hardt)가 21세기 새로운 저항 주체로 '집단지성'을 거론했는데, 이를 세계에

· · ·
169 요즈음 인구에 회자되는 '다중'(多衆)이라는 개념은 주지하듯이 네그리와 하트 등에
    의해 널리 사용되게 된 용어로 스피노자의 라틴어 'multitudo'에서 유래한 것이다.
    네그리는 이를 'multitude'로 번역하여 사용하였고, 이 용어를 '다중'으로 번역해 사용한
    것은 조정환과 서창현 등에 의해서이다. 국내의 대표적인 네그리주의자로 분류될
    수 있는 윤수종은 처음에 multitude를 '대중'으로 번역하였다. 같은 책, 343쪽 주석
    43 참조. 네그리와 더불어 스피노자의 정치철학에서 'multitudo'의 핵심적 의의를 강조하
    는 에티엔 발리바르(E. Balibar)는 multitudo라는 용어의 가장 적절한 불어 번역어를
    'masses'(대중들)라고 본다. 에티엔 발리바르, 『스피노자와 정치』, 진태원 옮김, 2005,
    이제이북스, 236쪽 주석 165. multitudo 개념에 대한 네그리와 발리바르의 상이한 이해에
    대해서는 진태원의 「용어 해설」(같은 책, 295쪽 이하)을 참고 바람. 네그리와 하트는
    다중 개념을 민중 혹은 인민(people), 대중(the mass), 노동 계급(working class) 등의
    개념과 구별하고 있다. 다중은 다원성과 복수성을 드러내는 용어로 일정한 단일성이나
    집단적 정체성을 전제하는 민중 혹은 인민 개념과 구별된다. 다중은 내적 차이를
    유지하면서 적극적인 소통을 추구한다는 점에서 무차별성과 수동성을 특징으로 하는
    대중과 구별된다. 마지막으로 노동 계급 개념은 주로 산업 노동자 계급만을 배타적으로
    특권화하는 제한된 개념이지만, 다중 개념은 가난한 자나 주부와 같은 무임금 가사노동
    자 그리고 실업자까지도 포함하는 상당히 포괄적이고 개방적 개념으로 쓰인다(안토니
    오 네그리·마이클 하트, 『다중: 제국이 지배하는 시대의 전쟁과 민주주의』, 조정환
    외 옮김, 세종서적, 2008, 18쪽 이하).

서 가장 먼저 성공적으로 실행한 것이 한국의 촛불집회"인 셈이다.[170] 또한 이진경은 촛불시위 대중을 근대 정치의 표상인 '대의'의 틀을 넘어 대중 자신의 "사유와 행동으로 자신의 삶을 만들어가는 정치의 장"을 새로 개척한 주체로 평가하면서, 근대 정치의 외부에서 활동하는 새로운 대중적 주체의 출현을 탈근대적 변혁 주체의 등장이라고 본다.[171]

연구 공간 '수유+너머'(대표 고병권)에서 활동하는 사람들은 이미 '2007 대중지성 프로젝트' 선언을 한 바 있다. 이 선언에 의하면 오랫동안 지식의 생산과 유통 그리고 계몽의 독점적 공간이었던 대학과 지식인은 지식기반 사회의 논리에 편승하여 돈에 대한 열정 속에서 죽어가고 있다. 그러나 근대 아카데미와 지식인의 죽음과 함께 새로운 지성의 주체, 다름 아닌 '대중지성'이 탄생하고 있음을 이 선언은 확인한다. 대중지성이란 대중들 스스로 지식을 생산, 유통, 공유하는 현상을 가리키는 것이다. 대중지성에 서는 과거처럼 가르치는 지식인과 수용하는 대중의 이원적 분리가 존재하지 않으며, 지식은 대중들의 집합적 지혜로서 산출되는 것이다. 이처럼 대중지성은 대중에 대해 훈계하거나 연민을 갖고 있는 지식인의 모습을 넘어 대중과 지식의 새로운 결합을 꾀하는 것이기도 하다.

앞에서 언급한 선언은 대중지성의 성격을 다음과 같이 설명하고 있다. "선언컨대 이제는 대중이 지식의 신체이고 대중이 지식을 생산하는 지성이다. 지식은 어떤 개별 지식인의 천재적 두뇌가 아니라, 익명으로 존재하는 여러 두뇌들의 네트워크 속에서 태어나고 있다. 지식은 아카데미의 강단이 아니라 대중적 네트워크를 타고 소통되고 있다. 회사원인 채로, 농부인 채로, 학생인 채로, 예술가인 채로 지식의 생산과 소통에 참여하는 일은

· · ·
170 안수찬, 「진화하는 '집단 지성' 국가 권력에 '맞장'」, 인터넷 <한겨레>, 2008년 6월 19일.
171 이진경, 「촛불은 '근대의 벽'을 넘는 과정: 촛불, 100일을 말하다」, 인터넷 <한겨레>, 2008년 8월 8일.

얼마든지 가능하다. 아카데미도, 지식인도 없지만, 가르치고, 배우고, 묻고, 읽고, 쓰는 일은 어느 때보다도 활발하다."[172]

　그러나 새로운 집단지성의 출현이 진정 한국 민주주의를 새로운 차원으로 심화 발전시키게 될지는 두고 볼 일이다. 게다가 촛불집회를 주도한 대중을 근대 정치의 틀을 내파하고 이를 극복할 '탈근대적 변혁주체'로 규정하는 것이 얼마나 적절한 해석인가에 대해 상세하게 다룰 수는 없다. 다만 지적되어야 할 것은 집단지성의 출현이 촛불시위에서 처음으로 등장한 것은 아니며, 그런 현상에 대한 평가가 긍정적이지만은 않았다는 점이다. 우리는 이미 황우석 사태나 심형래 감독의 영화 <디워>를 계기로 폭발적으로 등장한 집단지성의 또 다른 얼굴을 경험한 바 있다. 촛불시위 정국에서 가장 주목을 받은 진보 지식인 진중권은 황우석 사태 및 디워 사태를 경험하면서 '대중지성'에 관한 글을 발표한 바 있다. 좀 길지만 중요한 부분만을 인용하면 다음과 같다.

　"[……] 하지만 지금 인터넷의 상황은 어떤가? 도처에서 들리는 것은 외려 반지성주의 선동이다. 계몽의 시대는 지나갔다, 전문가의 시대는 끝났다, 대중의 시대가 왔다, 우리를 가르치려 들지 마라. 대중의 이 자부심은 도대체 어디서 비롯되는 것일까? 오늘날 대중은 계몽주의 시대처럼 문맹이 아니다. 게다가 컴퓨터와 인터넷이라는 디지털 매체로 무장하고 있다. 이는 아직도 먹물들이 주로 사용하는 인쇄매체보다 더 진화된 미디어다. 그러니 감히 자기들을 가르치려 드는 먹물이 우습지 않겠는가? [……] 대중들은 머리를 모아 '지성'을 이루는 대신, 영웅과 더불어 신화를 창조하려 한다. 그 영웅은 물론 황우석일 수도 있고, 심형래일 수도 있다. [……] 한마디로 황우석과 심형래의 비판자들을 향한 대중의 분노는 이른바 게임의 환상이 깨지는 데 대한 노여움이다. 게임을 할 때 상대보다 더 얄미운

• • •
172　천정환, 『대중지성의 시대: 새로운 지식문화사를 위하여』, 앞의 책, 341쪽 주석 23.

것이 게임 자체를 비웃는 자, 이른바 '게임을 망치는 자'(Spielverderber)다. 과연 이런 것이 대중지성인가? 지금 우리가 보는 것은 '대중'일지는 모르나 '지성'과는 전혀 관계가 없다. 이 반지성주의가 때로는 글자 그대로 파시즘으로 발전하기도 한다. 그것을 적나라하게 보여주는 예가 있다.

얼마 전 유엔에서 우리나라의 순혈주의 문화에 인종차별적 요소가 있다고 지적한 바 있다. 그 문제에 관한 토론을 마치고 게시판에 들어가니, 온통 혈통의 신화를 부르짖는 대중의 아우성뿐이다. '솔직히 히틀러 총통께서 인종 청소를 안 해주셨으면 지금 유럽은 열등 유대인들로 인해 온갖 악의 소굴이 되었을 것이다. 우리나라에서도 위대한 히틀러 총통의 정기와 근성을 지닌 위대한 독재자가 출현하여야 한다.'

먹물들의 토론에 분노한 대중의 지성(?)이 외친다. '단군왕검이시여, 그리고 조상님들이시여, 우리를 굽어 살펴주소서. 민족주의 만세! 순혈주의 만세!!! 이번 토론에서 국제화 운운하는 민족의 반역자들은 동남아 열등인종들과 함께 대량 멸절시켜야 한다. 배달민족 만세.'"[173]

진중권은 집단지성에서 히틀러의 나치시대를 연상케 하는 비합리적이고 광기에 사로잡힌 대중들의 등장을 보고 있다. 그에 의하면 황우석 교수를 열광적으로 지지하는 대중들(인터넷 네티즌과 대중들을 포함하여)이 지식인의 계몽주의적 태도를 비판하지만, 그들은 근대적인 "문자문화의 비판성, 성찰성, 합리성"을 극복하지 못했다. 진중권에 비판적인 어느 TV 청취자가 적은 것처럼 그는 일반 대중들을 무지한 사람들로 보고 그들에게 무엇인가를 가르치려고 달려드는 전형적인 엘리트 지식인의 전형으로 비쳐졌다. 그러나 이들 대중들은 "새로운 구술문화, 새로운 영상문화의 잠재성을 가지고 외려 문자문화 이전의 전근대로 퇴행한" 것에 지나지

• • •
173 <한국일보>, 2007년 8월 27일, [진중권의 상상] <14>이른바 '대중지성'에 관하여: 합리적 사유 없는 한국의 인터넷.

않는다고 진중권은 강조한다.[174] 이렇게 일부 대중들에 의해 마녀사냥의 대상이었던 진중권이 2008년 촛불집회에서 집회 참여 대중들과 인터넷 공간에서 그 누구보다도 인정받는 지식인 중의 하나였음은 아이러니하다.

황우석 사태에서도 인터넷 공간은 황우석을 열광적으로 옹호하고 지지하는 사이트와 동시에 황우석의 연구에 대해 비판적이었던 '브릭'(BRIC)과 같은 연구자 중심의 사이트가 존재했다. 우리는 집단지성에서도 좋은 집단지성과 그렇지 않은 집단지성이 존재한다고 주장해야 할까? 그렇다면 이 둘 사이를 판정하는 주체는 누구인가? 대중인가? 아니면 계몽적인 전문가인가? 판단의 주체가 전문적 지식인이든 아니면 대중이든 판단 기준에 대한 물음은 또 다른 문제를 낳는다. 대중 스스로 어떤 판단을 기준으로 하여 선한 집단지성과 나쁜 집단지성을 구별할 수 있을 것인가에 대해서는 적절한 해답이 존재하지 않는 것처럼 보인다.

집단지성이 전문가 집단의 독단이나 허구성을 폭로하는 지성과 합리성을 보여주는 동시에, 반지성주의의 극단적 현상을 보여주는 이 양면성은 어디에서 기인하는 것일까? 또한 집단지성을 무조건적으로 찬양하는 태도와 그것을 백안시하는 두 가지 극단적인 현상을 어떻게 이해해야 하는 것일까? 나는 이런 현상을 평등주의적 이상을 궁극적 가치로 두고 있는 민주주의의 전개 과정이 가져온 사회문화적 효과 및 그것이 안고 있는 이중적 특성으로 이해해야 한다고 생각한다.

토크빌(A. Tocqueville)이 지적하고 있듯이, 평등의 원리를 지향하는 민주주의는 이를 운영하면서 살아가는 사람들의 "사상과 감정"에 영향을 미치고, 이러한 사상과 감정은 역으로 민주사회의 정치에 영향을 준다.[175] 그런데 평등은 경제적인 평등이나 권력의 평등한 배분에 국한된 것은

•••
174 진중권, 「디지털 문맹의 마술적 제의」, 원용진·전규찬 엮음, 『신화의 추락, 국익의 유령: 황우석, <PD수첩> 그리고 한국의 저널리즘』, 한나래, 2006, 51쪽 이하.
175 알렉시스 토크빌, 『미국의 민주주의 2』, 임효선·박지동 옮김, 한길사, 1997, 제4장.

아니다. 물론 민주주의에서 극단적인 사회적 대립과 갈등을 억제할 일정한 정도의 경제적 평등은 필수적이다. 통치형태로서의 민주주의는 단순한 습속은 물론이고 지위와 재산에서의 평등을 필요로 하는 것이라는 루소의 주장은 우연한 것이 아니다.[176]

평등은 민주사회에서 사람들의 지성과 자질 그리고 감정의 영역에도 영향을 미치게 마련이다. 20세기 프랑스의 대표적 지성의 하나인 레이몽 아롱(R. Aron)은 토크빌의 이론을 설명하면서 그가 지식 영역에서 평등을 '어리석은' 것으로, 그리고 경제적 평등을 '불가능'한 것으로 간주했다고 주장하지만,[177] 민주주의가 모든 귀족주의적인 특권을 거부하는 것과 마찬 가지로 전문가주의에 대한 불신과 회의를 보여주고 있음은 분명하다.

평등하고 자유로운 시민들이 스스로 통치하는 것을 구현하고자 하는 민주주의는 공적 사안에 대한 일정 정도 지식과 판단력의 배양을 전제로 한다. 시민들이 공적인 사안들에 관련된 정보들을 이해할 수 없거나 주어진 정보를 기초로 하여 스스로 판단할 수 있는 능력이 전제되어 있지 않다면, 민주주의는 제대로 작동할 수 없다. 가령 글을 읽고 쓸 줄 모르는 시민들이 대다수를 형성하는 사회에서 그들은 기득권 세력에 의해 여론 조작의 대상으로 보다 쉽게 전락할 수 있다. 그래서 문맹을 민주주의 발전을 저해하 는 암적인 존재로 보는 입장은 타당하다. 1791년의 프랑스 헌법이 시민들에 게 필요한 교육을 무상으로 제공하는 공립학교의 설치를 선언했던 이유도 이와 연관된 것이다.[178]

* * *

176 장 자크 루소, 『사회계약론』, 이가형 옮김, 을유문화사, 1994, 73쪽 참조. 재산에서 적정 수준의 평등을 주장하는 것은 진보적인 관점에 서 있는 사람들에 한정되어 있지 않다. 근대 자유주의 형성에 큰 영향을 준 홉스도 국가의 평화를 유지하는 방안으로 국가에 의한 사회정책을 인정하고 있음은 주목할 만한 사실이다.

177 레이몽 아롱, 『사회사상의 흐름』, 이종수 옮김, 기린원, 1988, 202쪽 참조.

178 에른스트 볼프강 뵈켄회르데(Ernst-Wolfgang Böckenförde), 『헌법과 민주주의: 헌법이 론과 헌법에 관한 연구』, 김효전·정태호 옮김, 법문사, 2003, 271쪽 참조.

문화연구(cultural studies)에서 독보적인 업적을 쌓은 영국 출신의 학자 레이먼드 윌리엄스(Raymond Williams)는 정치적 민주주의의 확대와 장기간에 걸쳐 수행된 문화혁명 사이의 상호작용에 주목한 바 있다. 그에 의하면 1820년에 영국 사회에서 일간지를 읽는 인구는 대략 1% 정도이고 일요신문을 읽는 인구도 1%를 약간 상회하는 정도였지만 약 130년이 지난 후에 성인 인구의 88%가 일간지를, 93%가 일요신문을 읽을 수 있는 사회로 변화했다. 이런 변화를 일컬어 그는 '기나긴 혁명'(long revolution)이라 했던 것이다.[179]

민주주의의 평등 원리는 지식 영역이라고 예외로 두지 않는다. 그렇다면 민주주의가 초래하는 다양한 영역에서 평등화 경향을 필연적인 것으로 바라보면서도, 그 경향이 가져올 이점과 폐해가 무엇인지를 면밀하게 검토하는 것이 필요할 것이다. 지식의 평등이 수학과 같은 학문 영역에서가 아니라 정치적인 공적 사안들에 대한 적정 수준에서의 평등을 의미한다면, 그것은 결코 비판받을 만한 것은 아니다. 이런 점에서도 평등의 이상을 거부한다는 것은 사실상 민주주의를 거부하는 것이나 다름없을 것이기 때문이다. 우리는 집단지성에 대해 앞에서 언급한 양극단적인 평가를 보았다. 따라서 평등이 가져올 정치사회에서의 부정적인 결과와 긍정적인 결과가 무엇인가를 검토하면서 그 폐단을 없애거나 줄이면서도 이로운 점들을 향상시키려고 노력해야 할 것이다.

토크빌이 주장하듯이 평등은 두 가지 얼굴을 갖고 있다. 그 하나는 자유의 가능성과 결합될 수 있는 참답고 고상한 평등이고, 다른 하나는 천박한 열정과 동반된 평등으로 이는 인간들을 새로운 형태의 전제주의로 몰고 갈 평등이다. 황우석 교수의 우상화에서 보듯이 여론과 상식의 형태를

• • •

179 레이먼드 윌리엄스, 『기나긴 혁명』, 성은애 옮김, 문학동네, 2007, 특히 258쪽과 318쪽 참조.

띠고 나타나는 집단적 지식이 갖고 있는 가공할 만한 획일성, 그리고 이 여론과는 다른 입장을 보이는 태도를 경멸하고 저주하며 배제하는 폭력성은 대중 민주주의 사회에서 등장할 수 있는 전형적 현상이라 할 것이다. 피해자를 자살로까지 몰고 갈 정도로 심각한, 인터넷에서 종종 등장하는 집단 이지매 현상이나 '왕따' 현상도 역시 이런 현상의 또 다른 예들이다.

네그리 등이 주장하는 자율주의 및 다중이론에 호의적인 이론가들은 획일화된 대중이나 자본 및 권력에 의해 동원된 대중을 진정한 대중의 본연적 다양성을 상실한 것으로 보면서, 이를 "대중의 죽음"이라고 부른다. 즉, "대중이 하나의 이념이나 우상에 자발성을 양도하는 것, 전쟁과 파괴에 역동성을 동원당하는 것이 '대중의 죽음'"이라는 것이다. 이렇게 본연적인 대중과 그렇지 않은 대중으로 구분하는 것은 대중의 양면성을 포착하고 대중의 긍정적인 측면을 강조하고자 한다는 점에서 일리가 있다. 그러나 대중의 양면성을 넘어서 참다운 "대중이 역사를 만들며 대중만이 민주주의를 행한다"는 주장은 선뜻 동의하기 어렵다.[180] 이 주장은 "다중이 마침내 스스로를 통치하는 능력을 손에 넣을 때 비로소 민주주의는 가능하게 된다"[181]는 네그리와 하트의 입장과 동일한 것으로 보인다.

그런데 이런 주장은 우선 국가형태로서의 민주주의를 거부하고 국가의 폐지 상태에서 민주주의를 지향하는 무정부주의적 특성을 보여준다. 물론 이 역시 민주주의에 대한 하나의 견해이지만, 내가 보기에 민주주의를 국가형태[182]로서 파악하지 않는 관점은 실현 불가능한 유토피아주의에 불과하다.[183] 나중에 다시 언급하겠지만 네그리류의 민주주의 이해는 치자

• • •
180 천정환, 『대중지성의 시대: 새로운 지식문화사를 위하여』, 앞의 책, 107쪽 참조.
181 가라타니 고진, 『세계공화국으로』, 조영일 옮김, 도서출판 b, 2007, 219쪽에서 재인용함.
182 민주주의는 국가형태이자 통치형태로서 국가에 의해 조직된 정치적 지배를 폐지하거나 극복하지 않는 것으로 이해되어야 한다는 주장에 대해서는 뵈켄회르데, 『헌법과 민주주의: 헌법이론과 헌법에 관한 연구』, 앞의 책, 215쪽, 303쪽 참조.
183 네그리와 하트의 입장을 무정부주의로 이해하고, 이 입장이 국가의 자립성을 무시하고

와 피치자의 동일성, 즉 인민의 자기통치라고 불리는 민주주의에 대한 잘못된/일면적 해석에 기인하는 것으로 보인다. 간단하게 말하자면 치자와 피치자의 동일성으로서의 민주주의가 근본적으로 대표제나 대의제적 성격을 배제하지 않는다는 점 그리고 인민의 자기통치의 원리를 무조건적인 방식으로 실현하고자 하는 곳에서도 대의제적 요소는 필수적이라는 점을 잊어서는 안 된다.[184]

두 가지 얼굴을 갖고 있는 평등을 보고 부정적인 측면에 두려움을 느낀 나머지 이를 니체가 한 것처럼 전적으로 우중 도덕이나 무리 도덕으로 폄하하여 평등에 등을 돌리는 것은 대단히 일면적인 것이다. 천박한 열정으로 타락하여 새로운 전제주의의 토양으로 작동할 가능성이 있는 어두운 얼굴의 평등에 대해 우려하는 것과 평등을 곧바로 전제주의니 무리 도덕이니 하고 내치는 것은 서로 아주 다른 것이다. 전자는 평등이 가져올 피해에 대해서는 눈을 감은 채 그것에 대해 지나치게 환호하는 태도에 대해 염려하고 있지만, 기본적으로 평등 이념 자체를 부인하지 않는다. 그런데 반해 후자는 평등을 곧바로 모든 다양성을 파괴하는 획일성으로 보고 그 이념 자체와의 결별을 추구하고 있다. 이런 입장은 민주주의가 안고 있는 문제점들 및 결함들에 대한 비판적 성찰을 통해 민주주의를 보다 강건하게 하려는 시도와는 분명히 다른 것이다.

따라서 평등의 두 얼굴에 대한 예리한 감수성을 갖지 못한 채 평등을 우상시하는 것이 위험한 것처럼, 평등을 획일성으로만 바라보는 관점 역시 그 못지않게 위험한 것이다. 우리는 이 두 가지 양극단의 태도를 버려야 한다. 그러므로 우리는 평등이 노예 상태가 아니라, 자유와 인류의 번영과 함께할 가능성을 모색해야 할 것이다. 평등이 가져올 위험성에 대해 경계심

• • •

있다는 데에서 결정적인 한계점을 보는 고진의 견해를 참조. 가라타니 고진, 『세계공화국으로』, 앞의 책, 219쪽 참조.

184 Carl Schmitt, *Verfassungslehre*, Neunte Auflage, Berlin 2003, p. 206 참조.

을 늦추지 않으면서 평등이 자유의 조건임을 굳건하게 긍정하고, 자유와 평등의 만남의 가능성을 모색하는 토크빌의 다음과 같은 주장은 여전히 우리에게 무언가를 말해주고 있다. "현대 국가는 인간의 조건이 평등화하는 것을 막을 수 없다. 그러나 이 평등의 원리가 인간으로 하여금 노예 상태와 자유, 지혜와 야만, 번영과 고통 중에서 어느 길로 나아가게 할 것인가 하는 것은 전적으로 인간 자신에게 달려 있다."[185]

평등을 자유와 번영 그리고 지혜와 결합하려는 모색은 우리가 어떤 민주주의를 택해야 하는가라는 물음에 대한 대답이 없이는 해결될 수 없다. 특히 집단지성의 현상에서 보듯 계몽주의적인 지식인에 대해 불신하고 전문가의 지식권력에 대해 회의적인 대중들이 스스로 사태를 파악하고 사회를 구성하려는 움직임은 민주주의에 대한 일정한 태도를 수반하고 있다. 촛불집회가 진행되는 동안에 촛불집회의 성격 규정 및 민주주의에 대해 열띤 논쟁을 벌인 것은 이를 잘 보여준다. 다음 절에서 보듯 집단지성의 출현에 대해 환호하고 이를 긍정적으로 생각하는 사람들은 일반적으로 현재의 대의제 민주주의에 대해 회의적이거나 비판적인 태도를 보여주었다. 그러므로 집단지성에 대한 평가 그리고 이의 긍정적 차원을 잘 활용할 방안에 대한 모색은 바람직한 민주주의가 무엇인가 하는 문제와 긴밀하게 연결되어 있다.

II. 촛불집회와 민주주의 논쟁

이 절에서 필자는 진보진영 내에서 진행된 촛불집회에 대한 대표적인 시각을 검토하면서 촛불집회가 우리나라 민주주의 발전에 제기하고 있는

• • •
185 알렉시스 토크빌, 『미국의 민주주의 2』, 앞의 책, 906쪽.

과제들이 무엇인가를 살펴볼 것이다. 특히 이 절에서 문제가 되는 것은 현대 민주주의를 정당 민주주의 내지 대의제로 파악하면서, 촛불집회의 한계를 지적하는 최장집의 평가와 이에 대한 비판들을 중심으로 한국 민주주의의 문화적 조건들에 대해 살펴볼 것이다.

강준만은 촛불집회에 대한 시각을 크게 세 가지로 나눈다. 첫째는 한나라 당과 보수적인 지식인이 바라보는 시각이다. 이 시각에 의하면 촛불집회는 반미 친북적 좌파세력이 국민들을 선동하여 공포와 불안을 조장한 결과에 지나지 않는다. 소설가 이문열은 심지어 촛불집회를 "집단난동"으로 규정하고, 이를 막아낼 "의병"이 일어날 때라고 주장하기도 했다. 강준만은 이런 시각에 대해 한국 민주주의 발전과 우리들의 민주주의 이해를 도모하는 데 하등의 도움이 되지 않는다고 본다. 그는 진보진영에서의 논쟁이 민주주의 이해와 관련해서 중요하다고 본다. 그는 촛불집회에 대한 진보진영 내부의 시각을 두 가지로 나눈다. 그중 하나는 촛불집회에 대한 일방적 찬양론이고, 다른 하나는 촛불집회의 긍정성을 인정하면서도 그 한계를 지적하는 것이다.[186]

내가 보기에 진보진영 내부의 시각을 다음과 같이 세 가지로 분류하는 것이 더 적절한 것 같다. 그중 하나는 촛불집회에 대한 적극적인 긍정을 직접 민주주의적 관점에서 바라보는 시각이다. 이런 시각을 주장하는 사람들로는 이진경, 조정환, 박노자, 대안지식연구회, 지행네트워크 등에서 활동하는 문학평론가 이명원과 하승우 등이 있다. 다른 시각은 최장집과 박상훈 후마니타스 대표[187] 등이 피력하는 것인데, 이들은 촛불집회의

• • •

186 강준만, 「진보진영의 소통불능, 최장집 비판의 편협성 개탄」, 『인물과사상』, 인물과사 상사, 2008년 9월 호, 52쪽 이하. 최장집과 관련된 여러 자료들을 나는 강준만의 글을 통해서 접근할 수 있었다.

187 박상훈과 하승우의 논쟁에 대해서는 손제민 · 이지선 · 임지선, 「"시위 지나치게 신화 화" "참여의 즐거움 보여줘": 박상훈-하승우 박사의 '촛불집회' 논쟁」, <경향신문>, 2008년 6월 18일 자를 참조.

긍정성을 높이 평가하면서도 운동으로서의 촛불집회만으로는 민주주의를 발전시키는 데 한계가 있기에 정당정치를 활성화하는 것이 필요하다는 입장을 갖고 있다. 진보진영 내부의 또 다른 시각은 종합적 내지 중간적 입장으로 이를 주장하는 사람으로는 이병천, 조희연, 정상호 등이 있다. 이들은 정당정치와 운동으로서의 광장 정치의 "이중 민주주의"(two-track democracy)[188] 혹은 "제도정치와 직접행동정치"의 협력관계를 주장하고 있기 때문이다.[189]

물론 최장집 및 박상훈의 정당정치 활성화 논의와 조희연 및 이병천의 입장은 '거리의 정치'의 긍정성과 제도정치 및 대의제 민주주의의 불가피성을 인정한다는 점에서는 상당한 정도 의견이 일치하고 있다. 그렇지만 전자는 정당정치 활성화에, 후자는 한국 민주주의 발전에 광장 민주주의 내지 직접행동정치가 기여할 수 있는 의미에 보다 더 강조점을 두고 있다는 점에 이 둘 사이의 차이점이 존재한다.

최장집의 촛불집회에 대한 평가를 간단하게 살펴보자. 2008년 6월 17일 그는 촛불집회의 긍정적인 측면에 대해 다음과 같이 말한다. "촛불집회는 민주주의의 제도들이 무기력하고, 작동하지 않고, 그 중심적 메커니즘으로서의 정당이 제 기능을 못할 정도로 허약할 때 그 자리를 대신한 일종의 구원투수 같은 역할을 수행했다. 이 점에서 촛불집회는 한국 민주주의를 수호하는 역할을 맡고 있다는 평가가 가능하다."[190] 인용문이 보여주듯이 그는 촛불집회의 원인을 한국사회에서 민주주의 제도가 제대로 작동하지

---

188 이병천, 「이명박 정부와 촛불집회」, 권지희 외 지음, 『촛불이 민주주의다』, 해피스토리, 2008, 112쪽 이하 참조.

189 조희연, 「촛불시위, 제도정치와 직접행동정치」, 같은 책, 230쪽 이하 참조. 정상호는 직접민주주의와 대의민주주의, 즉 정당정치와 운동정치 사이의 소통과 생산적 결합을 주장한다. 이에 대해서는 강준만, 「진보진영의 소통불능, 최장집 비판의 편협성 개탄」, 앞의 책, 57쪽 이하 참조.

190 최장집, 『한국 민주주의 무엇이 문제인가』, 생각의나무, 2008, 143쪽.

않는다는 데에서 구한다. 그러나 최장집은 운동만으로는 민주주의를 수호하고 발전시키는 데 충분하지 않다고 본다. 왜냐하면 현대 민주주의는 대의제 민주주의이기 때문이다. 즉, 민주주의는 "시민들이 스스로 직접 통치하는 것이 아니라 선거를 통해 대표를 선출하여 그에게 통치를 위임함으로써, 그 대표로 하여금 통치하도록 하는 체제이다." 이런 민주주의 관점에 입각하여 최장집은 "한국의 조건에서 운동이 민주주의에 기여할 수 있는 역할과 한계에 대해 지적"한다.[191]

현대사회에서 민주주의는 대의제 민주주의라는 관점, 그리고 정당정치의 활성화를 통해 대의제 민주주의를 강화하고 발전시키는 것이 중요하다는 관점에서 최장집은 운동의 역할을 제도적으로 흡수하고 그것을 축소하는 문제에 관심을 보이고 있다. 따라서 그는 "촛불집회가 시위 또는 운동을 통해 정치체제의 문제를 해결할 수 있다는 하나의 정치관을 유발"할 수 있다는 점에 우려를 표한다. 즉, "운동이 낭만주의적 정치관의 확산을 통해 반정치주의적 정치관 내지 정조를 강화할 수 있음"에 주목하면서, 최장집은 대통령 소환제나 직접민주주의 요구로서는 한국 민주주의가 직면한 문제점들을 해결할 수 없다고 주장한다. 그리하여 그는 대통령 소환제와 같은 직접민주주의적 요구는 바람직하지 않은 것이자 "민주주의 제도를 넘어서는" 것으로 이해한다. 이런 낭만적인 반정치주의적 정치관에 대해 비판하면서 그는 촛불집회의 긍정적인 힘을 "정당, 자율적 결사체를 중심으로 한 정치적 대표체계를 강화, 발전하는 방향으로 작용"할 수 있도록 노력해야 한다고 말한다. 이 방안이 바로 촛불집회에서 출현한 시민들의 정치적 욕구를 한국 민주주의 발전을 위한 동력으로 승화하는 것이라고 그는 본다.[192]

•••
191 같은 책, 144쪽 이하 참조.
192 같은 책, 146쪽 이하 참조.

최장집이 내세운 정당정치 활성화 이론은 촛불집회 와중에서 갑작스럽게 제기된 것이 아니라, 그가 지난 수년간 지속적으로 제기한 입장이었다. 그럼에도 불구하고 촛불집회 와중에서 그가 제기한 정당정치 활성화 및 대의제 민주주의에 대한 강조는 직접민주주의와 운동의 정치에 보다 많은 희망을 품고 있는 여러 진보적인 지식인들로부터 커다란 비판을 불러일으켰다. 예를 들어 이명원은 「이른바 최장집-박상훈 그룹의 제도민주주의 학파가 한국 정치의 위기다」라는 제목의 글에서 '최장집 사단'의 입장을 신랄하게 비판했다. 이 글에서 그는 최장집-박상훈 집단이 "양당체제의 복원이라는 대의제의 신화화에 구속"되어 있으며, 이들의 민주주의론을 "낡은 보수주의"로 규정하면서 "그들은 광장에서 이론을 구성하지 않고, 이론에서 광장을 유추하고 있다"고 비판한 것으로 알려져 있다.[193]

최장집에 의해 촉발된 대의제 민주주의와 직접민주주의를 둘러싼 논쟁은 민주주의에 대한 이해에서 중요한 의미를 지닌다. 이 논쟁은 박상훈과 하승우 사이의 입장 교환을 통해 좀 더 구체적으로 진행된다. 박상훈과 하승우는 경향신문과 진보신당 주최로 2008년 6월 17일에 열린 '촛불집회와 진보정당의 과제'라는 주제의 토론회에서 직접민주주의와 대의민주주의의 관계에 대해 열띤 토론을 한 것으로 알려져 있다. 박상훈은 "촛불집회에 대한 해석이 지나치게 과장되고 신화화됐다"고 주장했지만, 하승우는 "단지 많은 사람들이 촛불을 들고 거리로 나와서가 아니라, 다양한 목소리가 자신이 요구하는 바를 분명히 표현할 수 있어서 좋았다"고 촛불집회를 긍정적으로 옹호했다.

촛불집회에 대한 시각의 상이함은 이들이 바라보는 민주주의에 대한 견해와 밀접하게 결합되어 있다. 박상훈은 "민주주의는 대의민주주의"라고 말하면서, "촛불집회에서 얘기되는 '새로운 민주주의'나 '직접민주주

• • •
193 강준만, 「진보진영의 소통불능, 최장집 비판의 편협성 개탄」, 앞의 책, 57쪽 참조

의' 등은 현실이 될 수 없는 '낭만적 정치관' '복고주의'에 기초한다"고 비판했다. 그러면서 그는 최장집과 비슷하게 "촛불집회에 나타난 민주적 열망을 어떻게 정당체제를 변화시키는 에너지로 확대할 것인가를 고민해야 한다"고 말한 것으로 알려져 있다. 박상훈의 입장에 대해 하승우는 민주주의에 대한 자신의 견해를 다음과 같이 표현했다고 한다. "민주주의를 얘기할 때 늘 직접민주주의는 불가능하다는 것을 전제한다. 하지만 직접은 은유적 표현이다. 결정이 내려질 때 누군가가 하는 게 아니라 내가 관심 있으면 나도 가서 말해야겠다는 것이지 모든 사람을 불러 모아 결정해야 한다는 것은 아니다." 이렇게 말하면서 하승우는 "다만 그런 결정들에 대해 내가 복종하지 않을 수 있고 권력의 문제가 드러나면 언제라도 바꿀 수 있으며, 설령 문제가 없다 해도 그 권력이 순환될 수 있도록 하는 것"이 중요하고 "우리 마음에 들지 않으면 정부가 바뀌어야 하는 것이 직접민주주의"라는 입장을 피력했다.[194]

대의민주주의와 직접민주주의를 둘러싼 논쟁에서 핵심이 되는 주제는 아마도 직접민주주의의 원칙으로 간주되는 치자와 피치자의 동일성과 대의제 사이의 관계를 어떻게 이해할 것인가 하는 문제이다. 이 문제는 대단히 복잡한 정치철학적 주제로 간단하게 다루어질 사안이 아니다. 그래서 이 글에서 필자는 치자와 피치자의 동일성으로서의 민주주의와 대의민주주의를 양자택일적인 것으로 바라볼 필요는 없다는 입장에서 출발한다. 그리고 필자는 치자와 피치자의 동일성으로서의 민주주의와 대의민주주의 사이의 공존을 추구하는 것이 민주주의에 대한 보다 적절한 이해라는 관점을 피력하는 데 만족한다. 그런 점에서 필자는 자율주의 그룹의 입장이나 정당정치와 대의제 틀을 넘어서 소위 탈근대적 정치의 가능성을 모색하

• • •
194 손제민 · 이지선 · 임지선, 「"시위 지나치게 신화화" "참여의 즐거움 보여줘": 박상훈-하승우 박사의 '촛불집회' 논쟁」, 앞의 글.

는 입장이 초래할 부정적인 결과들에 대한 최장집과 박상훈의 지적은 존중되어야 한다고 본다.

대중지성에 관한 논의에서도 언급되었지만, 대중과 지식인의 동일성을 추구하는 입장과 대중의 자발성에 대한 낙관적인 믿음에 입각하여 정당정치와 대의민주주의 틀을 넘어서려는 시도는 거의 해결 불가능한 딜레마에 직면할 수밖에 없다. 이 딜레마는 자발성과 대표 사이의 딜레마이다. 물론 불필요한 오해를 피하기 위해 언급해 두어야 할 것은 치자와 피치자의 동일성 원리로서 이해되는 자치의 이념은 민주주의에서 포기될 수 없다는 점이다. 헤겔이 『정신현상학』에서 주장하는 것처럼 "자신(das Selbst)이 단지 대표되고(repräsentiert) 표상되는 곳(vorgestellt)에서 자신은 현실적이지 않"으며 오로지 "자신이 대변되는(vertreten) 곳에서 자신은 존재하지 않는다."[195]

그러나 민주주의가 동일성 원리를 절대적이고 무조건적으로 실현할 수 있는 것은 아니다. 그런 시도는 실현 불가능한 것에 대한 시도일 뿐 아니라, 바람직하지 않은 것이다. 그런 점에서 카를 슈미트(Carl Schmitt)처럼 동일성 원리와 대표 원리를 민주주의 국가의 불가결한 요소로 보아야 한다. "정치적 삶의 현실 속에서 대표의 모든 구조적 요소들을 포기할 수 있는 국가가 존재할 수 없는 것과 마찬가지로 동일성 원칙의 구조적 요소들을 포기할 수 있는 국가도 존재하지 않는다. 절대적 동일성을 무조건적으로 실현하고자 하는 시도가 행해지는 곳에서도 대표의 요소와 방법들은 불가피하게 존립한다. 이와 정반대로 동일성의 사상이 없는 대표가 가능하지 않다는 것 역시 마찬가지이다. 이 양자의 가능성, 즉 동일성과 대표는 상호 배제하는 것이 아니라, 정치적 통일성의 구체적 형성에 대한

• • •

195 G. W. F. Hegel, *Phänomenologie des Geistes,* in: *Hegel Werke in zwanzig Bänden,* hg. v. E. Moldenhauer und Karl Markus Michel, Band 3, Frankfurt 1970, p. 435.

단지 두 개의 대립되는 지향점에 불과할 뿐이다. 각각의 국가에서 이 양자 중 어느 한 가지가 우세를 보일 수 있지만, 양자는 모두 인민의 정치적 실존에 속한다."[196]

대중의 자발성에만 전적으로 기초한 민주적 질서 형성이 어떻게 가능한지 자율주의 그룹이나 직접민주주의적 요소들을 강조한 사람들이 구체적인 대답을 제시해야 할 것이다. 그리고 그들 역시 대표의 가능성을 전적으로 부인하지 않는다면, 그들이 추구하는 민주주의가 어떤 민주주의인지를 밝힐 필요가 있다. 그리고 그 과정에서 그들은 자신들이 추구하는 민주주의가 과연 근대의 대의제 민주주의를 넘어선 새로운 유형의 민주주의인지를 설명할 필요가 있다고 본다. 그렇지만 이런 질문들에 대해서 그들이 설득력 있는 견해들을 표현했는지는 의문스럽다.

이와 더불어 여러 자발적인 대중들의 집합적 지성에 의해서 근대적인 지식인과 대중 사이의 위계질서를 해체하고자 하는 시도 역시 불가능에 가까운 것처럼 보인다. 촛불집회 현상을 대중지성의 발현으로 보고 이에 대해 이론적으로 규명하는 작업을 통해 불가피하게 대중 속에 또 다른 형태의 분화가 등장하는 것이고, 이런 규정은 필연적으로 일부 대중들을 수동적인 존재로 배제할 수밖에 없을 것이기 때문이다. 이는 특정 지식인의 해석 방식이 일정한 방식으로 권위적인 지위를 누리는 상황으로 귀결될 것이다. 박상훈이 지적했듯이, 촛불집회 시기에 '위대한 시민' 혹은 '대중의 놀라운 창발성' 등의 현란한 용어들을 동원하면서 한국 대중들의 진보성을 칭찬했던 일부 사람들이 2007년 제17대선을 평가하면서 대중의 보수화를 질타했을 뿐 아니라, 대중을 욕망의 정치에 포획된 집단으로 신랄하게 비판했던 장본인이었음은 상당히 흥미로운 사실이다.[197]

• • •

196 Carl Schmitt, *Verfassungslehre*, 앞의 책, p. 205 이하.
197 박상훈, 「촛불논쟁: 거리정치인가 정당정치인가」, <오마이뉴스>, 2008년 8월 17일.

물론 계몽적 지식인의 상을 거부하면서 계몽주의의 권위적이고 위계적인 특성에 대해 철저하면서도 끈질기게 비판적 태도를 견지하는 것은 집단지성과 지식인의 이원적 분화의 가능성을 우회할 수 있는 하나의 대안일지도 모른다. 그러나 이런 대안 역시 자체 내에 해결할 수 없는 모순을 안고 있음은 분명하다. 이런 입장은 시종일관 한편으로는 기존 지식권력의 엘리트주의적 모습 및 이 지식권력과 공존하는 현실에 대한 비판을 수행하면서, 다른 한편으로 비판의 대상인 현재 질서를 해체한 이후의 보다 바람직한 질서 형성의 가능성을 부인해야만 할 것이기 때문이다. 이는 결국 자신에 대한 끝없는 회의적인 혹은 비판적 거리 두기의 작업이라는 점에서 매력적이지만, 자신의 비판적 활동의 의미에 대해 아무런 긍정적 대답을 제시할 수 없다는 점에서는 해결 불가능한 자기 분열적 모습을 보여준다.

III. 정치와 적대성('정치적인 것')의 문제

최장집의 민주주의론이 갖고 있는 문제점은 대의제냐 직접민주제냐의 틀에 의해서 파악될 것 같지 않다. 그것은 다른 데 기인하는 것으로 보인다. 그의 정당정치 이론은 정치에서 갈등과 적대성의 성격을 해결하는 데 지나칠 정도로 낙관적인 태도를 견지하는 것처럼 보이기 때문이다. 물론 그는 정치에서 갈등의 문제를 강조한다. 그는 정치를 "갈등과 그 타협의 과정"으로 정의하고 민주주의를 "공정하고 주기적인 선거와 이에 참여하는 정당 간 경쟁을 통해 이러한 갈등을 표출하고 타협하고 해소하는 정치체제"로 본다.[198] 또 그는 "민주주의란 사회 내에 존재하는 갈등들을 억압하거

...
198 최장집, 『한국 민주주의 무엇이 문제인가』, 앞의 책, 27쪽.

나 범죄화하는 대신, 적대적이고 경쟁적인 이익들을 공식적 대표의 체계 내에 통합하고 제도적으로 관리하는 정치적 과정으로 이해"한다.[199] 이처럼 그는 항상 정치에서 갈등의 중요성에 주목하고 있다. 그가 정당정치의 활성화를 강조하는 이유도 그것이 사실상 갈등을 민주적 방식으로 해결할 수 있는 최선의 방안이라는 믿음에 기인한다. 그래서 그는 정당정치를 민주정치의 핵심으로 간주하는 것이다.[200] 이런 관점은 앞에서 보았듯이 운동 중심의 정치관을 비판하는 태도와 긴밀하게 결합되어 있다.

그런데 최장집은 한국 정당체제에서 가장 결정적인 의미를 지니는 갈등 축을 "민족문제를 둘러싼 이데올로기적 갈등"으로 본다. 그가 적절하게 지적하듯이 이 갈등은 서구사회에서 일반적으로 관찰되는 것과 같이 "국민들의 삶의 현실에서 가장 중요한 사회경제적 이슈를 둘러싼 정치적 균열이 아니다."[201] 최장집의 설명에 따르면, "민족문제는 이데올로기적이고 상징적이며 강렬한 열정을 쉽게 불러들이기 때문에 훨씬 더 감정적이고 추상적"인데 반해 "사회경제적 문제는 보통사람들의 삶의 현실에 보다 직접적이고 현실적"이다. 그런데 그가 보기에 이 두 가지 갈등 중 사회경제적 문제를 둘러싼 갈등이 민족문제의 갈등보다 합리적으로 해결하기가 상대적으로 용이하다.[202] 그리하여 그는 한국 민주주의 정치 발전을 위해서 "과도하게 정치화된 민족문제를 억제하는 한편, 노동문제를 보다 더 정치화하는 것"이 필요하며 "민족문제가 야기한 이데올로기의 정치가 노동문제의 영역으로 들어오는 것을 차단함으로써, 이 두 가지 근본이슈를 분리시키는 알"이 요구된다고 주장한다.[203]

• • •

199 최장집, 『민주주의의 민주화: 한국 민주주의의 변형과 헤게모니』, 후마니타스, 2006, 26쪽.
200 최장집, 『한국 민주주의 무엇이 문제인가』, 앞의 책, 37쪽 참조.
201 같은 책, 67쪽 이하.
202 같은 책, 78쪽 이하.
203 같은 책, 106쪽 이하.

나는 여기에서 최장집의 민족문제와 노동문제에 대한 입장을 상세하게 다루지 않을 것이다. 여기에서 주목하는 것은 정치문화와 관련된 주제이기 때문이다. 따라서 내가 관심을 갖는 것은 최장집의 이데올로기적 갈등과 사회경제적인 갈등의 분류, 전자에서 후자로 이행할 필요성에 대한 강조가 갖고 있는 현실적인 의미나 중요성에 대한 평가가 아니다. 다만 민족문제와 결부된 이데올로기적 정치가 다른 이슈들을 침묵으로 이끌 정도로 커다란 영향력을 발휘하기 때문에, 이 문제를 일정 정도 유보하는 것이 필요하다는 최장집의 제안이 지니는 문제점을 정치의 적대적 성격과 연관해서 잠깐 다루어 보고자 할 뿐이다.

이 문제는 또한 정치와 이념의 연관성에 대한 문제 그리고 특정 사회에서 이념적 갈등을 정치적으로 동원하는 정치적 행위 방식에 대한 고찰과 결합된다는 점에서 정치문화적 주제의 일부이기도 하다. 간단하게 말해서 "민족주의 이슈를 정치 영역에서 탈정치화하는 것이 요구"된다는 주장의 진정성과 중요성을 의심하는 것이 아니라, 그 주장이 갖고 있는 정치와 갈등에 대한 태도가 비판적으로 거론해볼 만한 문제로 보인다는 것이다.

샤츠슈나이더가 지적하듯이 갈등을 관리하는 것은 정치의 핵심적인 문제다. 갈등을 적절하게 다루지 못하는 공동체는 지속될 수 없다는 것 역시 의심의 여지가 없다.[204] 갈등 관리의 중요성을 강조하는 최장집과 샤츠슈나이더의 입장 배후에는 사실 정치적 영역에서 주요 문제가 갈등과 적대라는 인식이 깔려 있다. 그런데 인간의 삶에서 갈등과 적대의 요인은 무수하다. 특히 가치와 도덕 그리고 종교 등도 종종 적대적 갈등의 근원으로 기능한다는 점이 주목되어야 한다. 카를 슈미트는 그 누구보다도 적대성과 갈등을 정치의 근본 특성으로 간주한 대표적 사상가이다. 그는 다음과 같이 말한다. "모든 종교적·도덕적·경제적·인종적 또는 그 밖의 대립

• • •
204 E. E. 샤츠슈나이더, 『절반의 인민주권』, 앞의 책, 127쪽 이하 참조.

은 그것이 실제로 인간을 적과 동지로 효과적으로 분류하기에 충분할 정도로, 강력한 경우에는 정치적 대립으로 변화한다."[205]

그런데 슈미트의 이 주장을 규범적인 것으로 이해하면 곤란하다. 즉, 인간은 모든 것을 이용하여 적대적인 분리와 대립을 추구해야만 한다는 것으로 이해해서는 안 된다는 것이다. 이 주장을 나는 일단 정치 현실에 대한 냉정한 분석으로 이해한다. 특히 내가 강조하고자 하는 것은 경제적 이해관계뿐 아니라, 종교나 인종적 구분 그리고 도덕적 구분 역시 때로는 인간을 적과 동지로 구별하는 데 사용될 수 있다는 점이다. 특히 도덕의 정치화라는 문제는 정치적 적대성의 성격을 잘 보여준다.

정치와 도덕의 문제는 대단히 중요한 철학적 문제일 뿐 아니라, 현실적으로도 매우 중요한 정치적 함의를 지니는 주제이다. 보편적 도덕의 이름으로 행해지는 야만이 그 어떤 야만보다도 더 추악하고 해결하기 힘들다는 것은 유럽 근대 초기의 종교전쟁이 잘 보여준 바 있다. 카를 슈미트도 도덕이 어떻게 정치적 갈등의 핵으로 등장하고, 더 나아가 이 갈등을 더욱더 비참한 것으로 만드는가에 대한 예리한 통찰을 준 논쟁적인 이론가이다. 인류 도덕의 정치적 도덕화 내지 정치의 도덕화가 가져오는 위험한 결과를 그는 다음과 같이 말한다. "그러나 인류라는 무엇보다도 최고의 보편적인 개념이 개별 국민이나 일정한 사회적 기구를 그 개념과 동일시하기 위하여 사용된다면, 거기에는 가공할 팽창주의와 광폭한 제국주의의 가능성이 생긴다." 슈미트는 정치의 도덕화가 가져올 위험한 결과에 대한 비판적 견지에서 인류의 이름은 신의 이름과 마찬가지로 함부로 남용되어서는 안 된다고 경고한다.[206]

슈미트는 도덕의 정치적 수단화가 가지는 비참한 결과를 비판할 때

• • •
205 카를 슈미트, 『정치적인 것의 개념』, 김효전 옮김, 법문사, 1992, 45쪽.
206 카를 슈미트, 「국가윤리학과 다원적 국가」, 『입장과 개념들』, 김효전 · 박배근 옮김, 세종출판사, 2001, 205쪽.

항상 권력과 지식의 밀접한 연관성을 염두에 둔다. 도덕이 적대관계의 강화에 기여하는 방식으로 활용되는 데 대한 그의 분석은 정말로 탁월하다. 그가 보기에 권력을 지닌 국가나 세력이 도덕의 이름으로 대항세력을 무력하게 만들어 타자에게 자신의 뜻과 영향력을 관철시킬 수 있다. 그는 다음과 같이 말한다. "어떤 일이 전쟁인지 아니면 국제정치의 평화적 수단인지, 생명과 사유재산을 스스로 보호할 능력이 없는 어떤 국가의 질서와 안전을 유지하기 위한 평화적 수단인지, 나아가서는 세계의 평화를 확보하기 위한 평화적 수단인지에 관해서는 미국이 결정한다. [⋯⋯] 미국이 일반적이고 개방적인 개념들을 사용하여 왔다는 것은 바로 이 때문에 중요한 것이며, 미국의 위대한 우월성, 놀랄 수밖에 없는 정치적 업적도 일반적이고 개방적인 개념들의 사용이라고 하는 바로 그러한 사실에서 드러나고 있는 것이다."[207]

슈미트가 보기에 권력을 지니고 있는 국가가 전쟁과 평화에 대한 이해 방식을 스스로 결정하는 것은 결코 정치적 교활함이나 저열성의 표출로 이해될 수 없다. 그는 말한다. "나는 그러한 일방적이고 개방적인 개념의 사용을 저열한 교활함이나 마키아벨리즘이라고 말하려고 하는 것이 아니다. 그러한 종류의 탄력성, 그리고 넓은 개념을 조작하고 전 세계의 사람들에게 그것을 강제하며 그것을 존중하도록 만드는 능력은 세계사적인 중요성을 갖는 현상이다. 결정적으로 중요성을 갖는 정치적 개념들에 있어서 중요한 것은 바로 누가 그것을 해석하고 정의하며 적용하는가 하는 것, 평화란 무엇이며 군비축소란 무엇이고 간섭이란 무엇인가, 그리고 공공의 질서와 안전이란 무엇인가에 관하여 누가 구체적인 결정을 내리고 발언하는가라는 것이다. 정말로 힘을 가진 자가 스스로 개념들과 단어들을 결정할

• • •
207 카를 슈미트, 「현대 제국주의의 국제법적 형태들」, 『입장과 개념들』, 같은 책, 255쪽 이하.

수 있다는 것은 인류의 법적・정신적 생활의 극히 중요한 현상의 하나이다."[208]

위 인용문이 보여주듯이 슈미트는 미셸 푸코(M. Foucault)와 마찬가지로 권력을 단지 억압이나 금지라는 부정적인 메커니즘으로만 이해하는 것이 아니다. 권력은 슈미트에게 있어서 항상 자신에게 유리한 개념들을 결정하고 형성하고 유포시킴으로써 자신의 힘을 관철시킨다. 그런 점에서 권력은 지식과 앎의 체계를 동원하여 자신의 영향력을 유지하는 생산적 힘이기도 한 것이다. 그리하여 슈미트는 제국주의의 본질적인 요소에 속하는 것으로 단지 군사력이나 경제력만을 보는 것이 아니라 "스스로 정치적・법적 개념들의 내용을 결정할 수 있는" 능력 역시 강조한다.[209]

'인도(인간의 존엄성)에 반하는 범죄'(crimes against humanity)나 전쟁범죄를 막기 위한 보편적・도덕적 의무가 존재함에 입각하여 '인도주의적 개입'(humanitarian interventions)을 주장하는 담론들이 제2차 세계대전 이후 점차로 널리 인정되었다. 그렇지만 인권 이념과 보편적・도덕적 의무에 입각한 인도주의적 개입 이론이 국제정치에서 권력정치의 도구로 전락하고 악용되는 사례는 드물지 않다. 예를 들어 미국은 연례인권보고서를 통해 중국이나 러시아의 인권 침해를 강하게 규탄하고 있지만 정작 9・11 이후 관타나모 해군기지나 아부그라이브 교도소에서 일어난 심각한 인권 침해에 대해서는 침묵으로 일관했다. 또한 미국은 이라크 전쟁을 정당화하는 과정에서 자유의 옹호와 폭정의 종식, 그리고 이라크와 반인도적인 테러집단과의 연루설 등을 사용한 것은 널리 알려진 사실이다. 이런 점에서 인권과 도덕, 즉 가치들 역시 정치적 갈등의 소용돌이에서 벗어날 수 없다는 점은 분명하다.

• • •
208 같은 책, 255쪽.
209 같은 책, 256쪽.

지금까지 살펴본 것처럼 정치적 갈등의 영향력에서 벗어나 존립할 수 있는 것은 없다. 경제적 불평등은 물론이고 이데올로기이든 종교든 고상한 도덕이든 정치적으로 동원되는 운명에서 벗어날 수 없는 것은 마찬가지이다. 달리 말하자면 젠더문제나 민족문제는 물론이고, 경제적 불평등 문제나 가치를 둘러싼 의견 대립도 때로는 정치적인 적대와 분열의 원인으로 작동할 수 있다는 것이다. 이런 점에서 볼 때 우리는 인정의 정치 혹은 정체성의 정치와 계급투쟁의 정치를 구분하고 후자에게 보다 우선적인 가치와 의미를 부여하는 시도가 정치적인 것에 대한 잘못된 인식에 기인한다고 보아야 할 것이다. 최장집 이외에도 지젝은 이런 입장을 고수하는 사람 중 대표적 인물일 것이다. 그는 생태적인 위험이나 과학기술 발전으로 초래된 사회·윤리적 갈등과 같은 적대는 계급 적대에 비해 부차적인 지위만을 지닌다고 주장한다.[210] 그래서 지젝은 계급투쟁의 정치와 페미니즘 및 반인종차별주의 투쟁 등과 같은 정체성의 정치 사이의 '근본적인 차이'를 주장한다.[211]

그러나 지젝의 입장은 사회를 적대로 가르는 특정한 기준에 선험적인 지위를 부여한다는 점에서 문제가 있다. 그는 적대를 계급관계에서 구한다. 그러나 적대 발생의 궁극적 근원이나 토대를 경제적 불평등이나 계급관계에서 구하는 것은 사회를 구성하는 여러 요소들 사이에 개입되어 있는 권력관계의 함수를 괄호치고 특정한 요소에 기본적인 동력학을 부여한다는 점에서 본질주의적 사고방식의 잔영에 지나지 않는다. 사회가 적대적 분열로 치닫는 원인은 역사적 상황에 따라 다르고 그 어떤 기준, 심지어 미적인 구별, 즉 아름다움과 추함의 구별도 사회에서 적대성이 분출하도록 하는 기준으로 작동할 수 있다.

---

210 슬라보예 지젝, 『전체주의가 어쨌다구?』, 한보희 옮김, 새물결, 2008, 195쪽 이하 참조.
211 슬라보예 지젝, 『시차적 관점』, 김서영 옮김, 마티, 2009, 708쪽 이하 참조.

그런데 지젝과 유사하게 최장집도 경제적 불평등의 계급 문제와 민족문제와 같은 정체성 정치를 구별하고 계급 문제에 보다 우선적 가치를 부여한다. 앞에서 보았듯이 최장집에 의하면 민족문제는 '상징적이고 이데올로기적인 문제'인데 반해, 사회경제적 문제는 '일반 국민들의 삶의 현실에 더 직접적이고 현실적'인 것이다. 그러면서 그는 민족문제가 불러일으키는 정치적 갈등을 노동문제의 영역에서 배제하여 이 둘 사이를 분리시키고 사회경제적 불평등의 문제에 집중하는 것이 바람직하다고 주장한다.

최장집은 2009년 12월 7일 연세대 국가관리연구원이 주관한 초청 강연에서도 유사한 주장을 했다. 그는 한국 민주주의가 처한 위기의 근원을 "사회경제적 문제와 그로부터 발생하는 갈등을 다룰 수 있는 정당 체제가 발전하지 못하"고 있는 데에서 구한다.[212] 그리고 한국사회의 민주주의가 가야 할 길에 대한 대안으로 그는 노동을 정치적으로 대표할 수 있는 정당체제의 구축을 제안한다. "오늘날 한국 민주주의가 곤경에 처해 있다면 그 출로는 무엇인가. 그동안 필자는 여러 기회로 민주주의 발전을 위해 진보가 개척할 수 있는 경로에 대해 말해 왔다. 1980년대 민주화운동에 뿌리를 갖는 한국사회의 진보에게 주어진 과제는, 민주주의가 허용하는 제도적 틀, 즉 정당을 중심으로 실제 사회경제적 문제를 해결할 수 있는 방향으로 에너지를 집중하는 데 있다."[213]

그러나 최장집의 제안은 지젝의 경우와 같이 매우 논쟁적인 전제를 안고 있다. 필자는 민족문제와 사회경제적 문제의 구분 자체를 부인하려는 것이 아니다. 그런 구분은 사회를 제대로 이해하기 위해서도 불가피한 것이기 때문이다. 그러나 사회경제적 불평등과 인종이나 민족 혹은 젠더와

• • •

212 이때 강연한 것을 수정한 글 「한국 민주주의, 어디서 와서 어디로 가고 있나?」가 다음 책에 실려 있다. 최장집 외 지음, 『논쟁으로서의 민주주의: 민주주의를 이해하는 문제에 관하여』, 후마니타스, 2013, 61쪽.

213 같은 책, 62쪽.

같은 소위 정체성 정치(identity politics)의 뿌리를 구성하는 '문화적 혹은 상징적 부정의'는 서로 환원 불가능한 독자적 논리를 지니고 있다. 그러므로 사회경제적 불평등 문제를 더 근원적인 것으로 보면서, 문화적인 인정의 부정과 모욕 및 무시로 인해 생기는 부정의의 문제를 사회경제적 불평등으로부터 초래된 파생적인 것으로 보는 입장은 경제 환원론적 유물론의 반복에 불과하다.

그뿐만 아니라 사회경제적 불평등과 인종이나 민족 혹은 젠더와 같은 소위 정체성 정치의 뿌리를 구성하는 '문화적 혹은 상징적 부정의'는 우리의 삶에서 서로 밀접하게 얽혀 있다. 이런 점에서 낸시 프레이저(Nancy Fraser)는 문화적 인정의 추구와 사회경제적 부정의의 교정 시도가 서로 결합되어야 한다고 본다. 그러면서 그는 문화와 정치경제의 중첩적 성격을 다음과 같이 강조한다. "경제 부정의와 문화 부정의는 통상 서로 비늘처럼 얽혀 있으므로 하나가 다른 하나를 변증법적으로 강화할 수 있다. 가령 불공정하게 어떤 것에 편견을 갖는 문화적 규범들은 국가와 경제 속에 제도화되어 있으며, 동시에 경제적 불이익은 공적 영역과 일상에서의 문화 만들기에 동등하게 참여하는 것을 방해한다. 그 결과는 종종 문화적 종속과 경제적 종속의 악순환이다."[214]

사실 인정의 정치 혹은 정체성 정치와 사회경제적 불평등을 시정하려는 정치 사이의 상호작용에 대한 강조는 어쩌면 최장집에게는 부당한 비판으로 인식될지도 모른다. 그 역시 이런 점을 잘 알고 있기 때문이다. 예를 들어 그는 한국사회 민주주의 발전을 구조적으로 제약하는 것으로 냉전체제 속에 처해 있는 분단국가의 상황을 강조하기 때문이다.[215] 그럼에도

• • •

214 낸시 프레이저, 「재분배에서 인정으로?」, 낸시 프레이저 외 지음, 케빈 올슨 엮음, 『불평등과 모욕을 넘어: 낸시 프레이저의 비판적 정의론과 논쟁들』, 문현아 · 박건 · 이현재 옮김, 그린비, 2016, 32쪽.

215 최장집 외 지음, 『논쟁으로서의 민주주의: 민주주의를 이해하는 문제에 관하여』, 앞의

그는 앞에서 본 것처럼 민족문제와 경제적 불평등 문제 사이의 내적 연관을 강조하기보다는, 후자를 중심으로 설정하고 경제적 불평등 문제가 민족문제와 겹치는 것을 피하고자 한다.[216]

게다가 정치적 갈등을 바라보는 최장집의 태도에도 문제가 있다. 물론 사회경제적 불평등의 문제에 초점을 맞추어 한국 민주주의의 위기를 극복해보려는 그의 시도는 정치적 갈등을 분류하는 그의 이해와 밀접하게 연결되어 있다. 바로 뒤에서 좀 더 살펴볼 것이지만 그는 민족문제와 같은 정체성 정치가 초래하는 갈등을 앨버트 허쉬만(A. Hirschmann)의 갈등 분류법을 활용하여 '나누는 것이 불가능한 갈등'(nondivisible conflicts)에 속하는 것으로, 그리고 사회경제적 불평등을 둘러싼 갈등을 '나누는 것이 가능한 갈등'(divisible conflicts)으로 이해한다. 이런 분류법이 안고 있는 문제점을 살펴보기 전에 적대 혹은 갈등을 어떻게 볼 것인가 하는 문제를 좀 더 다루어보자.

앞에서 슈미트를 다루면서 강조했듯이 적대성의 근원이 다원적이라는 입장을 갖고 있기에 필자는 최장집이 민족문제를 이데올로기적 정치에 의해 극단으로 치닫는 과장된 갈등의 요인으로 규정하는 것을 부인하려는 것이 아니다. 또 분단 극복과 통일이라는 민족문제의 궁극적 해결은 아니라고 해도 남북의 긴장 상태를 지속적인 평화 상태로 변화시키려는 노력이 없이 노동문제의 진보적 해결 가능성이 존재할 수 있는 것인지에 대하여 논의하고자 하는 것도 아니다. 다만 남북 사이의 긴장과 대립의 구조가 온존되는 한, 사회경제적 차원의 갈등을 좀 더 폭넓은 차원에서 드러내고

•••
책, 21쪽, 60쪽 참조

216 최장집은 정당정치 중심의 민주주의 이해와 포스트모던적인 차이의 정치를 구별한다. 같은 책, 198-199쪽 참조 최장집을 통해서 서구에서와 유사하게 한국사회에서도 정체성 정치와 계급 정치 사이의 구별과 상호 갈등의 현상이 존재함을 엿볼 수 있다. 필자는 정체성 정치와 재분배 정치 사이의 상호 이해가 추구되어야 할 필요가 있다고 본다.

이를 정치적으로 반영하는 길 자체가 쉽지 않다는 점을 지적하는 것으로 만족한다. 즉 반대 세력에 대한 '친북 좌파 빨갱이'라는 낙인이 정당을 해산할 정도로 강한 위력을 발휘하고 있는 엄연한 현실을 생각한다면, 민족문제와 노동문제가 상호 연결되어 있다는 사실을 부인하기 힘들다.

김동춘이 강조하고 있듯이 한반도의 '분단 · 전쟁체제'는 최장집이 강조하는 정당정치 활성화를 제약하여 정당의 이념적, 계급적 대표성의 다양한 분출을 억제하는 구조적 요인으로 작동하고 있다. "분단 · 전쟁정치는 자유, 복지의 개념을 반공주의의 틀 내에 머물게 함에 따라 한국에서 자유는 주로 재산권 보장과 경제적 자유를 의미하였으며, 민주는 선거를 축으로 하는 형식적 민주주의를 중시하였고, 복지는 공공복지의 축소와 가족복지 · 기업복지에 대한 과대한 의존으로 나타났다. 물론 시간이 지나 민주화가 진척되면서 민주주의의 폭도 넓어졌고, 공공복지도 확대되었다. 그러나 민주주의나 복지제도를 추동할 새로운 세력의 형성, 새로운 정당의 형성은 거의 성공하지 못해 여전히 구조적 제약은 강하게 작용하고 있다."[217]

남과 북이 실제로 전투를 하고 있지는 않으나 전쟁 상태 혹은 준 전쟁 상태에 있는 것은 분명하다. 홉스가 적절하게 지적하고 있듯이 "전쟁이라는 것은 싸움 혹은 전투 행위의 존재 유무만으로 판단하는 것"이 아니라, "일정한 기간에 걸쳐 전투의 의지가 존재하는 것이 확실하다면, 그 기간 동안은 전쟁 상태에 놓여 있는 것"이기 때문이다. 그리고 "끊임없는 공포와 생사의 갈림길에서 인간의 삶은 고독하고, 가난하고, 험악하고, 잔인하고, 그리고 짧다"[218]는 홉스의 평가를 동원하지 않더라도 지속적인 전쟁 상태 속에서 인간의 삶이 얼마나 고통스러운 것인가는 남과 북의 현대사가

• • •

217 김동춘, 「한국전쟁, 분단이 한국정치에 미친 영향: 구조화된 '예외상태'하의 자유, 민주, 복지」, 강정인 엮음, 『현대한국정치사상: 탈서구중심주의를 지향하며』, 아산서원, 2014, 109-110쪽.

218 토마스 홉스, 『리바이어던 1』, 진석용 옮김, 2008, 나남출판, 171쪽 이하.

보여주고 있다. 이런 긴장 상태는 바람직하지 않고, 그러므로 그것의 극복은 그 자체로도 좋은 일이다.

혹자는 이런 분석에 대해 대한민국의 현대사가 그렇게 비참한 것만은 아니고 오히려 성공적인 역사로 자리매김 되어야 한다고 반론할지도 모르겠다. 물론 이런 반론은 경청할 만하다. 대한민국 역사가 분단 속에서이기는 하지만, 정치·경제 영역을 포함한 여러 사회 분야에서 자부심을 느낄 정도의 성취를 이룩했다는 데 동의하기 때문이다. 그래서 우리 사회가 최근에 이룩한 산업화와 민주화를 '이중혁명'으로 규정하면서 그 성취가 세계사적 의미를 지니고 있다고 이병천은 강조하는데, 많은 한국인들은 이에 공감할 것이다.[219] 그리고 이런 평가는 우리 사회가 과소평가되어서는 안 될 수많은 문제점들을 안고 있음에도 변함이 없다. 따라서 분단의 역사를 전적으로 고통과 비극의 역사로 단정하는 태도에 대해 비판적일 필요가 있고, 무조건적인 통일만이 우리 사회가 취해야 할 길이라고 볼 필요도 없다. 이루 말할 수 없는 고통과 좌절을 안겨준 분단의 역사임에도 불구하고 우리 사회는 여러 의미 있는 성과들을 이루어냈기 때문이다. 마찬가지로 민주주의와 인권에 관해서는 물론이고 경제 성장에 관련하여 대한민국이 이루어낸 성과들을 분단 덕택으로 환원해서 이해하려고 하거나 냉전 상황 속에서 철저하게 미국과 일본 중심의 세계질서에 편입되었기에 그런 성공이 가능했다고 보는 입장을 이론적으로 진지하게 검토해볼 만한 학문적 입장이라고 보지 않는다.

다만 한번 우리가 성찰해보아야 할 것은 분단 상황, 사회경제적 양극화, 보수 세력 중심의 정당정치 상황 그리고 정치적 갈등을 대하는 우리 사회의 양자택일적 태도 등을 고려해볼 때, 대한민국이 성취한 역사적 업적들이

• • •
219 이병천, 『한국 자본주의 모델: 이승만에서 박근혜까지, 자학과 자만을 넘어』, 책세상, 2014, 418-419쪽 참조.

얼마나 지속가능한 것일까 하는 문제일 것이다. 이 물음에 대해 자신 있게 긍정적인 대답을 내릴 수 없다면 지나친 회의일지도 모른다. 그러나 미래에 대해 회의적이라고 해도 희망의 가능성을 전적으로 배제하는 것 역시 우리가 갈 길과는 거리가 있다. 현실과 미래에 대한 지나친 회의주의적 태도 역시 무책임한 결과를 초래할 것이기에, 경직된 회의주의에 대해서도 비판적 거리두기가 요구된다. 대단히 어려운 상황 속에서 이룩된 한국 현대사의 긍정적 성과들을 보다 지속가능한 것으로 만들려는 노력에 대한 희망이 전혀 없다면, 정치의 문화적 조건들에 대해 성찰해보려는 이 글의 존재 이유도 없는 것이리라.

정치와 도덕 그리고 갈등의 문제로 되돌아가 보자. 앞에서 보았듯이 최장집은 민족문제를 잠정적인 타협에 의해 유보하고 사회경제적인 갈등을 정치적으로 해결할 수 있는 방안을 모색하고 있다. 그러나 인간의 삶에서 도덕이 정치적으로 동원될 수 있는 유용한 무기이고 이를 기꺼이 사용함으로써 정치적 이득을 볼 수 있는 사람들이 존재한다면, 과연 이 갈등에 대한 탈정치화가 어떻게 가능한 것인가? 앞에서 언급했던 것처럼 이 물음은 필자에게는 정치와 민주주의를 이해하는 데 매우 중요한 문제로 보인다. 그런데 필자가 보기에 최장집이 이 문제를 쉽게 처리하는 것 같다. 그래서 이를 한번 중요한 문제로 제기하고 싶은 것이다.

무엇보다도 최장집이 앨버트 허쉬만(A. Hirschmann)의 갈등 분류법을 활용하여 민족문제를 '나누는 것이 불가능한 갈등'(nondivisible conflicts)에 속하는 것으로, 그리고 사회경제적 문제를 '나누는 것이 가능한 갈등'(divis-ible conflicts)으로 나누는 것[220]은 의문스럽다. 달리 말하자면 전자, 즉 나누는 것이 불가능한 갈등에 속하는 것으로 민족문제 외에도 인종, 언어, 종교 등을 둘러싼 갈등과 더불어 최근 미국 정치의 주요 갈등 이유들인

• • •
220   최장집, 『한국 민주주의 무엇이 문제인가』, 앞의 책, 78쪽.

낙태와 다문화주의 등을 거론하면서, 사회적 생산물을 둘러싼 갈등을 나누는 것이 가능한 갈등으로 보는 것이 과연 타당한가 하는 점이다.

역사적으로 볼 때 19세기와 20세기의 인류사가 계급 문제, 즉 사회경제적 문제와 결부된 갈등이었음을 생각해보면 이 갈등의 분류는 사실성이 부족한 것처럼 보인다. 최장집이 사회경제적 문제를 나눌 수 있는 갈등으로 분류하는 이유가 그런 갈등들이 "사회적 생산물의 분배를 둘러싼 것으로" 더 많거나 아니면 더 적은 것을 둘러싼 것으로 "협상과 조정이 가능"하다는 데 있다면, 이런 동일한 이유가 왜 소위 민족문제는 물론이고 언어나 다문화주의와 같은 주제들을 둘러싼 갈등, 소위 정체성 갈등의 문제는 협상과 조정이 불가능한 영역으로 파악되어야 하는지 의문이 든다. 만약 정체성 정치의 주제들이 나눌 수 없는 갈등에 속한다면, 이 문제들을 민주적인 방식으로 혹은 평화적 방식으로 해결하는 것이 거의 불가능하다는 추론이 가능할 것이다. 그런데 이런 추론들은 필연적인 것이 아닌 것처럼 보이고, 그런 문제들을 평화적 방식으로 해결할 가능성을 추구하는 것이 우리가 해야 할 일이라고 생각된다.

소위 나눌 수 없는 갈등의 영역으로 분류된 주제들에 대한 본질주의적 접근 방식을 피하기 위해서 우리는 사회경제적 문제, 즉 전통적인 용어로 본다면 계급 문제의 해결 가능성을 모색한 역사를 되돌아볼 필요가 있다. 현재의 사회경제적 문제는 자본주의 시장질서의 근본적 변혁을 통해서만 참답게 해결될 수 있다고 주장하는 급진적 좌파의 입장은 일단 도외시하자. 최장집 역시 이 가능성을 염두에 두고 있지 않다. 그런데 19세기와 냉전이 붕괴되기 이전의 20세기 후반에 이르기까지 많은 사람들은 사회경제적 문제를 사회적 생산물의 분배를 둘러싼 것으로, 즉 사회적 생산물을 누가 더 많이 갖고 누가 덜 갖고 하는 성질의 것으로 보지 않았다. 제2차 세계대전 후에 유럽의 여러 나라들이 사회민주적인 방식을 통해 사회경제적 문제를 합리적으로 해결하려 한 시도가 인류의 위대한 업적의 하나로 평가되어야 마땅하다고 생각하지만, 그 당시 유럽의 많은 좌파들 역시 사회민주적 타협에 대단히 비판적이었음을 기억해야 할 것이다. 그렇다면 19세기와 20세기에 걸쳐 많은 사람들이 사회경제적 문제를 둘러싼 갈등들을 나눌 수 없는 것으로 생각했지만, 이제 그것들은 나눌 수 있는 갈등으로 분류될 정도로 그 성질이 달리 이해되기에 이른 것이다.

민족문제도 마찬가지다. 식민지 모국에 대한 해방투쟁의 과정에서 민족문제는 극단적 대립의 성질을 띠고 진행되었다. 그러나 그런 투쟁을 통해 대다수의 나라들이 민족독립을 이루고 자립적 독립국가를 형성하는 식으로 민족문제는 일단락되었다. 우리 민족이 당면한 민족문제나 정체성 정치의 중요 이슈인 종교나 인종의 문제 등도 나눌 수 없는 갈등인 것처럼 보이지만, 궁극적으로는 나눌 수 있는 갈등으로 전화될 가능성은 존재한다.

민족문제를 탈정치화하자는 최장집의 주장은 다른 점에서도 문제가 있다. 그는 민족문제를 탈정치화하는 것이 어떻게 가능한지 그리고 그런 시도들을 방해하는 조건들이 무엇인지 등에 대해 많은 설명을 하지 않는다. 그러나 현실적으로 이런 주장이 실현될 수 있는 조건들에 대해 면밀하게 검토하지 않는다면, 그것은 공허한 주장에 그칠 것이다. 민족문제가 왜 그토록 적대적 정치로 등장하는지 그리고 그 문제를 억제시키면서(혹은 순치시키면서), 경제적 갈등을 중요한 정치 주제로 만들 수 있는 방안이 그가 항상 내세우는 사회적 약자를 대변하는 정당정치 활성화의 방안 이외에 무엇들이 있는지를 검토하는 것이 필요하다는 것이다. 그 출발점이 바로 정치의 적대적 성격에 대한 냉철한 이해가 아닌가 한다. 실제로 카를 슈미트의 의회주의 비판이나 '정치적인 것'에 대한 주장도 갈등을 합리적인 토론에 의해 쉽게 조정할 수 없게 하는 정념과 열정의 중요성을 강조한 것으로 이해될 수 있을 것이다.

Ⅳ. '정치적인 것'과 민주적 정치문화

갈등과 대립이 사회에서 억압되거나 배제될 수 있을지 모르지만 결코 완전히 해소될 수 없다는 관점은 정치를 이해하는 데 많은 시사점을 준다. 갈등과 대립의 분출을 단순히 위험한 것으로 치부하지 않고 그것을 더 나은 사회를 형성하기 위한 정치적 열정으로 활용하는 지혜가 더 필요하다. 그런 점에서 필자는 갈등과 대립의 분출을 민주주의 활성화의 근본적인 요소의 하나로 보며, 그런 갈등 출현을 합리적 토론이나 숙의 과정이 완전히 대체할 수는 없다고 본다. 그렇다고 이해 당사자들 사이의 갈등 출현을 보장하는 것이 민주주의의 전부일 수는 없다. 이해 당사자들 사이의 갈등을 합리적으로 조정하고, 토론과 심의를 통해 정치적 갈등의 분출이 사회적 연대와 통합 자체를 해체하지 않도록 하는 것도 정의로운 민주사회의 지속을 위해 필수불가결한 것이다.

정치가 본래 갈등과 적대성의 문제와 깊게 연루되어 있다는 점에 대한 충분한 이해를 기초로 해서 우리가 더 검토해야 할 문제는 한국 정치의 문화적 조건들에 대한 반성이다. 이는 한국의 정치행위 방식에 대한 분석을 포함하는 것이다. 예를 들어 한국의 정당이나 정치세력이나 한국 여론의 주도 세력 등은 과연 정치적 갈등의 증폭을 통해 자신에게 유리한 정치지형이 존재함에도 민족문제나 다른 문제를 정치적으로 동원하는 것을 절제할 정도로 신중한가? 또 한국의 시민사회와 일반 시민들은 민족문제를 '탈정치화'하는 것을 가능하게 할 수 있는 역량을 갖추고 있는 것인가? 이런 문제들에 대해 이 자리에서 상세하게 언급할 수는 없지만, 우리가 촛불집회를 둘러싼 진보진영의 논쟁 양상을 바라보면 사회적으로 큰 비용이 드는 갈등을 억제하고 그것들을 합리적으로 해결할 수 있는지에 대해 회의적이다.

더 나아가 최장집의 문제 제기가 안고 있는 한계점으로부터 우리는 역설적으로 정치적 적대성을 절차나 토론의 활성화 그리고 정당정치의 활성화에 의해서만 해결하기에는 역부족이라는 소중한 통찰을 얻을 수 있다. 의미 있는 토론을 가능하게 하는 조건들에 대해 우리가 더 많은 반성과 성찰을 해야 하는 이유가 바로 여기에 있는 것이다. 앞에서도 강조했듯이 사회에서 적대적 대립을 완전히 제거할 수는 없기 때문에, 민주사회는 정치적 갈등의 표출을 가능한 허용할 필요가 있다. 그렇다고 정치적 갈등의 표출 자체만으로 사회가 안고 있는 공적 문제들을 다 해결할 수 없다. 이런 맥락에서 필자는 "열정에서 시작하지만 타협으로 끝나는 정치의 길"을 강조하는 마이클 왈저(M. Walzer)의 정식화에 동의한다.[221] 다양한 정치적 이해관계의 표현을 허용하면서도 이를 정당정치의 경쟁체제나 시민들이 갖추고 있는 합리적 토론에 입각한 민주적인 소통 및 공론의 정치로 변형하기 위해서도 민주주의에 유리한 공동의 문화적 토대들을 어떻게 활성화할 것인가에 대해 더 많은 성찰이 필요한 것이다.

특히 다원화된 현대사회에서 민주주의가 제대로 작동하는 데 기여할 문화적 조건 중 하나는 공적 사안에 대한 시민들의 건전한 토론문화를 확보하는 것이다. 그리고 시민들의 건강한 토론문화를 바탕으로 민주주의를 더 튼튼하게 해줄 민주적 공론장의 활성화도 실현될 것이다. 정치적 참여와 의사결정 과정의 절차적 합리화 및 민주화도 중요하지만, 공적 사안에 대해 자유롭고 평등한 시민들 사이의 공적인 논의와 토의가 활발하게 작동할 수 있는 민주적 공론장도 지속적인 민주주의 사회를 위해서 중요하다. 특히 민주적 공론장의 활성화는 다양한 이해갈등이 대중에 대한 선동적인 정치와 결합될 가능성을 차단하는 데에서 매우 중요한 역할을 담당한다. 따라서 촛불집회를 둘러싼 논쟁에서 드러난 정치적 토론문화의 문제점을 간략하게나마 다루는 것이 필요하다.

• • •
221 마이클 왈저, 『정치철학 에세이』, 최홍주 옮김, 모티브북, 2009, 320쪽.

강준만이 적절하게 지적하고 있듯이 최장집-박상훈의 견해에 대해서 하승우와 이명원 등이 보여준 태도는 상당히 문제가 있다.[222] 이들은 상대방을 보수적('낡은 보수주의')이라는 딱지를 붙여 공격했다. 과연 최장집의 입장이 보수적인가? 필자는 그렇지 않다고 생각한다. 앞에서 보았듯이 이명원은 심지어 최장집-박상훈의 "제도민주주의 학파"를 "한국 정치의 위기"의 근원이라고 단정했는데, 이는 생산적인 토론과 무관한 것으로 보인다. 물론 우리는 특정한 사안에 대해 제시된 정치적 견해에서 그런 견해를 뒷받침해주는 민주주의 및 정치에 대한 상이한 입장의 문제점도 지적해야만 한다. 구체적 사안을 분석하고 이해하는 데에서 특정한 방식의 민주주의 및 정치에 대한 이해가 커다란 작용을 하기에 그렇다. 그런 점에서 최장집-박상훈이 현실을 분석할 때 가정하고 있는 이론적 틀을 쟁점의 대상으로 삼아 그것의 타당성 여부를 검토하는 작업은 정치적 토론의 질을 향상시키는 데 중요한 기여를 할 수 있다. 그러나 아쉽게도 토론은 그런 식으로 흘러간 것 같지는 않다. 강준만은 상대방을 '낡은 보수주의'라는 레테르를 사용하여 공격하는 태도를 지적한다. 그는 상대방을 '서구편향'적이니 '낡은 보수'니 하면서 비방성 딱지를 남발하는 무분별한 공격이 참다운 소통을 어렵게 만들 뿐이라고 말한다.[223] 인터넷 토론 공간이 새로운 민주주의의 장으로 평가받을 만한 여지가 전혀 없는 것은 아니지만, 그런 평가가 한국의 인터넷 토론문화에 대한 전반적이고 공정한 평가라고 보기는 어렵다. 예를 들어 최근 인터넷 포털 사이트 네이버가 확인한 바에 따르면 인터넷상에서 극소수 사람들이 댓글을 조직적으로 작성하여 네티즌 여론을 조작하려는 움직임이 있었다.[224]

* * *

222 강준만, 「진보진영의 소통불능, 최장집 비판의 편협성 개탄」, 앞의 책, 56쪽 참조.
223 같은 쪽.
224 전규찬, 「황우석 사태를 통해서 본 한국 저널리즘 양식의 비판과 전망」, 원용진·전규찬 엮음, 『신화의 추락, 국익의 유령』, 앞의 책, 349쪽 주석 3 참조.

이처럼 인터넷에서 토론이 권력과 자본의 영향력에 의해 조작되고 있다는 점을 도외시하더라도, 여러 주제들에 대한 토론 과정에서 네티즌들이 보여주는 야만적인 태도는 소위 만연해 있는 '악성댓글'의 현상이 웅변적으로 보여준다. 그렇다고 소위 전문적 지식인이나 자칭 진보적 지식인들의 토론 모습은 일반 네티즌들의 수준과 질적으로 다르다고 할 수 있는가? 그렇다고 보는 사람은 드물 것이다. 지식인들의 토론에서 지나친 정파성과 진영 논리에 매몰되어 토론장이 허물어지는 경우도 드물지 않기 때문이다. 철학자나 지식인이 정치적 공론장에서 어떤 특권적 지위를 누릴 자격이 있다는 것이 아니다. 철학자나 다양한 영역에서 활동하는 전문가 역시 정치적 공론장에서 단지 동료 시민들과 마찬가지로 시민의 자격으로 활동하는 것이다. 민주적 토론문화를 내면화하는 작업은 일반 시민들과 전문가 혹은 지식인 집단에 공동으로 해당되는 문제이다.

앞에서 간단하게 언급했지만 토론문화의 문제점과 더불어 지적해 두어야 할 또 다른 사항은 인터넷 공간이 과연 민주주의 활성화에 얼마나 긍정적으로 기여할 것인가 하는 점이다. 이 문제는 과학기술의 발전, 특히 컴퓨터 기술의 발전이 민주주의에 어떤 영향을 미칠 것인가 하는 문제와 연결된 것이기도 하다. 특히 우리나라는 그 어느 나라에서도 찾아볼 수 없을 정도로 빠르게 광범위한 디지털 혁명을 경험하고 있다. 촛불시위가 일던 2008년 말 현재 우리나라의 가구 인터넷 보급률은 80.6%로 세계 최초로 80%를 넘어섰음을 통계청 발표는 보여준다. 2008년도 가구당 컴퓨터 보유율도 80.0%로 세계 최고 수준이라고 한다. 2007년도 경제협력개발기구(OECD)의 조사에 의하면 한국의 가구 인터넷 보급률이 세계 1위였다. 이런 상황에서 네티즌들의 정치적 영향력이 강해지고 인터넷 공간의 정치적 중요성은 결코 무시될 수 없다.[225]

• • •
225 윤평중, 『급진자유주의 정치철학』, 아카넷, 2009, 164-165쪽 참조.

인터넷의 광범위한 보급과 인터넷 공간이 차지하는 정치적 영향력의 증대로 인해 인터넷 공간에서 이루어지는 공론장이 민주주의에 어떤 영향을 줄 것인가는 매우 중요한 실천적 의미를 지닌다. 컴퓨터와 같은 과학기술의 발전은 민주주의에 긍정적인 영향을 줄 것이라고 믿어 소위 전자 민주주의의 가능성을 주장하는 사람들도 존재하지만, 우리는 이 과학기술이 시민들의 일상 행동의 거의 전 영역을 감시할 무제한적 권력을 강화할 가능성에 대해서도 눈을 감아서는 안 된다. 예를 들어 정보통신 기술의 발달로 인해 정부나 거대 기업은 일반 시민들에 대한 세세한 정보들을 이제까지의 그 어떤 절대적 권력자보다도 더 많이 축적하고 이를 자신의 이익에 맞게 조작할 가능성이 존재한다.

인터넷 공간 자체가 태생적으로 민주적 공간은 아니다. 물론 한국사회에서 인터넷 공론장 혹은 전자 공론장 출현은 기득권 집단으로 변질된 제도언론과 다른 다양한 목소리가 분출될 수 있는 공간으로 기능하는 측면도 존재한다. 그런 점에서 전자 공론장 출현이 한국 민주주의 활성화에 관련해서도 긍정적 역할을 수행할 것이라는 희망이 존재하는 것도 당연하다.[226]

그러나 인터넷 공간 역시 자본과 권력 집단의 영향력에 의해 조작되고 지배되는 영역으로 전락할 가능성 역시 크다. 사실 인터넷 공간이 일반 시민의 이익에 기여하기보다는 기존 기득권 집단의 영향력 강화에 봉사할 가능성이 더 크다고 보아야 할 것이다. 이처럼 인터넷 공간의 등장은 정부 행위에 대한 공적인 감시의 가능성을 약화시켜 민주적인 정치의사 형성 과정의 본질적 특성이라 할 공개성과 투명성 원칙을 훼손할 가능성이 크다. 이는 정치적 행위가 비밀스럽게 소수의 힘 있는 자들에 의해 결정되는 것을 가능하게 하고, 결국 권력행사를 일반 시민이 스스로 결정하고 그들을 대신하는 대표 세력이 무책임하게 행동할 경우 그것을 견제하고 통제할

• • •
226 같은 책, 166쪽 참조

수 있다는 믿음에 기반을 두고 있는 민주주의를 후퇴시킬 것이다.

민주시민의 자질 중 하나가 동료 시민들과 공적 사안에 대해 심의하고 결정하는 능력일 것이다. 그리고 이런 자유롭고 개방적이며 합리적인 토의 능력의 배양은 자유로운 토론을 바람직한 것으로 이해하고 동료 시민들과의 이견에도 불구하고, 심의 결과를 존중하는 민주시민의 성숙한 태도를 길러내지 않으면 지속될 수 없다. 공개적인 토론이 의미 있는 정치적 결정 메커니즘이라는 것에 대한 시민들의 광범위한 믿음과 동의가 존재하지 않는다면, 토론에 의한 공적 사안의 해결을 기대하기 어렵다. 카를 슈미트가 현대 의회주의의 정신을 토론에 의한 정치에 대한 믿음으로 규정하고 자유로운 민주사회가 지속되기 위해서는 그런 토론 정신이 시민들 사이에 공유되어 있어야 한다고 강조한 것도 우연이 아니다. "토론의 전제로서 공통의 신념들은 [상대방에 의해] 기꺼이 설득될 의향, 당파적 구속으로부터의 독립 그리고 이기적인 이해관계에서 벗어난 태도 등이다. 오늘날 대부분의 사람들은 그와 같은 공평무사함을 거의 불가능하다고 생각하고 있다. 그러나 이런 회의조차도 의회주의의 위기에 속한다. 앞에서 언급된, 공적으로 아직 유효성을 갖고 있는 의회주의적 헌법의 여러 규정들은 모든 의회주의에 고유한 제도들이 토론에 대한 이 특별한 개념을 전제하고 있다는 점을 분명하게 인식하게 만든다."[227]

그러나 카를 슈미트가 지적하고 있듯이 대중사회가 출현하고 과학기술이 발달하면서 등장한 대중매체 및 여론조작 기술 등으로 인해 토론에 의해 공적 사안을 해결하려고 하는 의회주의적 정신의 토대가 크게 흔들리게 되었다. "의회주의의 상황은 오늘날 매우 위기에 처해 있다. 왜냐하면 현대의 대중민주주의의 발전이 논의적인 공적(공개적) 토론을 공허한 형식으로 만들어 버렸기 때문이다. [······] 오늘날 [······] 정당들은 의견들을

• • •
227 카를 슈미트, 『현대 의회주의의 정신사적 상황』, 나종석 옮김, 길, 2012, 17쪽.

토론하는 집단으로서 마주하는 것이 아니라, 사회적 또는 경제적인 권력집단으로서 서로 대립하고 쌍방 간의 이익과 권력의 가능성을 계산하고, 이러한 사실적인 기초에 의거해서 타협과 제휴를 체결한다. 대중은 선전기관을 통해 획득되고 있는데, 이 선전기관의 가장 커다란 영향은 즉각적인 이익과 격정에 의존하고 있다. 참다운 의미에서의 토론의 특징을 이루는 본래적인 의미의 논증은 사라졌다. 그 대신에 정당들 사이의 협상에서 이익들과 권력획득에 대한 목적의식적인 계산이 등장했다. 그리고 대중을 다루는 데에서 포스터와 같은 강렬한 암시, 즉 '상징'(Symbol)이 등장한다. [……] 그러므로 오늘날 의견의 옳음이나 진리에 대해 상대방을 설득을 하는 것이 더 이상 문제가 아니라, 다수와 함께 지배하기 위해 다수를 획득하는 것이 문제라는 것을 우리는 참으로 잘 알려져 있는 것으로 전제해도 된다."[228]

카를 슈미트는 정확한 시대 진단, 즉 현대 대중사회에서 토론에 의한 정치로 이해되는 자유주의적 입헌민주주의를 가능하게 하는 '의회주의의 정신'이 파괴되어 버렸다는 진단에서 역설적이게도 바이마르 민주공화국의 해체 현상을 방어할 수 있는 합리적인 민주주의 이론을 도출하지 못한다. 그를 비롯하여 바이마르 공화국 시기 독일의 내로라하는 엘리트들은 민주주의의 힘과 활력을 지속적으로 유지할 수 있는 방안에 대한 고민을 하기보다는 그 한계에만 더 많은 관심을 기울였다.

그래서 존 롤스(J. Rawls)는 독일 바이마르 공화국이 몰락하게 된 원인의 하나를 정의로운 민주적 정치체제와 사회가 성립가능하다는 데에 아무런 신념을 보여주지 못했던 독일 엘리트들의 지나친 회의적 태도에서 구한다. "우리가 정의롭고 질서정연한 민주사회가 불가능하다는 입장을 상식적 지식으로 당연히 받아들인다면, 그러한 태도의 질과 논조는 그러한 지식을

• • •
228 같은 책, 18-19쪽.

반영하게 될 것이다. 바이마르의 입헌정체의 몰락 원인은 독일의 전통적 엘리트 그 누구도 그 헌법을 지지하지 않았거나, 또는 그것이 잘 작동할 수 있도록 자발적으로 협력하지 않았다는 점에 있다. 그들은 더욱이 적정한 자유주의적 의회체제가 가능하다는 것을 믿으려 하지 않았다."[229]

그런데 정의로운 민주사회가 불가능할 것이라는 믿음을 극복하기 위해서는 우선 인간에 대한 믿음을 회복해야 한다. 롤스가 지적하듯이 "적어도 합당한 정치적 관점의 정당성과 정의관을 이해할 수 있고, 그에 따라 행동하고, 그에 의해 충분히 영향 받을 수 있는 그러한 도덕적 본성"을 지닌 존재가 인간이라는 점에 대한 가정을 받아들여야만 한다.[230] 그런 점에서 롤스가 정의로운 민주사회에 어울리는 정의관을 철학적으로 해명해보려고 시도할 때, 그의 정치철학 혹은 그의 정의론은 자신이 궁극적으로 합당하다고 믿고 있는 가정, 즉 인간의 도덕적 본성에 대한 신뢰가 공허한 가상이 아니라는 점을 내보이려는 실천적 의도를 지니고 있다.

여기에서 우리는 그 어떤 궁극적 문제 상황에 직면한다. 정의로운 민주사회가 가능하기 위해서는 적어도 인간이 도덕적 존재임을 믿어야만 한다고 롤스가 강조했을 때, 그것은 실존적 의미도 지닌다. 한 사회의 구성원들이 정의로운 민주사회의 가능성과 인간이 기본적으로 정의로운 사회를 형성할 정도의 도덕적 본성을 지닌 존재라는 사실에 대해서 냉소할 때, 나는 어떻게 할 것인가라는 물음으로 이어지기 때문이다. 달리 말하자면 정치철학 역시 궁극적으로는 나는 어떤 인간관을 견지하고 어떤 사회질서를 바람직한 것으로 이해하면서 자신의 삶을 선택할 것인가라는 물음으로 연결되지 않을 수 없기 때문이다.

물론 정치철학의 근본 문제, 가령 인간이란 도덕적으로 신뢰할 만한

• • •
229 존 롤스, 『정치적 자유주의 증보판』, 장동진 옮김, 동명사, 2016, 77-78쪽.
230 같은 책, 79쪽.

존재인지 아니면 기본적으로 타락한 위험한 존재인지 여부에 대한 최종적 해결책을 어디에서 구할 수 있는가 하는 문제는 늘 미해결의 상태로 남아 있을 것이다. 인간의 삶의 궁극적 문제에 대한 합리적인 근거 제시의 가능성을 믿지 않는다고 해도, 우리에게는 스스로 책임을 질 수 있는 결단이라는 또 다른 가능성도 존재한다. 인간이란 어떤 존재인지에 대한 궁극적 답변을 이성적 수준에서 만족할 정도로 제시할 수 있는지 여부에 대한 철학적 논쟁도 인류가 종말에 이르기까지 끝없이 진행될 것이다. 그러므로 적어도 민주주의 사회라고 한다면 정치적 문제들에 대한 자유로운 철학적 성찰과 비판적 논의의 공간 자체를 소중하게 간직하지 않으면 안 된다.

이런 점에서 존 롤스는 자유롭고 정의로운 사회와 관련된 다양한 문제들에 대한 철학적 성찰이 한 사회의 공적 문화 형성과 더 좋은 민주주의 사회를 형성하는 데 기여할 수 있을 것이라고 강조한다. "정의로운 민주사회가 가능한지 그리고 정당한 이유에 입각하여 안정적일 수 있는지의 질문에 우리가 제시하는 답변은 전체로서의 세상에 관한 우리의 배경적 사상과 태도들에 영향을 미치게 된다. 그리고 그러한 답변은 우리가 실제 정치에 임하기 전에 이러한 사상들과 태도에 영향을 미치고, 우리가 어떻게 실제 정치에 참여하여야 하는지를 제한하거나 고무하기도 한다. 일반적인 철학적 문제들에 대한 토론은 일상적 정치의 재료가 될 수는 없지만, 그러한 현실이 이러한 철학적 질문들을 무의미하게 만들 수는 없다. 그 이유는 그러한 질문들에 관해 사고하는 바가 공적 문화와 정치행위의 기반이 되는 태도를 형성할 수 있기 때문이다."[231]

이처럼 우리 사회의 민주주의를 더 나은 상황으로 만들기 위해 자유롭고 격의 없는 상황에서 정치적 문제들과 관련한 철학적 성찰과 논의가 이루어질 수 있는 학문적 장의 활성화도 중요하다. 물론 이런 것과 별개로 우리

• • •
231 같은 책, 77쪽.

사회의 민주주의를 지속가능한 질서로 굳건하게 하기 위해 우리가 해야 할 일들은 많을 것이다. 그럼에도 시민의 민주적 능력을 어떻게 배양할 것인가 하는 문제는 여전히 한국 민주주의가 해결해야 할 중요한 문제의 하나임은 분명하다.

독일 바이마르 공화국의 역사적 경험에 대한 전후 독일의 성찰은 우리에게도 시사하는 바가 크다. 물론 독일의 역사적 경험과 우리 사회의 그것을 비교할 경우 그 역사적 경로가 다르다는 점도 주목해야 한다. 한국사회는 독일과 같이 침략전쟁을 벌인 것이 아니라, 일본에 의해 식민지배를 당한 사회로 독일과 다르기 때문이다. 그러나 민주사회의 지속가능성 문제를 성찰할 때 독일의 경험이 중요하기에 언급될 필요가 있다. 독일 바이마르 민주공화국이 나치즘에 의해 해체되고 그 체제가 독일과 인류사회에 가져다 준 대재앙과 같은 광란의 폭력성으로 인해 전후 독일에서도 어떻게 정의로운 민주사회가 지속적으로 존립할 수 있는지에 대해 다방면에서 고민을 했다. 이런 고민에서 민주주의에 호의적인 민주적 시민사회 및 민주적 정치문화를 형성하려는 노력도 빼놓을 수 없는 것이었다. 바이마르 민주공화국의 비극적인 역사적 경험을 성찰하면서 민주적 정치문화를 활성화하기 위한 노력이 지니는 중요성에 대한 독일의 헌법학자인 뵈켄회르데(E.-W. Böckenförde)의 다음과 같은 지적은 경청할 만한 것이다. "특히 민주제의 생존능력은 윤리적 전제들에도 달려 있다. 그와 같은 윤리적 전제들로 들 수 있는 것으로는 한편으로 시민과 공직자들에게 최소한의 민주적 에토스가 있어야 한다는 것이다. 그와 같은 에토스는 가령―타인의 정치적 견해를 정면으로 거부하는 경우에도―타인에게 동등한 정치적 생존권을 인정하는 자세, 논증과 타협에 대한 개방적 태도, 민주적 게임의 규칙들, 특히 정치권력의 획득의 기회 균등에 대한 유보 없는 존중, 민주제의 원리들 자체를 의문시하지 않는 다수결에 대한 충실성 등에서 나타난다. 다른 한편, 정치적 결정을 자기 자신의 이익이 아니라 만인의 공통된 이익의 관점에서 내리려는 자세가 그와 같은 에토스의 일종이다. [……] 그와 같은 에토스(품성)는 민주제의 조직적 건축양식에서 민주주의를 유지하는 원리로 전제되어 있으며, 그에 대한 존중은 민주제의 실존과 실현을 정신적인 영역에서 비로소 가능하게 만드는 것이다."[232]

민주주의의 안정성과 지속성을 어떻게 보장할 것인가를 고민할 경우에 민주주의 이념을 더 잘 대변할 수 있도록 정치적 및 사회적 제도들의 개선에도 노력을 기울여야 한다. 그러나 민주주의의 지속성을 가능하게 해주는 것은 궁극적으로 민주주의 원리를 제대로 구사하여 그것에 생명력을 부여할 수 있는 시민들의 민주적 능력이다. 이때 민주적 시민의식의 육성을 위해 필요한 것의 하나로 필자가 주목하는 것은 민주주의와 우리 사회의 전통, 예컨대 동아시아의 유교 전통과의 접맥의 중요성에 대한 성찰이다. 달리 말하자면 민주주의를 서구에서 유래하여 우리 사회에 이식된 것으로 보기보다는 유교 전통 속에 면면히 흐르고 있는 유교적 이상사회에 대한 희망과 약속을 정의로운 민주주의의 입장에서 해석하여, 유교적 민본주의 및 대동세계에 대한 꿈과 민주주의 사이의 대화를 시도하는 것이 필요하다는 것이다.

유교적 대동세계 및 민본주의와 민주주의 사이의 대화는 민주주의를 우리 사회의 전통 속에 기입하는 행위이면서 동시에 전통의 혁신적 재규정과 재해석 작업을 의미한다. 이런 이중적인 해석 작업을 통해 우리는 전통과 민주주의가 낯선 것이 아니라, 민주주의를 우리의 '오래된 미래'였다고 생각하게 될 것이다. 그리고 민주주의를 전통에 기입하는 것은 전통에 대한 새로운 해석의 시도로 전통을 재규정하는 활동일 수밖에 없다. 그리고 전통에 대한 새로운 해석을 통해 이루어진 전통에 대한 확장된 사유와

• • •
232 에른스트 볼프강 뵈켄회르데, 『헌법과 민주주의: 헌법이론과 헌법에 관한 연구』, 앞의 책, 305쪽. 번역을 약간 수정했다.

새로운 이해는 서구사회에서 등장한 민주주의에 대한 이해보다도 더 생생할 뿐만 아니라, 더 나은 민주주의 이해의 가능성을 추구하는 작업이기도 하다. 그러므로 우리는 전통과 민주주의 사이의 교차적인 대화를 민주적 정치문화의 생활화에 중요한 과제로 인식할 필요가 있다.

V. 유교적 정치문화와 한국 민주주의

1) 유교적 정치문화와 오늘날 한국정치

한국의 민주적 정치문화의 활성화와 유교적 전통 사이의 관계를 논하는 것이 어떤 사람들에게는 어리둥절하게 여겨질지도 모르겠다. 그러나 유교적 전통이 오늘날 우리 사회에 긍정적이든 부정적이든 여러 방면으로 영향력을 행사하고 있다는 점을 부인하는 사람은 드물 것이다. 우리 사회에서 사람들이 사회적으로 결합하는 방식은 19세기 이후 큰 변화가 없었다는 주장이 제기되고 있다. 예를 들어 한국사 연구자인 미야지마 히로시(宮嶋博史)는 한국에서 기업 조직의 형태나 운영 방식은 유럽이나 일본과 다르다고 말한다. 일본의 기업은 일본의 전통적인 '이에'(家)적인 성격을 이어받아 경영자와 고용자가 한 가족같이 의식되었던 데 반해, 우리 사회에서 재벌의 경우처럼 기업의 경영주체가 가족에 의해 구성되고 있다고 미야지마 히로시는 강조한다. 이렇게 기업이 만들어지고 운영되는 형태가 왜 다르게 되었을까 하는 의문에 대해 그는 다음과 같이 말한다. "그렇게 기업이 만들어지는 원리는 어디에 있을까요? 저는[미야지마 히로시: 필자] 유럽의 자본주의를 받아들이면서 그때 처음 생긴 게 아니고 그전에 있었던 사회적인 결합의 형태를 기본으로 해서 기업도 만들어졌다고 생각합니다."[233]

• • •
233 임형택 · 미야지마 히로시 · 백영서, 「대화: 해방/종전 70년, 새로운 패러다임을 찾아

사실 가족은 사회적 결합의 가장 기초적 단위이다. 가족 및 친족결합의 특성이 각 나라(한국이나 중국 그리고 일본)의 사회구조 성격을 규정하는 데 미치는 영향력은 매우 크다. 따라서 가족을 구성하고 운영하는 원리에 대한 인식은 한국사회 전반, 이를테면 시민사회, 기업사회 그리고 한국의 정치사회의 작동원리를 해명하는 데에도 많은 시사점을 줄 것임에 틀림없다. 그런데 우리 사회 가족생활의 성격을 규정하는 데 유교적인 가족운영 원리 및 그 행위 패턴이 커다란 영향력을 주고 있다. 특히 17세기를 경유하면서 조선사회에 일반화된 부계 혈연 중심의 가족제도는 18세기 이르러 일반 민중에게까지 파급되어 오늘날에 이르고 있다.[234] 산업화와 민주화의 과정에서 유교적인 전통적 가족제도는 커다란 질적 전환을 겪고 있지만, 조선에서부터 이어져 내려온 유교적 가족주의 전통이 재벌의 존재 양상을 규정하는 데에만 영향을 주는 것은 아니다.

유교적인 가족 및 친족제도를 비롯하여 유교적인 전통은 소멸되는 것이 아니라 현대 한국사회에서 변형된 형태로 지속되고 있다.[235] 정치사회에서 유교적 전통이 지속되는 사례도 자주 목도된다. 예를 들어 지난 2012년 18대 대통령 선거에서 커다란 주목을 받았던 안철수 현상을 유교적 문화의 맥락에서 이해하는 시각이 존재한다. 박홍규는 2012년 대선후보를 사퇴한 안철수를 18대 대통령 선거의 주인공으로 이해한다. "정치적 경험도 정당 조직도 없이 안철수 후보는 단신으로 민중의 지지를 업고 광풍을 일으키며 양대 정당의 기존 정치방식을 쑥대밭으로 만들면서 대선판을 종횡무진 누비고 다녔다. 그것은 '민란'이었다."[236] 흥미롭게도 그는 안철수 현상을

• • •
서」, 『창작과비평』 169, 2015, 125쪽.

234 미야지마 히로시, 『나의 한국사 공부: 한국사의 새로운 이해를 찾아서』, 너머북스 2013, 78-79쪽 참조

235 현대 한국사회에서의 가족 형태의 변형에 대한 연구로는 권용혁, 『한국 가족, 철학으로 바라보다』, 이학사, 2012, 참조

236 박홍규, 「유교적 정치가와 성숙한 민주주의: 안철수 '민란'」, 강정인 엮음, 『현대한국정

'민란'으로 규정하고 안철수를 "유교적 정치가"로 규정한다. 그는 안철수 현상으로 표출된 민중들의 새로운 정치에 대한 열망을 조선사회에서의 민란의 반복으로 이해한다. 1862년 진주에서 일어난 민란과 안철수 '민란'은 "기존 질서가 민중의 요구를 반영하지 못할 때 민중이 자발적, 주체적으로 기존 질서의 타파를 시도한다는 점"에서 그는 두 민란의 "구조적 유사성"이 있다고 강조한다.[237]

안철수 현상에 대한 박홍규의 분석이 타당한지에 대해서는 논란이 있을 것이다. 그러나 필자는 안철수라는 기업가 출신의 교수가 민중의 여망을 얻어 일약 대중적인 정치지도자로 성장하는 메커니즘이 한국사회가 조선사회로부터 이어받은 유교적 정치문화의 유산을 염두에 둘 때 잘 이해될 수 있다고 본다. 필자가 보기에 안철수의 경우처럼 교수사회나 기업에서 명망과 덕망을 쌓은 사람이 중앙 정치무대에서 민중의 강렬한 여망을 등에 업고 정치지도자로 성장할 수 있는 것은 유교적인 수기치인의 정치문화를 배경으로 하고 있다.

물론 안철수 현상은 새롭거나 예외적 현상이 아니다. 그 현상은 사실 우리 사회 민주주의 과정에서 반복해서 바라볼 수 있는 것이었다. 비근한 예로 김대중과 노무현 현상도 유교적 덕망가적 정치문화 속에서 나타난 것으로 이해될 수 있기 때문이다. 김대중 및 노무현은 어려운 시절 일신의 영달만을 추구하지 않고 우리 사회의 대의라 할 수 있는 인권과 민주주의 신장을 위해 온갖 어려움을 감내했다. 이런 희생정신을 발휘함으로써 그들은 백성들로부터 높은 신뢰를 얻어 민주주의 지도자로서 인정받을 수 있었고 개혁적인 대통령으로 선출될 수 있었다. 한국사회에서는 유능한 정치지도자가 되기 위해서 높은 식견이나 전문가적 지식 못지않게 나라와

치사상: 탈서구중심주의를 지향하며』, 앞의 책, 573쪽.

237 같은 책, 590쪽.

공동체 구성원 전체를 위해 사심 없이 노력하는 덕목이 매우 높게 평가된다. 주지하듯이 올바른 사람이란 개인의 사사로운 이익을 위해서가 아니라, 백성 일반의 행복과 공동체의 공익, 즉 공동선을 위해 애쓰는 사람이라는 인식은 우리 사회에서 전통적인 유교적 천하위공의 이념에서 유래한다. 그리고 이렇게 윤리적으로 올바르고 공정한 인물이 정치를 담당해야 한다는 이념은 단순히 이론적인 원칙에 그치는 것이 아니라, 우리 사회의 구성원들에게 오랜 세월을 거치면서 전통으로 내면화된 습속인 것이다. 유교적 전통에서 보면 법치(法治)보다는 인치(人治)와 덕치(德治)가 우선적 지위를 차지한다. 이런 유교적 습속, 즉 유교적 생활양식과 사유 방식은 정치지도자의 출현뿐만 아니라 정치적 행동 방식이나 저항운동의 형태에도 영향을 주지 않을 수 없다.[238]

그렇기 때문에 일반 백성이나 민중도 덕망이 있는 유능하고 공정한 인물의 출현을 기대하며 그 인물에게서 자신들의 상황을 개선할 수 있는 능력과 책임감 있는 지도자상을 발견하여 그런 덕망가적 지도자와 강한 일체감을 형성한다. 이와 마찬가지로, 공정하고 사사로운 이해관계를 초월하여 일반 사람들과 세상을 위해 노력해온 유능하고 덕망이 있는 인물들은 그들이 원하든 원하지 않든 상관없이 늘 정치지도자로 추대될 가능성을 안고 있는 셈이다. 이런 유교적 정치문화의 메커니즘이 없었다면, 안철수와 같은 사람이 하루아침에 전 국민적인 정치지도자가 될 가능성은 크지 않았을 것이다. 앞에서 언급했듯이 김대중 전 대통령이나 노무현 전 대통령은 말할 것도 없고 현재 문재인 대통령도 민주화운동 지도자 혹은 인권변호사로서 높은 명성과 덕망을 바탕으로 시민들의 신뢰를 얻어 결국 대통령의 지위에 올라갈 수 있었다.[239]

• • •

238 한국의 민주화운동과 유교적 정치문화 사이의 밀접한 연관성에 대해서는 이 책 제14장에서 다루었다.

239 이명박 대통령도 이른바 '개천에서 용 난다'는 우리 사회의 개방적이고 역동적 메커니즘

덕망이 있는 사람이나 지식인이 민중의 광범위한 지지를 통해 정치지도자로 발돋움할 수 있도록 만드는 한국사회의 유교적 정치문화의 배경에는 조선사회에서 본격화된 배움과 학문을 통한 신분상승의 문화적 경험이 존재한다. 이는 과거제도가 잘 보여준다. 조선이 건국 이후 인재선발 방식으로 채택한 과거제도는 기본적으로 가장 탁월한 능력을 지닌 사람에게 공직을 맡겨야 한다는 원칙을 바탕으로 하고 있다. 달리 말하자면 과거제도는 신분이나 세습적인 혈통과 같은 것에 의해 공직이 배분되는 것이 아니라, 스스로의 노력에 의해 능력을 키운 사람에게 공직이 할당되어야 마땅하다는 능력주의 원칙에 기초한 인재선발 방식이었다. 가문이 아니라 덕과 능력으로 정치가와 관료를 선발해야 한다는 것이 과거제도를 운영하는 기본 원리이자 정신이었다. 그것은 기본적으로 폐쇄된 신분사회가 아니라 개방적인 사회를 지향하는 것이었다. 이런 맥락에서 장은주는 공직을 가장 현명하고 능력이 있는 사람에게 배분해야 한다는 조선의 과거제도가 받아들이고 있는 원칙을 '유교적인 메리토크라시적 분배 정의의 이상'으로 규정한다.[240]

앞에서 강조한 것처럼 주자학의 이념을 토대로 하여 설립된 조선은 500여 년에 걸쳐 과거를 통해 선발된 관료에 의해 전체 국가를 통치하는 나라였다. 물론 주자학적 국가체제를 형성하는 과정에서 조선사회는 그 이전 시기로부터 전해져 내려오는 우리 사회의 전통에 의해 규정되는 측면도 존재했다. 특히 송대 이후 중국사회에서처럼 시장경제가 발달하지

• • •
에서 탄생한 인물이다. 물론 조선의 유교적 전통사회에서부터 축적되어 전해져온 우리 사회 특유의 역동적인 논리의 어두운 점에 대해서도 눈을 감아서는 안 될 것이다. 패거리 문화가 만연하는 것이나 정파적 이해로 인해 여러 세력이 비타협적인 방식으로 투쟁하는 모습 등은 이런 역동적인 정치사회의 논리가 초래한 부정적 얼굴의 몇 가지 사례일 것이다.

240 장은주, 『정치의 이동: 분배 정의를 넘어 존엄으로 진보를 리프레임하라』, 상상너머, 2012, 127쪽.

않았기에 주자학의 이념을 받아들이는 양상에서 조선은 중국과 중요한 차이를 보여주었다. 중국은 송대 이후, 특히 명대에 이르러 시장경제의 발전으로 인해 국가와 사회의 분리를 비롯하여 신분과 직업의 결합이 해체되고 천민신분은 범죄자에 한정되어 그 숫자가 미미할 정도로 비신분제적 국가로 변형되었다. 그에 반해 조선은 시장경제가 중국에 비해 현저하게 발달되지 않은 상황으로 인해, 사회적 분업을 시장경제의 원리에 맡길 수 있는 사회경제적 조건이 결여되어 있었다. 그리하여 조선은 주자학에 의한 국가모델을 도입하면서도 일정한 정도로 신분제적 성격을 지니는 국가로 될 수밖에 없었다.[241]

그럼에도 불구하고 조선은 도쿠가와시대 일본과 비교해보면 사회적 분업을 전적으로 신분제 원리에 맡긴 사회가 아니었다. 달리 말하자면 조선사회는 일본의 에도시대와 비교해보면 아래에서 위로 신분상승이 가능한 비신분제적 성격을 갖고 있는 개방적인 사회였다. 예를 들어 에도시대 일본은 무사, 농민, 상업 및 수공업 종사자인 조닌(町人) 그리고 에타(穢多)라 불리는 도살과 피혁제품 생산에 종사하는 천민으로 구성된 엄격한 신분제 사회였다. 이런 신분에 속하는 사람들은 국가에 의해 집단적으로 특정한 직역을 담당해야 했다. 달리 말하자면 에도시대 일본에서 직역은 신분을 표시하는 것이기도 했다. 그런데 조선에서 직역은 그것을 부담하는 사람의 소속 집단에게 부과되지 않았다.[242] 그래서 같은 가족이면서 다른 직역이 부과되는 현상이 존재했다. 미야지마 히로시는 이런 사실로부터 다음과 같은 조선사회의 성격을 도출해낸다. "직역이 집단을 통해 부과되는 것이 아니었다는 사실은 조선사회가 중국과 마찬가지로 신분제 사회보다는 훨씬 개인주의적 성격이 강한 사회였다는 이야기도 된다. 중국에서는

• • •
241 미야지마 히로시, 『나의 한국사 공부: 한국사의 새로운 이해를 찾아서』, 앞의 책, 136-137쪽 참조.
242 같은 책, 138-139쪽 참조.

같은 가족이라도 다른 직업에 종사하는 사례를 흔히 볼 수 있는데, 이런 일은 중국사회의 개인주의적 성격을 잘 나타내 준다. 관인(官人)이나 농민, 상인 같은 신분이 존재하지 않았던 것도 조선사회와 마찬가지였다."[243]

　　조선사회는 도쿠가와시대의 일본사회와 달리 통치행위를 독점적으로 담당하는 신분이나 가문이 존재하지 않았다. 에도시대의 일본에서는 통치행위를 대를 이어 담당하는 가문이 존재했다. 달리 말하자면 상업이나 농업과 같은 직업을 신분에 의해 담당하는 것과 마찬가지로, 에도시대 일본에서는 몇몇 가문이 가업(家業)으로 통치를 담당했던 것이다. 그리고 이런 가업은 대를 이어 그 가문에 세습되었던 것이다. 과거제도를 통해 국가의 통치관료를 실력 원칙에 입각하여 선발했던 조선사회와 달리 에도시대 일본은 과거제도를 운영하지도 않았고, 직역과 신분을 고정적으로 결합시켜 사회를 통제한 신분제 사회였다. 그렇기 때문에 일본에서는 자신의 신분에 부과된 직역, 즉 농업이나 상공업 등에서 탁월한 장인정신을 발휘하는 것을 통해서 사회적 인정을 받을 수 있었다. 사회적으로 성공하기 위해 자신의 세습적 직역에 전념을 기울여 가업을 발전시키지 않으면 안 되었다. 즉 에도시대 일본사회는 신분제 사회로 직역을 대대로 이어받아야만 했기 때문에, 가업을 발전시키기 위해 노력했고 그 결과 100년이 넘도록 동일한 직종을 담당하는 신분계층이 존재할 수 있었던 것이다.[244]

　　앞에서 강조했듯이 일본과 달리 조선사회는 중국과 마찬가지로 과거제도에 의해 관료를 등용했기에 통치를 독점적으로 담당하는 집안이 존재하지 않았다. 비록 16세기 이후 조선에서도 양반의 신분화 경향이 대두되지만

● ● ●

243　같은 책, 140쪽.

244　최재석은 이런 일본사회의 성격을 보고 일본의 산업화의 토대가 한국사회보다 더 강했다는 결론을 도출한다. 최재석, 『역경의 행운』, 만권당, 2015, 281쪽. 이런 식의 결론이 타당한지 여부를 제외하더라도 한·일 간의 사회구조 비교에 입각하여 한국과 일본이 겪은 근대화 경로의 상이점을 해명하려는 시도는 매우 중요하다.

제15장 문화와 정치 | *929*

통치를 독점적으로 담당하는 가문은 출현하지 못했다. 조선 후기에 특정 가문에서 과거에 급제하는 사람의 수가 많아지고 평등한 관료의 등용문인 과거제도의 개방성이 약화되었음에도 불구하고, 그 어떤 유명 가문 출신이라는 것 자체가 과거급제를 보장하지는 못했다. 이런 점에서 양반의 신분화 경향은 근본적으로 제한적일 수밖에 없었다. 그러므로 조선의 양반은 유럽의 귀족이나 에도시대 일본의 사무라이 같은 신분과 근본적으로 그 성격을 달리하는 사회적 신분이었다. 조선 후기에 양반이라는 신분으로 호적대장에 표기된 주민의 수가 70~80%나 되는 현상은 바로 조선사회가 전형적인 의미에서 신분제 국가가 아니었을 뿐만 아니라, 양반도 순수한 의미의 신분이 아니었다는 점을 상징적으로 보여준다. 지배계층이 70~80%를 차지한다는 것 자체가 어불성설일 것이다.[245]

이처럼 조선사회에서 관료와 통치계층이 신분에 의해 고정화되어 있지 않고 원칙적으로 평민 이상의 모든 백성이 능력만 갖추면 과거제도를 통해 관료가 되어 사회적 신분의 상승 가능성이 보장되어 있었다. 관리가 된다 해도 그 관직은 세습되지 않았던 것이다. 물론 이런 유교적 메리토크라시적 사회로 인해 조선사회에서 권력을 둘러싼 경쟁과 갈등이 극한으로까지 치닫는 등 부정적 현상도 존재했다. 통치계층을 구성하는 관료들이 과거제도에 의해 선발되고 그 숫자는 한정되어 있었기 때문이다. 달리 말하자면 통치를 특정한 가문과 신분에 맡기지 않고 모든 백성들에게 개방했기 때문에 출세를 향한 좁은 문을 놓고 모든 백성이 과거시험에서 유리한 위치에 서기 위해 서로 격렬하게 경쟁을 하는 현상이 벌어졌던 것이다. 오늘날 우리 사회에서도 권력을 둘러싼 경쟁과 갈등이 전 국민적 차원에서 등장하는 것도 그런 현상의 지속일 것이다.

• • •
245 미야지마 히로시, 『나의 한국사 공부: 한국사의 새로운 이해를 찾아서』, 앞의 책, 142-143쪽 참조.

만약 한국이 일본사회처럼 장기간 동안 특정한 신분과 특정한 직업을 일치시키는 신분제 사회를 유지했다면, 그리고 특정한 가문에게만 독점적으로 통치를 담당하게 했던 사회라고 한다면 김대중, 노무현, 이명박 그리고 문재인이 보여주듯이 맨손으로 한 나라의 대통령에 이르는 정치적 역동성의 출현은 불가능했을 것이다. 한국사회의 정치적 역동성의 비밀은 그레고리 헨더슨(Gregory Henderson, 1922~1988)의 용어에 기대어 본다면 중앙권력을 향한 소용돌이 구조 속에 있다. 그는 1968년에 나온 『소용돌이의 한국정치』(Korea: The Politics of the Vortex)라는 책에서 유교적인 조선사회에서부터 누적되어온 한국정치의 작동 방식에 대한 통찰력 있는 분석을 제공했다. 그에 의하면 한국사회는 모든 사회단체들이 중앙권력을 장악하기 위해 격렬하게 경쟁하는 소용돌이(vortex) 속에 연루되어 활동하는 정치행동의 패턴을 보여준다. "한국의 정치역학법칙은 사회의 여러 가지 능동적 요소들을 권력의 중심으로 빨아올리는 하나의 강력한 소용돌이 형태를 띠게 되었다."[246] 헨더슨에 의하면 한국정치 및 한국사회의 특성인 소용돌이 형식의 대중사회는 이중적이다. 그것은 한편으로 민주주의로 나아갈 가능성을 풍부하게 갖고 있다. "유동성이 야망과 강력한 동기를 부추기고 창조력을 크게 고무할 것이다. 이런 것들은 한국인들이 태어날 때부터 갖고 있는 특질이다. [……] 한국사회는 극도로 개방적인 사회이다."[247]

다른 한편으로 소용돌이 구조는 사회의 다양성과 다원성을 보장하는 중간 영역의 활성화를 저해하여 민주주의로 나가는 길에 장애가 되기도 한다. 달리 말하자면 한국사회의 소용돌이 구조는 한국인들을 중앙집권적인 권력을 향한 상승이라는 단일한 열망에 노출시켜 다양한 중간집단들이 응집력과 독립성을 유지할 수 있는 기반을 해체하는 방식으로 작동한다.

• • •

246 그레고리 헨더슨, 『소용돌이의 한국정치』(Korea: The Politics of the Vortex), 박행웅・이종삼 옮김, 한울아카데미, 완역판, 2013, 40쪽.

247 같은 책, 654쪽.

비근한 예들로는 서울공화국으로 불릴 정도로 모든 권력이 수도권에 집중하는 현상이나 정치지도자를 중심으로 정당이 이합집산 하는 현상 외에도 폴리페서 현상이 존재한다. 조금이라도 유명세를 타는 지식인이나 교수가 정치사회 및 권력 상층부로 진출하려는 욕망을 지니게 되는 것도 지식인이 통치를 담당한 조선의 유교적 능력주의 사회를 배경으로 하는 것이다. 그리고 이런 식의 행동 패턴은 학문사회의 자립성과 전문성을 강화시키기보다는 약화시키는 역기능도 지닌다. 시민사회 운동가들이 반복해서 정치권에 진출하는 현상도 마찬가지로 소용돌이 정치 역학 전통에서 나타난 것인데, 이런 유교적 정치문화를 배경으로 해 작동하는 정치사회와 시민사회의 긴밀한 연계가 긍정적인 면과 더불어 부정적인 면도 지니고 있음은 분명하다.

더 나아가 한국에서 정당정치의 활성화를 고민할 때, 우리는 전통적인 덕치 위주의 유교적 정치적 문화를 제대로 고민하지 않으면 안 될 것이다. 우리 사회 구성원들에게 영향을 주고 있는 유교적 정치문화의 작동 방식에 대한 철저한 인식이 없이 제기되는 정치제도 개혁론의 한계도 여기에 있다. 유교적 정치문화가 현대 한국인들의 정치 및 정치가에 대한 상을 규정하고 있는 이상 그런 습속에 의해 매개된 올바른 정치 및 정치행위 방식 그리고 정치가에 대한 사회적 상상의 틀을 무시하고서는 제도 개혁의 성공은 보장받기 힘들다.

민주적 에토스를 형성하는 노력과 관련해서도 우리는 유교적 정치문화에 대한 좀 더 개방적이고 다면적인 논의가 필요하다. 앞에서 본 것처럼 500년 이상 지속된 조선사회에서부터 본격적으로 누적되어온 유교적 삶의 양식과 정치문화는 오늘날에도 여전히 그 영향력을 행사하고 있다. 그러므로 유교와 민주주의 사이는 양립할 수 없다는 태도는 커다란 한계가 있다. 물론 유교적 생활습속의 일부가 민주주의에 어울리지 않는다거나 정의로운 민주적 입헌주의 사회를 형성하는 데 걸림돌이 되는 측면도 있을 것이다.

이런 측면을 제대로 극복하기 위해서라도 유교적 정치문화 및 생활양식 속에서 민주주의와 입헌주의의 전통을 발굴하고 기존 유교적 사유 방식을 비판적으로 재검토하면서 유교 전통에 대한 새로운 해석을 제시할 필요가 있다.

달리 말하자면 우리에게 요구되는 것은 유교적 사상 전통을 민주주의와 연결시켜 해석하고 그런 새로운 민주적 유교 해석이 기존의 유교적 사유 방식에 비해 더 타당하고 더 탁월한 것으로 인정받을 수 있도록 노력해야 한다. 그러할 경우에만 비로소 우리 사회의 민주주의는 더 활기차게 작동할 수 있을 것이다. 이런 맥락에서 필자는 유교적인 민본적 민주주의 혹은 대동민주주의 사상을 유교 사상에 대한 새로운 해석으로 제시한 바 있다.[248]

유교적 대동민주주의는 유교 사상에 대한 새로운 해석에 그치지 않는다. 그것은 조선 후기 사회에서부터 독립운동 및 분단 이후 대한민국의 민주주의 발전 과정에서 작동되어왔던 역사적 동력의 근본정신을 해명하는 중요한 이념이라고도 볼 수 있다. 우리의 역사를 이런 새로운 시각에서 해석하는 작업은 '유교적인 전근대 전통과 서구적인 근대'라는 이원론적 접근 방식에 의해 야기된 우리 사회의 문제점을 비판적으로 검토하려는 문제의식에서 출현한 것이다. 서구중심주의적 사유 방식과 도식에 포획된 나머지 우리 사회의 역사에 등장하는 대동민주주의 혹은 유교적인 민본적 민주주의의 흐름을 제대로 이론적으로 명시화할 수 없었다고 생각되기 때문이다.

2) 유교적 정치문화와 한국 정당정치 개혁 문제

유교적 정치문화의 영향사라는 맥락에서 한국사회의 민주주의의 모습을 비판적으로 성찰하는 작업은 최장집이 제안한 정당체제의 변화를 통해

---

248 이 책 제5장, 제9장 참조. 박홍규는 안철수 현상을 분석하면서 '민본 민주주의' 개념을 사용한다. 박홍규, 「유교적 정치가와 성숙한 민주주의: 안철수 '민란'」, 강정인 엮음, 『현대한국정치사상: 탈서구중심주의를 지향하며』, 앞의 책, 601쪽.

한국 민주주의의 위기를 돌파하려는 시도에 대한 보충이라고 볼 수 있다. 한국사회의 민주주의에 대한 최장집의 이해는 주로 민주주의의 제도적 실천, 즉 선거와 정당중심으로 움직이는 민주주의를 실질적으로 작동하게 할 수 있는 조건을 창출하려는 데에 주목한다. 간단하게 말해 그는 한국 민주주의의 출구를 "사회경제적 문제와 그로부터 발생하는 갈등을 다룰 수 있는 정당체제"의 발전, 즉 "노동이 정치적으로 대표되지 못하는" 상황을 타파할 수 있는 새로운 정당체제를 형성하는 데에서 구한다.[249]

필자는 사회적 약자들의 문제를 대변할 수 있는 정당이 발달하지 못하고 있는 상황에서 한국 민주주의의 위기를 진단하고 그에 대한 대안으로 노동문제를 대변할 수 있는 정당체제 형성을 제안하는 최장집에 대해 기본적으로 동의한다. 그러나 그런 정당체제 출현과 관련해서도 유교적 정치문화의 영향사에 대한 상세한 분석과 이해를 갖추지 않으면 안 된다고 본다. 「제도적 실천으로서의 민주주의」라는 글에서 최장집은 한국의 대통령제 개혁에 관련한 매우 흥미로운 분석을 수행한다. 그에 의하면 민주화 이후 한국사회 대다수의 정치 갈등과 경쟁은 "어떤 정치가가 대통령을 차지하느냐 그리고 대통령직의 임기와 권한은 어떠해야 하느냐 하는 등 권력의 최고 정점에서 대통령 개인을 둘러싸고 전개"되고 있다. 그런데 이런 현상을 초래한 중요한 요인 중 하나로 그가 드는 것은 한국사회에서 민주화가 "개혁적인 대통령을 선출하는 것"을 "가장 중요한 내용"으로 삼고 있었다는 점이다. 그래서 민주화 과정에서 민주화운동 세력은 새로운 정당체제를 형성하려는 명확한 문제의식을 결여한 채 "어떤 대통령을 세울 것인가"를 중요한 문제로 인식했다고 한다.[250]

그런데 민주화 이후 한국사회 민주주의를 한층 더 심화시키는 방안으로

• • •
249 최장집 외 지음, 『논쟁으로서의 민주주의』, 앞의 책, 61쪽.
250 같은 책, 184-187쪽.

최장집이 제시하는 것은 앞에서 본 것처럼 바로 "제도적 실천으로서의 민주주의"를 정착시키는 것이다. 그리고 이런 "민주주의의 제도적 실천"에서 중요한 것은 선출된 민주적 대통령이 사회의 한 "부분을 대표한다"는 점을 자각하는 것이다.[251] 물론 이런 인식의 전환은 현대 민주주의가 바로 정당중심의 정치제도라는 점을 보다 분명하게 통찰하는 것과 밀접하게 연결되어 있다. 이런 의미에서 최장집은 다음과 같이 말한다. "국가의 지도자가 부분을 대표한다는 인식을 갖기 시작할 때 우리는 민주주의의 가치와 의식의 전환이 일어날 계기를 얻을 수 있다. 정당이라는 뜻의 파티 (party)라는 말은 곧 파트(part), 즉 부분을 의미한다. 물론 민주주의하에서 대통령은 한 정당의 리더일 뿐만 아니라 한 나라의 수장이라는 이중적 역할을 맡고 있다. 그러므로 한 사회의 부분인 그의 지지자들의 이익과 요구를 대표하는 문제와 전체 사회의 이익을 대표하는 것 사이에 균형을 이루는 일이 매우 중요하다. 그런 능력이 곧 대통령의 리더십이라 할 수 있다."[252]

최장집의 문제의식에서 아쉬운 혹은 좀 더 보충되었으면 하는 부분이 바로 한국의 정치문화에 대한 감수성이다. 한국사회에서 왜 민주화 이후에도 여전히 정당중심의 정치제도가 뿌리를 내리지 않고 있는지에 대한 문제를 한국의 정치문화와 관련하여 제대로 된 분석을 최장집의 글에서는 찾아보기 힘들다. 우리나라의 민주화운동 세력이 어떻게 하면 개혁적인 지도자를 대통령으로 만들 것인가를 주로 생각했고 어떤 정당체제를 형성하기 위해 노력할 것인가의 문제를 소홀히 하여 초래된 여러 문제점을 진단하는 것은 물론 매우 중요하다. 그러나 그전에 혹은 그와 더불어 우리 사회에서 왜 그런 현상이 발생했는지를 우리 사회의 정치문화와 관련해서

● ● ●
251 같은 책, 191쪽.
252 같은 책, 192쪽.

분석해볼 필요가 있다는 말이다.

왜 우리 사회의 많은 구성원들은 대통령을 특정 정당의 지도자로서 바라보기보다는 초당파적 인물로 바라보는지, 그리고 그런 초당파적 대통령을 바람직한 대통령의 모습이라고 생각하는 것일까? 한국인들은 왜 대통령에 대해 정파적 이해관계를 초월한 상태에서 모든 일을 공정하게 처리하는 역할을 기대하는 것일까? 이런 집단적 기대 자체가 사실상 한국인이 내면화한 정치적 지도자에 대한 특정한 이미지나 상을 보여준다는 점에서 정치적 문화의 중요한 하나의 현상으로 이해되어야 할 것이다. 그리고 이런 현상, 즉 대통령은 특정한 사회 세력의 이해관계를 반영하는 정당 지도자라는 관념과 거리가 먼 정파적 이해관계를 초월한 역할을 수행하는 인물이고, 그런 인물이야말로 참다운 대통령상에 어울리는 지도자라는 집단적 관념은 적어도 조선사회의 유교적 전통에서 이어져오는 요순성왕에 대한 이미지를 고려하지 않고서는 이해하기 힘든 현상일 것이다. 한국 민주화운동 세력이 개혁적인 대통령을 선출하는 것을 민주화운동의 핵심적 과제로 설정했던 것도[253] 요순성왕으로 이해되는 위대한 지도자 혹은 덕망이 있는 지도자를 통해 한국사회를 개혁해보려는 열망의 표출로 이해될 수 있을 것이다.

필자가 추정하는 것과 같이 만약 오늘날에도 조선사회로부터 내려오는 유교적 정치문화의 영향이 우리나라의 대통령상에 대해서뿐만 아니라, 정당정치 체제에 대한 특정한 방식의 선이해, 즉 사회적 편견을 구성하고 있다고 한다면, 우리는 우리 사회의 '민주주의의 민주화'를 위해서도 유교적 정치문화의 작동 메커니즘에 대한 좀 더 심도 깊은 이해가 요구된다. 한국사회 민주주의의 위기를 극복할 수 있는 대안으로 최장집이 주장하는

• • •
253 물론 독재 권력에 저항하기 위해 모든 힘을 집중할 수 있는 방법으로, 대통령에 더 많은 관심을 기울이지 않을 수 없었던 측면도 함께 고려해야 할 것이다.

제도적 실천으로서의 민주주의 이론은 유교적 정치문화에 대한 이해와 만나야 보다 생산적인 효과를 산출할 수 있을 것이다.

나가는 말

대중지성을 운위하는 사람들을 포함하여 많은 사람들은 소통이나 토론, 심의 등을 언급하지만, 소통을 의미 있게 해주는 조건들이 무엇인지 그리고 그런 전제 조건들을 갖추기 위해 우리가 무엇을 해야 하는지에 대해서는 많은 이야기들을 하지 않는 것처럼 보인다. 그러나 사회제도나 절차 등을 포함하여 인간의 사회적 삶을 궁극적으로 지지해주는 것은 합리적 소통 능력에만 달려 있지 않다. 아니 진정한 의미의 합리적 소통 능력은 타자에 대한 개방성과 진리에 대한 겸허함 등 윤리적 태도 등을 포함한 보다 포괄적인 맥락에서 이해되어야 한다. 이런 의미의 소통을 활성화시키는 작업이 성공적인 것으로 드러나고, 또 이런 소중한 경험들이 누적되는 과정 속에서 정당정치를 포함한 모든 사회적 제도의 합리적 지속을 가능하게 해줄 인간과 인간 사이의 참다운 우애와 연대성이 싹틀 것이다. 욕망의 정치에 포획된 대중에 대한 지나친 힐난도 촛불집회의 대중에 대한 지나친 신비화도 우리 사회의 불안정성을 드러내 주는 양상일 것이다.

어려운 시기에도 시대에 대한 냉소주의와 염세주의에 빠지지 않고 미래에 대한 희망을 우리는 어떻게 키워갈 수 있을까? 더디고 어렵지만 성공적인 우애와 연대성의 경험이 축적되는 과정에서 비로소 미래에 대한 희망을 말할 수 있을 것이다. 그리고 이것은 모든 대화상대자들이 스스로 소통이나 이성적 대화를 윤리적인 태도와 결합시키려는 노력을 경주하지 않는다면 불가능할 것이다. 대화와 토론에서 가장 결정적인 것은 토론에서의 승리나 주도권 장악이 아니라, 토론자들이 자신들의 견해가 지닐 수도 있는 편협성을 반성하고 보다 확장된 정신의 눈으로 더 바람직한 것을 공동으로 허심탄회하게 추구하는 것이다.

소크라테스적으로 말하자면 정치적으로 성숙된 시민의식은 자신은 무지하고 자신과 다른 견해가 더 올바른 것일 수 있다는 것을 자각하는 데서 비로소 싹틀 수 있다. 나는 아는 것이 없다는 '무지의 지'에 대한 소크라테스적 고백은 타인에 대한 개방성과 참다운 겸손함의 표현에 그치지 않는다. 그것은 타인에 대해 들이대는 잣대를 자신에게도 엄정하게 적용할 수 있는 일관성, 즉 이성의 요구에 전적으로 성실하게 응대하는 엄청난 용기의 표현이기도 하다.[254]

동아시아의 유교 전통에서 새로운 희망의 싹을 구한다면, 그중 하나는 공자가 강조한 군자의 화이부동(和而不同)의 정신일 것이다. 화이부동의 정신은 공자가 이상적 인간형으로 삼은 군자 정신의 상징이다. 그런데 그가 '군자의 다툼'으로 긍정적으로 바라본 경쟁은 활쏘기 시합이었는데, 활쏘기 시합에서 중요한 것은 타인을 이기는 것이라기보다는 자신과의 싸움이었기 때문이다. 그래서 '활을 쏘아 과녁을 맞히지 못하는 경우에 늘 그 이유를 자신에게서 구하기'에 공자는 활쏘기에서 다툼과 경쟁을 군자에 어울리는 것으로 본다. 우리에게 남겨진 희망의 길이 있다면 아마 그중의 하나는 진리에 대한 숭고한 사랑, 즉 철학함을 온몸으로 보여준 소크라테스적 삶과 늘 자신을 되돌아보는 공자의 군자 정신일 것이다. 화이부동의 군자 정신이나 소크라테스적 대화의 길에서 새로운 희망의 빛을 본다면 또 하나의 낭만적 꿈의 토로에 지나지 않는 것일까?

• • •

254 물론 소크라테스의 윤리가 오로지 이성 중심적 주지주의의 성격만을 갖고 있다고 보는 것은 그의 이론의 어느 특정한 면을 강조한 것이다. 소크라테스의 이론에서 이성을 넘어선 신적인 계시 혹은 신적인 힘이 차지하는 중요성에 대해서는 조대호, 「소크라테스 윤리의 그리스적 전통에 대한 연구: 소크라테스 철학 안에서 이성과 신적인 계시의 관계」, 『철학논총』 33, 2003, 317-337쪽 참조.

제 16장

한국사회에서 헌법애국주의 및 공화주의적 애국심 논쟁에 대하여[255]

들어가는 말:
한국에서 민족주의 담론의 갈래들에 대한 간단한 스케치[256]

1990년대 말 이후 요즘에 이르기까지 한국사회에서는 민족주의와 관련된 논의가 활발하게 진행되고 있다. 민족주의와 관련된 논의의 흐름은 크게 네 가지이다. 첫째로 세계화론에 입각한 탈민족주의론이다. 이 경향은 한국사회를 '민족' 중심으로 보는 것에 반대하고, 자본주의적 근대 문명의 확산과 심화를 최고선으로 보는 입장이다. 이를 대변하는 인물은 안병직과 이영훈이다. 이영훈은 한국의 민족주의가 신화적인 구성물에 불과하다고 본다. 즉 그는 "1920년대에 성립한 민족주의 역사학이 한국인을 두고 유사 이래 혈연-지연-문화-운명-역사의 공동체로서 하나의 민족이었다고 선언하였을 때, 그 위대한 선언은 본질적으로 신화의 영역에 속하는 명제"에

---

255 제16장은 『디아스포라: 민족 정체성, 문학과 역사』(연세대학교 국학연구원 HK사업단 편, 2016, 혜안)에 실린 글을 토대로 대폭 수정·보완된 것이다.

256 탈민족주의 담론의 여러 갈래들에 대한 보다 상세한 분석에 대해서는 이 책 제10장을 참조

지나지 않는다고 말한다.[257] 그리고 일제 강점기, 즉 "일제의 조선 지배가 남긴 역사적 의의"는 근대적인 토지소유 및 국가로부터 해방된 시장경제의 자립화 등과 같은 "근대적 경제성장의 전제 조건으로서의 제도의 혁신"에 있음을 그는 강조한다. 물론 그는 근대 문명이 한국에 뿌리내리기 시작한 것은 일본의 "강압"에 의해서였다고 한다.[258]

안병직도 이영훈과 마찬가지로 오늘날 한국 민족주의를 반미, 반일만을 내세우는 민족주의라고 역설하면서 민족주의는 한국이 선진사회로 나아가는 데 장애물이라고 본다. 달리 말하자면 "과도한 민족주의, 무분별한 통일논의, 집단적 평등주의"가 한국사회를 선진화로 가지 못하게 가로막고 있다고 그는 이영훈과 함께 입을 모은다. 이들에게 근대적인 문명은 자유주의에 다름 아니고, 그들이 바라보는 자유주의의 핵심은 인간의 이기심을 긍정하면서 사유재산제도와 경제적 활동의 자유를 최고의 가치로 삼는 신념 체계이다.[259]

두 번째 흐름은 민족주의를 재구성하려는 것으로 독립운동 및 민주화운동 과정에서 형성된 저항적 민족주의의 흐름을 이어받아 그것을 발전적으

•••

257 이영훈, 「민족사에서 문명사로의 전환을 위하여」, 임지현·이성시 엮음, 『국사의 신화를 넘어서』, 휴머니스트, 2004, 92쪽 이하.

258 같은 글, 89-90쪽.

259 안병직·이영훈 대담, 『대한민국 역사의 기로에 서다』, 기파랑, 2007, 327쪽 이하 참조. 여기에서 그들이 이해하는 자유주의가 얼마나 협애한 것인가를 지적하는 것은 지면의 낭비일 것이다. 그럼에도 이들은 자유라는 가치를 통해 세계를 이해한다는 점에서 근대, 더 정확하게 표현하자면 서구 근대가 자신의 시대를 정당화하기 위해 동원하는 도덕적 기준의 하나를 받아들이고 있다. 다만 안병직과 이영훈은 서구 근대의 다양한 측면에 대한 종합적인 인식을 결여하고 있을 뿐만 아니라, 서구 근대가 지니는 여러 병리적 현상들 및 자체 내의 딜레마에 대한 진지한 고민을 보여주고 있지 않다. 이런 점에서 이들의 근대 인식이 보여주는 편협성과 제한성은 참 아쉽다. 서구 근대의 복잡성과 풍부함에 대한 놀라울 정도로 균형 잡힌 시각을 우리는 찰스 테일러의 근대적 정체성 형성에 대한 연구에서 접하게 된다. 찰스 테일러, 『자아의 원천들: 현대적 정체성의 형성』, 권기돈·하주영 옮김, 새물결, 2015 참조.

로 계승하려는 것이다. 이 입장은 배타적 민족주의를 극복할 대안으로 개방적(열린) 민족주의와 시민적 민족주의를 내세운다. 윤건차는 이런 흐름을 대표하는 학자들로 백낙청, 강만길, 안병욱 그리고 서중석 등을 거론하고 이들을 "진보적 민족주의자"로 분류했다.[260] 예를 들어 백낙청은 21세기에도 우리에게는 진보적 민족주의가 필요하다고 본다. 그리고 그는 한국의 민족주의를 분단체제 극복 및 민주주의의 심화라는 과제와 연관하여 이해한다. 그가 보기에 "태생적으로 반민주적이고 비자주적인 분단체제가 지속되는 한 남북 어느 한쪽에서도 온전한 민주주의가 불가능"하기 때문이다.[261] 따라서 백낙청은 한반도의 분단체제 극복을 한국사회가 해결해야 할 "최대의 변혁과제"[262]로 설정하면서, 분단체제의 극복을 통해서 한반도에서의 지속적인 평화와 한국사회에서의 온전한 민주주의의 실현도 가능하다고 본다.

세 번째 흐름은 탈근대론적 관점에서 이루어지는 탈민족주의론이다. 이는 민족주의의 다양한 차이를 구별하여 보다 바람직한 민족주의의 가능성을 모색하는 작업에 대해서 비판적이다. 탈근대적인 관점에서 민족주의를 비판하는 탈민족주의 담론은 민족주의 자체를 위험한 것으로 비판하고 그것을 극복 내지 해체하고자 한다. 이런 흐름에서 주도적인 인물은 역사학자 임지현 및 윤해동, 정치학자 권혁범 그리고 국문학자 김철 등이다.

한국사회에서 민족주의를 둘러싼 논쟁을 불러일으키고 주도한 것은 바로 탈근대론적 민족주의 비판이었다.[263] 1999년에 『민족주의는 반역이다』라는 저서를 통해 민족주의 비판 담론에 불을 댕긴 임지현은 처음에는

• • •
260 윤건차, 『현대 한국의 사상흐름: 지식인과 그 사상 1980~90년대』, 장화경 옮김, 당대, 2000, 18쪽.
261 백낙청, 『한반도식 통일, 현재진행형』, 창비, 2006, 64쪽.
262 같은 책, 31쪽.
263 민족주의 담론의 여러 흐름에 대해서는 홍석률, 「민족주의 논쟁과 세계체제, 한반도 분단문제에 대한 대응」, 『역사비평』 80, 2007, 151쪽 이하 참조.

민족주의에 대해 전적으로 부정적 태도만을 취하지는 않았다. 『민족주의
는 반역이다』라는 책 제목이 매우 도발적이지만, 그 책에서 그는 '시민적
민족주의'(civic nationalism)를 주장했다. 그러나 그는 그 이후에 탈근대적
인 민족 담론으로 기운다.

열린 민족주의 혹은 개방적인 민족주의를 통해 민족주의를 변화된 현실
에 맞게 재규정하려는 움직임과 관련하여 흥미로운 점은 시민적 민족주의
를 주장하던 일부의 학자들이 시간이 흐를수록 민족주의에 대해 더욱더
강한 비판적 태도를 취하기도 하지만, 처음에는 강하게 민족주의를 비판하
던 사람이 민족주의의 순기능을 인정하는 태도로 변하기도 한다는 점이다.
전자의 경우로는 최장집[264]과 김동춘이 거론될 수 있을 것이다. 이들은
90년대 이후 시민적 민족주의를 통해 한국의 진보적이고 저항적 민족주의
의 합리적 핵심을 긍정적으로 재구성하려는 입장을 취하기도 했지만, 점점
민족주의 자체에 대해 회의적 입장을 보여주는 방향으로 변화해간 경우이
다.

예를 들어 김동춘은 1987년까지 한국의 저항적 민족주의는 공공성과
진보성을 담지하고 있었다고 긍정적으로 평가하면서도 87년 이후 민족주
의는 우익 이데올로기로 변질되었다고 평가한다. 즉, 87년 이후 남한 자본
주의가 북한 체제와의 경쟁에서 확실하게 우위를 점하게 되고 통일의
주도권이 자본으로 넘어간 상황에서 "민족을 이야기하는 것은 아주 실낱같
은 정도의 공적 의미가 포함되어 있기는 하지만 대체로는 한국의 자본이나
사적 이익을 옹호하는 것"으로 변했다고 주장한다.[265] 김동춘은 '열린 민족
주의'를 주장하던 기존의 입장에 대해서 부정적인 태도를 취하는 것이

• • •

264　최장집의 민족주의에 대한 태도 변화에 대해서는 나종석, 「민주주의, 민족주의 그리고
　　　한반도에서의 국민국가의 미래」, 『사회와철학』 22, 2011, 1-34쪽 참조.

265　김동춘, 「한국사회의 공공성과 공적 지식인: 그 구조적 특징과 변화」, 연세대학교
　　　국학연구원 HK사업단 편, 『사회인문학과의 대화』, 에코리브르, 2013, 127-128쪽.

아닌가 하는 박영도의 질문에 매우 회의적이면서도 머뭇거리는 태도를 취한다. 그러면서도 그는 민족의 에너지를 민주주의와 결합하는 작업이 매우 어려운 일이라고 강조하면서 민족을 완전히 포기할 수는 없지 않느냐 는 식으로 대답한다.[266]

이와는 달리 민족주의 자체를 극단적으로 거부하던 권혁범은 민족주의 의 순기능을 인정하면서 민족적 정체성을 상대화하여 민족적 정체성이 젠더와 같은 다른 정체성들과 공존할 수 있는 길을 모색하는 방향으로 변화해 간다. 예컨대 그는 열린 민족주의에 대하여 대단히 비판적이었다. 2000년도에 권혁범에 따르면 "'진정한 민족주의', '열린 민족주의'를 얘기 하기에는 그것은 이미 너무 오염되어 있다.'[267] 그러나 『민족주의는 죄악인 가』에서는 지나친 민족주의 우월감을 비판하면서도, 민족적 정체성이 민 주주의 및 여성해방 운동과 공존하는 길에서 우리 시대에 어울리는 민족주 의의 대안을 모색해야 한다고 주장한다.[268]

한국사회에서 민족주의 담론과 관련한 또 다른 흐름으로 헌법애국주의 와 공화주의적 애국심(민족주의 없는 애국심) 이론을 민족주의의 대안으로 제안하는 입장이 있다. 특히 철학자인 장은주와 정치학자인 곽준혁이 이런 흐름에 주목한다.[269] 장은주와 곽준혁은 그 타당성 여부를 떠나 헌법애국주 의와 공화주의적 애국심을 민족주의의 대안 담론으로 내세운다. 그런 점에 서 이들의 길은 탈민족주의 담론의 민족주의 해체 전략과 다르다. 그들은

• • •
266 같은 글, 131-132쪽 참조.
267 권혁범, 『민족주의와 발전의 환상—개인 지향 에콜로지 정치의 모색』, 솔, 2000, 9쪽.
268 권혁범, 『민족주의는 죄악인가』, 생각의나무, 2009. 그러나 바로 뒤에서 보는 것처럼 민족주의에 대한 권혁범의 태도는 여전히 혼란스럽다.
269 우리 사회의 학계, 특히 사회철학계에서 하버마스의 헌법애국주의에 대한 또 다른 논의로는 한승완, 「'자유주의적 민족주의'와 '헌법애국주의'」, 『사회와철학』 20, 2010, 285-308쪽 참조.

해체주의적인 탈민족주의 담론의 대안 부재를 나름대로 넘어서 있다. 실제로 탈민족을 강하게 내세우는 임지현에 의하면 동아시아의 '국사'(national history) 패러다임을 '해체한 다음의 대안은 무엇인가'라는 질문에 대한 답변은 없다. 그래서 그는 "현재로서는 대안이 없다는 것이 [……] 유일한 대안"이라는 옹색한 답변만을 내놓고 있다.[270] 따라서 필자는 이 장에서 헌법애국주의 이론과 공화주의적 애국심 이론을 옹호하는 대표적인 학자들의 주장을 검토하면서 21세기에 민족적 정체성과 민족주의가 지니는 여러 논쟁점들을 성찰해보고자 한다.[271]

한국의 민족주의를 재구성하려는 입장과 달리 민족주의를 부정적으로 평가하는 학자들은 대체로 민족주의에 대한 다음 두 가지 논리를 공유하고 있다. 그 하나는 민족주의는 오늘날 더 이상 긍정적인 의미를 지니지 않는다는 입장이고, 다른 하나는 민족주의는 본래 배타적이고 공격적이라는 입장이다. 민족주의는 시대에 뒤떨어진 이데올로기로 변질되었으며, 그것은 오늘날 더 이상 긍정적인 역사적 힘을 지니지 않는다는 주장은 에릭 홉스봄을 비롯하여 여러 서양학자들에 의해서도 제기되었다.[272] 그리고 민족주의를 비판하는 사람들은 이런 입장을 금과옥조처럼 인용하고 강조한다. 이런 입장과 더불어 민족주의는 본래적으로 공격적이고 배타적인 성격을 지닌다는 관점이 존재한다. 예를 들어 권혁범은 열린 민족주의의 한계를 지적하면서 "민족주의 논리는 근본적으로 차별과 배제의 메커니즘이다"라고 주장한다.[273]

• • •

270 임지현, 「국사의 안과 밖──헤게모니와 '국사'의 대연쇄」, 임지현·이성시 외, 『국사의 신화를 넘어서』, 휴머니스트, 2004, 33쪽

271 탈민족주의 담론, 특히 탈근대적 민족주의 담론에 대해서는 이미 별도의 글을 통해 논한 바 있다. 나종석, 「탈민족주의 담론에 대한 비판적 성찰: 탈근대적 민족주의 비판을 중심으로」, 『인문연구』 57, 2009, 57-96쪽. 이때 발표된 글은 이 책 제10장에 수정된 형태로 실려 있다.

272 에릭 홉스봄, 『1780년 이후의 민족과 민족주의』, 강명세 옮김, 창비, 2008, 216쪽 참조

그런데 많은 학자들은 앞에서 거론된 두 가지 입장을 혼재하여 사용한다. 이 두 입장이 민족주의를 비판적으로 바라보는 사람들의 이론 내에 식별불가능하게 혼재되어 있는 경우가 많다. 그리하여 민족주의에 대한 생산적인 학문적 논쟁을 방해하는 민족주의에 대한 단순논법이 양산된다. 역사학자 박지향은 민족주의에 대한 단순논법을 잘 보여준다. 그는 한편으로 민족주의가 배타적이고 공격적인 성격을 지니고 있다고 단정하면서, 다른 한편으로 이를 민족지상주의와 동일시한다. 그에게는 민족주의와 민족지상주의가 구별되지 않을 정도로 민족주의는 부정적인 것이고 극복되어야 할 것으로 여겨진다.[274]

민족주의를 부정적으로 평가하는 학자들 중 일부는 민족주의가 긍정적인 역할을 하던 시기는 지나갔다는 주장을 오늘날의 시대를 세계화 시대 및 국민국가 쇠퇴의 시대로 규정하는 인식과 연결시킨다. 달리 말하자면 민족주의를 부정적으로 생각하는 학자들은 국민/민족국가(nation-state) 시대는 막을 내리고 새로운 시대로 이행하고 있다는 생각을 갖고 있다. 에릭 홉스봄도 소비에트 블록 몰락 이후 다시 등장한 민족주의는 "프랑스혁명에서 제2차 세계대전 후 제국주의적 식민주의가 종언을 고하기까지의 시대에서와 같은 역사적 힘을 지니지는 못한다"고 평가한다.[275] 심지어 그는 한 시대의 종말에 이르러서야 그 시대에 대한 철학적 성찰이 비로소 이루어질 수 있다는 뜻을 지니는 '미네르바의 올빼미는 해가 져야 난다'는 헤겔의 유명한 경구를 사용하면서 민족주의 및 민족국가의 쇠퇴를 이야기한다.[276]

• • •

273 권혁범, 『민족주의는 죄악인가』, 앞의 책, 76쪽.

274 박지향, 「머리말」, 박지향 외, 『해방전후사의 재인식 1』, 책세상, 2006, 13쪽 이하 참조.

275 에릭 홉스봄, 『1780년 이후의 민족과 민족주의』, 앞의 책, 216쪽.

276 같은 책, 243쪽 참조.

마찬가지로 한국의 많은 학자들은 세계화의 흐름 속에서 민족국가의
기능과 역할이 소멸될 것이라고 생각한다. 그래서 임지현은 이전에 스스로
고수했던 '시민적 민족주의'나 '혈통 혹은 종족적 민족주의'(ethnic national-
ism) 사이의 구별도 철회하고, 시민적 민족주의조차도 배타성과 폐쇄성의
측면에서 종족적 민족주의와 다를 바 없다고 결론짓는다.[277] 권혁범에
의하면 서구에서는 2차 세계대전 이후 그리고 한국에서는 1980년대 말
이후에 민족주의가 진보성을 담보하던 시기는 끝났다.[278] 윤해동도 "민족
주의는 대체로 민주주의에 억압적 역할을 하는 것이 전후 민족주의의
일반적 양상일 것"이라 주장한다.[279]

　　탈민족주 담론과 관련해서 언급되어야 할 또 다른 점은 다음과 같다.
민족주의를 비판할 때 저항적 민족주의와 제국주의적 민족주 사이에
'인식론적 공범관계'가 작동하고 있다는 비판적 문제의식에 사로잡혀 저항
민족주의와 침략지향의 민족주의를 동일선상에 놓고 있다는 점이다. 이런
입장은 민족주의의 다양한 양상을 전체주의적인 것으로 환원하는 입장과
궤를 같이한다. 이런 식의 환원론, 즉 민족주의를 파시즘이나 종족학살의
폭력성과 동일시하는 입장은 민족주의를 쉽게 비판하기 위해 고안된 허수
아비 논쟁에 불과하다. 임지현에 의하면 일본의 민족주의와 한국의 민족주
의는 "가해자-피해자의 관계가 아니라 인식론적 공범관계"이다.[280] 이런
입장에서 볼 때 다양한 민족주의는 국민국가 중심의 역사 인식의 틀을

• • •

277　임지현, 「포스트민족주의 대 열린 민족주의」, 『제8회 인문학 학술대회: 인문학은 말한
　　　다』, 이화여대 인문학연구원, 2004, 28쪽.
278　권혁범, 『민족주의는 죄악인가』, 앞의 책, 76쪽 이하, 161쪽 이하. 20세기 말에 들어
　　　민족주의가 쇠퇴하기 시작했는지를 둘러싼 쟁점에 대해서는 앤서니 스미스, 『세계화
　　　시대의 민족과 민족주의』, 이재석 옮김, 남지, 1997, 49쪽 이하 참조.
279　윤해동, 『식민지의 회색지대』, 역사비평사, 2003, 162쪽.
280　임지현, 「국사의 안과 밖——헤게모니와 '국사'의 대연쇄」, 임지현 · 이성시 외, 『국사의
　　　신화를 넘어서』, 앞의 책, 31쪽

공유한다는 점에서 본질적으로 아무런 차이가 없는 것으로 이해된다. 이런 입장은 제국주의가 지니는 침략의 성격보다는 강압에 의해서이기는 하지만 식민지 경험에서 비로소 근대화의 전제 조건이 창출되었다는 점을 더욱더 중요하게 생각하는 식민지적 근대화론의 인식과 거리가 멀지 않다.

앞에서 보았듯이 이영훈은 자본주의적 근대의 전제 조건을 창출했다는 맥락에서 심지어 식민지 지배를 긍정적으로 평가한다. 그리고 이런 강한 가치평가를 토대로 그는 피지배 민족이 겪었던 여러 억압적이고 반인도주의적이고 야만적인 경험과 결합되어 분출되었던 저항적 민족주의를 주변화시키거나 문명화의 흐름에 거역하는 움직임으로 폄하한다.[281]

민족주의를 비판하는 사람들이 보여주는 우려스러운 면과 관련하여 그들이 민족주의를 비판할 때 단장취의(斷章取義)하는 모습을 지적하지 않을 수 없다. 특히 탈민족주의적 방식으로 민족주의를 부정적으로 바라보는 학자들은 그들의 입장을 강화하기 위해 선별적으로 선행 연구를 활용하는 모습을 드물지 않게 보여준다. 예를 들어 하버마스는 탈민족주의 담론에서 단골로 인용되는 대표적 이론가이지만, 그는 한국 민족주의를 긍정적으로 평가한 바 있다. 특히 그는 한반도 통일을 지향하는 세력이 민주주의 세력임을 긍정적으로 바라보았다.[282]

또 민족주의 비판가들에 의해 가장 많이 인용되는 학자 중 하나인 에릭 홉스봄도 한국, 중국 그리고 일본은 "종족이라는 면에서 거의 또는 완전히 동질적인 인구로 구성된 역사적 국가의 극히 희귀한 사례"라고 강조한다.

---

281 국민국가 중심의 역사인식 패러다임을 비판하면서도 비판자의 역사적 맥락이나 위치에 대한 높은 감수성을 보여주는 경우로 일본의 철학자 다카하시 데쓰야(高橋哲哉)가 주목받을 만하다. 그는 국민국가 중심의 역사 인식의 틀을 넘어서려는 문제의식에 대한 신중하고 균형 잡힌 시각을 보여준다. 다카하시 데쓰야, 「머리말」, 고모리 요이치·다카하시 데쓰야 엮음, 『내셔널 히스토리를 넘어서』, 이규수 옮김, 삼인, 2001, 7쪽 참조.
282 위르겐 하버마스, 『현대성의 새로운 지평』, 한상진 엮음, 나남출판, 1996, 186쪽.

그래서 그는 이들 나라에서는 "종족과 정치적 충성이 실제로 연계될 수 있다고" 말한다. 그러면서 그는 한국, 베트남 그리고 중국이 유럽에 있었다면 "'역사적 민족들'(historic nations)로 인지"되었을 것이라고 인정하면서 이들 나라들이 매우 오랫동안 간직해왔던 "영토적 단일체"의 경험이 지니는 독특성을 강조한다. 그에 따르면 한국 및 중국이 보여주는 지속적인 통일 국가적 경험과 달리 대부분의 나라에서 독립운동이 달성하고자 한 단일한 영토국가는 "압도적으로 제국주의 정복의 실체적 창조물로서, 그 역사는 불과 수십 년을 넘지 못했"던 나라들이었다.[283] 그런데 아쉽게도 한국의 탈민족주의 이론가들은 이런 점들에 대해서는 침묵한다.

Ⅰ. 한국에서 헌법애국주의 이론

요즈음 우리 사회에서 헌법애국주의 논쟁이 활발하게 이루어지고 있는데, 한국사회와 관련하여 하버마스의 헌법애국주의 담론을 수용하여 논의를 하는 학자들로는 김만권, 김범수, 장은주 그리고 한승완 등이 있다.[284] 특히 이런 논쟁에서 주된 역할을 한 철학자는 장은주이다. 장은주는 한국사회의 여러 문제들에 대해 철학적인 발언을 하는 주목할 만한 철학자이다.

• • •

283 에릭 홉스봄, 『1780년 이후의 민족과 민족주의』, 앞의 책, 94쪽, 179쪽.

284 김만권, 「'헌법애국주의', 자신이 구성하는 정치공동체에 애정을 갖는다는 것」, 『시민과 세계』 16, 2009; 김범수, 「민주주의에 있어 포용과 배제: '다문화사회'에서 데모스의 범위와 설정 문제를 중심으로」, 『한국정치학회보』 48(3), 2008; 장은주, 「대한민국을 사랑한다는 것—'민주적 애국주의'의 가능성과 필요」, 『시민과세계』 15, 2009; 장은주, 「민주적 애국주의와 민주적 공화주의—비판과 문제 제기에 대한 응답」, 『시민과세계』 17, 2010; 한승완, 「'자유주의적 민족주의'와 '헌법애국주의'」, 앞의 글. 하버마스의 헌법애국주의에 대한 자세한 소개로는 홍성헌, 「하버마스의 헌정적 애국심」, 곽준혁 · 조홍식 엮음, 『아직도 민족주의인가: 우리시대 애국심의 지성사』, 한길사, 2012, 301-324쪽.

그는 여러 저서를 통해 서구 정치철학에 대한 해박한 이해를 바탕으로 그것을 단순하게 반복하는 것이 아니라, 우리 사회의 상황에 맞게 재구성하여 나름의 철학적 사유를 전개하고 있는 학자이다. 그는 유교적 근대성 이론을 비롯하여 진보정치의 민주적 재구성 시도를 통해 한국사회에 비판적으로 개입하는 대표적 사회철학자의 한 사람이다.

여기에서는 우리 학계에서 민족주의 담론의 대안으로 제기되는 헌법애국주의 이론을 다룰 때 주로 장은주와 한승완의 글에 초점을 두고자 한다. 필자 역시 철학을 전공한 학자라는 것이 이렇게 논의를 제한하는 큰 이유이다. 원래 헌법애국주의는 독일에서 발생했는데, 하버마스가 그 최초의 주창자는 아니었다. 헌법애국주의 개념을 처음으로 도입한 학자는 독일의 슈테른베르거(D. Sternberger)였다. 그는 1979년에 이 개념을 도입하여 전후 당시 서독 연방공화국의 민주주의의 원리를 수용하지 않는 세력들, 즉 민주주의의 적들에 대항하여 전후 서독사회가 이룩한 민주주의적 성취를 옹호하고자 했다. 특히 그가 비판하고자 했던 세력은 내부적으로는 테러조직이나 신나치즘 정치조직이었고 외부적으로는 공산주의 세력이었다고 한다. 민주주의의 원칙을 승인하지 않는 민주주의의 적에 대항하기 위해서는 민주주의와 헌법을 수호하려는 '전투적 민주주의'(streitbare Demokratie)가 필요하다고 그는 주장했다.[285]

민족주의의 대안 이론으로 하버마스가 제안한 헌법애국주의 이론을 단순히 소개하는 데 그치지 않고 그것을 우리나라의 새로운 집단적 정체성 형성의 문제로 제기한 것은 장은주였다. 그래서 이 글에서는 우선 그의 애국주의 이론을 다루어보고자 한다. 그는 2009년도에 '민주적 애국주의'를 주장하여 학계의 논쟁을 불러일으켰다. 그가 '민주적 애국주의'를 내세

• • •

[285] 한승완, 「'자유주의적 민족주의'와 '헌법애국주의'」, 같은 글, 294쪽. 홍승헌에 의하면 하버마스의 헌법애국주의의 기원은 카를 야스퍼스(Karl Jaspers)의 나치즘에 대한 성찰에 있다. 홍승헌, 「하버마스의 헌정적 애국심」, 같은 글, 305쪽.

운 것은 참여연대 소속의 '참여사회연구소'가 발간하는 잡지 『시민과세계』에 게재된 「대한민국을 사랑한다는 것」이란 글을 통해서였다.[286] 그는 이 글에서 2000년대 초반 이후 한국사회에서 대한민국을 소리 높여 외치는 새로운 현상에 주목한다. 실제로 한국인들이 2002년 월드컵 대회 당시 거리 응원에서 대한민국을 소리 높여 외치기 시작한 이후 2008년 촛불집회에서 많은 사람들은 '대한민국은 민주공화국'이라는 대한민국헌법 제1조 1항을 반복해서 환기시키면서 대중들의 정치적 저항의지를 표현했다. 이런 현상을 장은주는 "'대한민국주의'의 탄생"이라 불러도 좋을 정도라고 평가한다.[287]

그런데 장은주가 보기에 새로 형성된 대한민국주의는 민족주의와 연결되는 부분이 있지만, 그것과 다른 측면이 존재한다. 대한민국주의는 '반북적이고 반민족주의적이고 국가주의적'인 측면이 강하기 때문이다. 그럼에도 장은주가 보기에 전체주의적 경향을 지니는 우파적 국가주의자들만이 아니라, 민주주의를 외치는 일반 시민들이 자발적으로 대한민국을 호명하는 측면은 별도로 주목을 요하는 대목이다. 그래서 대한민국주의는 분단국가인 남한사회에 등장한 반민족주의적인 보수 우파의 새로운 이데올로기로만 치부될 수 없다. 그것은 민주주의적인 시민들의 열정과 희망의 표현으로도 이해될 수 있기 때문이다.[288]

장은주는 대한민국주의에서 "민족주의만큼이나 불온하고 위험스러운 요소들"을 발견하면서도, 그것은 한국사회의 진보적 민주주의자들에게 결코 회피할 수 없는 질문을 제기하고 있다고 말한다. 한국의 진보세력은 우파들에 의해 늘 "친북좌파"라는 부당한 공격을 당하는 입장에 있는데,

• • •

286 이 글은 장은주의 『인권의 철학: 자유주의를 넘어, 동서양이분법을 넘어』(새물결, 2010)에 실려 있는데, 필자는 여기에서 이 책에 실린 글을 인용한다.

287 같은 책, 325-326쪽 참조.

288 같은 책, 326쪽.

이제 한국의 진보세력도 "우리에게 대한민국은 무엇인가?" 그리고 "우리는 대한민국을 사랑하는가?, 사랑해야 하는가 또 그렇다면 어떻게?"라는 질문에 분명한 태도를 취하지 않으면 안 된다고 장은주는 강조한다.[289]

한국의 진보적 민주주의자들이 결코 회피해서도 안 되고 회피할 수도 없는 질문, 즉 '대한민국을 어떻게 볼 것이며 그 국가를 사랑해야 한다면 어떻게 해야 하는가?'에 대한 장은주의 답은 확고하다. 그는 다음과 같이 답한다. "나[장은주: 필자]는 이 땅에 살고 있는 모든 민주주의자는, 그가 세계시민주의자든 사회민주주의자든 자유민주주의자든 보수주의자든, 대한민국이 자신들이 터할 수 있는 유일한 공동의 대지임을 인식하고 그 대한민국을 사랑해야 한다고 생각한다. 특히 진보적 민주주의자는 더더욱 그래야 한다고 생각한다." 그런데 장은주가 대한민국에 대한 사랑을 내세우는 것은 기존의 민족주의를 옹호하자는 의미가 아니다. 그는 민족주의를 매우 위험한 것으로 본다. 그러므로 그는 대한민국을 사랑하는 것, 즉 애국주의는 결코 "민족주의적이어서도 국가주의적이어서도 안 된다"고 강조한다.[290]

장은주는 자신이 내세우는 애국주의를 좌파 민족주의 및 우파 국가주의의 폐단을 극복할 대안으로 생각한다. 그는 새로운 애국주의를 "보편적 인권과 개인의 자율을 보호하고 신장시키는 것을 지향하는 애국주의"로 규정한다. 그리고 그는 새로운 애국주의를 통해 진보정치를 재구성할 수 있을 뿐만 아니라, 속물적 우파의 헤게모니를 극복할 수 있다고 본다. 그는 한국 진보세력이 대한민국을 제대로 사랑하는 새로운 좌파, 새로운 진보세력으로 거듭나야 뉴라이트 세력과의 대결에서 우위를 점할 수 있다고 보는 것이다. 달리 말하자면 장은주는 민주공화국으로서 대한민국 정체

• • •
289 같은 책, 326쪽.
290 같은 책, 327쪽.

성에 대한 제대로 된 해석으로 구성된 새로운 애국주의를 통해 뉴라이트의 위험한 국가주의적인 대한민국주의를 극복할 수 있다고 본다.[291]

장은주는 진보적 민주주의자들이 나라를 사랑하는 것은 그 국가를 무조건적으로 사랑하는 것이 아니라고 말한다. 진보적 민주주의자들은 국가나 국익 자체를 무조건적으로 선하다고 보지도 않고 국익을 위해서라면 개인이나 소수의 이해관계쯤은 희생되어도 좋다는 식의 발상을 애국심과는 무관하다고 생각한다. 그럼에도 장은주가 보기에 대한민국은 많은 문제점을 안고 있지만 "비민족주의적인 진보적 민주주의자들"이 대한민국을 사랑할 좋은 이유들이 존재한다.[292] 이런 이유들을 정당화하기 위해 장은주는 우선 루소가 옹호하는 고전적인 공화주의적 애국주의를 언급한다. 루소는 국가의 구성원으로 사는 삶이 보장해주는 도덕적 가치를 통해 나라에 대한 사랑, 즉 애국심을 정당화할 수 있다고 본다. 국가를 사랑하는 것이 시민의 의무라고 하는 이유는 그 국가가 시민들에게 물질적인 이익을 가져다주기 때문이 아니다. 애국심은 국가적인 삶 속에서 사람들이 비로소 의미 있고 가치 있는 삶을 영위할 수 있기 때문에 요청된다.

간단하게 말해 루소에 의하면 시민들이 애국을 해야 하는 이유는 그들이 국가적 삶 속에서야 비로소 공화국 시민으로서 자유를 누릴 수 있기 때문이다.[293] 그러므로 루소의 공화주의적 애국심은 민주공화국의 이상을 내세우는 어떤 특정 국가에 대한 무조건적이고 순응적인 긍정이 아니다. 참다운 애국심은 완전히 실현될 수는 없지만 모든 시민들의 평등한 자유의 실현을 약속하는 공화국의 이상에 대한 사랑, 즉 "공화국이 구현할 국가적 삶의 도덕적 가치에 대한 사랑, 그리고 그러한 이상과 가치를 지금 여기에서 다양한 종류의 실천을 통해 실현하려는 노력 속에 있다."[294] 이런 공화주

• • •
291 같은 책, 327-328쪽.
292 같은 책, 329쪽.
293 같은 책, 329-332쪽.

적 애국심의 기본 원칙을 통해 장은주는 대한민국을 사랑하는 참다운 애국심을 도출한다. 그러니까 대한민국을 진정으로 사랑하는 것은 민주공화국인 대한민국을 "더욱 민주공화국답게 만들려는 노력과 열정에 대한 다짐과 실천"이며, 그런 실천 속에서 실현될 수 있는 "민주공화국 대한민국에 대한 사랑"이 바로 "진보적·민주적 애국심의 핵심"이라고 장은주는 결론짓는다.[295]

앞에서 본 것처럼 장은주는 대한민국을 사랑한다는 의미를 대한민국이 민주공화국으로 내세우는 헌법의 기본 원리에 대한 애정으로 이해한다. 그가 보기에 '모든 권력은 국민(인민)으로부터 나온다'는 헌법 원리를 내세우고 있는 대한민국의 탄생은 "역사적 성취"로 평가되어야 마땅하다.[296] 물론 대한민국은 인간의 존엄성이나 인민주권의 이념을 제대로 실현하기는커녕 그런 헌법의 이상과 가치들을 유린하고 부정했던 부끄러운 역사를 갖고 있다. 그렇다고 대한민국이 모든 시민의 평등한 자유 실현이라는 민주공화국의 기본 이념을 실현하는 과정에서 아무런 성취를 이루지 못한 것도 아니다. 대한민국은 민주주의를 향한 투쟁을 멈춘 적이 없고, 그러한 과정에서 시민들의 피와 땀으로 87년 체제라 불리는 정치적·절차적 민주주의를 어느 정도 성취해낸 자랑스러운 역사를 갖고 있다.

그런데 누구나 인식하고 있듯이 우리 사회 민주주의는 매우 커다란 위기에 직면해 있다.[297] '헬조선'이나 '흙수저론'이 보여주듯이 사회적 불평등의 구조적 심화는 우리 사회의 민주주의를 해체시킬 뿐 아니라, 수많은 사람들을 삶과 죽음의 경계 상태로 내몰고 있다. 물론 이런 상황은

• • •

294 같은 책, 337쪽.

295 같은 책, 337쪽.

296 같은 책, 342쪽.

297 촛불시위로 인해 탄핵당한 박근혜 전 대통령의 사건도 우리 사회 민주주의 위기를 잘 보여준다. 비록 시민의 힘이 여전히 강력하게 존재한다고 해도 말이다.

신자유주의 세계화와 무관하지 않다. 민주주의 퇴행 혹은 해체 현상은 서구 민주주의 국가들에서도 드러난다. 민주주의와 자본주의의 결합이 신자유주의로 인해 해체되어버린 상황에서 우리나라 민주주의를 어떤 방식으로 튼튼하게 형성할 것인가의 문제는 실로 중대한 문제가 아닐 수 없다.

우리 사회의 극단적인 사회적 불평등 구조와 여러 병리적 현상들을 해결하기 위해, 우리는 단순하게 자유와 평등 원칙에 대한 규범적 호소에 만족할 수 없다. 보편적 인권과 정의 원칙에 대한 동의를 넘어 사회 구성원들을 구체적인 행동으로 나서도록 고무할 동기를 부여할 수 있는 이론이 필요한데, 장은주를 비롯한 헌법애국주의 이론에 호의적인 학자들은 민주적 헌법 원리에 대한 충성을 통한 사회적 통합의 확보 가능성을 모색한다. 장은주에 의하면 진보적 정치세력은 민주주의적 이상과 가치를 실현하여 대한민국을 더욱더 민주공화국답게 만들어야 한다. 민주공화국의 헌법적 가치와 기본권을 실현하는 것이 진보적 애국주의의 실현이다. 그리고 장은주는 자신이 내세우는 진보적 애국주의를 하버마스가 주장한 헌법애국주의와 연결시킨다. "유일하게 규범적으로 정당한 진보적 애국주의는 민주적 헌정질서의 가치와 원리 및 제도들에 대한 사랑과 충성에서 성립하는 애국주의, 그러니까 하버마스의 표현을 빌리자면 '헌법애국주의'다."[298]

장은주는 헌법애국주의를 한편으로는 추상적인 세계시민주의, 다른 한편으로는 배타적이고 전체주의적인 애국주의 및 민족주의의 한계를 동시에 극복할 수 있는 대안으로 평가한다. 물론 그는 하버마스의 헌법애국주의에 대해 제기된 문제점들을 무시하지는 않는다. 가령 마사 누스바움(M. Nussbaum)이나 모리치오 비롤리(M. Viroli) 등은 하버마스의 헌법애국주의가 시민들의 행동을 불러일으킬 정도로 깊은 사랑과 열정을 담아내기

• • •
298 장은주, 『인권의 철학: 자유주의를 넘어, 동서양이분법을 넘어』, 앞의 책, 342-343쪽.

에는 충분하지 않다고 비판한다. 그것은 지나치게 형식적이고 보편적인 가치들에 대한 애정으로 치우쳐 있기 때문이다. 그럼에도 장은주가 보기에 헌법애국주의는 마사 누스바움이 내세우는 순화된 애국주의(purified patriotism) 이론이나 모리치오 비롤리가 내세우는 공화주의적 애국심(republican patriotism) 이론과 별반 차이가 없다.[299]

장은주는 헌법애국주의를 통해서 민주주의적 원칙과 개별 국민(민족)국가의 연계성이 지니는 문제를 비판적으로 극복할 수 있다고 본다. 달리 말하면 그는 민족주의를 매개로 해 민주공화국의 헌법적 가치들이나 그것들을 실현하고자 했던 민주적 국민국가가 지니는 문제점을 헌법애국주의를 통해 비판하면서도, 민족주의가 수행했던 사회적 연대와 같은 집합적 열정의 문제를 해결할 수 있다고 본다. 그는 공화국을 구성하는 인민을 혈통주의적 혹은 문화주의적인 민족으로 바라보게 되면, 애국심과 국가적 자부심이 대외적으로는 호전적이고, 대내적으로는 전체주의적인 모습으로 변질될 것이라고 우려한다. 그런데 헌법애국주의는 이런 한계를 극복할 수 있다. 헌법애국주의는 인권이나 모든 시민들의 평등한 자유 실현과 같은 보편주의적 원칙에 대한 지향을 지니고 있기에, 민주공화국을 실현하기 위한 도정에서 발생한 투쟁과 고난의 기억 그리고 역사적 성취에 대한 자부심 공유 등과 같은 특수한 사회의 역사적 공유 감각을 강조하는 일이 빠지기 쉬운 "종족적 애국주의로의 퇴행"을 막아주는 면역제 기능을 수행하기 때문이다.[300]

앞에서 보았듯이 장은주가 하버마스의 헌법애국주의에 기대어 새로운 애국주의를 내세우는 이유 중의 하나는 한국사회 민족주의가 위험하다는 그의 평가 때문이다.[301] 그는 '북한의 심각한 인권문제에 대해 미온적이거

---

299 같은 책, 347-348쪽.
300 같은 책, 343쪽, 349쪽.
301 장은주, 『생존에서 존엄으로: 비판이론의 민주주의 이론적 전개와 우리 현실』, 나남출

나 심지어 옹호하기까지 하는 모습'을 보이는 민주노동당을 제대로 된 진보정당이라고 볼 수 없다고 주장한다.[302] 그는 분단문제와 통일문제를 한국사회의 진보정치가 해결해야 할 중요한 문제임을 부정하지 않는다. 한국의 진보정치는 이런 문제에 대해 설득력 있는 대안을 추구해야 한다고 그는 강조한다. 그리고 그는 '종북' 내지 '친북'이라는 혐의를 감수하면서 냉전적 분단 질서를 극복하려는 사람들을 북한 주체사상에 포섭된 것으로 보지 않는다. 그가 보기에 북한을 적극적으로 포용하면서 분단을 극복하려는 움직임에는 "자본주의 사회의 불의에 대한 분노"와 함께 "미국의 제국주의적인 한반도 지배에 대한 민족주의적 분노"가 작동하고 있다. 그런 분노 표출에는 통째로 부인될 수 없는 "도덕적 동기" 내지 "모종의 정의감"이 내재해 있기 때문이다. 그래서 장은주는 분단극복과 통일지향의 움직임을 "민주적이고 자율적인 정치공동체의 건설"이라는 맥락에서 정당화될 수 있다고 본다.[303]

한승완은 헌법애국주의를 적극적으로 옹호하지는 않는다. 그러나 헌법애국주의에 대한 그의 치밀한 연구는 헌법애국주의를 둘러싼 논쟁을 한층 더 잘 이해할 수 있게 해준다. 특히 그는 자유주의적 민족주의와 헌법애국주의가 어떤 지점에서 상통할 수 있는 이론인지를 세밀하게 추적하면서도 하버마스의 헌법애국주의 이론이 지니는 난점에 대해서도 맹목적인 모습을 보여주지는 않는다.[304] 여기에서 다루어지는 한승완의 문제는 헌법애국

• • •

302 같은 책, 31쪽 각주 11 참조. 2014년 12월 19일에 민주노동당을 이어받은 통합진보당은 헌법재판소에 의해 강제로 해산되었다. 통합진보당을 해산하고 그 소속의원 5명의 의원직을 박탈하는 결정을 내린 헌법재판소 결정이 헌법적 설득력을 지니고 있지 못하다는 견해에 대해서는 헌법학자 김종철, 「헌법재판소는 주권적 수임기관인가?」, 『한국법학원』(韓國法學院) 151, 2015, 29-71쪽 참조.

303 장은주, 『정치의 이동: 분배 정의를 넘어 존엄으로 진보를 리프레임하라』, 상상너머, 2012, 264-265쪽.

304 한승완, 「'자유주의적 민족주의'와 '헌법애국주의'」, 앞의 글, 294-299쪽 참조.

주의에 대한 것이 아니다. 필자가 한승완과 관련하여 다루고자 하는 것은 민주적 정체성과 민족적 정체성 사이의 관계에 대한 것이다. 민주적 정체성과 민족적 정체성에 대한 한승완의 문제점을 비판적으로 검토하는 것은 뒤로 미루고 우선 여기에서는 그가 제안하는 통일에 대한 접근 방식을 살펴보기로 한다.

한승완은 헌법애국주의에 대해 장은주와 다른 점을 보여주기도 하지만 그도 장은주와 유사하게 남한과 북한의 통일을 위해서는 "장기적으로 한국의 정치공동체의 민주적 성격을 강화시켜나가고 이로써 북한이 여기에 유인되어 변화하는 방식"이 가장 합리적이라고 본다. 그래서 그런 방식의 통일 방안에 대해 그것은 흡수통일론과 다름없지 않느냐는 예상 가능한 반론을 염두에 두면서 자신의 접근 방식은 기존의 흡수통일과 성격을 달리한다고 주장한다. 그가 선호하는 통일 방안은 "저항하는 북한 체제를 강압적 방식으로 통합시키는 흡수통일이 아니"라는 것이다.[305]

이런 한승완의 문제의식에 의하면 상이한 정치체제를 채택한 남과 북 사이에는 사실상 통일이란 불가능하고 북한식의 체제로 흡수 통일되는 것은 규범적으로 바람직하지 않기 때문이다. 그러므로 그는 다음과 같이 말한다. "우리의 논의 맥락에서 보면 북한이 국민(민족) 정체성의 측면에서 민주적 변형을 겪지 않는 한 '북한이 수용하거나 동의하는 통일'이란 설사 그것이 가능하다 하여도 퇴행적 통일이 될 수밖에 없을 것이다. 통일이 무조건적 과제이자 목표가 되기보다는 민주적 정치공동체의 발전과 민주적 정체성의 형성을 저해하는 조건을 제거하는 한 과정으로 이해되어야 할 것이다. 즉, 통일은 우리가 사는 민주공동체의 민주적 변형에 기여하는 한에서 유의미하다. 만약 통일이 민주공동체의 정체성을 퇴행시키는 결과

• • •
305 한승완, 「한국 국민 정체성의 '민주적 반추'와 통일 문제」, 『사회와철학』 22, 2011, 53쪽.

를 가져온다면, 그것은 우리가 피해야 할 것이다. 따라서 관건은 통일 자체보다는 어떤 통일이냐의 문제이다."[306]

한승완은 통일 과정에서 민주적 정체성의 확장과 심화를 제일 우선적인 가치로 설정하면서, 무조건적인 통일 논의가 안고 있는 위험성을 비판한다. 이런 비판도 대한민국이 그동안 성취한 역사적 성과로서 민주주의를 높이 평가하는 것과 깊은 관련이 있다. 어느 정도나마 민주주의를 쟁취한 역사와 결합되어 있는 대한민국의 민주적 정체성은 매우 중요하게 간주되어야 한다. 그리고 민주주의 발전과 더불어 형성되기 시작한 한국의 새로운 민주적 국민 정체성은 젊은 세대일수록 강하게 나타난다. 심지어 그들에게 대한민국에의 소속감 및 대한민국 성원으로서의 정체성이 남과 북을 함께 아우르는 민족적 정체성에 비해 더 중요하게 간주되고 있다. 이런 현실이 보여주듯이 민족적 동질성이 약화되는 현상은 물론이고, 민족적 정체성과 대한민국 정체성 사이의 균열이 심화되는 것 역시 우려스러운 시선으로 바라볼 일만은 결코 아니라고 그는 주장한다.[307]

한승완이 민족적 동질성보다는 대한민국이 새로이 형성한 민주적 공동체로서의 대한민국 정체성을 더 중요하게 간주하면서 통일 문제에 접근하는 것과 마찬가지로, 장은주도 한국사회의 통일운동과 관련하여 민족주의의 위험성을 경고한다. 장은주에 의하면 분단극복과 통일을 지향하는 정치세력은 과도한 민족주의의 함정에 빠져 있다. 그렇기에 이 세력은 그런 정치운동의 규범적 핵심을 제대로 이해하지 못하고 있다. 그가 볼 때 한국사회 진보진영 내에 있는 민족주의 지향은 "민주주의적 정의(正義)"에 대한 그릇된 태도를 갖고 있다. 그 세력은 민족주의에서 비롯된 미국과 서구에 대한 지나친 부정적 태도로 인해 민주주의조차도 서구적 가치나 제도와

• • •
306 같은 글, 54쪽.
307 같은 글, 51-52쪽 참조

동일시하는 모습을 보인다. 그 결과 진보적 민족주의자들은 "민주주의적 정의에 대한 불충분한 인식과 수용 태도"에 사로잡히기 쉽다. 장은주가 보기에 통합진보당[308] 내에서 이른바 '패권주의' 논쟁은 이런 민주주의에 대한 인식 부족과 무관하지 않다. 정파적인 이해관계를 비민주적 방식으로 관철하려는 태도는 말할 것도 없고, 인권과 민주주의와 같은 보편적 가치와는 거리가 먼 북한체제에 대한 무비판적인 태도도 이런 맥락에서 발생한 것으로 이해되어야 한다고 그는 강조한다.[309]

그래서 장은주는 "우리 사회의 진보세력의 지나친 집단주의적-민족주의적 편향"[310]에서 벗어난 새로운 진보정치 이념이 필요하다고 본다. 우리는 민족주의라는 이념을 내세워 보편적인 민주주의적 자치 이념을 실현하고자 하는 노력을 "판문점 앞에서 멈춰버려서는 안 된다"고 그는 강조한다. 그래서 북한 인권문제에 대해서도 진보진영은 더 이상 침묵해서는 안 된다.[311] 물론 장은주는 한국사회에 존재하는 좌파 민족주의 세력(소위 '민족해방 계열')과 더불어 진보정치의 한 축을 형성해온 '민중민주 계열'의 계급주의적인 정치이념의 한계도 극복하고자 한다. 그는 좌파 민족주의의 통일지향의 정치뿐만 아니라, 자본주의 극복이라든가 분배정치만을 진보정치의 핵심으로 이해하는 계급주의 정치 패러다임을 넘어설 수 있는 새로운 진보정치를 "존엄의 정치"라고 부른다. 그리고 그는 새로운 진보정치의 대안으로 존엄의 정치를 제시하면서 그 이념의 핵심을 "인권원칙과 민주주의 원칙"[312]으로 설정한다. 이런 입장에서 출발하여 장은주는 다음과 같이 주장한다. "남한 진보세력의 참된 정치적 토대는 우리 근현대사에

• • •

308 장은주가 이 글을 작성할 시기는 아직 통합진보당이 헌법재판소에 의해 해산되기 전이다.

309 장은주, 『정치의 이동』, 앞의 책, 265쪽.

310 장은주, 『인권의 철학』, 앞의 책, 20쪽.

311 장은주, 『정치의 이동』, 앞의 책, 266쪽; 장은주, 『인권의 철학』, 같은 책, 24쪽.

312 장은주, 『생존에서 존엄으로』, 앞의 책, 20쪽, 31쪽.

서 단지 남한의 현대에만 성공적으로 실현된 자본주의적 근대성의 역설들과 병리들이다."[313]

장은주가 존엄의 정치, 즉 인권과 민주주의적 정의를 추구하는 정치를 통해 진보정치를 새롭게 규정하는 이유는 기존의 진보정치 틀로는 변화된 상황에 적극적으로 대응할 수 없다고 보기 때문이다. 낡은 진보의 틀로는 새로운 보수 세력의 헤게모니에 대응할 수 없다고 그는 생각한다. 식민지 지배를 긍정적으로 미화하고 분단 반공 단독 정부를 수립한 이승만 대통령을 건국의 아버지로 추켜세우는 움직임이나 광복절을 건국절로 대체하려는 시도 등은 뉴라이트가 새로 동원하는 대한민국 애국주의의 위험성을 잘 보여준다.

그런데 장은주의 판단에 따르면 뉴라이트의 위험한 애국주의를 민족주의적 관점에서 접근하면서 그것이 지닌 "반민족적 성격"을 지적하는 것으로는 충분하지 않다. 보수의 새로운 애국주의는 대한민국이 보여준 성공적인 산업화와 경제성장을 강조하면서 '자랑스러운 대한민국'을 내세우고, 이런 자랑스러운 나라를 건설하는 데에서 주역은 보수 세력이었다는 주장을 하고 있기 때문이다. 이런 새로운 애국주의를 통해 뉴라이트는 보수 우파의 지적·도덕적 헤게모니를 장악하려고 하는 것인데, 대한민국에 대한 긍지를 고취시킬 수 있는 더 나은 대안 제시 없이 우파의 새로운 애국주의 담론을 기존의 민족주의적 인식 틀로 대응하는 것은 한계가 있다는 것이다. 그래서 장은주가 진보적 애국주의를 통해 의도하는 것은 뉴라이트가 선동하는 소위 위험한 애국주의, 그러니까 "비민주적이고 민주공화국 대한민국의 정체성을 그 근본에서 부정하는 반–대한민국주의"[314]로부터 애국주의를 지켜내는 것이다.

• • •

313 같은 책, 18쪽 주 1.
314 같은 책, 357-358쪽.

Ⅱ. 한국에서 공화주의적 애국심 이론

국내 학계에서 민족주의의 대안 담론으로 공화주의적 애국심 이론에 대한 관심도 증가하고 있다. 비지배 자유에 기초한 애국심을 옹호하는 학자들로는 곽준혁과 조계원[315] 등이 있다. 특히 곽준혁은 오늘날 한국사회에서 공화주의적 애국심을 민족주의를 수정·보완할 수 있는 이론으로 소개하는 대표적 학자이다. 그에 의하면 "공화주의적 애국심이 현대 민주주의의 핵심 과제를 만족시키고 탈민족주의 시대에 연대감을 형성시킬 수 있는 가장 적절한 대안일 수 있다."[316] 여기에서 우리는 그의 문제의식이 장은주의 그것과 상당히 유사함을 알 수 있다. 그 역시 민주주의를 인류 보편적 가치로 간주하고 있으면서도, 다른 한편으로 공허한 세계시민주의 보다는 민족주의가 제공해주었던 사회적 연대를 대체할 수 있는 새로운 대안을 모색하고 있기 때문이다.

장은주와 마찬가지로 곽준혁도 한국사회에서 민족주의가 지니고 있었던 순기능을 전적으로 거부하지 않는다. 그는 고전적 공화주의가 제시하는 "민족주의 없는 애국심"(patriotism without nationalism)을 통해 특정한 나라나 공동체에 대한 무조건적 혹은 배타적 애착으로 흐르기 쉬운 민족주의의 위험성을 극복할 수 있다고 본다. 공화주의적 애국심은 강한 민족주의를 순화할 수 있다. 그것은 정치체제의 성격보다는 공동체의 문화적 동질성을 강조하고, 이를 자연적인 감정으로 바라보는 민족주의와 달리 시민적 자유와 정치 권리의 보장을 강조하기 때문이다. 그래서 공화주의적 애국심은 민족주의와 애국심을 동일시하지 않는다. 공화주의자들에게 그들이 사랑해야 할 대상인 진정한 조국(una vera patria)은 독립된 자치공화국을 의미한

---

315 조계원, 「한국사회와 애국심: 공화주의적 애국심의 검토」, 『시민과세계』 16, 2009.
316 곽준혁, 「민족주의 없는 애국심과 비지배 평화원칙」, 『아세아연구』 46(4), 2003, 324쪽.

다. 또한 공화주의적 애국심은 공화국에 대한 시민들의 열정이나 사랑의 문제를 소홀하게 취급하지 않는다. 공화주의는 공화주의적 정치체제로서의 조국에서만 비로소 자유로운 시민으로 존립할 수 있기 때문에, 조국에 대한 사랑에 관심을 기울인다. 그래서 그는 공화주의적 애국심을 "민족주의 없는 애국심"으로 이해한다.[317]

민족주의와 달리 자민족 중심의 배타성을 띠지 않는 공화주의적 애국심은 개인의 자율성이나 인권 보장과 같은 인류의 보편적 가치에 대해 무관심하다는 비판으로부터도 자유롭다. 공화주의적 애국심은 공화주의가 추구하는 자유의 이상을 바탕으로 하고 있기 때문이다. 공화주의에서 자유는 자유주의자들이 옹호하는 소극적 자유와도, 그리고 참여민주주의자들이 주장하는 시민의 민주적 정치 참여로서의 적극적 이상과도 다르다. 공화주의가 제시하는 자유는 '비지배(non-domination)로서의 자유', 즉 '타인의 자의적 의지로부터의 자유'를 의미하기 때문이다.

곽준혁이 보기에 공화주의적 애국심이 지향하는 비지배(非支配) 자유 원칙은 인류 보편적인 가치를 지니는 "정치적·도덕적 판단 근거"가 될 수 있다.[318] 그리고 곽준혁은 이런 비지배 자유로서의 공화주의적 자유 원칙이 지니는 핵심 내용을 다음 네 가지로 요약한다. "첫째, 비지배 자유는 개인을 희생하며 전체에 헌신하는 자기 부정적인 시민적 덕성을 상정하거나 적극적인 정치 참여를 통한 자율성을 이상으로 제시하기보다, 개개인이 가지는 다양한 욕구를 충족시킬 수 있는 조건으로서의 자유의 보장을 목표로 한다. 둘째, 비지배 자유는 자의적 지배에 대한 시민적 저항과, 합법적 절차를 통한 시민의 국가권력에 대한 견제와 통제를 정당화할 수 있는 근거를 제공함으로써, 시민들에게 실질적인 정치적 힘을 제공하는

• • •

317 곽준혁, 「변화하는 세계, 민족주의는 아직도 필요한가」, 곽준혁 편, 『경계와 편견을 넘어서: 우리시대 정치철학자들과의 대화』, 한길사, 2010, 128-129쪽.

318 곽준혁, 「민족주의 없는 애국심과 비지배 평화원칙」, 앞의 글, 324쪽.

방법을 구체화한다. 셋째, 이러한 조건을 충족시켜주는 정치체제에서 삶을
향유하는 사람들은 비자의적인 지배에 대한 경험이 체화되어, 공동체 내의
다른 구성원들의 자유뿐만 아니라 다른 공동체에 속한 사람들의 자유
또한 소중히 여기는 전이를 유도한다는 것이다. 넷째, 공감의 범위가 개인
으로부터 동료 시민들로 그리고 다른 사회의 사람들에게까지 감정적 전이
가 불가능할 때, 외국인에 대한 반인륜적 태도가 초래할 시민적 신뢰의
붕괴가능성을 민주적 심의를 통해 설득함으로써 정치적 전이(轉移)를 의도
한다."[319]

비지배 자유 원칙의 핵심적 구성 요소를 통해 곽준혁은 공화주의적
애국심을 한편으로는 민족주의가 지닌 위험성을 극복하면서도, 다른 한편
으로는 공허하고 추상적인 세계시민주의의 문제점을 극복할 수 있는 대안
으로 생각한다. 그러나 그는 하버마스의 헌법애국주의를 공화주의적 애국
심과 구별한다. 이것이 장은주와 다른 점이다. 앞에서 보았던 것처럼 장은
주는 하버마스의 헌법애국주의와 루소적인 공화주의적 애국심 그리고
마사 누스바움의 순화된 애국주의 사이에는 큰 차이가 없다고 생각한다.
곽준혁은 하버마스의 헌법애국주의와 구별되는 공화주의적 애국심을 옹
호할 때 공화주의 철학자인 모리치오 비롤리에 주목한다. 고전적 공화주의
전통에서 애국심과 민족주의가 구별되고 있다는 점을 새롭게 환기시킨
학자가 비롤리이기 때문이다.[320] 그리고 그가 공화주의적 애국심과 민족주
의의 차이점을 강조하면서 의지하는 공화주의 이론가 중의 하나가 키케로
이다.

키케로는 자유로운 시민들 사이의 결합, 즉 공화국 구성원들 사이의

• • •

319 곽준혁, 「변화하는 세계, 민족주의는 아직도 필요한가」, 곽준혁 편, 『경계와 편견을
     넘어서』, 앞의 책, 130-131쪽.
320 곽준혁, 「민족주의 없는 애국심과 비지배 평화원칙」, 앞의 글, 320쪽 참조. 모리치오
     비롤리(Maurizio Viroli), 『공화주의』, 김경희·김동규 옮김, 인간사랑, 2006 참조.

공동체 의식 혹은 연대 의식을 가장 소중하게 생각한다. 키케로에 의하면 "공화국의 결합보다 더 중요하고 소중한 것은 없다. 부모는 물론 자식, 친척, 친구도 소중하지만 국가야말로 모든 사람의 소중한 모든 것을 포함하고 있다."[321] 공화국이 친구 및 가족관계보다도 더 소중한 것은 그가 보기에 공화국에서 비로소 모든 인간적인 덕성이 제대로 발현될 수 있기 때문이다. 토의 능력이나 숙고 능력은 말할 것도 없고, 사유 능력과 친구들 사이의 우애도 공화국에서 잘 함양될 수 있다는 것이 키케로의 생각이다. 그는 "모든 덕의 찬양은 정치 활동에서 비롯되는 것"[322]이라고 강조한다. 그러므로 키케로는 모든 인간적 덕성이 함양되고 발휘될 수 있는 터전인 조국으로서의 공화국에 대한 헌신과 사랑을 시민이 지녀야 할 최고의 덕목으로 찬양한다.

키케로는 공화국을 위해서라면 기꺼이 죽음도 바치겠다는 공화주의적 애국심을 강조한다.[323] 태생의 조국과 시민의 조국을 구별하는 키케로의 이론에서 비롤리는 "공화주의적 애국과 민족주의의 차이"를 읽어낸다. 그에 의하면 키케로를 비롯하여 다른 공화주의적 사상가들에게 공화주의적 애국은 공화국의 정치제도들 그리고 이와 결부된 공화주의적 생활방식에 대한 관심과 애정인 데 반해, 민족주의자들에게 중요한 것은 문화적·종교적·종족적 동질성이다.[324]

하버마스의 헌법애국주의는 국민(민족)국가가 내적으로 안고 있는 시민의 정치적 자율성 원칙과 연결된 공화주의와 정치질서 이전의 공통의 언어, 문화 그리고 역사 등으로 이루어진 민족주의 사이의 긴장을 해결하기 위해 제시된 것이다. 그는 오늘날과 같이 다원화된 사회에서 사회적 통합을

•••
321 마르쿠스 툴리우스 키케로, 『키케로의 의무론』, 허승일 옮김, 서광사, 1989, 48쪽.
322 같은 책, 25쪽.
323 마르쿠스 툴리우스 키케로, 『법률론』, 성염 옮김, 한길사, 2007, 117-118쪽.
324 모리치오 비롤리, 『공화주의』, 앞의 책, 175-176쪽.

정당한 방식으로 창출할 수 있는 것은 민주적인 절차와 제도라고 본다. 그래서 그는 민주적인 절차와 제도와 관련된 헌법 원리 및 그런 원리의 실현에 도움을 주는 정치문화에 대한 애정, 즉 헌법애국주의가 민족주의를 대신할 수 있다고 주장한다.[325] 그러나 곽준혁은 비롤리와 더불어 인권과 민주주의와 같은 보편주의적 원리에 대한 충성을 강조하는 헌법애국주의는 시민들의 공화국에 대한 열정과 사랑을 불러일으키지 못한다고 본다. 즉 곽준혁은 "자유롭고 민주적인 절차와 제도에 대한 애정이 실질적인 삶의 공유를 통해 형성되는 공동체와 동료들에 대한 애정을 대체할 수 있을지에 대해서는 의구심이 생긴다"고 말한다.[326]

곽준혁은 애국심을 헌법의 보편적 원리에 대한 충성에서 나오는 것으로 보지 않는다. 그에 의하면 애국심은 "실질적인 삶의 공유"에서 비롯된 것이다. 비롤리도 "공화주의적 애국이라는 것은 무엇보다 시민적 삶을 직접 경험하는 데서 나오는 하나의 정치적 열정"으로 이해한다.[327] 그리고 비롤리는 공화주의적 애국을 하버마스의 헌법애국주의와 달리 "땅에 뿌리 박고 있는 공화주의적 애국"으로 규정하면서, 그것이 특수적인 성격을 지니고 있다는 점을 강조한다. 공화주의적 애국심이 특수적 성격을 지니는 이유는 바로 앞에서도 강조했듯이 그것은 "공화국의 제도와 생활방식에 대한 열정적 사랑"이기 때문이다. 간단하게 말해 비롤리가 볼 때 공화주의적 애국심은 "공화국은 하나의 정치질서이며 생활방식이므로 하나의 문화"라는 통찰에 기반을 두고 있다.[328]

그래서 공화주의적 애국심은 종족적·문화적 동질성에 대한 소속을 강조하는 민족주의적 열정과도 구별된다. 공화주의적 애국심은 동일한

• • •

325 위르겐 하버마스, 『이질성의 포용』, 황태연 옮김, 나남출판, 2000, 147-149쪽.

326 곽준혁, 「민족주의 없는 애국심과 비지배 평화원칙」, 앞의 글, 319쪽.

327 모리치오 비롤리, 『공화주의』, 앞의 책, 50쪽.

328 같은 책, 51-52쪽, 177쪽.

영토 내에서 거주하거나 동일한 언어를 사용하고 동일한 종교를 공유하고 있다는 식의 문화적 동질성에 뿌리를 두고 있지 않기 때문이다. 시민들이 느끼는 공화국에 대한 사랑과 열정은 시민으로서 공적인 삶에 참여하면서 자유로운 삶을 영위하는 과정에서 생겨나는 것이기 때문이다.[329] 달리 말하자면 "조국이 가지는 정치적이며 문화적인 가치는 민족이 가지는 비정치적인 가치와 확연이 다르기"에[330] 공화주의적 애국과 민족주의는 구별된다.

Ⅲ. 헌법애국주의 논리의 한계

인권과 민주주의를 규범적 이상으로 삼고, 그런 원칙들을 헌법 원리로 승인하는 민주공화국인 대한민국을 참다운 민주공화국으로 만들려는 관심과 열정을 호소하는 장은주의 새로운 진보정치 이념은 많은 설득력을 갖고 있다. 민주주의 및 인권을 중심에 놓고 우리 사회 문제를 이해하려는 태도 역시 큰 공감을 불러일으킨다. 분단 이후 상당한 시간이 지나면서 대한민국이 걸어온 역사가 여전히 많은 문제를 안고 있음에도 인권과 민주주의를 향한 도정에서 우리 사회가 실현한 성취를 긍정적으로 볼 필요가 있다는 주장을 부인할 사람은 거의 없을 줄 안다. 그리고 자신이 속한 나라에 대한 사랑을 편협하고 위험한 것으로만 치부하는 태도를 넘어서 우리나라를 더욱더 훌륭한 민주공화국으로 만드는 시민적 행위를 매개로 하여 세계시민적 시야에도 개방적인 새로운 공동체 이론을 헌법애국주의 이론에서 구하려는 태도는 민족주의를 둘러싼 기존 논쟁에 새로운

• • •
329 같은 책, 51쪽.
330 같은 책, 175쪽.

활기를 제공할 수 있을 것이다.

또한 헌법애국주의 담론을 우리나라 상황에 어울리게 재해석하여 자유 및 평등 그리고 민주적 시민의 자치라는 민주주의 이념을 실현하는 과정에서 겪은 공통의 역사적 경험을 소중하게 여기면서도, 다른 한편으로 자신이 속한 공동체에 대한 헌신과 충성을 배타적이지 않게 하려는 장은주의 시도는 민족주의의 부정적 측면만을 지나치게 과장하는 다른 민족주의 비판 담론과는 다르다. 요약해보자면, 그의 이론은 특정한 공동체에 대한 집단적 헌신과 열정의 중요성을 인정하면서도, 동시에 타집단에 대한 지나친 배타성을 강조하지 않는 길을 걸어가고자 한다는 점에서 독특한 위상을 지닌다.

또한 북한의 여러 문제에 대해 침묵하는 우리 사회 일부 진보진영에 대한 비판도 중요하다. 우리 사회의 반인권적이고 비민주적 관행과 제도를 비판하고 이를 개선하기 위해 노력하는 것이 중요한 것처럼, 북한체제의 여러 문제점을 지적하고 이를 공론화시키는 것도 필요하기에 그렇다. 북한체제가 형성된 역사적 조건에 대한 내재적 인식과 더불어 그 체제가 안고 있는 심각한 인권유린 및 비민주적 성격에 대해 지적하고 그 개선을 요구하는 것은 양립 가능한 것이다. 간단하게 말하자면 민족적 정체성에 대한 강조나 분단극복의 중요성에 대한 긍정과 인권 및 민주주의에 대한 중요성을 강조하는 것은 양자택일의 문제가 아니다.

배타적 민족주의의 위험성을 대신할 대안으로 곽준혁이 제시하는 민족주의 없는 공화주의적 애국심에 대한 논의도 우리 사회의 민족주의를 둘러싼 논쟁에서 중요하게 참조할 이론임은 분명하다. 조국에 대한 사랑을 위험한 것으로 치부하는 태도를 넘어서, 시민적 자유와 평등을 존중하는 원리와 국가에 대한 사랑을 결합하려는 시도는 공허한 세계시민주의에 대한 맹목적 환호와도 구별되고 민족주의의 위험성을 넘어서려는 것이기에 그렇다. 대한민국이라는 나라를 사랑하는 행위가 우리나라를 더욱더 훌륭한 민주공화국으로 만들어 우리 사회의 시민들을 인류 전체에 대한 도덕적 의무를 소홀히 하지 않는 세계시민으로 나가게 할 것이라는 생각은 민족주의와 민주주의 사이의 연관성에 관련된 논의를 활성화하는 데 기여할 것이다.

그러나 이하에서 필자는 헌법애국주의 담론이 어떤 점에서 불충분한 것인지를 다루어 볼 것이다. 특히 장은주가 옹호하고자 하는 헌법애국주의의 한계를 다루는 것으로 한정한다. 필자는 여기에서 민주적 법치국가의 정당성을 승인하는 선에서 논의를 시작한다. 시민들이 서로를 동등한 권리를 지닌 주체로서 인정하는 정치공동체가 옳은 정치제도라는 것을 받아들이면서 논의를 시작한다는 것이다. 하버마스의 주장을 빌리자면 "오늘날까지도 민주주의적 법치국가의 규범적 자기이해를 규정"하고 있는 것은 "인권과 국민(인민)주권의 이념"이다.[331]

그렇다면 인권과 인민(people) 사이의 결합은 어떻게 가능했던 것인가? 주지하듯이 인권과 인민주권 사이의 결합은 적어도 근대 세계에서 인민의 집단적 의식인 민족적 정체성 확보를 통해서였다. 모든 사람을 동등하게 대우해야 한다는 보편적 존중에 대한 요구는 서구 근대에서 인민주권과 민족국가를 매개로 하여 실현된다. 모든 시민들은 신분이나 성(性) 혹은 재산의 유무와 상관없이 평등한 권리를 보장받아야 한다는 주장은 민주주의와 인권을 실현하고자 하는 노력이었다. 그리고 이런 보편적 평등을 요구하는 정치가 국민국가를 통해 일정하게 실현되었다고 했을 때, 우리는 인민주권과 인권의 보편성 그리고 민족의식이라는 세 가지 요소들 사이의 결합 방식에 주목해야 한다.

달리 말하자면 왜 오늘날 인류사회는 모든 사람들을 평등하게 대우해야 한다는 주장을 특정하게 경계를 지니는 영토국가와 민족국가를 통해서가

• • •
331 위르겐 하버마스, 『사실성과 타당성』, 한상진 · 박영도 옮김, 나남출판, 2007, 134쪽.

아니라 세계공화국과 같은 방식으로 실현하지 못하는가? 이 경우 우리는 다음과 같은 질문을 던지지 않을 수 없다. 왜 근대 국민국가는 보편주의적 도덕원리로 환원되지 않는 사회적 연대 의식 혹은 집단적인 우리 의식, 즉 민족의식을 배경으로 해서 비로소 인권과 민주주의와 같은 보편주의적 이상을 실현시킬 수 있었는가? 그리고 그런 현상을 어떻게 이해해야 하는 것인가?

그러나 하버마스는 민족주의와 공화주의의 공생을 "일시적인 정황"으로 본다. 그래서 그는 근대 국민(민족)국가가 탄생하던 시기에 "문화적으로 정의된 인민에의 소속성", 즉 민족주의가 인민주권과 인권이라는 소위 민주적 법치국가의 보편주의적인 규범을 실현시키는 데 "촉매제 역할"만을 했을 뿐이라고 주장한다. 달리 말하자면 민족주의는 아무런 도덕적 규범성을 지니지 못하며 "민주적 과정의 아무런 필수적 구성 요소가 아니다"라고 그는 평가한다.[332] 이런 평가로 인해 하버마스는 근대 국민(민족)국가가 안고 있는 긴장, 즉 공화주의와 민족주의 사이의 긴장을 공화주의적 요소를 강화하여 유럽연합과 같은 소위 포스트-국민국가적 정치공동체로 나아가야만 하며 또 나아갈 수 있다고 낙관한다. 그는 민주적 과정과 제도가 그동안 근대 국민(민족)국가에서 민족주의가 담당한 사회통합력을 산출할 수 있다고 생각하기 때문이다. "나[하버마스: 필자]는 민주적 정통성 양식을 가진 입헌국가의 형식과 절차가 동시에 사회적 결속의 새로운 차원을 산출한다는 점을 공화주의의 요점으로 이해한다."[333]

하버마스가 근대 국민국가와 민족주의 사이의 결합 방식에 대해 제기한 핵심 쟁점은 민족주의가 제공하던 사회통합의 원천은 무엇이고 공화주의적인 민주적 절차와 제도가 과연 특정한 정치공동체의 형성과 유지(재생

• • •

332 위르겐 하버마스, 『이질성의 포용』, 앞의 책, 163쪽.
333 같은 책, 190쪽.

산)에 충분할 정도로 사회적 연대를 창출할 수 있는가에 관한 것이다. 이미 살펴보았듯이 하버마스는 민족주의는 특별한 도덕적 규범과 무관하다고 본다. 그리고 그는 인권과 민주주의라는 공화주의적인 보편주의가 사회통합을 산출할 수 있다고 본다.

하버마스가 왜 근대 국민(민족)국가의 양가성이 극복되어야 한다고 보는지는 분명하다. 나치즘이 보여주듯이 공통의 언어와 역사에 의해 형성된 민족을 강조하는 것은 매우 위험하기 때문이다. 그러나 민족주의는 민주주의와 아무런 상관성을 지니지 못하는 위험한 정체성에 불과하다는 평가는 물론이고 민족주의가 담당한 사회적 통합을 민주적 과정과 제도가 대신할 수 있다고 보는 하버마스의 이론이 타당한가에 대한 물음은 남아 있다. 공화주의의 보편주의적 성향이 사회적 통합의 힘을 창출할 수 있다고 보는 하버마스의 신뢰를 좀 더 살펴보자.

민주적 법치국가의 보편적인 원리와 가치에 대한 충성을 애국심의 핵심으로 설정하려는 하버마스식의 헌법애국주의는 민주적 과정과 제도가 동료 시민들 사이의 연대 의식을 창출한다고 역설한다. 그러나 그런 믿음은 결코 경험적으로 입증되지도 않았다. 이는 유럽연합의 위기가 잘 보여준다. 이런 경험적 현상에 대한 분석과 별도로 사회적 통합의 힘은 정의의 보편적 원칙에 대한 공유만으로 형성되지 않는 특수한 생활방식에 기반을 둔 집단적 정체성의 지지가 필요하다는 반론이 남아 있다.

하버마스의 헌법애국주의가 사회적 통합력을 산출하기에는 충분하지 않다는 반론이 여러 학자들에 의해 제기되는 것은 우연이 아니다.[334] 예를

. . .
334 하버마스의 헌법애국주의가 안고 있는 문제에 대해서는 나종석, 「매개적 사유와 사회인문학의 철학적 기초」, 김성보 외 지음, 『사회인문학이란 무엇인가』, 한길사, 2011, 161쪽 이하 참조. 세계주의적 시각과 민족주의적 시각 사이의 연계성에 대한 시도의 중요성에 대해서는 나종석, 「민족주의와 세계시민주: 자유주의적 민족주의를 중심으로」, 『헤겔연구』 26, 2009, 169-197쪽 참조. 그리고 이 글을 수정·보완한 것은 이 책 제11장에 실려 있다. 그래서 여기에서는 가능한 한 반복을 피하기 위해 데이비드

들어 영국의 정치철학자인 데이비드 밀러(David Miller)도 헌법애국주의가 민족성(nationality)을 대체할 수 있다고 보지 않는다. 그가 보기에 헌법애국주의는 "민족성이 제공하는 것 같은 종류의 정치적 정체성을 제공하지 못한다." 달리 말하자면 헌법애국주의가 주장하듯이 헌법 원리들에 대한 애착은 그런 애착을 지닌 사람들이 "무정부주의자나 파시스트가 아니라 자유주의자"임을 표현해줄 뿐, 왜 특정한 민주적 법치국가가 특정한 경계를 토대로 하나의 정치공동체를 형성해내야 하는지에 대한 아무런 합리적 논거를 제공하지 못한다고 그는 주장한다. "특히 헌법애국주의는 정치공동체의 경계선이 왜 저기가 아닌 여기에 그어져야 하는지를 설명하지 못한다. 또한 그것은 그 공동체의 역사적 정체성, 즉 오늘날의 정치를 과거에 수행된 행동들 및 내려진 결정들과 결합시켜주는 연결고리들에 대한 어떤 감각(sense)도 제공하지 못한다."[335]

한승완은 하버마스에 대한 밀러의 비판이 하버마스의 헌법애국주의에 대한 오해에 기인한다고 반박한다. 그에 의하면 하버마스도 헌법애국주의를 내세울 때 헌법 원칙에 대한 공유만으로 사회적 결속력의 창출이 가능하다고 본 것이 아니라, 보편적 헌법 원칙들을 구현하는 행위와 관련된 개별 국가들의 특정한 정치문화가 사회적 통합력을 창출할 수 있다고 본다. 그런데 한승완은 바로 뒤이어서 하버마스의 헌법애국주의 이론이 보편적 헌법 원리를 특정한 역사적 상황 속에서 실현하고 제도화하는 정치문화의 매개적 역할을 "애매하고 불안정"하게 취급한다고 언급한다. 그러므로 데이비드 밀러가 하버마스의 헌법애국주의 이론의[336] 한계를 비판하는

• • •

밀러의 민족주의 이론을 바탕으로 헌법애국주의 담론의 문제점을 다루어 볼 것이다. 데이비드 밀러의 민족주의의 옹호도 일종의 자유주의적 민족주의라고 평가된다. 그 스스로도 굳이 선택을 한다면 자신의 민족주의 이론을 자유주의적 민족주의 이론으로 볼 수 있다고 인정한다. 곽준혁, 「변화하는 세계, 민족주의는 아직도 필요한가」, 곽준혁 편, 『경계와 편견을 넘어서』, 앞의 책, 104쪽.

335 David Miller, *On Nationality*, Oxford: Oxford University Press, 1995, pp. 162-163.

요점은 그것이 특정한 정치공동체 구성원들 사이에서 형성된 사회적 연대의 원천을 분명하게 파악하지 못한다는 데 있다고 보아야 할 것이다.

더구나 앞에서도 인용했듯이 "민주적 정통성 양식을 가진 입헌국가의 형식과 절차가 동시에 사회적 결속의 새로운 차원을 산출한다"는 하버마스의 주장은 특수한 정치문화를 매개로 하여 보편적 헌법 원칙을 견지하려는 것이 하버마스가 의도한 본래 헌법애국주의라는 한승완의 해석과는 일정 정도 상충되기도 한다. 밀러도 지적했듯이 하버마스가 제안하는 헌법애국주의 이론이 안고 있는 논리적 긴장은 정치공동체의 경계와 관련하여 매우 분명하게 드러난다. 하버마스가 생각하듯이 그 경계선이 "우연적"[337]인 것에 불과하다고 보기 힘들다. 민주적 법치국가는 특정한 공동체를 전제하지 않고 상상할 수 없다. 왜 모든 사람들이 아니라 특정한 사람들에게만, 즉 프랑스 국민의 자격이나 대한민국 국민으로서의 자격을 부여하는 정당한 도덕적 이유가 존재하는가? 이런 현상은 인권과 같은 보편적인 동등 존중 원칙에 의해 연역될 수 없다. 나라들 사이의 경계 설정의 타당성은 공화주의나 자유주의가 내세우는 보편주의적 원칙에 의해 설명되지 않는다는 말이다.

민주적 법치국가의 실현을 위해 요구되는 사회통합과 연대성은 민주적 과정 자체나 민주적 공론장에서의 의사소통을 통해서 충분하게 확보될 수 없다. 민주적 의지 형성으로 시민들의 연대성이 창출되는 것이 아니라, 그것은 오히려 시민들 사이의 공동체 의식을 전제한다. 즉 보편적인 민주적 참여의 이념 자체가 실질적인 참여를 보장할 수 없으며, 보편적 참여의 이념은 오히려 사람들 사이의 사회적인 결속력, 그러니까 공통의 근본 목적과 같은 것을 공유하는 사람들에 의존한다.[338]

• • •

336 한승완, 「'자유주의적 민족주의'와 '헌법애국주의'」, 앞의 글, 297-298쪽.

337 위르겐 하버마스, 『이질성의 포용』, 앞의 책, 146쪽.

338 장은주, 『생존에서 존엄으로』, 앞의 책, 163쪽.

그렇다고 이런 주장으로부터 민족적 정체성이 사람들의 유일한 정체성이 되어야 한다는 결론이 도출되지는 않는다. 밀러가 주장하듯이 오늘날 현대사회에서 민족적 정체성은 사회정의와 민주주의를 소중하게 여기는 정치공동체 구성원들을 결속시킬 수 있는 "공동체의 하나"이다. 그러므로 자유주의 사회들 역시 "그 사회의 결속을 위해 공통의 민족성"을 필요로 한다.[339] 밀러는 민족적 정체성을 "민주주의"와 분배적 정의, 즉 "사회정의"를 지탱시킬 수 있는 사회 "통합의 자원"임을 주장한다.[340]

밀러가 민족적 정체성의 중요성을 긍정적으로 평가하는 것은 자유주의 전통에 대한 공동체주의적 이의 제기에 기반을 두고 있다. 그는 자신의 이론을 "좌파적 공동체주의의 한 형태"(a form of left communitarianism)로 이해한다.[341] 밀러는 정의 원칙에 기초하는 사회적 결속은 너무 힘이 약하기에 공통의 언어, 역사 및 공적 제도들을 통해 형성된 "공통의 공공문화"인 민족적 정체성에 의해 강화되지 않으면 안 된다고 본다. 그러므로 그는 "공유된 민족적 정체성은 사회정의와 심의민주주의와 같은 정치적 목표들을 성취하기 위한 전제 조건"이라고 강조한다.[342]

지금까지 간단하게 살펴본 것처럼 하버마스가 규범적으로 정당하게 간주하는 민주주의적 법치국가 역시 공동체이고 그런 공동체의 구성원들은 연대 의식을 지녀야 하는데, 보편주의적인 정의 원칙에 대한 강조만으로는 그런 특수한 연대 의식을 충분하게 설명할 수 없다. 하나의 예를 들어 설명하면 독일인들이 통일 후에 구동독주민들을 위해 엄청난 통일 연대 세금을 제공하는 데 반해, 경제위기 여파로 극심한 위기에 처한 유럽연합의

<hr>

339 곽준혁, 「변화하는 세계, 민족주의는 아직도 필요한가」, 곽준혁 편, 『경계와 편견을 넘어서』, 앞의 책, 102쪽, 104쪽.

340 같은 책, 112쪽.

341 같은 책, 84쪽. D. Miller, *Citizenship and National Identity*, Cambridge: Polity Press, 2000, p. 98.

342 David Miller, *On Nationality*, 앞의 책, p. 162.

일원인 그리스인들에게 그런 정도의 연대 의식을 보여주려는 태도는 전혀 없다. 2008년 미국발 금융위기로 인해 촉발된 세계경제의 위기 속에서 그리스, 스페인 그리고 포르투갈 등 유럽연합 내의 여러 국가들이 심각한 국가재정위기에 시달려도 독일은 이들 국가에 대한 구제 금융안에 대해 매우 회의적인 태도를 견지했다. 독일이 보여주는 구동독사람들과 그리스인에 대한 상이한 접근 방식은 우리에게 사회적 통합력의 원천에 대한 성찰을 하도록 만든다. 달리 말하자면 특정한 정치공동체의 구성원들이 동료 시민들의 어려움을 위해서는 납세 의무를 다하면서도, 다른 가난한 나라의 사람에게는 왜 그런 의무를 보여주지 않는가라는 물음에 대해 모든 사람들을 동등하게 존중해주어야만 한다는 보편주의적 정의 원칙 및 그에 대한 정치문화적 충성만으로는 적절하게 대답할 수 없다.

그렇다고 해도 특정한 공동체의 구성원들에게 더 많은 관심과 의무와 애정을 보이는 사람들을 모든 사람을 동등하게 고려하는 보편적인 정의 원칙을 자신의 것으로 충분하게 내면화하지 못한 미성숙한 존재로 보아야만 할 것인가? 달리 말하자면 독일인들이 구동독주민들에게 보여주는 연대 의식은 잘못된 민족적 정체성을 악의적으로 동원하는 사람들에 의해 포섭된 결과로 볼 것인가? 그렇지 않다. 우리는 오히려 동료 시민들에게 더 많은 도움과 의무를 보여주고자 하는 관행을 제대로 이해할 필요가 있다. 이런 관행을 제대로 이해하기 위해서는 동등 존중의 보편적 원칙만을 도덕이나 정의로 보는 정의 및 도덕 일원론의 망상에서 벗어나야 한다. 인간다운 삶을 살아가기 위해 인간은 사회 속에서 다른 사람들과 성공적인 결합과 만남을 성취해야만 하고, 그런 의미 있는 삶을 가능하게 해주는 도덕은 다양하다. 동등 존중의 원칙 못지않게 특정한 공동체에 대한 소속감과 그에 대한 충성심 같은 것도 매우 중요한 도덕이다. 그래서 "한 정치공동체의 일원이라는 사실에는 도덕적으로 특별한 무엇인가가 있다"는 점을 명료하게 해명해야 한다.[343]

동료 시민들에게 더 많은 의무를 갖는 이유를 제대로 설명하기 위해서는 자율성이나 평등과 같은 보편주의적 이념들에 대한 호소와 다르면서도, 의미 있는 삶을 향유하기 위해서는 반드시 지녀야만 하는 연대성이 고유하게 지니는 도덕적 원천을 해명해야 한다. 정치공동체 구성원들 사이에서 실현되고 있는 특수한 도덕적 관계를 해명하기 위해서는 정의의 원칙으로 환원되지 않는 별도의 사회적 통합과 결속의 원인에 대한 정확한 평가가 필요하다는 말이다. 필자는 이 문제에 대한 해답이 한승완이 호의적으로 해석하려는 하버마스의 헌법애국주의에 의해서 제공되리라고 보지 않는다. 달리 말하자면 그가 제안하듯이 정치문화를 헌법애국주의 이론의 핵심으로 보고, 나라별로 상이한 정치문화를 통해 역사적 특수성과 보편적 정의 원칙을 결합하려는 것이 하버마스 헌법애국주의의 본래 모습이라고 해도 문제는 남는다는 것이다. 필자는 한승완의 방식대로 해석된 헌법애국주의도 사회적 통합의 도덕적 원천이 무엇인지를 충분하게 해명할 수 있다고 보지 않기 때문이다. 그리고 정의 원칙에 대한 공유보다도 더 깊고 강한 사회적 결속에 대한 하나의 대답이 바로 공통의 언어와 역사를 공유하는 사람들 사이에 형성된 민족적 정체성이었다. 물론 공유된 민족적 정체성을 무엇으로 만드는가는 상황에 따라 다를 것이다. 따라서 공유된 민족적 정체성이 반드시 인종 내지 종족이나 종교 등과 같은 것들로 구성될 필요는 없다.

앞에서 강조했듯이 자유와 평등과 같은 보편주의적인 정의 원칙에 대한 공유만으로는 민주적 법치국가가 지속적인 안정성을 누리기 위해 필요로 하는 사회적 통합의 원천을 창출하기 힘들다. 그리고 이런 점은 하버마스의 헌법애국주의 이론이 내부에서 동요를 일으키고 있다는 점에서도 간접적

• • •
343 애덤 스위프트, 『정치의 생각: 정의에서 민주주의까지』, 김비환 옮김, 개마고원, 2011, 246쪽.

으로 입증된다. 하버마스는 "시민적 연대성은 자유롭고 평등한 시민들이 민주적으로 형성한 정치공동체의 성원의식에서 자라난다"고 말한다.[344] 그러면서 동시에 그는 유럽연합은 국민국가가 누렸던 민족주의에 상응하는 등가물이 필요하다고 말한다. "민족국가는 시민의 법적 지위가 민족에의 문화적 귀속성과 결부되면 될수록 더 빨리 이 통합기능을 일찍 완수할 수 있었다. 민족국가가 내부에서 다문화주의의 폭발력과 외부로부터의 세계화의 문제 압박이라는 도전에 직면한 오늘날 국민과 인민의 결합물에 대한 똑같이 기능적인 등가물이 존재하는지 하는 물음이 제기된다."[345]

그런데 인권과 민주주의 원칙의 공유에서 출현한 유럽연합은 근대 국민국가 구성원들을 강력하게 통합하게 해준 연대성인 민족주의에 상응하는 등가물을 아직도 마련하고 있지 못하다. 오늘날 유럽연합 내의 여러 국가들에서 등장하는 이민과 난민 그리고 외국인에 대한 배타적 태도는 널리 알려져 있다. 프랑스는 재입국하지 않겠다는 각서를 받고 집시족들을 강제로 출국시키고 있으며, 스페인은 불법체류자를 대대적으로 검거해 이들을 다시 입국하지 않는 조건으로 추방하고 있다. 게다가 유럽연합 내 여러 국가들에서 반이민·반외국인 정책을 내세우는 극우정당의 약진은 놀라울 정도이다.

그래서 유럽연합을 주도하는 여러 국가 지도자들이 이구동성으로 유럽연합이 다문화사회 건설에서 실패했음을 명시적으로 천명하고 있는 실정이다. 전 프랑스 대통령인 사르코지는 "이민자들의 정체성에 대해 너무 걱정한 나머지 그들을 받아들인 프랑스의 정체성을 소홀히 여겼다"고 주장했고, 독일의 메르켈 총리는 "이민자들은 독일어를 익히는 등 독일사회에 통합하기 위해 더 많은 노력을 기울여야 한다. 독일에서 다문화사회를

• • •
344 위르겐 하버마스, 『분열된 서구』, 장은주·하주영 옮김, 나남출판, 2009, 106쪽.
345 위르겐 하버마스, 『이질성의 포용』, 앞의 책, 147쪽.

건설하려는 시도는 전적으로 실패했다"고 주장했다. 영국의 캐머런 전 총리 역시 "국민들이 극단주의로 변질되는 것을 막기 위해 우리는 영국의 국가정체성을 강화해야 하며, 보다 과감한 자유주의를 택할 필요가 있다"고 말했다.[346]

유럽 전 지역에 걸쳐 극우정당이 약진하고 있으며, 노르웨이, 스웨덴, 영국, 프랑스, 이탈리아 등 여러 유럽 국가에서 "권위주의가 공공연히 부활"하고 있다고 한다.[347] 극우정당은 유럽에서 세계화로 인해 취약해지고 주변으로 밀려난 사람들로부터만 지지를 받는 것은 아니다. 놀랍게도 유럽의 극우파는 "서유럽에서 가장 부유한 일부 지역", 예를 들어 "오스트리아, 노르웨이, 덴마크, 스위스"뿐 아니라, "이탈리아 동북부와 플랑드르 지역" 등에서 커다란 "성공"을 거두고 있다.[348]

민주주의적 정의 원칙을 공유하고 있는 유럽의 여러 국민국가들로 구성된 유럽연합이 보여주는 해체 현상과 사회적 통합력의 부재 및 민주적인 정치적 정당성 부족 현상은 사회적 통합력에 대한 헌법애국주의 이론의 공허함을 보여준다. 하버마스의 헌법애국주의 담론이 안고 있는 내적인 긴장과 동요가 유럽연합의 해체 위기에서 분명하게 드러난다고 말하는 것이 더 적절할지 모르겠다. 앞에서 유럽연합 지도국가 정치지도자들이 이구동성으로 언급하는 독일이나 영국의 국가정체성은 분명 헌법애국주의가 말하는 민주적 정의 원칙에 뿌리를 둔 정치문화적 정체성과 다른 것이다. 그렇기 때문에 민족적 정체성의 문제를 헌법애국주의로 대체하려는 하버마스의 시도는 이론적 차원에서도 심각한 논리적 모호성을 보여줄

- - -
346 홍승헌, 「하버마스의 헌정적 애국심」, 곽준혁·조홍식 엮음, 『아직도 민족주의인가: 우리시대의 애국심의 지성사』, 앞의 책, 316-317쪽 참조. 그리고 316-317쪽 각주 8번에서 재인용함.
347 몬트세라트 귀베르나우(M. Guibernau), 『소속된다는 것: 현대사회의 유대와 분열』, 유강은 옮김, 문예출판사, 2015, 132-133쪽.
348 같은 책, 137쪽.

뿐 아니라, 현실적으로 그 타당성을 상실했다고 볼 수 있다.

Ⅳ. 한국에서 논의되는 헌법애국주의 담론의 문제

우리 사회에서 헌법애국주의를 적극적으로 옹호하는 장은주도 위에서 살펴본 하버마스와 유사한 내적 동요와 혼동을 보여준다. 앞에서 설명한 것처럼 그는 인권 원칙과 민주주의 원칙의 제도적 표현인 '민주적 헌정질서'를 한국사회 진보세력이 정당성을 확보할 "유일한 가능 조건"이라고 역설한다.[349] 그러나 동시에 그는 하버마스가 생각하듯이 "정의의 이념만으로 민주공화국이 필요로 하는 연대성의 이념 모두를 온전하게 담아낼 수 있을지 의문스럽다"고 말한다.[350] 그런데 흥미롭게도 시민들의 정치적 공동체와 연대성이 정의의 이념만으로 형성될 수 없다고 주장하면서도, 그는 "사회문화적으로 구성되는 가치공동체"는 그 공동체의 "구체주의적·특수주의적 성격을 포기해야만 한다"고 말한다.[351]

게다가 장은주는 남북한의 관계를 특수한 관계로 긍정한다. 그는 "북한은 적대적 관계와 역사에도 불구하고 또한 통일과 화해의 대상"이라고 강조한다.[352] 오늘날 진보 이념이 정당성을 획득할 수 있는 "유일하게 참된 토대"는 "모든 사회성원에 대한 보편적 존중과 그들 모두의 자유롭고 자율적인 자기결정"이라는 이념임을 반복해서 강조하던 그가 북한을 "화해와 통일의 대상"으로 보는 이유는 무엇인가? 이런 질문을 통해 필자가 의도하는 것은 북한이 화해와 통일의 대상이라는 점을 부정하자는 것이

---

349 장은주, 『생존에서 존엄으로』, 앞의 책, 28쪽.
350 같은 책, 318쪽.
351 장은주, 『인권의 철학』, 앞의 책, 211쪽.
352 같은 책, 392쪽.

결코 아니다. 화해와 통일의 대상으로 인정되는 북한이 과연 장은주가 진보 이념의 유일한 정당성의 기준으로 내세우는 인권 및 민주주의 원칙과 어떻게 무리 없이 결합될 수 있는지가 궁금할 따름이다. 왜 일본이나 중국, 그것도 아니라면 유럽과 같이 대한민국과 동일한 헌법 원리를 공유하고 있을 뿐만 아니라, 그런 원리를 우리 사회보다 더 폭넓게 실현하고 있는 나라들과의 화해나 통일이 아니라 하필 북한과의 화해와 통일인가?

여기에서는 대한민국헌법이 규정하는 영토조항은 일단 논외로 하자. 실질적으로 북한주민에게 대한민국의 헌법 규범이 효력을 발휘하고 있지 않기 때문이다. 또한 대한민국헌법은 전문에서 "조국의 민주개혁과 평화적 통일의 사명"을 명기하고 제4조에서는 "대한민국은 통일을 지향하며, 자유 민주적 기본질서에 입각한 평화적 통일정책을 수립하고 이를 추진한다"라고 규정하고 있다. 이는 남북 사이의 적대적 긴장과 대결 상태를 지양하고 북한을 평화적 통일을 위한 대화와 협력의 동반자로 인정하고 있음을 의미한다.[353] 그러나 장은주의 논의는 이런 점에 주목하기보다는 인권과 민주주의라는 보편적 원칙의 실현을 통한 인간의 존엄성 확보에 방점이 찍혀 있다.

물론 북한 사람들에게도 인권과 민주주의가 중요하니 그런 이념을 북한 지역에도 실현시키기 위한 노력은 장은주의 논리에서 무리 없이 도출될 수 있을 것이다. 그러나 왜 하필 북한 사람들의 인권인가? 모든 사람들의 인권이 아니라, 북한 사람들의 인권에 대해 우리가 특별한 중요성을 부여할 이유가 존재하는가? 그러나 모든 사람들에게 동등하게 중요한 자율성과 평등 이념에 대한 존중만으로 북한이 대한민국과 특수한 관계에 있으며 북한을 화해와 통일의 대상으로 간주하여, 그에 상응하는 관심과 노력을 기울여야만 하는 이유가 충분히 설명될 것 같지는 않다.

• • •
353 「1987년 대한민국헌법」, 정종섭 편, 『한국헌법사문류』, 박영사, 2002, 382-383쪽.

여기에서 우리는 남과 북의 화해와 통일에 대한 이념은 자유와 인권 그리고 민주적 자치의 이념과 같은 원칙과 결합될 수 있을 때, 그 정당성을 확보할 수 있다고 주장하는 것으로는 충분하지 않다는 점을 알게 된다. 평화적인 통일의 달성이라는 과제가 남과 북의 구성원들에게 인권과 민주주의를 더 높은 수준에서 향유할 수 있도록 할 것이라고 반론할 수 있을지도 모르겠다. 그러나 그런 주장도 달리 보면 설득력이 떨어진다. 논리적 수준에서 볼 때 중국이나 일본과의 관계를 잘 해결하는 것도 우리 사회의 인권과 민주주의 수준을 향상시키는 데에 기여할 수 있을 것이기 때문이다. 달리 말하자면 통일과 화해의 대상으로서 북한의 의미를 제대로 설명하고 이해하기 위해서는, 인권의 보편성과 관련된 이론이나 어휘를 넘어서는 우리 민족은 무엇인가와 같은 집단적 정체성의 문제와 관련된 관점이 필요하다는 것이다.

이런 입장에서 볼 때, "보편적 인권을 체현하는 한국 국민 정체성을 형성"해 나가는 현재의 추세가 강화되면 이를 통해 "남북한의 통일에서 그 기반이 되는, 남북한 정체성에서의 동질성이 점차 상실되는 결과를 가져올 것"이라는 한승완의 결론도 성급한 것처럼 보인다.[354] 물론 보편적 정의 원칙과 결부되어 새로이 형성된 대한민국의 국민 정체성과 문화 및 역사 등을 공유하고 있는 남한과 북한을 포괄하는 한민족으로서의 민족 정체성은 서로 갈등을 초래할 수도 있다. 그러나 그의 표현을 사용해 말하자면 "한반도 남쪽에만 국한되는 '한국인 정체성' 형성"에 핵심적 요소인 보편적 인권과 민주주의적 원칙에 대한 공유의식이라는 새로운 정치문화적 정체성이 강화된다고 해서, 남한과 북한 모두를 포괄하는 한민족으로서의 민족적 정체성이 반드시 약화될 것이라고 볼 근거는 없다.

다만 대한민국이 새로 형성하고 있는 보편적 인권과 민주주의에 대한

• • •
354 한승완, 「한국 국민 정체성의 '민주적 반추'와 통일 문제」, 앞의 글, 55쪽.

공유의식에서 비롯된 국민 정체성에 대한 강조는 한민족의 민족적 정체성에 내재하고 있는 비민주적 요소를 비판하고 그런 배타적이고 비민주적 정체성의 한계를 넘어서 그것을 좀 더 개방적인 형태로 변형시키려고 노력해야 한다는 주장과 연결되어 이해되어야 할 것이다. 박명규가 주장하듯이 "북한의 낙후성과 비민주성을 극복하는 일이 통일과정과 접맥"되어야 함은 두말할 나위가 없다.[355] 민족 정체성이 초역사적인 실체로 고정불변적인 것이 아니라, 그것 역시 늘 역사적 상황 속에서 재규정되고 그런 과정 속에서 민족적 연대 의식을 구성하는 요소들이 변형될 수 있다는 것은 분명하다. 이런 의미에서 민주주의는 한국의 민족적 정체성에 대한 진지한 반성과 성찰의 기회를 제공하는 것으로 이해될 수 있다. 따라서 보편적 인권 및 민주주의적 정체성을 새로 형성하는 과정이 우리 민족의 집단적 정체성을 포기하거나 그것을 약화시키는 방식으로 작용할 것이라고 볼 필연적 이유는 없을 것 같다.

'민족적 동질성의 상실'이라는 한승완의 언급이 지니는 의미를 민족적 정체성이 유연해지고 개방적으로 변형된다는 뜻으로 사용되고 있다고 해석해볼 수 있을 것이다. 이런 방식으로 그의 주장을 더 선의로 이해해볼 가능성도 존재한다. 마찬가지로 민주적 시민성의 성장이 민족적 정체성의 구성 요소에서 변형을 가져올 것이라는 그의 지적은 매우 중요한 지점이라고 생각된다. 그렇다고 해도 "보편적 인권을 체현하는 한국 국민 정체성을 형성"하는 경향성이 더욱 강화된다면 "남북한 정체성에서의 동질성이 점차 상실되는 결과"를 가져올 것이라는 그의 추론은 여전히 모호하다. 대한민국의 민주적 정체성이 남북한의 민족적 정체성을 상실하게 한다는 그의 주장 배후에는 민족주의적 동질성과 연관된 연대성이 인권 및 민주주의와 같은 보편적 규범과 양립하기 힘들다는 생각이 은연중에 깔려 있는

• • •

355 박명규, 『국민 · 인민 · 시민: 개념사로 본 한국의 정치주체』, 소화, 2009, 270쪽.

것은 아닌가 하는 의문이 든다. 간단하게 말해 민족적 정체성과 민주주의 헌법 원칙과 결부된 국민 정체성은 분리될 수 있고, 이 둘 사이의 관계에서 어느 한 요소가 강화된다고 해서 다른 한 요소가 반드시 약화되는 것으로 볼 필요가 없다는 것이다. 우리는 민주적 정체성이 강화됨에도 불구하고 민족적 정체성이 강력하게 유지되고 있는 사례로서 영국의 스코틀랜드인이나 스페인의 카탈루냐인을 들 수 있을 것이다. 그들은 영국이나 스페인이라는 민주국가 속에서 살아가면서도 그들만의 독립적인 민족적 정체성을 유지하려고 애쓰고 있기 때문이다.

물론 스코틀랜드의 독립 움직임에는 민주적 정체성의 확장이라는 문제의식도 존재한다. 스코틀랜드의 독립 움직임의 흐름만을 좀 더 살펴보자. 파키스탄 출신으로 파키스탄 독재 권력에 저항하다 영국에 망명하여 활동하는 저명한 좌파 지식인인 타리크 알리(Tariq Ali)에 의하면, 현재 스코틀랜드 독립을 이끌며 이 지역 주민들의 압도적 지지를 받고 있는 스코틀랜드 민족당은 영국의 노동당보다도 더 진보적 정치 의제를 지니고 있다. 독립을 지지하는 스코틀랜드인들이 크게 성장한 원인은 기존 질서 안에서 정치적 자결권을 확보할 수 있다는 믿음이 점차 약해지고 있다는 상실감으로 인한 것이라고 한다. 그런데 흥미롭게도 스코틀랜드인들은 그런 상실감을 (극)우파적 정치세력에 대한 지지로 표출하는 것이 아니라, 사회경제적인 진보적 의제를 지지하는 방향으로 이어가고 있다. 달리 말하자면 스코틀랜드 지역에 민족주의 바람이 다시 거세게 불기 시작한 것은 복지국가를 해체한 대처의 정치를 노동당 지도자 출신의 수상이었던 블레어와 브라운이 반복한 데 따른 강력한 이의 제기와 연관되어 있다.

그러므로 스코틀랜드에서 독립운동이 성장하게 된 이유는 영국의 "민주주의 결핍" 때문이며, 이런 문제를 해결하기 위해 스코틀랜드 주민들은 민족주의적 독립운동과 "훨씬 국제주의적인" 시야를 결합시키고 있다. 타리크 알리의 중요한 분석을 인용해보자. "독립지지 여론이 노동대중

사이에서 가장 강력했다는 것은 놀랄 일도 아니다. 스코틀랜드 안에서는 독립 스코틀랜드가 변방국가에 머물 것이라는 생각을 아무도 진지하게 받아들이지 않았다. 신노동당과 연립정부의 그 동류들에게 이른바 국제주의란 영국의 정책 전반을 미국의 이해관계에 종속시키는 것을 뜻할 뿐이었다. 이들은 이라크와 아프가니스탄과 관련해, 심지어는 정보 수집과 관련해서도 연합왕국을 일개 속국으로 만들었다. 이에 대한 반작용으로, 독립 스코틀랜드는 훨씬 더 국제주의적이면서도 자주적일 수 있으며 스칸디나비아 및 여타 대륙 국가들과 연계함으로써 커다란 대외적 성취를 이루어낼 수 있을 것으로 여겨졌다."[356]

그러나 스코틀랜드가 보여주는 독립 움직임에서 나타나는 민주적 정체성에 대한 문제의식에도 불구하고, 영국을 민주적 정체성이라는 기준에 현저하게 미달되는 국가로 보긴 어렵다. 그러므로 스코틀랜드 독립 움직임은 민주적 정체성뿐만 아니라, 그와 별도로 존재하는 집단적 정체성에 뿌리를 두고 있다고 보아야 할 것이다. 지금까지 살펴보았듯이 민족주의 혹은 민족적 정체성을 형성하려는 것이 민주주의 및 인권과 같은 원칙을 중요하게 간주하는 이른바 민주적 정체성 형성과 제로섬 관계에 있지 않다. 즉, 민주주의 및 인권의식의 확장이 반드시 특정한 민족의 집단적인 정체성이나 동질성의 약화를 초래한다고 볼 이유는 없다.

사실 한국 독립운동의 경험도 이를 잘 보여준다. 한국 독립운동은 민주공화국 형성을 위한 투쟁이기도 했기 때문이다. 즉 한국의 독립운동은 1919년 3·1 운동 이후 독립된 민주공화국 건설을 위한 운동이기도 했다. 이런 인식을 바탕으로 해서 본다면, 인권과 같은 이른바 보편주의적 원칙의 이름으로 민족주의의 배타성과 폐쇄성의 위험성을 부각시키는 비판이 사회적 존재로서 인간의 삶의 조건에 대한 일면적인 이해로 인해 생긴

• • •
356 타리크 알리, 『극단적 중도파』, 장석준 옮김, 오월의봄, 2017, 104-109쪽.

것이 아닌가 하는 의심을 해볼 도리밖에 없다. 영국의 탁월한 자유주의 정치철학자인 애덤 스위프트(A. Swift)가 적절하게 지적하고 있듯이, 모든 사람을 자유로운 존재로 동등하게 존중하는 것을 최고의 규범적 원칙으로 삼는 자유주의는 "어떻게 살아야 하는가에 관하여 (서로를 정당한 방식으로 대해야 한다는 것을 제외하고는) 반드시 어떤 특정한 한 가지 또는 그 이상의 방식을 구체적으로 제시해주는 것은 아니다."[357]

물론 장은주가 자유주의자라는 것은 아니다. 다만 그 역시(아마 한승완도 마찬가지일 것이다) 보편적 존중 원칙을 우리 사회의 진보가 취할 수 있는 유일하게 정당한 이념적 원칙임을 강조하고 있다는 점에서, 그런 보편적 원칙의 지평 내에서 볼 때 특수한 역사적 공동체와 관련되어 있는 통일 문제를 전체적으로 조망하기에는 힘들다는 것이다. 주지하듯이 통일은 우리 사회의 많은 구성원들이 공유하고 있는 여러 가치들 중의 중요한 가치이다.[358] 앞에서 인용했듯이 대한민국헌법 전문에는 "조국의 민주개혁과 평화적 통일의 사명"을 명시하고 있다. 달리 말하자면 우리나라는 헌법에서 분단을 극복하고 평화적으로 통일을 이룩하는 것을 우리 민족의 사명이자 지상 과제로 설정하고 있다.

그리고 그런 평화통일에 대한 염원은 정의와 자유와 같은 이상과 더불어 우리 민족 전체 구성원들의 인간다운 삶에 대한 열망과 연결되어 있다. 그리고 그런 열망은 서세동점 시기 이후 조선이 망하고 일제 식민지배로 전락하는 과정에서 한반도 내에서의 자주적인 독립국가를 형성하겠다는 우리 민족의 기나긴 역사적 경험을 배경으로 하고 있다. 그러므로 남북으로

• • •

357 애덤 스위프트, 『정치의 생각: 정의에서 민주주의까지』, 앞의 책, 206-207쪽.

358 이는 북한도 마찬가지이다. 북한헌법 제9조는 "조선민주주의인민공화국은 북반부에서 [······] 사회주의의 완전한 승리를 이룩하며, 자주, 평화통일, 민족대단결의 원칙에서 조국통일을 실현하기 위해 투쟁한다."라고 명시하고 있다. 한승완, 「한국 국민 정체성의 '민주적 반추'와 통일 문제」, 앞의 글, 52쪽에서 재인용함.

분단된 채 서로 불신과 적대적 대결을 지속하고 있는 현실을 극복하는 과제는 사회철학의 중요한 과제가 아닐 수 없다. 그리고 이러한 과제를 철학적으로 성찰할 때, 보편적 정의와 더불어 우리 사회의 특수한 역사적 맥락 속에서 유래하는 공동체적 연대성의 문제를 고려하지 않으면 안 된다. 더 나아가 민주주의와 인권과 같은 보편적 가치가 초역사적이고 탈맥락적인 차원에서 구현될 수 없다는 것이 분명하다면, 보편적 가치를 구현해내는 역사성과 사회성에 대해 좀 더 깊게 주목할 필요가 있다.

그러므로 정의나 인권이나 민주주의가 설령 보편적 가치나 의미를 지니는 것이라고 해도, 그런 것들을 내면화하고 그것을 실현하는 과정은 결국 특수한 공동체의 역사적 맥락에 의존하고 있다고 보아야 할 것이다. 보편적 가치 역시 역사적 맥락 속에서만 비로소 생명력을 지닐 수 있는 것이다. 그렇지 않다면 우리는 보편적 가치를 대변하는 것으로 자처하는 패권적인 어떤 집단이나 국가에 의해 수동적 객체의 지위로 강등당하는 것에 대해 능동적 저항을 수행할 수 없고, 결국에는 능동적인 윤리적·정치적 주체로서도 제대로 성장할 수 없을 것이다. 인권과 민주주의와 같은 개념이나 정의 원칙 역시 삶의 역사성에 의해 깊게 각인되어 있다.

그러므로 우리가 한민족에 속한다는 것이 무엇인지에 대한 이해에서 빼놓을 수 없는 공동의 역사 감각 혹은 역사 인식과 언어의 중요성을 소홀히 하지 않으면서 분단체제를 극복할 수 있는 평화적인 통일의 길을 모색할 필요가 있다. 당연한 이야기이지만 우리가 현명한 지혜를 갖춘다면, 이런 공유된 감각과 인식은 인권 및 민주주의와 같은 이념의 실현을 위한 긍정적 동력으로 활용될 수 있을 것이다. 또 거꾸로 인권 및 민주주의 의식의 함양과 그것의 폭넓은 실현은 우리 민족의 집단적 연대성이나 정체성을 비판적으로 재검토하여 이를 보다 합리적으로 재정의할 수 있는 동력으로도 활용될 수 있을 것이다.

이렇게 본다면 왜 북한을 통일과 화해를 위한 집단으로 보는지는 남과 북이 공유하고 있는 역사적 경험, 예컨대 대한민국 국민으로서뿐만 아니라 남한과 북한을 포함한 한국인의 집단적 정체성에 대한 암묵적인 전제 없이는 충분하게 해명될 수 없다. 이런 점에 대한 고민은 장은주와 한승완이 강조하는 민주공화국의 이념을 우리 사회 속에 구현시키고자 한 우리의 역사적 경험에 대한 성찰에도 기여할 것이다. 정치적 주체나 자율적인 윤리적 주체도 인간의 삶의 역사성, 달리 말하자면 언어의 역사성을 초월할 수 없다. 언어 밖에서 인간은 결코 주체가 될 수 없다. 자율적으로 행위할 수 있는 주체의 형성과 구성에는 언어가 본질적이고 내재적인 역할을 수행하고 있기 때문이다.

이처럼 언어가 인간의 사회화 작업에서 중요한 역할을 수행한다는 점 그리고 그 언어는 추상적인 보편 언어가 아니라 특정한 역사적 맥락을 지니는 구체적 언어라는 점, 그러므로 인간은 그런 특수한 역사적 공동체인 언어공동체의 일원으로서 비로소 주체로 성장할 수 있다는 점을 인정한다면, 우리는 인권과 민주주의를 이해하는 방식에서도 다른 길을 찾을 수 있을 것이다. 간단히 말하자면 우리가 공유하고 있는 언어의 역사성은 우리를 민주주의적인 혹은 시민적 주체로 행위할 수 있도록 하는 전제 조건이다. 그렇다면 우리 사회의 집단적 정체성은 인권과 민주주의라는 보편적인 이념을 우리 사회에 구현하기 위한 역사적 실천 및 경험에 대한 공통의 기억을 그 필수적 구성 요소의 하나로 갖고 있으면서도 그런 공통의 정치문화보다 더 깊고 두터운 역사 공동체 의식에 뿌리를 두고 있다고 할 수 있다.

V. 언어, 민족주의, 타자

장은주 및 한승완의 헌법애국주의 이론과 관련된 직접적 주제는 아니지만 언어로 상징되는 집단적인 공통 감각과 관련하여 한 가지 언급되어야 할 사항은 언어 민족주의가 갖고 있는 배타성의 문제를 어떻게 헤쳐 나갈 것인가 하는 문제이다. 특히 일본에서 태어난 재일조선인 2세인 서경식의 한국 민족주의에 대한 비판적 성찰은 매우 주목할 만한 것이다. 일본 제국주의에 의해 언어를 비롯한 우리 민족문화가 말살되는 식민지 지배의 폭력성에 저항하여 한국사회에서 우리 민족의 고유한 언어와 역사의 의미를 강조하는 것은 아주 자연스럽게 받아들여진다. 즉, 일본의 식민지 지배에 저항하는 과정에서 언어가 우리의 집단적 정체성을 구성하는 핵심적인 요소라는 점을 많은 사람들은 자연스럽게 받아들이고 있다. 그는 이런 언어의 자명성에 대해 비판적으로 성찰할 것을 제안한다. 그는 모어(母語)와 모국어(母國語)를 구별한다. "모어는 '태어나서 처음으로 익혀 자신의 내부에서 무의식적으로 형성된 말이며 한번 익히면 그로부터 벗어날 수 없는 근원의 말'이다. 통상 그것은 모친으로부터 아이에게 전달되기 때문에 '모어'라고 한다. 반면 모국어란 자신이 국민으로서 속해 있는 국가, 즉 모국의 국어를 가리킨다. 그것은 근대 국민국가에서 국가가 교육과 미디어를 통해 구성원들에게 가르쳐 그들을 국민으로 만드는 장치이다. 모어와 모국어가 일치하는 경우는 국가 내부의 다수 언어자들뿐이며, 실제로 어느 나라에든지 모어와 모국어를 달리하는 언어 소수자가 존재한다. 그 존재를 무시하거나 망각하고, 아무런 의심 없이 모어와 모국어를 동일시하는 것도 단일민족국가 환상의 소행이라고 하겠다."[359]

단일민족국가의 환상이나 언어 민족주의의 한계에 대해 제기하는 서경식의 반론은 커다란 울림을 지닌다. 국민과 비국민으로 가르는 근대 국민국가의 민족주의적 배제의 논리가 언어 민족주의를 기반으로 하고 있다는 그의 이의 제기에 대해 전적으로 공감한다. 박구용의 용어를 사용한다면

• • •
359 서경식, 『디아스포라 기행: 추방당한 자의 시선』, 김혜신 옮김, 돌베개, 2006, 18쪽.

'우리 안의 타자'[360]에 대한 편견을 초래할 수 있는 민족주의의 병리적 현상에 대한 반성을 수행하는 작업이 필요하다.

여기에서는 서경식의 문제 제기를 어떤 방식으로 해결해야 할 것인가 하는 문제를 상세하게 다루지 않을 것이다. 다만 강조하고 싶은 것은 이질적인 타자의 목소리에 대한 응답으로서의 책임이라는 윤리적 감수성을 통해 국민국가의 배타성을 해결하는 시도에 대해서 필자는 늘 공감하고 있다는 점이다. 필자도 우리 사회 민족주의의 배타성을 극복하기 위한 방법으로 타자에 대한 무한한 응답으로서의 책임 윤리를 한국의 저항적 민족주의의 해방적 계기와 결합시켜 보고자 시도하고 있다. 일제 식민지배의 경험을 통해 아무런 몫을 갖고 있지 않은 난민의 처지가 얼마나 비인간적인가를 경험한 우리 민족은 그런 경험을 타민족이나 소수자에게 반복해서는 안될 것이라고 본다. 그러므로 민족주의와의 연동 속에서 구현되고 있는 근대 국민국가의 배제의 문제를 타자에 대한 무한한 응답 혹은 환대를 통해 어떻게 극복할 수 있는가는 매우 중요한 과제라고 할 것이다.[361]

타자에 대한 응답으로서 책임 윤리와 더불어 근대 국민국가의 배제의 틀을 극복할 수 있는 가능성의 하나로 필자가 주목하는 것은 문화적 번역 행위이다. 언어 및 문화를 포함하여 세상의 모든 존재는 타자와의 관계없이 자족적으로 존재할 수 없다. 달리 말해 이 세상에 주권적인(sovereign) 존재자는 없다. 그리하여 모든 존재의 자기 동일성은 타자와의 관계 속에서만 확보될 수 있는 것이다. 이런 점을 염두에 두고 언어와 민족적 정체성의 문제를 고민할 수 있을 것이다. 그 경우에 특히 번역 행위가 지니는 인정투쟁에서의 고유한 역할에 주목하고 싶다. 이질적 언어를 사용하는 사람들

• • •

360 박구용, 『우리 안의 타자: 인권과 인정의 철학적 담론』, 철학과현실사, 2003.
361 나종석, 「데리다의 절대적 타자 이론과 정치」, 『가톨릭철학』 19, 2012, 167-198쪽;
      나종석, 「공공성의 개방성과 배제──공공성의 개방성과 공통성 사이의 긴장을 너머」,
      『칸트연구』 28, 2011, 165-194쪽 참조.

사이에 혹은 집단들 사이의 만남에서 번역 행위는 필수적이다. 그리고 그런 번역 행위가 가능한 것도 이질적인 언어들 사이의 번역 불가능성 때문이다. 달리 말하자면 이질적 언어들 사이의 차이 자체가 번역을 가능하게 하는 것이다. 한 언어가 다른 언어로 완전하게 번역된다는 것은 사실상 불가능하다. 그런 투명하고 완전한 번역이 가능하다는 믿음은 언어의 이질성이라는 사태와 모순적이다. 그러므로 문화적 번역 행위를 매개로 하여 우리는 상이하고 이질적인 언어를 몸에 익힌 사람들과 개방적인 대화를 시도할 수 있고, 또한 그런 문화적 번역을 통해 이질적인 타자에 대한 개방적 자세를 키워 타자와 함께 모국어라는 다수자의 언어를 기준으로 하여 국민과 비국민을 나누는 경계의 폭력성조차도 해체할 수 있을 것이다.[362]

언어공동체의 배제의 문제를 문화적 번역 행위를 통해 어느 정도 해결할 수 있듯이 문화적 번역행위는 보편주의와 특수주의의 거친 이원론 사이의 변증법적 대화의 공간을 확보하는 중요한 방법일 것이다. 이런 맥락에서 우리는 보편적 동등 존중 이념에 기초하고 있는 인권 이념으로 완전히 대체할 수 없는 역사적 경험의 맥락과 결부된 공동의 삶의 양식, 그 해석 양식 그리고 서사의 의미를 연결시켜 사유하지 않으면 안 된다. 물론 이 둘 사이의 결합은 쉽지 않을 수도 있다. 그렇다고 집단적 정체성이나 가치공동체에 대한 태도가 지니는 억압적이고 배타적인 측면만을 과장함에 의해, 그 의미를 완전히 무시하는 것 역시 올바른 태도가 아닐 것이다. 달리 말하자면 근대 국민국가가 태생적으로 간직하고 있는 민족주의와 민주주

* * *

362 필자가 그 의미를 제대로 이해했는지 모르겠으나 문화적 번역 행위 이론을 주디스 버틀러에게서 배웠다. 그의 문화적 번역 행위 이론에 대해서는 주디스 버틀러, 「보편자를 다시 무대에 올리며: 헤게모니와 형식주의의 한계들」, 주디스 버틀러·에르네스토 라클라우·슬라보예 지젝, 『우연성, 헤게모니, 보편성』, 박대진·박미선 옮김, 도서출판 b, 2009, 27-71쪽 참조.

의의 내적 연계성의 문제로 인해 필연적으로 등장하는 배제의 문제를 민족주의의 배타성과 폭력성만을 비판하는 것으로 해결할 수 있다고 보는 것은 일면적이다.

필자가 보기에 근대 국민국가에서 민주주의와 민족주의의 내적 연관성에 대한 다음과 같은 찰스 테일러의 분석은 타당하다. "민족주의는 근대의 소산이고 바로 인정의 정치의 발현이기도 합니다. 그리고 민족주의는 또한 민주주의에 대한 요구와도 분리시킬 수 없습니다. 근대 민주주의는 사회 성원의 정체성을 인민주권론의 원리에 입각해 보장하는 것으로부터 출발합니다. 그러나 모든 이의 평등과 자유를 보장하는 민주주의는 통합의 논리이기도 하지만 동시에 배제의 논리로 작동한다는 것이 근대 민주주의의 구조적 역설[강조: 필자]이기도 합니다. 왜냐하면 민주주의 체제 내에서 인민과 비인민, 국민과 비국민이 현실적으로 나눠질 수밖에 없기 때문이죠. 여기서 비인민 또는 비국민으로서 규정된 집단이 인정의 정치학의 논리에 입각해 자기 몫을 요구할 수밖에 없는 것입니다. 어떤 문화/인종/종교/이념 공동체가 자기 정체성 형성을 확인받고 존중받겠다는 정체성의 정치, 인정의 정치가 근대성의 도전과 겹치면서 다중(多重) 근대성의 향로를 만든 것이 근·현대 세계사의 궤적이라고 봅니다. 민족주의가 그렇게 강력한 감성적 힘을 갖는 이유도 근대에 와서 확연해진 인정의 정치의 필연성 때문입니다."[363]

그러나 장은주는 하버마스의 경우에서와 마찬가지로 근대 국민국가 차원에서 민족주의와 민주주의라는 두 요소가 맺고 있는 상호관계를 인식하는 데에서 모호한 자세를 취한다. 예를 들어, 장은주는 한편으로 민주주의 사회가 "사회문화적으로 구성되는 가치공동체"를 전제해야 함을 인정하면서도, 이를 인권 및 민주주의의 원리와 같은 보편주의적인 이념을

• • •
363 찰스 테일러, 『세속화와 현대문명』, 김선욱 외 옮김, 철학과현실사, 2003, 477쪽.

왜곡하는 요소로 보고 이로부터 벗어나고자 한다. 따라서 그의 헌법애국주의 이론은 난문, 즉 아포리아에서 헤어나기 힘든 것처럼 보인다. 그는 한편으로는 정의와 연대성의 관계 문제를 진지하게 다루면서도 연대성이 빠질 수 있는 위험성에 대한 염려로 인해 연대성을 형해화하는 경향이 있기 때문이다. 그가 "사회문화적으로 구성되는 가치공동체"에서 그 "구체주의적·특수주의적 성격을 포기해야만 한다"고 말하는 것은 우연이 아니다.

그러나 앞에서 언급했듯이 민족적 정체성의 확립과 보편적 정의 원칙 지향의 정치문화적 정체성 사이의 관계는 제로섬 관계가 아니다. 그렇다면 북한을 포함하여 남한사회에서 정의와 인권을 보다 더 심화시키고 존중하는 질서를 창출하려는 노력과 민족적 연대성 및 정체성에 대한 상호 확인을 위한 작업이 함께 동반될 수 있다는 결론도 틀리지 않을 것이다. 게다가 국민국가가 앞으로도 상당 기간 영향력 있는 정치질서로 존재할 것이고, 그런 국민국가를 제대로 발전시키고자 하는 노력이 세계시민주의적 상태를 이룩하려는 노력과 병존가능하다고 필자는 생각한다. 따라서 한반도에서의 통일된 국민국가——그 형태를 미리 단일한 국민국가로 설정하지는 않지만——를 형성하기 위한 노력에서 민족주의는 여전히 여러 점에서 순기능을 발휘할 수 있을 것이라고 생각된다. 그러므로 장기화된 분단 상황에서 정치체제나 경제체제 그리고 사회문화적 차원에서 상호 이질성이 확산됨에도 불구하고, 남북 사이에서 여전히 상당한 수준으로 공유하고 있는 역사적인 인식과 사회문화적 자원과 같은 사회통합의 자원을 활용하는 협력 방안도 소중한 의미를 지닌다. 그리고 이런 공통의 집단적 정체성 확인 작업은 한반도에서 인권과 민주주의를 기본 원칙으로 존중하는 통일의 길과 반드시 상충되지는 않을 것이다.[364] 인권과 민주주의를 전면에

• • •

364 더 나아가 오랜 세월 동안 우리 민족이 민주적 공화국을 세우기 위해 노력해온 역사적

내세우는 것보다는 그리고 북한의 인권문제를 아주 신중하게 다루는 작업과 별도로 남과 북에 존재하는 언어와 역사, 문학 등에 구현되어 있는 민족적 정체성의 확인 작업 그리고 분단 과정에서 커진 상호 간의 이질성에 대한 관용의 태도를 추구하는 노력은 장기적으로 정치적 원리에 대한 합의를 이끌어내는 작업에도 긍정적 기여를 할 것임에 틀림없다.

반복되는 이야기이지만 북한 정치체제의 야만성에 눈을 감자는 말이 아니다. 또한 북한체제와 비교할 수는 없지만 우리 사회도 만만치 않은 문제점을 안고 있다. 따라서 북한 사람들에 대한 민족적 연대와 형제애를 결여한 채 특정한 방식으로 해석된 인권과 민주주의와 같은 이념의 정당성만을 되풀이하여 강조하는 태도는 대한민국 민주주의를 심화·확장시키는 데에서뿐 아니라, 한반도의 평화나 북한 민주주의 및 인권 수준을 개선하는 일에도 도움이 되지 않을 것이다. 달리 말하자면 우리는 이렇게도 생각해 볼 수 있다. 남한과 북한이 적어도 민족적 정체성에서 많은 공유 지점이 있기 때문에 그런 정체성을 기반으로 하여 북한 사람들에게 더 나은 정치체제를 형성하도록 애정 어린 비판을 할 수도 있고, 또 필요한 경우에 그것을 위해 연대적 행동을 더 효과적으로 수행할 수 있을지도 모른다.

물론 이런 주장은 통일을 우리 민족의 지상 과제로 설정하고 통일의 방식을 고려하지 않는 태도와는 아무런 관련이 없다. 민족 동질성에 기반을 둔 무조건적인 통일 추구의 위험성에 대한 경계는 매우 중요하다. 통일은 민주주의, 평화 그리고 보다 나은 인간다운 삶의 확보와 같은 다른 가치들과 연계되어 이해될 때 더 진지하게 다루어질 수 있다. 그리고 우리 사회에

...

경험을 새롭게 인식하고 그것을 남과 북이 함께 공유하는 노력도 기울여야 할 것이다. 이는 김일성을 중심으로 서술되는 독립운동 역사에 대한 북한의 왜곡을 근본적으로 비판하는 작업을 전제한다. 그렇기에 이런 작업은 상당히 힘들 수도 있을 것이다. 또한 독립운동의 의미를 과소평가하면서 식민지 시대를 편협한 근대화의 시각에서 긍정적으로 묘사할 뿐 아니라, 대한민국의 건국이라는 이름으로 독립운동과 대한민국의 탄생의 내적 연결을 약화시키려는 우리 사회 일각의 분위기에 대한 성찰도 필요하다.

국한해볼 때 분단 이후 통일에 대한 열망은 대부분 더 많은 민주주의 및 인권 추구 그리고 평화에 대한 희망과 결합되어 왔다. 그렇기 때문에 북한의 민족적 동질성에 대한 과도한 혈통주의적 한민족지상주의는 받아들일 수 없다. 한승완이 지적하듯이 한국사회가 다양한 인종과 문화를 받아들이는 태도조차 '민족부정론자'나 '민족말살론'으로 비판하는 북한의 태도는 민족 정체성에 대한 북한식 정의가 안고 있는 문제점을 잘 보여준다.[365]

그리고 민족주의의 위험성만큼이나 민주주의와 인권의 원리주의적 접근 방식의 위험성에 대한 경계 의식도 중요하다. 팽창주의와 결합된 근본주의적 인권 담론과 더불어 모든 인간을 동등하게 대우하라는 보편주의적 원칙만을 유일한 규범적 정당성의 잣대로 들이대는 사고방식도 매우 위험하다. 특히 전통과 기억의 공유를 매개하는 언어를 같이하고 있는 한 정치적 원리에 대한 상이한 이해에도 불구하고, 남과 북은 서로 협력하고 만나 상호 유대를 강화할 수 있다. 이웃과 동포에게도 아무런 연대 의식을 표하지 못하는 인간이 세계시민적 이념에 대한 불타는 사랑을 토해낸다 한들, 그런 사랑이야말로 가장 비정한 사랑이며 가장 비인간적인 태도에 지나지 않을 것이다. 그런 사람이야말로 인간성 자체를 상실한 존재에 지나지 않을 것이다.[366]

글을 마무리하면서 거듭 한승완 및 장은주의 진지한 고민과 모색의 의미가 지니는 중요성을 강조하고 싶다. 그래서 그들의 시도를 좀 더 긍정적이고 따뜻한 시선에서 바라보아야 할 이유 세 가지를 언급하고자 한다. 우선 그들은 우리 민족이 포기할 수 없는 역사적 과제인 통일과 민족문제를 사회철학적 탐구 대상으로 삼아 진지하게 고민하고 있다. 우리 사회가

---

365 한승완, 「한국 국민 정체성의 '민주적 반추'와 통일 문제」, 앞의 글, 50-51쪽 참조.
366 이 부분은 우리 사회 일각에 엄연하게 존재하는 현상에 대한 비판적 분석인 것이지 장은주나 한승완의 이론에 대한 비판과 무관하다.

안고 있는 문제점을 직시하면서 그 문제를 해결하는 과정에서 철학도 구체성을 획득할 수 있다. 우리가 안고 있는 문제를 정면으로 응시하면서 철학적 사유를 진전시키는 이들의 자세는 높이 평가되어야 마땅하다. 여러 문제점이 있다고 해도 이들의 시도는 우리 사회가 필요로 하는 바람직하고 미래지향적인 평화통일의 철학적 기초를 발전시키는 데 유용할 것이다. 이를 통해 우리 사회의 철학적 사유의 지평도 확충될 것임에 틀림없다.[367]

그 다음으로 한승완 및 장은주의 시도는 민족주의를 긍정적으로 보는 사람들에게 적어도 진지하게 우리 사회 민족주의의 솔직한 자화상을 성찰하도록 하는 데 기여할 수 있다. 우리 사회 일각에 존재하는 통일 지상주의적 태도가 자유와 인권 그리고 민주주의적 이념에 의해 일정 정도 교정을 필요로 한다는 점을 부인할 사람은 없을 것이다.[368] 설령 민족통일이나 저항적 민족주의가 지니는 의미를 긍정한다고 해도, 오늘날 우리 사회의 민족감정에는 어떤 위험성과 시대착오적 오류를 지니고 있는 것은 아닌지에 대해 성찰하는 작업은 매우 중요하기 때문이다. 앞에서 북한의 민족주의에 대한 정의가 안고 있는 문제점을 지적했듯이, 모든 개념은 완결된 것이 아니고 열려져 있는 것이다.

그리고 모든 개념이 역사성을 지니고 있듯이 그것은 또한 늘 권력과 연계되어 있다. 따라서 특정한 방식의 개념 정의가 안고 있는 문제점에 대한 비판은 그것과 연동되어 있는 현실 권력의 작동방식 그리고 그것을 뒷받침해주는 사회체제 전반에 대한 비판과 결합되지 않을 수 없다. 해석의 독점이 허용된다면 그것은 결국 자유의 상실로 이어질 것이다.[369] 따라서

• • •

367 한반도의 분단체제와 그 극복의 문제를 레비나스의 책임의 윤리라는 관점에서 접근하는 문성원의 글도 주목해야 할 철학적 시도이다. 문성원, 『해체와 윤리: 변화와 책임의 사회철학』, 그린비, 2012, 제1부 5장 참조.

368 물론 통일에 대한 태도는 구체적인 역사적 상황 속에서 엄밀하게 검토되어야 할 사항이다. 그래서 통일에 대한 의미부여는 분단체제의 극복보다는 그 유지를 바라는 세력들에 대한 반작용이라는 시각에서도 평가되어야 할 사항이다.

특정한 개념에 대한 정의 방식을 둘러싸고 해석의 다양성은 늘 존재하며 이들 다양한 해석들 사이의 갈등도 피할 수 없다. 그러므로 언어에 대한 비판, 예를 들어 북한식의 과도한 혈통주의적 민족주의 이해에 대한 비판은 그 사회에 대한 비판을 동반하지 않을 수 없다.

위에서 언급한 의미 이외에도 장은주와 한승완의 시도는 한국사회 민족주의의 폐단을 극복할 수 있는 새로운 시야를 확보하기 위한 것으로 적극적인 평가를 받을 수 있다. 달리 말하자면 헌법애국주의 이론을 바탕으로 하여 인권과 민주주의적 가치를 한반도의 평화와 통일의 규범적인 이념으로 설정하는 작업은 우리 사회의 민족주의를 세계시민적 지향과 결합되는 방식으로 재구성하려는 시도로 이해될 수 있다. 우리 사회가 북한과의 화해와 통일을 통해 한반도 수준에서 민주주의와 인권이 넘치는 인간다운 사회를 형성하자는 이들의 주장은 무리 없이 우리 사회가 그동안 집단적으로 추구해온 민주주의와 평화통일 그리고 자주적인 근대적 독립국가의 완성이라는 민족적인 열망의 변형으로 이해될 수 있다고 보기 때문이다.

특히 한승완의 민주적 정체성에 대한 새로운 숙고와 장은주 헌법애국주의 이론에 대한 한국적 재구성 시도는 우리 스스로 망각하고 있지만, 우리 사회가 역사적으로 형성해온 민족주의의 긍정적 전통을 반추해볼 기회를 제공한다. 민주적 정체성에 대한 대표적 제안인 헌법애국주의 담론에 관한 사회철학계의 관심은 우리 민족의 독립운동 속에 면면히 흘러오고 있는 보편적 문명의식, 예를 들어 유교적인 대동세계와 평천하적인 태평세계 지향을 내면화하고 있는 독특한 인류대동의 세계시민적 민족주의 전통의 반복으로도 이해해봄 직하다는 것이 필자의 입장이다. 따라서 이러한 흐름은 인의(仁義) 및 천리와 같은 유교적 보편 원칙에 대한 충성을 바람직

• • •

369 우리가 국정교과서를 비판하듯이 북한의 역사교육 및 역사서술에 대한 비판적 연구도 역시 필요할 것이다.

한 것으로 간주해온 조선 이후 우리 역사와 무관한 것이 아니다. 그리고 이런 유교적 보편문명의 도에 대한 충성의 전통은 한국 현대사 속에서 나라의 주인인 백성 및 시민에 대한 민주주의적 충성 이론으로 변형·전개되어 왔다.[370] 물론 그들에게는 자신들의 시도가 우리 사회의 역사 속에서 면면히 흐르는 보편적 원칙을 중시하는 충성 이론의 역사를 다른 방식으로 반복하고 있다는 의식이 명시적으로 드러난 것은 아니지만 말이다.[371]

나가는 말

세계화 시대에도 국민국가는 여전히 쓸모 있고 국제사회에서 가장 중요한 행위 주체로 남아 있다. 이런 상황은 앞으로도 상당 기간 지속될 것이다. 세계화의 진전으로 양극화가 심해졌으나 국민국가의 행위 능력은 현저하게 약화되었음도 사실이다. 그렇다고 국민국가를 시대에 뒤진 것으로 보고 이를 대체할 방안을 모색하는 것만이 우리가 취할 최선의 방도는 아닐 것이다. 국민국가와 민족주의에 대한 대안으로서 제시된 세계시민주의는 존중되어야 하지만, 국민국가 없는 세계시민주의의 길은 쓸모없는 구호에 지나지 않는다.

그렇다고 민족주의의 위험성을 그냥 보고만 있자는 것은 아니다. 국민국가와 민족주의 역시 많은 문제점을 안고 있으며, 21세기의 변화된 상황에 어울리는 방식으로 변형되어야 할 것이다. 따라서 민족주의의 위험성을 자각하고 그것을 제어할 수 있는 가능성을 미리 배제할 필요가 없다. 민족주의가 위험성을 지닌다는 이유로 그것을 버려야 한다고 주장하는 사람에게

---

370 민주적 충성 이론의 탄생사에 대해서는 이 책 제14장 참조.
371 이런 명시화를 방해하는 것이 민주적 정체성에 대한 숙고 및 헌법애국주의 담론이 갖고 있는 이론적 모호함이라고 필자는 생각한다.

필자는 다음과 같이 대답하고 싶다. 민족주의나 민족적 자부심이 대단히 위험하기에 그것을 대체할 대안이 필요하다는 주장을 일반화하면 지구상에 살아남을 그 어떤 이념도 존재하지 않는다고 말이다.

예를 들어 기독교 근본주의나 이슬람 근본주의는 종교의 폭력성을 보여주는 대표적 사례이지만, 그렇다고 기독교와 이슬람의 위험성을 극복하기 위해 이들 종교의 폐지를 주장하는 사람은 많지 않을 것이다. 또 인권이라는 소위 인류의 보편적 가치는 어떠한가? 미국의 인권 정치가 보여주듯이 인권 담론 역시 강대국이 약소국가에 폭력적으로 개입하는 이데올로기로 전락될 수 있다. 그렇다고 우리는 인권을 대체할 대안을 찾자고 나서지는 않는다. 인권의 정치적 오남용은 인권에 대한 보다 올바른 이해와 정치적으로 올바른 방식으로 이를 추구하는 더 나은 방법을 모색할 필요가 있음을 보여줄 뿐이다.

물론 아렌트가 탁월한 방식으로 지적하고 있듯이[372] 전체주의의 경험과 더불어 국민국가와 인권의 결합은 자명한 사실이 아니게 되었다. 국가구성원의 기본적 권리를 보호할 것이라고 간주된 근대 국민국가 자체가 제국주의 단계를 거쳐 제1차 세계대전과 제2차 세계대전을 통해서 가장 극악한 인권유린의 주체로 변질되었기 때문이다. 그가 인권의 '아포리아'로 표현한 상황을 우리는 아직도 극복하고 있지 못하다.

인권을 보호하는 매체이면서 동시에 인권유린의 주체일 수 있는 근대 국민국가의 양가성을 해결하기 위한 하나의 길은 국민국가와 민족주의의 독을 해체하고 그것을 재구성하는 작업일 것이다. 국민국가의 재구축으로

• • •

372 프란츠 파농에 대한 아렌트의 비판에서 볼 수 있듯이 그 역시 식민지배에 대해 무비판적 태도를 보여준다. 여기에서는 이를 논외로 한다. 한나 아렌트의 파농 비판과 그 문제점에 대해서는 이경원, 『파농』, 한길사, 2015, 245-259쪽 참조. 한나 아렌트의 유럽중심주의 및 식민주의에 관한 무감각에 대해서는 주디스 버틀러, 『지상에서 함께 산다는 것: 이스라엘 팔레스타인 분쟁, 유대성과 시온주의 비판』, 양효실 옮김, 시대의창, 2016, 259-265쪽 참조.

서 해체는 국민국가와 민족주의의 독성을 제거하기 위하여 그 자체를 없애는 것이 아닐 것이다. 그리고 더 나은 민주주의 국가의 형성은 역설적으로 그 공동체에 대한 충성과 애정이 풍부한 시민들의 육성을 전제로 한다.

우리는 민족주의와 세계시민주의의 이분법을 넘어서야 한다. 그러기 위해서는 물론 한국사회에 존재하는 민족주의의 여러 흐름에 대한 정확한 인식과 그 문제점에 대한 성찰과 비판의 자세가 필요하다. 이런 과정에서 민족주의를 새로운 시야에서 해석하고 그것을 재구성 내지 재규정하는 작업이 진행되어야 한다. 민족주의를 모든 악의 근원인 양 비판하는 작업보다는 민족주의를 해롭지 않게 만드는 작업이 민족주의가 안고 있는 병리적 요소들을 치유할 수 있는 방안이자 세계시민주의적 이상의 실현에 더 다가가는 실천일 수 있다. 그러므로 민족주의가 호전적인 대내외적 배타주의로 흐를 위험성을 진지하게 받아들이면서도, 변형된 민족주의를 매개로 하여 세계시민주의로 나아가는 길이 규범적으로나 실현 가능성의 측면에서도 보다 바람직하다. 역설적이지만 국민국가와 민족적 정체성에 대한 제대로 된 강조는 공허한 세계시민주의 이상을 내세우는 것보다 세계시민주의 이념에 이르는 더 나은 방법일 수도 있다는 말이다. 인류대동의 평화와 자유, 독립과 민주주의를 위해 헌신해온 우리 민족의 역사를 잊지 않기 위한 노력이 더 절실하게 요구된다.

참고 문헌

가라타니 고진, 『제국의 구조: 중심·주변·아주변』, 조영일 옮김, 도서출판 b, 2016.

———, 『철학의 기원』, 조영일 옮김, 도서출판 b, 2015.

———, 『세계공화국으로』, 조영일 옮김, 도서출판 b, 2007.

강만길, 『고쳐 쓴 한국근대사』, 창비, 2015.

강만길 편, 『조소앙』, 한길사, 1982.

강상규, 『조선정치사의 발견: 조선의 정치지형과 문명전환의 위기』, 창비, 2013.

강정인, 『넘나듦(通涉)의 정치사상』, 후마니타스, 2013.

———, 『서구중심주의를 넘어서』, 아카넷, 2004.

강재언, 『선비의 나라 한국유학 2천년』, 하우봉 옮김, 한길사, 2003.

강준만, 「진보진영의 소통불능, 최장집 비판의 편협성 개탄」, 『인물과사상』, 인물과 사상사, 2008.

———, 『한국인을 위한 교양사전』, 인물과사상사, 2004.

———, 「민족주의에 대한 잡념」, 『인물과사상 18: 개혁의 사회심리학』, 개마고원, 2001.

———, 「민족주의는 죄악인가?」, 『월간 인물과사상』, 인물과사상사, 2001년 2월 호

게이법조회, 「대한민국에서 성소수자에 대한 인류애를 기대하며」, 마사 누스바움, 『혐오에서 인류애로』, 강동혁 옮김, 뿌리와이파리, 2016.

고려시대사 연구회, 『고려인들의 사랑과 가족, 그리고 문학』, 신서원, 2006.

고명섭, 「[아침햇발] 수구 난동과 이면헌법」, <한겨레>, 2017년 3월 7일.

고미숙, 「생태주의는 민족주의의 대지를 동요시킬 것인가?」, 『창작과비평』 110, 2000.

곽준혁, 「변화하는 세계, 민족주의는 아직도 필요한가」, 곽준혁 편, 『경계와 편견을 넘어서: 우리시대 정치철학자들과의 대화』, 한길사, 2010.

———, 「키케로의 공화주의」, 『정치사상연구』 13(2), 2007.

———, 「민족주의 없는 애국심과 비지배 평화원칙」, 『아세아연구』 46(4), 2003.

권순철, 「'선비' 개념의 생성과 변화」, 김석근 엮음, 『선비정신과 한국사회: 미래의 리더십을 찾아서』, 아산서원, 2016.

권오영, 『근대이행기의 유림』, 돌베개, 2012.

권용혁, 「한국의 가족주의에 대한 사회철학적 성찰」, 『사회와철학』 25, 2013.

———, 『한국 가족, 철학으로 바라보다』, 이학사, 2012.

권혁범, 『민족주의는 죄악인가』, 생각의나무, 2009.

———, 『민족주의와 발전의 환상: 개인 지향 에콜로지 정치의 모색』, 솔, 2000.

권희영, 「한국 근대화와 가족주의 담론」, 문옥표 외 지음, 『동아시아 문화 전통과 한국사회: 한·중·일 문화비교를 위한 분석틀의 모색』, 백산서당, 2001.

기시모토 미오(岸本美緒)·미야지마 히로시(宮嶋博史), 『조선과 중국 근세 오백년을 가다』, 김현영·문순실 옮김, 역사비평사, 2008.

긴조 기요코, 『가족이라는 관계』, 지명관 옮김, 소화, 2001.

김경일, 『공자가 죽어야 나라가 산다』, 바다, 1999.

김경재, 『김재준 평전』, 삼인, 2014.

김구, 「나의 소원」, 『백범일지』, 도진순 주해, 돌베개, 2015.

———, 『백범일지』, 도진순 주해, 돌베개, 2015.

김균·박순성, 「김대중 정부의 경제정책과 신자유주의」, 이병천·김균 엮음, 『위기, 그리고 대전환』, 당대, 1998.

김기봉, 「태양왕과 만천명월주인옹: 루이 14세와 정조」, 역사학회 편, 『정조와 18세기: 역사로서 18세기, 서구와 동아시아의 비교사적 성찰』, 푸른역사, 2013.

김기승, 『조소앙이 꿈꾼 세계: 육성교에서 삼균주의까지』, 지영사, 2003.

김기협, 『뉴라이트 비판』, 돌베개, 2009.

김대중, 「문화는 숙명인가」, 이승환 외 지음, 『아시아적 가치』, 전통과현대, 1999.

———, 「충효사상과 21세기 한국」, 『신동아』, 1999년 5월 호.

———, 「민족에의 경애와 신뢰」, 『씨알의소리』, 1975년 4월 호.

김덕영, 『환원근대: 한국 근대화와 근대성의 사회학적 보편사를 위하여』, 길, 2014.

김도균, 「해제: 민주주의와 법치주의의 변증법」, 카를 슈미트, 『합법성과 정당성』,

　　　　김도균 옮김, 길, 2015.

김도형, 『근대 한국의 문명전환과 개혁론: 유교 비판과 변통』, 지식산업사, 2014.

김동노, 『근대와 식민의 서곡』, 창비, 2009.

김동춘, 「한국전쟁, 분단이 한국정치에 미친 영향: 구조화된 '예외상태'하의 자유,
　　　　민주, 복지」, 강정인 엮음, 『현대한국정치사상: 탈서구중심주의를 지향하
　　　　며』, 아산서원, 2014.

──── , 「한국사회의 공공성과 공적 지식인: 그 구조적 특징과 변화」, 연세대학교
　　　　국학연구원 HK사업단 편, 『사회인문학과의 대화』, 에코리브르, 2013.

──── , 『전쟁과 사회: 우리에게 한국전쟁은 무엇이었나?』, 돌베개, 2009.

──── , 『1997년 이후 한국사회의 성찰: 기업사회로의 변환과 과제』, 길, 2006.

──── , 『근대의 그늘: 한국의 근대성과 민족주의』, 당대, 2000.

김만권, 「'헌법애국주의', 자신이 구성하는 정치공동체에 애정을 갖는다는 것」, 『시민
　　　　과세계』 16, 2009.

김명석, 「『논어』의 정(情) 개념을 어떻게 이해할 것인가」, 『동양철학』 29, 2008.

김명호, 『환재 박규수 연구』, 창비, 2008.

김범수, 「민주주의에 있어 포용과 배제: '다문화사회'에서 데모스의 범위와 설정
　　　　문제를 중심으로」, 『한국정치학회보』 48(3), 2008.

김병연, 「제10장 한국의 시장경제: 제도의 부정합성과 가치관의 혼란」, 이영훈 엮음,
　　　　『한국형 시장경제체제』, 서울대학교출판문화원, 2014.

김백철, 『두 얼굴의 영조: 18세기 탕평군주상의 재검토』, 태학사, 2014.

──── , 「'탕평'을 어떻게 볼 것인가」, 이태진 · 김백철 엮음, 『조선 후기 탕평정치의
　　　　재조명 상』, 태학사, 2011.

──── , 『조선 후기 영조의 탕평정치』, 태학사, 2010.

김상봉, 『기업은 누구의 것인가』, 꾸리에, 2012.

──── , 「진보란 무엇인가」, 강수돌 외, 『리얼진보: 19개 진보 프레임으로 보는
　　　　진짜 세상』, 레디앙, 2010.

──── , 『학벌사회: 사회적 주체성에 대한 철학적 탐구』, 한길사, 2004.

김상준, 『유교의 정치적 무의식』, 글항아리, 2014.

──── , 『맹자의 땀 성왕의 피: 중층근대와 동아시아 유교문명』, 아카넷, 2011.

김상태, 「일제하 윤치호의 내면세계와 한국 근대사」, 김상태 편역, 『윤치호 일기:
　　　　1916~1943』, 역사비평사, 2001.

김상환, 『공자의 생활난: 김수영과 『논어』』, 북코리아, 2016.

김석수, 『요청과 지양: 칸트와 헤겔을 중심으로』, 울력, 2015.

김성국, 『잡종사회와 그 친구들: 아나키스트 자유주의 문명전환론』, 이학사, 2015.

──, 「한국의 시민사회와 신사회운동」, 유팔무·김정훈 엮음, 『시민사회와 시민운동 2』, 한울, 2001.

김성국·김지희, 「신뢰의 개념과 신뢰 연구의 맥락」, 김우택·김지희 편, 『한국사회 신뢰와 불신의 구조: 미시적 접근』, 소화, 2002.

김성보, 「1950년대 북한의 조선 '부르죠아 민족' 형성론」, 김성보·김예림 편, 『분단시대의 앎의 체제』, 혜안, 2016.

──, 「근대의 다양성과 한국적 근대의 생명력」, 『역사비평』 56, 2001.

김성윤, 「조선시대 대동사회론의 수용과 전개」, 『조선시대사학보』(朝鮮時代史學報) 30, 2004.

김소진, 『한국독립선언서연구』, 국학자료원, 1999.

김애령, 「서사 정체성의 구성적 타자성」, 『해석학연구』 36, 2015.

김영명, 「동아시아의 문화와 정치체제」, 정문길 외 지음, 『발견으로서의 동아시아』, 문학과지성사, 2000.

김영수, 『건국의 정치: 여말선초, 혁명과 문명전환』, 이학사, 2006.

김용달, 「광복 전후 좌·우파 독립운동세력의 국가건설론」, 『한국독립운동사연구』 46, 2013.

김용옥, 「통서: 인류문명전관」, 『논어 한글역주 1』, 통나무, 2008.

김용학, 『사회연결망이론』, 박영사, 2003.

김용흠, 「역사와 학문에 '건너뛰기'란 없다」, 『내일을여는역사』 36, 내일을여는역사재단, 2009.

김우택·김지희 편, 『한국사회 신뢰와 불신의 구조: 미시적 접근』, 소화, 2002.

김원식, 「동아시아의 가족주의 전통과 기업 민주주의」, 권용혁 외, 『한중일 기업문화를 말한다』, 이학사, 2005.

김인걸, 「총론: 정조와 그의 시대」, 김인걸 외 지음, 『정조와 정조시대』, 서울대학교출판문화원, 2011.

──, 「정조의 '국체' 인식」, 김인걸 외, 『정조와 정조시대』, 서울대학교출판문화원, 2011.

──, 「조선후기 촌락조직의 변모와 1862년 농민항쟁의 조직기반」, 『진단학보』 67, 1989.

김인식, 한국독립운동사편찬위원회 편, 『한국독립운동의 역사 57: 광복 전후 국가건설론』, 경인문화사, 2008.

김인영 편, 『한국사회 신뢰와 불신의 구조: 거시적 접근』, 소화, 2002.

김정인,『민주주의를 향한 역사: 시대의 건널목, 19세기 한국사의 재발견』, 책과함께, 2015.

김종철,「헌법재판소는 주권적 수임기관인가?」,『한국법학원』(韓國法學院) 151, 2015.

김주수,『한국가족법과 과제』, 삼영사, 1993.

김진석,『폭력과 싸우고 근본주의와도 싸우기』, 나남출판, 2003.

김충렬,「21세기와 동양철학」, 한국철학회 편,『문화철학』, 철학과현실사. 1995.

김필동,『차별과 연대: 조선사회의 신분과 조직』, 문학과지성사, 1999.

———,『한국사회조직사연구: 계조직의 구조적 특성과 역사적 변동』, 일조각, 1992.

김홍중,『마음의 사회학』, 문학동네, 2009.

김흥규,『근대의 특권화를 넘어서: 식민지 근대성론과 내재적 발전론에 대한 이중
비판』, 창비, 2013.

———,「신라통일 담론은 식민사학(植民史學)의 발명인가」,『창작과비평』 145, 2009.

김희강,「역자 해제: 돌봄 패러다임」, 에바 페더 커테이,『돌봄: 사랑의 노동』, 김희
강·나상원 옮김, 박영사, 2016.

나종석,「다산 정약용을 통해 본 유교와 천주교의 만남: 한국적 근대성의 논리를
둘러싼 논쟁의 맥락에서」,『사회와철학』 31, 2016.

———,「헤겔과 동아시아: 유럽 근대성의 정체성 형성과 동아시아의 타자와의
문제를 중심으로」,『헤겔연구』 40, 2016.

———,「칸트의 자율성 도덕론과 동아시아」,『칸트연구』 37, 2016.

———,「전통과 근대: 한국의 유교적 근대성 논의를 중심으로」,『사회와철학』 30,
2015.

———,「헤겔의 인륜성 이론과 사회국가」,『헤겔연구』 38, 2015.

———,「인권에 대한 유교적 정당화의 가능성에 대한 연구」, 나종석 외 편저,『유학이
오늘의 문제에 답을 줄 수 있는가』, 혜안, 2014.

———,「성리학적 공공성의 민주적 재구성 가능성」, 나종석·박영도·조경란 엮음,
『유교적 공공성과 타자』, 혜안, 2014.

———,「슬라보예 지젝의 헤겔 변증법 해석에 대한 비판: 구체적 보편성과 급진
민주주의 비판을 중심으로」,『사회와철학』 27, 2014.

———,「주희의 공(公) 개념과 유교적 공공성(公共性) 이론에 대한 연구」,『동방학지』
164, 2013.

———,「마을공동체에 대한 철학적 성찰」,『사회와철학』 26, 2013.

———,「한국 민주주의와 유교 문화: 한국 민주주의론을 위한 예비적 고찰」,『가톨릭
철학』 21, 2013.

──, 「주희 공(公) 이론의 민주적 재구성 가능성」, 『철학연구』 128, 2013.

──, 『헤겔 정치철학의 통찰과 맹목: 서구 근대성과 복수의 근대성 사이』, 에코리
브르, 2012.

──, 「데리다의 절대적 타자이론과 정치」, 『가톨릭철학』 19, 2012.

──, 「헤겔과 아시아: 동아시아 근대와 서구 근대성에 대한 비판적 성찰」, 『헤겔연
구』 32, 2012.

──, 「매개적 사유와 사회인문학의 철학적 기초」, 김성보 외 지음, 『사회인문학이
란 무엇인가』, 한길사, 2011.

──, 「공공성의 개방성과 배제──공공성의 개방성과 공통성 사이의 긴장을 너
머」, 『칸트연구』 28, 2011.

──, 「민주주의, 민족주의 그리고 한반도에서의 국민국가의 미래」, 『사회와철학』
22, 2011.

──, 「탈민족주의 담론에 대한 비판적 성찰: 탈근대적 민족주의 비판을 중심으로」,
『인문연구』(人文研究) 57, 2009.

──, 「신자유주의적 시장 유토피아에 대한 비판: 시장주의를 넘어 민주적 공공성
의 재구축에로」, 『사회와철학』 18, 2009.

──, 「민족주의와 세계시민주의: 자유주의적 민족주의를 중심으로」, 『헤겔연구』
26, 2009.

──, 「고대 그리스 민주주의」, 민주화운동기념사업회연구소 엮음, 『민주주의
강의 1: 역사』, 오름, 2007.

──, 『차이와 연대: 현대 세계와 헤겔의 사회·정치철학』, 길, 2007.

──, 「하버마스인가 아니면 슈미트인가?: 인도주의적 개입과 근대 주권국가 사이
의 긴장」, 『사회와철학』 9, 2005.

──, 「시장과 민주주의: 적대적 공생관계?」, 『헤겔연구』 17, 2005.

──, 「회슬레의 환경철학에 대하여: 객관적 관념론과 환경철학의 새로운 가능성
을 중심으로」, 『헤겔연구』 12, 2002.

──, "Ambivalente Moderne: Wie Hegels Parteinahme für den Westen seine
Fehleinschätzung Ostasiens erklärt", in; Allgemeine Zeitschrift für Philosophie,
2015(40. 1), S. 29-61.

노관범, 『고전통변』, 김영사, 2014.

노대환, 「19세기 정조의 잔영과 그에 대한 기억」, 『역사비평』 116, 2016.

다카하시 데쓰야, 「머리말」, 고모리 요이치·다카하시 데쓰야 엮음, 『내셔널 히스토
리를 넘어서』, 이규수 옮김, 삼인, 2001.

──── ,『일본의 전후책임을 묻는다: 기억의 정치, 망각의 윤리』, 이규수 옮김, 역사비
     평사, 2000.
도면회,「총론」, 도면회·윤해동 엮음,『역사학의 세기』, 휴머니스트, 2009.
동아시아연구센터,『한중일 3국 시민사회의 설문 조사 분석 자료집』, 울산대학교
     인문과학연구소, 2005.
뚜웨이밍,『문명들의 대화』, 김태성 옮김, 휴머니스트, 2006.
──── ,『뚜웨이밍의 유학강의』, 정용환 옮김, 청계, 1999.
량치차오,『음빙실자유서』, 강중기·양일모 외 옮김, 푸른역사, 2017.
──── ,『구유심영록』(歐游心影錄), 이종민 옮김, 산지니, 2016.
리콴유,「문화는 숙명이다」, 이승환 외 지음,『아시아적 가치』, 전통과현대, 1999.
마루야마 마사오,『충성과 반역: 전환기 일본의 정신사적 위상』, 박충석·김석근
     옮김, 나남출판, 1998.
──── ,『현대정치의 사상과 행동』, 김석근 옮김, 한길사, 1997.
──── ,『일본정치사상사연구』, 김석근 옮김, 통나무, 1995.
마루야마 마사오·가토 슈이치,『번역과 일본의 근대』, 임성모 옮김, 이산, 2008.
마에다 쓰토무,『일본사상으로 본 일본의 본질』, 이용수 옮김, 논형, 2014.
문성원,『해체와 윤리: 변화와 책임의 사회철학』, 그린비, 2012.
문성훈,『인정의 시대: 현대사회 변동과 5대 인정』, 사월의책, 2014.
미야지마 히로시,「'유교적 근대론'과 한국과 일본의 역사적 위치」, 배항섭 엮음,
     『동아시아는 몇 시인가?』, 너머북스, 2015.
──── ,『나의 한국사 공부: 한국사의 새로운 이해를 찾아서』, 너머북스, 2013.
──── ,『일본의 역사관을 비판한다』, 창비, 2013.
──── ,『양반』, 노영구 옮김, 강, 2006.
──── ,「프로젝트로서의 동아시아」, 임지현·이성시 외,『국사의 신화를 넘어서』,
     휴머니스트, 2004.
──── ,「동아시아 소농사회의 형성」,『인문과학연구』 5, 1999.
미야자키 이치사다,『자유인 사마천과 사기의 세계』, 이경덕 옮김, 다른세상, 2004.
──── ,『중국의 시험지옥: 과거(科擧)』, 박근철·이근명 옮김, 청년사, 1993.
미조구치 유조,『방법으로서의 중국』, 서광덕·최정섭 옮김, 산지니, 2016.
──── ,『한 단어 사전, 공사』, 고희탁 옮김, 푸른역사, 2013.
──── ,『중국의 충격』, 서광덕 외 옮김, 소명출판, 2009.
──── ,『개념과 시대로 읽는 중국사상 명강의』, 최진석 옮김, 소나무, 2004.
미조구치 유조 외,『중국제국을 움직인 네 가지 힘』, 조영렬 옮김, 글항아리, 2012.

──, 『중국의 공과 사』, 정태섭·김용섭 옮김, 신서원, 2004.

미조구치 유조 외 엮음, 『중국사상문화사전』, 김석근 외 옮김, 책과함께, 2011.

민주주의사회연구소 편, 『기업 민주주의와 기업지배구조』, 백산서당, 2002.

박광용, 「조선의 18세기, 국정 운영 틀의 혁신」, 역사학회 엮음, 『정조와 18세기: 역사로서 18세기, 서구와 동아시아의 비교사적 성찰』, 푸른역사, 2013.

박구용, 『우리 안의 타자: 인권과 인정의 철학적 담론』, 철학과현실사, 2003.

박균섭, 「퇴계학의 오독: 다카하시 도루와 아베 요시오의 퇴계론 비판」, 『퇴계학과유교문화』 59, 2016.

박노자, 『우승열패의 신화』, 한겨레출판, 2007.

──, 『나는 폭력의 세기를 고발한다』, 인물과사상사, 2005.

박명규, 『국민·인민·시민: 개념사로 본 한국의 정치주체』, 소화, 2009.

박민자, 「가족의 의미」, 여성한국사연구회 편, 『가족과 한국사회』, 경문사, 2001.

박상훈, 「촛불논쟁: 거리정치인가 정당정치인가」, <오마이뉴스>, 2008년 8월 17일.

박영도, 「유교적 공공성의 문법과 그 민주주의적 함의」, 나종석 외 편저, 『유학이 오늘의 문제에 답을 줄 수 있는가』, 혜안, 2014.

──, 『비판의 변증법: 성찰적 비판문법과 그 역사』, 새물결, 2011.

박은식, 「몽배금태조」, 박은식, 『대통령이 들려주는 우리 역사』, 조준희 옮김, 박문사, 2011.

──, 『왕양명 실기』, 이종란 옮김, 한길사, 2010.

──, 「일본 양명학회 주간에게」, 이만열 편, 『박은식』, 한길사, 1980.

──, 「교육이 흥해야 생존을 얻는다」, 이만열 편, 『박은식』, 한길사, 1980.

──, 「몽배금태조」, 이만열 편, 『박은식』, 한길사, 1980.

──, 「유교구신론」, 이만열 편, 『박은식』, 한길사, 1980.

──, 「유교 발달이 평화를 위한 최대의 기초」, <황성신문>, 1909년 11월 6일.

박이택, 「17, 18세기 환곡에 대한 제도론적 접근: 재량적 규제체계의 역할을 중심으로」, 이헌창 엮음, 『조선 후기 재정과 시장: 경제체제론의 접근』, 서울대학교출판문화원, 2010.

박재순, 『다석 유영모의 철학과 사상』, 한울아카데미, 2013.

박정심, 『한국근대사상사』, 천년의상상, 2016.

박정희, 『국가와 혁명과 나』, 지구촌, 1997.

──, 『민족중흥의 길』, 광명출판사, 1978.

박지향, 「머리말」, 박지향 외, 『해방전후사의 재인식 1』, 책세상, 2006.

박진우 편저, 『21세기 천황제와 일본: 일본 지식인과의 대담』, 논형, 2006.

박찬승, 『대한민국은 민주공화국이다』, 돌베개, 2013.

───, 『민족·민족주의』, 소화, 2010.

───, 「한국에서의 '민족' 개념의 형성」, 『개념과 소통』 1, 한림대학교 한림과학원, 2008.

박홍규, 「유교적 정치가와 성숙한 민주주의: 안철수 '민란'」, 강정인 엮음, 『현대한국 정치사상: 탈서구중심주의를 지향하며』, 아산서원, 2014.

박현모, 『정조 사후 63년: 세도정치기(1800~1863) 국내외 정치 연구』, 창비, 2011.

박훈, 『메이지 유신은 어떻게 가능했는가』, 민음사, 2014.

박희병, 『범애와 평등: 홍대용의 사회사상』, 돌베개, 2013.

배병삼, 『우리에게 유교란 무엇인가』, 녹색평론사, 2012.

───, 「근대와 탈근대적 가치의 충돌」, 『녹색평론』 55, 녹색평론사, 2000.

배항섭, 「해제」, 정창렬저작집 간행위원회 편, 『정창렬 저작집 1: 갑오농민전쟁』, 선인, 2014.

백낙청, 『한반도식 통일, 현재진행형』, 창비, 2006.

백남운, 『조선민족의 진로·재론』, 범우, 2007.

백민정, 「유교 지식인의 公 관념과 公共 의식: 이익, 정약용, 심대윤의 경우를 중심으로」, 『동방학지』 160, 2012.

백영서, 「진정한 동아시아의 거처: 20세기 한·중·일의 인식」, 최원식·백영서 엮음, 『동아시아인의 '동양' 인식: 19-20세기』, 문학과지성사, 2005.

───, 「중국에 '아시아'가 있는가?: 한국인의 시각」, 정문길 외 엮음, 『발견으로서의 동아시아』, 문학과지성사, 2000.

───, 『동아시아의 귀환: 중국의 근대성을 묻는다』, 창비, 2000.

변화순 외, 한국여성개발원 편, 『한국가족의 변화와 여성의 역할 및 지위에 관한 연구』, 2001.

사마천, 「이사열전」, 『사기열전 상』, 최익순 옮김, 백산서당, 2014.

사쿠타 케이이치, 『한 단어 사전, 개인』, 김석근 옮김, 푸른역사, 2013.

삼균학회 편, 『소앙선생문집 상』, 햇불사, 1979.

서경식, 『언어의 감옥에서: 어느 재일조선인의 초상』, 권혁태 옮김, 돌베개, 2011.

───, 『디아스포라 기행: 추방당한 자의 시선』, 김혜신 옮김, 돌베개, 2006.

서중석, 『신흥무관학교와 망명자들』, 역사비평사, 2001.

───, 『한국현대 민족운동연구: 해방후 민족국가 건설운동과 통일전선』, 역사비평사, 1996.

───, 『한국현대 민족운동연구 2: 1948-1950 민주주의·민족주의 그리고 반공주

의』, 역사비평사, 1996.

서중석·김덕련,『서중석의 현대사 이야기 1: 해방과 분단 친일파, 현대사의 환희와 분노의 교차로』, 오월의봄, 2015.

서희경,『대한민국헌법의 탄생: 한국 헌정사, 만민공동회에서 제헌까지』, 창비, 2012.

선우현, 「한국인 속의 한국인 이방인──국내 탈북자 집단의 인권 문제를 중심으로」, 『동서철학연구』 64, 2012.

성경륭, 「환경의 지각변동과 기업조직의 혁신」, 신기업이론연구회 편,『한국기업의 이해와 과제』, 삼성경제연구소, 1998.

소공권,『중국정치사상사』, 최명·손문호 옮김, 서울대학교출판부, 2002.

손규태,『장공 김재준의 정치신학과 윤리사상』, 대한기독교서회, 2012.

송양섭, 「19세기 부세 운영과 '향중공론'의 대두」,『역사비평』 116, 2016.

───,『18세기 조선의 공공성과 민본이념: 손상익하의 정치학, 그 이상과 현실』, 태학사, 2015.

손제민·이지선·임지선, 「"시위 지나치게 신화화" "참여의 즐거움 보여줘": 박상훈-하승우 박사의 '촛불집회' 논쟁」, <경향신문>, 2008, 6월 18일.

손혁재, 「한국 시민사회의 개념과 실제」, 손혁재 외,『아시아의 시민사회』, 아르케, 2003.

손호철, 「국가──시민사회론: 한국정치의 새 대안인가?」, 유팔무·김정훈 엮음, 『시민사회와 시민운동 2』, 한울, 2001.

쑨사오(孫曉),『한대 경학의 발전과 사회변화』, 김경호 옮김, 성균관대학교출판부, 2015.

시라카와 시즈카,『사람의 마음을 움직여 세상을 바꾸리라』, 장원철 옮김, 한길사, 2004.

시마다 겐지,『주자학과 양명학』, 김석근·이근우 옮김, 까치, 2001.

쉬지린,『왜 다시 계몽이 필요한가』, 송인재 옮김, 글항아리, 2013.

신기욱,『한국 민족주의의 계보와 정치』, 이진준 옮김, 창비, 2009.

신병주, 「정여립: 반역자인가, 혁명아인가?」,『선비문화』 6, 2005.

신복룡,『대동단실기』, 선인, 2014.

신수진,『한국의 가족주의 전통과 그 변화』, 이화여자대학교 박사학위논문, 1998.

신우철,『비교헌법사: 대한민국 입헌주의의 연원』, 법문사, 2008.

신주백, 「1960년대 '근대화론'의 學界유입과 한국사 연구」,『사학연구』 125, 2017.

신채호, 「조선독립 급(及) 동양평화」,『단재 신채호의 천고』, 최광식 역주, 아연출판부, 2004.

——, 「조선혁명선언」, 안병직 편, 『신채호』, 한길사, 1995.

——, 「20세기 신국민」, 안병직 편, 『신채호』, 한길사, 1995.

——, 「유교확장에 대한 론」, 단재신채호선생기념사업회 편, 『단재 신채호전집 하』, 형설출판사, 1987.

——, 「유교계에 대한 일론」, 단재신채호선생기념사업회 편, 『단재신채호전집』 별집, 형설출판사, 1987.

심산사상연구회 편, 『김창숙문존(金昌淑文存)』, 성균관대학교 대동문화연구원, 1987.

안병욱, 「조선 후기 대동론의 수용과 형성」, 『역사와현실』 47, 2003.

안병주, 「한국사회와 유교 문화」, 한국철학회 편, 『문화철학』, 철학과현실사, 1995.

안병직・이영훈 대담, 『대한민국 역사의 기로에 서다』, 기파랑, 2007.

안수찬, 「진화하는 '집단 지성' 국가 권력에 '맞장'」, <한겨레>, 2008년 6월 19일.

안재성, 『윤한봉: 5・18 민주화운동 마지막 수배자』, 창비, 2017.

안재홍, 「현대사상의 선구자로서의 다산선생 지위」, 안재홍 선집 간행위원회 편, 『민세 안재홍 선집 4』, 지식산업사, 1992.

——, 「유림제씨에게 격함」, 안재홍 선집 간행위원회 편, 『민세 안재홍 선집 1』, 지식산업사, 1981.

어수영, 『가치변화와 삶과 정치: 한국, 일본, 미국, 멕시코 4개국 비교연구』, 이화여대 출판부, 1997.

여불위, 『여씨춘추』, 정하현 옮김, 소명, 2011.

여성한국사연구회 편, 『가족과 한국사회』, 경문사, 2001.

여정덕 편, 『주자어류(朱子語類) 2, 4』, 허탁 외 옮김, 청계, 2001.

오수창, 「오늘날의 역사학, 정조 연간 탕평정치 및 19세기 세도정치의 삼각대화」, 『역사비평』 116, 2016.

——, 「18세기 조선 정치사상과 그 전후 맥락」, 역사학회 엮음, 『정조와 18세기: 역사로서 18세기, 서구와 동아시아의 비교사적 성찰』, 푸른역사, 2013.

와다 하루키, 『이것만은 알아두어야 할 한일 100년사』, 송주명 옮김, 북&월드, 2015.

와타나베 히로시, 『일본정치사상사: 17~19세기』, 김선희・박홍규 옮김, 고려대학교출판문화원, 2017.

——, 『주자학과 근세일본사회』, 박홍규 옮김, 예문서원, 2007.

우에노 치즈코, 『근대가족의 성립과 종언』, 이미지문화연구소 옮김, 당대, 2009.

위잉스, 『주희의 역사세계 상』, 이원석 옮김, 글항아리, 2015.

——, 『동양적 가치의 재발견』, 김병환 옮김, 동아시아, 2007.

유석춘 외 편, 『사회자본 이론과 쟁점』, 그린, 2003.

유석춘 편저, 『한국의 시민사회, 연고집단, 사회자본』, 자유기업원, 2002.

유시민, 『국가란 무엇인가』, 돌베개, 2011.

유팔무·김호기 엮음, 『시민사회와 시민운동』, 한울, 1995.

윤건차, 『자이니치의 정신사: 남·북·일 세 개의 국가 사이에서』, 박진우 외 옮김, 한겨레출판, 2016.

―――, 『교착된 사상의 현대사: 1945년 이후의 한국·일본·재일조선인』, 박진우 외 옮김, 창비, 2009.

―――, 『현대 한국의 사상흐름: 지식인과 그 사상 1980~90년대』, 장화경 옮김, 당대, 2000.

윤사순, 『한국유학사 하』, 지식산업사, 2012.

윤인숙, 『조선전기의 사림과 『소학』』, 역사비평사, 2016.

윤치호, 『윤치호 일기 2』, 박정신 옮김, 연세대학교출판부, 2003.

―――, 김상태 편역, 『윤치호 일기: 1916~1943』, 역사비평사, 2001.

―――, 국사편찬위원회 편, 『윤치호 일기 3』, 1974.

―――, 국사편찬위원회 편, 『윤치호 일기 6』, 1974.

윤평중, 『시장의 철학』, 나남출판, 2016.

―――, 『급진자유주의 정치철학』, 아카넷, 2009.

윤해동, 『식민지의 회색지대: 한국의 근대성과 식민주의 비판』, 역사비평사, 2003.

이경구, 「총론: 새롭게 보는 정조와 19세기」, 『역사비평』 115, 2016.

이경원, 『파농』, 한길사, 2015.

―――, 『검은 역사 하얀 이론: 탈식민주의의 계보와 정체성』, 한길사, 2011.

이경훈, 『이광수의 친일문학연구』, 태학사, 1998.

이광규, 「해설: 죄의 문화와 수치 문화」, 루스 베네딕트, 『국화와 칼』, 김윤식·오인석 옮김, 을유문화사, 2005.

이광수, 이경훈 편역, 『춘원 이광수: 친일문학전집 Ⅱ』, 평민사, 1995.

―――, 『이광수 전집 17』, 삼중당, 1962.

―――, 『이광수 전집 20』, 삼중당, 1962.

이긍익, 『연려실기술(燃藜室記述)』 제14권 「기축년 정여립(鄭汝立)의 옥사(獄事)」, 김규성 옮김, 한국고전번역원, 1967.

이기, 「급하게 해야 할 여덟 가지 제도에 대한 논의(急務八制議)」, 신기선 외, 『양원유집/해학유서/명미당집/소호당집/심재집』, 차용주 역주, 고려대학교 민족문화연구소, 1993.

이기웅 편역, 『안중근, 전쟁은 끝나지 않았다』, 열화당, 2000.

이남주, 「동아시아 협력론에 대한 비판적 검토: 국민국가들의 협력인가, 국민국가의 극복인가」, 백영서 외, 『동아시아의 지역질서』, 창비, 2005.

이남희, 「여성선비(女士)와 여중군자(女中君子): 조선 후기 지식인 여성의 자의식」, 김석근 엮음, 『선비정신과 한국사회』, 아산서원, 2016.

이득재, 『가족주의는 야만이다』, 소나무, 2001.

이만열, 「단재 신채호의 민족운동과 역사연구」, 충남대학교 충청문화연구소 편, 『단재 신채호의 사상과 민족운동』, 대전광역시, 2010.

이병천, 「해제: 세계화 시대 자본의 귀환과 민주적 자본주의의 위기」, 볼프강 슈트렉, 『시간벌기: 민주적 자본주의의 유예된 위기』, 김희상 옮김, 돌베개, 2015.

──, 『한국 자본주의 모델: 이승만에서 박근혜까지, 자학과 자만을 넘어』, 책세상, 2014.

──, 「이명박 정부와 촛불집회」, 권지희 외 지음, 『촛불이 민주주의다』, 해피스토리, 2008.

이봉규, 「경학적 맥락에서 본 다산의 정치론」, 송재소 외 지음, 『다산 정약용 연구』, 사람의무늬, 2012.

이삼성, 『제국』, 소화, 2014.

──, 「동아시아 국제질서의 성격에 관한 일고: "대분단체제"로 본 동아시아」, 『한국과국제정치』 22(4), 2006.

이상은, 「한국에 있어서 유교의 공죄론──현상윤 선생의 '유교공죄론'에 대한 재평가」, 『아세아연구』 9권 4호(통권 24호, 1966).

이상익, 『유교전통과 자유민주주의』, 심산, 2004.

이선 외 지음, 『민주주의와 시장경제: DJ노믹스의 이론적·경제사적 고찰』, 산업연구원, 1999.

이승종, 「다산의 사유에 대한 현대적 접근: 분석적 해석학, 사유의 위상학, 역사현상학」, 『다산과현대』 3, 2010.

이승환, 『유교담론의 지형학』, 푸른숲, 2004.

──, 「'아시아적 가치'의 담론학적 분석」, 이승환 외, 『아시아적 가치』, 전통과현대, 1999.

이영훈, 『한국경제사 1: 한국인의 역사적 전개』, 일조각, 2016.

──, 「한국사회의 역사적 특질」, 이영훈 엮음, 『한국형 시장경제체제』, 서울대학교출판문화원, 2014.

──, 『대한민국 이야기』, 기파랑, 2007.

──, 「총설: 조선 후기 경제사 연구의 새로운 동향과 과제」, 이영훈 편, 『수량경제

사로 다시 본 조선 후기』, 서울대학교출판부, 2004.

──, 「민족사에서 문명사로의 전환을 위하여」, 임지현·이성시 외, 『국사의 신화를 넘어서』, 휴머니스트, 2004.

──, 「18·19세기 대저리의 신분구성과 자치질서」, 안병직·이영훈 편저, 『맛질의 농민들: 한국근세촌락생활사』, 일조각, 2001.

이용희, 『미래의 세계정치』, 민음사, 1997.

이우관, 「동아시아 3국의 연고주의 비교」, 권용혁 외, 『한중일 기업문화를 말한다』, 이학사, 2005.

이재혁, 「신뢰의 사회구조화」, 『한국사회학』 32, 1998.

이종란, 「박은식의 구국활동과 양명학」, 박은식, 『왕양명 실기』, 이종란 옮김, 한길사, 2010.

이진경, 「촛불은 '근대의 벽'을 넘는 과정: 촛불, 100일을 말하다」, <한겨레>, 2008년 8월 8일.

이태진, 『고종시대의 재조명』, 태학사, 2015.

──, 「18세기 한국사에서의 민(民)의 사회적·정치적 위상」, 김백철 엮음, 『조선 후기 탕평정치의 재조명 상』, 태학사, 2011.

이헌창, 「총론」, 이헌창 엮음, 『조선 후기 재정과 시장: 경제체제론의 접근』, 서울대학교출판문화원, 2015.

──, 「근대 경제성장의 기반 형성기로서의 18세기 조선의 성취와 한계」, 역사학회 엮음, 『정조와 18세기: 역사로서 18세기, 서구와 동아시아의 비교사적 성찰』, 푸른역사, 2013.

이현주, 『한국 사회주의 세력의 형성: 1919-1923』, 일조각, 2003.

이혜경, 『천하관과 근대화론: 양계초를 중심으로』, 문학과지성사, 2002.

이호룡, 『신채호 다시 읽기: 민족주의자에서 아나키스트로』, 돌베개, 2013.

──, 「신채호의 아나키즘」, 충남대학교 충청문화연구소 편, 『단재 신채호의 사상과 민족운동』, 대전광역시, 2010.

임경석, 「인권의 실현을 위한 기본소득」, 『시민사회와NGO』 13(2), 2015.

임동원, 『개정증보판 피스메이커: 남북관계와 북핵문제 25년』, 창비, 2015.

임지현, 『민족주의는 반역이다』, 소나무, 2005.

──, 「포스트민족주의 대 열린 민족주의」, 『제8회 인문학 학술대회: 인문학은 말한다』, 이화여대 인문학연구원, 2004,

──, 「국사의 안과 밖: 헤게모니와 '국사의 대연쇄'」, 임지현·이성시 외, 『국사의 신화를 넘어서』, 휴머니스트, 2004.

임지현·사카이 나오키, 『오만과 편견』, 휴머니스트, 2005.

임혁백, 『세계화시대의 민주주의』, 나남출판, 2000.

임형택, 『실사구시의 한국학』, 창비, 2009.

임형택·미야지마 히로시·백영서, 「대화: 해방/종전 70년, 새로운 패러다임을 찾아서」, 『창작과비평』 169, 2015.

자오팅양, 『천하체계: 21세기 중국의 세계인식』, 노승현 옮김, 길, 2010.

장경섭, 『가족·생애·정치경제: 압축적 근대성의 미시적 기초』, 창비, 2009.

─── , 「열린가족, 공공가족」, 『동아시아문화와사상』 5, 2000.

장공 김재준목사기념사업회 편, 『김재준 전집 3/18』, 한국신학대학출판부, 1992.

장문석, 『민족주의 길들이기: 로마 몰락에서 유럽통합까지 다시 쓰는 민족주의의 역사』, 지식의풍경, 2007.

장세룡, 『프랑스 계몽주의 지성사: 지적 실천 운동으로서의 계몽주의 재해석』, 길, 2013.

장은주, 『유교적 근대성의 미래: 한국 근대성의 정당성 위기와 인간적 이상으로서의 민주주의』, 한국학술정보, 2014.

─── , 『정치의 이동: 분배 정의를 넘어 존엄으로 진보를 리프레임하라』, 상상너머, 2012.

─── , 「민주적 애국주의와 민주적 공화주의 ── 비판과 문제 제기에 대한 응답」, 『시민과세계』 17, 2010.

─── , 『인권의 철학: 자유주의를 넘어, 동서양이분법을 넘어』, 새물결, 2010.

─── , 「대한민국을 사랑한다는 것 ── '민주적 애국주의'의 가능성과 필요」, 『시민과세계』 15, 2009.

─── , 『생존에서 존엄으로: 비판이론의 민주주의 이론적 전개와 우리 현실』, 나남출판, 2007.

장지연, 『조선유교연원』, 솔, 1998.

전규찬, 「황우석 사태를 통해서 본 한국 저널리즘 양식의 비판과 전망」, 원용진·전규찬 엮음, 『신화의 추락, 국익의 유령: 황우석, <PD수첩> 그리고 한국의 저널리즘』, 한나래, 2006.

전인권, 『박정희 평전: 박정희의 정치사상과 행동에 관한 전기적 연구』, 이학사, 2006.

전창환·조영철 편, 『미국식 자본주의와 사회민주적 대안』, 당대, 2001.

정도전, 「조선경국전 상」, 정병철 편저, 『증보 삼봉집 II』, 한국학술정보, 2009.

정미라, 「근대 서양의 가족관에 대한 현대적 조명: 헤겔의 가족이론을 중심으로」,

『철학논총』(哲學論叢) 67, 2012.

정약용, 『역주 논어고금주(譯註 論語古今註) 4』, 이지형 옮김, 사암, 2010.

———, 「탕론」(湯論), 『정다산 시문선: 경세제민의 작품을 중심으로』, 김지용 역주, 교문사, 1991.

———, 「원정」(原政), 『정다산 시문선: 경세제민의 작품을 중심으로』, 김지용 역주, 교문사, 1991.

———, 『정다산 시문선: 경세제민의 작품을 중심으로』, 김지용 역주, 교문사, 1991.

———, 「전론」 1, 『다산시문집』 11권, 한국고전번역원, 임정기 옮김, 1983.

———, 「통색(通塞)에 대한 의(通塞議)」, 『詩文集第九卷』, 한국고전번역원, 허호구·성백효·이종덕(공역), 1982.

정연태, 『한국근대와 식민지근대화 논쟁: 장기근대사론을 제기하며』, 푸른역사, 2011.

정용화, 『문명의 정치사상: 유길준과 근대한국』, 문학과지성사, 2004.

정욱재, 「조선유도연합회의 결성과 '황도유학'」, 『한국독립운동사연구』 33, 2009.

정원규, 『공화민주주의』, 씨아이알, 2016.

정일균, 「1950·60년대 '근대화'와 다산 호출」, 나종석 외, 『유학이 오늘의 문제에 답을 줄 수 있는가』, 혜안, 2014.

정종섭, 「자서」, 정종섭 편, 『한국헌법사문류』, 박영사, 2002.

———, 『한국헌법사문류』, 박영사, 2002.

정창렬, 정창렬저작집 간행위원회 편, 『정창렬 저작집 1: 갑오농민전쟁』, 선인, 2014.

조경달, 『근대 조선과 일본: 조선의 개항부터 대한제국의 멸망까지』, 최덕수 옮김, 열린책들, 2015.

———, 『식민지 조선과 일본』, 최혜주 옮김, 한양대학교출판부, 2015.

———, 『식민지기 조선의 지식인과 민중—식민지 근대성론 비판』, 정다운 옮김, 선인, 2012.

———, 『민중과 유토피아: 한국 근대 민중운동사』, 허영란 옮김, 역사비평사, 2009.

———, 『이단의 민중반란: 동학과 갑오농민전쟁 그리고 조선 민중의 내셔널리즘』, 박맹수 옮김, 역사비평사, 2008.

조경란, 『국가, 유학, 지식인: 현대 중국의 보수주의와 민족주의』, 책세상, 2016.

조계원, 「한국사회와 애국심: 공화주의적 애국심의 검토」, 『시민과세계』 16, 2009.

조관자, 「내재적 발전론의 네트워크, '민족적 책임'의 경계: 가지무라 히데키와 그의 시대, 1955~1989」, 강원봉 외 지음, 『가지무라 히데키의 내재적 발전론을 다시 읽는다』, 아연출판부, 2014.

──, 「'민족의 힘'을 욕망한 '친일 내셔널리스트' 이광수」, 박지향 외, 『해방전후사의 재인식 1』, 책세상, 2006.

조광, 『조선후기 사회와 천주교』, 경인문화사, 2010.

조기빈, 『反논어』, 조남호·신정근 옮김, 예문서원, 1996.

조대호, 「숙고의 인지적 조건: 아리스토텔레스 도덕 심리학의 숙고 개념」, 『서양고전연구』 55(2), 2016.

──, 「소크라테스 윤리의 그리스적 전통에 대한 연구: 소크라테스 철학 안에서 이성과 신적인 계시의 관계」, 『철학논총』 33, 2003.

조동걸, 한국독립운동사편찬위원회 편, 『한국독립운동의 역사 1: 한국독립운동의 이념과 방략』, 경인문화사, 2007.

조문영, 「옮긴이 서문: 분배정치가 열어젖힌 새로운 사유와 가능성」, 제임스 퍼거슨, 『분배정치의 시대』, 조문영 옮김, 여문책, 2017.

조승미·이혜진, 「옮긴이의 말」, 모로오카 야스코, 『증오하는 입: 혐오발언이란 무엇인가』, 조승미·이혜진 옮김, 오월의봄, 2015.

조은, 「'동아시아 가족'이 있는가?」, 정문길 외, 『발견으로서의 동아시아』, 문학과지성사, 2000.

조정문·장상희, 『가족사회학』, 아카넷, 2001.

조지훈, 「오늘의 대학생은 무엇을 자임하는가」, 『지조론』, 나남출판, 2016.

──, 「지조론」, 『지조론』, 나남출판, 2016.

조희연, 「촛불시위, 제도정치와 직접행동정치」, 권지희 외, 『촛불이 민주주의다』, 해피스토리, 2008.

──, 『비정상성에 대한 저항에서 정상성에 대한 저항으로』, 아르케, 2004.

좌구명, 『춘추좌전 1』, 신동준 옮김, 한길사, 2006.

주대환, 「나라 우습게 아는 지식인, 대중이 우습게 본다」, 『시민과세계』 15, 2009.

주진오, 「개명군주이나, 민국이념은 레토릭이다」, 교수신문 엮음, 『고종황제 역사청문회』, 푸른역사, 2005.

──, 「독립협회의 개화론과 민족주의」, 『현상과인식』 20, 1996.

주희, 『대학혹문』, 『대학』, 최석기 옮김, 한길사, 2014.

──, 『대학혹문』, 박완식 편역, 『대학, 대학혹문, 대학강어』, 여강, 2010.

──, 『맹자집주』(孟子集註), 성백효 옮김, 전통문화연구회, 1991.

──, 『대학·중용집주』(大學·中庸集註), 성백효 옮김, 전통문화연구회, 1991.

──, 『논어집주』(論語集註), 성백효 옮김, 전통문화연구회, 1990.

주희·여조겸 편저, 『근사록집해 1/2』, 이광호 역주, 아카넷, 2004.

진관타오, 『관념사란 무엇인가 1: 이론과 방법』, 양일모 외 옮김, 푸른역사, 2010.

진중권, 「진중권의 상상 <14> 이른바 '대중지성'에 관하여: 합리적 사유 없는 한국의 인터넷」, 인터넷 <한국일보>, 2007년 8월 27일.

────, 「디지털 문맹의 마술적 제의」, 원용진·전규찬 엮음, 『신화의 추락, 국익의 유령: 황우석, <PD수첩> 그리고 한국의 저널리즘』, 한나래, 2006.

진태원, 「용어 해설」, 에티엔 발리바르, 『스피노자와 정치』, 진태원 옮김, 이제이북스, 2005.

차용주, 「해학유서 해제」, 신기선 외, 『양원유집/해학유서/명미당집/소호당집/심재집』, 차용주 역주, 고려대학교 민족문화연구소, 1993.

채인후, 『공자의 철학』, 천병돈 옮김, 예문서원, 2002.

천광싱, 「경험으로 본 한국-대만의 지적 교류와 연대」, 최원식·백영서 엮음, 『대만을 보는 눈』, 창비, 2013.

────, 『제국의 눈』, 백지운 외 옮김, 창비, 2003.

천정환, 「강남역 살인사건부터 '메갈리아' 논쟁까지──'페미니즘 봉기'와 한국 남성성의 위기」, 『역사비평』 116, 2016.

────, 『대중지성의 시대: 새로운 지식문화사를 위하여』, 푸른역사, 2008.

최성환, 「조선 후기 정치의 맥락에서 탕평군주 정조 읽기」, 『역사비평』 115, 2016.

최우영, 「조선시대 국가──사회관계의 변화와 가족주의의 기원」, 『가족과문화』 18, 2006.

최원식, 『제국 이후의 동아시아』, 창비, 2009.

────, 「동아시아론의 좌표: 서구주의와 민족주의 사이」, 『인문학연구』 31(2), 2004.

최익한·송찬섭 엮음, 『조선사회 정책사: 우리나라 사회 구제 제도에 대한 역사적 고찰』, 서해문집, 2013.

────, 『실학파와 정다산』, 서해문집, 2011.

최장집, 「한국 민주주의, 어디서 와서 어디로 가고 있나?」, 최장집 외, 『논쟁으로서의 민주주의: 민주주의를 이해하는 문제에 관하여』, 후마니타스, 2013.

────, 『한국 민주주의 무엇이 문제인가』, 생각의나무, 2008.

────, 『민주주의의 민주화: 한국 민주주의의 변형과 헤게모니』, 후마니타스, 2006.

────, 「한국 민주주의의 취약과 사회경제적 기반」, 최장집 엮음, 『위기의 노동』, 후마니타스, 2005.

────, 「한국어판 서문 민주주의와 헌정주의: 미국과 한국」, 로버트 달, 『미국 헌법과 민주주의』, 박상훈·박수형 옮김, 후마니타스, 2004.

────, 『민주화 이후의 민주주의』, 후마니타스, 2002.

———, 『한국민주주의의 이론』, 한길사, 1993.

최재석, 『역경의 행운』, 만권당, 2015.

———, 『한국가족연구』, 일지사, 1994.

———, 『한국가족제도사 연구』, 일지사, 1983.

———, 『한국인의 사회적 성격』, 개문사, 1976.

최재율, 「현대가족의 가족 문제와 가족 윤리에 관한 연구」, 『전남대 논문집』 28, 1983.

최제우, 「수덕문」, 『천도교 경전 공부하기』, 라명재 주해, 모시는사람들, 2010.

큉로이슌, 『맨얼굴의 맹자』, 이장희 옮김, 동과서, 2017.

페이샤오퉁, 『중국 사회문화의 원형』, 장영석 옮김, 비봉출판사, 2011.

표영삼, 『동학 1: 수운의 삶과 생각』, 통나무, 2004.

한국가족관계학회 편, 『가족학』, 하우, 2001.

한국여성개발원 편, 『한국가족의 변화와 여성의 역할 및 지위에 관한 연구』, 2001.

한국학문헌연구소 편, 『박규수 전집 상』, 아세아문화사, 1978.

한남제, 『한국가족제도의 변화』, 일지사, 1997.

한문덕, 「장공 김재준의 신학사상의 유교적 요소」, 장공 김재준목사기념사업회 편, 『장공 김재준의 신학세계』, 한신대학출판부, 2006.

한비, 『한비자 2』, 이윤구 옮김, 한길사, 2002.

한상권, 「정조의 군주론과 왕정」, 김인걸 외, 『정조와 정조시대』, 서울대학교출판문화원, 2011.

———, 『조선 후기 사회와 소원(訴冤)제도: 상언·격쟁 연구』, 일조각, 1996.

한상진·은기수·조동기, 『한국사회의 신뢰실태조사』, 1999년도 교육부 연구보고서.

한승완, 「한국 국민 정체성의 '민주적 반추'와 통일 문제」, 『사회와철학』 22, 2011.

———, 「'자유주의적 민족주의'와 '헌법애국주의'」, 『사회와철학』 20, 2010.

———, 「'연줄망'에서 '연결망'으로」, 권용혁 외 지음, 『한중일 기업문화를 말한다』, 이학사, 2005.

———, 「통일 민족국가 형성을 위한 시론」, 『사회와철학』 1, 2001.

한영우, 『다시 찾는 우리역사』, 경세원, 2014.

———, 『과거, 출세의 사다리: 족보를 통해 본 조선 문과급제자의 신분이동 태조~선조 대』, 지식산업사, 2013.

한준, 「민간부문과 신뢰: 대기업을 중심으로」, 김인영 편, 『한국사회 신뢰와 불신의 구조: 거시적 접근』, 소화, 2002.

한태연·갈봉근·김효전 외, 『한국헌법사 상』, 한국정신문화연구원, 1988.

한홍구·제임스 팔레, 「미국 한국학의 선구자 제임스 팔레: 정년 기념 대담」, 『정신문화연구』 24(2), 2001.

함인희, 「산업화에 따른 한국 가족의 비교적 의미」, 하용출 엮음, 『한국 가족상의 변화』, 서울대학교출판부, 2001.

현상윤, 『조선유학사』, 이형성 교주, 심산, 2010.

홍상현, 「옮긴이의 말」, 간바라 하지메, 『노 헤이트 스피치』, 홍상현 옮김, 나름북스, 2016.

홍석률, 「민족주의 논쟁과 세계체제, 한반도 분단문제에 대한 대응」, 『역사비평』 80, 2007.

홍승헌, 「하버마스의 헌정적 애국심」, 곽준혁·조홍식 엮음, 『아직도 민족주의인가: 우리시대 애국심의 지성사』, 한길사, 2012.

황준걸, 『이천년 맹자를 읽다: 중국맹자학사』, 함영대 옮김, 성균관대학교출판부, 2016.

─── , 『일본 논어 해석학』, 이영호 역주, 성균관대학교출판부, 2011.

황정아, 『개념비평의 인문학』, 창비, 2015.

황태연, 『대한민국 국호의 유래와 민국의 의미』, 청계, 2016.

─── , 『감정과 공감의 해석학 1』, 청계, 2014.

황현, 『오동나무 아래에서 역사를 기록하다: 황현이 본 갑오농민전쟁』, 김종익 옮김, 역사비평사, 2016.

─── , 『오하기문』, 김종익 역, 역사비평사, 1994.

후지이 다케시, 『파시즘과 제3세계주의 사이에서: 족청계의 형성과 몰락을 통해 본 해방8년사』, 역사비평사, 2012.

히라이시 나오아키, 한림대학교 한림과학원 기획, 『한 단어 사전, 천』, 이승률 옮김, 푸른역사, 2013.

「"극우단체 도 넘었다"… 박영수 특검妻 화형식 보고 '혼절'」, 『헤럴드경제』, 2017년 3월 8일.

『대학』, 동양고전연구회 역주, 민음사, 2016.

마을만들기 전국네트워크 편집, 『마을만들기지원센터의 전국적 현황과 전망』, 2012.

<문화일보>, 2003년 10월 17일.

민주노동당 진보정치연구소, 12월 27일 보도 자료.

『사직서의궤』(社稷署儀軌), 卷之四, 어제(御製), 한국고전번역원, 2012.

『서경』, 김학주 역주, 명문당, 2009.

『선조수정실록』 23권, 선조 22년 10월 1일.

『승정원일기』 62책(탈초본 1115책) 영조 31년 1월 6일.

『예기』(禮記) 상, 이상옥 옮김, 명문당, 2003.

『예기』(禮記) 중, 이상옥 옮김, 명문당, 2003.

<중앙일보>, 1998년 9월 6일.

「1987년 대한민국헌법」, 정종섭 편, 『한국헌법사문류』, 박영사, 2002.

통계청, 『2001년 인구 동태 통계연보(출생·사망 편)』, 2001a.

　　　『2001년 인구 동태 통계연보(혼인·이혼 편)』, 2001b.

　　　『장래 인구 추계 결과』, 2001c.

<프레시안>, 2005년 11월 22일; 12월 28일; 2006년 1월 4일.

『홍제전서』 166권, 일득록(日得錄) 6, 정사(政事) 1, 한국고전번역원.

거트 호프스테드, 『세계의 문화적 조건』, 차재호·나은영 옮김, 학지사, 2001.

게오르크 빌헬름 프리드리히 헤겔, 『역사철학강의』, 김종호 옮김, 삼성출판사, 1995.

그레고리 헨더슨, 『소용돌이의 한국정치』(Korea: The Politics of the Vortex), 박행웅·
　　　이종삼 옮김, 한울아카데미, 2013.

노르베르토 보비오, 『자유주의와 민주주의』, 황주홍 옮김, 문학과지성사, 1992.

대커 켈트너, 『선의 탄생』, 하윤숙 옮김, 옥당, 2011.

데이비드 헬드, 『민주주의의 모델』, 이정식 옮김, 인간사랑, 1988.

도널드 위니캇, 『놀이와 현실』, 이재훈 옮김, 한국심리치료연구소, 1997

디터 쿤, 『하버드 중국사 송: 유교 원칙의 시대』, 육정임 옮김, 너머북스, 2015.

디페시 차크라바르티, 『유럽을 지방화하기: 포스트식민 사상과 역사적 차이』, 김택
　　　현·안준범 옮김, 그린비, 2014.

레이먼드 윌리엄스, 『기나긴 혁명』, 성은애 옮김, 문학동네, 2007.

레이몽 아롱, 『사회사상의 흐름』, 이종수 옮김, 기린원, 1988.

로버트 D 퍼트넘, 『사회적 자본과 민주주의』, 안청시 외 옮김, 박영사, 2000.

로버트 달, 『미국헌법과 민주주의』, 박상훈·박수형 옮김, 후마니타스, 2004.

로버트 영, 『포스트식민주의 또는 트리컨티넨탈리즘』, 김택현 옮김, 박종철출판사,
　　　2005.

리사 터틀, 『페미니즘 사전』, 유혜련·호승희 옮김, 동문선, 1999.

리처드 세넷, 『뉴캐피탈리즘』, 유병선 옮김, 위즈덤하우스, 2009.

마르쿠스 툴리우스 키케로, 『법률론』, 성염 옮김, 한길사, 2007.

———, 『키케로의 의무론』, 허승일 옮김, 서광사, 1989.

마르티나 도이힐러, 『한국사회의 유교적 전환』, 이훈상 옮김, 아카넷, 2003.

마사 누스바움, 『혐오에서 인류애로』, 강동혁 옮김, 뿌리와이파리, 2016.

———, 『혐오와 수치심: 인간다움을 파괴하는 감정들』, 조계원 옮김, 민음사, 2015.

———, 「석학과 함께하는 인문강좌. 제1강연 순화된 애국주의는 가능한가?」, 강준호
　　　옮김, 2008년 8월 25일 고려대학교 강연.

마이클 샌델, 『정의의 한계』, 이양수 옮김, 멜론, 2012.

———, 「마이클 샌델 인터뷰: 공화주의와 자유주의에 대하여」, 하버드철학리뷰
　　　편집부 엮음, 『하버드, 철학을 인터뷰하다』, 강유원·최봉실 옮김, 돌베개,
　　　2010.

———, 『정의란 무엇인가』, 이창신 옮김, 김영사, 2010.

마이클 왈저, 『정치철학 에세이』, 최홍주 옮김, 모티브북, 2009.

마이클 왈저, 「자유주의, 민족주의 그리고 개혁」, 마크 릴라 외 엮음, 『이사야 벌린의
　　　지적 유산』, 서유경 옮김, 동아시아, 2006.

마크 릴라 외 엮음, 『이사야 벌린의 지적 유산』, 서유경 옮김, 동아시아, 2006.

마크 마조워, 『암흑의 대륙: 20세기 유럽 현대사』, 김준형 옮김, 후마니타스, 2009.

마크 피터슨, 『유교사회의 창출: 조선 중기 입양제와 상속제의 변화』, 김혜정 옮김,
　　　일조각, 2000.

마키아벨리, 『로마사 논고』, 강정인·안선재 옮김, 한길사, 2003.

막스 베버, 「『종교사회학논총』 서문」, 막스 베버, 『프로테스탄티즘의 윤리와 자본주
　　　의 정신』, 김덕영 옮김, 길, 2010.

모리치오 비롤리, 『공화주의』, 김경희·김동규 옮김, 인간사랑, 2006.

모제스 I 핀레이, 『고대 세계의 정치』, 최생열 옮김, 동문선, 2003.

벤자민 슈워츠, 『중국 고대 사상의 세계』, 나성 옮김, 살림, 2004.

볼프강 슈트렉, 『시간벌기: 민주적 자본주의의 유예된 위기』, 김희상 옮김, 돌베개,
　　　2015.

브루스 커밍스, 『한국현대사』, 김동노 외 옮김, 창비, 2001.

새뮤얼 헌팅턴, 『제3의 물결: 20세기 후반의 민주화』, 강문규·이재영 옮김, 인간사
　　　랑, 2011.

———, 『문명의 충돌』, 이희재 옮김, 김영사, 1998.

샹탈 무페, 『민주주의의 역설』, 이행 옮김, 인간사랑, 2006.

세일라 벤하비브, 『타자의 권리: 외국인, 거류민 그리고 시민』, 이상훈 옮김, 철학과현
　　　실사, 2008.

수전 벅모스, 『헤겔, 아이티, 보편사』, 김성호 옮김, 문학동네, 2012.

스튜어트 화이트, 『평등이란 무엇인가』, 강정인·권도혁 옮김, 까치, 2016.

스티븐 내들러, 『스피노자와 근대의 탄생: 지옥에서 꾸며진 책 『신학정치론』』, 김호경 옮김, 글항아리, 2014.

슬라보예 지젝, 『처음에는 비극으로 다음에는 희극으로』, 김성호 옮김, 창비, 2010.

────, 『시차적 관점』, 김서영 옮김, 마티, 2009.

────, 『전체주의가 어쨌다구?』, 한보희 옮김, 새물결, 2008.

아리스토텔레스, 『정치학』, 천병희 옮김, 숲, 2009.

────, 『니코마코스 윤리학』, 이창우 외 옮김, 이제이북스, 2006.

아마티아 센, 『윤리학과 경제학』, 박순성 외 옮김, 한울아카데미, 1999.

아비샤이 마갈릿, 「민족주의라는 뒤틀린 나무」, 마크 릴라 외 엮음, 『이사야 벌린의 지적 유산』, 서유경 옮김, 동아시아, 2006.

아이리스 M 영, 『정치적 책임에 관하여』, 허라금 외 옮김, 이후, 2013.

악셀 호네트, 『사회주의의 재발명: 왜 다시 사회주의인가』, 문성훈 옮김, 사월의책, 2016.

────, 『인정투쟁: 사회적 갈등의 도덕적 형식론』, 문성훈·이현재 옮김, 사월의책, 2011.

────, 『정의의 타자』, 문성훈 외 옮김, 나남출판, 2009.

────, 『인정투쟁: 사회적 갈등의 도덕적 형식론』, 문성훈·이현재 옮김, 동녘, 1996.

안드레 군더 프랑크, 『리오리엔트』, 이희재 옮김, 이산, 2003.

안토니오 네그리·마이클 하트, 『다중: 제국이 지배하는 시대의 전쟁과 민주주의』, 조정환 외 옮김, 세종서적, 2008.

────, 『공통체』, 정남영·윤영광 옮김, 사월의 책, 2014.

알래스데어 매킨타이어, 『덕의 상실』, 이진우 옮김, 문예출판사, 1997.

알랭 로랑, 『개인주의의 역사』, 김용민 옮김, 한길사, 2001.

알렉산더 우드사이드, 『잃어버린 근대성들』, 민병희 옮김, 너머북스, 2012.

알렉시스 토크빌, 『미국의 민주주의 2』, 임효선·박지동 옮김, 한길사, 1997.

애덤 스위프트, 『정치의 생각: 정의에서 민주주의까지』, 김비환 옮김, 개마고원, 2011.

앤서니 기든스, 『현대사회의 성·사랑·에로티시즘: 친밀성의 구조변동』, 황정미 외 옮김, 새물결, 2003.

────, 『현대사회학』, 김미숙 외 옮김, 을유문화사, 2003.

———, 『제3의 길과 그 비판자들』, 박찬욱 외 옮김, 생각의나무, 2002.

———, 『제3의 길』, 한상진 · 박찬욱 옮김, 생각의나무, 1999.

———, 『좌파와 우파를 넘어서』, 김현옥 옮김, 한울, 1997.

———, 『포스트모더니티』, 이윤희 · 이현희 옮김, 민영사, 1991.

앤서니 스미스 『세계화 시대의 민족과 민족주의』, 이재석 옮김, 남지, 1997.

어네스트 겔너, 『민족과 민족주의』, 이재석 옮김, 예하, 1988.

에르네스트 르낭, 『민족이란 무엇인가』, 신행선 옮김, 책세상, 2002,

에른스트 볼프강 뵈켄회르데, 『헌법과 민주주의: 헌법이론과 헌법에 관한 연구』,
      김효전 · 정태호 옮김, 2003.

에릭 홉스봄, 『1780년 이후의 민족과 민족주의』, 강명세 옮김, 창비, 2008.

———, 『극단의 시대: 20세기 역사 하』, 이용우 옮김, 까치, 1997.

에마뉘엘 레비나스, 『신, 죽음 그리고 시간』, 김도형 외 옮김, 그린비, 2013.

에바 일루즈, 『사랑은 왜 불안한가: 하드 코어 로맨스와 에로티즘의 사회학』, 김희상
      옮김, 돌베개, 2014.

———, 『사랑은 왜 아픈가: 사랑의 사회학』, 김희상 옮김, 돌베개, 2013.

에바 페더 커테이, 『돌봄: 사랑의 노동』, 김희강 · 나상원 옮김, 박영사, 2016.

에티엔 발리바르, 『스피노자와 정치』, 진태원 옮김, 이제이북스, 2005.

엔리케 두셀, 『1492년 타자의 은폐: '근대성의 신화'의 기원을 찾아서』, 박병규
      옮김, 2011.

엘머 에릭 샤츠슈나이더, 『절반의 인민주권』, 현재호 · 박수형 옮김, 후마니타스,
      2008.

울리히 벡, 『적이 사라진 민주주의』, 정일준 옮김, 새물결, 2000.

울리히 벡 외, 『사랑은 지독한 그러나 너무나 정상적인 혼란』, 강수영 외 옮김,
      새물결, 2002.

위르겐 하버마스, 『분열된 서구』, 장은주 · 하주영 옮김, 나남출판, 2009.

———, 『사실성과 타당성』, 한상진 · 박영도 옮김, 나남출판, 2007.

———, 『공론장의 구조변동: 부르주아 사회의 한 범주에 관한 연구』, 한승완 옮김,
      나남출판, 2001.

———, 『이질성의 포용』, 황태연 옮김, 나남출판, 2000.

———, 『담론윤리의 해명』, 이진우 옮김, 문예출판사, 1997.

———, 『현대성의 새로운 지평』, 한상진 편, 나남출판, 1996.

———, 『새로운 불투명성』, 이진우 옮김, 문예출판사, 1995.

———, 『현대성의 철학적 담론』, 이진우 옮김, 문예출판사, 1994.

윌 킴리카, 『현대 정치철학의 이해』, 장동진 외 옮김, 동명사, 2006.

윌리엄 시어도어 드 배리, 『중국의 '자유' 전통』, 표정훈 옮김, 이산, 2004.

―――, 『다섯 단계의 대화로 본 동아시아 문명』, 한평수 옮김, 실천문학사, 2001.

이매뉴얼 월러스틴, 『유럽적 보편주의: 권력의 레토릭』, 김재오 옮김, 창비, 2008.

이사야 벌린, 『자유론』, 박동천 옮김, 아카넷, 2007.

임마누엘 칸트, 『윤리형이상학』, 백종현 옮김, 아카넷, 2012.

―――, 『속설에 대하여: 그것은 이론에서는 옳을지 모르지만, 실천에 대해서는
　　　쓸모없다는』, 오진석 옮김, 도서출판 b, 2011.

―――, 『아름다움과 숭고함의 감정에 대한 고찰』, 이재준 옮김, 책세상, 2005.

임마누엘 페스트라이쉬, 『한국인만 모르는 다른 대한민국』, 21세기북스, 2013.

자넷 빌 · 피터 스타우든마이어, 『에코파시즘: 독일 경험으로부터의 교훈』, 김상영
　　　옮김, 책으로만나는세상, 2003.

장 모랑주, 『1789년 인권과 시민의 권리선언』, 변해철 옮김, 탐구당, 1999.

장 자크 루소, 『사회계약론』, 이환 옮김, 서울대학교출판부, 2007.

―――, 『사회계약론』, 이가형 옮김, 을유문화사, 1994.

제임스 팔레, 『유교적 경세론과 조선의 제도들: 유형원과 조선 후기 1』, 김범 옮김,
　　　산처럼, 2008.

제임스 퍼거슨, 『분배정치의 시대』, 조문영 옮김, 여문책, 2017.

조반니 아리기, 『베이징의 애덤 스미스: 21세기의 계보』, 강진아 옮김, 길, 2009.

조셉 니덤, 『중국의 과학과 문명: 사상적 배경』, 콜린 로런 축약, 김영식 · 김제란
　　　옮김, 까치, 2003.

조안 C 트론토, 『돌봄 민주주의』, 김희강 · 나상원 옮김, 아포리아, 2014.

조지 허버트 미드, 『정신 · 자아 · 사회: 사회적 행동주의자가 분석하는 개인과 사회』,
　　　나은영 옮김, 한길사, 2010.

조지아 원키, 『가다머: 해석학, 전통 그리고 이성』, 이한우 옮김, 민음사, 1999.

존 던컨, 「한국사 연구자의 딜레마」, 배항섭 엮음, 『동아시아는 몇 시인가?』, 너머북스,
　　　2015.

존 로크, 『통치론: 시민정부의 참된 기원, 범위 및 그 목적에 관한 시론』, 강정인 · 문지
　　　영 옮김, 까치, 2003.

존 롤스, 『정치적 자유주의 증보판』, 장동진 옮김, 동명사, 2016.

―――, 『정의론』, 황경식 옮김, 이학사, 2003.

―――, 『만민법』, 장동진 외 옮김, 이끌리오, 2000.

존 롤스, 에린 켈리 엮음, 『공정으로서의 정의: 재서술』, 김주휘 옮김, 이학사, 2016.

주디스 버틀러, 『지상에서 함께 산다는 것: 이스라엘 팔레스타인 분쟁, 유대성과 시온주의 비판』, 양효실 옮김, 시대의창, 2016.

——, 「경쟁하는 보편성들」, 주디스 버틀러 · 에르네스토 라클라우 · 슬라보예 지젝 지음, 『우연성, 헤게모니, 보편성』, 박대진 · 박미선 옮김, 도서출판 b, 2009.

——, 「보편자를 다시 무대에 올리며: 헤게모니와 형식주의의 한계들」, 주디스 버틀러 · 에르네스토 라클라우 · 슬라보예 지젝 지음, 『우연성, 헤게모니, 보편성』, 박대진 · 박미선 옮김, 도서출판 b, 2009.

——, 『불확실한 삶: 애도와 폭력의 권력들』, 양효실 옮김, 경성대학교출판부, 2008.

주디스 버틀러 · 가야트리 스피박, 『누가 민족국가를 노래하는가』, 주해연 옮김, 산책자, 2008.

줄리아 칭, 『유교와 기독교』, 임찬순 · 최효선 옮김, 서광사, 1993.

지그문트 바우만, 『방황하는 개인들의 사회』, 홍지수 옮김, 봄아필, 2013.

찰스 다윈, 『인간의 유래 1』, 김관선 옮김, 한길사, 2006.

찰스 테일러, 『자아의 원천들: 현대적 정체성의 형성』, 권기돈 · 하주영 옮김, 새물결, 2015.

——, 『근대의 사회적 상상: 경제 · 공론장 · 인민주권』, 이상길 옮김, 이음, 2010.

——, 『세속화와 현대문명』, 김선욱 외 옮김, 철학과현실사, 2003.

——, 『불안한 현대사회』, 송영배 옮김, 이학사, 2001.

카를 슈미트, 『현대 의회주의의 정신사적 상황』, 나종석 옮김, 길, 2012.

——, 『정치신학: 주권론에 관한 네 개의 장』, 김항 옮김, 그린비, 2010.

——, 「국가윤리학과 다원적 국가」, 『입장과 개념들』, 김효전 · 박배근 옮김, 세종출판사, 2001.

——, 「현대 제국주의의 국제법적 형태들」, 『입장과 개념들』, 김효전 · 박배근 옮김, 세종출판사, 2001.

——, 『정치적인 것의 개념』, 김효전 옮김, 법문사, 1992.

카를 야스퍼스, 『죄의 문제: 시민의 정치적 책임』, 이재승 옮김, 앨피, 2014.

칼 폴라니, 『거대한 전환: 우리 시대의 정치 경제적 기원』, 홍기빈 옮김, 길, 2009.

캐럴 길리건, 『다른 목소리로』, 허란주 옮김, 동녘, 1997.

타리크 알리, 『극단적 중도파』, 장석준 옮김, 오월의봄, 2017.

테리 이글턴, 『우리시대의 비극론』, 이현석 옮김, 경성대학교출판부, 2006.

토마 피케티, 『21세기 자본』, 장경덕 외 옮김, 글항아리, 2014.

토마스 홉스, 『리바이어던 1』, 진석용 옮김, 나남출판, 2001.

토머스 페인, 『상식·인권』, 박홍규 옮김, 필맥, 2004.

페리 앤더슨, 『고대에서 봉건제로의 이행』, 유재건·한정숙 옮김, 현실문화, 2014.

─────, 『현대 사상의 스펙트럼: 카를 슈미트에서 에릭 홉스봄까지』, 안효상·이승우 옮김, 길, 2011.

페터 코슬로브스키, 『자본주의 윤리학』, 이미경 옮김, 철학과현실사, 1999.

폴 리쾨르, 『비판과 확신』, 변종배·전종윤 옮김, 그린비, 2013.

─────, 『번역론─번역에 관한 철학적 성찰』, 윤성우·이향 옮김, 철학과현실사, 2006.

─────, 『시간과 이야기 3: 이야기된 시간』, 김한식 옮김, 문학과지성사, 2004.

─────, 『해석의 갈등』, 양명수 옮김, 아카넷, 2001.

폴 우드러프, 『최초의 민주주의: 오래된 이상과 도전』, 이윤철 옮김, 돌베개, 2012.

폴 코헨, 『학문의 제국주의: 오리엔탈리즘과 중국사』, 이남희 옮김, 산해, 2003.

프란츠 파농, 『대지의 저주받은 사람들』, 남경태 옮김, 그린비, 2007.

프랜시스 후쿠야마, 「개인인가 공동체인가」, 귄터 그라스 외, 『세계화 이후의 민주주의』, 이승협 옮김, 평사리, 2005.

─────, 『대붕괴 신질서』, 한국경제신문 국제부 옮김, 한국경제신문, 2001.

─────, 『역사의 종말』, 이상훈 옮김, 한마음사, 1997.

─────, 『트러스트: 사회도덕과 번영의 창조』, 구승회 옮김, 한국경제신문, 1996.

프레더릭 바이저, 『헤겔: 그의 철학적 주제들』, 이신철 옮김, 도서출판 b, 2012.

플라톤, 『국가·정체』, 박종현 역주, 서광사, 1997.

피에르 부르디외, 「신자유주의에서 벗어나기」, 노엄 촘스키 외, 『프리바토피아를 넘어서』, 최연구 옮김, 백의, 2001.

피터 드러커, 『단절의 시대』, 이재규 옮김, 한국경제신문, 2003.

─────, 『자본주의 이후의 사회』, 이재규 옮김, 한국경제신문, 1993.

피터 볼, 『역사 속의 성리학』, 김영민 옮김, 예문서원, 2010.

피터 싱어, 『세계화의 윤리』, 김희정 옮김, 아카넷, 2003.

필리페 판 파레이스, 『모두에게 실질적 자유를: 기본소득에 대한 철학적 옹호』, 조현진 옮김, 후마니타스, 2016.

필립 페팃, 『신공화주의: 비지배 자유와 공화주의 정부』, 곽준혁 옮김, 나남출판, 2012.

한나 아렌트, 『전체주의의 기원 1』, 이진우·박미애 옮김, 한길사, 2006.

─────, 『과거와 미래 사이: 정치사상에 관한 여덟 가지 철학연습』, 서유경 옮김,

푸른숲, 2005.
――, 『인간의 조건』, 이진우·태정호 옮김, 한길사, 1996.
한스 게오르크 가다머, 『진리와 방법: 철학적 해석학의 기본 특징들 2』, 임홍배 옮김, 문학동네, 2012.
――, 『진리와 방법: 철학적 해석학의 기본 특징들 1』, 이길우 외 옮김, 문학동네, 2000.
한스 요나스, 『책임의 원칙: 기술시대의 생태학적 윤리』, 이진우 옮김, 서광사, 1994.
한스 울리히 벨러, 『허구의 민족주의』, 이용일 옮김, 푸른역사, 2007.
헤어프리트 뮌클러, 『제국: 평천하의 논리』, 공진성 옮김, 책세상, 2015.
헐리 글레스너 크릴, 『공자: 인간과 신화』, 이성규 옮김, 지식산업사, 1998.
헨리 임, 「근대적·민주적 구성물로서의 '민족': 신채호의 역사서술」, 신기욱·마이클 로빈슨 엮음, 『한국의 식민지 근대성』, 도면회 옮김, 삼인, 2005.

Aristoteles, *Politica*, in *The Works of Aristotle*, translated into english under the editorship of W. D. Ross, Volume X, Oxford, 1966.

Bell, Daniel A., *The China Model: Political Meritocracy and the Limits of Democracy*, Princeton: Princeton University Press, 2015.

Bernardes, J., "Responsibilities in Studying Postmodern Family", in *Journal of Family Issues* 14(1), pp. 35-39.

Chenyang Li, "The Confucian concept of Jen and the feminist ethics of care", *Confucian Studies*. Edited by Xinzhong and Wei-ming Tu, Volume 4. Reinterpreting Confucian Ideas, London and New York: Routledge, 2011.

Cohen, J. and Arato, A., *Civil Society and Political Theory*, Cambridge, Massachusetts, and London: The MIT Press, 1992.

Ehrenberg, J., *Civil Society. The Critical History of an Idea*, New York and London: NYU Press, 1999.

Fetzer, Joel S.and Soper, J. Christopher., "The Effect of Confucian Values on Support for Democracy and Human Rights in Taiwan", *Taiwan Journal of Democracy*, Volume3, No. 1, 2007.

Gellner, E., *Thought and Change*, London: Weidenfeld and Nicholson, 1971.

Giddens, A., *Soziologie*, übersetzt von A. Kornberger, M. Nievoll und H. G. Zilian, Graz/Wien 1995.

Hegel, G. W. F., *G. W. F. Hegel Werke in zwanzig Bänden*, hg. v. E. Moldenhauer und K. M. Michel, Band3/4/12, Frankfurt 1969-1971.

Hegel, G. W. F., *Vorlesungen über die Philosophie der Weltgeschichte*, Band II-IV, Hamburg 1988.

Hegel, G. W. F., *Grundlinien der Philosophie des Rechts*, Frankfurt 1996.

Hösle, V., *Moral und Politik*, München 1998.

Hösle, V., *Praktische Philosophie in der modernen Welt*, München 1992.

Israel, J., *Enlightenment Contested: philosophy, modernity, and the emancipation of man 1670-1752*, Oxford: Oxford University Press, 2006.

Kant, I., *Metaphysik der Sitten*, in: *Kant's gesammelte Schriften*, hg. von der Preußischen Akademie der Wissenschaft, Band VI, Berlin 1902ff.

Kaufmann, W., "The Hegel Myth and Its Method", *Hegel's Political Philosophy*, edited by Walter Kaufmann, New York: Atherton Press, 1970.

Kymlicka, Will., *Politics in the Vernacular. Nationalism, Multicultralism, and Citizenship*, Oxford: Oxford University Press, 2001.

Löwith, K., *Von Hegel zu Nietzsche*, in: *Sämtliche Schriften*, Band 4, Stuttgart 1988.

Miller, D., *On Nationality*, Oxford: Oxford University Press, 1995.

Miller, D., *Citizenship and National Identity*, Cambridge: Polity Press, 2000.

Murdock, G. P., *Social Structure*, New York: Free Press, 1949.

Namhee, Lee., *The Making of Minjung—Democracy and the Politics of representation in South-Korea*, New York: Cornell University Press, 2007.

Reale, G., *Toward a New Interpretation of Plato*, translated from the Tenth Edition and edited by John R. Catan and Richard Davies, Washington, D.C.: The Catholic University Of America Press, 1997.

Ritter, J.(Hg), *Historisches Wörterbuch der Philosophie*, Band 2, Basel und Stuttgart 1972.

Schmitt, Carl., *Verfassungslehre*, Neunte Auflage, Berlin 2003.

Taylor, Charles., "Atomism", in: Philosophy and the Human Sciences. Philosophical Papers 2, Cambridge: Cambridge University Press, 1985.

Tamir, Yael., *Liberal Nationalism*, Princeton: Princeton University Press, 1993.

Vico, G., *Prinzipien einer neuen Wissenschaft über die gemeinsame Natur der Völker*, 2 Bände, übersetzt von V. Hösle und Ch. Jermann, Hamburg 1990.

Wing-tsit Chan, "Chinese and Western Interpretations of Jen (Humanity)", *Journal of Chinese Philosophy* 2, no.2.

사항 찾아보기

561, 562, 563, 565, 574, 577, 580, 703,
705, 725, 728, 734, 735, 736, 737, 738,
741, 742, 745, 747, 749, 758, 761, 762,
763, 782, 784, 795, 800, 801, 802, 829,
830, 831, 845, 847, 848, 857, 861, 862,
863, 864, 866, 922

민족자결주의 710, 722

민족적 정체성 25, 557, 564, 567, 596,
613, 637, 638, 656, 657, 661, 664, 665,
666, 691, 943, 944, 958, 967, 973, 974,
975, 977, 980, 981, 982, 983, 991, 992,
998

민족주의 24, 25, 26, 33, 274, 347, 377,
425, 429, 525, 527, 551, 557, 558, 559,
566, 568, 583, 589, 590, 592, 593, 594,
595, 596, 597, 598, 599, 600, 601, 602,
603, 604, 605, 607, 608, 609, 610, 611,
612, 613, 614, 616, 617, 618, 619, 620,
621, 623, 624, 625, 626, 627, 628, 629,
630, 631, 632, 633, 634, 635, 636, 637,
638, 639, 640, 644, 645, 648, 651, 654,
656, 659, 661, 665, 666, 667, 668, 669,
670, 671, 673, 674, 675, 676, 678, 679,
681, 682, 683, 684, 685, 686, 687, 688,
689, 690, 691, 692, 697, 698, 699, 700,
703, 704, 705, 707, 708, 710, 713, 714,
715, 716, 720, 721, 722, 723, 724, 725,
729, 733, 751, 754, 758, 759, 760, 787,
788, 837, 844, 859, 883, 899, 939, 940,
941, 942, 943, 944, 945, 946, 947, 949,
950, 951, 954, 955, 956, 958, 959, 960,
961, 962, 963, 964, 965, 966, 967, 969,
970, 973, 976, 977, 981, 982, 983, 987,
988, 989, 990, 991, 993, 994, 995, 996,

997, 998

민족주의 없는 애국심 943, 961, 962, 963,
965

민주공화주의 257, 546, 727, 728, 740,
746, 753, 763

민주열사 855, 856

민주주의 23, 24, 25, 26, 27, 28, 29, 30,
32, 33, 34, 78, 107, 112, 116, 119, 120,
124, 142, 148, 183, 188, 189, 190, 191,
201, 210, 221, 234, 251, 252, 253, 257,
258, 259, 260, 263, 264, 265, 266, 267,
270, 272, 275, 280, 291, 292, 293, 295,
298, 299, 300, 303, 305, 306, 310, 311,
312, 313, 317, 318, 319, 320, 321, 323,
324, 325, 326, 327, 328, 329, 330, 334,
335, 336, 339, 340, 341, 342, 343, 346,
363, 364, 368, 369, 370, 375, 378, 381,
382, 383, 386, 387, 388, 389, 391, 393,
394, 395, 397, 398, 401, 402, 403, 405,
406, 407, 408, 412, 414, 415, 416, 419,
420, 421, 424, 426, 427, 431, 432, 438,
439, 440, 443, 444, 447, 448, 449, 450,
453, 454, 470, 481, 482, 490, 491, 492,
493, 495, 496, 514, 520, 521, 522, 523,
528, 542, 546, 550, 559, 564, 566, 567,
577, 578, 579, 580, 581, 582, 583, 584,
585, 589, 599, 600, 601, 602, 607, 610,
613, 614, 627, 629, 630, 634, 635, 636,
637, 638, 640, 645, 646, 647, 648, 655,
656, 657, 659, 660, 664, 665, 666, 671,
672, 676, 677, 678, 679, 686, 687, 688,
698, 699, 700, 701, 703, 704, 720, 723,
724, 725, 726, 732, 736, 737, 745, 747,
748, 750, 751, 754, 756, 758, 759, 760,

414, 415, 416, 417, 425, 438, 443, 449, 451, 453, 455, 456, 459, 461, 462, 463, 464, 466, 498, 502, 550, 584, 618, 636, 637, 641, 642, 663, 682, 720, 751, 755, 766, 767, 771, 814, 821, 824, 832, 835, 871, 908, 910, 923, 939, 942, 947, 954, 956, 959, 960

자본주의 세계체제　40, 190, 302, 318, 321, 395, 484, 567, 569, 627, 766

자유민주주의　305, 324, 341, 342, 392, 393, 426, 453, 528, 596, 725, 726, 755, 951

자유의 역설　95, 97

자유주의　33, 44, 77, 92, 95, 108, 110, 115, 119, 135, 136, 177, 181, 182, 196, 198, 199, 201, 202, 203, 206, 207, 208, 209, 210, 219, 258, 271, 318, 330, 365, 376, 380, 388, 392, 401, 402, 404, 405, 406, 422, 453, 490, 624, 633, 635, 647, 658, 661, 662, 663, 664, 665, 666, 667, 672, 673, 674, 675, 676, 677, 678, 682, 769, 814, 885, 918, 919, 940, 948, 949, 950, 956, 962, 970, 971, 972, 973, 977, 984

자유주의적 공사 구별　181, 196

자유주의적 공사관　177, 178

자유주의적 민족주의　633, 635, 654, 665, 666, 667, 672, 673, 674, 675, 676, 677, 678, 703, 704, 705, 707, 943, 948, 949, 956, 970, 971, 972

자유지상주의　325, 384

자율성　43, 44, 77, 78, 83, 84, 92, 94, 96, 98, 103, 108, 115, 120, 123, 125, 136, 144, 191, 198, 202, 218, 219, 220,

221, 222, 223, 224, 225, 226, 227, 228, 293, 304, 306, 329, 330, 333, 359, 369, 371, 372, 373, 383, 396, 402, 406, 407, 431, 433, 436, 511, 519, 520, 548, 594, 631, 639, 648, 662, 672, 673, 688, 713, 737, 764, 768, 769, 771, 776, 777, 778, 816, 818, 819, 851, 962, 964, 975, 979

자존감　118, 433, 435, 437

장남 우대 상속　71, 157

재분배체제　151, 449, 463

재산 소유 민주주의　381, 385

저신뢰 사회　343, 344, 347, 348, 412, 413

저항적 민족주의　26, 551, 567, 607, 608, 609, 610, 612, 628, 635, 636, 684, 688, 690, 704, 707, 714, 715, 723, 724, 725, 940, 942, 947, 988, 994

전통　10, 22, 26, 27, 30, 31, 32, 33, 38, 39, 40, 41, 42, 44, 45, 50, 51, 52, 53, 57, 59, 61, 62, 65, 66, 67, 69, 70, 72, 73, 75, 76, 77, 79, 80, 81, 82, 83, 84, 86, 88, 89, 90, 92, 98, 99, 101, 104, 105, 106, 108, 116, 117, 124, 125, 126, 128, 129, 138, 139, 140, 143, 144, 145, 146, 147, 148, 152, 153, 154, 155, 156, 158, 159, 160, 161, 164, 165, 166, 172, 175, 177, 178, 180, 185, 194, 195, 202, 206, 207, 208, 210, 212, 217, 218, 220, 221, 222, 229, 234, 235, 236, 237, 239, 240, 242, 250, 251, 252, 253, 255, 257, 260, 273, 274, 275, 276, 278, 279, 280, 286, 287, 288, 289, 290, 291, 292, 295, 297, 298, 299, 300, 301, 303, 304, 305, 306, 307, 308, 309, 310, 311, 312, 313, 314, 320, 321, 324, 327, 329, 331, 332,

902, 945, 946, 947, 956, 987, 997

제헌헌법 704, 727, 747, 751, 753, 754,
    755, 756, 764, 855

젠더 부정의 82, 84, 85

조선민족대동단 749

족보 53, 56, 57, 157, 493, 500, 854

종법제도 52

주인과 노예의 관계 47, 183, 184, 224,
    225, 739

주자학 52, 66, 67, 71, 141, 159, 160, 162,
    165, 166, 169, 170, 171, 179, 218, 220,
    241, 246, 249, 251, 252, 290, 476, 517,
    518, 519, 520, 523, 527, 530, 551, 567,
    568, 569, 576, 710, 792, 793, 794, 797,
    800, 824, 830, 831, 867, 871, 927, 928

주주자본주의 318, 332, 374, 389

중국의 충격 291, 766, 768

지식사회 331, 332, 438, 597, 873

지평융합 147, 757, 762

직소 268

직접민주주의 187, 861, 892, 893, 894

집단주의 61, 62, 66, 75, 103, 139, 235,
    237, 238, 313, 445, 447, 627, 772, 777,
    788, 789, 819, 835, 836, 959

집단지성(대중지성) 879, 880, 882, 883,
    884, 886, 889, 897

집합주의 59, 61, 62, 63, 65, 75, 139, 358

ㅊ

차등적 질서 166, 167, 168, 169, 170

책임 24, 73, 82, 95, 119, 120, 124, 126,
    149, 202, 207, 210, 219, 224, 225, 226,

232, 249, 260, 266, 275, 324, 328, 332,
    333, 337, 339, 349, 351, 365, 369, 373,
    374, 422, 435, 450, 483, 487, 488, 490,
    498, 511, 522, 534, 538, 539, 572, 620,
    635, 650, 689, 690, 691, 692, 694, 695,
    696, 697, 698, 714, 733, 737, 738, 739,
    751, 777, 788, 813, 833, 834, 837, 839,
    846, 848, 849, 852, 853, 859, 861, 866,
    877, 920, 926, 988, 994

책임의 도덕 119, 650

천(天) 233, 255, 476, 793, 802

1987년 6월 항쟁 334, 363, 407, 449

천리 161, 162, 163, 185, 212, 234, 251,
    471, 473, 476, 518, 519, 793, 794, 862

천리의 공 161, 163, 211, 212, 215, 476,
    519, 793

천하위공 233, 274, 470, 471, 472, 483,
    496, 513, 514, 515, 519, 520, 521, 523,
    526, 534, 535, 542, 550, 740, 742, 744,
    748, 769, 842, 844, 926

천하이론 170

촛불시위 28, 271, 449, 522, 601, 779,
    875, 877, 878, 880, 881, 882, 891, 915,
    953

촛불집회 271, 875, 876, 878, 879, 880,
    881, 882, 884, 889, 890, 891, 892, 893,
    894, 896, 912, 913, 937, 950

충 160, 222, 233, 299, 471, 474, 477, 480,
    483, 520, 580, 581, 789, 790, 791, 792,
    793, 804, 806, 809, 811, 815, 818, 820,
    822, 823, 825, 862, 864

충서적 개인주의 33, 232

충효 160, 469, 473, 476, 477, 478, 479,
    581, 779, 788, 789, 790, 797, 804, 815,

인명 찾아보기

ㄷ

다윈, 찰스(Darwin, Ch.) 229, 230

다카하시 데쓰야(高橋哲哉) 606, 696, 697, 698

다카하시 도루(高橋亨) 478, 479, 807, 808, 809

달, 로버트(Dahl, R.) 190, 263, 330, 368, 450, 879

던컨, 존(Duncan, J. B.) 242, 463

데카르트(Descartes) 96

도면회 559, 605, 606

도이힐러, 마르티나(Deuchler, M.) 52

동중서 518

두셀, 엔리케(Dussel, E.) 301

드 배리, 윌리엄 시어도어(De Bary, W. Th.) 220, 769, 794

드러커, 피터((Drucker, P. F.) 331, 338

뚜웨이밍(杜維明) 830, 832, 837, 838, 850, 851

ㄹ

라클라우 에르네스토(Laclau, E.) 134, 379, 380, 385, 989

량치차오(梁啓超) 723, 768, 769

레비나스 에마뉘엘(Levinas, E.) 95, 219, 225, 226, 737, 738, 994

로랑, 알랭(Laurent, A.) 364

로크, 존(Locke, J.) 44, 206, 400, 501

롤스, 존(Rawls, J.) 32, 115, 119, 133, 198, 201, 202, 203, 204, 207, 208, 226, 267, 282, 283, 381, 383, 385, 394, 435, 624, 625, 626, 631, 649, 663, 664, 667, 918, 919, 920

루소, 장 자크(Rousseau, J. J.) 184, 274, 400, 401, 885, 952, 963

르낭, 에르네스트(Lenan, E.) 595

리콴유(李光耀) 299, 300, 819

리쾨르, 폴(Ricoeur, P.) 96, 437, 868

ㅁ

마갈릿, 아비샤이(Margalit, A.) 661

마루야마 마사오(丸山眞男) 218, 607, 608, 798, 801, 832

마르크스, 카를(Marx, K.) 45, 50, 83, 380, 459, 766, 824, 862, 877

마리탱, 자크 (Maritain, J.) 625

마에다 쓰토무(前田勉) 796, 798, 799

마조워, 마크(Mazower, M.) 454, 455

마찌니, 주세페 (Mazzini, G.) 673, 674, 675

매킨타이어, 알래스데어(MacIntyre, A.) 694, 695

맹자 67, 171, 212, 228, 229, 230, 243, 252, 255, 261, 274, 275, 473, 509, 515, 516, 523, 524, 535, 789, 792, 795, 798, 799, 800, 802

머독(Murdock, G. P.) 38, 46, 50

모랑주, 장(Morange, J.) 60

무페, 샹탈(Mouffe, Ch.) 375

문성원 994

문성훈 93, 94, 115, 132, 204, 378, 379, 658

문재인 492

ㅈ

□ 지은이 | 나종석

연세대학교 철학과를 졸업하고, 독일에서 헤겔과 비코에 대한 논문으로 철학박사 학위를 받았다. 현재 연세대학교 국학연구원 교수로 재직 중에 있다. 주요 연구 분야는 독일 관념론, 현대 서구 정치철학, 동아시아 유학사상 그리고 한국 현대사상 등이다.

저서로『차이와 연대: 현대 세계와 헤겔의 사회·정치철학』(2007),『삶으로서의 철학: 소크라테스의 변론』(2007),『헤겔 정치철학의 통찰과 맹목: 서구 근대성과 복수의 근대성 사이』(2012),『사회인문학이란 무엇인가?』(공저, 2011),『한국 인문학의 형성』(공저, 2011),『유교적 공공성과 타자』(공저, 2014),『유학이 오늘의 문제에 답을 줄 수 있는가』(공저, 2014),『디아스포라: 민족 정체성, 문학과 역사』(공저, 2016) 등이 있으며, 역서로는 비토리오 회슬레의『비토리오 회슬레, 21세기의 객관적 관념론』(2007), 미하엘 토이니센의『존재와 가상: 헤겔 논리학의 비판적 기능』(2008), 카를 슈미트의『현대 의회주의의 정신사적 상황』(2012) 등이 있다.

대동민주 유학과 21세기 실학

초판 1쇄 발행 2017년 8월 28일

지은이 나종석 | 펴낸이 조기조 | 기획 이성민, 이신철, 이충훈, 정지은, 조영일 | 편집 김사이, 김장미, 백은주 | 인쇄 주)상지사P&B | 펴낸곳 도서출판 b | 등록 2003년 2월 24일 제316-12-348호 | 주소 08772 서울특별시 관악구 난곡로 288 남진빌딩 401호 | 전화 02-6293-7070(대) | 팩시밀리 02-6293-8080 | 홈페이지 b-book.co.kr / 이메일 bbooks@naver.com

ISBN 979-11-87036-26-5 93150
값 40,000원

* 이 저서는 2008년 정부재원(교육과학기술부 학술연구조성사업비)으로 한국연구재단의 지원을 받아 연구되었습니다. (NRF-2008-361-A00003)